Konkrete Fachdidaktik
Chemie

Neubearbeitung

Verfasst von einem Autorenteam

Federführend:

Peter Pfeifer, Bernd Lutz,
Hans Joachim Bader

Oldenbourg

Kapitel

1	Peter Pfeifer
2	Karl Häusler
3	Bernd Lutz, Peter Pfeifer
4	Peter Hallpap, Otmar Klein, Friedrich Lux
5	Peter Pfeifer
5.3	Walter Jansen, Claudia Matuschek-Wilken
6	Josef Decker
7	Peter Pfeifer
7.7	Hans Joachim Bader
8	Heinz Obst, Katrin Sommer
9	Heinz Obst, Katrin Sommer
10	Herbert F. Bauer, Hans Joachim Bader
11.1	Herbert F. Bauer, Bernd Lutz, Peter Pfeifer
11.2.1	Herbert F. Bauer, Bernd Lutz, Peter Pfeifer
11.2.2	Herbert F. Bauer, Bernd Lutz, Peter Pfeifer
11.2.3	Heinz Schmidkunz
11.2.4	Walter Jansen, Claudia Matuschek-Wilken
11.2.5	Reinhard Demuth
11.2.6	Bernd Lutz, Peter Pfeifer
11.3.1	Volker Woest
11.3.2	Hans Joachim Bader
12.1	Bernd Lutz
12.2	Bernd Lutz
12.3	Hans Joachim Bader
13	Walter Wagner, Peter Keusch
14	Hans Joachim Bader, Heinz Schmidkunz (Gestaltpsychologie)
15	Dagmar Steiner
16.1	Dagmar Steiner
16.2	Beate Drechsler
16.3	Bernd Lutz, Peter Pfeifer
16.4	Peter Pfeifer, Heribert Rampf
16.5	Dagmar Steiner
16.6	Josef Decker
17	Hans Joachim Bader
17.5	Hans Joachim Bader, Marianne Sgoff
18	Hans Joachim Bader

Herr OStD. i. R. Karl Häusler hat 1992 die Erstauflage dieses Werks mit hohem persönlichen Einsatz ermöglicht, wofür ihm Herausgeber und Verlag aufrichtigen Dank sagen.

Das Papier ist aus chlorfrei gebleichtem Zellstoff hergestellt, ist säurefrei und recyclingfähig.

Neubearbeitung 2002

3. Auflage 2002

Druck 13 12 11 10 09
Die letzte Ziffer bezeichnet das Jahr des Drucks.

Umschlagkonzept: Mendell & Oberer, München
Lektorat: Dr. Kerstin Amelunxen
Herstellung: Eva Fink
Satz und Druck: Tutte Druckerei GmbH, Salzweg/Passau

ISBN 978-3-637-82842-1

Lehramtstudierende mit Chemie als Unterrichtsfach sollten eine fundierte fachliche und fachdidaktische Ausbildung absolviert haben. Das Ziel des Autorenteams – allesamt erfahrene Fachvertreterinnen und Fachvertreter für Chemiedidaktik an Hochschulen – ist es, Theorie und Praxis zu einer umfassenden Darstellung fachdidaktischen Grundwissens zu verbinden. Nach jedem Kapitel sind repräsentative Literaturempfehlungen aufgenommen; gut zugängliche Publikationen erhielten den Vorzug.

Chemie erfolgreich zu unterrichten, ist in der heutigen Zeit eine schwierige, aber keine unlösbare Aufgabe. Im Unterricht muss die Verbindung zwischen Chemie und Lebenswirklichkeit aufgezeigt werden und die Verstehensprobleme der Schülerinnen und Schüler einschließlich ihrer Vorstellungen müssen gebührend berücksichtigt werden.

Grundlegende Veränderungen für den Chemieunterricht sind mit dem Einsatz des Computers verbunden. Sie stehen in engster Verknüpfung mit den Möglichkeiten computerunterstützten Messens, mit Problemlösungen auf submikroskopischer Ebene durch Molecular-Modelling, und sie betreffen den schnellen Zugriff auf vielfältige Lernmaterialien (multimediales Lernen) und Informationsquellen (z. B. Internet-Anschluss). Wichtig für autonomes Lernen sind interaktive Lernprogramme und Kommunikationsmöglichkeiten.

Die nunmehr vorliegende dritte Auflage der „Konkreten Fachdidaktik“ wurde gegenüber der vorherigen Auflage in großen Teilen überarbeitet, wobei der grundlegende Aufbau und der Gesamtumfang etwa gleich blieben.

Wesentlich überarbeitet wurden die Kapitel, die sich auf die Nutzung der neuen Medien im Chemieunterricht beziehen. Im Abschnitt über Unterrichtsmethoden wurden eine Reihe neuer Ansätze berücksichtigt. Die Wiederbelebung und Erweiterung konstruktivistischer Ansätze, das kumulative Lernen sowie das Hinarbeiten auf ein Wissen, mit dem der Lernende selbstständig umgehen und das er in Verbindung mit Begriffsnetzen flexibel zur Lösung neuer Probleme einsetzen kann, schlägt sich im Kapitel Lernen nieder.

Insgesamt möchten wir uns auch bei der jetzt erfolgten Neubearbeitung für das kooperative und kollegiale Verhalten des Autorenteams herzlichst bedanken.

Zu danken ist aber auch der Verlagsleitung, welche Zustimmung für unser Vorhaben in einer Zeit signalisiert hatte, in der verlegerisches Engagement für Literatur zur Lehrerausbildung eher zurückhaltend war. Auf diese Weise können wir an die erfolgreiche Reihe „Fachdidaktische Studien in der Lehrerausbildung“ aus den 70er Jahren anknüpfen. Den Damen und Herren in der Herstellungsabteilung danken wir für Geduld und Verständnis bei all den kleinen und größeren Problemen, die ein vielköpfiges Autorenteam zwangsläufig mit sich bringt.

Wir freuen uns, wenn dieses Buch allen, die mit Chemieunterricht direkt oder indirekt befasst sind – sei es an Hochschule, Schule oder in der Erwachsenenbildung – zum zuverlässigen Begleiter wird und Impulse für einen erfolgreichen Chemieunterricht gibt.

Peter Pfeifer, Bernd Lutz,
Hans Joachim Bader im April 2002

1. Einleitung

Chemieunterricht erfährt derzeit einen Wandel. Die Hauptaufgabe der Chemiedidaktik besteht darin, Inhalte und Methoden der Chemie einschließlich ihrer Anwendung für einen zeitgemäßen Chemieunterricht zu erschließen; sie widmet sich aber auch Aufgaben der Hochschuldidaktik und Erwachsenenbildung. Eine **fachdidaktische Grundausbildung** für zukünftige Chemielehrer und Chemielehrerinnen ist unerlässlich; ihr kommt eine Brückenfunktion zwischen Erziehungswissenschaften und der Fachwissenschaft zu.
Die didaktischen bzw. methodischen Entscheidungen im Chemieunterricht werden getroffen im Hinblick auf Schüler(innen)/Lernende, Vermittlungsprozesse, fachliche Schwerpunkte und gesellschaftliche Bezüge. Der Lernende steht dabei im Mittelpunkt.

1.1 Chemiedidaktik, die Berufswissenschaft des Lehrers

1.1.1 Beziehungen zwischen allgemeiner Didaktik und Fachdidaktik

Didaktik versteht man gemeinhin als die Wissenschaft von Unterricht, also vom Lehren und Lernen. Fachdidaktik ist die **Wissenschaft vom fachspezifischen Lehren und Lernen innerhalb und außerhalb der Schule**. Chemiedidaktik ist eine Fachdidaktik mit der zentralen Aufgabe, Inhalte, Ergebnisse und Methoden der Chemie einschließlich ihrer Anwendung für Erziehungs- und Bildungsaufgaben zu erschließen. Dazu entwickelt sie auch Theorien zur Festlegung und Begründung der Ziele und befasst sich mit der methodischen Strukturierung von Lernprozessen im Chemieunterricht. Wenngleich sich die Aufgaben der Chemiedidaktik auch auf Hochschuldidaktik und Erwachsenenbildung erstrecken, steht dennoch das schulisch institutionalisierte Lehren und Lernen der Chemie im Mittelpunkt. Um einen erfolgreichen und nachhaltig wirkenden Chemieunterricht in allen Altersstufen erteilen zu können, ist eine **fachdidaktische Grundausbildung** des zukünftigen Chemielehrers unerlässlich [1]. Eine ausschließlich fachwissenschaftliche Ausbildung, und sei sie noch so gediegen, reicht dazu nicht aus. Zusätzliche pädagogische Studien allein können dieses Defizit auch nicht beheben. Karl Jaspers formuliert diese Erkenntnis so [2]:

Z

- Schüler sollen Fertigkeiten erwerben und Wissen erlernen. Das Wissen wird in seiner Form durch die Wissenschaft zur Verfügung gestellt. Geplant ist daher, der Jugend den Inhalt und die Methoden der Wissenschaften, soweit sie für das Leben brauchbar erscheinen, weiterzugeben ...
- Wichtig ist darum die Prägnanz in der Mitteilung dieser Gehalte, die Klarheit ihrer gedanklichen Struktur, daher die Übung des deutlichen Auffassens, die Überwindung des Ungefähren ...
- Die Planung des wissenschaftlichen Unterrichts kann entscheidend nicht durch die Wissenschaft selbst, nicht durch den Sachverstand der Fachwissenschaft bestimmt werden ... [Anmerkung: „Wissenschaft" im Sinne von wissenschaftlicher Systematik; die Korrektheit der wissenschaftlichen Aussage bleibt davon unberührt.]
- Unter dieser Instanz ist die Rolle der Wissenschaft an der Schule, insbesondere die Auswahl des Wissenswerten, jederzeit vom Geist der Schule her neu zu prüfen. Wissenschaftliche Denkungsart aber als Element der Vernunft sollte anlässlich der vorkommenden Inhalte zur verlässlichen Haltung werden ...

Unverzichtbar ist eine ausgewogene Beziehung zwischen der Wissenschaft Chemie und der pädagogisch-psychologischen Komponente, sodass der Fachdidaktik Chemie eine Brückenfunktion zwischen Erziehungswissenschaften und der Fachwissenschaft zukommt. Auf dieser tragfähigen Grundlage erwachsen der Chemiedidaktik Aufgaben in Forschung und Lehre, die weder vonseiten der Pädagogik noch vonseiten der Fachdisziplin allein bearbeitet werden können. Die wissenschaftliche Fachdidaktik sichert damit die interdisziplinäre Bearbeitung von Bildungs- und Qualifikationsanforderungen, die z. B. durch die Einführung neuer Technologien und den damit verbundenen gesellschaftlichen Wandel erforderlich werden.
Fachdidaktische Grundprobleme sind keineswegs auf bestimmte Altersstufen eingegrenzt. Es ist daher sinnvoll, keine ausschließliche

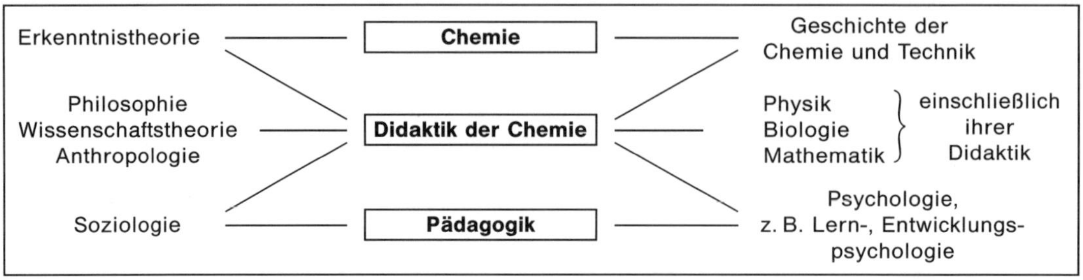

Abb. 8.1: Bezüge der Fachdidaktik „Chemie" zu anderen Wissenschaften (abgeändert nach W. Köhnlein [3]).

Schulstufendidaktik zu betreiben, sondern aufbauend auf fachdidaktischem Grundwissen, das ein Problembewusstsein für Lehr- und Lernvorgänge weckt, die konkreten Belange des Chemieunterrichts der verschiedenen Schulstufen und -arten zu behandeln. Im Chemieunterricht vollzieht sich die Umsetzung von Zielen, Inhalten, Denkweisen und Methoden der Chemie in Lernstrukturen. Dieses komplexe Geschehen, das den Lernprozess in den verschiedenen Schularten und -stufen bestimmt, macht es erforderlich, dass die Chemiedidaktik all jene Wissenschaften in ihre Aussagen einbezieht, die darauf wesentlichen Einfluss nehmen.

Die Abbildung 8.1 macht die Position der Chemiedidaktik deutlich.

Die Chemiedidaktik führt dem zukünftigen Lehrer jene Hauptfaktoren vor Augen, die zur Begründung seiner didaktischen bzw. methodischen Entscheidungen im Chemieunterricht dienen und sein pädagogisches Handeln bestimmen. Der Lernende steht dabei im Mittelpunkt. Diese Qualifikation ist gerade heute wichtig, weil sie eine Reaktion auf den im Wandel begriffenen Chemieunterricht ermöglicht [8.]

1.1.2 Einblick in fachdidaktische Bezugsfelder

Es lassen sich vier Bereiche – **fachdidaktische Bezugsfelder** genannt – herausstellen, welche didaktische Entscheidungen ganz wesentlich bestimmen. Diese sind der Schüler / die Schülerin (Lernende), die Vermittlungsprozesse, fachliche Schwerpunkte und gesellschaftliche Bezüge (Abb. 8.2).

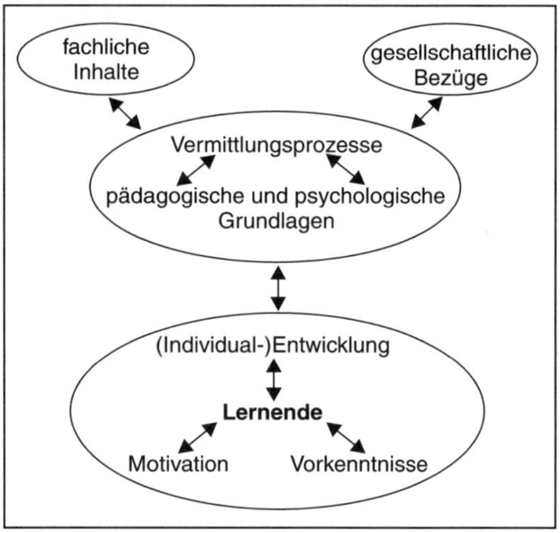

Abb. 8.2: Fachdidaktische Bezugsfelder, abgeändert nach [1, S. 82].

Je nach Thematik werden diese Faktoren in unterschiedlicher Ausprägung wirksam. Auf keinen Fall aber stellen sie für jeden Themenbereich eine starre Zuordnung dar; vielmehr bieten sie eine Fülle möglicher Verknüpfungsstrukturen, unter denen die verschiedenen Erfahrungsbereiche der Schüler nicht fehlen dürfen. Daraus ergeben sich die Aufgaben und Inhalte der Fachdidaktik.

1.2 Aufgaben und Inhalte der Fachdidaktik Chemie [5, 6, 7]

Für Studierende eines Lehramtes, die später einen sinnvollen Chemieunterricht erteilen oder fachbezogene Themen im Rahmen eines allgemein-naturwissenschaftlichen Unterrichts behandeln sollen, sind folgende Schwerpunkte fachdidaktischer Studien von Bedeutung:

- Ziele und Inhalte des Chemieunterrichts (allgemein und schulartbezogen);
- Kenntnis der Kriterien für die Auswahl und Strukturierung der Inhaltsbereiche;
- Fähigkeit der Umsetzung fachlicher Inhalte auf ein bestimmtes Niveau und Kenntnis der dafür notwendigen Bedingungen (Elementarisierung/didaktische Reduktion);
- Kenntnis der Vermittlungsformen im Unterricht und Fähigkeit, Chemieunterricht für eine bestimmte Adressatengruppe theoriegeleitet zu planen, durchzuführen, auszuwerten und zu evaluieren. Ein Ansatz „aus der Praxis für die Praxis" schließt diese wissenschaftliche Perspektive nicht ein. Die spezielle Methodik des Chemieunterrichts im Sinne der Umsetzung geltender Lehrpläne für die jeweiligen Schularten/Schulstufen bleibt vor allem der 2. Ausbildungsphase vorbehalten.
- Die fachdidaktische Ausbildung soll den Chemielehrer befähigen, Wissen verständlich, zeitgemäß und interessant (aufbereitet) darzubieten.
- Fachdidaktische Forschung, z. B. im Hinblick auf Entwicklung und Evaluation von Lehr- und Lernmaterialien. Die Anforderung nach lebenslangem Lernen in den verschiedenen Bereichen der Aus- und Weiterbildung von Jugendlichen und Erwachsenen führt zu einer Diversifizierung fachdidaktischer Forschungsfelder.

Einige dieser Aufgaben finden sich in den Präambeln der Lehramtsprüfungsordnungen der Länder oder als inhaltliche Prüfungsanforderungen.

B Prüfungsanforderungen in Fachdidaktik nach der Lehramtsprüfungsordnung, Bayern [6]

1. Fähigkeit, die Theorien, Forschungsmethoden und -ergebnisse der Fachdidaktiken sowie der Fach- und Erziehungswissenschaften im Hinblick auf das Unterrichtsfach darzustellen und auf die Lehr- und Lernbedingungen der jeweiligen Schulart zu beziehen.
2. Kenntnis der Bildungsaufgaben, Lernziele und Lernbedingungen des entsprechenden Unterrichtsfachs in den einzelnen Schularten.
3. Kenntnis von Unterrichtsmodellen und -verfahren im Hinblick auf allgemeine und fachspezifische Lernziele.
4. Kenntnis der Kriterien zur Planung und Analyse von Unterricht, z. B. im Hinblick auf Lernziele, Lerninhalte, Methoden, Lehr- und Lernmittel und Kontrollverfahren.
5. Kenntnis der Beiträge des Fachs für die Erfüllung der fächerübergreifenden Bildungs- und Erziehungsaufgaben der jeweiligen Schulart.
6. Kenntnis der Möglichkeiten des Unterrichtsfachs, Werthaltungen anzubahnen und zum Verantwortungsbewusstsein für die natürliche und kulturelle Umwelt beizutragen.
7. Kenntnis der Möglichkeiten zur Vermittlung von Medienkompetenz im jeweiligen Unterrichtsfach.
8. Überblick über Geschichte und Stellung des betreffenden Unterrichtsfachs im Fächerkanon der einzelnen Schularten.

L

[1] Hammer, H. O., u. a: Denkschrift zur Lehrerbildung für den Chemieunterricht in den Altersstufen der Zehn- bis Fünfzehnjährigen, GDCh, Frankfurt 1983.
[2] Jaspers, K.: Was ist Erziehung? – Ein Lesebuch. dtv-Taschenbuch 1981, S. 57ff.
[3] Köhnlein, W.: Thesen zur Stellung und Bedeutung der Didaktik der Physik in der Universität. In: Dahncke, H. (Hrsg.): Zur Didaktik der Physik und Chemie. Probleme und Perspektiven. Hannover 1977, S. 40–43.
[4] Gosselck, J., Himmerich, W., Martienssen, W., Rollet, B., Weltner, K.: Aufgaben und Stellung der Fachdidaktik in der Hochschule. In: Schmidt, H. (Hrsg.): Zur Didaktik der Physik und Chemie. Probleme und Perspektiven. Hannover 1973, S. 9–21.
[5] Jung, W.: Beiträge zur Didaktik der Physik. Frankfurt 1973, S. 5ff.
[6] Lehramtsprüfungsordnung (LPOI) vom 29.9.77, geändert am 9.9.1997, S. 43–44, § 3 (2) 1–6, § 4 (2) 3.
[7] Becker, H.-J., Jüngel G.: Aufgaben und Stellung der Fachdidaktik im Rahmen der Lehrerausbildung, aufgezeigt an Beispielen aus der Chemiedidaktik. In: Praxis der Naturwissenschaften, 24 (1975), S. 238–241.
[8] Pfeifer, P.: Ist ein Umbruch in Sicht? Chemieunterricht an der Schwelle zum Jahr 2000. NiU-Chemie 6 (1995) Nr. 27, S. 4–8.

2. Zur Geschichte des Chemieunterrichts

Chemisches Wissen wurde viele Jahrhunderte an Klosterschulen und Universitäten als Bestandteil der Medizin vermittelt – weit entfernt, ein eigenes Unterrichtsfach zu sein. Heute ist Chemie aus dem Fächerkanon nicht mehr wegzudenken. Welcher Weg führte dahin?
Die Anfänge des Chemieunterrichts beruhen auf zwei Säulen: der Anerkennung der Chemie als Naturwissenschaft (ab Jungius, Boyle, Lavoisier) und der neuzeitlichen Pädagogik (Ratichius, Comenius). Als ein wichtiger Impuls erwiesen sich die im ersten Drittel des 19. Jahrhunderts etablierten Experimentalvorlesungen und Praktika an den Universitäten (Liebig, Gießen 1825). Sie förderten den Experimentalunterricht an der Schule und ebneten den Weg hin zum Fachunterricht – freilich nicht geradlinig. Zusammen mit methodischen Fortschritten (Anschauungsunterricht, Arendt) wurde um die Anerkennung des Chemieunterrichts als Bildungsgut gerungen. Der entscheidende Durchbruch zum heutigen Chemieunterricht gelang 1905 mit den Meraner Vorschlägen etwa zeitgleich mit dessen bildungstheoretischer Begründung durch Kerschensteiner. Wie die Entwicklung des Chemieunterrichts von da aus bis in unsere Zeit weiter verlief, wird ebenfalls ausführlich dargestellt.

2.1 Unterricht in den Naturwissenschaften bis zum 16. Jahrhundert

Die ersten Schulen des Mittelalters waren **Klosterschulen**. Ihre Aufgabe war die Heranbildung von Klerikern für die Kirche. Mathematik und die Naturwissenschaften hatten dabei keine Bedeutung. Neben öffentlichen Dom- und Klosterschulen entstanden unter Karl dem Großen auch **Stadtschulen**. Dort wurden u. a. Grammatik, Rhetorik und Dialektik, Arithmetik, Musik, Geometrie und Astronomie gelehrt. Physikalische Kenntnisse wurden in Musik und Astronomie vermittelt. Die übrigen **Naturwissenschaften** wurden in den mittelalterlichen Schulen zwar vernachlässigt, doch nicht ganz unterdrückt. Physik war allgemein Naturwissenschaft. Im Laufe des 12. Jahrhunderts wurden in den Klosterschulen zwei Abteilungen gebildet, die schola interior für zukünftige Mönche und die schola exterior für weltliche Berufe. In diesen Schulen wurden auch Rechtswissenschaften und Medizin unterrichtet. Damit war das **Studium chemischen Wissens angebahnt**, denn die Medizinprofessoren waren noch jahrhundertelang auch „Chemiker". Aus den externen Schulen entstanden im 13. Jahrhundert die ersten europäischen Universitäten: Padua (1222), Neapel (1224) in Italien, Salamanca (1243) in Spanien; später folgten Wien (1265), Prag (1348), Heidelberg (1386), Köln (1388), Erfurt (1392), Ingolstadt (1472). Der mittelalterliche Universitätsbetrieb entsprach nicht dem unserer heutigen Universitäten. Pahl vertritt die Auffassung, dass das Bakkalaureat, das erste Examen an der Artistenfakultät, unserer heutigen Reifeprüfung entsprach [1].
Neben Mathematik, Medizin und Astronomie wurde auch die Chemie als **Alchimie** durch die Araber von Spanien her in Europa bekannt. Albertus Magnus (1193–1280) beschäftigte sich viel mit Alchimie. Aber seine Werke „De Alchymia" und „De rebus metallicis et mineralibus" wurden zu seinen Lebzeiten nicht gedruckt. Für die Chemiedidaktik von Interesse ist ein Zeitgenosse des Großen Albertus, der englische Franziskaner Roger Bacon (1214–1294). In seiner „Epistola de secretis operibus artis et naturae, et nullitate Magiae" geht er offen gegen die Zauberkünste der Alchimisten vor und schreibt in einer eigenen Epistel, „wie die natürlichsten Erscheinungen dem beschränkten und unwissenden Geist als übernatürlich erscheinen können, und wie mit der **Ausbreitung der Bildung und naturwissenschaftlicher Kenntnisse** sich die Zahl der unbegreiflichen Dinge und der Zaubereien schnell verändern muss" [2]. Für Bacon gibt es drei **Quellen der Erkenntnis: Autorität, Vernunft und Empirie**. Von Letzterer gibt es zwei: die persönliche Erfahrung durch die eigenen Sinne und selbst benutzte Instrumente oder selbst angestellte **Experimente** und als zweites Erfahrungen aus Mitteilungen anderer [3]. Bacon fordert also schon im Mittelalter eine naturwissenschaftliche Bildung, die sich auf Empirie

stützt, und nennt konkrete Bildungsziele. Für Albertus Magnus und Roger Bacon war die **Transmutation der Metalle** eine feste Tatsache, die aber zu Betrügereien ausgenutzt werden konnte und deshalb die Alchimie als Teufelswerk erscheinen ließ. Da die Sorge für die Universitäten und Schulen eine Aufgabe der Kirche war, darf es nicht wundern, wenn der Chemie eine Anerkennung als Wissenschaft versagt blieb.

Mit der **Reformation** kam für die protestantischen Länder eine **Neukonstituierung des Bildungswesens** unter Melanchthon (1492–1560). Luther und Melanchthon waren noch Gegner des kopernikanischen Systems [1]. Aus diesem der Mathematik günstigen, dem rationalen Denken der Naturwissenschaften aber feindlichen Geist heraus kam es zur **Gründung des humanistischen Gymnasiums**.

Im katholischen **Bayern** veranlassten die Jesuiten nach ihrer Ankunft 1556 in Ingolstadt eine **Neuordnung des Schulwesens**. Bereits 1559 wurde eine staatliche Schulordnung erlassen und 1560 das Jesuitengymnasium in München feierlich eröffnet [4]. Schulgeschichtlich ist interessant, dass im 16. Jahrhundert die Lateinschulen „dem allgemeinen Brauch folgend den Namen ‚Gymnasium' annahmen", z. B. 1572 in Fulda, um 1600 in Frankfurt. Dies gilt für protestantische wie für katholische Länder.

Vom 16. Jahrhundert müssen noch Georg Agricola (1490–1555) und Andreas Libavius (1550?–1616) erwähnt werden. Sie waren nämlich nicht nur berühmte Chemiker ihrer Zeit, sondern auch Lehrer. Agricola war zuerst Rektor der Schule zu Zwickau, dann zu Leipzig. Später studierte er in Italien Medizin, beschäftigte sich aber nach seiner Rückkehr nach Deutschland vorzugsweise mit Mineralogie und Metallurgie. Libavius war bis 1591 Professor der Geschichte und Poesie in Jena, dann Stadtphysikus und Leiter der lateinischen Schule in Rothenburg/Tauber. Er studierte intensiv Chemie und gab das **erste Lehrbuch der Chemie** mit dem Titel **„Alchemia"** heraus. Von 1607 bis zu seinem Tod 1616 war er Leiter des Gymnasiums in Coburg. Agricola und Libavius waren überzeugte Vertreter der Lehre von der **Transmutation der Metalle**. Obwohl beide angesehene Naturforscher ihrer Zeit waren, sind von ihnen trotz ihrer unterrichtlichen Tätigkeit keine Einflüsse auf die Entwicklung des naturwissenschaftlichen Unterrichts bekannt [5, 6, 7].

2.2 Anfänge der wissenschaftlichen Chemie und des Chemieunterrichts

2.2.1 Robert Boyle und Joachim Jungius

Für den Fortschritt der Naturwissenschaften war entscheidend, dass ein zuverlässiger Weg zur Erforschung der Naturerscheinungen gefunden wurde. Diesen Weg hat Francis Bacon (1561–1626) in seinem „Novum Organum Scientiarum" aufgezeigt [8]. Francis Bacon ist der Begründer des methodischen Empirismus; die Erkenntnis, die er allein für möglich und für nützlich hält, ist die Naturerkenntnis [9, 10]. Die folgenden Auszüge sind aus der deutschen Übersetzung des Novum Organum durch Brück [8].

Z Der Mensch, der Diener und Ausleger der Natur, wirkt und weiß so viel, als er von der Ordnung der Natur durch Versuche oder durch Beobachtung bemerkt hat; weiter weiß und vermag er nichts.
Daher müssen wir als den wahren Schlüssel der Naturforschung eine gesetzliche Induktionsmethode haben. Von diesem Endpunkte müssen wir nun zu allem Übrigen ausgehen.

Bei Bacon finden sich schon wesentliche **Elemente des problemlösenden Unterrichts**.

Die bedeutenden Fortschritte der Chemie im 17. Jahrhundert können hier nicht im Einzelnen behandelt werden. Sie sind vor allem mit den Namen Johann Rudolf Glauber (1604–1668), John Mayow (1645–1679) und Robert Boyle (1626–1691) untrennbar verbunden. Nach Pahl ist Boyle der eigentliche Begründer der wissenschaftlichen Chemie [1]. Er untersucht die Eigenschaften der Luft, unterscheidet exakt zwischen Gemenge und Verbindung und beschreibt die Indikatorreaktionen von Säuren und Laugen.

Die verbreitete Meinung, R. Boyle hätte als erster den Begriff „Element" im Sinne der heutigen Chemie definiert, ist heute nicht mehr zu halten. Nach Joachim Jungius (1587–1657) sind **Elemente** nicht ineinander überführbar, eine zukunftweisende Erkenntnis [11]. Jeder Naturkörper besteht aus Elementen, sie sind dessen Teile. Aber ein Naturkörper besteht nicht aus allen Elementen. Dies ist ein wesentlicher Unterschied zum Elementbegriff der Alchimisten.

Etwa zur gleichen Zeit, als der Grundstein zur modernen chemischen Forschung gelegt wurde, schufen Wolfgang Ratichius (1571–1635) und Johann Amos Comenius (1592–1671) die Grundlagen der modernen Pädagogik. Beide werden erstmals in der Geschichte der Pädagogik als „Didaktiker“ bezeichnet [12].

Ratichius wollte eine vollständige Umgestaltung des öffentlichen Unterrichtswesens durchsetzen. Er ging zuerst nach Holland, von dort nach Frankfurt und dann nach Augsburg, um das dortige Schulwesen nach seiner Methode zu reformieren. Doch er konnte die in ihn gesetzten Erwartungen nicht erfüllen. Er erhielt eine Berufung nach Cöthen (1628), um dort seine neue Lehrart einzuführen [11]. Doch auch hier blieb der Erfolg aus. Er erkannte aber den wunden Punkt am **traditionellen Unterricht in den Naturwissenschaften** seiner Zeit: fehlende Anschaulichkeit, kein Experimentalunterricht, kein Bezug zu realen Gegenständen, keine Anwendung von Bildern („kosten sie viel, so nützen sie auch viel“) [1].

2.2.2 Johann Amos Comenius und sein Einfluss auf den naturwissenschaftlichen Unterricht

Johann Amos Comenius wurde von den Reformbestrebungen des Ratichius angeregt. Seine böhmische Heimat musste er wegen Kriegswirren verlassen und nach Polen flüchten. Er

Abb. 12.1: Aus dem „Orbis sensualium pictus“ des Comenius [13].

(12)

IV.

Ignis. Das Feuer.

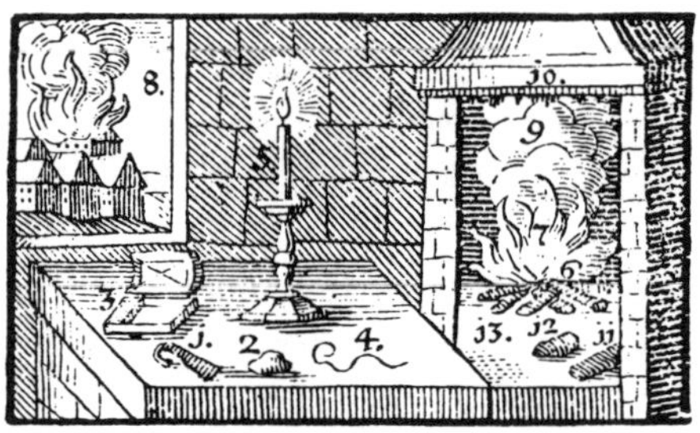

Ignis m. 3.	Das Feuer	
ſplendet,	leuchtet,	
ardet, (urit)	brennet	
& cremat.	und verbrennet.	
Ejus *ſcintilla*, f. 1.	Deſſen Funke, (wann er	
ope *chalybis*, 1	mit Hülf des Stahls 1	Chalybs, m. 3. der Stahl.
è ſilice (*Pyrite*) 2	aus dem Feuerſtein 2	Silex, c. 3. (Pyrites, m. 1.) der Feuerſtein.
eliſa,	geſchlagen,	
& in *ſuſcitabulo* 3	und im Feuerzeug 3	Suſcitabulum, n. 2. der Feuerzeug.
à *fomite* excepta,	vom Zunder aufgefan- (gen worden,	Fomes, m. 3. der Zunder. Exceptus, a, um, aufgefangen.
ſulphuratum, 4	den Schwefelfaden, 4	
& inde	und dadurch	Sulphuratum, n. 2. der Schwefelfaden.
candelam, 5	die Lichtkerze, 5	Candela, f. 1. die Licht-Kerze.
vel *lignum*; 6	oder das Holz, 6	
accendit,	anzündet,	Lignum, n. 2. das Holz.
		& *flam-*

(13)

& *flammam* 7	und eine Flamme 7	Flamma, f 1. die Flamme.
excitat,	erreget,	
vel *incendium*, 8	oder eine Feuers-	Incendium, n. 2, die Feuersbrunſt.
quod	welche (Brunſt, 8	
aedificia corripit.	die Häuſer ergreift.	Ædificium, n. 2. das Haus, (Gebäu.)
Fumus 9 m. 2.	Der Rauch 9	
aſcendit inde,	ſteigt davon auf,	
qui,	welcher	
adhaerens	ſich	Adhaerens, o. 3. anhangend.
Camino, 10	am Camin (Schorſtein,) 10	Caminus, m. 2. der Camin, (Schorſtein.)
abit in *fuliginem*.	hängt, und zu Ruß (wird.	Fuligo, f. 3. der Ruß.
Ex *torre*,	Aus dem Brand,	Torris, m. 3. der Brand.
(ligno ardente)	(brennenden Holz)	Ardens, o. 3. brennend.
fit *titio*, 11 m. 3.	wird ein Löſchbrand, 11	
(lignum exſtinctum.)	(ein ausgeloſchenes (Holz.	Exſtinctus, a. um, ausgeloſchen.
Ex *pruna*,	Aus der Glutkohle,	Pruna, f. 1. die Glutkohle.
(candente	(dem glühenden	Candens, o. 3. glüend.
particula torris,)	Stück Brands,)	Particula, f. 1. torris, m. 3. das Stück Brands.
fit *carbo*. 12 n. 3.	wird eine verloſchene Kohle. 12	
Tandem,	Endlich,	
quod remanet,	was überbleibet,	
eſt *cinis* 13 m. 3.	iſt Aſche, 13	
& *favilla*,	und Loderaſche,	Favilla, f. 1. die Loder-Aſche.
(ardens cinis.)	(glimmende Aſche.)	

ging dann nach England und 1641 nach Schweden. Den Rest seines Lebens verbrachte er in Amsterdam. Er verfasste mehrere Schulbücher. Sein „Orbis pictus" wurde an vielen deutschen Schulen eingeführt. Daraus ist das Beispiel in Abbildung 12.1 genommen, wie Comenius **Sprach- und Sachunterricht zu verbinden** suchte [13]. Diese Ausgabe von 1781 beweist, wie lange der Einfluss des Comenius währte.

1633 brachte er ein Physikbuch heraus. Im Vorwort dazu verweist er auf Francis Bacon, der ihn angeregt habe, der realen Außenwelt bei der Ausbildung des jugendlichen Geistes mehr Aufmerksamkeit zu schenken. Sowohl bei Ratichius wie bei Comenius finden wir den Bezug zur Außenwelt; heute würden wir sagen zur Lebenswelt, zum Alltag! Die Physik des Comenius umfasst die gesamten Naturwissenschaften. Im Folgenden sind die Kapitel ausgewählt, in denen chemische Inhalte behandelt werden [1]:

Z

2. Kapitel: Die Materie ist ewig, unauflöslich und überall zusammenhängend, nirgends einen leeren Raum duldend.
4. Kapitel: Eigenschaften der Dinge, z. B. Härte, Brennbarkeit, qualitas tangibilis (feucht, weich, biegsam, spröde...), Geschmack, Farbe.
6. Kapitel: Die 4 Elemente Äther, Luft, Wasser, Erde.
7. Kapitel: Von den Dämpfen.
8. Kapitel: Die 3 Prinzipien chemischer Substanzen (Mercurius, Sulfur, Sal) als Ursache der Stoffeigenschaften. Mineralien: Erden, Salze, Metalle (Gold, Silber, Kupfer, Eisen, Zinn, Blei, Quecksilber), Gesteine.

Es ist unschwer zu erkennen, dass die Chemie des Comenius noch von **alchimistischen** Vorstellungen beherrscht ist. Die Ergebnisse der großen Chemiker seiner Zeit wurden erst später veröffentlicht, z. B. der „Chemista scepticus" von Boyle erst 1661. Comenius' pädagogisches Hauptwerk ist die „Didactica magna" [14], die er 1627 in böhmischer Sprache begonnen, 1628 umgearbeitet hat und 1638 selbst ins Lateinische übersetzte. Im Folgenden einige Auszüge, um einen Eindruck von den Anliegen des Comenius zu gewinnen. Die Auswahl wurde bewusst unter chemiedidaktischen Gesichtspunkten getroffen.

Z

7. Zuerst müssen die Kinder ihre Sinne üben (denn das ist am leichtesten), alsdann ihr Gedächtnis, darauf ihr Begriffsvermögen und endlich ihr Urteil. So folgt es nämlich stufenweise aufeinander; denn das Wissen beginnt mit der sinnlichen Wahrnehmung und geht durch die Einbildungskraft ins Gedächtnis über; dann bildet sich durch Ableitung vom Besondern (Induktion) die Erkenntnis des Allgemeinen, endlich kommt über hinreichend bekannte Dinge ein Urteil zustande zur Sicherung des Wissens.

Regel soll demnach dies sein:
1. Alles möge aus den unwandelbaren Anfängen der Dinge abgeleitet werden;
2. nichts soll gelehrt werden auf bloße Autorität hin, sondern alles durch sinnliche und vernünftige Darlegung;
3. nichts bloß nach der analytischen Methode, vielmehr alles nach der synthetischen.

Hierfür gibt es drei triftige Gründe:
1. Der Anfang des Erkennens muss von den Sinnen ausgehen (denn nichts befindet sich in unserer Erkenntnis, was nicht zuvor in einem Sinne gewesen wäre).
2. Die Wahrheit und Sicherheit der Wissenschaft ist von nichts anderem so sehr abhängig als vom Zeugnis der Sinne; denn die Dinge prägen sich zuerst und unmittelbar den Sinnen ein, dann erst durch Vermittlung der Sinne der Erkenntnis.
3. Weil der Sinn der treueste Sachwalter des Gedächtnisses ist, so wird diese Veranschaulichung aller Dinge bewirken, dass jeder das, was er weiß, treu behält.

In der Physik kann das Kind in den ersten sechs Jahren dahin gebracht werden, dass es genau weiß, was Wasser, Erde, Luft, Feuer, Regen, Schnee, Eis, Stein, Eisen, Baum, Kraut, Vogel, Fisch, Ochs usw. ist. Auch soll es von den äußeren Gliedern seines Körpers wenigsten den Namen und Gebrauch kennen lernen. Das lernt sich in diesem Alter leicht und bildet die Grundlage der Naturwissenschaft.

2.2.3 Der Begriff „Didaktik"

In der Einleitung zur „Didactica magna" von Comenius wird eine Definition des Begriffes „Didaktik" gegeben. In der deutschen Übersetzung heißt es: „Große Unterrichtslehre, in welcher eine **allgemein gültige Kunst, alle alles zu lehren**, dargestellt wird." und „An die Leser" gewandt schreibt Comenius: **„Didaktik bedeutet die Kunst zu lehren"** [14]. Er fährt dann fort: „Ich wage eine große Didaktik zu verheißen, d. h. eine allgemein gültige Kunst, alle alles zu lehren, und zwar zuverlässig zu lehren, sodass der Erfolg nicht ausbleiben kann, und bequem zu lehren, ... und gründlich zu lehren, nicht oberflächlich und zum Scheine, sondern so, dass die Schüler zur wahren Wissenschaft, zu milden Sitten und zu ungeheuchelter Frömmigkeit geführt werden“ [14]. Das Wesen der Didaktik charakterisiert Comenius so: „Eine Weise aufzusuchen und zu finden, wonach die Lehrenden weniger lehren, die Lernenden aber mehr lernen, die Schulen weniger Lärm, Widerwillen und vergebliche Mühe, aber mehr Muße, Annehmlichkeit und gründlichen Fortschritt haben ...“ [14]. Er ist überzeugt, dass diese „Lehr- und Lernkunst“ bisher unbekannt war. Weil die Schulen so „voll von Arbeit und Mühsal, von Irrtümern und Fehlern“ waren, gelangten nur „außerordentlich Begabte zu einer gründlichen Bildung“. Am Ende seines Vorwortes „An die Leser“ bricht er eine Lanze für die Didaktik, die auch heute aktuell sein kann: „Sollte aber dessen ungeachtet irgendein Grillenfänger meinen, es gehöre nicht zum Beruf eines Gottesgelehrten, Schulangelegenheiten zu behandeln, so möge er wissen, dass ich selbst dieses Bedenken in meiner Brust genährt habe. Aber ich fühle, dass ... ich der breiten Öffentlichkeit anvertrauen muss, was der göttliche Trieb mir eingegeben hat“ [14].

Es ist nicht uninteressant, der Definition des Comenius eine moderne gegenüberzustellen: **„Didaktik ist die Theorie der Bildungsinhalte, ihrer Struktur und Auswahl“**. Aufgabe der Didaktik ist die „Auswahl und Konzentration der Lehrinhalte auf das Exemplarische hin im Sinne des Elementaren als das doppelseitig Erschließende“ (Klafki) [aus 15].

2.2.4 Forderung nach einem Unterricht in den „Realien“

Für die Einführung des Chemieunterrichts an den Schulen war die von Ratichius und Comenius immer wieder erhobene Forderung, die **Realien im Unterricht** mehr zu berücksichtigen, nicht ohne Wirkung. Der Einfluss der beiden großen Pädagogen, vor allem des Ratichius, kam in dessen Schülern Joachim Jungius (1587–1657) und Erhard Weigel (1625–1699) zur Geltung. Jungius war die letzten 25 Jahre seines Lebens Professor der Naturlehre am **Hamburger Gymnasium** Johanneum [12]. Er war ein Mann der Wissenschaft, der die **Induktion** und die **Bedeutung des Experiments** im Sinne von F. Bacon sieht [12]. „Die Wahrnehmung geht ihm über alles; sie irrt für ihn nicht, nur das Denken irrt“ [12]. Als Rektor des Johanneums nahm er mit einer neuen Schulordnung Einfluss auf die Hebung des Unterrichts in Mathematik und in den Naturwissenschaften. Er sorgte für **Anschauungsmittel** (Wahrnehmung!) an seiner Schule. Seine Schulordnung und sein Unterrichtsbetrieb wurden zum Vorbild für andere Schulen.

Ähnlich wie Jungius im Norden wirkte Weigel an den höheren Schulen **Sachsens** und **Thüringens**. Weigel ist seit 1654 Professor der Mathematik in Jena. Er beklagt bitter die Vernachlässigung der Mathematik in Jena und tritt für die Pflege der Realien an den höheren Schulen ein. Sein Schüler war Semler, der Gründer der Realschule in Halle.

In Süddeutschland wirkte in ähnlicher Weise Johann Christoph Sturm (1635–1703), der als Professor für Mathematik an der Universität Altdorf lehrte. Ein **Meilenstein für die Entwicklung der Chemie in Deutschland** war 1683 die Gründung eines öffentlichen Laboratoriums an der Universität Altdorf durch den Rat der Stadt Nürnberg als „Hilfsmittel für den Unterricht in Chemie“ [2].

Der Leiter des Laboratoriums war Johann Moritz Hofmann (1621–1698), der von 1631–1641 in Altdorf, von 1641–1645 in Padua und dann bis zu seinem Tod wieder in Altdorf lehrte. In Padua wurde Hofmann zum Professor der Medizin ernannt.

Nicht nur in Altdorf, auch an anderen deutschen Hochschulen wurden in dieser Zeit die **ersten speziellen Vorlesungen für Chemie** eingerichtet, z. B. in Marburg durch Johann Hartmann (1568–1631); in Jena wurde Werner Rolfink (1629–1673), ursprünglich Medizinprofessor, der erste Professor für Chemie. Er war einer der frühesten Gegner der Alchimie, der „gegen ihn ergangener Warnungen zum Trotz seine Lehren in Schriften predigte“ [16].

2.3 Anfänge des „realistischen" Schulwesens in Deutschland

2.3.1 Die Gründung der ersten Realschulen – Naturlehre an Schulen

Am Ende des 17. und Anfang des 18. Jahrhunderts stehen **Aufklärung** und **Pietismus** als bedeutendste Geistesrichtungen nebeneinander. Beide Strömungen sind „von der Verachtung humanistischer Buchgelehrigkeit getragen und besitzen einen nützlich-praktischen Zug" [17]. Der Begründer der pietistischen Pädagogik ist August Hermann Francke (1663–1727). Nach seiner Ausweisung von der Universität Leipzig erhielt er eine Pfarrstelle in Glaucha und wurde an der 1694 gegründeten Universität Halle Professor für Theologie. Für die Entwicklung des realistischen Schulwesens sind die **„Francke'schen Stiftungen"** von Bedeutung. Sie waren vom Geist des **Pietismus** getragen. 1695 entstand eine Armenschule, in der Kinder armer Leute Unterricht erhielten. Bald wollten aber auch wohlhabende Bürger ihre Kinder zu Francke in die Schule schicken. Er trennte deshalb Armen- und Bürgerschule und gründete gleichzeitig eine höhere Schule, das sog. Pädagogium, an das sich bald eine lateinische Schule anschloss [11]. Auch im Pädagogium und an der lateinischen Schule wurden **Naturwissenschaften** unterrichtet. Zur Schulausstattung gehörten u. a. ein **Naturalienkabinett**, ein chemisches und ein physikalisches Laboratorium. Ein systematischer Unterricht in den Realien war von Francke allerdings nicht vorgesehen. Die Realien wurden als **„Rekreationsübungen"** gepflegt.

Vorbild für alle weiteren Realschulpläne wurde Christoph Semler mit seiner Schrift „Nützliche Vorschläge zur Aufrichtung einer mathematischen und mechanischen Schule bei der Stadt Halle" von 1705. Semler gründete 1707 die **erste „Realschule" in Halle**. Die Anregungen für ein solches Projekt wird Semler von seinem Lehrer Weigel erhalten haben. Die äußeren Bedingungen für einen geordneten Schulbetrieb waren mehr als dürftig, sodass die Realschule Semlers bereits 1710 wieder geschlossen wurde. Semler versuchte noch ein zweites Mal, in Halle eine Realschule zu gründen. Sie wurde 1739 eröffnet „mit dem Bemerken, dass der Unterricht sich auf das täglich Notwendige erstrecken solle, auf das, was im gewöhnlichen Leben augenblicklichen Nutzen mit sich führe". Unterrichtsgegenstände waren an dieser Schule Mechanik, Mathematik und Ökonomie [11]. Mit dem Tod Semlers 1740 endete dieser Versuch. Aus den Unterrichtszielen Semlers geht die Betonung des Nützlichkeitsprinzips hervor.

Der Gründer der ersten dauerhaften Realschule war Franckes Schüler Johann Julius Hecker (1697–1768), der nach dessen Vorbild als Prediger in Berlin eine Armenschule einrichtete und diese allmählich erweiterte. 1747 wird von Hecker eine **„ökonomisch-mathematische Realschule"** eröffnet, die unter Friedrich dem Großen als „Königliche Realschule" anerkannt wurde [1, 17, 18, 19]. Der eigentlichen Realschule waren eine deutsche und eine lateinische Schule angegliedert. Auch diese Schulen hatten eine „realistische" Färbung [11]. Nun wurden auch an anderen Orten Realschulen gegründet. Für den **Experimentalunterricht** gab es bereits genaue methodische Vorschriften. Es galt der Grundsatz, „dass man so viel wie möglich eine Sache aus der Sache selbsten zeige und lehre". Die Naturlehre soll „mehr aus gemeinen Sachen und Versuchen und Erfahrungen ... gelehrt werden". Ein weiteres Unterrichtsziel der nach dem Vorbild Heckers errichteten Realschulen war die praktische Ausübung des im Unterricht Gelernten. Dies gilt auch für den Unterricht in Chemie, damals noch „Scheidekunst" genannt.

Wurden zu Beginn des 18. Jahrhunderts die Realien noch als „Rekreationsübungen" behandelt, so taucht in der Mitte dieses Jahrhunderts Naturlehre an „deutschen Schulen" auf. Ein Stundenplan für die 3. Klasse der deutschen Schule in Memmingen von 1763 nennt auch das Fach **Naturlehre**. In den beiden unteren Klassen wurde Naturlehre noch nicht unterrichtet [20].

Der Pietismus wurde in Deutschland von der **Aufklärung** abgelöst. Die pädagogischen Bestrebungen der Aufklärung beruhen auf dem Prinzip Rousseaus, der Rückkehr zur Natur in Schule und Leben. Daraus entstand in

Anfangsgründe der Naturlehre

Zum Gebrauch der lateinischen Schulen in den churbaierischen Landen.

München gedruckt bey Johann Paul Vöter, churfürstl. Hof- akademisch- und Landschaftsbuchdruckern.

Von den flüßigen Körpern.

§. 111. Ein flüßiger Körper (fluidum) heißt, in dem sich keine Theile angeben lassen, die mit einer merklichen Kraft zusammenhiengen. Durch das, was uns die Erfahruug lehret, sind wir im Stande, die hauptsächlichsten Eigenschaften der flüßigen Körper anzugeben. 1) Weil wir keine Theilchen, woraus die flüßigen Körper bestehen, durch das beste Vergrößerungsglas entdecken; so müßen die Theilchen sehr klein seyn. 2) Daß aber dem ungeachtet diese kleinste Theilchen denen von festen Körpern ähnlich sind, zeigt sich daraus, weil sie sonst durch die geringste Gewalt zerstöret werden könnten. Der Wasserhammer, und verschiedene andere Erfahrungen bezeigen noch mehr, daß diese Theilchen hart seyn müssen. Daher müssen auch die Gesetze der Schwere und Bewegung überhaupt auf flüßige Materien angewandt werden können. 3) Die Theile dieser Körper müssen wenig zusammenhängen; sonst würde der Zusammenhang ihrer Bewegung widerstehen. Wir schließen ferner daraus, daß vielleicht die Theilchen entweder gar nicht berühren, oder doch solche Gestalten haben, die sich in wenigen Puncten berühren. Sie können vielleicht kugelförmig seyn; denn nach der Geometrie berühren sich zwo Kugeln nur in einem Puncte. 4) Jeder fester Körper kann auch daher flüßig werden, wenn seine Theilchen so klein werden, als zur Flüßigkeit nöthig ist, das heißt, ungemein klein, und daß sie überdas entweder sehr wenig, oder sich gar nicht berühren müssen.

§. 264. Aus dem gefrorenen Wasser entstehet das Eis. Das Eis nimmt ebenfalls einen größern Raum ein, als das Wasser, woraus es entstund. Das eigenthümliche Gewichte des ersten zum andern ist wie 1000 zu 916 oder wie 9 zu 8. Daher dann auch das Eis auf dem Wasser schwimmen kann. Wenn das Eis entstehet; so sieht man erst auf der Oberfläche des Wassers Strahlen vom Eise, die hauptsächlich Winkel von 60 auch von 30 und 120 Graden machen. Nach und nach wird die Oberfläche des Wassers ganz überzogen; es setzt sich immer stärker an, bis das ganze Wasser in Eis verwandelt ist. Es ist überdas das Eis mit einer starken Ausdehnungskraft begabt; und je stärker es frieret, desto stärker zeiget das Eis diese Kraft. Daher zerspringen verschlossene mit Wasser gefüllte, und dem Frost ausgesetzte Gefäße, die Bäume, die Felsen, u. s. w.

§. 265. Daß das Eis einen größern Raum einnehme, als das Wasser, woraus es entstanden, scheinet daher zu kommen, weil bey Entstehung des Eises die Wassertheilchen in eine gewisse Lage unter gewissen Winkeln zu liegen, sich bestreben (§. 264.). Dadurch können nun allerdings viele Räume überbleiben, die kein Wasser, sondern Luft enthalten. Es scheinen auch P. Scherffer und Biwald Recht zu haben, wenn sie die ausdehnende Kraft des Eises aus diesem Bestreben der Theilchen, in gewisse Lagen zu kommen, herleiten; obschon die eingeschlossene Luft auch etwas beytragen mag. Wollte man bloß der eingeschlossenen Luft diese ausdehnende Kraft beylegen; so müßte wohl aus Wasser, das vom Luft gereiniget wäre, Eis entstehen, das keine ausdehnende Kraft hat. Die Erfahrung lehret aber das Gegentheil.

Abb. 16.1: Aus „Anfangsgründe der Naturlehre“ [23].

Deutschland der **Philantropinismus** [11]. Sein Urheber ist Johann Bernhard Basedow (1723–1790). So gegensätzlich die Bestrebungen des Pietismus (Frömmigkeit) und des Philanthropinismus (Aufklärung) im Grunde waren, so einig waren sie sich in der **Förderung der Naturwissenschaften im Unterricht**. Basedow gründete 1774 eine Normalschule in Dessau, das sog. Philantropinum, in dem er seine Verbesserungen des Schulwesens realisieren wollte. Im gleichen Jahr erschien sein „Elementarwerk", das er als „einen geeigneten Vorrat aller nötigen Erkenntnisse zum Unterricht der Jugend von Anfang bis ins akademische Alter ..." betrachtet [11]. Darin findet sich u.a. ein vollständiger Lehrgang für Physik und Mineralogie; in Letzterem werden z.T. verworrene Ansichten über chemische Substanzen vertreten und einige Arbeitsmethoden der „Chymisten" beschrieben. Basedows Einfluss war groß, er zog die namhaften Pädagogen seiner Zeit in seinen Bann. Dessau wurde zum deutschen Mekka der Pädagogen [17]. Wichtiger als die fachbezogenen Einflüsse scheint aus heutiger Sicht die im Philanthropinismus entstandene Idee einer **„allgemeinen Bildung"**. Naturwissenschaftlicher Unterricht wird als unabdingbar für die vollkommene Bildung erachtet.

Pietismus und Aufklärung waren Wegbereiter für die Gründung von Realschulen. Der neue Geist verhalf aber auch den Naturwissenschaften zum Einzug in die Lateinschulen. Paulsen stellt fest, dass sie in der großen Schule „um 1740 überall Fuß gefasst haben ... wenn auch zunächst nicht im Ordinarium, so doch im Extraordinarium, d.h. in privaten und freiwilligen Stunden". Paulsen fährt bei seiner Charakterisierung des „Latinitätsbetriebes" fort:

Z Nach allem: Der Betrieb des klassischen Unterrichts war am Ende dieser Periode noch wesentlich derselbe, wie er im 16. Jahrhundert eingeführt worden war. Nur eines war anders geworden: Der Glaube daran fehlte. Zur Zeit des Humanismus war alle Welt davon überzeugt, dass es größere, sublimere Leistungen des menschlichen Geistes als gute lateinische Verse und Reden nicht geben könne ... Um den Anfang des 18. Jahrhunderts glaubte kein Mann von Welt mehr an die lateinische Poesie und Eloquenz ... [18].

Was im Unterricht der lateinischen Schule in der **Naturlehre** gelehrt wurde und welche **Unterrichtsziele** dabei verfolgt wurden, soll durch einige Beispiele aus Schulbüchern dieser Zeit verdeutlicht werden. 1768 erscheint von Johann Christian Polykarp Erxleben eine zweibändige Naturgeschichte [21] und 1772 seine Naturlehre [22]. Seine Naturgeschichte fand an den Schulen weniger Anklang, dagegen war die Naturlehre ein verbreitetes Lehrbuch. In der **Naturgeschichte** werden am Ende in der Mineralogie die Erdarten, die Salze und die Metalle (Au, Ag, Hg, Pb, Cu, Fe, Sn, Pt, Bi, Ni, As, Sb, Zn, Co) mit ihren Eigenschaften beschrieben. In der **Naturlehre** werden vorwiegend physikalische Fragen behandelt; zur Chemie ist zu rechnen ein Teil des 7. Abschnittes „Von der Luft" und Teile des 9. Abschnittes „Von der Wärme". Ein für die Unterrichtsgeschichte interessantes Buch stammt von Adam Daniel Richter, „Lehrbuch einer für Schulen fasslichen Naturlehre". Richter war Direktor des Gymnasiums zu Zittau.

Dass auch in **Lateinschulen** der katholischen Länder in Naturlehre unterrichtet wurde, belegt das in Abbildung 16.1 vorgestellte Beispiel des kurbayerischen Lehrbuches „Anfangsgründe der Naturlehre", mit dem Untertitel „Zum Gebrauch der lateinischen Schulen ..." aus dem Jahre 1776 [23].

2.3.2 Methoden und Ziele des Unterrichts in Naturlehre

Bereits vor nahezu 250 Jahren wurden also die **Bedeutung des Experiments** im Unterricht der Naturlehre betont (Vorrede zu Richters Naturlehre) und aus Beobachtungen Folgerungen gezogen. Das aus der kurbayerischen Naturlehre gewählte Beispiel (Abb. 16.1) macht dies deutlich. Naturvorgänge und Erscheinungen werden nicht nur beschrieben, sondern auf der Grundlage von Modellvorstellungen gedeutet. Die Interpretation der Eisstruktur in § 265 dieser Naturlehre (Abb. 16.1) stimmt mit unseren heutigen Vorstellungen im Prinzip überein.

Auswertung von Experimentalbefunden und Naturbeobachtungen, Anwendung von Modellvorstellungen und das Aufzeigen von

Querverbindungen zu Alltagserfahrungen sind Hinweise dafür, dass der naturwissenschaftliche Unterricht des 18. Jahrhunderts bereits von didaktischen und methodischen Überlegungen getragen wurde.
Die **Philantropinisten** wandten als Mittel der Denkschulung die **„sokratische Methode“** (Mäeutik) an. „Sie lehrt denken, nicht wissen“. Wenn „Finden und Erfinden“ als „das feinste, also auch das wichtigste Stück des ganzen Unterrichts“ betrachtet wird [17], dann finden sich die **Anfänge des „entdeckenden Unterrichts“** bereits im 18. Jahrhundert. War in der ersten Hälfte des 18. Jahrhunderts noch der **Utilitarismus** die treibende Kraft für die Einführung der Realien in den Schulunterricht, so wird von den Philantropinisten der Unterricht in den Naturwissenschaften mit den **Erziehungszielen und Bildungsaufgaben der Schule** begründet. Und darin liegt auch die besondere Bedeutung des Philantropinismus für die Geschichte des Chemieunterrichts. Dies ändert nichts an der Tatsache, dass es noch lange dauerte, bis sich die Erkenntnis durchsetzte, dass die in den Naturwissenschaften vermittelten geistigen und sittlichen Werte ein notwendiger Bestandteil jeder Bildung und Erziehung sind. Unter allen Fächern hatte es die Naturwissenschaft am schwersten, die Anerkennung ihres Bildungswertes zu finden [24].
In der zweiten Hälfte des 18. Jahrhunderts wird in den Lehrplänen die Mathematik als Unterrichtsfach immer stärker berücksichtigt. Für den Gründer des **Neuhumanismus**, Mathias Gesner (1697–1761), ist die Mathematik „das zweite Auge des menschlichen Geistes“, deren Bedeutung „nicht hoch genug zu veranschlagen sei“ [1].
Die **Geringschätzung der Chemie** muss überraschen, denn am Ende des 18. Jahrhunderts erlebt die europäische Chemie einen ihrer großen Entwicklungsschritte. Dafür seien stellvertretend genannt der Franzose Lavoisier (1743–1794), der Engländer Cavendish (1731–1810), der Schwede Bergman (1735–1784) und der Deutsche Klaproth (1743–1817). 1778 erscheint als erste deutsche Fachzeitschrift „Chemisches Journal“ von Crell (1744–1816), Professor in Braunschweig, Helmstedt und Göttingen; es wird in Lemgo herausgegeben. Eine Hürde für die moderne Entwicklung der Chemie stellte sicher das **phlogistische System** dar [6]. Zu den ersten deutschen Chemikern, die das antiphlogistische System anerkannten, gehör-

Abb. 18.1: Aus dem Lehrbuch „Systematischer Grundriss …“ von Hermbstädt [25].

§. 251.

Darstellung des Wasserzeugenden-Gases, durch die Auflösung der Metalle in Säuren.

A) In einer pneumatisch-chemischen Geräthschaft, übergieße man eine beliebige Quantität granulirten Zink, mit verdünnter Schwefelsäure (aus einem Theil Schwefelöl und sechs Theilen Wasser gemengt). Der Zink wird sich mit Erwärmung der Flüßigkeit, und unter beständigen Brausen auflösen, es wird sich Wasserzeugendes-Gas entbinden, das über Wasser aufgefangen werden kann.

B) Ist die Auflösung beendigt, so wird eine wasserklare Flüßigkeit übrig bleiben, aus der die alkalischen Auflösungen oxidirtes Zink fällen.

C) Wird dagegen wasserfreye Schwefelsäure angewendet, dann erfolgt, ohne Siedhitze, weder Auflösung- noch Gasentbindung; bey der Siedhitze wird Schweflichtsaures Gas entbunden.

Bey dieser Auflösung ist der zureichende Grund von der Entwickelung des Wasserzeugenden-Gases dem vorigen (§. 249) vollkommen gleich. Was im vorigen erhöhete Temperatur oder langsame Einwirkung des Wassers auf das Eisen beförderte, bewirkt hier die mit dem Wasser gemengte Säure. Sie wirkt als ein Aneignungsmittel (§. 116) für die Verbindung des Zinks mit dem Säurezeugenden-Stoffe des Wassers: dieser tritt mit dem Zinkstoffe in Mischung, und der Wasserzeugende-Stoff wird entwickelt. Letzterer mischt sich mit dem aus dem Zink entwickelten Lichtzeugenden-Stoffe, so wie dem durch die Zerlegung des Wassers frey gewordenen Wärmezeugenden-Stoffe, und wird dadurch zum Wasserzeugenden-Gas ausgedehnt. Dagegen tritt nun das Zinkoxid mit der Säure in Mischung, und stellt die Zinkauflösung dar.

§. 120.

Dephlogistisirte Luft.

Dephlogistisirte Luft (Feuerluft, Lebensluft, reine Luft) entwickelt sich am leichtesten aus reinem Salpeter oder aus Braunstein, den man in einer gut beschlagenen Retorte im freyen Feuer zum Glühen bringt. 2 Loth Salpeter geben ohngefähr 400 Cubiczoll solche Luft *). Auch erhält man sie aus frischen Pflanzen, wenn das Sonnenlicht auf sie wirkt. Sie vermischt sich nicht mit Wasser; Thiere leben in ihr 6mal länger als in der gemeinen, den Pflanzen aber ist sie schädlich; sie entzündet Papier, wenn nur ein Funke daran ist; sie schmelzt eine Stahlfeder, wenn man ein Stückchen angezündeten Schwamm daran befestigt; hineingehangener angezündeter Phosphorus giebt in derselben einen so hellen Schein als das Sonnenlicht; durch Vermischung mit der brennbaren giebt sie einen sehr starken Knall **), und ist schwerer als die gemeine.

*) Wahrscheinlich verwandelt sich das Wasser, das mit diesen Stoffen verbunden ist, vermöge des Wärmestoffes in Luft.

**) Wenn man daher Seifenblasen mit dephlogistisirter und brennbarer Luft füllt, so steigen sie in die Höhe, und geben durch ein daran gehaltenes Licht einen Knall.

Abb. 19.1: Aus „Anfangsgründe der Experimental-Naturlehre ..." von Nicolai [26].

ten Hermbstädt und Girtanner. Hermbstädt (1760–1833) veröffentlichte bereits 1800 ein Lehrbuch mit dem Titel „Systematischer Grundriss der allgemeinen Experimentalchemie zum Gebrauche bei Vorlesungen und zur Selbstbelehrung beim Mangel des mündlichen Unterrichts, nach den neuesten Entdeckungen entworfen" [25]. Der Begriff **„Experimentalchemie"** ist bemerkenswert, das Beispiel einer Versuchsvorschrift zeigt Abbildung 18.1.

Für den Schulunterricht ist besonders interessant, dass schon 1797 vom Konrektor und Lehrer der Physik am Arnstädter Lyceum Nicolai das Buch „Anfangsgründe der Experimental-Naturlehre für Gymnasien und höhere Erziehungsanstalten" verfasst wurde [26]. Das Buch behandelt in erster Linie physikalische Fragen. Ein Beispiel aus der Chemie ist § 120 in Abbildung 19.1.

2.3.3 Experimentalunterricht an den Universitäten

Im ersten Drittel des 19. Jahrhunderts wurde die Ausbildung der Chemiestudenten mit der Errichtung von Unterrichtslaboratorien entscheidend verbessert. Zeitlich an erster Stelle steht das Institut, das der Apotheker und Professor für Chemie an der Universität Erfurt Trommsdorf (1770–1837) gründete [27]. In der folgenden Zeit wurden an anderen Universitäten ebenfalls Unterrichtslaboratorien eingerichtet, z. B. von dem Arzt Stromeyer (1776–1835) in Göttingen, von Bunsen 1839 in Marburg. In München wurde 1807 der erste Leiter der Sektion Chemie an der Bayerischen Akademie, Gehlen (1775–1815), mit der Errichtung eines chemischen Laboratoriums beauftragt. (Die Universität war damals noch in Landshut.) In Jena kündigte bereits 1820 Döbereiner ein „chemisch-praktisches Kolloquium" an – eines der ersten dieser Art in Deutschland. 1832 konnte er nach tatkräftiger Unterstützung durch Goethe ein Unterrichtslaboratorium eröffnen. Es bot 20 Praktikanten Platz. Das berühmteste dieser Institute war das von Liebig 1825 in Gießen eröffnete Laboratorium. Es galt wegen seiner durchdachten Einrichtung für die praktische Ausbildung in Chemie über das 19. Jahrhundert hinaus als Vorbild für alle chemischen Unterrichtslaboratorien.

2.3.4 Die Berliner Gewerbeschule – Wöhler und Koehler

Eine besondere Rolle für die Entwicklung der Chemie und des Chemieunterrichts in Deutschland spielte zu Beginn des 19. Jahrhunderts die **städtische Gewerbeschule in Berlin**. An dieser Schule wirkte als erster Chemielehrer F. Wöhler (1800–1882), nachdem er von Stockholm (bei Berzelius) wieder nach Deutschland zurückgekehrt war. Er erhielt ein Laboratorium, das nach seinen Worten „freundlich und nett" eingerichtet war [28]. Es sollte durch Wöhlers

Entdeckungen bald berühmt werden. Wöhler verfasste für den Chemieunterricht an der Gewerbeschule einen „Grundriss der Chemie", der an vielen deutschen Schulen eingeführt wurde (Württemberg, Hessen, Freie Stadt Frankfurt). Wöhler schließt die Vorrede zu diesem Buch mit einigen bemerkenswerten Gedanken [29]:

Z Indessen möge man bedenken, dass der Unterricht in der Chemie nicht bloß einen praktischen Zweck haben soll. Man kann ihn in der Tat mit dem mathematischen Unterricht vergleichen und ihn zugleich als ein Bildungsmittel des Denkvermögens betrachten. Bei einer künftigen Generation werden ohne Zweifel chemische Kenntnisse so allgemein sein, wie es gegenwärtig die mathematischen sind. Was uns jetzt, bloß aus noch mangelnder allgemeiner Verbreitung dieser Kenntnisse, im chemischen Vortrage als zu abstrakt und für den Lernenden unpassend vorkommt, wird man später mit derselben Zuversicht und demselben Erfolge lehren wie gegenwärtig die höheren Teile der Mathematik.

Kassel, im März 1833. W.

Weniger bekannt dürfte der Kollege Wöhlers an der Berliner Gewerbeschule, F. Koehler, sein. Von ihm stammt ein Lehrbuch, das jahrzehntelang im Chemieunterricht der Schulen verwendet wurde. Darin wurden im anorganischen Teil die meisten der damals bekannten Elemente mit ihren Verbindungen auf ca. 200 Seiten beschrieben, für heutige Verhältnisse eine unvorstellbare Fülle an „Stoffchemie". In der organischen Chemie behandelt Koehler zuerst die „Pflanzensäuren" und andere „Pflanzenstoffe", dabei auch verschiedene Gärungsarten, dann „Tierstoffe" und am Ende technische Prozesse wie Lederfabrikation, Seifensiederei [30]. Bei dem Umfang des Buches und den Ansprüchen, die es stellt, ist anzunehmen, dass für den Unterricht daraus nur bestimmte Kapitel gewählt wurden.

2.3.5 Die Entwicklung des realistischen Unterrichts in Bayern

In der zweiten Hälfte des 18. Jahrhunderts nahm die Entwicklung des realistischen Schulwesens in Bayern unter der Regierung Max III. Joseph (1724–1777) ihren Anfang. Er regte durch ein kurfürstliches Generalmandat vom 1. Februar 1771 die **Entwicklung von Feiertagsschulen** an, in denen die für Handwerk und Gewerbe notwendigen theoretischen Grundlagen vermittelt werden sollten [31].

Als 1773 durch päpstliches Dekret der Jesuitenorden aufgelöst wurde, der vor allem für die Gymnasien zuständig war, folgte eine **Neuordnung des Schulwesens**. Dabei wurde erstmals den **Realien im Unterrichtswesen** Beachtung geschenkt. Das entscheidende Datum dafür ist der 27.4.1774, denn an diesem Tag legte der Direktor der Universität Ingolstadt, Adam Freiherr von Ickstatt (1702–1776), einen Schulplan vor, in dem das **Realschulwesen für Bayern** erstmals festgeschrieben war. Danach gliederte sich das Schulwesen in Bayern so [31]:

1. Trivial- oder Volksschulen,
2. Realschulen oder niedere Gymnasien (4 Klassen),
3. Höhere Gymnasien (5 Klassen),
4. Lyzeen und Universitäten.

Gegen diesen Plan opponierte wegen Geringschätzung des „humanistischen Prinzips" der Tegernseer Benediktinerpater Heinrich Braun (1731–1792). Er erzwang einen Kompromiss, in dem dem Gymnasium eine **zwei**klassige Realschule als Vorstufe angegliedert wurde. Dafür mussten die lateinischen Vorbereitungsklassen entfallen.

Die Realschule war bis zur Einrichtung 1774 „ein hierzulande ganz neuer, und bisher vielen unbekannter Gegenstand" [4].

Die Schulordnung für Realschulen betonte, „dass das Gedächtnis der zarten Jugend nicht mit bloßen Regeln zu sehr überhäufet, sondern die Schüler vielmehr praktisch gelehrt würden". Deshalb veranlasste Seine Kurfürstliche Durchlaucht, „dass bei jeder Realschule eine Sammlung von Mineralien, Kräutern etc. herbeigeschaffet werde" [31]. Diese **Aufwertung der Realien** erregte aber bei den Verfechtern der überlieferten Schule Widerspruch. Als Braun zum Direktor aller bayerischen Lyzeen und Gymnasien bestellt wurde, erließ er bereits am 1. September 1777 **eine neue Schulordnung**. Darin wurde die Verbindung von Realschulen und Gymnasien wieder gelöst. Die erst 1774 aufgehobenen lateinischen Vorbereitungsklassen wurden von Braun wieder eingeführt und dem Gymnasium vorangestellt. **Real- und Bürgerschulen konnten getrennt vom Gymnasium weiterbestehen**. Das war mehr als ein Prestigeverlust für das realistische Schulwesen, denn es befand sich auf einem niedrigeren Niveau als die lateinische Schule. Erst durch eine Verordnung vom 24. September 1799 sollten die Real- und Bürgerschulen etwas mehr gepflegt werden. Es wurden wieder die Fächer „Anfangsgründe der Naturwissenschaften" und „Land- und Staatswirtschaft (mit Gewerbekunde und Technologie)" in den Unterricht aufgenommen. Diese Regelung galt bis 1804. In diesem Jahr erschien unter Minister Montgelas eine kurfürstliche Verordnung zur **Neuregelung des Schulwesens**. Der kurpfalzbayerische Generalschuldirektor Wismayr verfasste einen Schulplan, in dem die realistische Bildung wieder mehr Beachtung fand. Nach diesem Plan war das mittlere Schulwesen gegliedert in: Realschule, Gymnasium, Lyzeum.

In der **dreiklassigen Realschule** wurde Naturgeschichte mit Technologie und Naturlehre je zweistündig unterrichtet. In beiden Fächern waren auch chemische Lehrinhalte vorgesehen. Bereits **1808 erschien wieder eine neue Schulordnung**, verfasst vom Zentralschulrat Friedrich Immanuel Niethammer (1766–1848), das sog. **Normativ von Niethammer**. Danach war das Unterrichtswesen so gegliedert: Volksschule, Primärschule, Sekundärschule, Studieninstitute, Lyzeen, Universitäten.

Es kam zu einer **Trennung des realistischen und humanistischen Unterrichts**.

Realschulstudieninstitut und Gymnasium hatten die gleiche Berechtigung. Damit waren zum ersten Mal die **Selbstständigkeit und der Rang der realistischen Unterrichtsanstalten anerkannt**. Schulgeschichtlich war das Realschulwesen in Bayern „mustergültig und vorbildlich für Deutschland geworden" [29]. Das Besondere an der bayerischen Unterrichtssituation war, dass damals über die Realschulstudieninstitute der Weg zum akademischen Studium möglich war.

Doch **1816 wurden die Realinstitute wieder aufgehoben** und dem humanistischen Gymnasium das ausschließliche Bildungsmonopol zur Vorbereitung auf das akademische Studium eingeräumt.

Diese schulpolitischen Auseinandersetzungen hatte besonders die Chemie zu spüren. Sie galt als Fach der Realschulen und der „Feiertagsschulen" (Vorläufer der heutigen Berufsschulen) für Lehrlinge und Gesellen des Handwerks. An den Gymnasien wurde nur etwas Naturlehre (fast nur Physik) unterrichtet.

Nach Auflösung der Realschulen sollten die 1816 gegründeten **Höheren Bürgerschulen** die entstandene Lücke schließen. An dieser Schule wurde **„Naturbeschreibung und Naturlehre mit Bezug auf das bürgerliche Gewerbe"** unterrichtet. Sie unterschied sich im Niveau wenig von der damaligen Volksschule. Damit war eine Schulart geschaffen, die zum Gymnasium keine Alternative darstellte. Diese Bürgerschule wurde bei der Reorganisation des technischen Schulwesens 1833 bereits wieder aufgelöst.

Am 16. Februar 1833 wurde durch Allerhöchste Königliche Verordnung die **Errichtung von technischen Unterrichtsanstalten** befohlen. Die ersten wurden in München, Nürnberg und Augsburg eingerichtet. Der Münchner Universität wurde eine technische Fakultät angegliedert, aus der über die Technische Hochschule (1877) die Technische Universität München (1970) hervorging. Die Besetzung der Stellen für **Chemielehrer** stellte in den Anfangsjahren ein besonderes Problem dar. Man setzte dafür Apotheker oder Offiziere ein. Der Realbedarf der Chemie wurde mit 200 Gulden veranschlagt. Die neu gegründeten technischen Schulen sollten das gewerbliche und industrielle Wirtschaftsleben fördern, das unter starkem Konkurrenzdruck des Auslands stand. Von Bildungswerten der Naturwissenschaften war bei ihrer Übernahme in den Unterricht also nichts zu merken. In einer Denkschrift des Geheimrats Utzschneider werden ausdrücklich Mathematik und Chemie genannt, „... um bei dem stets ernstlicher werdenden Kampfe der Nationen im Felde der Industrie nicht noch weiter zurückzubleiben ..." [31]. Die Stundentafeln von 1834/35 und von 1870/71 (S. 22) zeigen, dass an den Realschulen dem Fach Chemie in der zweiten Hälfte des 19. Jahrhunderts mehr Stunden zugeteilt waren als heute (!), obwohl die Schule damals dreiklassig war.

In den bayerischen Schulordnungen und Stundentafeln findet sich nirgends ein Hinweis auf

Lehrplan von 1834/35				
Unterrichtsfach (ausgewählt)	Wochenstunden			Gesamtzahl der Wochenstunden
	I	II	III	
Naturgeschichte	3	2	–	5
Physik	–	3	–	3
Chemie	–	2	3	5
Mechanik ...	–	–	2	2

Lehrplan von 1870/71				
Lehrgegenstände (ausgewählt)	Kurse			Gesamtzahl der Wochenstunden
	I	II	III	
Physik	–	3	3	6
Chemie und Mineralogie ...	–	–	5	5
Naturgeschichte .	4	–	–	4

experimentelle Schülerübungen. Bei dem Umfang des Lehrstoffes ist sogar zu befürchten, dass im Unterricht nur gelegentlich Demonstrationsexperimente gezeigt wurden und der Chemieunterricht vorwiegend dozierend erteilt wurde. Schon zu Beginn des 19. Jahrhunderts – noch vor Gründung der bayerischen Realschulen – wurde gefordert, an Sonntagen in den Laboratorien der Apotheken Chemie zu unterrichten. Die Befürworter der Realschulen, die sich im „Polytechnischen Verein" zusammenschlossen, dachten sicher auch an den Experimentalunterricht in Chemie. Der wesentliche Grund dafür war aber in erster Linie, vielleicht sogar ausschließlich, die **„Nützlichkeit" der Chemie für das spätere Berufsleben**. An einen Erziehungs- und Bildungswert der Naturwissenschaften wurde nicht gedacht [32]. Diese Feststellung gilt für alle Länder. So schreibt z.B. Stammer, Lehrer an der Real- und Provinzial-Gewerbeschule in Münster, in seinem Vorwort zum Leitfaden: „... Für unsere Gewerbeschulen ist ganz besonders die praktische Entwicklung, die der Jüngling im Laboratorium findet, von höchstem Interesse, ... die zum unschätzbaren Vorteile wird für die, welche zu ihrem Berufe derjenigen Kenntnisse und Fähigkeiten bedürfen, die hier erworben werden ..." [33].

Diese **Überbetonung des Nützlichkeitsprinzips und die Verkennung der Erziehungs- und Bildungswerte der Naturwissenschaften** zu Beginn des Industriezeitalters waren sicher die Hauptgründe, warum die Chemie an den bayerischen Gymnasien keine besondere Beachtung fand. Es darf nicht übersehen werden, dass der Neuhumanismus in Bayern mächtige Befürworter hatte. Der Historiker Schnabel spricht von einer „Tragödie des Neuhumanismus, der statt eine Lebensmacht zu werden zu einer Theorie des Unterrichts wurde" (zit. in [34]). In dem 1829 von Thiersch verfassten bayerischen Schulplan wurden die Naturwissenschaften aus dem Unterricht der Gymnasien wieder völlig gestrichen [35]. In seinem zweibändigen Werk über „gelehrte Schulen" äußert sich Thiersch sehr geringschätzig über den naturwissenschaftlichen Unterricht und spricht von „grundloser Wisserei" [35]! So darf es nicht wundern, wenn bei einer derartigen Ignoranz an den Gymnasien Bayerns mit Ausnahme von 3 Stunden Physik kein naturwissenschaftlicher Unterricht vorgesehen war. Diese Ausnahmestellung behauptete Bayern unter den deutschen Ländern noch 1884.

Die Missachtung des Chemieunterrichts an bayerischen Gymnasien ist nur schwer zu verstehen. Genoss doch Justus von Liebig am bayerischen Königshofe größte Hochachtung. Es war der bayerische König, der ohne Zögern am 27. 4. 1865 der Errichtung einer chemischen Fabrik in Ludwigshafen (die heutige BASF) zustimmte. In seinen „Chemischen Briefen" – 1858 „Seiner Majestät Maximilian II., König von Bayern, untertänigst gewidmet" – hat Liebig das Studium der Naturwissenschaften als Mittel der Erziehung seiner Zeit bezeichnet:

Z Die Fragen nach den Ursachen der Naturerscheinungen ... sind dem menschlichen Geist so angemessen, dass die Wissenschaften, welche befriedigende Antworten darauf geben, mehr wie alle anderen Einfluss auf die Kultur des Geistes ausüben. Das Studium der Naturwissenschaften als Mittel der Erziehung ist ein Bedürfnis unserer Zeit [36].

Aus den Realschulen mit Unterricht in Latein ging das **Realgymnasium** hervor. An dieser Schulart wurde erst ab **1859 Chemie als obli-**

gatorisches Unterrichtsfach eingeführt. Das Realgymnasium konnte erst 1900 die Hochschulreife erteilen. Die **Oberrealschule** – der gymnasiale Zweig ohne verpflichtenden Lateinunterricht – durfte 1909 die allgemeine Hochschulreife zuerkennen.

Es ist eine Tragik des Chemieunterrichts, dass sein Bildungswert so spät (Kerschensteiner [32]) in die öffentliche Diskussion gebracht und dann aber viel zu zurückhaltend, wohl auch nicht überzeugend genug vertreten wurde.

2.3.6 Die Entwicklung des Chemieunterrichts in Preußen während des 19. Jahrhunderts

Die Kriege zu Beginn des 19. Jahrhunderts erschütterten den preußischen Staat in seinen Grundfesten. Da erhoben Neuhumanisten ihre Stimme und führten den Niedergang des Vaterlandes auf „die Folge der inneren Ohnmacht des Alten, der Aufklärung, der Nützlichkeitsphilosophie und des Franzosentums" zurück [1]. Von König Wilhelm wurde W. von Humboldt (1767–1835) mit der Reorganisation des höheren Schulwesens beauftragt. Seine Ratgeber wurden Wolf (1759–1824) und Süvern (1775–1829). Für Wolf waren die beschreibenden Naturwissenschaften wichtiger als Physik, denn er verlangte **Anschauung im Unterricht**, und die schien ihm in der **Naturgeschichte** am ersten realisierbar zu sein. Allgemein wurden im naturwissenschaftlichen Unterricht keine besonderen Anforderungen gestellt. 1816 wurde der von Süvern verfasste **„Normallehrplan"** veröffentlicht. Danach war das Gymnasium eine 10-klassige Schule. In jeder Klasse waren zwei naturwissenschaftliche Lehrstunden vorgesehen. Chemische Lehrinhalte traten wegen ihrer Unanschaulichkeit zurück. Die Durchsetzung des naturwissenschaftlichen Unterrichts scheiterte an den hohen Anforderungen der alten Sprachen, am Mangel an fachlich ausgebildeten Lehrern und den dafür notwendigen Einrichtungen.

Süverns Nachfolger Schulze (1786–1869) war ein begeisterter Neuhumanist; dennoch wird unter seinem Einfluss im Edikt von 1831 zum ersten Mal **das mathematisch-naturwissenschaftliche Lehrfach gleichberechtigt neben Griechisch und Latein** gestellt. Schulze verlangt von jedem Lehramtskandidaten Kenntnisse in Mathematik und den Naturwissenschaften, weil sie zur **„Gesamtbildung des Menschen** gehören" [1]. Für die Ausbildung in den Naturwissenschaften wurden an den Universitäten Bonn (1825), Königsberg (1834) und Halle (1837) **naturwissenschaftliche Seminare** eingerichtet. Als es 1836 wegen **„Überbürdung" der Schüler** zu einer öffentlichen Diskussion kam, ordnet Schulze eine Lehrplanrevision an, doch erteilt er die Auflage, die Naturwissenschaften im Unterricht nicht anzutasten.

Der aus dieser Lehrplanrevision hervorgehende **Normallehrplan** [11] **von 1837** bildet einen vorläufigen Abschluss der staatlichen Regelung des Schulwesens in Preußen. Er wurde für die übrigen deutschen Staaten vorbildlich. Am alten Unterrichtsbetrieb hielten Bayern (Thiersch, S. 22) und Sachsen am längsten fest. **1856 wird der gymnasiale Lehrplan für die naturwissenschaftlichen Fächer entscheidend geändert**. Am besten kommt die Physik davon; die übrigen Naturwissenschaften werden zugunsten der Geschichte und des Französischen stark eingeschränkt. Diese Änderung geht auf Ludwig Wiese, von 1852–1882 Dezernent für das höhere Schulwesen in Preußen, zurück. Er war mit den Naturwissenschaften, insbesondere mit Chemie, als ehemaliger Direktor der Berliner Realschule gut vertraut. Dennoch vertrat er die Stundenkürzung für die Naturwissenschaften an den Gymnasien.

Unter Wiese fanden die **Realschulen in Preußen die staatliche Anerkennung**. Bereits 1820 entwickelten sich aus dem Naturlehreunterricht die Fächer Physik und Chemie. Die Stundenzahl für Chemie war nicht verbindlich; sie lag im Ermessen der Schulleiter. In Wieses Lehrplan werden drei Kategorien realer Schulen unterschieden: **Realschulen I. und II. Ordnung sowie höhere Bürgerschulen**. In der **Chemie** werden für die **Reifeprüfung**, die aus einem schriftlichen und einem mündlichen Teil besteht, konkrete Kenntnisse gefordert.

Der Wiese'sche Lehrplan war wegweisend für den naturwissenschaftlichen Unterricht in den folgenden Jahrzehnten.

2.4 Die Anfänge des Experimentalunterrichts

Der Mangel an ausgebildeten Chemielehrern und die dürftige Einrichtung der Schulen waren das wesentliche Hindernis für die schon im 18. Jahrhundert geforderten Demonstrationen von Experimenten im Chemieunterricht. An Büchern für die Durchführung chemischer Experimente fehlte es nicht. Aus diesen ist zu entnehmen, dass für alle Themenbereiche des damaligen Unterrichts Experimente bekannt waren. In der aus dem Englischen übersetzten „Vorschule der Chemie“ [37] von Reid finden sich Beispiele, die auch heute noch in Experimentierbüchern beschrieben werden, z. B. die Demonstration einer „Tochterflamme“. Im Vorwort der deutschen Ausgabe wird darauf verwiesen, dass in dem Buch „praktisch erprobte Versuche“ vorgeschlagen werden, die mit einfachen Mitteln durchgeführt werden können. Auf die „einfachen Mittel“ kam es an, denn die Schulen waren höchstens für einfache Versuche eingerichtet.

Besonders interessant ist „Die Schule der Chemie“ von Stöckhardt, die bereits 1858 in der 10. Auflage erschien [38]. Durch dieses Buch wurde W. Ostwald angeregt, ein Werk mit dem gleichen Titel zu verfassen. Aus Stöckhardts Vorwort geht deutlich hervor, dass die **Notwendigkeit des Experimentalunterrichts** schon im frühen 19. Jahrhundert didaktisch begründet wurde. Darin heißt es u. a., dass eine „chemische Theorie nur durch Experimente verdeutlicht werden kann“.

Nach Lautenschläger [39, 40] gab es 1860 in Deutschland nur 19 Schulen, an denen die Schüler Gelegenheit zum **selbstständigen Experimentieren** hatten. Schleip [39, 41] hat nachgewiesen, dass die Entwicklung zum Schülerpraktikum als Bestandteil des Unterrichts nur langsam voranschritt. 1913 waren an 49 % der Realgymnasien und an 82 % der Oberrealschulen **chemische Schülerübungen** vorgesehen, aber nur an 9 % der Realgymnasien und Oberrealschulen jeweils waren diese Übungen auch als Bestandteil des Chemieunterrichts geplant.

2.5 Chemieunterricht in der 2. Hälfte des 19. Jahrhunderts

Zu den bedeutendsten Chemiedidaktikern des 19. Jahrhunderts gehört zweifellos Rudolf Arendt. Er schrieb u. a. den Beitrag zur „Didaktik und Methodik des Chemieunterrichts“ im „Handbuch der Erziehungs- und Unterrichtslehre für höhere Schulen“ [42]. Darin fordert er an erster Stelle, im Unterricht „Anschauungen zu schaffen und in dem Schüler Vorstellungsbilder zu erwecken, aufgrund deren eine Begriffsbildung möglich wird, die dem Schüler allmählich das Wesen der chemischen Erscheinungen zum Bewusstsein bringt und ihn zur Erkenntnis der diesen Erscheinungen beherrschenden Gesetze führt“. Arendt prägt den Begriff **„Anschauungsunterricht“** und fordert eine entsprechende Gestaltung des naturwissenschaftlichen Unterrichts. Er verurteilt deshalb die **„systematische Unterrichtsmethode“**, weil hier die „Anordnung des Lehrstoffes nach den chemischen Elementen erfolgt und kein Bedenken besteht, verwickeltere Vorgänge den einfacheren voranzustellen“. Als typisches Beispiel für ein Lehrbuch, das nach der systematischen Methode konzipiert ist, nennt Arendt den damals weit verbreiteten „Grundriss der Chemie“ von Rüdorff [43].

Man muss Arendt zustimmen, der kritisch zu dieser Konzeption bemerkt: „... worauf sich die theoretischen Erläuterungen dieser Einleitung stützen, sind vorweggenommene chemische Tatsachen, die sich der Lehrer durch langjähriges Studium zu Eigen gemacht hat und nun aufgrund seines reichen Wissens den Schülern in wenigen Stunden in den Schoß wirft“ [42]. Er zitiert Ballauf, der zu dieser „Methode“ der Chemie sagt: „Dem Anfänger in der Chemie wird von vorneherein eine von dem Angeschauten sich sehr weit entfernende Denkarbeit zugemutet“ [42, S. 7].

Arendt stellt grundsätzliche Überlegungen zum Chemieunterricht an und greift Herbarts Forderung „Erziehung durch Unterricht“ auf. Diesem für ein Unterrichtsfach entscheidenden Kriterium kann mit der fachsystematischen Methode nicht entsprochen werden:

„... sie verwirrt die Geister, besitzt weder verstandes- noch gemütsbildende Elemente und kann auf erziehlichen Wert keinen Anspruch erheben.“ [42]
Arendt stellt dem systematischen Chemieunterricht seinen **„Methodischen Lehrgang“** gegenüber:

Z 1. Man schreite vom Einfachen zum Schwereren fort (Comenius, Diesterweg).
2. Es sind die Stoffe zu behandeln, die aus der täglichen Lebenserfahrung bekannt sind.
3. Die Einführung in die Chemie geschieht in der „Sprache des gewöhnlichen Lebens“.
4. Die chemische Reaktion bildet den Einteilungsgrad für den gesamten Lehrgang.
5. Die Stoffveränderungen sollen stufenweise erweitert werden und das „Verwickeltere muss sich dem Einfachen konzentrisch anlagern“.
6. Fortwährendes Zurückgreifen auf früher Erkanntes soll zu einer Systematisierung der Tatsachen führen.
7. Die Teile des Lehrganges müssen logisch miteinander verknüpft sein.
8. Die vermittelten Lehren müssen ein „geschlossenes Ganzes bilden“. Eine zusätzliche systematische Behandlung chemischen Wissens soll unnötig sein.
9. Der Lehrgang muss für alle Schulen passen. Kürzungen für die einzelnen Schularten sollen möglich sein.
10. „In passender Abwechslung und Folge“ ist „sowohl die induktive als auch die deduktive Methode zur Anwendung zu bringen“.

Arendts didaktische Prinzipien, die wir hier in seiner Sprache gebracht haben, enthalten wesentliche Inhalte und Konzepte der heutigen Chemiedidaktik. Man braucht nur die entsprechenden Termini einzusetzen. Die Bedeutung des Experiments im Unterricht wird von Arendt hoch angesetzt. Chemieunterricht ist auf „rein **experimenteller Grundlage** zu erteilen“. Deshalb setzt er „eine gewisse Gewandtheit und Sicherheit im Experimentieren voraus“ [42]. Schon 1881 erscheint sein „Lehrbuch der Experimentalchemie“ [44], ein Experimentierbuch, das als „Arendt-Doermer“ bereits 1910 seine 4. Auflage erlebte und 1962 (!) mit dem gleichen Titel in 7. Auflage erschien. Neben den Lehrerexperimenten nennt Arendt in seiner Didaktik auch **„Klassenversuche“**.
„Eine weitere Alternative zu dem an der Stoffsystematik orientierten Chemieunterricht stellt der von Ferdinand Wilbrand entwickelte Lehrgang dar“ [45], wie Just in einem Überblick über didaktische Konzepte des Chemieunterrichts in der 2. Hälfte des 19. Jahrhunderts feststellt. In seinem „Leitfaden für den methodischen Unterricht in Chemie“ [46] beschreibt Wilbrand die Chemie als eine **Schule der induktiven Logik**. In dem von ihm vorgeschlagenen Unterrichtsgang sollen „Hypothesen durch Induktion gebildet und anschließend in einem deduktiven Schritt mithilfe des Experiments überprüft werden“ [45]. Wie bei Arendt spielt auch bei Wilbrand das Experiment eine entscheidende Rolle im Chemieunterricht.

2.6 Die Meraner Vorschläge und ihre Folgen

Die Universitäten und wissenschaftlichen Vereinigungen gaben zu Beginn des 20. Jahrhunderts den Anstoß zur **Vertiefung des naturwissenschaftlichen Unterrichts an den Schulen**. Ein besonderes Verdienst erwarb sich dabei der „Verein deutscher Naturforscher und Ärzte“. Auf seiner Jahresversammlung in Breslau (1904) wurde eine zwölfköpfige Kommission eingesetzt, um die Probleme des mathematisch-naturwissenschaftlichen Unterrichts zu beraten und „einer späteren Versammlung bestimmte, abgeglichene Vorschläge zu möglichst allseitiger Abnahme“ vorlegen zu können [1]. Bereits bei der 1905 in Meran angesetzten Jahresversammlung konnte das Ergebnis der Kommissionssitzungen vorgelegt werden, die **„Meraner Vorschläge“**.

Z An der Spitze dieser Vorschläge stehen drei allgemeine Leitsätze:
1. Die höheren Lehranstalten sollen weder eine einseitig sprachlich-geschichtliche noch eine einseitig mathematisch-naturwissenschaftliche Bildung geben.
2. Die Mathematik und Naturwissenschaft sind als den Sprachen durchaus gleichwertige Bildungsmittel anzusehen, und an dem Prinzip der spezifischen Allgemeinbildung der höheren Schulen ist festzuhalten.
3. Die tatsächliche Gleichberechtigung aller Schulen ist durchaus notwendig und vollständig durchzuführen. [1]

Die Aktivität, die vom Verein deutscher Naturforscher und Ärzte ausging, zeigte Wirkung. 1907 entstand der „Deutsche Ausschuss für den mathematischen und naturwissenschaftlichen Unterricht“ (DAMNU).
Wilhelm Ostwald (1853–1932), der sich auch intensiv mit Fragen des Unterrichts und der Bildung beschäftigte, war mit den Meraner Vorschlägen nicht einverstanden. Er konnte dem Sprachunterricht keinen Bildungswert zuerkennen. In einem Vortrag in Wien (1907) zur Reform der Mittelschulen spricht er sich dazu sehr unmissverständlich aus:

Z Wir werden ja alle zu fetischistischer Verehrung der Sprache erzogen. Das zeigt sich auch bei den Naturforschern, denn wenn die Gesellschaft Deutscher Naturforscher und Ärzte eine Resolution fasst, dass der naturwissenschaftliche Unterricht in der Mittelschule zu verstärken ist, so ist das das Äußerste, was sie wagt, wenn sie für die Naturwissenschaften denselben Bildungswert beansprucht, welchen die Sprachen besitzen.
Ich denke nun nicht so vom Bildungswert der Sprache. Ich denke vielmehr, dass die Sprache nicht nur keinen positiven, sondern einen entschieden negativen Bildungswert besitzt. [47]

Trotz dieser und ähnlicher Bedenken war es ein Fortschritt, dass sich die Unterrichtsbehörden aller deutschen Staaten gegenüber den Meraner Reformbestrebungen aufgeschlossen zeigten. Es wurden neue **Stundentafeln und Lehrpläne erarbeitet**.
In **Bayern** trat 1907 ein „Lehrplan der Real- und Oberrealschulen“ in Kraft. Chemie wurde in den gymnasialen Klassen V und VI (heutige Zählung 9. und 10. Jahrgangsstufe) je zweistündig und in den folgenden Klassen VII bis IX je dreistündig unterrichtet. In § 10 dieser ministeriellen Bekanntmachung wird sogar die Möglichkeit eingeräumt, dass schon in der IV. Klasse ein Teil der für die beschreibenden Naturwissenschaften vorgesehenen Zeit zur Einführung der Grundbegriffe der Chemie verwendet werden kann. **Dieses Stundenmaß für Chemie hat es bis zur Einführung der reformierten Oberstufe** (hier aber nur für GK und LK Chemie) nicht mehr gegeben. Der Lehrplan war im Sinne Arendts nach der systematischen Methode aufgebaut. Die Stoffchemie stand ganz im Vordergrund. Von dieser Reform ist die Betonung der **chemischen Schülerübungen** hervorzuheben. Es heißt in der Bekanntmachung nämlich: „Die gemeinsame Arbeit von Lehrern und Schülern soll außer durch den demonstrativen und theoretischen Unterricht von Anfang an durch Schülerübungen bestätigt werden“ [48].
Diese Tendenz wird auch im revidierten Lehrplan von 1914 fortgesetzt: „Die Kenntnis chemischer Tatsachen und der aus ihnen abzuleitenden Gesetze ist tunlichst auf dem Wege der Übungen zu gewinnen. Diese bilden am Realgymnasium, Reformrealgymnasium und an der Oberrealschule die Grundlage des chemischen Unterrichts. Dem Demonstrationsunterrichte bleiben jene Experimente vorbehalten, die eine umfänglichere Apparatur erfordern oder die für die Schüler zu gefährlich sind …“ [49]. Dort werden bereits Themen der **allgemeinen Chemie** genannt.
Am humanistischen Gymnasium kann von einem Chemieunterricht nicht die Rede sein. Nach der ministeriellen Bekanntmachung von 1914 sollten lediglich „einige Grundbegriffe der Chemie“ im Naturkundeunterricht der V. Klasse vermittelt werden [50].
Zur gleichen Zeit, in der die Entwicklung des naturwissenschaftlichen Unterrichts aufgrund der „Meraner Vorschläge“ gefördert wurde, verfasste Kerschensteiner (1854–1932) sein Werk **„Wesen und Wert des naturwissenschaftlichen Unterrichts“** [32]. Erstmals werden die **Bildungs- und Erziehungsziele** des naturwissenschaftlichen Unterrichts konkret dargestellt. Kerschensteiner kommt es nicht – darauf legt er größten Wert – auf eine Mehrung des Lehrstoffes an den Schulen an, sondern auf „die wahren Werte des Unterrichts“, und er nennt an erster Stelle das Denken als einen solchen „wahren Wert“. Die Charakterisierung des logischen Denkens und die Erziehung dazu nimmt in seinem Buch einen breiten Raum ein. Die nach Erscheinen dieses Buches erhobenen Forderungen zur Anwendung der „induktiven Methode“ im Chemieunterricht wird von Kerschensteiner klarer begründet als in manchen Präambeln von Lehrplänen.
Scheid vertritt in seiner Methodik des Chemieunterrichts ebenfalls die Thesen Kerschensteiners und sieht wie dieser in der **Schulung des**

Denkens „in formaler Hinsicht die Bedeutung der Chemie für die Schule" [51].
So hat zu Beginn des 20. Jahrhunderts die Chemie mit den anderen Naturwissenschaften durch Kerschensteiner ihre **bildungstheoretische Begründung** erfahren. Dies war notwendig, denn noch immer wurde in weiten Kreisen Bildung einseitig auf „humanistische Bildung" eingeschränkt.

2.7 Chemieunterricht von 1918 bis 1945

Nach dem 1. Weltkrieg werden die didaktischen und methodischen Arbeiten zur Förderung des Chemieunterrichts intensiviert. Dabei ist Kerschensteiners Einfluss nicht zu übersehen. Es tauchen Forderungen und Konzeptionen auf, die auch heute aktuell sind. So wird die Frage einer **„einheitlichen Naturkunde"** oder einer in **Fächer gegliederten Naturkunde** („Fächerung") diskutiert. Das war selbst für die damalige Zeit nicht originell, denn schon am Ende des 19. Jahrhunderts wurden Gedanken dazu geäußert [52]. Die preußischen Richtlinien von 1922 fordern: „Zwischen den einzelnen Zweigen des naturkundlichen Unterrichts sind möglichst enge und vielseitige Verbindungen herzustellen. Es steht dem auch nichts im Wege, dass der Lehrplan alle in der Naturkunde zur Behandlung kommenden Stoffe in einen oder zwei Lehrgänge zusammenordnet" [52].
Karstädt nennt im **„Grundsatz der Selbstständigkeit"** ein weiteres Ziel für den damaligen Unterricht an Volksschulen, das heute für alle Schularten vertreten wird. „Als Ziel des naturwissenschaftlichen Unterrichtes in der Volksschule denken wir uns nicht Heimischwerden in der Wissenschaft, sondern wir wollen das Kind dazu befähigen, die umgebende Natur in ihren Gegenständen und Vorgängen zu beobachten, zu beurteilen und zu verwerten. Unsere Kinder sollen **nicht Naturkenner, sondern Naturforscher** werden" [52]. Ist das nicht ein Vorgriff auf das **„forschend-entwickelnde Unterrichtsverfahren"**?
In seinen weiteren Überlegungen fordert Karstädt einen altersgemäßen Unterricht: „Wir verlangen für die neue Schule, dass der wissenschaftliche Stoff in seinen Problemen sich dem Kinde anpasst. Dies geschieht am besten, wenn möglichst das Kind die Unterrichtsaufgabe stellt" [52]. Da sich chemische Vorgänge nicht immer beobachten lassen, müssen Versuche angestellt werden. Wörtlich schreibt Karstädt dazu: „Der Schüler muss geübt werden im selbstständigen, biologischen, physikalischen und **chemischen Schülerversuch**". Die durch Beobachtung und Experimentieren gewonnenen „Ergebnisse müssen festgehalten werden durch einen mündlichen Bericht, in Tabellen oder grafischen Darstellungen". Auch diese Forderungen sind heute noch zu stellen.
In Bayern wird der Lehrplan von 1914 erst 1926 durch einen neuen Lehrplan abgelöst, der in den folgenden Jahren in Kraft tritt [53]. An der Oberrealschule wird ab der IV. Klasse (= 8. Jahrgangsstufe) bis zur IX. Klasse Chemieunterricht erteilt, am Real- und Reformrealgymnasium ab der VII. Klasse; am humanistischen Gymnasium wird Chemie nur als Wahlfach angeboten.
Das einleitende Kapitel „Lehrziel und Lehrverfahren" der Chemie könnte auch heute als Präambel eines Lehrplans stehen:

Z 1. Durch die ihm eigene Art soll der chemische Unterricht die allgemeine Geistesbildung der Schüler fördern, ihnen Einsicht in die Bedeutung des Faches für die allgemeine Naturerkenntnis verschaffen und ihnen den Einfluss der Chemie auf Kultur und Wirtschaftsleben nahebringen.
2. Die Grundlage des Unterrichtes bildet die Erfahrung. Besondere Bedeutung kommt hierbei dem Schülerversuch in den pflichtmäßigen Schülerübungen zu. Aus den einzelnen Tatsachen sind die allgemeinen Begriffe und Gesetze durch ein entwickelndes Lehrverfahren zu erarbeiten …
3. Dieses Lehrverfahren zwingt zu einer starken Beschränkung des Lehrstoffes, …
4. … entsprechend dem Wissensstand und Verstehen … sind die Beziehungen der Chemie zu den übrigen Naturwissenschaften, ihre Zusammenhänge mit Technik und Handwerk sowie ihre umgestaltenden Wirkungen auf Kultur, Wirtschaft und Volksgesundheit … klarzulegen.
5. Durch geschichtliche Einflechtungen ist dem Verständnisse für den Werdegang der chemischen Wissenschaft und Technik Rechnung zu tragen; dabei ist der richtungsgebende Einfluss der führenden Männer hervorzuheben.
6. … es sollen Besichtigungen chemischer Betriebe vorgenommen werden.

7. ... Chemie, Biologie und Geologie soll in der Hand eines Lehrers liegen.
8. Der Übungsunterricht ist mit dem Lehrunterrichte zu einem einheitlichen Ganzen zu verweben und daher durchweg in Frontübungen zu betreiben ... Dem sachverständigen Ermessen des Lehrers bleibt vorbehalten, wie viel er von der zur Verfügung stehenden Zeit auf die Übungen verwenden will; ...
9. Im Laufe des Unterrichts soll mit Gesteinen und Mineralien bekannt gemacht werden. [53]

In den 20er Jahren entwickelte sich eine vertiefte, auf erkenntnistheoretischen Überlegungen gestützte Didaktik des Chemieunterrichts. Die von Scheid [51] und in den Lehrplänen propagierte auf Empirie gegründete **„induktive Methode"** wurde kritisch hinterfragt. So schreibt Wichmann: „... Dazu gehört allerdings in erster Linie, dass man die Vorführungen und praktischen Beispiele, auch die eigenen Versuche des Schülers, als das nimmt, was sie sind: als Darlegungen und Veranschaulichungen des allgemeinen Satzes, aber nicht als eine vollgenügende Ableitung dieser Sätze aus ihrem tatsächlichen Geltungsgrund. ‚Erschlichene Empirismen' dieser Art sind nicht weniger schädlich als die so viel geschmähten ‚erschlichenen Deduktionen'" [54]. Ähnlich kritisch äußert sich Winderlich: „Die bestätigenden Versuche bilden den Abschluss einer Gedankenreihe. Man darf das jedoch nicht so auffassen, dass ihr positiver Ausfall ein Gesetz ‚beweist'. Von einem solchen Beweis kann gar nicht die Rede sein. Der einzelne Versuch bildet nur ein Mittel, um das Wesen eines Naturgesetzes richtig zu verstehen. Wird die Gefahr des Verallgemeinerns nicht vermieden, so wird der Unterricht sogar unlogisch und anfechtbar" [55].

Während des **NS-Regimes** wurde die Biologie am stärksten von allen Naturwissenschaften „reformiert". Dies ist hier nicht weiter darzustellen; die Stichworte „Rassenkunde" und eine sehr einseitige „Vererbungslehre" mögen genügen. Biologie war auch Teil der Reifeprüfung, selbst am humanistischen Gymnasium, wo Chemie im Gegensatz dazu gar kein Unterrichtsfach war. Wenn man die Inhaltsverzeichnisse repräsentativer Chemiebücher dieser Zeit liest, findet man wenig auffallende Unterrichtsziele. Im Sinne eines fanatischen Nationalismus heißt es nun „Die deutschen Salzlager und ihre Verwendung", „Die deutsche Stickstoffindustrie und ihre Grundlagen" [56, 57]. Bei Mittag-Schäfer [57] werden in Kapitel 158 „Die deutsche Rohstoffversorgung" auf knapp drei Seiten (von 330) Zitate aus Reden Hitlers und Görings gebracht, die die **Aufgabe der Chemie für die Pläne des Regimes** begründen sollen.

Neben der Weckung mentaler Kriegsbereitschaft ging es den Nationalsozialisten um Ausweitung des nationalen „Lebensraumes" als Basis imperialistischer Machtpolitik [58]. Zur **„neuen Erziehung"** gehörten neben einer verstärkten Leibeserziehung in erster Linie die Intensivierung des Geschichtsunterrichtes. Der NS-Innenminister Frick ordnete Geschichte „unter den Schulfächern in vorderster Linie ein". Politische Erziehung, die im Grunde reine Indoktrination war, gründete sich vor allem auf den Geschichtsunterricht. Wichtiger als Lehrpläne und Schulbücher war der mitreißende **„Erlebnisunterricht"** [58]. Dazu war die Chemie wenig geeignet. Die Bedeutung der Schule als Erziehungseinrichtung wurde damals nicht so hoch eingestuft. Wichtiger waren Massenkundgebungen, Filme, die Arbeit der Hitler-Jugend und des Bundes deutscher Mädel. Wer als Schüler nicht „organisiert" war, musste am Samstag zum „Staatsjugendtag" in die Schule. Die Erfolge der Kunststoffindustrie wurden als Verdienst des Systems in Wanderausstellungen propagiert und Schulklassen vorgeführt, um den Glauben an das „deutsche Rohstoffwunder" zu festigen. Selbstverständlich spielte für die Indoktrination in der Schule auch das „Leunabenzin" als Benzin aus „deutscher" Kohle eine wichtige Rolle.

Didaktisch wurden in der NS-Zeit keine Fortschritte erzielt. Chemie wurde als **„Stoffchemie"** überwiegend deskriptiv betrieben. Kritisches Denken und Überprüfen von Aussagen waren sicher keine wünschenswerten Unterrichtsziele. Die Beeinflussung von Haltung und Mentalität, die Erziehung zu nationalsozialistischer Gesinnung, Anpassung an das System waren Ziele der Erziehung geworden. Im Sinne Gagnés kam man zum „Begriffslernen" und „Regellernen", nicht aber zum „Problem lösen" [59]. Wohin hätte problemlösendes Den-

ken in den Naturwissenschaften im Unterricht führen können? Diese **Lenkung des Denkens** ist typisch für alle diktatorischen Systeme (verordnetes/genormtes Denken). Wer die Zeiten in solchen Staatswesen miterlebt hat, versteht Kerschensteiner besonders gut, wenn er beim logischen Denken von einem „absoluten Wert" und einem besonders hohen Gut spricht.
Vielsagend ist der Kurzbericht in einer Jubiläumsschrift zum Jahr 1936:

Z 1936. Der politische Druck wird stärker. In der Festschrift zur 25-Jahrfeier der Schule heißt es: „So tritt die Schule, in ihren Zielen gleichgerichtet, neben die beiden anderen Erziehungsmächte unserer Zeit: die Hitlerjugend und das Heer." Von Eltern und Familie ist nicht mehr die Rede. In den Fachsitzungen durften Fragen der Schulreform, die Einführung der Oberschule, nicht diskutiert werden. [60]

2.8 Kriegsfolgen und Wiederaufbau in der Bundesrepublik Deutschland

Der 2. Weltkrieg hat auch dem Schulwesen schwersten Schaden zugefügt. Neben einem akuten **Lehrermangel** in den ersten Nachkriegsjahren erschwerte das **Fehlen von Schulgebäuden** (Zerstörung durch Kriegseinwirkungen, Verwendung als Lazarette oder Flüchtlingsunterkünfte) einen geregelten Unterrichtsbetrieb. Der Chemieunterricht war besonders hart betroffen, weil kaum noch Geräte, Chemikalien und Fachräume zur Verfügung standen. Es dauerte an vielen Orten bis in die 50er Jahre und länger, bevor einigermaßen fachgerecht Chemie unterrichtet werden konnte. Da es an Schulbüchern fehlte, entwickelte sich aus der Not geboren ein übertriebener **„Heft-Tafel-Unterricht"**. Was der Lehrer an die Tafel schrieb oder zeichnete bzw. diktierte, wurde von den Schülern ins Heft geschrieben. Das war der „Lernstoff"! Vielleicht liegt es an der Tradition der Methode, dass der Einsatz des Schulbuches im Fach Chemie im Vergleich zu Mathematik oder den Sprachen auch in späteren Jahren keine besondere Rolle spielt.
Die ersten nach dem Krieg erschienenen Lehrbücher waren meist veränderte Ausgaben von Büchern aus den 40er Jahren. So beginnt Popp sein Vorwort zum „Lehrbuch der Chemie – Teil II" [61]: „Die 2. Auflage des Teiles III wurde durch Kürzungen dem Stoff für den Unterricht an höheren Schulen angepasst".
Als Beispiel für einen Lehrplan dieser Zeit erwähnen wir den für Chemie an Oberrealschulen in Bayern [62], erschienen im Amtsblatt des Bayerischen Staatsministeriums für Unterricht und Kultus aus dem Jahre 1952. Dieser Lehrplan ist mit methodisch-didaktischen Aussagen sehr zurückhaltend. 1958 wird er geändert, weil nun der 7. Klasse (11. Jahrgangsstufe) 3 Wochenstunden zugeteilt werden. Der umfangreiche Lehrstoff der organischen Chemie wird auf die zweite Hälfte der 8. Klasse und die ganze 9. Klasse verteilt [63]. Inhaltlich unterscheidet sich dieser Lehrplan nicht wesentlich von dem des Jahres 1952. Die „Stoffchemie" beherrscht beide Lehrpläne.

2.9 Chemieunterricht in den 60er Jahren

2.9.1 Die Saarbrückener Rahmenvereinbarung

Von entscheidendem Einfluss für den Chemieunterricht an den Gymnasien waren die „Rahmenvereinbarungen zur Ordnung des Unterrichts auf der Oberstufe der Gymnasien" (Beschluss der KMK vom 29.9.1960), die als „Saarbrückener Rahmenvereinbarung" in die Schulgeschichte eingingen, und die dazu erlassenen „Empfehlungen an die Unterrichtsverwaltungen der Länder zur didaktischen und methodischen Gestaltung der Oberstufe im Sinne der Saarbrückener Rahmenvereinbarung" (Beschluss der KMK vom 28./29.9.1961). Damit wurde erstmals am Gymnasium den Schülern die Möglichkeit der **Fächerwahl** eingeräumt. Die Zahl der Pflichtfächer wurde in den beiden letzten Jahren des Gymnasiums drastisch gesenkt. Verbindlich blieben Deutsch und Mathematik; an den sprachlichen Gymnasien zwei Fremdsprachen, am mathematisch-naturwissenschaftlichen Gymnasium eine Fremdsprache und Physik. Für den naturwissenschaftlichen Anteil der Bildung war damit eine gewaltige Einbuße verbunden. „Die naturwissenschaftliche Bildung des Volkes verfiel, es begab sich in eine hoffnungslose Abhängigkeit von Experten" [64]. Rund 75–80 % der Schüler verließen das Gymnasium, ohne in den Abschlussklassen Chemieunterricht erhalten zu haben [64].

Trotz heftiger Proteste von verschiedenen Seiten ist es nicht gelungen, „das Bildungswesen in der Bundesrepublik Deutschland von diesem Mangel zu befreien" [64]. Immer noch galten die alten vom Neuhumanismus geprägten Überzeugungen, dass Bildung vorzugsweise von Sprache, Geschichte, Religion, Kunst und Mathematik vermittelt wird. Es wäre interessant zu untersuchen, welche von den für diese Entwicklung verantwortlichen Bildungspolitikern in ihrer Gymnasialzeit tatsächlich einen vertieften Unterricht in den Naturwissenschaften erlebt haben.

Dass in dieser Zeit der Chemieunterricht nicht zum Erliegen kam, ist neben engagierten Lehrern auch der Gesellschaft Deutscher Chemiker (Fortbildung) und der Industrie zu verdanken, z. B. dem Fonds der Chemischen Industrie, der Kurt-Hansen-Stiftung zur Förderung des Chemielehrernachwuchses oder der Volkswagen-Stiftung. Chemiker der Industrie halfen als Lehrer aus; einige von ihnen wechselten für immer an die Schule. Die chemischen Werke stellten den Schulen Chemikalien und Geräte zur Verfügung. Seit dieser Zeit werden in Werken der chemischen Industrie gern besuchte Fortbildungsveranstaltungen durchgeführt, um die Chemielehrer über Fortschritte der Wissenschaft und Technik „vor Ort" zu informieren.

2.9.2 Die didaktische Wende in den 60er Jahren

Der Chemieunterricht nach dem Kriege war bis in die 60er Jahre hinein von methodischen Fragestellungen beherrscht. Die Technik des Experimentalunterrichts, der **„Arbeitsunterricht"** – damals ein gängiger Begriff –, die **induktive Methode** wurden bei der Ausbildung in den Studienseminaren bevorzugt behandelt. Bei den **Bildungsaufgaben**, wenn sie überhaupt diskutiert wurden, kam man über Kerschensteiner nicht hinaus. Das **humanistische Bildungsideal**, das auf alte Sprachen setzte, stand ganz im Mittelpunkt und wurde zu einer Art Monopol der Bildung. Angeblich konnten die Naturwissenschaften zur Bildung nichts Neues beitragen. Formale Bildungswerte konnten sie „nicht einbringen". Die fachspezifischen Bildungswerte wurden als Spezialistenwissen abgetan und als „Ausbildung" nicht der „Bildung" zugeordnet. Parallel zu dem in 2.9.1 aufgezeigten Entwicklungen in Deutschland ergaben sich allerdings Konstellationen, die die Bedeutung der Naturwissenschaften wieder in den Vordergrund rückten.

Als 1958 die UdSSR den Satelliten Sputnik 1 in eine Erdumlaufbahn brachte, gab es in den westlichen Ländern, zumal in den USA, ein böses Erwachen, den **„Sputnikschock"**. War die westliche Führungsmacht in den Naturwissenschaften ins Hintertreffen geraten? Man erinnerte sich in den USA der unzureichenden naturwissenschaftlichen Bildung in den Schulen und kurbelte Reformen an.

1960 fand in Brüssel ein Seminar über **Richtlinien für naturwissenschaftlichen Unterricht** an weiterführenden Schulen statt. Der britische Wissenschaftsminister Viscount Hailsham sprach in seiner Eröffnungsrede von **„naturwissenschaftlicher Erziehung"** im Unterricht. In der Rede sind einige Passagen besonders bemerkenswert [65]:

Z ... Das Endprodukt ... der Erzieher ist nicht das Wissen, sondern der Mensch. Und wir sollten von Anfang an festhalten, dass wir Naturwissenschaft nicht in erster Linie wegen ihres beruflichen oder praktischen Wertes oder selbst des erzieherischen Wertes im engsten Sinne (obwohl er sehr groß ist) lehren, sondern weil es sich buchstäblich kein Mensch in einem naturwissenschaftlichen Zeitalter leisten kann, nicht bis zu einem gewissen Grade über das Wesen der Naturwissenschaft und die Denkmethoden des Naturwissenschaftlers unterrichtet zu sein.

Meiner Auffassung nach sind die Naturwissenschaft und die naturwissenschaftliche Methode einer der Pfeiler, auf denen die Ausbildung beruht. Naturwissenschaft sollte von Anfang an gelehrt werden. Sie sollte niemals herabgesetzt werden ...

... Ebenso sollte man die Grenzen einer rein naturwissenschaftlichen Erziehung als Vorbereitung für das ganze Leben eines Menschen nicht übersehen. Sollen wir uns als Individuen vollständig entwickeln, so müssen wir sowohl die soziale als auch die materielle Umgebung, in der wir leben, verstehen ... [65]

Über **„Denkmethoden" der Chemie** unterrichtet zu werden, verlangte eine Abkehr vom systematischen Unterrichten über Elemente und ihre Verbindungen. Von den Entwicklungen in den USA sichtlich beeinflusst, vertrat Christen das **„Struktur-Eigenschaften-Konzept"** als Leitlinie des Chemieunterrichts. In seiner „Chemie" (1. Auflage 1962 [66]) setzte er dieses Konzept in die Praxis um. Damit war den didaktischen Forderungen eine wichtige methodische Grundlage gegeben.
Entscheidende Impulse für die Chemiedidaktik gaben Weninger (IPN, Kiel) und seine Mitarbeiter. In einem Rundfunkvortrag fasste er schon 1968 die **chemiedidaktischen Entwicklungen** zusammen und stellte Forderungen an die Unterrichtsbehörden auf, die hier stichwortartig wiedergegeben werden. Sie wurden von Weninger in verschiedenen Zeitschriftenaufsätzen veröffentlicht [67, 68, 69, 70].

- Einführung eines propädeutischen Chemieunterrichts in der Unterstufe.
- Wegen der Bedeutung der Chemie für alle Lebensbereiche muss jeder Staatsbürger chemische Sachverhalte wenigsten „in großen Zügen überblicken".
- Forderung nach fachdidaktischer Forschung und Lehre an den Universitäten.
- Berücksichtigung pädagogischer, psychologischer und methodologischer Erfordernisse bei der Konzeption des Chemieunterrichts.
- Ersetzen der Begriffe „induktive" und „deduktive" Methode durch den erkenntnistheoretisch begründeten Begriff „empirische Methode".
- Betonung der Bedeutung quantitativer Betrachtungen chemischer Vorgänge.
- Erschließung neuer Sachgebiete im Chemieunterricht.

Der bayerische Lehrplan für Oberrealschulen [71] setzt diese Forderungen 1964 zum Teil um; er beginnt mit dem Satz:

Z Der Chemieunterricht der Höheren Schulen hat zunächst die Aufgabe, den Schüler zum Verständnis der heutigen Auffassung von der chemischen Natur der Materie zu führen.

Weiter unten werden im gleichen Lehrplan methodologische Erfordernisse hervorgehoben. **„Stoffchemie"** wurde zu einem negativen Begriff in Schule und Hochschule. Im Vorwort zu einem Chemiebuch für die Sekundarstufe I, das 1970 erschien, weist eine Stelle auf die angedeutete Wandlung hin [72]:

Z Für den fortschrittlichen Chemieunterricht gilt in besonderem Maße, dass das Bemühen um Erkenntnis wichtiger ist als das Vorsetzen fertiger Ergebnisse. Darum spielt das Experiment in der vorliegenden Konzeption eine so wesentliche Rolle. ... (vgl. dazu Lit. [73])

Bemerkenswert ist die Betonung des Erkenntnisweges auch im Unterricht. Darin liegt ja eine der großen **Erziehungsmöglichkeiten des Chemieunterrichts**. Auf Tagungen der großen Fachverbände (GDCh, VCh, MNU, Naturforscher und Ärzte) standen nun regelmäßig Themen zur **Methodologie**, zur **Modelltheorie** neben fachspezifischen Vorträgen auf der Tagesordnung. Der **Experimentalunterricht** wurde deshalb keineswegs vernachlässigt. Doch wurde die Stellung des Experiments im Unterricht stärker hinterfragt. Aus den Lehrbüchern ist auch herauszulesen, dass nun Experimente ausgewählt wurden, die einen Lösungsweg im Unterricht vorbereiteten.
Die Entwicklung des Chemieunterrichts verlief in den einzelnen Ländern der Bundesrepublik uneinheitlich. Während sich in den nördlichen Bundesländern **propädeutischer Chemieunterricht auch in der Orientierungsstufe** etablierte und Chemie ein allgemein verpflichtendes Unterrichtsfach war, gab es Chemie an den humanistischen Gymnasien Bayerns nur als Wahlfach in einer einzigen Klasse. Erst im Jahre 1964 wurde auch an diesem Schultyp die Chemie als verpflichtendes Unterrichtsfach in der 11. Klasse eingeführt.

2.9.3 Chemie im Curriculum

Nach der Beschreibung im **Bildungsgesamtplan von 1973** versteht man unter **Curriculum** ein System für den Vollzug von Lernvorgängen in Bezug auf definierte und operationalisierte Lernziele, Lerninhalte, Methoden zur Erreichung der Lernziele, Situationen (Gruppierung von Inhalten und Methoden), Strategien und die Evaluation [15]. Auf dieser Grundlage wurden während der 70er Jahre in allen Bundesländern **„curriculare Lehrpläne"** konzipiert (vgl. Kap. 16). Über die Grundsätze einer curricularen Lehrplankonzeption schrieb der Kommissionsvorsitzende für den Chemielehrplan an Realschulen in Bayern [74]:

Z Eine entscheidende Bildungsfrage ist also: Von welchen Inhalten und Methoden der Chemie kann angenommen werden, dass sie dem Schüler und der Gesellschaft in Gegenwart und Zukunft dienlich sind; d. h., können diese chemischen Themen zur Gestaltung und Bewältigung des gegenwärtigen und zukünftigen Lebens einen Beitrag leisten? Dies lässt sich zum Teil relativ schnell bestimmen; zum Teil ist es weltanschaulich umstritten, wegen mangelnder Kenntnis der zukünftigen Lebenssituation unklar und wegen unterschiedlicher Wertorientierung nicht immer auf einen Nenner zu bringen. Neben den Interessen des Schülers und der Gesellschaft sind natürlich auch fachwissenschaftliche Kriterien für einen Lehrplan von Bedeutung. Das bedeutet aber nicht von vornherein ein Vorgehen nach den Bereichen der Chemie.
Der Unterrichtsstoff muss so ausgewählt werden, dass er den heutigen Bedürfnissen und Interessen entspricht.

Berücksichtigung wissenschaftlicher Erkenntnisse
Der curriculare Lehrplan legt didaktische Schwerpunkte für den Unterricht fest. Im Rahmen dieser Vorgaben bleibt eine beträchtliche Entscheidungsfreiheit des Lehrers für die persönliche Unterrichtsgestaltung erhalten. Nach wie vor trägt jeder Lehrer eine hohe erzieherische Verantwortung.

Überlegungen zu möglichen Zielen und Inhalten des Chemieunterrichts
- Kenntnis wichtiger Gesetzmäßigkeiten über Aufbau und Umwandlung von Stoffen und Überblick über deren Verwendung
- Kenntnis wesentlicher Faktoren des Erkenntnisgewinns im naturwissenschaftlichen Bereich
- Fähigkeit, mit Modellen umzugehen und Modellvorstellungen anzuwenden
- Bereitschaft, chemische Kenntnisse sachgerecht und umweltbewusst einzusetzen
- Einsicht, dass zur Lösung komplexer Probleme die Zusammenarbeit der Chemie mit anderen Wissenschaften notwendig ist
- Einsicht in Zusammenhänge von Forschung, Wirtschaft und sozialen und politischen Bedingungen
- Fähigkeit zur intellektuellen und ästhetischen Empfindung

Den curricularen Lehrplänen wurde nicht uneingeschränkt zugestimmt. Das haben ihre Initiatoren und Autoren wohl auch nicht erwartet. Positiv beurteilt wurde die **Konkretisierung der Aufgaben von Zielen und Inhalten**. Das war ein Fortschritt gegenüber den vagen Inhaltsangaben früherer Lehrpläne. Was soll der Lehrer behandeln und von seinen Schülern fordern, wenn es z. B. heißt „Eigenschaften der Aldehyde"? Obwohl die Formulierungen für die (nicht verbindlichen) Unterrichtsverfahren nur als Hilfe gedacht waren, sah man darin in Verbindung mit der exakten Beschreibung von Zielen und Inhalten eine „Gängelung". Genau dies aber wollte der curriculare Lehrplan nicht. Doch wurde eines klar: Überforderungen, die im Lehrplan hinsichtlich Niveau und Zeitaufwand enthalten waren, wurden nun schnell erkannt, sodass konkrete Änderungsvorschläge eingebracht werden konnten. Diese wurden bei den von Anfang an vorgesehenen Lehrplanrevisionen berücksichtigt. Eine Gesamtbilanz bei der Beurteilung des curricularen Lehrplans fällt sicher positiv aus.

2.10 Die Situation am Ende des 20. Jahrhunderts

In den 70er Jahren wurde in den meisten Bundesländern die **Lehrerbildung reformiert** und die erste Phase der Ausbildung den Universitäten übertragen. An vielen Universitäten wurden **Lehrstühle für Didaktik der Chemie** errichtet oder Lehraufträge vergeben. In den Studienordnungen und Prüfungsordnungen aller Lehrämter wurde Didaktik aufgenommen. Das war bei dem zeitlich damit zusammentreffenden Bestreben, die Studiendauer zu verkürzen, nicht problemlos. Dennoch wurde Chemiedidaktik für alle Lehrämter, wenn auch mit unterschiedlicher Stundenzahl, in den Studiengang integriert. Neben den Lehrveranstaltungen an der Universität sind auch Schulpraktika von den Studenten zu absolvieren, um frühzeitig schon während des Studiums einen Praxisbezug herzustellen. An die 1. Staatsprüfung schließt sich die zweijährige Ausbildungsphase an einem Studienseminar an. Diese Phase ist in den einzelnen Bundesländern und Schularten unterschiedlich organisiert.

Neu ist die mittlerweile festgeschriebene **Weiterbildung der Lehrer**. Dazu wurden Institute, Akademien u. ä. eingerichtet. Daneben gibt es noch regionale Fortbildungsveranstaltungen für eintägige Kurse. Bewährt haben sich auch die von der GDCh oder auch von den großen Chemiefirmen organisierten „Lehrerseminare“, in denen Experten aktuelle Fragen der Chemie und des Unterrichts behandeln.

Um die berechtigten Interessen der Chemielehrer zur Förderung der Chemie an den Schulen gegenüber den Unterrichtsbehörden und der Öffentlichkeit zu vertreten, bemühen sich heute wie früher Fachverbände:

- Deutscher Verein zur Förderung des mathematischen und naturwissenschaftlichen Unterrichts (MNU)
- Gesellschaft für Didaktik der Chemie und Physik (GDCP)
- Gesellschaft Deutscher Chemiker – Fachgruppe Chemieunterricht (GDCh)

Im deutschsprachigen Ausland sind zu nennen:

- Verband der Chemielehrer Österreichs (VCÖ)
- Verein Schweizerischer Naturwissenschaftslehrerinnen und -lehrer (VSN)

Aktuelle Fragen der Chemie und des Unterrichts werden in einer Reihe von Fachzeitschriften für die Praxis aufbereitet. Zum Teil gehen diese Zeitschriften auf Initiativen der Fachverbände zurück, werden von diesen unterstützt bzw. dienen auch als Plattform der Mitteilungen dieser Verbände. Zu nennen sind besonders:

- Der mathematische und naturwissenschaftliche Unterricht (Dümmler Verlag, Bonn)
- Chemie in unserer Zeit (Wiley-VCH, Weinheim)
- Praxis der Naturwissenschaften – Chemie (Aulis Verlag, Köln)
- Naturwissenschaften im Unterricht – Chemie (Friedrich Verlag, Velber)
- Chemie in der Schule (Volk und Wissen, Berlin)
- CHEMKON (Wiley-VCH, Weinheim)
- ZfDN – Zeitschrift für Didaktik der Naturwissenschaften (IPN, Kiel)
- Chemie & Schule (VCÖ)

2.11 Chemieunterricht in der ehemaligen DDR und in den neuen Bundesländern

Die Entwicklung des Chemieunterrichts war eingebettet in die Schulentwicklung im Osten Deutschlands nach 1945. Privatschulen waren verboten. Es erfolgte die Trennung von Kirche und Staat.

1946 wurde das „Gesetz zur Demokratisierung der deutschen Schule“ verabschiedet, das die einheitliche achtklassige Grundschule und darauf aufbauend eine vierklassige Oberschule mit Abitur als Reifeprüfung vorsah. Das Fach Chemie wurde für alle Schüler in Klasse 8 und in Klasse 7 eingeführt.

Die Stundentafel für den Chemieunterricht sah im ersten Lehrplanwerk wie folgt aus:

Klassenstufe	7	8	9	10	11	12
Unterrichtsstunden	2	2	2	3	3	3

Auf der Grundlage des „Gesetzes über die sozialistische Entwicklung des Schulwesens in der DDR“ wurde die **zehnklassige polytechnische Oberschule** als allgemein bildende Schule aufgebaut. Der Übergang zur Abiturstufe erfolgte weiter nach Klasse 8. Unter dem Einfluss der Chemiekonferenz in Leuna, die im November 1958 unter dem Motto stand „Chemie gibt Brot, Wohlstand und Schönheit“, erfuhr der Chemieunterricht im Rahmen der allgemeinen Aufwertung polytechnischer und naturwissenschaftlicher Bildung einen besonderen Aufschwung. Das betraf die Stundentafel mit 12 Stunden Chemieunterricht von Klasse 7 bis Klasse 10 (2; 3; 3; 4) sowie Unterrichtsinhalte mit der Aufnahme neuer Stoffgebiete, insbesondere zur organischen Chemie, und zahlreicher technischer Prozesse, aber auch die Aufnahme verbindlicher Schülerexperimente und im Zusammenhang damit die Ausstattung der Schulen mit Fachkabinetten, Geräten und Chemikalien.

Das „Gesetz über das einheitliche sozialistische Bildungssystem“ von 1965 führte schließlich zum dritten Lehrplanwerk der DDR.

Alle Schüler besuchten zunächst bis Klasse 10 die **allgemein bildende zehnklassige polytechni-**

sche Oberschule. Zur Vorbereitung auf ein Studium an einer Hochschule oder Universität schloss sich der zweijährige Besuch der Abiturstufe an einer **erweiterten Oberschule** an. Die **Hochschulreife** konnte auch auf anderen Wegen erreicht werden.

Chemie begann ab 1. 9. 1968 mit Klasse 7. In den naturwissenschaftlichen Fächern fand eine Stundenkürzung statt, um dem fakultativen Unterricht Zeit einzuräumen. Die überzogene Behandlung technischer Prozesse im Chemieunterricht wurde abgebaut. Theoretische Überhöhungen in den Klassen 8 und 9 (chemische Bindung, chemisches Gleichgewicht) blieben erhalten und erwiesen sich bald als Probleme in der Unterrichtspraxis der allgemein bildenden Schule.

Für den **Chemieunterricht** leiteten Kaiser und Herz „die Vermittlung und Aneignung eines exakten, dauerhaften und anwendbaren Wissens und Könnens über grundlegende Fakten, Begriffe, Gesetze und Theorien der Wissenschaft Chemie und über die Anwendung chemischer Erkenntnisse in der Praxis“ als Aufgabenstellung ab. [75]

Für den Chemieunterricht standen ab 1989/90 von Klasse 7 bis Klasse 12 je zwei Wochenstunden zur Verfügung. Zusätzlich zu diesen Pflichtstunden konnten die Schüler ab Klasse 9 bis zu zwei Wochenstunden fakultativen Chemieunterricht zuwählen. Diese Stundentafel ist das Ergebnis mehrmaliger Stundenkürzungen. [76, 77]

Als Problem erwies sich im Chemieunterricht der Klassen 7 bis 10 der Widerspruch zwischen dem hohen Anspruchsniveau des Chemieunterrichts und dem Unvermögen der Mehrzahl der Schüler, diesem Anspruch zu genügen. Über- und Unterforderungen waren durch die zwangsläufige Orientierung des Lehrers am Durchschnitt kaum zu vermeiden.

L

[1] Pahl, F.: Geschichte des naturwissenschaftlichen und mathematischen Unterrichts. Leipzig 1913.
[2] Kopp, H.: Geschichte der Chemie, 1. Bd. Braunschweig 1844.
[3] Schneider, H.: Roger Bacon. Augsburg 1873.
[4] Lurz, Gg.: Mittelschulgeschichtliche Dokumente Altbayerns. Berlin 1907.
[5] Kopp, H.: Die Alchemie. Heidelberg 1886.
[6] Meyer, E.: Geschichte der Chemie. Leipzig 1895.
[7] Die Alchemie des Andreas Libarius. Weinheim 1964.
[8] Bacon, F.: Neues Organ der Wissenschaften, übersetzt von A. Th. Brück. Darmstadt 1974.
[9] Sachsse, H.: Naturerkenntnis und Wirklichkeit. Braunschweig 1967.
[10] Ströker, E.: Theoriewandel in der Wissenschaftsgeschichte. Frankfurt/M. 1982.
[11] Ziegler, Th.: Geschichte der Pädagogik. München 1895.
[12] Kangro, H.: Joachium Jungius' Experimente und Gedanken zur Begründung der Chemie als Wissenschaft. Hamburg 1968.
[13] Comenius, J. A.: Orbis sensualium pictus. Nürnberg 1781.
[14] Comenius, J. A.: Didactica magna, bearb. von V. W. Altenmüller. Paderborn 1913.
[15] Köck, P., Ott, H.: Wörterbuch für Erziehung und Unterricht. Donauwörth 1979.
[16] Gmelin, J. F.: Geschichte der Chemie, 1. Bd. Göttingen 1797.
[17] Schöler, W.: Geschichte des naturwissenschaftlichen Unterrichts. Berlin 1970.
[18] Paulsen, F.: Geschichte des gelehrten Schulwesens. Leipzig 1919.
[19] Maskus, R.: Zur Geschichte der Mittel- und Realschule. Bad Heilbrunn 1966.
[20] Schallhammer, H.: Das Schulwesen der Reichsstadt Memmingen von den Anfängen bis 1806. Phil. Diss. Erlangen 1954.
[21] Erxleben, J. Ch. P.: Anfangsgründe der Naturgeschichte. Göttingen und Gotha 1768.
[22] Erxleben, J. Ch. P.: Anfangsgründe der Naturlehre. Göttingen 1777 (2. Aufl.).
[23] Anonymos: Anfangsgründe der Naturlehre. Zum Gebrauch der lateinischen Schulen in den kurbayerischen Landen. München 1769.
[24] Litt, Th.: Naturwissenschaft und Menschenbildung. Heidelberg 1952.
[25] Hermbstädt, S. F.: Systematischer Grundriss der Experimentalchemie. Berlin 1800.
[26] Nicolai, J. C. W.: Anfangsgründe der Experimental-Naturlehre. Leipzig 1797.
[27] Ferchl, F., Süssenguth, A.: Kurzgeschichte der Chemie. Mittenwald 1936.
[28] Bugge, G.: Das Buch der großen Chemiker. Weinheim 1979.
[29] Wöhler, F.: Grundriss der Chemie. Berlin 1833.
[30] Koehler, F.: Die Chemie in technischer Beziehung. Berlin 1837 (2. Auflage).
[31] Widenbauer G.: Geschichte der Kgl. Ludwigs-Kreisrealschule in München, Berlin 1906.
[32] Kerschensteiner, G.: Wesen und Wert des naturwissenschaftlichen Unterrichts. München 1953 (1. Auflage 1913).
[33] Stammer, K.: Leitfaden bei den praktischen Arbeiten im chemischen Laboratorium. Braunschweig 1954.

[34] Hubensteiner, B.: Bayerische Geschichte. München 1981.
[35] Thiersch, F.: Über gelehrte Schulen mit besonderer Rücksicht auf Bayern. Stuttgart u. Tübingen 1826.
[36] Liebig, J. v.: Chemische Briefe (6. Aufl.). Leipzig und Heidelberg 1878.
[37] Reid, D. B.: Vorschule der Chemie. Stuttgart 1848.
[38] Stöckhardt, J. A.: Die Schule der Chemie. Braunschweig 1858.
[39] Schmidt, H.-J.: Fachdidaktische Grundlagen des Chemieunterrichts. Braunschweig 1981.
[40] Lautenschläger, K. H.: Zur Entwicklung der chemischen Schülerübungen in Deutschland. Berlin 1963.
[41] Schleip, A.: Beiträge zur Geschichte des Chemieunterrichts an allgemeinbildenden Schulen von den ersten Anfängen bis zum Beginn des 2. Weltkrieges. Frankfurt 1970.
[42] Arendt, R.: Didaktik und Methodik des Chemie-Unterrichts. München 1895.
[43] Rüdorff, F.: Grundriss der Chemie. Berlin 1893^{10}.
[44] Arendt, R.: Technik der Experimentalchemie. Leipzig 1881.
[45] Just, N.: Über die chemiedidaktischen Konzepte in der zweiten Hälfte des 19. Jahrhunderts. In: Mitteilungsblatt Nr. 15 der Fachgruppe Chemieunterricht (GDCh), Frankfurt 1990.
[46] Wilbrand, F.: Leitfaden für den methodischen Unterricht in Chemie. Hildesheim 1870.
[47] Ostwald, W.: Naturwissenschaftliche Forderungen zur Mittelschulreform. Wien 1908.
[48] Lehrplan der Real- und Oberrealschulen. München 1907.
[49] Amtsblatt des Bayer. Ministeriums für Unterricht und Kultus (S. 310). München 1914.
[50] Lipp, A.: Lehrbuch der Chemie und Mineralogie. Stuttgart und Berlin 1918.
[51] Scheid, K.: Methodik des chemischen Unterrichts. Leipzig 1913.
[52] Karstädt, O.: Methodische Strömungen der Gegenwart. Langensalza 1927.
[53] Bekanntmachung des Staatsministeriums für Unterricht und Kultus. München 1926.
[54] Wichmann, O.: Eigengesetz und bildender Wert der Lehrfächer. Halle 1930.
[55] Winderlich, R.: Handbuch des Unterrichts an höheren Schulen. Frankfurt/M. 1928.
[56] Henninger-Franck: Lehrbuch der Chemie 1 und 2. Leipzig und Berlin 1940.
[57] Mittag-Schäfer: Grundzüge der Chemie. Hildesheim und Leipzig 1942.
[58] Gies, H.: Geschichtsunterricht und nationalpolitische Erziehung. In: Geschichtsunterricht und Geschichtsdidaktik, Stuttgart 1988.
[59] Gagné R. M.: Die Bedingungen des menschlichen Lernens. Hannover 1970.
[60] 75 Jahre Ruprecht Gymnasium München 1986.
[61] Popp, F.: Lehrbuch der Chemie für höhere Lehranstalten. München 1952.
[62] Amtsblatt des Bayer. Staatsministeriums für Unterricht und Kultus. München 1952.
[63] Amtsblatt des Bayer. Staatsministeriums für Unterricht und Kultus. München 1958.
[64] Klein, A.: Ringen um die mathematisch-naturwissenschaftliche Bildung. Bonn 1991.
[65] Viscount Hailsham, Naturwissenschaftliche Erziehung im naturwissenschaftlichen Zeitalter. In: MNU 13 (1960) 193.
[66] Christen, H. R.: Chemie. Aarau 1962.
[67] Weninger, J.: Chemie ein unentbehrliches Bildungsfach! In: MNU 13 (1961) 385.
[68] Weninger, J., Dierks, W.: Chemieunterricht heute und morgen. In: MNU 23 (1970) 334.
[69] Weninger, J., Dierks, W.: Die Notwendigkeit des Unterstufenunterrichts in Physik und Chemie. In: MNU 22 (1969) 334.
[70] Weninger, J., Bach, G.: Die Bedeutung quantitativer Untersuchungen von Energieumsätzen für das Verständnis chemischer Vorgänge. In: MNU 17 (1964) 289.
[71] Lehrpläne für Höhere Schulen in Bayern, KMBl 17/505. München 1964.
[72] Häusler, K.: Chemie 1 – Anorganische Chemie und Allgemeine Chemie. München 1970.
[73] Häusler, K. u. a.: Elemente der Zukunft: Chemie – Lehrerhandbuch. München 1989.
[74] Duschner, A.: Grundlagen des Curricularen Lehrplans für das Fach Chemie an der Realschule. In: Chemie Report, München 1978.
[75] Kaiser, G., Herz, W.: Der Lehrplan Chemie der zehnklassigen allgemein bildenden polytechnischen Oberschule. Inhaltliche und didaktisch-methodische Erläuterungen. Berlin (Ost) 1989.
[76] Lehrplan der zehnklassigen allgemein bildenden polytechnischen Oberschule Chemie Klassen 7 bis 10. Berlin (Ost) 1989.
[77] Lehrplan Chemie Abiturstufe. Berlin (Ost) 1979.

3. Fachwissenschaft, Lebenswirklichkeit und Chemieunterricht

3.1 Zugangsmöglichkeiten und Rahmen – Fachliche Leitlinien

Im Chemieunterricht muss deutlich werden, in welchen Bereichen, in welchem Ausmaß und in welcher Vielfalt sich chemisches Geschehen abspielt, wie es erklärt werden kann und inwieweit wir selbst chemischen Veränderungen in unserem Organismus, in unserer Umwelt und in unserer materiellen Existenz verhaftet sind.
Bevor entschieden werden kann, welche Inhalte im Chemieunterricht mit welchen Mitteln an den Adressaten gebracht werden, muss geklärt werden, auf welcher **Konzeption** der Unterricht basiert (vgl. Kap. 8). Wesentlich sind zwei Ansätze, die zum einen als **Orientierung an der Wissenschaft Chemie (Fachorientierung)**, zum anderen als **Orientierung an der Lebenswelt** bzw. dem Alltag bezeichnet werden können. Beide Ansätze werden hier kurz charakterisiert und im folgenden Kapitel dann ausführlich dargestellt.
Es ist zunächst einmal nahe liegend, Chemieunterricht an der zugrunde liegenden Fachwissenschaft zu orientieren. Bei diesem Ansatz sind die Ausgangspunkte die Systematik der Chemie, ihre Methoden und Vorgehensweisen, ihre Konzeptionen und Strukturen sowie ihre Aufgaben. Bei der Auswahl der Inhalte steht die **fachwissenschaftliche Relevanz** im Vordergrund (vgl. Kap. 8.1).
Ein prinzipiell von der Orientierung an der Fachwissenschaft abweichender Zugang zur Chemie eröffnet sich, wenn von anderen Fragestellungen ausgegangen wird. Dies können sein:

- Welche Bereiche der **Lebenswelt des Schülers** sind für ihn so wichtig und relevant, dass er sie sich durch naturwissenschaftliche Erklärungen besser erschließen kann und seine Handlungskompetenz vergrößert?
- Welche Bereiche der Lebenswelt sind für unsere **Gesellschaft** von so hoher Bedeutung, dass die Schüler durch den Chemieunterricht Handlungskompetenz erhalten müssen?

Die aktuellen Unterrichtkonzeptionen unter lebensweltlichem Aspekt unterscheiden sich bezüglich ihrer Stellung zur Fachsystematik (s. Kap. 8.3). Ein Beispiel ist der praxisorientierte Chemieunterricht (s. Kap. 3.2.1).
Nach der Bedeutung eines Inhaltes im Gesamtgebäude der Chemie wird bei diesen Konzeptionen oft erst in zweiter Linie gefragt. Davon bleibt allerdings unberührt, dass die chemischen Inhalte ebenso korrekt wie bei einer Orientierung an der Fachwissenschaft vermittelt werden.
Eine Orientierung an der Lebenswelt findet man vor allem in den Lehrplänen für den **Sachunterricht** in der Primarstufe (vgl. Kap. 16.2). Der Ansatz ist mehr als die Wissenschaftsorientierung geeignet, ein kritisches Weltbild zu vermitteln und auch Aspekte, die nicht aus der Fachwissenschaft stammen, einzubeziehen. Der „Blick über den Zaun" fällt leichter.
Allerdings darf auch **Kritik** an diesem Ansatz nicht verschwiegen werden:

- Lerngegenstände, die für den Schüler von Bedeutung sind, werden von Erwachsenen bestimmt. Inhalte, die für die Gesellschaft von Bedeutung sind, werden von verschiedensten Interessengruppen in hohem Maße beeinflusst (politische Parteien, Wirtschaft und Industrie, Lehrer- und Elternverbände, Glaubensgemeinschaften). Solche Einflüsse werden besonders bei umstrittenen Themen wie etwa der Kernenergie, aber auch bei Inhalten wie dem Umweltschutz sichtbar.
- Wissenschaft wird nicht als Ganzes vermittelt, sondern als „Steinbruch" benutzt. Ein Einblick oder gar eine Übersicht über die Chemie ist auf diese Weise nur schwer möglich.

Beide grundlegenden Orientierungen bieten also sowohl Vor- als auch Nachteile, weswegen es nicht an Bestrebungen fehlt, sie im Rahmen von Lehrplänen zu verknüpfen. Insgesamt gesehen kann Lernen im Chemieunterricht nicht auf die **Leitlinien der Wissenschaft** verzichten, denn sie besitzen eine absichernde Funktion hinsichtlich der Relevanz und Zuverlässigkeit der gelehrten Inhalte. Der Chemieunterricht muss also vor den Erkenntnissen der Fachwissenschaft bestehen können und für neuere Entwicklungen offen sein. Der Schüler soll die Schule mit einem Bestand chemischer Kenntnisse verlassen, die für sein Leben relevant und praktisch anwendbar sind (vgl. [1]). Im derzeitigen deutschen Schulsystem hatten allerdings Ansätze, die nicht an der Fachwissenschaft orientiert sind, bisher oftmals einen schweren Stand, trotz des oft zweifelhaften Erfolgs des Chemieunterrichts.

Als Warnung sei in dieser Hinsicht ein kritischer Ausspruch von **J. W. v. Goethe** zitiert, an den M. Wagenschein in einem Interview erinnerte [2]: „Die Deutschen, und nicht sie allein, besitzen die Gabe, Wissenschaft unverständlich zu machen."

Wie Ende 2001 wieder einmal festgestellt wurde, steht Deutschland im internationalen Vergleich des Unterrichtserfolgs an 25. Stelle bei 32 Teilnehmernationen.

1. Weiterentwicklung einer Aufgabenkultur im mathematisch-naturwissenschaftlichen Unterricht
2. Naturwissenschaftliches Arbeiten
3. Aus Fehlern lernen
4. Sicherung von Basiswissen – verständnisvolles Lernen auf unterschiedlichen Niveaus
5. Zuwachs von Kompetenz erfahrbar machen: kumulatives Lernen
6. Fächergrenzen erfahrbar machen: fachübergreifendes und fächerverbindendes Arbeiten
7. Förderung von Mädchen und Jungen
8. Entwicklung von Aufgaben für die Kooperation von Schülern
9. Verantwortung für das eigene Lernen stärken
10. Prüfen: Erfassen und Rückmelden von Kompetenzzuwachs
11. Qualitätssicherung innerhalb der Schule und Entwicklung schulübergreifender Standards

Tab. 37.1: Die elf Module des Sinus-Programms [5]

Eine internationale Schulleistungsstudie [4] hat als Schwäche des naturwissenschaftlichen Unterrichts in Deutschland vor allem mangelnde Flexibilität und Übertragbarkeit des Wissens sowie Schwierigkeiten beim Problemlösen aufgedeckt und dies im Wesentlichen auf die Art des Unterrichts zurückgeführt. Als Folge dieser Erkenntnisse wurde ein Programm zur Steigerung der Effizienz des naturwissenschaftlichen Unterrichts gestartet (Sinus). In diesem werden elf so genannte Module genannt, die man im weiteren auch als Ziele verstehen kann (Tab. 37.1).

Auf ein Modul – die Verbesserung der Aufgabenkultur – sei hier exemplarisch eingegangen.

B **Weiterentwicklung der Aufgabenkultur**
Dieses auch mit „intelligentem Üben" umschriebene Modul soll nicht nur die Fähigkeit entwickeln, **unterschiedliche Wege für Problemlösungen** zu finden, sondern vor allem **Wissen auf Problemfelder übertragbar** machen, welche sich von der Lernsituation unterscheiden. Außerdem soll gezeigt werden, wie durch die **Vernetzung vorhandenen Wissens** neue Aufgaben gelöst werden können. Dies erfordert natürlich die **Aktivierung zurückliegenden Lernstoffes**, fördert aber auch die Motivation, wenn das Wissen sinnvoll zur Problemlösung einsetzbar ist, wie es die Lebenswelt ständig erfordert.

Der Weg fort von der reinen Wissensanhäufung hin zu einer „naturwissenschaftlichen Grundbildung" („Scientific Literacy") ist damit vorgezeichnet. Naturwissenschaftliche Konzepte und Prozesse sollen in naturwissenschaftlichen und alltäglichen Anwendungssituationen sinnvoll zur Aufgabenbewältigung eingebracht werden können. Dies stellt eine Rückbesinnung auf lange bekannte Zielvorstellungen dar. Als problematisch hat sich dabei wiederholt, vor allem bei Ansätzen aus dem angelsächsischen Raum, die „need to know"-Basis erwiesen: Wissen wird erst dann eingeführt, wenn es gebraucht wird, es erfolgt also kein Aufbau einer systematischen und transferfähigen Wissensstruktur [6].

Demzufolge darf nicht versäumt werden, erworbenes Wissen nicht nur in wissenschaftsähnlichen Situationen, sondern auch im Alltag anzuwenden und – wenn erforderlich – **neben logischen auch wertende** Entscheidungen zu treffen. Daraus resultiert eine **pädagogische Di-**

mension des Fachunterrichts, der zufolge sich das Verhältnis des Menschen der Natur, der Technik und der Lebenswirklichkeit gegenüber ändert. Der Schüler erkennt, dass er eine **neue**, wenngleich schmale **Perspektive** für die Sicht des Ganzen gewinnt.
In diesem Zusammenhang sei auf **pädagogische Leitlinien** verwiesen, welche neben den fachlichen Leitlinien stets mitbedacht werden müssen [7, 8, 9]:

- **Schülervorstellungen** berücksichtigen (→ Lernen im Chemieunterricht);
- **Kommunikationsfähigkeit** entwickeln (→ Fachsprache im Chemieunterricht);
- **komplexes Denken** üben (→ Lernen im Chemieunterricht).

Im Chemieunterricht schließen sich also Wissenschaftsorientierung, Lebenswirklichkeit und pädagogische Dimension nicht aus, sondern sie können nur zusammen zu ausgewogenen Konzepten führen [9].

3.1.1 Von der allgemeinen Chemie zu fachlichen Leitlinien

Allgemeine Chemie

Die Chemie ist eine naturwissenschaftliche Disziplin, die sich nicht nur mit den Eigenschaften und Veränderungen der Materie befasst, sondern in zunehmendem Maße durch ihre Ergebnisse und deren selbstverständlichen Anwendung in Alltag und Technik einen immer bedeutenderen Einfluss auf Mensch und Umwelt des 21. Jahrhunderts hat. Nach Pauling ist die Chemie „die Lehre von den Stoffen, von ihrem Aufbau, ihren Eigenschaften und von den Umsetzungen, die andere Stoffe aus ihnen entstehen lassen“ [10], letztlich die Lehre von den **Kombinationsmöglichkeiten zwischen den chemischen Elementen**.
Die Bewältigung eines so komplexen Aufgabengebietes ist nur dadurch möglich, dass das Gesamtgebiet der Chemie sowohl im wissenschaftlich-forschenden als auch im technisch-industriellen Bereich hochgradig differenziert ist [11]. So wird Chemie – historisch bedingt – an der Hochschule in organisatorisch getrennten, eigenständigen Fach- und Forschungsgebieten (anorganische, organische, physikalische Chemie, Biochemie etc.) gelehrt. Die Forschung selbst aber ist heute überwiegend im Grenz- und Überschneidungsbereich dieser Teildisziplinen oder in Nachbarschaft zu den übrigen Naturwissenschaften, v.a. zur Physik (z. B. Festkörperchemie, Materialwissenschaften, analytische Chemie, theoretische Chemie) und Biologie (Naturstoffchemie) angesiedelt. Derartige Bezüge zu anderen wissenschaftlichen Disziplinen müssen zwar auch im Chemieunterricht angesprochen werden, sind aber nur mit Einschränkung geeignet, für die Naturwissenschaft Chemie durchgängige Strukturen zu liefern, welche die Chemie in der Schule lehr- und lernbar machen.
Das Wissenschaftsgebäude der Chemie ist komplex, die Forschungsergebnisse – gemessen an der Zahl der Veröffentlichungen – nehmen exponentiell zu. Trotzdem soll an der Hochschule und im Chemieunterricht ein Mindestmaß an Überschaubarkeit erreicht werden. Deshalb werden die fundamentalen Begriffe, Prinzipien und Theorien, welche die unvorstellbare Flut von Fakten durch Ordnen, Klassifizieren und Systematisieren überschaubar werden lassen, im Rahmen der „allgemeinen Chemie“ zusammenfassend betrachtet, klar strukturiert und gelehrt [12, 13, 14].
Damit erhält auch die **Schulchemie eine Orientierungshilfe**, um aus der Fülle der Fakten (deskriptive Chemie) unter fachdidaktischen Gesichtspunkten auswählen zu können.
Grundlegende **Bausteine** aus der allgemeinen Chemie, die für den Chemieunterricht bedeutsam werden können, sind in Abbildung 39.1, dargestellt [15]. In der Schule kann es nicht darum gehen, eine vollständige und unkritische Behandlung dieser „Bausteine“ anzustreben („Abbilddidaktik“).

Fachliche Leitlinien

Wesentliche Bestandteile müssen vom Lehrer als bedeutend erkannt und dem Schüler transparent gemacht werden. Ein wichtiger Zugang hierzu ist das **Heranführen der Schüler an fundamentale fachliche Leitlinien**. Sie eröffnen einerseits Zugänge zu elementaren Fragestellungen, andererseits bieten sie in ihrer Ge-

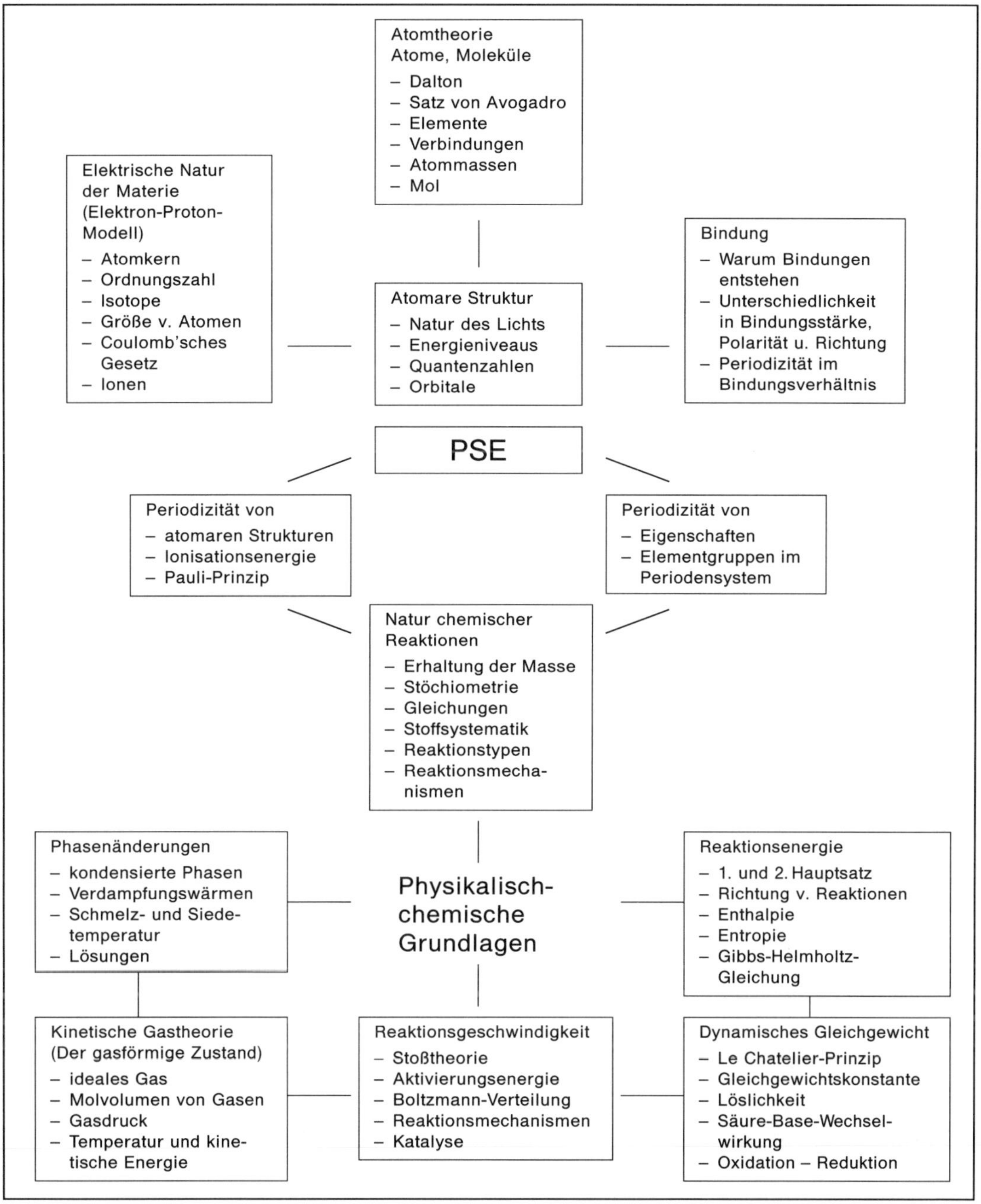

Abb. 39.1: Wichtige Bausteine der allgemeinen Chemie – fachwissenschaftliches Basiswissen [15]

schlossenheit für die Schulchemie den auszufüllenden Handlungsrahmen.

Auf fünf wichtige fachliche Leitlinien soll im Folgenden näher eingegangen werden. Diese sind – auch wenn das nicht immer so offensichtlich ist – Grundlage der meisten Unterrichtskonzeptionen und auch die von Unterrichtswerken [16, 17, 18]. Diese Leitlinien sind (Abb. 40.1):

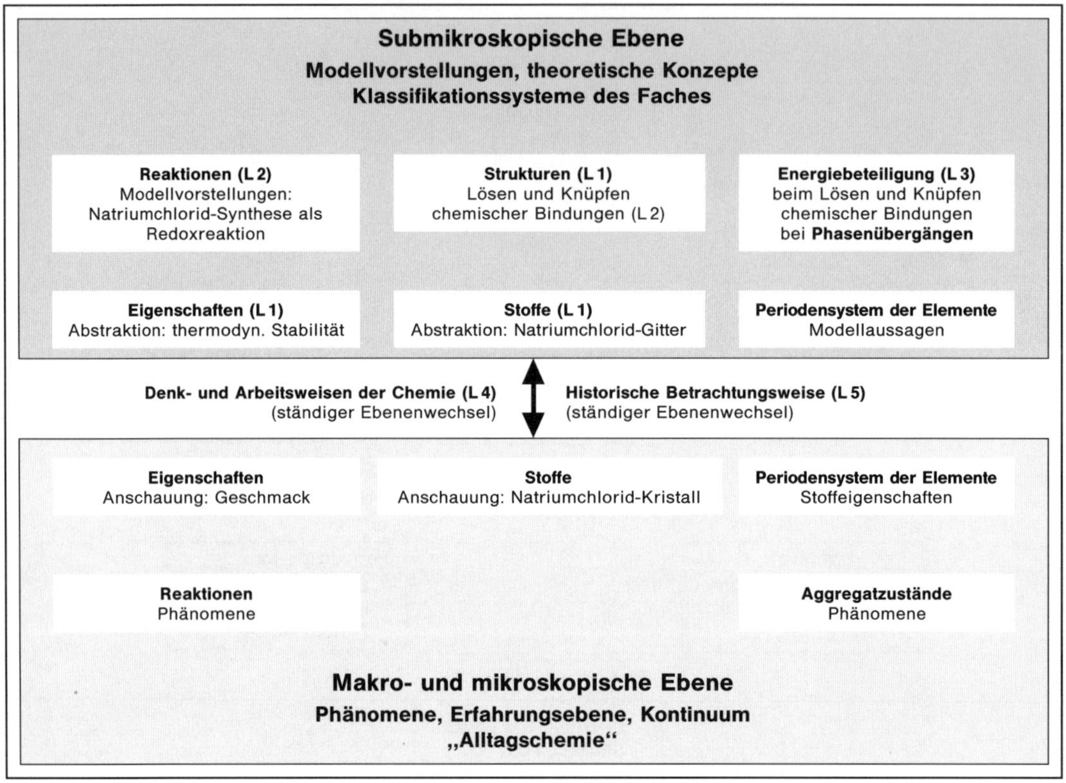

Abb. 40.1: Fachliche Leitlinien für den Chemieunterricht (L = Leitlinie) verändert nach [19]

Leitlinie 1: Stoff – Struktur – Eigenschafts-Beziehung

B Der Stoff Natriumchlorid hat Eigenschaften, die nur über seine Struktur erklärbar sind.

Leitlinie 2: Chemische Reaktionen: Lösen und Knüpfen chemischer Bindungen

B Reagiert Natriumchlorid, so müssen chemische Bindungen gelöst und neue Bindungen geknüpft werden.

Leitlinie 3: Energiebeteiligung

B Bei allen chemischen Reaktionen ist Energie beteiligt.

Leitlinie 4: Die Denk- und Arbeitsweisen der Chemie

B Methoden der Analyse / Synthese

Leitlinie 5: Die historische Betrachtungsweise

B **Atome**
Die Beziehung „Stoff – Struktur“, bedeutet hier das Herausfinden möglichst **umfassender Aussagen** über Zusammensetzung und **Aufbau des Stoffes**.

Die Leitlinien 1 und 2 zeigen, dass mit Chemieverständnis die Fähigkeit umrissen wird, auf zwei verschiedenen Ebenen zu argumentieren, sowohl auf der makroskopischen als auch auf der submikroskopischen (Abb. 41.1). Beide Ebenen werden durch die Leitlinie 4 mit dem theoretischen Überbau, also den theoretischen Konzepten der Chemie, verknüpft. Je nach Abstraktionsgrad und theoretischem Ansatz lassen sich die unvorstellbar vielen chemischen Fakten ordnen, klassifizieren und systematisieren, sowie qualitativ oder quantitativ deuten. Schließlich ist es noch die Wissenschaftsgeschichte, die das Chemieverständnis durch eine historische Dimension fördert.
Grundlage für die Erkenntnisgewinnung im Chemieunterricht sind also die **Stoffe** und ihre Eigenschaften (angewandte Chemie).

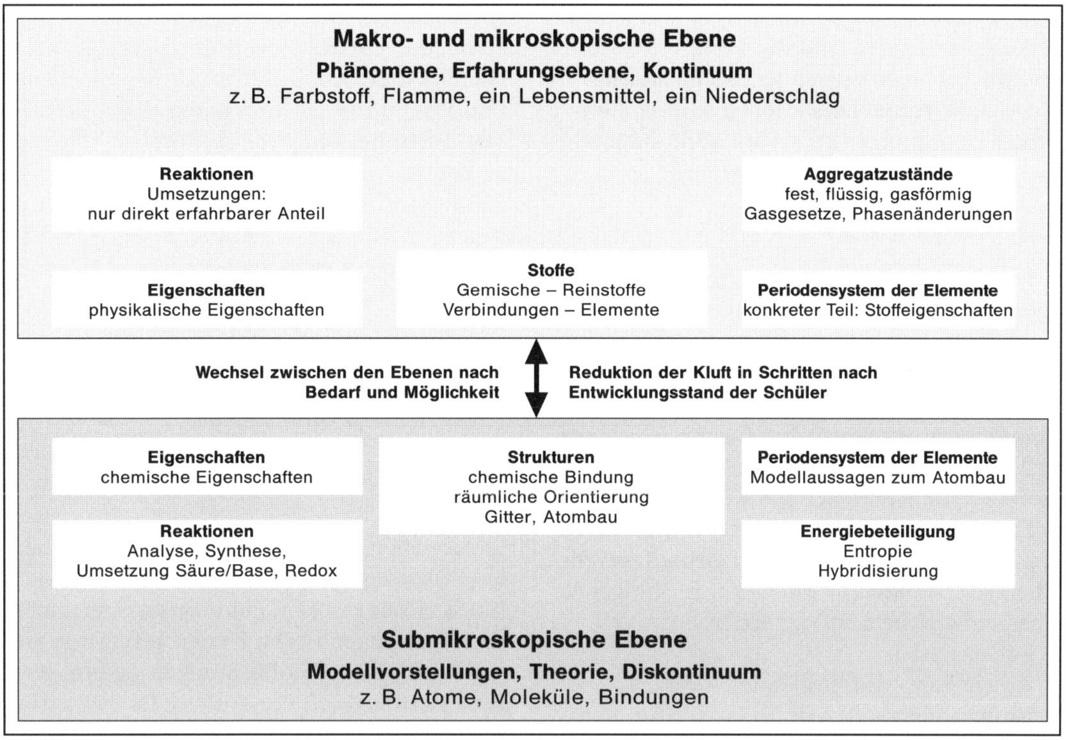

Abb. 41.1: Makroskopische und submikroskopische „Betrachtungsmöglichkeit" von chemischen Reaktionen nach [22]

Der Begriff der chemischen Reaktion kann unter verschiedenen Gesichtspunkten diskutiert werden (siehe: Einteilungsmöglichkeiten chemischer Reaktionen). Für den Chemieunterricht jedoch nimmt das Herausheben der **Stoffumbildung**, die begleitet wird von einem Umsatz an Energie, eine Schlüsselposition ein [20]. Damit verbundene Phänomene (z. B. Flammenbildung) können selbst Gegenstand des Unterrichts sein. Für den Anfangsunterricht oder im Rahmen des Sachunterrichts in der Grundschule sind sie unverzichtbar. Von dieser Basis aus werden **chemische Reaktionen** als Prozesse verstanden, bei denen bestehende **Bindungen** und **Strukturen** geändert werden. Die Kenntnis dieser **Leitlinien** und das Bewusstsein, dass sie eingebettet sind in theoretische Zusammenhänge, bilden die Voraussetzung fachgerechten Unterrichtens. Das heute immer wieder geforderte **Verständnis für Kreisprozesse** in Natur und Technik kann nur auf dieser Grundlage entwickelt werden [21].

Bei dieser Auseinandersetzung mit dem Wissenserwerb um Stoffe und Stoffumbildungen soll noch einmal betont werden, dass von Anfang an folgende zwei Betrachtungsebenen unterschieden werden (Abb. 41.1):

- die Ebene der makroskopisch und mikroskopisch erfahrbaren Substanzen mit ihren Stoffportionen, also der Bereich der Phänomene,
- die submikroskopische Ebene, auf der Teilchen und Teilchenaggregate einschließlich ihrer Wechselwirkungen (Modellvorstellungen!) im Mittelpunkt stehen.

Die deutliche Unterscheidung dieser beiden Betrachtungsweisen sollte in der Denkweise all derer, die Chemie lehren und lernen, von Anfang an fest verankert werden [22].

Es muss also ein besonderes Anliegen des Chemieunterrichts sein, die Spanne zwischen Erfahrung (z. B. der konkreten Beobachtung) und Theorieebene so zu bemessen, dass sie nicht zu einer Kluft zwischen Anschauung und

Abstraktion wird. Bei all den zu wählenden Abstraktionsstufen sind die konkreten Stoffe und die mit ihnen verbundenen **Phänomene** im Auge zu behalten. Dies können sowohl alltägliche Erscheinungen als auch Laborphänomene oder technische Phänomene sein.

Angewandte Chemie

Zu sach- und fachgerechtem Chemieunterricht gehört unbedingt die Behandlung von Themen, in denen die umfassende **Bedeutung der Chemie** im täglichen Leben (vgl. Kap. 3.2), in der Arbeitswelt, in der Wirtschaft sowie die Beziehungen zwischen der Chemie einerseits und der Ernährung, der Gesundheit, der Energieversorgung und der Umwelt andererseits aufgegriffen werden. Voraussetzung dafür ist ein Basiswissen, welches als Grundlage für Chemieverständnis wirken kann. Folgende Themenbereiche sind zu nennen:

- Lebensmittel,
- Anwendung von Stoffen im Alltag,
- Naturstoffe als Rohstoffe,
- Stoffe als Energieträger,
- technische Verfahren zur Produktion von Stoffen einschließlich ihrer Grundlagen, Bedeutung der Chemie für den Menschen,
- Umweltaspekte der Chemie.

Bei der Umsetzung dieser Fachbezüge im Chemieunterricht ist zu beachten, dass sich diese Themen der angewandten Chemie nicht nur als abschließende Kapitel eines am fachsystematischen Konzept orientierten Chemieunterrichts darstellen lassen, sondern auch Möglichkeiten aufzeigen, wie überhaupt die genannten Leitlinien aufgespürt und so Wege zur Chemie gefunden werden können, die an der Lebenswirklichkeit ansetzen.

3.1.2 Chemische Theorien und Unterricht

Die **chemischen Theorien** beschreiben die Arten, den Zustand und den Aufbau, die Veränderungen sowie Wechselwirkungen der Materie und der sie aufbauenden Teilchen. Diese sind der Beobachtung nur mit den modernsten experimentellen Methoden, z. B. Rastertunnelelektronenmikroskop, zugänglich. Es sei betont, dass das heutige **Materieverständnis** ursprünglich in der theoretischen Physik entstand, dann in die Chemie überging (Quantenchemie) und nun auch Fragen der Biochemie und Pharmazie mit einschließt [23].

Die Leistungsfähigkeit chemischer Theorien zeigt sich u. a. darin, dass die Chemie über die Zusammenhänge zwischen Struktur und Eigenschaften der Materie sehr gut Auskunft geben kann („Eigenschaft-Struktur-Denken"). Erst durch das Einbeziehen dieser Betrachtungsweise kann Verständnis für die Ursache von Stoffeigenschaften, aber auch für Methoden der analytischen und präparativen Chemie geschaffen werden.

Theorien

Umfassende Theorien sind das Ergebnis genialer wissenschaftlicher Arbeit. Sie stehen nicht nur am Ende eines Erkenntnisprozesses, indem sie Erklärungen für empirisch gefundene Gesetze und Einzelbeobachtungen liefern, sondern sind zugleich der Anfang für weiterführende Überlegungen, auch im Hinblick auf Anwendungsmöglichkeiten. Diese so genannte **„Fruchtbarkeit"** (Prognose) gilt neben den Grundmerkmalen **Objektivität, Exaktheit und Prüfbarkeit** als ein wesentliches Kriterium für eine Theorie [24].

Damit im Chemieunterricht die Behandlung theoretischer Gesichtspunkte dem experimentellen Charakter des Faches entsprechend und schulgemäß erfolgen kann, muss der Lehrer die Probleme überblicken, die zwischen der fachwissenschaftlich tragfähigen und weiterführenden Theorie einerseits und den Möglichkeiten und der Notwendigkeit ihrer Vermittlung im Unterricht andererseits angesiedelt sind. Auf keinen Fall aber darf die Beschäftigung mit Theorien in der Schule dazu führen, dass das Wesen der Chemie, einer vorwiegend experimentellen Wissenschaft, falsch akzentuiert wird. Wagenschein fordert für den naturwissenschaftlichen Unterricht überhaupt, so lange wie möglich im Bereich der **Phänomene** zu bleiben [25, 26], bis die immer wieder auffallenden gesetzmäßigen Zusammenhänge zu einer Deutung durch Theorien drängen (vgl. Kap. 8.4 genetischer Unterricht).

Für die Entwicklung einer Theorie sind das Auffinden von Analogien und das Arbeiten mit Modellvorstellungen sehr hilfreich. Dieser stete Bezug zwischen Theorie und Modellvorstellung einerseits und der Ebene der Phänomene (Natur- oder Laborphänomene), der konkreten Beobachtungen und der Experimente andererseits wird für den Chemieunterricht als unerlässlich erachtet. Abzulehnen sind Lehrgänge, welche grundlegende Theorien, z. B. Bindungslehre, erst als „krönenden" Abschluss vorsehen!

Für den Chemieunterricht stellt sich nicht nur die Frage, welche **Theorien** für ein umfassendes Verständnis der Chemie unerlässlich sind. Es muss auch bedacht werden, **wie** das zur Erklärung eines chemischen Phänomens herangezogene theoretische Konzept (einschließlich der Grundlagen) mit der Alters- und Begabungsstruktur der Schüler in Einklang gebracht werden kann und **wann** es eingeführt wird.

So lassen sich z. B. zum Thema „Atombau und chemische Bindung" einfachere theoretische Annahmen finden, indem man aus Experimentalbefunden Coulomb- und Resonanzintegrale abschätzt, die in den so genannten semiempirischen Verfahren der Quantenchemie zur Berechnung eingesetzt werden. Damit kann eine begrenzten Gruppe chemischer Probleme erklärt werden und Ergebnisse daraus können auch in den Chemieunterricht einfließen. Begriffe wie Valenzelektronen, atomare Bindungsenergie für Moleküle, Elektronegativität und Bindungseigenschaften wie Bindungsabstände und -winkel sind Teilaspekte einer übergeordneten, umfassenden Theorie.

Die Erkenntnis, dass Teilgebiete der Naturwissenschaft Chemie mit anderen Teilgebieten in Beziehung gebracht werden können, muss auch dem Schüler vermittelt werden. Dies ist ein wesentliches Bildungsziel des naturwissenschaftlichen Unterrichts schlechthin. Derartige Einsichten beruhen u. a. darauf, dass theoretische Konzepte in hierarchisch strukturierte Ordnungssysteme eingegliedert werden können [27] (s. auch Abb. 43.1). Im Unterricht muss jedoch nicht notwendigerweise der Erkenntnisweg nachvollzogen werden.

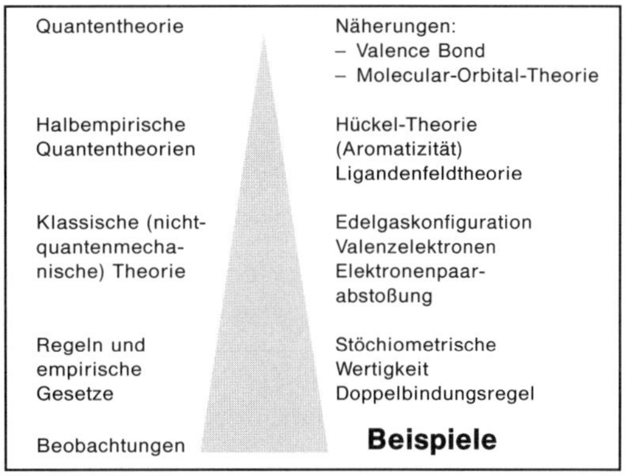

Abb. 43.1: Hierarchische Struktur von theoretischen Konzepten zur chemischen Bindung, ergänzt nach [27]

B **Die Theorie des Atombaus** ist im Rahmen der Lehre und der Forschung unlösbar verknüpft mit verschiedenen **Modellvorstellungen** (Abb. 44.1). Die historisch-genetische Abfolge muss für Schüler und Lehrer transparent bleiben – unabhängig davon, auf welcher Stufe und auf welchem theoretischen Niveau der Unterricht einsetzt. Um sich der vereinfachten Sichtweise bewusst zu sein, ist die Kenntnis der höherstehenden Theorie Voraussetzung. Notwendigerweise setzt jedoch wissenschaftliches Verständnis nicht das Durchlaufen der angeführten Vorstellungen in der chronologischen Reihenfolge voraus.

Der Umgang mit einfacheren theoretischen Konzepten zum Atombau lehrt neben einigen Grundkenntnissen der Wissenschaftsgeschichte auch die wichtige Tatsache, dass sich theoretische Aussagen wandeln können, und weist auf die Vorläufigkeit naturwissenschaftlicher Erklärungen hin.

Schließlich kann auch noch auf das didaktische Prinzip der Einfachheit verwiesen werden, demzufolge an theoretischen Annahmen nur so viel gerechtfertigt ist, als zur jeweiligen vollständigen und widerspruchsfreien Erklärung der beobachteten Erscheinung notwendig ist. Die aufgeführten Argumente liefern der Schulchemie die Rechtfertigung, jene theoretischen Konzepte auszuwählen, deren logische Strukturen – je nach Adressatengruppe – auf unterschiedlich hohem Abstraktionsniveau herausgearbeitet werden können. Ein gutes Beispiel hierfür liefern die verschiedenen **Theorien zur chemischen Bindung**, die eine Zuordnung von makroskopisch feststellbaren Erscheinungen und Eigenschaften zu Strukturen und Bindun-

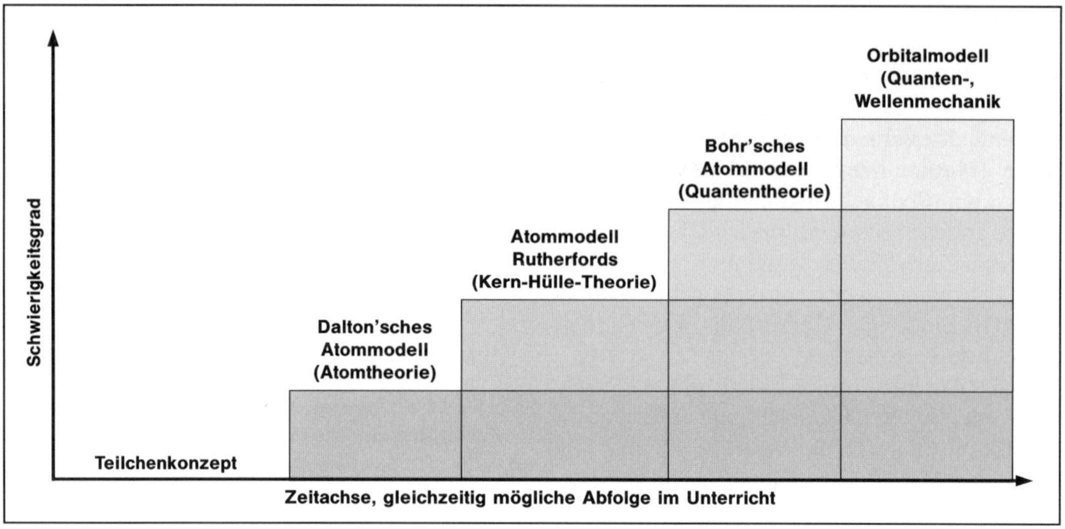

Abb. 44.1: Genetische Abfolge von Theorie- und Modellvorstellungen zum Atombau

gen in **Teilchenverbänden auf unterschiedlichen Ebenen** ermöglichen (vgl. Abb. 43.1) [28].

Ein besonderes Theorieproblem der Chemie ergibt sich dadurch, dass theoretische Konzepte zu ein und demselben Problemkreis nicht nur auf unterschiedlichen Abstraktionsniveau formuliert werden können, sondern dass bei der Begriffsbildung auf verschiedene Definitionsmerkmale Bezug genommen wird. Und dennoch existieren durchgängige Einsichten, wie an den **Säure-Base-Konzepten** gezeigt werden kann (s. Abb. 45.1: Säure-Base-Konzeptionen im Überblick, nach Kolditz [29]).
Die verschiedenen **Säure-Base-Konzepte** beruhen entweder auf **struktureller** (Lewis: Spezies mit freien Elektronenpaaren bzw. -lücken), **funktioneller** (Brönsted/Lowry: Donator-Akzeptor-Prinzip) oder **phänomenologischer Grundlage**. Auch zwischen diesen Konzepten kann man Verbindungen knüpfen.

B Die Lewis-Säure Aluminiumchlorid reagiert mit Wasser unter Bildung des Hexaaquo-Kations $[Al(H_2O)_6]^{3+}$, einer Kationsäure nach Brönsted. Universalindikator zeigt die saure Reaktion dieser Lösung an.

Auf diese Weise wird deutlich, dass die verschiedenen Definitionen von Säuren und Basen miteinander vereinbar sind. Für den Unterricht sind aber nicht die theoretischen Konzepte mit möglichst hohem Allgemeinheitsgrad die entscheidenden, sondern v. a. jene von mittlerem bis niedrigem Abstraktionsniveau, die den Bezug zur phänomenologischen Ebene (z. B. Wirkung saurer und alkalischer Lösungen) noch deutlich erkennen lassen, und deren Prämissen klar sind [30].
Die Abbildung 45.1 zeigt eine mögliche Abfolge der Behandlung der Säure-Base-Problematik im Unterricht, wobei ausgehend von phänomenologischen Grundlagen (GS = Primarstufe) die Betrachtung in der Sekundarstufe I zu substanziellen Grundlagen über Liebig und Lavoisier (Hauptschule) zu den funktionellen Grundlagen von Arrhenius und Brönsted führt. Dort endet die Besprechung in der Realschule. Im Gymnasium ist die *zusätzliche* Einführung des Lewis-Konzeptes erforderlich, um beispielsweise das Verhalten von Aluminiumchlorid als starke Lewissäure im Zusammenhang mit seiner katalytischen Wirkung in organisch-präparativen Umsetzungen wie bei Friedel-Crafts-Synthesen verstehen zu können. Gerade hier zeigt sich, wie unverzichtbar ein kumulativer, aber trotzdem vernetzter Wissensaufbau für das Chemieverständnis ist. Sind diese Voraussetzungen nicht vorhanden, wird Chemielernen in der Tat schwierig (s. auch Kap. 7). Dabei darf jedoch nicht aus dem

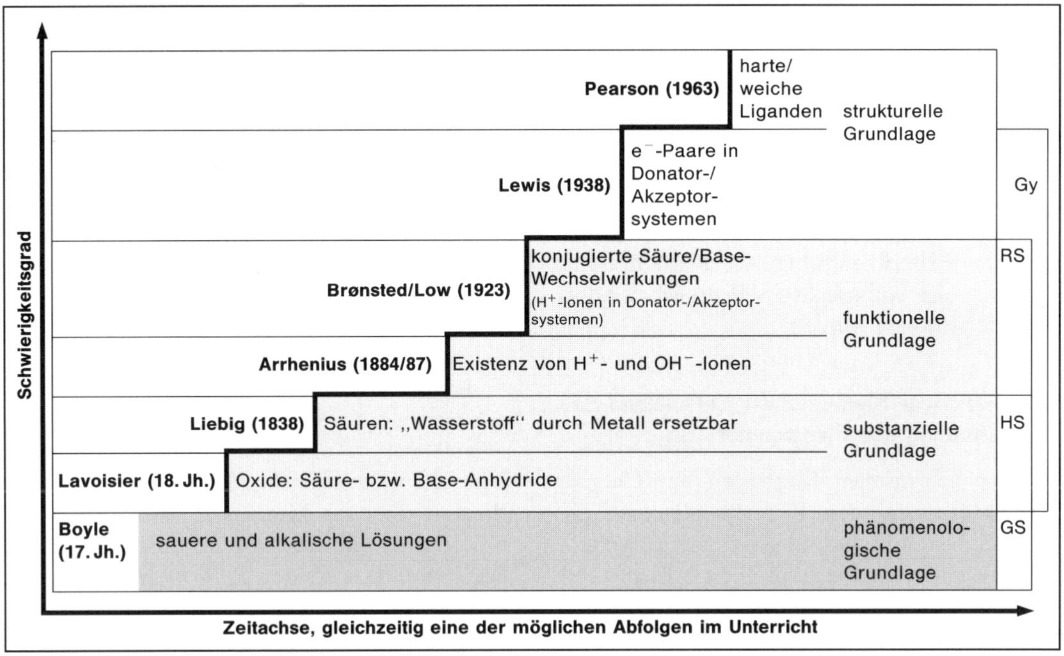

Abb. 45.1: Mögliche Abfolge nach dem historisch-genetischen Unterrichtsverfahren

Abb. 45.2: Entfaltungsmodell zum Säure-Base-Verständnis

Blick geraten, dass der *Zugang* zum Säure-Base-Begriff über subjektive Erfahrungen und Vorstellungen der Schüler erfolgt. Dies zeigt Abbildung 45.2 in anschaulicher Weise, indem sie das „didaktische Entfaltungsmodell" von Schorch [31] verwendet.

Wie Wagner ausführt, muss zum Einstieg in das Thema „Säuren" nicht zwangsläufig das Konzept von Arrhenius oder Brönsted dienen. Die Lernenden befinden sich auf der Ebene konkreter Vorstellungen und Erfahrungen („die Zitrone schmeckt sauer"), von wo sie über die Erweiterung der Sinne (pH-Meter) zu wissenschaftlichen Säure-Base-Konzepten geführt werden können!

Neben scheinbar festgefügten theoretischen Bausteinen müssen Schüler aber auch an geeigneter Stelle einen Eindruck davon gewinnen, dass theoretische Vorstellungen im Wandel begriffen sind (vgl. Kap. 3.1.3 – Acidität von organischen Säuren) [32].

3.1.3 Theorie und Experiment

Der zukünftige Chemielehrer muss aus einem reichen Repertoire von Fachmethoden schöpfen können, da die Naturwissenschaft Chemie ihre **Erkenntnisse** aus der „fruchtbaren Symbiose" zwischen **Theorie und Experiment** gewinnt. Diese enge Verzahnung von Problemstellung, Theorie und experimenteller Methode ist eine Hauptursache für die Wandlungsfähigkeit und die Fortentwicklung der Wissenschaft Chemie. Damit diese Impulse auch für

den Chemieunterricht wirksam werden, sollte das Bewusstsein für diese Zusammenhänge bereits im Studium entwickelt werden. Dies setzt eine profunde Kenntnis klassischer als auch neuerer Methoden chemischen Experimentierens voraus.
Das theoriegeleitete Realexperiment ist somit der Prüfstein für die Gültigkeit der Theorie. Sind die Experimentalbefunde nicht mit der Theorie zu vereinbaren, so müssen Modell und Theorie revidiert werden.

Fachspezifische Methoden der Chemie und ihre Projektion auf den Chemieunterricht

Die fachspezifischen Methoden der Chemie sind Methoden des **Experimentierens**, die durch die enge Verzahnung von theoretischem Denken und manueller Tätigkeit („Kopf- und Handarbeit") gekennzeichnet sind. Sie stehen im Zentrum des Erkenntnisprozesses und werden eingesetzt, um über den stofflichen und energetischen Umsatz bei chemischen Reaktionen sowie über strukturelle Fragen Aufschluss zu geben. Zwei Ziele werden angestrebt:

- Arbeiten unter **präparativ-synthetischem Aspekt**,
- Arbeiten mit **analytischer** Ausrichtung.

Auch heute noch sind Analyse und Synthese die fundamentalen Aufgaben der Chemie. Unter Analytik versteht man die Gesamtheit der Methoden zur qualitativen und quantitativen Bestimmung von Zusammensetzung und Struktur stofflicher Systeme. Für solche Bestimmungen stehen heute eine ständig wachsende Vielzahl von verschiedenen **Untersuchungsmethoden und -verfahren** zur Verfügung. Aufgabe des Analytikers ist es, für jede spezielle Problemstellung die **bestmögliche Strategie** auszuwählen und einzusetzen. Sie reicht von klassischen Verfahren bis hin zu den Methoden der instrumentellen Analytik. **Analyse und Synthese** begegnen sich im Aufgabenfeld des Chemikers immer wieder. Sie umreißen aber nicht nur die chemischen **Arbeitsmethoden**, sondern sind im weiteren Sinne zugleich wichtige naturwissenschaftliche **Denkweisen** neben Induktion und Deduktion (vgl. Kap. 5, Erkenntnisgewinnung). Analyse und Synthese sind noch unter einem weiteren Gesichtspunkt zu verbinden, nämlich im Hinblick auf Kreisprozesse, wie sie von Schmidkunz in die didaktische Argumentation eingeführt wurden.
Die experimentellen Methoden werden weiter unterschieden hinsichtlich

- der qualitativen oder quantitativen Zielstellung,
- der chemischen oder physikalischen Grundlagen,
- des Geräteaufwands und der Datenverarbeitung (instrumentelle Analytik),
- der Größenordnung der gehandhabten Substanzmenge (Mikroanalysen, Spurennachweis etc.).

Für die Chemielehrkraft ist es unerlässlich, dass sie über die Methoden ihres Faches Bescheid weiß und diese im Unterricht so einsetzen kann, dass sie den Lernprozess fördern.
Unter einer **Methode** versteht man das prinzipielle Vorgehen zur Lösung eines Problems. Vielfach gleichbedeutend wird der Begriff **Verfahren** benutzt, wenngleich er bereits einen deutlichen Bezug zur praktischen Durchführung beinhaltet (vgl. chromatografisches Verfahren). Dagegen lässt sich der Begriff **Arbeitstechnik** gegenüber den beiden genannten Begriffen klar abgrenzen. Er ist angebracht, wenn die Durchführung der Arbeitsschritte unter Angabe der Geräte und der jeweils gewählten Bedingungen so beschrieben wird, dass das Experiment im Hinblick auf seine Reproduzierbarkeit wiederholt werden kann.
Viele der in der chemischen Forschung unentbehrlichen Methoden, Verfahren und Techniken sind jedoch nicht identisch mit geeigneten Schulversuchen. Verfehlt wäre die unkritische Übernahme in die Schulchemie. Vielmehr ist den Zielen und Aufgaben des Chemieunterrichts der betreffenden Schulart oder -stufe gemäß eine **adressatengerechte Auswahl an Schulversuchen** zu treffen (vgl. Kap. 14). Dementsprechend müssen in der fachwissenschaftlichen und in der fachdidaktischen Ausbildung der zukünftigen Chemielehrer folgende Fähigkeiten erworben werden:

- sachgemäßer Umgang mit Chemikalien, Labor-, Messgeräten und Apparaturen;
- funktionsgerechtes Zusammenstellen von Apparaturen;

- Anwenden wichtiger Verfahren zur Durchführung von Umsetzungen, Untersuchungen und Messungen (einschließlich Entsorgung);
- Protokollieren von Experimenten in angemessener Sprache so, dass sie reproduziert und gedeutet werden können;
- Erkennen und Durchführen von Schutz- und Sicherheitsmaßnahmen einschließlich Entsorgung entsprechend den Sicherheitsbestimmungen.

Soll eine fachwissenschaftlich wichtige Methode in den Chemieunterricht übernommen werden, ist Folgendes zu bedenken:

- Auch im modernsten Forschungslabor besteht eine enge Beziehung zwischen klassischen und modernen Methoden, ein wichtiges Argument für die Beibehaltung **klassischer** experimenteller Methoden in der Schulchemie. Im Rahmen der analytischen Chemie können auch heute noch die klassischen Verfahren zur Trennung, Reinheitsbestimmung und Identifikation von Substanzen eine Basis sein für weiter führende Untersuchungen mithilfe **moderner** Verfahren, sofern sie in der Schule verfügbar sind und in alters- als auch schulartgerechter Form eingesetzt werden können. Eindrucksvolle Beispiele hierfür sind die Bearbeitung der chromatografischen Methoden und der Thermoanalyse durch Wiederholt [33, 34] sowie die analytisch-synthetische Erschließung der Themata „Mikroverkapselung" und „Zeolithe" durch Lutz et al. [35, 36].
- Wird die Methode oder das Verfahren zur Lösung eines im Unterricht behandelten chemischen Problems wirklich benötigt, oder soll lediglich ein modernes Verfahren der Forschung bekannt gemacht werden? In diesem Fall kann die Vermittlung auch mithilfe geeigneter **Medien** erfolgen.
- Kann die Methode in der Schule **überhaupt** sinnvoll eingesetzt werden, sei es im Unterricht selbst oder im Rahmen einer Arbeitsgemeinschaft, evtl. auch im Rahmen einer Facharbeit (z. B. Gaschromatografie)?
- Sind Voraussetzungen gegeben, um das **theoretische Basiswissen** bereitzustellen bzw. so vereinfacht darzustellen, dass keine Verfälschung zustande kommt?

Verzahnung von Theorie und Experiment – Beispiele für den Unterricht

Unabhängig davon, welcher wissenschaftstheoretischen Richtung man auch folgt, bleibt die Chemie eine empirische Wissenschaft. Ihre Theorien und Hypothesen können an der **Erfahrung** scheitern. Aussagesätze verdienen so nicht das Prädikat „wahr" oder „falsch", sondern werden „an den bekannten Erfahrungen bestätigt" oder „nicht bestätigt" [37]. Theorien sind selbstverständlich auch heute Wandlungen unterworfen [38]. Insgesamt gesehen ist der Prozess der Erkenntnisgewinnung sowohl durch z. T. revolutionär anmutende Änderungen in den theoretischen Vorstellungen (z. B. Komplexchemie/Werner) als auch durch Phasen des Erweiterns und Ausbauens der theoretischen Einsichten gekennzeichnet. Der eigentliche **wissenschaftliche Fortschritt** in der Chemie ist **kein kontinuierlicher Wachstumsprozess,** wenngleich das sich ständig vermehrende Wissen um Sachverhalte diesen Eindruck erwecken könnte. Zwischen dem theoretischen Postulat und dem gelungenen Experiment können viele Jahre vergehen. Ein im Sinne der Erwartung aus der Sicht der Theorie „misslungenes" Experiment beweist (in der Chemie) noch lange nicht, dass die theoretische Vorstellung falsch ist.

B **Theorien geben den Anstoß für experimentelle Untersuchungen [39].**

Das PSE war der erste sichere theoretische Wegweiser für die Suche nach neuen Elementen. Die aus der Theorie des Periodensystems der Elemente abgeleitete Voraussage, dass das um 1920 noch nicht entdeckte Element der Ordnungszahl 72 ein Analogon des Zirkons sei, führte zur erfolgreichen Isolierung des Elements Hafnium aus Zirkonmineralien. Die chemische Ähnlichkeit der Elemente Zirkon und Hafnium hängt eng mit ihrem fast identischen Atom- bzw. Ionenradius bei gleicher Elektronenkonfiguration in den beiden äußeren Schalen zusammen [40]. Weitere Beispiele für das Auffinden vorausgesagter Elemente sind: Thallium (1861), Indium (1863), Gallium (1874), Scandium (1879), Germanium (1885).

Theoretische Voraussagen finden sich im Experiment bestätigt.

Bindungstheoretische Aussagen über die Anordnung der Teilchen und über die Bereiche unterschiedlicher Elektronendichte (Abb. 48.1) zwischen ihnen können heute durch die Untersuchung von Kristallen mithilfe von Röntgen-, Elektronen- und Neutronenstrahlen bestätigt werden [41, 42].

Theorien lösen experimentell begründete Widersprüche [44].

In der Theoriehierarchie höher stehende und daher umfassendere Theorien besitzen einen weiteren Erklärungshorizont und können daher zunächst widersprüchliche experimentelle Befunde in Einklang bringen. Ein Beispiel dafür ist die **„Berthollet-Proust-Kontroverse"** Ende des 18. Jahrhunderts. Während sich Proust, der Entdecker des Gesetzes der konstanten Proportionen, durch die Dalton'sche Atomtheorie voll bestätigt sah, schien Berthollet, der dem Gesetz der konstanten Proportionen widersprach, widerlegt. Erst die neueren Vorstellungen über die Bindungsverhältnisse in Festkörpern räumen auch so genannten „nichtdaltoniden" oder „nichtstöchiometrischen" Verbindungen einen Platz innerhalb der chemischen Verbindungen ein. Im Unterschied zu den „normalen" Verbindungen haben wir es mit Substanzen zu tun, deren stöchiometrische Zusammensetzung nicht durch kleine ganze Zahlen ausgedrückt werden kann, z. B.:

$$Fe_{0,93}O_{1,00} = \overset{II}{Fe}_{97}\overset{III}{Fe}_{14}O_{100}$$

Derartige Erkenntnisse finden ihre praktische Anwendung in der Halbleitertechnik, der Tonband- bzw. Magnetton- und Glasindustrie.

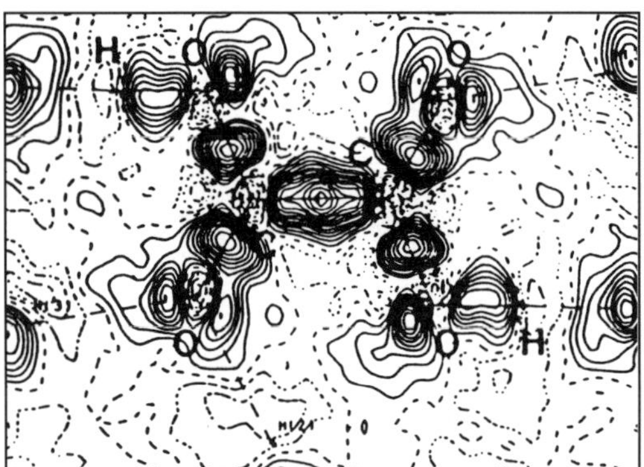

Abb. 48.1: Darstellung der Elektronendichte im Oxalsäuremolekül; experimentelle Grundlage: Röntgen- und Neutronenbeugung [43]

Diese kleine Auswahl an Beispielen stellt die **Einheit von Theorie und Experiment** deutlich unter Beweis. Für die Qualität des Chemieunterrichts kann es sich daher nur negativ auswirken, wenn sich theoretisch orientierte Probleme von der experimentellen Basis lösen, oder wenn umgekehrt ohne entsprechende theoretische Rückbindungen „experimentiert" (d. h. laboriert) wird. Für das Unterrichtsfach Chemie kann es daher i. A. keine theorieunabhängige empirische Basis geben [45]. Eine Ausnahme hiervon macht das Hinführen zum „Fachbezug Chemie" in der **Grundschule**. In dessen Rahmen werden erste Erfahrungen mit der stofflichen Zusammensetzung der Dinge geklärt (vgl. Kap. 16.2).

Mit der Kenntnis einer umfassenden Theorie wird die empirische Erarbeitung chemischer Begriffe, Regeln und Gesetze im Chemieunterricht nicht überflüssig! Wie am Beispiel der Quantenmechanik gezeigt werden kann, ist selbst im fachwissenschaftlichen Bereich eine numerische Behandlung chemischer Probleme auf der Grundlage von Näherungsverfahren lediglich in den einfachsten Fällen (kleine Moleküle) möglich. Kritisch ist zu sehen, wenn eine **Theorie** als Ausgangspunkt schulischen Lernens dient, deren Prämissen und Instrumentarien – nicht nur für die Schüler – schwer verständlich sind, wie etwa die **Quantenmechanik**. Dies führt zu Unklarheiten zwischen Fakten, Modellvorstellungen und Hilfskonstrukten, wie es etwa die „Hybridzustände" bei der **Valence-Bond**-Näherung sind.

B **Der methodische Weg sollte also nicht lauten [39]:**

„Vom Hybridzustand des C-Atoms zum Tetraedermodell des Methanmoleküls", sondern „Wie lassen sich die experimentellen Fakten (Tetraedergestalt des Methanmoleküls mit entsprechenden Bindungswinkeln) vom Standpunkt der Orbitaltheorie aus deuten?" Stets zu bedenken ist, dass Orbitale grundsätzlich nicht beobachtbare chemische Objekte sind.

3.1.4 Modelle und Modellvorstellungen in der Chemie und im Chemieunterricht[1]

Die Definition des Modellbegriffs hängt von erkenntnis- und wissenschaftstheoretischen Auffassungen der Modellschaffer ab. Empirismus, Rationalismus, evolutionäre Erkenntnistheorie oder konstruktivistische Prämissen haben große Bedeutung für die Behandlung von Modellen im Unterricht (s. z. B. [47, 48].

Definition:
„Ein Modell ist ein ideeller oder materieller Repräsentant eines Systems bezüglich bestimmter Eigenschaften, mithilfe dessen (infolge der festgestellten Ähnlichkeitsbeziehungen zwischen Modell und Original) neue Informationen über das Original erhalten werden können, die Wahrscheinlichkeitscharakter tragen." Ein Modell wird also eingesetzt, um ein bestimmtes Problem zu lösen, was mittels direkter Operationen am Original nicht möglich oder zu aufwändig wäre [49].
Warum braucht man überhaupt Modelle?
Das Subjekt S (Wissenschaftler, Lehrer, Schüler) kann neue Erkenntnisse über das Original (O) in vielen Fällen nicht direkt erhalten, nur der „Umweg" über das Modell vermittelt neue Einsichten. Der Begriff „Modell" umfasst theoretische Modelle und gegenständliche Modelle, die oft unzulässigerweise nicht genügend unterschieden werden, wie das mathematisch entfaltbare Modell der Aufenthaltswahrscheinlichkeit von Elektronen und seine gegenständliche (Modell-) Darstellung in Form dreidimensionaler, fassbarer „Orbitalmodelle". Abb. 49.1 zeigt die Rolle des Modells im Erkenntnisprozess (nach [47]).

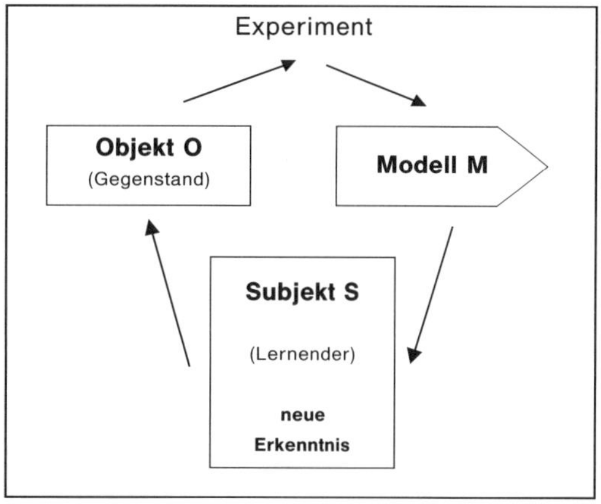

Abb. 49.1: Rolle des Modells im Erkenntnisprozess (nach [47])

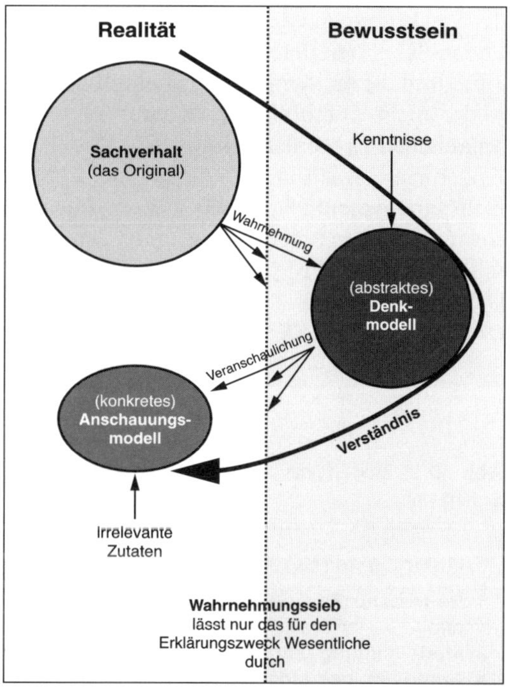

Abb. 49.2: Zusammenhänge zwischen Original, Denk- und Anschauungsmodell (nach Steinbuch [50])

Wie kommt man zu Modellen?

Die Abbildung 49.2 nach Steinbuch zeigt die Schritte zur Bildung eines Modells, indem Unwesentliches ausgefiltert und die Essenz – mit Zusatzinformationen angereichert – zu einem nur im Bewusstsein vorhandenen Denkmodell führt, z. B. die Vorstellung von sich in den Schwanz beißenden Schlangen (Kékulé). Aus diesen „inneren Scheinbildern", wie sie Hertz nennt (Denkmodelle), werden zur Veranschaulichung konkrete gegenständliche Modelle, wie das Kochsalzgitter, hergestellt. Dies geschieht

[1] Wir danken Herrn Dr. Ernst Kircher, Physikdidaktik der Universität Würzburg, für die kritische Durchsicht dieses Kapitels und für erhellende Diskussionen.

oft unter Einbeziehung irrelevanter Zutaten, z. B. Stäbe, die zum Halten der die Ionen symbolisierenden Kugeln erforderlich sind.
Abbildung 49.1 verdeutlicht die Zusammenhänge zwischen Original (Realität), Denkmodell und Anschauungsmodell.
Das **Modell** M ist der **Vermittler (Mittler)** zwischen dem **Subjekt** S und dem **Objekt** O. Es muss sich überprüfen lassen, ob bestimmten Elementen aus M Elemente aus O entsprechen. Wenn sich auch Verknüpfungen zwischen diesen Elementen bestätigen lassen, kann M als ein sinnvolles Modell von O gelten.
Ein Spezifikum der Chemie stellt die Tatsache dar, dass Modelle dort einzuführen sind, wo die **Originalbetrachtung aus prinzipiellen Gründen nicht möglich** ist, nämlich beim Studium der Strukturen und der Vorgänge im atomaren und molekularen Bereich wegen ihrer Komplexität, und die mathematische Behandlung entweder nicht durchführbar ist oder zu unanschaulichen Ergebnissen führt [51, 52, 53].
Andererseits spielt in der Chemie das Experiment eine wesentliche Rolle. Dieser Tatsache sowie der Wechselbeziehung mit dem Anschauungsmodell M_A trägt ein erweitertes M-O-S-Schema von Saborowski Rechnung (Abb. 50.1 [48, S. 67, Abb. 77]).

3.1.4.1 Begriff und Klassifikation [54, 55]

Der Begriff „Modell“ wird für sehr verschiedene Sachverhalte benutzt; er entstammt der Verkleinerungsform von „modus“ (lat.): Maß, Grundmaß. Vielfach handelt es sich dabei tatsächlich um Verkleinerungen makroskopischer Objekte (z. B. der Baukunst) oder um idealisierte Darstellungen vielschichtiger Zusammenhänge (Abstraktion). In der Chemie trifft dies z. B. zu, wenn großtechnische Anlagen in ihrem Aufbau und ihrer Funktion durch Vereinfachungen transparent gemacht werden (z. B. Hochofenmodell).
Die grundlegende Einteilung in Denkmodelle (theoretische Modelle) und gegenständliche Modelle kann zu einer weitergehenden Klassifikation von Modellen ausgebaut werden ([49, 56] siehe Abb. 51.1). Dabei ist zu beachten, dass es zwischen den herausgestellten Modelltypen durchaus zu Überschneidungen und Übergängen kommen kann (Abb. 51.2).
Zeitgemäße Beispiele hierfür liefert die **Simulation** mithilfe von **Computern** [57, 58] (s. auch Kap. 15). Je nach Leistungsfähigkeit des Programms und des Computersystems sind statische und/oder dynamische Darstellungen möglich, z. B. Darstellung von Änderungen der Konformation in biologisch aktiven Molekülen.
Außer im molekularen und atomaren Bereich besitzen **Simulationsmodelle** im chemisch-technischen Bereich besondere Bedeutung.

Abb. 50.1: Erweitertes M-O-S-Schema (nach [3, S. 67])

Erläuterung der Bezifferung:

1 Begrenzter Zugang des Subjektes zum Objekt
2 Modellbildung (zur Erkenntnisgewinnung)
3 Analogien des Modells zum Objekt
4 Bei Einbindung eines Experiments in den Erkenntnisprozess bestimmt die Modellvorstellung dessen gedankliche Konstruktion.
5 Datenaustausch zwischen Experiment und Objekt
6 Konkrete Realisierung des Experiments durch das Subjekt (Interpretation über Modellvorstellung)
7 Anschauungsmodell (M_A) kann direkt vom Subjekt erfasst werden.
8 M_A besitzt Analogien zur Modellvorstellung, aber nicht zum Objekt.

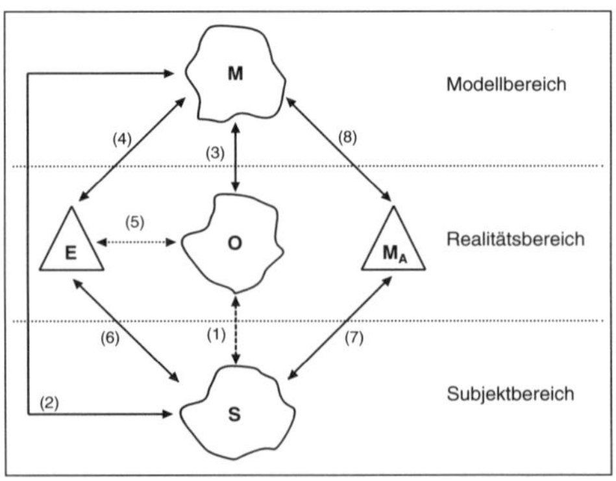

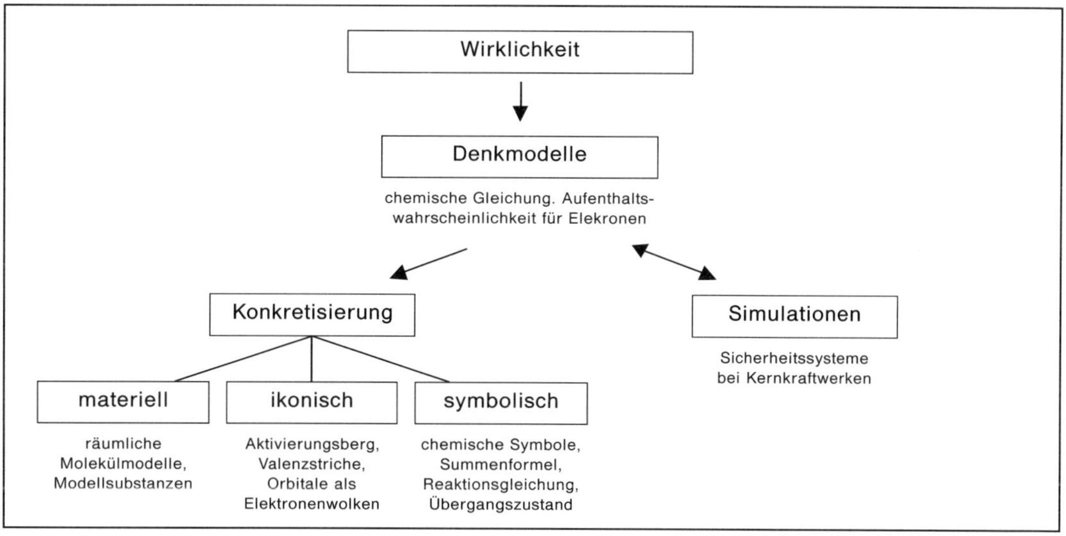

Abb. 51.1: Klassifizierungsmöglichkeit für Modelle

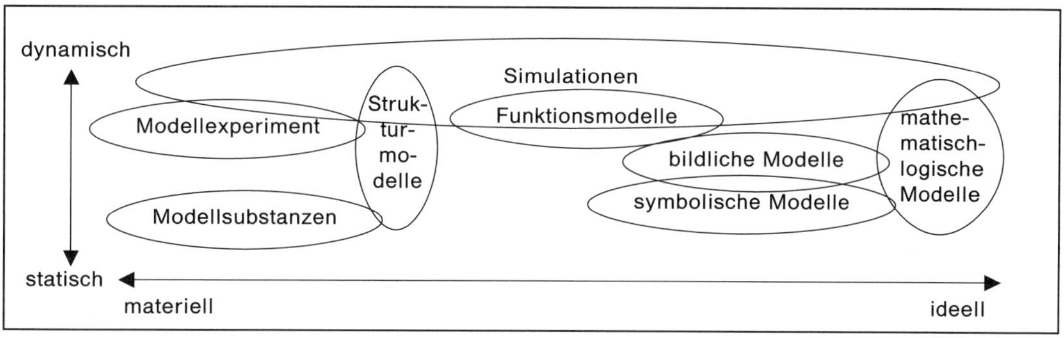

Abb. 51.2: Übergänge zwischen den Modelltypen

B Computerprogramme des Fonds der chemischen Industrie [59]
- Ammoniaksynthese,
- Abgaskatalyse,
- Copolymerisation,
- Abwasserreinigung.

Der besondere Vorzug derartiger Modelle besteht darin, dass der Benutzer aktiv werden kann, indem er das Modell bearbeitet und eine Rückmeldung über Erfolg bzw. Konsequenzen seiner Einflussnahme erhält. Derartige Eingriffe wären am chemischen Objekt entweder nicht möglich, zu zeitraubend, zu gefährlich, zu kostspielig etc. Als besonders anregend gilt das Einbeziehen **spielerischer Elemente** in den Bereichen Simulation und Modelldenken, wie es von Harsch anhand von Themen aus der Physikalischen Chemie (u. a. chemische Kinetik) gezeigt wurde [60].

Die Begriffe „Original“ und „Objekt“ werden in der Literatur teilweise synonym gebraucht. Während Steinbuch und Stachowiak vom „Original“ sprechen, bevorzugt Kircher im Sinne der realistischen Auffassung der Naturwissenschaften die Bezeichnung „Objekt“, in unserem Falle also „chemisches Objekt“.

Beziehungen zwischen „chemischem Objekt" und Modell

Zwischen „chemischem Objekt" und Modell besteht eine Ähnlichkeitsrelation entsprechend einer Analogie bei Abbildungen. Dabei kann man zwischen verschiedenen Fällen differenzieren:

1. Zwischen Modell und „chemischem Objekt" besteht eine **Ähnlichkeit** hinsichtlich Gestalt (Aussehen), Zustand und Struktur, Verhalten, Funktion und Prozess [61]. Die Ähnlichkeit kann auf unterschiedliche Weise gegeben sein – **durch Analogie und Homologie.**
   In der Literatur unterscheidet man vielfach die Oberflächenstruktur-Ähnlichkeit von der Tiefenstruktur-Ähnlichkeit. Erstere geht von ähnlicher Gestalt, ähnlichem Aussehen aus, die sich z. B. zueinander verhalten wie in der Biologie Pilze und Pilzmodelle.
   Die Tiefenstruktur-Ähnlichkeit arbeitet mit der Ähnlichkeit der Strukturen. Damit können z. B. in der Physik Gesetze des Stromkreises auf das Modell des Wasserstromkreises recht gut angewendet werden, weil zwischen elektrischem und Wasserstromkreis Tiefenstruktur-Ähnlichkeit besteht (z. B. Kirchhoff'sches Gesetz).
   Schüler orientieren sich nach empirischen Untersuchungen häufig an der Oberflächenstruktur-Ähnlichkeit.

B Ein feiner Wasserstrahl wird durch einen vorher geriebenen Kunststoffstab abgelenkt, ein Hexanstrahl nicht. Ein Modell, das diesen Effekt mit einem Eisenstab bzw. einem Glasstab beschreibt, die vom Magneten entweder angezogen oder nicht angezogen werden, arbeitet auf der Ebene der Oberflächenstruktur-Ähnlichkeit. Dem Schüler vertraute Bereiche werden zur Erklärung eines Lernbereiches eingesetzt. Der Tiefenstruktur ist dieses Modell nicht ähnlich. Mit Analogien kann man ein chemisches Phänomen zwar illustrieren, erklären kann man es nicht.

Versteht man unter Analogien „Ähnlichkeiten zweier Bereiche hinsichtlich gewisser Eigenschaften" (Duit, Glynn 1995 [1, S. 62]), kann man den Homologiebegriff mit „gleicher Beziehung" umschreiben.
Während Homologien also mit gleichen Grundqualitäten arbeiten, werden bei Analogien Gemeinsamkeiten aus ganz unterschiedlichen Bereichen herausgestellt [62].

B Beispiele für Analogiemodelle:
- Schlüssel-Schloss-Prinzip = Enzym-Substrat-Modell
- Stromkreis und Wasserkreislauf mit Pumpe als „Stromquelle",
- enzymatische Bindungsspaltung durch mechanische Kräfte (Werkzeuge: Axt, Säge; Comic-Charakter)
- Strom- oder Ladungstransport durch „Männchen" in Lösung
- Ethenpolymerisation mit „Mickey-Maus-Pärchen" (Abb. 52.1)
- Moleküle als starre Kugeln (kinetische Gastheorie)

Vielfach geben derartige Darstellungen zu Fehldeutungen Anlass und sind jeweils kritisch bezüglich ihres Einsatzes zu hinterfragen.

B Beispiele für Homologie-Modelle:
- radikalisch verlaufende Substitution, z. B. Methanchlorierung anhand von Strukturmodellen
- Crackprozess anhand von Strukturmodellen
- DNA-Modell
- Berechnung von Ionenradien auf der Annahme starrer, sich berührender Kugeln (Experimentelle Basis: Röntgenbeugung)

In allen Fällen werden Erfahrungen eines vertrauten, schon gelernten Bereichs auf einen neuen, wenig vertrauten Bereich übertragen. Da es recht schwierig ist, zwischen Homologie und Analogie zu unterscheiden und innerhalb eines Modells analoge und homologe Elemente der Modellbildung beteiligt sein können, wird **häufig** der **Analo-**

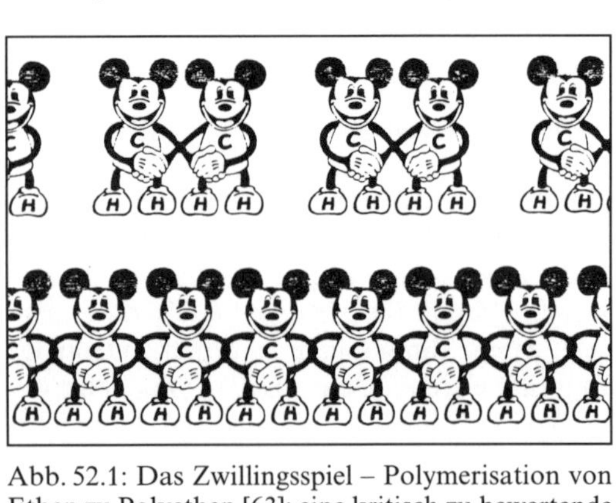

Abb. 52.1: Das Zwillingsspiel – Polymerisation von Ethen zu Polyethen [63]; eine kritisch zu bewertende Analogiedarstellung

giebegriff als Oberbegriff verwendet. Unter fachlichen Aspekten sollten homologe Modelle bevorzugt eingesetzt werden. Bei der modellhaften Betrachtung muss der Bezug zum realen Objekt immer erhalten bleiben.

2. Häufig ist das Modell eine durch eine Theorie vermittelte **näherungsweise Abbildung** des „chemischen Objekts". Dieses ist auf bestimmten Stufen der wissenschaftlichen Erkenntnis möglich und das „chemische Objekt" wird durch je ein Modell ersetzt bzw. **repräsentiert** (Bedingung der Repräsentation). Die gewonnenen Erkenntnisse haben selbst wieder Modellcharakter.

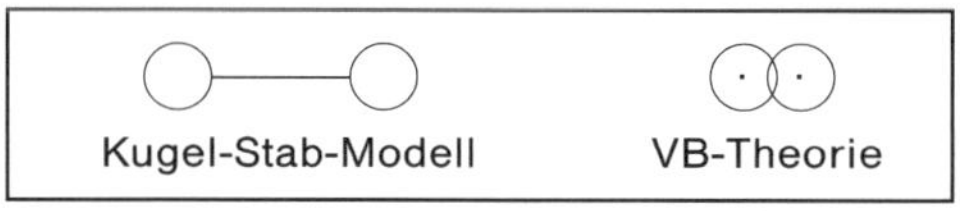

Abb. 53.1: H_2-Molekül in unterschiedlicher modellhafter Darstellung: links Kugel-Stab-Modell; rechts Überlappung der 1s-Orbitale nach der VB-Theorie

Hierher gehören u. a. Atom- und Bindungsmodelle (Abb. 53.1).

3. Modelle **veranschaulichen** wichtige Merkmale des „chemischen Objekts" **übersichtlich und transparent** (Bedingung der Anschaulichkeit). Beispiele aus der Biochemie sind die chemischen Vorgänge an Synapsen und beim Transport von Stoffen durch Membranen.

Die Veranschaulichung wichtiger Merkmale wird insbesondere bei der Verwendung von Strukturmodellen deutlich. Sie zeigen die Beziehungen zwischen einer abstrakten Summenformel und der Molekülstruktur auf. Strukturelle Aussagen sind auf verschiedenen Ebenen möglich (Abb. 53.2):
- Konstitution,
- Konfiguration,
- Konformation.

Die verschiedenen strukturellen Aspekte können im Modell sowohl zeichnerisch und symbolisch als auch konkret-gegenständlich dargestellt werden (vgl. Kap. 13).

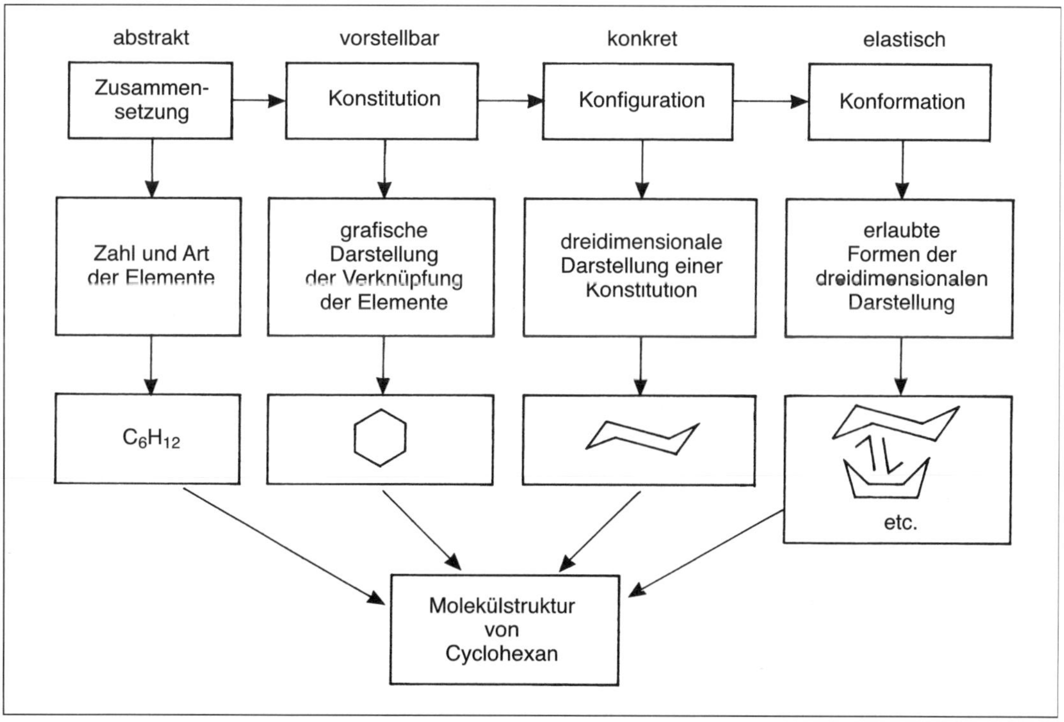

Abb. 53.2: Beziehungen zwischen Zusammensetzung, Konstitution, Konfiguration und Konformation in mathematischer und chemischer Bedeutung am Beispiel von Cyclohexan [64].

4. Modelle symbolisieren nur Teile des „chemischen Objekts", die für die Erkenntnisgewinnung wesentlich sind (Bedingung der Reduktion, **Verkürzungsmerkmal**), sind also nicht identisch mit dem „chemischen Objekt". Naturwissenschaftliche Theorien (Modelle) stellen keine isomorphen Abbildungen der Natur dar! Dies gilt für alle theoretischen Modelle über die „Natur". Nur im naiven Realismus werden isomorphe Relationen zwischen Theorie/Modell und chemischen Objekt angenommen.
Molekulare Strukturen können in unterschiedlicher gegenständlicher Realisierung dargestellt werden (Abb. 53.2 und folgende Strukturformel).

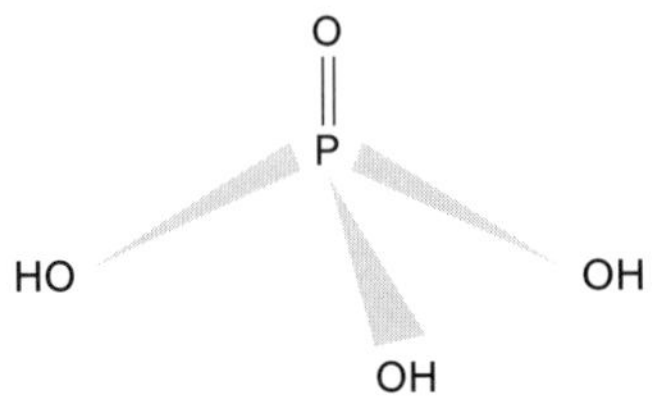

Struktur des Phosphorsäuremoleküls

Verkürzungsmerkmal:

Chemische Reaktionen können unter mehreren Aspekten modellhaft gedeutet werden, je nach der Art des gestellten Problems.

B Zur Ableitung der Gleichgewichtsbedingungen der Reaktion

$H_2 + I_2 \rightleftharpoons 2\,HI + \text{Energie}$

kann angenommen werden, es handle sich um eine bimolekulare Reaktion. Von dieser Modellvorstellung darf aber nicht zwingend auf ein Modell für den Mechanismus geschlossen werden, denn es konnte gezeigt werden, dass die Reaktion bei höheren Temperaturen im Sinne einer Reaktionskette über Iodatome und Wasserstoffatome verläuft [65].

3.1.4.2 Bedeutung für den Chemieunterricht

Wie in der Fachwissenschaft, so kommt den Modellen auch im Chemieunterricht **Erkenntnis-, Demonstrations- und Erklärungsfunktion** [61] zu; sie vermitteln aber auch Einblicke in die Wissenschaftsgeschichte der Chemie. Zum besseren Verständnis chemischer Zusammenhänge sind sie unentbehrlich.
Tabelle 55.1 fasst die wichtigsten Modelle zum Atombau und zur chemischen Bindung zusammen.
In vielen Fällen werden besonders im Chemieunterricht Begriffe wie Theorie, Hypothese und Modell synonym und damit recht unkritisch verwendet. Daraus entstehen Unklarheiten sowohl hinsichtlich des Begriffs als auch im Umgang mit Modellen. Eine klare Terminologie hilft, diese Probleme zu vermeiden.
Eine besondere Bedeutung kommt dynamischen Simulationsmodellen zu, die eine möglichst wirklichkeitsnahe Abbildung der Realität darstellen und sowohl Parameteranalysen als auch zuverlässige Prognosen ermöglichen. Auf dieser Grundlage können dann technische Modelle entwickelt werden [70, 71].
Modelle und Modellvorstellungen sind im Chemieunterricht wichtige Denkhilfen für die Hypothesenbildung und liefern einen Zugang zur Einsicht in komplexe Strukturen und Systeme. Einzelne Parameter lassen sich einschließlich ihrer Wechselwirkungen so deutlicher untersuchen. Diese heuristischen und herausgehobenen didaktischen Funktionen machen klar, dass Modelle nicht zum Selbstzweck werden dürfen, sondern das Verständnis im Chemieunterricht fördern, indem das „Denken in Modellen" und das Arbeiten mit Modellen zu zentralen Anliegen des Chemieunterrichts werden [72, 73].

B Beispiele für mögliche Funktionen von theoretischen Modellen im Erkenntnisprozess:
- Aufstellen von Hypothesen,
- Entwerfen von Realexperimenten,
- Beurteilen von Daten,
- Auffinden von Parametern und Beziehungen in komplexen Systemen.

Die Arbeit mit einem Modell erscheint so lange gerechtfertigt, wie dessen Anwendungsgrenzen beachtet werden. Gerade die Notwendigkeit der adressatengerechten und fachgerechten Modellwahl muss immer wieder betont werden. Grundlegende methodische Überlegungen für den Chemieunterricht haben Christen [72] (Abb. 56.1) und Weninger [52] entwickelt.

Art des Modells	**Bezeichnung**	**Fachdidaktische Bemerkungen**
1. Atommodelle	Dalton-Modell Rutherford-Modell Bohr-Modell	Kugel- und/oder Massemodell Kern-Hülle-Modell „Elektronenbahnen" (Energieniveaus), keine Verständnisbasis für Atombindungen; dennoch einsetzbar für: Ionenbildung, Periodensystem
	Sekundarstufe I: Schalenmodell Kimball-Modell [25] („Kugelwolken-Modell")	Schale: Gesamtheit aller Elektronenzustände mit gleicher Hauptquantenzahl – ein didaktisches Atommodell [66]; elementarisiertes AO-Modell; beschreibt Atomhülle (Valenzelektronen) im gebundenen Zustand bis Element Ca
	Sekundarstufe II: wellenmechanisches Atommodell = Ein-Elektronen-AO-Modell	„Orbitalmodelle" – Elektronenkonfiguration – umfassendes Verständnis der Atombindung
2. Bindungsmodelle	klassische Modelle der chemischen Bindung – Ionenbindung – Atombindung (Lewis) – Metallbindung Gillespie-Nyholm-Modell: (VSEPR-Modell) Elektronenpaar-Abstoßungs-Modell Näherungen auf der Basis der Wellen-, Quantenmechanik, z. B. VB-Modell	[68] Edelgasregel, Ionenradien Valenzstrichformeln „Elektronengas"-Modell Bändermodell (Sek. II) Molekülgeometrie [27] Entwicklung des Raumvorstellungsvermögens mit Minimum an Theorie! Strukturmodell Hybridorbitale (Pauling)
3. Strukturmodelle	vom allgemeinen Teilchen-Modell über Ionen-, Atom-, Molekül- und Metallgitter bis hin zur Konstitution, Konfiguration und Konformation von Komplex- und Molekülverbindungen	nähere Ausführungen siehe Kap. 13

Tab. 55.1: Beispiele für den Einsatz von Modellen und Modellvorstellungen zum Aufbau der Materie im Chemieunterricht (nach Christen, abgeändert)

B Mit dem undifferenzierten Atommodell nach Dalton (Atom = winzige, unteilbare Massekugeln) kann eine Reihe von Gesetzen und Strukturproblemen in der Chemie veranschaulicht werden, z. B. Gasgesetze, stöchiometrische Gesetze, Atomgitter, Kugelpackungen bei Metallgittern. Auf Fragen zu Bindungsproblemen (Zusammenhalt der Atome, Bindungskräfte, Atom- und Ionenradien) oder zur Erklärung bestimmter Eigenschaften (Leitfähigkeit von Metallen, Metallglanz) kann diese Modellvorstellung keine Antwort geben.

Daher ist ein Eingehen auf differenzierte Atommodelle (Kern-Hülle-Modell, Schalenstruktur der Atomhülle) – etwa über ein „Masse-Ladungs-Modell" – unumgänglich.

Werden in Kombination mit theoretischen Näherungsverfahren wichtige chemische und physikalische Erfahrungen mit berücksichtigt, so lassen sich Modelle finden, die dem Gegenstand eine an und für sich nicht gegebene Anschaulichkeit verleihen. Hierher gehören die diversen Modelle zum Atombau und zur chemischen Bindung sowie der Modellcharakter von Reaktionsmechanismen [49, 72, 74].

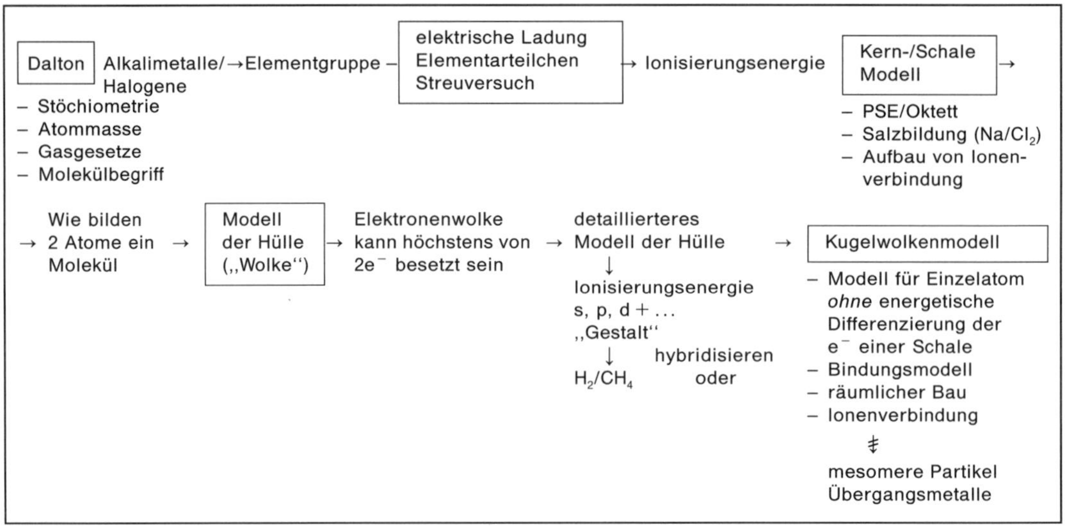

Abb. 56.1: Modellfolge im Chemieunterricht (nach Christen)

3.2 Alltag und Chemie

3.2.1 Chemie des Alltags – Teil eines praxisorientierten Chemieunterrichts

Praxisorientierter Chemieunterricht

Konzept

„Praxis (griech.) ist die durch Übung erlangte Fertigkeit in der Anwendung der von der Erfahrung oder der Theorie (s. e.) dargebotenen Mittel zur Erreichung eines bestimmten Zweckes, die Anwendung der Theorie auf das wirkliche Leben." [Meyers Großes Konversationslexikon 1907[6]]. Praxisorientierter Chemieunterricht bleibt grundsätzlich wissenschaftsbezogen. Der Unterricht nach diesem Konzept gewinnt, wann immer möglich, seine Probleme aus der Lebenswirklichkeit. Die Schüler erfahren Erklärungsmuster aus der Sicht der Naturwissenschaft Chemie und erkennen Handlungsmöglichkeiten in der Lebenswirklichkeit. Unverzichtbar ist, dass praxisorientierter Chemieunterricht zugleich zeitgemäßer Experimentalunterricht ist, der nicht nur einen Eindruck von der Vielfalt der faszinierenden Welt chemischer Phänomene, sondern auch Grundfertigkeiten im Umgang mit den Stoffen, auch des Alltags, vermittelt. Praxisorientierung geht im Gegensatz zu einseitigen Ansätzen zur Gestaltung des Unterrichts wie der reinen Alltagsorientierung oder dem rein fachsystematischen Unterricht wesentlich weiter. Die Klammerfunktion der pädagogischen Leitlinien einerseits sowie der fachlichen Leitlinien andererseits sichert die Erreichung der angestrebten Schlüsselqualifikationen sowie des fachlichen Kernbestandes. In dieses Grundgerüst können nun Themen aus der Ökologie, der Umwelt, dem Alltag und der Technik eingebaut werden, sodass auch Fertigkeiten in der Anwendung erlangt werden. Der rein am Zweck orientierte Erwerb „lebenspraktischen Wissens" im Sinn einfacher volkstümlicher Bildung greift jedoch wesentlich zu kurz. Der Begriff „Fertigkeit" umfasst gerade in der Chemie auch die experimentalpraktische Komponente. Praxisorientierung geht somit weit über den rein am Zweck orientierten lebenspraktischen Ansatz hinaus (Abb. 57.1). Das Erkennen von Problemen und die Entwicklung von Problemlösestrategien wird gerade durch die Verflechtung der von der Chemie als experimenteller Wissenschaft bereitgestellten Instrumentarien auf der Basis theoretischen Hintergrundwissens erleichtert.

Im Mittelpunkt des Geschehens aber steht der Schüler. Deshalb sind grundlegende Bildungsaufgaben sowie die Bereitschaft und Fähigkeit zu komplexem und vernetztem Denken ebenso eingeschlossen wie die Verknüpfung mit pädagogischen Grundanliegen, Bildungs- und Erziehungszielen, die auch im Chemieunterricht nicht ausgespart werden dürfen.

Praxisorientierter Chemieunterricht
- vermittelt **Schlüsselqualifikationen** allgemeiner Art,
- vermittelt Schlüsselqualifikationen fachgebundener Art,
- ermöglicht die **Anwendung** dieser Qualifikationen,
- führt zur **Lösung fachlicher** und **fach-übergreifender Probleme**.

B **„Builder" aus dem Bereich Waschmittel**
Die von der experimentellen Naturwissenschaft Chemie erarbeiteten Ergebnisse sind in vielfacher Weise verwendbar. Dies kann im Unterricht mithilfe von Experimenten gezeigt werden. Die Auswirkung chemischer Produkte, hier der Builder, auf Ökologie und Natur wird für den Schüler genauso transparent wie die Verzahnung mit den Herstellungsmethoden der chemischen Industrie. Er erkennt aber auch die Einflussmöglichkeiten, die der Verbraucher durch seine Konsumentscheidung auf die Industrie hat. Erziehung zu verantwortungsbewusstem, umweltgerechten Verhalten mit Blick auf die Nachhaltigkeit steht am Ende dieser Kette.

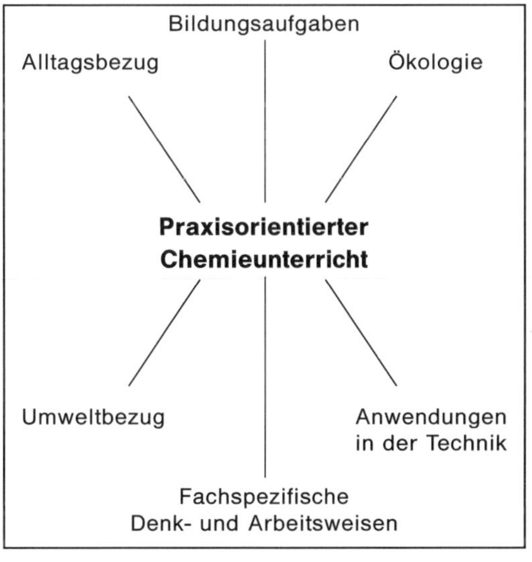

Abb. 57.1: Praxisorientierter Chemieunterricht

Ein an der Lebenspraxis orientierter Chemieunterricht ist geeignet, die Leitlinien „Stoff – Tätigkeit – Kommunikation" auf neue Fragestellungen anzuwenden, die sich aus reflektierten Alltagsbetrachtungen ergeben. [75]

Ein Teilaspekt des Chemieunterrichts ist also der Alltag, die **Lebenswelt des Schülers**. Die Funktion des Alltagsbezuges liegt unter anderem auch in der Kombination chemischer Kenntnisse und Arbeitsweisen mit alltagspraktischen und lebensnahen individuellen Erfahrungen begründet. Die bekannten Probleme bei der Verknüpfung von Alltagserfahrungen mit chemiefachlichen Erfahrungen sind dabei natürlich zu berücksichtigen (Alltagssprache, Fachsprache, Schülervorstellungen, Welt des Klassenzimmers contra Alltagswelt).

Inhaltliche Schwerpunkte

Die **Grundbedürfnisse** einer immer rascher wachsenden Zahl von Menschen sind ohne die **Produkte der Chemie** nicht zu befriedigen. Dies wird zum Teil mit nicht unerheblichen Risiken erkauft, die man als Verbraucher kennen sollte, um vernünftig abwägen zu können (z. B. „Chemie in Hobby und Freizeit"). Mit diesen Aspekten muss der traditionelle Chemieunterricht ohne Einbußen an fachlicher Qualität durchflochten werden. Gerade den Schülerinnen und Schülern, die im späteren Beruf vermeintlich nichts mit Chemie zu tun haben werden, muss ein Einblick in **naturwissenschaftlich-technische Zusammenhänge** aus der Sicht der Chemie ermöglicht werden. Zu verantwortungsbewusstem Handeln und Entscheidungen der Schüler als mündigen Staatsbürgern von morgen trägt bei, wenn Schülerinnen und Schüler an Themen lernen, in denen sie einen „Sinn sehen", die sie also selbst als bedeutend einschätzen (vgl. Kap. 9.4).

Dem Chemieunterricht erwächst deshalb eine wichtige Vermittlerrolle zwischen Chemie, Technik und Lebenswelt, aus der die Natur und wir selbst nicht ausgegrenzt sein dürfen. Die Beziehung zwischen **Chemie und Natur** kann im Chemieunterricht auf unterschiedlichen Ebenen und aus verschiedenen Blickwinkeln transparent gemacht werden. Grundkenntnisse der **Biochemie** sollten in einem zeitgemäßen Chemieunterricht vermittelt werden, aber nicht als vorwiegend theoretisch abgehandelte inhaltliche Schwerpunkte in Leistungskursen, wobei der Bezug zur Natur für den Schüler nur schwer erkennbar wird. Die **ökologische Chemie** stellt Beziehungen zwischen Chemie und Natur her. Sie bewertet die ökologische Wirkung von Emissionen wie Abgasen, Industriechemikalien etc., die auf die Biosphäre, den Boden, das Wasser und die Luft als Immissionen einwirken. Damit diese komplexen Zusammenhänge in elementarisierter Form schulart- und schulstufengerecht unterrichtet werden können, wird seitens der Lehrenden viel Eigeninitiative (Fortbildung, Fachzeitschriften) gefordert. Schülerinnen und Schüler müssen aber auch durch Erfahrungen mit Naturstoffen frühzeitig eine tragfähige Basis über Chemie und Natur gewinnen. So kann Wissen um die verschiedenen Beziehungen zwischen „Lebewesen – Mensch – Naturstoffen" aufgebaut werden. Themen wie Ernährung, nachwachsende Rohstoffe gehören ebenso hierher wie die **Bedeutung von Naturstoffen** im ökologischen Kontext. Das interdisziplinäre Forschungsgebiet **Chemische Ökologie** liefert hierzu interessante Ergebnisse [76]. Lebewesen produzieren chemische Substanzen oder Stoffgemische für bestimmte Aufgaben – entweder von Grund auf oder durch Umwandlung von Nahrungsstoffen. So wird Verständnis für ihre Wirkung auf der Grundlage „Stoff – Struktur – Eigenschaften" (vgl. fachliche Leitlinie 1, S. 40) erreicht.

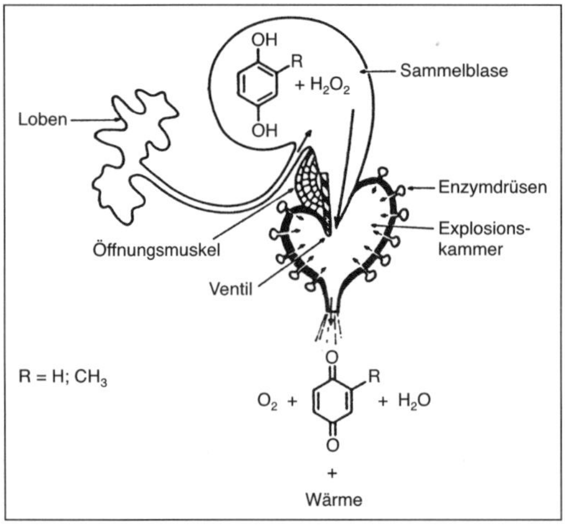

Abb. 58.1: Abwehrorgane der Bombardierkäfer mit Reaktionsschema

B **„Chemische Abwehr" beim Bombardierkäfer** (Abb. 58.1, [77])

Was die Glühwürmchen blinken lässt
Glühwürmchen geben wie viele andere Tiere Licht ab. Sie sind allerdings die Einzigen, die das schnell und mit präzisem Timing tun können. Beteiligt sind Photozyten, feine, sich immer mehr verästelnde Luftgänge, Luciferin, Luciferase und Sauerstoff – alles bekannt. Aber wie erfolgt das schnelle Timing? Die Nerven der Laterne enden an den Zellen des Luftsystems. Immer wenn der Neurotransmitter Octopamin ausgeschüttet wird, erfolgt Produktion von Stickoxid. Dies hindert offensichtlich die Mitochondrien daran, Sauerstoff zu verbrauchen, der zur Oxidation von Luciferin verwendet werden kann. Der Sauerstoff dient dann der Lichtproduktion. [78]

Mit der **Synthese naturidentischer Wirkstoffe**, z. B. von Sexuallockstoffen zur selektiven Bekämpfung von Schädlingspopulationen, wird die Brücke geschlagen zu industriellen Chemieprozessen. So wird die unkritisch übernommene und unzutreffende, ja irreführende Zuordnung abgebaut, „Naturstoffe" seien stets rein, zuträglich und gesund und damit das Gegenteil von chemischen Produkten.

3.2.2 Zur Begriffsklärung

Alltagsbezogene Probleme der Chemie sind vielseitig und speziell. Dennoch lassen sie sich auf wenige Grundprinzipien zurückführen.
In der „Alltagswelt" gewinnen wir vielfältige lebensweltliche Erfahrungen (Alltagswissen). Dies geschieht im Umgang mit bestimmten Objekten und spezifischen Situationen, also „lebensnah" [79]. Den Begriff „Alltagschemie" muss man somit sehr weit fassen. Alle chemischen Vorgänge und die davon berührten Substanzen und Materialien, die im Alltag eine Rolle spielen, sowie die Art, wie darüber gesprochen wird, wären unter „Alltagschemie" zu führen. Dies ergäbe für den Chemieunterricht eine unüberschaubare Fülle von Stoffgebieten, die sogar den individuellen Interessen entsprechend noch weiter differenziert werden müssten. Ein alltagsbezogener Chemieunterricht im unreflektierten Sinn kann daher keine Alternative zu einem klar strukturierten, verständlichen Fachunterricht sein.

Andererseits sind größte Anstrengungen nötig, um die immer wieder festgestellte Kluft zwischen Chemieunterricht und Lebenswelt zu überbrücken. Der Alltagsbezug muss von Anfang an so oft wie möglich einfließen, denn nur so gewinnt der Unterricht an Praxisnähe. Erforderlich sind somit Strategien, wie Alltagswelt und beziehungsvolles Lernen im Chemieunterricht zusammengeführt werden können. Didaktische Entscheidungen hierzu setzen voraus, dass die für das Lehren und Lernen wesentlichen Elemente wie

- geltende Rahmenbedingungen für den Chemieunterricht,
- gesellschaftliches Bezugsfeld,
- Schüler mit ihrer Lerngeschichte,
- Lehrer

miteinander und mit der Alltagschemie verknüpft werden [80].

B Luftschadstoffe – Entstehung, Beseitigung, Kosten; Abwasserreinigung [81].
Waschmittel – Zusammensetzung und Wirkung der Einzelkomponenten eines Vollwaschmittels [82, 83]

1. **Alltagschemie/Gesellschaft:** Themen, die Alltagschemie und Gesellschaft betreffen, liegen überwiegend außerhalb des Chemieunterrichts. Im Rahmen der Schule können solche Themen aber z. B. bei Studientagen sowie fachübergreifend behandelt werden [84].
   Auch in der Erwachsenenbildung ist die Bearbeitung von alltagschemischen Fragestellungen notwendig und motivierend (Recycling, Energieprobleme, nachwachsende Rohstoffe).
2. **Gesellschaft/Chemieunterricht**: Hier muss vor allem der Akzeptanzbegriff [85] genannt werden. Wie die Erfahrung zeigt, stellen sich Akzeptanzprobleme vor allem dort ein, wo die Erfahrungsbasis (lebensweltliche Erfahrung) fehlt. Dies trifft ja gerade für viele Gebiete der Chemie in hohem Maße zu (z. B. Standort von Müllverbrennungsanlagen, Sondermülldeponien, neue Produktionsstandorte). Deshalb sollte im Unterricht ein Mindestmaß an Themen besprochen werden, die das Akzeptanzproblem beinhalten.

Eine wesentliche Einschränkung erfährt der Themenpool durch das Bezugsfeld „Schüler“. Seine Interessen, Vorstellungen, Fähigkeiten, Sprache (z. B. Gegensatz von Alltags- und Fachsprache) sind wesentliche Faktoren, die Auswahl und Aufbereitung alltagschemischer Themen für den Unterricht steuern, aber auch begrenzen. Defizite in den übrigen Bezugsfeldern ergeben sich vor allem, wenn dem Lehrer selbst die Kenntnisse und der Blick für chemische Bezüge des Alltags fehlen. Für die Lehreraus-, aber auch für die Lehrerfortbildung ist dieses Thema Herausforderung und Ansporn zugleich. Die Aufgabe der Aus- und Fortbildung ist es, entsprechendes Unterrichtsmaterial einschließlich geeigneter Experimente zu erarbeiten und zur Verfügung zu stellen [86–90].

Alltagschemie ist also kein festgelegter Begriff, der einfach in den Unterricht übernommen werden könnte, sondern durch die Forderung nach Alltagschemie ist ein variabler Begriffsrahmen gegeben, dessen fachliche, didaktische und gesellschaftliche Möglichkeiten sehr eng von der jeweiligen Gewichtung der aufgeführten Bezugsfelder abhängen. In der Hand des Lehrers liegt es insbesondere, dieses Potenzial dem Lehren und Lernen im Chemieunterricht zu erschließen und nutzbar zu machen. Wichtige Bereiche, in denen Alltagserfahrungen mit Chemie möglich sind, zeigt Abb. 59.1.

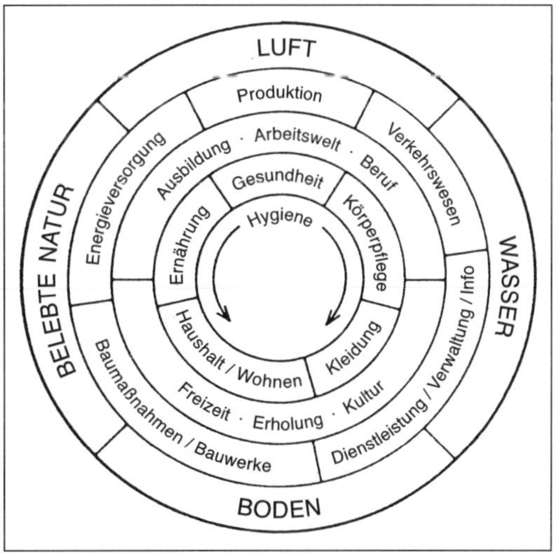

Abb. 59.1: Entfaltungsmodell – Ausschnitte aus der Lebenswirklichkeit für den Chemieunterricht [91]

3.2.3 Lebenswirklichkeit und Chemieunterricht

Wie können Schüler an die für Chemie typischen Fragestellungen herangeführt werden? Außerhalb des Chemieunterrichts liefert die Lebenswirklichkeit, also der Alltag im weitesten Sinn, eine breite Erfahrungsbasis auch für chemische Inhalte, die aber oft nicht als solche erkannt oder in der „Schublade Alltag" vor dem Zugriff des Unterrichts verwahrt werden. Wenn beim Schüler Chemieverständnis geweckt worden ist, hat es sich in seinem realen Umfeld, das aus ganz verschiedenen Erfahrungsbereichen zusammengesetzt ist, zu bewähren. Aus komplexen Alltagssituationen muss ein spezielles Aussagesystem konstruiert werden [82].

Die angesprochenen Leitlinien (vgl. 3.1.1) gestatten es, die auftretenden Fragen aus der Sicht der Chemie zu klären, sie fördern eine Wechselwirkung zwischen Fachstruktur und Alltag.

Die Verknüpfung von **Chemie** und **Gesellschaft** ist für viele immer noch ein Reizwort. Vor allem die negativen Aspekte stehen dabei im Vordergrund. Deshalb ist es wichtig, im Unterricht herauszuarbeiten, dass der Alltag **ohne Chemie** besonders in der heutigen Zeit nicht mehr denkbar ist. Andererseits setzt der Umgang mit chemischen Produkten Sachkenntnis und ein hohes Maß an Verantwortungsbewusstsein voraus, um Schäden – gleich in welcher Hinsicht – bei unsachgemäßer Nutzung zu vermeiden. Nur so kann ein ausgewogenes Verhältnis zwischen Nutzen/Schaden, Chancen/Risiko angestrebt werden.

Diese „Ambivalenz" der Chemie transparent zu machen und zum Teil in Erziehungsziele umzusetzen (vgl. Kap. 6) ist eine von vielen Aufgaben modernen Chemieunterrichts. Auf diese Weise kann eine zeitgemäße Vorstellung von der Chemie in unserer Gesellschaft entwickelt werden.

Wenn die Besprechung alltagschemischer Fragestellungen dem Schüler nutzen soll, ist es notwendig, die Vermittlungsprozesse begründet zu reflektieren. Es ist zu prüfen, ob das Thema dem Lehrplan und den Adressaten entspricht. Die starke Motivationskraft des Themas Alltag kommt nur dann voll zur Entfaltung, wenn von bewussten Erfahrungen der Schüler ausgehend die entsprechenden inhaltlichen Bezüge hergestellt werden.

Eine begründete Auswahl effizienter Themen aus den vielen prinzipiell geeigneten Bereichen ist somit nur nach diesen Kriterien möglich.

3.2.4 Möglichkeiten und Anregungen zur Umsetzung im Unterricht

Die vielfältigen Erscheinungsformen der Alltagschemie können dem Chemieunterricht erschlossen werden, indem man sie mit den wesentlichen Leitlinien des Unterrichtsfaches Chemie in Einklang bringt (vgl. Kap. 3.1). Wichtige Anknüpfungspunkte liefert die Leitlinie „Stoff – Struktur – Eigenschaften", denn Kenntnisse über die Herkunft und Zusammensetzung von Produkten, mit denen wir im Alltag umgehen, ist die Grundlage für deren Beurteilung. Als besonders geeignet erscheinen Themenbereiche wie Reinigung, Waschen, Körperpflege und Ernährung. In geradezu idealer Weise sind hier **analytische** und **synthetische Elemente chemischen Denkens und Handelns** zu kombinieren. Dem kommt entgegen, dass in zunehmendem Maße auf eine Kennzeichnung der im Alltag vertriebenen Produkte (Rahmenrezepturen, Inhaltsstoffe) geachtet wird. Hervorzuheben sind die **Lebensmittel-** und die **Gefahrstoffkennzeichnung**. Hilfreich ist auch das bewährte, tragfähige Ordnungssystem (vgl. Kap. 7.3) mit dem Reinstoffbegriff als Mittelpunkt, wobei der Reinstoffbegriff selbst immer mehr infrage gestellt werden muss. Zu klären sind Missverständnisse, welche auf der konstruierten Polarität „Naturstoff" und chemischem Produkt beruhen, oder wenn „rein" nur im Sinn von hygienisch einwandfrei (reines Wasser) verstanden wird. Auf diese Weise lassen sich die Leistungen der **chemischen Analytik** eng mit Fragen der Sicherheit und Lebensqualität verbinden.

Unter **analytischem** Aspekt können Themen aus der Chemie des Alltages wie folgt angegangen werden:

- Woraus bestehen die Produkte bzw. welche Einzelbestandteile enthalten sie?

- Wie kann ich aufgrund von Trennungsmöglichkeiten und Identifikationen herausfinden, dass Stoff A und Stoff B die Hauptbestandteile von C sind?
- Wie lassen sich die Eigenschaften der Einzelkomponenten mit der Wirkung des Gesamtproduktes in Einklang bringen?

Damit die Themen aus der Chemie des Alltages für die Schüler überhaupt zugänglich sind, darf die **Komplexität** nicht zu hoch sein, oder sie muss entsprechend reduziert werden können. Ein chemisches Produkt aus dem Alltag, am besten eine wohl definierte chemische Verbindung (z. B. „Natron", Natriumhydrogencarbonat) kann am ehesten in den Unterricht einbezogen werden.

B **Aspartam – ein Peptidderivat als Zuckerersatzstoff [93]**

Die Frage „Was ist Aspartam?" ist für den Schüler weder mit dem Anschreiben der Konstitutionsformel noch mit der Konfigurationsformel beantwortet, selbst wenn das entsprechende fachliche Grundwissen parat sein sollte. Vielmehr mag folgende Frage als fruchtbarer Problemgrund dienen:

„Warum müssen aspartamhaltige Produkte mit dem Hinweis: „enthält Phenylalanin" gekennzeichnet werden?"

Die Frage kann beantwortet werden, wenn Klarheit über die Bausteine und die Strukturelemente dieser Substanz geschaffen wird. Damit ist der methodische Verlauf des Unterrichts vorgegeben. Das heißt: Zerlegung des Aspartams in seine Bausteine, also in die Aminosäuren Asparaginsäure und Phenylalanin und in Methanol.

Aus dem Analysenergebnis lässt sich nun auf die eingangs gestellte Frage die Antwort ablesen: Bei der Hydrolyse von Aspartam entsteht u. a. Phenylalanin. Da diese Aminosäure von Menschen gemieden werden muss, welche an Phenylketonurie – einer angeborenen Stoffwechselkrankheit – leiden, sind aspartamhaltige Produkte durch den Zusatz zu kennzeichnen, dass sie Phenylalanin enthalten. Dieser Aspekt verbindet die chemische mit einer biologisch-biochemischen Fragestellung.

Zugleich erkennt man, dass es wesentlich schärferer Hydrolysebedingungen bedarf, als sie in einer phosphorsauren Cola-Lösung (z. B. „Cola light") vorliegen, um das Aspartammolekül zu spalten. Bei Raumtemperatur erfährt der Zuckerersatzstoff Aspartam in den Erfrischungsgetränken keine Veränderung. Der Blick „aufs Ganze" macht noch ein weiteres Problem deutlich: Der **räumliche Bau des Aspartam-Moleküls** wurde nicht von Anfang an in die analytische Fragestellung einbezogen.

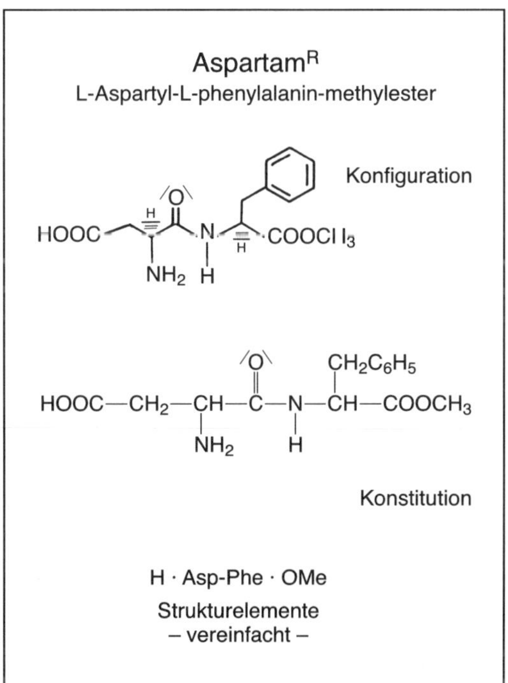

Abb. 61.1: Aspartam – Formelschreibweisen

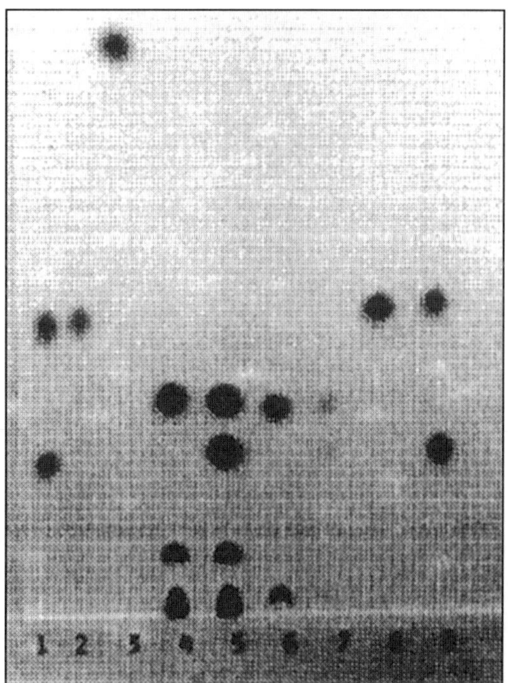

Abb. 61.2: Analysenergebnisse

An dieser Stelle treffen wir auf die Leitlinie „Stoff – Struktur – Eigenschaften“, indem wir die **Süßkraft** dieser Verbindung als **strukturelles Problem** erkennen. Die hohe Süßkraft von Aspartam – es ist 150- bis 200-mal süßer als Saccharose – kommt nur dem Methylester des Dipeptids aus L-Asparaginsäure und L-Phenylalanin zu. Dies ist umso überraschender, als zwar einige süß schmeckende Aminosäuren bekannt sind, diese aber D-Konfiguration besitzen. Hier ergibt sich die Möglichkeit, aufgrund einfacher Schmecktheorien einen Zusammenhang zwischen Struktur und Geschmack herzustellen. [94, 95]
Die **Synthese von Aspartam** ist in der Schule nicht möglich. Die praktische Durchführung ist nämlich alles andere als trivial [96]! Dennoch kann die Problematik einer Peptidsynthese kurz diskutiert werden, damit den Schülern der Unterschied zwischen einer schematischen Darstellung im Schulbuch und der erfolgreichen Durchführung einer Synthese in der Praxis vor Augen geführt wird.
Komplexere Themen, wie sie z. B. die Wasch- bzw. Reinigungsmittel sowie Kosmetika repräsentieren, können unter ganz unterschiedlichen Gesichtspunkten zum Unterrichtsgegenstand werden. Besonders intensiv bearbeitet wurden die Kapitel Tenside, Gerüststoffe und Wasserenthärter (Zeolithe) [97] sowie Hautpflegemittel [98].

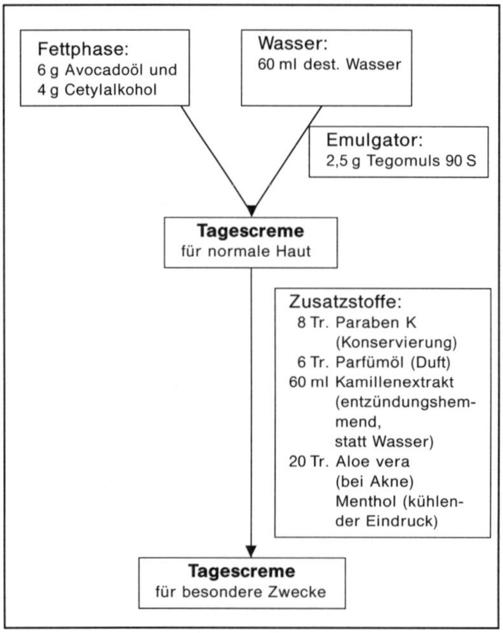

Abb. 62.1: Rahmenrezeptur zur Herstellung einer Tagescreme und einer Reinigungsmilch [91]

Kenntnisse – also Sachwissen – über die Zusammensetzung von Produkten werden nicht nur **auf analytischer Grundlage** vermittelt, sondern zu den Aufgaben des Chemieunterrichts gehört es auch, exemplarisch Gelegenheit zur **Herstellung von Produkten** zu bieten.
Mit dem Erlebnis, eine Substanz oder ein Substanzgemisch von praktischer Anwendbarkeit hergestellt zu haben, oder zumindest zu wissen, wie man das macht, wird Chemieverständnis durch eine **synthetische Komponente** bereichert. Derartige Erfahrungen gewinnen insofern an Bedeutung, als die heutige Berufswelt durch extrem arbeitsteilig gegliederte Produktionsprozesse bestimmt wird.
Chemieverständnis in diesem Sinn bedeutet also, sich über die Zusammensetzung eines Produktes zu informieren, um dann – eine adäquate Umstrukturierung des Wissens vorausgesetzt – eine Schrittfolge zur **Herstellung** (z. B. Synthese) zu entwickeln, welche ihre Bestätigung im Experiment findet.

B **Hautpflegemittel [99]**
Die Beschäftigung mit dem Thema **„kosmetische Mittel“** im Chemieunterricht erscheint insofern gerechtfertigt, als wohl jeder von uns mit diesen Produkten in „hautnahen“ direkten Kontakt kommt und da die **Körperpflege in unserer Gesellschaft** sehr **hoch bewertet** wird. Dies drückt sich in den beachtlichen Produktionswerten der Körperpflegemittelindustrie aus: Jährlich werden in der Bundesrepublik Körperpflegemittel im Verkaufswert von über 9 Milliarden Euro hergestellt.
Verständnis für die Wirkungen pflegender Kosmetika wird erreicht, wenn sowohl Grundkenntnisse über die Morphologie und Physiologie der Haut als auch Klarheit über Zusammensetzung und Struktur der angewandten Präparate bestehen.
Hauptbestandteil vieler Hautpflegemittel sind eine **Wasser- und eine Ölphase**. Gerade der undifferenzierte Begriff „Ölphase“ bietet einen guten Ansatz, dieses Thema mit dem Chemieunterricht (organische Chemie) zu verknüpfen, weil wichtige Beziehungen zwischen Zusammensetzung und Konstitution der beteiligten Substanzen einerseits und den daraus resultierenden makroskopischen und mikroskopischen Eigenschaften (z. B. dem Lösungsverhalten) andererseits erkannt werden können.
Die eingesetzten Substanzen können anhand ihrer charakteristischen Strukturelemente (funktionelle Gruppen) näher gekennzeichnet und klassifiziert werden. Die unter dem Begriff „Ölphase“ zusammengefassten lipophilen Substanzen zeigen zwar ein ähnliches Lösungsverhalten, können aber ganz ver-

schiedenen Substanzklassen (Alkane, Alkanole, Ester) angehören.
Mit diesem Bemühen um **begriffliche Klarheit** stellen sich im Chemieunterricht folgende Aufgaben:
- Wie können ausgewählte Komponenten der Ölphase anhand ihres Reaktionsverhaltens unterschieden werden?
- Wie können unklare Substanzbegriffe durch genaue Angaben über die Zusammensetzung präzisiert werden?
- Wie entsteht eine stabile Emulsion (z. B. Hautcreme, Reinigungsmilch)?

Abstimmung der Duftnuance: Rosenöl, Jasmin, Lotos, Sandelholz, grüner Apfel, Bittermandelaroma, Kamilleextrakt etc.
Anmerkung: Tween 60/80 und Tween sind Sorbitanderivate; erhältlich: Firma C. Roth (Life science), Schoemperlenstr. 1–5, 76185 Karlsruhe

Themen zur Chemie des Alltags schließen auch Umweltprobleme samt den Methoden der Schadstoffreduzierung mit ein. Bei der Behandlung alltagsbezogener Themen ist eine Komplexität vorgegeben, in die ein Einblick unter den vorgegebenen Rahmenbedingungen des Fachunterrichts erschwert wird. In diesen Fällen muss das Gesamtproblem in einzelne Fachaspekte zerlegt (analytisches Denken) und die wesentlichen Bausteine davon im Unterricht in elementarisierter Form zu einem geschlossenen Gegenstand zusammengefügt werden (synthetische Leistung). Dies kann durch Beiträge einzelner Schulfächer über mehrere Jahrgänge hinweg oder unter dem Schlagwort „integrierter naturwissenschaftlicher Unterricht“ mit den Realisierungsmöglichkeiten des Projektunterrichts geleistet werden. Als Beispiele für Themen von hohem Komplexitätsgrad sind zu nennen:
- Wasserreinhaltung – Abwasserreinigung,
- Müll- und Entsorgungskonzepte,
- Luftreinhaltung, Rauch- und Abgasreinigung.

Es sei darauf hingewiesen, dass man der Bedeutung derartiger komplexer Themen sicher nicht gerecht würde, wollte man sie allein als Vehikel für lehrplankonformen, fachsystematischen Chemieunterricht benutzen. Vielmehr muss hierin auch ein Beitrag zum Erziehungsauftrag gesehen werden, der Urteils- und Kritikfähigkeit, somit „Handlungsfähigkeit“, in konkreten Situationen vermitteln soll. Dazu könnte beitragen:
- Untersuchungen, inwieweit Presseartikel oder Beiträge anderer Medien für didaktische und methodische Entscheidungen im Unterricht herangezogen werden können.

B Einbeziehen des in der Tagespresse regelmäßig veröffentlichten „lufthygienischen Wochenberichts“ (z. B. grafische Darstellung im Jahresgang)

- Organisation und Durchführung einer Betriebserkundung bzw. eines **Unterrichtsgangs**, z. B. zu einem Kohlekraftwerk mit Rauchgasentschwefelung oder zu einer Müllverbrennungsanlage. Realistische Vorstellungen davon sind nur durch **Realbegehung** möglich [87, 100].
- Einsicht, dass Luftschadstoffe wie Schwefeldioxid und Stickstoffoxide nicht nur anthropogenen, sondern auch natürlichen Ursprungs sind. Zu dieser Thematik gehören auch der Vulkanismus, der Stoffwechsel von Mikroorganismen, die elektrischen Entladungen in der Luft sowie Waldbrände.

3.3 Chemieunterricht und technische Chemie

Im Chemieunterricht finden Experimente im Labormaßstab statt. Von diesen einfachen Darstellungen ausgehend den Bezug zur technischen Chemie und in der Folge bis zu Produkten des täglichen Lebens herzustellen, fällt naturgemäß den Schülerinnen und Schülern, teilweise auch den Lehrerinnen und Lehrern schwer. Dabei hat die technische Chemie eine hohe Bedeutung, die chemische Industrie ist unverzichtbar für die Wirtschaft der Industrienationen. Das vorliegende Kapitel gibt eine knappe Einführung, welche Gesichtspunkte bei der Behandlung chemisch-technischer Verfahren wichtig sind.

3.3.1 Weshalb technische Chemie im Chemieunterricht?

Die Erklärung der Umwelt, die Suche nach den Grundprinzipien der materiellen Umwelt ist eine bedeutende Triebfeder der naturwissenschaftlichen Forschung. Andererseits hat die Beschäftigung mit den Naturwissenschaften auch den Zweck, sich Verfahren und Produkte zu erschließen, die das Leben einfacher und angenehmer machen und dem Menschen auch völlig neue Möglichkeiten erschließen.

Betrachtet man nun speziell bezogen auf die Chemie diesen Aspekt, so ergibt sich ein Bereich, der von grundlegenden Laborexperimenten bis zur Herstellung bzw. Konfektionierung eines Endproduktes reicht. Hierbei nehmen technische Verfahren der Chemie eine zentrale Stellung ein, wobei diese die gesamte Spannweite von der Aufbereitung organischer bzw. anorganischer Rohstoffe bis zum Bereitstellen eines verarbeitungsfähigen Produktes umfassen. Diese technische Realisierung ist in allen Industrienationen von hoher wirtschaftlicher Bedeutung und erfordert spezielles Wissen und Erfahrungen. Gleichzeitig muss sie wirtschaftlich rentabel und so gestaltet sein, dass bei geringem Rohstoffeinsatz möglichst geringe Umweltbelastungen entstehen.

Der Chemieunterricht muss die genannten Aspekte mit ihren Vorteilen und Problemen beleuchten, wobei der Bezug zu einem wichtigen Bereich der Arbeitswelt hergestellt wird. An ausgewählten Beispielen müssen die genannten Zusammenhänge und auch die Unterschiede zwischen dem Laborexperiment und Verfahren im industriellen Maßstab gezeigt werden. Dabei sollte nach Möglichkeit der gesamte Weg vom Rohstoff bis zu einem gebrauchsfähigen Produkt, das Schülerinnen und Schüler als Endverbraucher kennen, Thema sein.

In Anbetracht der Komplexität chemisch-technischer Prozesse tritt die Aufgabe der didaktischen Reduktion hier besonders in den Vordergrund. Schulstufen- und schulartspezifisch wird man sogar bestimmte inhaltliche Bereiche vollständig ausklammern müssen. Wesentliche Lernziele ergeben sich aus den Ausführungen in den nächsten Absätzen.

3.3.2 Zur Behandlung chemisch-technischer Verfahren im Chemieunterricht

Die Zahl chemisch-technischer Verfahren ist nicht nur sehr hoch, auch die angewandten Verfahrensschritte sind äußerst vielfältig. Einige Gesichtspunkte sind vielen Verfahren gemeinsam:

- Viele technische Verfahren laufen kontinuierlich ab, z. B. die Ammoniaksynthese oder die Raffination von Erdöl. Dies erfordert eine stetige Bereitstellung von Rohstoffen, aber auch einen stetigen Abtransport der Produkte. Kontinuierlich betriebene Anlagen erfordern auch eine kontinuierliche Überwachung und damit einen Schichtdienst der Beschäftigen.
- Die Entwicklung technischer Prozesse verläuft vom Labormaßstab über den Technikumsmaßstab bis zur Produktionsanlage. Dieses „Scaling-up" ist ein sehr wichtiger Prozess, bei dem oft Probleme sichtbar werden, die nicht voraussehbar waren.
- Chemische Großprozesse können nicht isoliert betrachtet werden. Sie sind eingebettet in miteinander verbundene Stoff- und Produktströme. Selbst wenn ein Erzeuger den gesamten Weg vom Rohstoff bis zum Produkt abdeckt, sind Hilfschemikalien notwendig oder es müssen Abfälle entsorgt werden (s. Kap. 3.3.5).
- Da technische Prozesse wirtschaftlich sein müssen, bemüht man sich, sie so zu optimieren, dass möglichst viele verkaufsfähige Produkte und nur geringe Mengen an zu entsorgenden Stoffen entstehen. Dies erfordert u. a. das Einhalten definierter Reaktionsbedingungen, wodurch die Mess- und Regeltechnik eine hohe Bedeutung erlangt.
- Chemische Anlagen sind prinzipiell genehmigungspflichtig. Dem Betreiber kommt ein hohes Maß an Verantwortung zu, wobei er im Spannungsfeld von Ökonomie, Anlagensicherheit und Umweltschutz steht.
- Die Entwicklung chemisch-technischer Prozesse und das Betreiben der Anlagen erfordert viele unterschiedliche Disziplinen. Chemiker und Chemieingenieure leisten hierbei einen wichtigen, aber nicht den alleinigen Beitrag.

Die genannten Punkte ergeben vielfache Möglichkeiten der vertieften unterrichtlichen Behandlung und für Eigenarbeit der Schülerinnen und Schüler. So kann der Frage nachgegangen werden, welche Vor- und Nachteile kontinuierliche Prozesse haben und welche Verfahren sich besonders für eine solche Reaktionsführung eignen.

3.3.3 Tendenzen der technischen Chemie

Verfahren der technischen Chemie sind einem ständigen Wandel unterworfen. Dabei geht es nicht nur um neue Produkte, die erzeugt werden, sondern auch um die Verbesserung von Prozessen, die bereits lange bekannt sind.
Im Chemieunterricht sollte dies berücksichtigt werden; es sollten nicht nur Standardverfahren der technischen Chemie wie die Ammoniaksynthese behandelt werden. Vor dem Hintergrund des Zieles, nicht nur naturwissenschaftliches Wissen zu vermitteln, sondern auch Interesse an Naturwissenschaften zu wecken, muss gerade in der gymnasialen Oberstufe der Blick über den Zaun des Althergebrachten geworfen werden. Dies erfordert ohne Zweifel von der Lehrkraft eine aktive Beschäftigung mit diesen Sachverhalten, was heute durch die Präsenz vieler großer Chemiefirmen im Internet deutlich erleichtert wird.
Einige Entwicklungstendenzen, die auch im Chemieunterricht Beachtung finden können, seien hier kurz skizziert:

- Durch Internationalisierung und Umstrukturierung ergibt sich ein stetiger Wandel im Produktionsspektrum einzelner Konzerne. Dabei ist eine Tendenz zur Spezialisierung auf einen bestimmten Bereich – etwa die Pharmasparte – sichtbar.
- Grundchemikalien wie Schwefelsäure, Essigsäure oder Phenol werden von immer weniger Anbietern produziert, wobei die Anlagengrößen steigen.
- Bei der Entwicklung neuer Prozesse treten Aspekte der Nachhaltigkeit verstärkt in den Vordergrund. Ziel ist es, im großtechnischen Bereich Synthesen einzusetzen, die in hoher Ausbeute ablaufen und damit nur geringe Mengen an Neben- und Koppelprodukten liefern (s. Kap. 3.3.6).
- Anlagen für Produkte, die sich durch Standardoperationen herstellen lassen (z. B. eine azeotrope Veresterung mit anschließender Destillation des Reaktionsproduktes) werden so ausgelegt, dass sie mit wenig Aufwand für die Herstellung eines anderen Produktes eingesetzt werden können. Auf diese Weise erreicht man eine höhere Flexibilität gegenüber den bisher vorherrschenden, nur auf einen Prozess spezialisierten Anlagen.
- Neue Möglichkeiten einer gezielten Reaktionsführung, besonders in der Wirkstoffsynthese, ergeben sich durch das parallele Betreiben vieler so genannter Mikroreaktoren.
- Durch zunehmende Automatisierung in der Überwachung und Prozessanalytik reduziert sich die Anzahl der zum Betreiben einzelner Anlagen notwendigen Arbeitnehmer.

3.3.4 Exkursionen

Ein wesentlicher Bestandteil eines Unterrichts über technische Verfahren sollte eine Exkursion zu einem chemischen Betrieb sein, einem außerschulischen Lernort. Ein Chemiebetrieb ermöglicht nicht nur Einblicke in chemischtechnische Verfahren, sondern vermittelt auch Eindrücke von der modernen Arbeitswelt mit einem hohen Sicherheitsstandard.
Als Chemiebetriebe gelten nicht nur Produktionsstätten und Laboratorien der chemischen Industrie, sondern generell Werke auf der Grundlage chemischer Verfahren.
Für eine Betriebserkundung sind folgende Fragestellungen zu chemiespezifischen Schwerpunkten leitend:
- Was wird hergestellt?
- Welche Rohstoffe werden eingesetzt?
- Wie wird der Energiebedarf gedeckt?
- Welche Reststoffe verbleiben?
- Besteht ein Stoffverbund innerhalb des Werkes oder bei Werken untereinander?
- Welche Maßnahmen zum Umweltschutz werden ergriffen?
- Laufen Kreisprozesse ab?
- Welche Sicherheitsvorkehrungen werden getroffen?

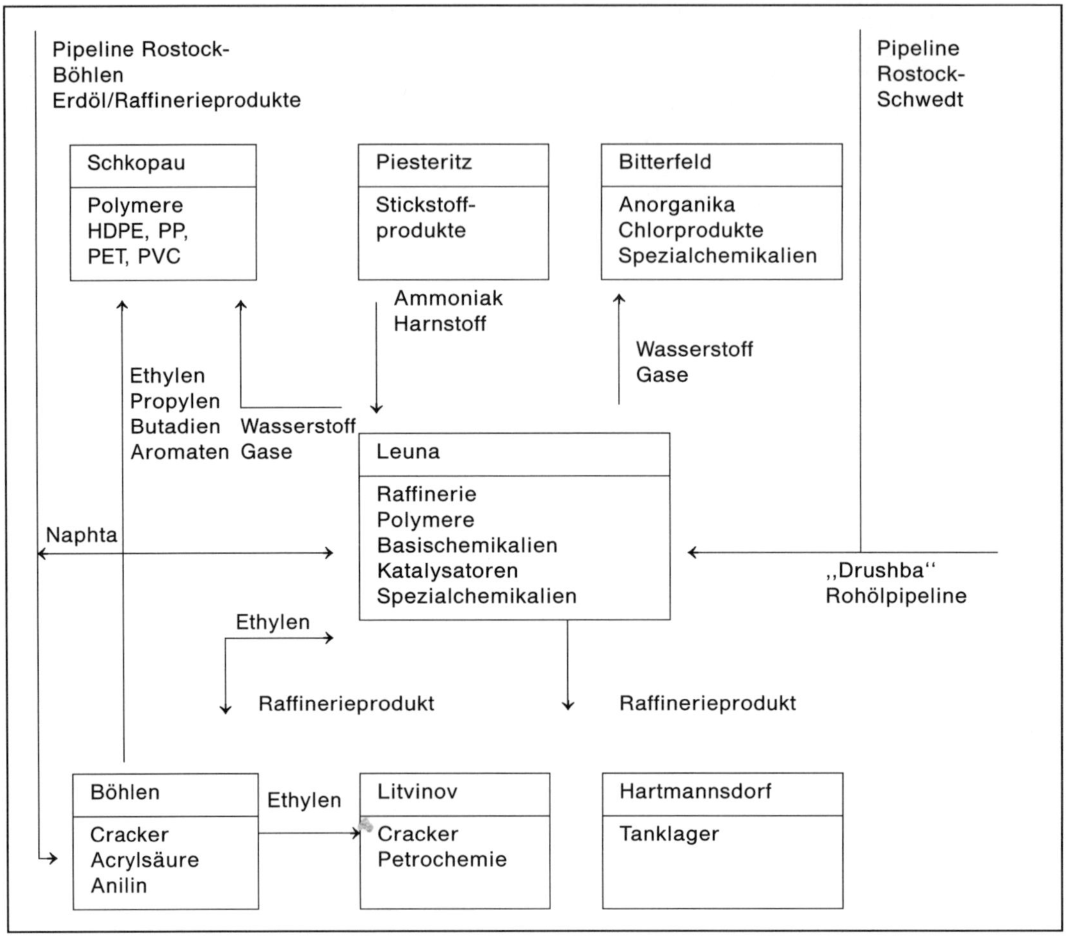

Abb. 66.1: Regionaler Stoffverbund am Chemiestandort Leuna (entnommen aus [102])

3.3.5 Stoffverbund in der chemischen Industrie [101]

Stoffverbund bedeutet, aus wenigen Rohstoffen einige Dutzend Grundprodukte herzustellen. Naphtha, Erdgas, Steinsalz oder Schwefel können solche Rohstoffe sein. Aus den Grundprodukten entstehen einige Hundert Zwischenprodukte. Diese werden von Fabrik zu Fabrik, von Verfahrensschritt zu Verfahrensschritt immer höher veredelt. Am Ende dieser Wertschöpfungs- und Veredelungsketten stehen rund 8 000 unterschiedliche Produkte aus dem Bereich Kunststoffe, Pharma-Vorprodukte, Vitamine, Lacke oder Frostschutzmittel (Abb. 66.1).

Vernetzung an diesen Standorten

Produktionsbetriebe, Energie- und Abfallströme, Logistik und Infrastruktur sind miteinander vernetzt. Chemische Prozesse können mit geringem Energieeinsatz und Ressourcen schonend bei hoher Ausbeute ablaufen. Das Nebenprodukt des einen kann als Vorprodukt des anderen Betriebes dienen. Ebenso kann überschüssige Reaktionswärme der einen Produktionsschiene als Energiequelle für die andere verwendet werden.

B Rund 30 Mio t an Einsatzstoffen und Energieträgern (wie Acetylen, Wasserstoff, Synthesegas) werden z. B. am Standort Ludwigshafen der BASF per Rohrleitung quer durch das Werk transportiert.

Primärchemikalien sind Wasserstoff, Methan, Ethen, Propen und Buten. Man gewinnt sie aus Erdöl und Erdgas in Raffinerieanlagen durch Reinigungs- und Trennverfahren sowie anschließende petrochemische Reaktionsmethoden. Diese Primärchemikalien sind wieder die Ausgangsstoffe für Methanol, Ethanol, Essigsäure, Acetaldehyd und die BTX-Aromaten (Benzol, Toluol und Xylol). Sie spielen als aliphatische und aromatische Zwischenprodukte für weitere großtechnische Synthesen eine Schlüsselrolle; Raffinerien und petrochemische Anlagen sollten deshalb in unmittelbarer Nachbarschaft liegen (z. B. südbayerisches Industriedreieck Burghausen).

Um aus Ethen, Propen und Aromaten z. B. Pharmazeutika, Farbmittel, Insektizide oder Lösemittel herzustellen, muss in vielen Fällen chloriert, sulfoniert, sulfochloriert oder nitriert werden. Aus technologischen und wirtschaftlichen Erwägungen heraus ist es sinnvoll, den petrochemischen Produktionsbereich um Chloralkalielektrolyse, Schwefelsäure- und Ammoniakproduktion zu erweitern.

Idealerweise wird ein nicht vermeidbares Nebenprodukt eines Prozesses als Rohstoff für eine Nachbarproduktion verwendet [103]. Im Werk Burghausen wie in anderen chemischen Produktionsstätten besteht das **Verbundsystem** aus mehreren „Schienen":
- die „HCl-Schiene",
- die „H_2-Schiene".

HCl wird z. B. bei der Herstellung hochdisperser Kieselsäure aus der Umsetzung von Wasserstoff mit Siliciumtetrachlorid gebildet und kann wieder im Verbundsystem eingesetzt werden bei der Herstellung von
- Organochlorsilanen (Vorprodukte für Silicone),
- Trichlorsilan (Vorprodukt für Reinstsilicium).

Auch der bei der Chloralkalielektrolyse entstehende Wasserstoff wird als Koppelprodukt eingesetzt bei der
- Herstellung hochdisperser Kieselsäure,
- Gewinnung des Halbleitersiliciums aus Trichlorsilan.

(s. dazu auch [104])

3.3.6 Vom nachsorgenden zum integralen Umweltschutz

Nachsorgender Umweltschutz, die so genannte „End-of-Pipe-Technologie" wie der Einbau von Filtern oder der Bau von Kläranlagen, kann die Entsorgung nicht hundertprozentig lösen; oft wird dadurch noch zusätzlich Energie verbraucht. Deshalb steht im Mittelpunkt zukünftiger Umweltschutzmaßnahmen das Ziel, chemische Prozesse für einen möglichst geringen Anfall von Reststoffen auszulegen (Abb. 67.1).

Mit anderen Worten: Ökonomie und Ökologie sind gleichrangige Ziele der Chemiewirtschaft,

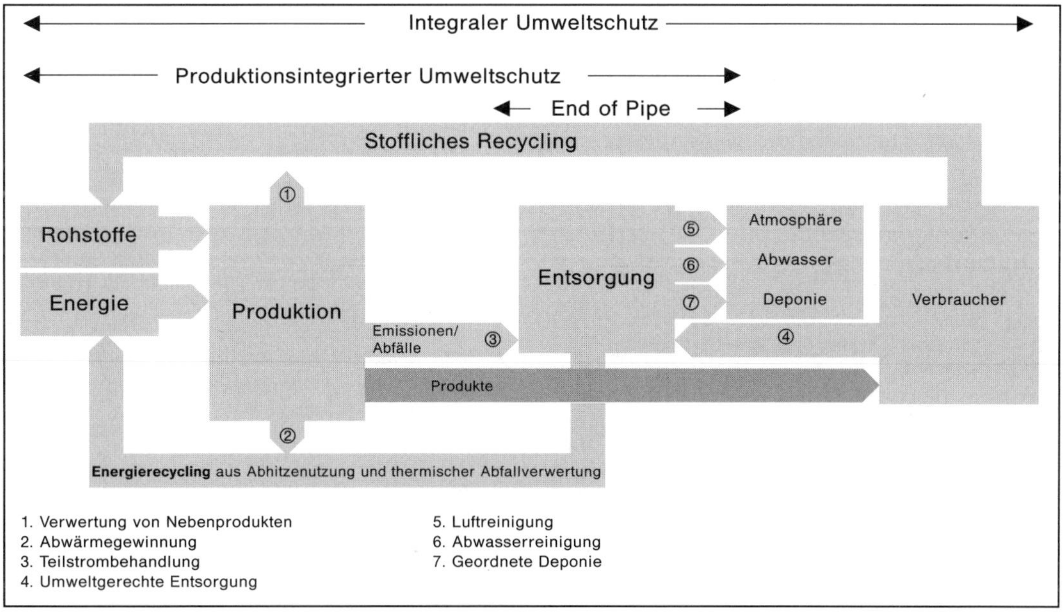

Abb. 67.1: Schaubild zu Terminologien und Zusammenhängen bei betrieblichem Umweltschutz [101], S. 29 bzw. [105]

die sich durch das Prinzip eines **„produktionsintegrierten Umweltschutzes“** realisieren lassen [106].

Drei wesentliche Ziele sind dabei bestimmend:
- Abfälle vermeiden, verwerten oder vermindern,
- Ressourcen sparen (Rohstoffe, Energie),
- Umwelt schonen, Umweltauswirkungen verringern.

Bereits während der Forschungsphase zu neuen Produkten und Verfahren ist es das Ziel von Expertenteams, alle Möglichkeiten dazu auszuschöpfen (*innovationsintegrierter Umweltschutz*). Eine wesentliche Rolle spielt dabei die Ökoeffizienz-Analyse.

B Dadurch sind auch bei Produktklassikern wie Styropor noch Fortschritte möglich. Der Ersatz von Polyvinylpyrrolidon durch ein anorganisches Stabilisatorsystem hilft, die anfallende Abwassermenge um ca. 30 %, die organische Abwasserfracht um 80–90 % zu reduzieren.

Es sind folgende Strategien bestimmend:
- Die Vermeidung oder Verminderung von Reststoffen im Prozess durch
  - neue Synthesewege,
  - Optimierung von Prozessschritten und optimale Reaktionsführung,
  - Einsatz verbesserter Katalysatoren,
  - Recycling von Hilfsstoffen (Waschwässer, Inertgase, Lösemittel, Katalysatoren).
- Die Verwertung von Reststoffen im *Produktionsverbund*, d. h. ihr Einsatz als Wertstoffe in anderen Prozessen oder zur *Energieerzeugung*.
- Als letzte und ergänzende Stufe die *umweltgerechte Entsorgung* nicht verwertbarer Stoffe (Behandlung von Abgas, Abfall und Abwasser).

B – **Stoffliche Verwertung vor energetischer Verwertung**
Armgas (überwiegend Wasserstoff und Kohlenstoffmonoxid) aus der Acetylen-Produktion wird nicht mehr wie früher thermisch verwertet, sondern als Rohstoff in die Methanol-Produktion eingespeist. Bei einer Tagesproduktion von 740 t Methanol sind das 600 t CO_2 und 0,72 t Stickoxid weniger, zusätzlich ein Energiegewinn von 3500 GJ.

– **Chlorsilane**
Die Fa. Wacker in Burghausen produziert davon ca. 50 000 t/a, die Weltproduktion liegt bei 700 000 t/a. Bei der Synthese von Trichlorsilan ($SiHCl_3$) aus Silicium und Salzsäure fallen als unerwünschte „Nebenprodukte“ SiH_2Cl_2 und $SiCl_4$ an. Sie konnten von 50 % im Jahre 1950 auf 25 % im Jahr 1968 und auf 5 % im Jahre 1989 verringert werden. Das eigentliche Ziel ist der Weg vom **Entsorgungs-** zum **Zielprodukt**. Dies wurde im Lauf der Jahre realisiert. Aus Siliciumtetrachlorid entsteht in der Knallgasflamme vielseitig einsetzbare „hochdisperse Kieselsäure“ (verwendet z. B. in Zahnpasten) mit einer Oberfläche von 125–400 m^2/g und Porengrößen von 5–30 mm. Aus Dichlorsilan gewinnt man über Zwischenstufen Siliciumoxycarbid-Keramiken und Silicium-Fasern.

Beispiele für produktionsintegrierten Umweltschutz

– **TiO_2-Herstellung**
Maxime: Vermeiden – Verwerten – schadloses Beseitigen!
Die wegen der „Dünnsäureverklappung“ in die Nordsee vor allem durch Greenpeace-Aktionen aktuell gewordene **TiO_2-Herstellung** wird immer noch überwiegend nach dem **Sulfatverfahren** durchgeführt (Abb. 69.1).
Bei der Produktion einer Tonne TiO_2 entstehen insgesamt 11,02 t Rückstand: Erzrückstände, Grünsalz (Eisen(II)-sulfat-Heptahydrat mit Metallspuren) und Dünnsäure. Die Erzrückstände (Silikate, Chromeisenstein, Phosphat, Titan) sind nicht weiter verwertbar und wandern auf die Deponie. Grünsalz wird hauptsächlich zur Phosphatfällung in Kläranlagen eingesetzt und avancierte somit vom früher auf See beseitigtem Abfall zum Wertstoff. Die Dünnsäure (Schwefelsäure, $w = 22\,\%$), die alle im Erz vorhandenen Metalle als Sulfate enthält, kann nach Abscheidung der Metallsulfate und einer Aufkonzentrierung auf 90 % wieder zum Aufschluss eingesetzt, somit im Kreislauf geführt werden (Abb. 69.2). Bei der Konzentrierung anfallende Filtersalze (im Wesentlichen Sulfate und Schwefelsäurereste, so genannte „Haftsäure“) röstet man zu Metalloxiden, Schwefeloxiden und Sauerstoff ab. Im Kontaktofen entsteht aus dem Schwefeldioxid Schwefelsäure, das Eisenoxid kann je nach Marktlage in Zementwerken oder zur Eisenerzeugung eingesetzt bzw. der Deponie zugeführt werden.
Ersatz von Schwefelsäure durch Chlor führt zum „Chlorverfahren“ (Abb. 70.1), bei dem je nach Rohstoff 0,5 t (bei Rutileinsatz: 96 % TiO_2) bzw. 1,6 t (bei Konzentrateinsatz: 56 % TiO_2) Rückstand anfallen. Der Hilfsstoff Chlor, zur $TiCl_4$-Herstellung verwendet, kann „im Kreislauf“ gefahren werden und dient zusammen mit Petrolkoks zur Chlorierung des Erzes.

– **Vielfach** werden **biotechnologische Verfahren** eingesetzt, wie bei der **Citronensäure-Produktion** (E 330), die mithilfe von Schimmelpilzkulturen

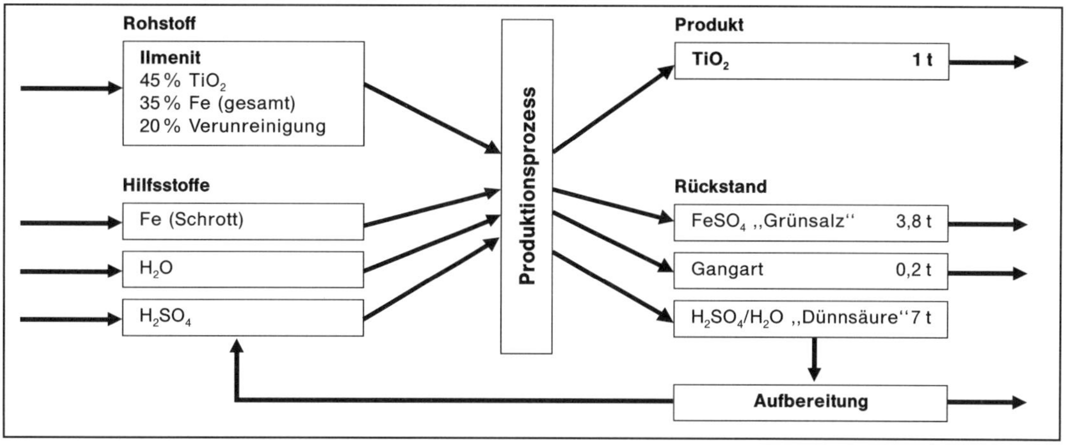

Abb. 69.1: Stofffluss „Sulfatverfahren" (entnommen aus [107], S. 8).

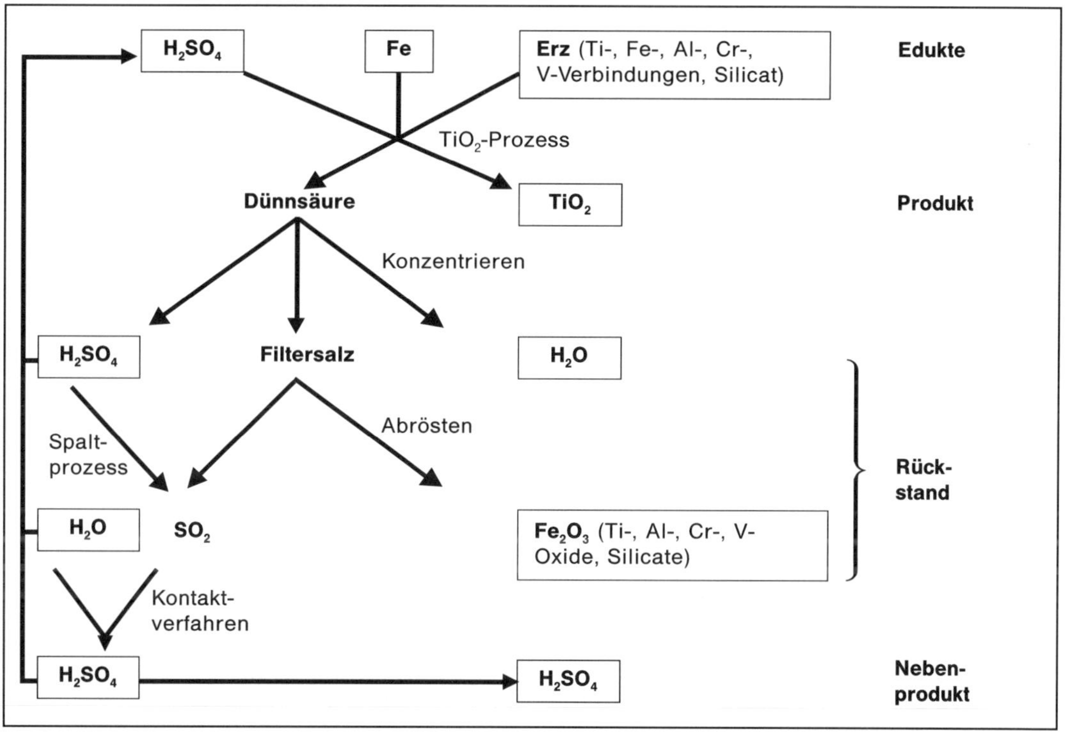

Abb. 69.2: Verwertungskaskade der TiO_2-Herstellung (entnommen aus [107], S. 29).

(Aspergillus niger) produziert wird. Auf einer Nährlösung aus Melasse (Rückstände bei der Zuckerherstellung) wachsen die Kulturen und bilden daraus Citronensäure bzw. Citrate. Mikroorganismen können prinzipiell auch gentechnisch verändert werden, sind jedoch in Akzeptanz und Nutzung noch im Anfangsstadium.

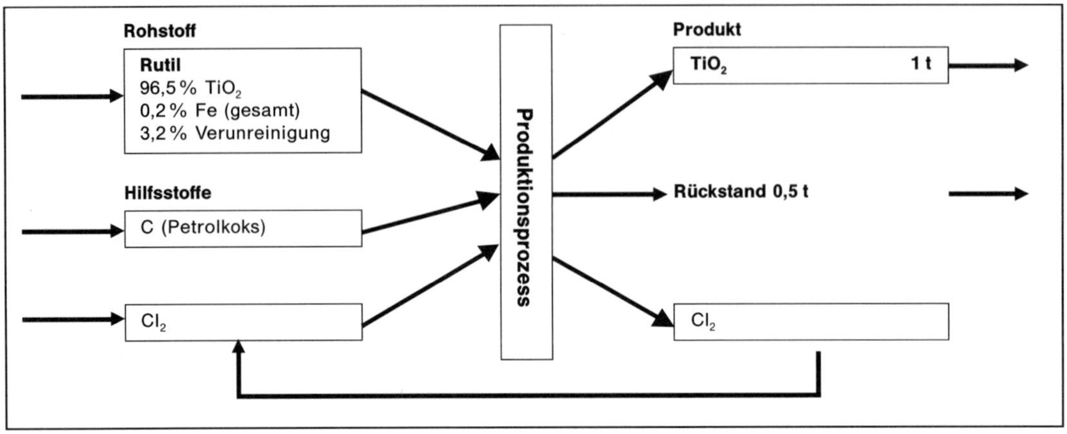

Abb. 70.1: Stofffluss „Chlorverfahren" (entnommen aus [108] S. 9)

L

[1] Lutz, B., Pfeifer, P., Sommer, K.: PdN-ChiS 1/50. Jg. 2001, S. 29–36

[2] Redaktion SozNat: Wege zu einem anderen naturwissenschaftlichen Unterricht; SozNat-Gespräch mit Martin Wagenschein. In: Redaktion SozNat (Hrsg.): Naturwissenschaftlicher Unterricht in der Gegenperspektive. Agentur Pedersen, Braunschweig 1982, S. 100.

[3] Dierks, W.: Anmerkungen zu den pädagogischen Absichten des Lehrgangs „Stoffe und Stoffumbildungen" und zu dessen Umsetzung im Unterricht. In: Dierks, W., Weniger, J.: IPN-Lehrgang „Stoffe und Stoffumbildungen", Teil 3, Lehrgangsbeschreibung; Einführung in den Lehrgang. Klett, Stuttgart 1988.

[4] Baumert, J.: TIMSS – Mathematisch-naturwissenschaftlicher Unterricht im internationalen Vergleich. Deskriptive Befunde. Opladen 1997.

[5] http://www.ipn.uni-kiel.de/projekte/blk_prog/blk_info.htm

[6] Gallagher, J., Harsch, G.: Scientific Literacy. ZfDN Jg. 2, H. 3 (1996) S. 70–83.

[7] Dierks, W.: Leitlinien für Chemieunterricht und -lehrpläne der Sekundarstufe. In: Schriftenreihe des Deutschen Vereins zur Förderung des mathematischen und naturwissenschaftlichen Unterrichts, Heft 41, Hungen 1989, S. 10–23.

[8] MNU/GDCh: Empfehlungen zur Gestaltung von Chemielehrplänen. Schriftenreihe des Deutschen Vereins zur Förderung des mathematischen und naturwissenschaftlichen Unterrichts, Heft 43, Hungen 1989.

[9] Köhnlein, W.: Exemplarischer Physikunterricht. Bad Salzdetfurth 1982, S. 129–135.

[10] Pauling, L.: Grundlagen der Chemie. Weinheim 1973, S. 1.

[11] Vossen, H.: Kompendium Didaktik – Chemie. München 1979, S. 14.

[12] Campbell, J. A.: Allgemeine Chemie. Weinheim 1965.

[13] Christen, H. R., Meyer, G.: Grundlagen der Allgemeinen und Anorganischen Chemie. Verlag Salle + Sauerländer, Frankfurt 1997.

[14] Christen, H. R.: Gedanken zur Didaktik des Chemieunterrichts. In: chim. did. 1 (1975) S. 57–63.

[15] Keller, G.: Chemical Education Material Study. In: CU 4 (1973), H. 2., S. 34–52.

[16] Christen, H. R.: Chemieunterricht, eine praxisorientierte Didaktik. Basel, Boston, Berlin 1990, S. 3.

[17] Rossa, E.: Methodik Chemieunterricht. Berlin 1975, S. 50–67.

[18] Pfeifer, P.: Möglichkeiten und Grenzen des Fachbezuges Chemie in der Grundschule. In: chim. did. 11 (1985), S. 47–62.

[19] Lutz, B., Pfeifer, P.: Chemieunterricht in den 90er Jahren. Essen 1989, S. 34–44.

[20] Weniger, J., Pfundt, H.: Stoffe und Stoffumbildungen, Teil I; IPN Kiel 1979.

[21] Schmidkunz, H., Lindemann, H., Büttner, D.: Darstellen und Denken in Kreisprozessen – ein anschauliches Denken. Verfahren zum besseren Verständnis chemischer Vorgänge. In: NiU – Chemie 1 (1990) H. 4, S. 4–10.

[22] Hammer, H. O., u. a.: Denkschrift zur Lehrerbildung für den Chemieunterricht in den Altersstufen der Zehn- bis Fünfzehnjährigen. GDCH, Frankfurt 1983, S. 42.

[23] Preuß, H.: Analogon oder Modell. In: MNU 40 (1987), H. 2, S. 81–84.

[24] Sachsse, H.: Naturerkenntnis und Wirklichkeit. Braunschweig 1967.

[25] Wagenschein, M.: Rettet die Phänomene! In: H. Dahncke (Hrsg.), Zur Didaktik der Physik und Chemie, Hannover 1976, S. 12–34.

[26] Wagenschein, M.: Ursprüngliches Verstehen und exaktes Denken. Bd. 1 Stuttgart 1970, S. 233.

[27] Großmann, G., u. a.: Struktur und Bindung – Atome und Moleküle. Leipzig 1973, S. 130ff.

[28] Kober, F.: Theorie der chemischen Bindung, ein Rückblick auf fast 100 Jahre. In: NiU-Ch 37 (1989) H. 4/5, S. 14–18.
[29] Kolditz, L.: Anorganische Chemie, Teil 1. Berlin 1980, S. 235.
[30] Kober, F.: Stärkste Säure und stärkste Base – ein Problem der Chemie wässriger Lösungen. In: MNU 43 (1990) H. 6, S. 334–337.
[31] Schorch, G.: Die Unterrichtsvorbereitung in der Lehrerbildung. Schriften aus dem Lehrstuhl für Grundschulpädagogik. Universität Bayreuth 1999.
[32] Häusler, K.: Der Säure-Base-Begriff. In: NiU-P/C 35 (1987), H. 27.
[33] Wiederholt, E.: Gas-Flüssig-Chromatographie im Chemieunterricht. Praxis-Schriftenreihe: Abt. Chemie Bd. 32, Aulis-Verlag Deubner, Köln 1983.
[34] Wiederholt, E.: Differenzthermoanalyse im Chemieunterricht. Praxis-Schriftenreihe: Abt. Chemie Bd. 37, Aulis-Verlag Deubner, Köln 1981.
[35] Hobein, B., Lutz, B.: Mikroverkapselung. Praxis-Schriftenreihe: Abt. Chemie Bd. 49, Aulis-Verlag. Deubner, Köln 1989.
[36] Lutz, B., Schäfer, S.: Zeolithe. Verlag Dr. Flad, Stuttgart 1990.
[37] Kircher, E.: Einige erkenntnistheoretische und wissenschaftstheoretische Auffassungen und deren mögliche Auswirkungen auf die Fachdidaktik der Naturwissenschaften. In: Chim. did. 3 (1977) 61.
[38] Schmidt, M.: Gesicherte Experimentalbefunde – Hypothesen im Wandel. Einige Beispiele aus dem Problemkreis der Chemie. In: MNU 39 (1986), H. 5, S. 261–268.
[39] Wagner, C.: Methoden der naturwissenschaftlichen Forschung. Mannheim, Wien, Zürich 1974.
[40] Schmidt, M.: Etwas ausgefallen – aber sehr lehrreich. In: NiU – Ch **3** (1992) H. 1.
[41] Coppens, Ph.: Can we see Electrons? In: J. Chem. Ed. 61, (1984), S. 761–765.
[42] Dämmgen, U., Demuth, R.: Elektronendichtekarten – ein Schlüssel zum Verständnis chemischer Bindungen. In: NiU-Ch 37 (1989), H. 45, S. 14–26.
[43] Beck, W., Häusler, K.: Chemie Teil 1. München 1983, S. 208 (→ Krüger, C., Acta Crystallographica 1982).
[44] Löw, R.: Naturwissenschaften – Wissenschaftstheorie – Wissenschaftsgeschichte. In: ChiuZ 13, (1979), S. 65–96.
[45] Stork, H.: Zum Verhältnis von Theorie und Empirie in der Chemie. CU 10 (1979), H. 3, S. 45–61.
[46] Christen, H. R.: Chemieunterricht – eine praxisorientierte Didaktik. Basel – Boston – Berlin 1990, S. 77.
[47] Kircher, E.: Studien zur Physikdidaktik: Erkenntnis- und wissenschaftstheoretische Grundlagen. Institut für die Pädagogik der Naturwissenschaften an der Universität Kiel: IPN 1995, S. 96.
[48] Saborowski, J.: Computervisualisierung und Modelldenken – Konzeptionelle Grundlagen und fachdidaktische Konsequenzen für den Chemieunterricht. Jörg Saborowski Verlag, Köln 2000.
[49] Banse, G.: Modell und Erkenntnis in der Chemie. In: Chemie in der Schule H. 5 (1973) S. 179–189.
[50] Steinbuch, K.: Denken in Modellen. In: Schäfer, G., Trommer, G., Wenk. K.: Denken in Modellen. Westermann, Braunschweig 1977.
[51] Preuß, H.: Atome und Moleküle als Bausteine der Materie. Frankfurt 1990.
[52] Weninger, J., Brünger, H. (Hrsg.): Atommodelle im naturwissenschaftlichen Unterricht, Band 1. Bericht über eine IPN-Arbeitstagung. Weinheim und Basel 1976.
[53] Keller, G.: Über das Denken in Modellen – Ein Beitrag zur Didaktik der Chemie. Frankfurt a. M. 1977.
[54] Hoberg, G. (Hrsg.): Modell – Modellvorstellungen. Heidelberg 1976.
[55] Stachowiak, H.: Allgemeine Modelltheorie. Berlin 1973.
[56] Meyer, H.: Modelle. In: UB 14 (1990) H. 160, S. 4–10.
[57] Gutheins, D.: Zur Nutzung der Computersimulation in Chemieunterricht. In: NiU-Ch 1 (1990) Nr. 4, S. 38 (168) – 41 (171).
[58] Sumfleth, E., Hollstein, A.: Entwicklung eines Simulationsprogramms für den Themenbereich Kugelteilchenmodell. NiU-Ch 10 (1999) Nr. 53, S. 39–42
[59] Fonds der chemischen Industrie (Hrsg.): Computerprogramme. Frankfurt a. M. 1990.
[60] Harsch, G.: Vom Würfelspiel zum Naturgesetz, Simulation und Modelldenken in der Physikalischen Chemie. VCH Verlagsgesellschaft mbH, Weinheim 1985.
[61] Rossa, E.: Methodik Chemieunterricht. Berlin 1975, S. 82–84.
[62] Hörz, H.: Die Beziehungen zwischen Experiment, Modell und Theorie im naturwissenschaftlichen Erkenntnisprozess. In: Hörz, Omeljanovkij (Hrsg.): Experiment – Modell – Theorie. Berlin 1982, S. 9. Zitiert in Haupt, P.: NiU-Ch 1 (1990) Nr. 4, S. 26 (156) – 30 (160).
[63] Hoffmann, R., Laszlo, P.: Darstellungen in der Chemie – die Sprache der Chemiker. In: Angew. Chem. 103 (1991) 1–16.
[64] Turro, N. J.: Geometrisches und topologisches Denken in der Organischen Chemie. In: Angew. Chem. 98 (1986) 872 – 892.
[65] Pauling, L.: Grundlagen der Chemie. Weinheim 1972, S. 489.
[66] Naumer, H.: Die Genese der Atommodelle und deren Einführung im Unterricht. In: Weninger, J., Brünger, H. (Hrsg.): Atommodelle im naturwissenschaftlichen Unterricht, Band 1. Bericht über eine IPN-Arbeitstagung. Weinheim und Basel 1976.

[67] Christen, H. R.: Kimball- und Gillespie-Modell in didaktischer Sicht. In: Weninger, J., Brünger, H. (Hrsg.): Atommodelle im naturwissenschaftlichen Unterricht, Band 1. Bericht über eine IPN-Arbeitstagung. Weinheim und Basel 1976.
[68] Demuth, R.: Modelle der chemischen Bindung im Chemieunterricht. In: NiU-Ch 37 (1989) H. 45, S. 2–8.
[69] Gillespie, R. J.: Das VSEPR-Modell. In: chimica didactica 1 (1975) S. 41ff.
[70] Duddeck, H. H.: Vom komplizierten Molekül zur großen Einfachheit. In: Forschung – Mitteilungen der DFG 1/84, S. 15–16.
[71] Preuß, H.: Mensch und Materie – Versuch einer Versöhnung mit der Materie. Presse- und Informationsstelle der Universität Stuttgart (Hrsg.), S. 4.
[72] Christen, H. R.: Chemieunterricht, eine praxisorientierte Didaktik. Basel, Boston, Berlin 1990, S. 58–61, S. 75–94.
[73] Nöding, S.: 76.
[74] Krämer, R.: Beiträge zur Didaktik der Chemie. Eine empirische Untersuchung zur Altersplazierung von Atommodellen. Frankfurt a. M. 1976.
[75] Becker, H. J., Lutz, B., Müller, A., Pfeifer, P., Sommer, K.: Bericht über den Workshop „Stoff, Tätigkeit, Kommunikation – Elemente eines an Lebenspraxis orientierten Chemieunterrichts“ auf dem 15. Dortmunder Sommersymposium, Tagungsband 2000.
[76] Dettner, K.: Chemische Ökologie. In: UWSF, Z. Umweltchem. Ökotox. (1989) 4, S. 29–36.
[77] Schildknecht, H.: Experimente zur Explosionschemie der Bombardierkäfer. Chem. Exp. Didakt. (1975) 1, S. 43–44.
[78] Science 292, S. 2486; Presse: Spektrum der Wissenschaft VIII, Samstag 18. August 2001
[79] Mikelski, H.: Didaktiken der Physik: Synopse und Kritik. Bad Salzdetfurth, Franzbecker 1982.
[80] Lutz, B., Pfeifer, P.: Chemie im Alltag und Chemieunterricht – Gegensatz oder Chance für ein besseres Chemieverständnis. In: MNU **42** (1989), H. 5, S. 281–290.
[81] Quentin, K.-E.: Trinkwasserversorgung und Abwasserreinigung als aktuelle Thematik im Unterricht. In: MNU **34** (1981) H. 5, S. 291–301.
[82] Lutz, B., Plaß, Ch., Kraheberger, U.: Moderne Waschmittel und Tenside. In: PdN – Chemie 37 (1988) H. 2, S. 10–18.
[83] Lutz, B., Plaß, Ch., Schafer, S.: Builder in modernen Waschmitteln. In: PdN – Chemie 37 (1988) H. 2, S. 22–23.
[84] Hermanns, R.: Das „Projekt Wupper“ und seine Integration in die Zielsetzung des Chemieunterrichts der gymnasialen Oberstufe. In: MNU 36 (1983) H. 4, S. 223–236.
[85] Renn, O.: Akzeptanzforschung: Technik in der gesellschaftlichen Auseinandersetzung. In: ChiuZ 20 (1986) S. 44–52.
[86] Römpp, H., Raaf, H.: Chemie des Alltags. Francksche Verlagsbuchhandlung, Stuttgart 1975.
[87] Vollmer, G., Franz M.: Chemische Produkte im Alltag. Thieme Verlag, Stuttgart 1985.
[88] Bendel, E.: Chemie – eine ganz alltägliche Sache. Frankscher Verlagsbuchhandlung, Stuttgart 1985.
[89] Häusler, K., Schmidkunz, H.: Tatort Chemie. München 1986.
[90] Lindemann, H. (Hrsg.): Alltagschemie. Naturwissenschaften im Unterricht 35 (1987) H. 26.
[91] Häusler, K., Lutz, B., Pfeifer, P., Rampf, H.: Elemente der Zukunft: Chemie, Lehrerhandbuch. Oldenbourg, München 1989.
[92] Gramm, A.: Unterrichtsforschung – Eine Aufgabe der Chemiedidaktik, Chemie in den 90er Jahren. Westarp Wissenschaften, Essen 1989, S. 20–26.
[93] Lutz, B., Pfeifer, P., Gaukler der Süße. In: NiU-PC 37 (1989), Nr. 48, S. 17–19.
[94] Lutz, B., Plaß, C.: Warum schmecken manche Stoffe süß? Bericht über eine Stundenfolge zum Thema Zuckerersatzstoffe. NiU-Ch 6 (1995) Nr. 27, S.16–18.
[95] Lutz, B., Plaß, C., Hülsenbeck, U.: Wie schaffen es Zuckerersatzstoffe, dem Gehirn Süße vorzugaukeln? Schmecktheorie – Hintergrundwissen für Lehrer. NiU-Ch 6 (1995) Nr. 27, S.19–22.
[96] Lutz, B.: Zuckerersatzstoffe – Gaukler der Süße – Ein Blick hinter die chemischen Kulissen, PdN-Ch 8/34 (1985) S.9–14.
[97] Lutz, B., Schäfer, S.: Zeolithe – kleine Poren – große Wirkung. Verlag Dr. Flad, Stuttgart 1990.
[98] Lutz, B., Häusler, K., Pfeifer, P. (Hrsg.): Kosmetika. NiU-P/C 34 (1986).
[99] Umbach, W. (Hrsg.): Kosmetik. Thieme Verlag, Stuttgart 1988.
[100] http://www.bpv.de/agw/chemie/index.html
[101] Umwelt, Sicherheit, Gesundheit 2000: Bericht der BASF „Produzieren im Verbund“ vom 10. 7. 2001.
[102] http://www.leuna.com/deutsch/chemstan/i_stoff.htm
[103] Fa. Wacker: Umweltbericht 1989 der Wacker Chemie GmbH. München 1990.
[104] http://www.bpv.de/agw/chemie/m81.htm bzw. Printversion
[105] http://www.basf.de/de/cororate/environment/ub00/
[106] Dechema u. a. (Hrsg.): Produktionsintegrierter Umweltschutz in der chemischen Industrie. Frankfurt a. M., S. 10–13.
[107] Sutter, H.: Produktionsintegrierter Umweltschutz bei der Projektierung von Chemieanlagen. Umwelt-Technologie 2 (1990) S. 2–9.
[108] Fuhr, H.: Bayer AG Dormagen, Vortrag auf der 10. GDCH-Fachgruppentagung „Chemieunterricht“ in Oldenburg 1990.

4. Die Fachsprache im Chemieunterricht

Im Unterricht ist die chemische Fachsprache **das** Kommunikationsmittel zwischen Lehrer und Schüler bezüglich chemischer Sachverhalte. Sie umfasst sowohl die verbalen als auch nonverbalen chemierelevanten sprachlichen Zeichen. Eine dem Kenntnisstand des Schülers und der fachwissenschaftlichen Entwicklung angepasste Fachsprache ist eine grundlegende Voraussetzung für eine erfolgreiche Unterrichtsführung. Über die mit diesen Problemen in Zusammenhang stehenden Fragen wird im nachfolgenden Kapitel berichtet. Dabei werden in dem ersten Abschnitt die verschiedenen Aspekte der chemischen Fachsprache aus sprachtheoretischer Sicht dargestellt. Anhand von Beispielen gehen die Autoren auf die in der Chemie üblichen Symbole, Namen und Termini sowie auf die Regeln zur Bildung von Begriffen und Definitionen ein. Im zweiten Abschnitt werden die Besonderheiten beim Einsatz der Fachsprache im Chemieunterricht behandelt und eine Reihe von Leitsätzen vorgestellt, die bei der Anwendung der chemischen Fachsprache im Lehr- und Lernprozess besonders zu beachten sind.

4.1 Die chemische Fachsprache

In einem Brief schrieb **Erlenmeyer** an **Butlerov**:

Z … Ich möchte Ihnen jetzt einmal den Standpunkt klarmachen über das Verhältnis von uns beiden … zu den anderen Chemikern. Ich behaupte, wir beide sind die zwei einzigen Chemiker der Welt, welche sich und alle anderen verstehen. Ich kenne außer uns keinen, der uns versteht und keinen, der alle ebenso versteht wie wir. Die meisten Typiker verstehen Kolbe absolut nicht, Kolbe versteht die Typiker absolut nicht, Kekulé versteht sich selbst nicht, Kolbe nicht, uns nicht. Wurtz befindet sich in demselben Fall. Heintz versteht Wislicenus – Wislicenus versteht Heintz, aber keiner versteht sonst niemanden. Heintz glaubt sie zu verstehen, aber er missversteht sie auch. Wer bleibt da noch übrig? … [1]

Verwirrung auf der ganzen Linie! Weshalb Erlenmeyer sich und seine Zeitgenossen in zwei Kategorien klassifizierte – zwei, die sich untereinander verstehen, und die große Gruppe der „Verständnislosen“ –, kann nur aus der Entwicklung der Chemie zur damaligen Zeit verstanden werden. Und heute? Nehmen wir eine zufällig ausgewählte Notiz aus einer modernen Fachzeitschrift [2]:

Z Das „Dendrimeren“-Prinzip hat Wurzeln geschlagen; nach den Kohlenstoff-Verbindungen dieser Art … geht jetzt die Hetero-Saat auf. K. Rengan und R. Engel bauen Phosphonium-„Kaskaden-Moleküle“ auf; die Reaktionssequenz … beschreibt die Konstruktion der ersten Glieder des Stammbaums. Durch Wiederholung der letzten Reaktionsschritte entstehen zwei weitere Molekül-Generationen, und das Ergebnis sind Strukturen mit 40 Phosphoniumzentren pro Molekül …

Und dazu zur Untersetzung folgendes Reaktionsschema in der Formel(Symbol)-Sprache des Chemikers:

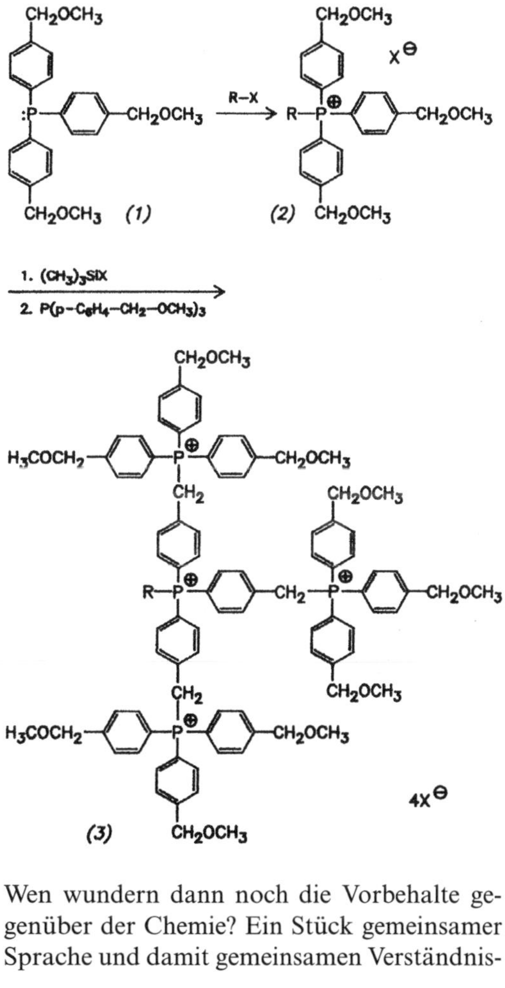

Wen wundern dann noch die Vorbehalte gegenüber der Chemie? Ein Stück gemeinsamer Sprache und damit gemeinsamen Verständnis-

ses scheint verloren gegangen zu sein! Wie die Probleme auch liegen, ein großer Teil des Unvermögens zur Kommunikation ist „fachsprachlicher“ Natur.
Diese Kommunikationschwierigkeiten müssen besonders groß sein, wenn im Unterricht der Lehrer als „Wissender“ den Schülern, die ohne Vorkenntnisse sind, gegenübertritt. Liegt nicht hier ein Teil der „Misere des Chemieunterrichts“ [3, 4]? Deshalb sollen nach einem ersten Abschnitt mit prinzipiellen Aussagen über die chemische Fachsprache in einem zweiten Abschnitt die spezifischen Probleme behandelt werden, die bei der Anwendung der Fachsprache im Chemieunterricht auftreten.

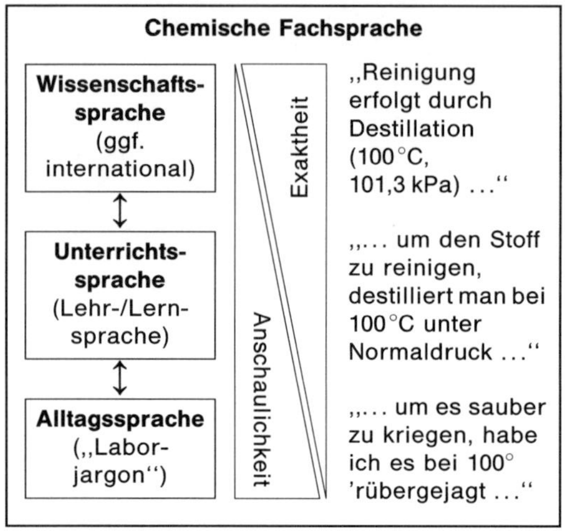

Abb. 74.1: Chemische Fachsprache

4.1.1 Was ist „chemische Fachsprache“?

Das Wissen eines jeden Fachgebietes muss gesammelt, ausgetauscht und diskutiert sowie vermittelt und gelehrt werden. Das ist nur über das Medium Sprache (Sprechen, Schreiben, Lesen) möglich, das im Lauf der Zeit eine dem Fachwissen angepasste Ausprägung erfährt. Selbst das Denken ist im weitesten Sinne „gedachtes Sprechen“. Damit sind **Fach** und **Sprache** existenziell miteinander verbunden. Wenn wir uns auf den Teil unserer Erfahrungswelt beschränken, den wir mit dem Terminus „Chemie“ belegen, dann lässt sich die Bezeichnung „chemische Fachsprache“ bilden.
Die chemische Fachsprache dient der zweifelsfreien Verständigung zwischen den Chemikern, muss aber auch die Verständigung zwischen Chemikern und Nichtfachleuten und in besonderem Maße zwischen Chemie-Fachlehrern und ihren „Jung-Chemikern“ ermöglichen. Sie umfasst **alle mündlichen Aussagen und schriftlichen Darstellungen zu chemischen Sachverhalten** in Forschung und Produktion, in wissenschaftlichen Darlegungen sowie in Unterricht und Ausbildung. Aus dieser Anwendung heraus kann sie auftreten in der Form der **Alltagssprache** (bis hin zum Laborjargon), der **Unterrichtssprache** (Lehr- und Lernsprache) sowie der **Wissenschaftssprache**, die **die exakteste und knappste Form der Darlegung chemischer Sachverhalte** darstellt. Dabei sind die Grenzen zwischen diesen Formen fließend, und es kommt ständig zu einem Austausch zwischen ihnen (s. Abb. 74.1) [5–8].
Die chemische Fachsprache ist Bestandteil der Sprache allgemein, benutzt deren Regeln und Begriffe, bereichert sie aber auch um Regeln und Begriffe, die nur für Chemiker relevant und unter ihnen gebräuchlich sind. Der Einstieg in die chemische Fachsprache kann für den Einzelnen nur vom Boden der Muttersprache aus erfolgen. Deshalb wird die Umgangssprache im Unterricht gebraucht, um die Fachsprache einzuführen, indem mit ihr die Bedeutungsinhalte der Fachtermini erklärt werden. Das führt dazu, dass die Unterrichtssprache besonders redundant (weitschweifig) ist, denn sie lebt vom Beschreiben, Erklären, Erläutern und Wiederholen mit anderen Wörtern [9].

4.1.2 Die chemische Fachsprache aus sprachtheoretischer Sicht

Sprache dient der Kommunikation zwischen Menschen. Sie ist ein System von Zeichen, mit denen Informationen, in unserem Falle zwischen Lehrenden und Lernenden, ausgetauscht werden. Wenn man Mimik und Gestik, die ebenfalls Informationen übermitteln, ausschließt, können die sprachlichen Zeichen in lautsprachlicher (verbaler) Form als Wörter und Sätze und in bildsprachlicher (nonverba-

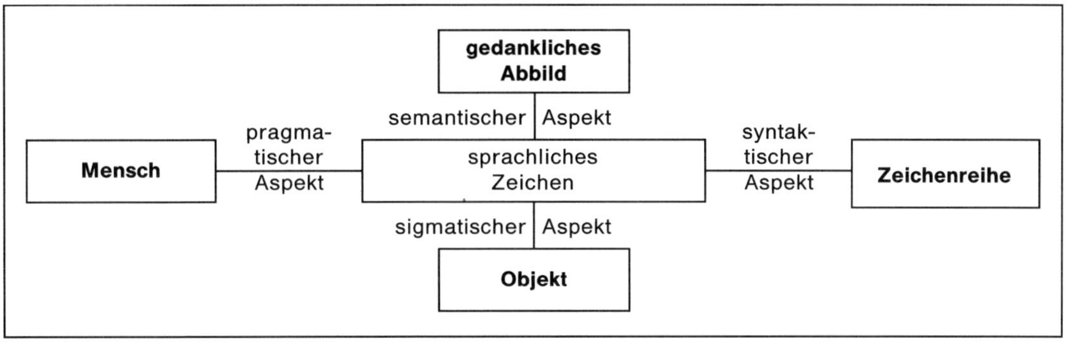

Abb. 75.1: Die Fachsprache aus sprachtheoretischer Sicht

ler) Form als Schriftzeichen, Symbole und Bilder ausgetauscht und gespeichert werden. Gerade mit der bildsprachlichen Form in der Chemie beschäftigen sich Hoffmann und Laszlo in einer Arbeit [8], die u. a. auch die Verbindungen zur Kunst untersucht.

Da die sprachlichen Zeichen von Menschen geschaffen wurden, da sie Informationen über das Bezeichnete von Mensch zu Mensch übermitteln und Gedankengänge und Gefühle im Empfänger auslösen, stehen sie in einem komplexen Beziehungsgefüge, das in Abbildung 75.1 veranschaulicht wird.

Der **sigmatische Aspekt** eines sprachlichen Zeichens besteht in der eindeutigen und umkehrbaren **Zuordnung von Zeichen und Bezeichnetem** (dem Objekt). Diese Zuordnung ist der „Taufakt" und entspricht der Fragestellung „Wofür steht das Zeichen?" oder „Was bezeichnet dieses Zeichen?". In unserem Beispiel in Abbildung 75.2 steht das Zeichen „H" für den real existierenden Stoff Wasserstoff. Zu den für die Chemie relevanten sprachlichen Zeichen wird ausführlicher in Abschnitt 4.1.3 eingegangen.

Der **semantische Aspekt** zielt auf die geistigen Abbilder der Objekte im menschlichen Bewusstsein, auf die **Bedeutungsfunktion** der sprachlichen Zeichen. Einfach formuliert wird die Relation „Zeichen – Abbild" in Fragen wie „Was bedeutet das?" oder „Was muss man sich darunter vorstellen?" erkundet. Für diesen gedanklichen Inhalt, die Bedeutung des Zeichens, wollen wir nach Seifert [10] das Wort „**Begriff**" verwenden (vgl. Abschn. 7.5.1).

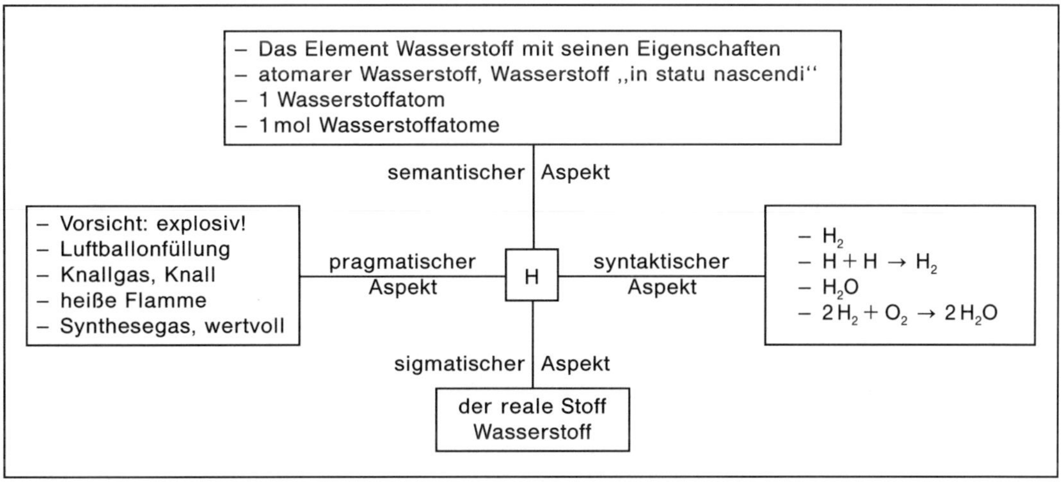

Abb. 75.2: Die Bedeutung des Zeichens H im chemischen Kontext

B In unserem Beispiel (Abb. 75.2) werden dem Zeichen „H" mehrere inhaltliche Bedeutungen zugeordnet, zwischen denen der Zeichenerkenner wiederum in Übereinstimmung mit dem Kontext auszuwählen hat. Diese Möglichkeit zur „Interpretation" von Zeichen wird vom Kenntnisstand und Erfahrungswert bestimmt und ist deshalb einer ständigen Veränderung und Weiterentwicklung z. B. durch den Unterricht unterworfen. Das Beispiel zeigt deutlich, dass selbst durch ein sehr einfaches Zeichen im Erkennenden komplexe Eigenschafts- und Beziehungsgefüge assoziiert und komplizierte gedankliche Operationen ausgelöst werden können.

In der Herstellung einer für den Schüler klaren und exakten **Verbindung** zwischen Zeichen und den assoziierten komplexen Sachverhalten, zwischen **Zeichen und Begriff**, liegt eine entscheidende Aufgabe des Lehrers.

Die Beziehungen zwischen den sprachlichen Zeichen machen den **syntaktischen Aspekt** aus. Er befasst sich mit den **Bildungs- und Umwandlungsregeln für Zeichenreihen**, bestimmt also die Zusammenführung von Elementsymbolen zu Formeln und von Formeln zu Reaktionsgleichungen (s. Abb. 75.2). Näheres dazu in Abschnitt 4.1.4.

Der **pragmatische Aspekt** von sprachlichen Zeichen betrifft den **Zweck** der Zeichenschöpfung. Die Zeichen übermitteln zwar vornehmlich Informationen, zeigen aber beim Empfänger auch emotionale Wirkungen (Gefühle, Wünsche, Haltungen, Einstellungen, Wertungen). Dieser Aspekt kann z. B. in die Fragen „Wozu nutzt das?", „Was kann ich damit anfangen?" oder „Wie habe ich mich zu verhalten?" gekleidet werden. Abbildung 75.2 gibt einige Beispiele für das Zeichen „H".

Hier wird der Zusammenhang zur erzieherischen Einwirkung des Lehrers auf seine Schüler deutlich. Die Ausprägung dieser „Signalfunktion" von sprachlichen Zeichen auch auf dem Gebiet der Chemie sollte im Unterricht besondere Beachtung finden, z. B. im Hinblick auf den achtsamen Umgang mit Chemikalien in Haushalt und Umwelt oder auf die Wertung der Chemie in der modernen Zivilisation.

Unser Beispiel in Abbildung 75.2 provoziert weitere Überlegungen. Aus dem Kontext geht eindeutig hervor, dass das „H" nicht eine Haltestelle kennzeichnet, sondern einen chemischen Sachverhalt bezeichnen soll und speziell für das Element Wasserstoff steht. Es muss natürlich darauf hingewiesen werden, dass das Zeichen „H" z. B. auch die Enthalpie bedeuten könnte. Zeichen können also mehrdeutig sein und ihr konkreter sigmatischer Inhalt kann oft erst aus dem Kontext erschlossen werden! Die sprachlichen Zeichen „H" für Haltestelle, Wasserstoff und Enthalpie nennt man **Homonyme**. Man könnte sogar so weit gehen, die Zeichen „H" mit ihren verschiedenen semantischen Bedeutungen entsprechend Abbildung 75.2 als Homonyme zu bezeichnen!

Umgekehrt gibt es oft mehrere unterschiedliche sprachliche Zeichen für einen Begriff. Für Wasserstoff können wir auch, ohne Verständigungsprobleme zu erzeugen, Hydrogenium sagen. Solche unterschiedlichen sprachlichen Zeichen, die zu einem Begriff gehören, nennt man **Synonyme** [10].

B Beispiele in der Chemie sind
- echte Synonyme wie z. B. *Atombindung* und *Kovalenz*;
- Übersetzungen wie z. B. *Säure* – *acid* (engl.) – *acidum* (lat.);
- Namen aus unterschiedlichen Nomenklatursystemen wie z. B. *Aceton* (Trivialname), *Propanon* (substitutive Nomenklatur) und *Dimethylketon* (radikofunktionelle Nomenklatur);
- die zwei Seiten einer Definition, z. B. *Verbrennung* = *Oxidation unter Sauerstoffaufnahme und Wärmeentwicklung*.

Der sichere Umgang mit chemisch relevanten Homo- und Synonymen ist ein Ziel des Chemieunterrichts.

4.1.3 Die sprachlichen Zeichen der Chemie

Als fachspezifischen Beitrag zur Sprache hat die chemische Fachsprache zu leisten:
- die Benennung von Stoffen und Stoffklassen,
- die Charakterisierung von Stoffeigenschaften,
- die Benennung von chemischen Reaktionen und Reaktionstypen,
- die Charakterisierung von Wesensmerkmalen chemischer Prozesse,
- die Bezeichnung chemischer Arbeitsprozesse und -methoden.

Dazu benutzt sie die folgenden sprachlichen **Zeichen**:

1. Symbole

- für Elemente, z. B. H, He, Li, Mg, B,
- für chemische Verbindungen in der Form von **Formel**bildern unterschiedlicher Aussagekraft, z. B. Summen-, Konstitutions-, Valenzstrich-, Raum- und Elektronenformeln,
- für Phasen und weitere stoffspezifische Eigenschaften, z. B. s(olid), l(iquid), g(as), solv(ated), thermodynamisches Standardzeichen wie $^\circ/^\ominus$,
- für die Kennzeichnung der elektronischen Situation in Atomen und Molekülen, z. B. der Ladung (+, −), Wertigkeit (I, II, III, ...), Oxidationszahl (+2, −3, ... oder +II, −III ...)[1] Hybridisierung (sp, sp^2, sp^3), mesomeren Grenzstrukturen und deren Verknüpfung durch den Mesomeriepfeil (↔),
- für die Formulierung von Reaktionsgleichungen und Reaktionsschemata, z. B. Pluszeichen, Reaktionspfeile,
- für physikalische Größen und deren Maßeinheiten, z. B. für die Stoffmenge n in mol; dabei stellt die Stoffmenge wohl die „chemischste" unter den physikalischen Größen dar und ist erst durch die Intervention der Chemiker in das SI-System aufgenommen worden,
- für komplizierte Begriffe in der Form von Wortkürzeln, z. B. MWG, PSE, DNS.

(Weiter zu ikonischen Modellen und Symbolen s. Abschn. 3.1.4 und 10.5.1.2)

2. Namen zur Benennung

- von Stoffen, wie Elemente und Verbindungen. Die einfachste Form sind die **Trivialnamen**, die neuen Stoffen bei ihrer **Entdeckung** gegeben werden können und die eine Besonderheit ausdrücken sollen, z. B. die Herkunft: Harnstoff, Citronensäure; typische Eigenschaften: Methylorange, Knallsäure; den Entdecker: **Michlers** Keton, **Schiff**'sche Base. Für die Namengebung bei den Verbindungen werden von der IUPAC Nomenklatursysteme vorgegeben und weiterentwickelt [11, 12] (s. auch DIN 32 640 [13]), die es gestatten, aus der **Struktur** (im Sinne von Konstitution, Konfiguration und Konformation) einen systematischen, international verständlichen **Namen** abzuleiten und umgekehrt aus dem Namen die Struktur zu rekonstruieren, z. B. Trivialname: Essigsäure, systematischer Name: Ethansäure.
- von Reaktionen und Reaktionstypen, z. B. **Beilstein**-Probe, **Cannizzaro**-Reaktion, **Friedel-Crafts**-Alkylierung,
- von Konstanten, Regeln und Gesetzen, z. B. **Faraday**-Konstante, **Dulong-Petit**-Regel, Massenwirkungsgesetz.

3. Termini

Sie sind Gegenstand der chemischen **Terminologie**, die wegen der Vielzahl stofflicher Eigenheiten und Besonderheiten von Reaktionen **sehr umfangreich** ist und wegen der ständigen Erweiterung des stofflichen und des Reaktionsspektrums ständig weiterentwickelt wird.

B Typisch chemische Termini sind: Nucleophilie, Basizität, aromatischer Zustand, Isomerie. Viele dieser Termini werden sehr oft adjektivisch gebraucht und beschreiben dann das „Wie" eines Zustands, einer Aktivität oder eines Vorgangs, z. B. molekular, aromatisch, nucleophil, bimolekular.

Für die Chemie charakteristisch ist dabei die Herausbildung von **Begriffspaaren** wie

- korrespondierend (korrespondierendes Säure-Base-Paar, z. B. H_3PO_4 / $H_2PO_4^-$),
- gegensätzlich (sauer/basisch, oxidierend/reduzierend, exotherm/endotherm, polar/unpolar),
- einander ausschließend (ionisch, radikalisch) oder
- komplementär (Welle/Teilchen).

Wortpaare, bei denen das eine das mehr oder weniger genaue Gegenteil des anderen darstellt, werden in der Sprachtheorie als **Antonyme** bezeichnet [14] (vgl. Abschn. 7.5.1).

Die Grenzen zwischen Namen und Termini sind fließend. Die **Namen** werden in der Chemie häufig von Personennamen abgeleitet (s. o.). Damit geben sie keine Ansatzpunkte einer Erklärung der bezeichneten Erscheinung. Hingegen werden die **Termini** so gebildet, dass sie dem Fachmann einen Hinweis auf die zugrunde liegende Erscheinung geben. So wird vom „Prinzip von **Le Chatelier**" gesprochen, aber auch vom „Prinzip des kleinsten Zwanges". In die letztere Bezeichnung kann man „hineinhorchen", im ersteren Falle hilft alles Horchen nichts; hier kann die Aufforderung nur sein: „Schlag nach ... unter Le Chatelier!". Allerdings kann mit den Personennamen-Bezeichnungen eine historische Dimension im Unterricht eröffnet werden.

[1] Die Bevorzugung der römischen Ziffern, um Verwechslungen mit der Ladungszahl zu vermeiden, hat sich in der Chemie noch nicht durchgesetzt; die Diskussion zur Begründung ist wohl noch nicht zu Ende. Das ist ein typisches Beispiel sowohl für die Inkonsequenz der Chemiker als auch für den zeitlichen Vorgang der Ausprägung einer neuen Konvention.

4.1.4 Die Verknüpfung der sprachlichen Zeichen der Chemie

Um zu Aussagen über chemische Sachverhalte zu kommen, müssen die sprachlichen Zeichen der Chemie miteinander verknüpft werden. Damit erhält der syntaktische Aspekt (s. Abschn. 4.1) eine große Bedeutung für die eindeutige und damit für alle verständliche Formulierung von Ergebnissen der chemischen Forschung.

Die **Bildungs- und Umwandlungsregeln** für Zeichenreihen sind uns in der Normalsprache bewusst. Dort manifestieren sie sich auf mehreren Ebenen:

- Die Verknüpfung von Buchstaben zu Wörtern wird durch die Regeln der **Rechtschreibung** der jeweiligen Sprache bestimmt.
- Die Bildung von komplizierteren Wörtern aus einfachen und die Umwandlung von Wortarten ineinander (z. B. Adjektive in Substantive) folgen den Regeln der **Wortbildung**.
- Für die Formulierung von Sätzen gelten die Regeln der **Grammatik**, speziell der Syntax.

Diese Regeln bestimmen nur die Bildung formal richtiger Zeichenketten. Die inhaltlichen Probleme bei der **Wort-** und **Satzbildung** haben wesentlich mit dem Problem der Begriffsbildung (s. Abschn. 4.1) zu tun. Damit hat dieser Abschnitt gewissermaßen den „handwerklichen" Aspekt zu behandeln.

Das bisher Gesagte gilt selbstverständlich auch für die chemische Fachsprache, für die einige Gesichtspunkte herausgestellt werden sollen.

1. Zur Rechtschreibung

Chemische Formeln kann man als Wörter auffassen, die aus chemischen Symbolen gebildet werden. Sie sind wesentliche Elemente der chemischen Kunstsprache zur Beschreibung chemischer Prozesse in der Form von Reaktionsgleichungen, die natürlich einer vereinbarten „Rechtschreibung" folgen. Diese ist nicht allein formaler Natur, sondern spiegelt den Stand der Erkenntnisse über die Struktur der Verbindungen wider, sie enthält Begründungen, warum die Formeln in einer bestimmten Art und Weise gebildet werden und welche Aussagen aus ihnen ablesbar sind [8, 15–20]. Diese „Rechtschreibung" stützt sich auf

- die **Stöchiometrie** in Bezug auf die Zusammensetzung und damit auf die **Summenformeln**, z. B. C_2H_6;
- die **Valenzlehre** in Bezug auf die Zahl der direkt gebundenen Partner um ein Atom und damit auf die **Konstitutionsformeln** (die „Strukturformeln" des 19. Jh.), z. B.

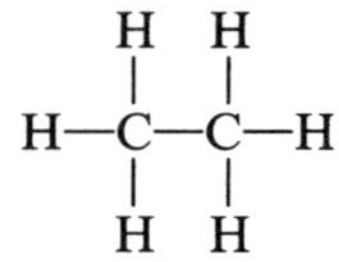

- die **Stereochemie** in Bezug auf die **Konfiguration** und die **Konformation** und damit auf die **Raumformeln** (die eigentlichen „Strukturformeln"), z. B.

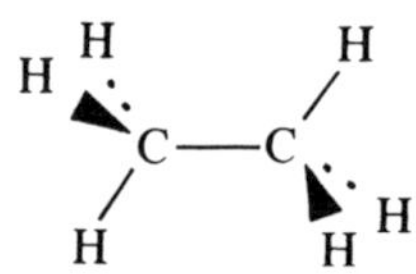

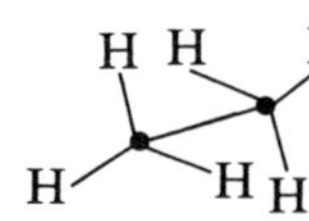

Das Hauptproblem besteht darin, die dreidimensionale **Raumstruktur** der Moleküle in der **Zeichenebene** (bzw. der Tafelebene im Unterricht) darzustellen [8], wofür die Chemiker spezifische Möglichkeiten entwickelt haben, z. B. mithilfe von **perspektivischen Formeln** (Keil-Strich-Formeln, Sägebockformeln, beide s.o.) bzw. von **Projektionsformeln** (**Fischer**- bzw. **Newman**-Projektion):

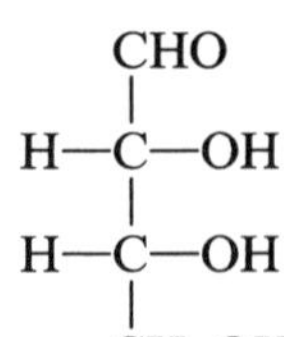

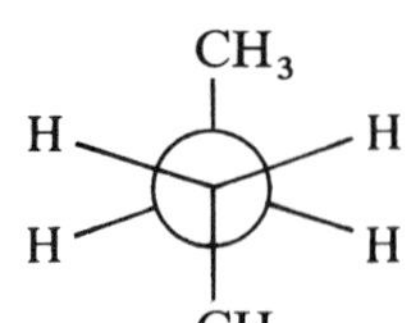

Umgekehrt gilt: Die Fähigkeit, einer Konstitution mögliche und sinnvolle (!) Konformationen zuzuschreiben, setzt voraus, dass in die Ebene projizierte Formelbilder in dreidimensionale Darstellungen übersetzt werden können. Das heißt nach **Hoffmann** und **Laszlo** [8], dass der Organiker, wenn er den Symbolsatz 1 sieht, sofort an 2 denkt, was zwei Talente voraussetzt: „Die Imagination, die visuelle Fähigkeit, eine Form im dreidimensionalen Raum wahrzunehmen, kommt erst nach der Übersetzung. Der Weg vom ersten ‚flachen' Symbolsatz zum zweiten ‚verzerrten' Symbolsatz entspricht etwa dem Übergang von einer Sprache (das Wort ‚science') in eine andere (das Wort ‚Wissenschaft'). Dieses Beispiel zeigt, wie groß die linguistische Komponente in jenen Gedankenvorgängen ist, die durch diese kleinen Zeichnungen, die wir chemische Strukturen nennen, ausgelöst werden." Und das weltweit, unabhängig von der jeweiligen Muttersprache!

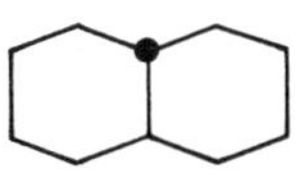
(1)

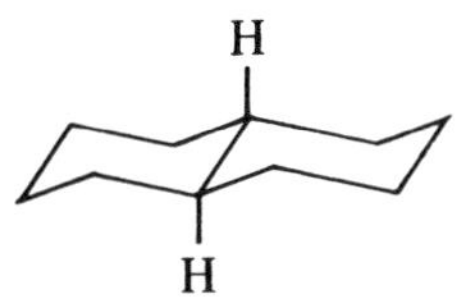
(2)

- die **Valenzlehre** in Bezug auf die Elektronenstruktur und damit die **Elektronenformeln**, in denen die Verteilung der Bindungselektronenpaare, der freien Elektronenpaare und/oder der ungepaarten Elektronen zwischen bzw. an den Atomen wiedergegeben wird und für die oft die Bezeichnung **Valenzstrichformeln** verwendet wird, z. B.

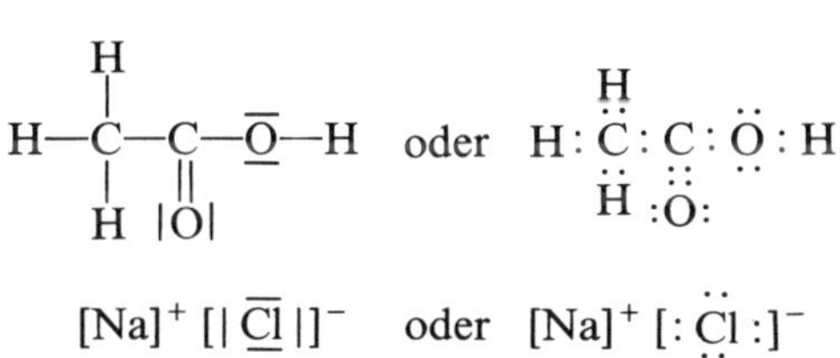

Während die Chemiker meistens die Darstellung der Elektronenpaare durch den Strich vorziehen, werden in der Schule oft in den Formelbildern die Elektronen zur Kennzeichnung der Edelgaskonfiguration (Oktettregel) um die gebundenen Atome durch Punkte symbolisiert. Auf die Bedeutung der Elektronenformeln und ihrer richtigen Bildung für die Behandlung der Mesomerie sei an dieser Stelle nur hingewiesen.

Die richtige „Schreibweise" der Formeln ist auch von entscheidender Bedeutung, weil mit ihr die Erscheinung der **Isomerie** verständlich wird. Isomerie bedeutet immer den Vergleich zwischen Molekülen gleicher Zusammensetzung: Haben sie die gleiche Struktur, dann sind sie identisch; unterscheiden sie sich in ihrer Struktur, dann sind sie isomer. Da richtig gebildete Formeln Strukturaspekte widerspiegeln, müssen sie auch isomere Beziehungen wiedergeben können, wie die folgenden Beispiele zeigen.

$CoCl_3H_{12}N_4$:

$[Co(NH_3)_4Cl_2]Cl$ und $[Co(NH_3)_3Cl_3]NH_3$

$C_2H_4O_2$:

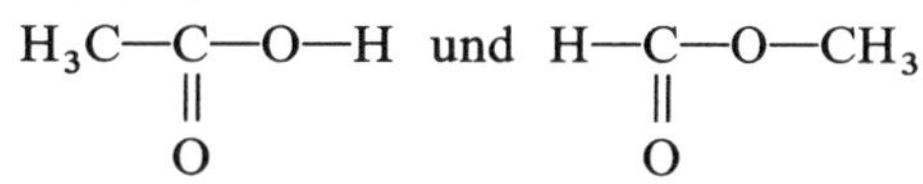

C_4H_8:

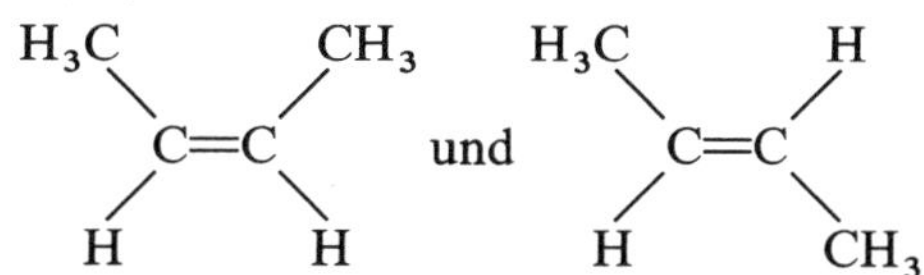

Das Beispiel der Essigsäure (Ethansäure) zeigt noch einen weiteren Aspekt, der für die Lehre wesentlich ist. In der Formel wird zum einen die Methylgruppe zur Einheit CH_3 ohne weitere Verknüpfungsstriche zusammengefasst und zum anderen der räumliche Bau des Moleküls nicht richtig wiedergegeben. Das sind charakteristische Vereinfachungen, die gemacht werden, wenn nur

- bestimmte Teile des Moleküls (meist das Reaktionszentrum) bzw.
- bestimmte Aspekte der Struktur (der konstitutionelle, räumliche oder der elektronische Aspekt) von Interesse sind.

In der chemischen, besonders der organisch-chemischen Literatur wird die Vereinfachung oft noch sehr viel weiter getrieben, bis zu **„Skelettformeln"**, in denen außer dem Wasserstoff nur noch die Heteroatome geschrieben und das Kohlenstoffgerüst und dessen Verknüpfung mit den Heteroatomen durch Bindungsstriche markiert werden, wie das Beispiel des Butanons (Methylethylketon) zeigt. Sollen die Beziehungen zwischen funktionellen Gruppen gezeigt werden, kann die Vereinfachung so weit gehen, dass der Molekülrest nur noch symbolisch angedeutet wird, wie die folgenden Beispiele verdeutlichen:

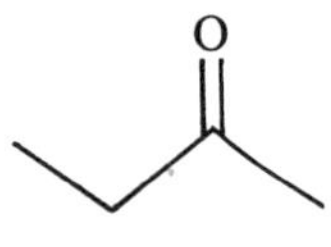

Butanon

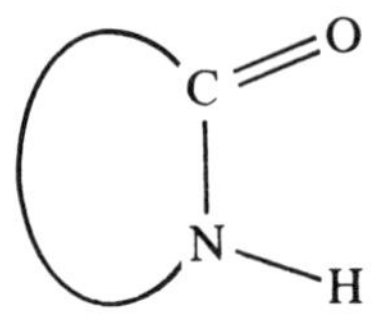

Lactam

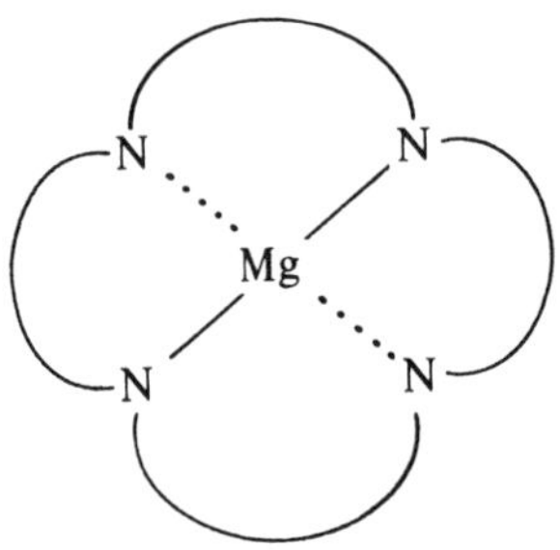

Chlorophyll

Besonders problematisch sind die Fälle, in denen die Formel inkonsequent gebildet wird, wie das folgende typische Beispiel zeigt:

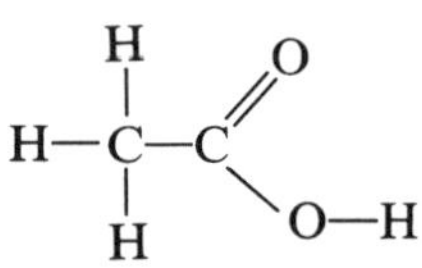

Die Methylgruppe wird nur mit ihrer Konstitution angegeben, ihr tetraedrischer Bau nicht angedeutet, während für die Carboxylgruppe sowohl die Konstitution als auch näherungsweise der räumliche Bau wiedergegeben werden. Bei der Verwendung solcher gemischter Formeln besteht die Gefahr, dass der Lernende die quadratisch-planare Struktur um ein vierbindiges Kohlenstoffatom unbewusst verinnerlicht.

Ein weiteres Problem besteht in der Verwendung des Terminus „Strukturformel“. Er ist historisch in der zweiten Hälfte des 19. Jahrhunderts in der Bedeutung der Konstitutionsformel gewachsen und wird so zum Teil bis heute benutzt. Gleichzeitig hat der Begriff „Struktur“ eine starke Bedeutungsveränderung im Sinne der Präzisierung und Erweiterung erfahren. Er enthält heute aufbauend auf dem konstitutionellen Aspekt vor allem den räumlichen und auch den elektronischen Aspekt. Damit wird der Inhalt des Terminus **„Strukturformel“** für den Schüler und oft auch für den Lehrer **unscharf** und damit problematisch. Hinzu kommt, dass Informationen zur Struktur vom Chemiker und erst recht vom Chemielehrer immer noch vorrangig über zweidimensionale Medien wie Papier oder Tafel vermittelt werden. Der Chemiker sollte in der Lage sein, den Aussagewert einer Formel aus dem Kontext erkennen zu können, und pflegt im Allgemeinen einen relativ lockeren Umgang mit den verschiedenen Arten der Formelbilder. Der Lehrer muss dagegen dem Schüler klare und eindeutige Definitionen und Erklärungen bieten und neigt deshalb leicht zur Verschärfung der Definitionen für die verschiedenen Formelarten und zur Überinterpretation ihrer Aussagefähigkeit (zur Mannigfaltigkeit der Formelbilder s. auch [21]). Eine mögliche Ordnung der wichtigsten Formeltypen enthält Abbildung 81.1.

Es zeigt sich, dass **Stöchiometrie**, **Valenzlehre** und **Stereochemie** als rein chemierelevante Gesetzmäßigkeiten die (syntaktischen) **Regeln für die Bildung der Formeln aus den Symbolen** und damit auch für deren „Rechtschreibung“ liefern. **Hoffmann** und **Laszlo** [8] drücken dies so aus:

Z Der Vorgang heißt *Darstellung*, eine Transformation der Realität in Symbole. Er ist sowohl *grafisch* als auch *linguistisch*. Er hat *Historizität*. Er ist *künstlerisch* und *wissenschaftlich*. Die Darstellungen in der Chemie sind ein Code, der von allen Chemikern genutzt wird.

Für die Rechtschreibung der **Namen** und **Termini** gilt die Rechtschreibung der deutschen Sprache, allerdings mit einigen Ausnahmen:

– Bei den Verbindungsnamen wird die Schreibweise der künstlich gebildeten Wortbestandteile (Wortstämme, Prä- und Suffixe) durch die Nomenklaturregeln der IUPAC vorgegeben und ist obligatorisch! Dabei zeigt sich eine Tendenz zur Anpassung der deutschen an die englische Schreibweise (z. B. **Ä**than → **E**than).

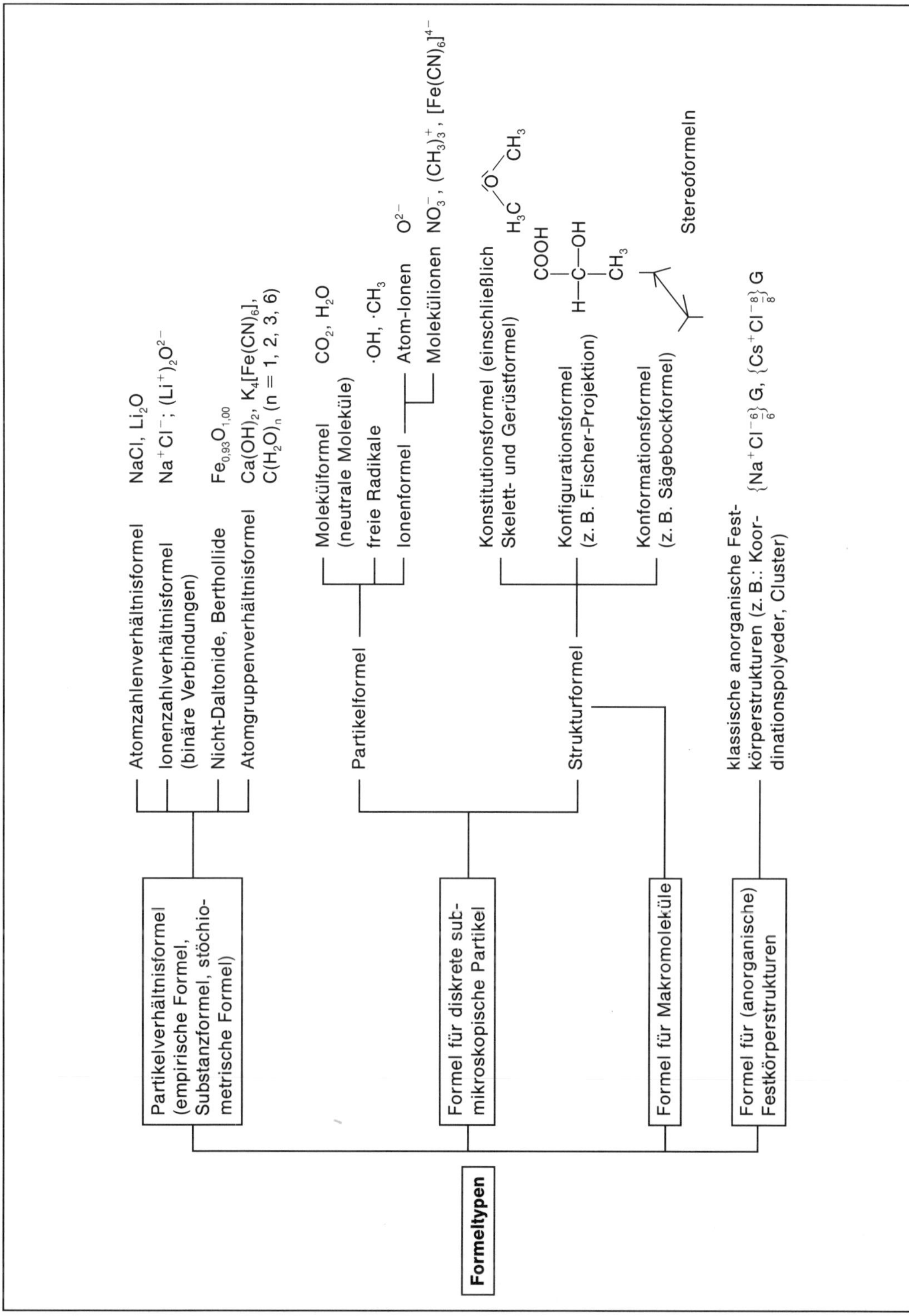

Abb. 81.1: Einordnung der wichtigsten Formeltypen

Es ist insbesondere zu beachten:
- Für chemische Namen wird die c- (und nicht die k/z-) Schreibweise vorgeschrieben, z. B. Acetat (nicht Azetat), **C**al**c**ium (nicht Kalzium); aber Kupfer, Cu.
- Folgende Schreibungen sind verbindlich: **E**than, **E**thyl-, **E**ther, **I**od, **B**ismut, Ox**i**d, Hydrox**i**d, A**mm**oniak, A**mm**onium, A**mm**in (NH_3 als Neutralligand), aber A**m**in (abgeleitet von der Gruppe -NH_2), A**m**id, A**m**ino.

Bei der Rechtschreibung von Termini ist deren Alter, Gebräuchlichkeit und Herkunft von Bedeutung, wobei bei den Neubildungen wiederum englische Schreibweisen normierend wirken, z. B. ele**kt**rophil, aber nu**c**leophil.

2. Zur Wortbildung

Die Zusammenführung der Wortstämme, Prä- und Suffixe für die **Namen von Verbindungen** erfolgt nach der IUPAC-Nomenklatur so, dass durch genau vorgegebene Regeln gesichert ist, dass ein eindeutiger Zusammenhang zwischen Struktur und Namen besteht.

(Aber Achtung! Für einige weit verbreitete Verbindungen sind deren Trivialnamen von der IUPAC ausdrücklich zugelassen, z. B. Ethylen, Acetylen, Chloroform, Phenol, Ameisensäure, Essigsäure. Dabei kann es im Unterricht zu Schwierigkeiten kommen, wenn H_2CO_3 als **Kohlen**säure (Trivialname), aber CO_2 als **Kohlenstoff**dioxid (systematischer Name) bezeichnet werden. Es reagiert also **Kohlenstoff**dioxid mit Wasser zu **Kohlen**säure!)

Sollen neue Sachverhalte bezeichnet werden, dann werden für die **Termini** oft Bestandteile mit griechischer und/oder lateinischer Herkunft verwendet und kombiniert, z. B. Substrat (von lat. *substratus*, der Unterworfene), oder nucleophil (von lat. *nucleus*, der Kern und griech. *philos*, liebend). Dabei gehen die Chemiker häufig recht willkürlich vor und scheuen sich nicht vor Kombinationen von Bestandteilen aus mehreren Sprachen!

3. Zur Satzbildung

Als eine Art der Satzbildung, die für die Chemie typisch ist, kann die Aufstellung von **Reaktionsgleichungen** bzw. **Reaktionsschemata** mit den Formeln der beteiligten Stoffe betrachtet werden. Den dafür geltenden formalen Regeln liegen wieder die chemischen Erkenntnisse zugrunde, die die Stöchiometrie bestimmen. Das bedeutet, dass für vollständige Reaktionsgleichungen beim Übergang von der einen zur anderen Seite gelten muss:
- die Berücksichtigung aller umgesetzten und entstehenden Stoffe,
- die Einhaltung der Stoffbilanz und
- die Einhaltung der Ladungsbilanz.

Aber so wie durch grammatikalisch richtige Zusammenfügung von beliebigen Wörtern nicht automatisch ein sinnvoller Satz entsteht, sind nur die Reaktionsgleichungen chemisch relevant, die Verbindungen miteinander verknüpfen, die durch mögliche Reaktionsabläufe miteinander verbunden sind. Auch hier besteht also sowohl ein „handwerkliches" (Aufstellung formal richtiger Reaktionsgleichungen) als auch ein inhaltliches Problem (Auswahl chemisch sinnvoller Reaktionen); z. B. sinnvoll:

$$CO_2 + H_2O \rightarrow H_2CO_3 \text{ (besser: } OC(OH)_2)$$

sinnlos:

$$CO_2 + 2\,H_2O \rightarrow C(OH)_4$$

Bedeutungsvoll für die Lehre ist in diesem Zusammenhang, dass der Chemiker in manchen Fällen auch in der Literatur verkürzte Reaktionsgleichungen verwendet, die nur die interessierenden Ausgangsstoffe (Substrat und Agens, oder sogar nur das Substrat) und die Hauptprodukte enthalten, wobei die vollständige Reaktionsgleichung oft nicht ausreichend sicher bekannt ist (z. B. nicht alle Nebenprodukte in ihrer quantitativen Verteilung oder die wirksame Form des Agens); s. z. B. [22]:

$$CH_3-CH_2-CH_3 \xrightarrow{[HNO_3]}$$
$$CH_3-CH_2-CH-NO_2 + CH_3-\underset{\displaystyle NO_2}{\underset{|}{CH}}-CH_3$$
$$+\ CH_3-CH_2-NO_2 + CH_3-NO_2$$

Mit solchen Gleichungen versteht der Chemiker umzugehen, dem Lernenden müssen sie verständlich gemacht werden!

Die Auswahl der Verknüpfungszeichen $=$, $\rightarrow$ oder $\rightleftharpoons$ in Reaktionsgleichungen hat sowohl formale als in besonderem Maße inhaltliche Gründe. Natürlich hat das Symbol = nur seine Berechtigung, wenn eine vollständige, stöchiometrisch einwandfreie Reaktionsgleichung entwickelt wird, der ein chemisches Gleichgewicht zugrunde liegt. Gleichzeitig wird mit ihm darauf hingewiesen, dass eine solche Reaktionsgleichung die Grundlage für eine stöchiometrische Berechnung im Sinne der eindeutigen Zuordnung von Stoffmengen auf beiden Seiten der Gleichung ist. Mit dem Symbol $\rightleftharpoons$ wird der dynamische Charakter des chemischen Gleichgewichts im Sinne des gleichzeitigen und ständigen Ablaufs von Hin- und Rückreaktion charakterisiert, d. h., die Gleichgewichtseinstellung wird als erfolgt angenommen! Das Symbol $\rightarrow$ kann in unterschiedlicher Weise verstanden und eingesetzt werden. Es kann

- eine irreversible Reaktion,
- die Bildung der Produkte aus den Edukten durch Einstellung des Gleichgewichtes bzw. durch laufende Zuführung von Edukten und laufende Abführung von Produkten im Gleichgewicht,
- ausschließlich die Hin- bzw. Rückreaktion eines Gleichgewichtes als die interessierende Reaktion,
- eine Elementarreaktion aus einem komplexeren Mechanismus,
- eine Bruttoreaktion als Summation aller Teilreaktionen

kennzeichnen. Diese semantische Vielfalt ist dem Chemiker wiederum vertraut, muss aber vom Lehrer für den Schüler vereinfacht werden, damit dieser den wesentlichen Inhalt reproduzieren kann.

Für die Bildung **fachsprachlicher verbaler Sätze** gelten wieder die Regeln der Grammatik. Allerdings kann der chemische Sprachgebrauch manchmal vom allgemeinen abweichen. So sind z. B. die Sätze

„A reagiert *mit* B *bei* Zimmertemperatur *unter* Abspaltung von C *zu* dem Produkt D“
oder
„A und B reagieren *miteinander zu* C und B“

typisch „chemische“ Formulierungen! Im allgemeinen Sprachgebrauch gibt es die Fügung „reagieren *mit … zu*“ nicht; die Fügung „reagieren *auf*“ hat eine andere Bedeutung. Für das Synonym „sich umsetzen“ für „reagieren“ ergibt sich im allgemeinen Sprachgebrauch eine abweichende Verwendung.

Beim Sprechen von Reaktionsgleichungen ist auf die gewünschte oder geforderte Interpretationsebene zu achten! Die Reaktionsgleichung

$2\ Na + Cl_2 \rightarrow 2\ NaCl$

kann qualitativ z. B. als

„Natrium reagiert mit Chlor zu Natriumchlorid“ oder
„Das Metall Natrium reagiert mit dem Nichtmetall Chlor zu dem Salz Natriumchlorid“,

aber auch quantitativ als

„Zwei Natriumatome reagieren mit einem Chlormolekül zu zwei Formeleinheiten Natriumchlorid“ bzw.
„Zwei Mol Natrium reagieren mit einem Mol Chlor zu zwei Mol Natriumchlorid“

gelesen werden. Dabei müssen die für den Schüler nur schwer verständlichen Termini Formeleinheit und Mol vorher geklärt werden!

4.1.5 Zur Begriffsbildung

Das Gebiet der Chemie erweitert sich in wachsendem Maße, es werden neue Verbindungen synthetisiert, neue Reaktionen gefunden und neue Gesetzmäßigkeiten aufgedeckt. Damit müssen die neuen Erkenntnisse bezeichnet, eingeordnet und gespeichert werden. Und der Lehrende muss aus einem immer umfangreicher werdenden Wissensschatz das Wesentliche und Charakteristische auswählen und vermitteln. All das stellt große Anforderungen an die Fähigkeit zur **Begriffsbildung** als zentraler **Denkoperation** im wissenschaftlichen **Erkenntnisprozess** [23].

Der Begriff ist die gedankliche Widerspiegelung eines Sachverhaltes. Dazu muss der Sachverhalt in vielerlei Hinsicht analysiert werden, um ihn als neu und damit als bezeichnungs- und speicherwürdig zu erkennen. Folgende Denkoperationen können in diesem Prozess wichtig sein (s. Kap. 7.5.1):

- *Vergleichen* (mit schon Bekanntem, um neue Merkmale aufzufinden, die vom Bekannten abgrenzen),
- *Differenzieren* (das Herausstellen von Unterschieden, um Unterteilungen vornehmen zu können),
- *Abstrahieren* (das Vernachlässigen von unwesentlichen Merkmalen),
- *Generalisieren* (Verallgemeinern, d. h. die Festlegung eines Satzes charakteristischer Merkmale als wesentlich für den Sachverhalt und wiederauffindbar in anderen Sachverhalten),
- *Typisieren, Klassifizieren* (das Zuordnen eines Sachverhaltes zu schon bekannten Begriffen).

Die **Begriffsbildung** wird mit einer **Definition** beendet. Mit ihr wird einem Symbol, einem Namen oder einem Terminus der Begriffsinhalt eindeutig zugeordnet. Dabei kann dieser durchaus durch mehrere, aber gleichinhaltliche Ausdrücke (*Synonyme*, s. o.) benannt werden. Das Definieren umfasst deshalb sowohl das Benennen (sigmatischer Aspekt) als auch das Beschreiben des Begriffsinhaltes mit anderen Worten (semantischer Aspekt). Eine Definition muss enthalten

- die **Unterordnung** unter einen umfassenderen Begriff bzw. die Einordnung in ein größeres Gebiet und
- die Beschreibung der Merkmale, die den Begriff von anderen aus dem umfassenderen Gebiet unterscheiden.

B „Die Diels-Alder-Reaktion ist eine thermische [4 + 2]-Cycloaddition."
Cycloaddition ist der Oberbegriff mit den Merkmalen: pericyclische Reaktion zwischen zwei ungesättigten Partnern und Ausbildung eines Ringes. Die unterscheidenden Merkmale gegenüber anderen Cycloadditionen sind: der thermische Verlauf (nicht fotochemisch angeregt), die spezielleren Partner (ein Dien mit einem Olefin) und damit die Bildung eines Sechsringes.

Ein so gewonnener Begriff steht zu anderen Begriffen in bestimmten Beziehungen (Abb. 84.1). Er kann

- wie von einer Definition gefordert in einem anderen Begriff *enthalten* sein (Subordination); z. B. ist die Bildungsenthalpie eine spezielle Reaktionsenthalpie, aber nicht jede Reaktionsenthalpie ist eine Bildungsenthalpie;

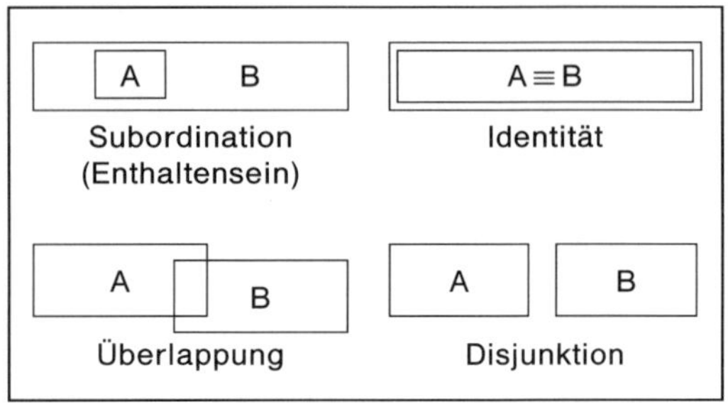

Abb. 84.1: Mögliche Beziehungen zwischen zwei Begriffen A und B

- *identisch* mit einem anderen Begriff sein, d.h., beide Begriffe können ohne Einschränkung in jeder Aussage ausgetauscht werden, sie sind also *synonym*; z. B. homöopolare und kovalente Bindung;
- mit einem anderen Begriff in bestimmten Merkmalen *überlappen*, d. h. in mindestens einem charakteristischen Merkmal übereinstimmen; z. B. ist die molare Bildungsenthalpie des Magnesiumoxids gleich der molaren Verbrennungsenthalpie des Magnesiums, wenn in der Reaktionsgleichung das Magnesium mit dem stöchiometrischen Faktor 1 eingesetzt wird;
- *disjunkt* zu einem anderen Begriff sein, d. h., keine Übereinstimmung in charakteristischen Merkmalen zeigen; z. B. sind die Begriffe Metall und Nichtmetall disjunkt zueinander.

Da die chemische Fachsprache das jeweils verfügbare Wissen reflektiert, ist sie mit diesem einer ständigen Entwicklung unterworfen. Damit wird eine historische Dimension eröffnet, die in der Lehre produktiv genutzt werden kann. Das wird bei den Begriffen sehr deutlich [24–27] (s. Kap. 7.5.3). Sie machen eine ständige **Bedeutungsveränderung** durch, die darin bestehen kann, dass

- durch eine *Erweiterung* der Bedeutungsinhalt umfassender und allgemeiner wird. Herausragende Beispiele für diesen Prozess bieten die Definitionen von Säuren und Basen z. B. nach **Arrhenius**, **Brønsted**, **Lewis** und **Ussanowitsch** oder die Definitionen von Oxidation und Reduktion.
- durch eine *Verengung* der Bedeutungsinhalt eingeschränkter und spezieller wird.

So erweist sich eine große Zahl der als monomolekular beschriebenen Reaktionen bei höherer Zeitauflösung als bimolekular.
- durch eine *Präzisierung* der Bedeutungsinhalt genauer und detaillierter beschrieben werden kann.
  So konnte z. B. der recht diffuse Begriff „aromatisch", der im Wesentlichen durch die Reaktivität (elektrophile Substitution) bestimmt wurde, durch den Ringstromeffekt in der NMR-Spektroskopie präziser gefasst werden.

4.2 Der Einsatz der chemischen Fachsprache im Chemieunterricht

4.2.1 Die fachsprachlichen Bedingungen im Unterricht

Zwischen der Herausbildung einer Fachsprache als angepasstes Kommunikationsmittel zwischen den Fachleuten und der **Vermittlung der Fachsprache im Unterricht** bestehen wesentliche Unterschiede.

1. Die **Fachleute** kommunizieren auf der **gleichen Ebene** miteinander, die verwendeten fachsprachlichen Zeichen (Symbole, Namen, Termini) assoziieren ähnliche oder gleiche Bedeutungsinhalte. Die Fachleute können aktiv und schöpferisch mit der Fachsprache umgehen.
Im Gegensatz dazu ist die Kommunikation zwischen **Lehrer** und **Schüler** völlig **ungleich** und dadurch gekennzeichnet, dass der Lehrer die Fachsprache beherrscht und entsprechend dem Unterrichtsziel einsetzt, während der Schüler sie nur in dem Umfang aufnimmt und reflektiert, in dem sie ihm angeboten wird. Um auch ihm einen aktiven Umgang mit der vermittelten Fachsprache zu ermöglichen, sind die eingeführten Begriffe im Unterricht konsequent anzuwenden und zu wiederholen. Der stete Gebrauch fördert das Verständnis!
Dem Lehrer muss dabei bewusst sein, dass dieses **kommunikative Gefälle** mit jeder Unterrichtsstunde geringer wird und sich damit das Lehrer-Schüler-Verhältnis verändern kann. Das ist von besonderer Bedeutung in höheren Klassen und bei leistungsstarken Schülern.

2. In den Diskussionen **zwischen Fachleuten** erfahren die Bedeutungsinhalte der fachsprachlichen Zeichen, gespeist von eigenen Erfahrungen und Überlegungen, oft eine Präzisierung, Eingrenzung oder Erweiterung. Es findet eine **Entwicklung** in der Beziehung zwischen Zeichen und gedanklichen Abbildern statt, die zu bestimmten Zeitpunkten in einem bewussten Akt durch die Festlegung einer aktuellen Definition zu einem vorläufigen Abschluss kommt. Dieser immer wieder ablaufende historische Prozess:
- Anpassung des Sprachgebrauchs an die Entwicklung des Faches und
- Festlegung der aktuellen Definition in einem bewussten Akt

lässt sich sehr schön z. B. an der Entwicklung des Säure-Base-Konzepts oder der Vorstellungen über den Redoxprozess nachvollziehen.
Eine oder mehrere Bedeutungsveränderungen – eine Begriffsgenese – können zu verschiedenen Definitionsebenen führen, die in einem historischen Zusammenhang stehen und in ihrer semiotischen Mehrdeutigkeit vom Fachmann in Übereinstimmung mit dem Kontext souverän beherrscht und genutzt werden. Schüler sind dazu nicht in der Lage.
Dem Schüler treten die Definitionen der Fachsprache als endgültig und richtig entgegen, und er kann sie im Lernprozess nur übernehmen, nachvollziehen, erarbeiten und akzeptieren, um sie dann anzuwenden. Ein echter „Schöpfungsakt" findet in der Schule nicht statt. Um dem Schüler trotzdem ein Verständnis für die relative Gültigkeit von Definitionen zu vermitteln, sollte an geeigneten Beispielen die **historische Entwicklung von Begriffsinhalten** didaktisch aufbereitet nachvollzogen werden (s. Kap. 11.3).

3. Die Fachleute entwickeln ihre Fachsprache unter Nutzung des schon vorhandenen Fachwortschatzes. Der steht dem Schüler nicht zur Verfügung. Ihm müssen die neuen Termini, Namen und Symbole in der normalen Umgangssprache erläutert und anschaulich gemacht werden. Das verlangt vom Lehrer eine einfache, plastische und stilistisch einwandfreie Sprache sowie die Fähigkeit, einfache Vergleiche und Analogien zu finden. Gleichzeitig hat er auch beim Schüler auf eine richtige Sprachanwendung als Voraussetzung für das Verständnis zu achten. Der Lehrer muss die Anwendung der chemischen Fachsprache im Unterrichtsdialog bewusst planen.

4.2.2 Die chemische Fachsprache in der Unterrichtsplanung

Das Unterrichtsgeschehen dient dem Zweck, „Niveauunterschiede" der am Lehr- und Lernprozess Beteiligten abzubauen. Im Chemieunterricht gilt es einander anzunähern

- das Wissen, das bedeutet Transfer von chemischem Faktenwissen,
- das Können, das bedeutet Ausbildung von chemisch relevanten Fertigkeiten,
- das Erkenntnisvermögen, das bedeutet Förderung des „chemischen Denkens", d.h. des Denkens in chemischen Kategorien,
- das Kommunikationsvermögen, das bedeutet Übung im Gebrauch der chemischen Fachsprache.

Der erfahrene Lehrer, erst recht aber der Anfänger im Unterrichten, sollte in der didaktischen Vorbereitung einer Unterrichtseinheit auch das „Verstehensproblem" im Unterricht als ein Problem der Sprache allgemein und der chemischen Fachsprache im besonderen Maße berücksichtigen [28–30] (s. Kap. 10.5.1.1). Zur **Unterrichtsvorbereitung** muss er folgende fachsprachliche Aspekte beachten:

1. Das sprachliche und das fachsprachliche **Ausgangsniveau der Schüler**, so in der deutschen Sprache (z. B. bei Lernenden mit anderer Muttersprache),

- das Ausdrucksvermögen,
- der zur Verfügung stehende Umfang schon gespeicherter und abrufbarer fachsprachlicher Zeichen (z. B. Formelkenntnisse),
- der beim Schüler entwickelte semantische Inhalt der anwendbaren Zeichen,
- das Vermögen, syntaktische Regeln zu praktizieren (z. B. Bildung von Formeln, Entwicklung von Reaktionsgleichungen).

2. Das vom Lehrenden anzustrebende höhere **fachsprachliche Niveau**. Es stellen sich die folgenden Fragen:

- Welche fachsprachlichen Zeichen sollen neu eingeführt werden? Welche Bedeutungen sollen ihnen beim Schüler zukommen?
- Welche bereits eingeführten fachsprachlichen Zeichen müssen aus didaktischen Erwägungen in ihrer semantischen Bedeutung erweitert, präzisiert werden?
- Welche Wertung kommt einem solchen Bedeutungswandel zu?
- Welche Definitionen sind neu zu geben, welche sind zu wiederholen und zu festigen?

3. Probleme der **Sprachgestaltung** in der didaktischen Umsetzung mit folgenden Fragen:

- In welchen Phasen des Unterrichts muss der Lehrende fachsprachlich „steril", d. h. redundanzarm und exakt, mit den sprachlichen Zeichen operieren und welche methodischen Verstärkungseffekte sind in solchen sterilen Phasen des Unterrichts anzuwenden?
- Wieweit will der Lehrer das freie Spiel der Formulierungen bei seinen Schülern zulassen? Wieweit kann der Lehrer in seiner sprachlichen „Garnierung" ausufern?
- Wie und wann wählt der Lehrer in seiner fachsprachlichen Darbietung unterschiedliche Sprachniveaus und wie werden dem Schüler solche Übergänge bewusst gemacht?
- Wie verknüpft der Lehrer die fachlichen Schwerpunkte im Unterricht fachsprachlich miteinander?

Fachsprachliche Begriffe und Zeichen können anfangs immer nur mithilfe der Umgangssprache in einem sprachlich redundanten Prozess gebildet werden. Allerdings sollten Synonyme in der Phase der „Prägung" vermieden werden. Es gilt z. B. sich zu entscheiden, ob in der Einführungsphase vom „Satz von Hess", dem „Hess'schen Satz" oder vom „Satz der konstanten Wärmesumme" gesprochen werden soll. Auf keinen Fall sollten dem Schüler Synonyme durcheinander geboten werden. In der Festigungsphase ist auf saubere, d. h. gleichzeitig einfache und korrekte Formulierung zu achten [31]. Definitionen und Merksätze sollte man mehrfach wiederholen, gewissermaßen

zum „Genießen", zum „Verdauen" und dann zum „Abspeichern". Zur Unterstützung des Abspeicherns können Hilfsmittel wie Eselsbrücken (z. B. „Alle alten Griechen möchten gern im Garten tanzen" für die Namen der Aldohexosen), Reime (z. B. „Erst das Wasser, dann die Säure ...") eingesetzt werden.
Mit zunehmender fachbegrifflicher Sicherheit kann die Sprachanforderung wieder gelockert werden [32].

4. Das Problem der Wahl der passenden **Schreib- und Leseweise von Formeln und Reaktionsgleichungen** führt zu folgenden Fragen:

- Wann ist es sinnvoll, die verschiedenen Arten der Formelbilder einzusetzen?
- Wann und wie wird im Unterricht der Übergang zwischen ihnen vollzogen und geübt?
- Welche Inhalte sollen die verwendeten Formeln und Reaktionsgleichungen transportieren?

So können z. B. für das Natriumchlorid die folgenden Formeln, die jeweils eine spezifische Aussage vermitteln, eingesetzt werden:

$NaCl$, $NaCl_{(s)}$, $[NaCl_{6/6}]$, Na^+Cl^-, $[Na]^+ \ [|\overline{\underline{Cl}}|]^-$

Ebenso kann es sinnvoll sein, für die Neutralisationsreaktion zwischen Natronlauge und Salzsäure die Gleichung mit Summenformeln (für stöchiometrische Probleme) oder in der Ionenschreibweise (zur Ableitung der Bildung von Wasser aus Hydronium- (vereinfacht Proton) und Hydroxidion als charakteristisch für die Neutralisation) zu formulieren.

Vom unterrichtenden Anfänger sind solche sprachlichen bzw. fachsprachlichen Gesichtspunkte vorbereitend zu durchdenken und zu planen. Erst der erfahrene Lehrer kann dann das Arsenal der Sprachgestaltung aus der Unterrichtssituation heraus gezielt nutzen.

4.2.3 Leitsätze für den Gebrauch der chemischen Fachsprache im Unterricht

Ein hohes Fachwissen **und** fundierte Grundkenntnisse der Sprach- und Erkenntnistheorie sind Voraussetzungen für die sichere Anwendung der chemischen Fachsprache!

1. Im Unterricht darf die Fachsprache **nicht** zur Nebensache werden. Oft lassen sich schlechte Sprachgewohnheiten, die sich bei mangelnder Konsequenz bei den Schülern einschleifen, nur mit großer Mühe wieder ausmerzen. Der Schritt zur Unsachlichkeit ist dann nicht mehr weit.

B Die Aussage „Wasser besteht aus Wasserstoff und Sauerstoff" ist schlichtweg falsch. Richtig wäre „Wasser besteht aus Wassermolekülen", aber auch „Wasser kann aus Wasserstoff und Sauerstoff entstehen". Formulierungen wie „Das Gleichgewicht verschiebt sich", „Das Gleichgewicht liegt auf der linken Seite" oder „im PSE von oben nach unten" sind nachlässigem Sprachgebrauch geschuldet und fast nicht mehr auszurotten.

Merke: Schlechte Sprachgewohnheiten erschweren das gegenseitige Verstehen!

2. Die **Fachsprache** muss dem **Entwicklungsstadium** des Schülers entsprechen. Eine zu frühzeitige und anfänglich zu intensive Anwendung der Fachsprache führt den Lernenden vom „bunten Bild" der Natur weg. Ein „zu spät" für die Einführung der Fachsprache gibt es meistens nicht; die Notwendigkeit ihrer Einführung ergibt sich nahezu von selbst, weil sie ein unverzichtbares Mittel der Kommunikation zwischen Lehrer und Schüler über chemische Sachverhalte ist. Dabei sollte sich die Kommunikation bevorzugt auf die Beschreibung der Beobachtung von Stoffen und chemischen Reaktionen beziehen, damit Zeichen und selbst erfahrene Wirklichkeit eng miteinander verknüpft werden.

Merke: Nicht über die Köpfe, sondern in die Köpfe! Zum Dialog gehören immer zwei!

3. Zur **Fachkompetenz** gehört für einen Lehrer in besonderem Maße auch die **Fachsprachenkompetenz**. Diese wird u. a. durch die konsequente und sichere Bezeichnung von Verbindungen nach den IUPAC-Nomenklaturregeln [11–13, 33] und den souveränen Umgang mit den verschiedenen Arten von Formelbildern offensichtlich.

Merke: Akzeptiere die fachsprachlichen Spielregeln und halte dich daran!

4. Unter der fachlichen Prägnanz sollte die **Handhabbarkeit der Fachsprache** nicht leiden, sie soll stimulierend im Erkenntnisprozess wirken. Deshalb haben z. B. Trivialnamen durchaus ihre Berechtigung.

B Die Citronensäure kann im Unterricht nur schwer nach der IUPAC-Nomenklatur (2-Hydroxy-propan-1,2,3-tricarbonsäure) bezeichnet werden. Der Trivialname ist illustrativ und leicht merkbar. Gleiches gilt für den Namen Essigsäure (Ethansäure) und Ölsäure ((Z)-9-Octadecensäure) sowie für viele andere Trivialnamen. Zusätzliche Kürzel wie HAc für Essigsäure tun der notwendigen Eindeutigkeit und Präzision keinen Abbruch, sie können vielmehr sehr nützlich sein, z. B. als Indices oder bei Konzentrationsangaben: m_{HAc}, c_{HAc}, [HAc].

Aber die Fachsprache darf nicht zur „Geheimsprache" werden. Kürzel sind dem Schüler aus dem Alltag vertraut (z. B. Pkw), weil er mit ihnen ganz konkrete, vorstellbare Dinge verbindet. Ähnlich muss es bei den chemischen Symbolen und Kürzeln sein. Sie dürfen nicht nur als Symbol auswendig gelernt und formal eingesetzt werden, vielmehr muss bei ihrem Gebrauch jeweils der konkrete Inhalt bewusst werden.

Merke: Die Fachsprache ist keine Geheimsprache, übertreibe deshalb nicht!

5. Die Projektion der räumlichen (dreidimensionalen) Struktur eines Moleküls in die Bildebene bringt den Schüler und in der Darbietung oft auch den Lehrer in Schwierigkeiten. Deshalb muss als allgemeine Regel gelten, dass die Formelbilder der räumlichen Struktur der Moleküle so nahe wie möglich kommen sollen (vgl. Abschn. 4.1.4). Dazu muss der Chemielehrer z. B. ein korrektes Tetraeder oder den Cyclohexanring in der Sesselkonformation zeichnen können – auch ohne Ausbildung in den grundlegenden künstlerischen Techniken!

B statt besser

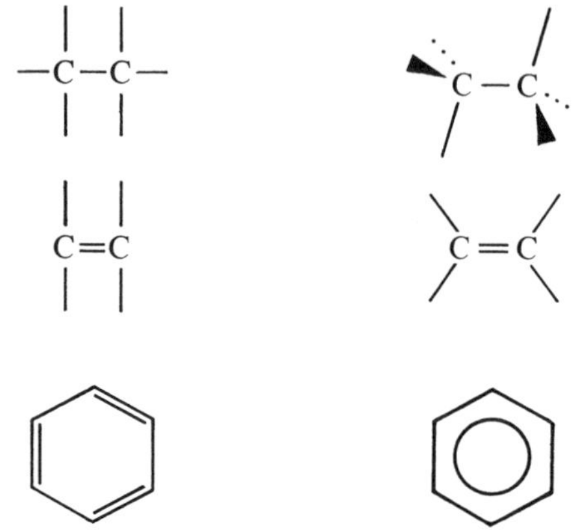

Merke: Betrachte die chemische Welt dreidimensional!

6. Im Kommunikationsprozess müssen Auge und Ohr gleichermaßen geschult werden. Chemische Symbole und Symbolgefüge sprechen in erster Linie das Auge an, Namen und Termini bevorzugt das Ohr. Deshalb müssen geschriebene Symbole und zugehörige gesprochene Namen und Termini immer wieder miteinander verknüpft werden:

B

geschrieben:	gesprochen:
MWG	Massenwirkungsgesetz
H_2SO_4	Schwefelsäure
→	reagieren zu, führen zu

Das „Buchstabieren" einer Reaktionsgleichung ist daher zu vermeiden.

Merke: Durch die Augen und die Ohren in den Sinn!

7. Das semantisch „trächtigste" chemische Symbol ist der Reaktionspfeil →. Auf seine semantische Ausprägung muss sehr viel Sorgfalt verwandt werden. Die gesamte Dynamik des Reaktionsgeschehens – sowohl substanziell, strukturell als auch energetisch – ist in diesem einfachen Symbol gegenwärtig. Mit ihm ist dem Schüler der Qualitätsumschlag chemischer Wandlungen klarzumachen. Edukte und Produkte „gleich"zusetzen ist in diesem Zusammenhang mehr als eine sprachliche Sünde.

Merke: Sei sprachlich besonders treffsicher, wenn es um die Pfeile geht!

8. Die chemische Fachsprache in ihrer konsequenten Anwendung bedeutet Anwendung chemisch inhaltlicher Konzepte und fördert damit die **Ausprägung des chemischen Denkens**. Das Auslösen von Denktätigkeiten beim Schüler erfolgt oft durch Aufforderungen wie „Formuliere, vergleiche, interpretiere, entwickle, ordne, erläutere ... !" Diese Aufforderungen müssen für Lehrer und Schüler die gleiche Bedeutung haben und ein ganz bestimmtes fachsprachliches Reagieren zur Folge haben.

Merke: Das Orchester spielt so gut, wie sein Dirigent ist!

Abschließend sollte als Forderung an den Fachmann, der die chemische Fachsprache in forschender Tätigkeit formt, und an den Fachlehrer, der sie hauptsächlich als Unterrichtssprache gebraucht, gelten: Denke über die Sprache nach: Eine exakte Wissenschaft braucht eine exakte, aber auch verständliche Sprache!

L

[1] Krätz, O.: Das Porträt: Emil Erlenmeyer. Chem. i. u. Zeit **6** (1972), 56.
[2] Notizen, Nachr. Chem. Tech. Lab. **38** (1990), 1342.
[3] Wöhrmann, H.: Gedanken zur Misere des Chemieunterrichts. MNU **40** (1987), 284.
[4] Woest, V.: Der „ungeliebte" Chemieunterricht? Ergebnisse einer Befragung von Schülern der Sekundarstufe 2. MNU **50** (1997), 50.
[5] Letterer, R.: Die Fachsprache der Chemie. In: F. Bukatsch u. a.: Fachdidaktisches Studium in der Lehrerbildung – Chemie. Oldenbourg, München 1976.
[6] Löffler, G.: Die Formelsprache im Chemieanfangsunterricht. Chemieunterricht **10** (1979), 4.
[7] Vollmer, G.: Sprache und Begriffsbildung im Chemieunterricht. Diesterweg, Sauerländer, Frankfurt a. M. 1980.
[8] Hoffmann, R., Laszlo, P.: Darstellungen in der Chemie – die Sprache der Chemiker. Angew. Chem. **103** (1991), 1.
[9] Fritsch, L., Ehlert, M.: Verstehen sich Schüler und Lehrer, wenn sie von der Zusammensetzung der Stoffe sprechen? Chem. Sch. **39** (1992), 222.
[10] Seiffert, H.: Einführung in die Wissenschaftstheorie, Bd. 1. C. H. Beck, München 1975.
[11] IUPAC: Nomenklatur der Anorganischen Chemie. VCH, Weinheim 1994.
[12] IUPAC: Nomenklatur der Organischen Chemie. VCH, Weinheim 1997.
[13] Deutsche Normen, DIN 32 640.
[14] Kober, F.: Antonyme in der Fachsprache der Chemie. PdN – Chem. **37** (1988) 8, 37.
[15] Eistert, B.: Die Schreibweise chemischer Formeln und Reaktionsabläufe. Ber. deutsch. chem. Ges. **71** (1938), 237.
[16] Neuhäuser, A.: Zur Schreibweise chemischer Symbole, Formeln und Gleichungen. Chem. Sch. **17** (1970), 383.
[17] A. E. Bühler, A. E.: Formeln und Gleichungen im Chemieunterricht an der Sekundarstufe. Praxis d. Naturw. – Chem. **28** (1979), 296.
[18] Seel, F.: Über das Schreiben chemischer Formeln mit Strichen. MNU **33** (1980), 343.
[19] Hoppe, R.: Zur Formelsprache der Chemiker. Angew. Chem. **92** (1980), 106.
[20] Lay, K. W.: Immer noch ein Problem: Chemische Formeln im Chemieunterricht. Praxis d. Naturw. – Chem. **33** (1984), 269.
[21] Hammer, H. O.: Mannigfaltigkeit der Formeltypen in der Chemie. Chemieunterricht **13** (1982).
[22] Hauptmann, S., Graefe, J., Remane, H.: Lehrbuch der organischen Chemie. Deutsch. V. Grundstoffindustrie, Leipzig 1976, S. 195.
[23] Stork, H.: Ergebnisse der Lern- und Denktheorie mit deutlicher Relevanz für den Chemieunterricht, besonders in der Sekundarstufe I. Chemieunterricht **12** (1981), 4.
[24] Weerda, J.: Die naturwissenschaftliche Begriffsbildung in historischer Sicht. MNU **35** (1982), 486.
[25] Hammer, H. O.: Die chemische Verbindung – Wandlung des Bedeutungsinhaltes eines Grundbegriffes. MNU **27** (1974), 337.
[26] Röbisch, G.: Der moderne Elementbegriff – eine Respektlosigkeit gegen die überkommene Chemie? Chem. Sch. **45** (1998), 247.
[27] Schmidt, H.-J.: Chemische Begriffe im Wandel. In: Kramers-Pals, H., Niehaus, G. (Hrsg.): Chemiedaktische Forschung. Naturwissenschaften und Unterricht – Didaktik im Gespräch, Bd. 18, S. 191–200.
[28] Vogelezang, M.: Zum Verhältnis von Unterrichtskonzeption und den didaktischen Prämissen chemischer Begriffsbildung. Chimica didactica **14** (1988), 217.
[29] Becker, H.-J., Glöckner, W., Hoffmann, F., Jüngel, G.: Fachdidaktik Chemie, Abschn. 2.4. Aulis, Köln.
[30] Kullmann, K.: Schwierigkeiten mit der Sprache. Chem. Sch. **45** (1998), 88.
[31] Christen, H.-R.: Exaktheit im Chemieunterricht. Chem. Sch. **41** (1994), 407.
[32] Rossa, E.: Wie halten wir es mit dem Elementbegriff? Chem. Sch. **43** (1996), 290.
[33] Dörrenbächer, A.: IUPAC-Regeln und DIN-Normen im Chemieunterricht. Aulis Verlag Deubner & CO KG, Köln 1990.

5. Erkenntniswege in der Chemie und im Chemieunterricht

5.1 Chemie, eine experimentelle Wissenschaft

Die Naturwissenschaften haben sich aus der antiken Naturphilosophie entwickelt, indem die Frage nach dem „Wie“ der Erkenntnisgewinnung Vorrang gewann vor dem mehr spekulativen „Warum“ [1]. Die Chemie, wie wir sie heute verstehen, entwickelte sich Ende des 16. Jahrhunderts zu einer Wissenschaft. Dabei darf man aber nicht außer Acht lassen, dass in den Jahrhunderten vorher, z. B. auch im Zeitalter der Alchimisten, bereits wichtige Erkenntnisse gesammelt wurden – seien es Labortechniken oder praktische Verfahren, z. B. zur Metallgewinnung.

Die Rekonstruktion des Zustandekommens wissenschaftlicher Ergebnisse und damit die Rekonstruktion wissenschaftlichen Vorgehens, d. h. der Methoden, wird von der **Wissenschaftstheorie** geleistet [2]. Wissenschaftstheoretisch begründete Einsichten über Erkenntnisfortschritte der Chemie sollten auch im Unterricht berücksichtigt werden – sowohl beim Lehren als auch beim Lernen (vgl. 5.3). Wissenschaftstheorie und Fachdidaktik sind daher natürliche Partner; sie leisten einen wesentlichen Beitrag zur „Wissenschaftsorientierung“ im Chemieunterricht.

Im Mittelpunkt stehen **Experiment** und **Beobachtung**; die **Chemie** gilt somit wie alle anderen Naturwissenschaften als **empirische Wissenschaft** (griechisch: empeiros = erfahren, kundig).

Der Begriff „Experiment“, wie wir ihn heute verstehen, wurde erst von den bedeutenden Naturforschern in der beginnenden Neuzeit, wie z. B. von Galilei (1564–1642), entwickelt [3]. Die Wurzeln für diese Entwicklung liegen in der Synthese von handwerklichem Können und dem Bemühen um theoretische Interpretation der Experimentalbefunde unter Verzicht auf bloße Spekulation [4]. Vielfach findet man die stark verkürzte Formulierung „Beobachtung und Experiment seien die alleinigen Quellen der naturwissenschaftlichen Erkenntnis“. Diese Behauptung muss aus heutiger wissenschaftstheoretischer Sicht insofern korrigiert werden, als naturwissenschaftliche Erkenntnisse zwar auf (Natur-) Beobachtungen basieren, aber nicht ausschließlich empirisch gewonnen werden.

Vielmehr ist das **gezielt eingesetzte** Experiment **einschließlich der Beobachtungen** bereits in hohem Maße theoriegeleitet. Es dient der *Prüfung von Hypothesen* über den vermuteten Zusammenhang der Naturvorgänge. Dementsprechend gibt es keinen *direkten* Weg von den Sinneswahrnehmungen zur Formulierung theoretischer Zusammenhänge! Auch darauf hat bereits Galilei hingewiesen.

Zusammenfassend lässt sich der Begriff „Experiment“ folgendermaßen definieren: Ein **Experiment** ist ein planmäßig ausgelöster und durchgeführter Vorgang zum Zweck der Beobachtung. Es soll eine Antwort auf eine gezielte Frage geben: Es ist letztlich eine „Frage an die Natur“. Dabei müssen alle Parameter, die den Ablauf des Vorgangs beeinflussen, kontrolliert werden können. Wichtig ist die **Genauigkeit der gewonnenen Ergebnisse** und die **Reproduzierbarkeit aller Effekte** [4].

5.1.1 Beobachtungen – Material für das Denken im Chemieunterricht

Im Gegensatz zur Naturbeobachtung ist in der Chemie Beobachten häufig mit der Schaffung einer künstlichen Beobachtungssituation im Experiment verbunden. Für einen erfolgreichen Chemieunterricht ist es wichtig, dass die Beobachtung als zielgerichtete, aktive Tätigkeit (Beobachtung ist für den Beobachter ein Erkenntnisakt!) zu sinnlichen Wahrnehmungen über Erscheinungen von Stoffen, chemische Reaktionen und technische Abläufe führt

[5]. Beobachten ist mehr als „etwas wahrnehmen“, z. B. die Schönheit einer farbigen Flüssigkeit. Beim Beobachten einer farbigen Flüssigkeit erhält man in der Chemie Informationen, z. B. über eine saure Reaktion, über die Anwesenheit bestimmter Ionen. **Beobachtung** setzt also Wissen voraus; sie ist **theoriefundiert**. Die Beobachtungen liefern das Material für das Denken; sie müssen bewusst zu Vorstellungen über den beobachteten Sachverhalt verarbeitet werden (Erfahrungen, Gesetze). Die Vorstellungen, zu denen der Chemieunterricht die Schüler hinführen will, sind schwer zu entwickeln, weil die beobachtbaren Phänomene und die im Experiment isoliert herausgearbeiteten Beobachtungsgrößen vielfach durch Theorien aus dem submikroskopischen, d. h. dem nicht direkt wahrnehmbaren Bereich, gedeutet werden müssen. Das geistige Verarbeiten wird daher durch bereits vorhandenes Wissen über Fakten, Begriffsstrukturen und Theorien der Chemie gelenkt und beeinflusst. Wer nichts weiß, kann auch nichts denken. Es ist ein verhängnisvoller Irrtum, Faktenwissen als „Paukerei in der Chemie“ abzutun. Wer z. B. nicht weiß, dass die Kupfertetraaqua-Ionen für die blaue Farbe einer Lösung verantwortlich sind, kann das Verhalten von weißem Kupfersulfat in verdünntem Ethanol nicht deuten. Somit bilden im **Erkenntnisakt** der **Beobachtung** sowohl **Denken** wie **Handeln** eine Einheit.

Beobachten setzt voraus, dass aus Erscheinungen (z. B. Wahrnehmen eines Naturphänomens) bestimmte Wahrnehmungsgegenstände ausgesondert werden können (Naturbeobachtung). Diese sind die Ausgangspunkte unserer Alltagserfahrungen und zugleich die ersten Bausteine der Erkenntnis [6]. Da sich die Wahrnehmung gewöhnlich auf den Gegenstand und die Erscheinung als Ganzes bezieht und diese Einheit in ihren verschiedenen sinnlich reproduzierbaren Eigenschaften erfasst, wird sie vielfach von der Beobachtung, die immer Einzelbeobachtung ist, unterschieden. Wahrnehmungen können durchaus auch zufälliger Art sein und gehen den Beobachtungen vielfach voraus.

Beobachtungsmöglichkeiten chemischer Erscheinungen müssen durch den Lehrer planmäßig organisiert und gesichert werden. Dazu gehört auch, dass Vorüberlegungen angestellt werden, die zu Erwartungen und Vermutungen führen und dadurch der gesamten Klasse ein zielgerichtetes Beobachten ermöglichen.

Die wissenschaftliche Relevanz der Beobachtungen wird nämlich dadurch verstärkt, dass mehrere Beobachter in derselben Situation unter den gleichen Bedingungen zum selben Resultat gelangen. Dadurch ist eine wichtige Grundlage für das Auffinden elementarer Gesetze und Zusammenhänge gegeben.

Die Beobachtungen müssen durch die **Sprache** anderen Personen mitgeteilt werden. Dies setzt aber eine allen Beobachtern gemeinsame und gleich interpretierende Beobachtungssprache voraus, was im Rahmen des Chemieunterrichts durchaus erreicht werden kann [7]. Deshalb muss schon im einführenden Chemieunterricht besonderes Augenmerk auf die Entwicklung der chemischen Fach- aus der Alltagssprache gerichtet werden. Wahrnehmungen und Beobachtungen führen zu Erfahrungen, die sich sprachlich fixieren lassen. Dazu ist es erforderlich, dass auf Begriffe und bereits bekannte Begriffskonzepte Bezug genommen wird. Andernfalls müssen sie erst gebildet werden. Durch sie können adäquate Vorstellungen von der Wirklichkeit vermittelt werden und es werden Erfahrungen mitteilbar, die nicht immer wieder von neuem gemacht werden müssen.

Beobachtungsarten [5, 8]

Direkte und indirekte Beobachtungen unterscheiden sich dadurch, dass man sich bei der indirekten Beobachtung bestimmter Apparaturen bedient. Das Ergebnis einer **direkten oder unmittelbaren Beobachtung** ist die Beschreibung von Stoffen und chemischen Erscheinungen mithilfe der fünf Sinne. Die Beschreibung ist eine wichtige Basis für die Begriffsbildung und vermittelt zwischen Alltagssprache und chemischer Fachsprache (W. Jung, 1979). Ein wichtiges Unterrichtsmittel ist in diesem Zusammenhang die **Versuchsbeschreibung**. Diese Fähigkeit soll bereits im Sachunterricht der Grundschule geübt werden, denn Kinder gewinnen dadurch einen Bezug zu verschiedenen Stoffen, die sie vom Alltag her kennen und schaffen sich eine konkrete Basis für später einsetzende, chemisch orientierte Fragestellungen. Eine Weiterentwicklung der Versuchsbeschreibung ist das Erstellen eines Protokolles.

B
- Viele Stoffe verbrennen an der Luft teilweise oder vollständig;
- Luftabschluss hemmt die Verbrennung;
- Eisen rostet an feuchter Luft;
- Wasser und Fett vermischen sich nicht;
- Nylonfasern schmelzen, bevor sie zu brennen beginnen.

Werden Geräte benutzt, z. B. Mikroskop oder Projektionsvorrichtungen, so spricht man auch von **vermittelter Beobachtung**. Beispiele dafür sind die Identifikation von Magnesiumammoniumphosphatkristallen ($MgNH_4PO_4$) oder Fe_3C-Kristalliten in Stahl mithilfe des Mikroskops sowie die Vermittlung einer Beobachtung mithilfe einer lichtstarken Projektionsanlage [9].

Da die den Chemiker interessierenden Teilchenarten und die sie betreffenden Veränderungen nie direkt beobachtet werden können, ist man gezwungen, die zu untersuchenden Substanzen z. B. durch Wechselwirkung mit verschiedenen Energieformen (Licht, Wärme, elektrische Energie ...) zu beobachtbaren Phänomenen zu veranlassen. In diesem Fall spricht man von **indirekter Beobachtung** und bedient sich häufig bestimmter **Beobachtungsinstrumente**. Damit die auf indirektem Weg gewonnenen Beobachtungen zu weiteren Schlüssen führen können, muss der kausale Zusammenhang zwischen der Art der Einwirkung und der beobachteten Änderung bekannt sein (z. B. Röntgenstruktur-, Thermoanalyse, Elektrophorese). Im Unterricht ist also eine klare gedankliche Trennung zwischen der Beobachtung und deren Deutung (Auswertung) zu treffen.

B Nur der kann aus dem Aufleuchten eines in den Stromkreis eingeschalteten Glühlämpchens auf die Elektrolyteigenschaft einer Lösung schließen, der über entsprechende physikalische Grundkenntnisse verfügt.

Indirekte Beobachtungen führen also nur dann zur Erkenntnis, wenn die theoretischen Grundlagen der beobachteten Erscheinung zumindest in Grundzügen bekannt sind.

Quantitative Beobachtungen (Messungen)

Im Gegensatz zur Praxis des Chemikers ermöglichen die chemischen Schulversuche in erster Linie qualitative Beobachtungen und damit das qualitative Erfassen chemischer Zusammenhänge. Auf dieser Grundlage darf aber nicht versäumt werden, auch quantitative Untersuchungen durchzuführen, welche Messdaten (quantitative Beobachtungen – objektive Daten) liefern, deren Richtigkeit und Präzision gesichert sein müssen.

B
- Bestimmung der Masse (Wägen): Gesetz von der Erhaltung der Masse; Gesetz der konstanten Proportionen,
- Volumenmessungen – quantitative Analyse,
- Bestimmung des pH-Wertes,
- Messen frei werdender Reaktionswärmen,
- Messen von Reaktionszeiten.

Diese Beispiele zeigen, dass bei den Messungen v. a. physikalische Größen ermittelt werden, von denen dann auf chemische Zusammenhänge geschlossen wird. Von besonderer Bedeutung ist das **Bewerten** quantitativer Ergebnisse, v. a. bei Analyseverfahren.

Beobachtungen und Messungen lassen sich dann besonders erfolgreich auswerten, wenn vermutete Zusammenhänge zwischen beobachteten Ereignissen und Variablen aufgezeigt werden. Man spricht in diesem Fall von Korrelationen und stellt sie in Diagrammen dar [11]. Ein einfaches Beispiel dafür liefert Abbildung 93.1.

Derartige Diagramme ermöglichen die Voraussage auch jener Eigenschaftswerte, die noch nicht experimentell bestimmt wurden (Inter- und Extrapolation). Sie sind aber auch die Vorstufe für das Erkennen quantitativer Beziehungen (Gesetze) und geben den Anstoß zur Entwicklung theoretischer Vorstellungen (Deutung des Gesetzes.)

Eine Unterscheidung zwischen **zufälligen Wahrnehmungen** und systematisch herbeigeführten Beobachtungen ist mitunter schwierig. Zwar wird in der Chemiegeschichte von „zufälligen Beobachtungen“ gesprochen, wie z. B. im Falle der katalytischen Oxidation von Naphthalin durch Sapper 1891 zu Phthalsäureanhydrid [12]. Sie wären jedoch niemals der Anstoß zu richtungsweisenden Forschungen

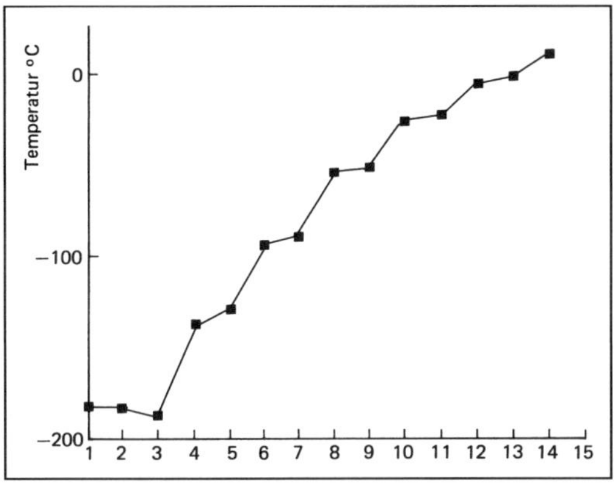

Abb. 93.1: Beziehung zwischen Schmelztemperaturen von n-Alkanen und der Anzahl der C-Atome im Kohlenstoffgrundgerüst [10]

geworden, wenn sich nicht systematisch geplante Experimente angeschlossen hätten, um diese für die Indigosynthese so wichtige Zwischenstufe wirtschaftlich herstellen zu können. Diese Reaktion verdankt ihre Popularität einem zerbrochenen Quecksilberthermometer und einem von Erkenntnisinteresse geprägten Chemiker! Für den Chemieunterricht lässt sich daraus lernen, dass man auch für Beobachtungen „offen“ sein muss, die anders sind als erwartet.

Zusammenfassend sei die Bedeutung der Beobachtung als Element der Erkenntnisgewinnung durch die Worte J. v. Liebigs wiedergegeben [13]:

Z Es gibt keine Kunst, welche so schwierig ist, wie die Kunst der Beobachtung: es gehört dazu ein gebildeter nüchterner Geist und eine wohlgeschulte Erfahrung, welche nur durch Übung erworben wird; denn nicht der ist der Beobachter, welcher das Ding vor sich mit seinen Augen sieht, sondern der, welcher sieht, aus welchen Teilen das Ding besteht und in welchem Zusammenhang die Teile mit dem Ganzen stehen. Mancher übersieht die Hälfte aus Unachtsamkeit, ein anderer gibt mehr als er sieht, indem er es mit dem, was er sich einbildet, verwechselt, ein anderer sieht die Teile des Ganzen, aber er wirft Dinge zusammen, die getrennt werden müssen.

5.1.2 Vom Experimentalbefund zu Gesetz und Theorie?

Neben Teilverfahren wie dem Beschreiben, Ordnen, Vergleichen, Klassifizieren, Definieren etc. unterscheidet man in den Naturwissenschaften zwei grundlegende Methoden der Erkenntnisgewinnung: die **induktive** und die **deduktive Methode**. Die Begriffe induktiv und deduktiv stammen aus der Logik und bezeichnen verschiedene Richtungen des Schließens [14]. Unter Induktion versteht man das Schließen vom Einzelnen (z. B. Beobachtungen, Messungen ...) auf das Ganze (allgemeine Sätze, Gesetze etc.) und unter Deduktion die Umkehrung dieses Schlussverfahrens. Ein rein deduktives Verfahren gibt es nur in der Logik und in der Mathematik, in der aus einigen anerkannten Postulaten (Axiome) Schlussfolgerungen gezogen werden [15, 16]. Diese Methode geht zurück auf Descartes (1596–1650), dessen Bestreben darauf gerichtet war, aus unbezweifelbaren und sicheren Prinzipien alle Hauptmerkmale der Natur zu deduzieren.
Um aber in den Naturwissenschaften grundlegende Zusammenhänge formulieren zu können, müssen Aussagen allgemeiner Gültigkeit (Prinzipien, Gesetze) erst entdeckt werden. Diesen auf Beobachtung und Experiment begründeten Prozess der Erkenntnisgewinnung, der zur Entdeckung dieser Gesetze (Naturgesetze) und Prinzipien führt, nennt man i. Allg. Induktion bzw. induktiv-empirisches Verfahren (empirische Wissenschaften, Erfahrungswissenschaften). Zur Induktion im Sinne der Methodologie gehört aber viel mehr als nur die Induktion im Sinne der Logik [17]. Zur Induktion im Sinne der Methodologie gehören das Abstrahieren, das Verallgemeinern, das Bilden von Hypothesen (Theorien), die deduktive Ableitung von Folgerungen aus Hypothesen und Theorie einschließlich der Verifikation oder Falsifikation durch die Erfahrung.
Die **induktive Methode** geht zurück auf William Gilbert (1540–1603) und **Francis Bacon** (1561–1626) [18, 19]. Es handelt sich um eine vergleichende, ordnungsschaffende Methode, deren Ziel es zunächst ist, Einzelbeobachtungen zu verallgemeinern (generalisierende Induktion). Bacon erkannte die Bedeutung die-

ser wissenschaftlichen Methode, die ihrem Wesen nach experimentell, qualitativ und induktiv war und die Wissenschaft durch das Suchen nach neuen Grundbegriffen vorantrieb. Diese konnten wiederum als Erklärungsgrundlage für weitere konkrete Erfahrungen gelten (vgl. 5.3).

Erklären bedeutet in diesem Fall, das „Einordnen von Beobachtungen in allgemeine Zusammenhänge“ oder einfacher ausgedrückt, das Zurückführen von etwas Unbekanntem auf Bekanntes. Die Güte einer Erklärung oder die Präzision einer Prognose wird durch die Qualität des Gesetzes oder der Theorie bestimmt, auf die Bezug genommen wird [20].

Auf Gesetz und Theorie muss sowohl beim theoretischen Argumentieren als auch beim praktischen Handeln Verlass sein, auch wenn es sich um qualitative Aussagen handelt.

Diese Errungenschaft, sichere Aussagen zu machen und gesicherte Prognosen stellen zu können, bestimmt von nun an den Siegeszug der Naturwissenschaften. Natur wurde also zum beherrschbaren Objekt [1].

Mit der Gültigkeit eines auf induktivem Weg gewonnenen Allsatzes setzte sich Popper seit den Dreißigerjahren des 20. Jahrhunderts auseinander [21]. Er konnte zeigen, dass jedes auf induktivem Weg (generalisierende Induktion) erhaltene Gesetz sich jederzeit als nur beschränkt gültig erweisen kann. Die Bedeutung der generalisierenden Induktion kann demnach allenfalls in der **Vorbereitung kausaler Erklärungen** gesehen werden, da sie zu vorläufigen Aussagen hypothetischen Charakters führt.

Diese **Hypothesen** müssen nun in einem hypothetisch-deduktiven Schritt auf ihre Gültigkeit untersucht werden. Die Formulierung einer Hypothese muss sich aber nicht unbedingt aus einem induktiven Schluss ergeben, sondern wird in vielen Fällen durch einen intuitiven, kreativen Gedanken eingeleitet. Die Tätigkeit eines wissenschaftlichen Forschers besteht nach Popper darin, Sätze oder Systeme von Sätzen aufzustellen und sie systematisch zu überprüfen; in den empirischen Wissenschaften sind es insbesondere Hypothesen, Theoriesysteme, die aufgestellt und an der Erfahrung durch Beobachtung und Experiment überprüft werden. Gesetz, Hypothese und Theorie sind also Etappen und Erscheinungsformen naturwissenschaftlicher Erkenntnis.

Die Theorie umfasst das formulierte Gesetz und seine Deutung sowie **Aussagen über den Gültigkeits- und Anwendungsbereich**. Durch entsprechende Modellvorstellungen wird eine Theorie interpretiert; sie sind nicht darin „enthalten“.

Der wissenschaftlich bedeutungsvollste Schritt besteht also in der Deutung des empirisch gefundenen Gesetzes durch eine Theorie. Dies geschieht in der Chemie dadurch, dass ausgehend von einer Hypothese bestimmte Voraussagen über Stoffe und deren Reaktionen gemacht (Deduktion) und experimentell überprüft werden. Diese Folgerung experimentell prüfbarer Aussagen aus Hypothesen sowie die Durchführung der Experimente und die Deutung der Ergebnisse wird gemeinhin als **experimentelle Methode** [22] bezeichnet. Sie dient also letztlich der Verifikation bzw. Falsifikation von Hypothesen mittels Experimenten. Im Falle einer Übereinstimmung kann die Hypothese in eine Theorie gleichen Wortlauts übergehen, im anderen Fall ist sie entweder graduell abzuändern oder neu zu formulieren. Es schließt sich der skizzierte Weg der Erkenntnisgewinnung von neuem an.

Der beschriebene, idealisiert dargestellte Erkenntnisprozess findet sich im Alltag des Chemikers in abgewandelter Form wieder, aber nicht immer sind die Untersuchungen auf die Entwicklung einer neuen Theorie ausgerichtet. Viele Detailuntersuchungen werden durchgeführt, um sie in bereits bestehende Theorien eingliedern zu können und damit möglichst viele Phänomene erklärbar zu machen [23]. Dies ist auch für den Chemieunterricht wichtig! Die experimentellen Ergebnisse erfordern vielfach eine geringfügige Erweiterung der Theorie oder kleinere Korrekturen.

Zusammen mit den übrigen Naturwissenschaften kann auch für die Chemie ein Idealbild des in den Naturwissenschaften geltenden Weges der Erkenntnisgewinnung skizziert werden. Er wird durch die Abfolge von intuitiven, induktiven und deduktiven Denkweisen bestimmt und enthält Hypothese und Experiment als notwendige Bestandteile [17, 24]. Diese Methode geht zurück auf die Naturforscher und -philosophen Bacon (1561–1626), Galilei (1564–1642), Kepler (1571–1630), Boyle (1627–1691), von Leibnitz (1646–1716) und Newton (1642–1727), deren Wirken mit den Anfängen der modernen Naturwissenschaften unlösbar verknüpft ist. Gefördert wurde dieser Umbruch im Streben nach wissenschaftlicher Erkenntnis durch die Genialität handwerklichen Könnens, welches Versuchsanordnungen oder Messgeräte (Uhren, Kompass ...) in der erforderlichen Perfektion möglich werden ließ.

Bei Galilei war die MATHEMATIK zu einem Bestandteil der wissenschaftlichen Methode geworden. Bei Descartes erreicht die Überzeugung, die Natur ließe sich vollständig mithilfe der Gesetze der Mechanik beherrschen, einen Höhepunkt. Im Experiment wurden die Erscheinungen aus ihrem natürlichen Zusammenhang gelöst und nur jene Aspekte studiert, die messbar waren, um aus diesen Ergebnissen mathematisierbare Zusammenhänge zu entwickeln: **experimentell-mathematische Methode**. Das Bewusstsein, physikalische Phänomene mathematisch beherrschen zu können, führte jedoch in der Folge (bis hin zu Kant) zu einer Überschätzung menschlicher Fähigkeiten. Diese anthropozentrische Sicht verleitete zu der Fehleinschätzung, dass den Naturwissenschaf-

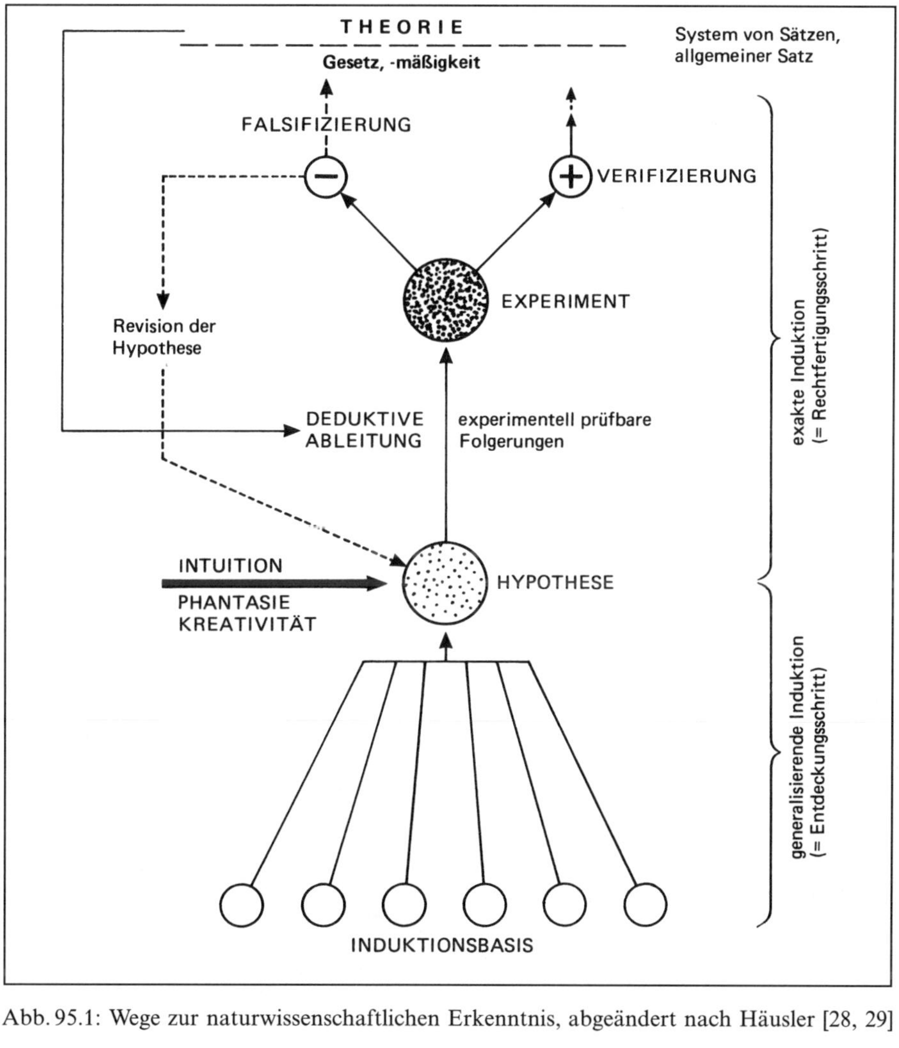

Abb. 95.1: Wege zur naturwissenschaftlichen Erkenntnis, abgeändert nach Häusler [28, 29]

ten die Rolle des Werkzeugs zur Herrschaft der Menschen über die Natur zukomme [1].
In neuerer Zeit wurde die Erkenntnisgewinnung in den Naturwissenschaften durch Popper (kritischer Rationalismus) und Kuhn (revolutionäres Modell der Wissenschaftsentwicklung) kritisch überdacht (vgl. 5.3).
Für den so verlaufenden Wissenschaftsprozess sind in der Literatur folgende Bezeichnungen zu finden: kausal-analytische Methode, exakte Induktion [25], hypothetisch-deduktive Methode [26], experimentelle Methode [22], Methode der verbundenen Induktion und Deduktion [27] und empirisch-induktives Verfahren [17] und empirisch-kritisches Verfahren (kritisch im Sinne des Unterscheidens von Zutreffendem von Unzutreffendem).
Der in Abbildung 95.1 skizzierte Weg naturwissenschaftlicher Erkenntnis stellt die Wissenschaftsentwicklung als Anhäufen von Wahrheiten und Ausmerzen von Irrtümern dar (Positivismus) [30]. Theorien sind demgemäß durch Induktion und Deduktion mehrfach bestätigte und verfeinerte Hypothesen mit einem hohen Grad an Wahrscheinlichkeit. Diese Möglichkeit, dass man sich dem Wahrheitsgehalt einer Theorie durch Verifizierungsexperimente nähern könne, steht im Gegensatz zur Erkenntnistheorie des kritischen Rationalismus, der die Verifizierbarkeit einer Theorie verneint. Nach Popper ist es nur möglich, sich einer Theorie dadurch zu nähern, indem man versucht, sie zu falsifizieren: Asymmetrie von Verifikation und Falsifikation. Vollmer formuliert das noch drastischer: „Theorien lassen sich nicht beweisen, der Verifikationismus ist gescheitert“ [2]. **Der Fortschritt der Wissenschaften wird erklärt durch das „Lernen aus Fehlern“**.
Unabhängig, welcher wissenschaftstheoretischen Richtung man auch folgt, bleibt die **Chemie eine empirische Wissenschaft**, deren Theorien und Hypothesen an der Erfahrung scheitern können, sodass die Aussagesätze nicht „wahr“ oder „falsch“ als Prädikat verdienen, sondern „an den bekannten Erfahrungen bestätigt“ oder „nicht bestätigt“ [31]. Auf diese Weise kommt die Bedeutung objektiver Daten für den „Wahrheitsgehalt“ einer Theorie („Beweis“) zum Ausdruck.

5.2 Etappen auf dem Weg zu chemischen Erkenntnissen

5.2.1 Idealisierte Schrittfolgen wissenschaftlicher Untersuchungen auf empirisch-induktiver Basis

B **Die Gasgesetze** [32, 33]
Die Entdeckung der Gasgesetze und deren Deutung durch die kinetische Gastheorie kann als wissenschaftliche Untersuchung in eine Schrittfolge gebracht werden, die eine **konkrete Ebene der Gesetze und Gesetzmäßigkeiten** vorsieht, auf die es im Chemieunterricht ganz besonders ankommt.
Der direkte Schluss von den **empirischen Befunden der makroskopischen Welt** (Naturgesetze) auf den Aufbau der Materie ist nicht ohne weiteres möglich, sondern bedarf z. B. einer Modellvorstellung oder einer Theorie, deren Wurzeln in ganz anderen Bereichen zu suchen sind (hier: Atomtheorie des 19. Jahrhunderts). Erst auf dieser Basis kann eine entsprechende **Theorie** Einsichten in das „Wie und Warum“ der vorher gefundenen Tatsachen gewähren. Diese Geschlossenheit wissenschaftlicher Erkenntnis lässt sich am Beispiel der **Untersuchung der Gaseigenschaften**, die auf der Basis der kinetischen Gastheorie verstanden werden können, gut zeigen. Freilich verläuft der Erkenntnisweg nicht so geradlinig wie hier dargestellt. Auf keinen Fall führt ein direkter induktiver Weg von den Daten zu Gesetz und mathematischem Term und von da zur Theorie! Durch Induktion kann kein „Gesetz“ erschlossen werden, bestenfalls eine „Gesetzmäßigkeit“. Aber dennoch: Grundlage der Induktion sind objektive Daten; sie grenzen den Erfolg der Induktion ab.

Tabelle 97.1 verdeutlicht, dass **Gesetze** die allgemeingültige Zusammenfassung und Verallgemeinerung experimenteller Ergebnisse und Beobachtungen sind. **Ein Gesetz deutet nicht**, sondern formuliert den wesentlichen Zusammenhang als Satz oder als mathematische Beziehung. Durch **Kenntnis der Naturgesetze sind Anwendung und Nutzung möglich** [35].

B **Die Atomtheorie Daltons** [35, 36]
Die Herausbildung der atomaren und molekularen Auffassung begann mit der Erkenntnis von Naturgesetzen, die ein Ergebnis vorausgegangener experimenteller Untersuchungen war, wie dem Massenerhaltungssatz und dem Gesetz der konstanten Proportionen. Die **Atomtheorie *Daltons*** führt den Schülern den diskontinuierlichen Charakter der Materie eindrucksvoll vor Augen, und ihre historische Rolle erlaubt allgemeine Aussagen über die Funktion einer Theorie.

Dieser eingeleitete **Erkenntnisprozess** verläuft nach **Stork** über die Erklärung der Gesetze durch Hypothesen und Theorien.
Um die Wende vom 18. zum 19. Jahrhundert gab es zwischen Berthollet und Proust einen lebhaften Streit, der über ein Jahrzehnt lang die wissenschaftliche Öffentlichkeit beschäftigte. Berthollet behauptete, die Gewichtsverhältnisse miteinander reagierender Stoffe könnten sich – je nach den Reaktionsbedingungen – stetig ändern; Proust dagegen behauptete, diese Verhältnisse seien konstant. In unermüdlicher Arbeit vermochte Proust seinen Standpunkt durch immer mehr empirische Befunde zu untermauern und gelangte so zum „Gesetz der konstanten Proportionen". Proust hat dieses Gesetz induktiv gefunden; durch Verallgemeinerung von Beobachtungsergebnissen gelangte er zu einem empirischen Allsatz. Eine Begründung für diese doch auffallende Gesetzmäßigkeit konnte Proust nicht geben. Eine Erklärung des Gesetzes der konstanten Proportionen auf einer theoretischen Grundlage gab John Dalton in den Jahren 1803 bis 1808.
Bei diesem Beispiel, und zwar zunächst beschränkt auf das Gesetz der konstanten Proportionen, wird die Erfahrung durch die Einzelbefunde Prousts (und anderer) repräsentiert: In der Verbindung A ist das Massenverhältnis der anwesenden Elemente konstant, in der Verbindung B ist es konstant, in C ebenfalls und so fort. Die Hypothese ist dann der verallgemeinerte Satz: In ein und derselben Verbindung (gemeint ist: in allen Verbindungen) ist das Massenverhältnis der anwesenden Elemente konstant. Man kann diese Hypothese ein Gesetz nennen, aber in Bezug auf die vielen, von Proust nicht untersuchten Verbindungen bleibt diese Aussage natürlich hypothetisch.
Allen Atomen eines Elements komme – so Dalton – die gleiche Masse zu, Atomen unterschiedlicher Elemente aber unterschiedliche Massen. Ist nun Verbindungsbildung aus Elementen ein Zusammentreten von Atomen *in bestimmten Zahlenverhältnissen*, so müssen sich **konstante Proportionen** ergeben.
Eine solche Deutung ist offensichtlich etwas anderes als eine Verbreiterung der empirischen Basis durch neue Experimente. Die große Fruchtbarkeit der Theorie zeigte sich sofort bei der Formulierung des Gesetzes der **multiplen Proportionen**.

Modell für eine wissenschaftliche Untersuchung	
allgemeine Schrittfolge	**konkrete Aussagen**
1. Zusammenstellung und Gewinnen von Daten (Datensammlung)	Messung des Drucks (p), des Volumens (V), der Temperatur (T) und der Molzahl (n) an verschiedenen Gasen.
2. Auswertung der Daten (Datenanalyse)/analytisches Denken	Aufgrund der Datenanalyse sieht man, dass z. B. V mit zunehmendem Druck abnimmt, aber mit Erhöhung von T und n zunimmt.
3. Entwicklung eines Gesetzes synthetisches Denken	Gesetz v. Boyle-Mariotte: $V \sim \frac{1}{p}$ (T = konstant) $V \sim n$ (p, T = konstant) Gesetz von Gay-Lussac/Charles: $V \sim T$ (p = konstant) Diese Gesetze können zu einer Gleichung vereinigt werden: ideales Gasgesetz $pV = n\,RT$
4. Entwicklung einer Theorie (z. B. auf der Basis einer Modellvorstellung)	kinetische Gastheorie

Tab. 97.1: Modell für die wissenschaftliche Untersuchung am Beispiel der Zustandsgleichung für ein ideales Gas

Das historische Beispiel lässt das Ineinandergreifen von Theorie und Empirie gut erkennen: Einerseits ermöglicht die Theorie die Deutung des empirischen Befundes, andererseits stützt der Befund die Theorie. Erst durch diese Vermittlung entsteht eine empirische Wissenschaft. Um diese Zusammenhänge angemessen zu verdeutlichen, ist ein *dreistufiges Schema* erforderlich, bei dem sich zwischen die Ebenen der Erfahrung und der Theorie die Ebene der Hypothesen schiebt (Abb. 98.1).

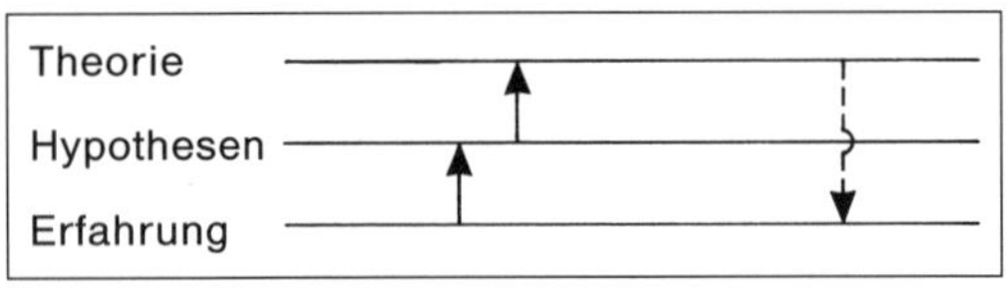

Abb. 98.1: Schema zum Ineinandergreifen von Theorie und Empirie

Die häufig anzutreffende Formulierung, dass die Theorie aus empirischen Daten „erschlossen" werde, kann nur vertreten werden, wenn bedacht wird, dass wir dazu auch theoretische Begriffe und Annahmen heranziehen, die der empirische Befund keineswegs mit sich führt. Das Schema „Erfahrung – Hypothese – Theorie" kann aber auch von oben her durchlaufen werden.

Aus didaktisch-methodischer Sicht gibt es Argumente, die Atomtheorie nicht auf dem chemiehistorischen Weg einzuführen. Fladt führt dazu aus, dass der chemiehistorische Weg die motivationsschwächere Reihenfolge sei. Es sei weitaus günstiger **nach** der Einführung der Atomtheorie, z. B. in Verbindung mit aktuellen Forschungsergebnissen zum atomaren Aufbau der Materie, die Verbindungsgesetze zu deduzieren [39].

Hinweis: Das Gesetz der konstanten Proportionen und das Gesetz der multiplen Proportionen (stöchiometrische Grundgesetze) sind Grenzfälle. Streng gelten sie nur bei der Bildung von Molekülen. Viele Festkörper sind dagegen nicht-stöchiometrische (nichtdaltonide, berthollide) Verbindungen, z. B. durch Leerstellen im Gitter oder durch Einbau von Fremdatomen. Sie spielen in vielen Anwendungsgebieten, so in der Halbleitertechnik, eine große Rolle.

B **Das Periodensystem der Elemente** [37]
Das Auffinden des Periodensystems der Elemente ist ein schönes Beispiel für den Wert von empirischer Forschung und Arbeitshypothesen, die typisch sind für den Erkenntnisweg der Chemie. Bei der Konzeption seines Lehrbuches „Grundlagen der Chemie" (1. Auflage 1868) suchte Mendelejew nach einem Ordnungsprinzip „für das System der einfachen Körper" (= Elemente). Schon bei der Abfassung seines Lehrbuches der Organischen Chemie (1861) vertrat er die Auffassung, „dass die Größe des Molekulargewichtes die Eigenschaften eines Stoffes bestimmt". Dieses Prinzip wandte er nun für ein System der chemischen Elemente an. Bestärkt wurde er dazu vor allem von der Triadenregel Döbereiners (1829), den Untersuchungen der Äquivalentgewichte durch Pettenkofer (1850), dem Prinzip der arithmetischen Reihen Dumas (1858) und dem Gesetz der Oktaven Newlands (1864). Bei der Gruppierung der Elemente nach ihren Atomgewichten fiel Mendelejew eine Reihe von Gesetzmäßigkeiten auf:

Z **Über die Beziehungen der Eigenschaften zu den Atomgewichten der Elemente. Von D. Mendelejeff.** Ordnet man Elemente nach zunehmenden Atomgewichten in vertikale Reihen so, dass die Horizontalreihen analoge Elemente enthalten, wieder nach zunehmendem Atomgewicht geordnet, so erhält man folgende Zusammenstellung (s. Abb. 99.1), aus der sich einige allgemeinere Folgerungen ableiten lassen.

1. Die nach der Größe des Atomgewichts geordneten Elemente zeigen eine stufenweise Abänderung in den Eigenschaften.
2. Chemisch-analoge Elemente haben entweder übereinstimmende Atomgewichte (Pt, Ir, Os), oder Letztere nehmen gleich viel zu (K, Rb, Ca).
3. Das Anordnen nach den Atomgewichten entspricht der *Wertigkeit* der Elemente und bis zu einem gewissen Grade der Verschiedenheit im chemischen Verhalten, z. B. Li, Be, B, C, N, O, F.
4. Die in der Natur verbreitetsten Elemente haben *kleine* Atomgewichte und alle solche Elemente zeichnen sich durch Schärfe des Verhaltens aus. Es sind also *typische* Elemente und mit Recht wird daher das leichteste Element H als typischer Maßstab gewählt.
5. Die *Größe* des Atomgewichtes bedingt die Eigenschaften des Elementes, weshalb beim Studium von Verbindungen nicht nur auf Anzahl und Eigenschaften der Elemente und deren gegenseitiges Verhalten Rücksicht zu nehmen ist, sondern auf die *Atomgewichte* der Elemente. Daher zeigen bei mancher Analogie die Verbindungen von S und Tl, Cl und J doch auffallende Verschiedenheiten.
6. Es lässt sich die Entdeckung noch vieler *neuer* Elemente vorhersehen, z. B. Analoge des Si und Al.
7. Einige Atomgewichte werden voraussichtlich eine Correction erfahren, z. B. Te kann nicht das Atomgewicht 128 haben, sondern 123–126.

			Ti = 50	Zr = 90	? = 180
			V = 51	Nb = 94	Ta = 182
			Cr = 52	Mo = 96	W = 196
			Mn = 55	Rh = 104,4	Pt = 197,4
			Fe = 56	Ru = 104,4	Ir = 199
			Ni = Co = 59	Pd = 106,6	Os = 199
H = 1			Cu = 63,4	Ag = 108	Hg = 200
	Be = 9,4	Mg = 24	Zn = 65,2	Cd = 112	
	B = 11	Al = 27,4	? = 69	Ur = 116	Au = 197?
	C = 12	Si = 29	? = 70	Su = 119	
	N = 14	P = 31	As = 75	Sb = 122	Bi = 210?
	O = 16	S = 32	Se = 79,4	Te = 128?	
	F = 19	Cl = 35,5	Br = 80	J = 127	
Li = 7	Na = 23	K = 39	Rb = 85,4	Cs = 133	Tl = 204
		Ca = 40	Sr = 87,6	Ba = 137	Pb = 207
		? = 45	Ce = 92		
		?Er = 56	La = 94		
		?Yt = 60	Di = 95		
		?In = 75,6	Th = 119?		

Abb. 99.1: Mendelejews Periodensystem der Elemente

8. Aus obiger Tabelle ergeben sich neue Analogien zwischen Elementen. So erscheint Bo(?) als ein Analoges von Al.

Wie sein erster Bericht zum Periodensystem der Elemente vom Jahre 1869 zeigt, fand Mendelejew das Periodensystem durch generalisierende Induktion. Den Beweis für die Richtigkeit seiner Hypothese führte er durch eine scharfsinnige Deduktion, indem er noch unentdeckte Elemente vorhersagte (Punkt 6). Damit waren die „Lücken" in seinem Periodensystem zu erklären. Bei seiner Prognose beschränkte er sich nicht nur auf die Existenz dieser Elemente, sondern machte eine Reihe treffender Angaben zu physikalischen und chemischen Eigenschaften dieser Elemente und ihrer Verbindungen (Tab. 99.1).

Das Auffinden der postulierten Elemente noch zu Lebzeiten Mendelejews und die erstaunlich genaue Übereinstimmung der vorausgesagten und gefundenen Eigenschaften erbrachten eine eindeutige Bestätigung seines „periodischen Gesetzes", wie er es nannte.
Das ist erkenntnistheoretisch von grundlegender Bedeutung. „Denn Gesetz ist es nicht, sofern es das vorliegende Material beherrscht, sondern sofern es Voraussagen auf noch unbekannte Tatbestände zu deduzieren gestattet, die experimentellem Nachweis standhalten" [38]. Dieser Nachweis wurde im Lauf der Chemiegeschichte längst erbracht (z. B. Atombau, Einordnung der Edelgase, Moseley'sches Gesetz, Inversionen von Elementen), und er wird noch weiter erbracht. Das „periodische

Mendelejews Voraussage	**Nach der Entdeckung des Elementes beobachtete Eigenschaften**
Atommasse ungefähr 72 dunkelgraues Metall mit hohem Schmelzpunkt Dichte 5,5 g/cm^3 spezifische Wärme 0,073 cal/Grad Beim Erhitzen an der Luft entsteht XO_2. Oxid schwerflüchtig, Dichte 4,7 g/cm^3 Chlorid (XCl_4) ist eine leichtflüchtige Flüssigkeit (Sdp. wenig unter 100 °C), Dichte 1,9 g/cm^3	Atommasse, 72,59 weißlichgraues Metall, Schmp. 958 °C Dichte 5,36 g/cm^3 spezifische Wärme 0,076 cal/Grad Beim Erhitzen an der Luft entsteht GeO_2. Schmp. von GeO_2 1100 °C, Dichte 4,7 g/cm^3 $GeCl_4$ ist flüssig (Sdp. 83 °C), Dichte 1,88 g/cm^3

Tab. 99.1: Gegenüberstellung der vorausgesagten und beobachteten Eigenschaften von Germanium und einigen Germaniumverbindungen [38]

Gesetz“ Mendelejews bestätigt in glänzender Weise den Satz, dass eine Theorie nur so viel wert ist wie die Tatsachen, auf denen sie gegründet ist (empirischer Gehalt einer Theorie!).

5.2.2 Einige Konsequenzen für den Chemieunterricht

Da das methodische Vorgehen in den empirischen Wissenschaften durch die Abfolge von induktiven und deduktiven Denkprozessen bestimmt ist, müssen auch im Chemieunterricht beide Schlussverfahren zum Tragen kommen. Der weit zurückreichende Methodenstreit für oder wider induktives oder deduktives Vorgehen im Chemieunterricht erscheint damit gegenstandslos [39]. Wesentlich ist, dass bei den Schülern Denk- und Lernprozesse in Gang kommen, die sie in dieses Unterrichtsfach hineinführen, und dass ihnen einen Eindruck vom Weg der Erkenntnisgewinnung in den Naturwissenschaften vermittelt wird. Die bereits von **Kerschensteiner** erkannte Bedeutung des empirischen Vorgehens im naturwissenschaftlichen Unterricht für die Förderung produktiven und schöpferischen Denkens – auch über die Schulzeit hinaus – hat auch in unserer Zeit nichts an Aktualität verloren [40].
Kerschensteiner führt zu dem, was man als **logisches Denkverfahren** bezeichnen kann, aus [40, S. 60f.]:

Z

a) Die aus dem Beobachten einer Tatsache sich selbst aufdrängenden Schwierigkeiten und Fragen für den Beobachter;
b) die vorläufigen Antworten, die gegeben werden, also die Vermutungen für die Lösung der Fragen;
c) die Verfolgung der vermuteten Lösungen mithilfe des Wissens an andern Tatsachen, an Regeln, an Gesetzen usw., durch Aufsuchen ihrer Konsequenzen für die Tatsache selbst und für ihre Beziehungen untereinander;
d) die Bestätigung oder Nichtbestätigung der endgültig akzeptierten Schlussfolgerungen durch Zusammenstellung mit andern bekannten Tatsachen (Gedanken).

Alles wissenschaftliche Denken, erst recht das naturwissenschaftliche, wie wir nachher sehen werden, verläuft in dieser Weise. *Thomas Huxley*, nicht bloß ein ausgezeichneter Forscher, sondern auch ein vortrefflicher Verteidiger des Erziehungswertes allen naturwissenschaftlichen Unterrichts, stellt bereits 1854 in seiner Rede über den Erziehungswert der Geschichte der Naturwissenschaften vier ähnliche Stufen aller wissenschaftlichen Methoden überhaupt fest.

Er hat verzeichnet:
a) Die Beobachtung (observation),
b) den Vergleich und die Einordnung (comparison and classification) mit ihrem entsprechenden Ergebnis an Vorschlägen (general propositions),
c) die Ableitung (deduction),
d) die Prüfung (verification).

„Ich will die vier Stufen im Hinblick auf die logischen Prozesse, welche die Hauptrolle spielen, bezeichnen mit: *Observation, Synthese, Analyse, Verifikation.*
Hätten wir für das Wort „schließen“ einen solchen Reichtum an Wörtern wie die englische Sprache mit so vortrefflichen Unterscheidungen, wie inferring, reasoning, conclusion, wobei mit einem Worte das ungeprüfte Urteilen oder Schließen vom geprüften logischen Urteilen scharf auseinandergehalten ist, so könnte man die zweite und dritte Stufe noch unmittelbar durch das Wort verständlich machen. In dem Werke des Philosophen *John Dewey* „How we think“, ist die erste Stufe des Prozesses, wie mir scheint, mit gutem Recht, in zwei Stufen zerlegt. Denn, wie ich schon erwähnt habe: **Das Beobachten, Wahrnehmen allein führt durchaus noch zu keinem logischen Denkprozess. Der Beobachter muss zu einer Frage geführt werden, für die man nicht sofort mechanisch oder durch fremde Hilfe eine endgültige Antwort bereit hat.**
Wir sind bei der Fülle der Eindrücke, die auf uns einstürmen, nur allzu leicht gewöhnt, über das Beobachtete uns keine Fragen vorzulegen, das meiste – wie sich die Menschen ausdrücken – selbstverständlich zu finden. Indes für den wirklich denkenden Menschen ist das Selbstverständliche eigentlich eine recht rare Erscheinung. Dem richtigen Beobachter drängen sich stets Fragen auf; für ihn gibt es stets etwas, worüber er „verwundert“ ist, was ihn zum Nachdenken zwingt. Schon *Plato* (Theätet p. 155 d) und *Aristoteles* (Metaphysik 983 a, 12) haben erkannt, dass in der Fähigkeit, sich zu verwundern, das heißt Schwierigkeiten zu suchen, wo dem andern alles selbstverständlich scheint, der Anfang aller Philosophie zu suchen ist.“

Es wird in der didaktischen Literatur (Köhnlein, 1982) immer wieder betont, dass die Methoden der Erkenntnisgewinnung dem Lehrer nicht nur didaktische Argumente liefern können, sondern selbst Ziel des Lehrens und Lernens sein müssen [41].
Möglichkeiten und Grenzen derartig anspruchsvoller Vorhaben zeigen sich in der Erarbeitung entsprechender Unterrichtsverfah-

ren (forschender Unterricht, forschend-entwickelnder Unterricht, experimentelles Verfahren; vgl. Kap. 11).

(1) Als Grundbestand lässt sich immer wieder eine Abfolge von Denkschritten und konkreten Handlungen herausarbeiten, wie sie in der **experimentellen Methode** [22] formuliert sind:

- Herausarbeiten eines Problems;
- Entwicklung von Hypothesen und Voraussagen;
- Ableitung experimentell prüfbarer Aussagen (Versuche, zu jedem Experiment die Frage zu formulieren, die es beantworten soll!);
- Entwicklung der Experimentanordnung; Klarheit in der Versuchsplanung ist ein wesentlicher Beitrag zur Exaktheit im Chemieunterricht [42].
- Formulieren von Beobachtungsaufgaben;
- Durchführung des Experimentes;
- Feststellen und Absicherung der Beobachtungsergebnisse (Schulung der Fähigkeit zu Beobachten);
- Bewertung im Hinblick auf Voraussage bzw. Hypothese (vgl. Abb. 103.2).

(2) Eine wichtige Rolle beim Formulieren von Hypothesen bzw. beim Erkennen hypothetischer Zusammenhänge als Erklärungsgrundlage spielt **analytisches und synthetisches Denken** [43].

Analysieren als elementare Denk- und Arbeitsweise bedeutet das Zerlegen eines Systems im Hinblick auf dessen

- Bestandteile
- Relationen (in-Beziehung-Bringen der Bestandteile)
- Merkmale und Eigenschaften
- Funktionen

Durch die Unterscheidung wesentlicher Elemente von unwesentlichen, zufälligen und individuellen erhält man die Grundlage zur Charakterisierung des Gesamtsystems. Die Umkehrung des Denk- und Handlungsprozesses stellt eine synthetische Leistung dar. So ist etwa die Zuordnung eines Strukturvorschlages zu einer definierten chemischen Verbindung das Ergebnis analytisch-synthetischen Denkens und Arbeitens.

Für den Chemieunterricht gewinnen derartige Elemente besondere Bedeutung, wenn es um

- das Erfassen **komplexer Zusammenhänge** geht, wie es bei Einsichten in Stoffkreisläufe und deren Gefährdung erforderlich ist,
- das Herausarbeiten einer **Problemfrage** aus einem noch nicht klar strukturierten Problemgrund geht; dies fördert das Theorieverständnis, denn das Verständnis einer Theorie beginnt und endet mit dem Verständnis ihrer Probleme [2].

Sie spielen aber auch eine Rolle beim

- **Projektieren** von Experimentaufbauten (z. B. mithilfe von Applikationen) einschließlich deren manuellen Auf- und Abbau,
- Untersuchen von Substanzen und Substanzgemischen unter bestimmten Gesichtspunkten.

Für fachgerechtes Unterrichten ist wichtig, dass das Zerlegen und Zusammensetzen im Gegenständlichen und das sich im abstrakten Bereich abspielende analytisch-synthetische Denken eine Einheit bilden. Mit dieser Erkenntnis ist eine wichtige methodische Basis geschaffen.

(3) Es ist für den Chemielehrer wichtig zu wissen, dass sich Gesetze, Theorien und Modelle nicht zwingend induktiv ableiten lassen. Wird im Chemieunterricht zu häufig mit diesem scheinbar induktiven Verfahren zum Auffinden von Theorien und Modellen gearbeitet, so weckt man bei den Schülern falsche Vorstellungen. Meist bugsiert der Lehrer die Schüler durch entsprechend ausgewählte Beispiele und durch das Formulieren entsprechender Fragen in Richtung der zu „erarbeitenden" Theorie. Wenn auch auf diesen methodischen Trick nicht vollends verzichtet werden kann, so sollte sich der Lehrer dennoch über die Problematik im Klaren sein.

B Hierzu ein Beispiel für ein häufig zu beobachtendes Fehlverhalten im Unterrichtsgespräch: die **Mausefalleninduktion**. „Was bewegt sich schneller? Die kleinen, lebhaften Wasserstoffmoleküle oder die dicken, behäbigen Sauerstoffmoleküle?" – Keine Schülerantwort! Unterforderung.
Das ist ein Zitat aus einem Stundenprotokoll.

Eine besondere kritische Position nimmt hierzu Vollmer ein [2]; er fordert:

Z Versuche nicht, von Beobachtungen, Erfahrungen, Experimenten (Anmerkung: direkt) auf allgemeine Gesetze zu schließen – sei es durch generalisierende oder exakte Induktion. Die wissenschaftstheoretische Begründung lautet: Es geht nicht! Der Induktivismus ist gescheitert; Induktion gibt es weder als ein Verfahren, Neues zu finden, noch als Verfahren, Neues zu beweisen. Aber natürlich lassen wir uns **durch Erfahrungen zur Hypothesenbildung** anregen.

Wenngleich diese Konsequenz im Unterricht nicht zu praktizieren ist, unterstreicht sie dennoch das vorher Gesagte. Hinsichtlich des Lehrerverhaltens ist zu bedenken: Beim induktiven Schluss gibt es keinen „falschen" Schluss, höchstens einen Irrtum. Der Schüler darf sich irren!
Zu beachten ist weiterhin, dass die Fähigkeit der Schüler, durch generalisierende Induktion zu Ergebnissen zu gelangen, nicht „eingeschliffen" wird. Auf keinen Fall darf kritiklos verallgemeinert werden! Ein allzu forsches Hinarbeiten auf einen allgemeinen Satz oder ein abstraktes Ergebnis verankert in den Schülern falsche Vorstellungen, die später nur schwer revidiert werden können.

B „Negative Beispiele":
- Metalle + Säuren → Salz + Wasserstoff
- Verbindungen aus Metallen und Nichtmetallen haben salzartigen Charakter.

Dieser Gefahr ist man v.a. dann ausgesetzt, wenn die Anzahl der Einzelfälle (Induktionsbasis) zu schmal ist und zudem wenig Zeit zur Verfügung steht. Das exemplarische Prinzip ist hier in einen zu weiten Rahmen gestellt, ein Problem, dem man in der Schulchemie immer wieder begegnet.

(4) Der Chemieunterricht muss nicht in allen Fällen zur anspruchsvollsten theoretischen Deutung der gefundenen experimentellen Ergebnisse führen. Und es gibt Bedingungen für den Chemieunterricht, unter denen es mit der Feststellung phänomenologischer Zusammenhänge (Erfahrungstatsachen) durchaus sein Bewenden haben kann (vgl. auch dazu Fachbezug Chemie in der Grundschule, Hauptschule).

B
- Gemeinsame und dennoch abgestufte Eigenschaften der Metalle,
- qualitative und quantitative Formulierung der Gasgesetze,
- Auffinden einer „Metallreihe" aufgrund unterschiedlicher „Affinität" zu Sauerstoff (Reduzierbarkeit).

Dennoch sei darauf verwiesen, dass das Berichten experimenteller Ergebnisse ohne Bezug auf eine eindeutig formulierte Hypothese oder ein theoretisches Konzept wissenschaftlich bedeutungslos ist.

(5) Dienen chemische Theorien als Ausgangsbasis (z. B. in der gymnasialen Oberstufe) schulischen Lernens, so spricht man von „deduktiven Verfahren". Dessen Berechtigung wird darin gesehen, dem Lernenden viele Einzeltatsachen logisch geordnet nahe bringen zu können. Nachteilig ist dieses ökonomische Vorgehen sicher dann, wenn das theoretische Konzept ohne Klärung seiner Grundlagen dem Lernenden quasi „übergestülpt" wird, denn auf diese Weise verkürzt sich der Erkenntnisprozess in unzulässiger Weise und führt zu falschen Vorstellungen (z. B. Einführung von Atomorbitalen als eine Grundlage der chemischen Bindung). Erfährt der Chemieunterricht eine in diesem Sinne zu frühe und einseitige Akzentverschiebung zur Theorie hin, so ist dies weder dem Verständnis noch den Interessen des Unterrichtsfaches Chemie dienlich. Eine wichtige didaktische Konsequenz besteht nämlich darin, keine Begriffe und keine Theorie ohne Bezug zur Phänomenbasis zu lehren [44].
Für den einführenden Chemieunterricht wird das intensive Zusammenspiel von Beobachtungen, Erklärungen und daraus abgeleiteten Gesetzmäßigkeiten in Abb. 103.1 anschaulich dargestellt (vgl. Nuffield-Chemie [45]).

(6) Zur **Bedeutung von Experimenten mit „negativem Ergebnis"** [46]
Die Auseinandersetzung mit Verfahren zur Erkenntnisgewinnung führt zu einer besonders wichtigen Einsicht für Lehrer und Schüler: An Experimenten, die zu „keinem Ergebnis" führen, darf nicht einfach vorbeigegangen werden. Denn nur auf diesem Weg können Aus-

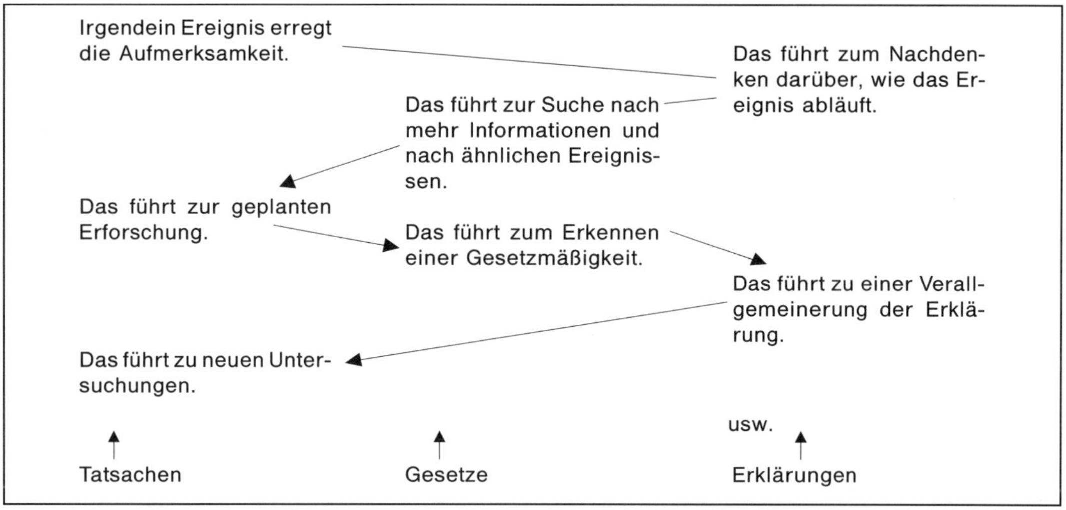

Abb. 103.1: Beobachtung – Erklärung – Gesetz

sagen eingeschränkt oder geeignete Versuchsbedingungen erarbeitet werden. Wenn zusammen mit Schülern Versuche geplant werden, sollten nach Möglichkeit auch diejenigen Vorschläge verwirklicht werden, von denen man weiß, dass sie zu „keinem Ergebnis" bzw. nicht zu dem „erwünschten" Ergebnis führen. Jeder reproduzierbare Versuch hat ein Ergebnis, und die „negativen" Ergebnisse sind in den Naturwissenschaften kaum weniger wichtig als die „positiven" Ergebnisse.

B

- Wenn die Schüler zur **Wasserzerlegung** als erstes Metall das Kupfer vorschlagen, so sollte man diesem Vorschlag ruhig folgen. Die aus den Versuchen resultierende Feststellung, dass Kupfer auch bei hohen Temperaturen nicht mit Wasser reagiert, ist nicht weniger relevant als die, dass Eisen bei Temperaturen um 500 °C mit Wasser reagiert. Auch beim Eisen muss man erst die geeigneten Versuchsbedingungen suchen (einschließlich der geeigneten Apparatur!) und da diese Suche ein ganz wesentlicher Teil naturwissenschaftlicher Arbeit ist, sollte man im Unterricht nicht daran vorbeigehen.
- Als vorteilhaft gilt in diesem Zusammenhang die Kombination zweier Versuchsvarianten in einem Experiment (vgl. Abb. 103.2). Dies kann z. B. verwirklicht werden, wenn die Triebkraft von **Redox-Reaktionen** untersucht wird.

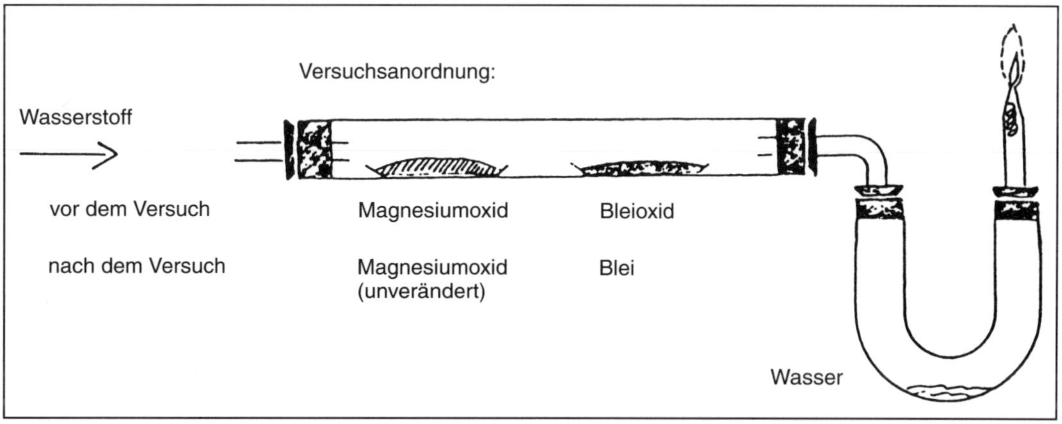

Abb. 103.2: Unterschiedliche Reduzierbarkeit zweier Metalloxide durch Wasserstoff

5.3 Wissenschaftstheoretische Beschreibungen naturwissenschaftlicher Forschung und Verfahren des Chemieunterrichts

Unterschiedliche wissenschaftstheoretische Auffassungen vom Erkenntnisweg der Naturwissenschaften führen zu unterschiedlichen Unterrichtsverfahren, obwohl die meisten anerkannten didaktischen Ansätze ihre Legitimation nicht, auch nicht teilweise, aus wissenschaftstheoretischen Überlegungen beziehen.
Die methodische Grundlage für die Entwicklung der Naturwissenschaften wurde von Francis Bacon (1561–1626) mit dem **„Empirismus"** geschaffen. Bacon, der den Naturwissenschaften durch sein „Wissen ist Macht" die Aufgabe stellte, die Natur zu beherrschen, wies ihnen auch den induktiven Erkenntnisweg zu, von der Einzelerfahrung zu allgemeinen Sätzen vorzudringen [47]. Durch den **„Positivismus"** wurde Bacons Empirismus in eine bestimmte Richtung weiterentwickelt.
Der **Positivismus** wurde als philosophische Richtung von dem französischen Philosphen Saint-Simon (1760–1825) und insbesondere von A. Comte (1798–1857), der auch den Namen Positivismus prägte, in seinen wesentlichen Zügen weiterentwickelt. Der Positivismus unterscheidet drei Phasen menschlichen Denkens: die magisch-animistische Philosophie, die spekulative Philosophie und die positive Philosophie, die mithilfe der Erfahrungswissenschaften die absolute Wahrheit anstrebt [48].
Die ursprünglich positive Philosophie kann sehr verkürzt so charakterisiert werden: Es gibt eine absolute Wahrheit, der wir uns durch immer neue Forschungsergebnisse immer mehr annähern. Die Wahrheit, das sind die Gesetze zwischen beobachtbaren Größen, nicht ihre spekulativ zu findenden Ursachen. Erklärende Theorien werden nur für eine gewisse „Denkökonomie" des menschlichen Geistes als notwendig erachtet. Nur das ist von Bedeutung, was heute im wissenschaftlichen Gebäude seinen Platz hat. Der Irrtum von gestern fällt mit Recht der Vergessenheit anheim.

Eine gewisse Stringenz lässt sich dem positivistischen Modell nicht absprechen, weshalb ihm auch viele bedeutende Forscher anhängen. Der positivistischen Wissenschaftstheorie lässt sich ein Unterrichtsverfahren zuordnen, für das heute keiner mehr plädiert und das eigentlich nicht existent ist, wenn man Unterrichtsplanungen von Ausbildern und Ausgebildeten betrachtet. Es handelt sich um eine der weitverbreitetsten Unterrichtsmethoden des Chemieunterrichts: das **darlegend-informative Unterrichtsverfahren**.
Dieser Unterricht bemüht sich, die **„richtigen"** Fakten, Gesetze und Theorien zu vermitteln, anscheinend in dem Glauben, dass sie endgültig seien. Ziel des Unterrichts ist die Vermittlung des jeweils gerade gültigen Wissenschaftsgebäudes, wobei gleichzeitig den Schülern das Bild einer ahistorischen Wissenschaft übermittelt wird. Hervorstechendes Merkmal des Unterrichts ist neben dem Lehrverfahren auch das „Richtig"- und „Falsch"-Denken. Gesetze, Theorien, Vorstellungen, Modelle sind entweder „richtig" oder sie sind „falsch". Letztere müssen dann natürlich eliminiert werden, wobei die unmittelbare Notwendigkeit für eine neue Theorie dem Schüler nicht einsichtig gemacht werden muss.
Theorien sind da, scheinen dem Schüler manchmal schon immer so existiert zu haben. Ihr Auffinden erfordert nur eine genaue Beobachtungsgabe und die richtige Schlussweise, und es scheint nur an mangelnden Fähigkeiten der Wissenschaftler in früheren Jahren zu liegen, wenn diese auf der Hand liegenden Tatsachen noch nicht gefunden wurden. Das Experiment dient nur der Veranschaulichung und ist, da es keine Funktion im Unterrichtsprozess hat, entbehrlich.
Heute gewinnen in der Wissenschaftstheorie der **kritische Rationalismus** [49, 50] Karl Poppers (1902–1994) und die wissenschaftstheoretische Paradigmentheorie [51] Thomas S. Kuhns (1922–1996) immer mehr an Boden. Auch diese beiden wissenschaftstheoretischen Auffassungen seien hier kurz skizziert.
In Poppers **„Kritischem Rationalismus"** gibt es die absolute Wahrheit naturwissenschaftlicher Aussagen, Gesetze und Theorien nicht mehr. An ihre Stelle tritt die Wahrscheinlichkeit, die

allerdings für viele naturwissenschaftliche Gesetze sehr groß sein kann. Popper glaubt, dass die Naturwissenschaften ihre Gesetze und Theorien als Problemlösungen niemals absolut werden verifizieren können. Er stellt als wichtigsten Grundsatz seiner Wissenschaftstheorie die Methode der Falsifikation heraus: Die Falsifikation, d.h. der Nachweis, dass bestimmte Vorstellungen unrichtig sind, ist aufgrund nicht mit der Hypothese übereinstimmender experimenteller Ergebnisse sicher möglich. Die Popper'sche Beschreibung des naturwissenschaftlichen Forschungsprozesses ist für die „normalen" chemischen Forschungen in unseren Laboratorien durchaus zutreffend. Man bewegt sich innerhalb eines anerkannten theoretischen Gebäudes. Der Naturwissenschaftler ersetzt im Falle einer Falsifikation seiner Hypothesen (dabei handelt es sich um Arbeitshypothesen) durch das Experiment, diese einfach durch eine neue.

Den Weg der Erkenntnisgewinnung in der Abfolge von Problemstellung, Aufstellung von spekulativen Hypothesen, Überprüfung der Hypothesen mit der Möglichkeit der Falsifikation, versuchen die **problemorientierten Unterrichtsverfahren** im Unterricht deutlich werden zu lassen, etwa das nacherforschende Verfahren von Fries-Rosenberger [52], das forschend-entwickelnde Unterrichtsverfahren nach Schmidkunz-Lindemann [53] und auch das problemorientiert-strukturierte Unterrichtsverfahren von Jansen [54]. Damit lassen sich diese Verfahren dem Wissenschaftsverständnis der Falsifikationisten, also dem kritischen Rationalismus Poppers, zuordnen (vgl. Kap. 11). Die wissenschaftstheoretische Entwicklung ist jedoch inzwischen über Poppers Modell hinausgegangen [55]. So finden die im Folgenden skizzierten wissenschaftstheoretischen Modelle bisher kaum Berücksichtigung in fachdidaktischen Konzeptionen.

Kuhn, der bekannte Physiker und Philosoph, sieht in den **„Wissenschaftlichen Revolutionen"** den eigentlichen Fortschritt der Wissenschaft. Er hebt darauf ab, dass die „normale Forschung" – der Kreislauf Problem/Hypothese/Problemlösung – innerhalb allseits anerkannter Theorien verläuft. Der Wechsel grundlegender Theorien wird von wenigen genialen Geistern initiiert. Kuhn spricht von „wissenschaftlichen Revolutionen", in denen vorhandene Theorien – Paradigmen – durch neue ersetzt werden.

Imre Lakatos (1922–1974) widerspricht Kuhn, für den in einer wissenschaftlichen Revolution jeweils nur ein umfassendes und grundlegendes Paradigma geändert wird, durch seine Theorie einer fortwährenden Auseinandersetzung **konkurrierender Forschungsprogramme** (Theorien). Eine konkurrierende Theorie ersetzt eine andere, wenn es ihr besser gelingt, neue Tatsachen zu erklären bzw. vorauszusagen als die alte. Dabei geschieht die „Ablösung" der einen durch die andere Theorie nicht aufgrund eines Experiments (z.B. experimentum crucis). Dazu wird ein Experiment immer erst dann, wenn der Sieger im Wettstreit der Theorien bereits feststeht [56, 57].

Nach Lakatos kann man die Arbeit der Wissenschaftler unter zwei Gesichtspunkten betrachten: die Arbeiten innerhalb eines als gesichert angenommenen Standorts – Verfeinerung und Erweiterung des Schutzgürtels – und die Forschungsarbeit, die aus Konkurrenz zu anderen Forschungsprogrammen, d.h. Theorien, geleistet wird. Popper hat in späteren Jahren seine Position der von Lakatos angenähert.

L

[1] Scharf, V.: Umwelterziehung als Anleitung zu mitmenschlichen Verhaltensweisen. In: NiU-Chemie 3 (1992), H. 2.
[2] Vollmer, G.: Didaktische Konsequenzen der Wissenschaftstheorie. In: PdN-Ph. 2/39. Jg. (1990), S. 17–20.
[3] Medienverbund CHEMS: Chemie, eine experimentelle Wissenschaft. Institut für Entwicklungsplanung und Strukturforschung, Hannover 1987, H. 1, S. 5.
[4] Kuhn, W.: Ziel und Struktur physikalischer Theorien. PdN-Ph. 2/39. Jg. (1990), S. 2–9.
[5] Rossa, E.: Methodik Chemieunterricht. Berlin 1975, S. 153–157.
[6] Schneider, H.J.: Hypothese – Experiment – Theorie. Berlin 1978.
[7] Essler, W.K.: Beobachtung (allgemein), Beobachtung in den Naturwissenschaften. In: Speck, J. (Hrsg.): Handbuch wissenschaftstheoretischer Begriffe, Bd. 1, S. 71–75.
[8] Vollmer, G.: Sprache und Begriffsbildung im Chemieunterricht. Frankfurt a.M. 1980, S. 67.
[9] Struck, W.: Chemische Demonstrationsversuche in der Projektion. Hannover 1973.

[10] Streitwieser, A., Heathcock, C.H.: Organische Chemie. Weinheim 1980, S. 69.
[11] Wagner, C.: Methoden der naturwissenschaftlichen und technischen Forschung. Bibliograph. Institut, Mannheim 1974.
[12] Suter, H.: Phthalsäureanhydrid – 100jährige Geschichte einer organischen Grundchemikalie. In: Die BASF, 21 (1971), H. 5, S. 33ff.
[13] Rapoport, S.M., Raderadt, H.-J.: Physiologisch-chemisches Praktikum. Berlin 1977.
[14] Fladt, R.: Chemieunterricht in Beispielen. Stuttgart 1982, S. 14.
[15] Pauling, L.: Grundlagen der Chemie. Weinheim 1973, S. 11–12.
[16] Schneider, H.J.: Hypothese – Experiment – Theorie. Berlin, New York 1978, S. 26/27.
[17] Weninger, J.: Über das methodische Vorgehen in den emp. Wissenschaften u. in den emp. Unterrichtsfächern. Chemieunterricht 2 (1971), H. 1, S. 82ff.
[18] Ströker, E.: Denkwege der Chemie. Freiburg/München 1967, S. 77ff.
[19] Mason, S. F.: Geschichte der Naturwissenschaften. Stuttgart 1961.
[20] Mohr, H.: Der Begriff der Erklärung in Physik und Biologie. In: Die Naturwissenschaften 65 (1), 1978, S. 1–6.
[21] Popper, K.: Die Logik der Forschung. Tübingen 1966 (2).
[22] Rossa, E.: Methodik Chemieunterricht. Berlin 1975, S. 80.
[23] Hammond, G.S. u.a.: Modellvorstellungen in der Chemie. Berlin u. New York 1967.
[24] Woller, R.: Aufbruch ins Heute. Frankfurt 1977.
[25] Hartmann, M.: Die philosophischen Grundlagen der Naturwissenschaften. Berlin 1959.
[26] Speck, J. (Hrsg.): Handbuch wissenschaftstheoretischer Begriffe Bd. 2. Göttingen 1980, S. 287–288.
[27] Haspas, K.: Methodik des Physikunterrichts. Berlin 1976, S. 115.
[28] Häusler, K.: Lern- und bildungstheoretische Grundlagen des Chemieunterrichts. In: Bukatsch F. u.a. (Hrsg.): Fachdidaktisches Studium in der Lehrerbildung – Chemie. München 1976.
[29] Moser, F.: Forschen wir richtig? Chimia 36 (1982) Nr. 10, S. 387–395.
[30] Löw, R.: Naturwissenschaft: Theorie und Geschichte. In: ChiuZ 13 (1979), S. 82ff.
[31] Sticker, B.: Mythos und Logos des Fortschritts in der Geschichte der Wissenschaft. Deutsches Museum, Abbhandlungen und Berichte, 41 (1973), H. 1, S. 56ff.
[32] Barrow, G.M.: Physikalische Chemie. Tl I. Braunschweig 1978, S. 25.
[33] Becker, R.S. und Wentworth, W.E.: Allgemeine Chemie Bd. I. Stuttgart, S. 5–7.
[34] Pscheidl, H.: Allgemeine Chemie – Grundkurs. Berlin 1985, S. 28–30.
[35] Stork, H.: Zur Förderung des Wertbewußtseins im Physik- und Chemieunterricht. In: MNU 43, (1990), H. 4, S. 195–200.
[36] Stork, H.: Chemiker-Zeitung, 109. Jahrgang (1985) Nr. 9.
[37] Häusler, K. (Hrsg.): Themenheft „Periodensystem". In: NiU-Ch 1 (1990) 5.
[38] Stork, H.: Chemieunterricht 10, H. 3 (1979), S. 55.
[39] Fladt, R.: Chemieunterricht in Beispielen. Stuttgart 1982, S. 14; vgl. auch Lit. [46]: Christen, H.R. Kap. 3.1.4, S. 38.
[40] Kerschensteiner, G.: Wesen und Wert des naturwissenschaftlichen Unterrichts. München 1914.
[41] Köhnlein, W.: Exemplarischer Physikunterricht. Bad Salzdetfurth 1982.
[42] Kintoff-Wagner: Handbuch der Schulchemie. Köln, 1962.
[43] Manthei, W.: Die Rolle der geistigen Operationen im problemhaft-schöpferischen Unterricht. In: Wissenschaftliche Zeitung der Humboldt-Universität in Berlin, Math.-Nat.R. (1984), 1, S. 31–34.
[44] Jung, W.: Aufsätze zur Didaktik der Physik und Wissenschaftstheorie. Frankfurt 1979.
[45] Nuffield-Chemie: Unterrichtsmodelle für das 5. und 6. Schuljahr. Heidelberg 1974, Kap. 7.1.
[46] Kemper, A., Fladt, R.: Lehrsystem A, S. 15 – Hinweise zur Unterrichtsplanung. Stuttgart 1970, S. 5.
[47] Bacon, F.: Neues Organ der Wissenschaften. Darmstadt 1981, unveränderte Neuauflage von 1830, Leipzig.
[48] Comte, A.: Rede über den Geist des Positivismus. Hamburg 1979.
[49] Popper, K.: Logik der Forschung. Tübingen 1984.
[50] Popper, K.: Conjectures and Refutations. London 1963, 4. Auflage 1972.
[51] Kuhn, T.: Die Struktur wissenschaftlicher Revolutionen. Frankfurt 1973.
[52] Fries, E., Rosenberger, R.: Forschender Unterricht. Frankfurt/Main 1976.
[53] Schmidkunz, H., Lindemann, H.: Das forschend-entwickelnde Unterrichtsverfahren. München 1976.
[54] Jansen, W.: Zur Begründung eines problemorientierten, strukturierten naturwissenschaftlichen Unterrichts. NiU-P/C 29 (1981) 20ff.
[55] Ströker, E.: Einführung in die Wissenschaftstheorie. Darmstadt 1977.
[56] Lakatos, I.: The methodology of scientific research programms. London 1978.
[57] Lakatos, I., Musgrave, A. (Hrsg.): Kritik und Erkenntnisfortschritt. Braunschweig 1974.

6. Bildungsziele – Ziele des Chemieunterrichts

Ausgehend vom Wandel des Bildungsbegriffes im Laufe der geschichtlichen Entwicklung wird eine aktuell-akzeptable Form von Bildung und Erziehung formuliert (vgl. Klafki). Der Leser wird zugleich in wichtige Stationen der Bildungs- und Curriculumdiskussion eingeführt. Nach einem Überblick über die sechs Ebenen von Zielkategorien folgt die Auseinandersetzung mit den Bildungszielen des Chemieunterrichts bis hin zu Schlüsselqualifikationen und fachspezifischen Zielen. Dies wird an aktuellen Beispielen (Entwicklung von Werkstoffen, nachwachsende Rohstoffe und Umgang mit Abfällen) verdeutlicht. Fachspezifische Bildungsziele, mit welchen sich die Bedeutung des Faches für die Lebensbereiche der Schüler begründen lässt, tragen dazu bei, das Image der Chemie in der Öffentlichkeit zu verbessern.

6.1 Der Bildungsbegriff in der Diskussion

Wie schwierig es ist, den Begriff Bildung inhaltlich verbindlich festzulegen, sollen zwei Zitate belegen. So formuliert **Schröder** ([1], S. 41): „Der Begriff der Bildung ist ein zentraler Begriff der deutschen Pädagogik. Sein Inhalt ist nicht einheitlich bestimmt, sondern wird geprägt von dem zugrunde liegenden Verständnis von Erziehung, der entsprechenden Bildungstheorie und dem postulierten Menschenbild."
Den Wandel des Bildungsbegriffes zeigt ein Blick auf seine geschichtliche Entwicklung. So wurde z. B. bei Johann Amos Comenius (1592–1670) die Hinführung zur Gottähnlichkeit ([1], S. 41; [2], S. 28) als ein wesentliches Bildungsziel gesehen. In der deutschen Klassik ist der eigentliche Begriff „Bildung" entstanden. So beruft sich **Wilhelm** [3] z. B. auf Goethe und dessen Botschaft: „Das Leben bildet" in *Wilhelm Meisters Lehr- und Wanderjahren*. Von antiken Bildungsideen (z. B. Platon) ausgehend wurde das humanistische, idealistische Bildungsprinzip entwickelt ([4], S. 10). Dieses Bildungsprinzip galt bei den größten pädagogischen Denkern bis in das 20. Jahrhundert hinein als zeitlos. Zur Zeit Humboldts (1767–1845) war man, wie **Wild** ([5], S. 5) feststellt, der Überzeugung, „dass die Philosophie einen Königsweg zum Verständnis der Welt eröffne".
Nach 1945 knüpfte man zunächst wieder an das humanistische Bildungsideal aus der Zeit vor 1933 an. Westphalen ([4], S. 22ff., 104) zeigt, dass jedoch ab 1955 durch Litt [6] und verstärkt in den 60er Jahren, z. B. von Wilhelm [7] und Picht [8], immer mehr angezweifelt wurde, ob das humanistische Bildungsideal dem Menschen in der zunehmend stärker arbeitsteilig und technisierter werdenden demokratischen Gesellschaft zur Daseinsbewältigung ausreicht. Er weist darauf hin, dass Begriffe wie „Bildungsgut", „Bildungswert" und „Bildungsziel" zunehmend abgelehnt werden.
Bereits zu Beginn des zwanzigsten Jahrhundert hat **Kerschensteiner** (Wesen und Wert des naturwissenschaftlichen Unterrichts, München 1913) betont, dass nicht nur Sprachen, Geschichte und Kunst bildend wirken, sondern auch die Naturwissenschaften. Er hat auch erstmals eine Theorie der Bildung durch Handarbeit und handwerkliche Bildung als Grundlage der Berufsschulen diskutiert [8]. 1967 begründete **Robinsohn** [9] die Notwendigkeit, den geltenden Bildungskanon den Erfordernissen der jeweiligen Zeit entsprechend zu aktualisieren. Robinsohn führte auch den Qualifikationsbegriff in die Diskussion ein. Die Schule soll den Menschen mit Qualifikationen ausrüsten, die ihm helfen, die verschiedenen Lebenssituationen zu meistern. Er legt auch Kriterien fest, nach denen unter diesen Gesichtspunkten Bildungsinhalte und Bildungsziele ermittelt werden können. Mit ihm begannen Jahre vielfältiger Curriculumdiskussionen und Entwicklungen von sich z. T. als kritisch verstehender pädagogischer und didaktischer Theorien. Die 60er Jahre waren durch heftige gesellschaftskritische Auseinandersetzungen geprägt, die auch die Diskussion über Bildung beeinflussten.
Wie der Begriff „Bildung" *ideologisch* festgelegt sein kann, soll auch am Beispiel der ehemaligen DDR gezeigt werden. Hier war, so formuliert es **Rossa** ([10], S. 11 f.), „der allseitig entwickelte sozialistische Mensch – das Ziel unserer gesamten pädagogischen Arbeit ...

Deshalb ist es Ziel des Chemieunterrichts, an der Herausbildung der sozialistischen Weltanschauung und Moral mitzuwirken."

In den 60er Jahren hat sich jedenfalls nach Westphalen der Begriff Bildung weitgehend aufgelöst. Andererseits wurde die „Bildungspolitik erfunden", als es „mit der Bildung zu Ende" war ([3], S. 23). Die Zeit ab ca. 1964 war die Phase der Reformkonzepte; es begannen die Jahre der „großen Pläne" ([3], S. 25). So entstanden z. B. der „Strukturplan für das Bildungswesen" 1970 und der „Bildungsgesamtplan" 1973. Der Begriff Bildung selbst wurde weitgehend vermieden, in Wortverbindungen aber zunehmend verwendet, wie z. B. Bildungsökonomie, Bildungstechnologie, Bildungsstrategie, Bildungstheorie, Bildungskatastrophe, Bildungswerbung, Bildungschance, Bildungspolitik zeigen.

Auch in der fachdidaktischen Literatur werden bis in die 90er Jahre hinein die Begriffe Bildung und Bildungsziele weitgehend gemieden oder nur am Rande erwähnt, z. B. bei Becker u. a. [11, 12] oder Staeck [13]. Verwendet wird dann meistens der Begriff „**Lernziel**" entsprechend den lernzielorientierten didaktischen Ansätzen. „Da Lernziele auf höheren Ebenen (Leitziele, Richtziele, Grobziele) zumeist am Postulat der Messbarkeit zerbrechen, entfaltet sich eine teilweise hektisch, teilweise komisch anmutende Aktivität bei der Ausformulierung von Feinzielen", so sieht es Westphalen ([3], S. 77). Besonders **Klafki** ([14], S. 11) ist der Auffassung, dass der Verzicht auf den Bildungsbegriff innerhalb der Didaktik und der Unterrichtsplanung „weder notwendig noch empfehlenswert ist, ja bedenkliche Konsequenzen haben könnte", dass „eine **zentrale Kategorie** wie der Bildungsbegriff oder ein Äquivalent dafür" unbedingt notwendig ist, „wenn die pädagogischen Bemühungen nicht in ein unverbundenes Nebeneinander von Einzelaktivitäten auseinanderfallen sollen". Er begründet diese Notwendigkeit auch damit, dass in manchen neueren, jedenfalls in sich kritisch verstehenden pädagogischen Theorien zwar z. T. auf den Bildungsbegriff verzichtet wird, aber nicht im Sinne einer gleichsam „**ersatzlosen Streichung**", sondern so, dass an seine Stelle, aber in analoger Funktion **andere Zentralbegriffe** treten; Begriffe wie: **Emanzipation** oder **Selbst- und Mitbestimmungsfähigkeit** im Sinne oberster Lernziele oder allgemeiner Prinzipien für Lernzielbestimmungen. Sie sollen strukturell genau das Gleiche leisten, wie die Kategorie der Bildung: Sie bezeichnen nämlich zentrierende, übergeordnete Orientierungs- und Beurteilungskriterien für alle pädagogischen Einzelmaßnahmen. Neben den schon erwähnten Begriffen werden von verschiedenen Autoren als Ersatz Begriffe benutzt wie **Mündigkeit, Kritikfähigkeit, Partizipation, Bereitschaft und Fähigkeit zur Mitverantwortung**. Ebenso kann der Bildungsbegriff, wie Schröder ([1], S. 41) betont, „durch Kennzeichnung der Teilprozesse wie Individuation, Enkulturation oder Sozialisation" ersetzt werden.

Seit der Mitte der 90er Jahre kann man eine verstärkte Diskussion über Bildung allgemein, aber auch in Bezug auf die zunehmende *Globalisierung*, feststellen. Dabei wird darüber diskutiert, wie sich in einer expandierenden Flexibilität von Güter-, Kapital- und Arbeitsmärkten und von sich ständig wandelnden Qualifikationen unsere Gesellschaft in der globalen Konkurrenz behaupten kann ([15], S. 24). Die TIMS-Studie (*Third International Mathematics and Science Study*) 1997 mit dem Ergebnis, „dass deutsche Schüler in Mathematik und Naturwissenschaften eher bescheidenes Mittelmaß an Kenntnissen und Fertigkeiten besitzen", muss uns, so fordert Hubert **Markl**, Präsident der Max-Planck-Gesellschaft ([16], S. 58), „aus unserer Selbstzufriedenheit aufscheuchen und klarmachen, dass wir unseren Kindern nichts Gutes tun, wenn wir ihnen die Anstrengung harter Leistungsanforderung ersparen, sondern dass wir sie dadurch geradezu ihrer Zukunftsfähigkeit, ihrer Lebenstüchtigkeit im Leistungswettbewerb berauben. Was sich als soziale Großtat großzügig vermehrter Bildungschancen aufplustert, könnte sich als das Unsozialste erweisen, was wir uns denken können, nämlich die Zerstörung von Lebenserfolgschancen bei Kindern ...". Die Bereitschaft sich anzustrengen – **Leistungsbereitschaft** – als Bildungsziel wird in letzter Zeit nicht nur von Markl gefordert. Roman Herzog drückt das so aus: „Es gibt keine Bildung ohne Anstrengung. Wer die Noten aus den Schulen verbannt, schafft Kuschelecken, aber keine Bildungseinrichtungen, die auf das nächste Jahrtausend vorbereiten" ([17], S. 14). **Prenzel** ([18], S. 243 f.) betont, dass von „Lehrkräften ein verbreiteter Mangel an Leistungsbereitschaft beobachtet" wird, „der sich besonders auf den Unterricht in Mathematik und den Naturwissenschaften auswirke", da den Schülerinnen und Schülern die Anforderungen in Mathematik, Physik und Chemie oft höher zu sein scheinen als in anderen Fächern.

Der Begriff „**Erziehung**" kann in gewissem Sinne gleichfalls als ein Ersatzbegriff gesehen werden. Er wird vielfach weitgehend synonym für den Begriff „**Bildung**" verwendet, z. B. bei **Schiefele** und **Prell** ([2], S. 23–35). Bildung kann Erziehung einschließen, wie bei **Weber** ([19], S. 66): „Bildung ist die durch Erziehung zu unterstützende, jedoch vom Einzelnen selbst lebenslänglich zu erlernende Fähigkeit und Bereitschaft zur individuellen und gesellschaftlichen Emanzipation und Mündigkeit". Der Begriff Bildung wird aber auch dem der Erziehung untergeordnet verwendet ([1], S. 41 f.), hier ist „Bildung ein Teilbereich der Erziehung, der sich in Ergänzung zur unterrichtlichen Wissensvermittlung und Fähigkeitsschulung der Begegnung von Werten (z. B. Charakterbildung)" widmet.

In Anlehnung an Weber hält es der Verfasser für sinnvoll, als **Bildung** *das Erreichen der postulierten Ziele* (selbst gesetzt und/bzw. von der „Gesellschaft" erwartet) durch *persönliche, individuelle* und *lebenslange Anstrengung jedes Einzelnen* zu sehen; **Erziehung** dagegen *kommt von außen* und *unterstützt diese Anstrengung*. **Anton** ([20], S. 2) formuliert kurz: „Erziehender Unterricht besteht primär aus der Lehrerleistung." und „Bildender Unterricht besteht primär aus Schülerleistung.".

6.2 Einige Vorschläge für einen zeitgemäßen Bildungsbegriff

In seiner **Theorie von der kategorialen Bildung** versucht Klafki den Dualismus zwischen den Auswahlprinzipien formaler Art (formale Bildung definiert Bildung vom Subjekt, also dem Adressaten aus) und materialer Art (materiale Bildung definiert Bildung vom Inhalt her) zu vereinen ([3], S. 70; [1], S. 41; [21], S. 37 ff.). Er verwendet bei der Auswahl von Bildungsinhalten das vor allem von M. Wagenschein propagierte „exemplarische Prinzip".

Sachsse ([22], S. 260) betont, dass der Bildungsbegriff „möglichst allgemein, politisch entlastet und neutral sein muss ... Wir wollen", so formuliert er, daher „unter Bildung verstehen ganz allgemein den Erwerb von Maßstäben durch Lernen, und zwar nicht von bestimmten Maßstäben, sondern von Maßstäben überhaupt". Diesen Erwerb von Maßstäben sieht Sachsse als einen **Prozess der Informationsaufzeichnung**, „der sich nicht auf die Addition des Neuen beschränkt, sondern tiefer greift und das Neue in Auseinandersetzung und Revision mit dem Vorhandenen eingliedert, sodass eine innere Umformung damit verknüpft ist und eine Änderung der Haltung und des Verhaltens die Folge ist". Im Gegensatz dazu wird unter **Ausbildung** der **Erwerb von Fertigkeiten und Methoden** verstanden.

Jung ([23], S. 14–18) umschreibt Bildung bereits 1970 durch vier anzustrebende Bildungsziele:

1. *Autonomie* – dieses Bildungsziel entspricht den Intentionen des neuzeilichen Emanzipationsprozesses.
2. *Kommunikationsfähigkeit* – dabei geht es um die Bereitschaft und Fähigkeit zur Partizipation.
3. *Fähigkeit, sich in der bestehenden Welt* – Natur und Gesellschaft – *zu behaupten.*
4. *Fähigkeit zur kritischen Reflexion der bestehenden Welt und Fähigkeit, etwas Neues zu beginnen.*

Die Bildungsziele 2 bis 4 können nach Jung auch als Teilaspekte des 1. Zieles betrachtet werden.

In der Curriculumdiskussion stößt man häufig auf „**Emanzipation**" als oberstes und allgemeinstes Ziel (vgl. Bildungsziel 1 bei Jung). Nach Klafki ([14], S. 18) handelt es sich um einen **Ersatzbegriff** für ein oberstes Ziel. Er schlägt vor, diesen Begriff durch die positive Doppelformel „**Selbstbestimmungs- und Solidarfähigkeit**" (Mitbestimmungsfähigkeit ist ein Teil davon) zu ersetzen. Er sieht diese Formulierung als eine Fortentwicklung und Präzisierung des traditionellen Begriffs der „**Mündigkeit**". **Keilhacker** ([24], S. 86ff.) nennt als eines der wichtigsten Ziele von Erziehung und Bildung in der Industriegesellschaft die *„souveräne Haltung gegenüber den Erzeugnissen und Leistungen der Technik, gegenüber der gesamten Sachumwelt überhaupt…"* (kursiv im Original).

Man kann zusammenfassend feststellen, dass sich trotz z. T. unterschiedlicher Formulierungen bei den erwähnten Autoren doch ähnliche Grundvorstellungen erkennen lassen. **Die obersten Bildungsziele sind durchwegs auf einem sehr hohen Abstraktionsniveau allgemein formuliert**. Sie müssen **ideologiefrei** sein, die **Anforderungen und Bedürfnisse der jeweiligen Zeit fortschreiben und auf die noch weitgehend unbekannte Zukunft ausdehnbar sein**.

6.3 Zielebenen, Hierarchie von Bildungszielen

Allgemeinste Ziele und damit der **höchsten Ebene** angehörige Bildungsziele sind nach Klafki ([14], S. 17ff.) **Selbstbestimmungs-** und **Solidarfähigkeit**, die er später **auf das Bewusstsein von zentralen Schlüsselproblemen der Gegenwart** erweitert (Abb 110.1).

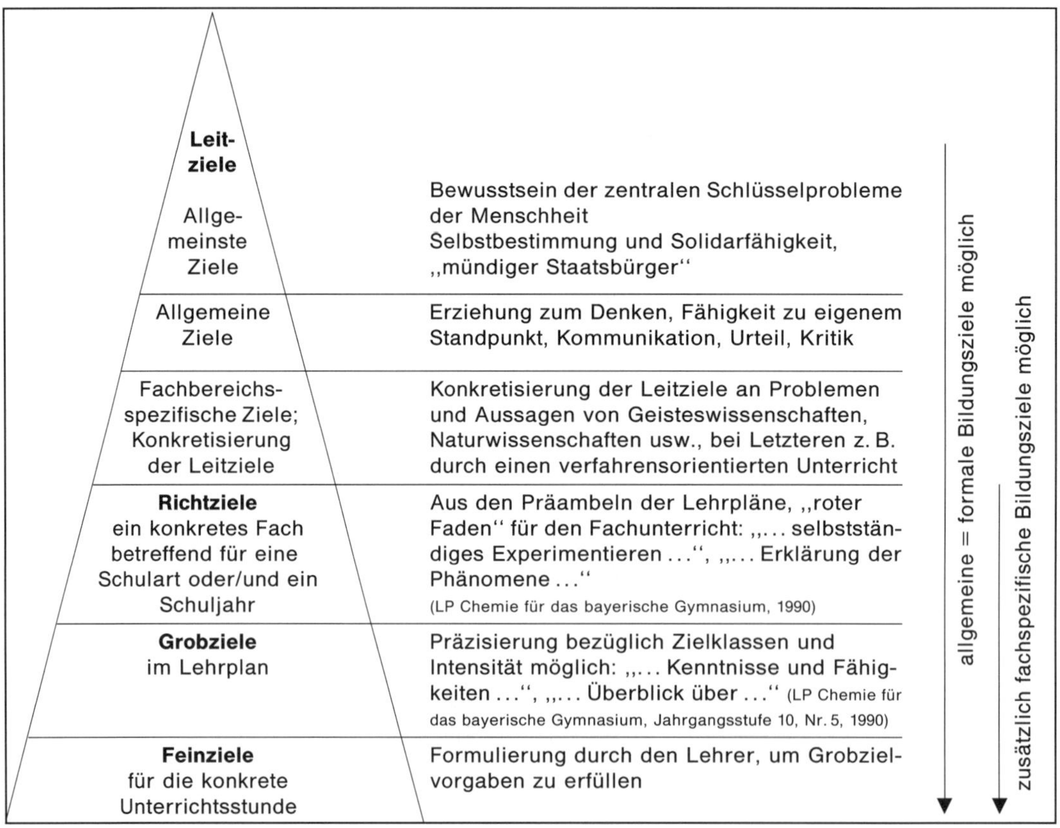

Abb. 110.1: Hierarchie von Bildungszielen

In einer **zweiten Ebene** sind Ziele anzusiedeln, die immer noch sehr allgemein sind, aber die Ziele der ersten Ebene schon etwas detaillierter beschreiben. **Klafki** führt hier Begriffe auf wie „Kritik- und Urteilsfähigkeit", „Kommunikationsfähigkeit", „Fähigkeit, einen anderen Standpunkt zu vertreten, aber auch ihn aufgrund besserer Einsicht korrigieren zu können". Auch das oft formulierte Ziel „Erziehung zum logischen Denken" (Kerschensteiner) gehört in diese Ebene.

Diese Ziele sind noch *nicht auf konkrete Sach- und Fachbereiche bezogen*. Sie können durch alle Fächer mehr oder minder angestrebt und erreicht werden. Sie können noch **nicht begründen, dass ein bestimmtes Fach oder eine Fächergruppe** (z. B. Naturwissenschaften, Geisteswissenschaften) im Fächerkanon einer Schulart vertreten sein muss. Die Ziele der 1. und 2. Ebene werden auch als **formale (allgemeine) Bildungsziele** bezeichnet, die durch ein Unterrichtsfach erreicht werden können.

Klafki sieht dann eine **dritte Ebene**, auf der eine „**bereichsspezifische Konkretisierung**" dessen, was auf der ersten und zweiten Zielebene formuliert wurde, vorgenommen wird. „Auf dieser Ebene stellen sich Fragen wie die folgenden: Was heißt Urteils- und Kritikfähigkeit im Bereich naturwissenschaflich-technischer Erkenntnis- und Handlungszusammenhänge, im Bereich sprachlicher Kommunikation ...?". Das kann im Bereich Naturwissenschaften z. B. dadurch geschehen, dass gezeigt wird, wie dort im Experiment Fragen an die Natur gestellt werden und versucht wird, die Antworten, d. h. die Ergebnisse des Experiments durch logische Schlüsse, zu interpretieren.

Auch auf dieser Ebene handelt es sich noch um Bildungsziele relativ allgemeiner, noch nicht fachspezifischer Art, d. h., sie sind **fachbereichsspezifisch – in diesem Fall naturwissenschaftsspezifisch**. Auf dieser Ebene lässt sich begründen, dass z. B. Naturwissenschaften überhaupt im Fächerkanon vertreten sein müssen.

Die **Vertretung eines konkreten Fachs** (z. B. Chemie) lässt sich erst auf einer **vierten Ebene** begründen. Man spricht dann von **fachspezifischen Bildungszielen**. Dazu gehören auch Ziele, die fachübergreifende und fächerverbindende Beziehungen ermöglichen und Grundlage für vernetztes Denken sind. Die Zielformulierung ist noch recht abstrakt gehalten, wenn es z. B. heißt, dass im Chemieunterricht die Bedeutung chemischer Reaktionen für den Alltag bewusst gemacht werden soll. Für Ziele dieser Ebene wird auch der Begriff **Richtziel** verwendet.

Von derartigen Richtzielen, die gewissermaßen Leitideen für das jeweilige Fach in der konkreten Jahrgangsstufe einer Schulart beschreiben, werden auf der nächsten Ebene **Grobziele** abgeleitet, die wesentliche Bestandteile der gültigen Lehrpläne sind. In der konkreten Unterrichtsstunde soll dann der Lehrer/die Lehrerin durch genauere **Feinziele** die Vorgaben der Grobzielformulierung zu erreichen suchen.

6.4 Bildungsziele (Ziele) des Chemieunterrichtes

6.4.1 Vorbemerkungen

Es ist noch nicht unumstritten, dass **Naturwissenschaften**, also auch Chemie, **Bildung vermitteln können und nicht nur Ausbildung** im Sinne von Vermittlung von Fertigkeiten. Unbestritten ist im Allgemeinen, dass die bildende Kunst, die Musik, die Philosophie, die Geschichte der Ideologien und Theorien, Kenntnis geschichtlicher Zusammenhänge und von Literatur zur Bildung gehören. Es sind die Themen, die bei Gesprächen in Gesellschaft wichtig sind. Hier darf man sich nicht blamieren, mit Unkenntnis in Naturwissenschaften kann man dagegen sogar kokettieren, ohne an gesellschaftlicher Reputation zu verlieren.

Andererseits haben, so stellen Sachsse [22] und Wild [5] klar, wichtige naturwissenschaftliche Ergebnisse schon immer zu einschneidenden geisteswissenschaftlichen Umbrüchen geführt und dadurch das jeweilige Weltbild entscheidend beeinflusst. So zeigte **Krätz** („Goethe und die Naturwissenschaften", Aulis Verlag 1999), wie die Beschäftigung mit Chemie und den anderen Naturwissenschaften Goethes dichterisches Werk beeinflusst hat.

6.4.2 Allgemeine (formale) Bildungsziele des Chemieunterrichts

Formale Bildungsziele sind vielfältige und bedeutsame Bildungsziele, die z. B. durch **Übertragung der fachwissenschaftlich-chemischen Denk-, Vorgehens- und Arbeitsweisen** (**empirisch-kritisches Vorgehen**) auf die Lösung fachwissenschaftlich-chemischer Fragestellung im Chemieunterricht erreicht werden können. Die Schüler daran teilhaben zu lassen, wie naturwissenschaftliche Erkenntnisse gewonnen werden können, ist ein unbestrittener didaktisch-pädagogischer Grundsatz und wird als weitaus bildungsrelevanter betrachtet als die reine Vermittlung von Faktenwissen.

Bei der Lösung einer wissenschaftlichen Fragestellung im Chemieunterricht geht es darum: Der zu klärende – mehr oder minder – komplexe Sachverhalt muss in lösbare, überschaubare Teilprobleme zerlegt werden, das ist ein **analysierendes Vorgehen**. **Synthetisierendes Vorgehen** erfolgt dann, wenn Einzelerkenntnisse zu einer komplexen Aussage zusammengefügt werden.

Bei der Planung von **Lösungsstrategien** sind vielfältige Bildungsziele erreichbar, z. B. **von Bekanntem ausgehendes, logische Schlüsse ziehendes, planerisches, vorausschauendes und kritisch-abwägendes Denken**.

Dabei wird **Transferdenken** gefördert; horizontal ist es auf ähnlich gelagerte Fälle, vertikal auf schwierigere gerichtet, wobei diese Transfersituationen auch außerhalb der Schule im Alltag und in Berufen auftreten können.

Diese Überlegungen können z. B. zur Entscheidung für ein bestimmtes Experiment führen, bei dessen Aufbau und Durchführung, wenn Schüler dabei beteiligt sind, deren **manuelle, psychomotorische Fertigkeiten** geschult werden; ein Ziel, das auch als Ausbildungsziel, nicht als Bildungsziel betrachtet werden könnte. Weitere dabei erreichbare Ziele wären **Geduld, Genauigkeit, Sorgfalt u. ä.**

Bei **Schülerexperimenten**, besonders bei **arbeitsteiliger Gruppenarbeit**, wären als weitere erreichbare Bildungsziele zu nennen: Erlernen von **Teamarbeit**, wie Aufgabenverteilung nach den Fähigkeiten der einzelnen Mitglieder, Kooperation, Rücksichtnahme, aber auch Durchsetzungsvermögen, Einhalten von Sicherheitsmaßnahmen u. v. a., d. h. wichtige soziale Verhaltensweisen, wie sie im Alltag und im Berufsleben wichtig sind.

Bei der Verfolgung des Experimentablaufes, bei der Beschreibung von Stoffen, der Interpretation von Modellen, von sonstigen Medien usw. wird als sehr wichtiges Bildungsziel angestrebt das **exakte**, **objektive**, **vorurteilsfreie Beobachten** (ohne oder auch z. T. unter Verwendung technischer Hilfsmittel); bei quantitativen Experimenten auch das **präzise Messen**. Dabei kann die *Messwerterfassung* mithilfe des PC durchgeführt werden, wodurch der Umgang mit diesem neuen Medium gelernt wird (**Medienkompetenz**, vgl. Kap. 15).

Bei der **Auswertung von Beobachtungen**, **Versuchsergebnissen usw.** können weitere wichtige Bildungsziele angestrebt werden: **Ordnen, Systematisieren, Klassifizieren und Vergleichen der Fakten sowie** das **Herstellen von Kausalbeziehungen.**

Logische Schlüsse können dann zu Verallgemeinerungen durch **abstrahierendes Denken** und damit zur Bildung von **Hypothesen** führen. Dieses Denken und Vorgehen wäre **induktiv**. Hypothesen müssen dann an möglichst vielen weiteren konkreten ähnlich gelagerten Einzelfällen überprüft werden (**deduktives Vorgehen**). **Wenn-dann-Beziehungen** werden dabei hergestellt mit dem Ziel, die postulierte Hypothese zu **bestätigen (Verifizierung)** oder zu **widerlegen** (**Falsifizierung**). Im Falle der Widerlegung muss dann die Hypothese verworfen, verändert usw. werden.

Darüber hinaus können bei der geschilderten Auswertung von Beobachtungen usw. als weitere wichtige **Bildungsziele** erreicht werden: **Diskutierfähigkeit**, also die Fähigkeit zu klarer, überzeugender Argumentation, aber auch zur Fähigkeit zuhören zu können, d. h. offen zu sein für die Argumente anderer, zu Toleranz auch gegenüber falschen Meinungen, wodurch bei den anderen Schülern die Scheu abgebaut wird, eigene Meinungen zu äußern. Eine wesentliche Voraussetzung für die Diskutierfähigkeit ist die Fähigkeit zur **Verbalisierung**, d. h. das Vermögen, sich klar, präzise, sach- und fachgerecht ausdrücken zu können. Nur dadurch ist es überhaupt möglich, beobachtete

Fakten in eine eindeutige wissenschaftliche Aussage (Sprache) zu transformieren. Beides sind Bildungsziele von größter Bedeutung im Alltag und im Beruf.
Durch einen derartigen problemlösenden, verfahrensorientierten Chemieunterricht erkennen die Schüler, dass aus **objektiven** Beobachtungen von Versuchsergebnissen durchaus zunächst **subjektiv verschiedene logische Schlüsse** gezogen werden können, dass es weiterer Befunde bedarf, um zu klären, welche logischen Schlüsse sich im Sinne einer **Theorie** – *zumindest vorläufig* – als richtig erweisen. Die Schüler erkennen, dass **wissenschaftliche Aussagen** durchaus **begrenzt gültig** sein können, dass sie beim Vorliegen neuer Erkenntnisse korrigiert werden müssen und dass *die Wissenschaftsentwicklung ständig weitergeht*. Sie lernen die Zuordnung wissenschaftlicher Aussagen in Veröffentlichungen zu den Begriffen *Hypothese, Theorie und Naturgesetz* (hier besteht kein begründeter Zweifel mehr) kritisch einzuschätzen. Sie gewinnen **Kritikfähigkeit** gegenüber **Werbung**, die sich einen wissenschaftlichen Anstrich gibt, um die in der Bevölkerung weit verbreitete **Wissenschaftsgläubigkeit** auszunutzen, sowie gegenüber **falschen Aussagen** von Journalisten. **Jansen** (Chemkon 2/1996 S. 61) zeigt für Letzteres Beispiele. In einem Unterricht, der die Schüler zur **Selbsttätigkeit** anregt, können sie lernen, wie sie sich durch **Literaturstudium, Informationen aus dem Internet bzw. Expertenbefragung** kundig machen können, eine Voraussetzung für **lebenslanges Lernen**. Der im Alltag und im Berufsleben immer wichtiger werdende **Modelleinsatz** und das **Denken in Modellen** kann gerade im Chemieunterricht außerordentlich gefördert werden (vgl. Kap. 5).
Die aufgezeigten Bildungsziele auf den Zielebenen 1 bis 3 vermitteln Fähigkeiten, die auch außerhalb der Schule und später im Erwachsenenleben im Alltag und in Berufen zunehmend wichtiger werden. Man kann sie zu den **Schlüsselqualifikationen** zählen, die den **mündigen Staatsbürger** auszeichnen und zunehmend von öffenlicher Verwaltung und Wirtschaft gefordert werden, da sie *wichtige Qualifikationen auf intellektueller personaler und sozialer Ebene* sind (weiterf. Literatur [25–38]).

Ein Bildungsziel, das der Chemieunterricht wie jeder naturwissenschafliche Unterricht erreichen kann, ist die Einsicht, **dass sich Naturwissenschaften nur mit Themen beschäftigen und darüber seriöse Aussagen machen können**, die mit ihren **empirisch-kritischen Methoden** objektiv bearbeitbar sind. **Metaphysische Überlegungen** können kein Thema für die Naturwissenschaften sein.
Im Rahmen eines historisch-genetisch angelegten Unterrichts kann gezeigt werden, dass das nicht immer so gesehen wurde, wie z. B. *alchimistische und magische Vorstellungen in der Chemie oder vitalistische in Biologie und Chemie* zeigen.

6.4.3 Fachspezifische Bildungsziele des Chemieunterrichts

Fachspezifische Bildungsziele sind solche, die **nur das konkrete Fach** vermitteln kann (4. Zielebene) und die sein Vorhandensein im Fächerkanon einer Schulart rechtfertigen (vgl. Kap. 16.4).
Das **chemische Experiment** ermöglicht das Erreichen **fachspezifischer Bildungsziele** wie z. B. **sachgemäßen Umgang** mit den **chemiespezifischen Experimentiergeräten** und mit **gefährlichen** (brennbar, explosiv, giftig, ätzend usw.) **Stoffen**. Dazu gehört auch die **fachliche Begründung** für die anzuwendenden **Vorsichtsmaßnahmen** (dann handelt es sich nicht mehr nur um Ausbildungsziele im Sinne von Sachsse), womit sich **Transfermöglichkeiten** für den sachgemäßen Umgang mit derartigen Stoffen im Alltag, in Berufen und Freizeit eröffnen. Dasselbe gilt einschließlich der **fachlichen Begründung** für die **sachgemäße Beseitigung der Experimentierrückstände** unter Beachtung von **Sicherheitsbestimmungen** und **Umweltschutzgedanken** oder auch unter Aufzeigen von **Recyclingmaßnahmen**.
Der Chemieunterricht ist in der Lage, viele weitere fachspezifische Bildungsziele zu vermitteln, die in unserer **modernen Industrie-, Dienstleistungs- und Kommunikationsgesellschaft sehr bedeutsam sind, weil die Chemie eine der tragenden Grundlagen dafür ist.** Die chemische Industrie ist mit ca. 500 000 Beschäftigten viertgrößter Arbeitgeber in Deutschland.

Das Bildungsziel *Die Bedeutung der Chemie einschätzen können* kann im Chemieunterricht z. B. dadurch begründet werden, dass man die Schüler an geeigneter Stelle darauf hinweist, dass Produkte der Chemie unter dem Aspekt der **Erhöhung der Lebensqualität** selbstverständlich nachgefragt werden, ohne dass sie vom Verbraucher oft (noch) als solche erkannt werden. Einige wenige Beispiele mögen das verdeutlichen:

B Unsere vielfältige *„Sport- und Freizeitgesellschaft“* wäre ohne Kunstfasern für die speziellen Bekleidungen (z. B. aus Gore-Tex) oder die immer besser angepassten Kunsstoffe für die verschiedensten Sportgeräte nicht denkbar. Auch kosmetische Präparate, z. B. Sonnenschutzmittel, gehören hierher.
Eine Erhöhung der Lebensqualität bedeutet auch die vielfältige Verwendung chemischer Produkte im Bereich der *Medizin*. Erwähnt seien nur die mit hohem Forschungsaufwand laufend neu entwickelten oder verbesserten Medikamente, ständig verbesserte Kunststoffe für Zahnersatz, Zahnfüllungen, Herzklappen u.a.; faserverstärkte Kunststoffe für Gelenksprothesen, biologisch abbaubare Kleber und Schrauben zum Zusammenfügen gebrochener Knochen usw.
Die immer vielfältiger und leistungsfähiger werdenden *Produkte der Bauchemie* erhöhen ebenfalls die Lebensqualität in Gebäuden und erleichtern das Bauen. Das gilt nicht nur für den Wohnbereich, sondern auch in gewerblichen und öffentlichen Bauten. Zur Erhöhung der Lebensqualität gehört in gewisser Weise auch, dass wir historische Gebäude und Steinplastiken bewundern können, die mithilfe von Silikonkautschuk (für Abdrücke zum Herstellen von Kopien), Kieselsäureester als Steinfestiger und wasserabweisender siliziumorganischer Mittel wieder in ursprünglicher Schönheit dauerhaft „erstrahlen“.
Die rasante Entwicklung im Bereich der *Datenverarbeitung und ihrer weltweiten Übertragungsmöglichkeiten* ist ohne Chemie nicht möglich. Das beginnt beim PC mit den Chips aus Silizium bis zum Gehäuse, der Tastatur, Diskette und CD-ROM aus Kunststoffen.
Auch das *Auto* bedeutet für viele Menschen. eine Erhöhung der Lebensqualität. Peter von Zahn [39] zeigt an diesem Beispiel folgende **Diskrepanz**: Bei kaum einem Teil des modernen Autos wird ein Werkstoff als reiner Naturstoff verwendet, **ohne dass bei seiner Gewinnung und Produktion irgendwelche chemische Reaktionen durchgeführt wurden, von den zunehmend eingesetzten Kunststoffen ganz zu schweigen**. Das Auto ist praktisch *Chemie auf vier Rädern*.

Die Chemie erfuhr seit den schon erwähnten gesellschaftskritischen 60er Jahren in weiten Teilen der Bevölkerung, besonders auch in der veröffentlichten Meinung, oft heftige Ablehnung. Tatsächlich wurde auch immer mehr erkannt, dass viele der erzeugten Produkte nicht ungefährlich für Mensch und Umwelt sind, dass sie karzinogen, mutagen, teratogen oder embryotoxisch wirken und sich in der Umwelt anreichern.

Ein Chemieunterricht, der so früh wie möglich beginnt, der die Schüler altersgemäß mit den vielfältigen Aufgaben und Möglichkeiten der Chemie vertraut macht und damit aufzeigt, dass die Chemie ein wesentlicher Faktor der heutigen und in noch zunehmendem Maße der zukünftigen Welt ist und diese also ohne Chemie nicht zu verstehen ist, kann dazu beitragen, **ungerechtfertigte Vorurteile gegenüber der Chemie abzubauen**. Einige Aspekte wurden bereits aufgeführt, einige – exemplarisch ausgewählt – sollen noch genannt werden:
Ein verfahrensorientierter Unterricht (vgl. Kap. 6.4.2) vermittelt ein Verständnis für die Vorgänge bei chemischen Reaktionen, bei denen die eigentlichen Abläufe im **submikroskopischen Bereich** erfolgen und deshalb durch **Modellvorstellungen** verdeutlicht werden müssen. Der Modelleinsatz führt hier also nicht nur, wie bereits erwähnt, zu allgemeinen Bildungszielen, sondern auch zu wichtigen fachspezifischen.
Ein so angelegter Chemieunterricht führt den Schüler zur Erkenntnis, dass Chemie eine **exakte Naturwissenschaft ist, in der das Streben nach Sicherheit und Zuverlässigkeit in den Aussagen oberstes Ziel ist**. Die „quantitative Erfassung der Beobachtung“ ([25], S. 52) durch exakte Messmethoden ist dafür sehr wichtig. Dies alles trägt mit dazu bei, die vielfach noch in der Bevölkerung vorhandenen *„magischen“* Vorstellungen von Chemie abzubauen.

Die Vermittlung der **chemischen Fachsprache einschließlich der Formelsprache,** der wesentlichen **Grundaussagen des Fachs**, der Tatsache, dass die Chemie **Grundlagenwissen** für viele andere Bereiche liefert und damit für viele fachübergreifende und fächerverbindende Bezüge und vernetztes Denken unerlässlich ist, dass sie eine **Querschnittswissenschaft** ist und ihre Erkenntnisse zu den wesentlichen **Kulturleistungen** der Menschheit gehören, dies alles sind wesentliche fachspezifische Bildungsziele und ein **unerlässliches Rüstzeug für das Leben in der heutigen Zeit**. Gerade Vertreter von Berufen, die nicht direkt mit Chemie zu tun haben, wie Journalisten, Juristen, Theologen, Geisteswissenschaftler, Politiker, Wirtschaftler, Lehrer anderer Fächer, sollten deshalb in der Schule ein ausreichendes Grundwissen in Chemie erwerben. Seriöse Diskussionen, z.B. in den **weltweit wichtigen Bereichen Ökologie/Umweltschutz, Problematik der Entwicklungsländer und allgemein Sicherung der Ernährung und anderer zentraler Schlüsselprobleme** (vgl. UNESCO-Forderung), sind **ohne ausreichende chemische Grundlagenkenntnisse nicht oder nur sehr eingeschränkt möglich**.

Ein wichtiges Bildungsziel ist es deshalb – wie auch schon vorher erwähnt –, die außerordentliche **Bedeutung der Chemie und ihrer Produkte im Umfeld jedes Einzelnen, im Alltag, in der Freizeit und im Beruf heute und in der Zukunft, aber auch im Hinblick auf die globalen Schlüsselprobleme** bewusst zu machen. Das kann dadurch geschehen, dass **innovative, problemlösende bzw. problemvermindernde und zukunftsweisende Entwicklungen in der Chemie** angesprochen werden und den Schülern damit begründet wird, dass **chemische Forschung und Entwicklung ständig weitergehen muss**.

Die enormen Fortschritte der **chemischen Analytik** verschieben die Nachweisgrenzen von Stoffen in immer unvorstellbarere minimale Konzentrationsbereiche. Meldungen über nachgewiesene Schadstoffe in Wasser, Luft, Nahrungsmitteln u.a. verunsichern die Bevölkerung oft unnötig, wenn nicht sachgerecht erläutert wird, wie die gefundene Konzentration einzuschätzen ist. Ein wichtiges Bildungsziel eines fundierten Chemieunterrichts (*mündiger Staatsbürger!*) ist es deshalb, den Schüler zu befähigen, die zunehmenden **Meldungen in den Medien** über chemische, chemisch-technische und biochemische Sachverhalte **kritisch einzuschätzen**. Am erwähnten Beispiel der Konzentration von Stoffen können die Größenordnungen ([40], S. 28 Abb. 8) anschaulich klar gemacht werden.

Der Chemieunterricht kann dazu beitragen, **ungerechtfertigte Angst abzubauen**. Das kann z. B. durch Beispiele aus der Lebensmittelchemie geschehen:
„Alle Dinge sind Gift, allein die Dosis macht, dass ein Ding kein Gift“. Paracelsus machte diese oft zitierte ([40], S. 9) Aussage bereits vor 500 Jahren. Eindrucksvolle Beispiele für die Berechtigung dieser Aussage liefern z.B. die Analysen von natürlichen Nahrungsmitteln:

B So enthält die *Erdbeere* eine enorme Vielfalt von Stoffen, die z. T. mutagen und kanzerogen sind. Darunter sind Benzol und Benzolderivate. Das iftige Methanol und auch Acetaldehyd sind enthalten. Dabei ist es, wie **Schmidkunz** ([41], S. 35ff.) erfahren musste, nicht leicht, Nichtfachleuten glaubhaft zu machen, dass diese Stoffe nicht aus dem Boden oder der Luft stammen, sondern von der Pflanze erzeugt werden und für das Aroma mit verantwortlich sind.
Als weiteres Beipiel führt er die *Himbeere* an mit 34 verschiedenen Aldehyden und Ketonen, 32 verschiedenen Alkoholen, 20 verschiedenen Estern, 14 verschiedenen Säuren, 3 Kohlenwasserstoffen und 7 Verbindungen anderer Stoffklassen, darunter das gefährliche Cumarin. Ein künstlich erzeugtes Nahrungsmittel bekäme bei diesen Inhaltsstoffen keine lebensmittelrechtliche Zulassung, wie Schmidkunz ([41], S. 39) feststellt. Aber selbstverständlich sind Erd- und Himbeeren gesunde Früchte; die Konzentrationen sind nicht gefährlich, der Mensch hat sich im Laufe seiner Evolution an bestimmte Konzentrationen schädlicher Stoffe in seiner Nahrung angepasst. Was für Obst gilt, gilt ähnlich auch für Gemüse.

In diesem Zusammenhang ist als ein fachübergreifendes Ziel zu sehen, mit einem in der Bevölkerung weit verbreiteten **Vorurteil** aufzuräumen:
chemisch = künstlich (synthetisch) = schlecht = ungesund
biologisch = natürlich = gut = gesund
Dazu können z.B. Tabelle 116.1 ([50], S. 62 Tab. 4) oder Tabelle 116.2 ([50], S. 58 Tab. 3) dienen. LD_{50} bedeutet, dass bei dieser Dosis 50 % der Versuchstiere starben. Das natürliche Botulinustoxin gilt als das stärkste Gift überhaupt.

Vorkommen	**Naturstoff**	**Wirkung**
Rhabarber	Anthrachinon	mutagen
Schwarzer Pfeffer	Piperin	mutagen
Möhren	Carotoxin	Nervengift
Kaffee	Catechole	DNA-Schäden
Kartoffel (roh)	Solanin	teratogen
Senf, Meerrettich	Allylisothio-cyanat	kanzerogen
Honig, Kräuter	Pyrrolizidin	kanzerogen, mutagen
Sellerie, Petersilie	Psoralen	DNA-Schädigungen
Muskatnuss	Myristicin	Psycho-Effekte
Äpfel	Phloricin	Glukosurie
Getreide	Phytin	Ca-Metabolismus
Käse, Fisch	Amine	Blutdruck
Himbeere	Cumarin	Leber, Blutgerinnung
Champignon	Agaritin	Magentumore

Tabelle 116.1: Naturstoffe und ihre Wirkung

Chemikalie	**Versuchstier**	**LD_{50} (in mg/kg)**
Natriumchlorid	Maus	~ 10 000
Tetrachlorethylen	Ratte	8 800
Ethanol	Maus	3 300
Morphiumsulfat	Ratte	900
DDT	Ratte	150
Natriumcyanid	Ratte	10
Arsentrioxid	Ratte	1,4–4,3
Nikotin	Ratte	1
Curare (Pfeilgift)	Ratte	0,5
Tetrodotoxin (Kugelfisch)	Ratte	0,01
Aflatoxin B 1 Schimmelpilze	Maus	0,01
TCDD	Meerschwein	0,001
Crotoxin (Klapperschlange)	Ratte	0,0002
Botulinustoxin	Ratte	0,00000003

Tabelle 116.2: Akute Toxizität verschiedener natürlicher und synthetischer Stoffe bei Versuchstieren

Der Abbau von Vorurteilen ist ein großes Anliegen der chemischen Industrie. So ist es z. B. ihr Bestreben, Verfahren zu entwickeln, die bei hohen Produktausbeuten nur einen geringen Anfall an Nebenprodukten haben und gleichzeitig preisgünstig sind.

Ein weiterer Aspekt, der sich auch in den Bildungszielen des Chemieunterrichts niederschlagen muss, ist die Forderung nach Nachhaltigkeit bzw. nachhaltiger Entwicklung (sustainable development).
Der Einsatz nachwachsender Rohstoffe wird sich also dank technischer Entwicklungen in der Chemieindustrie weiter verstärken. Dadurch werden Ressourcen geschont, entsprechend der Forderung der UNESCO **nach Nachhaltigkeit** (sustainable development). Das rechnet sich, so wird immer wieder betont, auch unter wirtschaftlichen Aspekten.

Nachhaltigkeit, so warnt **Markl** ([42], S. 908ff.) und argumentiert dabei als Biologe, darf aber nicht bedeuten einen unveränderten Zustand der Natur, auf den die Menschen nicht einwirken dürfen. Biologische Evolution und physikalische Gesetze stehen dem entgegen. „Die Idee der Nachhaltigkeit ist ein Ausdruck einer freiwilligen moralischen Verpflichtung der jetzigen gegenüber der künftigen Generation …“. Markl fordert, dass die schon weit fortgeschrittene Zerstörung vieler Ökosysteme nicht mehr fortschreiten darf, damit die noch vorhandene genetische Vielfalt erhalten werden kann. Das ist bei einer weiter steigenden Erdbevölkerung nur möglich, wenn auf den **naturbelassenen Flächen durch biologische und chemische Forschung die Erträge erhöht werden können**.

Diese Ausführungen bzgl. Ökologie/Ökonomie vermitteln fachspezifische Bildungsziele, die **ethische Aspekte der Chemie und ihrer Produkte** aufzeigen.

Die Behandlung derartiger Zusammenhänge macht folgende **affektive (emotionale) Bildungsziele** erreichbar:

- Bereitschaft, die Wegwerfmentalität zu überwinden;
- Bereitschaft zum „Recycling", wo immer es möglich ist, und zum Gebrauch von Produkten, die wieder verwendbar sind, z.B. Mehrwegverpackungen;
- Kauf von Produkten, die aus nachwachsenden Rohstoffen hergestellt werden, wenn sie ökologische Vorteile bringen;
- Verzicht auf chemische Produkte, wo immer es möglich ist, z. B. auf Weichspüler. Häusler und Schmidkunz [43] zeigen viele Beispiele für einen kritischen Umgang mit chemischen Mitteln auf;
- Bewusstsein, dass die Chemieerzeugnisse sinnvoll, aber auch umwelt- und gesundheitsbelastend eingesetzt werden können, wie Medikamente, Pestizide, Kunstdünger, Kunststoffe, **dass Chemie per se kein Verursacher von Problemen ist, nur die Anwendung der Chemie durch die Gesellschaft**.

Derartige **ethisch** angelegte fachspezifische Bildungsziele können die Schüler zu einem **„verantwortungsvollen Verbraucher"** erziehen, der dieses Wissen auch als **Multiplikator** in seinem Umfeld weitergibt. Dazu gehört der kritische Umgang mit Werbung für Produkte der Chemie oder mit Werbung, die sich „chemischer Argumente" bedient.
Beides sind Teile des Bildungsziels „mündiger Staatsbürger".
Besonders ist das der Fall bei der Besprechung **chemischer Reaktionen, auf denen Leben – auch das menschliche** – basiert. Leben stellt ein Fließgleichgewicht dar, das unter Energieaufwand aufrechterhalten wird. Chemische Stoffe können in diese auf chemischen Reaktionen basierenden Lebensvorgänge eingreifen, wie auch Genussmittel (Alkohol, Nikotin), Drogen, Medikamente.

Chemische Reaktionen laufen in der **unbelebten Natur** auch ohne das Zutun des Menschen ständig ab, sind also auch hier nicht „künstlich". Auf Vorgänge von chemischer Verwitterung, von Korrosion u.a. kann dabei hingewiesen werden.

Chemische Reaktionen laufen auf der Erde ab, *seit es eine materielle Erde gibt, also Milliarden Jahre, bevor sie der Mensch betrat.*

Zusammenfassung

In den Kapiteln 6.1 und 6.2 wird der **Wandel des Bildungsbegriffs** diskutiert. Eine entsprechende Rolle spielte seit der deutschen Klassik das idealistische, humanistische Bildungsideal (Humboldt, Hegel). Diese Vorstellung von Bildung wurde seit der Mitte des 20. Jahrhunderts als für die moderne, demokratische Industriegesellschaft nicht mehr zeitgemäß infrage gestellt. Vielfach wird der Begriff Bildung gemieden, weil eine einheitliche Definition für ihn schwierig und er oft ideologiebehaftet war. Andererseits versuchen Autoren wie Klafki, ihm einen neuen, der modernen Gesellschaft angepassten Sinn zu geben, da sie ihn für unverzichtbar halten, wenn unterrichtliche Bemühungen nicht unverbindlich bleiben sollen.

Vorschläge für einen **zeitgemäßen Bildungsbegriff** werden vorgestellt. Dabei werden die in den 90er Jahren wieder verstärkt, auch unter dem Aspekt der *Globalisierung*, einsetzenden Diskussionen über Bildung mit einbezogen, sowohl unter dem Aspekt „Wirtschaftsstandort" wie auch unter dem Aspekt der „großen Schlüsselprobleme der Menschheit".

Der Begriff **Erziehung** wird ebenfalls uneinheitlich verwendet. Es wird eine sich komplementär ergänzende Definition der beiden Begriffe vorgeschlagen.

Im Kapitel 6.3 wird gezeigt, dass Bildungsziele auf verschieden hohem Abstraktionsniveau beschrieben werden können – **es gibt eine Hierarchie der Bildungsziele**. **Formale (allgemeine)** und **fachspezifische Bildungsziele** werden gegenübergestellt.

In Kapitel 6.4 werden zunächst formale (allgemeine) Bildungsziele diskutiert, also Ziele, die auch von den anderen Fächern mehr oder minder angestrebt werden können. Erst bedeutsame, dem Fach Chemie spezifische Bildungsziele begründen dessen Stellung im Fächerkanon von Schulen. Derartige Ziele werden diskutiert. **Ausgangspunkt dafür ist vor allem die außerordentliche Bedeutung der Chemie in unserer Gesellschaft und damit auch im Wirtschaftsleben heute und noch zunehmend in der Zukunft – auch im Hinblick auf die großen Schlüsselprobleme der Menschheit.**

Dabei werden auch **affektive, emotionale**, also letztlich **ethische Ziele** angesprochen und es wird gezeigt, dass die Chemie zum **Selbstverständnis des Menschen beiträgt, dass Chemie per se weder gut noch schlecht ist, sondern dass der Mensch darüber entscheidet, wie die Produkte, die durch chemische Forschung und die technologische Umsetzung ihrer Ergebnisse erzeugt werden, verwendet werden**. Produkte, die vom Verbraucher nicht nachgefragt werden, werden nicht erzeugt bzw. verschwinden wieder vom Markt. In der chemischen Industrie muss scharf kalkuliert werden. Der Konkurrenzdruck nimmt global stark zu.

Zusammenfassend lassen sich folgende Beiträge des Chemieunterrichts zur naturwissenschaftlichen Bildung herausstellen:

Z Chemieunterricht verfolgt das integrative Zusammenwirken von drei Arbeitsfeldern:

- das Beobachten und experimentelle Untersuchen von Stoffen und Stoffumwandlungen,
- das Erklären chemischer Phänomene mit Modellen und Theorien,
- das Arbeiten am Verständnis der Wechselwirkung von Mensch, Chemie und Umwelt.

L

[1] Schröder, H.: Grundwortschatz Erziehungswissenschaft. München 1985.
[2] Schiefele, H., Prell, S.: Studienhefte zur Erziehungswissenschaft Heft IV: Grundlagen der Didaktik. München 1974.
[3] Wilhelm, Th.: Die Schule in der Schlinge der Gesellschaftsutopie; Festvortrag aus Anlass der 10. Jahresfeier des bayer. Staatsinstituts für Schulpädagogik – ISP (heute ISB). Sonderausgabe o. Jahrg. und o. Seitenangaben.
[4] Westphalen, K.: Gymnasialbildung und Oberstufenreform. Donauwörth 1979.
[5] Wild, W.: Bildung – was ist das? Ein Beitrag der Physik. Abdruck eines Vortrags in: Naturwissenschaften 75, S. 5ff, Springer 1988.
[6] Litt, Th.: Das Bildungsideal der deutschen Klassik und die moderne Arbeitswelt. Kamps pädagogische Taschenbücher. Bochum 1969, 6. Aufl.
[7] Wilhelm, Th.: Theorie der Schule. Stuttgart 1967.
[8] Picht, G.: Die deutsche Bildungskatastrophe – Analyse und Dokumentation. Olten und Freiburg 1964.
[9] Robinson, S. B.: Bildungsreform als Revision des Curriculums. Neuwied 1967.
[10] Rossa, E.: Methodik Chemieunterricht. 1975.
[11] Becker, Glöckner, Hoffmann, Jüngel: Fachdidaktik Chemie. Köln 1982.
[12] dieselben: Repetitorium Fachdidaktik Chemie. Bad Heilbrunn 1981.
[13] Staeck, L.: Zeitgemäßer Biologieunterricht – Eine Didaktik. Stuttgart 4. Aufl.
[14] Klafki, W.: Die bildungstheoretische Didaktik im Rahmen kritisch-konstruktiver Erziehungswissenschaft. In: Gudjons, H., u. a. (Hrsg.): Didaktische Theorien. Braunschweig 1980.
[15] Van Lith, U.: Globalisierung: Herausforderung an das Bildungssystem, Chancen für Deutschland. In: Bildung im globalen Dorf – neue Chancen für die Schule? Dokumentation eines Bildungspolitischen Symposiums des VBE (Verband Bildung und Erziehung) im Sept. 1998. Bonn 1999.
[16] Markl, H.: Bildung für die Welt von morgen. In: Wissen und Werte für die Welt von morgen. Dokumentation zum Bildungskongress des Bayer. Staatsministeriums f. Unterricht, Kultus, Wissenschaft und Kunst v. 29/30. April 1998. München 1998.
[17] Herzog, R.: Aufbruch in der Bildungspolitik. In: Ofenbach B. (Hrsg.): Lehrerbildung zwischen Provinzialität und Globalität – Rudolf Lassahn zum 70. Geburtstag. Beiträge zur Pädagogik Bd. 6. Frankfurt/M., Berlin, Bern, New York, Paris, Wien.
[18] Prenzel, M.: Diskussionsforum „Stärkung der mathematisch – naturwissenschaftlichen Kompetenz/Technikakzeptanz“. In [25].
[19] Weber, E.: Pädagogik – eine Einführung. Donauwörth 1973.
[20] Anton, M. A.: Zum Bildungsbegriff der Naturwissenschaften, Statement als Tischvorlage für ein Expertengespräch zu einem zeitgemäßen Bildungsbegriff an der Hanns-Seidel-Stiftung in Wildbad Kreuth, April 1999.
[21] Bankertz, H.: Theorien und Modelle der Didaktik. München 1995, 9. Aufl.
[22] Sachsse, H.: Was ist naturwissenschaftliche Bildung? Abdruck eines Vortrags in MNU 29. Jg. Heft 5 (1976).
[23] Jung, W.: Beiträge zur Didaktik der Physik. Frankfurt/M., Berlin, München 1970.
[24] Keilhacker, M.: Erziehung und Bildung in der Industriegesellschaft. Stuttgart, Berlin, Köln, Mainz 1971, 2. Aufl.

[25] Häusler, K.: Lerntheoretische und bildungstheoretische Grundlagen des Chemieunterrichts. In: Bukatsch, F., Glöckner, W., Kotter, L. (Hrsg.): Fachdidaktische Studien in der Lehrerbildung Chemie. 1976.
[26] GDCh, Denkschrift zur Lehrerbildung für den Chemieunterricht in der Sekundarstufe II, Weinheim 1976.
[27] GdCh, Denkschrift zur Lehrerbildung für den Chemieunterricht in der Altersstufe der Zehn- bis Fünfzehnjährigen 1983.
[28] Weniger, J., Pfundt, H.: IPN-Lehrgang, Stoffe und Stoffumbildungen. Stuttgart 1979.
[29] Hermanns, R., Wambach, H.: Funktionen des Experiments im Chemieunterricht. CU 2, 1984.
[30] Vossen, H.: Kompendium Didaktik – Chemie. München 1979.
[31] Nöding/Flohr: Methodik, Didaktik und Praxis des Chemieunterrichts. Heidelberg, 1979.
[32] Schneider, H.: Hypothese, Experiment, Theorie. Zum Selbstverständnis der Naturwissenschaft. Berlin, New York 1978.
[33] Wagenschein, M.: Rettet die Phänomene! (Der Vorrang des Unmittelbaren); MNU 30. Jg., Heft 3 (1977) S. 9.
[34] Demuth, R., Gradert, B.: Schulabschluss und Bild der Chemie. Ergebnis einer empirischen Untersuchung zum Bild der Chemie in der Öffentlichkeit. CLB 39. Jg., Heft 12 (1988) S. 602.
[35] Schurz, J.: Prometheus oder Fachidiot? Wissenschaftsverständnis im Wandel. CLB 39. Jg. Heft 8 (1988) S. 378.
[36] Hopp, V.: Die Chemie als naturwissenschaftliche Allgemeinbildung. CLB 39. Jg., Heft 5 (1988) S. 274.
[37] Scharf, V.: Das „eleatische Dilemma“ und die Krise des Chemieunterrichts. MNU 36. Jg., Heft 3 (1983) S. 140.
[38] BLK (Bund-Länder-Kommission für Bildungsplanung und Forschungsförderung), Expertise „Steigerung der Effizienz des mathematisch-naturwissenschaftlichen Unterrichts“, Heft 60, Dez. 1997.
[39] von Zahn, P.: Freund und Helfer oder heimlicher Feind? Chemie im Kreuzfeuer der öffentlichen Meinung. CU 12, 1981.
[40] ISB, Arbeitskreis Gymnasium und Wirtschaft e. V. Wacker – Chemie, Umweltanalytik – Lehrerhandreichung Sept. 1998.
[41] Schmidkunz, H.: Das gesunde Obst und Gemüse und die Chemie. Mitteilungsblatt der Fachgruppe Chemieunterricht der GDCh Nr. 10, Febr. 1987 S. 35ff.
[42] Markl, H.: Die vielen Gesichter der Nachhaltigkeit. Nachr. Chem. Tech. Lab. 47 (1999) Nr. 8.
[43] Häusler, K., Schmidkunz, H.: Tatort Chemie. München, Zürich 1986.

7. Chemie – ein schwieriges Unterrichtsfach?

Für einen effektiven Chemieunterricht ist nicht nur das beabsichtigte Unterrichtsergebnis bestimmend, sondern auch der Unterrichtsprozess selbst. Dies ist aufgrund der Komplexität chemischer Sachverhalte und der unterschiedlichen Alters- und Begabungsstruktur der Lernenden eine permanente Herausforderung. Ihr zu entsprechen setzt pädagogisch-psychologische Kenntnisse ebenso voraus wie fachdidaktische Grundkenntnisse zur Begriffsbildung, über die Fähigkeit des Problemlösens und das Überblicken von Verständnisschwierigkeiten bei abstrakten Themen. Weitere Voraussetzungen für erfolgreiches Lernen im Chemieunterricht sind wirksame Motivation und das Eingehen auf Schülervorstellungen.

7.1 Grundgedanken – Faktoren – Rahmenbedingungen

Allgemein versteht man unter Lernen „eine relativ dauerhafte Veränderung der Verhaltensmöglichkeiten aufgrund von Erfahrungen, Übung und Beobachtung“ [1]. Erst die Verhaltensänderung ist ein Hinweis dafür, dass etwas gelernt wurde; der abstrakte Lernprozess ist nicht beobachtbar. Die Bedingungen, unter denen gelernt wird, sind sehr verschieden. Das Wissen über das Lernen führt in systematisierter Form zu Lerntheorien.

Im traditionellen **Chemieunterricht** vollzieht sich ein institutionalisiertes, organisiertes, d. h., ein vom Lehrer in Bezug auf Ziele, Inhalte und Methoden **geplantes Lernen** (lehrergesteuerter Unterricht; Instruktion). Durch die Orientierung an wesentlichen Bildungs- und Richtzielen (vgl. Kap. 6) bleibt das Lernen nicht wertneutral, sondern ist Grundqualifikationen verpflichtet. Erfolgreiches Lernen im Chemieunterricht betrifft den Bereich des *Kognitiven* (Aufbau kognitiver Strukturen und methodischer Fähigkeiten einschließlich des Erwerbs situierter Strategien der Wissensnutzung), des *Affektiven* (Erziehungsinhalte, Einstellungen und Wertungen einschließlich sozialer Aspekte) und des *Psychomotorischen.*

Schulisches Lernen, das v. a. langfristige Lernprozesse umfasst, steht demnach in engstem Zusammenhang mit dem **Lehren**, das ja die Fähigkeit zum Lernen vermitteln soll. Es unterliegt somit einer externen Steuerung [3]. Der Schüler profitiert von dieser externen Steuerung, wenn sie zu einer ökonomischen Informationsverarbeitung anleitet. Lehren ist aber nicht zu verwechseln mit „eintrichtern“; Lernen darf nicht bedeuten, dass Lehrstoff nur passiv, rezeptiv übernommen wird. Lehren bedeutet vielmehr anzuregen, das Verstehen zu entwickeln und versteckt vorhandene Fähigkeiten zu wecken, sie zu erkennen und zu fördern. Lehren ist also nicht nur dann erfolgreich, wenn Kenntnisse vermittelt werden, sondern wenn das Lernen den Schüler auch aktiv werden lässt und er Freude an der eigenen **Aktivität** empfindet [4]. Derartige Einstellungen zum Lernen gewinnen zunehmend an Bedeutung, weil damit die Basis für weiteres Lernen nach der Schulzeit (lebenslange Lernprozesse) gelegt ist. Erfolg verspricht die Synthese von Instruktionen (lehrorientierte Didaktik) mit lernwegsorientierten, also konstruktivistischen Elementen.

Neben das Unterrichtsergebnis tritt der Unterrichtsprozess [5], in welchem insbesondere neben kognitiven auch kommunikative Fähigkeiten zu entwickeln sind. Als Alternativen zum herkömmlichen Chemieunterricht können Projektunterricht (Kap. 11.4), offener Unterricht und Realisationsformen genetischen Unterrichts gesehen werden [6].

Lernen ist ein überaus komplexes Geschehen, das von vielen **Faktoren** beeinflusst wird.

Die wichtigsten davon sind:

- **anlagebedingte und erworbene Fähigkeiten der Schüler** (z. B. selbstständig zu arbeiten und Algorithmen zu verarbeiten), Schülervorstellungen, Entwicklungsphasen der Lernenden, Unterschiede zwischen Mädchen und Jungen im Bereich mathematisch-naturwissenschaftlichen Lernens [7];
- **Lehrer-Schüler-Interaktionen** (z. B. Zuwendungseffekt, Entwicklung von Kommunikationsfähigkeit), Schüler-Schüler-Interaktionen (gemeinsames Interesse an der Sache);

- **Lehrerpersönlichkeit** und **Lehrerverhalten** hinsichtlich des Ermöglichens von Schüleraktivitäten, angemessener Reaktionen auf Störfaktoren im Unterricht sowie fachliche (auch experimentelle) und fachdidaktische Sicherheit und Kompetenz [8, 9]. Hierzu gehört auch Kompetenz in der Klassenführung.
- **Ziele, Inhalte und Methoden des Chemieunterrichts** (u. a. Strukturierung des Lehrstoffes in Verbindung mit der Gesamtanlage der geltenden Lehrpläne in den verschiedenen Schularten und -stufen; vgl. auch Kap. 11, Unterrichtsverfahren). Es ist unverzichtbar, dass die Lehrperson grundlegende Lehr- und Lernmethoden beherrscht.
- Gründe für das Lernen, z. B. Einsicht in die **Bedeutsamkeit** des Unterrichtsstoffes; Zusammenhang zwischen dem Lernprozess, dem Resultat des Lernens und der Bewertung (extrinsische Motivation).
- **Zeitliche Erstreckung des Lernprozesses.** In der Bundesrepublik Deutschland wird Chemie je nach Schulart und Bundesland in unterschiedlichem Umfang unterrichtet.
- Klasse bzw. Kurs (Größe, Zusammensetzung);
- Position der Chemiestunde(n) im Stundenplan.

Wenngleich verschiedene Vorstellungen über Arten, Formen und Stufen des Lernens bestehen, lässt sich der **Lernprozess** im Sinne der Informationsverarbeitung durch **drei Phasen** charakterisieren:

- das **Aufnehmen** von Informationen durch die Sinne (sensorische Speicher);
- das **Verarbeiten** dieser Eindrücke (Kurzzeitgedächtnis, Arbeitsspeicher);
- das **Speichern** im Gedächtnis (Langzeitgedächtnis – Gedächtnisstrukturen; Integration in bestehendes Wissen: Kodierung).

Konstruktivistische Lerntheorien stellen die „aktive Bedeutungskonstruktion“ in den Vor-

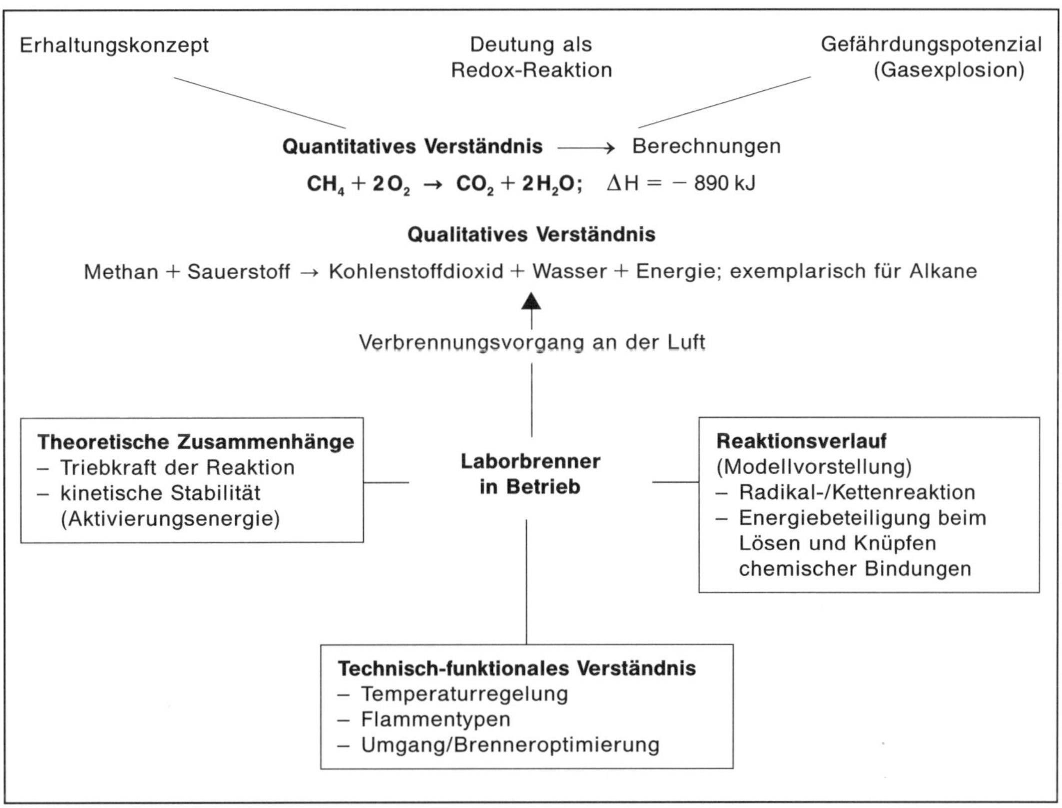

Abb. 121.1: Chemieverständnis – ein komplexes und vielschichtiges Anforderungsprofil

dergrund. Ausdruck des Lernens ist demnach der subjektabhängige Aufbau von Kenntnissen, Fertigkeiten und Gesinnungen – **Lernen als Konstruktion von Denk- und Wissensstrukturen** (conceptual change). Zentraler Begriff für dergestalt erfolgreiches Lernen ist das Verstehen [12].

Verstehen bedeutet, dass die (der) Lernende **Wissensstrukturen** (wie Begriffe, Begriffsnetze, Klassifikationssysteme, Gesetzmäßigkeiten, theoretische Konzepte) entwickelt und dass es ihm gelingt, die zu verarbeitende Information oder die Fakten in diese Strukturen einzuordnen und **Beziehungen** herzustellen.
In der Chemie bezeichnet man das als **Erfassen allgemeiner Zusammenhänge**. Der Einzelfall kann in einen größeren Rahmen gestellt und analoge Fälle können zugeordnet werden. Folglich hängt der Lernerfolg wesentlich davon ab, inwieweit beim Lernenden strukturiertes Wissen vorliegt und angelegt wird. An diesem Punkt begegnen sich Lernen und Lehren. Um im Unterricht Verständnis zu erreichen, muss sich zunächst die (der) Lehrende über die **Komplexität** chemischer Sachverhalte im Klaren sein. Dann erst kann die didaktische Reduktion für den Adressaten erfolgen (vgl. Elementarisierung). Wie vielschichtig sich ein auf den ersten Blick einfacher Sachverhalt darstellt, sei an einem Beispiel – der Verbrennung von Methan – erörtert (Abb. 121.1).
Schon dieses einfache Beispiel zeigt, dass Chemieverständnis durch ein komplexes und vielseitiges Anforderungsprofil beschrieben werden kann. Hierzu gehört Verständnis für die Denkwege und Methoden ebenso wie technisch-funktionales Verständnis. Bezieht man gar die Herkunft des Erdgases, die differenzierte Betrachtung der Reaktionsprodukte sowie deren Wirkung auf die Atmosphäre mit ein, so erreicht die **Komplexität** eine Größenordnung, welche nur noch schwer zu überblicken ist. Chemie wird also in dieser Ausprägung zu Recht als schwieriges Fach empfunden und kann dennoch in verschiedenen Altersstufen und Schularten mit Erfolg gelehrt und gelernt werden. Eine wichtige Voraussetzung hierfür ist die Auswahl von einzelnen Wissensaspekten durch die Lehrperson.

7.2 Lernen aus der Sicht der pädagogischen Psychologie

Jean **Piaget** (1896 – 1980) widmete sich der Entwicklung der **Denkfähigkeit** bei Kindern und Jugendlichen [13, 14]. Für den Lehrer ergeben sich aus Piagets Arbeiten Einsichten, inwieweit die Fähigkeiten zum naturwissenschaftlichen Denken (z. B. beim Erarbeiten von Begriffen und allgemeinen Zusammenhängen) mit der **Intelligenzentwicklung** verknüpft sind. Dabei gewinnt die Überzeugung, dass menschliches Erkennen untrennbar mit bewussten oder probierenden **Handlungen** verbunden und damit seinem Wesen nach aktiv ist, an besonderer Bedeutung.
Gerade diese Erkenntnis sollte für den Lernprozess im Chemieunterricht entscheidende Auswirkungen haben (vgl. Kap. 14). Die Entwicklung **kognitiver Strukturen** ist durch ständige Veränderungen – also durch fortwährende Neuorganisation bzw. Umstrukturierung der Gesamtintelligenz – charakterisiert und hängt sowohl vom Individuum selbst als auch von dessen ständiger Auseinandersetzung mit der Umwelt ab. Angestrebt wird ein Gleichgewicht zwischen den intellektuellen Fähigkeiten und den Anforderungen, die gestellt werden.
Werden dabei Eindrücke, Wahrnehmungen und Gegebenheiten aus der Umwelt aufgenommen und können sie ihrer Bedeutung entsprechend aufgrund der vorhandenen kognitiven Schemata eingeordnet und im Gedächtnis gespeichert werden, ohne dass das Schema geändert werden muss, bezeichnet Piaget dies als **Assimilation**.
Können dagegen mithilfe der vorhandenen kognitiven Strukturen neue Daten nicht oder unzureichend verarbeitet werden, so müssen die kognitiven Schemata im Zuge einer **Akkomodation** neu geformt, ausgeweitet und neu strukturiert werden.
Eine derartige Neueinstellung des Gleichgewichts (Äquilibration) wird u. a. notwendig durch den Reifungsprozess (das Denken des Kindes entspricht nicht dem des Erwachsenen!) und durch neue Erfahrungen (z. B. physische und experimentelle Erfahrungen), die das Kind gewinnt.

Erzeugung, Optimierung und *Umstrukturierung* von *Schemata* greifen beim Lernprozess ineinander. Dies gilt sowohl für das intellektuelle Lernen als auch für den Erwerb von Fertigkeiten in den Labortechniken.
Piaget verwendet den Begriff *Operationen* für *Aktionen*, die im Gegensatz zu physischen Operationen in Gedanken ausgeführt werden. All die Wahrnehmungen und Erfahrungen, die durch die Prozesse des Verstehens, Begreifens und Erkennens zum geistigen Eigentum des Individuums werden, bezeichnet er als die *kognitive Struktur* oder *Denkstruktur*.
Diese kognitiven Fähigkeiten einer Person machen das Wissen und Können verfügbar und werden bis in das hohe Alter fortentwickelt. Abbildung 123.1 zeigt, dass die **Wissensstruktur** zum Verständnis chemischer Sachverhalte sehr anspruchsvoll ist und auf einem vielfältig geknüpften **Netzwerk grundlegender Begriffe** beruht. Der Wechsel zwischen der makroskopischen und submikroskopischen Betrachtungsweise, das Abstraktionsniveau der theoretischen Vorstellungen und die Komplexität der erforderlichen Denkschemata machen die Chemie in den Augen vieler zu einem schwierigen Fach. Dieser Eindruck wird noch verstärkt durch die Besonderheit der Formelsprache. Wambach spricht geradezu von einer Problemballung im Anfangsunterricht, die es zu entflechten gilt [15].

B Es wird beobachtet, dass sich ein frisch gefällter, weißer, käsiger Niederschlag (Beschreibung) von Silberchlorid (stofflicher Umsatz) durch Zugabe von Ammoniakwasser wieder auflöst.
Zur Erklärung dieser Beobachtung sind folgende Begriffe, Gesetze und Theorien notwendig: Löslichkeitsprodukt, Komplexbildungskonstante, Massenwirkungsgesetz, Theorie der chemischen Bindung, elektrolytische Dissoziation.
Erst wenn diese Denkschemata in eine logische Beziehung gebracht werden, wird dem Schüler verständlich, dass Silberchlorid in dieser Reaktion zu einer löslichen Komplexverbindung umgesetzt wurde.
Dem Verständnis sicher nicht förderlich wäre z. B. folgende Umschreibung: „Wir sehen, dass Silberchlorid in Form des Diamminkomplexes in Lösung geht.“ Eine derart verkürzte Formulierung vermischt Elemente der Beobachtung und deren Interpretation durch das Einbeziehen theoretischen Basiswissens. Auf diese Weise wird scheinbar Offenkundiges vorgetäuscht, das in Wirklichkeit erst Schritt für Schritt erarbeitet werden muss. Ablauf und Ergebnis chemischer Reaktionen sind nicht direkt beobachtbar, sie müssen aus Indizien erschlossen werden! [13]

Ausubel hält einen gut organisierten **Wissenshintergrund** (kognitive Struktur des Lernenden) für erfolgreiches Lernen unbedingt für erforderlich [16, 17]. Im Unterricht muss demnach in Erfahrung gebracht werden, was der Lernende bereits weiß. Darauf kann der nachfolgende Unterricht aufbauen. Das Faktenlernen wird wesentlich erleichtert, wenn zugleich adäquate Denkschemata in Form klarer Be-

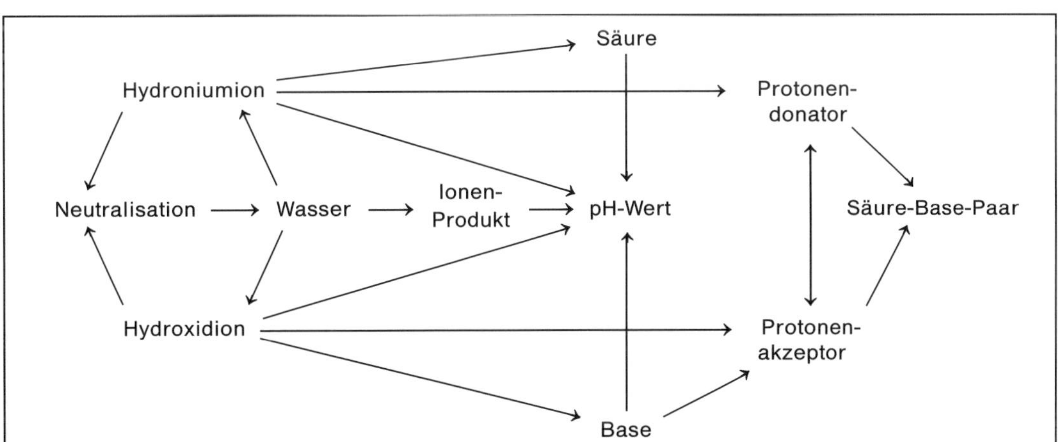

Abb. 123.1: Systematisierungshilfe zu den Säure-Base-Reaktionen [21]

griffsstrukturen aufgebaut werden ("subsumer", „advance organizer").
Diese Art sinnerfassenden, also verständnisvollen Lernens, muss klar vom Auswendiglernen unterschieden werden. Dem Schüler muss bewusst gemacht werden, dass sein Lernen umso effektiver ist, je besser er das zu Lernende in einen verfügbaren Wissens- und Verstehenshorizont einbetten kann. Derartig strukturell gebundenes Wissen wird länger behalten als unverbundenes Einzelwissen und es erleichtert das Begreifen [18].
Wichtige Hilfen zu einem dergestalt verbesserten Lernen im Chemieunterricht liefert **Sumfleth** durch detailliert ausgearbeitete **Begriffsnetze** zu grundlegenden Teilgebieten der Chemie [19]. Die Tragfähigkeit dieser durch Systematisierungshilfen besser strukturierbaren Lernbereiche zeigt sich auch darin, dass sie als Orientierungshilfen für Lehrplanempfehlungen gelten können [20].
Für ein erfolgreiches Lernen ist nach **Gagné** wesentlich, dass eine **hierarchische** Ordnung zwischen acht verschiedenen Lernarten beachtet wird. Erst wenn ein Schüler eine Lernart beherrscht, kann er sich ohne Probleme mit der nächst komplexeren Lernart beschäftigen. Ausgehend von der einfachsten Form, dem *Signallernen*, werden folgende Stufen unterschieden [22]:

- **Reiz-Reaktionslernen:** Der Lernende lernt aufgrund von Erfolg oder Misserfolg auf bestimmte Reize spezifisch zu reagieren.
- **Kettenlernen:** Verschiedene gelernte Verhaltensformen werden aneinander geknüpft. Ein Verhaltensbestandteil geht in den anderen über bzw. wird zum auslösenden Moment für den anderen.
- **Sprachliche Assoziation:** Verknüpfung einer Sache mit ihrer entsprechenden Bezeichnung; der Name der Sache bekommt Repräsentationscharakter; Erwerb sprachlicher Ketten.
- **Multiple Diskrimination:** Es wird gelernt, Mehrfachunterscheidungen vorzunehmen, die es ermöglichen, Sachverhalte, welche zwar sehr ähnlich sind, aber unterschiedliche Bedeutung haben, ihren spezifischen Bedeutungen zuzuordnen. So muss z. B. das Aufsteigen von Gasblasen in Flüssigkeiten nicht „Kochen" bedeuten.
- **Begriffslernen:** Zum Beispiel Finden des Oberbegriffs durch Herausfinden der Gemeinsamkeiten und entsprechende Abstraktion. Fähigkeit, Begriffe zu bilden und anzuwenden.
- **Regellernen:** Zusammenhänge, Gesetzmäßigkeiten und Beziehungen (z. B. Ursache – Wirkung – Verhältnis) werden erkannt und die gefundenen Regeln sinnvoll angewandt.
- **Problemlösen:** Die höchste Form des Lernens ermöglicht, dass in einer problematischen Situation selbstständig Wege zur Problemlösung gefunden werden, z. B. durch Kombination von Regeln.

Für den **Chemieunterricht** sind das **Begriffs- und Regellernen** sowie das **Lösen von Problemen** von besonderer Bedeutung. Es darf dabei auch nicht übersehen werden, dass beim Zuwenden zur jeweils höheren Lernform das Beherrschen der vorherigen Stufe im Schüler verankert sein muss. Dieses Modell des kumulativen Lernens ist zugleich die Basis für schrittweises, inhaltlich geordnetes Lehren. Versucht man zusammenfassend die Lernarten zu ordnen, welche für den Chemieunterricht wesentlich sind, so lassen sich zwei Tendenzen herausstellen:

- vom Fakten Lernen (mechanisches Aneignen, auswendig lernen) zum **Konzept des sinnvollen, rezeptiven Lernens** (Ausubel 1974, 1981) durch Aufbau und Verknüpfung leistungsfähiger Begriffe;
- vom rezeptiven Lernen zum „**entdeckenden Lernen**" (Bruner) mit einem Höchstmaß von Schüleraktivität [23].

Im Chemieunterricht wird Wissen unterschiedlichster Form vermittelt. Es reicht vom Aneignen nomenklatorischer Kenntnisse über das Aufstellen chemischer Gleichungen und Lösen von Aufgaben (Algorithmen) über das verständnisvolle Erfassen von Begriffen und komplexer Denkschemata bis hin zu problemlösendem Denken im Zusammenhang mit Elementen des „entdeckenden Lernens".
Aus kognitionspsychologischer Sicht bedeutet dies, dass einzelne Wissenselemente (deklaratives Wissen: Fakten-, Verfügungswissen) in gut strukturierte Einheiten integriert werden müssen, damit sie für Problemlösungen abrufbar werden. Mit einer zunehmenden Verknüp-

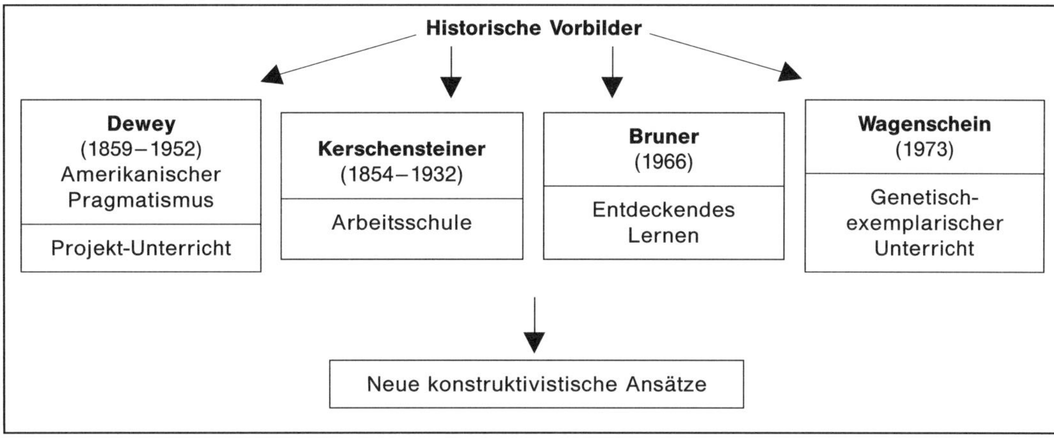

Abb. 125.1: Vorbilder einer konstruktivistischen Auffassung vom Lernen (abgeändert nach Mandl)

fung der beiden Wissensformen – deklaratives und prozedurales Wissen (Fähigkeit des Herstellens von Beziehungen, Orientierungswissen) – entsteht eine Wissensstruktur, welche für das Lösen chemischer Probleme (im Unterricht) unverzichtbar ist.

Wie im Chemieunterricht gelehrt und gelernt, wie also Lernprozesse organisiert werden und ablaufen sollten, darüber gibt es unterschiedliche Auffassungen (vgl. Kap. 11 Unterrichtsverfahren). Innerhalb der Rahmenbedingungen, welche dem Unterrichten gesetzt sind, muss es zu aktivem und damit zu einem weitgehend selbstständigen Wissensaufbau kommen. **Lernen** ist auf jeder Altersstufe nicht in erster Linie Übertragung von Wissen, sondern **Rekonstruktion auf der Basis von Erfahrungen** seitens des Lernenden.

In Abbildung 125.1 sind wichtige Vorbilder einer modernen kognitivistischen Auffassung vom Lernen in den Naturwissenschaften zusammengestellt [24]:

Die folgenden Anmerkungen zu den Thesen des „entdeckenden Lernens" nach Bruner stellen die Bedeutung dieser Grundarten des Lernens für den Chemieunterricht nochmals heraus [23, 25, 26].

(1) Die **Entdeckungsmethode** als ausschließliche **Methode für die Vermittlung von Fachwissen** zu machen hieße, den damit verbundenen großen Zeitaufwand (z. T. unkalkulierbar) in unrealistischer Weise zu vernachlässigen. Wohl aber können bestimmte Elemente dieser Methode das Lernen effektiver machen, wenn die Lernsituation der Leistungs- und Denkfähigkeit der Schüler angemessen ist. Es wird jedoch nicht verkannt, dass beim Entdeckungslernen begriffliche wie prozessuale Grundlagen vorhanden sein müssen. Eine realistische, wissenschaftstheoretisch begründete Einschätzung liefert Vollmer [27].

Z Es ist selbstverständlich, dass der Unterricht nicht alle Umwege nachvollziehen kann, die den Gang der Wissenschaft einst aufgehalten haben. Solange wenigstens der Lehrende weiß, worauf er hinaus will, liefert auch der lebendigste Unterricht nur eine zweckmäßig ausgerichtete und rational oder wenigstens rationell verkürzte Wiedergabe des Entdeckungsvorgangs. Und doch wird sich auch und gerade ein sorgfältig durchdachter Unterricht nicht auf die rationalen Elemente der Wissenschaft beschränken. Im Gegenteil – *entdeckendes Lernen* mit seinen spontanen und daher unvorhersehbaren Elementen, mit seinen Phasen des Ratens und der Ratlosigkeit und mit seinen Aha-Erlebnissen macht Spaß; es regt an zum Fragen, zum Suchen, zum Vermuten, zum Prüfen; es ist lebensnäher oder wenigstens wissenschaftsnäher; es ist deshalb auch hilfreich für den späteren Lehrer und für den einstigen Forscher und Wissenschaftler; und es ist wegen seiner gruppendynamischen Prozesse – irgendeiner kommt schließlich doch „drauf" – durchaus planbar.

(2) Jede **wirkliche Kenntnis ist selbst entdeckt**, d. h., das eigentliche Kriterium der Intelligenz ist nicht die Fähigkeit, Kenntnisse zu erwerben, sondern die Fähigkeit, Probleme zu lösen. Es muss aber eingeräumt wer-

den, dass nicht nur der kreative Entdeckungsakt das schulische Lernen bestimmt, sondern dass das meiste von dem, was man weiß, aus Einsichten erwächst, die von anderen entdeckt und in sinnvoller Weise überliefert wurden (vgl. auch die Bedeutung der Traditionen in unserer Kultur!). Wichtig ist, Lösungswege und Algorithmen so anzulegen, dass der Schüler deren Logik durchschaut. Auf diese Weise kann er Gedankengänge rekonstruieren und eigene Aktivitäten einbringen.

(3) Für die **Fähigkeit zum Problemlösen,** dem wichtigsten Ziel der Idee des entdeckenden Lernens, ist ein angemessener Teil der Unterrichtszeit zu verwenden, damit entsprechende Problemlösungsverfahren entwickelt werden können. Der wesentliche Punkt beim forschenden Unterricht ist die Förderung der Selbsttätigkeit der Schüler. Gerade hierzu kann der Chemieunterricht Entscheidendes beitragen. In der Regel müssen die Schüler beim Auffinden geeigneter Probleme vom Lehrer unterstützt werden.

7.3 Problemlösen im Chemieunterricht

Problemorientierung ist ein unverzichtbares Gestaltungsprinzip für den Chemieunterricht. Die Fähigkeit des problemlösenden Denkens und Handelns stellt in der Hierarchie der Lernleistungen die höchste Stufe dar. Dies wird auch in den hierarchisch angeordneten Lernzielebenen deutlich.

Lernzielebenen nach Roth, verdeutlicht durch Beispiele aus der Chemie [28]

Reproduktion (reine Gedächtnisleistung): Das Gelernte soll aus dem Gedächtnis wiedergegeben werden können. Das so verfügbare Wissen ist Grundlage für alle höheren Formen des Lernens.

B Formulierung der Reaktion zwischen Zink und Salzsäure durch die erarbeitete Reaktionsgleichung

$Zn + 2HCl \rightarrow ZnCl_2 + H_2$ (1)

Reorganisation (umgearbeitete Gedächtnisleistung): eigene Verarbeitung und Anordnung des Gelernten unter einer besonderen Fragestellung.

B Vom Lernenden wird erwartet, dass er die Reaktion (1) als ein Verfahren zur Darstellung von Wasserstoff anführen kann.

Transfer (Übertragung auf neue Sachverhalte): Grundprinzipien des Gelernten sollen auf neue, ähnliche Aufgaben übertragen werden können.

B Der Lernende soll in der Lage sein, sowohl die Salzsäure als auch das Zink in der Reaktion (1) durch eine andere Säure bzw. durch ein anderes Metall zu ersetzen, die neue Reaktion zu formulieren und sie experimentell zu überprüfen. Hierher gehört auch die Fähigkeit zur Prognose, z. B., ob ein bestimmtes Metall mit einer Säurelösung reagieren würde.

Neuleistungen im Sinne von Problemlösen liegen dann vor, wenn noch kein Lösungsweg (Algorithmus) bekannt ist, mit dessen Hilfe das erfragte Ziel erreicht werden kann. Ist ein solcher Algorithmus bekannt, liegt eine Aufgabe vor! (Dies trifft z. B. für das Lösen stöchiometrischer Aufgaben zu.)

B Die Reaktion zwischen Zink und Salzsäure oder verdünnter Schwefelsäure verläuft besser (schneller), wenn ein paar Kristalle Kupfer(II)-sulfat zugefügt werden. Die Lernenden müssten zur Klärung dieses Sachverhalts auf die Bildung eines Lokalelements (Zink/Kupfer) kommen, die Wasserstoffentwicklung am Zink ist nicht mehr gehemmt. Die Teilgleichungen der Redoxvorgänge sind zu formulieren.

Erfolgreiches Problemlösen setzt das Erkennen und Verstehen des Problems voraus. Dazu wie auch für die anschließende Problemlösungsstrategie sind entsprechende Kenntnisse (auch prozedurales Wissen, Verfahrenskenntnisse) erforderlich. Die Aktivität der Lernenden erlischt, wenn sie nicht wissen, wie überhaupt mit dem Problemlösen begonnen werden soll. Für die Unterrichtspraxis bedeutet dies, dass vonseiten der Lehrenden entsprechende Impulse gesetzt und Hilfen gegeben werden (vgl. forschend-entwickelndes Unterrichtsverfahren, S. 203 ff.).
Die Problemlösung ist also ein aktiver, kognitiver Prozess (Anwendung von Kenntnissen

und Verfahren), der auf der Fähigkeit zu kausal-analytischem Denken beruht. Problemorientierung ist ein Gestaltungsprinzip des Chemieunterrichts, das einer gemäßigt konstruktiven Auffassung vom Lernen gerecht wird.
Damit Probleme für den Unterricht fruchtbar werden, sollten sie folgende Kriterien erfüllen:
- Authentizität oder Bezug zu authentischen Ereignissen/Situationen,
- Relevanz für die Lernenden,
- Aktualität,
- Erwecken von Neugier.

Das **Lösen chemischer Probleme** beruht auf folgenden Grundlagen:
- konkretes und theoretisches Basiswissen, gut strukturiertes Wissen im Sinne **intelligenten Wissens**;
- Kenntnis von **Problemlösungsstrategien**, z. B. analytisch-synthetisch, kombinatorisch, induktiv-deduktiv;
- Vertrauen in eigene Leistungsfähigkeit, Geduld, Zeit, Phantasie, Kreativität.

Im Chemieunterricht handelt es sich dabei um Situationen, die für den Schüler neu sind und die eine aktive Auseinandersetzung in geistiger Selbstständigkeit erfordern. Es geht also v. a. darum, die Schüler vor anregende Situationen zu stellen, bei deren Bewältigung sie nach eigenen Ideen und Vorschlägen auch Schwierigkeiten selbst meistern müssen. Freilich muss die Anzahl der Denkschritte bis hin zur Lösung des Problems überschaubar sein; das Problem sollte also mit hoher Wahrscheinlichkeit gelöst werden können. Die Komplexität des Problems kann vom einfachen chemischen Rätsel bis hin zu einem offenen Problem mit mehreren denkbaren Lösungen reichen [29].

Nach **Reimann** lassen sich folgende Problemtypen unterscheiden [30]:
- **Erklärungsprobleme** können häufig mithilfe theoretischer Kenntnisse mit einem so hohen Grad an Sicherheit beantwortet werden, dass eine experimentelle Prüfung gegenstandslos wird.

B Warum kann ein Polarforscher bei $-40\,°C$ nicht ohne weiteres einen Benzinbrenner anzünden?

- **Voraussageprobleme** erfordern das Knüpfen von Beziehungen zu ähnlichen Bereichen der Chemie, z. B. durch Analogieschlüsse. Sie können auf der Grundlage fundamentaler Gesetzmäßigkeiten und einer klar strukturierten Unterrichtsgestaltung erkannt und gelöst werden. Erneut wird die Bedeutung eines systematischen Wissensaufbaus und eines gut organisierten Vorwissens deutlich. Als Strategie dient häufig das experimentelle Verfahren, bei dem hypothetische Voraussagen eine wichtige Rolle spielen, weil daraus experimentell überprüfbare Folgerungen deduziert werden können.

B Wie lässt sich aus Meerwasser Brom gewinnen?

- **Ermittlungsprobleme** sind orientiert am Erkunden von einzelnen Sachverhalten, zu denen weder Hypothesen noch Voraussagen möglich bzw. notwendig sind. Die Problemlösung ist allein über Planung und Durchführung eines Experiments oder einer Versuchsreihe möglich.

B Bestimmung des Sauerstoffgehaltes der Luft.

Grundschritte problemlösenden Denkens im Unterricht [31]

Schritt 1: Formulierung des Problems
1. Fehler beim Lösen von Problemen treten auf, weil häufig keine Klarheit über das tatsächliche Ziel besteht.
2. Für den Schüler erweist es sich als hilfreich,
   - wenn das Problem in eine **Frage** eingebaut wird (verschiedene Sichtweisen des Problems; Herausarbeiten der chemischen Fragestellung an z. T. komplexen Sachverhalten durch Problemreduktion)
   - wenn eine Unterteilung in mehrere enger begrenzte **Teilprobleme** vorgenommen wird (Strukturierung); dadurch Anpassungsmöglichkeit an den Lernenden durch Variation der Lernschritte.

Schritt 2: Anwendung verschiedener Problemlösungsstrategien, z. B. die experimentelle Methode.
Schritt 3: Kombination der gelösten Teilprobleme.

Die meisten Probleme machen das Erstellen eines „Lösungssnetzes" oder „Lösungsbaumes" erforderlich, d.h., Schritt 2/3 wechseln ständig miteinander ab, bis zur Lösung des Problems.

Schritt 4: Auswertung, „Evaluation"

- Ist das Ergebnis tatsächlich die Antwort auf die Problemfrage?
- Ist es zu vereinbaren mit all den Teilinformationen und Fragen, die mit dem Problem zur Sprache kamen?

B **Beispiel für Problemlösungen in Teilschritten [32]: Wasserhärte – Was versteht man darunter, wie kommt sie zustande?**

(1) Einen Zusammenhang zwischen Waschvorgang mit Seife und der Wasserhärte herstellen,
(2) Wasserhärte mit den in der Wasserprobe gelösten Salzen in Beziehung bringen,
(3) Calciumhydrogencarbonat als Hauptverursacher für die Wasserhärte kennen lernen: Carbonathärte,
(4) Bildung von Calciumhydrogencarbonat aus Calciumcarbonat im Modellversuch durchführen und erklären,
(5) beim Begriff Wasserhärte die genaueren Begriffe Gesamthärte (weitere Härtebildner) und Carbonathärte unterscheiden,
(6) erklären können, was die Einteilung in Härtegrade (klassische Definition in mg CaO pro Liter Wasser der abstrakten Einheit mmol L^{-1} gegenüberstellen!) bedeutet.

Diese Teilschritte lassen sich in die **Problemlösungsstrategie** einbinden, die in Abbildung 128.1 zu finden ist.

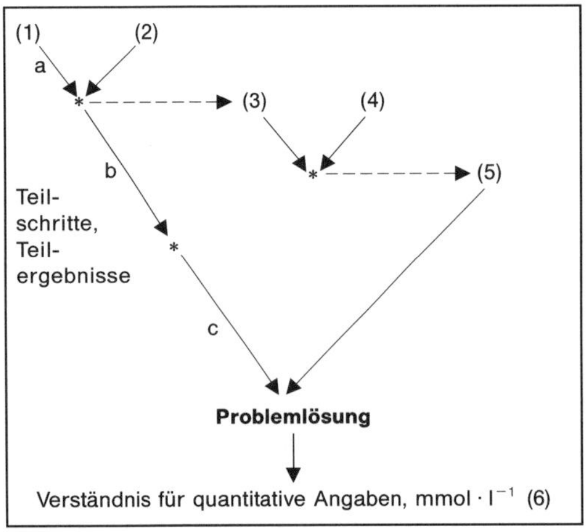

Abb. 128.1: Wasserhärte – vom Phänomen zum quantitativen Begriff

Ein besonderer Typ von Problemen bzw. **Aufgaben** liegt **beim stöchiometrischen Rechnen** vor. Wenngleich **stöchiometrisches Rechnen** v.a. in der Sekundarstufe I nicht übertrieben werden darf, sind derartige quantitative Aussagen im Zusammenhang mit der Einführung der Formelsprache nach wie vor wichtig. Sie dürfen aber nicht dazu führen, dass aufgrund der vielfach beobachteten Schwierigkeiten das Interesse am Chemieunterricht leidet.

Interessante Einsichten in **Denkstrategien**, die Schüler(-innen) beim Lösen stöchiometrischer Aufgaben entwickeln, und über den Umgang mit klassischen Fehlern im Unterricht liefern die Untersuchungen von Schmidt [33].

7.4 Entwicklungsstadien kognitiver Fähigkeiten nach Piaget [34, 35, 36]

Grundkenntnisse aus der Entwicklungs- und Kognitionspsychologie sind für jeden Lehrenden unabdingbar; sie sind Grundlage seiner diagnostischen Kompetenzen. Gerade die Kenntnis von Gruppenwerten über die Entwicklung der Denkfähigkeit schafft die Voraussetzung dafür, dass Reaktionen der Schüler bei bestimmten Anforderungen, aber auch individuelles Verhalten vorhersehbar werden. Derartige Grundkenntnisse sind bereits bei der Unterrichtsplanung eine wichtige Hilfe, weil sie grundsätzliche Fehleinschätzungen bei erwartetem Schülerverhalten vermeiden helfen. Nur allzu leicht vergessen wir Erwachsene, dass Kinder und Jugendliche andere Denkwege gehen. Im Unterricht selbst fördern Kenntnisse über kindliches Denken das angemessene Eingehen auf Schülerfragen und ermöglichen die Beurteilung leistungsstärkerer bzw. -schwächerer Schülerinnen und Schüler [37].

Beziehungen zwischen Lebensalter und Intelligenzentwicklung spielen auch in der bildungspolitischen Diskussion über Reformen im Elementar-, Primar- und Sekundarbereich eine wichtige Rolle.

Nach Piaget lassen sich folgende **qualitativ unterschiedliche Stadien** bei der **Entwicklung der Intelligenz** anführen (die altersgemäße Zuord-

nung ist nur eine grobe Orientierungshilfe):
- die sensomotorische Intelligenz (0–2 Jahre),
- das vorbegrifflich-symbolische Denken (2–4 Jahre),
- das anschauliche Denken (4–6/7 Jahre),
- die konkreten Denkoperationen (6/7–12/13 Jahre),
- die formalen Denkoperationen (ab 12/13 Jahre).

Auf die sensomotorische Phase, die im vorliegenden Zusammenhang nur wenig interessiert, wird hier nicht eingegangen. Die ausführliche Betrachtung beginnt mit dem präoperationalen Stadium, in dem das vorbegrifflich-symbolische Denken und das anschauliche Denken zusammengefasst werden können.

7.4.1 Präoperationales Stadium [38, 39]

Das präoperationale Denken ist charakteristisch für die Vorschuljahre und reicht bis in die ersten **Grundschuljahre** hinein. Das Kind lernt den Gebrauch der Sprache, d.h. die Fähigkeit, neue Wörter angemessen zu verwenden, setzt Eindrücke aus der Umgebung zu Erfahrungen, die ihm schon vertraut sind, in Beziehung und lernt, sich auf neue Situationen einzustellen. Genau abgegrenzte Begriffe sowie induktives Schließen entzieht sich meist seinen Fähigkeiten. Das Denken ist egozentrisch und durch Zweckdenken gekennzeichnet. Das Kind steht mit seinen Bedürfnissen im Mittelpunkt und ist noch nicht zum Erkennen kausaler Zusammenhänge befähigt. Wohl aber besitzt es die Fähigkeit, Ereignisse in ihrer Abfolge festzuhalten und bildliche Symbole zu verwenden (z.B. Gefahrensymbole auf Substanzflaschen!).

Mithilfe von **Erhaltungsexperimenten** konnte gezeigt werden, dass Kinder in diesem Stadium ihre Aufmerksamkeit auf nur eine Eigenschaft konzentrieren (z.B. auf die Länge einer Tonwurst) und sie noch **keine Reversibilität** verfolgen können. Sie sind somit noch nicht in der Lage, zwei Dimensionen, die zueinander in Beziehung stehen, zu erfassen (z.B. je ... desto: je länger eine Tonwurst, desto dünner). Wohl aber können sie die Konstanz von Objekten bei veränderlicher Anordnung erfassen. In den beiden ersten Grundschuljahren, in denen der naturwissenschaftlich-technisch orientierte Sachunterricht einsetzt, befinden sich die Kinder gewöhnlich im Übergang vom „präoperationalen“ zum „konkret operationalen“ Denken. Beispiele für typische Denkweisen in diesem Alter sind neben Piaget insbesondere von Banholzer, Wagenschein [40] und Zietz [41] beschrieben worden. Auf diesen Einsichten bauen auch heute wesentliche Beiträge zur Didaktik des naturwissenschaftlichen Sachunterrichts auf [42].

Von genereller Bedeutung für den Unterricht in dieser Stufe des Übergangs zu konkret-operationalem Denken seien genannt:
- Abbau magisch-animistischer Vorstellungen, wie z.B. „Flamme verzehrt die Kerze, Säure frisst das Metall auf, Flamme will ausgehen ..., Holzspan lässt sich leichter entzünden als Holzscheit, weil er klein ist und sich nicht gegen die Flamme wehren kann“.
  - Das Schließen geschieht meist vom Besonderen zum Besonderen. Dieses transduktive Schließen ist an Analogien und Vergleiche gebunden.
- Zustände werden eher durchschaut als Vorgänge der Veränderung (fehlende Reversibilität); daher können die Kinder nur schwer an die Leitlinie „chemische Reaktionen“ herangeführt werden.

Mit dem Erwerb von Erhaltungsbegriffen, z.B. dem Begriff von der Erhaltung der Substanzmasse und der Fähigkeit, die **Umkehrbarkeit von Prozessen** zu erfassen, rückt das Kind in das nächsthöhere Stadium auf. Dem Drängen, diese kognitive Entwicklung wesentlich beschleunigen zu können, gibt Piaget wenig Chancen (Gegensatz zu **Bruner**!). Gleichwohl darf der positive Einfluss einer Umwelt, die z.B. schöpferisches Experimentieren begünstigt, nicht geleugnet werden. Dies betrifft bereits die naturwissenschaftliche Früherziehung, d.h. die frühzeitige Hinführung zu naturwissenschaftlichen Phänomenen in der Vorschule [43].

So zeigen Kinder in der Primarstufe eine erstaunlich gute Beobachtungsgabe und sind für die Beschäftigung mit Naturobjekten und naturwissenschaftlichen Objekten und Prozessen stark motiviert. Funktionsabläufe werden erkannt und Begründungen können in zunehmendem Maß in „Wenn-Dann-Beziehungen“ und in „Je-Desto-Beziehungen“ ausgedrückt werden. Dieses Stadium wird auch als „**naivreal**“ bezeichnet.

7.4.2 Konkret-operationales Stadium [44, 45]

Das konkret-operationale Stadium bestimmt das Denken und Handeln der Kinder in den Entwicklungsphasen der Kindheit und Vorpubertät, reicht aber auch über die pubertäre Phase hinaus in die Adoleszenz. Das operational denkende Kind ist nicht mehr unmittelbar auf die Wahrnehmung angewiesen, sondern es kann auf einer bestimmten geistigen Ebene räumlich, zeitlich, vorwärts und rückwärts „streifen“. Auf diese Weise gelingt es ihm, über konkrete, existierende Objekte, Materialien und Vorgänge (chemischer Fachbezug!) nachzudenken und gelangt auf diese Weise vom Wahrnehmungs- zum Kausalurteil.

Folgende wichtige Operationen sind zu nennen:

- Elemente können in Klassen eingeordnet, d.h., es kann mit „Teil-Ganzes-Beziehungen“ umgegangen und damit das Wesen der hierarchischen **Klassifikation** erfasst werden (s. Abb. 130.1, Beispiel: Stoffsysteme).
- Objekte oder Stoffe werden nach einer bestimmten Eigenschaft geordnet, z. B. Mineralien nach der Härteskala, weil die Logik der Beziehungen erkannt wird: **Reihenbildung.** Ein weiteres Beispiel ist die Ordnung der Metalle nach der Reduzierbarkeit der Metalloxide in der Metallreihe. Sie gilt als Vorstufe der Spannungsreihe.
- Die Fähigkeit wird entwickelt, Informationen bzw. die in einer Versuchsreihe ermittelten Eigenschaften von Stoffen tabellarisch oder der Reihe nach zu ordnen und umgekehrt **Tabellen** als Arbeitsmittel zu verwenden.
- Das Arbeiten mit **Modellen** und das Denken in Modellen (z. B. auch Modellkonstruk-

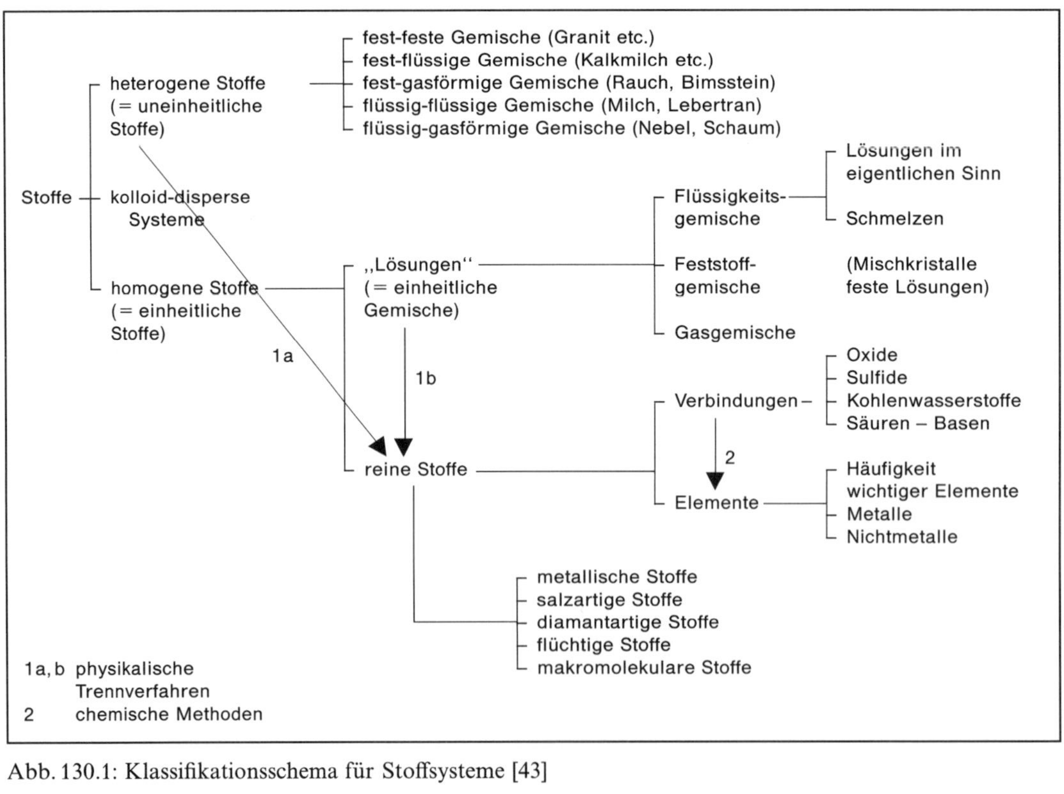

Abb. 130.1: Klassifikationsschema für Stoffsysteme [43]

tion) ist möglich, aber nicht unproblematisch (Teilchenmodell). Vielfach werden den Teilchen Eigenschaften zuerkannt, die nur dem Stoff selbst, also dem Teilchenverbund, zukommen.
- Fähigkeit, auch abstrakte **Symbole** zu verwenden (Elementsymbole).
- Verständnis der **Logik** der natürlichen Zahlen und der arithmetischen Operationen, sowie der des Messens (Dichte = Masse : Volumen)
- Fähigkeit, **grafische Darstellungen** (Histogramme) zu verwenden, um Daten mitzuteilen oder Beobachtungen unter Berücksichtigung von Trends oder Veränderungen zu interpretieren (Emissionswerte – Luftverunreinigung).
- Anwendung der **Erhaltungslogik** (Erkennen der Invarianz gewisser Eigenschaften unter bestimmten Transformationen), z. B. Gesetz von der Erhaltung der Masse und Gesetz der konstanten Proportionen.

Untersuchungen von Piaget zeigen, dass das Kind den Begriff von der Erhaltung der Substanz als erstes erfasst. Der Begriff von der Erhaltung des Gewichts (Masse) bei Veränderung der Form wird erst später gebildet. Als besonders problematisch erweist es sich, z. B. das Gesetz von Gay-Lussac-Humboldt (Gasvolumina bei chemischen Reaktionen) mit der Erhaltungslogik in Einklang zu bringen; dies setzt bereits formal-operationales Denken voraus.

Über die allgemeinen didaktischen Prinzipien hinaus sind für den einführenden Chemieunterricht folgende Grundsätze zu beachten:
- Da die Schüler Schwierigkeiten in der Erfassung abstrakter Begriffe haben, muss die Begriffsbildung aus der Anschauung heraus erfolgen und allgemeine Begriffe müssen stets mit konkreten Beispielen belegt werden können.
- Die Schüler haben Schwierigkeiten, mit Hypothesen zu argumentieren, d. h. deduktive Schlüsse zu ziehen und rein verbal gestellte Probleme zu behandeln. Deshalb ist das direkte Erkunden der Zusammenhänge für diese Altersstufe besonders wichtig, v. a. wenn sie zum ersten Mal mit der Naturwissenschaft Chemie in Kontakt kommt.

B
- Im Schülerversuch wird Zink zu einem bestimmten Volumen verdünnter Salzsäure gegeben und das gebildete Zinkchlorid isoliert. Schüler im Stadium der konkreten Operationen können schlecht beurteilen, was sich ereignet, wenn sie weiteres Zink zugesetzt hätten oder wenn sie umgekehrt mehr und mehr Salzsäure zu einer konstanten Menge Zink gegeben hätten. Sie müssen entweder das Experiment selbst machen oder das Ergebnis von anderen übernehmen.
- Entsprechend haben sie Schwierigkeiten, wenn sie voraussagen sollen, ob von den Edukten etwas übrig bleibt, wenn z. B. 30 g Eisen und 16 g Schwefel eingesetzt werden. Grundlage ist die Kenntnis des Gesetzes der konstanten Proportionen.
- Probleme werden vielfach nach der Methode „Versuch und Irrtum" angegangen, sodass die Lösung Schritt für Schritt erfolgen muss. Die einzelnen Stationen auf dem Lösungsweg müssen klar vor Augen bleiben (Tafelbild, Heft!).
- Randbedingungen werden leicht übersehen und müssen zur rechten Zeit in die Auseinandersetzungen mit dem Thema ins Spiel gebracht werden (Diskussion!).
- Zur Klärung der Frage „Wovon hängt die Brenndauer einer Kerze ab?" wird eine brennende Kerze unter verschieden große Bechergläser gestellt und die Brenndauer in Abhängigkeit vom jeweiligen Luftvolumen gemessen. Das Ergebnis wird also durch direktes Erkunden an konkreten Beispielen gewonnen.
- Typische Erklärungsversuche für eine Variante dieses Experiments – die schwimmende Kerze unter einem abgeschlossenen Luftvolumen – zeigt Abbildung 132.1 [46].
  Bei diesem Experiment meinen jüngere Kinder, das Wasser krieche in der Kerze empor. Bei anderen ist die anthropomorphe Vorstellung vorhanden, die Kerze bekomme keine Luft mehr und ersticke wie ein Lebewesen. Beginnend mit dem neunten Lebensjahr haben die Kinder magische Ideen. Die Kerze oder die Flamme oder „der Dunst" habe magische Kraft und ziehe das Wasser an. Auch naiv-reale „Wenn-Dann"-Beziehungen kommen vor: „Wenn das Becherglas über die Kerze gestülpt wird, geht die Kerze aus, und das Wasser steigt." Wie der „Kerzenversuch" weiter zeigt, sind die Kinder häufig auf eine Variable fixiert und vernachlässigen andere.

Die erwachende Kritikfähigkeit zusammen mit der realistischen Geisteshaltung machen Lernende in diesem Entwicklungsstadium gegenüber den naturwissenschaftlichen Fächern besonders aufgeschlossen ("kritischer Realismus"). Es ist deshalb schade, dass der Chemieunterricht in vielen Bundesländern an Realschulen und Gymnasien diese günstige Voraussetzung kaum nutzen kann.

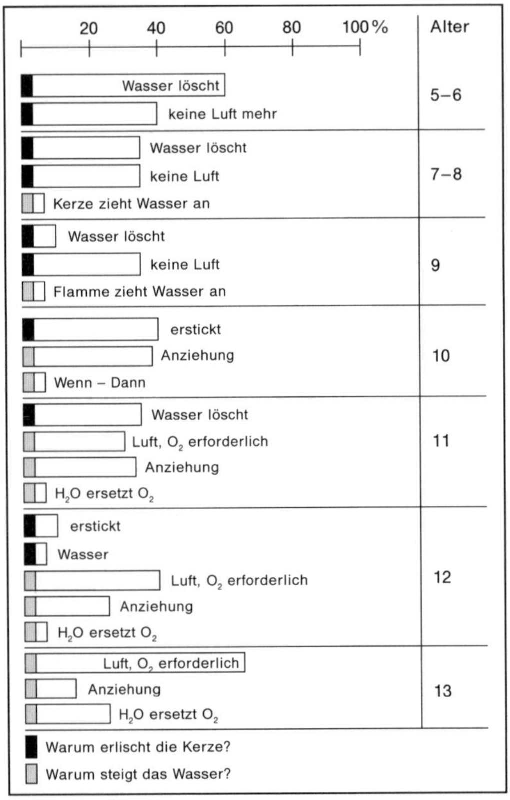

Abb. 132.1: Altersbezogene Häufigkeiten der Aussagen beim Kerzenversuch [46].

Vorgegebene Chemikalienlösungen

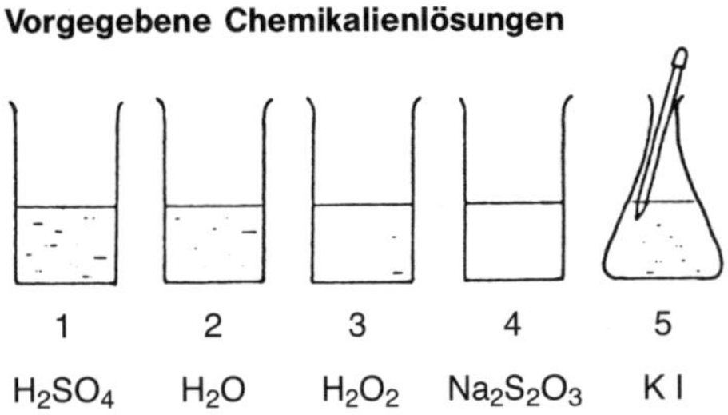

Aufgabe:
Herstellen einer gelben Lösung auf möglichst viele verschiedene Arten

Ziel:
Test zur Feststellung der Zugehörigkeit zur formal-operativen Phase (planvolles Vorgehen beim Problemlösen; kombinatorisches Denken).

Abb. 132.2: Diagnostik-Test zur Feststellung der Entwicklungsstufe (nach Piaget, Inhelder) [35, S. 66]

7.4.3 Formal-operationales Stadium [44, 45]

Während bis zum Alter von 12/13 Jahren die Denkfähigkeit sehr stark mit dem Lebensalter verknüpft ist, beobachtet man über diese Grenze hinaus viele Überschneidungen zwischen konkret-operationaler und formal-operationaler Denkfähigkeit.

Die Fähigkeit, formal zu denken, äußert sich wie folgt:

- Suche nach allgemeinen Definitionen, Gesetzen und Erklärungsmodellen,
- Denken unter Einbeziehen von Abstraktionen und entsprechender Konzepte, Axiome, Hypothesen, Theorien (Beispiele: Molkonzept, Säure-Base-Theorie nach Brönsted, Isomerie, ideales Gas),
- Anwendung der Logik des Klassifizierens, des Systematisierens und der Ordnungsrelationen sowie der Erhaltungslogik auch auf hohem Abstraktionsniveau (Erhaltung der Molekülsymmetrie: Woodward-Hoffmann-Regeln),
- Verfügen über spezielle „Formal-operationale Schemata" bei der Analyse von Zusammenhängen,
- korrelatives Denken,
- Denken in Wahrscheinlichkeiten (z. B. wirksame Teilchenstöße als Voraussetzung chemischer Reaktionen),
- Ermittlung funktionaler Beziehungen in mathematischer Form (z. B. Proportionalität); viele chemische und physikalisch-chemische Probleme, z. B. Stöchiometrie und Gasgesetze, setzen diese Fähigkeiten voraus.
- Problemlösung nach planvollen Strategien (s. Abb. 132.2),
- bewusstes, selbstkritisches Denken: aktives Suchen nach Bestätigungen für eigene Schlussfolgerungen,
- kombinatorisches Denken (Kontrolle der Variablen),
- Fähigkeit, Analogien zu benutzen und in Analogien zu denken, um große Zusammenhänge zu verstehen (Fundamentalgesetze) [48].

B In gleicher Weise, wie der pK_S-Wert die Stärke der Säure ausdrückt, ist das Normalpotenzial ein Maß für die Stärke des Reduktions- bzw. Oxidationsvermögens eines Redoxpaares. Ebenso wie der pH-Wert einer Lösung vom Logarithmus der Protonenkonzentration abhängt, hängt auch das effektive Reduktions- und Oxidationsvermögen vom Logarithmus des Konzentrationsverhältnisses ab [49].
Auf keinen Fall haben sämtliche Schüler weiterführender Schulen – ja nicht einmal alle Studierenden – jene Ebene des Denkens erreicht, die es ihnen ermöglicht, all die Theorien und Prinzipien zu verstehen, die die Basis der heutigen Naturwissenschaften bilden. Bezogen auf die Chemie ist dies der Bereich, der gemeinhin „allgemeine Chemie" genannt wird. Wir müssen uns daher nicht wundern, dass der Ansatz in den 1970er Jahren, allgemeine Chemie an Hochschule und Schule zum Ausgangspunkt des Lernens zu machen, nicht so erfolgreich war, wie vielfach erwartet wurde. Auch das Herausarbeiten allgemeiner chemischer Zusammenhänge auf der Basis von Erfahrungen erfordert die Fähigkeit zu formal-operationalem Denken [50].

Die Annahme, dass die **Intelligenzentwicklung** im frühen Erwachsenenalter bereits abgeschlossen sei, kann heute nicht mehr akzeptiert werden. Viele empirische Befunde weisen darauf hin, dass sich die Intelligenz in aufeinander folgenden Altersstufen nicht nur quantitativ, sondern auch strukturell (qualitativ) ändert [51]. Piaget hat in einer bewusst idealtypischen Vereinfachung Stufen oder Stadien der Genese kognitiver Fähigkeiten unterschieden, die weniger durch Denkinhalte als durch charakteristische Denkweisen gekennzeichnet sind. Dabei lassen sich die **Altersgrenzen nicht allgemein gültig** angeben. Außerdem kann sich ein Kind, das in Bezug auf eine spezielle Frage (z. B. Kausalität) einen bestimmten Stadium angehört, hinsichtlich einer anderen Frage sehr wohl in einem anderen Stadium befinden. Wenn sich auch die einzelnen Entwicklungsstufen altersgemäß nicht eindeutig zuordnen lassen, so lassen sich aber dennoch statistische Informationen über die altersbezogene Verteilung der Schüler auf die verschiedenen Entwicklungsstufen gewinnen. Derartige **kognitive Entwicklungsprofile** zeigen, dass mit steigender Klassenstufe der Prozentsatz der formal-operativen Denker zunimmt, aber nicht in dem Ausmaß, wie vielfach angenommen wird [52, 53]. So ist es keine Seltenheit, wenn über 50 % der Schüler der Sekundarstufe II in ihrem Denken noch vorwiegend konkret orientiert sind. Praktisch bedeutet dies, dass über die Hälfte der Schüler in der Sekundarstufe II Schwierigkeiten im Umgang mit formalen, abstrakten Konzepten hat – ein Ergebnis, das für viele Gymnasiallehrer nicht überraschend ist.
Eine Umfrage in englischen Schulen hat ergeben, dass im Alter von vierzehn Jahren nur 20 % der Kinder die Denkfähigkeit erreicht haben, die für den zur Mittleren Reife (O-Level) führenden naturwissenschaftlichen Unterricht notwendig ist, und nur 7 % der Schüler waren für das Verständnis der an vielen Schulen eingeführte Nuffield-Chemie geeignet. Untersuchungen in den USA zeigen weiter, dass fortgeschrittene Studierende der Naturwissenschaften, die zu einem hohen Prozentsatz formal denken können, ungemein davon profitieren, wenn abstrakte Konzepte mithilfe konkreter Beispiele und anschaulicher Modelle eingeführt werden. Dagegen werden Studierende, die unzweifelhaft noch konkret-operational denken, durch derartige methodische Hilfen hinsichtlich ihrer Befähigung zu formalen Denkoperationen nicht im gleichen Maß gefördert. Daraus resultiert das Problem, wie auch weniger begabten Schülern ein sinnvoller Chemieunterricht erteilt werden kann. Er muss nach **Shayer** so konzipiert sein, dass er die eigene Denkfähigkeit dieser Schüler entwickelt und darf keine in den Ansprüchen reduzierte Version von Curricula und Lehrplänen sein, für die eine höhere Denkfähigkeit vorausgesetzt wird [59].

7.5 Lernschwierigkeiten und Verständnisprobleme im Chemieunterricht

Chemie gilt gemeinhin als ein schwieriges Unterrichtsfach. Verständnis für chemische Sachverhalte kann nicht durch Aneinanderreihen von Fakten und durch bloße Mitteilung von Lehrbuchwissen vermittelt werden. Die Vorstellungen, zu denen der Chemieunterricht die Schüler hinführen soll, sind schwer zu entwickeln, weil sich wichtige Begriffe aus der Che-

mie auf den submikroskopischen, also auf den nicht direkt wahrnehmbaren Bereich beziehen. In dieser Kategorie zu denken ist aber unerlässlich für jegliches weiterführende Chemieverständnis. Erschwerend wirkt sich aus, dass Vorwissen, welches die Schüler und Schülerinnen aus dem Alltag mitbringen, im Unterricht nicht weitergeführt wird. Vielfach steht es im Widerspruch zu dem, was gelernt werden soll: Umlernen ist schwieriger als Hinzulernen.
Dies erfordert, dass bereits existierende und dem Schüler vertraute Denkweisen, die sich im täglichen Leben – freilich unter anderen Aspekten – bewährt haben, umstrukturiert oder gar ersetzt werden müssen. Gerade das Analysieren von **Alltagserfahrungen** und die Berücksichtigung von **Schülervorstellungen** ist eine unverzichtbare Voraussetzung für erfolgreichen Unterricht. So kann auch ein Bezug zwischen Chemieunterricht und **Lebenswirklichkeit** hergestellt werden. Die Überwindung und der Abbau unzulänglicher Vorstellungen sind jedoch zeitraubend und schwierig [60].

7.5.1 Klarheit in der Begriffsbildung

Die Klarheit und Exaktheit in der **Begriffsbildung** werden bereits im Handbuch der Schulchemie von Kintoff und Wagner als erste Forderung an den Chemieunterricht gestellt [61]. Eine Ursache für Lern- und Verständnisschwierigkeiten ist in vielen Fällen die ungenügende Repräsentation von Begriffen [62]. Die Situation wird verschärft, wenn es sich um eine Sequenz schwieriger, abstrakter Begriffe handelt. Die Folge ist, dass mechanisch gelernt wird und die Begriffe ihre „Ankerfunktion" bei der Bewältigung späterer Erfahrungen nicht erfüllen können. Daraus ergibt sich eine wichtige methodische Forderung, nämlich dafür zu sorgen, dass die Schüler die maßgeblichen **Kriterien** für die Begriffsbildung erfassen (vgl. entwicklungs- und kognitionspsychologische Grundkenntnisse) und Gelegenheit haben, jeden Begriff möglichst umfassend an konkreten Beispielen anzuwenden und mit anderen in Beziehung zu bringen (Festigung!) [63].

Im Einzelnen unterscheidet man im Chemieunterricht [64]
- qualitative oder klassifikatorische Begriffe,
- komparative oder topologische Begriffe,
- quantitative Begriffe.

Qualitative oder klassifikatorische Begriffe

Die **qualitativen** oder **klassifikatorischen Begriffe** bilden meist den Anfang in der Begriffsbildung. Bei der Klassifikation werden gemeinsame Merkmale oder analoge Erscheinungen von Objekten logisch zusammengefasst (Vergleich!).

B Elementgruppen (Edelgase, Alkalimetalle, etc.), Verbindungen mit gleichen funktionellen Gruppen, Stoffsysteme

Das **Ordnen** nimmt bei der klassischen Begriffsbildung eine zentrale Stellung ein und bildet den Übergang zu komplexeren und komplizierteren Denkprozessen. Ordnen kann erfolgen durch Ein- und Zuordnen, durch Unterordnen und Überordnen (Abb. 135.1). Das Einordnen und Nebenordnen führt über eine Mengenbildung zu einer Klassenbildung und damit zu einer **Klassifizierung**. Im einfachsten Fall wird nur eine einfache Alternativentscheidung vorgenommen, ob das Objekt Element einer Klasse ist oder nicht. Die Fähigkeit zum Ordnen kann im Unterricht geübt und verbessert werden durch Arbeitsaufträge zur Umordnung vorgegebener Systeme.
Untersuchungen zeigen, dass bereits Kinder im Grundschulalter davon profitieren, wenn der Lernstoff auf diese Weise strukturiert wird und dass Schüler der Mittelstufe bezüglich dieser Fähigkeit das Leistungsniveau von Erwachsenen erreichen können [66]. Die Schüler erkennen die Vorteile eingeübter Strategien und versuchen, sie auch bei unterschiedlichen Lernmaterialien anzuwenden (Transfer!).
Im Chemieunterricht sind vielfach mit der Fähigkeit zur Klassifikation wichtige Handlungsschemata gekoppelt (operationale Begriffe). Zur Einführung klassifikatorischer Begriffe soll stets ein chemisches System gewählt werden, das den Begriffsinhalt besonders ausgeprägt repräsentiert (exemplarisches Prinzip).

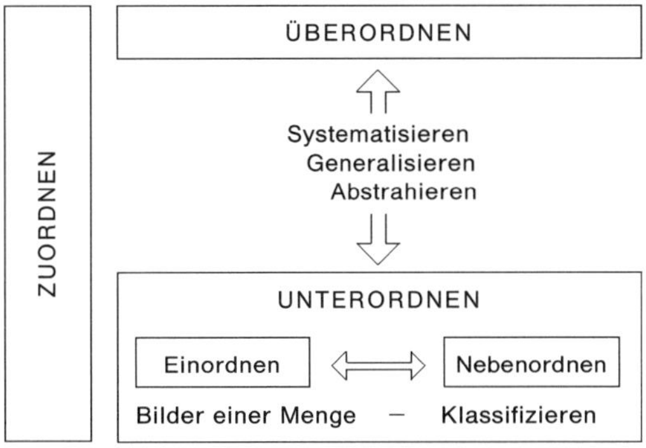

Abb. 135.1: Verschiedene Formen des Ordnens [65]

B Einführung des Säure-Base-Begriffs nach Brönsted erfolgt an den Systemen „Chlorwasserstoff/Wasser Ammoniak/Wasser“ und nicht anhand einer Kationsäure oder Anionbase [67].

Neben dem empirischen Befund (Beobachtungsergebnis), der für die Zugehörigkeit zu einer bestimmten Klasse wichtig ist, muss darauf geachtet werden, dass die Kriterien nicht zu kompliziert sind und dass möglichst einfache Begriffe geprägt werden, mit denen möglichst viel gearbeitet werden kann. Die Klasseneinteilungen können auf verschiedenen Stufen vorgenommen werden und führen zu einer **hierarchischen** Ordnung von Begriffen bzw. zu einer **Begriffspyramide** (Ober- und Unterbegriffe). Auf diese Weise lassen sich Begriffssequenzen aufstellen (Natrium – Alkalimetalle – Hauptgruppenelemente) und Begriffsreihen finden, wenn die klassifikatorische Ebene nicht verlassen wird (Alkane, Alkene und Alkine als Grundstrukturen für organisch-chemische Verbindungen).

Die häufig auftretenden Gegensatzpaare von **Begriff** und **Gegenbegriff** sind eine Besonderheit der chemischen Fachsprache. Die damit im Zusammenhang stehende Fähigkeit zur Begriffsbegrenzung unter bestimmten Kriterien ist ein wichtiges Kennzeichen der Begriffsbildung im Chemieunterricht. Die im weiterführenden Unterricht wachsende Erkenntnis, dass derartigen Zuordnungen zu einer bestimmten Kategorie kein Absolutheitsanspruch eingeräumt werden kann, ist ein wesentlicher Schritt zum Verständnis der Chemie.

B Beispiele von Gegensatzpaaren der chemischen Fachsprache, nach Vollmer [64]:
Element – Verbindung
Analyse – Synthese
Gemisch – Reinstoff
chemische Reaktion – physikalischer Vorgang
Homolyse – Heterolyse
hydrophil – hydrophob
exotherm – endotherm
Kation – Anion
Metall – Nichtmetall
Säure – Base
Oxidation – Reduktion
Eine Analyse dieser Antonyme ergibt durchgehend, dass die jeweiligen Paare in einem Kern von Bedeutungselementen, Merkmalen, identisch sind und sich nur in einem bzw. wenigen Merkmalen, dann aber extrem voneinander unterscheiden.

Die Merkmale und Kriterien, die zur Ordnung der Mannigfaltigkeit in dem Bereich „chemischer Stoffe“ und „chemische Reaktion“ zu nennen sind, können sowohl konkret-anschaulicher, empirischer als auch modellhaft-theoretischer Natur sein:
- Merkmale im konkret-anschaulichen Bereich: Herkunft, Wirkung, Zusammensetzung, Herstellung, Beschaffenheit, Verwendung;
- Merkmale im modellhaft-theoretischen Bereich: Struktur, Funktion, Stabilität, Invarianzkonzepte.

B
- Der Begriff „Pufferlösung“ kann mehr auf konkret-anschaulicher Grundlage definiert werden als „ein Gemisch aus einer schwachen Säure und deren Salz“ oder aber sich auf eine modellhaft-theoretische Basis beziehen: Pufferlösung, ein äquimolares Gemisch aus einer schwachen Säure und deren korrespondierender Base.
- Um die Vorstellung abzubauen, dass bei der Verbrennung die Ausgangsstoffe unwiederbringlich vernichtet werden, muss der Schüler Gelegenheit bekommen zu erfahren, dass sich aus den Verbrennungsprodukten der jeweilige Ausgangsstoff wiedergewinnen lässt (vgl. dazu Werke der experimentellen Schulchemie) [60].

Das **Systematisieren** beschränkt sich nicht nur auf lokales Ordnen, sondern lässt sich auf verschiedenen Abstraktionsstufen wiederholen, wie am Beispiel der riesigen Anzahl organischer Verbindungen und deren chemischer Reaktion gezeigt werden kann.

B **Systematisierungskonzepte der organischen Chemie:**
- Funktionelle Gruppen führen zu Verbindungsklassen.
- Unterscheidung von Reaktionstypen nach Knüpfung neuer Bindungen zwischen Atomen: Substitution – Addition – Eliminierung;
- Wechselwirkung an reaktiven Zentren: Nucleophile – Elektrophile – Radikale;
- Beeinflussung chemischer Reaktion durch den „Molekülrest“: elektronische/sterische Effekte.

Der Bedeutung dieser wichtigen Begriffe entsprechend werden sie auch als Schlüsselbegriffe (vgl. S. 141) bezeichnet.

Komparative oder topologischen Begriffe

Die **komparativen** oder **topologischen Begriffe** bilden nach den klassifikatorischen Begriffen die nächsthöhere Stufe und ermöglichen Vergleiche. Die auf diese Weise erreichten Ausschärfungen von „mehr oder weniger“, „stärker oder schwächer“ sind für chemische Betrachtungsweisen sehr wichtig, weil sie genauere Informationen liefern als rein klassifikatorische Begriffe. Die Beziehungen werden wiederum auf vorwiegend empirischer Grundlage gefunden und sind ein wichtiger Zwischenschritt zur Einführung quantitativer Begriffe.

B
- Härteskala für Mineralien nach Mohrs (Quarz ist härter als Calcit);
- “Affinitätsreihe“ der Metalle zu Sauerstoff (Magnesiumoxid lässt sich schwerer durch Wasserstoff reduzieren als Blei(II)-oxid, Magnesium ist ein stärkeres Reduktionsmittel als Wasserstoff);
- Lösungstensionsreihe der Metalle (das jeweils unedlere Metall verdrängt das edlere aus dessen Salzlösung);
- starke und schwache Säuren (die jeweils stärkere Säure entwickelt unter sonst gleichen Bedingungen mit einem Metall ein größeres Wasserstoffvolumen/Zeiteinheit);
- Änderung des Metall- und Nichtmetallcharakters in einer Hauptgruppe oder Periode.

Quantitative Begriffe

Quantitative Begriffe [19, 20, 21] stellen die höchste und exakteste Begriffsform dar, weil sie den stärksten Informationsgehalt haben. Die Einführung eines quantitativen Begriffs wird als Metrisierung bezeichnet. Von einer fundamentalen Metrisierung spricht man, wenn eine Größe eingeführt wird, ohne auf andere Größen zurückzugreifen. Dies ist der Fall bei den SI-Basiseinheiten [68]. In der Chemie ist das **Mol** die wichtigste Basiseinheit.
Eine abgeleitete Metrisierung liegt vor, wenn man sich auf verfügbare quantitative Begriffe bezieht bzw. stützt.

B Dichte, Konzentration, pK_S-Wert, Redoxpotenzial, Molvolumen

In den meisten Fällen ist es methodisch und didaktisch gerechtfertigt, im Unterricht vor die Einführung des quantitativen Begriffs die qualitative Betrachtung zu stellen. Dazu sind komparative Begriffe sehr gut geeignet. Zahlen tragen erst dann zum Verständnis eines Phänomens bei, wenn man zuvor dessen qualitative Seite verstanden hat [69].

B **Begriffsbildung im Umfeld der Redoxreaktionen [64, S. 76/77]:**
- klassifikatorische Begriffe: Oxidationsmittel – Reduktionsmittel;
- komparativer Begriff: stärkeres, schwächeres Oxidationsmittel – Reduktionsmittel;
- quantitativer Begriff: Normalpotenzial eines Oxidations-, Reduktionsmittels.

Begriffsbildung im Umfeld des Massenwirkungsgesetzes:
- klassifikatorischer Begriff: umkehrbare Reaktion;
- komparativer Begriff: Prinzip von Le Chatelier;
- quantitativer Begriff: mathematische Formulierung des Massenwirkungsgesetzes; Gleichgewichtskonstante.

7.5.2 Verständnisschwierigkeiten – eine Auswahl

„Denken“ im Sinne von Vorhersagen, Erklären, Schlussfolgern, Analysieren, Kombinieren usw. ist eine komplexe Fähigkeit, die im Chemieunterricht letztlich auf das Erfassen gesetzmäßiger Beziehungen zwischen den reagierenden Teilchen (Spezies) ausgerichtet ist. Für die Schulung der Denkfähigkeit ist das Bewahren der Einheit von sinnlicher und abstrakter Erkenntnis unerlässlich [70].

B **Auflösen von Kalkstein in Salzsäure aus der Sicht der Denkstufen (I) – (III):**

(1) Calciumcarbonat reagiert mit Salzsäure unter Kohlenstoffdioxidentwicklung; es wird aufgelöst (stofflicher Umsatz)

$$CaCO_3 + 2HCl \rightarrow CaCl_2 + CO_2 + H_2O$$

(2) Wechselwirkung von Teilchen/Protonentransfer; Säure-Base-Konzept nach Brönsted – abstrakte Darstellung

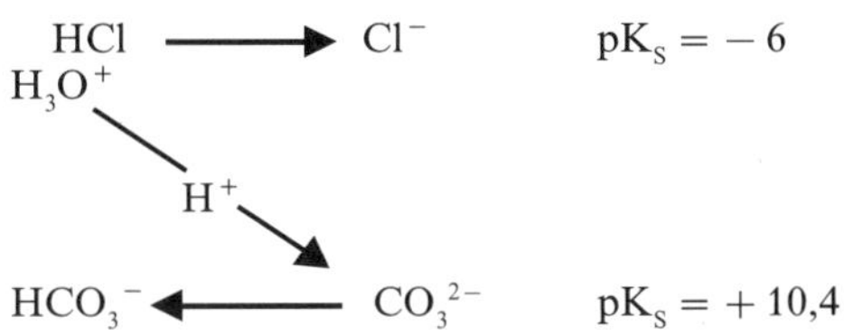

(3) Jedes Carbonat (z. B. Na_2CO_3) reagiert mit Salzsäure in der gleichen Weise; beliebige Beispiele sind auszuwählen; praktische Bedeutung: Bestimmung des Kalkgehalts einer Bodenprobe.

Dieser Wechsel in den Denkkategorien lässt sich nach **Bleichroth** wie folgt verallgemeinern [71]: Eine Aussage oder eine Darstellung wird als „**abstrakt**" bezeichnet, wenn sie von der Realität des unmittelbar Wahrgenommenen abgehoben und nur noch im Gedanklichen, im Begrifflichen existiert. Dabei werden gemeinsame Merkmale vieler Einzeltatsachen zusammengefasst und hervorgehoben, Unterschiedliches wird vernachlässigt oder weggelassen, sodass die Darstellung oder Aussage auf viele Einzelfälle zutrifft. Sie besitzt damit einen **hohen Allgemeinheitsgrad** und einen **großen Gültigkeitsumfang**. „Verminderung der Abstraktheit" ist dann als gegenläufiger Vorgang zu verstehen, d.h. als Konkretisierung. Diese wird erreicht durch Rückführung zum Gegenständlichen, Anschaulichen durch die Betrachtung von Einzelfällen und Einzelbeispielen. Mit dem Gewinn an Anschaulichkeit und Konkretheit geht allerdings ein Verlust oder zumindest eine Einschränkung des Allgemeinheitsgrades und des Gültigkeitsumfanges der Aussage einher. **Mit** dem Formulieren einzelner **Abstraktionen** ist der **Erkenntnisprozess im Chemieunterricht nicht abgeschlossen**, sondern Abstraktionsleistungen müssen dazu genützt werden, um im Gedanklich-Konkreten damit umzugehen. Das Wissen muss „Kontakt halten" zu möglichen Einzelfällen und zur Erfahrung der Schüler. In der Unterrichtspraxis muss also der Stufe der **Festigung des Wissens** (z.B. Transfer, Anwendung auf die Lebenswirklichkeit) viel mehr Aufmerksamkeit geschenkt werden. Nur so kann zur Verinnerlichung von Denkschemata der Chemie beigetragen und das Wissen mit Inhalten angereichert werden, die eine Rückwirkung zur Welt des Schülers erwarten lassen.

Für viele Schüler genügt die theoretisch fundierte Abhandlung (z.B. allgemeine Gesetzmäßigkeiten) nicht, denn für sie ist der Schritt von der phänomenologischen Ebene zur abstrakten Ebene zu groß. Für sie müssen **Übergangsvorstellungen** – im Sinne einer Brückenfunktion – entwickelt werden, die es ermöglichen, zum theoretischen Konzept vorzustoßen, ohne sich zu früh von der anschaulichen Stufe des Denkens lösen zu müssen.

B **Übergangsvorstellungen auf dem Weg zu abstraktem Denken:**

– Dem stofflichen Umsatz entspricht die Ionengleichung, die auf die an der Reaktion beteiligten Spezies Bezug nimmt;

$$Ca^{2+}CO_3^{2-} + 2H_3O^+Cl^- \rightleftarrows Ca^{2+} + 2Cl^- + 3H_2O + CO_2$$

– allgemeine Ionengleichung

$$CO_3^{2-} + 2H_3O^+ \rightleftarrows CO_2 + 3H_2O \quad \text{oder}$$
$$CO_3^{2-} + 2H^+ \rightleftarrows CO_2 + H_2O$$

– Erkennen des eigentlichen Problems: Warum kommt es zu Wechselwirkungen zwischen Oxonium- und Carbonat-Ionen und nicht zwischen Oxonium- und Chlorid-Ionen?

Übergangsvorstellungen auf dem Weg zur Differenzierung des Wertigkeitsbegriffs [72]:

Mit dem Begriff der **stöchiometrischen Wertigkeit** kann im Anfangsunterricht im Sinne einer „Übergangsstrategie gearbeitet werden, um Atomzahlenverhältnisformeln von Substanzen (Verbindungen) aufzustellen" und damit eine Basis für die Benennung zu schaffen. Der Charakter einer Übergangsvorstellung wird auch daraus ersichtlich, dass die Wertigkeit keine Konstante für ein bestimmtes Element darstellt, keine Begründungen für ihr Zustandekommen gegeben werden können und sie im weiterführenden Unterricht letztlich in fünf weitere voneinander unabhängige Wertigkeitsaussagen differenziert werden kann (Abb. 138.1).

Unter Berücksichtigung dieser Einschränkungen kann die stöchiometrische Wertigkeit gute Dienste zur Aufstellung von Formeln und Gleichungen tun. Freilich wird sie auch in manchen didaktischen Kon-

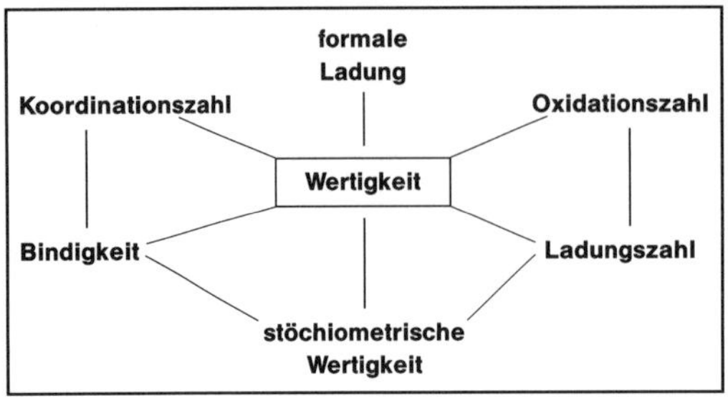

Abb. 138.1: Differenzierte Aussagen zum Wertigkeitsbegriff

zepten abgelehnt bzw. für entbehrlich betrachtet; sie gründen auf der Bedeutung von Strukturvorstellungen als Grundlage von Formeln [73].

Nicht nur die Begriffsbildung selbst und deren Verknüpfung zu Wissens- und Fachstrukturen ist von Bedeutung, sondern es müssen den Schülern auch Erweiterungen bzw. die **Optimierung** und **Umstrukturierung** der Denkschemata deutlich gemacht werden [74].

Denkschemata können durch folgende Einsichten **optimiert** werden:

(1) Ausweitung der Anwendbarkeit erlernter Konzepte und Verfahren

B
- **Verbrennungsvorgänge** spielen sich nicht nur an der Luft oder in Sauerstoffatmosphäre, sondern auch in Gegenwart von Halogenen (Chlor, Brom) und Schwefel ab.
- Gegen Ende der Sekundarstufe I wird der **Begriff „Säure"** an Neutralteilchen (Molekülen) geprägt (Brönsted/Lowry) und dadurch das unterschiedliche Verhalten wasserfreier Säuren gegenüber ihren wässrigen Lösungen abgegrenzt. Lernt der Schüler später das Faktum kennen, dass eine wässrige Lösung von Eisen(III)-chlorid ebenfalls sauer reagiert, so muss das vorhandene Denkschema (Begriff) erweitert werden [75].

(2) Steigerung der Genauigkeit

B
- Ausarbeiten einer quantitativen Vorschrift auf der Grundlage einer qualitativen Orientierung [76].
- Unterscheidung zwischen Neutralpunkt und Äquivalenzpunkt bei der Maßanalyse.
- Quantitative Bestimmung der Luftzusammensetzung schafft die Voraussetzung zur Diskussion der Verbrennungsreaktionen in einem abgeschlossenen Luftvolumen.
- Aufbauend auf der Kenntnis, dass es Gase gibt, die „leichter" oder „schwerer" als Luft sind, kann die Einsicht gewonnen werden, dass die Gasdichte der molaren Masse des jeweiligen Gases direkt proportional ist (Abb. 138.2). Schmidt zeigt auf diese Weise, wie Einzelfakten zu einem beziehungsvollen Wissen umgesetzt werden können [77].
- Gasdichtemessungen in Gaswägekugeln liefern Einzelwerte für die Litermasse der Gase. In einer grafischen Darstellung lassen sich nun diese Fakten mit den molaren Massen der Gase korrelieren. Der Schüler erkennt folgende Zusammenhänge:
  - Die Gasdichte steigt mit der molaren Masse.
  - Er kann Gase nennen, die leichter (Wasserstoff, Helium, Methan) bzw. schwerer (Kohlenstoffdioxid, Butan) als Luft sind.
  - Er kann bei gegebener molekularer Masse die Litermasse ablesen (vorhersagen) und wichtige Folgerungen hinsichtlich Unfallschutz, Auffangen etc. ziehen.
  - Aus der Steigung der Geraden ergibt sich das molare Volumen von Gasen als konstanter Wert von $24 \, l \cdot mol^{-1}$ bei Raumtemperatur.

(3) Spezialisierung in der Anwendbarkeit

B
- Ausarbeitung von Trennungsgängen und Identifikationen in der analytischen Chemie;
- Anwendung der Oktettregel auf die Elemente der 2. Periode;
- kritische Einstellung zur Gültigkeit von Regeln, z. B. Doppelbindungsregel.

Lernen durch Schemaoptimierung ist für die **Festigung** der erworbenen Schemata unerlässlich und stellt somit auch eine wesentliche didaktische Funktion von Chemiestunden dar. Besonders geeignet sind das Lösen von Übungsaufgaben in Verbindung mit Experimenten, Übungen zur Anwendung und Systematisierung chemischer Reaktionen, das Ausschärfen von Wissen durch Transferleistungen.

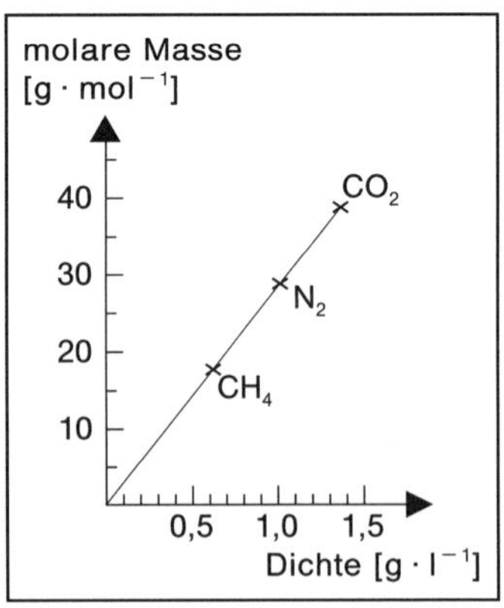

Abb. 138.2: Der Zusammenhang zwischen molarer Masse und Dichte bei Gasen, nach Schmidt [77]

Dieser Tatsache, dass zum Aufbau einer angemessenen Gedächtnisorganisation ein erheblicher Zeitaufwand erforderlich ist, sollte in der Unterrichtspraxis zukünftig größere Aufmerksamkeit geschenkt werden. Das Erkennen neuer regelhafter Zusammenhänge ist die schwierigste Art des Lernens; es wird gemeinhin als **Lernen durch Umstrukturierung** bezeichnet. Viele schwer wiegende Verständigungsprobleme beruhen darauf, dass die Lernenden zu diesen anspruchsvollen Denkleistungen nicht ausreichend angeleitet werden.

Das Wissen um diese Schwierigkeiten hat unmittelbare Auswirkung auf die Unterrichtspraxis selbst. Begriffe, welche im Lauf des Lehrganges umstrukturiert werden müssen, dürfen nicht unverrückbar im Gedächtnis der Schülerinnen und Schüler „zementiert" werden, v.a., wenn die fachliche Rechtfertigung nur auf einer schmalen Basis beruht.

B Ein Schülereinwand, der vielen Chemielehrern in dieser oder ähnlicher Weise bekannt ist: „Aluminiumchlorid, eine Säure? Ich dachte, es wäre ein Salz!" [78].

Nun heißt das freilich nicht, dass von Anfang an gleich ein Begriff mit den breitesten und umfassendsten Definitionskriterien eingeführt werden sollte, sondern es muss die Begrenztheit – nicht etwa „Fehlerhaftigkeit" – des früher gelernten Begriffes deutlich gemacht und somit die Leistungsfähigkeit des umstrukturierten Begriffs herausgearbeitet werden (vgl. Wandel des Säure-Base-Begriffs, S. 45).

Die besondere Problematik der Begriffsbildung durch Umstrukturierung wird bei **Einführung des Redoxbegriffes** als Elektronenaufnahme und -abgabe deutlich.

In der didaktischen Diskussion lassen sich zwei Positionen erkennen:

- Die Begriffe **Oxidation**, **Reduktion und Redoxreaktion** werden im einführenden Chemieunterricht auf der Basis der **Sauerstoffaufnahme und -abgabe** geprägt. Basis ist also die konkret-stoffliche Ebene. In darauf folgenden Jahrgangsstufen – je nach Schulart – wird die Umstrukturierung im Sinne des Elektronentransfers bewusst geleistet. Es handelt sich um keine bloße „Erweiterung" des Redoxbegriffs!
- Frühzeitige elektronentheoretische Interpretation von Redox-Reaktionen [79].

Im Folgenden werden die didaktischen und methodischen Probleme im Umfeld des Redoxvorganges näher diskutiert.

B **Verbrennung – Oxidation – Reduktion – Redoxreaktion:**

Aus eigenen Erfahrungen und von der **Grundschule** her weiß der Schüler, dass es brennbare und nicht brennbare Stoffe gibt. Er orientiert sich dabei an der Erfahrung bzw. am Phänomen **Flamme**. Die Erkenntnis, dass leicht verdampfbare und zugleich brennbare Stoffe (z.B. brennbare Flüssigkeiten mit hohem Dampfdruck) als **feuergefährlich** gelten, schafft ein Denkschema, das den Schüler zu verantwortungsbewusstem Handeln befähigt.

Vom Alltag her wird Verbrennen unter dem Aspekt gesehen, Stoffe zum Wärmen und zum Leuchten zu nutzen; mitunter steht auch der zerstörende Effekt des Feuers im Vordergrund. Die Erfahrung wird gemacht, dass Substanzen nach dem Verbrennen „verschwunden" sind [80].

Im einführenden Chemieunterricht wird die Verbrennung als eine an den Sauerstoff gebundene Oxidationsreaktion (vgl. Lavoisier) eingeführt. Hier beginnen die Schwierigkeiten, welche bei einer späteren Umstrukturierung in der Begriffsbildung nachwirken: Veränderungen am Oxidationsmittel Sauerstoff müssen außer Betracht bleiben. Hingegen kann die Formulierung, dass ein Element beim Verbrennen an der Luft oxidiert wird (Oxide als Verbindungsklasse) durchaus akzeptiert werden.

Dieses Denkschema ist nun geeignet, Verbrennungsreaktionen nicht nur am Beispiel einiger chemischer Elemente wie Magnesium, Kohlenstoff, Schwefel und Wasserstoff zu verstehen, sondern kann auch im Sinne einer Schemaoptimierung auf andere Verbindungen angewandt werden (Kohlenstoffdisulfid, Methan und Schwefelwasserstoff). Hier entstehen dieselben Verbrennungsprodukte – gasförmig, flüssig oder fest –, die auch bei der direkten Oxidation der in den Verbindungen erhaltenen Elemente gefunden werden. Wenn der Schüler die beiden folgenden Einzelreaktionen sinnerfassend gelernt hat,

$$C + O_2 \rightarrow CO_2 + \text{Energie}$$
$$S + O_2 \rightarrow SO_2 + \text{Energie}$$

wird durch Besprechung bzw. Diskussion der Verbrennungsreaktion von Kohlenstoffdisulfid seine kognitive Struktur erweitert und dadurch das neue Lernmaterial im Sinne von Ausubel bedeutsam. Es bleibt nicht beim Auswendiglernen der folgenden Reaktionsgleichung:

$$CS_2 + 3\,O_2 \rightarrow CO_2 + 2\,SO_2 + \text{Energie}$$

Von einer **Umstrukturierung** muss gesprochen werden, wenn all die gesammelten Fakten mithilfe des Konzeptes „Redoxreaktion/Elektronentransfer" gedeutet werden sollen, also die Erzeugung eines neuen Denkschemas erforderlich wird. Die Leistungsfähigkeit des neu gewonnenen Begriffsystems zeigt sich nicht nur darin, dass verschiedene zurückliegende Reaktionen einheitlich interpretiert werden können, sondern dass es auch im folgenden Unterricht Redoxreaktionen aus den verschiedensten Teilbereichen der Chemie zu deuten erlaubt. Freilich müssen hierzu Vorstellungshilfen, z. B. Oxidationszahlen, eingeführt werden [81]. Es ist unbestritten, dass der Begriffsbildung „Redoxreaktion" besondere methodische Sorgfalt zukommen muss. Eine **Schlüsselstelle** nimmt hierbei der Experimentalbefund ein, dass Metalloxide, -halogenide und -sulfide unter ähnlichen Phänomenen entstehen: Flammen-, Glutbildung, Feuererscheinung.
Noch überzeugender wird diese Basis, wenn der metallische Bestandteil konstant, der nichtmetallische variiert wird (z. B. MgO, $MgCl_2$, MgS oder ZnO, $ZnCl_2$, ZnS). Nun erfolgt der **Wechsel** der Betrachtungsebene auf den submikroskopischen Bereich, also auf Veränderungen an den Atomen; durch Abstraktion werden Zusammenhänge aus vorher verschiedenen erscheinenden Erfahrungsbereichen gefunden: **Metallatome** werden durch Elektronenabgabe zu Metallionen, werden somit **oxidiert**; die **Nichtmetallatome** werden **reduziert**.
Wenn auch die angesprochenen Lernarten nur grobe Orientierungshilfen dafür sein können, was sich „im Kopf der Schüler" abspielt, so zeigen sie doch deutlich, dass sich schulisches Lernen über Jahre erstrecken muss, ein wesentliches Argument für die Einrichtung eines sich über **mehrere Jahre fortsetzenden Chemieunterrichts**. Dem Anhäufen von Fakten kann nach Jung mit dem Einführen von **Schlüsselbegriffen** begegnet werden. Er nennt sie auch Katalysatoren des Lernens [82], weil sie den Lernprozess beschleunigen. Auf sie selbst hat aber der Lernprozess auch eine wichtige Rückwirkung, sie werden inhaltsreicher!

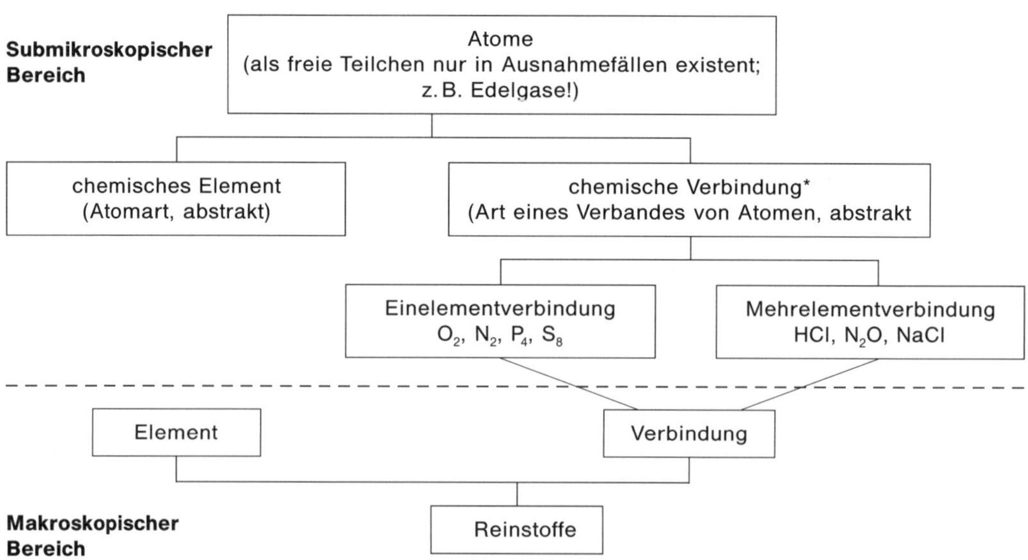

* Eine chemische Verbindung ist eine bestimmte Art eines Verbandes aus mehreren Atomen, die durch chemische Bindungen (Atom-, Ionen- oder Metallbindung) zusammengehalten werden. In diesem Sinn gelten auch O_3, O_3^-, O_2^-, O_3^{2-} und O_2^+ als Sauerstoffverbindungen.

Abb. 140.1: Der Element- und Verbindungsbegriff auf stofflicher und struktureller Basis

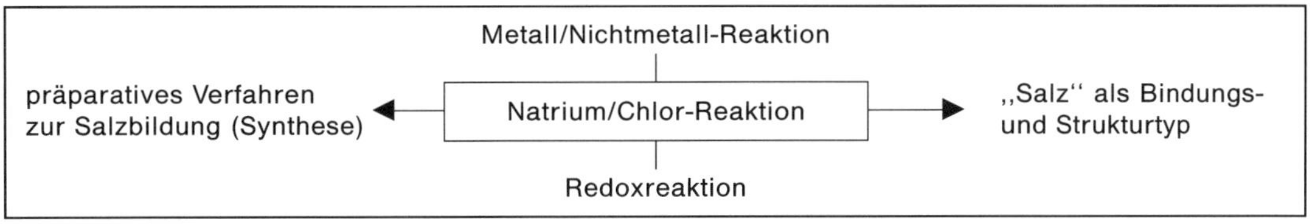

Abb. 141.1: Beispiel für das Herausarbeiten von Schlüsselbegriffen

B Ein Beispiel hierfür ist der Wandel im Bedeutungsinhalt des **Verbindungsbegriffs** [83]. Der Begriff „chemische Verbindung" kann substanz- und bindungsbezogen definiert werden. Führt man diese Definition konsequent weiter, so müssen auch zwei Definitionsebenen des Verbindungsbegriffs auseinander gehalten werden (Abb. 140.1).
Es ist lernpsychologisch zu begründen, dass in der Sekundarstufe I die Begriffe „Element" und „Verbindung" zunächst konkret als Gegensatzpaar gebildet werden müssen. Erst auf dieser Basis wird der anspruchsvolle Schritt zum abstrakten atombezogenen Elementbegriff getan. Es handelt sich um einen Prozess, der nicht bruchlos vollzogen werden kann.

Das Herausarbeiten von **Schlüsselbegriffen**, welche die neuen Fakten mit bereits vorhandenen Begriffen, Prinzipien und Theorien verbinden und die Bedeutung des Unterrichtsthemas hervorheben, ist ein wesentlicher Beitrag zu einem erfolgreichen Chemieunterricht (Abb. 141.1).
Das Einordnen des neuen Wissens in die entsprechenden Begriffsysteme ist die Basis für das Erkennen wichtiger Zusammenhänge. Derartige **Systematisierungshilfen** sind Beiträge zur Festigung des neuen Unterrichtsstoffes [84, 85, 86].

7.6 Motivation im Chemieunterricht

7.6.1 Begriffsklärung

Nach **Schiefele** [87] versteht man unter Motivation die psychologischen Erscheinungen des Anstoßes, der Richtung, der Steuerung und der Bestimmung menschlichen Verhaltens. Motivation bedeutet das Schaffen einer positiven Lerneinstellung während des gesamten Lernvorganges. Streng genommen sollte zwischen motivierenden Maßnahmen (Motivierung) und der dadurch beabsichtigten Motivation unterschieden werden [88].
Die **Lernmotivation** umfasst all jene Bedingungen und Faktoren, welche die zum Lernen notwendigen Aktivitäten veranlassen und aufrecht erhalten. Nach Heckhausen können im Unterricht verschiedene Arten von Motivation wirksam werden (Tab. 142.1).
Diese Zusammenstellung macht deutlich, dass im Unterricht das Streben nach **intrinsischer** und **extrinsischer** Motivation nicht getrennt werden kann. Eine zentrale Aufgabe des Unterrichtens besteht demnach darin, die besonderen motivierenden Faktoren des Chemieunterrichts so zum Tragen zu bringen, dass eine **überdauernde Motivation** erreicht wird, und die Lernenden mit Freude und Interesse an chemischen Fragestellungen teilhaben [90].
Dies erscheint umso mehr geboten, als verschiedene Untersuchungen darauf hindeuten, dass Chemie zu den eher unbeliebten Schulfächern gehört [91]. Damit steht zweifellos auch das aktuelle Meinungsbild von der Wissenschaft Chemie in der Bevölkerung in Zusammenhang. Im öffentlichen Bewusstsein ist Chemie als die Wissenschaft mit dem Januskopf verankert: Sie wird nicht nur als lebenserleichternd und als unverzichtbar, sondern auch als existenzbedrohend wahrgenommen (kollektive Vorstellungen!) [92].
Noch bedenklicher – weil ganz und gar irrational – ist die Tendenz in der öffentlichen Meinung, welche zur Polarisierung der Begriffe „biologisch" und „chemisch" geführt hat. Im kollektiven Urteil wird die Chemie zunehmend als Wissenschaft vom Unnatürlichen, Künstlichen und Gefährlichen registriert. Gerade aus der Aufarbeitung dieser Widersprüchlichkeiten an konkreten Beispielen (vgl. Chemie des Alltags) kann eine beachtliche motivierende

Begriff	Bedeutung	Bemerkung
sachbezogene Motivation	Schaffen von Interesse, Kompetenz, Wertschätzung	**intrinsische Motivation**; einschließlich Neuigkeitsgehalt des Unterrichtsstoffes
Leistungsmotivation	Leistungsbereitschaft trotz Schwierigkeiten; Schaffen von Selbstbewusstsein; Streben nach Erfolg	Schwerpunkt einem **pädagogisch vertretbaren** Ausmaß der Anforderungen für den Einzelnen: Berücksichtigung individueller Schwierigkeiten; Überschneidung intrinsischer und extrinsischer Faktoren
Motivation durch soziale Gegebenheiten	Bedürfnisse des **Verlangens** – nach Erwachsenenvorbild – Zustimmung – Geltung, Anerkennung (Lehrer, Mitschüler) – Belohnung Bedürfnisse des **Vermeidens** von – Abhängigkeiten – Strafe	Formen der **extrinsischen Motivation**

Tab. 142.1: Die wichtigsten Arten der Lernmotivierung in der Schule [89]

Wirkung erzielt werden. Damit können wir das „Lernen wofür" zeigen und der Unterricht erhält dadurch einen nach **Schiefele** besonders motivierenden humanen Akzent. Dies ist sicher dann gegeben, wenn der Chemieunterricht von Anfang an den Alltagsbezug berücksichtigt.

Motivation ist demnach nicht auf eine unterrichtliche Maßnahme in der vorbereitenden und einführenden Phase der Chemiestunde einzuschränken, sondern es soll ein anhaltendes Bedürfnis – kurzum Interesse – geweckt werden, sich mit Chemie auseinanderzusetzen.

7.6.2 Möglichkeiten der sachbezogenen Motivation

Die Auseinandersetzung mit dem Unterrichtsgegenstand in der Chemie soll durch die Anforderung gesteuert werden, die die Sache selbst stellt, also im Idealfall Problemlösung um der Handlung und der Ergebnisse willen. Des Weiteren soll die Beschäftigung mit der Sache Spaß machen, damit nicht der Lehrer allein den Unterricht vorantreibt, sondern v. a. die Sache, um die es geht. Das „Interessantmachen des Unterrichtsgegenstandes" soll zum „Interessiertmachen und -bleiben der Schüler" führen [93].

Als besondere **motivierende Elemente des Chemieunterrichts** können gelten:

- die breite Phänomenbasis,
- Anleitung zur Strukturierung des Wissens durch klare Leitlinien,
- der Experimentalunterricht [94],
- Chemie und Lebenswirklichkeit (einschließlich Anwendungsbezug chemischer Erkenntnisse!),
- interessante Wissenschaftsgeschichte mit Bezügen zur Kultur- und Wirtschaftsgeschichte,
- abwechslungsreiche Unterrichtsverfahren als Voraussetzung für einen lebendigen Chemieunterricht.

Aktuelle, **sachbezogene Motivation** wird schwerpunktmäßig von einem **Impuls** (= auslösender Reiz) bewirkt, der vom Chemieunterricht bzw. von dem zu behandelnden Thema selbst ausgeht. Diese Art der Motivation spielt für die Initiierung und Aufrechterhaltung des Lernprozesses eine große Rolle. Die motivierende Wirkung des Unerwarteten (z. B. Fällungsreaktion), Seltsamen, Überraschenden soll zu einer echten **Fragestellung** als Voraussetzung eines jeden Problemlösungsprozesses führen [95]. In diesem Zusammenhang ist **Wagenschein** zu nennen, bei dem die **Methode des Einstiegs** eine große Rolle spielt („Frontalangriff auf das Scheinwissen"). Der Einstieg ist geglückt, wenn es gelingt, die Aufmerksamkeit des Schülers, sein Denken und Handeln, zwingend auf die geplanten Lernziele zu lenken. Er ist nicht gelungen, wenn das Unterrichtsziel unklar bleibt oder wenn der Lehrer das Ziel unmotiviert vorgibt [96].

Von besonderer Bedeutung für die Motivation im sachbezogenen Chemieunterricht sind **Inkongruenzen**, d. h. Unterschiede zwischen der **Erwartung** seitens der Schüler (die sich auf die Kenntnis gewisser Tatsachen, den Gebrauch von Begriffen, die Anwendbarkeit von Theorien, das Erfülltsein von Wertvorstellungen beziehen kann) und einer davon abweichenden **Erfahrung** [97]. Man kann vier Grundtypen von Inkongruenzen unterscheiden: **Unklarheit, Verwirrung, Widersprüchlichkeit, Zweifel.**

1. Unklarheit

Unklarheit tritt auf, wenn ein Experiment vorgeführt wird, dessen Ausgang dem Schüler seltsam, erstaunlich und ungewohnt, unerwartet erscheint. Die Unklarheit über die Ursache soll z. B. den Schüler dazu motivieren herauszufinden, ob das neue Ergebnis aus den vorhandenen theoretischen Vorstellungen heraus erklärt werden kann.

B
- Mischen gleicher Teile Methanol und Wasser oder Wasser und konzentrierter Schwefelsäure (Vorsicht!) lässt zwei Betrachtungsmöglichkeiten zu: Volumenänderung und Massenkonstanz;
- Springbrunnenversuch mit Ammoniak, Chlorwasserstoff etc.;
- Flammenbildung ohne Entzünden;
- „chemischer Garten" (Osmose) durch schwer lösliche Silikate in wässriger Lösung.

2. Verwirrung

Hier handelt es sich um den typischen Fall einer **Entscheidungssituation**. Es besteht eine gewisse Zahl von möglichen Alternativen, jede mit einer gewissen Wahrscheinlichkeit. Das Individuum ist gehalten, eine dieser **Alternativen** auszuwählen. Im naturwissenschaftlichen Unterricht kommt dies z. B. vor, wenn mehrere Hypothesen zur Erklärung eines Phänomens formuliert werden können.

B „Zeitreaktion": Landolt-Reaktion; Sulfit-Formaldehyd-Reaktion [98]

3. Widersprüchlichkeit

Dieser Inkongruenztyp ist besonders motivierend. Er liegt z. B. vor, wenn dem Schüler ein **Experimentalbefund** als **Anomalie** erscheint. Der Schüler hat eine bestimmte, genaue definierte Erwartung bezüglich des Ausgangs des Experiments; es tritt jedoch ein Ereignis ein, das damit unvereinbar ist. Soll ein Ereignis dem Schüler als Anomalie erscheinen, so müssen seine Erwartungen diesbezüglich – überspitzt ausgedrückt – sowohl genügend präzise als auch „falsch" sein. Die „falschen" Vorstellungen und Hypothesen, die Schüler in den Unterricht mitbringen, sollten deshalb nicht als lästige Störung betrachtet werden, die nur die Durchnahme des „Richtigen" verzögern, sie sind vielmehr als willkommener Ansatzpunkt für motivierende Unterrichtssituationen zu sehen. Das Versagen seiner bisherigen Erklärungspraxis ist geeignet, im Schüler ein intensives Erklärungsbedürfnis hervorzurufen und ihn zum Entwurf und zur Ausarbeitung neuer Hypothesen zu motivieren (Piaget).

B
- Anomalie des Wassers;
- „Masseverlust" und „Massezunahme" bei der Verbrennung;
- durch „Blasen" kann eine Flamme zum Erlöschen gebracht, ein Feuer entfacht werden;
- Holzspan erlischt, Mg-Band brennt in CO_2-Atmosphäre;
- geringe Neigung des Benzols, Additionsreaktionen einzugehen, obgleich „3 Doppelbindungen" im Molekül;
- Lösen bestimmter Metalle in Laugen (z. B. Aluminium);
- Passivierungserscheinungen bei unedlen Metallen (z. B. Eisen/konzentrierte Salpetersäure).

4. Zweifel

Er kann im naturwissenschaftlichen Unterricht in einer Vielzahl von Situationen auftreten: als Zweifel an der Angemessenheit der Interpretation eines experimentellen Ergebnisses, als Zweifel an der Exaktheit der Messung.

Er mag motivieren zur Überprüfung einer Theorie, zur Ausarbeitung der Interpretation oder zur Wiederholung einer Messung.

7.6.3 Anmerkungen zur Leistungsmotivation

Beim **Leistungshandeln** richtet eine Person ihre Aktivität auf die Herstellung oder Erbringung eines Ergebnisses, das sie der eigenen Tüchtigkeit zuschreibt [99]. Charakteristisch ist die Aufrechterhaltung der **Aktivität trotz Schwierigkeiten** und die Angleichung von Leistungsniveau und Fähigkeit. Für unsere Berufswelt bedeutet Leistungsmotivation die zuverlässige Erledigung von Aufträgen innerhalb festgelegter Zeitgrenzen. Dabei wird die Stärke der Leistung abhängen von:

- der Erwartung, z. B. Anerkennung bei Sozialpartnern (Erfolgs- oder Misserfolgserwartung),
- dem Anreiz, dem zu erwartenden Erfolg oder dem drohenden Misserfolg.

Leistungsmotivation wird also bestimmt durch Aspekte der Freude am **Erfolg**, des Wunsches, ein Resultat zu erbringen und der Bewertung des selbst erwirkten Ergebnisses (Heckhausen, 1980) [100]. Sie erhält besondere Bedeutung, wenn die Leistung in Schulfächern – ausgedrückt in **Zensuren** – mit bestimmten Berufswünschen korreliert. Auf keinen Fall darf Leistungsmotivation bedeuten, dass die Schülerinnen und Schüler ständig unter Druck stehen!

Die meisten Aufgaben erfordern ein bestimmtes Niveau an Fähigkeiten, die richtig eingeschätzt werden müssen. Optimales Leistungshandeln hängt wesentlich davon ab, wie jemand seine Fähigkeiten einschätzt (Aufgabenstellung: Problem der „mittelschweren“ Aufgaben).

Wichtig sind auch persönliche Beziehungen zwischen Lehrer/Schüler, Schüler/Lehrer. Hierin muss die besondere **Verantwortung des Lehrers** (Lehrverhalten) und dessen Einstellung zu Beruf, Pflicht und Leistung zum Ausdruck kommen. In der Hauptschule sind besondere pädagogische Maßnahmen wie verstärkte Individualisierung und Differenzierung bezüglich der Leistungsfähigkeit wichtig [101]. Motivation und Lernprozess sind unlösbar verknüpft. Dies lässt sich durch den **Lernzyklus** wie folgt ausdrücken (Abb. 144.1):

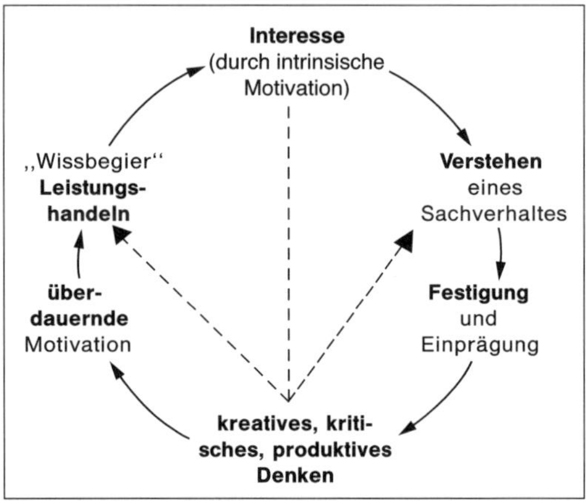

Abb. 144.1: Verknüpfung von Motivation und Lernen im Lernzyklus

7.7 Schülervorstellungen und Alltagsvorstellungen

Das vorliegende Kapitel beschäftigt sich mit den Vorstellungen bzw. Konzepten, die Schülerinnen und Schüler, teilweise aber auch Erwachsene, von naturwissenschaftlichen Vorgängen haben. Diese werden verschiedentlich als „Alltagsvorstellungen“ oder „lebensweltliche Vorstellungen“ bezeichnet. Bezogen auf Deutungsmuster von Lernenden spricht man meist von „Schülervorstellungen“, wobei auch der Begriff „vorwissenschaftliche Vorstellungen“ im Gebrauch ist. Im Englischen wird der mehr allgemeine Begriff „misconcepts“ verwendet. Diese Vorstellungen entsprechen – was die Bezeichnungen bereits nahe legen – nicht modernen naturwissenschaftlichen Denkweisen. Trotz der Vermittlung im Unterricht werden sie oftmals von den Lernenden nur zögernd oder gar nicht aufgegeben und mit in das Erwachsenenalter übernommen.

Kennt man typische Vorstellungen der Schülerinnen und Schüler, kann man diese in die Planung von Unterricht mit einbeziehen und durch eine geeignete Auswahl von Inhalten und Methoden versuchen, ein tragfähiges Gerüst naturwissenschaftlicher Konzepte aufzubauen, das langfristig verankert ist. Dabei ist es wichtig, sich zu verdeutlichen, dass ohne das Abbauen falscher Vorstellungen keine tragfähigen neuen Vorstellungen erworben werden.

7.7.1 Allgemeines

Wissenschaften konstituieren sich zum einen durch ihre Methoden, zum anderen durch ihre Vorstellungen [102]:

- Die **Methoden** stellen die Art der wissenschaftlichen Vorgehensweise dar. Diese werden nur dann als wissenschaftlich bezeichnet, wenn ein Konsens über die Gültigkeit ihrer Anwendung besteht. So besteht etwa die übereinstimmende Ansicht, dass eine Länge mit einem Lineal aus Gummi nicht zuverlässig gemessen werden kann.
- Bezogen auf die Naturwissenschaften stellen die **Vorstellungen** die Elemente dar, mit denen beschrieben wird, wie wir Naturvorgänge interpretieren. Dies sind etwa formale und beschreibende Begriffe sowie theoretische Begriffe, die aus den Ersteren abgeleitet werden. Die Vorstellungen können sich mit der Weiterentwicklung der Wissenschaft stark verändern; sie sind oftmals nur für eine bestimmte Zeit allgemein anerkannt und auf keinen Fall unveränderbar. So versteht man heute unter einem Atom etwas anderes, als es zu Beginn des 20. Jahrhunderts der Fall war. Auch Begriffe wie Zeit und Raum sind Veränderungen unterworfen.

B Von der Gemeinschaft der Wissenschaftler anerkannte Vorstellungen können durchaus auch den Zugang zu Neuem verstellen:

- So wurden etwa Staudingers Arbeiten über Makromoleküle von seinen Fachkollegen zunächst nicht ernst genommen, da man die Existenz solcher hochmolekularen Verbindungen abstritt. Wäre dies nicht der Fall gewesen, hätte die Chemie der Kunststoffe wahrscheinlich früher ein allgemeines Interesse gefunden.
- Jung weist darauf hin, dass in den 20er Jahren des 20. Jahrhunderts die Vorstellung vorherrschte, es gäbe nur eine negative, aber keine positive Elementarladung. Dies könnte die Entdeckung des Positrons für Jahre verhindert haben [102].

Vorstellungen hängen eng mit Sprache und Begriffsbildung zusammen. Bei der Anbahnung vieler naturwissenschaftlicher Vorstellungen wirkt es sich nachteilig aus, dass unsere Sprache oft Mehrdeutigkeiten und Unschärfen zulässt oder auch Begriffe in der Alltagssprache eine andere Bedeutung haben.

B So sind etwa Begriffe wie Rauch, Dampf und Nebel oder Kraft und Energie umgangssprachlich kaum voneinander abgegrenzt. Mögliche Verwirrungen können auch Begriffe wie „Masse“ auslösen. Geläufig ist die Verwendung im Sinne einer Kuchenteigmasse, Marzipanmasse usw., im Sinne von umfangreich, übergewichtig („Der Mann hat eine große Masse!“) oder auch im Sinne einer Ansammlung („Eine Masse Menschen“). Der Begriff im naturwissenschaftlichen Sinn wird im täglichen Leben kaum angewendet, sondern es wird fälschlich das Wort Gewicht als Synonym gebraucht.

7.7.2 Lebensweltliche und wissenschaftliche Vorstellungen

Jeder Mensch begegnet in seinem Alltag einer unüberschaubaren Anzahl von Phänomenen, deren Grundlage chemische und physikalische Vorgänge sind. Auch wenn diese Phänomene nicht erklärt werden können, sondern lediglich als gegeben hingenommen werden, kann man vielfach im Alltag bestehen: Die Fähigkeit, ein Kraftfahrzeug zu lenken, ist nicht davon abhängig, dass die Verbrennungsvorgänge im Otto- oder Dieselmotor durchschaut werden oder eine richtige Vorstellung über die Funktion eines Bleiakkus vorhanden ist.
Lebensweltliche Vorstellungen sind insgesamt gesehen tief verwurzelt und werden selbst dann zögernd oder nur vorübergehend aufgegeben, wenn die größere Reichweite wissenschaftlicher Deutungen erkannt wird. Eine einmal erlernte richtige Deutung eines Sachverhaltes bleibt nicht von selbst als dauerhaftes wissenschaftliches Konzept erhalten. Neue Konzepte werden nur dann im Denken von Lernenden verwurzelt, wenn sie sich sowohl als den vorwissenschaftlichen Vorstellungen überlegen erweisen als auch wiederholt in den verschiedensten Situationen angewandt werden. Dabei scheinen neue Interpretationen die vorwissenschaftlichen Vorstellungen im Lernprozess nicht direkt zu ersetzen, sondern es entwickeln sich parallele Denkweisen, Hilfskonstruktionen und Zwischenformen von Vorstellungen.
Es ist durchaus nicht nur von theoretischem wissenschaftlichem Interesse, sondern auch gleichermaßen wichtig für die Schulpraxis, welche Vorstellungen Lernende über einen Sachverhalt besitzen. Sind übliche Deutungs-

muster und Denkweisen der Schüler bekannt, lässt sich ausgehend von dieser Basis durch einen geeigneten Unterricht gezielt versuchen, die richtigen Vorstellungen anzubahnen und zu festigen. Dagegen hat sich das Konzept, Schülern die „richtige" Deutung eines Sachverhaltes gleichsam überzustülpen, als wenig fruchtbar erwiesen. Zu diesen Ergebnissen kamen auch Cole und Raven, deren Untersuchungen auf Arbeiten von Inhelder und Piaget aufbauen [103]:

Z The results of the study show that learning the correct principle without first learning to exclude the false principles is not as effective as learning to exclude the false principles and than learning the correct principle.

Wie schwer es allerdings in der Praxis ist, Konzeptwechsel bei Schülerinnen und Schülern zu initiieren, stellt Sumfleth zusammenfassend dar [104]:

Z Die positive Nutzung kognitiver Konflikte für einen Konzeptwechsel ist nicht garantiert [105]. Beispiele und Versuchsergebnisse, die im Gegensatz zu den mitgebrachten Vorstellungen stehen, verwirren häufig nur, wenn die vorgestellten Theorien nicht überzeugen. Hinzu kommt, dass Lernende nicht prinzipiell bereit sind, neue Erklärungsmuster als wahr zu akzeptieren [106], weil die vorhandenen Vorstellungen für sie subjektiv sinnvoll sind. Die im Alltag bewährten Vorstellungen sind zwar im wissenschaftlichen Kontext falsch, aber nicht im Kontext der eigenen Deutungsmuster (s.auch [107]). Deshalb sind einmal erworbene Vorstellungen sehr stabil, unabhängig davon, ob sie aus dem außerschulischen Umfeld stammen oder im Unterricht aufgebaut worden sind (z. B. [108]). Man versucht, bewährte Denkmuster trotz erkannter Inkonsistenzen zu „retten", indem man unpassende Beispiele ignoriert, als Ausnahme von der Regel betrachtet, weitere Variablen hinzufügt oder ad hoc Erklärungen erfindet (s. auch [109, 110]). Ein historisches Beispiel ist die Diskussion über die Phlogistontheorie.

Vielfach wird die Gültigkeit wissenschaftlicher Vorstellungen im täglichen Leben angezweifelt oder auch negiert, selbst wenn sie als solche richtig anerkannt werden. So wurde in einem konkreten Fall der Ratschlag, in das Fondue-Fett eine Kartoffel zu geben, um Siedeverzüge zu vermeiden, mit der Bemerkung abgetan: „Das mag im Labor gelten, wir sind hier aber beim Essen!"

7.7.3 Beispiel für Schülervorstellungen

Schülervorstellungen fanden in naturwissenschaftlichen Fachdidaktiken erst in den letzten Jahrzehnten ein größeres Interesse, sodass die Forschungen auf diesem Gebiet keineswegs als abgeschlossen bezeichnet werden können. Trotzdem sind die vorliegenden Ergebnisse so umfangreich, dass hier nur auf einen kleinen Ausschnitt eingegangen werden kann. Eine ausführliche Zusammenstellung der Literatur findet man bei Pfundt und Duit [117].

Allgemeine Deutungsmuster für chemische Reaktionen

Die Abgrenzung physikalischer Vorgänge von chemischen Reaktionen ist ein wesentlicher Aspekt des einführenden Chemieunterrichts. Ohne eine richtige Vorstellung über chemische Reaktionen ist das gesamte Gebäude der Chemie nicht verständlich. Der Untersuchung gängiger Deutungsmuster wandte sich Pfundt, aufbauend auf Arbeiten von Krause, zu [112, 113].

Befragt man die Altersgruppe der 8- bis 13-jährigen Schüler, die noch keinen Chemieunterricht hatten, wie denn eine Reaktion, z. B. die Oxidation eines Metalls, zu erklären sei, so findet man im Wesentlichen zwei Deutungsmuster:

- Vorstellungen vom **Zerstören** und **Vergehen** der Stoffe;
- Vorstellungen von **Eigenschaftsänderungen** der Stoffe, wobei diese ihre Identität bewahren.

Die erste Art der Vorstellungen ist besonders im Zusammenhang mit **Verbrennungsvorgängen** zu finden. Eine **Reversibilität**, z. B. der Oxidation eines Metalls, wird von den Schülern **nicht angenommen**. Dies widerspräche auch gänzlich dem alltäglichen Erfahrungshorizont: Im täglichen Leben kommt der Verbrennung der Stellenwert der irreversiblen Vernichtung zu. Vielfach wissen die Schüler, dass Sauerstoff oder Luft zum Verbrennen benötigt werden, wobei diese Stoffe aber nicht als Reaktionspartner angesehen werden.

Die Deutung chemischer Vorgänge als Eigenschaftsänderung eines Stoffes ist eine nahe liegende Interpretation, da sie in unserem Sprachgebrauch fest verankert ist.

B So sagt man beispielsweise: „Ein Kupferdach *wird grün*.", „Das Motorenöl *wird* durch den Gebrauch *dunkel*." „Der Kunststoff *wird spröde*."

Diese Formulierungen beinhalten, dass die genannten Substanzen sich eigentlich nicht verändern, sondern nur ein anderes Aussehen oder veränderte mechanische Eigenschaften annehmen. Die normale Ausdrucksweise steht somit den richtigen Vorstellungen im Weg. Auch im Sprachgebrauch der Naturwissenschaften sind solche Aussagen gang und gäbe, da die korrekte Ausdrucksweise oft umständlich und langatmig ist.

B Anstelle der als Beispiel aufgeführten Aussage über das Motorenöl müsste es etwa heißen: „Im Motorenöl werden durch den Gebrauch grauschwarzer Metallabrieb und schwarzer Kohlenstoff suspendiert; weiterhin reagiert das Motorenöl mit Luftsauerstoff über verschiedene Zwischenstufen zu hochmolekularen sauerstoffreichen dunkelbraunen bis schwarzen Verbindungen."

Für die Anbahnung richtiger Vorstellungen wirkt es sich, wie die obigen Beispiele zeigen, zusätzlich nachteilig aus, dass naturwissenschaftliche Informationen oftmals kontextabhängig sind. Der Satz „Das Kupferdach wird grün." hat nur für denjenigen einen richtigen Sinngehalt, der die chemischen und physikalischen Eigenschaften des Kupfers kennt.
Im Widerstreit der Erklärung chemischer Vorgänge als Vernichtung oder Eigenschaftsänderung wird oftmals zunächst die Vernichtung aufgeführt. Zeigt der Lehrer durch einen Versuch die Rückgewinnung von Edukten, schlägt die ursprüngliche Deutung in die als Eigenschaftsänderung um. Allerdings scheint die Vorstellung der irreversiblen Vernichtung von Stoffen doch tief verwurzelt zu sein. So ist Schülern auch nach längerem Chemieunterricht der Gedanke der Rückgewinnung von Metallen oder Nichtmetallen aus gebildeten Oxiden oft fremd. Sehr bekannt ist in diesem Zusammenhang eine Schüleräußerung [112]:

Z Der Formel nach müsste sich natürlich aus Kohlendioxid wieder Kohlenstoff herstellen lassen. Aber in Wirklichkeit ist es natürlich unmöglich, aus einem farblosen Gas einen festen, schwarzen Stoff herauszuholen!

Neben den eben aufgezeigten Deutungen chemischer Reaktionen entwickeln sich im **Anfangsunterricht** zwei typische zusätzliche **Deutungsmuster**:
- Erklärung chemischer Vorgänge als **Mischung** und **Entmischung** von Stoffen;
- Erklärung von Oxidationsvorgängen als **Zerlegung** von Stoffen.

B Die erste Vorstellung wird im Chemieunterricht immer wieder aufgegriffen und widerlegt. Am bekanntesten und im Unterricht oft eingesetzt dürfte in diesem Zusammenhang die Versuchsserie mit **Eisen und Schwefel** sein: Eisenpulver und Schwefel werden gemischt. Die beiden Komponenten lassen sich durch verschiedene Verfahren, wie etwa Abscheidung des Eisens mit einem Magneten, trennen. Bei Zugabe von Salzsäure entsteht Wasserstoff als farbloses, brennbares Gas. Lässt man hingegen Eisen und Schwefel miteinander reagieren, ist eine Trennung in Einzelkomponenten mit den vorher verwendeten Verfahren nicht mehr möglich. Bei der Zugabe von Salzsäure bildet sich Schwefelwasserstoff als übel riechendes Gas.

Es ist nicht bekannt, inwieweit ältere Schüler die Vorstellung der Mischung und Entmischung noch besitzen. Vermutlich ist dieses Problem von untergeordneter Bedeutung.

B Das zweite **Erklärungsmuster** ist die **Phlogistontheorie**. Die Schüler werden durch die Erfahrungen im Chemieunterricht zunächst gezwungen, ihre ursprüngliche Vorstellung der unwiederbringlichen Vernichtung aufzugeben. Ziehen die Schüler jetzt ihre Alltagserfahrung hinzu, d. h., dass bei Verbrennungsprozessen Rauchgase, Abgase usw. entstehen, kommen sie zu der Vorstellung, auch bei der Oxidation von Metallen müssten Stoffe entweichen.

Schwierigkeiten beim **Verständnis von Oxidationsprozessen** treten auch durch die Auswahl der experimentellen Beispiele auf:

B Üblicherweise wird zunächst ein Metall wie Eisen oder Magnesium oxidiert, wobei dem Schüler das entstehende feste Oxid als Produkt vorgestellt wird. In einer der folgenden Stunden wird Holzkohle verbrannt, wobei das entstehende Oxid gasförmig ist. Der Schüler kann die zurückbleibende

Asche aber unschwer als eigentliches Oxidationsprodukt der Holzkohle ansehen, da sie im Aussehen etwa verunreinigtem Magnesiumoxid ähnelt. Diese Interpretation entspricht auch der aus dem Alltag geläufigen Deutung und erscheint somit nahe liegend. Sicher wäre es vorteilhafter, zunächst Beispiele auszuwählen, bei denen keine augenfälligen Nebenprodukte entstehen, die geradezu zu einer Fehlinterpretation verleiten. (Schülerinterviews über solche einfachen Oxidationsprozesse führte Haupt durch [114]. Hierbei erwies sich gerade die angeführte Verbrennung von Holzkohle als Stolperstein.)

Durch Versuche wie das Verbrennen von Eisenwolle auf einer Balkenwaage wird die Phlogistontheorie aus der Sicht der Lehrenden eindeutig widerlegt. Schülerinnen und Schüler verharren jedoch – wie bereits oben gesagt – vielfach in ihren ursprünglichen Vorstellungen, selbst wenn die Teilchenvorstellung eingeführt und vollständige Reaktionsgleichungen formuliert wurden.

B Barke konnte dies eindeutig nachweisen, indem er insgesamt 272 Schülern der 8., 9. und 10. Jahrgangsstufe der Haupt- und Realschule einen Fragebogen (Abb. 148.1) bearbeiten ließ [115]:

Fragebogen

Du hast im Chemieunterricht kennen gelernt, dass Magnesium (Mg) verbrennt und sich dabei ein weißes Pulver (MgO) bildet.

1. Aufgabe:
Notiere die Reaktionsgleichung für die Magnesiumverbrennung.

2. Aufgabe:
Beschreibe deine Vorstellung davon, was mit den kleinsten Teilchen des Magnesiums bei der Verbrennung passiert.

3. Aufgabe:
Zeichne deine Teilchen-Vorstellung vom Aufbau der Stoffe vor und nach der Verbrennung des Magnesiums auf.

Abb. 148.1: Fragebogen nach Barke [115]

Als Hilfe wurde vor dem Austeilen der Fragebögen der Versuch der Verbrennung von Magnesiumband wiederholt und vor der Untersuchung eine Folie mit Zeichnungen von Teilchen-Vorstellungen der Aggregat-Zustände gezeigt.
Etwa 73 % aller Probanden formulierten eine richtige Reaktionsgleichung. Dagegen konnten nur 21 % die Umsetzung anhand der Teilchenvorstellung korrekt erklären. Noch erstaunlicher wurden die Ergebnisse, als man der Frage nachging, wie viele der Schüler, die eine richtige Reaktionsgleichung aufschrieben, dies auch mit der Teilchenvorstellung erklären können. Lediglich 29 % der Schülerinnen und Schüler dieser Gruppe äußern sich hier richtig. Barke stellt hierzu fest [115]:

Z ... Sie äußern stattdessen phlogistontheorieähnliche Vorstellungen, interpretieren die Verbrennung als Vernichtung von Magnesium-Teilchen, vermuten das Entweichen von Gas-Teilchen. Die Interpretation eines Realschülers der Klassenstufe 9, der das richtige Symbol $Mg + O \rightleftarrows MgO$ notierte, zeigt am deutlichsten den Widerspruch zwischen formalem Symbol und eigener Vorstellung auf: „Einige Teile verbrennen, und einige bleiben über, die man MgO nennt." Die Vorstellungen über den Ablauf einer Reaktion scheinen also weitgehend unabhängig von der Fähigkeit zu sein, Reaktionsgleichungen zu formulieren, die sich wie Vokabeln lernen lassen!

Allgemein scheinen Oxidationsvorgänge auch für Erwachsene nur schwer verständlich zu sein. Trotz vorhandener fachlicher Kenntnisse sind gesicherte und korrekte Vorstellungen über einfache Phänomene wie das Brennen einer Kerze oft nicht anzutreffen.

B So deuteten Studenten das Brennen einer Kerze lediglich mit dem Verbrennen des Dochtes. In einem anderen Fall wurde das Erlöschen der Kerzenflamme unter einem umgestülpten Becherglas zunächst richtig mit einem Mangel an Sauerstoff begründet. Als in einem abgewandelten Versuch das Becherglas nur über den oberen Teil der brennenden Kerze gestülpt wurde und diese erlosch, wurde dies nunmehr anders begründet: Die Flamme ersticke in ihren Verbrennungsgasen. Offensichtlich liegen für das Brennen und das Nicht-Brennen unterschiedliche und wenig verknüpfte Vorstellungen vor.

Vorstellungen über physikalische Grundbegriffe

Neben der Deutung chemischer Vorgänge ist es im Rahmen des Chemieunterrichts ebenfalls von Interesse, die Schülervorstellungen über grundlegende physikalische Begriffe zu kennen. Diese sind oftmals Voraussetzung zum Verständnis chemischer Reaktionen. Die auftretenden Probleme werden hier anhand eines Beispiels, dem des Gasbegriffs, verdeutlicht.

B Einführend soll ein **Beispiel** zeigen, welche Verständnisschwierigkeiten auftreten können, wenn sowohl der Gasbegriff nicht richtig verstanden als auch das Wesen chemischer Reaktionen nicht erfasst wurde: Thema war die Wasserelektrolyse und es wurde die Frage gestellt, wie man wohl nachweisen könne, dass die entwickelten Gase nicht aus dem in Spuren zugesetzten Natriumcarbonat gebildet würden. In der Diskussion fragte einer der Schüler – nach immerhin 2–3 Jahren Chemieunterricht – den Lehrer: „Meinen Sie wirklich, dass das nasse Wasser verschwindet und dass es sich in diese Gase umwandelt, die man noch nicht einmal sehen kann? Ich glaube es nicht. Das ist nicht möglich. Wasser ist doch nicht so etwas wie diese Gase!" [116].

Nicht nur Schüler, sondern auch Erwachsene sind oft unsicher, wie man sich ein Gas vorzustellen habe. Dies liegt darin begründet, dass viele Gase farblos, also nicht unmittelbar optisch erfassbar sind. Als Konsequenz werden die Dampfwolken eines Kühlwasserturms eher als gefährdend angesehen als zu hohe Ozonkonzentrationen in der Luft oder Autoabgase: Die Dampfwolken sieht man eben, während Ozon und andere Schadstoffe – zunächst – nicht wahrnehmbar sind.
Weerda befragte 3 700 Schülerinnen und Schüler der dritten bis zehnten Jahrgangsstufe aller Schularten, was sie unter einem Gas verstehen würden [117]. Die Antworten waren äußerst vielschichtig und zeigten, wie vielfältig der **Begriff „Gase" im Alltag** angewandt wird. Neben Vorstellungen, die sich an den Begriffen Erdgas und Stadtgas sowie deren Verwendung orientierten, wurde Gas als luftähnlicher Stoff und durch seine physikalischen und chemischen Eigenschaften beschrieben. Aber auch verblüffende (und doch naheliegende) Antworten wurden aufgezeichnet. So definierten etwa einhundert Schüler Gas durch ihre Kenntnis von Flüssiggas als Flüssigkeit, z. B.: „Gas ist nicht immer flüssig. Es ist eine riechbare Flüssigkeit. In Gasfeuerzeugen kann man es sehen." (Hauptschüler, 9. Klasse).
Die Ergebnisse zeigen deutlich eine **Altersabhängigkeit des Gasbegriffs**, die hier nur vereinfacht wiedergegeben werden kann. So nahm ab der dritten Klasse die an der Lebenswelt orientierte Vorstellung ab, Gas sei mit Erdgas/Stadtgas gleichzusetzen, es würde zum Kochen und Heizen benötigt und sei giftig, gefährlich oder explosiv. In der zehnten Klasse wurde diese Vorstellung nur noch in geringem Umfang geäußert. Mit dem Einsetzen des naturwissenschaftlichen Unterrichts in der 5. und 6. Klasse stieg der Anteil der Schüler, die Gas als „etwas Luftähnliches" definierten oder bereits eine richtige physikalische Erklärung gaben. Während die bereits von den Naturwissenschaften beeinflusste Vorstellung des „Luftähnlichen" in der 8. Klasse ihre stärkste Ausprägung hatte und dann bis zur zehnten Klasse absank, stieg der Anteil der Schüler, die eine richtige Vorstellung äußerten, immer weiter an. Dieses eigentlich recht positiv erscheinende Ergebnis darf allerdings nicht darüber hinwegtäuschen, dass auch in der zehnten Klasse nur etwa 60 % aller Schüler eine richtige Vorstellung davon hatten, was ein Gas ist!
Hauptschüler äußern auf allen Altersstufen in weitaus höherem Maße als Realschüler und Gymnasiasten Alltagsvorstellungen über den Gasbegriff, beziehen sich auf technische Sachverhalte oder geben falsche Definitionen an. Allerdings tendieren auch die Realschüler zu wissenschaftlich ungenauen Erklärungen. Als Grund könnte vermutet werden, dass in der Realschule zu schnell zu viele naturwissenschaftliche Inhalte vermittelt werden. Während bei Hauptschülern veranschaulichende Erklärungen mit dem Älterwerden zu den eigentlichen Begriffsinhalten werden, finden Realschüler und Gymnasiasten zu den wissenschaftlichen Vorstellungen.
Trotz einer sorgfältig durchgeführten Hinführung zum Gasbegriff anhand des Teilchenmodells und der Abgrenzung gegenüber Flüssigkeiten und Feststoffen, macht besonders die Beantwortung der Frage Probleme, wie man sich denn einen mit einem Gas erfüllten Raum vorstellen kann.

B Novick und Nussbaum stellten hierzu im Rahmen eines Multiple-choice-Tests Schülern der Elementary School, der Junior Highschool, der Senior Highschool und Studenten die Frage, was sich zwischen den Teilchen eines Gases befinde [118]. Dabei standen als Antworten die Aussagen „keine Materie", „Luft", „Dampf oder Sauerstoff" und „Verunreinigungen" zur Verfügung. Die Ergebnisse zeigen zwar einen Anstieg der richtigen Antwort, jedoch nur auf einen Wert um die 40 %! In weitaus höherem Maße nehmen die Probanden an, zwischen den Gasteilchen befänden sich Dampf, Sauerstoff oder Verunreinigungen! Die Angst vor dem Nichts, die Vorstellung „Da muss doch etwas sein!“ ist also auch unter Erwachsenen weit verbreitet.

Varianten der Untersuchung von Novick und Nußbaum wurden in Deutschland von Kircher und Heinrich mit Schülerinnen und Schülern des 8. und 9. Schuljahres durchgeführt [119]. Die Autoren konnten die Ergebnisse von Novick und Nußbaum in einer Voruntersuchung im Wesentlichen bestätigen. Wurde den Schülerinnen und Schülern in der Folge ein Video gezeigt, das die verschiedenen Aggregatzustände modellhaft veranschaulicht, nahmen die richtigen Antworten von etwa 20 auf 40 % zu. Der Einsatz geeigneter Modelle kann somit durchaus zu einem Abbau von Alltagsvorstellungen führen.
Barke untersuchte, inwieweit Experimente geeignet sind, die Fehlvorstellungen abzubauen [120]. Hierzu wurde einmal Wasser unter einem umgestülpten Reagenzglas verdampft, sodass sich im Gasraum Wasserdampf befand. Weiterhin wurde flüssiges Butan in einem geeigneten Reagenzglas mit beweglichem Kolben verdampft und anschließend durch Druckerhöhung wieder kondensiert.
Schülerinnen und Schüler der Klassen 9 bis 11 eines Gymnasiums wurden daraufhin anhand eines Fragebogens, der die beschriebenen Sachverhalte noch einmal verdeutlichte, zu ihren Vorstellungen befragt, was sich zwischen den Gasteilchen befinde. Das Ausmaß an richtigen Antworten steigt für den Versuch zum Wasserdampf von 40 % in der 9. Klasse zu einem Maximum von 65 % in der 10. Klasse und fällt dann wieder auf 45 % (11. Klasse). Die vergleichbaren Werte für das Experiment zur Verdampfung von Butan betragen 48 % (9. Klasse), 77 % (10. Klasse) und 59 % (11. Klasse). Die etwas besseren Werte im letztgenannten Versuch lassen vermuten, dass für die Schülerinnen und Schüler Wasser und Luft eng verknüpfte Begriffe sind. Das Vorhandensein von Luftteilchen zwischen den Wasserteilchen erscheint für die Probanden somit wahrscheinlicher als das Vorhandensein von Luftteilchen im Butandampf. Das größte Ausmaß richtiger Antworten am Ende der Sekundarstufe I ist nur auf den ersten Blick verwunderlich. In Klasse 10 setzen sich Schülerinnen und Schüler am intensivsten mit den Naturwissenschaften auseinander, während in Klasse 11 bereits eine Orientierung bezüglich der zukünftigen Kurswahl fällt bzw. gefallen ist und für viele Lernende Naturwissenschaften zweitrangig sind. Das Wissen wird nur als ein Tauschwert wahrgenommen, das – nach dem Tausch gegen eine Note – nicht mehr für den Alltag unmittelbar nützlich und notwendig ist und somit auch keinen Wert mehr hat.
Insgesamt wird so sichtbar, dass ein beträchtlicher Anteil der Heranwachsenden nicht zu der Einsicht gelangt oder diese wieder aufgibt, dass zwischen den Gasteilchen ein leerer Raum ist. Die Angst vor dem Nichts, der „horror vacui“ drückt sich sehr deutlich in einigen von Barke zitierten Schülerantworten aus:

B „Ich kann mir nicht vorstellen, dass da nichts vorhanden ist.“
„Etwas muss sich da befinden, da ein Vakuum entstehen würde, wenn da nichts ist.“
„Irgendwas muss ja vorhanden sein, es gibt keinen Ort, wo überhaupt nichts ist.“

Die Angst vor dem Nichts ist nicht etwa typisch für Alltagsvorstellungen des zwanzigsten Jahrhunderts. Historisch spielte die Ansicht, die Natur meide oder verabscheue das Nichts, über Jahrhunderte, ja Jahrtausende eine große Rolle und stand der richtigen Interpretation vieler Phänomene im Wege.

7.7.4 Langfristige Auswirkungen des Unterrichts auf naturwissenschaftliche Vorstellungen

Bereits aus den vorangegangenen Abschnitten wurde deutlich, dass es sehr schwer ist, durch den Unterrichtsprozess einen Einfluss auf vorwissenschaftliche Vorstellungen zu nehmen. Sehr deutlich wies dies Daumenlang im Rahmen einer größeren Untersuchung nach [121, 122]. Auch wenn die Ergebnisse aus den 1960er Jahren stammen und sich auf die Wirkung des Physikunterrichts beziehen, sind sie heute noch von Bedeutung.

Daumenlang befragte im Rahmen der Musterungsuntersuchung der Bundeswehr Absolventen der Volksschule und als Vergleichsgruppe Schüler der siebten Jahrgangsstufe der Volksschule über physikalische Vorstellungen. Dabei waren die Themen zur damaligen Zeit aktuell und dem damaligen Lehrplan entlehnt.

B Beispielsweise wurde gefragt:
- Die Astronauten in den Gemini-Kapseln umkreisen tagelang die Erde. Wie kommt es, dass die Gemini-Kapsel mit den Astronauten nicht auf die Erde fällt? Wie kommt es, dass die Gemini-Kapsel nicht von der Erde fortfliegt, hinaus in den Weltraum, wenn sie die Erde umkreist? Wie kommt es, dass die Astronauten wieder auf die Erde zurückkehren können?
- Wie kommt es, dass der Wind weht?
- Wie kommt es, dass es bei uns im Dezember kalt ist?

Die Ergebnisse der Untersuchung zeigen nur einen geringen Einfluss des Physikunterrichts auf die Vorstellungen sowohl der jungen Erwachsenen als auch der Schüler. Unterschiede zwischen den beiden Gruppen in der Richtigkeit der Deutungen waren nur gering ausgeprägt. Die Schüler zeigten gegenüber den Erwachsenen keinen größeren Anteil richtiger Antworten, obwohl der Unterricht nur kurze Zeit zurücklag. Von Interesse ist nun, welche **Deutungsmuster** für die **physikalischen Phänomene** nachzuweisen waren:

B
- Die Frage nach den Gründen der Erdumkreisung der Gemini-Kapsel wurde von 60 % der Befragten mit der nicht mehr wirksamen Erdanziehungskraft erklärt. Gleichzeitig wurde aber auch die gegenteilige Theorie vertreten: Die Gemini-Kapsel flöge nicht in den Weltraum, da die Erdanziehung noch auf sie wirke.
- Das Wehen des Windes wurde vielfach mit der Erddrehung bzw. der Bewegung der Meere in Verbindung gebracht.
- Die niedrigen Temperaturen im Dezember wurden durch die größere Entfernung zwischen Erde und Sonne gegenüber der warmen Jahreszeit erklärt.

Insgesamt gibt es offensichtlich im Alltag keine Notwendigkeit, **Naturphänomene** zu erklären. Sie werden **als gegeben hingenommen**, das physikalische Wissen hat keinen Gebrauchswert. Fragte Daumenlang allerdings etwa nach der Stromerzeugung in einem Dynamo oder der Möglichkeit der Verwendung eines Dynamos als Elektromotor, lag dies den Befragten viel näher. Hier wurden Vorstellungen genannt, die zwar im physikalischen Sinn falsch sind, im Alltag aber durchaus ihren Zweck erfüllen. So wurde die Funktionsweise von Dynamo bzw. Elektromotor beschrieben und die Wirkung auf die Art ihrer Herstellung zurückgeführt. Dabei muss man bedenken, dass vielfach in den Naturwissenschaften vor der Erklärung von Phänomenen eine Beschreibung der Beobachtung stand und steht. (Auch wissenschaftliche Erklärungen sind – allerdings auf einem hohen Niveau – Beschreibungen von Phänomenen!) Gleichzeitig ist die Art der Herstellung bzw. Konstruktion ja tatsächlich eine Voraussetzung zum Funktionieren eines Gerätes wie eines Dynamos.

Naturwissenschaftliche Deutungsmuster werden in der Schule oftmals nur gelernt, um sie gegen eine gute Note einzutauschen, also als so genanntes „Tauschwissen“. Anschließend ist dieses Wissen weitgehend wertlos, da es bei der Bewältigung des täglichen Lebens keine Vorteile bringt. Es ist zu vermuten, dass auch der Stellenwert naturwissenschaftlichen Wissens in unserer Gesellschaft ein rasches Vergessen richtiger Vorstellungen zumindest nicht verhindert. Während eine Person des öffentlichen Lebens wohl kaum ohne Schaden für ihr Ansehen bekennen dürfte, noch nie von Goethe, Schiller oder anderen klassischen Dichtern gehört zu haben, würde sich kaum jemand darüber aufregen, wenn derjenige oder diejenige eine falsche naturwissenschaftliche Vorstellung äußerte.

L

[1] Hirdeis, H. (Hrsg.): Taschenbuch der Pädagogik, Tl. 2. S. 546.
[2] Bohnsack, F.: Lernen lernen. In: Schularbeiten, H. 3 (1990) S. 1–5; (Hrsg.: Landesinstitut für Schule und Weiterbildung, Soest).
[3] Oerter, R.: Steuerungskomponenten bei kognitiven Prozessen im Bereich schulischen Lernens. In: Frey, K. (Hrsg.): Kognitionspsychologie und naturwissenschaftlicher Unterricht. Bern – Stuttgart – Wien, 1973, S. 56–78.
[4] Inhoffen, H.H. und Maier-Leibnitz, H.: DUZ 1/2 (1985), S. 15–17.
[4a] Lück, G., Demuth, R.: Naturwissenschaften im frühen Kindesalter. CHEMKON 5 (1998) Nr. 2, S. 71–78.

[5] Dierks, W.: Eine Anregung zum Überdenken chemiedidaktischer Forschung und Entwicklung. In: ChU in den 90er Jahren, Essen Westarp Verlag 1989, S. 18–19.
[6] Köhnlein, W.: Exemplarischer Physikunterricht. Bad Salzdetfurth, 1981, S. 98–99.
[7] Rössler, M.: Lernen Mädchen anders? In: Schularbeiten, H. 3 (1990), S. 25–28.
[8] Becker, H.-J.: Fach- und Lehrerbeliebtheit – Ergebnisse einer Untersuchung zum Chemieunterricht. MNU 37 (1984) S. 78–81.
[9] Becker, H.-J.: Lehrerverhalten als Aufgabe der Fachdidaktik Chemie – Typische Anfängerschwierigkeiten Berliner Lehrstudenten im Unterrichtspraktikum. In: PdN-Ch 38 (1989b), H. 5, S. 39–42.
[10] Anderson, J. R.: Cognitive Psychology and its Implications. New York 1990.
[11] Weinert, F.: Lehrerkompetenz als Schlüssel der inneren Schulreform. Schulreport 2/98, S. 24–27.
[12] Wenzel, H.: Unterricht und Schüleraktivität. Probleme und Möglichkeiten der Entwicklung von Selbststeuerungsfähigkeiten im Unterricht. Weinheim 1987, S. 22.
[13] Piaget, J.: Die Psychologie des Kindes. Olten 1973; Gedächtnis und Intelligenz. Olten 1974.
[14] Kubli, F.: Piaget und Naturwissenschaftsdidaktik. Aulis Verlag Köln 1981.
[15] Wambach, H.: Zwei Brennpunkte im Chemieunterricht: Problemballung im Anfangsunterricht und Inhaltsauswahl: MNU 33 (1980) H. 8, S. 486–494.
[16] McClelland, J.: Ausubels theory of learning and its application to introduction science. Part I. In: School Science Review 64, (1982) S. 157–161.
[17] Ausubel, D. P.: Psychologie des Unterrichts. Weinheim-Basel 1980/81.
[18] Rumelhart, D. E., Normann, D. A.: Faktensammeln, Schemaoptimierung und Umstrukturierung. In: Neber, H. (Hrsg.): Entdeckendes Lernen. Weilheim, Basel 1981.
[19] Sumfleth, E.: Lehr- und Lernprozesse im Chemieunterricht. Frankfurt 1988.
[20] Lehrplanempfehlungen Chemie 1989, S. 37–45; MNU-Schriftenreihe, Heft 43.
[21] Stachelscheid, K.: Problemlösender Chemieunterricht in der Sekundarstufe I – Gymnasium. Essen 1990, S. 36.
[22] Schröder, H.: Lernen und Lehren. In: Hirdeis, H. (Hrsg.): Taschenbuch der Pädagogik – Teil 2. S. 547.
[23] Bruner, J. S.: Der Prozess der Erziehung. Düsseldorf 1970.
[24] Anderson, J. R.: Cognitive Psychology and Its Implications. New York 1990.
[25] Ausubel, D. P. u. a.: Psychologische und pädagogische Grenzen des entdeckenden Lernens. In: Neber, H. (Hrsg.): a. a. O.
[26] Novak, J.-D.: Application of Advances in Learning Theory and Philosophy of Science to the Improvement of Chemistry Teaching. In: J. Chem. Ed. 61 (1984) S. 602–612.
[27] Vollmer, G.: Didaktische Konsequenzen der Wissenschaftstheorie. PdN-Ph. 2, 39. Jg. (1990) S. 17–21.
[28] Schmidkunz, H.: zitiert in Schmidt, H. J.: Fachdidaktische Grundlagen des Chemieunterrichts. Braunschweig 1981, S. 33.
[29] Meyendorf, G.: Chemie in der Schule 30 (1983) 7, S. 309.
[30] Reiman, U.: Förderung schöpferischer Schülerleistungen im Chemieunterricht. Teil I und II. In: Chem. i. d. Schule 22 (1975) 8/9, S. 57–64.
[31] Reif, H.: How can Chemists teach Problemsolution? J. chem. Ed. 60/11 (1983), S. 948–952.
[32] Pfeifer, P.: Umweltbereich Wasser. Aulis Verlag Köln 1992.
[33] Schmidt, H. J.: Stolpersteine im Chemieunterricht – Empirische Untersuchungen über Schülerfehler beim Stöchiometrischen Rechnen. Frankfurt – Aarau 1990.
[34] Inhelder, B., Piaget, J.: The Growth of Logical Thinking from Childhood to Adolescence. New York 1958.
[35] Pulaski, M. A.: Piaget – Eine Einführung in seine Theorien und sein Werk. Fischer Taschenbuch Verlag, Ravensburg 1979.
[36] Gräber, W., Stork, H.: Die Entwicklungspsychologie J. Piagets als Mahnerin und Helferin des Lehrers im naturwissenschaftlichen Unterricht, Teil 1. In: MNU 37 (1984) H. 4, S. 193–201.
[37] Kubli, F.: Piaget und Naturwissenschaftsdidaktik, Köln 1981.
[38] Köhnlein, W.: Exemplarischer Physikunterricht. Bad Salzdetfurth, S. 84–87.
[39] Winnenburg, W.: Zur Bedeutung der genetischen Kognitionspsychologie für den naturwissenschaftlichen Sachunterricht. In: Bauer, H. F., Köhnlein (Hrsg.) Problemfeld Natur und Technik. Bad Heilbrunn 1984, S. 173–192.
[40] Wagenschein, M., Banholzer, A., Thiel, S.: Kinder auf dem Weg zur Physik. Stuttgart 1973.
[41] Zietz, K.: Kind und physische Welt. München 1963.
[42] Klewitz, E.: Zur Didaktik des naturwissenschaftlichen Sachunterrichts. Mühlheim/Ruhr 1980.
[43] Lück, G., Demuth, R.: Naturwissenschaften im frühen Kindesalter. **CHEM**KON 5. Jg. 1998, 2, 71–78.
[44] Herron, J. D.: Piaget in the Classroom. J. Chem. Ed. 55 (1978) S. 165–170.
[45] Goodstein, M. P.: Application of Piagetian Theory to Introductory Chem. Instructions. J. Chem. Ed. 55 (1978) S. 171–173.
[46] Nay, U.: Kinder deuten naturwissenschaftliche Versuche. In: CiS 37 (1990), 12, S. 458–463.
[47] Pfeifer, P.: Zielsetzungen des Chemieunterrichts in der Hauptschule. In: Blätter für Lehrerfortbildung 31, (1979), S. 547–556.

[48] Hopp, V.: Einflüsse auf den Chemieunterricht. CLB Chemie für Labor und Betrieb, 34. Jg., Heft 10/1983, S. 439ff.
[49] OECD, Chemistry-today, a guide for teachers. OECD Publications 1961, S. 29.
[50] Pavelich, M. J.: Using General Chemistry to Promote to Higher Level Thinking Abilities. In: J. Chem. Ed. 59 (1982) S. 721ff.
[51] Krapp, A., Schiefele, H.: Lebensalter und Intelligenzentwicklung. München 1976.
[52] McKinnon, J. W., Renner, J. W.: Amer. J. Phys. 39 (1971) 1047.
[53] Renner, J. W., Stafford, D. G.: Teaching Science in the Secondary School. Harper & Row, New York 1972.
[54] Gerstenmaier, J., Mandl, H.: Wissenserwerb unter konstruktivistischer Perspektive. In: Zeitschrift für Pädagogik 41 (1995) 6, S. 867–887.
[55] Duit, Reinders: Zur Rolle der konstruktivistischen Sichtweise in der naturwissenschaftsdidaktischen Lehr- und Lernforschung. In: Zeitschrift für Pädagogik, 41 (1995) 6, 905–923.
[56] Duit, R.: Unterrichten und Lernumgebungen gestalten. Forschungsbericht 60, LMU München 1999.
[57] Reinmann-Rothmeier, G., Mandl, H.: Instruktion und Lernen. In: Perleth, C., Ziegler, A. (Hrsg): Pädagogische Psychologie. Grundlagen und Anwendungsfelder. Bern, Göttingen, Toronto, Seattle: Huber 1999, S. 217–225.
[58] Aebli, H.: Zwölf Grundformen des Lehrens. Stuttgart (10. Auflage) 1998.
[59] Shayer, M.: Improving standards and the National Curriculum. In: SSR, Mar 1991, 72 (260), S. 17ff.
[60] Weninger, J., Pfund, H.: Stoffe und Stoffumbildungen. Stuttgart 1979.
[61] Kintoff, W., Wagner, A.: Handbuch der Schulchemie. Köln 1961, S. 15–22.
[62] Stork, H.: Zum Chemieunterricht in der Sekundarstufe I. IPN-Polyscript 1988.
[63] Stork, H.: Ergebnisse der Lern- und Denktheorie mit deutlicher Relevanz für den Chemieunterricht, besonders in der Sekundarstufe I. In: CU 12 (1981) 4, S. 49–63.
[64] Vollmer, G.: Sprache und Begriffsbildung im Chemieunterricht. Frankfurt 1980.
[65] Manthei, W.: Die Rolle der geistigen Operationen im problemhaft-schöpferischen Unterricht. In: Wissenschaftliche Zeitung der Humboldt-Universität zu Berlin, Math.-Nat.R. XXXIII (1984) 1, S. 31–34.
[66] Schneider, W.: Die Entwicklung des Metagedächtnisses. In: Umschau (1984) H. 12, S. 378–380.
[67] Beck, W., Häusler, K.: Chemie – Teil 1. München 1983. S. 150–153.
[68] Seel, F.: Auswirkungen des Gesetzes über Einheiten im Messwesen sowie von Empfehlungen der IUPAC und von DIN-Normen auf den Chemieunterricht – eine kritische Stellungnahme. In: Chemie für Labor und Betrieb, 1980, S. 501ff.
[69] Müller-Herold, U.: Vom Mythos der Zahl – Anmerkungen zum Stand der theoretischen Chemie. In: CHIMIA 39 (1985) 1, S. 3–10.
[70] Rossa, E.: Methodik Chemieunterricht. Berlin 1975.
[71] Bleichroth, W.: Elementarisierung, das Kernstück des Unterrichts. In: NiU-Physik 2 (1991), Nr. 6, S. 6.
[72] Häusler, K. u. a.: Elemente der Zukunft – Chemie, Lehrerhandbuch München 1989, S. 35.
[73] Barke, H.-D.: Chemische Symbole. NiU-P/C 36 (1988) H. 35
[74] Rumelhart, D. E., Norman, D. A., in: Neber, H. (Hrsg.): Entdeckendes Lernen. Weilheim 1981, S. 132ff.
[75] Maichle, U.: Zur Bedeutung kognitionspsychologischer Ansätze für die Physikdidaktik. In: Fischler, H.: Lehren und Lernen im Physikunterricht. Köln 1980, S. 60–62.
[76] Pfeifer, P.: Ammonium und Nitrat im Boden. In: NiU-PIC (1965) 33, H. 8, S. 296ff.
[77] Schmidt, H. J.: Fachdidaktische Grundlagen des Chemieunterrichts. Braunschweig 1981, S. 88.
[78] Kolb, D.: Acids and Basis. In: J. Chem. Ed. 55 (1978), S. 459–464.
[79] Sumfleth, E., Todtenhaupt, S., Stachelscheid, K.: Redox-Reaktionen in der Sekundarstufe I. NiU-Ch 2 (1991).
[80] Dierks, W.: Einige Gedanken über den zukünftigen Chemieunterricht. Vortragsmanuskript, IPN Kiel, S. 4.
[81] Kreher, R.: Oxidationszahlen: Magische Größen oder plausible Kennzeichen. In: NiU-PC 37 (1989) Nr. 48, S. 5–7; NiU-Ch 1 (1990), Nr. 4, S. 15–21.
[82] Jung, W.: Aufsätze zur Didaktik der Physik und Wissenschaftstheorie. Frankfurt – Berlin – München, 1979, S. 64.
[83] Hammer, O.: Die chemische Verbindung – Wandlung des Bedeutungsinhalts eines Grundbegriffs. In: MNU 27 (1974) H. 6, S. 337ff.
[84] Frey, K.: Kognitionspsychologie und naturwissenschaftlicher Unterricht. Bern, Stuttgart, Wien 1973, S. 20ff.
[85] Novak, J.-D.: Application and advances in learning Theory and Philosophy of Science to the Improvement of Chemistry Teaching. In: J. Chem. Ed. 61, (1984), S. 607–612.
[86] Sumfleth, E.: Systematisierungshilfen – von Gedächtnisstrukturen abgeleitete Lernhilfen. In: Chim. Didactica 10, (1984) S. 141–213.
[87] Schiefele: Lernmotivation und Motivlernen. München, Ehrenwirth Verlag 1984.
[88] Scholz, G.: Möglichkeit und Grenzen der Motivation von Schülern. In: Der Junglehrer 27 (1984) H. 3, S. 13–18.
[89] Heckhausen, H.: Förderung der Lernmotivierung und der intellektuellen Tüchtigkeit. In:

Deutscher Bildungsrat, Gutachten und Studien der Bildungskommission, Bd. 4 (Begabung und Lernen), Hrsg. Von Roth, H., 8. Aufl., Stuttgart 1972, S. 193–228.
[90] Kubli, F.: Interesse und Verstehen in Physik und Chemie. Köln 1987.
[91] Becker, H. J.: Eine empirische Untersuchung zur Beliebtheit von Chemieunterricht. Chimica diactica 9 (1983) S. 97–123.
[92] Weinert, F. E.: Der Laie als „Chemie-Experte". In: Chemie Heute (1990), Hrsg. vom Fonds der chem. Industrie. S. 14–17.
[93] Sauer, K.: Interesse-Motivation. In: V. Roth (Hrsg.) Handlexikon zur EZW, S. 236ff. München 1976.
[94] Häusler, K. (Hrsg.): Faszinierende chemische Experimente. NiU-Chemie 1 (1990) H. 2.
[95] Copei, F.: Der fruchtbare Moment im Bildungsprozess, Heidelberg 1962.
[96] Wagenschein, M.: Pädagogische Dimension der Physik. Braunschweig 1976, S. 216, Ursprüngliches Verstehen und exaktes Denken. Bd. 5, Stuttgart 1970, S. 401.
[97] Lind, G.: Sachbezogene Motivation „Stoffe und Stoffumbildung". MNU 37 (1984) H. 1, S. 9ff.
[98] Pfeifer, P.: Die Formaldehyd-Sulfit-Zeitreaktion. In: PdN-Ch (1991).
[99] Oerter, R.: Gedanken zur Entwicklung des Leistungshandelns. In: Schulreport Nr. 5 (1981) S. 6–9.
[100] Heckhausen, H.: Motivation und Handeln. Berlin/Heidelberg 1980.
[101] Beckmann, H.-K.: Leistung in der Schule aus pädagogischer Sicht. Rahmenbedingungen – Notwendigkeiten – Grenzen. In: Pädagogische Welt 35 (1981) S. 474–485.
[102] Jung, W.: Zur Bedeutung von Schülervorstellungen für den Unterricht. In: Duit, R., Jung, W., Pfundt, H.: Alltagsvorstellungen und naturwissenschaftlicher Unterricht. Aulis, Köln 1981, S. 1.
[103] Cole, H., Raven, R.: Principle Learning as a Function of Instruction on Excluding Irrelevant Variables. Journal of Research in Science Teaching, Vol 6, Issue 3 (1969) 234.
[104] Sumfleth, E., Geisler, A.: Entwicklung von Schülervorstellungen im Laufe der Schulzeit am Beispiel der Säure-Base-Reaktion. Chim. did 27 (2001) 122.
[105] Todtenhaupt, S.: Zur Entwicklung des Chemieverständnisses bei Schülern. Lang, Frankfurt/M, Bern, New York, Paris 1995.
[106] Jung, W.: Hilft die Entwicklungspsychologie dem Naturwissenschaftler. In: Duit, R., Gräber, W. (Hrsg.): Kognitive Entwicklung und Lernen der Naturwissenschaften. IPN, Kiel 1993, S. 86.
[107] Schumacher, G. M.: Difficult to change knowledge. Explanations and interventions. In: Novak, J. (Hrsg.): Proceedings of the third Seminar on Misconceptions and Educational Strategies in Science and Mathematics. Cornell University 1993 (distributed electronically).
[108] Cros, D., Chastrette, M., Fayol, M.: Conceptions of second year university students of some fundamental notions in chemistry. International Journal of Science Education, 10, 331.
[109] Tiberghien, A.: Modes and conditions of learning an example. In: Archenhold, F. u.a. (Hrsg.): Cognitive development. Research in science and mathematics. University of Leeds, Leeds 1980.
[110] Chinn, C., Brewer, W. F.: The role and anomalous data in knowledge acquisition. Review of educational research, 63 (1993) 1.
[111] Pfundt, H., Duit, R.: Students alternative Frameworks and science education. IPN, Kiel 2000.
[112] Pfundt, H.: Ursprüngliche Erklärungen der Schüler für chemische Vorgänge. MNU 28 (1975) 157.
[113] Krause, H.: Wie deuten Kinder chemische Vorgänge? Westermanns Päd. Beiträge 14 (1962) 359.
[114] Haupt, P.: Schülervorstellungen zur Verbrennung. NiU-P/C 29 (1981) 347.
[115] Barke, H. D.: Probleme bei der Verwendung von Symbolen im Chemieunterricht. NiU-P/C 30 (1982) 131.
[116] Herron, J. D.: Piaget in the classroom. J. Chem. Ed. **55** (1978) 165.
[117] Weerda, J.: Zur Entwicklung des Gasbegriffs beim Kinde. NiU-P/C 29 (1981) 90.
[118] Novick, S., Nussbaum, J.: Pupils' Understanding of the particulate Nature of Matter. A Cross-Age-Study, Sc. Ed. 65 (1981) 187.
[119] Kircher, E., Heinrich, P.: Eine empirische Untersuchung über Atomvorstellungen bei Hauptschülern im 8. und 9. Schuljahr. Chim. Didact. 10 (1984) 199.
[120] Barke, H. D.: „Irgendwas muss doch da sein!" – der Horror vacui bei Schülern heute und bei Naturwissenschaftlern vergangener Jahrhunderte. Mitteilungsblatt der Fachgruppe Chemieunterricht der Gesellschaft Deutscher Chemiker 10 (1987) 42.
[121] Daumenlang, K.: Physikalische Konzepte junger Erwachsener. Dissertation, Nürnberg 1969.
[122] Brämer, R.: Über die Wirksamkeit des Physikunterrichts. NiU-P/C 28 (1980) 10.

8. Konzeptionen für Chemieunterricht – Überblick

Für die Planung von Chemieunterricht bzw. von einzelnen Stunden kann sich der Lehrer primär an der Fachwissenschaft Chemie, an der Lebenswelt oder an der Genesis der Schüler orientieren. Diese verschiedenen Unterrichtskonzeptionen haben einen werbenden Charakter. Sie wollen vom Lehrer für die entsprechende Unterrichtssituation als die Beste auserkoren werden. Dazu muss man aber erst die unterschiedlichen beworbenen Inhalte kennen. Das Kapitel hilft dabei.

8.1 Begriffsbestimmung

Unterrichtskonzeptionen oder -konzepte dienen zur Planung von Unterricht. Eine Konzeption ist durch eine bestimmte Konstellation von Zielen, Inhalten, Prinzipien, Methoden und Medien gekennzeichnet [1]. Da diese Konstellation unterschiedlich sein kann, lassen sich die Konzeptionen voneinander abgrenzen. Die für den Chemieunterricht beschriebenen Konzeptionen können nach drei Leitideen geordnet und damit auch unterschieden werden, die Gliederung des vorliegenden Kapitels sind:

- primäre Orientierung an der Wissenschaft Chemie:
  - Fachsystematik und -struktur stehen im Vordergrund;
  - Konzepte mit übergreifender Bedeutung stehen im Vordergrund;
  - Fachmethoden/Verfahren der Chemie stehen im Vordergrund;
- primäre Orientierung am Alltag / an der Lebenswelt;
- primäre Orientierung an der Genesis der Schüler, also den entwicklungs- und lernpsychologischen Voraussetzungen.

Diese Konzeptionen unterscheiden sich untereinander durch die Schwerpunktsetzung in ihren Zielen, wobei sie sich zwischen den Extremen einer vorrangigen Vermittlung und Aneignung der Ergebnisse der Wissenschaft Chemie, der (Über-)Betonung der Alltagschemie und der vorrangigen Orientierung an der Persönlichkeitsentwicklung der Schüler anhand der Auseinandersetzung mit chemischen Sachverhalten einordnen lassen.

Die Bedeutung des Begriffs „Konzeption" selbst ist in der Literatur vielfältig dargestellt:

Z

- Konzeptionen wollen Unterricht nicht nur beschreiben, sondern eine bestimmte Art von Unterricht als „gut" empfehlen, basieren damit auf Wertentscheidungen und geben Handlungsempfehlungen [1].
- Konzeptionen sind weniger konkret und prägnant auf das Wesentliche reduziert als „Modelle" und nicht so systematisch durchdacht und geprüft wie „Theorien"; sie haben mehr werbenden, fordernden, programmatischen Charakter [1].
- Unterrichtskonzepte bringen jeweils aktuelle, unterrichtsmethodische Probleme in einer prägnanten, konstruktiv gewendeten Formel auf den Begriff [2].
- Konzeptionen „... sind insofern konkreter als Curricula, als sie besser an organisatorische Rahmenbedingungen anzupassen sind: Sie können die Unterrichtspraxis durchaus bereichern. Sie stehen für ein fachdidaktisches Programm, beziehen mithin Ziele, Themen, Legitimation, Methodenfrage und Schüler aufeinander." Somit sind sie Ansätze „mittlerer Reichweite" [3].

Von welcher Konzeption man sich auch leiten lässt, guter Chemieunterricht erfordert, das **System der Chemie** als Ordnungsprinzip im Auge zu behalten, die **Genesis des Schülers** zu beachten und dem Schüler zu helfen, auch unter Anwendung **übergreifender Konzepte,** chemische Sachverhalte unter Anwendung von **Verfahren der Chemie** zu verstehen und zu erklären. Deshalb sind Lehrgänge wie das Nuffield Chemie-Curriculum oder der IPN Lehrgang „Stoffe und Stoffumbildungen" in der Regel Kombinationen verschiedener Ansätze [4, 5]. Sie unterstreichen, dass es nicht sinnvoll ist, einen Lehrgang nach nur einem konzeptionellen Ansatz anzulegen. Angesichts der aktuellen Probleme des Chemieunterrichts verspricht der genetische Ansatz mindestens als Aspekt anderer Konzeptionen den größten Erfolg hinsichtlich einer Effektivierung des Chemieunterrichts. Das gilt insbesondere für die

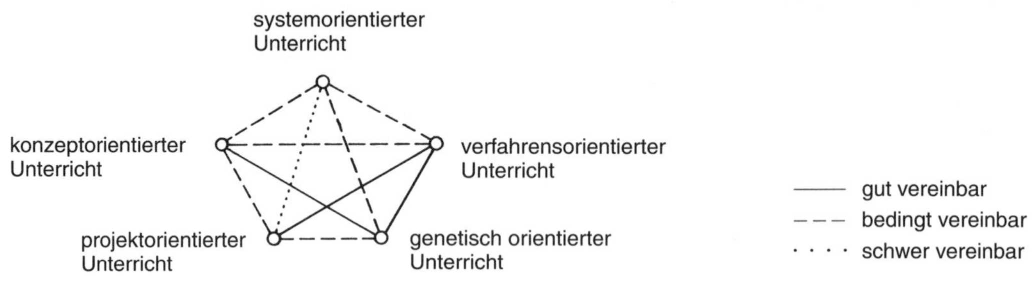

Abb. 156.1: Unterrichtskonzeptionen und ihre Vereinbarkeit mit Aspekten anderer Konzeptionen in einem Lehrgang

Sekundarstufe I und hier in besonderem Maße für den Anfangsunterricht.
Jede Konzeption stellt ein Bekenntnis zu den Relationen Unterrichtsstoff – Lehrer – Schüler dar, dem so genannten **didaktischen Dreieck**. Erfolg oder Misserfolg einer Konzeption stehen in Verbindung mit einer treffenden Einschätzung der Entwicklung der Schüler. Da es **den** Schüler aber nicht gibt, kann wohl keine Konzeption für sich den Anspruch erheben, die einzig richtige Konzeption für erfolgreichen Unterricht zu sein. Die Abbildung 156.1 vermittelt hiervon einen Eindruck.
Jede Konzeption muss sich am Grad der Mitbeteiligung der Schüler am Unterricht messen lassen. Nur wenn die Lernenden sich mit beteiligen wollen und können und die Lehrenden die Mitbeteiligung der Lernenden zulassen oder herausfordern, kann Unterricht erfolgreich sein [6].

8.2 Die Wissenschaft Chemie im Vordergrund

Orientierung an der Fachsystematik

Ein so gestalteter Chemieunterricht orientiert sich am **System des Wissens,** an grundlegenden Begriffen, Aussagen und Methoden der Chemie und ihrem Zusammenhang. Ansatz ist die Theorie, mit deren Behandlung im Unterricht Erscheinungen in Natur und Technik, in Alltag und Umfeld des Schülers erklärt werden sollen. Die Aneignung derartig theoretisch begründeter Chemiekenntnisse wird durch die konsequente Anwendung der Denk- und Arbeitsweisen des Chemikers, also facheigener Methoden und Verfahren, ermöglicht.

Systemorientierte Konzeptionen verfolgen die Absicht, im Unterricht Zusammenhänge aufzuzeigen, unterschiedliche Systematisierungsaspekte, d. h. unterschiedliche Bezugspunkte, anzuwenden und so insgesamt zu einem festen systematischen Wissen des Schülers und zur Denkschulung beizutragen. Ziel ist eine gut strukturierte Wissensbasis. Sie sind nicht gleichzusetzen mit dem untauglichen Versuch, das System der Chemie in den Kopf des Schülers zu übertragen. Historisch gesehen stießen ausgesprochen systematische Lehrgänge, die sich nach dem System der Wissenschaft Chemie aufbauten, bereits im vorigen Jahrhundert auf Kritik. Arendt (1868) und Wilbrand (1899) stellten diesen Lehrgängen ihre methodischen Lehrgänge gegenüber, ohne damit die Systematik als Ordnungsprinzip aufzugeben [7, 8, 9] (vgl. Kap. 2.6).

An der Fachsystematik orientierte Konzeptionen spiegeln sich in Lerninhaltsangaben vieler **Lehrpläne und Rahmenrichtlinien** sowie in den Inhaltsverzeichnissen der entsprechenden Lehrbücher für den Chemieunterricht wider. Systemorientierung findet sich verstärkt für das **Gymnasium** und hier für die mittleren und oberen Jahrgangsstufen [10, 11, 12]. Verbreitet

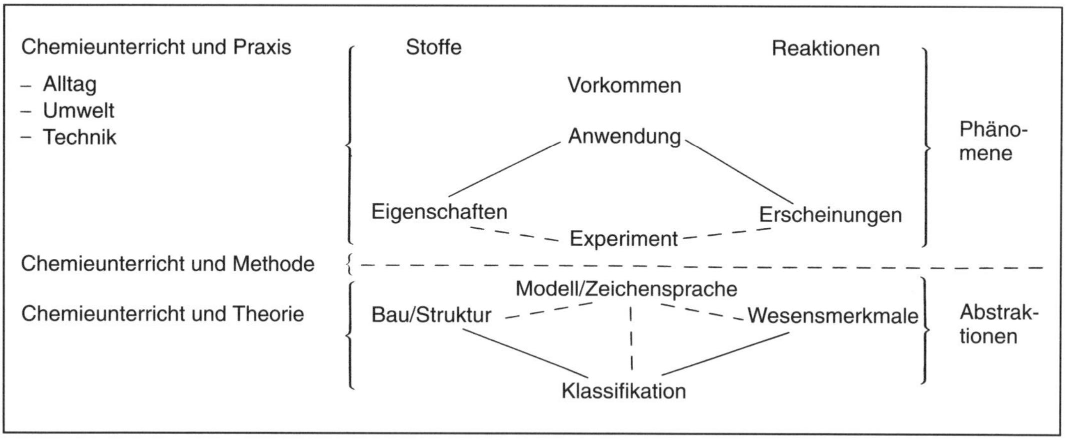

Abb. 157.1: Inhaltliche Schwerpunkte des Chemieunterrichts

ist insbesondere die systemorientierte Behandlung der organischen Chemie, meist noch deutlich abgesetzt von anderen Bereichen der Chemie. Der Versuch von Christen, organisch-chemische Inhalte von Anfang an in einem Lehrgang zu berücksichtigen, stellt hierzu eine interessante Alternative dar [13].

Systematisch orientierter Chemieunterricht berücksichtigt durchgängig inhaltliche Schwerpunkte. Es spiegeln sich die Klassifikation der Stoffe und Reaktionen samt deren Bedeutung in einem Lehrgang wider, wie die Abbildung 157.1 zeigt.

Charakteristische Beispiele für die Behandlung der Stoffe und Reaktionen in fachsystematischer Orientierung sind

- die Behandlung der Stoffe nach ihrer **Zusammensetzung:** Elemente und Verbindungen; Oxide, Sulfide, Hydroxide, Salze;
- die Behandlung der Stoffe nach **ihren Strukturmerkmalen:** Metalle, Molekülsubstanzen oder flüchtige Stoffe, Ionensubstanzen oder salzartige Stoffe, polymere und diamantartige Stoffe; die besondere Bedeutung der Struktur der Stoffe findet **ihren Niederschlag im Konzept des strukturorientierten Chemieunterrichts.** Es werden Vorschläge unterbreitet, wie von Anfang an Stoffeigenschaften und chemische Reaktionen mithilfe von dreidimensionalen Modellen der submikroskopischen Ebene gedeutet werden können [14, 15, 16];
- die Behandlung der Stoffe nach Elementgruppen des Periodensystems der Elemente;
- die Behandlung der Reaktionen nach dem **Donator-Akzeptor-Prinzip** (Säure-Base-Reaktionen, Redoxreaktionen);
- die Behandlung der Reaktionstypen, z. B. nach der sich ändernden **Konstitution** der Stoffe oder ihrer Teilchen.

Als Beispiel für einen Lehrgang, der aus fundamentalen Bausteinen der allgemeinen Chemie zusammengestellt ist, sei der **Medienverbund CHEMS** – Chemie für Studienanfänger – genannt [17]. Es handelt sich um eine Entwicklung auf der Basis des amerikanischen Chemical Education Material Study (CHEMStudy) [18].

Fachsystematik als Ordnungsprinzip angewendet, kann der Überschaubarkeit und Sicherung des angeeigneten Wissens dienen. Es wirkt insbesondere durch die verbindenden Zusammenhänge zwischen den Elementen des Systems. Ein systematisches Wissen ist auch eine geeignete Basis für das Weiterlernen, sowohl im Sinne des tieferen Eindringens als auch im Sinne des Ergänzens oder fachübergreifenden Erweiterns.

Mängel, die einem systematisch orientierten Chemieunterricht angelastet werden können, erweisen sich meist als Folgen einer unzureichenden Beachtung der Entwicklung der

Schüler und als grobe Verstöße bei der Begriffsbildung. Derartige Versäumnisse werden offenkundig, wenn das Problem der didaktischen Reduktion nicht gleichzeitig gelöst wird.
Als besonders auffallende Mängel, welche v. a. den Chemieunterricht in der Sekundarstufe I belasten, nennt Stork [19]:

Z
1. Die Vorstellungen und Kenntnisse von Chemie, die die Lernenden mitbringen, bleiben unberücksichtigt.
2. Ergebnisse der Wissenschaft Chemie werden den Schülern zur Annahme vorgelegt.
3. Eine Fähigkeit der Lernenden zu abstraktem und systematisch-logischem Denken, die für das Lernen von Chemie ausreicht, wird vorausgesetzt.
4. Als Ziel des Unterrichts gilt (praktisch) die bloße Abbildung des Faches Chemie.

Als Folge führt Stork an:

Z Ungenügende (zu schmale) Repräsentation von Begriffen, mangelnde Versprachlichung der Unterrichtsgehalte, ungenügende Strukturierung der Unterrichtsgehalte, mangelnde Festigung des Gelernten.

Weiterhin sind folgende Punkte zu bedenken:
– **Wissenschaftsorientierung** führt leicht zu einer Verwissenschaftlichung des Unterrichts, der Bezug zur Lebenswelt geht verloren. Besonders deutlich wird dies in der gymnasialen Oberstufe, wo oftmals in Leistungskursen Inhalte erarbeitet werden, die nur für Schüler relevant sind, die einen naturwissenschaftlichen Beruf ergreifen wollen.
– Es wird zunächst die wissenschaftliche Seite eines Problems erarbeitet, dann erst werden Beispiele aus der Lebenswirklichkeit – oftmals für den Schüler auch noch wenig relevante – gesucht. Alltag, Natur und Lebenswelt dienen nur dazu, wissenschaftliche Erkenntnisse anzuwenden oder sollen den Einstieg in wissenschaftliche Probleme vermitteln.
– Denkweisen, Sprache und Vorgehensweisen der Naturwissenschaften vermitteln zwar einerseits den Zugang zu exaktem Denken und Planen, schließen aber andere Lebensbereiche systematisch aus: Die Schönheit eines Steines, die Erinnerung, die man vielleicht mit ihm verbindet, sind in der Chemie letztendlich bedeutungslos. Ebenso werden praktische Dinge in den Hintergrund gedrängt: Wesentlich sind der Reaktionsmechanismus der Synthese des Indigos und die Theorie seiner Farbigkeit. Dagegen treten etwa Verarbeitung und Farbechtheit als „nur" technische bzw. praktische Probleme in den Hintergrund.
– Gerade in unteren Klassenstufen entsprechen sich die Denkwege und Vorstellungen der Schüler und die der Fachwissenschaft oft nicht. Vielfach können die Schüler entsprechend ihrem Entwicklungsstand vieles nicht verstehen, sondern nur unverstanden reproduzieren.

Da es unmöglich ist, ein fertiges System in die Köpfe der Schüler zu übertragen, sind Forderungen nach „didaktischer Reduktion/Elementarisierung" und „spiralcurricularer Anordnung wichtiger Begriffe" (Schmidkunz) zu unterstützen [20]. Insbesondere müssen fachwissenschaftliche Begriffe als Elemente des Systems entwicklungsgemäß vereinfacht eingeführt und nach und nach ausgeschärft werden.
Zu beachten ist auch der historische Aspekt von Begriffsentwicklungen, die teilweise zu einem beträchtlichen Bedeutungswandel geführt haben, z. B. bei den Begriffen Säure und Base (vgl. Kap. 3.1.2).

Orientierung an übergreifenden Konzepten

Konzeptorientierter Chemieunterricht stellt Betrachtungsweisen fundamentaler Art in den Mittelpunkt. Sie sind geeignet, Erscheinungen der Stoffe und Reaktionen mit unterschiedlichem Abstraktionsgrad zu erklären. Konzeptorientierung fand zunächst Anwendung für integrierten naturwissenschaftlichen Unterricht, für den eine systematisch orientierte Konzeption ungeeignet ist. So liegen dem „COPES-Ansatz" (Bruner) [21, 22], dem bekannten amerikanischen konzeptorientierten Curriculum („Conceptually orientated Program – Elementary Science"), fünf grundlegende Betrachtungen zugrunde:

B

1. Einheit und Struktur des Universums (Atome, Moleküle, Kristalle, Planeten);
2. Wirkungen und Rückwirkungen (Wechselwirkungen);
3. Energieerhaltung;
4. Zunahme der Entropie (Entwertung von Energie zu Wärme);
5. statistischer Charakter der Natur (z. B. radioaktiver Zerfall).

Für die **Grundschulen** in der Bundesrepublik hat **Spreckelsen** ein konzeptorientiertes naturwissenschaftliches Curriculum vorgestellt [23] (vgl. Kap. 15.2). Mit der sachstrukturellen Erschließung der Lehrgegenstände sollen ein besseres Verstehen und größere Behalteneffekte erreicht werden. Bei seinem an der „Struktur der Disziplin" ausgerichteten Konzept geht er von den Grundstrukturen des Faches aus, die es im erkenntnistheoretischen Sinne konstituieren. Er versteht darunter „grundlegende Konzepte (Prinzipien, Modelle, methodische Ansätze) ..., die in besonderer Weise wirklichkeitsbedeutend und erfahrungserschließend sind". Für Physik und Chemie hebt er drei konstitutive Strukturelemente hervor:

1. Teilchenstrukturkonzept,
2. Wechselwirkungskonzept,
3. Erhaltungskonzept.

Es sind demnach möglichst allgemeine, grundlegende Konzepte zu ermitteln und im Hinblick auf eine konsequente Ausdifferenzierung durch die einzelnen Schulstufen hindurch als strukturelle Leitlinien des Unterrichts zu verfolgen. Konzeptorientierung ist also auch im fächerdifferenzierten Unterricht möglich. Sie kann bereits im Chemieanfangsunterricht förderlich sein, wenn dem Schüler komplexe Phänomene der Stoffe und ihrer Umwandlungen durch einige wenige allgemeine Betrachtungsweisen durchschaubar und verständlich werden. Das immer tiefere Eindringen in diese Betrachtungsweisen mit zunehmender geistiger Konkretisierung im Verlaufe des Chemieunterrichts findet seinen Ausdruck in **Spiralcurricula** (vgl. Kap. 9). Strukturorientierter Chemieunterricht ist in diesem Zusammenhang doppeldeutig zu verstehen, einmal im Sinne Spreckelsens als an der **Struktur des Faches** orientiert, zum anderen in einem engeren Sinne als am Teilchenkonzept **(Struktur der Stoffe)** orientiert. Letztlich sind beide Bedeutungen aber vereint, geht es doch um

- Art, Anordnung und Zusammenhalt (Bau der Stoffe),
- Wechselwirkung (Reaktion),
- Veränderung, Erhalt und Umordnung von Teilchen.

Als Grundlage dieses Konzepts formuliert Bauer [24]:

Z

1. Alle Stoffarten sind aus Atomverbänden aufgebaut, deren Struktur die erkennbaren Eigenschaften bestimmt.
2. Chemische Reaktionen sind Umgruppierungen im Bereich dieser Verbände; ihr Eintreten oder Ausbleiben wird durch die damit verbundene Änderung von Energie (Enthalpie) und Entropie, ihre Geschwindigkeit durch die zu durchlaufenden Zwischenzustände der beteiligten Atomverbände bestimmt.
3. Alle erkennbaren Effekte, zum Beispiel Stoffarteigenschaften, Stoffartumwandlungen oder Enthalpie und Entropieinhalte beziehungsweise Änderungen, sind statistischer Natur, wobei mit einer Beteiligung von größenordnungsmäßig 10^{24} Teilchen zu rechnen ist.

Strukturorientierter Chemieunterricht erfährt seine Legitimation aus der Sache und aus der unbestrittenen Erkenntnis, dass Phänomene der Chemie letztlich nur zu verstehen sind, wenn sie unter Anwendung des Teilchenkonzepts und geeigneter Modelle beschrieben und erklärt werden können. Grosser unterstreicht deshalb zwei lernpsychologisch bedeutsame Positionen [24]:

Z

1. die enge Verknüpfung von Phänomenen und Modellen,
2. die Verwendung dreidimensionaler Modelle, die der Schüler aufgrund weniger Vorgaben selbst herstellen kann.

Kritische Stimmen zum konzeptorientierten Unterricht warnen vor einer Einengungsgefahr, einem möglichen Schematismus und einer Fessel der Kreativität. Als kritisch erweisen sich in diesem Zusammenhang die

- zu frühe Einführung des Teilchenmodells,
- zu frühe Differenzierung des Teilchenmodells,
- zu frühe Einführung theoretischer Abstraktionen,
- Vorgabe fertiger unverstandener Modelle.

Der positive Ansatz eines strukturorientierten Chemieunterrichts im Lehrgang der Allgemeinbildenden polytechnischen Oberschule der DDR von 1988 kam z. B. durch die genannten Mängel insbesondere in Klasse 8 nicht zum Tragen, sondern führte bei der Mehrzahl der Schüler zu Unverständnis und Ablehnung [25, 26].

Orientierung an Fachmethoden/Verfahren der Wissenschaft Chemie

Im Mittelpunkt eines verfahrensorientierten Chemieunterrichts stehen Methoden und Verfahren der Chemie, Denk- und Arbeitsweisen des Chemikers zum Gewinnen neuer Erkenntnisse. Auch systematisch orientierter und konzeptorientierter Chemieunterricht können Methoden und Verfahren der Chemie nicht umgehen. **Verfahrensorientierter Chemieunterricht** setzt die Schwerpunkte anders. Er nimmt seine **Legitimation** in erster Linie aus der Unmöglichkeit, ausschließlich fertiges Wissen zu übertragen sowie aus der Zielstellung, für ein lebenslanges Lernen und die Bewältigung der zunehmenden Informationsflut vorzubereiten (s. a. Jansen [27]).
Gestützt wird dieses Vorgehen durch Ergebnisse lernpsychologischer Untersuchungen, die auf die Entwicklung der Denkstrukturen im Lernprozess verweisen (Piaget) oder auch den besonderen Effekt selbst erworbenen Wissens hervorheben (vgl. Kap. 7.5).
Wurzeln eines verfahrensorientierten Chemieunterrichts sind bereits in den methodischen Lehrgängen von Arendt und Wilbrand erkennbar. So führt **Wilbrand** im Vorwort seines Leitfadens unter anderem begründend aus [8]:

Z Der chemische Unterricht muss, wenn er sich an der Entwicklung und Ausbildung des gesamten geistigen Lebens der Schüler seinerseits beteiligen soll, so erteilt werden, dass er die geistige Mitarbeit derselben möglichst intensiv in Anspruch nehmen kann. Er darf sich deshalb nicht darauf beschränken, eine gewisse Menge systematisch geordneter Tatsachen zu bieten, sondern er muss den Stoff methodisch entwickeln. Am fruchtbarsten schien es, auch beim Unterrichten den Weg zu gehen, den man bei chemischen Untersuchungen einschlägt, indem man eine bestimmte Erscheinung zum Ausgangspunkt nimmt, nach einer tunlichst umfassenden Analyse der Lage die Deutung der Tatsachen entweder allmählich zu beschränken sucht oder eine sich als möglich bietende Deutung annimmt und diese Ansicht nach den Regeln und unter möglichst vielseitiger Anwendung der Hilfsmittel der induktiven Forschung prüft: sie verwirft, modifiziert oder weiter verfolgt.

Verfahrensorientierter Unterricht trägt verschiedene Namen. Er ist Kern des **forschenden Unterrichts** (Fries und Rosenberger), des **forschend-entwickelnden Unterrichts** (Schmidkunz, Lindemann), des **problemorientierten** oder **problemhaften Unterrichts** mit verschiedenen Nuancen (Jansen u. a.) oder auch eines tätigkeitsorientierten Unterrichts [27, 28, 29].
Übereinstimmend soll der Schüler Subjekt in seinem Lernprozess sein. Er soll Probleme erkennen, Lösungswege entwerfen und überprüfen und dabei lernen, Lösungsstrategien anzuwenden und zu übertragen. Das schließt ein, dem Schüler im Unterricht Irrtümer und deren Korrektur zu gestatten. Das erfordert aber, durch eine entsprechende Unterrichtsorganisation ausreichend Zeit einzuräumen.
Eine besondere Rolle spielen im Rahmen eines solchen Vorgehens **Modelle,** einschließlich der chemischen Zeichensprache, bei der Entwicklung von Lösungswegen und **Experimente** bei deren Überprüfung. Verbunden sind diese Methoden mit geistigen, geistig-praktischen und geistig-kommunikativen Tätigkeiten und Operationen, aus denen Beobachten, Vergleichen, Beschreiben, Erklären und Voraussagen hervorzuheben sind. Charakteristisch für verfahrensorientierte Ansätze ist die starke **Lernzielorientierung** (Lernzielhierarchie), welche die lernpsychologische Position von Gagne (vgl. Kap. 7) zur Grundlage hat. Veröffentlichungen zu verfahrensorientierten Curricula bauen auf dem Elementarschulcurriculum „Science – A Process Approach“ (S-APA) auf [30].

B Der Magdeburger Schulversuch [31] war Beispiel für das Bemühen um einen verfahrensorientierten Unterricht. Ein wesentliches Anliegen war, den überwiegenden Experimenteinsatz zur Bestätigung (zu früh) eingeführter Theorie zu überwinden. Die Ergebnisse der Arbeit der Autoren fanden kaum Verbreitung und das Vorgehen scheiterte letztlich an der Stofffülle des gültigen Lehrplans, die dem Lehrer aus zeitlichen und organisatorischen Gründen keine Chance ließ, dem Magdeburger Beispiel zu folgen [32].

Verfahrensorientierter Unterricht schließt ein, Erkenntnistätigkeiten und Methoden als Ziel und Mittel des Unterrichts zu betrachten. Sie zu kennen und möglichst zu beherrschen ist Voraussetzung für ihre Anwendbarkeit. Darin ist allerdings die Gefahr einer Verselbstständigung verborgen, wenn die Zielfunktion überbetont wird. Anzeichen dafür sind formaler Gebrauch der chemischen Zeichensprache oder überzogene Verwendung von Handlungsmustern in Form von Schrittfolgen für geistige Operationen und Tätigkeiten.

8.3 Die Lebenswelt im Vordergrund

Sachstruktur und Lebenswelt im Chemieunterricht zu vereinen scheint oft nur möglich, wenn der Lebensweltbezug der Sachstruktur untergeordnet wird. Neuere Lehrpläne und Rahmenrichtlinien einiger Bundesländer für den Anfangsunterricht zeigen jedoch, dass bei Anlehnung an den in Abb. 161.1 dargestellten Zusammenhang auch Zugänge ausgehend von der Lebenswelt möglich sind.

Sowohl die Gesellschaft Deutscher Chemiker (GDCh) wie auch der Deutsche Verein zur Förderung des mathematischen und naturwissenschaftlichen Unterrichts e.V. (MNU) fordern seit Jahren die Verknüpfung von Chemieunterricht und Lebenswelt, wie die folgenden Zitate belegen:

Z Aufgabe des Chemieunterrichts ist es, die zentrale Bedeutung chemischer Kenntnisse für die heutige Lebenswelt einsichtig und erfahrbar zu machen. Die Verbindung zwischen Chemie und Lebensbereich der Lernenden muss genutzt bzw. hergestellt werden, um auf einen verantwortungsbewussten Umgang mit der Umwelt vorzubereiten. Die Lernenden müssen in die Lage versetzt werden, Kenntnisse aus Chemie und Technik, die im Chemieunterricht vermittelt wurden, sinnvoll mit einzubeziehen [33].
Um chemische Kenntnisse im Alltag nutzen zu können, müssen Situationen im Chemieunterricht hergestellt werden, die mit denen im Alltag vergleichbar sind. Das ist zum Beispiel möglich, wenn die aus fachlichem Interesse gesuchten Deutungen fallstudienartig in komplexen Alltagssituationen angewendet werden und wenn die Lernenden dabei auch solche Handlungsentscheidungen treffen, die sie ausführen können. Es ist aber auch möglich, wenn Alltagssituationen differenziert nach Interessen betrachtet werden ..., damit von den dabei identifizierten chemischen Interessen ausgehend eine fachliche Deutung des Sachverhalts entwickelt werden kann; ... [34].

Die derzeit diskutierten „lebensweltbezogenen“ Konzeptionen [vgl. 35], von denen hier

	Stoffe	**und**	**Reaktionen**	**Lebensweltbezug**
	Stoffe			
	Eigenschaften			
	– Brennbarkeit			**Wasser**
	– Löslichkeit			
	Einteilung			
				Feuer
	Lösemittel			
	Wasser			
Metall		**Nichtmetall**		**Luft**
			Oxidation	
Metalloxid	**Wasser** als Oxid	**Nichtmetalloxid**		
			(Redoxreaktion)	**Erde**
Hydroxid	**Wasser** als Reaktionspartner	**Säure**		
			Neutralisation	
	Salz			

Abb. 161.1: Sachstruktur und Lebensweltbezug im Anfangsunterricht Chemie

eine Reihe vorgestellt werden, unterscheiden sich untereinander in ihrer Stellung zur Fachsystematik. Bei der einen Gruppe von Konzeptionen ist die Fachsystematik weiterhin das Element für die Strukturierung, Auswahl und Anordnung der Unterrichtsinhalte. Eine andere Gruppe von Konzeptionen setzt diese Funktion der Fachsystematik „außer Kraft" und hat einen durchgängigen Alltagsbezug als Grundlage für den Chemieunterricht.

Alltagsdialoge im Chemieunterricht nach *Becker*

Grundanliegen: Als Ausgangspunkt des Unterrichts dienen Verbraucherdialoge. Diese entstanden als Bandmitschnitte aus dem RIAS-Verbraucherstudio und stellen eine besondere Form der Alltagsdialoge dar. Diese Gespräche enthalten eine Reihe von chemischen Fachbegriffen, die schon im Rahmen der Anfrage durch den Hörer eingebracht werden. Insofern setzt die Verwendung dieses Mediums im Chemieunterricht das Vorhandensein von chemischen Grundbegriffen und Zusammenhängen voraus [36]. Die Schüler müssen aber bei der Auseinandersetzung mit den Dialogen ihre Wissenselemente anwenden, auf die Gesprächssituation übertragen und außerdem eigene Wissensdefizite erkennen und beseitigen [37]. Dadurch wird die Realisierung „höherer Lernziele" (z.B. Anwendung und Übertragung von Wissen) angestrebt und die „Verwertungsaspekte der chemischen Wissenschaft in und für die ‚Lebenswelt'" dokumentiert [37]. Die Dialoge können aber auch Anlässe sein, um „mit ‚konkreten Alltagsprodukten' zu experimentieren" [37].

B Der Dialog „Eiweiß in der Milch" zeigt drei Themenschwerpunkte auf: die Hauptinhaltsstoffe von Milch als Nährstofflieferanten, die Funktionen verschiedener technischer Verfahren (Homogenisieren, Pasteurisieren, Ultrahocherhitzen) und die Bedeutung der technologischen Behandlung von Milch. Mithilfe von Experimenten und fachaufweitenden Problemstellungen (z. B. technische Verfahren) gelingen im Unterricht die Anwendung und der Transfer von chemischen Grundkenntnissen.

Alltagschemie nach *Lindemann*

Grundanliegen: Unter Alltagschemie versteht Lindemann „den Umgang mit Stoffen und Vorgängen, die zur Befriedigung der Bedürfnisse eines Menschen dienen." Entsprechend der Maslow'schen Bedürfnishierarchie lassen sich eine „Reihe von chemischen Produkten und Vorgängen" nennen, mit denen jeder einzelne tagtäglich konfrontiert wird (z. B. Ernährung, Gesundheit, Kleidung, Hygiene, Luft, Wasser). Die Erfahrungen beim Umgang mit diesen chemischen Produkten und Vorgängen „gilt es, in chemisches Verständnis und chemische Kenntnis umzusetzen, ..." [38].
Folgende Kriterien bestimmen dieses Konzept [38]:

1. Die Basis des Chemieunterrichts ist immer ein chemisches Produkt aus dem Alltag.
2. Bei der Auswahl eines geeigneten chemischen Produktes orientiert man sich an der Entwicklung und den Lernweisen der Schüler.
3. Der Chemieunterricht mit dem Bezugsfeld Alltagschemie baut eine Fachstruktur auf. Dies gelingt, indem für die Erklärung der z. T. recht komplizierten Verbindungen und komplexen Vorgänge unterschiedliche Verständnisebenen – analog dem Spiralcurriculum – herangezogen und aufeinander aufbauend genutzt werden. Des weiteren werden naturwissenschaftliche Arbeitsweisen einbezogen.

Als Besonderheit darf gelten, dass die Komplexität, die Produkte aus dem Alltag in den meisten Fällen ausweisen, bewusst in den Unterricht hinein getragen werden soll und dass keine Vorselektierung stattfindet.

B Am Beispiel waschaktiver Substanzen [38, 39] wird verdeutlicht, dass Alltagschemie auf verschiedenen Verständnisebenen anzusiedeln ist. Auf der phänomenologischen Ebene steht das Bewusstmachen der Komponenten Schmutzstoff, der entfernt werden soll, waschaktiver Stoff und Wasser im Mittelpunkt. In der nächsten Ebene werden diesen Komponenten „Erklärungssymbole" zugeordnet. Es muss aber beachtet werden, dass das Betreten einer höheren Ebene stets die Wiederholung der letzten Ebene voraussetzt. In der dritten Ebene – dem Masse Modell – werden die Erklärungssymbole mit der chemischen Formelsprache konkretisiert.

Praxisorientierter Chemieunterricht nach *Lutz* und *Pfeifer*

Grundanliegen: Chemieunterricht ist praxisorientiert, wenn folgende drei Kriterien erfüllt werden:

1. Der Chemieunterricht ist wissenschaftsbezogen (fachlicher Kernbestand).
2. Der Chemieunterricht integriert Themen aus Alltag und Technik, die eine entsprechende Schülernähe und einen dem Entwicklungsstand der Schüler angemessenen Grad der Abstraktion besitzen (erfahrungs-/anwendungsbezogener Kernbestand).
3. Das Experiment nimmt die zentrale Rolle bei der unterrichtlichen Gestaltung ein.

Die „Auswahl und Anordnung der Unterrichtsinhalte" kann sowohl vonseiten des fachlichen Kernbestandes als auch vonseiten des erfahrungs-/anwendungsbezogenen Kernbestandes her erfolgen. Im Verlauf des Unterrichts wird dann dem jeweils anderen Kernbestand durch dessen Einbeziehung Rechnung getragen. Dadurch gelingt es, „chemische Begriffe, theoretische Zusammenhänge und Methoden fundiert zu erarbeiten" [40] und „in den Erfahrungshintergrund der Schüler" als authentische Erfahrung einzubetten.

Z Diese Verbindung zur Lebenswirklichkeit trägt dazu bei, dass der Schüler in einer besonderen Weise sinnerfassend lernt, denn (d. A.) er lernt das, worin er einen „Sinn sieht" [41].
Mit dem Ausdruck „praxisorientiert" wird selbstverständlich kein theorieferner, unreflektierter Unterricht oder gar volkstümliche Bildung alten Stils proklamiert [40].

B **Was ist Aspartam?** [42]
Der erfahrungsbezogene Kernbestand liefert den Unterrichtsinhalt, da Aspartam ein bekannter Süß-**Stoff**, beispielsweise in „Light"-Getränken, ist. Mithilfe von Experimenten lassen sich die **Struktur**elemente von Aspartam identifizieren. Dafür ist der fachliche Kernbestand (Aminosäuren, Peptidbindung, Dipeptid) unverzichtbar. Die Erklärung der **Eigenschaft** „süß" des Produktes Aspartam setzt Strukturkenntnisse voraus und verdeutlicht die Notwendigkeit der Leitlinie „Stoff-Struktur-Eigenschaften".
Das im Fall „Aspartam" orientierte Vorgehen ist analytisch (Trennung und Identifizierung der Bausteine eines Produktes, Bedeutung der Eigenschaften der Einzelkomponenten für das Gesamtprodukt), kann aber bei einem anderen Thema stärker synthetisch orientiert sein. Beispielsweise setzt die Herstellung eines „Geruchslöschers" Kenntnisse über Einzelkomponenten des Produktes und deren Funktion voraus. Erst dann ist eine schulgemäße vereinfachte „Synthese" möglich. Der Wirksamkeitstest ist die Nagelprobe für das selbst hergestellte Produkt. Dies ist vor allem für die Selbstbestätigung der Schüler als Basis für weitere Unternehmungen wichtig.

Chemie im Kontext nach *Parchmann*, *Ralle* und *Demuth*

Grundanliegen: Die Konzeption „Chemie im Kontext" hat ihre Wurzeln bei „Salters Chemistry Course" (GB) [43] und liefert „ein alternatives Gesamtkonzept" [44] für den Chemieunterricht. Es basiert auf den folgenden drei Leitlinien [44, 45]:

1. Kontextorientierung: Kontexte sind „aktuelle und lebensweltbezogene Fragestellungen" [44]. Im Besonderen müssen sie „einen im Vordergrund stehenden Umwelt- und Lebensweltbezug und /oder eine Forschungsrelevanz aufweisen, zur Vermittlung notwendiger fachsystematischer Inhalte dienen und mit schulischen Mitteln umsetzbar sein." [44] Die ausgewählten Kontexte – und nicht die Fachsystematik – bilden den Leitfaden für die curriculare Struktur von Chemieunterricht.
2. Curriculare Vernetzung: Die fachlichen Inhalte werden zum einen über die Kontexte und zum anderen über die Basiskonzepte (z. B. Ester ↔ Struktur-Eigenschaftskonzept; Beispiel: Duftstoffe; Blutzuckerregulation ↔ Gleichgewichtskonzept; Beispiel: biologische Fließgleichgewichte) miteinander verknüpft. Die gewünschte Vernetzung entsteht, da die Kontexte untereinander ebenfalls in Verbindung stehen.
3. Methodenvielfalt: Der Unterrichtsverlauf erfolgt in der Regel in „Lernzyklen", welche die Eigentätigkeit der Schüler erhöhen und die „Selbstverantwortung für das Lernen schulen" [44] sollen.

B Die Kursstruktur (11. Jahrgang/Niedersachsen) wird durch die Themen (Alkohol, Seifen und Waschmittel, Fette und Öle, Treibstoffe in der Entwicklung) bestimmt.
Die Kontextorientierung des Kursthemas „Alkohol" basiert auf verschiedenen „Kontext-Inhalten"

(Wein- und Bierherstellung, Verwendung von Alkohol, historische Experimente mit Alkohol, Unterschied Ethanol – Methanol, physiologische Wirkung von Alkohol). Die fachlichen Inhalte werden mit den Kontexten (z. B. alkoholische Gärung, Blutalkoholgehalt) und den Basiskonzepten (z. B. Eigenschaften von Ethanol → Erkenntnisse über den Stoff „Alkohol“, Elementaranalyse, Struktur-Eigenschafts-Beziehungen → Erkenntnisse über das Molekül Ethanol, homologe Reihe/ Nomenklatur) verknüpft, sodass eine curriculare Vernetzung erfolgt.

Alltagsorientierter Chemieunterricht nach *Just* und *Woest*

Grundanliegen: Themen aus dem Alltag bilden den „roten Faden“ durch einen bestimmten Abschnitt des Chemieunterrichtes (z. B. Sekundarstufe I; Grundkurs). Dabei sollen die „Erfahrungen mit der Chemie … in der Rückwirkung bzw. als Folge bewusst selbstgestalteter Handlungsprozesse gewonnen“ [46] werden. Denn im Vordergrund dieses Konzeptes stehen die Ausbildung von Schlüsselqualifikationen wie Handlungskompetenz, Kommunikations- und Kooperationsfähigkeit. Diese Zielsetzung erfordert, dass die Themen ihren „Schwerpunkt möglichst außerhalb der vorgeschriebenen Fachstruktur haben und vor allem das Freizeitverhalten oder den möglichen Berufsalltag der Schüler betreffen, sodass sich im günstigsten Fall auch Strategien für das eigene Verhalten (z. B. Umgang mit chemischen Produkten des Alltags) entwickeln können“ [47].
Die Vermittlung von chemischen Grundbegriffen und Prinzipien erfolgt an den Stellen, an denen sie als „sinnhaft empfunden werden“ [47]. Somit kann der Schüler ein „systematisierendes chemisches Grundwissen“ [48] erwerben.

B Mithilfe des wahldifferenzierten Chemieunterrichts (gekennzeichnet durch drei Phasen: orientierende Einführungsphase, Phase der arbeitsteiligen Gruppenarbeit „mit starker inhaltlicher Öffnung“ [48], Phase des Austauschs und der Systematisierung; vgl. Kap. 9) wird die Thematik „Lebensmittel und Ernährung“ (10. Klasse) bearbeitet. Nach einer orientierenden Einführungsphase arbeiten die Schüler in Gruppen. Für diese Phase der arbeitsteiligen Gruppenarbeit stehen den Schülern verschiedene Themen zur Auswahl (z. B. vegetarische Ernährung – Vollwertkost, Fastfood, Muntermacher (Cola & Co.), Schlankheitskuren – Diäten [48]), sodass eine starke inhaltliche Öffnung des Chemieunterrichtes erfolgt. Mit dem selbst gewählten Thema erarbeiten sich die Schüler notwendige Grundbegriffe (z. B. Nahrungsmittel als „Energiespender“ und als „Baustofflieferant“, Unterscheidung von Nährstoff und Zusatzstoff), indem sie beispielsweise vorhandene Materialien auswerten, sich selbstständig Informationen beschaffen, Experimente durchführen. In der abschließenden Phase des Austauschs und der Systematisierung erfolgt eine Bündelung der Ergebnisse der Gruppenarbeit.

8.4 Der Schüler im Vordergrund

Genetische Orientierung

Genetisch orientierte Konzeptionen sind Ausdruck eines reformpädagogischen Unterrichts vom Kinde aus. Sie gehen zurück auf die Grundgedanken **genetischen Lehrens** von **Dewey** (1915) und stützen sich auf Piagets Untersuchungen zur Entwicklung des Schülers und seiner Denkstrukturen. Bedeutsam sind in diesem Zusammenhang seine Entwicklungsstufentheorie, das Äquilibrationsmodell und seine These von der Parallelität des gesellschaftshistorischen und des individualhistorischen Begriffsbildungsverlaufs.

Genetische Konzeptionen stehen aber auch in Verbindung mit verfahrensorientierten Konzeptionen bezüglich der Ziel- und Mittelfunktion von Denk- und Arbeitsweisen im Unterricht, mit der Entwicklung von Denkstrukturen im Prozess ihrer Anwendung.
Bei **Wagenschein,** einem exponierten Vertreter genetischen Lehrens, findet sich aber auch das Bemühen um die Vereinigung mit einem Unterricht von der Sache aus. Er hat den Begriff und Verfahren eines **genetisch-exemplarischen Unterrichts** in den fünfziger und sechziger Jahren des 20. Jahrhunderts in die didaktische Diskussion eingeführt [49, 50]. Wagenschein charakterisiert sein Anliegen durch die Gegenüberstellung von zwei Wegen, die Kinder an die Physik heranzuführen. Diese sind auch auf die Chemie übertragbar:

Z Der erste wird vom Ende her geplant: von den Grundbegriffen und den mathematischen Strukturen der heutigen Physik und geht drauf aus, sie einleuchtend zu machen.
Den Anfang des zweiten sucht der Lehrende zu finden, indem er zusieht, wie aus unbeeinflussten jungen Kindern durch die Begegnung mit absonderlichen Naturphänomenen ursprüngliche Ansätze physikalischen Verstehens herausgefordert werden [51].

An anderer Stelle unterstreicht er nochmals: „Zum Verstehen gehört: Stehen auf den Phänomenen" [51].
Das Anliegen genetischen Unterrichts ist, dem Schüler Zeit zu lassen, seiner Entwicklung Rechnung zu tragen und nicht fertiges Wissen mitzuteilen. Wagenschein wendet sich ausdrücklich gegen eine zu frühe Einführung fertiger, oft nicht zu verstehender Theorie. Damit steht genetischer Unterricht sog. „modernen" wissenschaftsorientierten Lehrgängen gegenüber, bei denen die Gefahr, Theorie zu früh einzuführen, besonders groß ist. Dieses Problem wird freilich auch von Vertretern fachwissenschaftlich orientierter Lehrgänge gesehen. Wagenschein kleidet diese Anliegen in die Forderung nach Verstehen des Einsehbaren statt Missverständnis des Unverstehbaren.
Als **Qualitäten genetischen Lehrens** hebt Wagenschein hervor:

- das Bemühen um die „Einwurzelung",
- das produktive Suchen, Finden und kritische Prüfen,
- das Gebrauchmachen von der angeborenen Denk- und Lernlust des Kindes.

Und als **Regeln für genetischen Unterricht** gelten:

- erst etwas Erstaunliches, Problematisches ..., dann in produktivem Denken Gewohntes erkennen lassen,
- erst das Naturphänomen, dann das Laborphänomen,
- erst qualitativ, dann quantitativ,
- erst das Phänomen, dann die Theorie und die Modellvorstellung,
- erst die Entdeckung, dann die Erfindung,
- erst den Einzelfall als Einzelfall, dann nach allgemeinen Regeln,
- erst die Muttersprache, dann die Fachsprache (und wieder zurück),
- erst die Langsamen, dann die Schnellen.

Der genetische Ansatz ist insbesondere bei Wagenschein mit dem **exemplarischen Ansatz** verknüpft. Dem exemplarischen Ansatz liegt die Zielvorstellung zugrunde, durch das Lernen die Schülerinnen und Schüler zu Selbstständigkeit, zu kritischer Erkenntnis-, Urteils- und Handlungsfähigkeit zu erziehen und sie zum selbstständigen Weiterlernen anzuregen. Dieser Ansatz richtet sich **gegen Stofffülle** von Lehrplänen und Curricula. **Klafki formuliert** den Grundgedanken des Ansatzes wie folgt:

Z Bildendes Lernen, das die Selbstständigkeit des Lernenden fördert, also zu weiter wirkenden Erkenntnissen, Fähigkeiten, Einstellungen führt, wird nicht durch reproduktive Übernahme von Einzelkenntnissen und Fertigkeiten gewonnen, sondern dadurch, dass sich der Lernende an einer begrenzten Zahl von ausgewählten, repräsentativen Beispielen (Exempeln) aktiv allgemeine Erkenntnisse, Fähigkeiten, Einstellungen, mit anderen Worten: das jeweils Wesentliche, Strukturelle, Typische, Grundlegende, Prinzipielle eines Problembereiches, erarbeitet. Mithilfe solcher allgemeinen („kategorialen") Einsichten und Fähigkeiten werden dann jeweils Gruppen strukturgleicher oder ähnlich strukturierter Einzelphänomene und -probleme zugänglich bzw. lösbar. [52]

(Zum Problem des „exemplarischen Prinzips" bei der Auswahl von Unterrichtsstoff vgl. auch Kapitel 9).

L

[1] Glöckel, H.: Vom Unterricht. Klinkhardt, Bad Heilbrunn 1992, S. 311–312.
[2] Meyer, H.: UnterrichtsMethoden. Band I: Theorieband. Scriptor Verlag, Frankfurt/M. 1987, S. 208.
[3] Becker, H.-J.: Konzeptionen zum Chemieunterricht – Bestandsaufnahme und Perspektive. In: PdN-Chemie 36 (1987) 5, S. 33–38 und 6, S. 41–44.
[4] Nuffield-Chemie Unterrichtsmodelle. Grundkurs Stufe 1, Grundkurs Stufe 2 Teil I und II. Heidelberg 1974 und 1978/1981.
[5] IPN-Lehrgang „Stoffe und Stoffumbildungen". Teil 1, Teil 2 und Teil 3. Stuttgart 1979, 1982 und 1988.
[6] Meyer, M. A., Schmidt, R. [Hrsg.]: Schülermitbeteiligung im Fachunterricht. Hamburg und Halle 1999.
[7] Arendt, R.: Lehrbuch der anorganischen Chemie nach den neuesten Ansichten der Wissenschaft auf rein experimenteller Grundlage für höhere Lehranstalten und zum Selbstunterricht. Leipzig 1868.

[8] Wilbrand, F.: Leitfaden für den methodischen Unterricht in der Chemie. Hildesheim 1899.
[9] Keune, H.: Grundriss der allgemeinen Methodik des Chemieunterrichts. Berlin 1963.
[10] Lehrpläne der Realschulen/Chemie Jahrgangsstufen 9 und 10. Amtsblatt der Bayerischen Staatsministerien für Unterricht und Kultus und Wissenschaft und Kunst 1988, Sondernummer 9.
[11] Lehrplan Gymnasium Chemie. Baden-Württemberg 1984.
[12] Vorläufiger Rahmenplan für Unterricht und Erziehung in der Berliner Schule. Gymnasiale Oberstufe. Chemie 1984.
[13] Christen, H. R.: Chemie auf dem Weg in die Zukunft. Frankfurt/Main 1988.
[14] Grosser, C. G.: Strukturorientierter Chemieunterricht von Anfang an. In: NiU-Physik/Chemie 33 (1985) 5, S. 134–138.
[15] Bauer, H.: Kristallographische und kristallchemische Betrachtungen als Ausgangspunkt für den Chemieunterricht. In: Dahncke, H. [Hrsg.]: Zur Didaktik der Physik und Chemie. Hannover 1975.
[16] Barke, H.-D.: Die Unverzichtbarkeit der Strukturmodelle für das Verständnis der chemischen Reaktion. In: PdN-Chemie 29 (1980) S. 372ff.
[17] Institut für Entwicklungsplanung und Strukturforschung GmbH an der Universität Hannover. CHEMS, Chemie für Studienanfänger 1987.
[18] Chemical Education Material Study: Chemistry – an experimental science. University of California 1963.
[19] Stork, H.: Zwei wichtige Aufgaben für die chemiedidaktische Forschung und Entwicklung in den Jahren der nahen Zukunft. Naturwissenschaft und Unterricht – Didaktik im Gespräch. Band 4. Essen 1989, S. 65.
[20] Schmidkunz, H.: Anforderungen an den Chemieunterricht der nahen Zukunft. Ebenda S. 57.
[21] Bruner, J. S.: Der Prozess der Erziehung. Berlin 1980.
[22] Bruner, J. S.: Die Wichtigkeit der Struktur. In: Tütken, H., Spreckelsen, L. [Hrsg.]: Naturwissenschaftlicher Unterricht in der Grundschule. Band 1. Frankfurt/Main 1970, S. 67–70.
[23] Spreckelsen, L.: Strukturorientierung in der Didaktik des physikalischen Lernbereichs. In: Bauer, H. F., Köhnlein, W. [Hrsg.]: Problemfeld Natur und Technik. Klinkhardt, Bad Heilbrunn 1984, S. 100–104.
[24] Bauer, H., Grosser, C. G. [Hrsg.]: Strukturorientierter Chemieunterricht (Themenheft). NiU-Physik/Chemie 33 (1985) 5.
[25] Lehrplan Chemie Klassen 7 bis 10. Berlin 1988.
[26] Chemie Lehrplan für die Klasse 8. Berlin 1988.
[27] Jansen, W.: Zur Begründung eines problemorientierten strukturierten naturwissenschaftlichen Unterrichts. In: NiU-Physik/Chemie 29 (1981) 1, S. 20–24.
[28] Fries, E., Rosenberger, R.: Forschender Unterricht. Diesterweg, Frankfurt/Main 1981.
[29] Schmidkunz, H., Lindemann, H.: Das forschend-entwickelnde Unterrichtsverfahren – Problemlösen im naturwissenschaftlichen Unterricht. München 1981.
[30] Tütken, H. (Projektleiter, Arbeitsgruppe für Unterrichtsforschung, Göttingen): Weg in die Naturwissenschaft. In: Bauer, H. F., Köhnlein, W. [Hrsg.] siehe [23], S. 105–113.
[31] Fiedler, E., Schulze, E.: Selbstständiges Experimentieren der Schüler – Wunsch oder Wirklichkeit. In: ChiS 29 (1982) 10, S. 401.
[32] Diskussion „Im Blickpunkt“. In: ChiS 1982–1986.
[33] GDCh, Fachgruppe Chemieunterricht: Denkschrift zur Lehrerbildung für den Chemieunterricht auf der Sekundarstufe II. Frankfurt/Main 1992, S. 3.
[34] MNU–Schriftenreihe: Empfehlungen zur Gestaltung von Chemielehrplänen. Heft 43. 1989, S. 11; MNU: Herausforderungen an einen zeitgemäßen Chemieunterricht. Dümmlers Verlag, Bonn 1994 (Beilage zur Zeitschrift).
[35] Chemie in sinnstiftenden Konzeptionen. PdN-Chemie 50 (2001) Heft 1.
[36] Becker, H.-J.: „Eiweiß in der Milch“ – Ein Verbraucherdialog mit Bezug zum Unterricht. In: NiU-Chemie 7 (1996) 33, S. 26ff.
[37] Becker, H.-J.: Verbraucherdialoge im Chemieunterricht – Beispiel „Formaldehyd in Kosmetika“. In: Chimica didactica 18 (1992) 2, S. 129ff.
[38] Lindemann, H., Brinkmann, U.: Alltagschemie – als Orientierungshilfe zur Gestaltung von Chemieunterricht. In: NiU-Chemie 5 (1994) 24, S. 29ff.
[39] Lindemann, H.: Einführung in die Didaktik der Chemie. Staccato Verlag, Düsseldorf 1999.
[40] Pfeifer, P.: Praxisorientierter Chemieunterricht – konkret. In: NiU-Chemie 7 (1996) 31, S. 4ff. Konzeption hat ihren Ursprung in der Veröffentlichung: Lutz, B., Pfeifer, P.: Chemie in Alltag und Chemieunterricht – Gegensatz oder Chance für ein besseres Chemieverständnis? In: MNU 42 (1989) 5, S. 281–290.
[41] Pfeifer, P.: Chemie des Alltags – Ein Zugang zu besserem Chemieverständnis? In: Maier, H.: Naturwissenschaft – Schüler – Unterricht. Beiträge zur Didaktik der Biologie, der Chemie und der Physik. Universitätsverlag Brockmeyer, Bochum 1992.
[42] Lutz, B., Pfeifer, P.: Aspartam – ein interessanter Zuckerersatzstoff – Vorschläge zur Analytik in der Schule. In: NiU–Physik/Chemie 37 (1989) 48, S. 16–20.
[43] Burton, W. G. et al.: Salters Advanced Chemistry. In: Journal of Chemical Education 72 (1995) 3, S. 227ff.
[44] Huntemann, H., Paschmann, A., Parchmann, I., Ralle, B.: Chemie im Kontext – ein neues

Konzept für den Chemieunterricht. In: ChemKon 6 (1999) 4, S. 191 ff.
[45] Chemie im Kontext. Eine Konzeption zum Aufbau und zur Aktivierung fachsystematischer Strukturen in lebensweltorientierten Fragestellungen. In: MNU 53 (2000), 3, S. 132–137.
[46] Woest, V.: Organische Stoffe des Alltags – Alltagsorientierter Unterricht in Chemiekursen. In: NiU-Chemie 8 (1997) 37, S. 28 ff.
[47] Woest, V.: Den Chemieunterricht neu denken. Leuchtturm-Verlag, Alsbach/Bergstraße 1997.
[48] Behrendt, J., Just, E. et al.: Alltagsorientierter Chemieunterricht – erprobter Unterricht in der Sekundarstufe I. In: NiU-Chemie 8 (1997) 37, S. 9 ff.
[49] Wagenschein, M.: Naturphänomene sehen und verstehen. Genetische Lehrgänge. Klett, Stuttgart 1980.
[50] Köhnlein, W.: Zur Konzeption eines genetischen, naturwissenschaftlich bezogenen Sachunterrichts. In: Bauer, H. F., Köhnlein, W. [Hrsg.]: Problemfeld Natur und Technik. Klinkhardt, Bad Heilbrunn 1984, S. 193–215.
[51] Wagenschein, M.: Verstehen lehren. Genetisch, sokratisch, exemplarisch. Beltz, Weinheim 1975.
[52] Klafki, W.: Exemplarischer Ansatz. In: Neue Sammlung 26 (1986) 4, S. 593–594.
[53] Dierks, W.: Anmerkungen zu den pädagogischen Absichten des Lehrgangs „Stoffe und Stoffumbildungen“ und dessen Umsetzung im Unterricht. Aus: 3. Lehrgangsteil, Einführung. Stuttgart 1988.

9. Prinzipien der Stoffauswahl und -anordnung – Überblick

Chemieunterricht soll lernzielorientiert, wissenschaftlich und trotzdem fasslich, anschaulich, theoretisch und praktisch zugleich, systematisch und trotzdem fachübergreifend sein – und das unter Mitbeteiligung der Schüler. Für das Erreichen dieses Zieles ist das Beachten der didaktischen Prinzipien für die Stoffauswahl und -anordnung unerlässlich. Das folgende Kapitel vermittelt Inhalte der didaktischen Prinzipien, die zurecht auch als Grundsätze für die Planung und Gestaltung von (Chemie-) Unterricht bezeichnet werden.

9.1 Begriffsbestimmung

Die Auswahl und die Anordnung des Unterrichtsstoffes sind wichtige Bestandteile der Unterrichtsplanung. Während mit der Auswahl der „Umfang“ des Unterrichtsstoffes (im Sinne von: was wird Unterrichtsstoff und mit welcher Intensität) festgelegt wird, bestimmt die Anordnung des Unterrichtsstoffes die Abfolge/die Reihenfolge.

Bei der Stoffauswahl und -anordnung müssen insbesondere berücksichtigt werden:
- gesellschaftliche Absichten (Bildungs- und Erziehungsziele des Unterrichts),
- entwicklungspsychologisch bedingte Voraussetzungen der Schüler,
- Gesetzmäßigkeiten des Unterrichtsprozesses (als Lehr- und Lernprozess) und
- die geplante Konzeption des Unterrichts. [1, 2, 3, 4]

Die Stoffauswahl und -anordnung wird durch die **didaktischen Prinzipien** geleitet. Diese sind in allen Unterrichtsdisziplinen für die drei Ebenen der Unterrichtsplanung zu beachten:
- Ausarbeitung von Lehrplänen, Rahmenrichtlinien, Curricula,
- Planung von Teillehrgängen oder größeren Unterrichtsabschnitten und
- Vorbereitung einzelner Unterrichtsstunden.

Die Klassifikation und die Rangfolge der didaktischen Prinzipien sind Gegenstand anhaltender Diskussionen unter Vertretern der allgemeinen Didaktik [5, 6]. Für die Planung und Gestaltung des Chemieunterrichts hat sich die Beachtung der folgenden Grundsätze bewährt:
- Prinzip der Lernzielorientierung,
- Prinzip der Wissenschaftlichkeit und Prinzip der Fasslichkeit,
- Prinzip der Anschauung,
- Prinzip der Verbindung von Theorie und Praxis,
- Prinzip der Systematik und der fachübergreifenden Koordinierung sowie
- Prinzip der Schülermitbeteiligung.

Auswahl und Anordnung des Unterrichtsstoffes erfordern, die genannten Prinzipien als bestimmende Faktoren anzuwenden. Es sollten andere, ebenfalls mitbestimmende und begrenzende Faktoren einbezogen werden, die sich aus Schulstrukturen und schulorganisatorischen Bedingungen (Schultyp, Jahrgangsstufe, Fächerkanon, Stundentafel usw.) ergeben.

Aufgrund der Komplexität des Unterrichtsprozesses und seiner Gesetzmäßigkeiten sind auch die Prinzipien für seine Planung und Gestaltung komplex anzuwenden. Sie gleichen in ihrer Gesamtheit einem System, welches nicht ohne negative Folgen – in voneinander isolierte Elemente und ohne Beachtung der Relationen zwischen ihnen – zerlegt werden darf. Besonders deutlich wird dieser Zusammenhang zwischen dem Prinzip der Wissenschaftlichkeit und dem Prinzip der Fasslichkeit, die ihre Vereinigung im Problem der **didaktischen Reduktion** (Elementarisierung – siehe Kap. 10) erfahren.

9.2 Prinzip der Lernzielorientierung

Die **Lernzielorientierung** kann als erstes und bedeutsamstes Prinzip für die Auswahl und Anordnung des Unterrichtsstoffes bezeichnet werden. Dabei wird vorausgesetzt, dass die Lernziele unter Beachtung entsprechender Gesetzmäßigkeiten und Bedingungen des Lehr- und Lernprozesses fixiert und praktisch erreichbar sind.
Beispiele bieten die Lehrpläne und Rahmenrichtlinien der einzelnen Bundesländer [7]. Allgemeine fachbezogene und konkrete Lernziele für den Chemieunterricht sind abgeleitet aus Richtlinien für den Unterricht der Schulform und Jahrgangsstufe und in Lehrplänen, Rahmenrichtlinien oder Curricula fixiert. Sie sind für die Auswahl und z. T. auch für die Anordnung des Unterrichtsstoffes bestimmend.
Je nach Art der Formulierung können sie den Spielraum für die Auswahl aber auch den für die Zuordnung von Unterrichtsstoff durch die zentrale Vorplanung einengen. Diese Tendenz wird zunehmend durchbrochen. Die Curricula werden deutlich freier formuliert und lassen dem Lehrenden beachtliche **Freiräume**. Richtzeiten für das Erreichen festgelegter Lernziele stellen begrenzende Faktoren für den Umfang auszuwählenden Stoffes dar.

9.3 Prinzip der Wissenschaftlichkeit und Prinzip der Fasslichkeit

Die **Forderung nach Wissenschaftlichkeit** des Unterrichts ergibt sich aus der Zielstellung, Schüler mit einer Auswahl aktuellen Wissens der Menschheit bekannt zu machen. Des Weiteren sollen sie befähigt werden, dieses Wissen als Grundlage ihres Handelns und für das Weiterlernen zu nutzen. Die Forderung nach Wissenschaftlichkeit berücksichtigt die pädagogische Erkenntnis, dass Umlernen schwieriger ist als Neulernen (vgl. Kap. 7.5).
Im Hinblick auf Auswahl und Anordnung des Unterrichtsstoffes wird vielfach auch der Begriff **Wissenschaftsorientierung** verwendet. Das heißt jedoch nicht, dass eine Unterrichtskonzeption ausschließlich am aktuellen System der Wissenschaft Chemie orientiert sein müsse. Oder anders ausgedrückt: Dem didaktischen Prinzip der Wissenschaftsorientierung wäre nicht entsprochen, würde die Systematik der Fachwissenschaft Chemie in verringertem Umfang im Schulunterricht „abgebildet" werden. Auf diese Weise würden die Antworten zu vorgegebenen Fragestellungen nur eintrainiert („gepaukt").
Vielmehr sollen die **Schülerinnen und Schüler an ausgewählten Beispielen (exemplarisches Prinzip)**, wenn möglich ausgehend von Alltagserfahrungen, in grundlegende Wissensstrukturen, Denk- und Arbeitsweisen der Fachwissenschaft Chemie eingeführt werden.

Mit der Bedeutung des exemplarischen Prinzips für den Chemieunterricht setzt sich Freise auseinander. Sie betont, dass **in der Chemie das Einzelne nicht „Exemplum", also nicht „Spiegel des Ganzen"** sein könne, wie es Wagenschein an Beispielen aus der Physik zeigt [8].
Diese den Chemieunterricht betreffenden Einwände machen deutlich, dass die Reichweite der vom Exemplum abgeleiteten Aussagen zu beachten ist. Es gilt also darüber nachzudenken, wofür der Einzelfall überhaupt exemplarisch sein kann.
Möglichkeiten exemplarischen Unterrichtens lassen sich nicht nur für den einführenden Chemieunterricht finden.

B
- Reaktionstypen (je nach Systematisierungskriterium),
- Verbrennungsvorgänge an der Luft,
- Salzbegriff (Einschränkung: Natriumchlorid ist exemplarisch für Salze mit flächenzentriertem Ionengitter!),
- Amphoterie am Beispiel des Aluminiumhydroxids.

Schwieriger wird es, wenn das eine Substanzklasse Kennzeichnende gerade für den ersten, einfachsten, bekanntesten „Vertreter" nicht in dem Maße zutrifft, wie es für die gesamte Gruppe erwartet wird.

B
- Der Unterschied zwischen dem 1. und dem nachfolgenden Hauptgruppenelement (Schrägbeziehung, Doppelbindungsregel),
- die homologe Reihe der Monocarbonsäuren (Ameisensäure!).

Schließlich gibt es auch Substanzklassen (z. B. die Oxide der Alkalimetalle), die sich kaum für exemplarischen Unterricht eignen.

Das Prinzip der Wissenschaftsorientierung garantiert, dass der ausgewählte Unterrichtsstoff **dem (aktuellen) Erkenntnisstand nicht widerspricht.** Eine spätere Korrektur der erworbenen Kenntnisse (im Sinne einer Umstrukturierung) sollte möglichst vermieden werden. Klassische Beispiele für solche Themengebiete sind der Oxidationsbegriff und die Säure-Base-Theorien. Der Oxidationsbegriff wird zunächst meist als Reaktion mit Sauerstoff definiert. Im weiteren Verlauf erfolgt eine Erweiterung des Begriffes. Die Stoffklassen Säure – Base – Salze wird in einigen Bundesländern noch mit der Theorie von Arrhenius erklärt. Erst zu einem späteren Zeitpunkt tritt die Theorie von Brönsted an diese Stelle. Damit die Erweiterung nicht als Umlernen – im Sinne von „vorher war alles falsch“ – verstanden wird, muss den Schülern die historische Entwicklung verdeutlicht werden. Denn sowohl der Oxidationsbegriff als auch die Säure-Base-Theorien waren nicht immer auf dem heutigen Erkenntnisstand. Insofern könnte man hier von einem über mehrere Chemielehrgänge verteilten, historisch-genetischen Vorgehen sprechen.

Das **Prinzip der Fasslichkeit** ist Ausdruck pädagogischer und psychologischer Erfahrung und spiegelt die Erkenntnis wider, dass sich der lernende Schüler entwickelt und seinem individuellen Entwicklungsstand Rechnung getragen werden muss. Das schließt ein, dass der Unterrichtsstoff für den Schüler mit angemessener Anstrengung unter Einsatz seiner Fähigkeiten erfassbar sein muss, sodass auch durch Arbeit an der Leistungsgrenze des Schülers seine Entwicklung gefördert wird (Zonen der Entwicklung/Wygotski). Die Beachtung des Prinzips der Fasslichkeit soll dazu beitragen, sowohl Über- als auch Unterforderung der Schüler zu vermeiden.

Die Orientierung an der Genesis der Schüler kann nur auf statistischen Einschätzungen beruhen, die umso treffender sind, je homogener die Gruppe hinsichtlich der Entwicklung ihrer Mitglieder ist (vgl. Kap. 7.4). In der Praxis ist jedoch die Heterogenität – vor allem in der Mittelstufe – eher die Regel. Während einige Schüler bereits abstrakt denken können, sind viele Schüler noch der konkret-operationalen Denkweise verbunden. Da Chemieunterricht die Abstraktion von den Phänomenen erfordert, ist insbesondere im Anfangsunterricht der Grad der Befähigung der Schüler zu formalen Denkoperationen von Bedeutung. Überforderungen, die zu Frustrationen führen, haben in der Regel eine negative Einstellung der Schülerinnen und Schüler zum Chemieunterricht zur Folge, die sich nicht oder nur sehr schwer korrigieren lässt.

Bei der Auswahl und Anordnung des Unterrichtsstoffes kann dem Prinzip der Fasslichkeit erst Rechnung getragen werden, wenn eine möglichst genaue Kenntnis der Erfahrungswelt des Schülers, seiner **Vorstellungen** und seines Vorstellungsvermögens vorhanden ist (vgl. Kap. 7.7). Nur das Berücksichtigen von Schülervorstellungen [9] kann gewährleisten, dass der Unterrichtsstoff für die Schüler fassbar ist. Eng mit dem Prinzip der Fasslichkeit ist die Zugänglichkeit und Verständlichkeit von Unterrichtsinhalten verbunden. Zugänglichkeit hängt zunächst davon ab, inwieweit der Lerngegenstand in den Interessenhorizont der Lernenden gebracht und verständlich gemacht werden kann (vgl. Erschließungsbereiche).

Für die einzelnen didaktischen Prinzipien gibt es jeweils eine Reihe didaktischer Regeln. Diese sind konkreter als die didaktischen Prinzipien und sollen dem Lehrer Hinweise für die Umsetzung der didaktischen Prinzipien geben. Am Beispiel des didaktischen Prinzips der Fasslichkeit soll dies mit einigen ausgewählten didaktischen Regeln verdeutlicht werden [10].

– **Vom Bekannten zum Neuen [Unbekannten].** Diese didaktische Regel beinhaltet zum einen das Sichern des Bekannten als solide Basis für das Voranschreiten zum Neuen und zum anderen das Verankern des Neuen im Bekannten. Damit entsteht eine enge Beziehung zum Prinzip der Systematik und Planmäßigkeit.

  Wenn Bekanntes als Ausgangspunkt der Erkenntnis gewählt werden soll, dann wird man auf Bekanntes aus dem Alltag und der Umwelt des Schülers zurückgreifen. Zahlreiche Erscheinungen aus dem Alltag (z. B. Rosten von Eisen, Verbrennungsvorgänge ...) „entpuppen" sich als chemische Vorgänge, an denen das chemische Grundwissen (= Unbekanntes) vermittelt werden kann [11].

- **Vom räumlich und zeitlich Nahen zum Fernen.** Diese Regel zielt in besonderem Maße auf die Erfahrungswelt des Schülers und seine Interessenlage. So ist beispielsweise für Bitterfelder Schüler das Füllen des ersten Luftschiffes mit Wasserstoff aus Bitterfeld und die Katastrophe der PARCIVAL in Bitterfeld „näher liegend" als die allgemein in Lehrbüchern berücksichtigte Katastrophe von Lakehurst. Analoges gilt z. B. für die Behandlung von Umweltproblemen.
- **Vom Einfachen zum Komplizierten.** Der Grad der Kompliziertheit einer Sache, ihre Komplexität, hängt mit der Anzahl der Elemente und ihren Relationen zusammen, die erfasst werden müssen. Für die Aneignung von **Methoden- und Verfahrenskenntnissen** und ihre Anwendung kommt es beispielsweise darauf an, zunächst die elementaren Handlungen zu erlernen und sie nach und nach zu komplexeren Handlungen zu vereinen. Deutlich wird dieses Vorgehen beim Erlernen der chemischen Zeichensprache und des stöchiometrischen Rechnens [12]. So ist es wenig sinnvoll, das Aufstellen von Reaktionsgleichungen vermitteln zu wollen, wenn die Schüler das Ermitteln der Formeln und die Bedeutung von Indizes und Faktoren nicht beherrschen [13]. Andere Beispiele sind das selbstständige Darstellen und Auffangen eines Gases, das aus einer Festsubstanz und einer Flüssigkeit dargestellt werden soll, oder das Identifizieren einer unbekannten Substanz. Beiden Aufgaben müssen entsprechende einfachere Aufgabenstellungen zu Teilhandlungen vorausgehen.
- **Vom Leichten zum Schwierigen.** Neben dem objektiv Komplizierten sind subjektiv bedingte Schwierigkeiten der Schüler zu beachten. So kann eine objektiv einfache Aufgabe für einen Schüler schwierig zu lösen sein, weil sie räumliches Vorstellungsvermögen erfordert, das bei ihm noch ungenügend entwickelt ist. Diese Erscheinung ist im Chemieanfangsunterricht nicht selten anzutreffen. Für andere Schüler kann dagegen selbst eine objektiv komplizierte Aufgabe leicht erscheinen, weil sie intuitiv das Kernproblem erfassen. Für den Chemieunterricht kann pauschal gelten, dass für Schüler die Schwierigkeiten in folgender Abstufung wachsen:
  - Erfassen und Beschreiben der Phänomene
  - Erklären beobachteter Phänomene
  - Voraussagen noch nicht beobachteter Phänomene. Am Beispiel „Hauptbestandteile von Emulsionen" (Abb. 179.1) kann dies ausgehend von der Beobachtung über die Auswertung zur Deutung auf molekularer Ebene gezeigt werden.
- **Vom Konkreten zum Abstrakten.** Diese didaktische Regel ergibt sich direkt aus der didaktischen Regel „Vom Leichten zum Schwierigen". Eine Ursache für die Unbeliebtheit von Chemieunterricht liegt nachgewiesenermaßen im mangelnden Verständnis für theoretische Grundkonzepte. Dies wird hervorgerufen durch Behandlung der Theorie zu einem Zeitpunkt, zu dem sie – beispielsweise aufgrund fehlender entwicklungspsychologisch bedingter Voraussetzungen bei den Schülern – noch nicht verstanden werden kann. Deshalb darf es im Chemieunterricht keine Anhäufung von Theorie in einem Lehrgang geben. Theoretische Hintergründe dürfen nur vermittelt werden, wenn es das Bemühen um tiefer gehendes Verständnis im Unterricht erfordert und die Schüler dies verstehen können.

Die Beachtung des Prinzips der Fasslichkeit ist schließlich auch der Grund für nichtlineare Lehrgänge, bei denen in Etappen von den Phänomenen ausgehend immer tiefer in die theoretischen Erklärungen eingedrungen wird.

B **Die Linienführung zum Bau der Stoffe** (s. Abb. 172.1):
- Kontinuumsbetrachtung;
- Diskontinuumsbetrachtung mit undifferenziertem Teilchenmodell;
- Diskontinuumsbetrachtung mit differenziertem Teilchenmodell.

Die Linienführung zur chemischen Reaktion
- Phänomene der Stoffumwandlung;
- Phänomene der mit der Stoffumwandlung verbundenen Energieumwandlung;

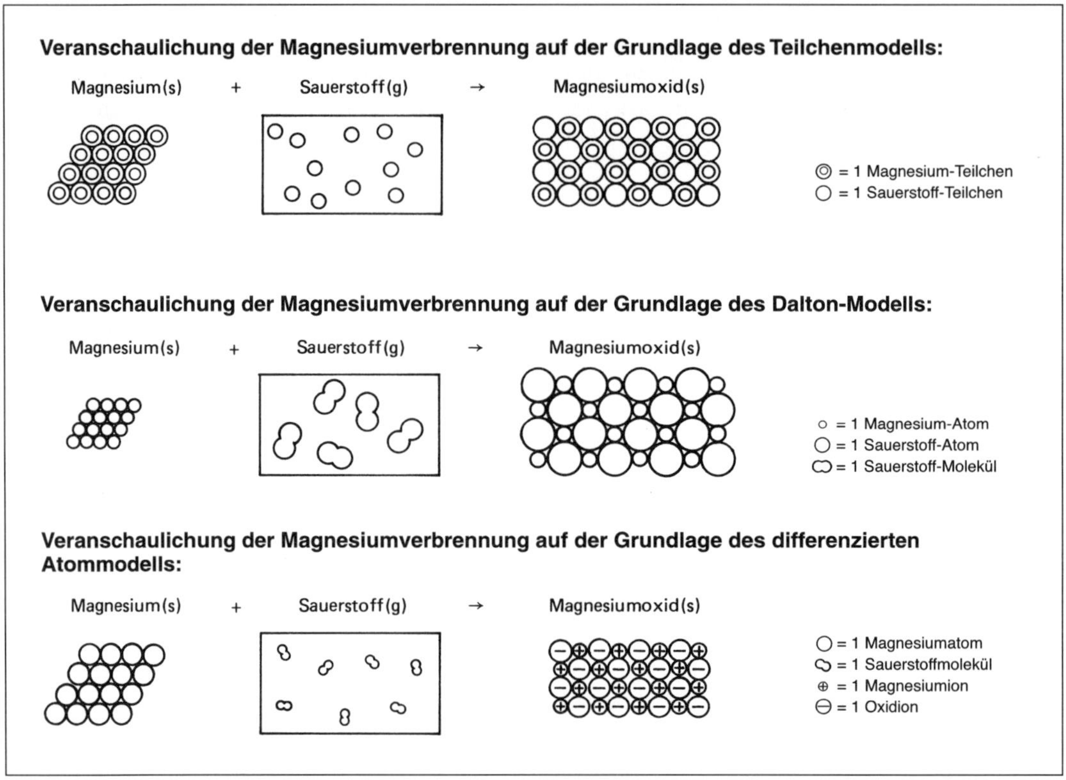

Abb. 172.1: Deutung der Magnesiumverbrennung an der Luft aus Sicht unterschiedlicher Teilchenmodelle [14]

- Umordnung der Teilchen bei Stoffumwandlungen (undifferenziertes Teilchenmodell);
- Umordnung von Elementarteilchen bei Stoffumwandlungen (Elektronenübergänge, Protonenübergänge); die Behandlung von Säure-Base-Reaktionen;
- Phänomene saurer und basischer Lösungen im Einführungsunterricht;
- Phänomene der Bildung saurer und basischer Lösungen und modellgestützte Erklärungen mit Vorgängen im Bereich der reagierenden Teilchen in der Sekundarstufe I;
- Erklärung der Phänomene mit der Säure-Base-Theorie von Brönsted und Lowry in der Sekundarstufe II [15].

Zusammenfassend lässt sich feststellen, dass ein Lehrstoff für die Schüler nur zugänglich und verständlich wird, wenn folgende Bedingungen angemessen berücksichtigt sind [10]:
- die Vorbereitung, d. h. der jeweilige Lernstand der Schüler,
- ihr Entwicklungsniveau im Sinne der Entwicklungspsychologie,
- die Unterrichtsmethoden und der Aufbau des Lehrgangs,
- die Medien und Anschauungsmittel, die eine bewusste Aneignung des Stoffes fördern.

Bemühungen, das Prinzip der Fasslichkeit zu beachten, geraten leicht in Widerspruch zum Prinzip der Wissenschaftlichkeit, wenn der Versuch einer **didaktischen Reduktion** vorgenommen und dabei unzulässig vorgegangen wird [15]. Verständlichkeit sichern und gleichzeitig nicht dem aktuellen Stand der Wissenschaft zu widersprechen ist oft eine didaktische Gratwanderung. Diese Aufgabe wird lösbar, wenn erstens die betreffenden Sachverhalte oder Begriffe mit treffenden Worten benannt werden und zweitens diese Sachverhalte oder Begriffe als Systeme gesehen werden, die aus Elementen (Merkmalen) und Relationen bestehen (vgl. Kap. 10).

9.4 Prinzip der Anschauung

Pestalozzi bezeichnete die Anschauung als das absolute Fundament aller Erkenntnis. Anschaulichkeit bezeichnet nicht nur die sinnliche, schon gar nicht nur die optische Anschaulichkeit, sondern auch Anschaulichkeit aufgrund von Schülervorstellungen. In Letzteren findet sich auch der pädagogisch bedeutsame Ansatz für die Entwicklung von Fantasie, für das Finden von Ideen zum Lösen von Problemen wieder. Insofern ist es nicht verwunderlich, dass dieses Prinzip in engem Zusammenhang mit dem der Fasslichkeit steht.

Das Prinzip der Anschauung wird **auch** als **Prinzip der Verbindung von Konkretem und Abstraktem** bezeichnet. Letztere Bezeichnung lässt sich mit dem Erkenntnisprozess des Schülers begründen, der von der sinnlich-konkreten Anschauung über Abstraktionen und Konkretisierungen zum Wissen führt.

Die Forderung nach Anschaulichkeit des Chemieunterrichts verbietet es geradezu, Unterrichtsstoff aufzunehmen, der dem Schüler weder in seiner Erfahrungswelt zugänglich ist noch durch Hilfsmittel im Unterricht veranschaulicht werden kann (vgl. Kap. 13).

Wenngleich aus pädagogischer Sicht die **Anschauung** als **Fundament der Erkenntnis** gilt, darf man sich **nicht** zu dem Schluss verleiten lassen, dass **jeder Gegenstand**, jeder Zusammenhang auch **bildlich dargestellt** werden könne oder müsse (Anschauungsunterricht!). Man würde dabei nicht berücksichtigen, dass **die Anschauung sowohl sinnliche als auch abstrakte Elemente umfasst**. Die Sinneseindrücke, die der Schüler bei der Beobachtung von Erscheinungen und Vorgängen erhält, sei es in der Natur oder am Experiment, lassen in den meisten Fällen keinen unmittelbaren Schluss zu auf die Vorgänge im Bereich des Submikroskopischen und auf die Gesetzmäßigkeiten, die diesen Vorgängen zugrunde liegen. Der Abstraktionsweg von Einzelbeobachtungen und Messungen zu den Gesetzmäßigkeiten kann nicht lückenlos durch Anschauung im eigentlichen Sinn unterstützt werden; zu veranschaulichen sind höchstens Teilergebnisse und ihre Zusammenhänge, z. B. durch Diagramme [13].

B Beispiele für die Themen „Wertigkeit" – Atom- und Bindungsmodelle – Gesetzmäßigkeiten bei chemischen Reaktionen im einführenden Chemieunterricht:

- Prinzipiell gilt für das Bemühen um Anschaulichkeit bei diesen Themen: Keine „Häkchen-Ösen-Anschaulichkeit", sondern den Charakter einer Denkhilfe betonen!
- Anschaulichkeit kann für die Formel (MgO) durch Demonstration des MgO-Gitters mit „Mg-Kugeln" und „O-Kugeln" im Verhältnis 1 : 1 erreicht werden.
- Das Gesetz der konstanten Proportionen kann grafisch dargestellt werden.

Viele Anregungen zum Thema „Atomzahlenverhältnis" finden sich bei Schmidt und Barke [12, 14].

Das Prinzip der Einheit von Konkretem und Abstraktem ist für den Chemieunterricht von besonderer Bedeutung, weil die Vielfalt der Phänomene chemischer Sachverhalte erst durch Abstraktionen durchschaubar wird. Phänomene nebeneinander gereiht, ohne zu abstrahieren, führt zu einer unüberschaubaren Stoffkunde ohne Erkenntnisgewinn. Abstraktion ohne ausreichende Bindung an konkrete Erscheinungen und ohne das Aufdecken von Zusammenhängen führt leicht zu formalen Kenntnissen (trägem Wissen).

9.5 Prinzip der Verbindung von Theorie und Praxis

Die **Verbindung von Theorie und Praxis** (vgl. Kap. 3) ist Grundprinzip eines jeden Lernprozesses, der auf Erwerb von **Handlungskompetenz** gerichtet ist. Das Prinzip der Verbindung von Theorie und Praxis trägt der Forderung nach Lebensverbundenheit des Unterrichts Rechnung. Außerdem folgt es lerntheoretischen Erkenntnissen zur Verbindung praktischen (manuellen) und theoretischen (geistigen) Handelns.

Dieses Prinzip hat pädagogische Bedeutung für die Motivierung des Schülers, sich mit dem betreffenden Unterrichtsstoff zu befassen. Bedingung ist dabei, dass der Schüler das anzueignende Wissen und Können für sich persönlich als (praktisch) bedeutsam annimmt.

Praxis bedeutet für den Schüler in erster Linie seine Erfahrungswelt. Sie findet sich in Beziehungen, wie

- Chemie im Alltag [11],
- Chemie und Umwelt [16, 17, 18],
- Chemie und Technik [19],
- Chemie und (künftiger) Beruf.

Diese Erschließungsbereiche werden der Orientierung an fachwissenschaftlichen (fachsystematischen) Leitlinien gleichberechtigt zur Seite gestellt. Sie sichern den strukturierten Aufbau von Fachwissen als eine wichtige Voraussetzung für die Anschlussfähigkeit des Gelernten.

Verbindung von Theorie und Praxis gilt auch für im Chemieunterricht zu behandelnde Methoden und Verfahren, und das im doppelten Sinne. Erstens geht es um die **Auswahl praktisch bedeutsamer Methoden und Verfahren.** Zweitens betrifft es den praktischen **Vollzug durch den Schüler im Lernprozess.** Damit steht dieses Prinzip in Verbindung mit dem Prinzip der Selbsttätigkeit der Schüler. So sollten zum Beispiel Schüler nicht nur an der theoretischen Bearbeitung, sondern auch an der praktischen Ausführung von Experimenten beteiligt sein, sofern nicht objektive Gründe (Gefahren) dagegen sprechen.

9.6 Prinzip der Systematik und der fachübergreifenden Koordinierung

Das Prinzip der Systematik beinhaltet die Forderung, dass „etwas" in ein System gebracht bzw. „etwas" ordentlich gegliedert werden soll. Die Umsetzung dieses Prinzips im Unterricht spricht zwei Ebenen an:

1. Die Systematisierung des Lernmaterials

Lernpsychologische Erkenntnisse belegen, dass die Organisation von Informationen für das Behalten wichtiger ist als gedankenloses Memorieren. Deshalb kommt dem Verankern des Neuen im Vorwissen (Assimilation) durch Kategorisierung und Hierarchisierung eine große Bedeutung zu [20]. Der Vorgang des Systematisierens kann zu Recht als hervorragendes Mittel zum Einprägen bezeichnet werden. Sind die Informationen dann hierarchisch geordnet und untereinander vernetzt, so kann das Wissen leichter aktiviert und an neue Anforderungen angepasst werden [2]. Das heißt, dass solide Grundkenntnisse die Voraussetzung für die Aufnahme und Verarbeitung von komplizierteren wissenschaftlichen Erkenntnissen sind. Insofern erscheint die Forderung nach der Anlegung von basalen und anschlussfähigen Wissensbeständen als unverzichtbar [21]. Nicht mehr erstrebenswert erscheint das Lernen auf „Vorrat". Denn gerade das Lernen im Chemieunterricht ist in hohem Maße voraussetzungsgebunden.

2. Die Systematik und Planmäßigkeit des Unterrichtsprozesses

Das Prinzip richtet sich gegen ein ungeordnetes, unsystematisches Nach- und Nebeneinander von Begriffen und Aussagen im (Chemie-) Unterricht. Es ist orientiert an Folgerichtigkeit und an innerer Logik im Lehrgang. Das Unterrichtsfach Chemie hat den Vorteil, dass ihm eine systematisierende Wissenschaft zugrunde liegt. Diese Fachsystematik bietet eine Reihe von Ordnungsprinzipien für eine sonst nicht zu bewältigende Fülle chemischer Details an (→ Prinzip des Exemplarischen). Allerdings bedeutet das Prinzip der Systematik nicht, dass der Fachsystematik unkritisch gefolgt werden muss. Die Systematik im Chemieunterricht folgt nur dann der wissenschaftlichen Fachsystematik, wenn es aus fachdidaktischer Sicht sinnvoll erscheint.

B Das Ordnungsprinzip der organischen Chemie (z. B. Alkane, Alkene, Alkine; Fette, Eiweiße, Kohlenhydrate) wird einerseits aus der Fachsystematik übernommen, andererseits fordert es zur exemplarischen Auswahl repräsentativer Vertreter dieser Verbindungsklassen heraus. Die Elemente Sauerstoff, Stickstoff, Wasserstoff, Chlor u. a. werden im Rahmen des Lehrplanthemas „nichtmetallische Elementsubstanzen" behandelt (Sachsen, Klasse 8), während diese Themen in den Lehrbüchern der anorganischen Chemie bei den entsprechenden Hauptgruppen abgehandelt werden.

Die Verknüpfung dieser zwei Ebenen – Systematik des Lernmaterials und Systematik des Unterrichtsprozesses – ergibt sich über die begründete Forderung nach ständigen Festigungsphasen, in denen das Wissen systematisiert wird. Die vom MNU [9] geforderten Problemfelder (vgl. fachliche Leitlinien), die bis Ende der Klasse 10 behandelt werden sollten, tragen dem Rechnung:

- Arbeitsweisen der Chemie;
- Stoffe, Eigenschaften und Stoffgruppen;
- Struktur und Eigenschaften;
- Teilchen zwischen Vorstellungen und Realität; erste differenzierte Atom- und Bindungsmodelle;
- chemische Reaktion; Veränderung auf Stoff- und Teilchenebene, Formelsprache, energetischer und zeitlicher Verlauf;
- Erkennen von Ordnungsprinzipien für Stoffe und Reaktionen.

Diese Problemfelder zeigen aber auch, dass bestimmte Themenbereiche immer wieder aufgegriffen und differenzierter betrachtet werden sollen. Die beherrschende Thematik schlechthin ist die „chemische Reaktion" mit all ihren unterschiedlichen Ausprägungen. Dieses Prinzip der Wiederkehr von grundlegenden Sachstrukturen auf einer höheren Lernebene ist in die Lehrgangstheorien unter dem Begriff der konzentrischen Kreise eingegangen [22]. In Anlehnung an Hilda Taba wurde die Bezeichnung „Kreis" durch ein treffenderes Bild ersetzt: die Spirale. Zunächst entwickelte Bruner ein Spiralcurriculum für methodisches Vorgehen im Unterricht, „in dem Unterrichtsgegenstände erst handelnd, dann betrachtend und schließlich vorwiegend sprachlich erfasst" werden [22]. Später nutzte man die Idee des Spiralcurriculums auch für die Strukturierung von Inhalten (vgl. Kap. 8.2).
Gerade in der Chemie sind bestimmte Schlüsselbegriffe und theoretische Konzepte für das Verständnis von chemischen Sachverhalten notwendig. Dazu gehören u. a. der Teilchen- bzw. der Atombegriff, das Wesen der chemischen Bindung mit einer Vorstellung der Bindungsarten, der Molekül- und der Ionenbegriff, die Wertigkeit mit den verschiedenen Interpretationsmöglichkeiten, das Konzept der Struktur-Eigenschafts-Beziehung, Donator-Akzeptor-Konzepte (wie Säure-Base-Definitionen und Redox-Vorgänge), energetische Aspekte des Reaktionsablaufes. Diese Begriffe müssen auf verschiedenen Deutungsebenen, also auf Stufen von unterschiedlichem Abstraktionsniveau, angesiedelt werden. Maßgebend für das Niveau der Stufen – oder Spiralen – ist das zugrunde gelegte Atommodell. Die gewählte Atomvorstellung erweist sich als fundamentales Element zur Deutung chemischer Vorgänge und zur Erschließung tragfähiger Begriffe. Durch das „Aufwärtsschreiten" – ausgehend von Stufen mit einem geringen Maß an notwendiger Abstraktion bis zu Stufen mit einem hohen Abstraktionsniveau – versucht man, Chemieverständnis systematisch aufzubauen. Der Erkenntnisprozess wird durch diesen „vertikalen Lerntransfer" [23] fortgesetzt. Das Wissen kann dann als gefestigt gelten, wenn die Schüler in der Lage sind, das Wissen von „höheren" Stufen mit dem früher erworbenem Wissen in Beziehung zu setzen. Dieser Struktur wird heute ein offeneres System gegenübergestellt, in dem möglichst häufig und variabel von unterschiedlichen Stellen auf diese Fachkonzepte zurückgegriffen wird. Dies führt zu Wissenskumulation und zu vernetzendem Denken.

Die Einbindung der Lernziele und Lerninhalte des Faches Chemie – im Sinne von Schlüsselbegriffen – in ein Spiralcurriculum wurde von Schmidkunz vorgenommen (Abb. 176.1) [24]).
Die linke Seite umfasst die Spiralelemente mit allgemeinen, anorganischen und physikalisch-chemischen Inhalten, die rechts angeordneten Spiralen enthalten die Inhalte aus den Bereichen der organischen Chemie und der Biochemie. Die Spiralelemente sind an zwei Stellen durch gepunktete Linien miteinander verbunden. Diese stellen den Übergang von der Primarstufe zur Sekundarstufe I und den Übergang von der Sekundarstufe I zur Sekundarstufe II dar.
Die unterste Spirale der linken Seite beinhaltet die Aspekte zum Fachbezug Chemie, soweit sie in den Sachunterricht der *Primarstufe* eingebunden werden sollten. Es handelt sich dabei um chemisch-propädeutische Inhalte auf rein phänomenologischer Grundlage. Ein Chemieverständnis wird hier noch nicht erreicht, wohl

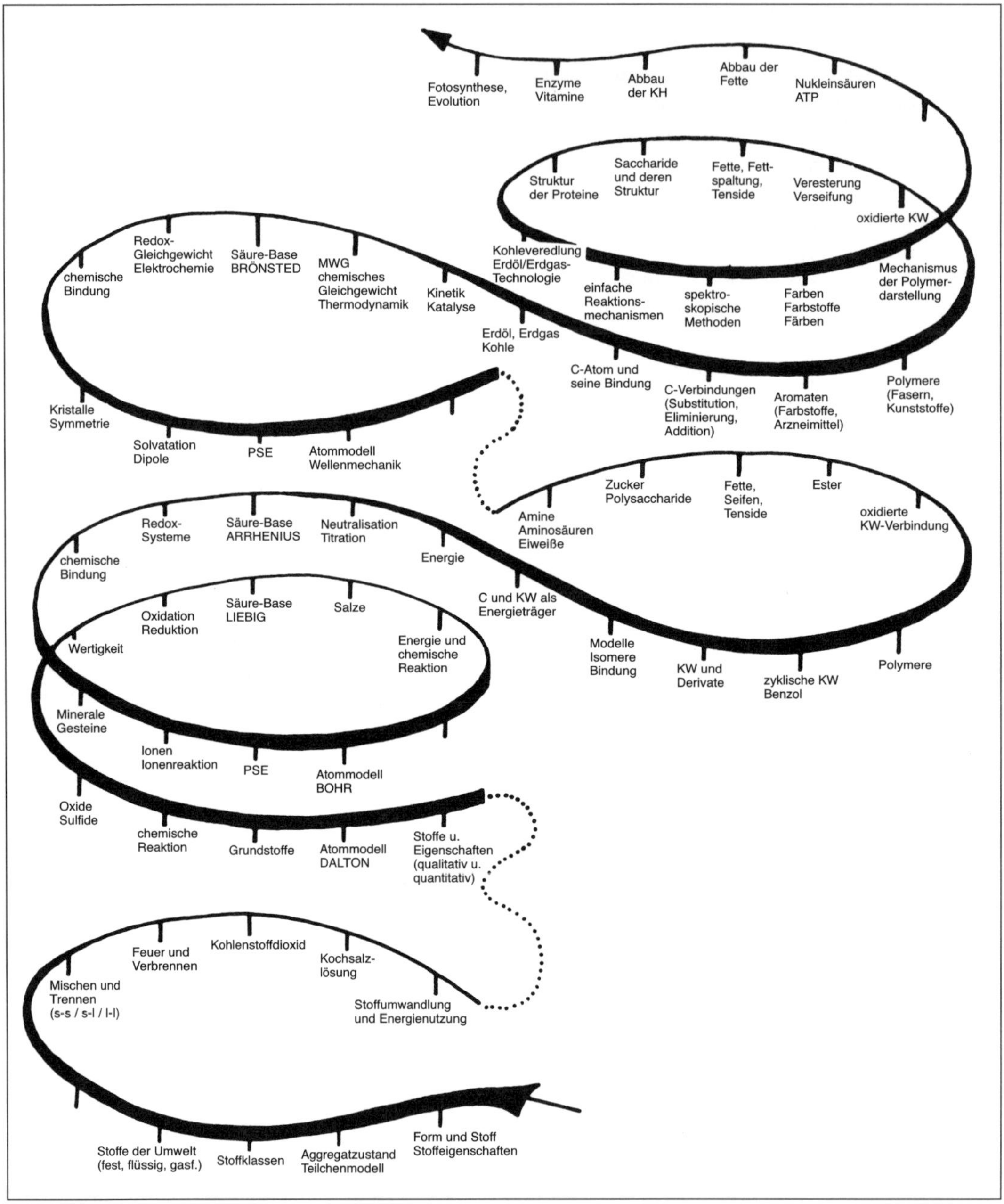

Abb. 176.1: Spiralcurriculum für das Unterrichtsfach Chemie (in den einzelnen Spiralen sind die zusammengehörigen Begriffe und theoretischen Konzepte jeweils an den gleichen Stellen übereinanderliegend angeordnet); nach H. Schmidkunz, D. Büttner [9].

aber eine Vorunterweisung in naturwissenschaftlichen Denkkategorien.

Die zweite und dritte Spirale auf der linken Seite sind der *Sekundarstufe I*, also vorwiegend dem 7. bis 10. Schuljahr, zuzuordnen. Das 5. und 6. Schuljahr – manchmal als Orientierungsstufe bezeichnet – könnte sowohl der ersten (Primarbereich) als auch der zweiten Spirale formal zugestellt werden.

Der zweiten Spirale – also der ersten der Sekundarstufe I – liegt als Schlüsselbegriff die Atomvorstellung von Dalton zugrunde, die mit der Einarbeitung der Symbolsprache eng gekoppelt ist. Auf dieser Stufe wird bereits ein einfaches Chemieverständnis erreicht.
Erweitert wird es dann in der dritten Spirale, die auf der Grundlage eines differenzierten Atommodells nach Rutherford-Bohr den Ionenbegriff als wesentliches Orientierungselement heranzieht.
Es folgt, noch in der Sekundarstufe I, die erste Ebene der organischen Chemie. **Die erste Spirale rechts** weist die Inhalte auf. Die Behandlung des organischen Anteils setzt die zuvor erarbeiteten elementaren Grundbegriffe der Chemie voraus. Er ist in sich logisch strukturiert und es gibt deshalb keine zwingenden Argumente zur Auflösung dieser Systematik.
Mit **der vierten Spirale auf der linken Seite** beginnen die Schwerpunkte der *Sekundarstufe II*, wobei die genannte Spirale vor allem Themen aus der physikalischen Chemie umfasst. Dabei wird eine wellenmechanische Atomvorstellung, die sich an Born-Schrödinger orientiert, zugrunde gelegt. Die zu behandelnden Inhalte sollten jedoch kein zu hohes Anspruchs- und Abstraktionsniveau erlangen. Die Ziele einer allgemeinbildenden Schule müssen Maßstab für Grund- und Leistungskurse in diesem Bereich bleiben. Das gilt auch für die Themen innerhalb der chemischen Thermodynamik und Kinetik. Eingeschlossen sein sollte dabei aber eine Diskussion der Gibbs-Helmholtz-Gleichung, wobei der Begriff „Entropie" exemplarisch zu klären ist.
Die zweite und dritte Spirale rechts sind wieder der organischen Chemie im weitesten Sinne zuzurechnen. Die erste beinhaltet eine vertiefende und erweiternde organische Chemie, die zweite enthält Themen aus der technischen Chemie (Kohleveredlung, Erdöl-/Erdgas-Technologie), der analytischen Chemie (spektroskopische Methoden), der Biochemie (Nucleinsäuren, ATP, Abbau von Kohlenhydraten und Fetten) und angrenzende Bereiche (z. B. Photosynthese, Farben und Farbstoffe).

Z So wichtig die Rahmung des Fachs für den systematischen Wissenserwerb ist, so macht sie doch gleichzeitig auf die Grenzen der im Fach stellbaren und beantwortbaren Fragen aufmerksam … Der fächerverbindende und fachübergreifende Unterricht ist nicht nur eine notwendige Ergänzung des Fachunterrichts, sondern Teil dessen Vollendung. [25]

Die Begriffe, die den berühmten Blick über den Tellerrand der Fachdisziplin beschreiben, sind in der pädagogischen Literatur recht vielfältig und mit unterschiedlichen Inhalten besetzt. Sandfuchs unterscheidet fächerüberschreitenden Unterricht (gekennzeichnet durch ein „Leitfach", wobei mit einem oder mehreren Teilthemen über das Fach hinaus gewiesen wird), fachunabhängigen oder überfachlichen Unterricht (charakterisiert durch Themen, die zwischen oder über den klassischen Schulfächern liegen) und fächerintegrierenden Unterricht (bei dem Inhalte verwandter Fächer zu Lernbereichen verkoppelt werden) [22] – z. B. integrierter naturwissenschaftlicher Unterricht im Sinne von Freise. Peterßen differenziert zwischen fächerübergreifendem Lernen und fächerverbindendem Lernen. Gibt es ein Leitfach, dem das zentrale Thema entnommen wird und in dem dieses Thema auch vorrangig behandelt wird, so spricht man von fächerübergreifendem Lernen. „Metaphorisch ausgedrückt, geht es beim fächerübergreifenden Lernen um den Blick über den Gartenzaun." [26] Fächerverbindendes Lernen ist aus Peterßens Sicht keine Unterrichtsmethode, sondern ein Organisationsprinzip für Unterricht.

Z Für die Organisation von Unterricht sind im Verlaufe der Zeit mehrere Prinzipien entwickelt worden, u. a. das Fachprinzip. Und eben hier setzt fächerverbindendes Lernen ein, indem es als mittleres Prinzip versucht, zwischen fachlicher und nicht-fachlicher Anbindung zu organisieren … In den Geisteswissenschaften bedient man sich dafür des Begriffs Aufheben. Aufheben meint immer ein Zweifaches: zum einen bewahren, was sich bewährt hat, zum anderen überwinden, was sich nicht bewährt hat … Den Fachunterricht aufzuheben, verlangt zum einen, seine Vorteile zu bewahren, sie beizubehalten, zum anderen, seine Nachteile zu überwinden, ihn an solchen Stellen zu verändern. [26]

Fächerverbindendes Lernen stellt einen themenzentrierten und mehrfachlichen (mehrperspektivischen) Unterricht dar, in dem ein Thema gleichzeitig und gleichgewichtig durch mehrere Fächer behandelt wird. Eine umfas-

sende Zusammenstellung der verwendeten Bezeichnungen ist bei Obst [27] zu finden.
In Anlehnung an die KMK scheinen sich die Begriffe fachübergreifend (nicht: fächerübergreifend) und fächerverbindend durchzusetzen. Beim **fachübergreifenden Lernen bzw. Arbeiten** steht der Inhalt eines Faches im Vordergrund (z. B. Farben und Farbstoffe – *Chemie*) und je nach „Bedarf" werden die Aspekte anderer Fächer einbezogen (z. B. additive Farbmischung – *Physik* – und Pflanzenfarbstoffe – *Biologie*). Dieses Arbeiten findet gewöhnlich im Einzelfach-Unterricht statt und führt bis zum projektorientierten Fachunterricht. Will man **fächerverbindendes Lernen bzw. Arbeiten** praktizieren, dann werden übergreifende Themen oder Projekte (z. B. Farben und Färben) unter der Anwendung von traditionellen Inhalten der Einzelfächer bearbeitet. Dies setzt eine Fächerkoordination voraus, wie sie z. B. im Projektunterricht zu finden ist [27].
Ein wichtiges Ziel des „fachübergreifenden" Lernens ist die Betrachtung einer Thematik aus verschiedenen Blickwinkeln:

B **Whisky:** Stoffgemisch und dessen Trennung sowie Identifizierung von Ethanol (Chemie), Droge und Nervengift (Biologie), Rauschmittel gestern (Geschichte), Herstellung von Whisky (Technik), verschiedene Orte – verschiedene Produkte (Geografie), …

Nur so können die Schüler ihr Wissen und Können, das sie im Chemieunterricht erworben haben, als Bestandteil ihrer Allgemeinbildung begreifen. Des Weiteren sollen die Schüler die wechselseitigen Beziehungen der Fächer erkennen:

B **Boden:** Der pH-Wert und die Mineralversorgung des Bodens (Chemie) ist Voraussetzung für eine bestimmte Flora (Biologie). Umgekehrt sind nur bestimmte Pflanzen (z. B. Kalkanzeiger) auf einem kalkhaltigen Boden zu finden.

Diese horizontalen Verknüpfungen sind vor allem für die Bearbeitung komplexer Sachverhalte, wie das Leben sie in Fülle bietet, unverzichtbar. Umgekehrt kann auf diese Weise ein komplexer Zusammenhang in überschaubare Teilstrukturen zerlegt werden, die dem Schüler die Fachstruktur zugänglich machen:

B **Warum ist nitratreiches Gemüse unter Umständen gefährlich?** Was ist Nitrat? Woher kommt Nitrat? Warum enthalten manche Gemüsesorten mehr Nitrat als andere? Was passiert mit dem Nitrat im Gemüse beim Kochen? Wie wird Nitrat im Stoffwechsel abgebaut?
Warum werden Trockenfrüchte geschwefelt? Was bedeutet geschwefelt? Welche Stoffe werden zum Schwefeln verwendet? Welche Stoffe entstehen beim Schwefeln? [28]

Im Ergebnis dessen entsteht in jedem Fall vernetztes Wissen, welches flexibel eingesetzt werden kann.

9.7 Schülermitbeteiligung

Schülermitbeteiligung am Unterricht „bezeichnet den Sachverhalt, dass sich Schülerinnen und Schüler am Unterricht beteiligen, zugleich aber auch, dass der Lehrer oder die Lehrerin sie am Unterricht beteiligt." [29]
Schülermitbeteiligung berücksichtigt den Zusammenhang von Führung und Selbsttätigkeit (Klingberg), ist bezogen auf den Fachunterricht, zugleich aber abgegrenzt vom umfassenderen Begriff der Partizipation.
Das Prinzip der **Schülermitbeteiligung** folgt aus der Erkenntnis, dass Wissen und Können nicht übertragen werden kann, sondern selbst angeeignet werden muss. Das gilt auch für die Aufnahme von Sachinformationen, die in das eigene Wissenssystem eingeordnet werden müssen. **Mitbeteiligung** der Schüler am Unterricht zielt auf geistige und praktische **Auseinandersetzung** mit dem Unterricht (Ziel, Inhalt und Methode) und **nicht** auf **Geschäftigkeit**. Bei der Auswahl und Anordnung des Unterrichtsstoffes kommt es deshalb darauf an, sowohl für manuell-technische als auch für geistige Tätigkeiten den Lehr- und Lernprozess so zu planen, dass die Schüler vom Vor- und Nachmachen (Umgang mit dem Tropfer) oder vom Finden des Vollzugs einer Handlung durch Problemlösung (pneumatisches Auffangen eines Gases) über Anwendungsmöglichkeiten dieser Handlungen zur Übung des Vollzugs bis zum Einbeziehen dieser Handlungen in die Lösung komplexerer Aufgaben oder Probleme geführt werden.

Formen der Auseinandersetzung mit einem Sachverhalt
(nach J. S. Bruner)

Versuch: **Hauptbestandteile von Emulsionen – Struktur und Löslichkeit**
Geräte/Chemikalien
2 Reagenzgläser, Paraffinöl, Wasser, Sudan III, Methylenblau

Durchführung
Beschicke die beiden Reagenzgläser mit je 5 ml Wasser und dem gleichen Volumen Paraffinöl, gib in getrennten Versuchen etwas festes Sudan III bzw. Methylenblau hinzu und **schüttle kräftig!**

enaktiv

Beobachtungen (Bitte in das Arbeitsblatt eintragen!)

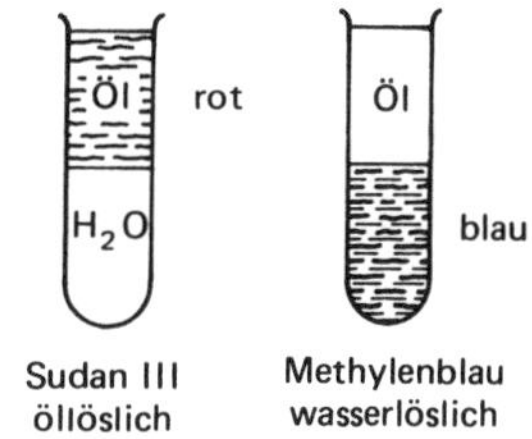

- Beobachte das Lösungsverhalten der beiden Farbstoffe!
- Welchen Einfluss hat das Schütteln auf das zweiphasige System?
- Welche weiteren Beobachtungen sind zu machen?

Die entstandenen Emulsionen entmischen sich binnen weniger Minuten.

Auswertung/Deutung
Wie lässt sich der **Entmischungsvorgang** aus **mikroskopischer Sicht** deuten?
Trage folgende Begriffe in das angegebene Schema ein:
Koaleszenz, Aggregation, Aufrahmen, kontinuierliche Phase, Einzeltröpfchen, Aggregat

ikonisch, indexikalisch

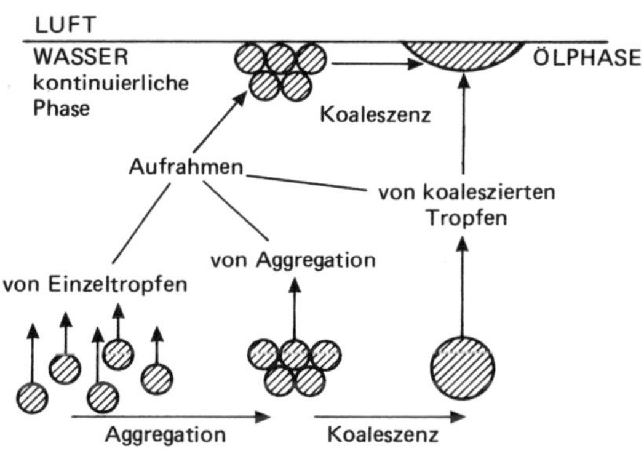

Deutung auf molekularer Ebene: Kennzeichne die angegebenen Molekülstrukturen durch die Begriffe „polar, unpolar“ und führe kennzeichnende Begriffe für die intermolekulare Wechselwirkung an!

symbolisch

Wasser

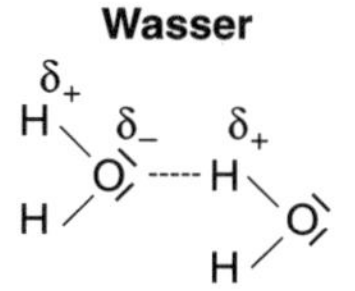

polar
Wasserstoffbrücken

Paraffinöl

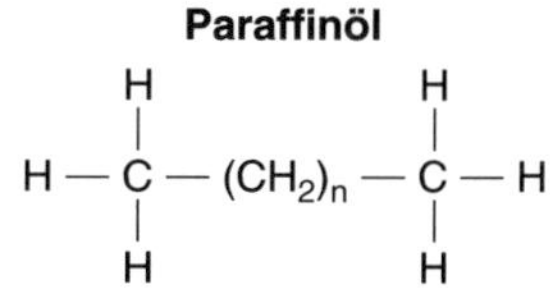

unpolar
van-der-Waals-Kräfte

Abb. 179.1: Verschiedene Stufen im Abstraktionsprozess

Bezogen auf geistige, geistig-praktische oder geistig-kommunikative Tätigkeiten ist ein solches Vorgehen Voraussetzung für die Verwirklichung der pädagogischen Leitlinie **„komplexes Denken üben"** [9].

L

[1] Klingberg, L.: Allgemeine Didaktik. Volk und Wissen VEV, Berlin 1982.
[2] Keune, H.: Grundriss der allgemeinen Methodik des Chemieunterrichts. Deutscher Verlag der Wissenschaften, Berlin 1964.
[3] Haspas, K.: Methodik des Physikunterrichts. Volk und Wissen VEV, Berlin 1976.
[4] Wöhler, K.: Didaktische Prinzipien. Begründung und praktische Bedeutung. München 1979.
[5] Jank, W., Meyer, H.: Didaktische Modelle. Cornelsen Verlag Scriptor, Berlin 1991.
[6] Glöckel, H.: Vom Unterricht. 2. Auflage. Klinkhardt, Bad Heilbrunn 1992.
[7] Bader, H. J., Steiner, D.: Die Lehrpläne der Bundesländer Deutschlands für das Unterrichtsfach Chemie an Gymnasien. Palm & Enke, Erlangen und Jena 1994.
[8] Freise, G.: Chemie in der Schule. In: Deutsche Schule 61 (1969) S. 139 ff.
[9] Schriften des Deutschen Vereins zur Förderung des mathematischen und naturwissenschaftlichen Unterrichts e.V. MNU 53 (2000) 3; Chemieunterricht der Zukunft – Qualitätsentwicklung und Qualitätssicherung; Empfehlungen zur Gestaltung von Chemielehrplänen.
[10] Köhnlein, W.: Zur Konzipierung eines genetischen, naturwissenschaftlich bezogenen Sachunterrichts. S. 193–214. In: Bauer, H. F., Köhnlein, W. [Hrsg.]: Problemfeld Natur und Technik. Klinkhardt, Bad Heilbrunn 1984.
[11] Lindemann, H. [Hrsg.]: Alltagschemie (Themenheft). In: NiU-Physik/Chemie 35 (1987) 25.
[12] Schmidt, H. J.: Stolpersteine im Chemieunterricht. Diesterweg, Sauerländer, Frankfurt/Main 1990.
[13] Wegner, G., Stübs, R., Kownatzki, O.: Chemische Zeichensprache. Volk und Wissen VEV, Berlin 1975.
[14] Barke, H.-D.: Strukturmodelle zur chemischen Reaktion. In: NiU-Physik/Chemie 33 (1985) 3, S. 93.
[15] Häusler, K. [Hrsg.]: Der Säure-Base-Begriff (Themenheft). In: NiU-Physik/Chemie 35 (1987) 27.
[16] Pfeifer, P., Pfeifer, G.: Wasser. Band 2. Aulis Verlag, Köln 1992.
[17] Pfeifer, P., Pfeifer, G.: Luft. Band 6. Aulis Verlag, Köln 1995.
[18] Pfeifer, P., Pfeifer, G.: Boden. Band 8. Aulis Verlag, Köln 1997.
[19] Bünder, W. et al.: Das Kölner Modell. Chemie, Technik, Lebenswelt. Westarp-Wissenschaften, Essen.
[20] Edelmann, W.: Lernpsychologie. Beltz PVU, Weinheim 1993.
[21] BLK Heft 60: Gutachten zur Vorbereitung des Programms „Steigerung der Effizienz des mathematisch-naturwissenschaftlichen Unterrichts". Bund–Länder-Kommission für Bildungsplanung und Forschungsförderung, Bonn 1997.
[22] Sandfuchs, U.: Unterrichtsinhalte auswählen und anordnen. Klinkhardt, Bad Heilbrunn 1987.
[23] Weinert, F. E.: Neue Unterrichtskonzepte. In: Wissen und Werte für die Welt von morgen. Bildungskongress des Bayerischen Staatsministeriums für Unterricht, Kultus, Wissenschaft und Kunst. München 1998.
[24] Schmidkunz, H., Büttner, D.: Chemieunterricht im Spiralcurriculum; ein Grundmuster zum Aufbau, zur übersichtlichen Gestaltung und zur besseren Abstimmung des Chemieunterrichts. In: NiU-Physik/Chemie 33 (1985) 1.
[25] Wissen und Werte für die Welt von morgen – Forum 5: Fachbezogenes-fachübergreifendes Lernen/Erweitere Lern- und Denkstrategien. Bildungskongress des Bayerischen Staatsministeriums für Unterricht, Kultus, Wissenschaft und Kunst. München 1998, S. 220.
[26] Peterßen, W. H.: Kleines Methoden-Lexikon. Oldenbourg, München 1999.
[27] Obst, H.: „Fächerübergreifender" Unterricht. In: NiU-Chemie 8 (1997) 40, S. 4.
[28] Pfeifer, P.: Praxisorientierter Chemieunterricht – didaktisches Anliegen und Umsetzung im Unterricht. In: Kometz, A. [Hrsg.]: Chemieunterricht im Spannungsfeld Gesellschaft-Chemie-Umwelt. Cornelsen, Berlin 1998.
[29] Meyer, M. A., Schmidt, R. [Hrsg.]: Schülermitbeteiligung im Fachunterricht. Hamburg und Halle 1999, S. 11.

10. Elementarisierung – didaktische Reduktion – ein Kernproblem des Chemieunterrichts

Nach der Auseinandersetzung mit dem Begriff „Elementarisierung“ und seiner häufig verwendeten Synonyma wird die Bedeutung der Elementarisierung aus der Sicht der Chemiedidaktik dargestellt.
Auf den unverzichtbaren didaktischen und lernpsychologischen Prinzipien basieren die fachlich und unterrichtlich vertretbaren Maßnahmen der Elementarisierung.
Begleitende Beispiele erläutern die Aussagen.

10.1 Kongruenz von Subjekt und Objekt

Der Chemie im Unterricht geht der Ruf voraus, sie sei ein schwieriger Lerngegenstand mit einem hohen Abstraktionsniveau und deshalb vorprogrammierten Verständnisproblemen. Das ist ein recht pauschales Vorurteil, zumal Schwierigkeiten beim Erfassen von Lerninhalten in allen Fächern – gewiss mit graduellen Unterschieden – anzutreffen sind. Es gehört zum Schulalltag, dass ein Schüler „etwas nicht verstanden“ hat und es bedarf oft mehrerer und unterschiedlicher Anläufe oder Erklärungsversuche, bis er es begriffen hat. Solche Fehlschläge sind im Wesentlichen darauf zurückzuführen, dass die didaktische Aufbereitung eines Lerninhalts für das Verstehensniveau des Lernenden nicht oder nur teilweise geglückt ist. Ganz allgemein lässt sich sagen, dass erfolgreiches Unterrichten ganz entscheidend davon abhängt, in welchem Maße es gelingt, den Lerngegenstand, das Objekt, mit dem Schüler, dem Subjekt, zur Deckung zu bringen.
Die fachdidaktischen Bemühungen, einen Lerngegenstand so aufzubereiten, dass er dem Lernenden leichter oder überhaupt erst zugänglich wird, werden als **Elementarisierung,** häufig auch als **didaktische Reduktion** bezeichnet.

10.2 Fachbegriffe

Es ist ein beklagenswerter Zustand, dass pädagogisch-didaktische Termini oft nicht eindeutig definiert, mehrdeutig verwendet oder durch Synonyme belastet sind. Da gerade bei diesem didaktischen Kernproblem eine ganze Reihe von Begriffen miteinander konkurriert, sei versucht, die terminologische Aussage gängiger Begriffe zu betrachten.
Der in der Didaktik allgemein verwendete Begriff **Elementarisierung** ist eng verbunden mit dem Begriff des **Elementaren.** Beide haben nicht nur den gleichen Wortstamm gemein, sondern hängen auch in ihrer Bedeutung eng zusammen. Das **Elementare,** in der umgangssprachlichen Mehrdeutigkeit an das Wort „Element“ angelehnt, wird in der Fachliteratur gerne als das Grundlegende, das Allgemeine, das Einfache, als Urform, Urstoff, Urkraft, Baustein, Sachkern usw. umschrieben und meint einen Sinngehalt, dessen Kenntnis und Verständnis für den Aufbau von Bildung ganz allgemein oder in einem bestimmten Bereich als unverzichtbar gilt. Das Nachdenken darüber beschäftigt die Pädagogen seit Pestalozzi. Klafki [1] hat 1959 in einer historisch analysierenden Untersuchung den bisherigen Diskussionsstand zusammenfassend dargestellt und in einer „Theorie der kategorialen Bildung“ zu systematisieren versucht. Salzmann [2] beklagt zwar die Vernachlässigung dieser „zentrale(n) didaktisch-methodischen Frage der Elementarisierung in der Diskussion“ der 70er/80er Jahre und ist der Auffassung, dass manche Fehlentwicklung, z. B. im Zusammenhang mit der „geforderten Wissenschaftsorientierung des Unterrichts aller Schularten, auch der Grundschule“, hätte korrigiert werden können, wäre das Nachdenken über dieses didaktische Kernproblem nicht so in den Hintergrund getreten. Letztlich ist aber Elementarisierung ein so zentrales Anliegen, dass es zu

keinem Zeitpunkt in der Entwicklung der Fachdidaktik völlig außer Acht geraten ist.

Das Elementare kann – bezogen auf die Chemie – in vielerlei Gestalt auftreten:

- als *grundlegende Einsicht* (z. B.: Die chemischen Elemente lassen sich aufgrund ihrer Eigenschaften in eine systematische Ordnung bringen.),
- als *formuliertes Gesetz* (z. B. Massenwirkungsgesetz),
- als *gültige Regel* (z. B. Oktettregel),
- als *prinzipielle Erkenntnis* (z. B.: Doppelbindungen sind weniger stabil als Einfachbindungen.),
- als *Zusammenhang* nach Wirkung (z. B. Wirkung von Katalysatoren) oder Bedeutung (z. B. Bedeutung von Katalysatoren in der industriellen Synthese) oder auch
- als ganz simple *Erfahrung* (z. B.: Das Herausspritzen von Substanzen beim Erhitzen im Reagenzglas ist durch Schütteln vermeidbar.).

Es ist zunächst prinzipiell gleichgültig, ob dieses Elementare auf hoher, geistiger Ebene steht, die zu erringen viel Mühe kostet, oder ob es lediglich der bloßen Erfahrung bedarf. Wichtig ist vielmehr, dass dieses Elementare ausgegraben werden muss. Darin erfüllt sich der didaktische Aspekt des Elementaren: Es gewinnt seine bildende Wirkung im Ringen mit ihm, im Suchen, Auffinden und schließlichen Begreifen. Alles, was der Lehrer beitragen kann, um diesen Prozess optimal zu gestalten, nennen wir **Elementarisierung**. Weltner [3] unterscheidet zwischen Elementarisierung im weiteren Sinn, als dem Bemühen, „die Grundelemente, Grundgedanken und fundamentalen Ziele einer wissenschaftlichen Disziplin zu ermitteln" und einer Elementarisierung im engeren Sinn, als Darstellung komplexer und abstrakter Sachverhalte in einer Weise, die für den Schüler verständlich ist.

Der häufig gebrauchte Begriff **didaktische Reduktion** deckt sich mit dem der Elementarisierung. Man kann immer wieder feststellen, dass Autoren zur Vermeidung von Wortwiederholungen im Text „didaktische Reduktion" neben „Elementarisierung" verwenden (z. B. Salzmann [2, 4]). Im Hinblick auf begriffliche Klarheit ist dieser Terminus allerdings weniger geeignet. Solange man ihn in der wörtlichen Bedeutung versteht, nämlich als „Rückführung" auf das Elementare bzw. als Verminderung der Abstraktheit und/oder Komplexität eines Lerninhalts, kann man ihn akzeptieren. Im umgangssprachlichen Verständnis – und nicht nur in diesem – ist jedoch Reduktion häufig mit der Vorstellung quantitativer Reduzierung verbunden. Das führt zu der Vorstellung, dass didaktische Reduktion auf die *Menge an Lerninhalten* abziele, um des Stoffdrucks Herr zu werden. Bloßes Reduzieren, Wagenschein [5] nennt es „Ausdünnen", kann richtig verstandene didaktische Reduktion aber nie sein. Zudem wird das Problem damit auf eine andere Ebene verschoben, mit der es primär nichts zu tun hat, mit der es aber häufig in enger Verbindung steht, nämlich mit der Stoffauswahl, dem Lehrplan. In diesem Zusammenhang taucht dann der Begriff des **Exemplarischen** (Wagenschein [5, 6]) auf, der den Anspruch erhebt, aus der Fülle der möglichen Lerninhalte solche auszuwählen, die Elementares darstellen.

Schließlich ist die mit der didaktischen Reduktion verbundene Assoziation mit dem chemischen Fachbegriff „Reduktion" der terminologischen Klarheit nicht förderlich. Bedauerlicherweise hat sich „didaktische Reduktion" gerade im Fachjargon der Chemiedidaktik festgesetzt, während die Physikdidaktik „Elementarisierung" bevorzugt (z. B. Kircher, Girwidz, Häußler [7]; Bleichroth [8]; Weltner [3]).

Mit **methodischer Transformation** – der Begriff stammt aus der berufsbezogenen Didaktik – wird ein weiterer Versuch deutlich, den Vorgang der Aufbereitung von Lerninhalten zum Zwecke des Verstehens zu umschreiben. Hierbei steht offensichtlich die Vorstellung Pate, dass die Verbindung zweier verschiedener Ebenen, der des wissenschaftlichen Erkenntnisprozesses einerseits und der des organisierten Lernprozesses durch Unterricht andererseits, also zwischen Fach und Schulfach, nur gelingt, wenn eine Umformung stattfindet (Kahlke, Kath [9]).

Der von Kattmann [10] gewählte Terminus **didaktische Rekonstruktion** wird als Partnerbegriff zur Elementarisierung verstanden. Elementarisierung gilt in diesem Zusammenhang als ein Zerlegen komplexer Phänomene in elementare Sinneinheiten, die durch didaktische Rekonstruktion zu Strukturen zusammengefügt werden, die dem Lernenden das Verständnis erleichtern.

Schließlich wird Elementarisierung gerne mit **Vereinfachung** gleichgesetzt. Dieses Synonym ist aber nicht unproblematisch, verleitet es doch dazu, „Vereinfachen" in die Nähe von „Simplifizieren" zu rücken. Salzmann [2] bezeichnet Vereinfachung als „didaktisches Dilemma" und warnt vor der Gefahr zahlreicher Fehlformen, die durch die Forderung nach Kind- bzw. Schülergemäßheit oder Lebensnähe provoziert werden. Vereinfachen kann nur im Sinne von „Verwesentlichen" verstanden werden.

10.3 Kernfrage der Fachdidaktik

10.3.1 Elementarisierung – keine Ersatzvornahme

„Alle großen Wahrheiten sind einfach.", betont Spranger [11], was nicht heißen soll, dass diese großen Wahrheiten so einfach zu verstehen seien. Vielmehr sind sie in aller Regel die Quintessenz vieler Einsichten, die wir aus oft höchst komplexen Phänomenen, Zuständen, Vorgängen oder Erfahrungen gewinnen und die uns letztlich dazu befähigen, solche großen Wahrheiten zu begreifen und anzuerkennen. Insofern ist es völlig abwegig, Elementarisierung als „leider notwendige Vereinfachung" abzutun, weil der Schüler den tatsächlichen Wissensstand nicht begreife und man deshalb auf niedrigem Niveau bleiben müsse.

Grüner [12] hat einen regelrechten Wertungskatalog von Bezeichnungen für den Vorgang der Elementarisierung zusammengestellt, der neben abwertend-abschätzigen über populär-volkstümliche bis zu sachbezogen-angemessene Prädikate enthält.

Wer unter Elementarisierung didaktische Tricks versteht, mit deren Hilfe man Fakten unter die Schülerhaut bekommt, verkennt die Bedeutung der Elementarisierung für das menschliche Dasein insgesamt. Elementarisierung – auch wenn wir damit vorzugsweise didaktische Absichten im Rahmen von Schule und Unterricht verbinden – ist ein Phänomen des Alltags, ein Grundbedürfnis zur Steuerung und Bewältigung unserer Bezüge zu der uns umgebenden Welt. Der ungeheuren Komplexität sind wir nur gewachsen, wenn wir uns ständig bemühen, diese durch Maßnahmen zu strukturieren, zu ordnen, zu gliedern, zu verwesentlichen, zu vereinfachen, uns Durchblick zu verschaffen, eben zu elementarisieren. Man könnte beliebig viele Beispiele anführen, die unsere Bedürftigkeit nach Elementarisierung im Kleinen wie im Großen verdeutlichen: der nach Zweckmäßigkeit geordnete Einkaufszettel, die Gliederung eines Buches, ein Resümee, eine Bedienungsanleitung, eine Wegebeschreibung, eine einzuholende Auskunft. Auch Wissenschaft kommt ohne Elementarisierung nicht aus. Jede sich aufdrängende Analogie, jedes erdachte Modell, alle verwendeten Symbole, jede Grafik, jeder gesetzhaft formulierte Satz sind Prototypen der Elementarisierung.

10.3.2 Elementarisierung – nichts Statisches

Die Endung des Wortes („-ierung") signalisiert schon, dass der Begriff nicht etwas Statisches meint, sondern einen dynamischen Vorgang beschreibt. Die prozessuale Komponente drückt sich auf zweifache Weise aus.

Elementarisierung ist ein Akt didaktischer Fürsorge, der das Aufeinandertreffen von Lerngegenstand und Lernenden so zu gestalten hat, dass das Begreifen zu einem „Ergriffensein" wird (Wagenschein [6]). Dies widerspricht nicht der Tatsache, dass Lernen mühsam ist und Probleme bereitet. Gerade das Lösen eines Problems wird zum „fruchtbaren Moment im Bildungsprozess" (Copei [13]). Aber – Elementarisierung muss dafür sorgen, dass dieses Problemlösen gelingen kann. Dies setzt voraus, dass der Lehrer die Situation des Schülers erfasst. Lern- und entwicklungspsychologische Erkenntnisse des jeweiligen Lernalters sind ebenso unabdingbare Voraussetzungen wie die Berücksichtigung des jeweiligen Lernumfeldes, der sozialen und lokalen Gegebenheiten. Diese Komponenten sind ständig in

Bewegung und bedürfen deshalb der flexiblen Anwendung durch den Elementarisierung leistenden Lehrer.
Umgekehrt muss der Lehrer aber auch den Lerngegenstand vor dem Schüler schützen. Die Gefahr, Unterrichtsinhalte kaputt zu machen, sie zu bloßem Faktenkonsum zu degradieren, sie der Verständnislosigkeit und damit dem Vergessen preiszugeben, ist sehr groß, wenn es dem Lehrer nicht gelingt, den Prozess der Inbesitznahme eines Stoffes in einzelne sachlogisch aufeinander aufbauende, miteinander in Verbindung stehende Elemente zu zerlegen und sie in denklogische Unterrichtsschritte zu gliedern (vgl. Kap. 11).
Diese zu leistende Aufgabe bestimmt das jeweilige Handeln des Lehrenden: den Zuschnitt auf „diese" Schüler, die Weite und den Steigungsgrad der Schritte und Stufen, die Wahl der Motivation, des Einstieges, der Anknüpfung, der Entscheidung für bestimmte Medien, Demonstrationen, Experimente, Formulierungen und Fixierungen von Ergebnissen usw. Dies alles ist Prozess und muss unter dieser Perspektive gesehen werden. Alle in der Literatur vorgegebenen Unterrichtsvorbereitungen, -beispiele, -protokolle und -berichte sind äußerst wertvolle Hilfen, solange sie den Lehrer anregen, über Unterricht nachzudenken; sie werden zu fragwürdigen Rezepten, wenn sie lediglich nachvollzogen werden.

10.4 Unterschiedliche Ansätze

Ganz gleich auf welcher Ebene Unterricht stattfindet, in allen Bereichen taucht das gleiche Problem auf, Lerninhalte auf das Verstehensniveau der Zielgruppe zu transformieren, „die Abstraktheit eines Inhalts zu vermindern und seine Komplexität abzubauen, mit dem Ziel, den Inhalt für den Schüler angemessen zu vereinfachen und damit leichter verstehbar zu machen (Bleichroth [8])".
Auch wenn alle in der Literatur vorfindbaren Ansätze im Kern letztlich vergleichbare Absichten verfolgen, so ist doch die Auseinandersetzung mit dem Problem vom Zugang her verschieden strukturiert. Einige sollen hier kurz dargestellt werden.
Einen informativen Überblick liefern Rösler und Schmidkunz [14].
Hering [15] ist der Auffassung, dass die Vereinfachung einer wissenschaftlichen Aussage den Übergang von einer differenzierteren zu einer allgemeineren Aussage gleichen Gültigkeitsumfanges darstelle, wobei deren Wahrheitsgehalt das entscheidende Kriterium sei. Diese Vereinfachung wird erreicht, indem man die Anzahl der Einzelmerkmale eines Phänomens reduziert. Die so denkbaren „Vereinfachungsreihen" kann man sich bildlich als einen Kabelbaum vorstellen, in dessen Verlauf, je nach Vereinfachungsgrad, immer mehr entbehrliche Adern abgeschnitten werden. Zuletzt bleiben wenige übrig, die für die Darstellung des Allgemeinen noch ausreichend, aber auch unverzichtbar sind.
Grüner [12] greift die Gedanken Herings auf, gibt aber zu bedenken, dass im Verlauf einer Vereinfachungsreihe der Gültigkeitsumfang einer Aussage nicht immer gewahrt werden kann. Das lineare Modell Herings wird zugunsten eines Feldmodells verlassen („didaktisches Reduktionsfeld"), das eine vertikale und eine horizontale didaktische Reduktion vorsieht. „Die *vertikale didaktische Reduktion* engt ... den Gültigkeitsumfang von Stufe zu Stufe ein" (immer mehr Kabeladern sind entbehrlich), „beim *horizontalen didaktischen Reduzieren* bleibt der Gültigkeitsumfang gleich. Die wissenschaftliche Aussage wird nur konkreter – oft unter Zuhilfenahme von Analogien, Metaphern und Beispielen – dargestellt und damit leichter zugänglich gemacht." Das bedeutet: Der Umfang der Aussage wird dabei nicht geringer, sie wird nur umgeformt und damit für den Lernenden verständlicher, angepasster, adressatenbezogener. In der Vorstellungshilfe „Kabelbaum" werden einzelne Adern nicht abgezwickt, sondern erhalten spezielle Funktionen.
Während Hering und Grüner vorwiegend sachlich-fachliche Gesichtspunkte in den Vordergrund stellen, betonen andere Autoren bildungstheoretische und unterrichtspraktische Aspekte. Für Salzmann [2, 4] stehen Probleme des Verstehens durch den Lernenden

obenan, denen er durch entsprechende Maßnahmen zur Aufbereitung der Lerninhalte zu begegnen sucht. So berücksichtigt er die Struktur und Mehrschichtigkeit des Lerngegenstands und seine Verflechtung mit anderen Bereichen des Wissens. Innere und äußere Differenzierung ist für Kirschner [16] ein Ansatzpunkt, um die Fasslichkeit des Lerninhalts zu ermöglichen. Bei der Auseinandersetzung mit den Lehrplänen, insbesondere curricularen Zuschnitts, kritisieren Hauptmeier, Kell und Lipsmeier [17] die wissenschaftsorientierte Ausrichtung, die den Lernenden unberücksichtigt lasse, ein Vorwurf, der curricularen Lehrplänen generell gemacht wurde. Sie betonen die Abhängigkeit der Lernzielformulierung von der didaktischen Reduktion und entwerfen ein Verfahren zur „komplexen didaktischen Reduktion". Schließlich plädiert Bleichroth [8] bei aller nötigen Beachtung fachlicher Gesichtspunkte für das Recht des Lernenden. Ein besonders beachtenswerter Ansatz ist der von Jung [18]. Er legt eine Typologie von Elementarisierungsmaßnahmen vor, auf die wegen ihrer Bedeutung für den Chemieunterricht im Kapitel 10.7 gesondert eingegangen wird.

10.5 Elementarisierung als chemie-didaktische Aufgabe

Wenn Unterricht die bislang dargestellten Erwägungen umsetzen soll, dann bedarf es dazu konkreter Gesichtspunkte oder Anleitungen, die dem Lehrer helfen, elementarisierende Maßnahmen ergreifen zu können.
Fertige Schemata oder patente Rezepte sind allerdings nicht verfügbar – sie widersprächen dem Wesen der Elementarisierung als eines der spezifischen Lernsituation angepassten Vorgangs. Der „Grad" einer Elementarisierung, das Abstraktions- oder Anforderungsniveau, ist nicht messbar. Die Feststellung, es handle sich um ein hohes Abstraktionsniveau, ist eine relative Aussage, die eine Reihe von Komponenten einschließt, ohne dass diese genau genug bestimmbar wären. Niveaus sind nur im Kern beschreibbar, mehr oder minder deutlich, dabei aber eine breite Unschärfe hinterlassend. Lernziele, von Lehrplänen, Curricula oder Lehrbüchern vorgegeben, versuchen zwar eine bestimmte Verständnisebene darzulegen, kalkulieren aber eine unvermeidbare Schwankungsbreite ein. Zu glauben, es gelänge eine Standardisierung von Abstraktionsniveaus, ist blanke Illusion und war einer der gravierendsten Fehler der Curriculumtheorie.

10.5.1 Gegenstand der Elementarisierung

Wenn man davon ausgeht, dass Elementarisierung dem Schüler helfen soll, einen bestimmten Lerninhalt leichter – oder überhaupt erst – zugänglich zu machen, dann muss man sich andererseits darüber klar werden, was Verständnisschwierigkeiten erzeugt und wo die Probleme liegen. Erfahrungsgemäß sind diese beliebig vielfältig und zeigen in aller Regel eine Kombination mehrerer Verstehenskonflikte. Chemie als Lerninhalt tritt dem Schüler in unterschiedlichen Erscheinungsformen gegenüber, die ihn jeweils verschieden stark fordern und die deswegen spezifischer Elementarisierung bedürfen.

10.5.1.1 Chemie als sprachlich gefasster Lerngegenstand

Jede Art schriftlicher Darstellung, ob als beschreibende oder erklärende Aussage, als Arbeitsanweisung oder Rezeptur, als Ergebnis einer gewonnenen Erkenntnis, als formulierte Regel oder Gesetzmäßigkeit, bedarf einer adäquaten elementarisierten sprachlichen Fassung. Auch wenn Lehrbücher, Arbeitsblätter usw. in einer dem Lernenden verständlichen Ausdrucksweise geschrieben sind, kann korrekte Sinnentnahme misslingen. Nun kann man an Texten arbeiten, ihre Aussage analysieren, durch Umformulierung Durchblick gewinnen. Wie Untersuchungen naturwissenschaftlicher Schulbücher allerdings zeigen, ist das Anforderungsniveau der Texte oft höher, als es für die Zielgruppe angemessen wäre. Formulierung, Stil und die Verwendung von Fachtermini erschweren das Verständnis.

Weit problematischer dagegen und häufig unerkannt in ihrer Wirkung ist die nicht adäquat elementarisierte Lehrersprache.
Der Lehrer muss sich überlegen, was er sagt und wie er es sagt. Verklausulierte Sätze, die verfrühte Verwendung noch nicht geklärter oder gar falscher Begriffe („Wärme", wo es „Temperatur" heißen müsste, „Strom", wo „Spannung" zutrifft, „Oxidation", wo „Korrosion" angebracht wäre usw.) sind Quellen von unbewussten Fehlverständnissen. Besonders zum Dozieren neigende Lehrer laufen Gefahr, nicht verstanden zu werden.
Von allergrößter Bedeutung ist in diesem Zusammenhang eine behutsame Einführung und eine stete Weiterentwicklung der Fachsprache. Verständnisprobleme ergeben sich oft aus dem Fachjargon des Lehrers, dem der Schüler nicht zu folgen vermag. Da Fachsprache einerseits von Fachbegriffen, andererseits von einer typischen, verknappenden Diktion geprägt ist, kann Elementarisierung verhindern, dass man aneinander vorbeiredet. Fachbegriffe dürfen nicht ins Vokabular aufgenommen werden, ehe ihre Bedeutung auf dem zu wählenden Anforderungsniveau geläufig ist. Statt z. B. vorschnell von Oxidation zu reden, wäre es sinnvoller, von einer Reaktion mit Sauerstoff zu sprechen und erst allmählich diese Beschreibung durch den Fachbegriff zu ersetzen. Man bedenke ferner, dass Fachsprache zum Teil aus Umgangssprache entsteht, fachsprachliche Begriffe und Redeweisen oft aber etwas anderes meinen als umgangssprachliche oder etwas Besonderes beschreiben (vgl. Kap. 4).

10.5.1.2 Chemie als ikonisch-symbolhafter Lerngegenstand

Die bereits angesprochene Verknappung der Ausdrucksweise wird in diesem Bereich besonders problematisch.
Bildhafte Zeichen (Piktogramme) und Symbole sind allgegenwärtig und für Schülerinnen und Schüler nichts Außergewöhnliches. Sie begegnen ihnen allerorten und sie verbinden damit konkrete Vorstellungen. Piktogramme (z. B. Bilder für feuergefährlich, explosiv, ätzend) werden ebenso schnell verstanden wie Konstruktionsskizzen von Versuchsaufbauten in medianschnittiger Darstellung, die zweifellos einen gewissen Abstraktionsgrad aufweisen, indem sie bewusst auf Dreidimensionalität verzichten. Nach kurzer Gewöhnungsphase, in der die realen Gegenstände dem stilisierten Abbild zugeordnet werden, vermögen Schüler Experimentalkonstruktionen zu lesen und selbst zu entwerfen.

Anders verhält es sich mit den Symbolen, die in der Chemie eine ganz besondere Rolle spielen und in der „Formelsprache" zum Ausdruck kommen. Die deutlichen Schwierigkeiten, die Lernende damit haben und die zu einer Aversion gegenüber dem „Formelkram" führen können, beruhen auf unvollständigen Abstraktionsleistungen. Symbole stehen ja nicht nur für rein qualitative Aussagen, sie repräsentieren darüber hinaus Aussagen, die sich erst dem vertieften Verständnis erschließen.

B Welcher Schüler stolpert nicht über den Versuch, aus der Wortgleichung: „Wasserstoff und Sauerstoff reagieren miteinander zu Wasser" (etwa in Anlehnung an das vorhandene Wissen $Fe + S \rightarrow FeS$) schreiben zu wollen $H + O \rightarrow HO$? Aus seinem außerschulischen Vorwissen, dass Wasser die Formel H_2O besitzt, gerät er zwangsläufig damit in Konflikt.

Hier ist gründliche, gediegene und kleinschrittige Elementarisierung erforderlich, um nicht von Anfang an Angst vor den Zeichen und Zahlen zu erregen, die neben qualitativen und quantitativen Aussagen im weiteren strukturelle Vorstellungen, funktionell-reaktive Gegebenheiten und energetische Verhältnisse widerspiegeln, ganz abgesehen von der Rückführung in eine sprachliche (mündliche oder schriftliche) Fassung. Voreilig an die Tafel geschriebene Formeln, jede nicht gründlichst erarbeitete Ausweitung der Sinngebung solcher symbolhafter Darstellungen erhöht diesen Stolperstein! Es wissen leider viel zu wenige Lehrer, dass sie sich gelegentlich hinter den Formeln verstecken, in der vagen Hoffnung, der Schüler möge den Zusammenhang zwischen Formel und Substanz schon begreifen oder zumindest konsumieren.

10.5.1.3 Chemie als mathematifizierter Lerngegenstand

Für diesen Bereich der Konfrontation steht die Stöchiometrie als Reizwort. Dass mathematisch fassbare Verhältnisse aufgedeckt und erkannt werden müssen, ist selbstverständlich. Man hüte sich aber davor, diese Seite der Chemie überzubetonen und sie zu einer anderen Mathematik zu degradieren. Dass in chemischen Vorgängen auch mathematische Logik steckt, ist ein im Unterricht zu vermittelnder Aspekt, der stets der qualitativen Betrachtung folgt, keinesfalls aber Selbstzweck werden oder gar zu Schikanen ausarten darf (z. B. in Form unsinniger „Übungsaufgaben").

B Es hat keinen Sinn, wenn Schülerinnen und Schüler einen einmal abgeleiteten Rechenalgorithmus wiederholt abspulen, aber die Bedeutung und den Zusammenhang ihrer Berechnung nicht erkennen. Dies führt zu den oft zu beobachtenden Ergebnissen, dass errechnete Werte nicht mehr auf ihre Plausibilität überprüft oder sinnlos Hinterkommastellen angegeben werden.

Andererseits kann eine rücksichtsvolle Mathematisierung (unter strenger Beachtung des Kenntnisstandes in der Mathematik) gerade als elementarisierende Maßnahme wirken. Sinnvolle stöchiometrische Berechnungen z. B. helfen, reaktives Geschehen zu klären.

10.6 Prinzipien der Elementarisierung

Es mag den Anschein haben, als ob Elementarisierung zwar etwas zweifellos Notwendiges, aber doch auch Unwägbares darstelle, bei dessen Verwirklichung der Lehrer auf sich selbst angewiesen sei, konkreter Grundsätze und wissenschaftlicher Erkenntnisse entbehren müsse, ja dass es sich dabei um das Ingenium der Lehrerpersönlichkeit handele, das man habe oder an dem man auch scheitere.
Derartige Meinungen sind nicht nur falsch, sie stellen zugleich Sinn und Aufgabe der Fachdidaktik infrage (Lobkovicz [19]). Guter, erfolgreicher Unterricht zeigt bei der Analyse klare, bestimmbare Aspekte und Grundsätze, ohne deren Verwirklichung Elementarisierung nicht gelingen kann.

10.6.1 Prinzip der fachlichen Richtigkeit

Auf den ersten Blick mag man diesen Grundsatz wohl als selbstverständlich abtun. Bei näherem Hinsehen wird man aber erkennen, dass sich hinter der Frage, ob eine vorgenommene Elementarisierung fachlichen Erkenntnissen entspricht, in gewissen Teilen eher ungenau oder gar verfälschend wirkt, erhebliche Probleme verbergen.

B Die physikalischen Zustandsformen fest-flüssig-gasförmig spielen bei der Betrachtung stofflicher Eigenarten eine wichtige Rolle und es wird auch in der Chemie üblicherweise formuliert, dass Stoffe in festem, flüssigem und gasförmigem Zustand vorkommen können. Dabei wird vollkommen außer Acht gelassen, dass viele Stoffe lediglich im festen Zustand existieren. So lassen sich beispielsweise weder Cellulose noch Polyvinylchlorid unzersetzt in den dampfförmigen Zustand überführen. Das im Kapitel 10.6.4 genannte Beispiel (Calciumcitrat) könnte auch hier angeführt werden. Durch einschränkende Formulierungen (z. B. „viele Stoffe können, zeigen, verhalten sich ...") lassen sich fachlich vertretbare Aussagen treffen, die im Sinne der noch zu betrachtenden fachlichen Ausbaufähigkeit geeignet sind.

Fachliche Richtigkeit und Elementarisierung hängen eng damit zusammen, auf welchem Niveau elementarisiert wird, was wiederum durch die Adressaten (Schüler) bestimmt ist, für welche die Elementarisierung vorgenommen wird. Um diesen Komplex zu entwirren, wird zunächst versucht, der Forderung nach Widerspruchsfreiheit mit fachchemischen Erkenntnissen nachzugehen.
Die Tatsache, dass das Wissen über den chemischen Aspekt unserer Welt ständigen Revisionen unterworfen ist, dass sich heute gesicherte Erkenntnis morgen in nicht mehr voll zutreffendes Verständnis wandeln kann, entbindet uns nicht von der Verpflichtung, bislang geltende Fakten zu respektieren. Einen Freibrief, es mit der sachlichen Richtigkeit nicht so genau halten zu müssen, weil fachliche Richtigkeit objektiv und letztendlich nicht existiere, gibt es nicht. Fehlbarkeit ist ein Cha-

rakteristikum der Forschung und zugleich deren Triebfeder für verfeinertes Erkennen. Dies ist aber nicht das hier anstehende Problem. Vielmehr geht es darum, ob der Lehrer etwas als „wahr“ vermitteln darf, obwohl er weiß, dass dies mit den Erkenntnissen nicht, nur teilweise oder nicht mehr übereinstimmt.
Wer hier spontan „nein“ sagt, sollte überlegen, warum ein Lehrer das tut. Es geschieht doch in aller Regel, um dem Lernenden zu helfen, schwer Fassliches zu begreifen. Und kann man sich nicht auch darauf berufen, dass die Chemie auf der Basis unvollständiger oder gar falscher Theorien (Phlogiston-Theorie) existierte, sich weiterentwickeln und sogar eine Fülle neuer und „richtiger“ Erkenntnisse gewinnen konnte? Dennoch muss man sich stets bewusst sein, dass sachlich „Falsches“ dem Schüler gegenüber unehrlich ist und zudem oft erhebliche Reparaturarbeiten am Wissensstand der Lernenden erfordert, über deren Erfolg sich der Lehrer nicht sicher sein kann. Es ist eine alte Lebensweisheit: Falsches lässt sich nur mit großer Mühe ausmerzen.
Unterricht in der Chemie, der zu bald in die submikroskopische Ebene eintaucht, ehe er stoffliches Geschehen makroskopisch gründlich hat erleben lassen, ist ganz besonders anfällig für Elementarisierungen, die fachlich ungenau, missverständlich, überholt oder gar falsch sind. Besonders betroffen sind zwei Bereiche: die Arbeit mit Modellen (insbesondere strukturelle Vorstellungen von Atomen und Molekülen) und die Verwendung von Analogien zur Veranschaulichung von Unanschaulichem. Obwohl diese zwei Bereiche die beiden Seiten ein und derselben Sache sind, nämlich der Befriedigung des Bedürfnisses, Vorstellungen gewinnen zu wollen, sind sie auseinander zu halten. Modelle und ihnen zugrunde liegenden Theorien sind gewachsene, aufeinander aufbauende, revidierende oder opponierende Vorstellungen, die aus ihrer Genese heraus begreifbar und sinnvoll sind. Sie als elementarisierende Maßnahmen zu verwenden, bedeutet nicht Falsches zu lehren, sondern ein Darstellungsniveau zu wählen, das dem Schüler, seinem Kenntnisstand und seinem Denkvermögen angemessen erscheint. Da die Entwicklung fachlichen Denkens der Entwicklung einer wissenschaftlichen Disziplin nicht unähnlich ist – das genetische Verfahren basiert auf dieser Tatsache –, ist gegen die Verwendung überholter Modelle nichts einzuwenden. Vollmer [20] weist darauf hin:

Z Man muss den Fehler kennen und verantworten können… man sollte gelegentlich die Vorläufigkeit des erreichten Kenntnisstandes betonen und dabei auch auf die Zuverlässigkeit wissenschaftlicher Theorien verweisen.

Das Bohr'sche Atommodell vermag das dem Schüler zuzumutende Niveau durchaus sachgerecht zu beschreiben, obwohl wir wissen, dass es dem heutigen Kenntnisstand nicht genügt. Um diesen geht es dabei auch nicht, sondern darum, dass Eigenschaften und Verhalten von Stoffen auf Grundlage einer verstehbaren und hinreichenden Theorie erklärt werden können. Gerade der Umstand, erkennen zu müssen, dass im weiteren Verlauf des Eindringens in die Zusammenhänge das Modell nicht mehr taugt, erweitert oder gar verlassen werden muss, bedeutet nicht, „Falsches“ gelehrt zu haben. Die Erkenntnis der begrenzten Erklärungsmächtigkeit von Modellen ist vielmehr für den Schüler eine wichtige Erfahrung.

B Mit Modellvorstellungen kann natürlich auch Falsches vermittelt werden: Für die Volumenkontraktion bei der Mischung von Flüssigkeiten, z. B. von Methanol mit Wasser, wird oftmals das Mischen von Erbsen und Senfkörnern bzw. die Mischung anderer unterschiedlich großer Kugeln demonstriert. Die kleineren Kugeln füllen die Lücken zwischen den größeren aus, wodurch das Gesamtvolumen niedriger ist als die Einzelvolumina. Dieses Modell ist jedoch nicht haltbar. Wasser und Methanol sind auf molekularer Ebene von vergleichbarer Größe. Sie können somit beim Mischen keine Lücken in der Anordnung der jeweils anderen Moleküle besetzen. Weiterhin müsste, wenn dieses Modell akzeptabel wäre, die Mischung von Stoffen sehr unterschiedlicher molekularer Größe extreme Volumenkontraktionseffekte ergeben. Dies ist jedoch nicht der Fall. Tatsächlich beruht diese Erscheinung darauf, dass Wassercluster, die eine wesentlich größere Raumfüllung als unregelmäßig geordnete Wassermoleküle haben, beim Mischen der Flüssigkeiten zusammenbrechen.

Erheblich bedenklicher sind dagegen Vereinfachungen – und darin berühren sich Modell und Analogien – die Vergleiche oder Hilfsvorstellungen heranziehen, die Bezüge ansprechen, die aus ganz anderen Bereichen stammen.

B Eine Elektrode mit einer Antenne zu vergleichen oder eine Ionenbindung als Magnetwirkung zu missdeuten, hat mit Elementarisierung nichts zu tun, sondern ist als grober fachlicher Unsinn kaum zu entschuldigen. Große Bedenken tun sich auf, wenn anthropomorphisierende, animistische Hilfsvorstellungen benutzt werden. Geradezu klassisch ist das Beispiel der Atommännchen, die mit ihren „Armen" – Hand in Hand – „Verbindungen eingehen", weil sie sich mögen, oder es nicht tun, weil sie sich nicht leiden können, ganz abgesehen von geschmacklosen Vergleichen (Kohlenwasserstoffketten als Glieder eines Bandwurmes, Katalysatoren als Heiratsvermittler).

Vorstellungen, aus völlig wesensfremden Bereichen entlehnt, belasten mit emotionalen Bezügen und blockieren – unter Umständen für lange Zeit – das fachangemessene Verständnis. Wer solche Vereinfachungen für nötig hält, muss sich fragen lassen, ob der Lerninhalt, der damit verdeutlicht werden soll, überhaupt angemessen ist. Von fachlicher Richtigkeit und der Frage nach der Zulässigkeit von „Falschem" kann in diesem Fall keine Rede mehr sein. Bleichroth [8] deutet die kritische Grenze an, indem er sagt:

Z Weder eine einseitige Bevorzugung fachlicher Richtigkeit, wenn dabei das Verständnis auf der Strecke bleibt, noch eine schrankenlose Simplifizierung können die Lösung sein.

10.6.2 Prinzip der fachlichen Ausbaufähigkeit

Dieser Grundsatz baut auf fachlicher Richtigkeit auf, worauf indirekt bereits im vorausgehenden Kapitel Bezug genommen wurde. Die Beachtung dieses Prinzips ist durch die bruchlose Fortführung der Erkenntnisgewinnung an das bisher Gelernte gekennzeichnet.

B Wird beispielsweise im Bereich der Sekundarstufe I die Gewinnung von Eisen auf die einfachste Aussage zurückgeführt, so lässt sich der folgende Satz formulieren: Durch Reduktion von Eisenoxid mit Kohlenstoff entstehen elementares Eisen und Kohlenstoffdioxid. Eine solche Darstellung lässt sich fachlich entsprechend ausbauen. So kann man bei der vertieften Behandlung dieser Thematik auf unterschiedliche Oxide des Eisens und auf die verschiedenen Reduktionsvorgänge sowie auf das Boudouard-Gleichgewicht eingehen.
Diese einfache, aber fachlich akzeptable Basis ermöglicht einen problemlosen Ausbau.

Da im Rahmen curricularer Lehrpläne Lerninhalte erweitert, vertieft oder auf höherem Niveau wieder aufgegriffen werden, wäre es didaktisch bedenklich, wenn neue, andersartige elementarisierende Maßnahmen ergriffen werden müssten. Dem Erstzugang muss sich der Fortgang nahtlos anschließen, wobei deutlich wird, dass Elementarisierung in die Zukunft wirken muss und sich nicht auf den augenblicklich zu bewältigenden Unterricht beschränken kann. Umlernen müssen ist für den Schüler fatal und diskriminiert die Schule.
Es ist deshalb eine schlichte Selbstverständlichkeit, dass sich der weiterführende Lehrer darüber informiert, welche elementarisierenden Maßnahmen sein Vorgänger ergriffen hat. Das ist zugegebenermaßen nicht immer problemlos. Lässt sich ein persönlicher Kontakt herstellen, ist das Gespräch zweifelsohne das beste Mittel, um Klarheit zu bekommen. Wo das nicht möglich ist, geben Hefteinträge der Schüler vielleicht Aufschluss, auch Probearbeiten geben Hinweise. Sofern sich Unterricht an einem bestimmten Lehrbuch orientiert, dürften kaum Schwierigkeiten bestehen.

10.6.3 Prinzip der Angemessenheit an die kognitive Struktur des Lernenden

Dieser Grundsatz ist keineswegs durch die lern- und entwicklungspsychologische Situation des Schülers allein umschreibbar. Gewiss ist es unabdingbare Voraussetzung für erfolgreichen Unterricht im Fach Chemie, dass der Lehrer die Erkenntnisse der pädagogischen Psychologie beherrscht und sie unterrichtlich umzusetzen weiß.

B So ist beispielsweise die Umstellung der Wortgleichung auf die Symbolgleichung ein abstrakter Vorgang, der behutsam vorzunehmen ist und der Ähnlichkeiten mit dem Erlernen einer Fremdsprache aufweist.
Vielen Schülerinnen und Schülern der Sekundarstufe macht es Schwierigkeiten, wenn sie vor die Auf-

gabe gestellt werden, eine Versuchsreihe auszuführen, bei der sie die Abhängigkeit der Einflüsse von zwei oder mehr Variablen festhalten sollen. Selbst die Vorgehensweise, nur eine Variable zu ändern, die andere dagegen konstant zu halten, stößt hier noch auf Schwierigkeiten. Die Reihe von Beispielen, Schüler durch mangelnde Angemessenheit zu überfordern, lässt sich beliebig fortsetzen.

Genauso bedeutsam sind aber auch Faktoren, die Angemessenheit bedingen und die von Lehrplänen und den von diesen abhängigen Schulbüchern leider unberücksichtigt bleiben (müssen). Ein Lehrer, der das – auch außerschulische – Vorwissen seiner Schüler nicht erforscht und verwertet, lässt wertvolle Ansatzpunkte für eine Elementarisierung ungenutzt. Eine rechtzeitige Ankündigung kommender Lerninhalte, die Erteilung von Aufträgen zum Sammeln, Erkunden, Nachlesen und Vorbereiten schafft nicht nur Motivation, sondern hilft bei der Portionierung des Stoffes in der Planungsphase.
Von nicht minderer Bedeutung ist die Kontrolle, inwieweit eine Elementarisierung greift. Die Zerlegung eines Sachverhalts in Unterrichtsschritte und Unterrichtsstufen verliert insgesamt an Wirkung, wenn eine Phase dieser Artikulation ins Leere läuft. Lernzielkontrollen in Form von lustbetonten, spielerischen, problemorientierten und aktivierenden Maßnahmen, die des offensichtlichen Überprüfungscharakters entbehren, sind – neben sicher notwendigen Probearbeiten – geeignet, dem Lehrer zu zeigen, inwieweit sich die Teile zu einem Ganzen fügen.

10.7 Maßnahmen der Elementarisierung

Eine Elementarisierung erfordert in jedem einzelnen Fall ihre besonderen Maßnahmen, die weder schablonenhaft vorliegen noch als solche angewandt werden könnten.
Dennoch lassen sich gewisse Typen von Elementarisierungsmaßnahmen erkennen. Jung [18] hat für die Physik eine solche Typologie vorgestellt. Sie lässt sich modifiziert auch auf die Chemie übertragen. Die folgenden Darlegungen lehnen sich deshalb an Jung an.

10.7.1 Elementarisierung durch Beschränkung auf die qualitative Ebene

Theorien, Gesetzmäßigkeiten, Begriffe, Größen sind in der Chemie (wie auch in der Physik) quantitativ bestimmt und häufig durch mathematische Formulierungen und auch spezielle Maßeinheiten beschrieben. Diese Definitionen sind nicht nur hoch abstrakt, sondern auch komplex, weil sie mit anderen Größen in wechselseitiger Verbindung stehen. Chemische Vorgänge quantitativ zu erfassen stellt deshalb nicht geringe Anforderungen an den Schüler. Voraussetzung dazu ist das Begreifen auf der qualitativen Ebene (vgl. Kap. 10.5.1).
Der Weg zu chemischer Erkenntnis im Laufe der Geschichte zeigt, dass viele Phänomene zunächst qualitativ erkannt und beschrieben worden sind, ehe man die Frage nach den quantitativen Verhältnissen zu stellen, zu lösen oder ihnen überhaupt eine quantitative Seite abzugewinnen in der Lage war. Das soll nicht heißen, dass die quantitative Ebene eines Lerninhalts nicht zur quantitativen Ebene eines anderen Lerninhalts Zugang schaffen könnte, ohne deren qualitative Erscheinung zur Voraussetzung zu haben. Hier geht es jedoch darum, deutlich zu machen, in welch starkem Maße die qualitative Ebene von Bedeutung ist, wenn es danach um Quantitatives geht, bzw. auch darum einzusehen, dass dem Schüler mit einer hinreichenden qualitativen Klärung mehr gedient ist als mit einem voreiligen Vorstoß in den quantitativen Bereich. Wenn also hier von Beschränkung auf die qualitative Ebene die Rede ist, so darf das im Sinne von Kapitel 10.3.1 nicht als Ersatz verstanden werden, sondern als notwendige, sinnvolle elementarisierende Maßnahme, auf die aufgebaut werden kann und muss.
So ist es beispielsweise im Unterricht der Mittelstufe vollkommen angemessen, das chemische Gleichgewicht qualitativ zu behandeln und das Massenwirkungsgesetz zu vernachlässigen.
Andererseits lässt sich Qualitatives von Quantitativem nicht strikt trennen. Dass Quantitäten eine Rolle spielen, erfährt der Schüler schon recht bald (z. B. wenn er Kochsalz in zu wenig Wasser zu lösen versucht; feststellt, dass

eine zu geringe Menge eines Stoffes keine Wirkung zeigt). Es darf noch einmal auf das Beispiel unter 10.5.1.2 zurückgegriffen werden: Hier zeigt sich die Schwelle zwischen Qualitativem und Quantitativem recht deutlich. Die Formulierung der Reaktion Schwefel mit Eisen als Wortgleichung ist noch ein qualitativer Befund, der im Augenblick der Einkleidung in die Symbolschreibweise zu einem quantitativen umschlägt, aber nur deshalb nicht so empfunden wird, weil keine Indizes auftauchen. Wird aber die Symbolschreibweise auf die Bildung von Wasser aus den Elementen übertragen, wird die quantitative Seite ganz deutlich.

Quantifizierungen werden im Ansatz auf der qualitativen Ebene immer wieder vollzogen; Feststellungen wie „je mehr (größer, verdünnter, heißer usw.) ... desto (heftiger, langsamer, schneller usw.)“; oder auch bloße Vergleiche („... verdampft schneller als ...; ist zäher als; reagiert heftiger als“), ja selbst mathematisch definierte Begriffe wie der pH-Wert werden zunächst qualitativ verstanden. Dieses Niveau wird als Elementarisierung auf der halb-quantitativen Ebene bezeichnet. Es stellt eine Brückenfunktion dar und sollte im Unterricht stets berücksichtigt werden.

10.7.2 Elementarisierung durch Vernachlässigung

Mit fortschreitendem Verständnis chemischer Vorgänge erkannte man immer besser, dass Nebeneffekte mitbestimmend sind, die zunächst nicht sonderlich auffallen. Deshalb beschränken wir uns bei der Elementarisierung durch Vernachlässigung auf den Kern der Erscheinung und missachten – in vielen Fällen gänzlich, in manchen vorerst – diese „Nebensächlichkeiten“ bzw. wir schalten sie im experimentellen Bereich bewusst aus. Dadurch wird die Komplexität der Lerninhalte vermindert, sie werden leichter zugänglich.

Solche Vernachlässigungen sind als didaktisches Handwerkszeug ganz selbstverständlich. Wir übersehen z. B. die Tatsache, dass viele Reaktionen nicht von selbst oder nur schwer in Gang kommen und lassen die Bedeutung der Temperatur, des Lichtes, der Konzentration, der Katalysatoren usw. außer Acht. Ähnliches geschieht bei der Darstellung von Umsetzungen, deren Zwischenstufen vernachlässigt werden und bei denen nur das „Ergebnis unterm Strich“ Beachtung findet.

B So bleibt z. B. die Funktion der Schwefelsäure bei der Elektrolyse des Wassers zunächst unbeachtet. Man begründet ihre Zugabe damit, das Wasser leitend machen zu müssen. Auch die Tatsache, dass das Verhältnis Wasserstoff : Sauerstoff = 2 : 1 im frisch gefüllten Hoffmann'schen Apparat nicht stimmt, weil sich das Wasser erst mit dem darin löslichen Sauerstoff sättigen muss, kaschieren wir, indem wir einen Vorlauf durchführen, d. h., diesen Nebeneffekt bewusst ausschalten. Chemisch-technische Abläufe mit ihren oft hoch komplizierten Funktionsbedingungen sind ohne Vernachlässigung kaum verstehbar. Der Hochofenprozess ist dafür ein gutes Beispiel. Die Führung des Windes, Art und Funktion der Zuschlagsstoffe, die Bildung der Schlacke usw. werden im Unterricht vernachlässigt. Dies hat vor allem unter dem Gesichtspunkt zu geschehen, wie bedeutend das einzelne Detail im Gesamtkontext der zu vermittelnden Inhalte ist. Ein Fachbegriff, etwa die „Gicht“, der bei der Behandlung eines technischen Prozesses ein einziges Mal im Verlauf des gesamten Chemieunterrichts auftritt, wird wohl kaum so viel Bedeutung haben, dass er nicht verzichtbar wäre.

10.7.3 Elementarisierung durch Rückgriff auf historische Erkenntnisstufen

Die in den beiden bisher dargestellten Maßnahmen (10.6.1; 10.6.2) schon angeklungene historisch-genetische Komponente wird hier bewusst eingesetzt.

Die Geschichte der Chemie zeigt, dass es immer wieder Probleme in der Gewinnung von Verständnis gegeben hat, die in manchen Fällen eine auffällige Parallele zu den Verstehenskonflikten unserer Schüler aufweisen (z. B. bei der Oxidationstheorie). Dem Lehrer bietet ein solcher Rückgriff einerseits Klarheit über die Art der Verständnisschwierigkeiten, andererseits eine Handhabe zur Elementarisierung. Aus heutiger Sicht sind historische Wissensstände vorwiegend qualitativ bestimmt und vernachlässigen zudem Erscheinungen, die erst dem verfeinerten Blick moderner Betrachtung zugänglich sind.

B Rückgriffe auf historische Ebenen (z. B. Modellvorstellungen (Bohr'sches Atommodell), überwundene Theorien (bestimmte Säure-Base-Theorien), veraltete Maßeinheiten (Kalorie statt Joule) oder Begriffe (Molekulargewicht statt molare Masse; spezifisches Gewicht, Artgewicht oder Wichte statt Dichte) sind zum Teil traditionell bewährte Maßnahmen, deren elementarisierende Wirkung nicht verkannt werden soll, die jedoch auch deutlich machen, dass die Kenntnis der Geschichte einerseits und des derzeitigen Wissensstandes andererseits über Sinn oder Gefahren derartiger Elementarisierungen entscheiden müssen.
Die Verwendung historischer Stoffbezeichnungen (z. B. Pottasche, Natron, Hirschhornsalz) ist der Nomenklatur sicher wenig förderlich. Andererseits schaffen solche Trivialnamen Zugänge, zumal sie gebräuchlich sind (z. B. Bittersalz als Koniferendünger, Glaubersalz als Abführmittel, Viehsalz, Streusalz). Anders verhält es sich mit gängigen Stoffbezeichnungen, die sowohl im Alltag als auch in der Fachwissenschaft gebräuchlich sind, aber im Sinne einer falsch verstandenen Wissenschaftsorientierung gerade im Chemieunterricht nicht mehr eingesetzt werden (z. B. Ethansäure statt Essigsäure, Propanon statt Aceton).

10.7.4 Elementarisierung durch Generalisierung

Generalisierungen – allgemein gültige Aussagen über das Verhalten von Stoffen oder das Wirken von Kräften – sind das Ergebnis einer Fülle von Erkenntnissen, die sich unter bestimmten Gesichtspunkten formulieren lassen. Sie sind einerseits notwendig, um die Vielzahl von gleichen oder doch sehr ähnlichen Phänomenen zu ordnen, andererseits verwischen sie die Schärfe der Erscheinungen und verzichten damit auf Präzision im Detail bzw. auf fachliche Richtigkeit. Je höher der Grad der Verallgemeinerung vorangetrieben wird, umso größer ist die hinzunehmende Ungenauigkeit. Diese Einsicht ist dem Schüler nicht immer einfach zu verdeutlichen, weil es dazu ja einer großen Anzahl von im Einzelnen erkannten Fakten bedarf. Wenn nun mithilfe von Generalisierung elementarisiert wird, dann vollzieht man damit eigentlich Unzulässiges: Auf der Basis weniger – in aller Regel viel zu weniger – Erkenntnisse oder Erfahrungen werden in der Schule allgemein gültige Aussagen gemacht, die nur bedingt richtig sind.

B Die Löslichkeit von festen Stoffen nimmt üblicherweise mit steigender Temperatur zu. Dies ist die Grundlage des Umkristallisierens als wichtigem Reinigungsschritt. Calciumcitrat löst sich jedoch in kaltem Wasser besser als in heißem.

Die Chemie ist wie eigentlich jede Wissenschaft dazu gezwungen, die Unzahl der stofflichen Varianten, die Fülle der Erscheinungen generalisierend zu beschreiben. Das Periodensystem der Elemente, die einzelnen, zu Gruppen zusammenfassbaren Stoffe sind deutliche Beispiele für die Notwendigkeit, aber auch Brauchbarkeit von Verallgemeinerungen mit dem Vorbehalt der Pauschalierung. Aber gerade diese Einsicht ist dem Schüler erst allmählich zu vermitteln und man muss sich fragen, ob Elementarisierung durch Generalisierung dann toleriert werden kann.
In den allermeisten Fällen liegt die Lösung in der Formulierung der Aussage. Der Satz: „Eine Oxidation ist die Reaktion eines Reinstoffes mit Sauerstoff." ist sicher nicht falsch, wird sich aber alsbald als erweiterungsbedürftig herausstellen. Insofern entspricht diese Formulierung zwar noch dem Grundsatz der Ausbaufähigkeit, es fragt sich aber, ob folgende Fassung dieser Generalisierung: „Die Verbindung eines Stoffes mit Sauerstoff bezeichnet man als Oxidation." nicht geeigneter erscheint. Sie beschreibt das bisherige Verständnis zutreffend, lässt aber eine Erweiterung des Oxidationsbegriffes besser zu als Erstere.

10.7.5 Elementarisierung durch Partikularisierung

Partikularisierung meint Elementarisierung durch Betrachtung zunächst eines Teilaspekts unter Zurückstellung anderer, nicht weniger wichtiger und meist erweiternder Verständnisebenen. Von dieser Möglichkeit wird insbesondere bei der Einführung von Begriffen bzw. bei der Formulierung von Gesetzmäßigkeiten Gebrauch gemacht. Dabei gilt die Voraussetzung, dass der Gesamtaspekt dadurch nicht verschoben oder gar verfälscht wird und sich andere Teilaspekte zwanglos anschließen bzw. man in solche hineinentwickeln kann.

B Der Kalkkreislauf lässt sich wesentlich vereinfachen, wenn nicht alle einzelnen Teilschritte auf einmal behandelt werden. Günstiger ist es, wenn die Teilreaktionen – das Brennen von Kalk – das Löschen – das Abbinden mit CO_2 – zunächst getrennt besprochen und dann erst in einen Zusammenhang gebracht werden.

10.7.6 Elementarisierung durch Vernachlässigung begrifflicher Differenzierungen

Man versteht darunter das Hinnehmen von Begriffen, die in letzter Instanz nicht genügend ausgegliedert sind. Meist handelt es sich dabei nicht um aktive Maßnahmen, die der Lehrer planend einkalkuliert, sondern die der Schüler benutzt, um sich zu artikulieren. Die umgangssprachliche Herkunft dieser Begriffe ist dabei unverkennbar und oftmals hinderlich.

B So reden Schüler von Wärme oder Hitze, meinen dabei aber Temperatur; Substanzen werden als „Masse" bezeichnet und tangieren damit den physikalischen Begriff der Masse; Stoffe oder Energien werden „verbraucht"; Gasblasen werden als Luftblasen aufgefasst; aggressive Stoffe als „Säure" deklariert. Völlig undifferenziert ist der Begriff Gift.

Andererseits ist darauf zu achten, dass streng belegte Begriffe nicht durcheinander gebracht und bei ihrer Einführung im Unterricht hinreichend definiert werden.

B So ist es ein großer Unterschied, ob eine Substanz an der Oberfläche von Aktivkohle adsorbiert oder ein Gas in einer Flüssigkeit absorbiert wird. Dagegen wird man in der Schule in vielen Fällen eine begriffliche Differenzierung in der Chromatografie, etwa in Adsorptions- oder Verteilungschromatografie, nicht vornehmen. Das bedeutet, man wird sich, wo immer es möglich und zulässig ist, auf korrekte fachliche Oberbegriffe beschränken.

Davon zu unterscheiden wäre dagegen der Gebrauch nicht genügend differenzierter Termini, die als Generalisierung zu betrachten sind, z. B. wenn der Schüler von Teilchen spricht und damit Atom, Molekül, Ion oder eine funktionelle Gruppe bezeichnet. Trotz der Bedenken kann man die Verwendung derartiger Begriffe tolerieren. Es ist aber zu prüfen, inwieweit solche Bezeichnungen den Fortgang des Verständnisses behindern bzw. wann eine terminologische Klärung angezeigt erscheint.

Es wäre verfehlt, derartige Ungenauigkeiten im Unterricht permanent zu korrigieren. Der Schüler wäre verunsichert und würde nicht mehr wagen, spontan zu reden. Das soll nicht heißen, dass gelegentliche Hinweise auf den unkorrekten Gebrauch von Begriffen nicht sinnvoll wären. Wesentlich wirkungsvoller ist es, wenn die Lehrkraft korrekt spricht, eine Forderung, der allerdings nur mit ständiger Selbstkontrolle entsprochen werden kann (vgl. Kap. 10.6.1.1). Das sprachliche Vorbild der Lehrkraft wirkt nachhaltig und unaufdringlich.

10.8 Erläuterung an einem Beispiel

Um das bislang Dargestellte an einem Beispiel zu verdeutlichen, sei ganz bewusst der in der Literatur immer wieder verwendete Hochofenprozess (Grüner [12], Salzmann [2, 4] u.a.) aufgegriffen.

Es handelt sich dabei um einen *chemisch-technischen* Vorgang, der nur deshalb funktioniert, weil einerseits die Reduktion von Eisenerzen durch Kohlenstoff möglich ist, andererseits eine Reihe technischer Maßnahmen die Gewinnung von Roheisen unter wirtschaftlichen Gesichtspunkten gelingen lässt. Insofern ist es problematisch, den rein chemischen Sachverhalt vom technischen zu trennen. Auch die Bedeutung des Eisens für die Entwicklung unserer Kultur, für Wirtschaft und Industrie stellt einen wichtigen Aspekt dar. Und nicht zuletzt sind die unterschiedlichen Grade des Interesses der Lernenden zu bedenken und die Zumutbarkeit der Zusammenhänge im Blick auf ihre persönliche Situation und ihr Lernalter.

Daraus ergeben sich folgende Fakten:

- der *Chemismus* der Reduktion von Eisenoxiden zu elementarem Eisen;
- die *technischen Einrichtungen* zur wirtschaftlichen Gewinnung von Eisen;
- die *kulturhistorische Bedeutung* des Eisens für die menschliche Gesellschaft;
- die *Betroffenheit des Lernenden* in seiner jeweiligen Situation.

Es ist unschwer vorstellbar, dass sich bei der Betrachtung der *rein chemischen Vorgänge* die gesamte Palette des Reaktionsgeschehens aufdrängt, von der absoluten Minimal-Formulierung: „Aus Eisenerzen wird durch Kohle in einem Hochofen Eisen gewonnen.", über „$Fe_2O_3 + 3CO \rightarrow 2Fe + 3CO_2$" bis hin zur alle Nebenreaktionen und Zuschlagsstoffe berücksichtigenden Darstellung. Welche Ausführlichkeit entspricht welchem Lernenden? Einem für die Eisenhüttenindustrie auszubildenden Chemie-Ingenieur steht umfassende Kenntnis aller chemischen und technischen Vorgänge und Details zu, aber einem am Hochofen stehenden Facharbeiter wird ein anderes Spektrum an Kenntnissen und Fähigkeiten abverlangt als Ersterem. Inwieweit sind *technische* Einzelheiten zumutbar? Genügt es in allgemein bildenden Schulen zu wissen, dass die Eisengewinnung mithilfe von Hochöfen stattfindet oder gehört es dazu zu erfahren, warum der Hochofen die Form eines Doppelkonus hat, dass man ihn mit wechselnden Schichten von Koks und Eisenerz beschickt und heiße Luft einbläst. Oder genügt es, dass man weiß, warum man Koks und nicht einfach Kohle verwendet, die heiße Luft Winde nennt, die man durch Winderhitzer schickt, die Bedeutung des Boudouard-Gleichgewichts kennt, Gestell, Rast, Gicht unterscheiden kann? Es wird ganz deutlich, wie sehr sich der Lehrer hier fragen muss, welche elementaren Kenntnisbausteine unbedingt nötig sind, um auf der jeweiligen Lernstufe die Vorgänge verstehen zu können.

Aber nicht genug damit. Es gehört einfach dazu, dass sich der Lehrer darüber Gedanken macht, welche Bezüge der Schüler zum Hochofenprozess mitbringt, welche Betroffenheit er besitzt bzw. welche Verbindungen herzustellen, welche Bedürfnisse zu befriedigen sind.

Gerade Fachlehrer geraten gerne in Gefahr, diese komplexe Verklammerung zwischen der Lebenswelt des Schülers, unserer Kultur und dem Lerninhalt zu übersehen. Es ist schlicht als grober pädagogischer Kunstfehler anzusehen, wenn man glaubt, dass das, was nicht zu seinem Fach gehört, den Lehrer nichts anginge.

Im Folgenden werden verschiedene Niveaus der Elementarisierung betrachtet und es wird versucht, daran besondere didaktisch-pädagigsche Reduktionsstufen zu erläutern. Die bildlich-schematischen Darstellungen des Hochofenprozesses versuchen die einzelnen Elementarisierungsstufen zu verdeutlichen.

B Ausgehend von umfassenden Darstellungen über den Hochofenprozess, wie er in den teils recht umfangreichen Lehrbüchern der Eisenhüttenkunde vermittelt wird, findet man eine erste Elementarisierungsstufe etwa bei Ullmann [21]. Hier ist das gesamte Thema Eisen auf ca. 100 Seiten abgehandelt. Gegenüber der Originalliteratur wird – dem Prinzip der *Generalisierung* folgend – die hüttentechnische Komponente auf die Darstellung typischer Bauarten von Hochöfen und Begichtungsanlagen beschränkt, obwohl der Anspruch an das chemisch-technische Verständnis in etwa dem der Originalliteratur entspricht. Wenn auch nicht alle gängigen Fachbegriffe der Eisenhüttenkunde auftauchen (*Elementarisierung durch Vernachlässigung begrifflicher Differenzierungen*), so finden sich dennoch im Text zahlreiche Fachtermini. Insgesamt kann man feststellen, dass nicht nur die chemischen, sondern auch die technologischen und ingenieurwissenschaftlichen Aspekte Berücksichtigung finden.

Die nächste Stufe der Elementarisierung findet man in den Lehrbüchern für den Gebrauch an Hochschulen. Ein typisches Beispiel liefern Holleman/Wiberg [22]. Im Vordergrund stehen hier die chemischen Aspekte des Prozesses der Eisengewinnung. Der Hochofen wird nur noch schematisch mit seinen wichtigsten Formen dargestellt. Es finden sich nur ungefähre Angaben über die Größe, die Betriebsbedingungen und die umgesetzten Mengen. Die für den Ingenieur wichtigen Konstruktionsmerkmale, wie etwa der äußere Stahlpanzer, sind nicht mehr dargestellt. Dagegen werden die ablaufenden chemischen Reaktionen vollständig beschrieben. Die didaktische Reduktion erfolgt also, indem der Blickwinkel verengt wird. Nur noch Inhalte, die aus der Sicht des Faches – hier der Chemie – wichtig sind, spielen eine Rolle.

Gängige Schulbücher allgemein bildender Schulen zeigen eine weitere Stufe der Elementarisierung. Das als unverzichtbar erachtete chemische Reaktionsgeschehen ist in der Darstellung durch eine geringere Ausdifferenzierung chemischer Sachverhalte gekennzeichnet. So wird etwa das Boudouard-Gleichgewicht nicht mehr in seiner Temperaturabhängigkeit dargestellt (*Prinzip der Beschränkung auf die qualitative Ebene*). Auch die Technologie der Hochofenkonstruktion erfährt eine weitere Verminderung (*Prinzip der Vernachlässigung*). Stattdessen treten in Schulbüchern vermehrt Lerninhalte auf, die mit der Bedeutung der Eisengewinnung, häufig auch in ihrer historischen Entwicklung (Eisenzeit), zu tun haben. Hier ist die Ausbaufähigkeit, etwa in einem Leistungskurs, noch voll gewährleistet. Allerdings ist es zweifelhaft, dass die Lernenden einsehen, dass es sich

um ein Gleichgewicht handelt, wenn die Boudouard-Reaktion in zwei unabhängige Teilreaktionen zerlegt wird. Eine intensivere Beschäftigung mit dem Sachverhalt bedeutet dann für die Schülerinnen und Schüler ein Umlernen und nicht einen Ausbau des Wissens.
Weitere Schritte der Elementarisierung beinhalten stufenweise, je nach Adressatengruppe, nur noch die Konzentration auf die wichtigsten Reaktionen. So kann das Grundprinzip des Hochofenprozesses noch immer verstanden werden, wenn auf die Darstellung der Reaktionen der Zuschlagsstoffe, also der Schlackenbildung, und auf das Abrösten sulfidischer Erze nicht eingegangen wird. In der schematischen, zeichnerischen Darstellung des Hochofens wird nur noch grob sein Umriss wiedergegeben. Eine falsch verstandene Vereinfachung ist es allerdings, wenn auf die Form des Hochofens als Doppelkonus nicht eingegangen wird.
Auch die begriffliche Ausdifferenzierung muss dem jeweiligen Vereinfachungsniveau angepasst werden (*Prinzip der Vernachlässigung begrifflicher Differenzierungen*). So ist es im Allgemeinen wenig sinnvoll, wenn im Zusammenhang mit dem Hochofenprozess Begriffe eingeführt werden, welche die Schülerinnen und Schüler zu einem weiteren und vertieften Verständnis der Chemie nicht benötigen, sondern welche singulär nur in einem einzigen Zusammenhang Bedeutung haben. Typische Begriffe sind etwa „Möller", „Rast" oder „Blasebene", die sehr spezifische und nicht allgemein nötige Fachbegriffe darstellen und somit zu vernachlässigen sind.
Die vollständige Vernachlässigung des technischen Prozesses, also die alleinige Beschränkung auf den chemischen Vorgang, die Reduktion von Eisenoxid durch Kohlenstoff zu Eisen bei gleichzeitigem Entstehen von Kohlenstoffmonooxid und Kohlenstoffdioxid (bzw. eine lediglich verbal gefasste Darstellung) ist zwar denkbar, beraubt jedoch dieses Reaktionsgeschehen seiner untrennbar damit verbundenen technischen Entsprechung und ist bestenfalls als lexikalisches Stichwort tolerierbar.
Hingegen ist es umgekehrt möglich, dass die stark vereinfachte, rein technische Seite der Eisengewinnung für Schülerinnen und Schüler einen durchaus akzeptablen und ausbaufähigen Einstieg bedeuten kann, wenn ihnen der Chemismus, selbst auf unterster Ebene, noch nicht zugänglich ist: in der Grundschule. Dass Eisenerz und Kohle in einen großen Ofen geschüttet werden, die Kohle dann angezündet wird und schließlich flüssiges Eisen unten aus dem Hochofen herausläuft, ist für Kinder eine spannende Erstbegegnung.
(Hinweis: Es gibt im Lehrmittelhandel funktionierende Modellhochöfen mit respektablen Veranschaulichungsmöglichkeiten.)

10.9 Zusammenfassung

Wenn Elementarisierung – didaktische Reduktion – in der einschlägigen didaktischen Literatur aller Fachgebiete als zentrale Mitte unterrichtlicher Bemühungen, als Kernstück des Lehrens, als Angelpunkt des Lernens bezeichnet wird, dann dürfte ihre Bedeutung auch für den Bereich der Chemie deutlich sein. Aus den vorangegangenen Kapiteln lassen sich einige grundlegende Erkenntnisse formulieren, die der Lehrer im Auge behalten sollte, um erfolgreichen Unterricht zu erteilen:

- Jeder Mensch bedarf zur Orientierung im Zugriff auf die Komplexität unserer Lebenswelt der Elementarisierung. Sie ist nicht Ersatz für die Wirklichkeit, sie bedeutet Wirklichkeit in der jeweiligen Orientierungssituation des Einzelnen.
- Absolute Richtpunkte der Elementarisierung sind die kognitive Struktur des Schülers, die sachliche Zulässigkeit der vorgenommenen didaktischen Reduktion und deren fachliche Ausbaufähigkeit. Sie bestimmen, in ein richtiges Verhältnis zu einander gesetzt, den Wert des Unterrichts.
- Elementarisierung verfolgt in erster Linie das Ziel, die Komplexität eines Lerninhalts zu entflechten und ihn auf ein angemessenes Abstraktionsniveau zu reduzieren.
- Infolge der gegenseitigen Abhängigkeit der Bedingungsfaktoren lassen sich Maßnahmen, um einen bestimmten Lerninhalt zu elementarisieren, nicht allgemein gültig angeben. Die in Kapitel 10.7 dargestellten Prinzipien sind lediglich aus der Fülle der unterrichtlichen Praxis ableitbar. Sie können sich im Einzelfall tangieren, überschneiden oder ausschließen.
- Unterrichtserfahrung ist ein unschätzbares Kapital im Bemühen um Elementarisierung, nicht aber als speicherbare Ware, sondern als stets neu zu schaffendes Gut.

L

[1] Klafki, W.: Das pädagogische Problem des Elementaren und die Theorie der kategorialen Bildung. Weinheim/Berlin 1959.
[2] Salzmann, Ch.: Elementarisierung und Vereinfachung als Kernproblem des Lehr-/Lernprozesses. Pädagogische Rundschau 36/5, 1982, S. 535–557.
[3] Weltner, K.: Elementarisierung physikalischer und technischer Sachverhalte als eine Aufgabe der Didaktik des Physikunterrichts. NiU, Physik/Chemie, 31/9 (1983) S. 303–310.
[4] Salzmann, Ch.: Die Vereinfachung als didaktisch-methodisches Problem. Pädagogische Rundschau 24/2 (1970) S. 106–118.
[5] Wagenschein, M.: Zum Begriff des exemplarischen Lernens. Zeitschrift für Pädagogik, Heft 3 (1956).
[6] Wagenschein, M.: Ursprüngliches Verstehen und exaktes Denken. Stuttgart 1965.
[7] Kircher, E., Girwidz, R., Häußler, P.: Physikdidaktik. Eine Einführung in Theorie und Praxis. Vieweg, Braunschweig 2000.
[8] Bleichroth, W.: Elementarisierung, das Kernstück der Unterrichtsvorbereitung. NiU, Physik, 2/6 (1991) S. 4–11.
[9] Kahlke, J., Kath, F. M.: Didaktische Reduktion und methodische Transformation. Alsbach 1984.
[10] Kattmann, U., u. a.: Das Modell der didaktischen Rekonstruktion – Ein Rahmen für naturwissenschaftsdidaktische Forschung und Entwicklung. ZfDN, 3, Heft 3 (1997) S. 3–12.
[11] Spranger, E.: Die Fruchtbarkeit des Elementaren. Universitas VIII, 1. Stuttgart 1953, S. 1–7.
[12] Grüner, G.: Die didaktische Reduktion als Kernstück der Didaktik. Die Deutsche Schule, 7/8 (1967) S. 414–430.
[13] Copei, F.: Der fruchtbare Moment im Bildungsprozess. Heidelberg 1969.
[14] Rösler, H. F., Schmidkunz, H.: Die didaktische Reduktion – eine Bestandsaufnahme. NiU, Chemie, 7/34 (1996) S. 4–8.
[15] Hering, D.: Zur Fasslichkeit naturwissenschaftlicher und technischer Aussagen. Beiträge zur Theorie und Praxis der Berufsausbildung, Heft 2, 1959.
[16] Kirschner, O.: Zum Problem der didaktischen Reduktion ingenieur- und naturwissenschaftlicher Aussagen. Die deutsche Berufs- und Fachschule (1971) S. 260–278.
[17] Hauptmeier, G., Kell, A., Lipsmeier, A.: Zur Auswahlproblematik von Lerninhalten und zur didaktischen Reduktion wissenschaftlicher Aussagen. Die deutsche Berufs- und Fachschule 12 (1975) S. 899–928.
[18] Jung, W.: Fachliche Zulässigkeit aus didaktischer Sicht. Arbeitspapier zum IPN-Seminar 2, Kiel 1972.
[19] Lobkovicz, M.: Vortrag an der Karlsuniversität: Hochschulgesetz und Selbstverwaltung der Hochschulen, Prag 1990, S. 9.
[20] Vollmer, G.: Darf man falsches lehren? Eine wissenschaftstheoretische Überlegung. Naturwissenschaften 76 (1989) S. 185–193.
[21] Ullmann, K.: Encyklopädie der technischen Chemie, Band 10. Weinheim 1975, S. 311–409.
[22] Holleman, A. F., Wiberg, E.: Lehrbuch der anorganischen Chemie. Berlin 1995, 101. Aufl.

11. Unterrichtsverfahren

11.1 Einführung

„Wer vom Ziel nichts weiß ... kann den Weg nicht haben.“ – ein selbstverständlicher Satz, dessen Beachtung gerade im Unterricht nicht deutlich genug unterstrichen werden kann.
Die in den 70er Jahren des 20. Jahrhunderts im Zusammenhang mit der Curriculumentwicklung vehement geführten Diskussionen um die Zielbestimmtheit von Unterricht lieferten zwar ein vertieftes Verständnis über dieses Anliegen, bewiesen aber andererseits, in wie starkem Maße zu erreichende Ziele von den Wegen bestimmt werden, die zu ihnen führen. Was sich auf dem Weg zu einem Lernziel ereignet, wie dieser Weg unterrichtlich gestaltet werden kann, welche Maßnahmen der Lehrer dabei ergreifen kann, ist ein viel diskutierter Kernbereich der Didaktik. Die vielfältigen Aspekte werden allgemein als **Unterrichtsverfahren** oder **-methoden** zusammengefasst. Beide Begriffe werden hier synonym verwendet.
In den letzten Jahren wurden für das Unterrichtsfach Chemie eine ganze Reihe Unterrichtsverfahren entwickelt und in der Praxis erprobt. Einige dieser Verfahren sind sich sehr ähnlich; teilweise findet man erhebliche konzeptionelle Überschneidungen. Im Rahmen dieses Kapitels sollen Strukturen einiger grundlegender Unterrichtsverfahren dargestellt werden. Es ist dabei nicht das Ziel, eine vollständige Übersicht über alle methodischen Varianten zu geben. Es soll verdeutlicht werden, dass es keine „richtigen“ und „falschen“ Methoden gibt. Glöckel [1] umreißt dies sehr treffend mit der Feststellung „Es gibt nicht die eine, es gibt aber auch nicht jede beliebige, es gibt die jeweils angemessene Methode und man muss viel wissen, um sie zu finden.“
Im Zusammenhang mit Unterrichtsverfahren ist es notwendig, zwei weitere Begriffe zu definieren. Dies ist einmal die **Unterrichtsform.** Diese bezeichnet die „Rollenverteilung“ zwischen Schülern und Lehrern bei der Erarbeitung des Unterrichtsgegenstandes, ist also ein Teilaspekt der Unterrichtsmethoden. Ein weiterer Begriff, der in Deutschland allerdings nur regional gebraucht wird, ist die **Artikulation.** Hierunter versteht man die Strukturierung eines Lernablaufs durch Schritte und Stufen. Dieser Ausdruck wird auch für die Gliederung einer Unterrichtsstunde innerhalb des 45-Minuten-Rasters verwendet.
Zunächst wird dargelegt, in welchem Spannungsfeld sich das Unterrichten allgemein bewegt und wie der Weg naturwissenschaftlicher **Erkenntnisgewinnung** auch die Unterrichtsverfahren im Fach Chemie beeinflusst. Da die Unterrichtsmethoden sehr oft auch die Unterrichtsformen bedingen bzw. diese beiden Bereiche nicht voneinander trennbar sind, folgt eine knappe Übersicht hierüber.

11.1.1 Lernen zwischen Übernahme und Erarbeitung

Lernen ist ein äußerst komplexer Vorgang. Er lässt sich theoretisch zwischen zwei unterschiedlichen Möglichkeiten einordnen, die man als Gegensätze auffassen und als Endpunkte einer denkbaren Skala anordnen kann (vgl. Kap. 7.1.2).

- Der Lernende übernimmt die Lerninhalte von einem Geber in Gestalt eines Informanten oder eines Mediums. Zwischen „Geber und Nehmer“ ist die Rollenverteilung gegensätzlich. Ersterer ist aktiv, Letzterer rezeptiv passiv. Ein solches Lernen nimmt wenig Zeit in Anspruch, im Extremfall nur so lange, wie die Darreichung des Stoffes durch den Geber währt und so lange der Nehmer braucht, um die Information abzuspeichern.
- Der andere Endpunkt dieser fiktiven Skala ist das Lernen durch Erarbeitung: Der Lernende ist mit dem zu übernehmenden Gegenstand konfrontiert und muss sich diesen selbst erschließen. Er ist hierbei in hohem Maße aktiv. Die Rolle des Gebers beschränkt sich auf die Bereitstellung des Lerninhalts, er ist dabei mehr oder minder passiv.

Ein solches Lernen erfordert außerordentlich viel Zeit, selbst dann, wenn man davon ausgeht, dass der Lernende dabei keine Fehler macht.

Wenn man nun an Unterricht als planmäßige und organisierte, zielgerichtete und adressatenbezogene Maßnahme denkt, dann wird deutlich, dass die bloße Übernahme von Informationen, der reine Faktenkonsum, ebenso wenig zu einem unterrichtlichen Lernerfolg führt wie die ausschließliche Selbsterarbeitung:

- Eine noch so stringente Darreichung von fachlichem Wissen, z. B. in einer akademischen Vorlesung, nimmt immer eine gewisse Rücksicht auf den Lernenden, indem sie ihm die Fakten schrittweise, logisch aufgebaut, darstellend, entwickelnd vorstellt.
- Ein noch so offener Unterricht mit weitgehend selbstständiger Bearbeitung von Lerninhalten stößt ohne Unterstützung des Lehrenden schnell an die Grenzen der Möglichkeiten. Der Lernende braucht Hilfe, braucht Informationen, die er sich beim Lehrer, beim Mitschüler holen muss.

Unterricht und die ihn strukturierende Methode vollzieht sich somit zwischen den beiden Polen, wobei nicht der Fehlschluss gezogen werden darf, dass die genaue Mitte zwischen den Extremen das „richtige und beste" Verfahren darstellt.

Aber auch aus pädagogischen Gründen ist Ausgewogenheit zwischen Selbsterarbeitung und Informationsübernahme nötig. Wer nie erfahren hat, wie Fakten gewonnen, fixiert und weitergegeben werden, der wird zu übernehmende Fakten nicht richtig beurteilen können. Wer andererseits Fakten nicht zu übernehmen versteht, kann Lerninhalte nicht selbstständig erarbeiten.

Wenn unterrichtliches Lernen durchgängig weder in der einen noch in der anderen Ausprägung existiert, sondern als Typus bestenfalls in der Nähe der Endpunkte anzusiedeln ist, dann besagt das noch nicht, dass reine Informationen bzw. eigenständige Auseinandersetzung im Unterricht entfallen. Die Atommassen der chemischen Elemente sind ein zu übernehmendes Faktum. Das Konstruieren eines Versuchsaufbaus nach vorgegebenen Parametern verlangt Eigenleistung. Aber solche, auf die Endpunkte der Lernskala verweisende Phasen sind – abgesehen von ihrer Kürze im Vergleich zum Unterricht insgesamt – eingebettet in vorbereitende oder nachbereitende didaktische Maßnahmen.

Die tatsächliche Stellung des Unterrichts zwischen den Polen „Erarbeitung" (Konstruktion) und „Übernahme" (Instruktion) ist oftmals zu kritisieren. Unterricht tendiert häufig zum Lernen durch Übernahme, obwohl Lernen durch Erarbeitung möglich wäre. Gewiss sind daran sachfremde Umstände vorwiegend schuld: Zeitnot, überfüllte Lehrpläne, viel zu später Beginn des Chemieunterrichts, zu volle Klassen, Lehrermangel, Mangel an freien Arbeitsmöglichkeiten in Arbeitsgemeinschaften. Chemie ist jedoch eine Naturwissenschaft. Erkenntnisse werden durch geeignete Experimente und ihre Deutung, nicht durch ersatzweise Vorgabe von Ergebnissen gewonnen.

Wie Abbildung 199.1 zeigt, hängt die Wahl des Unterrichtsverfahrens von einer ganzen Reihe von Entscheidungsfeldern ab, die sich teilweise beeinflussen bzw. zusammenhängen. So kann der Fachinhalt beispielsweise bei der Erarbeitung des Periodensystems der Elemente eine historisch-problemorientierte Vorgehensweise nahe legen, die Situation der Klasse und ein knapper Zeitrahmen dieses aber unmöglich machen. Ein erfahrener Lehrer wird eher Unterrichtsverfahren wählen, die organisatorisch aufwändig und in der Kontrolle sowie in der Bewertung schwierig sind.

11.1.2 Exkurs: Unterrichtsformen (nach [3])

Der Begriff **Unterrichtsformen** ist einer der wenigen relativ einheitlich verwendeten didaktischen Begriffe. Man spricht von **„Aktionsformen"** (darbietend-aufnehmend, zusammenwirkend, aufgebend-ausführend). Nach dem Sozialverband, in dem die Schüler sich jeweils befinden, unterscheidet man **„Sozialformen"** (Arbeiten in der Großklasse, Klasse, Abteilung, Gruppe, Partner- und Einzelarbeit). Da zum Verständnis der folgenden Abschnitte diese Begriffe notwendig sind, werden sie hier vorab erläutert.

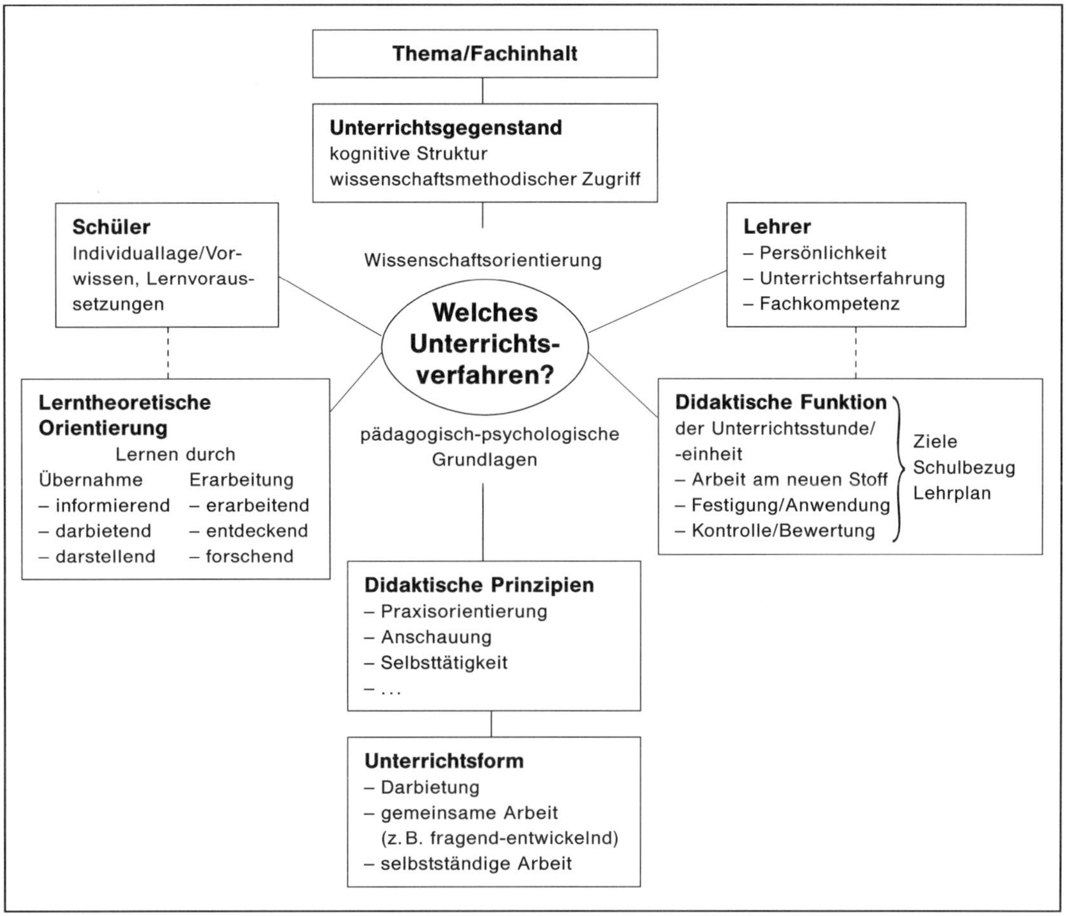

Abb. 199.1: Unterrichtsverfahren – eine methodische Entscheidung vor komplexem Hintergrund [2]

Darbieten – aufnehmen ist angebracht bei der Informationsvermittlung, der Einführung in einen schwierigen Gedankengang, der Vorführung grundlegender Labortechniken, insbesondere unter Sicherheitsgesichtspunkten.

Zusammenwirken in Form des (gelenkten oder freien) Unterrichtsgesprächs ist angezeigt beim Zusammentragen von Schülerinformationen, der Diagnose vorhandenen Wissens, dem gemeinsamen Erarbeiten eines Problems, der argumentierenden Auseinandersetzung mit Wertfragen, der Stellungnahme zu einem vorher dargebotenen Sachverhalt – wenn der Sachverhalt wichtig und schwierig genug ist, um den meist größeren Zeitaufwand zu rechtfertigen.

Aufgeben – ausführen ist notwendig, wenn Schüler eine verbindliche Leistung erbringen, Selbstständigkeit gewinnen, in ihren individuellen Fähigkeiten oder Interessen gefördert werden sollen, wenn sie Erfahrungen aus erster Hand mit einer Sache machen, gewisse Teilaufgaben innerhalb eines größeren Vorhabens übernehmen, Verantwortung beweisen sollen, wenn die Unterrichtssituation einen Wechsel der Tätigkeiten bzw. eine Phase der äußeren und inneren Ruhe wünschenswert macht.

Die **Klasse** als übliche Organisationseinheit der Schulen ist zugleich der Rahmen für die übrigen Sozialformen. Wird sie **als Ganzes** angesprochen, gleich, ob darbietend oder zusammenwirkend, so redet man von **„Frontalunterricht"**.

Die **Abteilung**, bei sorgfältiger Wortwahl von der „Gruppe“ unterschieden, ist dann richtig bezeichnet und eingesetzt, wenn ein Teil der Klasse eigens angesprochen bzw. beschäftigt wird, dabei aber im sozialen Nebeneinander arbeitet, wie früher bei den Altersabteilungen der ungeteilten Landschule oder heute zu Zwecken der Leistungsdifferenzierung in bestimmten Fächern.

Die **Gruppe** (soziologisch Kleingruppe), verdient ihren Namen dann, wenn einige (nicht mehr als vier) Schüler im sozialen Miteinander für ein gemeinsames Lernergebnis verantwortlich sind. Sie kann zu Kooperation erziehen, als Ventil und Regulator für psychische Spannungen dienen (aber auch neue erzeugen), Tätigkeitswechsel ermöglichen, differenzieren. Sie ist geeignet für das gemeinsame Sammeln von Informationen, das Knobeln an Problemen, das Aufarbeiten und Darstellen von Ergebnissen, die Erledigung von Teilaufgaben im größeren Zusammenhang, nicht aber für die kritische Sichtung der Ergebnisse und ihre Einordnung in systematische Zusammenhänge.

Partnerarbeit kann Vorstufe für die Gruppenarbeit, aber auch Sozialform von eigenem Wert sein, kurzfristig der Wiederbelebung eines stockenden Klassengesprächs, kurzem Sich-Aussprechen sowie gemeinsamem Nachdenken, wechselseitiger Hilfe und Kontrolle dienen.

Einzelunterweisung hat ihren Platz in der individuellen Lernhilfe, die auch von der Schule geleistet werden sollte.

Alleinarbeit fördert mehr als andere Unterrichtsformen die Verantwortlichkeit für das eigene Lernen und dient der Individualisierung.

11.2 Methodische Grundlagen des Chemieunterrichts

In den letzten Jahren finden sich in der Literatur vermehrt Beschreibungen neuer Unterrichtsformen [4]. Ergebnisse aus verschiedenen Forschungsdisziplinen wie Interessensforschung, normative Forschung, Unterrichtsforschung, Behaltensforschung und Erkenntnisse über vorunterrichtliche Vorstellungen liefern teilweise recht gute Anhaltspunkte für Maßnahmen zur Lösung der Probleme, die von der TIMS-Studie aufgedeckt wurden [5].

Speziell im naturwissenschaftlichen Unterricht hat diese Studie insofern für Beunruhigung gesorgt, weil deutsche Schüler im internationalen Leistungsvergleich ein Wissensrepertoire besitzen, das man als naturwissenschaftliches Alltagswissen beschreiben muss und das kaum aus spezifischen Lernkontexten gelöst und benutzt werden kann. Dies zeigt sich vor allem bei Aufgaben, bei denen Erlerntes sinnvoll auf neue Problemstellungen angewendet und übertragen werden soll. Eine Expertengruppe empfiehlt in einem Papier der Bund-Länder-Kommission [6] als Reaktion auf diese Erkenntnisse ein behutsames Überarbeiten der Unterrichtsroutinen. Wesentliche Zielvorstellungen, die zu besseren Unterrichtsergebnissen führen sollen, sind beispielsweise das **Erlernen naturwissenschaftlichen Arbeitens**, Sicherung von nötigem **Basiswissen**, verständnisvolles Lernen auf unterschiedlichen Niveaus sowie die Erfahrbarkeit des Zuwachses an Kompetenz (kumulatives Lernen). Hieraus resultiert auch eine kritische Reflexion der Unterrichtsformen und Methoden, die zur optimalen Erreichung der speziellen Unterrichtsziele und Inhalte besonders geeignet sind. Beispielsweise muss berücksichtigt werden, dass die Basis für ein Verständnis komplexer Sachverhalte erst dadurch geschaffen wird, dass Lerninhalte aufeinander aufgebaut und zu **Lernstrukturen** verknüpft werden. Dies gilt im Besonderen für den Chemieunterricht, der sich nicht nur durch spezielle Denk- und Arbeitsmethoden von anderen Naturwissenschaften unterscheidet, sondern auch in hohem Maße auf **kumulatives Lernen** und verknüpfte Strukturen angewiesen ist.

Bei der Frage nach der angemessenen Methode im Chemieunterricht spielt das facheigene Vorgehen eine bestimmende Rolle. Methodische Entscheidungen sind stets in Einklang mit dem Unterrichtsinhalt und den Fähigkeiten der Schüler zu treffen.

11.2.1 Die experimentelle Methode: Grundlage naturwissenschaftlicher Unterrichtsverfahren

Chemieunterricht, der sich auf die empirische Wissenschaft Chemie bezieht, orientiert sich primär am empirisch-induktiven Vorgehen [7]. Grundlegend hierfür ist zunächst der seit Galilei praktizierte Weg der Erkenntnisgewinnung. Aus der Beobachtung erwächst etwas Fragwürdiges, ein Phänomen, das sich durch gründliches Analysieren als Problem isolieren lässt. Analogien, vorhandenes Wissen, eingeholte Informationen ermöglichen eine Meinung und Deutung, die schließlich zu einer Hypothese, einer behauptbaren Erklärung führen. Diese bedarf der Kontrolle im Experiment. Dazu wird das Phänomen unter festgelegten Bedingungen überprüft. Das Ergebnis bestätigt oder widerlegt die Hypothese und führt als Synthese zu einer Schlussfolgerung, die das aufgeworfene Problem erklärt bzw. einen neuen Erkenntnisablauf einleitet.

Der Gang dieser naturwissenschaftlichen Erkenntnisgewinnung ist durch die Logik des in ihr steckenden Denkens begründet. Für den Unterrichtsgang werden die Denkschritte zu Lernschritten, die sich zu mehr oder minder abgrenzbaren Lernstufen zusammenfassen lassen.

Die zentrale Stellung des Experiments auch für den Chemieunterricht wird hier deutlich (vgl. auch Kapitel 14).

Die Durchführung von Experimenten kann unter zwei weiteren Aspekten gesehen werden:

- Arbeiten mit analytischer Ausrichtung,
- Arbeiten unter präparativ-synthetischem Aspekt.

Analytische Untersuchungen eröffnen ein weites methodisches Feld, je nach Unterrichtsgegenstand, -form und -organisation. In Verbindung mit Schülerexperimenten resultieren sämtliche methodische Varianten vom „nachmachenden Unterricht" zur Einübung von Arbeitstechniken über „forschenden Unterricht" bis hin zu handlungsorientiertem Unterrichten und Projektunterricht. Als impulsgebend wirken Themen wie Umweltproblematik (analytische Fragen zur Bewertung von Wasser-, Luft- und Bodenproben), neue Ernährungsgewohnheiten und die Kennzeichnungspflicht von Lebensmittelinhaltsstoffen („Ist auch drin, was drauf steht...?"). Zudem besteht die Aufgabe des chemisch-naturwissenschaftlichen Unterrichts darin, Lernenden zu vermitteln, wie objektive Daten gewonnen und Fakten ermittelt werden (Verbindung von quantitativer Analyse mit statistisch-mathematischen Kriterien, z. B. Varianzanalyse), aber auch deren Verarbeitung am Beispiel von Daten über Luftschadstoffe [4, S. 73].

Synthesen stehen im Mittelpunkt chemischen Interesses und entsprechend werden repräsentative Beispiele zum Unterrichtsgegenstand und damit zum Gegenstand methodischer Entscheidungen. Je nachdem, wie eng der Begriff „Synthese" gefasst wird, lassen sich Herstellungsverfahren grundsätzlicher Art (z. B. verschiedene Methoden zu SO_2-Darstellung) ebenso behandeln wie die Synthese einer komplizierter zusammengesetzten Verbindung aus einfachen Bausteinen.

Eine erfolgreiche Synthese basiert immer auf einer entsprechenden Strategie. Es handelt sich um ein kombinatorisches Problem. Dies erfordert – was sich auch im Unterricht niederschlagen muss – ein Zusammenspiel analytischer Denkleistungen und deren Einmündung in eine Synthesestrategie. Das Unterrichtsergebnis soll nicht nur Wissenszuwachs sein, sondern auch einen Eindruck geben von der Kreativität chemischer Tätigkeit und dem vielfältigen Synthesepool, aus dem je nach Ziel und Vorgaben geschöpft werden kann.

Auf der naturwissenschaftlichen Fachmethode bauen zahlreiche Unterrichtsverfahren auf. Sehr eng an die experimentelle Methode lehnt sich das Normalverfahren (Kap. 11.2.2) an, das als solches vor allem in der Physikdidaktik im Vordergrund steht. Methodisch ausgefeilter sind das forschende Unterrichtsverfahren (Fries/Rosenberger [8]) und das forschend-entwickelnde Unterrichtsverfahren (Schmidkunz/Lindemann), das ausführlich in Kapitel 11.2.3 vorgestellt wird.

11.2.2 Das Normalverfahren

Das auf die naturwissenschaftliche Fachmethode aufbauende Unterrichtsverfahren wird als Normalverfahren, problemlösendes Verfahren, forschendes, entdeckendes, experimentelles, induktives Verfahren bezeichnet. Die dieses Verfahren strukturierenden Schemata (vgl. Kap. 11.2.1) mit ihren unterschiedlichen Gliederungen sind idealtypisch, d. h., sie zeichnen den aus dem Unterricht allgemein erkennbaren Lernablauf in seiner systematischen Nüchternheit nach. Es ist für den Chemielehrer eine absolute Voraussetzung, das Schema gedanklich automatisiert zu haben. Die geistige Präsenz des Schemas verhindert methodische Fehler und damit Zielverfehlung im Unterricht!
Jedes Schema birgt die Gefahr in sich, „schematisch“ angewandt und damit entwertet zu werden. Hierin zeigt sich der häufigste Missbrauch des Verfahrens: Die konkrete Lernsituation, bedingt durch den Lerninhalt und den fachlichen und methodischen Lernstand der Schüler, verlangt eine angemessene methodische Flexibilität des Lehrers. Das bedeutet Anpassung in der Unterrichtsplanung, spontanes Reagieren im Unterrichtsgeschehen und damit Variabilität.

B Immer wieder kann man beobachten, dass „Probleme“ artikuliert werden, obwohl die Schüler gar kein Problembewusstsein entwickeln konnten. Es werden „Hypothesen“ formuliert, wo lediglich spekulative, nicht begründbare Meinungen auftauchen können. Es werden „Experimente“ durchgeführt, wo lediglich etwas ausprobiert werden kann. Dies alles geschieht nur, weil es das Schema so vorgibt und weil es entsprechend geplant wurde.

Variabilität bedeutet, dass einzelne im Schema idealtypisch anstehende Schritte und Stufen nur schwach angedeutet sein können oder ganz ausfallen. Auch so genannte Schleifen kennzeichnen Variabilität: die notwenige Rückkehr zu einem vorausgehenden Lernschritt. Gelingt es den Schülern z. B. nicht, eine nach dem Kenntnisstand durchaus mögliche Experimentalanordnung zu konstruieren, weil die Parameter unklar sind, dann wird der Unterricht auf die Stufe der Meinungsbildung zurückverwiesen und ein Überdenken der Hypothese erforderlich sein.

Variabilität ist aber nicht nur im Ablauf des Erkenntnisweges vonnöten, sondern auch die eingangs dargestellten Grundmuster Lernen durch Übernahme bzw. Lernen durch Erarbeitung erfordern Anpassung der Methode.

B Die Anpassung der Methode kann notwendig werden, wenn
- ein chemisches Phänomen nicht sichtbar gemacht werden kann, sondern durch Medien dargestellt werden muss;
- zur Formulierung einer Hypothese ein Baustein fehlt, den der Lehrer durch kleinschrittiges Erklären entwickeln muss;
- das chemische Verhalten einer Substanz nicht den Erwartungen entspricht, die Durchführung eines Experiments zu aufwändig ist, zu gefährlich oder zu zeitraubend, weshalb informierend vorgegangen werden muss.

Wie bereits oben dargestellt, wird das Normalverfahren auch als „induktives Verfahren“ bezeichnet. Dies impliziert, dass es im Gegensatz zu einem „deduktiven Verfahren“ steht, das als methodisches Prinzip weniger geschätzt wird. Die Unterscheidung zwischen induktivem und deduktivem Verfahren ist zumindest fragwürdig. Es wäre unkorrekt, das Lernen durch Übernahme als den deduktiven Pol, das andere Ende als den induktiven Pol der Lernskala zu bezeichnen. Verfahrensmerkmale würden so mit Erscheinungen des Denkens verwechselt. Induktion und Deduktion sind vielmehr zwei ambivalent zu verstehende Begriffe. Denkabläufe sind ohne das permanente Wechselspiel von Induktion und Deduktion gar nicht vorstellbar. Nach Popper wird das Wachsen des wissenschaftlichen Verständnisses als Ergebnis einer vorwiegend hypothetisch-deduktiven Tätigkeit angesehen.

B Die Formulierung einer Hypothese ist das Musterbeispiel eines Zusammenspiels von Induktion und Deduktion. Ein typisches Beispiel dafür, wie Induktion und Deduktion zu einer geschlossenen Unterrichsstrategie verknüpft werden können, zeigt die Stundenstruktur mit dem Titel: Halogene – Wettbewerb um Elektronen (vgl. Tab. 203.1).

Dieses Beispiel stellt dar, wie Denkabläufe zu strukturierenden Elementen im Unterrichtsverlauf (Vorgehensweise im Rahmen der Problemlösestrategie) werden. Sie sind unabhängig von der Unterrichtsform wirksam, anders

Erkennen eines hypothetischen Zusammenhangs	Die Oxidationswirkung der Halogene ist abgestuft: Sie nimmt in der Reihenfolge Cl, Br, I ab
Deduktiver Schritt	Aus der vermuteten Gesetzmäßigkeit wird gefolgert: Brom kann aus einem Iodid elementares Iod freisetzen
Überprüfung im Experiment	$Br_2 + 2KI \longrightarrow 2KBr + I_2$ $Br_2 + 2I^- \longrightarrow 2Br^- + I_2$ Bestätigung der angenommenen Gesetzmäßigkeit!
Wissenssicherung	Zwischen den Halogenen Cl, Br, I und ihren Anionen sind folgende Redox-Reaktionen möglich: Cl_2 / Br_2 / I_2 Chloride – – – Bromide + – – Iodide + + –
Vertiefung	– Ordne das Fluor entsprechend seiner oxidierenden Wirkung zu! – Wie kann das abgestufte Oxidationsvermögen der Halogene erklärt werden? → Atomradius
Zusammenfassung	Elementfamilie: nicht nur Übereinstimmungen, sondern auch abgestufte Unterschiede in den Eigenschaften!

Tab. 203.1: Stundenstruktur [9] auf der Basis des experimentellen Verfahrens

ausgedrückt: Sie können vom Frontalunterricht (darlegend-informierend) bis hin zu Gruppenunterricht (forschend-entwickelnd) mit offenen Unterrichtsphasen methodisch bestimmend sein. Die Lehrerin bzw. der Lehrer trifft die Entscheidung, ob das Unterrichtsthema eher empirisch-induktiv oder mehr hypothetisch-deduktiv vermittelt wird. Letzterem wird etwa in der gymnasialen Oberstufe (formal-operationales Stadium) der Vorzug gegeben. Entscheidend ist, dass bei den Schülern Denk- und Lernprozesse in Gang kommen!

Phase(n)	Lernschritte (geplant)
Phase 1	→ Vorstellung der allgemeinen Formel C_nH_{2n+2} für eine Klasse von Kohlenwasserstoffverbindungen als Sachverhalt und Ergebnis wissenschaftlicher Erkenntnis
Phase 2	→ Deduzieren von einzelnen Verbindungen z. B. $n = 1 \Rightarrow CH_4$ Methan $n = 2 \Rightarrow C_2H_6$ Ethan, usw.
Phase 3	→ Nach dem Prinzip vom Abstrakten zum Konkreten! Die vorgeschlagenen Formeln müssen einer empirischen Überprüfung (z. B. Massenspektrum) standhalten.
Phase 4	Herausfinden des Molekülbruchstückes/Strukturelementes $<CH_2>$ zwischen zwei aufeinander folgenden Kohlenwasserstoffen in der homologen Reihe
Phase 5	→ Leistungsfähigkeit durch Umkehrung des Denkprozesses: Vom Konkreten zum Abstrakten „Ist die Verbindung der Formel C_8H_{18}- ein Mitglied dieser homologen Reihe?" Der Sachverhalt, dass es mehrere Substanzen mit der Formel $<C_8H_{18}>$ gibt, führt zu einem neuen Thema!

Tab. 203.2: Deduktiv bestimmte Abfolge von Lernschritten zur homologen Reihe der Alkane

B Dies sei am Beispiel der „homologen Reihe der Alkane" demonstriert (vgl. Tab. 203.2): Indem dem Lehrer bewusst wird, wie die logische Struktur des Gegenstandes aussieht, erwirbt er zugleich die Kompetenz, Unterrichtsform und -verfahren den tatsächlichen Erfordernissen (kognitive Entwicklung der Schüler/Alter; Ziele des Unterrichts...) flexibel anzupassen.

11.2.3 Das forschend-entwickelnde Unterrichtsverfahren – eine Strategie zum Problemlösen im naturwissenschaftlichen Unterricht

Im naturwissenschaftlichen Unterricht hat es sich seit Jahrzehnten bewährt, das Unterrichtsziel zu problematisieren, d. h., den Unterrichtsverlauf zum Problemerkennungs- und Problemlöseprozess zu gestalten. Diese Vorgehensweise erweist sich als außerordentlich günstig, denn das **Lernen aus Problemsituationen** heraus weckt eine starke Neugier und fördert die eigene **Aktivität der Lernenden**. Das Problemempfinden muss von der Lehrperson eingeleitet und bei den Lernenden geweckt werden. Diese empfinden einen Sachverhalt immer dann als Problemsituation, wenn er mit dem Vorwissen und den Erfahrungen nicht erklärbar ist bzw. nicht nach erworbenen Verhaltensmustern aufgelöst werden kann (vgl. Kap. 7). Der empfundene Widerspruch ist als entstehendes **Problembewusstsein** zu bezeichnen, das verstärkt zur Suche nach Lösungen des Problems anregt. Hierbei spielen das Vorwissen und die Bereitstellung und Aktivierung dieser Kenntnisse eine erhebliche Rolle.

Charakterisierung des Verfahrens

Wegen der zentralen Stellung des Experiments im Lernprozess liegt es nahe, nach einem fach- oder bereichsspezifischen Unterrichtsverfahren zu suchen, das die Belange des Unterrichtsfaches Chemie umfassend berücksichtigt. Aus dieser Erkenntnis heraus ist das **forschend-entwickelnde Unterrichtsverfahren** geschaffen worden. Seine **Wurzeln** reichen weit in die pädagogische Forschung zurück. **Herbart** (Formalstufen), **Kerschensteiner**, **Roth**, **Armstrong**, **Dannemann** u.a. haben letztlich zur Entwicklung des Verfahrens beigetragen. Unmittelbar vorangegangen war der „Forschende Unterricht" von **Fries/Rosenberger** [8]. Beide Autoren haben bereits eine Struktur für den Unterrichtsablauf im mathematisch-naturwissenschaftlichen Bereich vorgeschlagen. Die konsequente **Hinwendung zum experimentellen naturwissenschaftlichen Unterricht** (Chemie, Physik, Biologie) führte zur Struktur des hier beschriebenen Unterrichtsverfahrens [10, 11].
Der Begriff „**forschend**" muss hier unter **didaktischem** Aspekt gesehen werden. Es wird darunter ein Prozess verstanden, bei dem der Lernende mit dem ihm zugänglichen Vorwissen weitgehend selbstständig mit den ihm zur Verfügung stehenden Mitteln (Geräte, Chemikalien, Materialien) unter Einbeziehung experimenteller Phasen neue Erkenntnisse zu gewinnen sucht. Forschen in diesem Sinne verstanden ist in allen Altersstufen möglich.
Mit „**entwickeln**" soll zum Ausdruck gebracht werden, dass dem Lehrenden die Funktion zukommt, den forschenden Lernprozess bei Schülern einzuleiten, weiterzuführen, die Erkenntnisgewinnung zu regeln und zu steuern sowie den Fortgang des Lernprozesses unter pädagogischen und organisatorischen Gesichtspunkten zu beeinflussen. Der Lehrende sollte bestrebt sein, die **Aktivitäten auf die Seite der Schüler** hin zu verlagern (Handlungsorientierung). Das Verfahren ist so angelegt, dass die Lernenden ein Problem erkennen, erfassen und eine Lösung anstreben. Nach dem Lösevorgang wird ein Vergleich der Resultate mit dem Ziel die Klarheit bringen, ob das Problem gelöst ist oder ob ein erneuter Löseversuch unternommen werden muss. Der didaktische Aspekt der Problemlösung fordert eine Symbolisierung (Abstraktion) und eine Wissenssicherung der gewonnenen Erkenntnisse. So wird das Unterrichtsverfahren zu einer didaktisch konzipierten **Problemlösestrategie**, die grundsätzlich in ihrer Denkstruktur auf andere – auch nicht naturwissenschaftliche – Situationen übertragen werden kann.

Psychologische und pädagogische Grundlagen

Aebli [12] u.a. weisen auf die Unverzichtbarkeit der Selbstständigkeit beim Wissenserwerb hin. Nur die **aktive Beteiligung der Lernenden** beim Wissenserwerb sichert die Überführung der neuen Kenntnisse in das Langzeitgedächtnis. Der Lernende erreicht somit „verinnerlichte" Handlungen, die auch von **Piaget** [13] als unabdingbares Lernziel angestrebt werden. Ausgehend von konkreten Situationen können auch Abstraktionsvorgänge leichter bewältigt werden. Die Struktur des forschend-entwickelnden Verfahrens berücksichtigt dieses Prinzip vom Konkreten zum Abstrakten: Ausgehend vom experimentellen Tun werden stets Denkvorgänge einbezogen, sodass auf der Grundlage von konkreten Operationen die Lernvorgänge erfolgreich ablaufen können.

Eine weitere wesentliche Voraussetzung zur erfolgreichen Gestaltung von Lernprozessen ist die **Strukturierung**. **Bruner** [14] weist darauf hin, dass nicht nur die Strukturbildung von erworbenen Erkenntnissen, sondern auch die Strukturierung des Wissenserwerbs in die Unterrichtsführung eingearbeitet werden muss. Auch diese psychologische Forderung wird durch das hier vorgestellte Verfahren erfüllt.
Der Einsatz des Experiments verdient noch eine besondere Betrachtung. Es zeigt sich nämlich, dass die experimentelle Tätigkeit der Schüler oder (und) der Lehrkraft nur an bestimmten Stellen im Ablauf des Verfahrens sinnvoll ist. Somit erhält das **Experiment** bestimmte, genau erkennbare **didaktische Funktionen**. Besonders erwähnenswert ist die Funktion des Experiments als **Teil des Problemlösevorhabens** im naturwissenschaftlichen Sinne. Aber auch die Hinführung oder das **Aufzeigen eines Problems** kann Ziel des Experimentierens sein. Schließlich können Experimente zur **Wissenssicherung** (Wiederholung, Anwendung, Transfer auf andere Situationen) eingesetzt werden (vgl. Kap. 14.4).
Wie im Folgenden ausführlich dargelegt wird, weist das forschend-entwickelnde Unterrichtsverfahren eine **exakte Gliederung** auf. Diese Struktur stellt die Gedankenführung eines Problemlösevorgangs dar. Die Struktur kann als **Algorithmus zur Unterrichtsgestaltung** aufgefasst werden, was besonders dem Anfänger sehr entgegenkommt. Er erhält damit eine sichere Methode, Unterricht zu organisieren. Durch die weitgehende Differenzierung der Denk- und Lernprozesse lassen sich Aktivitäten der Lernenden und des Lehrenden planen, zuordnen und sich der jeweiligen Unterrichtssituation anpassen.
Je öfter man mit dem Verfahren arbeitet, desto besser versteht man spontan aufkommende Unterrichtssituationen, wird freier in der Anwendung der Struktur und kann entsprechend reagieren. Schließlich kann die Struktur jederzeit den Notwendigkeiten entsprechend modifiziert werden. Somit ist es durchaus möglich, offene Anteile, z.B. Stationenlernen, in den Unterricht einzubeziehen. Die weitgehende **Strukturierung bleibt aber die Stärke des forschend-entwickelnden Unterrichtsverfahrens**.

Mit Aebli muss gesagt werden, dass dieses Verfahren sicher vor allem am Anfang nicht leicht ist. Die Vorteile werden erst spürbar, wenn man die Struktur auch während des Unterrichtsablaufs jederzeit übersieht. Erfahrungsgemäß ist die Wirkung des Verfahrens am größten, wenn einige Stunden hintereinander forschend-entwickelnd ablaufen, wenn sich ein neues Problem aus der Lösung des vorangegangenen Problems genetisch ergibt.
Auch im zeitlichen Ablauf der einzelnen Phasen ergibt sich eine große Variablität des Verfahrens. So kann es einerseits in einer Schulstunde einmal durchlaufen werden. Bei ausgeprägten experimentellen Phasen (z.B. bei analytischen Untersuchungen) kann es sich andererseits mit einmaligem Ablauf über mehrere Stunden erstrecken.

Die Struktur im Unterrichtsverfahren

Der Ablauf der Denk- bzw. Lernprozesse wird, wie Abbildung 206.1 zeigt, innerhalb des Verfahrens in fünf „**Denkstufen**" gegliedert.
Bereits diese Gliederung bietet eine Grundlage zur Gestaltung von Unterricht. Der geübte Praktiker wird die Stufen ausfüllen können, für den weniger geübten Lehrenden ist die Struktur zu grob, sie bietet zu wenig Ansatzmöglichkeiten für eine konkrete Unterrichtsgestaltung. Deshalb werden die einzelnen Denkstufen untergliedert und damit genauer strukturiert. Die Gliederungsteile werden in Anlehnung an die Darstellung von Fries/Rosenberger als „**Denkphasen**" (besser „Lernphasen") bezeichnet. Innerhalb der Stufen werden die Phasen mit den Indizes a, b und c versehen. Die einzelnen Phasen erhalten folgende Bezeichnungen:

1a Problemgrund
1b Problemerfassung (Problemfindung); (Problemstellung)
1c Problemformulierung

2a Analyse des Problems
2b Vorschläge zur Problemlösung
2c Entscheidung für einen Lösevorschlag

3a Planung des Lösevorschlages (Planung des praktischen Tuns)

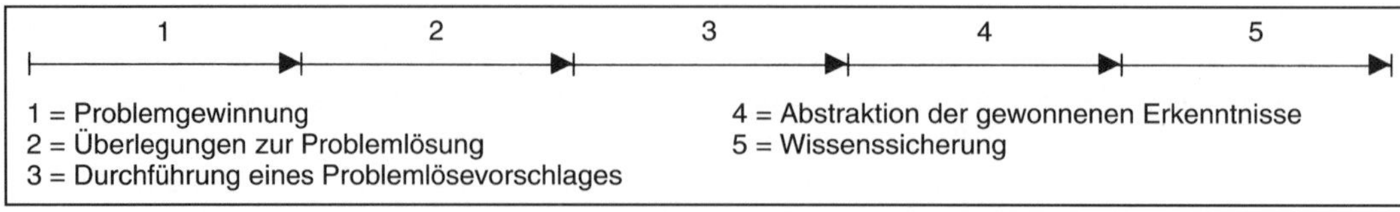

Abb. 206.1: Denkstufen des forschend-entwickelnden Unterrichtsverfahrens

3b Praktische (experimentelle) Durchführung des Lösevorschlages
3c Erörterung und Zusammenfassung der Ergebnisse

4a Ikonische (grafische) Abstraktion
4b Verbale Abstraktion
4c Symbolhafte Abstraktion

5a Anwendungsbeispiele (Transfer)
5b Wiederholung des Inhalts und der Denkphasen
5c Lernzielüberprüfung

Je nach Unterrichtssituation können Phasen ausgeprägter sein, andere wiederum werden nur kurz durchlaufen. So kann es durchaus sein, dass eine Phase einmal ganz wegfällt.
In der **ersten Denkstufe** soll das **Problembewusstsein** der Lernenden **genetisch** entwickelt werden.
Die Phase der ersten Denkstufe (**Problemgrund** 1a) dient der Einführung (als Einstieg oder Anknüpfung) in den Unterricht. Wichtig ist, dass das „neue" Problem darin bereits enthalten ist, für den Schüler nicht bewusst, dem Lehrenden natürlich bekannt. Durch Impulse und Fragen muss sich das Problem herausschälen lassen. Dazu kann auch ein Experiment oder ein geeignetes Medium (Video, Bild, Realobjekt, Erzählung u.a.m.) dienen . Dieses führt schließlich (später in 1c) zur **Problemformulierung**.
In der zweiten Phase (**Problemerfassung** 1b) soll nun den Lernenden das Problem bewusst werden. Im Idealfall sollten die Schüler und Schülerinnen selbst das Problem erkennen, was durchaus realistisch und im Unterricht häufig erreichbar ist. Sollte den Lernenden dies nicht gelingen, muss der Lehrende mit Impulsen und Hilfen auf die Problematik hinweisen. Im Extremfall spricht man von einer „Problemstellung" durch den Lehrenden, der entscheiden muss, ob er sein gewähltes Unterrichtsziel in dieser Form aufzeigen will.
Das Bewusstsein des Problems mündet in die Phase 1c (**Problemformulierung**) ein. Hier soll das Problem (Ziel des Unterrichts) vom Lehrenden klar formuliert, also verbalisiert werden. Das gilt besonders dann, wenn am Ende der Phase 1b die Formulierung durch die Lernenden nicht klar genug erschien. Die Lernenden erhalten hier eine Orientierung, die eine zusätzliche Motivation bewirken soll. Aebli betont, dass eine solche Phase nicht verlassen werden sollte, bevor nicht allen Lernenden exakt bekannt ist, „was wir jetzt tun wollen".
Die erste Phase der zweiten Denkstufe (**Analyse des Problems** 2a) dient vor allem dazu, das Problem zu strukturieren, um Kenntnisse zur Problemlösung bereitzustellen. Es muss deutlich werden, wie die Lösung des Problems angegangen werden kann. Vielleicht stellt man fest, dass eine Lösung mit den zur Verfügung stehenden Mitteln nicht möglich ist. Dann muss eine Neuformulierung des Problems erfolgen. In dieser Phase muss entschieden werden, ob im folgenden Unterrichtsverlauf deduktiv oder induktiv vorgegangen wird. Diese Entscheidung fällt zwar schon bei der Planung des Unterrichts, kann aber an dieser Stelle korrigiert werden. Beide Möglichkeiten zeigt Abbildung 207.1 schematisch.
Der **induktive Zweig** (Normalfall) wird immer dann beschritten, wenn die theoretischen Grundlagen zur Lösung des Problems fehlen. Nun müssen hypothetische Überlegungen angestellt werden, die sich später als richtig oder falsch erweisen. Die Lösung wird hier experimentell gefunden.
Der **deduktive Zweig** wird beschritten, wenn die Lernenden bereits so viel Wissen besitzen, dass sie die Lösung mit großer Wahrscheinlichkeit vorhersagen können. Es werden Prognosen erstellt, die dann bestätigt oder auch verworfen werden.

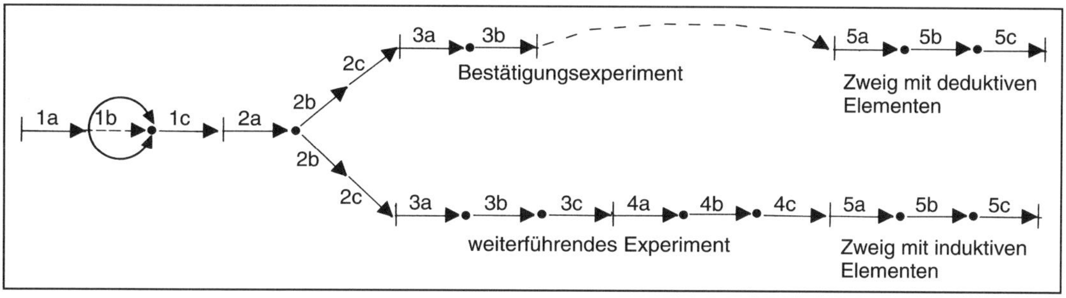

Abb. 207.1: Struktur des forschend-entwickelnden Unterrichtsverfahrens mit induktivem und deduktivem Zweig

Der induktive Zweig mit dem weiterführenden Experiment

Nachdem in Phase 2a (Problemanalyse) festgestellt wurde, dass man zur Lösung des Problems **Hypothesen** aufstellt, die durch Experimente geklärt werden, sollen in der Phase 2b von den Lernenden **Lösungsvorschläge** eingebracht werden. Es ist sinnvoll, alle Vorschläge (z. B. an der Tafel) zu sammeln. In der folgenden Phase 2c (**Entscheidung für einen Lösevorschlag**) soll gemeinsam der beste Weg zur praktischen Lösung des Problems gesucht werden. Die Lehrerin oder der Lehrer sollten dabei Hilfestellung leisten. Wenn von den Lernenden ein Weg vorgeschlagen wird, der mit Sicherheit nicht zum Ziel führt, so muss der Lehrende entscheiden, ob sich der Weg dennoch einschlagen lässt, ob dieser Irrweg weitere fachliche oder methodische Einsichten bringt.

Die dritte Denkstufe beginnt mit der Planungsphase (**Planung des Lösevorhabens** 3a). Diese Phase umfasst zwei Ebenen:

- In der ersten ist die Frage zu klären, ob die Versuchskonstruktion in Einzel-, Partner- oder Gruppenarbeit in Angriff genommen wird. (Auch ein Demonstrationsexperiment ist möglich. Weiterhin ist auch der Einsatz eines Mediums anstelle eines Experiments denkbar.)
- Auf der zweiten Ebene wird die praktische **Durchführung** des bzw. der Experimente(s) genau geplant. Die Lernenden sollen sprachlich beschreiben können, was sie in der nächsten Phase ausführen wollen.

Kennen die Schüler Chemikalien, Geräte, manuelle Tätigkeiten und Sicherheitsvorschriften nicht genau, so können in den nächsten beiden Phasen Schwierigkeiten auftreten. Es ist also Sorge zu tragen, dass völlige Klarheit über die folgenden Aktivitäten geschaffen wird.

Bei einer guten Planung läuft die Phase 3b „**Durchführung eines Lösevorschlages**“ weitgehend mit großer Dynamik ab, wobei die Lernenden selbstständig arbeiten. Eine Steuerung durch die Lehrkraft ist nicht immer einfach.

Die **Ergebnisse** werden in der nun folgenden Phase 3c zusammengetragen, verglichen und diskutiert. Das muss besonders dann sorgfältig geschehen, wenn Einzelgruppen die Ergebnisse arbeitsteilig gewonnen haben. Eine vorbereitete, strukturierte Auswertung (z. B. an der Tafel) kann dabei sehr hilfreich sein.

In dieser Phase wird auch deutlich, ob der Lösungsweg zum Erfolg führte und ob die in 2a vorgebrachten Hypothesen verifiziert wurden. War der Lösungsweg falsch, so muss zurückgegangen werden zur Problemformulierung (1c). Nach dem Bewusstmachen des Problems wird dann erneut die zweite Denkstufe durchlaufen, mit der Absicht, in 2c einen neuen Lösungsvorschlag zu wählen.

Die vierte Stufe beginnt mit einer Phase (**ikonische Abstraktion** 4a), in der eine einfache **grafische Abstraktion** vorgenommen werden kann. Das kann z. B. das Zeichnen eines Versuchsaufbaus oder das Darstellen eines Fließschemas für einen Großprozess sein. Nicht gemeint ist das Entwickeln eines Diagramms, das erst in Phase 4c erfolgen sollte. Häufig wird diese Phase entfallen können.

Unverzichtbar hingegen ist die folgende Phase 4b (**verbale Abstraktion**). Die Lernenden wiederholen mit Worten die Vorgänge bei der Reaktion und versuchen – soweit dies möglich ist – Erklärungen dafür zu geben. Auch Wortgleichungen einer Reaktion können formuliert werden (Tafel, Arbeitsblatt, Hefteintrag).
Der sich anschließenden Phase 4c (**symbolhafte Abstraktion**) kommt eine besondere Bedeutung zu. Die in der dritten Denkstufe durchgeführte praktische (experimentelle) Problemlösung wird hier in einer symbolhaften Darstellung festgehalten und erklärt. So wird die **Gleichung einer Reaktion** formuliert oder eine **Gesetzmäßigkeit** abgeleitet. Natürlich ist jede Art von symbolhafter Abstraktion hier je nach Klassenstufe und Alter der Schüler möglich.
Die gesamte Stufe fünf ist für die **Wissenssicherung** bestimmt. In der ersten Phase (**Anwendungsbeispiele** 5a) soll gezeigt werden, wo die frisch gewonnenen Erkenntnisse eine Bedeutung haben (etwa im Alltag oder bei der industriellen Produktion). Die Verankerung des neuen Wissens in der **Lebenswirklichkeit** ist als **Transferleistung** für den Lernerfolg von entscheidender Bedeutung. Zuerst können die Lernenden auch hier Beispiele suchen. Erst dann sollte Erweiterung mithilfe des Lehrenden vorgenommen werden. Denkbar ist auch das Vorführen eines Experiments, das den Transfer verdeutlicht.
Die sich anschließende Phase 5b (**Wiederholung**) muss zwei Aspekte beinhalten. Einmal sollten in der Zusammenfassung die Ergebnisse (praktische und theoretische) exakt wiederholt werden. Vielleicht kann ein **Merksatz** den Sachverhalt umfassen. Es sollte aber auch Wert auf die Wiederholung des Weges der Erkenntnisgewinnung gelegt werden. Also ist es unbedingt nötig, die Wiederholung der einzelnen Denkphasen in der durchlaufenen Reihenfolge anzustreben, um die **Strategie einer Problemerkennung und Problemlösung** zu erfassen.
Die letzte Phase (**Lernzielkontrolle** 5c) ist auch als weitere Möglichkeit zu betrachten, die gewonnenen Erkenntnisse zu sichern. So können Kontrollexperimente nicht nur der Schülerbeurteilung, sondern auch der Wissenssicherung dienen.

Der deduktive Zweig mit dem Bestätigungsexperiment

Deduktiver und induktiver Zweig spalten sich – wie bereits oben angeführt – in Phase 2a (Analyse des Problems). In Abbildung 207.1 ist auch diese Phasenfolge dargestellt. Sind die Lernenden in der Lage, die Lösung des gestellten Problems zu prognostizieren, vermögen sie also die Sachverhalte der vierten Stufe hier einzubringen, so muss das Verfahren dem deduktiven Zweig folgen. Es sei nochmals betont, dass die Abstraktionsstufe (Phase 4a) infolge eines relativ hohen Kenntnisstandes in diesem Fall bereits in 2a eingebracht wird. Natürlich muss das prognostizierte Ergebnis noch (experimentell) bestätigt werden.
Die Phasen 2b und 2c entsprechen den Phasen im induktiven Zweig. Die Planung des gestellten Lösungsvorschlags (Phase 3a) bleibt unverändert erhalten. Eine exakte Planung ist Voraussetzung für einen einwandfreien Ablauf der folgenden Phase 3b, in der die praktische Lösung (Experiment) durchgeführt wird. Hier bestätigt sich die Prognose oder sie wird widerlegt. Bestätigt sich die Vorhersage, so ist das Verfahren abgeschlossen. Wie bereits erwähnt, entfällt die gesamte Stufe der Abstraktion. Eine fünfte Stufe (Anwendung, Wiederholung, Lernzielüberprüfung) kann bei Bedarf angeschlossen werden. Die einzelnen Phasen haben die gleiche Bedeutung wie im induktiven Zweig.

Untersuchend – forschend – entwickelnd

Größere **Untersuchungsvorhaben**, wie sie bei Projekten auftreten, können ebenfalls mit der geschilderten Struktur geplant und durchgeführt werden.
In der ersten Denkstufe wird das Problem herausgearbeitet. In 1c wird es dann heißen: „Wir wollen … untersuchen“. Die folgende Phase 2a hat einen etwas anderen Charakter als bisher beschrieben. Hier müssen die **Untersuchungsmethoden** bereitgestellt werden. Es kann durchaus sein, dass die Lehrkraft einzelne Untersuchungsverfahren vorgibt und hier mit den Lernenden einübt. Die Vorschläge zur Problemlösung und die Entscheidung für einen Vorschlag (Phasen 2b und 2c) entsprechen den

bisher beschriebenen; das gilt auch für die Phase 3a. In 3b wird das **Untersuchungsverfahren** (mit Untersuchungsexperimenten) durchgeführt. Schließlich folgt in 3c die zusammenfassende **Betrachtung der Ergebnisse**. Die Stufen der Abstraktion und Anwendung/Wiederholung/Lernzielüberprüfung schließen sich an. Bei diesem Verfahren zeigen die Phasen 2b und 3b eine etwas größere zeitliche Ausdehnung im Vergleich zu den Phasen im induktiven Zweig.

Stellung von Experimenten und Aktivitäten

Die weitgehende Gliederung des Unterrichtsablaufs in Phasen ermöglicht es, den Experimenten (Versuchen) genaue didaktische Funktionen zuzuweisen. Diese Funktionen lassen sich umgekehrt sehr gut erkennen und für den Unterrichtsablauf nutzbar machen.
So können Experimente in der ersten Phase (1 a) auf das noch nicht erkannte Problem aufmerksam machen. In der Phase 3 b (praktische Durchführung des Lösungsvorschlags) haben Experimente die didaktische Funktion, zur Problemlösung beizutragen. Das bezieht sich sowohl auf das weiterführende Experiment (induktiver Zweig) als auch auf das Bestätigungsexperiment (deduktiver Zweig). Auch Untersuchungsexperimente sind hier einzuordnen. Experimente können auch in der Stufe 5 zur Wissenssicherung eingesetzt werden. In Abbildung 209.1 sind die Phasen mit Experimenten aufgezeigt.

Die Verteilung der Aktivitäten zwischen Lehrenden und Lernenden lässt sich durch die Phasenstruktur des Unterrichts gut abschätzen und ist ebenfalls aus Abbildung 209.1 ersichtlich. Im Allgemeinen lässt sich feststellen, dass die Phasen 1a, 1c, 2a, 3a, 4c und 5c eine stärkere Beteiligung der Lehrenden fordern. Große Schüleraktivität sollte jedoch in den Phasen 1b, 2b, 2c, 3b und 5b herrschen.

Das forschend-entwickelnde Unterrichtsverfahren in Beispielen

B

Primarstufe
Thema: Papier wird durch eine Wachsschicht wasserabstoßend.
Adressaten: Schülerinnen und Schüler im 2./3. Schuljahr
Unterrichtsdauer: 45 min.
Voraussetzungen: Fähigkeiten zum Bau eines Papierschiffchens durch Falten eines Papiers, einfache Zeitmessung (z. B. durch Vergleich)
Lernziele:
- Die Kinder sollen mit Wachsmalkreide ein Papier wasserabstoßend machen können.
- Sie sollen die wasserabstoßende Wirkung im Vergleich zu unbehandeltem Papier experimentell überprüfen (Vergleich unterschiedlicher Papierschiffchen).
- Die Kinder sollen Anwendungsbeispiele im täglichen Leben finden.

Planung: Induktiver Zweig mit weiterführendem Experiment. Es ist außerdem ein Experiment zum Einstieg (Phase 1a) vorgesehen. Man sollte bedenken, dass evtl. auch der deduktive Zweig eingeschlagen werden könnte. Das Experimentieren ist in Partnerarbeit vorzunehmen.

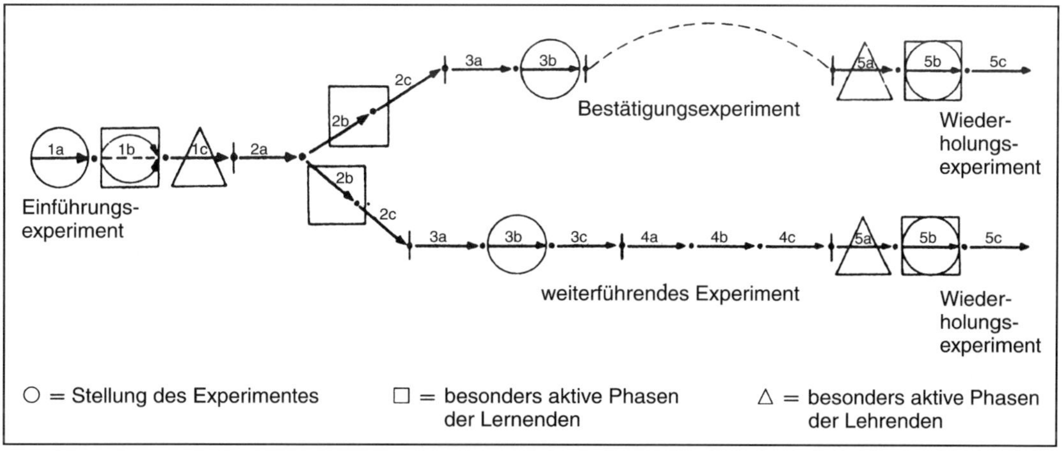

Abb. 209.1: Funktion von Experimenten im forschend-entwickelnden Unterrichtsverfahren

Problem: Womit kann Papier wasserabstoßend gemacht werden, damit ein Papierschiffchen lange schwimmt?

Stundenskizze:

Phase 1a: Die Lehrperson lässt ein Schiffchen schwimmen, das sie aus stark saugfähigem Papier (z. B. Packpapier oder Zeitungspapier) hergestellt hat. Das Papier saugt sich schnell voll Wasser.

Phase 1b: In der Erörterung des Sachverhalts erhebt sich die Frage, was denn getan werden kann, um das „Zerfallen" des Schiffchens zu verhindern.

Phase 1c: Wie kann das Papier wasserabstoßend gemacht werden, damit sich das Papier nicht mehr voll Wasser saugt und das Schiffchen lange schwimmt?

Phase 2a: Es gibt mehrere Möglichkeiten, ein Schiffchen zu bauen, das lange schwimmt:

1. eine geeignete Papiersorte wählen;
2. normales Papier wasserabstoßend machen.

Die Entscheidung soll hier für 2. fallen. Eine Überprüfung der Schwimmdauer ist durch Vergleich mit einem Schiffchen aus Normalpapier möglich.

Es kann hier bereits die Hypothese aufgestellt werden, dass sich Papier nach einer „Behandlung" viel besser zum Bau eines Schiffchens eignet als ein Schiffchen aus Normalpapier.

Phase 2b: Es gibt eine Reihe von Möglichkeiten, Papier wasserabstoßend zu machen:

1. Einfetten;
2. mit Wachs bestreichen;
3. mit Lack bestreichen.

Phase 2c: Es gilt zu klären, ob das Papier vor dem Bau oder nach dem Schiffchenbau bestrichen wird. Sicherheitshalber muss das Falten des Papiers noch wiederholt werden.

Phase 3a: Papier vor dem Schiffchenbau mit Wachsmalkreide zu bestreichen, geht schnell, ist billig und lässt sich einfach durchführen.

Partnerarbeit einteilen, Wachsmalkreide verteilen.

Phase 3b: Papier wird bestrichen und zum Schiffchen gefaltet. Dann werden Schwimmversuche im Vergleich zu Schiffchen aus unbehandeltem Papier aufgestellt.

Phase 3c: Die Beobachtungen werden zusammengefasst und miteinander verglichen. Die Hypothese kann bestätigt werden.

Phase 4: Es sollte herausgearbeitet werden, warum Fett bzw. Wachs das Wasser abstößt. Stoffe können in zwei Gruppen eingeteilt werden: solche, die Wasser aufnehmen und solche, die Wasser abstoßen.

Phase 5a: Anwendungen werden genannt:

- Auto wird gewachst.
- Fußböden werden eingewachst.
- Schuhe werden eingecremt.
- Kleidung wird imprägniert.

Phase 5b: Ergebnisse und Denkwege werden wiederholt.

Beispiel für ein 8./9. Schuljahr (Hauptschule/Realschule)

Thema: Reduktion von Kupferoxid durch Wasserstoff

Adressaten: Schülerinnen und Schüler im 8. oder 9. Schuljahr der Hauptschule bzw. Realschule (Inhalte, die sich nur auf den Unterricht der Realschule beziehen, sind in eckige Klammern gesetzt.)

Voraussetzungen: Die Lernenden kennen Oxidation als Verbindungsvorgang eines Grundstoffes mit Sauerstoff. Sie haben in den vorangegangenen Stunden das Element Wasserstoff mit seinen Eigenschaften (Dichte, Diffusionsvermögen, Brennbarkeit, Knallgas – heftige Wärmeentwicklung bei der Reaktion mit Sauerstoff) kennen gelernt.

Lernziele: Die Schülerinnen und Schüler sollen

- erkennen, dass die große Affinität des Wasserstoffs zum Sauerstoff benutzt werden kann, um Sauerstoff den Oxiden zu entreißen,
- den Entzug von Sauerstoff aus einer Verbindung (Kupferoxid) als „Reduktion" beschreiben können,
- die für die Reduktion erforderliche Apparatur (Beispiel CuO) verstehen und erklären können,
- die einfache Reaktionsgleichung der Reduktion ($CuO + H_2 \rightarrow Cu + H_2O$) formulieren können,
- erklären können, dass eine wichtige Anwendung der Reduktion die Darstellung von Metallen aus oxidischen Erzen ist.

Planung: Es soll der induktive Zweig des Verfahrens mit einem weiterführenden Experiment gewählt werden. Da das Arbeiten mit Wasserstoff nicht ungefährlich ist, wird ein Lehrerdemonstrationsexperiment eingeplant. Die Reduktion des schwarzen Kupferoxids zu metallischem roten Kupfer ist sehr anschaulich. (Die Sicherheitsmaßnahmen beim Experimentieren mit Wasserstoff müssen erörtert werden.)

Problem: Ist es möglich, den Sauerstoff im Kupferoxid mit Wasserstoff zu binden, sodass das elementare Kupfer entsteht?

Stundenskizze

Phase 1a: Die Ergebnisse der vorangegangenen Chemiestunde werden wiederholt. Insbesondere wird auf die heftige Reaktion des Wasserstoffs mit Sauerstoff hingewiesen. Die Reaktionsgleichung wird formuliert:

$$2\,H_2(g) + O_2(g) \rightarrow 2\,H_2O(l) + \text{Energie}; \quad \Delta H_{298} = -286\ \text{kJ/mol}$$

(Im Unterricht der Hauptschule wird eine vereinfachte Gleichung verwendet.)

Evtl. kann auch ein Foto des brennenden Luftschiffs „Hindenburg" gezeigt werden, das eine beachtliche Motivationskraft hat. Zum Einstieg könnte auch ein Experiment herangezogen werden. Ein mit Wasserstoff gefüllter Luftballon wird an einem Faden befestigt und im Freien mit einer Kerzenflamme (die Kerze wird an einem Stock befestigt) angezündet.

Phase 1 b: In dem gezeigten Beispiel reagiert Wasserstoff mit freiem Sauerstoff. Wasserstoff besitzt eine erhebliche Affinität zu Sauerstoff. Wäre es nicht denkbar, dass der Wasserstoff auch mit gebundenem Sauerstoff reagiert? So könnte z. B. aus dem Kupferoxid der Sauerstoff entzogen werden.
Phase 1 c: Ist es möglich, mit Wasserstoffgas den Sauerstoff aus dem Kupferoxid zu entfernen und an Wasserstoff zu binden?
Phase 2 a: Aufgrund der heftigen Reaktion von Wasserstoff mit Sauerstoff könnte die Umsetzung

Kupferoxid + Wasserstoff → Kupfer + Wasser

durchführbar sein. Das ist eine Hypothese, die bewiesen werden muss.
Phase 2 b/2 c: Der Übergang vom Metalloxid zum Metall sollte gut beobachtet werden können. Da Kupfer ein relativ edles Element ist, könnte diese Reaktion leicht gelingen.
Phase 3 a: Für das Demonstrationsexperiment muss eine geeignete Apparatur gefunden werden. Viele Schulbücher zeigen eine solche Versuchsanordnung. Wasserstoff wird durch eine Waschflasche mit Schwefelsäure in ein Verbrennungsrohr geleitet, das schwarzes Kupferoxid enthält. Der Wasserstoff wird aus dem Rohr in ein rechtwinklig gebogenes Rohr mit Düse geleitet, wo er angezündet werden kann. Alle Sicherheitsvorschriften beim Arbeiten mit Wasserstoff müssen beachtet werden (Knallgasprobe, Rückschlagsicherung).
Phase 3 b: Der Versuch wird unter Mithilfe der Schüler aufgebaut und von der Lehrperson durchgeführt.
Phase 3 c: Es entsteht ein rötlicher Feststoff, der als Kupfer erkannt wird. In den kälteren Apparateteilen scheiden sich Wassertröpfchen ab.
Phase 4 a: Eine grafische Abstraktion unterbleibt während des Unterrichts. Als Hausaufgabe kann das zeichnerische Erstellen der Versuchsskizze empfohlen werden.
Phase 4 b: Nach der Erarbeitung der Wortgleichung wird der Begriff der Reduktion als Umkehrung der Oxidation eingeführt. Unter Reduktion versteht man den Entzug von Sauerstoff aus einer Verbindung (z. B. aus einem Oxid).
Phase 4 c: Folgende Reaktionsgleichung sollte entwickelt werden.

$$CuO(s) + H_2(g) \rightarrow Cu(s) + H_2O(l)$$

Reduktion des Kupferoxids

Phase 5 a: Der Reduktions-Begriff muss noch gefestigt werden. Die Reduktion mit Wasserstoff wird auf andere Beispiele übertragen (Transfer von Erkenntnissen).

$$Fe_2O_3 + 3H_2 \rightarrow 2Fe + 3H_2O$$

Phase 5 b: 1. Die neuen Erkenntnisse werden wiederholt (Reduktion der Oxide mit Wasserstoff unter Energiezufuhr). 2. Die Denkwege (Stufen und Phasen) werden nochmals mit den Schülerinnen und Schülern durchgegangen.

Anmerkungen zu einem Beispiel für die Sekundarstufe II
Thema: Adsorption eines Farbstoffes durch Aktivkohle
Geplant ist eine Unterrichtseinheit, in der das forschend-entwickelnde Verfahren zweimal durchlaufen wird, einmal induktiv, einmal deduktiv (siehe Abb. 207.1). Der Unterricht beginnt mit einem Experiment, in dem eine verdünnte wässrige Methylenblau-Lösung durch eine Aktivkohleschicht gegossen wird, an der Methylenblau adsorbiert. (Qualitativ: Die Lösung wird heller.) Hängt die adsorbierte Farbstoffmenge von der Menge der eingesetzten Aktivkohle ab? In Gruppenarbeit werden steigende Mengen Aktivkohle (50–500 mg) bei gleichen Mengen gleich konzentrierter Methylenblau-Lösung eingesetzt (weiterführende Experimente). Zur quantitativen Auswertung des Versuches werden die Farbstofflösungen nach dem Kontakt mit der Aktivkohle fotometrisch vermessen. Aus den Werten wird ein Diagramm erstellt (Phase 4c). Zur Erklärung ist die Einführung der Freundlich'schen oder Langmuir'schen Adsorptions-Isotherme denkbar. Schließlich lässt sich aus den bisherigen Erkenntnissen die Problemfrage für das zweite Verfahren ableiten: Wie viel Farbstoff kann 1 g Aktivkohle maximal adsorbieren? Aufgrund der Vorkenntnisse (Diagramm) lässt sich z. B. die Antwort ableiten (prognostizieren). Diese Prognose muss schließlich durch ein Experiment bestätigt werden.
Weitere Beispiele sind der Literatur [10, 11] zu entnehmen.

11.2.4 Das historisch-problemorientierte Unterrichtsverfahren – Geschichte der Chemie im Chemieunterricht

Die Forderung, die Geschichte der Chemie in den Chemieunterricht einzubeziehen, wird seit langem gestellt. Erste Ansätze finden sich zu Beginn des 20. Jahrhunderts. Neben Capesius (1853–1919) [15] ist hier der Oldenburger Chemiedidaktiker Winderlich (1876–1915) zu nennen, der 1913 ausführte [16]:

Z Für die geistige Durchdringung des Lehrstoffes ist die geschichtliche Betrachtungsweise ein sehr wertvolles Hilfsmittel ... Es lässt sich die Geschichte verwenden als Ergänzung, wo andere Hilfsmittel versagen, als Anregung beim Arbeiten im Übungsraum und beim Beginn eines neuen Abschnitts, als Leitlinie bei Wiederholungen ... und als Grundgedanke für den Aufbau eines methodischen Lehrgangs ... Gegen die drei ersten Arten der Verwendung wird sich kaum Widerspruch erheben, wohl aber gegen die letzte.

Ebenfalls bereits um die Jahrhundertwende wurde – was in diesem Zusammenhang von großem Interesse ist – gefordert, dass sich die Wege naturwissenschaftlicher Erkenntnisgewinnung in den Problemlösestrategien des Chemieunterrichts widerspiegeln sollen. So wiesen etwa die Chemiedidaktiker Wilbrand (1824–1893) [17] und Capesius [15] auf die zentrale Stellung des naturwissenschaftlichen Erkenntnisprozesses hin. Auch Ostwald vertrat diese Ansicht, wie eine besonders prägnante Formulierung in seinem bekannten Buch „Die Schule der Chemie" von 1912 belegt [18]: „Ich führe dich mit Absicht so, dass du von selbst auf die Naturgesetze stößt, mit denen ich dich bekannt machen will." Im Vorwort zur 1. Auflage seines Buches kann man über eines der Ziele des Chemieunterrichts lesen [19]: „Diese Eigenschaft des selbstständigen Denkens und Vordringens in möglichst breite Schichten unseres Volkes anzuregen und zu entwickeln, ist wohl die wichtigste Aufgabe, die sich heute ein Lehrer stellen mag."

Strittig ist heute weniger, dass Lehrerinnen und Lehrer Kenntnisse der Geschichte der Chemie besitzen sollen, um Gedankengänge und Interpretationen der Schülerinnen und Schüler besser zu verstehen; strittig ist heute immer noch, ob und wie die Geschichte der Chemie auch für den modernen Chemieunterricht wirksam werden soll und kann.

Hauptziel des hier beschriebenen historisch-problemorientierten Unterrichts ist es, die Schüler jeweils ein Stück des Erkenntnisweges der Wissenschaft Chemie gehen zu lassen, damit sie erkennen, wie sich Vorstellungen, Ideen und Theorien entwickelten. Daneben will der **historisch-problemorientierte Unterricht** natürlich auch das wesentliche Ziel erreichen, das von anderen Unterrichtsverfahren angestrebt wird: eine breite naturwissenschaftliche Grundbildung, die sowohl die Fundamente für eine Erklärung der uns umgebenden natürlichen und technischen Umwelt birgt als auch dazu dient, die Voraussetzungen für ein künftiges Leben und Tätigsein in einer hochindustrialisierten Gesellschaft zu schaffen mit den Möglichkeiten zu Veränderungen und Reformen.

Die Einbeziehung der Geschichte der Chemie in den Chemieunterricht in Form des historisch-problemorientierten Unterrichts soll so erfolgen, dass das in der Geschichte liegende Potenzial zur Anregung des Denk- und Handlungsbedarfs der Schüler genutzt wird. Dies setzt voraus, dass die Geschichte der Chemie nicht als bloßes Anhängsel betrachtet wird oder als überflüssiger Ballast, den man beim jetzigen Stand der Wissenschaft „über Bord werfen kann". Die Geschichte muss in direktem Bezug zu den Inhalten stehen, dennoch bestimmt sie nicht die Abfolge der Unterrichtsinhalte, kann aber in einigen Fällen der Strukturierung dienen.

Im Rahmen des historisch-problemorientierten Unterrichts wird versucht, einen Teil der historischen Problemsituation zu rekonstruieren und dem Schüler mithilfe geeigneter Textstellen und Experimente Hilfen zur Problemerfassung und zur Problemlösung soweit an die Hand zu geben, dass er in der Lage ist, Teilschritte des Lösungsweges allein zu gehen. Um dies zu ermöglichen und um den Zeitbedarf in akzeptablen Grenzen zu halten, muss historisches Quellenmaterial ausgewählt und aufgearbeitet werden. Damit soll kein Anspruch auf Vollständigkeit im Sinne der Wissenschaftsgeschichte erhoben werden. Vielmehr erfolgt eine Auswahl unter didaktischen Gesichtspunkten, wobei die Verdeutlichung typischer Erkenntniswege der Chemie wesentlicher Gesichtspunkt ist. Da ein vertieftes geistiges Eindringen nicht unter Zeitdruck erfolgen kann, ist eine exemplarische Vorgehensweise erforderlich [20].

Das hier beschriebene Unterrichtsverfahren verknüpft – wie aus den bisherigen Darstellungen hervorgeht – heuristische und geschichtliche Elemente. Dies ist für die Schüler im Lernprozess nicht immer einfach. Einen guten methodischen Weg, dieses Problem zu lösen, zeigt der englische Chemiedidaktiker Bradley auf. Wenn der heuristische Weg zu schwierig wird, werden den Schülern historische Informationen – z. B. Texte – als so genannte **history lifts** gegeben – gerade genug, dass sie weiter auf dem Weg der Problemlösung gehen können [21]. Es ist dabei nicht die Autorität der Lehrerin oder des Lehrers, die ihnen diese Informationen gibt, sondern die historische Persönlichkeit, der Wissenschaftler selbst, der seine Gedanken über das Problem offenbart.

Es gibt folgende Bereiche, bei denen die Geschichte der Chemie Leitlinie des Unterrichts sein kann:

- **Entwicklung der umfassenden Theorien und großen Ideen der Chemie.** Hierbei geht es darum, den Schülern Einblicke in die Entwicklung der zur Ausbildung einer Wissenschaft nötigen Theorien zu geben. Sie sollen erkennen, dass sich Theorien häufig nicht in einfachen Kausalketten empirisch-induktiv herleiten lassen, sondern erfunden werden und somit spekulative Züge tragen müssen. Auch die Tatsache, dass eine heute als gültig angenommene Theorie früher in Konkurrenz zu einer anderen stand und keine gesicherte Entscheidung für eine möglich war, soll zum Bild der Schüler vom Wesen der Naturwissenschaft gehören.
- **Einführung neuer Stoffklassen durch ihre Entwicklungsgeschichte.** Über die geschichtliche Vertiefung grundlegender Ideen hinaus ist es interessant, wenn der Schüler nach Möglichkeit neue Inhalte, z. B. die Einführung in neue Stoffklassen, als Entdeckungsgeschichte miterlebt. Dabei lassen sich in einigen Fällen neue Inhalte direkt mit historischen Texten einführen. Diese Einführung erfordert eine Auswahl von Texten, die einen für die Schüler einsichtigen Zugang aufbauend auf vorhandenen Vorkenntnissen ermöglichen. Wenn erst wochenlange Quellenarbeit notwendig ist, bevor ein Experiment geplant und durchgeführt werden kann, wird dadurch das Wesen der Chemie als eine Experimentalwissenschaft infrage gestellt.
- **Menschliche und gesellschaftliche Aspekt der Forschung**. Den Schülerinnen und Schülern sollen die Forscherpersönlichkeit, ihr menschliches und gesellschaftliches Umfeld über die Ergebnisse ihrer Arbeiten hinaus sichtbar werden. Dabei geht es auch darum, welche Ziele mit der Forschung verfolgt und wie die Forschungsergebnisse verwertet wurden. Darüber hinaus sollten die Lebens- und Arbeitsbedingungen der am Forschungs- und Verwertungsprozess beteiligten Menschen ins Blickfeld gerückt werden.

  Durch diese „erzählenden" personenbezogenen Themen kann es gelingen, die emotionale Distanz zur Chemie zu verringern und größeres Interesse zu erzeugen.

Weiterhin Bedeutung hat die **Auswahl einiger spannender Episoden aus der Geschichte der Chemie**. Diese Einsatzmöglichkeit erscheint besonders in der Sekundarstufe I sinnvoll, um durch ihren Abenteuercharakter eine größere Motivation zu erzielen.

Die Ziele der historisch-problemorientierten Unterrichtskonzeption können folgendermaßen zusammengefasst werden:

Die Schülerinnen und Schüler sollen mithilfe der Geschichte der Chemie

- zu einem tieferem Verständnis von naturwissenschaftlicher Problemlösung und Theoriebildung gelangen,
- erkennen, dass Hypothesenbildung und Spekulationen wichtige Funktionen in den Naturwissenschaften haben und sich der Erkenntnisweg in den Naturwissenschaften zwischen Empirie und Spekulation bewegt,
- die Begrenztheit von Theorien und Modellen verstehen,
- wissen, dass die Erkenntnisgewinnung in der Chemie nicht so gradlinig und logisch aufgebaut abläuft, wie dies die Lehrbücher vermitteln,
- erkennen, dass Probleme in den Denkweisen verschiedener Zeiten betrachtet und behandelt werden können und dass es eine Verbindung vom historischen Bezug zum heutigen Wissensstand und zu ihrer eigenen Umwelt gibt,
- erkennen, dass die eigenen Schwierigkeiten und Probleme hinsichtlich der Chemie häufig auch die der Wissenschaftler vergangener Epochen waren,
- verstehen, dass die Forschung von den Ansprüchen der Gesellschaft geprägt wird,
- durch das Kennenlernen der Menschen, die die Chemie geprägt haben, die menschliche Komponente erfassen und zu einer geringeren emotionalen Distanz zur Chemie gelangen.

Beispiel einer historisch-problemorientierten Unterrichtseinheit: „Die Aufklärung der tetraedrischen Struktur des Methanmoleküls und seiner Derivate" [22]

In den vergangenen Jahren wurde eine Reihe von historisch-problemorientierten Unterrichtskonzeptionen erarbeitet und erprobt [23–48]. Exemplarisch soll hier eine von Matuschek et al. entwickelte Unterrichtseinheit vorgestellt werden.

B Die tetraedrische Struktur des Methanmoleküls und seiner Derivate ist eine für die gesamte organische Chemie grundlegende Erkenntnis. Im Unterricht wird dieser Inhalt entweder nur informierend dargeboten, aus dem Orbital-, dem Kugelwolken- oder dem Gillespie-Modell abgeleitet oder man führt wenig durchschaubare Polaritätsbetrachtungen von Molekülen durch. Der Weg, den van't Hoff 1874 zur Lösung des Strukturproblems einschlug, wird dagegen in der fachdidaktischen und Schulbuchliteratur bisher kaum beachtet; ein Beispiel findet sich bei Christen [49].
Die historisch-problemorientierte Unterrichtseinheit kann im Rahmen der organischen Chemie je nach Situation und Vorkenntnissen der Lerngruppe an verschiedenen Stellen im Curriculum eingesetzt werden:

- Eine erste Möglichkeit ergibt sich im Anschluss an die Ermittlung der Summenformel des Methans. Bei der Problemstellung wird von der Frage nach dem räumlichen Bau dieses Moleküls ausgegangen, wobei die Schülerinnen und Schüler zunächst mithilfe von einfachen Kugeln (z. B. Wattekugeln) verschiedene Strukturen finden sollen.
- Weiterhin kann nach der Ermittlung der Summenformel des Methans zunächst ein Versuch zur Chlorierung von Methan durchgeführt werden. Die Chlorierungsprodukte werden nun durch Gaschromatographie untersucht bzw. es wird den Schülern ein Gaschromatogramm der Produktmischung zugänglich gemacht. Die Problemstellung ergibt sich in diesem Fall aus der Diskussion möglicher bei dieser Reaktion entstandener Chlorierungsprodukte und ihrer Struktur.
- Ein anderer Zugang ergibt sich, wenn man zunächst die homologe Reihe der Alkane erarbeitet. Bei dieser Vorgehensweise betrachtet man zunächst die Konstitutionsformeln sowie ihre übliche Darstellung in der Papierebene und führt den Begriff der Isomerie sowie die systematische Nomenklatur ein. Die Untersuchung der Reaktionsprodukte bei der Chlorierung der Alkane und die gaschromatographisch gefundenen Isomerenzahlen bilden sodann den Ausgangspunkt für die Frage nach dem räumlichen Aufbau dieser Moleküle.
- Bei einem Einsatz der Unterrichtseinheit in einem Leistungskurs „Organische Chemie" steht aufbauend auf der den Schülern bereits bekannten Tetraederstruktur die Frage des Erkenntnisweges im Vordergrund.

Von den unterschiedlichen Vorgehensweisen sei hier näher auf die zweite eingegangen. Lässt man die Schülerinnen und Schüler nach der Ermittlung der Summenformel des Methans Konstitutionsformeln zeichnen, sind diese üblicherweise quadratisch-planar. Die Einbeziehung der dritten Dimension geschieht erst dann, wenn die Lernenden aufgefordert werden, aus z. B. Papierkugeln Molekülmodelle zu erstellen. An dieser Stelle dürfen natürlich keine Molekülbaukästen benutzt werden, die eine tetraedrische Struktur vorgeben, sondern nur einfache Zellstoff- oder Styroporkugeln mit Holz- oder Drahtstäben bzw. Papierkugeln zum Kleben.
Die Schüler können eine Vielzahl unterschiedlicher Strukturen finden, in den meisten Fällen werden sie aber - aus der Annahme der Existenz eines Ordnungsprinzipes heraus – einfache Strukturen mit hoher Symmetrie bevorzugen und als wahrscheinlich betrachten. Die zur Diskussion stehenden Strukturen reduzieren sich so vielfach auf die quadratisch planare und die tetraedrische. Allenfalls werden andere Möglichkeiten, z. B. eine pyramidale oder eine rechteckig planare Struktur, vorgeschlagen. Die unterschiedlichen Strukturen leiten zu der Frage über, welche nun die richtige ist. Es ist in dieser Phase nicht „tragisch", wenn Schüler beim Durchblättern eines Schulbuches die Tetraederform gesehen haben und behaupten, dass diese richtig sei. Denn damit bleibt immer noch die Frage, woher man dies weiß – und sogar schon 1874 zeigen konnte – unbeantwortet.
Historisch gesehen führen die entscheidenden Überlegungen zur Strukturaufklärung des Methans zurück zu dem holländischen Chemiker van't Hoff (1852–1911). Seine 1874 gleichzeitig (aber völlig unabhängig von einander) mit dem französischen Chemiker le Bel (1847–1930) geäußerten Ansichten über den räumlichen Aufbau der Moleküle gaben die Möglichkeit, Entscheidungen bezüglich der räumlichen Struktur zu treffen, und zwar unter Berücksichtigung experimenteller Befunde: nämlich der Anzahl der gefundenen Isomeren eines Stoffes. Für van't Hoff war das Erkenntnis leitende Interesse bei dieser bahnbrechenden Arbeit die Erklärung der optischen Aktivität einiger organischer Moleküle [50–52].
Im Rahmen der Unterrichtseinheit wird zum Verständnis der Idee von van't Hoff ein Textauszug aus einer seiner Publikationen genutzt. Dieser Auszug gibt die notwendigen Anregungen für die Hypothesenbildung, die dann zur Problemlösung führt. Hierbei wird den Schülerinnen und Schülern zunächst – im Sinne eines history lifts – nur ein Textausschnitt an die Hand gegeben, der Basis für ihre eigenen Überlegungen sein soll. Der Ausschnitt dient gleichzeitig dem Einstieg in die nachfolgende selbstständige Gruppenarbeit [51]:

Z „Da der Ausgangspunkt der folgenden Betrachtungen in der Chemie der Kohlenstoffverbindungen gefunden wurde, so teile ich vorläufig nur den Teil mit, der sich hierauf bezieht. Es stellt sich mehr und mehr heraus, dass die heutigen Konstiutionsformeln nicht imstande sind, gewisse Isomeriefälle zu erklären; vielleicht ist dies dem Fehlen einer mehr bestimmten Auffassung über die tatsächliche Lagerung der Atome zuzuschreiben.
... Macht man die Annahme, dass diese in einer Ebene ausgebreitet sind ..., wo man die vier Affinitäten eines jeden Kohlenstoffatoms durch vier zueinander senkrechte Richtungen in der Ebene vorstellt, so gelangt man bei Anwendungen auf die Derivate des Methans CH_4 (wenn wir den einfachsten Fall als Ausgangspunkt wählen) zu der folgenden Anzahl Isomeren (die Wasserstoffatome werden der Reihe nach durch univalente Gruppen R_1, R_2 usw. ersetzt): ...
Eine zweite Annahme bringt die Theorie mit den Tatsachen in Übereinstimmung, und zwar die, dass man sich die Affinitäten des Kohlenstoffatoms gegen die Ecken eines Tetraeders gerichtet denkt, dessen Mittelpunkt dieses Atom selbst bildet. Die Anzahl der Isomeren wird dann einfach folgende..."

B Anhand der Halogenierungsprodukte des Methans können die Schüler nun in Gruppenarbeit prüfen, ob die Idee van't Hoffs zum Ziel führt. Es können verschiedene Isomere gezeichnet oder gebaut und deren Anzahl verglichen werden. Am Ende der Gruppenarbeit nennen die einzelnen Gruppen ihre Ergebnisse und diskutieren eventuelle Unstimmigkeiten. Das Zusammentragen der Ergebnisse geschieht am besten mit einer Folie (Tab. 215.1), die nach und nach vervollständigt wird. Die letzte Spalte, also die Anzahl der tatsächlich existierenden Isomeren, sollte erst nach Ende der Diskussion durch den Lehrer vervollständigt werden.

	Anzahl der Isomeren		
Verbindung	quadratisch-planare Anordnung	tetraedrische Anordnung	tatsächlich gefundene Isomere
CH_3Cl	1	1	1
CH_2Cl_2	2	1	1
$CHCl_3$	1	1	1
CCl_4	1	1	1

Tab. 215.1: Chlorierungsprodukte des Methans: Anzahl der Isomeren

Die Chlorierungsprodukte zeigen allerdings nur im Falle des Dichlormethans ein Ergebnis, das gegen eine planare Anordnung spricht. Den Schülern sollte verdeutlicht werden, dass dieser Befund alleine nicht genügt, sich für eine bestimmte Struktur zu entscheiden. Da in dem vorliegenden Textausschnitt von van't Hoff auch von verschiedenen Substituenten gesprochen wird, liegt es nahe, nicht nur Chlorierungsprodukte zu betrachten. Die Problemstellung lässt sich vielmehr auf Produkte mit verschiedenen Halogenen als Substituenten erweitern. Tab. 215.2 zeigt wiederum die in diesem Fall möglichen Isomeren bei planarer und tetraedrischer Anordnung sowie die tatsächlich gefundene Anzahl an Isomeren.

	Anzahl der Isomeren		
Verbindung	quadratisch-planare Anordnung	tetraedrische Anordnung	tatsächlich gefundene Isomere
CH_3Cl	1	1	1
CH_2Cl_2	2	1	1
CH_2BrCl	2	1	1
CHBrClF	3	2 (1)	2

Tab. 215.2: Halogenierungsprodukte des Methans: Anzahl der Isomeren

Wichtig bei der Erarbeitung der Tabellen ist die Möglichkeit, die Strukturen nicht nur auf dem Papier zu zeichnen, sondern sie auch als Modelle nachbauen zu können. In der Regel finden die Schüler nämlich zunächst nur ein Isomer des Chlorbromfluormethans. Erst das Bauen von Modellen führt sie zur Erkenntnis der Existenz von Bild- und Spiegelbildisomeren. Man sollte den Schülern anschließend mitteilen, dass die Richtigkeit der schon 1874 von van't Hoff abgeleiteten Tetraederstruktur heute mithilfe der Röntgenstrukturanalyse auch direkt beweisbar ist.
Zur Festigung des Gelernten kann ein Arbeitsblatt eingesetzt werden, das den vollständigen Text von van't Hoff enthält [51]. Im folgenden Unterricht sollte ein tragfähiges, aber nicht zu kompliziertes Bindungsmodell (Gillespie- oder Kugelwolkenmodell) entwickelt oder bestätigt werden, das die Tetraederstruktur des Methans und seiner Derivate zutreffend beschreibt. Weiterhin sollten die Überlegungen zur Struktur des Methans auf weitere Alkane übertragen werden.

Diese kurze historische Sequenz bietet darüber hinaus Gelegenheit, berühmte Chemiker von ihrer menschlichen Seite zu zeigen. Die Schüler können erkennen, wie schwer sich die Durchsetzung einer neuen Theorie gestalten kann. Es eignet sich für diesen Zweck ein Auszug aus dem Artikel „Zeichen der Zeit" von Professor Hermann Kolbe, einem der bedeutendsten und zu seiner Zeit führenden Chemiker. Er verfasste diesen Artikel als Reaktion auf die Schrift van't Hoffs zur „Lagerung der Atome im Raum". Der gesamte Artikel van't Hoffs umfasste in der niederländischen Ausgabe nur 11 Seiten. Nach dem Versand der Schriften blieb aber zu van't Hoffs Enttäuschung zuerst eine

Diskussion aus, obwohl in einer niederländischen Zeitschrift auch eine französische Übersetzung erschien. So veröffentlichte van't Hoff – wiederum auf eigene Kosten – im Mai 1874 eine weitere französische Ausgabe, ebenfalls ohne große Resonanz. Große Beachtung und Wertschätzung erfuhr seine Arbeit bei einem ebenfalls bedeutenden Chemieprofessor, Johannes Wislicenus, der in ihr die Lösung eines grundlegenden Problems sah, das sich auch ihm bereits gestellt hatte. Er empfahl seinem Assistenten, Dr. F. Herrmann, die Anfertigung einer deutschen Ausgabe. Diese erschien 1876 mit einer Einleitung von Wislicenus unter dem Titel „Die Lagerung der Atome im Raume". Van't Hoff hatte inzwischen nach einigen vergeblichen Bewerbungen eine Assistentenstelle an der Tierarzneischule in Utrecht erhalten. Vermutlich wäre die Resonanz auf die deutsche Ausgabe ähnlich gering gewesen, wäre nicht Wislicenus so offen für die von van't Hoff geäußerten Ansichten eingetreten. Kolbes dann folgender polemischer „Verriss" der van't Hoff'schen Arbeit (und auch der von Le Bel, auf die hier nicht näher eingegangen wird) macht dies deutlich: Mitarbeitern einer Tierarzneischule oder einer landwirtschaftlichen Schule braucht man eigentlich nicht auf ihre Fantastereien zu antworten. Kolbe schrieb in seinem „Journal für praktische Chemie":

Z In einem unlängst veröffentlichten Aufsatze mit gleicher Überschrift habe ich als eine der Ursachen des heutigen Rückganges der chemischen Forschung in Deutschland den Mangel an allgemeiner und zugleich auch an gründlicher chemischer Bildung bezeichnet, woran eine nicht geringe Zahl unserer chemischen Professoren zum großen Nachteil der Wissenschaft laboriert. Folge davon ist das Überhandnehmen des Unkrauts der gelehrt und geistreich scheinenden, in Wirklichkeit trivialen, geistlosen Naturphilosophie, welche, vor 50 Jahren durch die exakte Naturforschung beseitigt, gegenwärtig von Pseudonaturforschern aus der die Verirrungen des menschlichen Geistes beherbergenden Rumpelkammer wieder hervorgeholt und, gleich einer Dirne modern herausgeputzt und geschminkt, in die gute Gesellschaft, wohin sie nicht gehört, einzuschmuggeln versucht wird. Wem diese Besorgnis übertrieben scheint, der lese, wenn er es vermag, die kürzlich erschienene, von Fantasie-Spielereien strotzende Schrift der Herren van't Hoff und Hermann über „Die Lagerung der Atome im Raume". Ich würde dieselbe wie manche anderen ignorieren, wenn nicht ein namhafter Chemiker sie in seine Protektion genommen und als verdienstliche Leistung warm empfohlen hätte. Ein Dr. J. H. van't Hoff, an der Tierarzneischule zu Utrecht angestellt, findet, wie es scheint, an exakter chemischer Forschung keinen Geschmack. Er hat es bequemer erachtet, den Pegasus zu besteigen (offenbar der Tierarzneischule entlehnt) und in seiner „La chimie dans l'escape" zu verkünden, wie ihm auf dem durch kühnen Flug erklommenen chemischen Parnass die Atome im Weltenraume gelagert erschienen sind ... Es ist bezeichnend für die heutige kritikarme und Kritik hassende Zeit, dass zwei so gut wie unbekannte Chemiker [van't Hoff und Le Bel], der eine von einer Tierarzneischule, der andere von einem landwirtschaftlichen Institute, die höchsten Probleme der Chemie, welche wohl niemals gelöst werden, speziell die Frage nach der räumlichen Lagerung der Atome, mit einer Sicherheit beurteilen und deren Beantwortung mit einer Dreistigkeit unternehmen, welche den wirklichen Naturfoscher geradezu in Staunen setzt. [53, S. 473ff.]

Die historischen Texte verdeutlichen den Schülern, wie sehr festgefasste wissenschaftliche Meinungen oftmals zunächst verteidigt werden.

Vermutlich gerade weil durch Kolbes heftige Angriffe die Aufmerksamkeit seiner Fachkollegen geweckt und Diskussionen angeregt wurden, setzten sich van't Hoffs Vorstellungen im Laufe der Zeit (relativ schnell!) durch.

Erkennen wir also mit Justus von Liebig die Bedeutung der Geschichte der Chemie auch für den Chemieunterricht: „Die Geschichte einer Wissenschaft ist eine Seite in der Geschichte des menschlichen Geistes. Und in Beziehung auf ihre Entstehung und Entwicklung gibt es keine, welche merkwürdiger und lehrreicher wäre als die Geschichte der Chemie." [54]

11.2.5 Projektunterricht und projektorientierter Chemieunterricht

In Deutschland war die Ausbreitung des Projektgedankens im Wesentlichen an die Gesamtschulentwicklung geknüpft und fand daher seit der Mitte der 60er Jahre zunehmende Verbreitung. Dabei fällt auf, dass zumindest in jener Zeit Projekte mehr in der Literatur behandelt als in der Realität durchgeführt wurden. Bilanzierend ist festzuhalten, dass mit der Ausbrei-

tung des Projektunterrichts nicht die „Bildungsreform von unten" einherging, wie sie von einigen Verfechtern des Projektgedankens gefordert und erwartet wurde [55]. Auch hat sich die Feststellung als richtig erwiesen, „dass dem Projektunterricht ein ähnliches Schicksal droht wie allem, was pädagogische Hochkonjunktur hat: Im Zuge seiner Verbreitung wird die ursprüngliche Idee und das eigentliche Konzept immer stärker verwässert" [56].
In diesem Spannungsfeld steht der Projektunterricht heute. In den letzten Jahren wurden in Lehrplänen, Curricula oder Verwaltungsvorschriften in verstärktem Maße Freiräume ausgewiesen, die von den Lehrern zu „projektartigem Unterricht" genutzt werden können. Konsequenterweise findet man heute kaum eine Schule, an der die „Projektwoche" oder zumindest „Projekttage" nicht zum festen Bestandteil des schulischen Programms gehören. Dabei haben sich vielfältige Formen projektartigen Unterrichts etabliert. Aber es fällt auf, dass eher wenige Beispiele aus dem Bereich der Chemie dabei vertreten sind. Sind Themen aus diesem Bereich für eine derartige Behandlung ungeeignet?
Dies trifft sicherlich nicht zu. Es gibt mehrere Gründe für die noch geringe Bedeutung dieser Unterrichtsmethode in der Chemie: Es beginnt mit der oft zu eng an die Fachsystematik angelehnte Ausbildung der zukünftigen Chemielehrer, erklärt sich mit dem hohen Zeitdruck, unter dem Chemielehrer in der Sekundarstufe I stehen. (Kein anderes Fach beginnt so spät und wird mit so wenigen Wochenstunden bedacht.) Hinzu kommt die besondere Struktur des Faches, die dazu beiträgt, dass die meisten Chemielehrer ein projektartiges Arbeiten als schwierig bis unmöglich ansehen.
Dem Charakter dieses Buches entsprechend, soll im Folgenden eine eher pragmatische Darstellung der Methode „Projektunterricht" gegeben werden. Detaillierte theoretische Erörterungen der „Projektmethode" würden den gegebenen Rahmen eines kurzen Kapitels sprengen. Wer sich über dieses Feld eingehend informieren möchte, sollte Monographien zu Rate ziehen (z. B. [55]), und den zahlreichen Verweisen auf weiterführende Literatur folgen, die in diesem Kapitel gegeben werden.

Zur Entwicklung der Methode „Projektunterricht"

Was hat man unter „Projektunterricht" zu verstehen? Im „Wörterbuch der Pädagogik" von Böhm heißt es dazu:

Z Projektmethode, ein von Dewey und Kilpatrik entwickeltes und praktiziertes Unterrichtsverfahren, bei dem ganzheitliche und praktisch durchzuführende Arbeitsvorhaben oder unterrichtliche Gesamtthemen, meist nach einem von den Schülern selbst entworfenen Plan, konkretisiert werden. Das Ziel der Projektmethode ist die Erziehung zu Selbstständigkeit und eigener Verantwortung.

Die unterrichtliche Umsetzung des „Projektgedankens" hat im Wesentlichen in den ersten drei Jahrzehnten unseres Jahrhunderts begonnen. Hier lassen sich zwei Hauptströmungen ausmachen. Diese gingen aus von
- **Reformpädagogen** in Deutschland wie Berthold Otto, Peter Petersen, Georg Kerschensteiner oder Otto Haase;
- **pädagogischen Pragmatikern** in den USA wie John Dewey und William Heard Kilpatrik.

Der von den Reformpädagogen in Deutschland vorgetragene kritische Ansatz war mehr als eine bloße Kritik an der „Institution Schule": Die Trennung der schulischen Welt von der Erfahrungswelt, die den Einzelnen umgab, kritisierten sie im Zusammenhang einer allgemeinen Kritik an der Gesellschaft. Sie entwickelten als Alternativen und Gegenpole unterschiedliche Formen des schulischen Lebens und Lernens und wurden damit Wegbereiter der Methode „Projektunterricht". Der unmittelbare Einfluss ist am deutlichsten bei Peter Petersen zu erkennen, in dessen **Schulplan in Jena** die Projektarbeit eine zentrale Rolle einnimmt.
Einer der geistigen Väter des Projektgedankens war John Dewey. Nach ihm hat sich jeglicher Unterricht an Alltagssituationen – wie man heute sagen würde – zu orientieren. Sie sind ideale Ausgangsvoraussetzungen für eine Bildung, die sich an den Bedürfnissen des Schülers stärker orientiert als an vorgegebenen Inhalten, die der Schüler zu übernehmen hat. In eine „Projektmethode" als Konsequenz des Ansatzes für den Unterricht

wurden diese Gedanken allerdings erst von William Heard Kilpatrik umgesetzt: 1918 publizierte er den Aufsatz „The Project Method" [57] und kennzeichnete darin Projektunterricht in einer zentralen Definition als „planvolles Handeln von ganzem Herzen, das in einer sozialen Umgebung stattfindet" [58]: Reale Lebenssituationen regen ein handlungsorientiertes Lernen an, wo nicht Wissen aus Einzeldisziplinen, sondern die fächerübergreifende Sichtweise den Zugang zu den Problemlösungen ermöglicht. Allerdings muss dieses Handeln „planvoll" erfolgen; es soll „methodisch und systematisch kontrolliert" werden und aus den gegenwärtigen Erfahrungen heraus die Vorbereitungen für eine unbekannte Zukunft ermöglichen. Kilpatriks Projektmethode ist untrennbar verknüpft mit seiner politischen Philosophie, dass sich aus dem Unterricht eine Sozialbindung des Einzelnen ergeben müsse. Daher sollen die realen Aufgabenstellungen im Rahmen eines Projektes nicht nur zur Charakterbildung beitragen, sondern den Einzelnen auch für ein demokratisches Leben befähigen.
Für den naturwissenschaftlichen Unterricht finden sich die folgenden grundlegenden Arbeiten, die sich gegenseitig gut ergänzen:

- Karl Frey hat in seinem Buch „Die Projektmethode" den Verlauf von Projektunterricht beschrieben und ausführlich begründet [59]. Der Ansatz wurde für Beispiele aus dem Physikunterricht ausgeführt [60].
- Die Zusammenstellung von „Projektmerkmalen" von Wolfgang Schulz [61] und ihre „Relativierung" durch Gunther Otto [62].

Die Projektmethode als „4-Stufen-Plan"

Für den Chemieunterricht wurde von Demuth ein „4-Stufen-Plan" entwickelt [63] und in der Schule erprobt. Er orientiert sich in wesentlichen Bereichen an dem von Frey beschriebenen Grundmuster von 7 Phasen.
Der 4-Stufen-Plan gliedert sich in:

1. die Stufe der Anregung;
2. die Stufe der gemeinsamen Planung;
3. die Stufe der Ausführung;
4. die Stufe der Sicherung des Ergebnisses.

1. Die Stufe der Anregung
Ein Projekt beginnt damit, dass ein Mitglied der Lerngruppe oder auch ein Außenstehender ein Vorhaben anregt. Ein in der Lebenswelt angesiedeltes Problem ist der Anlass für die Frage: Können wir mehr darüber in Erfahrung bringen? Dies ist als eine grundsätzlich **offene Ausgangssituation** zu betrachten, als eine Idee, ein Angebot an die zukünftigen Projektteilnehmer. Die Gruppe setzt sich mit der Anregung auseinander, diskutiert Realisierungsmöglichkeiten und prüft, ob sie sich mit diesem Vorhaben identifizieren kann. Ob daraus ein Projekt oder die Idee wieder fallen gelassen wird, entscheiden die Projektgruppenmitglieder im Rahmen dieses Diskussionsprozesses. Am Ende dieser Stufe steht der Beschluss: „Wir wollen ..." oder aber „Wir wollen nicht ...".

2. Die Stufe der gemeinsamen Planung
Auf dieser Stufe überlegt sich die Gruppe, wie sie die Ausgangsidee in bestimmte **Aktivitäten** umsetzen kann, welches Ziel gesetzt und wie konkret vorgegangen werden soll. Dabei sollen möglichst viele Aspekte der Fragestellung erfasst werden und Anlass zu den unterschiedlichsten Aktivitäten geben. Die traditionellen Fächergrenzen werden dabei überwunden. Kilpatrik [57] misst dieser Stufe eine besondere Bedeutung zu: „Der Plan liefert so die Triebkraft, stellt die geistigen Fähigkeiten zur Verfügung, leitet den Vorgang zu seinem vorausbedachten Ziel und befestigt durch diesen befriedigenden Erfolg im Geist und Charakter des Knaben die erfolgreichen Schritte als wesentliche Bestandteile eines Ganzen. Das planvolle Handeln macht die Gesetze des Lernens nutzbar."
In dieser Stufe ist erforderlich, dass ein genauer **Projektplan** erarbeitet wird, in dem alle Aktivitäten enthalten sind. Es wird hier festgelegt (um mit Frey zu sprechen),

- wer im Verlauf des Projektes
- welche Art von Tätigkeit
- wie
- warum
- wann
- wo durchführen wird.

Es ist darauf hinzuweisen, dass ein Projekt auch in dieser Phase noch sein frühzeitiges Ende finden kann, wenn die Gruppe im Verlauf der Planung feststellt, dass sie die Thematik doch nicht bearbeiten möchte. Mögliche Gründe hierfür könnten sein, dass während der Planung deutlich wird, dass die Themenstellung die Möglichkeiten der Gruppe überfordert, nicht genügend Zeit gegeben ist, erforderliche Materialien für eine zufriedenstellende Durchführung fehlen oder das gewählte Thema bei genauerer Betrachtung seine Attraktivität für die Gruppe verliert.

3. Die Stufe der Ausführung
Die Mitglieder der **Projektgruppe** werden hier nun entsprechend des Projektplanes tätig. Untergruppen werden gebildet, die sich vertieft mit einem Teilgebiet befassen, das sie sich gewählt haben. Diese Stufe ist gekennzeichnet durch ein hohes Maß an **Eigenaktivität** der Teilnehmer, durch Selbstständigkeit und selbstverantwortliches Handeln. Regelmäßige Zusammentreffen der **Arbeitsgruppen** in der Gesamtgruppe sind unverzichtbar. Die Arbeitsgruppen schildern dabei ihre bisherige Betätigung nach dem Projektplan: Sie stellen dar, wie sie vorgegangen sind, welche Erfolge und Schwierigkeiten sich eingestellt haben, wie weit der Stand der Arbeit gediehen ist, ob die verabredete Planung so beibehalten und der verabredete Zeitrahmen eingehalten werden kann usw. Derartige Treffen sind für die Projektarbeit besonders wichtig. Sie dienen nicht nur dazu, dass das Tun ein „bewusstes Tun" bleibt, sondern gewährleisten auch den Zusammenhalt der gesamten Projektgruppe, die ja in der Projektarbeit ein gemeinsames Ergebnis ansteuert.

4. Die Stufe der Ergebnissicherung
Für ein Projekt sind hauptsächlich zwei **Möglichkeiten eines Abschlusses** denkbar:
- Als Ergebnis ist ein **Produkt** geplant, das im Verlauf des Projektes entstehen soll; z. B. eine Reportage über einen bestimmten Sachverhalt, wo die Ergebnisse in Form einer **Ausstellung** oder einer **Zeitung** festgehalten werden, oder ein fertiges Gerät mit Gebrauchsanleitung.
- Eine **Rückkopplung zur Ausgangssituation**: Was wurde im Projekt erreicht, wie ist der Stand nun?

Es hat sich als besonders vorteilhaft erwiesen, in der Projektarbeit ein konkretes Produkt als Ergebnis anzusteuern. Das Produkt ist eine ideale Messlatte für die Arbeit der Projektgruppe. Hier konkretisieren sich Anspruch und Wirklichkeit, gibt es eine Beurteilung, Bestätigung oder auch die Aufforderung, es bei der nächsten Gelegenheit anders und dann besser zu machen.

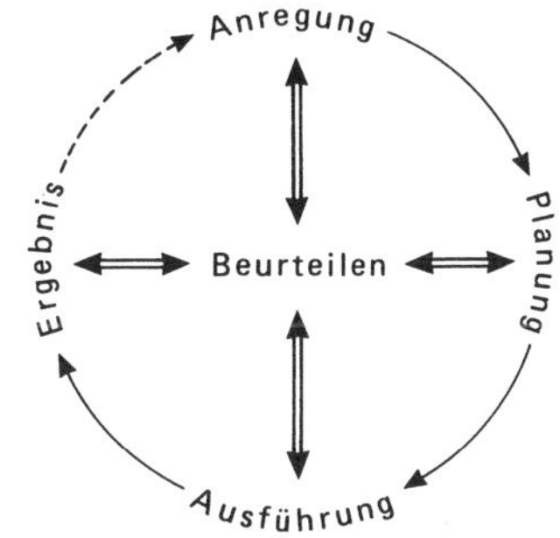

Abb. 219.1: Projektmethode als 4-Stufen-Plan: Der Verlauf eines Projektes kann durch 4 Stufen gekennzeichnet werden. Sie stehen in Rückkopplung mit dem zentralen Punkt „Beurteilen". Durch die fortwährende Reflexion des eigenen Tuns durch die Projektteilnehmer wird der Ablauf des Projektes „gesteuert".

Der hier vorgestellte 4-Stufen-Plan – er wird noch einmal durch Abbildung 219.1 verdeutlicht – lässt sich inhaltlich völlig mit dem begrifflichen Instrumentarium beschreiben, das Otto/Schulz für die Charakterisierung von Projektunterricht verwenden:

1. „Ein Projekt wird ausgelöst und vorangetrieben vom Bedürfnis der Lernenden" [61], eine ihnen wichtige Aufgabe zu lösen – **Bedürfnisbezogenheit**.
2. Die Aufgabenstellung eines Unterrichtsprojektes muss aus der Alltagsrealität hervorgehen – **Situationsbezogenheit**.
3. Die komplexe Lernaufgabe ist nur durch fächerübergreifende Betrachtungsweise zu bewältigen – **Interdisziplinarität**.
4. „Nicht nur die Zielsetzung, sondern auch Planung, Durchführung und Bewertung werden von den Lernenden selbst oder zumindest mitbestimmt" [61] – **Selbstorganisation des Lehr-Lern-Prozesses.**

5. Der im Projekt realisierte Lernprozess soll sich in einem „Handlungsergebnis“ ausdrücken – **Produktorientiertheit**.
6. Forderung nach Gruppenprojekten: „Weil Gruppen leichter als Einzelne Konventionen infrage stellen können, weil komplexe Fragen am besten arbeitsteilig gelöst werden können…“ [61] – **kollektive Realisierung**.
7. Der emanzipatorische Anspruch, dass ausgehend von den subjektiven Bedürfnissen des Einzelnen die gesellschaftlichen Bedingungen, unter denen diese Bedürfnisse stehen, mitartikuliert und kritisiert werden – **gesellschaftliche Relevanz**.

Projektorientierter Chemieunterricht

In der schulischen Praxis gibt es in der Regel immer Abweichungen vom idealen Verfahren der Projektmethode. Oft sind es Probleme mit der Anregung eines Projekts – man denke nur an die Praxis der Projektwochen –, und auch in der Planung und Realisierung wird der beteiligte Lehrer sich nicht so zurückziehen können, dass er ein Gruppenmitglied wie jedes andere ist. Selbst wenn generell an den Hauptmerkmalen dieser Unterrichtsmethode festgehalten wird, machen üblicherweise in der Schule gegebene Randbedingungen eine Abweichung in bestimmten Punkten unumgänglich, wie es das folgende Beispiel verdeutlicht. Man hat daher den Begriff des „**projektorientierten Unterrichts**“ eingeführt (vgl. [64] und [65]). Damit lassen sich vielfältigste Vorgehensweisen einordnen, sodass eine Abgrenzung zu verwandten Unterrichtsmethoden wie dem Gruppenunterricht erforderlich wird. Unverzichtbar – auch für einen projektorientierten Unterricht – sind die folgenden Merkmale:

- Im Projekt muss ein Bezug zu einer im Alltag real existierenden Situation (Problem) gegeben sein.
- Die Arbeit an einer gegebenen Fragestellung muss bis hin zur Zielformulierung gemeinsam geplant und in einem arbeitsteiligen Verfahren realisiert werden.
- Die Behandlung fachübergreifender Gesichtspunkte ist unerlässlich.
- Am Ende der „Projektphase“ sollte ein „Produkt“ das Ergebnis der Arbeit dokumentieren.
- Die Teilnehmer sollten sich Rechenschaft darüber ablegen, was sie tun und weshalb.

Die konkrete Vorgehensweise soll an einem Bericht über ein „Projekt“ Kristalle/Gesteine kurz dargestellt werden, dessen Durchführung sich im 2. Halbjahr des Chemieanfangsunterrichts anbietet.

„Projekt“-Beispiel: Kristalle/Gesteine (Klasse 8, Schülerzahl 24, Zeitbedarf: 6 Doppelstunden)

B

1. Stufe: Anregung
Die Idee, ein derartiges Projekt zu beginnen, wurde auf einem Unterrichtsgang geboren, der zu einem nahe bei der Schule gelegenen Steinbruch führte. Dort sollten die Schüler „schöne Steine sammeln“. (Mit etwas Glück konnte man im Steinbruch Granate finden.) Mit dem Suchen und Betrachten der Gesteinsbrocken erwachte das Interesse an der Materie. „Wie sind die Gesteine entstanden?“ – „Wieso sind die Flächen denn manchmal so glatt, wie geschliffen?“ – „Wo kommen die Farben her?“ – „Wie bildet sich Boden?“
Solchen Fragen wollten die Schüler nachgehen. Die Ankündigung des Lehrers: „Ihr könnt im Chemieraum auch selbst Kristalle züchten!“ – machte die Sache noch interessanter. Alle waren gespannt auf die nächste Chemiestunde.

2. Stufe: Planung
In der folgenden Chemiestunde hieß es nun zuerst einmal Interessen erkunden und mögliche Aktivitäten auflisten. Der Lehrer informierte über die Möglichkeit, Kristalle zu züchten und Kristallmodelle auch zu bauen. Nach einer Stunde waren die Aktivitäten geplant, 6 Arbeitsgruppen (jeweils 4 Mitglieder) gebildet, die Vorgehensweise vereinbart und eine Zeitplanung vorgenommen. Dies alles wurde in einem Projektplan festgehalten, der für alle gut sichtbar im Chemieraum befestigt wurde.

3. Stufe: Ausführung
Die folgende Doppelstunde war für das Ansetzen der „Kristall-Zucht“ reserviert. Jede Gruppe setzte 4 verschiedene Lösungen an. Da für ein optimales Kristallwachstum eine tägliche „Pflege“ [66] erforderlich ist, wurde in dieser Stunde der erforderliche Dienst eingeteilt, der in Pausen oder Freistunden für die Gruppe die Kristalle „pflegen“ konnte. Eine weitere Doppelstunde war für das Basteln von Kugelpackungsmodellen [67] vorgesehen – aber hier hatte jede Gruppe die gleiche Aufgabenstellung.

In zwei weiteren Doppelstunden sollten die Fragen geklärt werden, die Schüler im Zusammenhang mit den Kristallen besonders interessierten. Die Arbeitsgruppen bearbeiteten die folgenden Fragen:
- Wann sind die Gesteine im Steinbruch entstanden? Wie muss man sich die Erde zu jener Zeit vorstellen?
- Welches sind die bekanntesten Edelsteine, wo findet man sie? Was kosten sie?
- Wo findet man in Deutschland Mineralien?
- Wozu nützte man den Steinbruch? Weshalb wird er heute nicht mehr genützt?
- Welches sind die häufigsten Gesteinsarten in der Umgebung des Wohnortes? Woran kann man sie erkennen?
- Wie ist das „Felsenmeer“ (in Reichenbach/Odw.) entstanden?

Am Ende jeder Doppelstunde informierten sich die einzelnen Gruppen kurz über den Stand der Arbeit, über evtl. auftretende Probleme, tauschten Erfahrungen aus, gaben wohl gemeinte Ratschläge (die aber nicht immer auf fruchtbaren Boden fielen).

4. Stufe: Ergebnissicherung
Die Klasse hatte sich vorgenommen, unter dem Thema „Hättest du's gewusst?“ eine kleine Ausstellung zum Thema Kristalle/Gesteine zu machen. Zum Ort der Präsentation wurde einer der Schaukästen in der Pausenhalle ausersehen. Die schönsten Exemplare der selbst gezüchteten Kristalle sollten als Blickfang dienen, die einzelnen Arbeitsgruppen ganz kurz (und in Schönschrift!) ihre Ergebnisse vorstellen. Nachdem sich gezeigt hatte, dass die Diskussion über das optimale Arrangement der Ausstellungsgegenstände in der Gesamtklasse ins Uferlose zu gehen drohte, wurde ein Ausschuss von 6 Personen gebildet (aus jeder Gruppe eine), der die Details der Ausstellung festlegen sollte. Am Ende waren alle mit dem Ergebnis einverstanden, trugen stolz ihre selbst gezüchteten, nunmehr mit Lack geschützten Kristalle und je ein aus Tischtennisbällen gefertigtes Modell nach Hause. Und in den nächsten Wochen waren die Schüler(innen) dieser Klasse auffallend oft in der Nähe ihres Schaukastens anzutreffen.

Projektorientierung und Lehrplan

Eines der häufig gegen eine Projektorientierung im Chemieunterricht vorgebrachten Argumente ist, dass die Zwänge des Lehrplans für solche „Freiräume“ keinen Platz ließen. Dieses Argument lässt sich am besten entkräften, indem anhand eines Lehrplans Möglichkeiten für projektorientierte Unterrichtsphasen aufgezeigt werden. Eine solche Auflistung von Unterrichtsprojekten wurde am konkreten Beispiel des Lehrplans für Chemie an den Realschulen des Landes Schleswig-Holstein durchgeführt (Tab. 222.1). Der Vorschlag repräseniert **eine** Möglichkeit von vielen. Man kann davon ausgehen, dass sich pro Schuljahr zumindest zwei Unterrichtsprojekte durchführen lassen. Die vorgenommene Anordnung lässt sich ohne Schwierigkeiten auf die in anderen Bundesländern gegebenen Verhältnisse übertragen. In allen Fällen unterstützen die vorgeschlagenen Projekte den herkömmlichen Unterricht. Sie vertiefen die dort erreichten Ergebnisse und schaffen den unerlässlichen Bezug zum Alltag, indem sich Schüler mit Alltagsfragen direkt und möglichst weitgehend selbstbestimmt handelnd auseinander setzen.

Projektorientierung im Chemieunterricht – eine kurze Bewertung

Projekte in Reinkultur wird es im naturwissenschaftlichen Unterricht eher selten geben. Ein Hauptgrund dafür ist, dass in vielen Fällen die Bindung an vorgegebene Fach- und Wissensstrukturen gesucht werden muss, ohne die ein Unterrichtserfolg fragwürdig wird.
Für das Fach Chemie wird diese Verschränkung als besonders wichtig angesehen, weil sonst die begründete Befürchtung bliebe, das zeitaufwändige Verfahren „Projektunterricht“ ermögliche es nicht mehr – Chemie wird von allen Schulfächern mit der geringsten Wochenstundenzahl unterrichtet –, auch nur die elementarsten „Vokabeln“ des Faches zu vermitteln, ohne die ein Arbeiten und Denken im Fach nicht möglich ist. Ein zweiter Grund kommt hinzu: Gerade in der Chemie ist es besonders schwierig, ein begrifflich in sich konsistentes, in seinen einzelnen Elementen vielfach verknüpftes Wissensgebilde aufzubauen, das als Basis für naturwissenschaftliche Bildung angesehen werden kann und Transferleistungen ermöglichen soll. Projektunterricht, wo „zufällig“ gegebene Interessenlagen Inhalt und Gestaltung des Unterrichts bestimmen, wird – für sich allein genommen – dieser Forderung wohl kaum gerecht. Andererseits wird auch von entschiedenen Gegnern des Projektunterrichts kaum bestritten, dass der Ansatz der Projektmethode, an realen Fragestellungen mit dem vorhandenen Instrumentarium

Klassenstufe	Lehrplan-Inhalte	mögliche Unterrichtsprojekte
8	**Stoffe – Chemische Reaktion** (15 Std.) Eigenschaften und Klassifikation von Stoffen Stoffgemische und Trennverfahren Reinstoffe Chemische Reaktion als Stoffumbildung und Energieumsatz	1. Wasser
	Kugelmodell und seine Anwendung (10 Std.) Erarbeitung des Kugelmodells Elementarer und zusammengesetzter Stoff Atombegriff Umordnung von Atomen, Änderung von Stoffeigenschaften	2. Kristalle/Gesteine
9	**Flüchtige Stoffe, Salze und Metalle** (6 Std.) Schmelz- und Siedetemperatur, elektrische Leitfähigkeit Elektrolyte und Nichtelektrolyte Geladene und ungeladene Teilchen Molekülbegriff **Redoxreaktionen** (10 Std.) Reaktion von Metallen mit Salzlösungen Elektrochemische Zelle Elektrolyse Redoxreaktion als Elektronenübergangsreaktion	3. Aluminium-Recycling
	Säuren, Basen, Neutralisation (10 Std.) Dipolcharakter von Molekülen (Wassermolekül) Säuren als Protonenspender Basen als Protonenempfänger pH-Wert Neutralisation als Protonenübergangsreaktion	4. Saurer Regen
	Großtechnische Prozesse (12 Std.) Beispiele aus der chemischen Industrie Rohstoffe, Zwischen- und Endprodukte Chemisches Gleichgewicht Verfahren und technische Anlagen Ökonomische und ökologische Bedeutung	5. Stickstoff-Analytik
10	**Einführung in die Kohlenstoffchemie** (12 Std.) Kohlenstoffatom und seine Bindungsarten Eigenschaften von Stoffen und Struktur der Moleküle Kohle, Erdöl und Erdgas	6. Fruchtwein-Projekt
	Industrieprodukte aus der Kohlenstoffchemie (6 Std.) Herstellung und Bedeutung von Industrieprodukten an einem Beispiel unter chemischen, ökonomischen und ökologischen Gesichtspunkten	7. Kosmetik-Projekt 8. Chemie rund um die Tankstelle

Tab. 222.1: Projektorientierung im Lehrplan Chemie Realschule [68]

der naturwissenschaftlichen Kenntnisse zu arbeiten, diese dabei zu erweitern und zu vertiefen, das eigentliche Anliegen des Faches unmittelbar erfüllt. Hier wird Transfer nicht als eine in ferner Zukunft zu leistende Aufgabe definiert – in der gegebenen Situation, in der Realität des Schülers muss dieser Transfer unmittelbar geleistet werden.

Hierin liegt der besondere Vorteil des projektartigen Unterrichts als einer Unterrichtsmethode, die daher gleichberechtigt neben den anderen stehen muss. Er ist ein ideales Instrument, die Naturwissenschaft wieder näher an die Vorgänge außerhalb des Klassenzimmers heranzuführen, aus dem Lebensalltag der Kinder und Jugendlichen entnommene Fragestellungen zum Anlass und Ausgangspunkt des Unterrichts zu nehmen und die einschränkende fachgebundene Sicht zu verlassen.

11.2.6 Analytisch-synthetisches Verfahren, ein eigenständiges Unterrichtsverfahren

Das analytisch-synthetische Verfahren nach Holla [69] kann auch als ganzheitlich-analytisches Verfahren bezeichnet werden. Bei diesem Unterrichtsverfahren nimmt das technische Gerät oder der technische Vorgang eine zentrale Stellung ein und liefert das Thema einer Unterrichtsstunde.
Aus dieser Ganzheit wird das Problem herausgeschält und durch analytisches Denken und Vorgehen die Einsicht in die hier wirkende Naturgesetzmäßigkeit gewonnen. Daraufhin wird auf synthetischem Weg der Zusammenhang wiederhergestellt. In manchen Fällen kann das vorher zerlegte Gerät wieder zusammengebaut werden (technische Synthese) oder der Unterricht mündet in das methodische Prinzip des nacherfindenden Unterrichts ein, z. B. das Entwickeln einer Destillationsapparatur [9].
Weitere Beispiele: Bunsenbrenner, Leitfähigkeitsprüfer, Bleiakku, pH-Messgerät.

Artikulationsstufen im Überblick:
(1) **Problemgewinnung** am technischen Gerät;
(2) **technische Analyse**, z. T. unter Einbeziehung chemisch-analytischer Verfahren im engeren Sinn;
(3) Analyse der **Grundprobleme** (einschl. der Durchführung von Modellversuchen);
(4) Bearbeitung von **Nebenproblemen**;
(5) **synthetische Betrachtung:** Nachbau, Transfer, technische Leistungsfähigkeit.

B Im Rahmen der technischen Analysen kann auch eine chemische Analyse im engeren Sinn notwendig sein, z. B., wenn die stofflichen Komponenten eines Systems ermittelt werden müssen, wie dies etwa bei einer Taschenlampenbatterie der Fall ist. So können sowohl der Zinkbecher als auch Braunstein als Depolarisator und Ammoniumchlorid als Elektrolyt gut identifiziert werden (Abb. 223.1).

Problemgewinnung am technischen Gerät:

Ergebnis der technischen und spezifisch chemischen **Analyse**

Frage nach dem prinzipiellen Zellenaufbau

Kohlestift oder Leitfolie	Braunstein-Ruß-Gemisch	Ammoniumchlorid mit Mehlkleister eingedickt	Zinkelektrode

Erkennen der wirkenden **Prinzipien** (Verifikationsmöglichkeit durch Modellversuch)

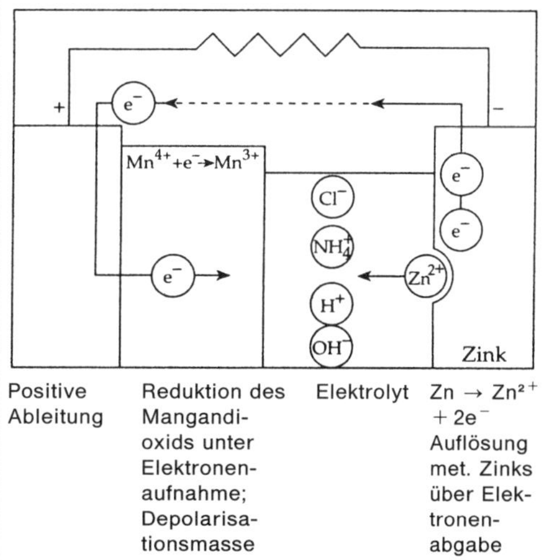

Detaillierte Kenntnis der Fachausdrücke und der chemischen Reaktionen

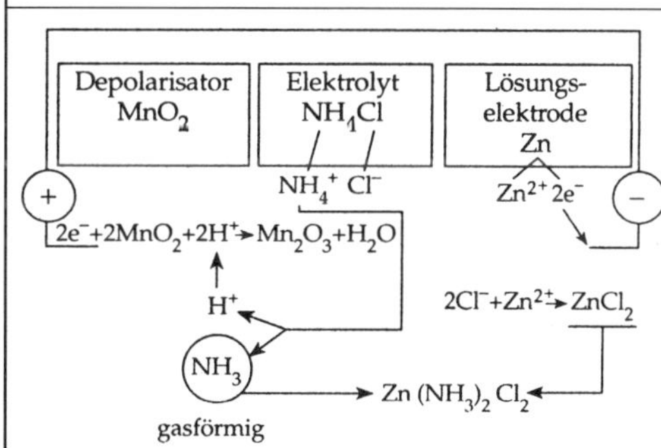

Abb. 223.1: Das Leclanché-Element: Beispiel für ein analytisch-synthetisches Unterrichtsverfahren (aus [70, S. 169])

11.3 Neuere methodische Entwicklungen

Wie bereits in der Einführung zu diesem Kapitel dargestellt, gibt es eine Vielzahl von Unterrichtsverfahren. Nachdem in den vorangegangenen Abschnitten grundlegende und bewährte Methoden vorgestellt wurden, soll der Blick auf neuere Entwicklungen gerichtet werden. Exemplarisch werden hier mit dem wahldifferenzierten Unterricht, der den offenen Unterrichtsmethoden zuzuordnen ist, und dem Expertenunterricht zwei Methoden skizziert, die Aktivitäten der Schülerinnen und Schüler sehr stark in das Zentrum des Unterrichtsgeschehens rücken.
Die unterschiedlichen Ansätze der Einbeziehung neuer Medien in den Chemieunterricht werden in Kapitel 15 ausführlich dargestellt. Obwohl es mittlerweile eine große Spannweite von Möglichkeiten gibt, diese Medien mit Erfolg einzusetzen, werden sie vorwiegend als Bestandteile eines Unterrichts genutzt, in dem bekannte Methoden variiert werden.

11.3.1 Wahldifferenzierter Chemieunterricht

Es ist unbestritten, dass die häufig geäußerte Kritik an den Inhalten des Chemieunterrichts um die Dimension der Unterrichtsmethodik erweitert werden muss, wenn für Schüler lernattraktivere Unterrichtsarrangements entwickelt werden sollen. Als Konsequenz fordern Vertreter des offeneren Chemieunterrichts, dass sich dieser vor allem an Alltagsthemen und Alltagshandlungen der Lernenden zu orientieren hat [71—73]. So sollen Lern- und Handlungsanlässe auch für die bisher wenig an Chemie interessierten Schüler geschaffen werden. Im Idealfall sollen die konstruierten Sequenzen auch Möglichkeiten bieten, sich in klassisch-fachsystematischer Weise mit Chemie vertieft zu beschäftigen. Fachwissen wird prinzipiell in der Anwendung gesichert, indem komplexe Sachverhalte thematisiert und unterschiedliche Erfahrungsräume für eine Auseinandersetzung mit der Chemie bereitgestellt werden [74, 75].

Erfahrungen mit offenem Unterricht werden hauptsächlich in der Primarstufe und der Sekundarstufe I gewonnen [76—79]. Die zur Erprobung kommenden Konzepte zeichnen sich vor allem dadurch aus, dass Schüler innerhalb eines vorgegebenen Rahmens wählen können, in welcher Reihenfolge, wie intensiv und mit wem sie welche Teilthematik bearbeiten wollen. Die Öffnung des Unterrichts wird dabei als Prozess verstanden, der bewusst darauf verzichtet, alle Schüler in gleicher Weise zu behandeln. Erprobte Unterrichtsversuche zum offenen Unterricht setzen meist Gruppen- und Partnerarbeit als adäquate Arbeitsformen ein. Diese erhalten dabei ihre Legitimation nicht nur als motivierende Handlungsform, vielmehr soll auch soziales Handeln in der Gruppe bewusst gefördert werden. Der gemeinsame Lernfortschritt wird zumeist durch Pflichtanteile oder die Einbindung der offenen Sequenzen in ein Gesamtkonzept gesichert. Für die Konstruktion offenerer Unterrichtsformen werden insbesondere die modernen schulpädagogischen Konzepte, die sich den Traditionen der Reformpädagogik und Arbeitsschulen (Kerschensteiner, Reichwein, Gaudig, Dewey) verpflichtet sehen, als Begründung herangezogen. Diese lassen sich dabei mithilfe eines **Indikatorenkatalogs** charakterisieren [77, 80, 81]:

Indikatoren für inhaltliche Offenheit

- Die Schüler haben die Möglichkeit, unter mehreren Angeboten frei zu wählen.
- Einfälle, Auslegungen, Ergänzungen oder Themenverschiebungen vonseiten der Schüler sind prinzipiell zugelassen.
- Der Gegenstand wird unter verschiedenen Perspektiven betrachtet.
- Lernziele können im Unterrichtsverlauf verworfen und durch neue ersetzt werden.

Indikatoren für methodische Offenheit

- Planungsvorgaben können laufend korrigiert, abgeändert oder fallen gelassen werden.
- Die Zeitplanung wird mit in die Entscheidung der Lernenden gestellt.
- Die Schüler können auf ein reichhaltiges Material- und Medienangebot zurückgreifen.

- Schüler gruppieren sich selbst zu Arbeitsgruppen und können zwischen verschiedenen Arbeitsformen frei wählen.
- Auf ein für alle Schüler gleiches Curriculum wird verzichtet.

Wahldifferenzierter Chemieunterricht versucht die Öffnungsindikatoren weitgehend umzusetzen: Im Fachunterricht soll selbstgesteuertes und selbstverantwortliches Lernen an interessanten und motivierenden Inhalten im Rahmen zeitlich ausgedehnter Sequenzen ermöglicht werden. Das Schaffen von Freiräumen zum Lernen (Was soll wie bearbeitet werden?) und die institutionelle Öffnung (Lernen im Stadtteil, Befragung außerschulischer Experten) sind wichtige Zielvorstellungen dieser methodischen Grundausrichtung. Den Lernenden wird die Möglichkeit gegeben, eigene Sinnzusammenhänge zu bestimmen, Bearbeitungswege selbst auszuprobieren und dabei Ziele und Ergebnisse ihres Handelns selbst festzulegen. Zwar geht die Bearbeitung stets von chemischen Gegenständen aus, sie kann aber in unterschiedlichen Bezugsfeldern enden.

Unterrichtsorganisatorisch lässt sich der wahldifferenzierte Chemieunterricht wie folgt charakterisieren:

- Er betont die arbeitsteilige Gruppenarbeit.
- Er ist eine Form der inneren Wahldifferenzierung.
- Er stellt die Phase der Freiarbeit in den Mittelpunkt. Gemeinsam werden lediglich Fundamentumsanteile der Thematik erarbeitet.
- Er bleibt eingebunden in die verpflichtenden Lehrplanvorgaben, nutzt aber möglichst alle Freiräume, schüleraktiven und schülerbestimmten Unterricht zu praktizieren.

Abbildung 225.1 zeigt eine Einordnung dieses Konzepts in eine Skala „offen – geschlossen“ [81, S. 36], wobei sich die Orientierung an den Bedürfnissen und Interessen des Lerners von links nach rechts entwickelt.

Sollen Schüler nach dem Konzept des wahldifferenzierten Chemieunterrichts einen großen Teil ihrer Lernzeit selbstständig planen und komplexe Teilthemen möglichst ohne Anweisung bearbeiten, so kommt es vor allem darauf an, die Lehrerdominanz prinzipiell abzubauen, Maßnahmen in Hinblick auf das „Lernen des Lernens“ im Auge zu behalten und anregungsreiche Lerninhalte zur Auswahl bereitzustellen. Diese müssen quer über die traditionelle Fächergrenze hinausragen und Schwerpunkte auch außerhalb des üblichen Unterrichtsgeschehens (Freizeitverhalten, Berufsalltag) haben.

Die Konstruktion der curricularen Elemente (Lernmaterialien, Experimente, Handlungsaufgaben) richtet sich prinzipiell danach aus, dass die ethischen, sozialen und ökonomischen Bezüge „mitgedacht werden“ [82], sodass den Lernenden Möglichkeiten angeboten werden, Kompetenzen für ihr eigenes Verhalten als Mitbürger, Verbraucher, Berufstätiger zu

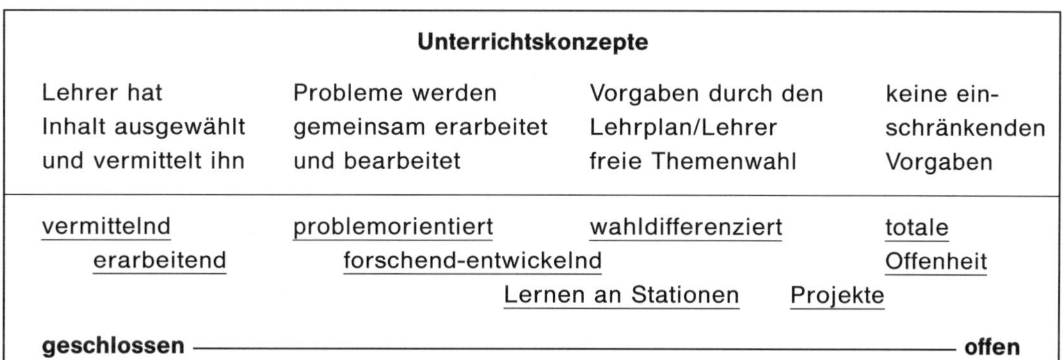

Abb. 225.1: Verschiedene Unterrichtskonzepte

erwerben. Dabei sollen sie verstärkt ihre bereits vorhandenen Erfahrungspotenziale (Alltagswissen) zusammen mit differenzierten, angebotenen Lernmöglichkeiten (Experimente, Texte und Aufgaben) nutzen, um ein Bild der Wirklichkeit auszuformen.

Der Unterrichtsverlauf

Die Verlaufsstruktur des wahldifferenzierten Chemieunterrichts ist durch drei Phasen gekennzeichnet (siehe Abb. 226.1). Für die Durchführung einer Unterrichtseinheit ergibt sich beispielsweise folgende zeitliche Struktur: Für Phase 1 und 3 stehen jeweils drei Unterrichtsstunden zur Verfügung. Die Freiarbeit umfasst ca. 10 Unterrichtsstunden.

Die **Einführung** in das Thema kann über die Bearbeitung eines fachlichen Aspekts, über die Darstellung einer übergreifenden Thematik mithilfe von Medien oder durch Strukturierungshilfen (z. B. Lernhilfen oder Struktogramme) erfolgen. Das Sammeln und Strukturieren von Inhaltsaspekten aus Schülersicht steht im Vordergrund, sodass sich zu den vorbereiteten Teilthemen inhaltlich differenzierte Schwerpunktsetzungen oder mögliche Bearbeitungswege ergeben. Im Sinne von Wagenschein soll bereits hier verstehend gelernt werden, „indem die künstliche Grenze der isolierten Fächer bewusst verlassen wird." [83]. Wichtige Lerninhalte werden in erster Näherung gemeinsam bearbeitet (Fundamentum), sodass die Wahlsituation für Teilthemen zur Gruppenarbeit vorbereitet wird. Am Ende dieser Phase entscheiden sich die Lernenden für einen inhaltlichen Schwerpunkt, den sie mit anderen bearbeiten wollen.

Während der **Freiarbeit** strukturieren die Schüler das von ihnen gewählte Inhaltsfeld (Teilthema): Arbeitsschwerpunkte und Ziele werden gesammelt, sodass ein Arbeitsplan erstellt werden kann. In Kleingruppenarbeit wird das Themengebiet bearbeitet, indem vorliegende Angebotsmaterialien ausgewertet und chemische Experimente durchgeführt werden. Daneben können die Lernenden lokale Experten zu ihrem Thema befragen und gegebenenfalls ihre Schule bzw. ihren Stadtteil erkunden. Die Ergebnisse der Gruppenarbeit werden in

Einführung
(3 Unterrichtsstunden)
- Vorstellung des Themas
- Sammeln von Fragestellungen aus Schülersicht
- Grundlagen/Fundamentum

↓

Freies Arbeiten
(ca. 10 Unterrichtsstunden)

Die Schüler bearbeiten angebotene Themen in Gruppenarbeit:
- Bearbeitung von Informationsmaterialien
- Durchführung und Auswertung von Experimenten
- Erkundungen außerhalb der Schule und Befragung von Experten
- Zusammenstellung der Arbeitsergebnisse in einem Produkt
- Darstellung der Gruppenergebnisse in einem Vortrag

↓

Auswertung/Zusammenfassung
(3 Unterrichtsstunden)
- Vorstellung der Produkte und Arbeitsergebnisse im Plenum
- Vertiefung und Systematisierung ausgewählter Aspekte durch den Lehrer

Abb. 226.1: Verlauf einer Unterrichtseinheit im wahldifferenzierten Chemieunterricht

Form eines „Produkts der Gruppenarbeit" (z. B. Wandzeitung, Broschüre, Flugblatt oder Videofilm) zusammengefasst und den Mitschülern in der Austauschphase vorgestellt. Dann können **Weiterführungen und Ergänzungen** aus Lehrersicht aufgegriffen und ausgewählte Inhaltsaspekte gemeinsam vertieft und systematisiert werden.

Ein wesentliches Merkmal des wahldifferenzierten Konzepts ist das **Lernmaterial als Angebot**. Die vorbereiteten Informationspakete enthalten vielfältige Einzelinformationen aus den Bereichen Chemie, Biologie, Physik, Ökonomie, Verbraucherschutz, Technik und Ethik. Geeignete Medien sind Schulbücher, Fachbü-

cher, Broschüren (Industrie, Umweltschutzverbände, Verbraucherzentrale), Gesetzestexte, Artikel aus Tageszeitungen und fachwissenschaftlichen Zeitschriften. Auch das Internet kann bei der Vorbereitung herangezogen werden. Die Schüler sollen auch mit für den Schulalltag unüblichen Informationstexten arbeiten, womit sich die Hoffnung verbindet, dass die Arbeit für sie interessanter wird und dass sie auch etwas über die Leistungsfähigkeit derartiger Materialien erfahren bzw. den Umgang mit ihnen üben.
Als **Experimente** werden den Schülern vor allem einfache Nachweisreaktionen, Versuche zu den Stoffeigenschaften und Herstellungsverfahren angeboten.
Schließlich erhalten die Gruppen **Planungshilfen**, die Anregungen für außerschulische Erkundungen und Vorschläge zur Produkterstellung enthalten. Insgesamt sollen diese curricularen Elemente für die Schüler ein großes Repertoire an Möglichkeiten bereitstellen, sich auf unterschiedlichen Lernwegen umfassend über ihr Thema zu informieren.

B **Eine Freiarbeit zum Thema „Sonnenschutzmittel“** [84]

1./2. Stunde
Die Schüler planen intensiv den gesamten Verlauf ihrer Gruppenarbeit, wobei sie jeweils eine Liste mit Texten und Experimenten erstellen, die sie bearbeiten wollen. Sie führen das Experiment „Nachweis von Konservierungsstoffen in Sonnenschutzmitteln“ ohne Lehrerhilfe durch und bereiten für die nächste Doppelstunde das Experiment „Nachweis der Wirksamkeit von UV-Filtersubstanzen in Sonnenschutzmitteln“ vor. Am Ende der Stunde verteilen sie Texte (Aufbau der Haut, UV-Strahlen, Ozonschicht), um diese zu Hause zu bearbeiten.

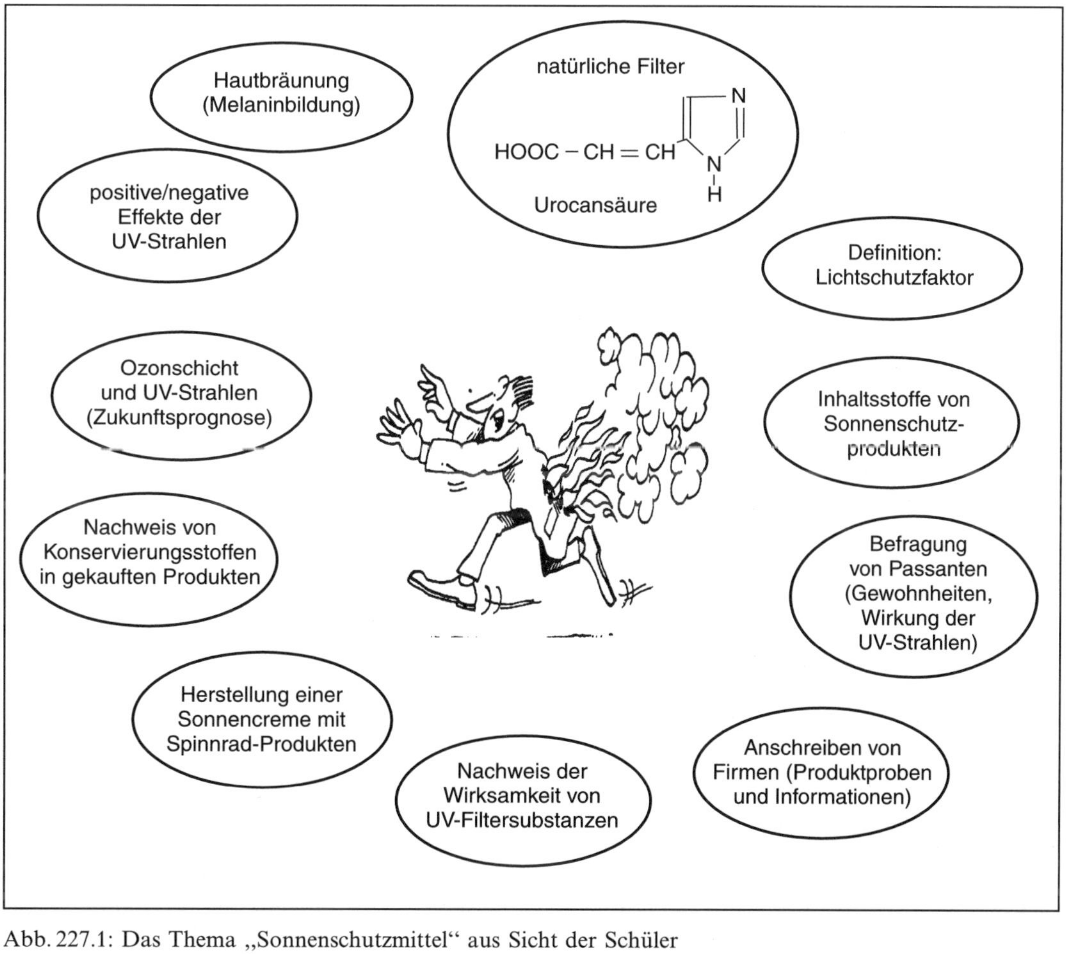

Abb. 227.1: Das Thema „Sonnenschutzmittel“ aus Sicht der Schüler

3. Stunde
Die Schüler sammeln ihre Ergebnisse (Zusammenfassungen der Texte) in einem Gruppenordner. Danach vertiefen sie den Themenaspekt „Aufbau der Haut und Bräunung", indem sie gemeinsam ein Schulbuch lesen. Für die nächste Stunde bereiten sie außerdem das Experiment „Herstellen einer Sonnencreme" vor.

4./5. Stunde
Die Schüler führen die vorbereiteten Versuche (s. o.) ohne Lehrerhilfe durch. Dabei gehen sie arbeitsteilig vor, indem jeweils ein Schüler die Durchführung protokolliert. Auch die anderen Arbeitsgruppen interessieren sich besonders für die selbst hergestellte Sonnencreme, sodass am Ende der Stunde Proben an die Mitschüler verteilt werden.

6. Stunde
Die Schüler werten die beiden durchgeführten Versuche aus und schreiben Protokolle. Sie haben sich auch privat getroffen und sich dabei auf ein Produkt ihrer gemeinsamen Arbeit geeinigt: Sie wollen ein Märchen schreiben, in dem sie „viele Infos möglichst lustig" darstellen, „damit die anderen auch etwas davon haben". Außerdem haben sie Kosmetikfirmen angeschrieben, damit diese ihnen Produktproben und Informationen zuschicken.

7./8. Stunde
Die Schüler arbeiten an ihrem Produkt der Gruppenarbeit. Sie fassen Informationstexte zusammen, lesen Kundenbroschüren von Kosmetikfirmen und werten die Ergebnisse einer selbst durchgeführten Verbraucherbefragung aus.

9. Stunde
Die Schüler haben in ihrer Freizeit das Märchen fertig gestellt. Sie bereiten ihren Plenumsvortrag vor, indem sie OH-Folien zeichnen und die Einzelthemen untereinander verteilen.

Die inhaltliche Bearbeitung komplexer Themen und die Darstellung der Arbeitsergebnisse in einem Produkt (s. Abb. 227.1) zeichnet sich sehr häufig durch die Reduktion fachsystematischer Elemente auf den Reproduktionsbereich, die Suche nach und Darstellung von übergreifenden Aspekten, die Thematisierung eigener Erfahrungen und die Beschreibung von bekannten Alltagsprodukten aus.
Erfahrungsberichte mit arbeitsteiligen Gruppenarbeiten zeigen, dass die klassisch chemische Betrachtung der Lerngegenstände für die Schüler in den Hintergrund tritt. Alltagssituationen, -erfahrungen und -probleme sind neben den experimentellen Tätigkeiten für die Schüler die bestimmenden Elemente. Die sich dann ergebenden Erklärungsmuster einer Beschreibung oder Bewertung dienen nicht dem chemischen Selbstzweck, sondern sind angepasst an die individuelle Aneignung der Lernenden und somit lernbezogen.
Der Lehrer hat während der Gruppenarbeiten das besondere Problem, die Übersicht zu behalten, da die Gruppen unterschiedliche Aufgaben bearbeiten und dementsprechend verschieden stark betreut werden müssen. Das Produkt der Gruppenarbeit hat für viele Schüler nicht nur die Bedeutung, ihre Arbeit zu organisieren bzw. die Ergebnisse der einzelnen Aktivitäten zu sammeln. In unterschiedlicher Ausprägung dient es auch dazu, die eigene Gruppe den Mitschülern und dem Lehrer darzustellen. Dabei wird die Vermittlung eines „positiven Bildes" nach außen angestrebt.

Wie Schüler im wahldifferenzierten Chemieunterricht lernen

Die Darstellung von Gesamtverläufen von Gruppenarbeiten kann hier sicherlich nur beispielhaften Charakter haben. Faktoren für eine weitergehende „Gruppencharakterisierung" wurden im Rahmen einer größeren Studie [81] entwickelt und bestärkt.
Mithilfe dieser Kategorien lassen sich Typisierungen erkennen, die vor allem dem Lehrer Hilfestellung leisten können, der wahldifferenzierten Chemieunterricht praktizieren will. In erster Näherung können fünf typische Gruppenarten erkannt werden, die im wahldifferenzierten Chemieunterricht auftreten:
1. abgeschlossene, erfolgreich arbeitende Gruppen,
2. experimentell orientierte Gruppen,
3. leistungskursverknüpfende Gruppen,
4. ökologisch-praktische Gruppen,
5. Gruppen, die sich an den Mindestanforderungen orientieren.

Für die Betreuung durch den Lehrer (Beratung, Hilfestellung) ergeben sich jeweils unterschiedliche Anforderungsprofile: Während einige Gruppen permanent starke Unterstützung benötigen, arbeiten andere in der gesamten Arbeitsphase fast ohne Lehrerhilfe. Einige Gruppen haben in der Startphase (Planung) große Schwierigkeiten, andere benötigen verstärkt Hilfe bei der Produkterstellung.

Die Schüler orientieren ihre Arbeit sowohl an den fachsystematischen Aspekten als auch an den fachübergreifenden Anteilen der Teilthemen. Besonders attraktiv sind die Bereiche „Gesundheit“, „Auswirkungen auf die Umwelt“ „Alltagsprodukte“ und „Produktion“. Viele Gruppen richten ihre gemeinsame Arbeit an einer Versuchsliste aus, deren Planung, Durchführung und Auswertung als das bestimmende Element ihrer Lernaktivitäten anzusehen ist („Chemie heißt Experimentieren!“). Daneben bearbeiten sie in unterschiedlichem Umfang die Informationsmaterialien als Angebot. Die Ergebnisse der außerschulischen Erkundungen (Befragungen von Passanten, Mitschülern oder Experten, Kaufhauserkundungen) fließen in besonderem Maße neben den experimentellen und theoretischen Aspekten in das Produkt (Wandzeitung, Bilderausstellung, Videofilm, Broschüre etc.) mit ein.

Eine Sammlung wichtiger Erfahrungen [vgl. 71, 73, 81]

In der Fundamentumsphase findet „normaler“ Unterricht statt, wobei die folgenden drei Aspekte besonders betont werden müssen: Wiederholen von grundlegendem Inhalt, Vorstellung eines thematischen Überblicks, Üben von wichtigen Arbeitstechniken (Auswerten von Experimenten, Bearbeitung von Textmaterial, Vortragen von Ergebnissen).
Während der Freiarbeit hat der Lehrer eine zentrale – gegenüber dem herkömmlichen Unterricht veränderte – Rolle. Er hat weniger die Aufgabe, die Schüler zu kontrollieren bzw. den Lernerfolg festzustellen, sondern er sollte sinnvolle Hilfen geben, auf Schwerpunkte und Ziele oder auf die Beachtung von Sicherheitsvorschriften hinweisen.
In der Austauschphase sollte der Lehrer die wichtigsten Ergebnisse aller Gruppen aufgreifen und durch Systematisierung die Zusammenhänge herausstellen, um eine Unverbindlichkeit der Lerninhalte zu vermeiden. Anschließend können mithilfe gelungener Produkte wichtige Inhaltselemente vertieft werden. So sind auch im Rahmen eines offenen Unterrichtsdesigns gemeinsame Strukturierungen, Festigungen und Vertiefungen möglich.

Für die meisten Schüler sind neben umfangreichen Sachdarstellungen kurze Texte, leicht verständliche Statistiken, Tabellen und grafische Darstellungen besonders attraktiv. Erfahrungen zeigen, dass sich folgende Artikel als Lernmaterial im Chemieunterricht bewähren:
- aktuelle Artikel aus Tageszeitungen mit lokalen Bezügen,
- Übersichtsartikel aus allgemein verständlichen naturwissenschaftlichen Fachzeitschriften,
- Hintergrundinformationen aus Natur- bzw. Ökologiezeitschriften,
- aktuelle Meldungen aus Wochenzeitschriften oder Illustrierten,
- ausgewählte Artikel aus chemiedidaktischen Zeitschriften,
- Broschüren von Umweltverbänden und Verbraucherschutzorganisationen.

Das Experimentieren ist bei den Schülern durchwegs sehr beliebt. Zwar weisen Versuche zur Umweltchemie (z. B. Nachweis von Stoffen) oder alltagsorientierte Verfahren (z. B. Herstellung von Kleister oder Färbeversuche) immer eine hohe Attraktivität auf, aber auch sehr fachchemische Experimente (z. B. Farbstoffsynthesen oder aufwändige chemische Arbeitstechniken) werden von den meisten Schülern nicht gemieden.
Grundsätzlich lockern die Experimente die Gruppenarbeit auf, indem sie den Druck von vielen Schülern nehmen, eine theorieorientierte Auseinandersetzung nachweisen zu müssen.
Wahldifferenzierter Chemieunterricht muss von den Schülern und vom Lehrer gleichermaßen über verschiedene Vorformen gelernt werden. Die Leitvorstellung vom selbstbestimmten und selbstverantworteten Lernen kann sicherlich nur in längeren Unterrichtsprojekten umgesetzt werden, auch wenn kürzere Unterrichtseinheiten nach dem hier vorgestellten Modell erfolgreich konzipiert wurden. Erfahrungen zeigen jedoch, dass freies Arbeiten größere Zeiträume erfordert, wenn umfassendere Inhaltsfelder von Schülern auch in ihrem Sinne vollständig bearbeitet werden sollen.

Erprobte und veröffentlichte Beispiele zum wahldifferenzierten Chemieunterricht

WOEST, V.: Thema „Gefährliche organische Stoffe im Alltag“. Wahldifferenzierter Chemieunterricht in der gymnasialen Oberstufe. Chem. Sch. 42 (1995) 1, S. 7–16.

WOEST, V.: Organische Stoffe des Alltags – Alltagsorientierter Unterricht in Chemiekursen der Sekundarstufe 2. NiU-Chemie 8 (1997) Nr. 37, S. 28.

WOEST, V.: Offener Chemieunterricht – Lernen mit Produkten des Alltags. Pädagogik und Schulalltag 52 (1997) 4, S. 494–503.

WOEST, V., MARKS, R.: Chemie-Lernprojekt mit Produkten des Alltags – Thema „Getränkedosen“. Chem. Sch. 45 (1998) 5, S. 293.

WOEST, V.: Chemie und Kunst – ein fächerübergreifendes Unterrichtsprojekt. Chem. Sch. 47 (2000) 3, S. 148.

11.3.2 Expertenunterricht

Basierend auf lerntheoretischen Grundlagen wurde von Dlabal und Bader eine strukturierte Unterrichtsmethode entwickelt und mehrfach erprobt, die Motivation, Kommunikation, Kooperation und Schülerzentrierung fördern soll [85]. Dabei übernimmt jede Schülerin bzw. jeder Schüler als Teil eines Expertenteams ein Stück der Rolle des Lehrenden. Expertenunterricht eignet sich besonders für den Unterricht in der Sekundarstufe I. Wie die Projektmethode oder Verfahren des offenen Unterrichts strukturiert der Expertenunterricht eine längere Unterrichtssequenz.

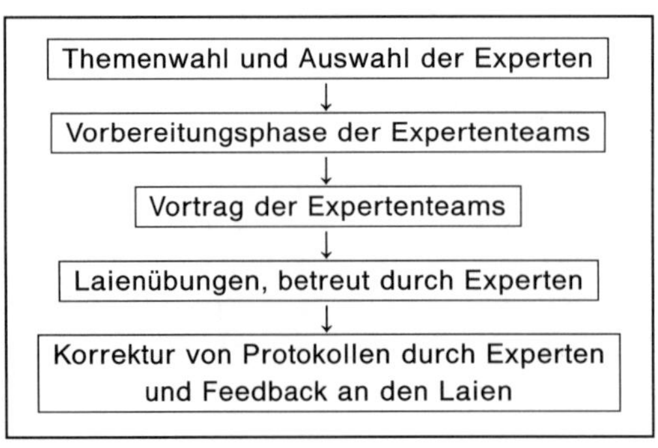

Abb. 230.1: Schematischer Ablauf des Expertenunterrichts

Der in Abbildung 230.1 dargestellte Algorithmus zeigt die Abfolge der wichtigsten Phasen eines Expertenunterrichtmoduls.

Die Vorarbeiten des Lehrers bestehen darin, den für den Unterricht ausgewählten Themenbereich in kleinere, in sich abgeschlossene Themen zu gliedern und hierzu schülergerechte Informationen zusammenzustellen sowie geeignete – in der Regel einfache – Demonstrations- und Schülerversuche auszuwählen. Üblicherweise erfolgt die Gliederung in so viele Einzelthemen, dass auf jeweils zwei Schüler einer Lerngruppe einer dieser Teilbereiche entfällt.

Nach dieser Vorarbeit werden die Themen und die vorbereiteten Materialien an die Schülergruppen verteilt. Die fachlichen Vorkenntnisse und Fähigkeiten der einzelnen Schüler müssen dabei vom Lehrer berücksichtigt werden. In der folgenden Phase bearbeiten die Schüler die Materialien, erproben die vorgeschlagenen Experimente und planen auf dieser Basis einen kurzen Demonstrationsvortrag. Hierbei steht der Lehrer beratend zur Seite. Drei wesentliche **Faktoren** bestimmen erfahrungsgemäß den Erfolg dieses Abschnitts: Die **Zeit**, die das Expertenteam zur Verfügung hat, die **Motivation**, diese Zeit auch zu nutzen, und das **Lernmaterial**.

Das Wesentliche der folgenden dritten Phase ist, dass die Schüler in ihrem abgegrenzten Themenbereich die Lehr-Funktion des Lehrers übernehmen. Sie sind also für einen abgegrenzten Inhalt „Experten“, die anderen Schüler sind „Laien“. Ein Expertenteam führt die Laien durch ein Referat und Demonstrationsversuche in die Thematik ihres Moduls ein.

Im einfachsten Fall steht jeweils ein Expertenvortrag in Verbindung mit einer Arbeitsphase der Laien. Die Laien bearbeiten in Gruppen Fragestellungen zu dem jeweiligen Thema, führen – falls möglich – einfache Experimente durch und werten diese aus. Alle Ergebnisse werden – am besten in Zweiergruppen – protokolliert. Während der Durchführung sind die Experten der primäre Ansprechpartner der Mitschüler, wenn diese Schwierigkeiten mit dem Aufbau oder der Durchführung von Experimenten haben. Hieraus wird deutlich, dass sich die Experten nicht nur auf ihr Referat, sondern auch auf die Laienübungen, die dort

durchgeführten Versuche, auf auftauchende Fragen und Probleme vorbereiten müssen. Der Lehrer tritt in den Hintergrund. Durch die Folge von Vortrag und Übungen entsteht eine Strukturierung, durch die jedes Thema auf dem vorhergehenden aufbauen kann.
Ebenfalls möglich ist die völlige Parallelität aller Themen. Das bedeutet, dass alle Expertengruppen sich zeitgleich auf ihren Vortrag vorbereiten und nacheinander ihre Vorträge halten. Anschließend findet eine längere Gruppenunterrichtsphase statt, in der alle Schüler einerseits ihrer Laienrolle nachkommen und in beliebiger Reihenfolge alle oder einen Teil der aktuellen Themen bearbeiten und andererseits als Experten ihren Mitschülern beratend zur Seite stehen, wenn ein Bedarf besteht. Diese Struktur erfordert einerseits Themen, die inhaltlich nicht aufeinander aufbauen, und andererseits Schüler, die die Komplexität dieses Systems durchschauen. In diesem Fall ist eine zusammenfassende Ergebnissicherung durch den Lehrer zu empfehlen.
Zwischen den beiden dargestellten Extremen gibt es beliebig viele Variationsmöglichkeiten der blockweisen Verschachtelung. Wie jede Methode muss auch der Expertenunterricht den jeweiligen Rahmenbedingungen und der Lerngruppe angepasst werden.
Bei den Laienübungen werden die Methodik und die Sozialformen (Auswahl der Inhalte, der Versuche, Gruppengröße usw.) vom Lehrer vorgegeben, doch die sachliche Organisation kann von den Experten übernommen werden. Da die Schülerexperimente im unmittelbaren Zusammenhang zum Demonstrationsexperiment der Experten stehen, haben diese im Allgemeinen einen guten Einblick in den Versuchsablauf der Schülerexperimente.
Die Expertenteams sind auch – nach vorgegebenen Anleitungen – mit in die Korrektur der Protokolle der Laien mit eingebunden und geben diesen darüber ein Feedback.
Im Expertenunterricht werden fachliche Fragen von Mitschülern gestellt. Dadurch lässt sich zwar das Problem der Benotung mündlicher Leistungen nicht beseitigen, aber für die Schüler ist die Hemmschwelle, sich an Diskussionen zu beteiligen, auf diese Weise geringer als bei lehrerzentrierten Unterrichtsmethoden.
Zielgerichtetes Fragen zur Erarbeitung eines chemischen Sachverhaltes ist allerdings für Ungeübte nicht leicht und bedarf der Unterstützung durch den Lehrer. Dieser sollte deshalb – am besten in Form schriftlicher Anleitungen – Strukturen vorgeben, beispielsweise die Abfolge von Beobachtung und Deutung bei einem Versuch oder das Prinzip, vom Speziellen zum Allgemeinen vorzugehen. Darüber hinaus kann den Experten in ihrer Anleitung ein kleiner Fragenkatalog zur Verfügung gestellt werden, wenn ihr Alter oder ihr Artikulationspotenzial dies erfordern.

Bewertung im Expertenunterricht

Da sich im Expertenunterricht die Aufgabe der Experten von den Aufgaben der Laien unterscheidet, sollte man auch die Bewertung differenziert betrachten, wobei selbstverständlich alle Experten auch Laien zu anderer Zeit sind, wie auch alle Laien ihre Expertentätigkeit zu gegebener Zeit ausüben.
Bei den Experten hat der Lehrer folgende Bewertungsmöglichkeiten: den Expertenvortrag, die Durchführung der Versuche, die Betreuung der Mitschüler während des Experimentierens und der Bearbeitung der Aufgaben sowie die Korrektur der Protokolle. Gerade, wenn die Schüler anderen Schülern etwas erklären müssen, wird deutlich, wie tief sie selbst in ein Thema eingedrungen sind.
Beurteilung der Laien: Im Expertenunterricht gestaltet sich die Bewertung der Gruppenergebnisse durch das Vorliegen von Protokollen und schriftlichen Ausarbeitungen vergleichsweise einfach. Einzig problematisch ist das Erkennen der Einzelanteile am Gesamtergebnis. Während des Gruppenunterrichts bietet sich dem Lehrer allerdings ausreichend Zeit, in der er sich ein mindestens ebenso gutes Bild vom Lernerfolg und -fortschritt eines jeden Einzelnen machen kann wie in der gleichen Zeit frontaler Unterrichtsweise.

L

[1] Glöckel, H.: Wider den Methodendogmatismus, aber auch den Methodensalat. NiU-Chemie 10 (1999) Nr. 53, 4.

[2] Lutz, B., Pfeifer, P., Schmidkunz, H.: Wahl geeigneter Unterrichtsverfahren – Methodische Umsetzung fachlicher Inhalte im Chemieunterricht. NiU-Chemie 10 (1999) Nr. 53, 9.

[3] Glöckel, H.: Unterrichtsformen – Erläuterungen zu Aktions- und Sozialformen. NiU-Chemie 10 (1999) Nr. 53, 43.

[4] Staatsinstitut für Schulpädagogik und Bildungsforschung (Hrsg.): Neue Wege im Chemieunterricht (Handreichung). Auer Verlag GmbH, Donauwörth 1999.

[5] Häußler, P., Bünder, W., Duit, R., Gräber, W., Mayer, J.: Naturwissenschaftliche Forschung – Perspektiven für die Unterrichtspraxis. Institut für die Pädagogik der Naturwissenschaften (IPN), Kiel 1998.

[6] BLK: Materialien zur Bildungsplanung und zur Forschungsförderung, Heft 60. Gutachten zur Vorbereitung des Programms „Steigerung der Effizienz des mathematisch-naturwissenschaftlichen Unterrichts". Bund-Länder-Kommission für Bildungsplanung und Forschungsförderung, Bonn 1997.

[7] Bauer, H. F.: Die Bedeutung des Experiments für die naturwissenschaftliche Erkenntnisgewinnung. In: Sievert, J.: Theorie und Praxis des Physikunterrichts. Klinkhardt, Bad Heilbrunn 1976.

[8] Fries, E., Rosenberger, R.: Forschender Unterricht. Diesterweg, Frankfurt 1970.

[9] Häusler, K., Lutz, B., Pfeifer, P., Rampf, H.: Elemente der Zukunft: Chemie. Lehrerhandbuch. Oldenbourg Verlag, München 1989.

[10] Schmidkunz, H., Lindemann, E.: Das forschend-entwickelnde Unterichtsverfahren. Westarp, Essen 1992.

[11] Schmidkunz, H., Lindemann, E.: Neue Aspekte und Modifikationen zum forschend-entwickelnden Unterrichtsverfahren. Chimica didacta 3, 1982.

[12] Aebli, H.: Grundformen des Lehrens. Klett, Stuttgart 1981.

[13] Piaget, J.: Psychologie der Intelligenz. Walter-Verlag, Olten 1972.

[14] Bruner J. S.: Der Prozess der Erziehung. Schwann, Düsseldorf 1973.

[15] Capesius, J.: Ein Lehrgang der Chemie auf geschichtlicher Basis. Jahrbuch des Vereins für wissenschaftliche Pädagogik, 26 (1984).

[16] Winderlich, R.: Geschichte der Chemie, ein notwendiger Bestandteil des chemischen Unterrichts an höheren Schulen. In: E. Krause, Städtische Oberrealschule zu Oldenburg, Jahresbericht über das Schuljahr 1912/13, Oldenburg 1913.

[17] Schleip, A.: Beiträge zur Geschichte des Chemieunterrichts an allgemein bildenden Schulen von den ersten Anfängen bis zum Beginn des 2. Weltkrieges. Dissertation, Frankfurt 1970.

[18] zitiert nach: Rodnyi, N. I., Solowjew, J. I.: Wilhelm Ostwald. Biographien hervorragender Naturwissenschaftler, Techniker und Mediziner. Bd. 30. Leipzig, 1977.

[19] Ostwald, W: Die Schule der Chemie. Braunschweig 1910, 2. Aufl.

[20] Jansen, W., Matuschek, C.: Das historisch-problemorientierte Unterrichtsverfahren – Geschichte der Chemie im Chemieunterricht. In: Grundlinien Deutscher Chemiedidaktik, Essen 1992, 207–228.

[21] vgl. dazu: Bradley, J.: Where does the theory begin?, Educ. chem. **12** (1975) S. 8 und S. 48 und Bradley, J.: Where does the theory begin? – Wo fängt die Theorie eigentlich an?, chim. did. **5** (1979) S. 157ff sowie Bradley, J.: History and the teaching of chemistry to the beginner, Educ. chem. **22** (1984) 12ff.

[22] Matuschek, C., Fickenfrerichs, H., Peper, R.: Das historisch-problemorientierte Unterrichtsverfahren am Beispiel der Einführung der tetraedrischen Struktur des Methans. NiU-Ch **3** (1992)

[23] Flintjer, B., Jansen, W.: Die Arbeiten von Clément und Désormes – eine historisch-problemorientierte Unterrichtskonzeption zum Thema Schwefelsäure. MNU **42** (1989) 87ff.

[24] Flint, A., Jansen, W.: Ethanol – Probleme der Aufklärung der Konstitutionsformel und des SN2-Reaktionsmechanismus im Chemieunterricht der gymnasialen Oberstufe. PdN-Ch **39** (1990) 35ff.

[25] Jansen, W., Jahnke, S., Peper, R., Fickenfrerichs, H.: Diamant und Graphit – eine Unterrichtseinheit. NiU-P/C **35** (1987) 4ff.

[26] Jansen, W., Matuschek, C., Fickenfrerichs, H., Peper, R.: Benzol – eine an der Chemiegeschichte orientierte Unterrichtskonzeption. PdN-Ch **35** (1986) 17ff.

[27] Matuschek, C., Jansen, W., Peper-Bienzeisler, R., Fickenfrerichs, H.: Aldehyde – eine an der Entdeckungsgeschichte orientierte Unterrichtskonzeption. PdN-Ch **34** (1985) 7ff.

[28] Ralle, B., Jansen, W.: Zur Behandlung des chemischen Gleichgewichts und des Massenwirkungsgesetzes in der Sekundarstufe II der Gymnasien unter Einbeziehung der geschichtlichen Entwicklung. Teil I: MNU **39** (1986) 161ff, Teil II: MNU **39** (1986) 220ff.

[29] Jansen, W.: Über das Verhältnis großer Chemiker zueinander. PdN-Ch **35** (1986) 12–16.

[30] Jansen, W., Peper, R., Fickenfrerichs, H., Flintjer, B.: Die Batterie der Parther und das Vergolden der Bagdader Goldschmiede. Teil I und Teil II, CLB **38** (1987) 528–533 und 586–592, Teil III: CLB **44** (1993) 128–133.

[31] Jansen, W., Peper, R., Fickenfrerichs, H.: Die Bunsen-Batterie – das wirksamste elektroche-

mische Element des 19. Jahrhunderts. PdN-Ch **38** (1989) 7–11.

[32] Jansen, W., Flint, A., Peper, R., Fickenfrerichs, H.: Die „Quantitative Wasserstoffabspaltung“ – kein Beweis für die Konstitution des Ethanolmoleküls. CLB **41** (1990) 521–529.

[33] Jansen, W., Naß, A.: Weldon- und Deacon-Verfahren und der Aufstieg der chemischen Industrie im 19. Jahrhundert. PdN-Ch 5/**39** (1990) 2–8.

[34] Jansen, W., Bader, H. J., Matuschek, C., Knobl, C.: Phenol – Seine Entdeckung, Strukturaufklärung und großindustrielle Herstellung. Aulis Verlag, Köln 1990.

[35] Jansen, W., Piosik, R., Peper, R., Fickenfrerichs, H.: Die Fällungs- und Spannungsreihe der Metalle – im Chemieunterricht und in der Geschichte der Chemie. NiU-Ch 2 (1991) 342–348.

[36] Jansen, W., Berger, C., Fickenfrerichs, H., Peper, R.: Die Entdeckung der Alkalimetalle Natrium und Kalium und die Aufklärung der Zusammensetzung der Oxide und Hydroxide. PdN-Ch 6/**40** (1991) 2–9.

[37] Jansen, W., Flint, A.: Probleme der Aufklärung der Konstitutionsformel des Ethanolmoleküls und des SN2-Reaktionsmechanismus im Chemieunterricht der gymnasialen Oberstufe. PdN-Ch 3/**39** (1990) 35–40.

[38] Kaminski, B., Flint, A., Ralle, B., Jansen, W.: Der Reaktionsmechanismus der Etherbildung aus Ethanol und Schwefelsäure im Chemieunterricht. MNU **45** (1992) 490–498.

[39] Jansen, W., Melle, I., Flintjer, B.: Zur Geschichte der „Triebkraft“ chemischer Reaktionen. PdN-Ch **42**, Heft 2 (1993) 2–5.

[40] Jansen, W., Melle, I., Flintjer, B.: Chemische Energetik – Neues experimentelles Konzept zur Behandlung in der gymnasialen Oberstufe. PdN-Ch **42**, Heft 2 (1993) 2–14.

[41] Piosik, R., Jansen, W., Peper, R.: Die Erfindung der Glaselektrode durch Fritz Haber und Zygmunt Klemensiewicz. CLB **44** (1993) S. 500–508 und CLB **44** (1993) 573–575.

[42] Jahnke-Klein, S., Peper, R., Fickenfrerichs, H., Kaminski, B.: Diamant und Graphit – Behandlung im Anfangsunterricht. Chemie in der Schule **41** Heft 1 (1994) 11–16.

[43] Jansen, W., Möllencamp, H., Flintjer, B.: 200 Jahre pulsierendes Quecksilberherz. **CHEMKON** 1 Heft 3 (1994) 117–125.

[44] Jansen, W., Peper, R., Fickenfrerichs, H.: Die Dalton'sche Atomtheorie, die Gasvolumengesetze von Gay-Lussac und Humboldt, die Avogadro'sche Theorie und die Ermittlung der chemischen Formel im Anfangsunterricht. NiU-Chemie **5** Heft 25 (1994) 4–11.

[45] Kaminski, B., Jansen, W.: Ein einfaches Verfahren zur Ermittlung der Konstitutionsformel des Alkohol- (Ethanol-) Moleküls. NiU-Chemie **5** Heft 25 (1994) 50–52.

[46] Jansen, W., Helms, H.: Der Lémery-Versuch. **CHEMKON** 4/**2** (1995) 165–167.

[47] Baalmann, B., Matuschek, C., Groeneveld, J., Jansen, W.: Ein neuer Weg zur Avogadro-Theorie. **CHEMKON 5** (1998) 15–18.

[48] Thiemann, F., Peper, R., Fickenfrerichs, H., Jansen, W.: „Luft und Sauerstoff“ nach dem historisch-problemorientierten Unterrichtsverfahren. NiU-Ch **11**/3 (2000) 9.

[49] Christen, H. R.: Chemie auf dem Weg in die Zukunft. Frankfurt am Main, Aarau, Salzburg 1988.

[50] Cohen, E.: Jacobus Henricus van't Hoff – Sein Leben und Wirken. Leipzig 1912.

[51] van't Hoff, J. H.: Über den Zusammenhang zwischen optischer Aktivität und Konstitution. Ber. dt. chem. Ges. **10** (1877) 1620ff.

[52] van't Hoff, J.: Vorlesungen über theoretische und physikalische Chemie, zweites Heft. Die chemische Statik, Braunschweig 1903².

[53] Kolbe, H.: Zeichen der Zeit. J. prakt. Chem. **15** (1877) 472ff.

[54] Liebig, J.: Chemische Briefe. Heidelberg 1865².

[55] Bastian, J., Gudjons, H. (Hrsg.): Das Projektbuch. Bermann & Helbig, Hamburg 1986, 8 ff.

[56] Gudjons, H.: Was ist Projektunterricht. In [55], 14.

[57] Kilpatrik, W. H.: The Project Method. Teachers College Record 19 (1918) 319–335.

[58] Deutsche Übersetzung von [3]: Die Projekt-Methode. In: P. Petersen (Hrsg.): Der Projekt-Plan – Grundlegung und Praxis von J. Dewey und W. H. Kilpatrik. Böhlau, Weimar 1935.

[59] Frey, K.: Die Projektmethode. Beltz, Weinheim/Basel 1982.

[60] Frey, K.: Die sieben Komponenten der Projektmethode – Ein Überblick mit Beispielen aus dem Schulfach Physik. NiU-P/C 31 (1983) Nr. 2, 4.

[61] Schulz, W.: Arbeitspapier: Das Projekt. ULEF-Werkstattseminar 871, Basel 1973.

[62] Otto, G.: Das Projekt – Merkmale und Realisationsschwierigkeiten einer Lehr-Lern-Form. In: K. Frey, K. Blänsdorf (Hrsg.): Integriertes Curriculum Naturwissenschaft der Sekundarstufe I. Beltz, Weinheim 1974.

[63] Demuth, R.: Projektorientierter Chemieunterricht. NiU-(Chemie) 2 (1991) 4.

[64] Geissler, W., et. al.: Projektorientierter Unterricht. Beltz, Weinheim 1976; Stach, R. (Hrsg.): Projektorientierter Unterricht – Theorie und Praxis. Henn, Kastellaun 1978.

[65] Münzinger, Frey, K. (Hrsg.): Chemie in Projekten. Aulis, Köln 1989.

[66] Holsen, A. und Singer, Ph.: Die Welt der Kristalle. Deusch-Verlag, München 1969.

[67] Seel, F.: Strukturchemie mit Tischtennisbällen. PdN-Ch. **32** (1983) 335.

[68] Demuth, R.: Projektorientierter Chemieunterricht und seine Realisierung in der Sekundarstufe I. NiU (Chemie), 2 (1991) 8.

[69] Holla, E.: Das analytisch-synthetische Lernverfahren im Naturlehreunterricht. In: Die deutsche Schule 54 (1962) 497ff., 552ff., 592ff.
[70] Pfeifer, P., Lutz, B.: Grundkenntnisse zur Didaktik und Methodik des Chemieunterrichts. Polyskript, Bayreuth 1986, S. 169.
[71] Just, E. (Hrsg.): Themenheft „Alltagsorientierter Chemieunterricht“. NiU-Chemie 8 (1997) 37.
[72] Stäudl, L. (Hrsg.): Themenheft „Lernen an Stationen“. NiU-Chemie 11 (2000) 58/59.
[73] Woest, V.: Den Chemieunterricht neu denken – Anregungen für eine zeitgemäße Gestaltung. Leuchtturm-Unterricht-Paperbacks, Band 21. Leuchtturm-Verlag, Alsbach/Bergstraße, 1997.
[74] Graf, E.: Wie chemisch muss der Chemieunterricht sein? Gedanken zu zeitgemäßen Veränderungen. Chem. Sch. 45 (1998) 5, 310.
[75] Woest, V.: Chemieunterricht – Unterricht in Chemie? Chem. Sch. 46 (1999) 2, 107.
[76] Wallrabenstein, W.: Offene Schule – Offener Unterricht. Ratgeber für Eltern und Lehrer. Reinbek bei Hamburg 1995.
[77] Ramseger, J.: Offener Unterricht in der Erprobung. München 1977.
[78] Arbeitsgruppe WDU: Wahldifferenzierter Unterricht in der Hauptschule. Hannover 1988.
[79] Schlömerkemper, J.: Lernen in wahldifferenziertem Unterricht. Frankfurt/M. 1974.
[80] Benner, D.: Aspekte und Probleme einer pädagogischen Handlungswissenschaft. Kastellaun 1977.
[81] Woest, V.: Offener Chemieunterricht – Konstruktion, Erprobung, Bewertung. Leuchtturm-Unterricht-Paperbacks, Band 20. Leuchtturm-Verlag, Alsbach/Bergstraße, 1995.
[82] Pukies, J.: Das Verstehen der Naturwissenschaften. Braunschweig 1979.
[83] Wagenschein, M.: Das Exemplarische Lehren als fächerverbindendes Prinzip. In: Meyer, E.: Exemplarisches Lehren – Exemplarisches Lernen. Stuttgart 1969.
[84] Woest, V.: Offener Chemieunterricht – Lernen mit Produkten des Alltags. Pädagogik und Schulalltag 52 (1997) 4, 494.
[85] Dlabal, M. M.: Expertenunterricht – eine neue Unterrichtsmethode zur Effektivierung des Chemieunterrichts an allgemeinbildenden Schulen. Dissertation, Frankfurt/Main 1998.

12. Planung und Analyse von Chemieunterricht – notwendiges Übel oder immanente Herausforderung an den Lehrer?

„Nicht der Schatten der Dinge, sondern die Dinge selbst, welche auf die Sinne und die Einbildungskraft Eindruck machen, sind der Jugend nahe zu bringen. Mit realer Anschauung, nicht mit verbaler Beschreibung der Dinge muss der Unterricht beginnen. Aus solcher Anschauung entwickelt sich sicheres Wissen."

Johann Amos Comenius aus Böhmen (1592–1670) [1]

12.1 Planung

12.1.1 Didaktische Rahmenbedingungen

Die Geschichte der Didaktik zeigt, dass bis zum heutigen Tag viele Ansätze für die Gestaltung des Unterrichts konzipiert, realisiert, weiterentwickelt, aber auch verworfen wurden. Von der engen Festlegung der Formalstufen der Herbartianer über die Ausrichtung auf „das Kind" der Reformpädagogen bis hin zur Versachlichung im exemplarischen Lehren und Lernen mündet der Weg schließlich in die momentan diskutierten Theorien und Modelle der Didaktik. Folgenden fünf didaktischen Theorien kommt dabei – freilich in recht unterschiedlichem Ausmaß – Praxisrelevanz und Adressatenakzeptanz zu:

1) Dem Ansatz einer **kybernetisch-informationstheoretischen Didaktik** liegt die Vorstellung zugrunde, dass sich Unterricht im Sinne eines Regelkreises verstehen ließe (Abb. 235.1) und auf dieser Basis die Lernprozesse optimiert werden können (präzise Lernzielformulierung!) [2].

2) Der Ansatz der **bildungstheoretischen Didaktik** – vertreten von Klafki – stellt den Begriff der „didaktischen Analyse" in den Mittelpunkt mit dem Ziel, die didaktische Entscheidung zu rechtfertigen. Dieses Kernstück

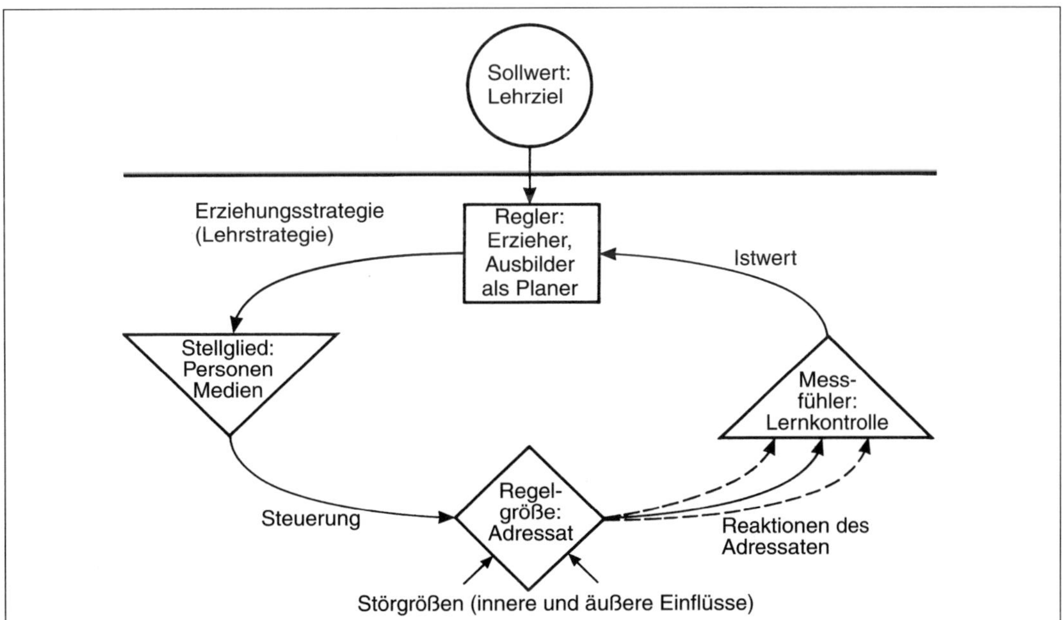

Abb. 235.1: Unterricht als Regelkreis (nach [3])

für die Unterrichtsplanung wurde weiterentwickelt – z. T. angeregt durch Gedanken der „lehrtheoretischen Didaktik“ – und in Form eines Perspektivschemas präzisiert (siehe Abb. 236.1).

Der von Klafki ursprünglich im Rahmen des Gedankengebäudes der bildungstheoretischen Didaktik geprägte Begriff der **didaktischen Analyse** wird in der Literatur teilweise recht verschieden verwendet. Die Spannweite reicht von „... Bildungswert-Fragen nach dem Nutzen eines Unterrichtsgegenstandes für den Lernenden“ [4] bis zu einem noch weitergehenden, untergliederten Fünf-Punkte-Katalog, der ebenfalls als „didaktische Analyse“ bezeichnet wird:

- Lernvoraussetzungen;
- fachwissenschaftlicher Aspekt;
- Intentionen;
- Methodenanalyse;
- Planung des Medieneinsatzes [5].

In Kenntnis der Tatsache, dass die didaktische Analyse nach Klafki die didaktische Komponente betont („Primat der Didaktik“), ist diese ursprüngliche Form auch heute noch hilfreich zur Unterrichtsvorbereitung [6].

Dies soll am **Beispiel** des Themas „**Oxidation – erweiterter Oxidationsbegriff**“ gezeigt werden. Die fünf Leitfragen Klafkis zur Begründung der Thematik könnten hier zu folgenden Überlegungen führen:

B **1. „Welchen größeren bzw. welchen allgemeinen Sinn- oder Sachzusammenhang vertritt und erschließt dieser Inhalt? ...“**

Der Oxidationsbegriff nimmt im täglichen Leben und in der Chemie eine zentrale Stellung ein. Dies zeigen Alltagsphänomene wie Rost, oxidativer Abbau von Fettsäuren, Verbrennung als rascher oxidativer Abbau von Heizöl, Gas, Kohle, Benzin, Dieselkraftstoff. Die Ableitung des Oxidationsbegriffes

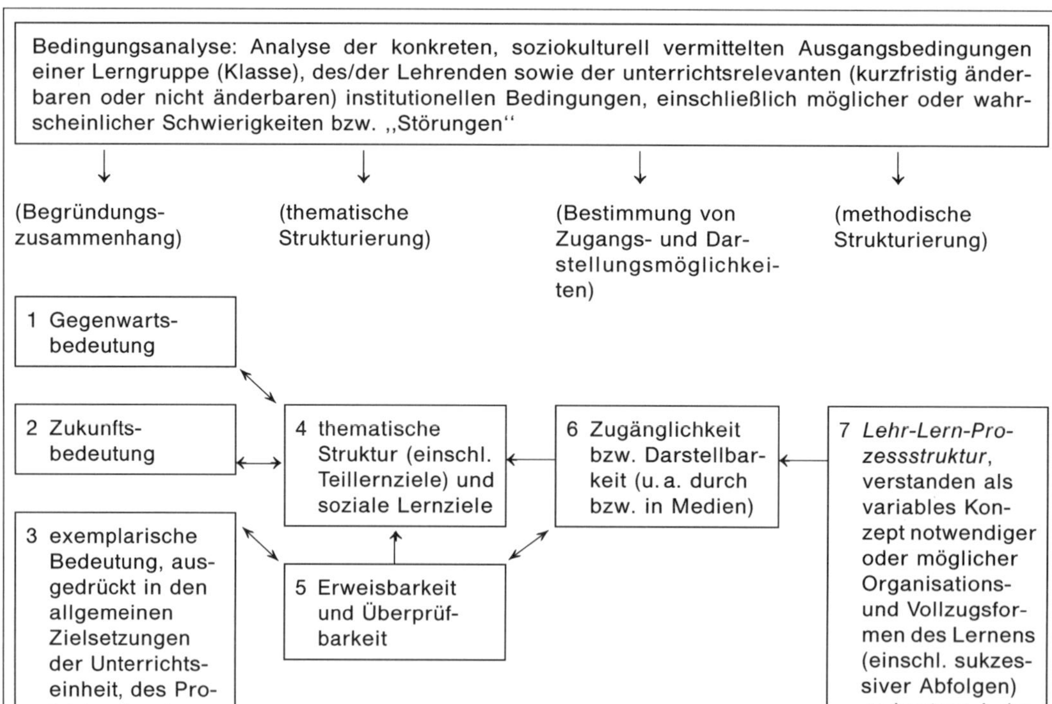

Abb. 236.1: (Vorläufiges) Perspektivenschema zur Unterrichtsplanung [7]

im **weiteren** Sinn zeigt die historische Bedingtheit des engeren Oxidationsbegriffes (Lavoisier). Der Oxidationsbegriff im weiteren Sinn ist ein Beispiel für die Erweiterung eines Prinzips zur Lösung anstehender Probleme (z.B. Fotografie als Redox-Vorgang). Hieraus ergibt sich die Notwendigkeit des erweiterten Oxidations-/Reduktionsbegriffes zum Aufbau von Redox-Systemen.

2. „Welche Bedeutung hat der betreffende Inhalt bereits im (geistigen) Leben der Schüler meiner Klasse ...?"
Wir gehen davon aus, dass das Phänomen der Verbrennung, also Reaktion mit (dem Sauerstoff der) Luft, als der engere Oxidationsbegriff bereits aus der Lebenswirklichkeit bekannt ist und so leicht erarbeitet werden kann. Er spielt unter anderem bei so wichtigen Begriffen wie Atmung und Verbrennung im schulischen und außerschulischen Leben eine große Rolle. Die Fragestellung muss deshalb nicht neu geweckt, sondern präzisiert oder erweitert werden, z.B. durch vergleichende Experimente. (Die Verbrennung von Phosphor und Magnesium ist den Schülern oft bereits von Versuchen zur Einführung in die Chemie bekannt.)

3. „Worin liegt die Bedeutung des Themas für die Zukunft der Schüler?"
Der Oxidationsbegriff ist ein Element der Allgemeinbildung. Der Zukunftsbezug kann den Schülern über die weiteren Stufen der Begriffsentwicklung klar eröffnet werden (siehe Kapitel „Lernen"). Im Zeitalter der Energieknappheit infolge schwindender Energievorräte ist der erweiterte Oxidationsbegriff als Basis für die Elektrochemie und die praktische Anwendung der Elektrodenvorgänge im Akkumulator oder im Trockenelement von großer Wichtigkeit. Stichworte hierzu sind: Problem der effizienteren Energiespeicherung, leichtere Akkus im Auto, weniger Gewicht, weniger Treibstoffverbrauch; „Langzeitenergiequellen": Batterien für Transistorgeräte, Mikroprozessoren, Alkali-Elemente „fast wie Strom aus der Steckdose" (Werbung), Umsetzung der Sonnenenergie durch Solarzellen in elektrischen Strom, der in Akkus gespeichert werden kann (Notrufsäulen an Landstraßen), Brennstoffzellen, neue Verkehrskonzepte (Elektroauto für Stadtverkehr).
Das Bewusstmachen des Zukunftsbezuges ist stufenweise möglich und als Lernmotiv unter dem jeweiligen Anwendungsaspekt nutzbar.

4. „Welches ist die Struktur des (durch die Fragen 1, 2, 3 in die spezifisch pädagogische Sicht gerückten) Inhaltes?"
Ausgehend von der Verbrennung als Reaktion mit Sauerstoff machen Schüler die Erfahrung, dass ähnliche Vorgänge auch ohne Sauerstoff, z.B. in Chloratmosphäre, ablaufen können. Das folgende Verlaufsschema fasst die Phasen der Erkenntnisgewinnung zusammen:
- Verbrennung: Oxidation als Reaktion mit Sauerstoff;
- Verbrennung: Oxidation als Reaktion mit Chlorgas (ohne Sauerstoff);

→ Ähnlichkeit der Vorgänge ⇒
→ Verbrennung ist auch ohne Sauerstoff möglich ⇒
→ Oxidationsbegriff muss erweitert werden.

Hier kann bereits die **didaktische Reduktion** unter Adressatenbezug reflektiert werden (siehe unten). Im Zusammenhang mit verschiedenen Schularten ergäben sich folgende Überlegungen:
Grundschule: Zur Verbrennung braucht man Luft.
Hauptschule: Zur Verbrennung ist der Sauerstoffanteil der Luft notwendig.
Realschule: Die Verbrennung ist eine Oxidation, zu der Luftsauerstoff nötig ist.
Gymnasium: Die Verbrennung ist ein Redox-Vorgang im Sinne eines Elektronenüberganges.

5. „Welches sind die besonderen ... Versuche, ... an denen die Struktur des jeweiligen Inhaltes den Kindern dieser Bildungsstufe ... ‚anschaulich' werden kann?"
- Verbrennen von Metallen in Sauerstoff;
- Verbrennen von Metallen in Chlor;
- Verbrennen von Nichtmetall (Wasserstoff) in Sauerstoff;
- Verbrennen von Nichtmetall (Wasserstoff) in Chlor.

Diese kurzen Überlegungen zur Einsatzmöglichkeit der ursprünglichen didaktischen Analyse für die Unterrichtsplanung zeigen aber gleichzeitig, dass dies nur ein Teilaspekt im Planungsgefüge sein kann, vor allem deshalb, weil dabei das Methodenproblem und die Struktur des Lehr-Lern-Prozesses nur peripher in Erscheinung treten.
3) Der **„lehrtheoretische Ansatz" von Schulz** basiert auf der „Berliner Schule" [9]. Im Mittelpunkt ihrer Theorie des Unterrichts steht die „Strukturanalyse" (des Unterrichts), durch die Wechselwirkungen **aller** didaktischen Entscheidungen zusammengefasst und betont werden. Die wesentlichen Faktoren, die Unterricht bestimmen, sind in praktikabler Form eingebracht (Abb. 238.1).
Dieser Ansatz wurde von Schulz zum „Hamburger Modell" weiterentwickelt, wobei vor allem der Trend hin zur Praxis und zur Einbindung der Schüler in den Planungsvorgang hervorzuheben ist [11, 12, 13]. Der Planungsvorgang als Wechselwirkung zwischen Lehrer und Schüler wird Teil des Unterrichts selbst. Boettcher et al. [14] erörtern die Realisierbarkeit dieses kommunikationstheoretischen Ansatzes ausführlich unter dem Blickpunkt der Sprachdidaktik. Dabei werden nicht nur Mög-

	Bedingungsfelder	Entscheidungsfelder
Zielfragen	anthropologisch-psychologische Voraussetzungen	Intentionalität („Lernziele")
		Thematik („Lerninhalte")
Wegfragen	soziokulturelle Voraussetzungen	Methoden
		Medien

Abb. 238.1: Schematische Darstellung des „Berliner Modells" (verändert nach [7])

lichkeiten für die Beteiligung von Schülern aufgezeigt, sondern auch Einwände und Probleme angesprochen, die bei der Realisierung möglicherweise auftreten können. Die Einbindung von Schülern und Eltern in die unterrichtliche Planung dürfte allerdings nur als Langzeitprogramm realisierbar sein, wenn man von der Planung von Exkursionen, gemeinsamen „Projekten" oder darstellenden Spielen absieht. Hellweger gibt dazu viele interessante Anregungen, z. B. das Spiel „Haber-Bosch und Welternährung" [15]. Solche Spiele, gelegentlich in der Sekundarstufe I eingesetzt, tragen sicher mit zur Schärfung des Problembewusstseins bei, zumal die Lehrpläne der verschiedenen Bundesländer viele dafür geeignete Themen enthalten, wie Nahrungsmittel, Düngemittel, Gärungserzeugnisse, Seife, Waschmittel, Kohlenwasserstoffe, Kunststoffe, um nur einige zu nennen (vgl. „Projekte" [16] und Kap. 11.2.5.).

4) Den lernzielorientierten Lehrplänen liegt der „lernzielorientierte Ansatz" von Möller zugrunde [8].

5) Den letzten didaktischen Ansatz aus unserem Überblick, die „kritisch-kommunikative" Didaktik, stellt Winkel (in [17] S. 78–93) genauer vor. Ziel ist die Verbesserung von Unterricht auf der Basis von Strukturanalysen, wobei an allen vier bisher genannten didaktischen Ansätzen Kritik im Sinne von Alltagsferne sowie Vernachlässigung kritisch-emanzipatorischer Ansätze geübt wird [18, 7].

12.1.2 Planungsschritte

Eine Unterrichtsstunde kann nie isoliert geplant werden, sondern muss immer eingebettet sein in eine Unterrichtseinheit, deren Bestandteil sie ist.

Einige Beispiele aus verschiedenen Schularten zeigt Tabelle 238.1.

12.1.2.1 Rahmenplanung/Phasenplanung

Nach Köck/Ott [10] kann man zwei Planungsraster unterscheiden.

Die **Rahmenplanung** verläuft über einen längeren Zeitraum und berücksichtigt: – den Jahresstoffplan auf der Basis der Lehrpläne – die bisherige Entwicklung des Schülers (z. B. Eintritt in besondere Entwicklungsphasen wie Pubertät) – die Platzierung des Faches im Stundenplan – vorzusehende schriftliche Prüfungen – Besichtigungen – Erkundungen (rechtzeitige Vorplanung von Terminen) – Medien und Be-

Schulart	**Unterrichtseinheit**	**Unterrichtsstunde**
Grundschule	Grundkenntnisse über die Verbrennung	feuergefährliche Flüssigkeiten
Hauptschule	Riesenmoleküle und Kunststoffe	Thermoplaste und Duroplaste
Realschule	Seifen und Waschmittel	Eigenschaften von Seifenlösungen
Gymnasium	Protolysengleichgewichte	Puffersysteme als Säure-Base-Reaktionen

Tab. 238.1: Themen von Unterrichtsstunden aus Unterrichtseinheiten verschiedener Schularten

Rahmenplanung

- Lehrplan/Jahresstoffplan bzw. Stoffverteilungsplan
- Stundenplan
  Mo Mi Fr
  1. Std. 3. Std. 6. Std.
  Besondere Probleme: Nachmittagsunterricht, Eckstunden, z. B. Ermüdung (Fr. 6. Std.). Konsequenzen: anregende Wiederholungen mit Selbsttätigkeit, Medieneinsatz etc.
- Besichtigungen: Terminierung, Planung und Organisation (Kunststoff verarbeitender Betrieb)
- Projektunterricht, z. B. in Verbindung mit aktuellen Umweltproblemen (PO_4^{3-}-, NO_3^--, pH-Messungen in Gewässern)
- Medien: Bereitstellung, kritische Sichtung (z. B. Recycling von Kunststoffen: Filme spezieller Firmen, rechtzeitige Anforderung)

Einbeziehung aller bisherigen schulischen Erfahrungswerte (Effektivitätssteigerung), die sich positiv im Unterricht erwiesen haben für

- didaktische Faktoren (Zielstellung, Auswahl)
- Unterrichtsvorbereitung
- Unterrichtsdurchführung
- Unterrichtskontrolle
- Leistungsbewertung
- Nachbereitung
- Reflexion

Termine für Berücksichtigung von Lernziel-/Leistungskontrollen

1. Halbjahr	2. Halbjahr
1. Stegreifaufgabe	.
1. Schulaufgabe/Klassenarbeit	.
1. Kurzarbeit	.

Abb. 239.1: Beispiele für Rahmenplanung als „Pool“ (nicht alle aufgeführten Punkte können bei jeder Planung verwirklicht werden), verändert nach [10].

schaffung von Materialien – Ermüdungswerte der Schüler (1. oder 6. Stunde). Die Rahmenplanung umfasst theoretisch also alle bisher bekannten Erfahrungswerte, die für einen positiven Unterrichtsablauf notwendig sind, und schließt auch die Nachbereitung und Reflexion mit ein (siehe dazu Abbildung 239.1).

Die **Phasenplanung** verläuft kurzschrittiger über eine Woche oder einen Monat hinweg. Sie untergliedert den Unterrichtsstoff in Phasen, fixiert Termine für Leistungskontrollen. Auch fächerübergreifender Unterricht kann hier mit entsprechenden Methoden eingeplant oder der Stoff in Parallelklassen für vergleichende Leistungsmessungen koordiniert werden. Die Abbildung 240.1 zeigt dazu Beispiele.

12.1.2.2 Planungsgrundsätze

Die in den **Lehrplänen** aufgeführten Ziele und Inhalte können (bei lernzielorientiertem Ansatz) in erster Unterscheidung in Wissen/Können bzw. in die angestrebten Verhaltensweisen im Sinne von Lernzielen unterschieden werden (siehe auch Kapitel 16: Schulstufenorientierung). Bei der **Festlegung der Stundenziele** und der Stoffaufgliederung ist also darauf zu achten, wie **intensiv** der betreffende Fachinhalt zu behandeln ist (siehe Tab. 240.1).

B

Wissen
- **Einblick** in die Bedeutung der Chemie;
- **Überblick** über die historische Entwicklung der organischen Chemie;
- **Kenntnis** der technischen Gewinnung wirtschaftlich bedeutender Kohlenwasserstoffe aus Erdöl;
- **Vertrautheit** mit der chemischen Natur der Fette.

Können
- **Fähigkeit**, wichtige Trennungsverfahren zur Aufklärung biochemischer Probleme durchzuführen;
- **Fertigkeit**, chemische Vorgänge in Form einer Gleichung darzustellen;
- **Beherrschung** der Verfahren zur Stofftrennung.

Erkennen
- **Bewusstsein** über die Notwendigkeit des Umweltschutzes;
- **Einsicht** in die Teilchenstruktur der Materie;
- **Verständnis** für die besondere Reaktivität der Carbonylverbindungen.

Die aktuelle Tendenz geht, vor allem in der Mittelstufe, wieder zur Schaffung von mehr Freiräumen für Lehrer und Schüler. So sind

Phasenplanung			
Monat ...			
1. Woche Schulaufgabe (Termin und Vorbereitung berücksichtigen)	2. Woche Außerschulischer Lernort: Gießereierkundung (Probeerkundung)	3. Woche Themenvorschläge für Facharbeiten	4. Woche Fächerverbindenden Unterricht organisieren, z. B. bei Umweltschutzproblemen wie Rauchgasentschwefelung; saurer Regen; Teamteaching der Fächer Chemie, Biologie, Geografie, Wirtschaftslehre
Bei **Parallelklassen** könnte das methodische Vorgehen in gemeinsamer Planung unter den beteiligten Lehrkräften abgestimmt werden. In den Klassen wird der bezüglich Grob- und Feinzielen abgestimmte Stoff durchgenommen. Die gemeinsam durchgeführte Leistungsmessung wird vergleichend ausgewertet (Fehleranalyse), z. B. im Hinblick auf – reproduzierte Inhalte – realisierte Verknüpfungen im Rahmen von Transferleistungen – Verständnisschwierigkeiten			

Abb. 240.1: Beispiele für Phasenplanung (verändert nach [10])

Zielklassen	WISSEN Informationen	KÖNNEN Operationen	ERKENNEN Probleme	WERTEN Einstellungen
Anforderungsstufen	**Einblick:** (in Ausschnitte eines Wissensgebiets) beschreibt erste Begegnung mit einem Wissensgebiet.	**Fähigkeit:** bezeichnet dasjenige Können, das zum Vollzug von Operationen notwendig ist.	**Bewusstsein:** Die Problemlage wird in ihren wichtigsten Aspekten erfasst.	Offenheit ... Neigung ... Interesse ...
	Überblick: über den Zusammenhang wichtiger Teile	**Fähigkeit***		
	Kenntnis: verlangt stärkere Differenzierung der Inhalte und Betonung der Zusammenhänge.	**Fertigkeit:** verlangt eingeschliffenes, fast müheloses Können.	**Einsicht:** Eine Lösung des Problems wird erfasst bzw. ausgearbeitet.	Achtung ... Freude ... Bereitschaft ...
	Vertrautheit: bedeutet souveränes Verfügen über möglichst viele Teilinformationen und Zusammenhänge.	**Beherrschung:** bedeutet souveränes Verfügen über die eingeübten Verfahrensmuster.	**Verständnis:** Eine Lösung des Problems wird überprüft und ggf. anerkannt.	Entschlossenheit ...

* Besondere Anforderungen, aus denen eine Stufung des Begriffs Fähigkeit hervorgeht, werden durch Zusätze (z. B. bezüglich der geforderten Selbstständigkeit, Genauigkeit oder Geschwindigkeit) angegeben.

Tab. 240.1: Übersicht über die Lernzielbeschreibungen [19]

z. B. andere Unterrichtsverfahren wie Projektunterricht möglich, Schüler- bzw. Lehrerinitiativen können den Unterricht zusätzlich beleben. Demzufolge sind die Lehrplanausführungen für die Mittelstufe weniger detailliert. Neuere Lehrpläne nennen Ziele und Inhalte ohne methodische Hinweise. Großer Wert wird auf die Verdeutlichung inhaltlicher Bezüge zur Lebenswirklichkeit der Schüler gelegt. Leitaspekte wie „Chemie und Fortschritt“, „Chemie und Umwelt“, „Chemie des Alltags“ sowie „Methoden der Chemie“ prägen die Stoffauswahl. Auf der Basis soliden Grundwissens bauen dann die Lehrpläne der Oberstufe auf, die vor allem in Grund- und Leistungskursen bezüglich der stofflichen Festlegungen entsprechend mehr ins Detail gehen.

Danach folgt die Aufgliederung des Prozesses „Unterricht“ aus didaktisch-methodischer Sicht, das heißt im alten Begriffssinn das „**Was**“ und das „**Wie**“. Daraus ergibt sich die Wahl geeigneter Unterrichtsverfahren zusammen mit den entsprechenden methodischen und organisatorischen Entscheidungen.

In Abbildung 241.1 sind wesentliche Punkte aufgeführt, die bei der Planung zu berücksichtigen sind, sowie ihre gegenseitige Wechselwirkung (Interdependenz) in Anlehnung an die Strukturelemente der „Berliner Schule“. Der Weg der Unterrichtsplanung führt vom Allgemeinen zum Speziellen, vom Jahresstoffverteilungsplan zum Plan einer Unterrichtsstunde, die aus einer Fülle von Einzelkomponenten zusammengesetzt ist.

12.1.2.3 Sachstrukturanalyse: Aus dem Geflecht der sachstrukturellen Zusammenhänge folgt die „didaktische“ Struktur.

Meyer stellt bei Überlegungen zur Unterrichtsplanung die These auf: „Es gibt keine Sachanalyse!“ [2]. Dem könnte man aber nur dann zustimmen, wenn unter „Sachanalyse“ eine rein fachwissenschaftliche, unkritische Bestandsaufnahme des zum Thema vorhandenen Stoffes verstanden werden sollte! Eine **Sach(struktur)analyse** sollte bereits jene Probleme und Leitlinien sichtbar werden lassen, die für die unterrichtliche Umsetzung wesentlich sind.

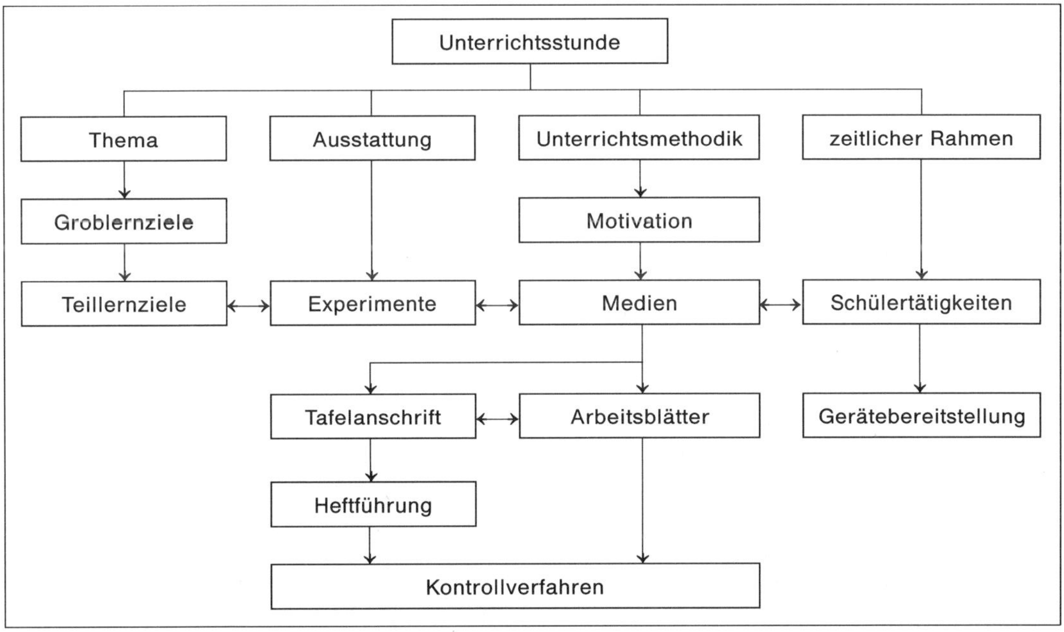

Abb. 241.1: Schema zur Unterrichtsplanung: Je nach Ziel, erforderlichen Experimenten und adäquaten Methoden ergeben sich vielfältige Wechselbeziehungen, aus denen letztlich die eigentliche „Lehr-Lern-Prozessstruktur“ resultiert.

Allein schon die Stoffsichtung erfolgt ja unter dem Blickpunkt der Unterrichtsziele.
In diese „Sachstrukturanalyse" gehen die stofflich-fachlichen Materialien ein, die aus entsprechenden Lehrbüchern oder Zeitschriften unter den genannten Gesichtspunkten gewonnen wurden. Der Hauptzweck dieses Teils ist somit die Schaffung einer soliden, flexiblen fachlichen Basis, auf der die Stunde aufgebaut werden kann.
Eine unreflektierte Abfolge von Sachanalyse, didaktischer und methodischer Analyse wird vielfach als „Abbilddidaktik" bezeichnet [2]. Die dabei diskutierten Hauptschwierigkeiten, wie die Zuständigkeitsproblematik bei der Anbindung des Schulfaches an die Wissenschaftsdisziplin, sind für die Chemie weniger aktuell. Die Aufgabe des Herausschälens grundlegender Strukturen der Fachwissenschaft, z. B. anhand des Periodensystems der Elemente, lässt sich durchaus lösen. Schwieriger scheint die Entscheidung, ob und wie die ausgewählten Inhalte auf der zu unterrichtenden Altersstufe überhaupt vermittelbar sind. Empirisch gesicherte Erkenntnisse darüber sind bisher nur dürftig vorhanden, chemisch orientierte Untersuchungen, z. B. ähnlich denen von Piaget (klinische Interviews), sind eher die Ausnahme. Ein weiterer Aspekt wird von Duit et al. ([21], S. 36) angesprochen. Die Sachstruktur der Wissenschaft bestimmt sicher **nicht allein** den Chemieunterricht, sondern es müssen noch zusätzliche Themenkreise berücksichtigt werden, wie die Wechselwirkung der Fachwissenschaft Chemie mit Umwelt, Gesellschaft, Alltag, wissenschaftshistorischen und wissenschaftstheoretischen Erwägungen.
Manchmal würde der Lehrer gerne Anregungen von Schülern folgen, dieses oder jenes interessante Thema näher zu behandeln. Ob dies geschehen kann, hängt aber vor allem von der Komplexität des sachlich/fachlichen Hintergrundes ab. Im Rahmen der Unterrichtsplanung muss der Lehrer nun untersuchen, inwieweit der angesprochene Sachverhalt altersgemäß anschaulich zu vermitteln wäre. Hilfen hierzu bieten Lehrerhandbücher.

B Für eine Stunde zum **Thema Elektrolyse/Zersetzungsspannung** am Übergang zur Sekundarstufe II (z. B. 11. Kl. in Bayern) könnte die **Sachstrukturanalyse** folgende Fakten liefern. (Selbstverständlich wird sie in dieser Ausführlichkeit nur selten bei den ersten „Gehversuchen des Unterrichts" erstellt werden können.)
Definition: Elektrolyse ist die Umkehrung der Reaktionen, die bei einem galvanischen Element freiwillig ablaufen. Die zugeführte Energie erzwingt eine Reaktion, die ohne Zufuhr von Energie in die andere Richtung laufen würde. Jede Elektrolyse erfordert somit einen bestimmten Energieaufwand. Bei der zugeführten Energie unterscheidet man zwischen **reversibler** und **irreversibler** Energie. Die reversible Energie wird bei Umkehrung des Vorgangs, d. h. bei der galvanischen Stromerzeugung, wieder zurückgewonnen. Der irreversible Anteil wandelt sich in Wärme um und dient zur Überwindung des Widerstandes der Elektrolytlösung (Widerstand abhängig von Konzentration, Temperatur ...). Legt man an ein galvanisches Element eine Spannung an, so kann diese kleiner, gleich groß oder größer als die **elektromotorische Kraft** (EMK) dieses galvanischen Elements sein. Unter der EMK versteht man die Potenzialdifferenz zwischen den einzelnen Halbzellen des galvanischen Elements.
Am Beispiel des Zink/Kupfer-Elements beträgt die EMK:

$$Zn \rightleftharpoons Zn^{2+} + 2e^- \quad E_0(V) = -0{,}76$$
$$Cu \rightleftharpoons Cu^{2+} + 2e^- \quad E_0(V) = +0{,}35$$
$$\rightarrow EMK = 1{,}11\ V$$

Ist nun die angelegte Spannung kleiner als die EMK, überwiegt die EMK. Das galvanische Element liefert Strom, und es erfolgt eine Reduktion des Kupfers und eine Oxidation des Zinks. Das bedeutet, dass Zink-Ionen in Lösung gehen und sich elementares Kupfer abscheidet. Erhöht man die angelegte Spannung auf den Wert der EMK, so heben sich beide Spannungen auf. Dies hat zur Folge, dass die Stromstärke null wird.
Steigt die angelegte Spannung über die EMK, so wird dem System ein Zwang auferlegt. Der Stromfluss erfolgt nun in die entgegengesetzte Richtung. Dies bedeutet, dass Kupfer-Ionen in Lösung gehen und elementares Zink sich abscheidet. Die Spannung, bei der sich der Stromfluss umkehrt, nennt man **Zersetzungsspannung**. Der Wert der Zersetzungsspannung ergibt sich demnach aus der Summe der EMK des galvanischen Elements und der Überspannung.
Die **Überspannung** ist der Energiebetrag, um den die EMK überschritten werden muss, bis sich der Stromfluss umkehrt. Die Ursache der Überspannung ist in jedem Fall die Hemmung einer Teilreaktion des Gesamtvorganges, der ja mehr als einen Elektronentransfer darstellt. (Die obigen Gleichungen berücksichtigen also nur diesen einen Aspekt!) Nach den Ursachen der Hemmung unterscheidet man:
1. Reaktionsüberspannung
Dem eigentlichen elektrochemischen Vorgang kann eine Reaktion vor- oder nachgelagert sein. Ist diese

Reaktion gehemmt, so wird zur Überwindung Energie benötigt. Es kann sich hier um Hydratations-, Dehydratations-, Assoziations- oder Diffusionsvorgänge handeln.

2. Durchtrittsüberspannung
Die an der Reaktion beteiligten Ionen bzw. Elektronen müssen durch die Phasengrenze Metall/Lösung hindurchtreten, wobei dieser Vorgang gehemmt sein kann.

3. Kristallüberspannung
Hier handelt es sich um eine Hemmung beim Einbau von Metallatomen in das Metallgitter oder beim Herauslösen von Metallatomen aus dem Gitter [20].

Die Abbildung 243.1 fasst die wesentlichen Inhalte der Sachanalyse in einem Schema zusammen.

12.1.2.4 Problem der didaktischen Reduktion

Dieser Begriff kann unter Umständen gerade in der Chemie missverstanden werden. Selbstverständlich ist damit **keine** „chemische Reduktion“ gemeint. Es geht hier um die Reduktion komplexer fachwissenschaftlicher Inhalte auf die für den Unterricht der jeweiligen Schulart und der entsprechenden Jahrgangsstufe elementaren Bestandteile, also auch um „Elementarisierung“. Chemische Lerninhalte (Vorgänge, Begriffe), die den Schülern zu vermitteln sind, müssen fachgerecht (fachlich richtig) und adressatengerecht (dem Anspruchsniveau

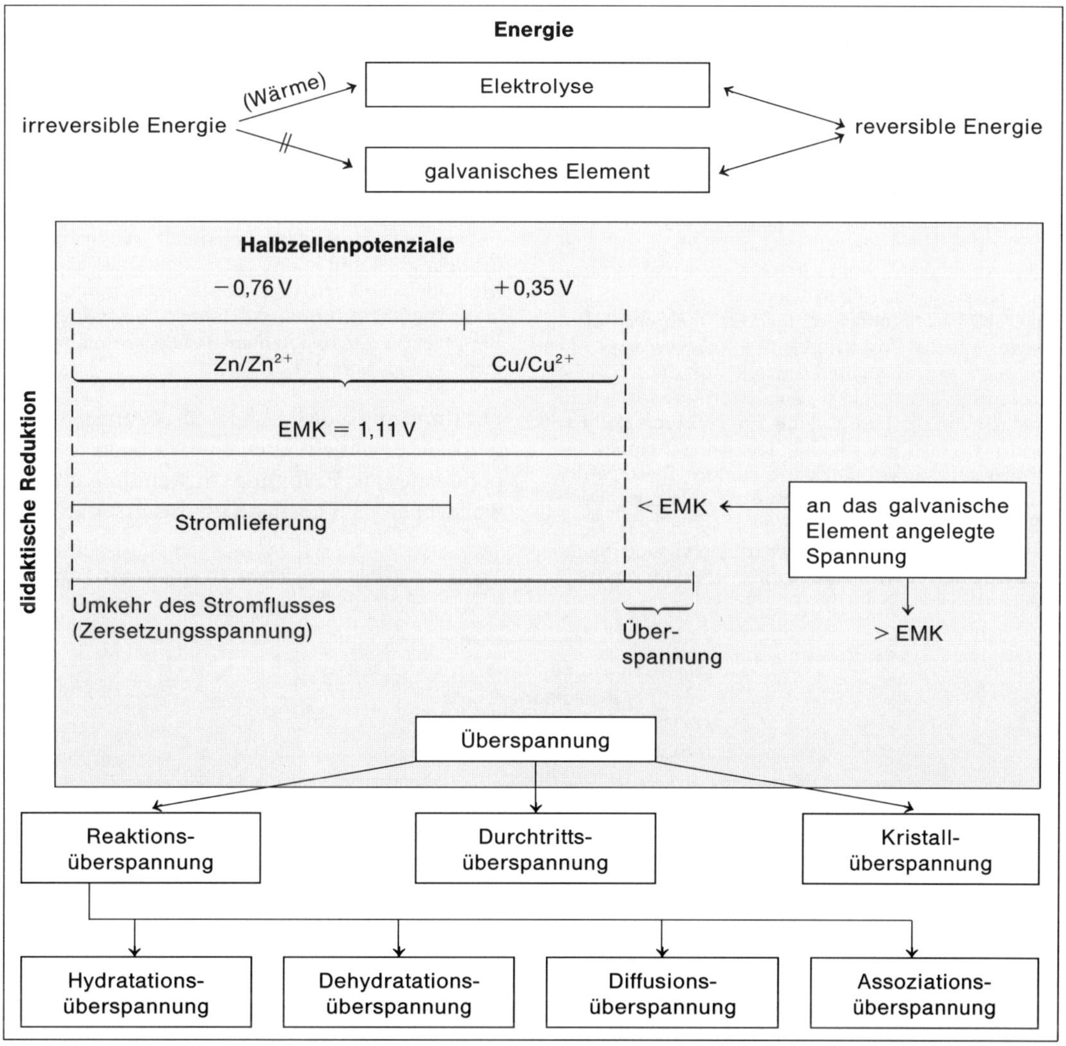

Abb. 243.1: Schematische Zusammenstellung wichtiger Begriffe aus der Sachanalyse zum Thema Elektrolyse

der Schüler entsprechend) aufbereitet werden. Für das Beispiel der Elektrolysestunde ist das Ergebnis der didaktischen Reduktion, dass die Energiebetrachtungen sowie die Arten der Überspannung wegfallen (Abb. 243.1). Somit geht nur der Block Halbzellenpotenzial/EMK sowie der Begriff „Überspannung" in die Unterrichtsstunde ein.

Im Rahmen der Sachstrukturanalyse wird also die wissenschaftlich einwandfreie Aussage gewonnen, die auf ein der Schulpraxis gemäßes Niveau „reduziert", somit vereinfacht wird. Dies soll am Beispiel des Rostvorgangs diskutiert werden, der über die Korrosion eng mit der Elektrochemie zusammenhängt.

B Überlegungen zur didaktischen Reduktion des **Rostvorganges**

„Aufgrund der noch nicht vollständig geklärten Vorgänge beim Rosten von Eisen scheint eine **Reduzierung** des Stoffs auf die mit einiger Sicherheit stattfindenden Reaktionen didaktisch sinnvoll, da die vollständige Erarbeitung der Problematik des Rostvorganges die Schüler der 11. Jahrgangsstufe hinsichtlich ihres Vorwissens und der Fähigkeit, ‚chemisch zu denken', wohl nur verwirren und in mancher Hinsicht auch überfordern dürfte. Jedoch ist/sind selbstverständlich ein (oder mehrere) Hinweis(e) auf die Problematik des Rostvorgangs angebracht, vor allem in Hinblick auf die kritische Überprüfung scheinbar gesicherter wissenschaftlicher Ergebnisse und auf die Entwicklung der Erkenntnis, dass selbst so alltägliche und scheinbar unproblematische Vorgänge wie der des Rostens der Wissenschaft noch manche Nuss zu knacken geben" [22].

(Aus Platzgründen wird die entsprechende Sachanalyse weggelassen. Siehe Lehrbücher der Anorganischen/Elektrochemie!):

„Die Reduktion auf folgende Punkte der Sachstrukturanalyse scheint daher angebracht:

1. Modellversuch zum Rostvorgang;
2. Unbestimmtheit der stöchiometrischen Formel für Rost (FeO(OH)); Darlegung der Schwierigkeiten bei der Formulierung des Rostvorgangs;
3. Schema des Rostvorgangs (evtl. Darstellung der verschiedenen Oxidations- und Reduktionsvorgänge);
4. stöchiometrische Formulierung (s. Sachanalyse) und Gesamtreaktion;
5. experimentelle Beweise:
   eventuell Aufzeigen folgender experimenteller Tatsachen des Rostvorgangs (aus der Sachstrukturanalyse):
   - Tropfen einer Salzlösung über defekte Oxidschicht eines Eisenblechs;
   - Komplexionenbildung mit Fe^{2+}- und/oder Fe^{3+}-Ionen;
   - Bildung unlöslicher Verbindungen oder stark gebundener Oberflächenverbindungen mit Eisen;
   - Passivierung durch oxidierende Säuren.
   - In größerer Entfernung von der Wasser-/Luft-Grenze kann Eisen nicht mit einer schützenden Hydroxidschicht bedeckt werden.

In der nächstfolgenden Chemiestunde wird dann das Thema **Korrosionsschutz** behandelt. Aufgrund der Einsichtigkeit und relativ guten Verständlichkeit der Methoden des Korrosionsschutzes ist es möglich, die in der Sachstrukturanalyse dargelegten Fakten und Beispiele zur Korrosion **ohne Reduktion** zu übernehmen" (siehe Abb. 244.1).

Die durch die didaktische Reduktion festgelegte Ebene erschließt auch eine Vielzahl von **Experimenten** zur Festigung, Anwendung und Erweiterung des Themas Korrosionsschutz.

B – Glühen von Eisen an der Luft; Fe_3O_4 als Anlassfarbe

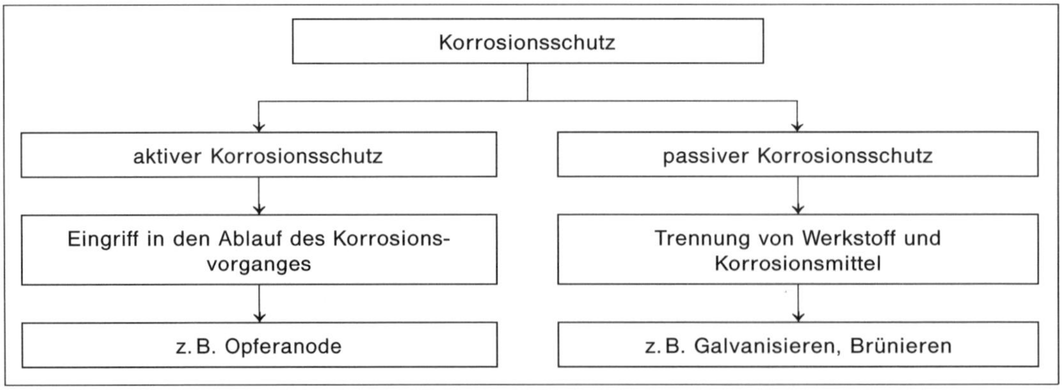

Abb. 244.1: Schema zum Korrosionsschutz

- blank geschmirgelter Eisen-Nagel
  zur Hälfte in Kupfer-Blech gewickelt, taucht in Wasser
  zur Hälfte in Zink-Blech gewickelt, taucht in
  - Leitungswasser
  - entgastes Wasser
  - lufthaltiges Wasser
  - CO_2-haltiges Wasser
  - angesäuertes Wasser [22]

B Der Lehrer greift folgende Schülerfrage auf: „Ich habe heute meine Mopedversicherung abgeschlossen. Meine Unterschrift war auf drei Durchschlägen sichtbar – ein Durchschlagpapier fand ich nicht. Wenn das mit Chemie zu tun hat, könnten wir das nicht einmal besprechen?!"
Dieser zugegebenermaßen seltene Idealfall einer Schülerfrage führt uns zu Lerninhalten der **Oberstufe des Gymnasiums** und soll die Kombination „Sachstrukturanalyse/didaktische Reduktion" für einen Leistungskurs der Kollegstufe veranschaulichen:
Die Frage berührt ein Gebiet der „Alltagschemie", das in Schulbüchern selten zu finden ist [23]. Hier ist sicherlich eine „Sachstrukturanalyse" oder vielleicht sollten wir sagen, die Sichtung entsprechender Fach- bzw. fachdidaktischer Literatur nötig [24], um eine didaktische Strukturierung und damit einen Zugang zum Themenkomplex zu erschließen. Dabei stößt man auf Begriffe wie „carbonless paper, Geber, Nehmer, **Mikroverkapselung**, Leukoform von Farbstoffen". Somit müsste das Thema, wenn es überhaupt in der Schule zu besprechen wäre, wiederum vereinfacht, „didaktisch reduziert", werden. Der Versuch, unser Beispiel zu strukturieren und dabei zu vereinfachen, führt zu den in Abbildung 245.1 dargestellten Themenkreisen.
Je nachdem, in welcher Schulstufe die Frage gestellt wurde, könnte die Beantwortung verschieden ausfallen. Die beiden Extremfälle wären

1. die Erklärung, dass Chemikalien, die, in mikroskopisch kleine Kunststoffkügelchen eingeschlossen, auf dem Geberpapier aufgetragen sind, bei der Zerstörung durch den Druck eines Kugelschreibers auf dem Nehmerpapier die farbige Kopie erzeugen.

2. die Besprechung
   - der Mikroverkapselung eines Leukofarbstoffs durch Grenzflächenpolykondensation (und die experimentelle Durchführung)
   - der bei der Farbbildung ablaufenden chemischen Reaktionen und Umlagerungen
   - von Herstellungsmethoden dieser Geber-/Nehmerpapiere.

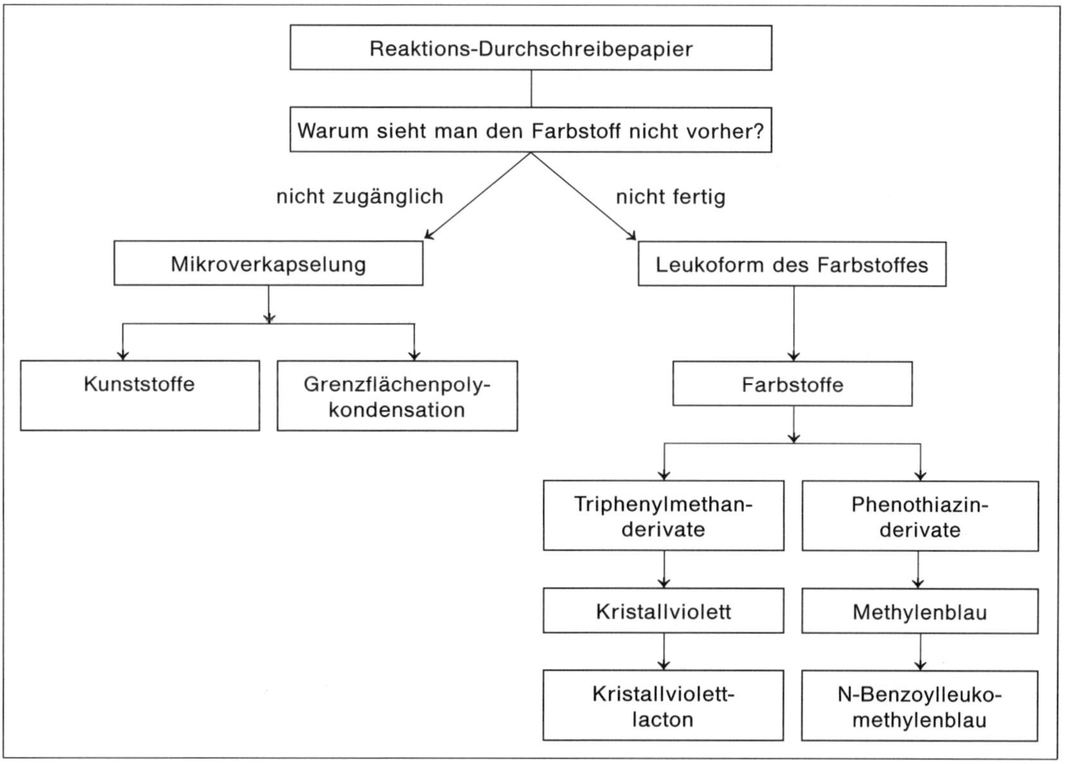

Abb. 245.1: Im Unterricht zu behandelnde Themenkreise bei der Besprechung von Reaktionsdurchschreibepapier [24]

Die erste Erklärung wäre in der Sekundarstufe I angebracht, die zweite in einem (Leistungs-)Kurs der Kollegstufe.

12.1.3 Stundenablauf

Seit Herbarts Formalstufen dauert die Diskussion über Artikulationsschemata an (vgl. Kap. 11). Im Zusammenwirken mit der Lernpsychologie ist das angestrebte Ziel ein Ablauf von Lernprozessen, der möglichst nach den Lernphasen der Schüler angeordnet ist ([10], S. 36). Nach Roth sind folgende Stufen beim Aufbau einer Unterrichtsstunde zu beachten:

1. Motivation;
2. Schwierigkeiten;
3. Finden der Lösung;
4. Tun und Ausführen;
5. Behalten und Einüben;
6. Bereitstellung, Übertragung, Integration des Gelernten.

Am Beispiel eines Textilerfrischers [39] lassen sich die einzelnen Stufen gut darlegen („Was nimmt den Geruch weg …"), bis zur Anwendung eines selbst „gemixten" Textilerfrischers.

Einstieg, Problemstellung (zu Motivation siehe Kap. 7.6)

Die kritische Reflexion der Bedingungsfelder „anthropologische und soziokulturelle Voraussetzungen" (siehe Abb. 238.1) ist die Grundlage für eine zielgruppenadäquate Lösung des Einstiegproblems.
Für die Planung besonders wichtig sind Überlegungen zu folgenden Unterrichtsphasen:

- Voraussetzungen;
- Motivation und Problemgrund → Einstieg;
- Erkennen der Problemstellung.

Köhnlein definiert „**Einstieg**" im Sinne des exemplarischen Unterrichts (Wagenschein) als Eröffnungsphase, die den Schüler zum Erkennen der Problemsituation führt und die es ihm ermöglicht, das erkannte Problem in Eigeninitiative weiter zu verfolgen. Köhnlein sieht somit Einstieg nicht als „Fenster", sondern als „Gang" zu einem aufschließenden Problem ([28], S. 47).

B Die in Tabelle 249/50.1 dargestellte Möglichkeit des Einstiegs über die Frage, ob die Reaktion prinzipiell abläuft, ist nur angebracht, wenn bestimmte Voraussetzungen vorliegen. Einerseits müssen die verwendeten Substanzen bekannt sein, andererseits die der Redox-Problemstellung zugrunde liegenden Begriffe bereits wissensmäßig verankert sein. Im genannten Beispiel führt ein Lehrerdemonstrationsexperiment in die Problematik ein, weshalb Redoxreaktionen ablaufen. Es ermöglicht den Schülern eine eindeutige Stellungnahme zu den aufgestellten Hypothesen. Läuft die Reaktion ab oder nicht (Fe^{2+}/Cl_2)? Die Farbänderung von gelbgrün nach gelb sowie das Verschwinden des Chlorgeruches zeigen an, dass die Reaktion stattgefunden hat. Die Rotfärbung bei der Zugabe der NH_4SCN-Lösung beweist, dass dabei Fe^{3+}-Ionen gebildet wurden. (Beim Parallelversuch ohne Chlor verläuft der Nachweis negativ!)

Im Schulalltag steht vielfach die Abfrage am Beginn der Stunde und nicht in allen Fällen kann dieser Abschnitt als Problemgrund für zu klärende Fragen dienen. Dann sollten aber Abfrage und Einstieg in die zu besprechende Thematik klar voneinander getrennt werden. Als weitere Einstiegsmöglichkeiten sind zu nennen:

Aktuelle Zeitungsberichte (z. B. zu Brennstoffzellen, Lithiumionenakkus, in Zusammenhang mit mobilen Prozessoren, Internethandys) führen nach stiller Lektüre im Unterrichtsgespräch zum vorgesehenen Thema.
Das Vorzeigen verrosteter Gegenstände als „stiller Impuls" könnte genauso zum Thema Rostvorgang/Korrosion führen wie ein Filmausschnitt oder ein Internetbeitrag. Ein passender spektakulärer „Überraschungsversuch" entspricht der Chemie zwar am meisten, ist aber leider nicht immer möglich. Für alle „Einstiegsmöglichkeiten" aber gilt, dass das zu behandelnde Problem am Ende dieser Phase den Schülern klar vor Augen stehen sollte.

Ziel der Stunde, Teilziele

Natürlich kann die Zahl der Teilziele je nach Komplexität des zu behandelnden Stoffes und der jeweiligen Altersstufe der Schüler variieren. Sehr kritisch steht man heute dem Bestreben gegenüber, den Stundenverlauf durch eine zu große Anzahl vorgegebener und allzu detaillierter, operationalisierter Feinziele starr festzulegen. Dies engt den Spielraum des Lehrers zu sehr ein und das flexible Eingehen auf wichtige Schülerbeiträge bleibt auf der Strecke (siehe auch oben).
Lassen wir einen fachlich vorgebildeten Beobachter eine Unterrichtsstunde verfolgen,

ohne dass er vorher über Problemstellung und Verlaufsplanung informiert wurde, so kann er am Ende der Stunde ohne Schwierigkeiten die einzelnen Teilziele angeben, wenn die Stunde gut aufgebaut war. Die in Tabelle 247.1 dargestellte Stunde hat drei Teilziele:

TZ 1	Formulierung der beobachteten Reaktion (Fe^{2+}/Cl_2)
TZ 2	Gründe für den Ablauf der Reaktion: Vergleich der Normalpotenziale e_0
TZ 3	Wissenssicherung an einem ähnlichen System (Fe^{2+}/H_2O_2 in saurem Medium)

Tab. 247.1: Teilziele der Stunde „Vorhersage des Ablaufes von Redoxreaktionen" [27]

Wahl der Arbeitsformen (siehe auch Kap. 11, 14)

Die Wahl der Arbeitsformen hängt stark von der Altersstufe der Schüler, vom Stoff und der zur Verfügung stehenden Zeit ab und kann aus einem großen Repertoire erfolgen [36–38].
Die Unterrichtseinheit „Redoxvorgänge und Elektrochemie", aus der das Beispiel der Tab. 249/50.1 stammt, umfasst z. B. im noch gültigen Lehrplan der 11. Klasse in Bayern 30 Stunden. Angesichts der Stofffülle ist die Durchführung von Schülerexperimenten nur bei wenigen Stundenthemen möglich (z. B. Redoxtitrationen). Die im „Normalunterricht" erarbeiteten Inhalte werden in diesen wenigen Übungsstunden wiederholt, angewendet, gefestigt und, wenn möglich, auf andere Probleme übertragen (Transfer). Dazu eignen sich vor allem Doppelstunden!
Ein fachlich weniger anspruchsvolles Beispiel stellt die Behandlung des Themas „Ölkatastrophen und ihre verheerenden Folgen" in der Sekundarstufe I dar. Es ermöglicht die Einbindung der Schüler mit einfachen Versuchen zur Wasserverschmutzung durch Altöl und erfüllt auch den erzieherischen Auftrag des Chemieunterrichts (siehe Kap. 6). Natürlich sind hier Doppelstunden von Vorteil.
Die Schülerzahl spielt dabei insofern eine entscheidende Rolle, als durch sie die Möglichkeit von Schülerversuchen als Funktion der vorhandenen Geräteausstattung, aber vor allem aus Gründen der Sicherheit begrenzt wird.

Medieneinsatz; Experimente; Lehr-, Lernmittel; Arbeitsblätter; Folie; Tafelbild

Die Entscheidung für und die Art des Medieneinsatzes (Kap. 13) ist ein wesentlicher Aspekt der Unterrichtsplanung, ebenso das Experiment (siehe Kap. 14). Die Frage der Verfügbarkeit von Folien, Videostreifen oder Internetanimationen beeinflusst erheblich die Verlaufsplanung einer Unterrichtsstunde sowie die Methodenwahl und sollte rechtzeitig beachtet werden. Gleiches gilt für das Experiment, wobei hier noch Geräte-, Chemikalien- und Sicherheitsprobleme sowie die Entscheidung zwischen Lehrer- und Schülerexperiment hinzukommen, die sich sehr unterschiedlich auf die zeitliche Planung des Unterrichts auswirken. Ähnliches gilt für die Bereitstellung von Modellen, Wandtafeln, Magnetapplikationen und andere Medien (siehe Kap. 13!). Für die Ergebnissicherung sind Arbeitsblätter und Folien sowie das Tafelbild [31], das sich im Schülerheft widerspiegelt, unentbehrlich.

Wissenssicherung

Neuere Untersuchungen (TIMSS und PISA) bestätigen die Wichtigkeit des Übens in den Naturwissenschaften, man will weg vom „trägen Wissen". Nach jedem Teilziel sollte eine Zwischenzusammenfassung stehen. Sie macht klar, ob das in der Planung angestrebte Teilziel wirklich erreicht wurde. Neben der Zusammenfassung und **Wiederholung**, die bei ersten Unterrichtsversuchen oft vernachlässigt werden, sind neben der reinen Wiedergabe der behandelten Inhalte (Reproduktion) vor allem Anwendung, Übung und Transfer wesentliche Instrumente zur **Festigung** des Stoffes (siehe Lernzielstufen). Neuerdings wird das intelligente Üben gefordert, eine Voraussetzung für die Bearbeitung neuer Probleme.

Hausaufgaben

Hausaufgaben führen, vor allem im Fach Chemie, zuweilen ein Mauerblümchendasein oder sind Anlass zu häuslichem Unfrieden (wie sich in Elternsprechstunden immer wieder zeigt). Von der Lehrerseite sollten daher einige Gesichtspunkte bedacht werden, die in den „Forderungen an eine pädagogisch effektive Hausaufgabe“ zusammengefasst sind [29]:

Z
- Zusammenhang zwischen Unterricht und Hausaufgabe Schülern transparent werden lassen (intrinsische Motivation);
- Beratung der Eltern (vom Helfen zum Anerkennen!);
- Variation in der Aufgabenstellung sichert Motivation und Problembewusstsein;
- Rückmeldung über die Erledigung der Aufgaben muss unmittelbar erfolgen (Problem des Einsammelns);
- Leistungsdifferenzierung sichert optimale Passung und steigert damit das individuelle Anspruchsniveau.

Im Unterrichtsentwurf „Vorhersage des Ablaufes von Redoxreaktionen“ (Tab. 249/50.1) besteht die Hausaufgabe aus einem „Gedankenexperiment“, das die im Unterricht besprochenen Reaktionen unter dem Blickpunkt der Potenzialdifferenzen verknüpft. Es handelt sich um eine relativ anspruchsvolle Aufgabe, die dadurch aber auch zur Lösung herausfordert. Die Grenze liegt bei der Über- oder Unterforderung der Schüler, die vermieden werden soll. Andererseits erscheint die Ansicht gesichert, „dass Hausaufgaben mit kreativem Charakter oder solche, die auf neuen Stoff hinführen, am meisten Zeitaufwand rechtfertigen und den günstigsten Lerneffekt bewirken“ [30].

Die Lernerfolgskontrolle

Lernziel- und Leistungskontrollen sind gewissermaßen der Kompass, der Schülern und Lehrern anzeigt, ob sie sich in der richtigen Richtung bewegen. Wenn z. B. nach einer ausführlichen Besprechung des pH-Wertes ein Teil der Klasse der Meinung ist, pH = 7 sei das Kennzeichen einer sauren Lösung, so ist das Lernziel nicht erreicht und muss, möglicherweise auf modifizierten Wegen, neu angepeilt werden. Häußler nennt verschiedene Arten von Lern- und Leistungskontrollen [21b] für den kognitiven (Lückentextaufgaben, Multiplechoice- und Zuordnungsaufgaben, Begriffsnetze, Aufgaben mit freier Antwort, Aufsätze, Sammeln von Evidenzen (Portfolio-Methode)) sowie für den nicht kognitiven Bereich (Messung von Kooperation vs. Konkurrenz, Messung der motivierenden Wirkung des Unterrichts, Messung von Interessen, Messung von Einstellungen, Messung des emotionalen Gehalts von Begriffen, Verfahren, die auf Beobachtung beruhen).
Kapitel 12.3 führt Beispiele zur Lernerfolgskontrolle in Chemie auf.

Verlaufsplanung einer Unterrichtsstunde

Für die **Verlaufsplanung** (methodischer Entwurf) von Unterricht schlägt Schulz eine Dreiteilung vor:
- erwartetes Schülerverhalten;
- geplantes Lehrerverhalten;
- didaktischer Kommentar ([11], S. 47).

Diese Gliederung wird aber unseres Erachtens der unterrichtlichen Wirklichkeit nur bedingt gerecht. Keiner kann z. B. klar voraussehen, wie sich Schüler verhalten. Von den vielen Strukturierungsmöglichkeiten sei deshalb hier eine **Zweiteilung** ausgewählt [26], die sich auch in der Praxis bewährt hat: **Aktionen/Medien – Ergebnisse**.
Sie hat für den Chemieunterricht vor allem den Vorteil, dass in die rechte Spalte die erwarteten Versuchsergebnisse eingearbeitet werden können. Ein Entwurf, in dem alle unterrichtsmethodischen Maßnahmen aufgeführt werden, ist für die Praxis wegen seiner Unübersichtlichkeit für den Anfänger, aber auch für den erfahrenen Praktiker wenig hilfreich.
In der Tabelle 249/50.1 ist ein sehr ausführlicher Verlaufsplan zum Stundenthema „Vorhersage des Ablaufes von Redoxreaktionen“ dargestellt.

Die **folgende Stunde** kann der Festigung des gefundenen Prinzips mithilfe geeigneter Redoxsysteme dienen, z. B.:
- Eine $FeSO_4$-Lösung steht an der Luft, was passiert?
  ($Fe^{2+} \rightarrow Fe^{3+}$? NP O_2/H_2O $\varepsilon_0 = 1{,}23$ V)
- Angesäuerte $KMnO_4$-Lösung wird mit H_2O_2 versetzt.
  Reaktionsablauf?
  Mn^{2+}/MnO_4^- $\varepsilon_{01} = 1{,}52$ V
  H_2O_2/O_2 $\varepsilon_{02} = 0{,}68$ V
  $\varepsilon_{01} > \varepsilon_{02} \rightarrow H_2O_2$ ist das stärkere Reduktionsmittel (MnO_4^- ist ein stärkeres Oxidationsmittel) $\rightarrow$ MnO_4^- wird zu Mn^{2+} reduziert.
  Entfärbung der violetten Lösung
  Reaktionsgleichung

– Reaktion einer Mn^{2+}-Lösung mit PbO_2
Pb^{2+}/PbO_2 $\varepsilon_0 = 1{,}47\,V$
Mn^{2+}/MnO_4^- $\varepsilon_0 = 1{,}52\,V$

– Reaktion einer Cr^{3+}-Lösung mit Br_2
Br_2/Br^- $\varepsilon_0 = 1{,}80\,V$
Cr^{3+}/CrO_4^- $\varepsilon_0 = 1{,}30\,V$

Zeit	**Aktionen/Medien** **Beobachtungen/Auswertungen**	**Ergebnisse**
5′	Einstieg: Läuft die Reaktion ab? V 1: Reaktion von $FeSO_4$ mit Chlorwasser Nachweis von Fe^{3-}-Ionen mit NH_4SCN	Ja, Beweise: – gelb-grüne Farbe → gelb – kein Chlorgeruch mehr – Rotfärbung
	Kontrolle: Fe^{2-}-Ionen mit NH_4SCN Problem: **Können wir den Ablauf dieser Reaktion vorhersagen?**	keine Färbung
2′	TZ 1: Wie sind die Beobachtungen zu deuten? Bereitstellung des Ausgangswissens: Wiederholung der Begriffe Oxidation, Reduktion, Reduktionsmittel, Oxidationsmittel	Oxidation = e^--Abgabe Reduktion = e^--Aufnahme Redm. = e^--Donatoren Oxidm. = Substanzen, die andere oxidieren können ($KMnO_4$, H_2O_2): e^--Akzeptoren
12′	TZ 2: Wie lässt sich die beobachtete Reaktion formulieren? Aufgabe: Aufstellen der Redoxgleichung	Ox: $2\overset{+II}{Fe^{2+}} \rightarrow 2\overset{+III}{Fe^{3+}} + 2e^-$; $\varepsilon_0 = 0{,}77\,V$ Red: $\overset{\pm 0}{Cl_2} + 2e^- \rightarrow 2\overset{-I}{Cl^-}$; $\varepsilon_0 = 1{,}36\,V$ ——— $2Fe^{2+} + Cl_2 \rightarrow 2Fe^{3+} + 2Cl^-$
	Rückgriff auf Oxidationszahl	Sie gibt die imaginäre Ladung eines Ions an; bzw. seine Wertigkeit
	Bsp. für Elemente mit verschiedenen Oxidationszahlen	Mn: +II, +IV, +VII Fe: +II, +III Cr: +II, +III, +VI Farbwechsel
	Teilzielzusammenfassung: Oxidationszahlen mit roter Kreide in Gleichung einzeichnen	
12′	TZ 3: Problemfrage: Warum kann die Reaktion ablaufen?	Die Stärke der Oxm./Redm. ist verschieden: Ein Stoff wird umso stärker reduziert, je leichter er seine e^- abgibt, d. h. je größer sein „e^--Druck" ist. Die Normalpotenziale sind verschieden: Fe^{2+}/Fe^{3+} $\varepsilon_0 = 0{,}77\,V$ $Cl_2/2Cl^-$ $\varepsilon_0 = 1{,}36\,V$
	Normalpotenziale hinter Reaktionspartner schreiben	
	Wh. des Begriffes Normalpotenzial	NP ε_0 eines Redoxsystems ist die Spannung zwischen seiner Normalelektrode und der Normalwasserstoffelektrode eines galvanischen Elements.
	Beziehung zwischen e^--Druck, Normalpotenzial und Stärke des Redm.	Je größer e^--Druck, umso negativer ist ε_0 → stärkeres Redm.
	Folge für Oxm.	Ein Oxm. ist umso stärker, je positiver ε_0 ist.
	Vergleich der Redoxpotenziale von Fe^{2+}/Fe^{3+} und $Cl_2/2Cl^-$	Das Redoxpotenzial von Fe^{2+}/Fe^{3+} ist kleiner, Fe^{2+} ist ein schwächeres Oxm. als Cl_2. Somit wird Fe^{2+} von Cl_2 zu Fe^{3+} oxidiert.

Zeit	Aktionen/Medien Beobachtungen/Auswertungen	Ergebnisse
	Teilzusammenfassung: Heftdiktat	Ein oxidierbares Teilchen kann nur von einem Oxm. oxidiert werden, dessen NP positiver ist als das NP des Redoxpaares Rdm./Oxm.
12′	TZ 4: Wissenssicherung an einem ähnlichen System Aufgabe: Wird Fe^{2+} von H_2O_2 in saurer Lösung oxidiert?	
	Hypothesenbildung	ja/nein?
	Verifikation/Falsifikation durch das Experiment	
	V 2: Oxidation von Fe^{2+} (mit H_2SO_4 angesäuert) mit H_2O_2	Die Reaktion läuft ab NP von H_2O_2: $\varepsilon_0 = 1{,}78\,V$ Es ist positiver als das von Fe^{2+}/Fe^{3+} → Fe^{2+} wird oxidiert
	Nachweisreaktion mit NH_4SCN	positiv: Rotfärbung
	Aufstellen der Redoxgleichung durch Schüler	Ox: $\overset{+II}{Fe^{2+}} \rightarrow \overset{+III}{Fe^{3+}} + e^- / \times 2$ Red. $H_2\overset{-I}{O_2} + 2H_3O^+ + 2e^- \rightarrow H_2\overset{-II}{O}$
	Endzusammenfassung TZ 1 + TZ 2 + TZ 3 + TZ 4	$2Fe^{2+} + H_2O_2 + 2H_3O^+ \rightarrow 2Fe^{3+} + 4H_2O$
2′	Hausaufgabe: Gedankenexperiment: Wenn man beide Versuche V 1 und V 2 zur gleichen Zeit mit gleichen Konzentrationen und gleichen Mengen starten würde, welche Reaktion wird zuerst beendet sein?	Besprechung der HA in der folgenden Stunde: Die Oxidation mit H_2O_2 müsste aufgrund der Potenzialdifferenz zwischen den beiden Systemen schneller ablaufen. Fe^{2+}/Cl_2 0,77/1,36 0,59 Fe^{2}/H_2O_2 0,77/1,78 1,01

Tab. 249/50.1: Methodischer Entwurf zur Chemiestunde „Vorhersage des Ablaufes von Redoxreaktionen“ (verändert nach [27])

12.2 Analyse von Chemieunterricht

Für die Analyse von Chemieunterricht sind im Prinzip eigentlich wieder all die Punkte wesentlich, die wir bereits bei der Planung kennen gelernt haben.

Soll Unterricht analysiert werden, sind erst einmal Fakten zu sammeln. Daraus ergibt sich bereits die erste Schwierigkeit. Bei einer Analyse im Sinne der „**Nachbesinnung**“ gehaltener Unterrichtsphasen leidet zwangsläufig die Objektivität mehr oder weniger stark. Aber auch ein „Fremdbeobachter“ sollte durch sein **Vorverständnis von Unterricht** seine Erwartungen nicht überbetonen, sollte wenigstens versuchen, seine Vorstellungen nicht in die Analyse einfließen zu lassen.

Die Erfassung des Unterrichts als Voraussetzung für die Beurteilung kann in vielfältiger Weise erfolgen. Mögliche Formen sind Tonband, Videoaufzeichnungen, schriftliche Aufzeichnungen, standardisierte Beobachtungsverfahren sowie eine Verknüpfung verschiedener Formen. Hinzu kommt noch eine Besonderheit der Naturwissenschaften allgemein, das Experiment, dessen didaktischem Ort, Vorbereitung, Durchführung, Beobachtung und Auswertung im Chemieunterricht besonderes Augenmerk gewidmet werden muss (siehe Kap. 14).

Fremdbeobachtung von Unterricht stellt besondere Anforderungen an den Beobachter. Er muss versuchen, seine eigenen Vorstellungen, die er zwangsläufig in die Beobachtung einbringt, anhand wesentlicher, verifizierbarer Kriterien zu überprüfen und notfalls zu berich-

tigen. Es wäre fatal, wenn der Unterricht bereits während der Beobachtung nach subjektiven, möglicherweise unbewussten Aspekten und Wertvorstellungen beurteilt würde.
Sinn einer Unterrichtsanalyse ist, abgesehen von Prüfungen, normalerweise die Rückkopplung zwischen geplantem und realem Verlauf des Unterrichts. Selbstverständlich spielen auch pädagogische Reflexionen eine wesentliche Rolle bei der richtigen Einordnung des eigenen Unterrichts. Vereinfacht lässt sich diese Auseinandersetzung mit Unterricht, die hier nur kurz angedeutet wird, als Kreisprozess auffassen, der die enge Verknüpfung mit der Planung veranschaulicht (Abb. 251.1).

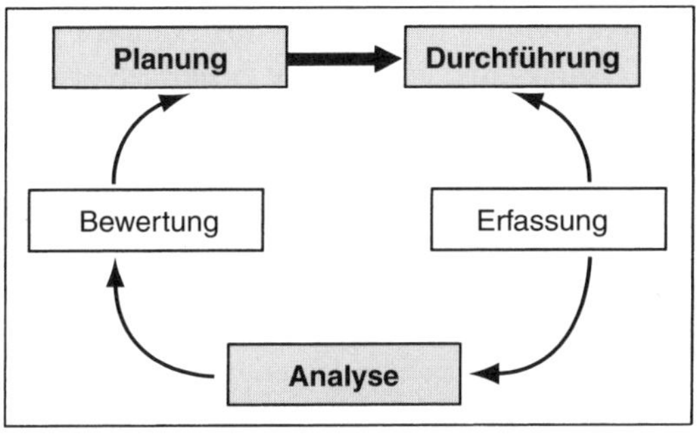

Abb. 251.1: Auseinandersetzung mit Unterricht

Erfahrungsgemäß ist die Analyse von Unterricht nicht leicht. Andererseits bietet sich im späteren Lehrerdasein selten die Möglichkeit, Fremdunterricht zu beobachten. Man sollte die Gelegenheiten dazu während der Ausbildung deshalb gut nutzen! Als kleine Hilfe zur Unterrichtsbeobachtung sind die folgenden Punkte gedacht [33]. Sie müssen selbstverständlich nicht jedes Mal vollständig ausgefüllt werden, sondern sollen nur mögliche Schwerpunkte der Unterrichtsbeobachtung als Basis für eine Analyse aufzeigen.

Wichtige Gesichtspunkte zur Unterrichtsbeobachtung

In der täglichen Unterrichtspraxis spielen diese Punkte eine mehr oder weniger wichtige Rolle. Bewusst gemacht werden sie spätestens wieder bei der nächsten Lehrprobe oder Beurteilung [25]!

B

1. Fachspezifische Methoden
1.1 Entdeckender Unterricht/forschend-entwickelnder Unterricht
(z. B. im Zusammenhang mit Schülerexperimenten)
1.1.1 Art der Schülertätigkeiten
1.1.2 Art der Lehrertätigkeiten
1.1.3 Art der Lenkung
1.1.4 Art der Lernmaterialien
Welche Prozessziele/Konzeptziele (Denk-, Arbeitsweisen, z. B. Beobachten, Messen ...) werden Ihrer Meinung nach hauptsächlich
- angestrebt;
- erreicht?

1.2 Darbietender Unterricht (z. B. Lehrervortrag)
1.2.1 Art der Lehrertätigkeiten
1.2.2 Art der Schülertätigkeiten
1.2.3 Art der Lenkung
1.2.4 Art der Lernmaterialien
Welche Prozessziele/Konzeptziele werden Ihrer Meinung nach hauptsächlich
- angestrebt;
- erreicht?

1.3 Welche typischen Einstiege beobachten Sie im Physik-/Chemieunterricht?
Einstieg über:
- neue Phänomene (Naturbeobachtung)
- aus Handwerk und Technik
- qualitative Versuche
- Schlüsselbegriff
- historischer Einstieg
- aktuelles Problem
- technisches Problem
- Wiederholung
- Hausaufgabe

1.4 Welche typischen Vertiefungsmöglichkeiten beobachten Sie im Physik-/Chemieunterricht?
- Rechenaufgaben
- Arbeitsbogen/Schülerhefte mit Überblickscharakter
- Überblick (Rückschau) durch die Schüler (mündlich/schriftlich)
- Überblick (Rückschau) durch den Lehrer
- Beschreibung von Anwendungen
- experimentelle Anwendungen
- Übertragung auf (unbekannte) Probleme (im Unterricht oder als HA möglich)

2. Fachspezifische Medien: das Experiment
2.1 Das Schülerexperiment
Stichworte zu
2.1.1 didaktischem Ort (Motivationsversuch, Problemstellung, Erarbeitung, Vertiefung)
2.1.2 Vorbereitung des Schülerexperiments durch Lehrer und Schüler
2.1.3 Durchführung des Schülerexperiments
2.1.4 Ausarbeitung und Ergebnissen des Schülerexperiments
2.1.5 Mit dem Schülerexperiment werden vor allem Prozessziele angestrebt.
Stichworte zu
- Beobachten und Messen

- Erkennen einer Aufgabe und Suchen eines Lösungsweges
- Interpretieren von Daten und Formulieren von Verallgemeinerungen

2.1.6 Mit dem Schülerexperiment werden soziale Lernziele angestrebt.
Stichworte zu
- Kooperationsfähigkeit
- Kommunikationsfähigkeit
- Verbesserungs-/Änderungs-Vereinfachungs-vorschläge

2.1.7 Beurteilung des Lernzieles
2.1.8 Beurteilung der verwendeten Materialien (Geräte)
2.1.9 Beurteilung der Ergebnissicherung
2.1.10 Sicherheitsvorkehrungen bei Versuchen
2.2 Das Lehrerexperiment
Stichworte
2.2.1 didaktischer Ort (Motivationsversuch, Problemstellung, Erarbeitung, Vertiefung)
2.2.2 Stichworte zum Aufbau des Experiments
Schwierigkeiten für den Lehrer, falls Aufbau während des Unterrichts:
- Tätigkeiten der Schüler
- Tätigkeiten und Erläuterungen des Lehrers

2.2.3 Stichworte zur Durchführung des Experiments
- Tätigkeiten der Schüler
- Tätigkeiten des Lehrers

2.2.4 Stichworte zur Auswertung des Experiments
- Tätigkeiten der Schüler
- Tätigkeiten des Lehrers
- Schwierigkeiten der Auswertung aufgrund der Komplexität des Versuchs
- Schwierigkeiten der Auswertung aufgrund der Ungenauigkeit der Daten

2.2.5 Beurteilung des Lernzieles
2.2.6 Beurteilung der verwendeten Materialien (Geräte)
2.2.7 Beurteilung der Ergebnissicherung
2.2.8 Sicherheitsvorkehrungen bei Versuchen

3. Fachspezifische Vereinfachungen
(Elementarisierung/Didaktische Reduktion/Fachliche Vereinfachung)
3.1 Fachliche Richtigkeit
Formulieren Sie die fachliche Ausgangsebene.
3.2 Schülergerechtes Niveau (den Fähigkeiten der Schüler sowohl experimentell als auch intellektuell angemessen)
- Unterforderung/Überforderung

3.3 Zielgerechte Umsetzung
- Formulieren Sie das Ziel.
- Wurde es erreicht?

Arten der Vereinfachung
- Reduktion auf das Qualitative;
- Vernachlässigung unwichtiger Parameter;
- historische Entwicklungsstufen;
- Verallgemeinerungen;
- Behandlung spezieller Gesichtspunkte;
- Vereinfachung von Begriffen (z. B. umgangssprachliche Erläuterung/Beispiele);
- didaktische Modelle;
- Reduktion auf das Elementare/Prinzipielle.

12.3 Leistungsbeurteilung im Chemieunterricht

Die Grundlage jeder Leistungsbeurteilung ist die **Messung einer Leistung**. Erst im zweiten Schritt erfolgt die **Beurteilung** selbst, in der Schule im gängigsten Fall mit einer Note, in der gymnasialen Oberstufe durch eine Punktskala von 0–15. In den folgenden Ausführungen wird ausgehend von allgemeinen Betrachtungen dieser Problemkreis im Hinblick auf das Unterrichtsfach Chemie behandelt. Hierbei steht zunächst die Frage im Vordergrund, weshalb es überhaupt sinnvoll ist, einen **Lernfortschritt zu beurteilen** und zu benoten und welche Fehler dabei auftreten können. Daran schließt sich die Frage an, wie sich mündliche, schriftliche und experimentelle Leistungen messen und beurteilen lassen.
Die in diesem Abschnitt behandelte Thematik ist nicht nur in einem Unterrichtsfach oder nur in der Schule von großer Bedeutung. Dies spiegelt sich in der umfangreichen Literatur zu diesem Problemkreis wider. Empfehlenswerte ausführliche Darstellungen findet man beispielsweise bei Sacher [40] oder Jürgens [41], eine kritische Sichtweise der Zensurengebung bei Ingenkamp [42].

12.3.1 Warum wird eine Leistung beurteilt?

Die Gründe für die Beurteilung einer schulischen Leistung sind vielschichtig. Vereinfacht dargestellt sollen eine **äußere Differenzierung** und eine **innere Differenzierung** erreicht werden.

Äußere Differenzierung. Die äußere Differenzierung dient der Auswahl und Zuordnung von Schülerinnen und Schülern in der schulischen und beruflichen Laufbahn. Dabei unterscheidet man vertikale und horizontale Entscheidungen:

– Die **vertikalen Laufbahnentscheidungen** beziehen sich auf den Übergang **zwischen den Bildungseinrichtungen**, z. B. den Übergang Grundschule/Gymnasium oder den Übergang Gymnasium/Universität. Hier haben die Beurteilungen durch die Schule eine wesentliche Bedeutung. Gleichzeitig werden die **hohe Verantwortung** und die **Tragweite der Entscheidungen** der Lehrenden sichtbar: Nur ab einem bestimmten Notendurchschnitt ist etwa der Zugang zu einigen Studienfächern an der Universität möglich. Aufgrund der Schulleistungen werden oftmals Empfehlungen zum Ergreifen eines bestimmten Berufs gegeben bzw. Berufsfelder von der Berufswahl ausgeschlossen.
– **Horizontale Laufbahnentscheidungen** beziehen sich auf die Wahl der Lernenden bzw. die Empfehlungen der Lehrkräfte, **innerhalb einer Schulstufe** Schwerpunkte zu wählen oder Kurse mit unterschiedlichem Leistungsniveau zu besuchen. So ist die Entscheidung für die Wahl eines Faches als Leistungskurs wesentlich von den vorangegangenen Noten in eben diesem Fach abhängig. Im Gegensatz zu den vertikalen Entscheidungen können horizontale Entscheidungen leichter rückgängig gemacht werden, die Durchlässigkeit ist größer.

Innere Differenzierung. Als innere Differenzierung bezeichnet man vereinfacht die **Einordnung der Schülerleistung**, bezogen auf die Leistungen einer **Gruppe**. Diese Bezugsgröße kann zum einen die Leistungsfähigkeit der Klasse sein, in der sich eine Schülerin oder ein Schüler befindet. Zum anderen kann eine Leistung auf die erwarteten Lernergebnisse derselben Klassenstufe und Schulart bezogen werden. Die Beurteilung dient dem Feed-back von Schülern und Lehrern sowie der extrinsischen Motivation und der Sozialisation der Lernenden.

Schüler-Feed-back. Schülerinnen und Schüler erfahren durch eine **Beurteilung, was sie wissen** und wie weit sie mit diesem Wissen vorgegebene Lernziele erreicht haben. Hierdurch kann – muss aber nicht – das **Lernverhalten verändert** werden. Im Idealfall soll die Notengebung eine positive Verstärkung sein und nicht etwa demotivierend wirken. Zur positiven Verstärkung sind zusätzliche konkrete sachbezogene Hinweise des Lehrenden hilfreich. So können etwa individuelle schriftliche Einzelkommentare des Lehrers bei der Korrektur von Klassenarbeiten sehr stark zum Lernen anregen.

Lehrer-Feed-back. Die Lehrenden erhalten durch die Leistung der Schüler eine **Übersicht über den Unterrichtserfolg**. Dies kann und sollte stets Anregung und Ausgangspunkt zu selbstkritischer Reflexion und gegebenenfalls Verbesserung des Unterrichts sein.
Schlechte Ergebnisse eines Tests oder einer mündlichen Befragung dürfen nicht etwa zu dem Schluss verleiten, die Schülerinnen und Schüler seien nur lernunwillig oder im Extremfall unfähig. Es zeigt sich vielmehr auch, welche Inhalte nicht verstanden und wahrscheinlich in nicht geeigneter oder der Altersstufe nicht angemessener Weise behandelt wurden.

Extrinsische Motivation des Schülers. Damit ist die **Motivation von außen** gemeint, im Gegensatz zur intrinsischen Motivation, die von einer Sache selbst ausgelöst wird. Lernende können – auch wenn sie an den Inhalten nur wenig interessiert sind – unter bestimmten Bedingungen **durch die Notengebung zu größerer Anstrengung** in ihrer Leistung veranlasst, also extrinsisch motiviert werden.
Es sprechen einige Gründe gegen und einige für diese Art der Motivation:
– So ist es in diesem Zusammenhang ein wesentliches Ergebnis einer Untersuchung von Daumenlang [43], dass die Inhalte naturwissenschaftlichen Unterrichts nur als so genanntes **Tauschwissen** gelernt und sehr schnell wieder vergessen werden. Die Inhalte sind für die Schüler nur so lange von Wert, bis sie **gegen eine gute Note eingetauscht** worden sind. Lernen findet somit vorwiegend unter Zwang statt; die Schülerinnen und Schüler sehen wenig Sinn oder Wissenswertes in den Inhalten solcher Schulfächer. Vor dem Hintergrund der geringen Beliebtheit des Chemieunterrichts kann man den immer wieder konstatierten niedrigen Lernerfolg ohne Eigenmotivation aber unter Notendruck schon vorab erwarten. Dies spricht eindeutig gegen ein Lernen unter dem Zwang der Beurteilung.

– Andererseits ist es eine triviale Tatsache, dass viele Menschen bei einer **bevorstehenden Prüfung** in sehr kurzer Zeit **sehr viel lernen**, auch wenn die Inhalte für sie nicht immer sehr reizvoll sind. Die Ablehnung, sich in gewissem Umfang Fakten anzueignen, scheint allerdings besonders beim Lernen von Naturwissenschaften ausgeprägt zu sein. Während die Notwendigkeit, sich einen Grundwortschatz als Voraussetzung zum Beherrschen einer Fremdsprache zu erarbeiten, als Selbstverständlichkeit angesehen wird, werden vergleichbare Anforderungen etwa in Chemie oft als sinnlose Anhäufung von Fakten angesehen.

Ohne Zweifel ist die extrinsische Motivation mit ein Grund zur Leistungsbeurteilung, sie sollte aber auf keinen Fall dominierend sein.

Sozialisation. Kinder werden in der Schule **mit Leistungsnormen der Erwachsenenwelt vertraut gemacht**, die sie in dieser Art aus dem Familienleben nicht kennen. Allerdings muss dieses wiederholt aufgeführte Argument sehr kritisch gesehen werden: In der Lebens- und Alltagswelt sind Leistung und Erfolg nicht immer voneinander abhängig, Beurteilungen und Sanktionen nicht immer gerecht oder auch nur nachvollziehbar. Es ist anzunehmen, dass Schülerinnen und Schüler dies durchaus durchschauen.

Zum Schluss sollte nicht vergessen werden, dass **Lehrerinnen und Lehrer zur Benotung verpflichtet** sind. Man kann auch sagen – obwohl dieses Argument sehr vorsichtig verwendet werden sollte –, Lehrende zeigen durch die Noten auch nach außen, inwieweit sie Schülerinnen und Schülern die Inhalte des Lehrplans vermitteln können. Dies darf natürlich nicht zu absichtlich verfälschten Urteilen verleiten, um die eigenen Fähigkeiten in ein besseres Licht zu rücken.

Insgesamt gesehen sind die **Gründe für eine Leistungsbeurteilung** also **vielschichtig** und beinhalten wesentlich mehr als vordergründiges Klassifizieren.

12.3.2 Beurteilungsfehler

Fragt man danach, wie eine Leistung beurteilt wird, so steht damit die Frage nach möglichen Fehlurteilen in engem Zusammenhang. Es sollen hier exemplarisch einige wichtige Faktoren wie Haloeffekte, logische Fehler sowie Reihungseffekte und rhythmische Schwankungseffekte beleuchtet werden. Eine interessante Zusammenstellung von Untersuchungen dazu findet man bei Ingenkamp [42].

Haloeffekte bezeichnen die Tendenz, **Teilurteile** über einen Menschen **aufgrund eines Gesamteindrucks** abzugeben. Fehlurteile ergeben sich besonders dann, wenn schwer erfassbare und unklar definierte Merkmale beschrieben werden sollen, etwa korrektes Benehmen, Fleiß oder Ordnungsliebe. So ist es z. B. denkbar, dass aus dem äußeren Erscheinungsbild eines Schülers unbewusst auf seine Leistungsbereitschaft und seinen Fleiß in verschiedenen Unterrichtsfächern geschlossen wird.

Logische Fehler treten dadurch auf, dass Lehrerinnen und Lehrer **Konzepte zusammengehöriger Persönlichkeitsmerkmale** besitzen, die **logisch nicht haltbar** sind. Dies sei an einem Beispiel erläutert: Ein Lehrer hält Kontaktarmut und Verschlossenheit einerseits und Desinteresse sowie Lernschwäche andererseits für zusammengehörige Eigenschaften. Er wird somit einen Schüler, den er als kontaktarm und verschlossen einstuft, als eher nicht am Unterricht interessiert und leistungsschwach beurteilen.
Hier wird also von einem Merkmal fälschlich auf ein anderes geschlossen, während der Haloeffekt einen unzutreffenden Schluss von einem Gesamteindruck auf einzelne Merkmale beschreibt.

Reihungseffekte und rhythmische Schwankungseffekte. Mehrere Untersuchungen haben gezeigt, dass die **Reihenfolge, in der Leistungen beurteilt** werden, etwa die Reihenfolge der Korrektur von Klassenarbeiten, einen **Einfluss auf die Note** hat. Die **ersten Arbeiten** werden **oft strenger** als die folgenden behandelt. Auch bei der Beurteilung mündlicher Leistungen wurde ein periodisches Schwanken von milden und strengen Beurteilungen nachgewiesen.

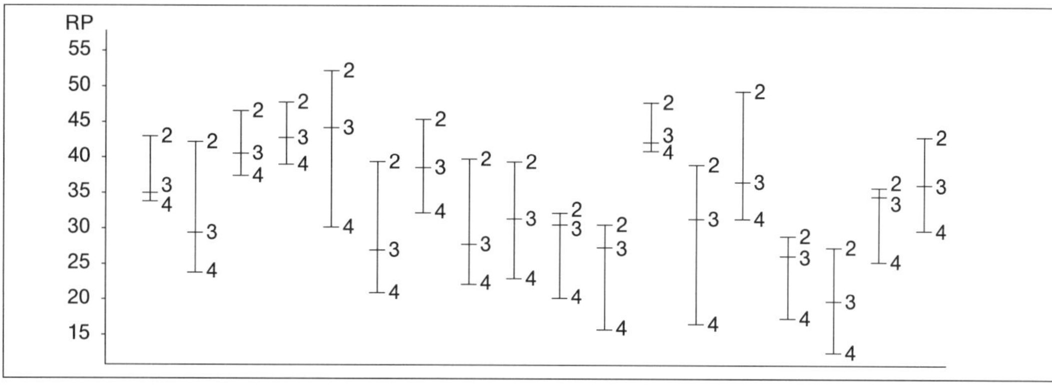

Abb. 255.1: Rechentest-Rohpunkte (RP) und Rechenzensuren von 18 Klassen der achten Jahrgangsstufe nach [44]

Die **Notenvergabe für eine identische Leistung** kann **von Lehrkraft zu Lehrkraft sehr unterschiedlich** sein [44]. Leider sind dazu für den Chemieunterricht keine vergleichenden Untersuchungen durchgeführt worden. Aus diesem Grund sei hier auf ein Beispiel aus der Mathematik zurückgegriffen. Abbildung 255.1 zeigt, dass mit derselben in einem Test erreichten Punktzahl in unterschiedlichen Klassen und bei verschiedenen Lehrerinnen und Lehrern im Extremfall sowohl die Note „gut" als auch die Note „ausreichend" erzielt wurde.

Auch wird die **gleiche Leistung in einer lernschwachen Klasse** tendenziell **besser bewertet** als in einer guten Klasse, da oftmals die durchschnittliche Leistung als Beurteilungsmaßstab herangezogen wird und kein Außenkriterium. Zentrale Prüfungen (z. B. das Zentralabitur) schließen dies aus.

Zusätzlich zu den genannten Problemen, die die Schwierigkeiten einer Leistungsbeurteilung verdeutlichen, ist das **System der Notengebung selbst angreifbar**:

Die **Schulnoten** 1–6 sind, so wie sie vergeben werden, nicht intervallskaliert, sondern vermitteln den Informationsgehalt von **Ranggrößen**. So ist z. B. zwischen den Noten 4 und 5 ein größerer Abstand als zwischen 3 und 4. Die Noten 3 und 4 bedeuten eine graduelle Abstufung im mittleren Leistungsbereich, während 5 bereits ein deutliches Versagen gegenüber den gestellten Ansprüchen zeigt. Die gesamte Skala wird nicht ausgeschöpft, da die Note 6 nur selten vergeben wird. Das Errechnen von Mittelwerten zur Ermittlung von Schulnoten auf dieser Basis ist deshalb höchst bedenklich. Durch die in der gymnasialen Oberstufe durchgeführte Erweiterung der Skala auf den Bereich 0–15 wird versucht, diesem Problem zu begegnen.

12.3.3 Möglichkeiten der Leistungsmessung und -beurteilung

Die Messung einer Leistung setzt voraus, dass vorab ein prüfbares Wissen vermittelt wurde. Dabei darf jedoch nicht vernachlässigt werden, wie und mit welchen Zielen der Lernprozess stattfand, welche Konzeptionen und Methoden dem Unterricht zugrunde lagen. Wird beispielsweise auf das Vermitteln von Faktenwissen Wert gelegt, können die Lernenden mit hoher Wahrscheinlichkeit Reproduktionsaufgaben erfolgreich beantworten. Es wird ihnen jedoch schwer fallen, Aufgaben zu bearbeiten, die allgemeine Strategien der Problemlösung erfordern. Tabelle 256.1 verdeutlicht in einer Übersicht den Zusammenhang zwischen den Konzeptionen und Methoden des Chemieunterrichts und geeigneten Möglichkeiten der Leistungsüberprüfung.

Bei einer Leistungsmessung können die **Normen bereits vor der Leistung** feststehen. Man spricht in diesem Zusammenhang von **Kriteriumsorientierung**. Es soll so festgestellt werden, inwieweit eine Schülerin oder ein Schüler ein **Lernziel erreicht** hat. Der Maßstab ist nur dieses Lernziel als äußeres, vorab festgelegtes Kriterium. Die **Leistung anderer Schüler** ist **ohne Gewicht** für die Leistung des Einzelnen.

Beurteilungsformen		Unterrichtskonzeptionen/-methoden
eher offene Aufgabentypen	eher geschlossene Aufgabentypen	komplex organisierte didaktische Situationen vs. kleinschrittige, enge Unterrichtsführung
Anwendungs- und Transferaufgaben	Reproduktionsaufgaben	lebens- und subjektnah vs. sach- und fachorientiert
sehr verschiedene Aufgabentypen	Einheitsaufgaben	Favorisierung fachlicher und überfachlicher Unterrichtsziele vs. Priorität fachspezifischer Feinziele
Selbstevaluation	Fremdevaluation	offene vs. geschlossene Unterrichtsformen
differenzierende Aufgaben	kriteriumsorientierte Tests	vielfältige Sozial- und Aktionsformen vs. Klassenunterricht (Frontalunterricht)
experimentell-forschende Aufgabenstellungen	Reproduzieren von Versuchsergebnissen	Schüler- und Demonstrationsexperimente vs. Berichten über Experimente
Anwendungs- und Transferaufgaben	Reproduktions- und Reorganisationsaufgaben	Fördern des Suchens, Entdeckens, Probierens, Fragens vs. lehrgangsmäßiges Darbieten von Sachverhalten

Tab. 256.1: Konzeptionen und Methoden des Chemieunterrichts und geeignete Möglichkeiten der Leistungsüberprüfung, verändert nach Graf [45] und Kattmann [46]

Oft verfährt man bei der Beurteilung einer Leistung aber nach einem anderen Grundsatz, der **Normorientierung**: Die Schülerleistungen werden in eine Skala von sehr gut bis ungenügend eingeordnet. Ziel des Tests ist es, **gute und schlechte Schülerinnen und Schüler** auch bei geringeren Leistungsunterschieden **genau zu unterscheiden**. Häufig wird die Bewertung dann so durchgeführt, dass sich annähernd eine Normalverteilung ergibt. In weiten Grenzen stellt somit der Leistungsdurchschnitt der Klasse die Basis der Benotung dar. (Beispielsweise „darf" es nach diesem Grundsatz auch in einer sehr guten Klasse nicht nur die Noten 1 und 2 geben, sondern der Anspruch zum Erreichen dieser Noten wird heraufgesetzt!)
Welche der beiden Möglichkeiten – Kriteriumsorientierung oder Normorientierung – richtig bzw. falsch ist, ist seit langer Zeit umstritten. Eine einfache Lösung des Problems kann nicht gegeben werden.

Eine **Beurteilung** der Schülerleistung erfolgt allgemein **aufgrund des Lern- und Arbeitsverhaltens, der Lernbereitschaft, des sozial-affektiven Verhaltens sowie der mündlichen und schriftlichen Leistungen**. Im naturwissenschaftlichen Unterricht kann darüber hinaus die **experimentelle Eigentätigkeit** der Schülerinnen und Schüler Berücksichtigung finden. Insgesamt ergeben sich die in Tabelle 257.1 aufgeführten Möglichkeiten der Leistungsmessung und -beurteilung, wobei die Gesichtspunkte Lern- und Arbeitsverhalten sowie Lernbereitschaft nicht gesondert dargestellt sind.

Mündliche Leistung. Die mündliche Leistung ist ein guter Ansatz, individuell Schüler zu beurteilen. Dies gilt sowohl für die **Mitarbeit im Unterricht**, z. B. für den Vorschlag guter Lösungsstrategien, als auch für **mündliche Befragungen**, die es gestatten, die Fragestellung an die Leistungsmöglichkeiten der Schülerinnen und Schüler anzupassen. Allerdings weist Sumfleth darauf hin, dass sich die Lernenden an Unterrichtsgesprächen „beteiligen, indem sie die Worte der Lehrerinnen und Lehrer benutzen. Diese glauben, dass sie das selbstständige Arbeiten der Lernenden unterstützen, bevorzugen aber vor allem das Abfragen definitorischen Wissens" [48].
Das **Schüler-Feed-back** erfolgt bei mündlichen Leistungen **unmittelbar**, was oft viel wirkungsvoller ist als das Ergebnis einer Klassenarbeit, das erst nach Tagen oder Wochen feststeht. Andererseits bergen alle Beurteilungen münd-

Mündliche Leistung	– Wiederholung von erarbeiteten Unterrichtsinhalten (mündliche Befragung/Prüfung) – Referate und weitere schülereigene Beiträge zur Erweiterung und Vertiefung des Unterrichtsstoffs – quantitative und qualitative Beteiligung am Unterricht – Allgemein sollte die fachspezifische Sprachkompetenz berücksichtigt werden.
Schriftliche Leistung	– Klassenarbeiten (Extemporalien, Klausuren) auch in Form standardisierter und nicht standardisierter Tests (Hierbei sollten die Bereiche Reproduktion, Reorganisation und Transfer in der Aufgabenstellung berücksichtigt werden.) – Protokolle von Versuchen und Schulstunden – Anfertigung schriftlicher Hausaufgaben – Führen eines Chemieheftes/Ordners – Erstellen schriftlicher Ausarbeitungen mit selbstständiger Beschaffung, Auswertung und Beurteilung von Informationen
Experimentelle Leistung	– Planen, Aufbauen, Durchführen und Auswerten von Experimenten – Arbeiten mit Modellen

Tab. 257.1: Möglichkeiten der Leistungsüberprüfung im naturwissenschaftlichen Unterricht, teilweise nach [47]

licher Leistungen in sehr hohem Maße die **Gefahr von Fehlurteilen** sowie von persönlich gefärbten und stimmungsabhängigen Benotungen. Sie sollten deshalb nur einen Teilbereich der Notengebung darstellen, auf keinen Fall aber die ausschließliche Grundlage sein.

Schriftliche Leistung. Auf den ersten Blick erscheint die Forderung nach schriftlichen Aufgabenstellungen, die eine eindeutige Beurteilung zulassen, einfach und selbstverständlich. In der Praxis treten jedoch immer wieder **Probleme** auf. Dies ist etwa der Fall, **wenn die Bewertung** von Aufgaben, Teilaufgaben oder Lösungswegen **nicht vorab feststeht, Aufgaben** bzw. Themen **missverständlich formuliert sind** oder der **Erwartungshorizont nicht eindeutig festgelegt ist**, wenn etwas „verglichen", „bewertet" oder „definiert" werden soll.
Eine erste Möglichkeit, Aufgabenstellungen zu überprüfen, vermitteln die so genannten **Testgütekriterien Objektivität, Reliabilität und Validität**. Diese bilden zwar im eigentlichen Sinne eine Grundlage zur Beurteilung statistisch auswertbarer Tests im affektiven und kognitiven Bereich, können aber allgemein auch als wesentliche Merkmale guter schriftlicher Leistungsmessungen gelten.

- Ein Test ist von **hoher Objektivität**, wenn die erhaltenen Ergebnisse bei gleichen äußeren Umständen **von der durchführenden Person unabhängig** sind. Wichtig ist in diesem Zusammenhang auch, dass einzelne Testteilnehmer keine voneinander abweichenden Hilfsmittel (z.B. Periodensystem) verwenden dürfen und keine unterschiedlichen Hilfestellungen gegeben werden.
- Eine **hohe Reliabilität** oder Zuverlässigkeit hat ein Test, wenn **gleiches Wissen** auch **zu gleichen Ergebnissen führt**. Missverständlich formulierte Fragen können im Extremfall bewirken, dass gute Schüler schlechter als leistungsschwache abschneiden!
- Die **Validität** oder Gültigkeit beinhaltet, dass durch einen Test wirklich **das erfragt wird, was erfragt werden soll**. So soll beispielsweise ein Test die Kenntnisse über die Elektrolyse überprüfen, jedoch nicht die Fähigkeit, schwierige sprachliche Formulierungen zu verstehen.

Klassenarbeiten, Klausuren, Extemporalien und Protokolle lassen ebenso wie die Beurteilung einer mündlichen Leistung leider oft **große individuelle Spielräume in der Beurteilung zu**. Dies ist besonders dann der Fall, wenn bei der Formulierung der Aufgaben nicht sorgfältig vorgegangen wurde. **Jede Aufgabe** sollte deshalb gründlich überprüft werden, ob sie **fachlich richtig, eindeutig und verständlich** ist.

B So ist etwa die Formulierung „Wie weist man Chlor in Kochsalzlösung nach?" fachlich falsch. Korrekt muss natürlich nach „Chloridionen" gefragt werden. Die Frage „Welche Möglichkeiten gibt es, das Nichtvorhandensein von Chloridionen in Wasser nachzuweisen?“ ist für manche Schüler sprachlich nur schwer zu verstehen. Besser wäre die folgende Formulierung: „Beschreiben Sie die Nachweisreaktion von Chloridionen in Wasser.“ Auch **unbestimmte Aufgabenstellungen sind zu vermeiden**: „Beschreiben Sie Reaktionen von Aldehyden!“ vermittelt einen wenig eingegrenzten – und damit auch schlecht zu beurteilenden – Arbeitsauftrag, außerdem lässt sich der Operator „Beschreiben“ kaum eingrenzen. Besser ist es beispielsweise, direkt nach der Reaktionsgleichung von Aldehyden mit Fehling'scher Lösung, Stickstoffbasen usw. zu fragen.

Um Missverständnissen vorzubeugen, kann mit den Lernenden durchgesprochen werden, wie Aufgaben zu bearbeiten sind, wenn etwas „beschrieben“, „erklärt“ oder „abgeleitet“ werden soll. Eine vollständige Zusammenstellung, welche Leistungen erwartet werden, findet man bei Graf [49]. Tabelle 258.1 zeigt diese ausschnittsweise. Die aufgeführten Operationen lehnen sich eng an bekannte Lernzieltaxonomien an (vgl. Kapitel 12.1.2.2).

Operationen	**Beispiele für Fragen**	**angedeuteter Erwartungshorizont**
nennen, aufzählen: Sachverhalte, Eigenschaften etc. sind aufzulisten	Nenne drei unedle Metalle.	z.B.: Zink, Aluminium, Eisen
definieren: einen (Fach-)Begriff exakt umschreiben	Definiere den Begriff „pH-Wert“.	z.B.: Der pH-Wert einer wässrigen Lösung gibt an, wie stark alkalisch oder sauer eine bestimmte Lösung ist. Die pH-Skala reicht von 0 bis 14 (vereinfacht).
beschreiben: umfassende Angaben über einen Sachverhalt unter Nutzung von Fachbegriffen darlegen	Beschreibe das Versuchsergebnis der Wasserelektrolyse mithilfe des Hoffmann'schen Wasserzersetzungsapparates.	+ Pol: Sauerstoff (1/2 Vol.-anteil) – Pol: Wasserstoff (1 Vol.-anteil)
vergleichen: anhand vorgegebener oder selbstgewählter Gesichtspunkte möglichst viele Gemeinsamkeiten und Unterschiede aufzeigen (z. B. anhand einer Tabelle)	Vergleiche Wasserstoff und Sauerstoff.	H_2: – Gas – brennbar – fördert die Verbrennung nicht O_2: – Gas – nicht brennbar – fördert die Verbrennung
analysieren: Strukturen und „Elemente“ herausarbeiten	Elektrolysiert man eine bestimmte Lösung, so erhält man u.a. Natronlauge. Wie lässt sich dies erklären?	Bei der Analyse von Kochsalzlösung mithilfe elektrischer Energie (Elektrolyse) wird die Kochsalzlösung zersetzt. Am + Pol (Anode) entsteht Chlor, am – Pol (Kathode) entsteht Wasserstoff. Zudem entsteht Natronlauge (NaOH in Wasser). vereinfachte Gleichung: $2NaCl + 2H_2O \rightarrow Cl_2 + H_2 + 2NaOH$
interpretieren: Ursachen und Bedingungen für bestimmte Erscheinungen und Prozesse herausarbeiten und Zusammenhänge verdeutlichen	Wie ist folgendes Diagramm zu interpretieren?	Ableiten der Aussage eines Diagramms, etwa zur Druckabhängigkeit der Siedetemperatur.
erörtern/diskutieren: einen Sachverhalt ausführlich untersuchen im Hinblick auf Vorteile, Nachteile etc. und die Ergebnisse umfassend darstellen	Erörtere die Auswirkungen „saurer Niederschläge“ auf die Umwelt.	Ausführliche Darstellung der Wirkung saurer Niederschläge auf Beton und Stahl, Kalkstein und Marmor.

Tab. 258.1: Aufgaben und erwartete Leistungen, gekürzt nach Graf [49]

Eine gewisse Richtlinie für die gymnasiale Oberstufe, auf welchem Niveau sich schriftliche Leistungsüberprüfungen bewegen sollen, ergibt sich, wenn man etwa 50 % Reproduktion, 40 % Reorganisation und 10 % Transferleistung verlangt.

B Dies ist in Abbildung 259.1 am Beispiel einer Abituraufgabe zusammen mit dem Bewertungs- und Auswertungsschema dargestellt. Die maximal zu erzielende Punktzahl von 100 wird anschließend in die Wertung von 15–0 Punkte übertragen.

Neben den eben beschriebenen traditionellen Verfahren der Leistungsmessung ist es möglich, Verfahren zu verwenden, die den oben aufgeführten Testgütekriterien in weitaus stärkerem Maße entsprechen. Diesen Verfahren, „Tests" im engeren Sinne, kommt derzeit im Schulsystem Deutschlands eine eher untergeordnete Bedeutung zu. Sie werden hier deshalb nur kurz behandelt.

Die verschiedenen **Arten von Tests** werden in der Literatur sehr unterschiedlich eingeordnet und definiert. Es wird hier nur zwischen **stan-**

Bearbeiten Sie die folgende Aufgabe:

1. Gegeben ist der Stoff Anilin.
1.1 Eine wässrige Anilinlösung reagiert mit tropfenweise zugegebenem Brom unter Bildung eines Feststoffes.
1.1.1 Warum löst sich etwas Anilin in Wasser?
1.1.2 Beschreiben Sie die Reaktionsmöglichkeiten zwischen Anilin und Brom.
1.1.3 Vergleichen Sie die Bromierung von Anilin mit der Bromierung von Benzol.
1.2 Eine Lösung von Anilin in Salzsäure wird im Eisbad mit einer wässrigen Natriumnitritlösung umgesetzt.
1.2.1 Formulieren Sie die Reaktion.
1.2.2 Zum Reaktionsprodukt wird Anilin gegeben. Es entsteht ein gelber Farbstoff. Welche Reaktion läuft ab?
1.2.3 Zu einer weiteren Probe des Reaktionsprodukts wird β-Naphthol gegeben. Es entsteht ein roter Farbstoff.
Formulieren Sie die Reaktionsgleichung.
Wie erklären Sie den farbvertiefenden Effekt gegenüber der Reaktion mit Anilin?
1.3 Warum wird Anilin technisch über das Zwischenprodukt Nitrobenzol aus Benzol hergestellt?

Beschreibung der vom Schüler erwarteten Leistung und ihrer Bewertung nach Niveaubereichen:

Aufgabenteil	Leistung	Niveaubereich und zugeordnete Bewertungseinheiten		
		I	II	III
1.1.1	Löslichkeit erklären	3		
1.1.2	– I- und + M-Effekt der NH_2-Gruppe kennen und Reaktionen bis zu 2,4,6-Tribromanilin formulieren	7		
1.1.3	Erst- und Mehrfachsubstitutionen am Benzol formulieren und Einfluss von Substituenten kennen	7		
1.2.1	Diazotierung formulieren	2	4	
1.2.2	Kupplungsreaktion formulieren		3	2
1.2.3	Kupplungsreaktion formulieren und Größe des mesomeren Systems mit der Farbvertiefung in Verbindung bringen		5	3
1.3	Wissen, dass am Benzol nur elektrophile Substitutionen ablaufen und eine direkte Umsetzung mit Ammoniak nicht möglich ist	4		

Abb. 259.1: Beispiel einer Abituraufgabe im Fach Chemie, I = Reproduktion, II = Reorganisation, III = Transfer

dardisierten und **nicht standardisierten**, so genannten informellen, Tests unterschieden.

- **Standardisierte Tests** müssen den Gütekriterien vollauf entsprechen, also auch unter Standardbedingungen durchführbar und in ihren Ergebnissen **reproduzierbar** sein. Das setzt **mehrfache Erprobungen und Verbesserungen**, damit verbunden eine meist **mehrjährige Entwicklungszeit** voraus. Diese Tests spielen im Chemieunterricht bei der Erfassung kognitiver Fähigkeiten keine Rolle.
- Bei **informellen Tests** werden aufwändige Testerprobungen nicht durchgeführt und kaum anspruchsvolle statistische Auswertmethoden angewandt. Diese Tests können sehr einfach sein – und sich damit nur geringfügig von einer gut durchdachten „normalen" Aufgabenstellung unterscheiden – oder auch nahezu einem standardisierten Test entsprechen.

Die **einfachste Möglichkeit**, einen Test zu konstruieren, besteht in der Erstellung von Testaufgaben mit **Vielfachwahlantworten**. Auch wenn dies für die Leistungsüberprüfung im Chemieunterricht sehr einfach erscheint, treten oft **Probleme** auf.
Die erste Schwierigkeit besteht darin, dass die **Falschantworten** – die Distraktoren – **eindeutig falsch** sein müssen, für den Uninformierten **jedoch plausibel**. Dabei dürfen vor allem keine Antworten formuliert werden, die offensichtlich falsch sind.

B Das folgende Beispiel zeigt einen offensichtlich falschen Distraktor:
Die Luft ist ein Gemisch aus verschiedenen Gasen. Es sind in ihr enthalten:
( ) Erdöl
( ) Chlor
( ) Argon-Edelgas
( ) Sauerstoff
( ) Stickstoff
( ) Kohlenstoffdioxid

Meist wird eine Anzahl von vier bis fünf Distraktoren gewählt, um die Ratewahrscheinlichkeit niedrig zu halten.
Ebenso wie eine falsche Antwort nicht sofort als falsch erkannt werden darf, sollte auch eine **richtige Antwort nicht** etwa alleine **durch ihre besondere Formulierung erkennbar** sein.

B Ein Beispiel für eine Testaufgabe mit einer offensichtlich richtigen Antwort:
Die Siedetemperatur von Ethanol beträgt:
( ) 80 °C
( ) 95 °C
( ) 78 °C in einem offenen Behälter bei Normaldruck
( ) 75 °C

Weiterhin darf sich die **Lösung einer Frage nicht aus einer anderen Frage ergeben** oder ohne Sachwissen durch logische Kombination zu erraten sein. Das folgende Beispiel zeigt eine solche Konstruktion: Alleine aus dem Wissen, dass ein Ion überhaupt eine Ladung hat und dass eine Reaktionsgleichung ausgeglichen sein muss, lassen sich beide Aufgaben lösen.

B Beispiele für Aufgaben, die sich durch logische Kombinationen lösen lassen:
Kreuze die richtige Dissoziationsgleichung an!
( ) $2\,H_2O + H_2SO_4 \rightarrow 2\,H_2O + SO_4 + H_2$
( ) $1\,H_2O + H_2SO_4 \rightarrow H_2 + SO_4^- + OH^-$
( ) $1\,H_2O + H_2SO_4 \rightarrow H_3O^+ + SO_4^-$
( ) $2\,H_2O + H_2SO_4 \rightarrow 2\,H_3O^+ + SO_4^{2-}$
Wie ist ein Sulfation geladen?
( ) neutral
( ) negativ
( ) positiv
( ) zweimal positiv
( ) zweimal negativ

Weitaus vielschichtiger werden die Probleme, wenn z. B. **Einordnungs-** oder **Zuordnungs-/Begründungsaufgaben** konstruiert werden. Sie stellen **weitaus höhere Anforderungen** als einfache Multiplechoice-Fragen und dürften deshalb vor allem in der gymnasialen Oberstufe einsetzbar sein. Es wird allerdings in der Praxis deutlich, dass Lernende diese Art der Aufgabenstellung zunächst kennen lernen müssen. Ansonsten stellt das Erfassen des Lösungsweges schon eine Leistung dar und man testet in Wirklichkeit die Fähigkeit, auf neue Fragesituationen einzugehen. Das heißt, die Validität des Tests ist dann nicht gegeben.

B Beispiele für eine Einordnungsaufgabe und eine Zuordnungs-/Begründungsaufgabe:
Ordne die folgenden Reaktionen a–c einer der Kategorien A–E zu!
a) Umwandlung von Kupfer(I)-oxid in Kupfer(II)-oxid
b) Umwandlung eines flüssigen Kohlenwasserstoffs durch Hitze in ein Gemisch von Verbindungen, die bei Raumtemperatur gasförmig sind
c) Gewinnung von Wärmeenergie aus Kohle oder Öl

A) Hydrolyse
B) Reduktion
C) Radioaktiver Zerfall
D) Cracken
E) Oxidation

Polyethen hat eine viel höhere molare Masse als Ethen (Ethylen).	denn:	Durch Polykondensation von Dialkoholen mit Dicarbonsäuren entstehen Polyester.
Behauptung: richtig / falsch		Begründung: richtig / falsch
Die Begründung ist eine richtige Erklärung für die Behauptung:		richtig / falsch

12.3.4 Manuelle Testverfahren

In einem Schulfach wie Chemie sollte die **experimentelle Tätigkeit** der Schülerinnen und Schüler **in die Leistungsmessung und -beurteilung mit eingeschlossen** werden (s. o.). Erst dann kann sich ein abgerundetes Bild der Leistung ergeben. Voraussetzung ist allerdings, dass ein regelmäßiger Unterricht mit Schülerversuchen stattfindet, denn die praktischen Fähigkeiten, wie der Umgang mit Chemikalien und Geräten, müssen geübt werden.

Grundsätzlich sollten sowohl das Ergebnis eines Versuchs, also z. B. einer einfachen Analyse, als auch die manuelle Fähigkeit zählen. Damit kann eine Leistung bewertet werden nach:
- dem Grad der Selbstständigkeit in der Anwendung der experimentellen Methode,
- den Fähigkeiten zur Durchdringung der experimentellen Aufgabe,
- den Fertigkeiten und dem Leistungsverhalten bei der praktischen Durchführung von Experimenten [50].

In der Praxis stößt allerdings die Beurteilung experimenteller Leistungen auf **Schwierigkeiten**: Die Lehrperson steht vor der Aufgabe, in der Regel alleine die praktische Tätigkeit der Lernenden zu begutachten. Dabei können **Einzelne** nicht durchgängig, sondern **nur während einer kurzen Zeit beobachtet** werden. Gleichzeitig dürfen die anderen Schülerinnen und Schüler nicht unbeaufsichtigt bleiben.

Schülerversuche werden überwiegend als **Gruppenversuche** durchgeführt. Eine Leistungsbeurteilung ganzer Gruppen kann aus pädagogischen Gründen erwünscht sein, der **Rückschluss auf die Einzelleistung ist aber problematisch**. Möchte man Schülerinnen und Schüler einzeln bewerten, müssen diese an das selbstständige Experimentieren vorab gewöhnt sein. Ideal sind in diesem Zusammenhang natürlich möglichst geringe Klassenstärken bzw. Kursstärken, wie sie oftmals in einem Leistungskurs Chemie anzutreffen sind.

Wie allgemein bei Schülerversuchen sollte eine schriftliche Arbeitsanweisung erstellt werden. Diese kann zusätzlich Fragen enthalten, die schriftlich beantwortet werden müssen. Im Rahmen etwa einer Abituraufgabe ist es durchaus gangbar, praktische und schriftliche Aufgabenstellungen zu verbinden.

Operation	Bewertungskriterien
1. Überführen einer Flüssigkeit in ein Reaktionsgefäß	Ablegen des Stopfens der Flasche (mit der Breitseite auf den Tisch)
	Fassen der Flasche so, dass durch herablaufende Flüssigkeiten eine Beschädigung des Etiketts nicht möglich ist
	Überführen der vorgegebenen Flüssigkeitsmenge in das Gefäß
	Sofortiges Verschließen der Flasche
	Beseitigung verschütteter Flüssigkeit ohne Aufforderung
⋮	⋮
39. Füllen einer Tropfpipette mit einer Flüssigkeit	Beachten, dass keine Flüssigkeit an die Gummikappe der Tropfpipette gelangt

Tab. 261.1: Beispiele für elementare experimentelle Operationen, die Bestandteile von Experimenten sind, nach [49]

Für die eigentliche Beurteilung der experimentellen Schülerleistung wurden unterschiedliche Vorschläge gemacht. Da sie sich vielfach ähneln, werden nur drei vorgestellt.
Der erste Weg der **Beurteilung orientiert sich** sehr stark **an manuellen Fähigkeiten** und basiert darauf, dass das Experimentieren als eine Folge von Teilschritten – man kann sie **grundlegende Arbeitsoperationen** nennen – angesehen wird, vgl. Tabelle 261.1 [51].

Diese elementaren **Operationen werden** nun **gängigen Experimenten zugeordnet**. Ein Versuch wird also danach bewertet, wie die Einzeloperationen, aus denen er besteht, durchgeführt werden. Die Beurteilung nur der Arbeitsoperationen stellt allerdings – wie bereits oben angedeutet – das sehr genaue Befolgen einzelner Schritte in den Vordergrund. Dagegen ist es so nicht möglich, Leistungen wie das selbstständige Entwickeln oder Verbessern einer Versuchsapparatur zu berücksichtigen.

B Wie dies umgangen werden kann, zeigt die folgende Aufgabenstellung für Schüler und der zugehörige Lehrerbeobachtungsbogen (vgl. Abb. 262.1), der auch die von den Schülern zu beantwortenden Fragen enthält.

Salzherstellung
1. Stelle im Erlenmeyerkolben aus Magnesiumspänen und einer Säure ein Salz her.
2. Fange das entstehende Gas auf und untersuche es.
3. Mache das Salz sichtbar.

Es empfiehlt sich, in der Sekundarstufe I Versuche auszuwählen, die bereits vorher Gegenstand von Schülerversuchen waren. Es werden auf diese Weise die manuelle Leistung und auch die geistige Durchdringung der Versuche erfasst. Um die Tätigkeiten der Lernenden einordnen zu können, muss für jeden Versuch ein Beobachtungsbogen entwickelt werden.
Bei den beiden eben beschriebenen Ansätzen ist das Problem der individuellen Beobachtung prinzipiell nicht gelöst. Dieser Schwierigkeit kann in gewissen Grenzen mit dem von seinem Autor **Circuit-Test** genannten Verfahren begegnet werden [52]. Dieser ist so organisiert, dass die Schülerinnen und Schüler mehrere Stationen durchlaufen, indem sie in einem bestimmten Zeittakt in Gruppen die Tische wechseln. Dabei müssen sie abwechselnd schriftliche oder experimentelle Testaufgaben lösen. Durch verschiedene Testaufgaben und verschiedene Arbeitsanweisungen wird eine Weitergabe richtiger Ergebnisse weitgehend verhindert. Die Lehrerin oder der Lehrer kann sich nun in der Beobachtung auf die Gruppen oder Einzelschüler konzentrieren, die experimentelle Aufgaben lösen, siehe Abbildung 262.1.
Es ist eine Besonderheit, dass bei einer schnellen Lösung der Aufgabe noch eine freiwillige Zusatzaufgabe in Angriff genommen werden kann. Ein Beispiel zeigt Abbildung 263.1.

Lehrerbeobachtungsbogen
Versuch: Salzherstellung

Schülername:	A	B	C	D
1. Setzt der Schüler eine Schutzbrille auf? 2. Befestigt der Schüler die Apparatur an einem Stativ? ⋮ 6. Wird das Gas in einem wassergefüllten Reagenzglas aufgefangen? ⋮ 10. Wird eine Knallgasprobe durchgeführt?				
Schlussfragen: 1. Welches Gas hat sich entwickelt? 2. Aus welchen Elementen besteht das gebildete Salz?				

A = richtige Lösung, B = richtige Lösung nach Fehlversuchen, C = richtige Lösung mit Hilfe, D = keine oder falsche Lösung

Abb. 262.1: Lehrerbeobachtungsbogen (Ausschnitt nach [52])

Testblatt 7

Versuch 3

Baue mit dem beiliegenden Versuchsmaterial einen einfachen Stromkreis auf und überprüfe, ob Schwefel den elektrischen Strom leitet und ob der Stoff, der aufgrund der chemischen Reaktion von Kupfer und Sauerstoff entsteht, den elektrischen Strom leitet.

Du darfst den Transformator erst dann einschalten, wenn dein Versuchsaufbau überprüft worden ist. Melde dich also, sobald du den Stromkreis aufgebaut hast.

4 Punkte

Ergebnis der Überprüfung der elektrischen Leitfähigkeit von Schwefel (Kreuze an):

- ☐ Schwefel leitet den elektrischen Strom.
- ☐ Schwefel leitet den elektrischen Strom nicht.

1 Punkt

Ergebnis der Überprüfung der elektrischen Leitfähigkeit eines Stoffes, der aufgrund der Reaktion von Kupfer mit Sauerstoff entsteht:

- ☐ Der Stoff leitet den elektrischen Strom.
- ☐ Der Stoff leitet den elektrischen Strom nicht.

1 Punkt

Der überprüfte Stoff heißt: ____________ 1 Punkt

Solltest du bis zum nächsten Wechsel noch etwas Zeit haben, dann kannst du noch eine freiwillige Zusatzaufgabe machen.
Vervollständige die Schaltskizze des aufgebauten einfachen Stromkreises.

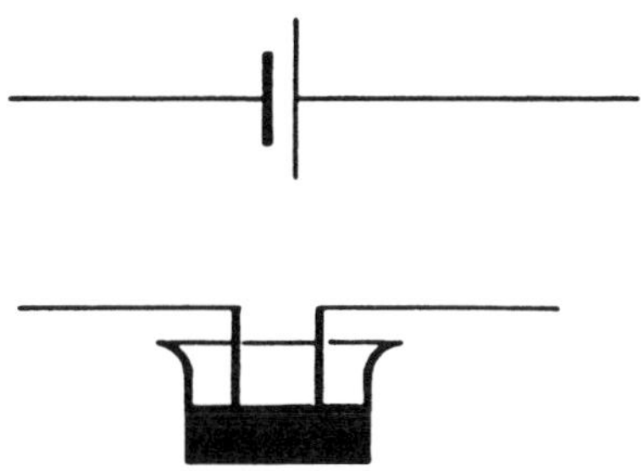

Abb. 263.1: Testaufgabe für einen Circuit-Test nach [52]

Zusammenfassend lässt sich sagen, dass im Rahmen des Chemieunterrichts eine Gesamtleistung nur dann befriedigend ermittelt werden kann, wenn sowohl mündliche als auch schriftliche und experimentelle Leistungen berücksichtigt werden. Dabei gibt es zahlreiche Möglichkeiten und Varianten, von denen hier nur wesentliche aufgeführt und diskutiert wurden. Weitere Anregungen findet man in der angegebenen Literatur [53].

Insgesamt gesehen muss man sich verdeutlichen, dass es eine vollständig gerechte Beurteilung und Zensurengebung auch bei größten Anstrengungen nie geben wird. Es ist aber eine wichtige Aufgabe, sich so weit wie möglich diesem Ziel zu nähern.

L

[1] Comenius, zitiert aus Schöler, W.: Geschichte des naturwissenschaftlichen Unterrichts. Walter de Gruyter & Co., Berlin 1970, 23.

[2] Meyer, H.: Leitfaden zur Unterrichtsvorbereitung. Scriptor Ratgeber Schule, Königstein 1980^3.

[3] von Cube, F.: Didaktische Theorien. In: Gudjons, H., Teske, R., Winkel, R. (Hrsg.): Aufsätze aus der Zeitschrift Westermanns Pädagogische Beiträge, Agentur Pedersen, Braunschweig 1996^{12}.

[4] Hagmüller, P.: Einführung in die Unterrichtsvorbereitung. Pädagogischer Verlag Schwann, Düsseldorf 1980.
[5] 6. Fachleitertagung für Chemie 1976, Schriften des Deutschen Vereins zur Förderung des mathematischen und naturwissenschaftlichen Unterrichts e.V., Heft 21, 22a, b.
[6] Sandfuchs, U.: Gegenwärtige Bedeutung und Praxis der Didaktischen Analyse. In: Geißler, H. (Hrsg.): Unterrichtsplanung zwischen Theorie und Praxis. Stuttgart 1979, 82–90.
[7] Klafki, W.: Die bildungstheoretische Didaktik im Rahmen kritisch-konstruktiver Erziehungswissenschaft. In: Gudjons, H., Teske, R., Winkel, R. (Hrsg.): Didaktische Theorien. Westermann Agentur Pedersen, Braunschweig 1983², 11–26.
[8] Möller, Ch.: Die curriculare Didaktik. In: Didaktische Theorien, vgl. [7].
[9] Heimann, P., Otto, G., Schulz, W.: Unterricht – Analyse und Planung. Schroedel, Hannover 1972⁶.
[10] Köck, P., Ott, H.: Wörterbuch für Erziehung und Unterricht. Verlag Ludwig Auer, Donauwörth 1979².
[11] Schulz, W.: Unterrichtsplanung. Urban & Schwarzenberg, München 1980².
[12] Schulz, W.: Die lehrtheoretische Didaktik. In: Gudjons, H. et al., 29–45, vgl. [7].
[13] Schulz, W.: Ein Hamburger Modell der Unterrichtsplanung – Seine Funktion in der Alltagspraxis. In: Didaktische Modelle und Unterrichtsplanung. a.a.o., 49–87.
[14] Boettcher, W., Otto, G., Sitta, H., Tymister, H.J.: Lehrer und Schüler machen Unterricht. Urban & Schwarzer, Beltz, Weinheim 1983⁴.
[15] Hellweger, S.: Chemieunterricht 5–10. Urban & Schwarzenberg, München 1981.
[16] Demuth, R.: Projektorientierter Chemieunterricht. Themenheft NiU-P/C 1991, H. 6.
[17] Winkel, R.: Die kritisch-kommunikative Didaktik, vgl. [7]. In: Didaktische Theorien.
[18] Klafki, W.: Zur Unterrichtsplanung im Sinne kritisch-konstruktiver Didaktik. In: Adl-Amini/Künzli (Hrsg.): Didaktische Modelle und Unterrichtsplanung. Juventa Verlag, München 1980, 11–48.
[18a] Klafki, W.: Didaktische Analyse als Kern der Unterrichtsvorbereitung. In: Roth, H., Blumenthal, A. (Hrsg.): Didaktische Analyse (Auswahl Reihe A, Heft 1) Hannover 1962²b, 5–34.
[19] Amtsblatt der Bayerischen Staatsministerien für Unterricht und Kultus und Wissenschaft und Kunst, Teil I, 1988, Sondernummer 9, 131.
[20] Weiss, Ch.: Auszüge aus studentischen Unterrichtsvorbereitungen im Rahmen des studienbegleitenden Schulpraktikums.
[21a] Duit, R., Häußler, P., Kircher, E.: Unterricht Physik. Aulis Verlag Deubner & Co KG, Köln 1981, 38–42.
[21b] Kircher, E., Girwidz, R., Häußler, P.: Physikdidaktik – Eine Einführung in Theorie und Praxis. Vieweg Verlag, Braunschweig 2000.
[22] Rink, G.: Auszüge aus studentischen Unterrichtsvorbereitungen im Rahmen des studienbegleitenden Schulpraktikums.
[23] Jäckel, M., Risch, K.T. (Hrsg.): Chemie heute – Sekundarbereich II. Schroedel Verlag, Hannover 1988, 349.
[24] Lutz, B.: Reaktionsdurchschreibepapier – Ein Musterbeispiel für die verbreitete Anwendung der Mikroverkapselung. PdN-Ch 8/34 (1985) 30–36.
[25] Pankratz, V., Puchtinger, F. et al.: Naturwissenschaftlicher Unterricht. Gesichtspunkte der Beobachtung, Beratung, Beurteilung. Diesterweg, Frankfurt 1976.
[26] Handreichungen für den Chemieunterricht in der 9. und 10. Jahrgangsstufe der Realschule, Staatsinstitut für Schulpädagogik München 1980.
[27] Heitzenröther, E.: Auszüge aus studentischen Unterrichtsvorbereitungen im Rahmen des studienbegleitenden Schulpraktikums.
[28] Köhnlein, W.: Exemplarischer Physikunterricht. Verlag Barbara Franzbecker, Bad Salzdetfurt 1982.
[29] Barsig, W., Berkmüller, H., Sauter, H.: Erziehung im Lern- und Lebensbereich Schule. Donauwörth 1978.
[30] Aebli, H., Steiner, G.: Probleme der Schulpraxis und die Erziehungswissenschaften. Stuttgart 1975 (zit. aus Scholz, G., Bielefeldt, H.: Schuldidaktik. München 1978).
[31] Claus, G.: Tafelbilder im Chemieunterricht. Volk und Wissen Volkseigener Verlag, Berlin 1965. Graf, E.: Die Wandtafel im Chemieunterricht – ein noch zeitgemäßes Unterrichtsmedium? NiU-Chemie 8 (1997) H. 38, 24–29.
[32] Goetze, F., Fischer, W.: Chemie für Gymnasien – Anorganische und allgemeine Chemie. C.C. Buchners Verlag, Bamberg 1978, 182.
[33] Kircher, E., Lutz, B.: Unveröffentlichte Arbeitspapiere zur Unterrichtsbeobachtung.
[34] Handreichung zur Leistungserhebung und Leistungsbewertung im Fach Chemie an Realschulen. Staatsinstitut für Schulpädagogik, Verlag Ludwig Auer, Donauwörth 1981.
[35] Häußler, P., Bünder, W., Duit, R., Gräber, W., Mayer, J.: Naturwissenschaftsdidaktische Forschung – Perspektiven für die Unterrichtspraxis. IPN Kiel 1998.
[36] Lutz, B., Pfeifer, P., Schmidkunz, H. (Hrsg.): Methodenvielfalt. Unterricht Chemie (1999) H. 53.
[37] Freimann, Th., Schlieker, V. (Hrsg.): Methoden-Werkzeuge. Unterricht Chemie (2001) H. 64/65.
[38] Stäudel, L. (Hrsg.): Lernen an Stationen. Unterricht Chemie (2000) H. 58/59.
[39] Lutz, B.: Textilerfrischer eliminiert Geruch – Wie ein Industrieprodukt im Chemieunterricht

erschlossen werden kann. NiU-Chemie 12 (2001) H. 63, 31–36.
[40] Sacher, W.: Prüfen – Beurteilen – Benoten, 2. Aufl. Klinkhardt, Bad Heilbrunn 1996.
[41] Jürgens, E.: Leistung und Beurteilung in der Schule, 4. Aufl. Academia, Sankt Augustin 1998.
[42] Ingenkamp, K. H. (Hrsg.): Die Fragwürdigkeit der Zensurengebung, 9. Aufl., Beltz, Weinheim 1995.
[43] Brämer, R.: Über die Wirksamkeit des Physikunterrichts, NiU Physik/Chemie 28 (1980) 10.
[44] Ingenkamp, K. H.: Sind Zensuren aus verschiedenen Klassen vergleichbar?. In: Die Fragwürdigkeit der Zensurengebung, vgl. [42], 194.
[45] Graf, E.: Fördern und fordern durch Leistungskontrollen und -rückmeldungen, NiU-Chemie 11/56 (2000) 4.
[46] Kattmann, U.: Testen und Beurteilen im Biologieunterricht, Unterricht Biologie 21 (1997) 5.
[47] Wiese, B.: Zum Problem der Gewinnung von Zeugnisnoten für den Physikunterricht, NiU-Physik/Chemie 36/8 (1988) 11.
[48] Sumfleth, E., Pitton, A.: Sprachliche Kommunikation im Chemieunterricht: Schülervorstellungen und ihre Bedeutung im Unterrichtsalltag, ZfDN 4/2 (1998) 4.
[49] Graf, E.: Aufgaben gut stellen und richtig beantworten, NiU-Chemie 11/56 (2000) 35.
[50] Schmidt, H. J.: Fachdidaktische Grundlagen des Chemieunterrichts, Vieweg, Braunschweig 1981, 208, und dort angegebene Literatur.
[51] Scherpelz, H. P.: Die elementaren experimentellen Operationen, Chemie in der Schule 21 (1974) 130.
[52] Ritzefeld, H. J.: Ein Chemie-Test mit experimentellen Aufgaben, NiU-P/C 29, 382 (1981).
[53] NiU-Themenheft: Prüfen und Beurteilen (Hrsg. E. Graf), NiU-Chemie 11/56 (2000).

13. Medien

Medien für Unterrichtszwecke sind **Mittler zwischen Lehrer und Schüler** mit Funktionen beim Transport von Information und ihrer Aufbereitung für den Lehr- und Lernprozess.
Im Folgenden werden unterrichtsrelevante Medien exemplarisch beschrieben mit ihren jeweiligen Leistungen, Problemen, typischen Einsatzzwecken und ihrem Einfluss auf Unterrichtsmethoden.

B ... In einem Raum befinden sich einige Personen, deren gemeinsame Absicht es ist, etwas zu lernen (Schüler) und eine Person, die ihnen dabei helfen soll (Lehrer). Der Inhalt, um den man sich bemühen möchte, ist zwar weiter nicht anfassbar, aber „virtuell anwesend". Alles, was sich nun zum Zweck des Lernens oder Erfahrbarmachens des Inhalts im Raum abspielt, kann als **Medium** im Sinne von Unterricht bezeichnet werden (nähere Begriffsbestimmung siehe unten).

13.1 Begriffe

Funktionen von Medien

Auf die Schwierigkeiten, Medien begrifflich zu fassen und zu klassifizieren, weist Glöckel [1] präzise hin. Je nach Autor werden in Definitionsversuchen unterschiedliche Funktionen betont (nach Adl-Amini [2]):

1. **Lehr- und Lernmittel**, Hilfen für den Unterricht, „Mittel zum Zweck" und Vertreter des Unterrichtsgegenstandes (z.B. das Schulbuch, das Schülerheft, der Film);
2. **Vermittler von Information** im Sinne von „Mittler" zwischen Lehrer und Schüler, wobei sowohl die verwendeten Gegenstände, als auch die Inhalte selbst gemeint sind (z. B. der Film, das Arbeitstransparent, das Arbeitsblatt);
3. Form der **Wirklichkeitspräsentation** (z.B. der Lehrer, das Schulbuch, eine Fernsehsendung, das Experiment);
4. **Kommunikationsmittler**, Gegenstände, die zwischen Lehrer und Schüler stehen (z.B. das Experiment, der Overheadprojektor, die Tafel);
5. Technologie der **Symbolisierung**, d.h. Mittel zur Verbreitung von Symbolen (z.B. das Fernsehen, der Rundfunk, die Zeitung).

Der Aufzählung liegt keine Systematik zugrunde, die Funktionen überschneiden sich zum Teil erheblich (etwa 2 und 4) und sind für den Unterricht in unterschiedlichem Ausmaß relevant (etwa 1 und 5).

Bestandteile des Medienbegriffs

Zum hier verwendeten Medienbegriff sollen folgende Aspekte gehören:

- **Information.** Damit ist zunächst die Basisinformation im kybernetischen Sinn gemeint, der ohne Vorkenntnisse erschließbare Anteil des Inhaltes. Information ist immateriell und wird gern mit der Software eines Computers verglichen. Informationen sind Aussagen über die reale Welt. Sie stammen von einem Autor, wurden zum Zweck der Übermittlung oder Aneignung in eine Form gebracht [3] und lösen beim Empfänger eine Reaktion aus, je nachdem wie er sie klassifiziert: neu (meist gleichgesetzt mit „bedeutend"), bekannt („unbedeutend"), richtig oder falsch.
- **Didaktische Intention.** Sie ist Metainformation, also Information, die erst Bedeutung erlangt, wenn man einen Zusammenhang, eine Absicht, kennt. Als Teil des Inhaltes ist sie nur für den geschulten Beobachter entschlüsselbar, entfaltet aber eine klare Wirkung im Dienst eines Lehrzieles und wird vom Anwender des Mediums (Lehrer) bewusst zu diesem Zweck eingesetzt.
- **Informationsträger.** Damit sind materielle, physikalische Formen gemeint, die Information transportabel und langfristig lagerbar machen, z. B. als CD-ROM. Die Form wird durch die gewählte Technik bestimmt.
- Meistens ist darüber hinaus ein **Gerät** erforderlich, um die Information vom Träger für menschliche Sinne erfahrbar zu machen. Als Beispiel wird gern die Hardware eines Computers genannt.

Eingrenzung des Medienbegriffs

Der Begriff Medien wird in der Literatur sehr heterogen angewendet und hängt stark vom Blickwinkel (Medientheoretiker, praktizierender Lehrer, Informatiker...) ab. Im Sinne des fachdidaktischen Einsatzes beschränken wir uns auf solche Medien, die hauptsächlich für unterrichtliche Zwecke konzipiert sind. Ihr unterscheidendes Kennzeichen ist die vom jeweiligen Lehrer gewählte didaktische Funktion. Deshalb werden hier reine Informationsmedien (Primärpublikationen, WWW, Wissensdatenbanken, Nachschlagewerke) und Massenmedien (Fernsehen, Radio, Kinofilm) nicht berücksichtigt [1].

Der Begriff **Unterrichtsmittel** wäre eigentlich besser fassbar und vorzuziehen [1], hat sich jedoch im allgemeinen Gebrauch nicht durchgesetzt.

Eine Klassifikation der vielen Einzelmedien ist mit Problemen verbunden:

- Die Alltagssprache bezeichnet sehr heterogen ein Gerät (Computer), einen Informationsträger (Folie, Dia, DVD) oder eine didaktische Funktion (Arbeitsblatt) als Medium und kann deshalb zur Klassifikation nicht beitragen.
- Erhebt man die gleichen Bezeichnungen zur Fachsprache, meint man damit **das Medium in seiner unterrichtlich relevanten Ganzheit** [1].

B So vereinigt zum Beispiel die Bezeichnung „Video" in der Fachsprache:

- Information: bewegte Bilder mit Ton zum Thema „Synthese von Ammoniak" auf großtechnischer Ebene als Realaufnahmen aus einem Betrieb sowie auf submikroskopischer Ebene im Zeichentrick;
- Informationsträger: Kassette mit Magnetband;
- Gerät: Videorekorder oder -player und Fernsehgerät bzw. Monitor;
- didaktische Intention: eine Zeichentricksequenz, die realisiert wurde, um die Rolle des Katalysators auf Teilchenebene zu verdeutlichen.

Deshalb soll im Folgenden stets versucht werden, die einzelnen Aspekte von Medien herauszuarbeiten.

Es besteht eine enge Beziehung zwischen Unterrichtsmethode und Medium: Zum Teil bedingen sie sich gegenseitig oder schließen sich

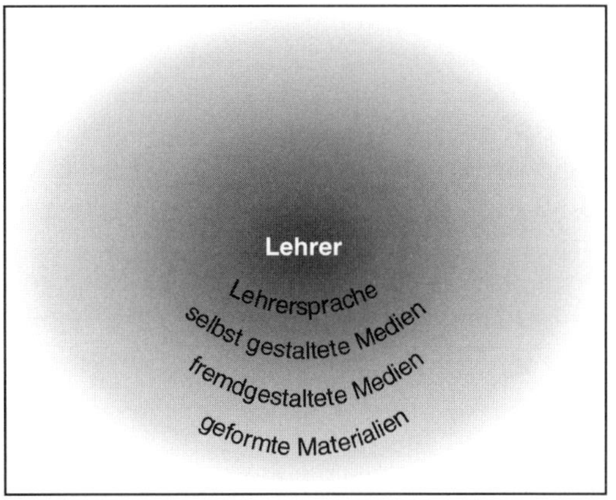

Abb. 267.1: Medien, vom Lehrer aus gesehen

aus. Dabei steht die Wahl der Methode im Vordergrund, erst dann folgt die Wahl der eingesetzten Medien. Für die Unterrichtsplanung ist bedeutsam, ob ein Medium lehrer- oder schülerzentrierte Methoden unterstützt, ob es den Lehrer in den Vorder- oder eher in den Hintergrund spielt.

Des Weiteren soll nur der ideelle, didaktische Aspekt und nicht der technische beschrieben werden: „... das gleiche Bild, ob klein im Schülerbuch, ob als großes Papierbild an der Wand, ob ... auf dem Fernsehschirm erscheinend, (ist) immer dasselbe Medium, denn es liefert in jedem Falle identische Informationen über den Inhalt. Die technischen Bedingungen seiner Darbietung sind verschieden." [1]

Einteilung von Medien

Angelehnt an die Systematisierung durch Adl-Amini [2] kann die Zusammenfassung in drei Gruppen hilfreich sein (vgl. Abb. 267.1), wobei der Einfluss des Lehrers auf die didaktische Funktion von innen nach außen abnimmt:

1. vorwiegend selbst gestaltete Medien,
2. vorwiegend fremdgestaltete Medien,
3. Medien als geformte Materialien.

Die Einteilung ist aus zwei Gründen leistungsfähig: Zum einen geht sie vom Hauptbenutzer, dem Lehrer, aus und nimmt seine Rolle von der ersten Ebene mit größtmöglicher Gestaltungsfreiheit zunehmend über den eng geführ-

ten Einsatz fremdgestalteter Medien bis hin zu lediglich der Bereitstellung von Material auf der letzten Ebene zurück; zum anderen, weil sie sowohl herkömmliche Medien (Tafel, Dia, Film) als auch etwas ungewöhnlichere (z. B. Montessori-Material) zu berücksichtigen vermag.
Der Lehrer wird in seiner medialen Funktion absichtlich herausgestellt, um deutlich zu machen, dass Medien und Methoden voneinander abhängig sind.

13.2 Der Lehrer in seiner Funktion als Medium

Einordnung: Der Lehrer hat eine Vorstellung von den Lehrzielen und weiß möglichst viel über die Lernziele. Er verfügt über einen Plan, wie er den Lernprozess zu unterstützen vermag und er entscheidet, welche Art von Methoden er zur Verwirklichung einsetzen will: lehrerzentrierte, also mit sich als Ausgangs- und Mittelpunkt, oder schülerzentrierte, z. B. nach dem konstruktivistischen Ansatz. Abbildung 267.1 geht zunächst von Ersterem aus.
Selbstverständlich ist der Lehrer mehr als ein Medium. Im Folgenden soll aber nur sein medialer Aspekt Berücksichtigung finden, obwohl es kaum möglich ist, gerade hier Medium und Methode scharf auseinander zu halten.
Bei stark lehrerzentriertem Unterricht verfügt der Lehrer in der Regel über ein Informationsmonopol: Über die Sprache (Schüler schreiben mit), den Tafelanschrieb (Schüler übernehmen) und das Vorführen von ausgewählten Experimenten (Schüler notieren Beobachtungen) wird versucht, alles zu bieten, „was der Schüler braucht" – oder was der Lehrer dafür hält.
Lehrersprache: Information ist nie neutral, erst recht nicht in Zusammenhang mit Unterricht. Werten von Information, das Einteilen in „wichtig" und „weniger wichtig", gehört zu den bedeutendsten Zielen von Unterricht. Dabei spielt der Lehrer mit seinen Möglichkeiten (verbal und nonverbal) eine Hauptrolle. Medium ist seine Person, Informationsträger sind dabei Stimme (verbal), Gestik und Mimik (nonverbal) zusammen mit zugrunde liegenden physikalischen Bedingungen (Licht).
Der Lehrer prägt den Unterricht

- mit modulierter Stimme,
- dosierter Gestik,
- Blickkontakt,
- synchroner, unterstützender Mimik,
- durch einen spannenden Vortrag oder
- er kann über eine begrenzte Zeit ein Zwiegespräch halten.

Somit gehört der Lehrervortrag nicht zu den einfach zu handhabenden Unterrichtsmethoden. Der Einsatz dieser „persönlichen Mittel" macht Unterricht zum Erlebnis, rückt ihn psychisch nahe an die Lernenden, lässt sie „sich berührt" fühlen. Das Gegenteil ist der Fall, wenn der gleiche Lehrer dem gleichen Schülerkreis die gleiche Information mit unbeteiligter Stimme vorliest oder wenn sie einem fremden Schülerkreis auf Video präsentiert wird.
Die Vielfalt und bequeme Verfügbarkeit vieler (fremdgestalteter) Medien sowie das oft erlebte Beispiel katechisierender Lehrer lässt den **guten** Lehrervortrag in den Hintergrund treten.

13.3 Vorwiegend selbst gestaltete Medien

13.3.1 Die Tafel

Einsatz: Eine Tafel ist in jedem Klassenzimmer verfügbar, ihr Einsatz bedarf keiner besonderen vorbereitenden Maßnahmen. Sie unterstützt in der Regel lehrerzentrierte Unterrichtsmethoden und die frontale Unterrichtssituation. Der Lehrer konzipiert das Tafelbild vor Beginn des Unterrichts. Eine Reihe von Überlegungen sollten im Verlauf der Planung angestellt werden:

1. Welche **didaktische Rolle** soll die Tafel spielen?
   Denkbar sind, in alleiniger oder kombinierter Form:
   - Lösen von Prüfungs- oder Übungsaufgaben durch Schüler,
   - Angeben des Lehrziels und/oder des Themas,

- (zerstreutes) Setzen von Impulsen,
- Festhalten der Gliederung für die Unterrichtseinheit,
- Anfertigen einer beschrifteten Versuchsaufbauskizze,
- Protokollieren einer Versuchsdurchführung, mit Zielangabe, Beobachtung, Interpretation …,
- Sammeln von Diskussionsmaterial, Argumenten, Hypothesen …,
- Notieren von Definitionen, Begriffen des Grundwissens, Diskussionsergebnissen,
- Entwickeln einer Skizze zur Visualisierung abstrakter Inhalte,
- Zusammenfassen, Festigen,
- Vorgeben des Hefteintrages in unterschiedlich intensiver Weise. [5]

2. Welchen **Umfang** hat der Tafelanschrieb?
In der Regel stehen zwei Tafelflächen, eine vordere und eine hintere, zur Verfügung. Für Schüler ist die vordere Tafel einfacher zu benutzen. Der Lehrer findet rasch heraus, welchen Platzbedarf er aufgrund seiner Schreibgewohnheiten hat. Zusammengehörige, aber umfangreiche Tafelbilder dürfen nicht zu sehr voneinander isoliert werden.
3. Welche **organisatorischen Hinweise** benötigen Schüler, um das Tafelbild während der Entstehung zu übernehmen?
Insbesondere, wenn Überschriften erst später angegeben, Skizzen nicht unten begonnen und nach oben fortgesetzt oder auf der linken Seite beschriftet werden, sind Hinweise diesbezüglich gutes didaktisches Handwerkszeug. Generell sollte der Platzbedarf von zusammenhängenden Skizzen angekündigt werden.
4. Ist eine zusammenhängende **Übernahme** einer umfangreichen Tafelskizze wirklich nötig?
In der Regel wirkt das für Schüler sehr langweilig und ist für den Lernprozess eher schädlich (unproduktive Auslöschungsphase), zumal der Lehrer versucht ist, die dabei für ihn entstehende, nicht aktive Zeit sprechend auszufüllen. Das kann vermieden werden, indem man
   - überlegt, welche Inhalte fertig, etwa als Arbeitsblatt, präsentiert werden könnten,
   - die gedanklichen Schritte klein genug wählt und

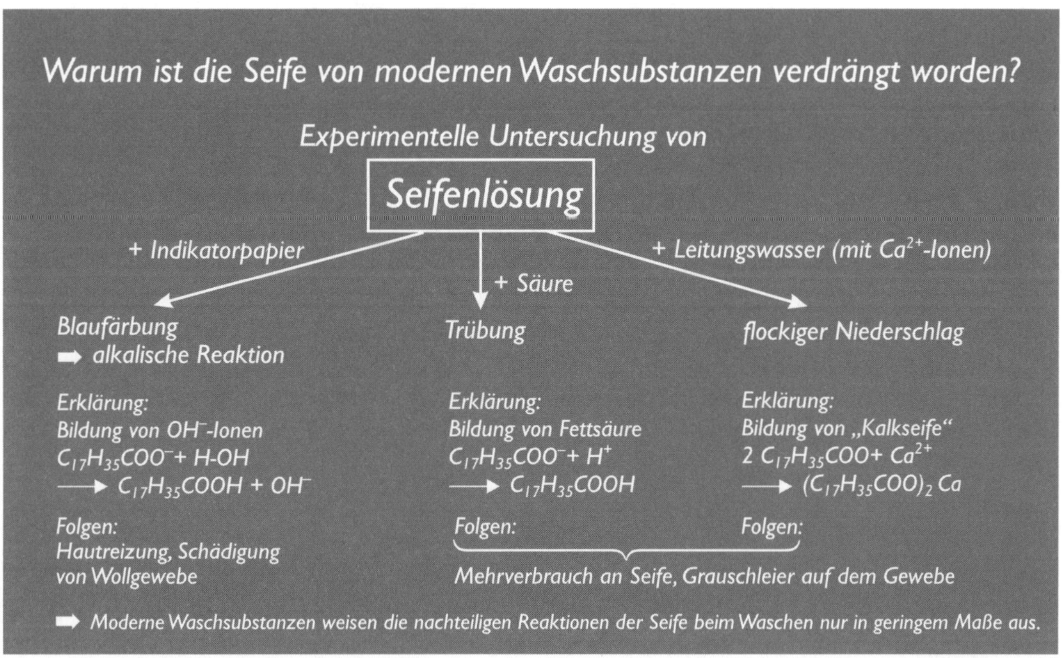

Abb. 269.1 Tafeldbild: Warum ist die Seife von modernen Waschsubstanzen verdrängt worden? [www.uni-bayreuth.de/departments/didaktik-chemie]

- begleitend bei der Entwicklung umfangreicher Skizzen soweit irgend möglich Einträge zulässt.

In der Übernahmephase sollten keine Informationen auf anderen Kanälen geboten werden, damit sich die Schüler auf den Inhalt konzentrieren können.

Ansonsten ist die Gefahr, das Unterrichtstempo zu hoch anzusetzen eher gering, verglichen mit dem bei der Nutzung von Arbeitstransparenten.

Zur Gestaltung des Tafelbildes gelten sehr ähnliche gestaltpsychologische Kriterien, wie sie in Kapitel 14.5 für Versuchsaufbauten beschrieben und in 13.3.5 für selbst gestaltete Medien angewandt werden.

Neben der Anschrift mit Kreide können auch **Applikationen** angebracht werden: Schematische Figuren mit Modellcharakter aus unterschiedlichen Materialien dienen dem Zweck der Veranschaulichung.

B In der Literatur werden viele für den Einsatz von Applikationen geeignete Themen beschrieben, unter anderem
- Aggregatzustände,
- Diffusion, Osmose,
- Atombau, Schalenbesetzung, Ionisierung,
- Redoxreaktionen als Elektronenübergänge,
- Atombindung, Ionenbindung, metallische Bindung,
- Enzymwirkung,
- Bildung von Makromolekülen (Kunststoffe, Proteine, Polysaccharide, DNS ...) [6, 7, 8].

Magnetapplikationen haften problemlos an Stahltafeln, Styroporapplikationen müssen mit Wasser an der Rückseite befeuchtet werden. Wenn Letztere bewegt werden müssen, empfiehlt es sich, nur eine Trägerplatte aus Styropor nass anzuheften, die zu bewegenden Teile aber mit Stecknadeln zu befestigen [3]. Da jeder Werkraum mit einem Styroporschneidegerät ausgestattet ist, dürfte der Herstellung solcher Applikationen durch Schüler nichts im Wege stehen.

Probleme:
- Das **Format** der meisten Tafeln weicht erheblich von dem einer Schülerheftseite ab. Deshalb ist zumindest in der Primar- und Sekundarstufe I Hilfestellung zur Übernahme von Inhalten ins Heft sinnvoll (vgl. Abb. 270.1: Haupttafel = Lernstoff, Nebentafel = Erarbeitungsphase).
- Die Sichtbarkeit von **Farben** auf der Tafel unterscheidet sich deutlich von der im Heft. So kontrastiert Gelb auf der dunkelgrünen Tafel hervorragend, im weißen Heft kaum. Bei Dunkelblau verhält es sich umgekehrt.
- Arbeitsskizzen, etwa beim Entwurf von Versuchsapparaturen, bei denen **Korrekturen** absehbar sind, sollten als solche angekündigt werden. Kreide lässt sich in der Regel sehr leicht von der Tafel entfernen, Kugelschreiber im Heft hingegen überhaupt nicht.
- Tafelwischphasen können, gezielt eingesetzt, sinnvolle Zäsuren im Unterricht, aber auch Regenerationsphasen schaffen.
- Besonders in unbekannten, „lebhaften" Klassen sollte dem Lehrer klar sein, dass er bei der Benutzung der Tafel mit dem Rücken zur Klasse steht.

Ausblick: In dem Maß, in dem digitale Informationstechnologie aufseiten der Schüler verwendet wird, wird die Nachfrage nach Tafelformen steigen, die die direkte Übernahme des Inhaltes auf persönliche Speichermedien ermöglicht. Für diesen Fall wäre noch zu klären, inwieweit auf die lernaktiven Reproduktions- und Reorganisationsprozesse, die bei der Verwendung von Tafelbildern für Zusammenfassungen und Übertragungen ablaufen, überhaupt verzichtet werden kann.

Arbeitstafel:	**Trennlinie**	**Notizteil:**
– Merksätze, Definitionen		– Skizzen
– Gliederung		– Sammlung von Antworten, Hypothesen ...
– Grundwissen		– spontan, nicht geplant
– Ziel: Hefteintrag		– „unwichtig"
– geplant, entwickelt		
– „wichtig"		

Abb. 270.1: Einteilungsmöglichkeit für eine breite Tafel und Funktionen

13.3.2 Das Schülerheft

Beschreibung: Das Heft steht meistens in engem Zusammenhang mit dem Einsatz der Tafel durch den Lehrer. Das liegt auch an den sehr ähnlichen Mediencharakteristika: Zu Beginn der Unterrichtseinheit steht nur der leere Informationsträger zur Verfügung, am Ende ist es ein didaktisch selbst gestaltetes Medium. Geräte sind ebenfalls nicht weiter erforderlich.

Formen: Neben dem geklammerten (Fach)Heft kommt mittlerweile bis in den Primarbereich hinab das (Sammel)Ringbuch zunehmend zum Einsatz. Das erleichtert sicherlich die Zuordnung von Materialien unterschiedlicher Formate und Herkunft (Arbeits- und Aufgabenblätter, schriftliche Lern- und Lehrzielkontrollen, ausgeschnittene Bilder, Zeitungsausschnitte) zu den Mitschriften und minimiert das Gewicht des Schultascheninhalts, erfordert aber eine erhöhte Ordnungsdisziplin: Blätter müssen sortiert, von denen anderer Fächer auseinandergehalten, ältere Einheiten in die Fachordner umgeladen, leere Blätter in der richtigen Lineatur bevorratet werden.

Einsatz: Zum Unterschied zur Tafel unterstützt das Heft schülerzentrierte Unterrichtsformen: Schüler lösen Aufgaben in Einzel- oder Partnerarbeit, sammeln Diskussionsbeiträge vorweg in stiller Beschäftigung, üben selbstständig, um dann das Ergebnis mit der lehrerbetreuten Tafelversion zu vergleichen. Im Heft werden, gegebenenfalls zusammenwirkend mit dem Arbeitsblatt, Hausaufgaben gefertigt oder differenzierende Aufgaben bearbeitet. Je nach Aufgabentyp werden Ergebnisse oder Lösungswege oder Vorschläge dazu zunächst selbstständig fixiert, um später als Lehrzielkontrolle, als Tätigkeitsnachweis, zur Präsentation im Plenum oder als Diskussionsgrundlage zu dienen. Der Inhalt des Schülerheftes ist in der Regel neben dem des Schulbuches die verlässlichste **Prüfungsgrundlage**. Um dies sicherzustellen, sind regelmäßige Heftkontrollen durch den Lehrer mit Rückmeldung über die festgestellte Qualität und Vollständigkeit bis zum Ende der Sekundarstufe I auf jeden Fall sinnvoll. Daneben kommen im Chemieunterricht Protokollhefte, Notiz- und Übungsheft, Aufgabenhefte oder selbst erstellte Datensammlungen (Steckbriefe für Elemente und Verbindungen, Glossare, Sammlung von Definitionen oder Vereinbarungen über Grundwissen) zum Einsatz.
Der bequeme Einsatz von Arbeitsblättern drängt manuelles Zeichnen manchmal in den Hintergrund. Zeichnen im Chemieunterricht soll eine geistige Auseinandersetzung mit dem Inhalt sein. Meistens fällt erst bei lernpsychologischen Tests oder bei Aufgaben zur Leistungsmessung auf, dass maßgebliche Inhalte nicht verstanden wurden.
Abbildung 271.1 zeigt dies am Beispiel der Darstellung eines Liebig-Kühlers. Schüler, die nicht verstanden haben, dass es sich hier um eine Schnittzeichnung handelt, haben Probleme zu erklären, wie das Kühlwasser von ① nach ② gelangt und weshalb die Wasserzufuhr bei ① erfolgt.

Ausblick: Das Heft wird so lange nicht maßgeblich an Bedeutung verlieren, als die Kulturtechnik des manuellen Schreibens nicht vollständig überflüssig wird. Nicht übersehen sollte man dabei auch die Freiräume, die das langsame, automatisierte Schreiben dem Gehirn einräumt. Sie können zur Entspannung oder für Reflexionen genutzt werden, was wiederum die Auseinandersetzung mit Inhalten fördert.

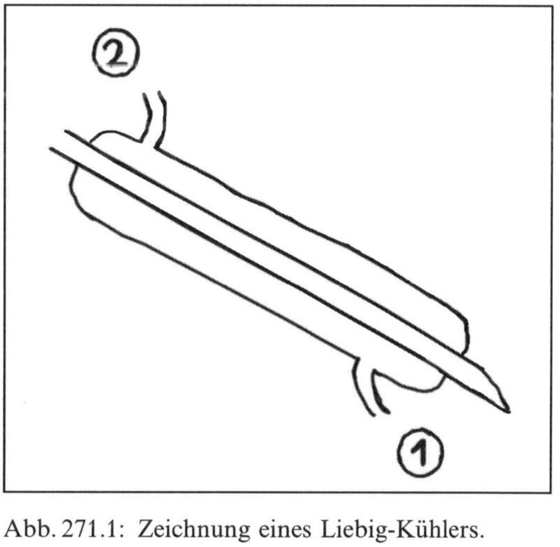

Abb. 271.1: Zeichnung eines Liebig-Kühlers.

13.3.3 Der Computer

Beschreibung: Der Computer ist durch seine vielfältigen Möglichkeiten medial nicht leicht fassbar. Das Wort bezeichnet zunächst ein Gerät, die „hardware“,

- zum Erstellen von Medien (Lehrbüchern, Folien, Arbeitsblättern),
- zum Abspielen von Filmen (von CD-ROM, DVD),
- zum Lesbarmachen von Information (der verschiedenen Dienste des Internet, von Arbeitsblättern oder Schulbüchern auf verschiedenen Datenträgern),
- zur Präsentation von Medien (elektronische Folien, Modelle).

Inhalte stammen von der lokalen Software oder von den Diensten des Internet. Hard- und Software bilden eine untrennbare Einheit, wobei die Software die Einsatzform bestimmt.

Einsatz: Der Einfluss des Computers auf die Unterrichtsmethode variiert in weiten Grenzen, wie die folgenden Beispiele zeigen:

B Der Lehrer projiziert mithilfe des Computers Modelle, Bilder oder Folien. Er lenkt die Aufmerksamkeit der Schüler auf einen gemeinsamen, frontalen Punkt.
Die Schüler einer Klasse sitzen in Dreiergruppen vor je einem Gerät und bearbeiten im gruppenspezifischen Tempo die gleiche Aufgabenstellung (Übungsprogramm, Lehrprogramm).

Im ersten Fall, bei Bild und Folie, ist der Computer nur ein alternatives Gerät im Rahmen herkömmlicher Medien, im zweiten Fall steht der Lehrer nicht mehr im Zentrum des Unterrichts. Weitere und vertiefte Ausführungen zum Einsatz des Computers im Chemieunterricht sind in Kapitel 15 dargestellt.

13.3.4 Das Arbeitstransparent und das Arbeitsblatt

Beschreibung: Arbeitstransparent (Folie), **Arbeitsblatt** und **elektronische Präsentation** unterscheiden sich vordergründig nur durch den Informationsträger: transparente Kunststofffolie (Polyester oder Polyacetat), Papier und Speicher oder Datenträger. Interessanterweise bezeichnet man das Medium auch im letzteren Fall als „Folie“. Von der Art des Trägers hängt das nötige Gerät ab: **Arbeitsprojektor** (Tageslichtprojektor, Overheadprojektor, OHP), Episkop oder Computer, gegebenenfalls mit Datenprojektor. Weitere Unterschiede ergeben sich bei den Einsatzmöglichkeiten.
Die Tageslichtprojektion ist eine Durchlichttechnik, d. h., es eignen sich nur transparente Objekte zur Projektion. Nicht lichtdurchlässige (Gestein, Metalle) oder wenig lichtdurchlässige (intensiv gefärbte Lösungen) sowie spiegelnde Objekte und gekrümmte Glasflächen (Wasser im Reagenzglas) erscheinen schwarz. Fremderstelltes Material hat wie immer den Nachteil, dass Zielgruppe, Thema und Einsatzzweck nicht optimal auf die Bedürfnisse einer beliebigen Lehrer/Schüler-Kombination abgestimmt sein können, ist aber häufig professioneller gestaltet und enthält teilweise ansonsten schwer zugängliches (Bild)Material (z. B. Folienserien des Fonds der Chemischen Industrie).

Quellen: Es ist von Vorteil, alle Arbeitsblätter zunächst als Folie zu realisieren: Durch Vervielfältigen auf Papier entsteht automatisch ein Arbeitsblatt. Der umgekehrte Weg ist meist arbeitsaufwändiger und weniger elegant: Die Skizze einer Destillationsapparatur wird auf dem Arbeitsblatt in der Regel von den Schülern beschriftet, die Folie eher in fertig beschrifteter Form zur kurzfristigen Wiederholung eingesetzt. Erstellt man zunächst eine Folie, muss man für das Arbeitsblatt die Beschriftung entfernen.
Beide Ziele lassen sich gemeinsam erreichen, wenn die Folie in **Aufbautechnik** („Overlay“) ausgeführt wird: Die erste Ebene enthält die Skizze und Orientierungshilfen zur Beschriftung und ist gleichzeitig die Arbeitsblattvorlage, die zweite enthält Begriffe zur Beschriftung. Es gibt sehr viele Fälle im Unterrichtsverlauf, unter denen eine Trennung der beiden Ebenen wünschenswert ist: Zusammenfassung, Lehrzielkontrolle, Leistungsmessung …
Neben der herkömmlichen Methode, mit Faserschreibern in Farbe und mithilfe von Schablonen und Lineal auf leere Folien zu schreiben, bietet sich die Erstellung über Text-, Bild- und

Formeleditoren auf dem Computer an. Das hat eine Reihe von **Vorteilen**:

- Der Inhalt ist nicht auf Text oder einfache Skizzen begrenzt. Vielfarbbilder können aus Digitalkameras, dem WWW und aus Grafiksammlungen geladen oder von Vorlagen digitalisiert („eingescannt") werden.
- Änderungen (Ausschnitte erstellen, Beschriftung entfernen oder korrigieren, um aktuelle Daten ergänzen) sind leicht möglich und beeinträchtigen nicht die hohe Qualität des Erscheinungsbildes.
- Der Zeitaufwand, besonders in der Phase der Technikerschließung, ist zunächst erheblich, wird aber schon bei der ersten Änderungsmaßnahme ökonomisch, wenn man das vollständige Neuzeichnen nach der herkömmlichen Methode vermeiden kann.
- Dateien können i. d. R. recht einfach auf elektronische Präsentation umgestellt werden.
- Auch umfangreiche Folienfolgen für die Aufbautechnik lassen sich auf einfache Weise realisieren (siehe Beispiel unten).

Für die **Markierungs- und Ergänzungstechnik** (nachträgliches Unterstreichen, Markieren mit Einkreisung oder Pfeilen, Einrahmen, Ausfüllen von Lückentext zu didaktischen Zwecken) ist eher eine zweite, leere Folie auf dem Original empfehlenswert. Das Entfernen auch von wasserlöslichen Stiften beeinträchtigt auf Dauer die Qualität von kopierten Folien.

Bei der **Abdecktechnik** erscheinen sukzessive Inhalte der Folie vortragsbegleitend, indem Zeilen oder Absätze zur Sicht freigegeben werden. Sie dient der Fokussierung der Aufmerksamkeit der Zuhörer. Durch exzessiven Gebrauch kann die Abdecktechnik ad absurdum geführt werden. Wenn ein halbes Dutzend Klappen, mit Klebefilm auf einer Folie an verschiedenen Stellen angeheftet, mehrmals auf- und wieder abgedeckt werden, wirkt eine an sich vorteilhafte Technik bald albern.
Folie und Arbeitsblatt sind Medien geringer Informationsdichte, da es sich um statische, oft sogar nur schwarzweiße Bilder oder Grafiken handelt. Die Aufmerksamkeit der Schüler kann gut auf das Wesentliche fokussiert werden.

Einsatz: Bezüglich der didaktischen Intention unterscheiden sich Folie und Arbeitsblatt durchaus: Folien können „fertig" sein, also Komplettinformation enthalten, während dies für das Arbeitsblatt die Ausnahme sein sollte. Wichtig ist, dass Folien Tätigkeiten der Schüler synchronisieren und die Aufmerksamkeit auf die Projektionsfläche lenken. Arbeitsblätter werden eher bei Einzel- und Gruppenarbeit oder auch zum Differenzieren bei unterschiedlichen Lerngeschwindigkeiten eingesetzt.
Wird Aufbautechnik angewendet, erscheint der Folieneinsatz gern als **Ersatz für die Entwicklung einer Tafelskizze**. Bei weniger bedeutsamen Inhalten (Ausblick, Überblick) ist das sicher sinnvoll. Sollen Inhalte ins Heft übernommen werden (Einblick, Verständnis), stellt sich beim Lehrer ein Zeitüberschuss gegenüber den Schülern ein. Daraus darf keine Erhöhung des Arbeitstempos resultieren.

Das **Arbeitsblatt** sollte nicht so extensiv eingesetzt werden, dass es zum Ersatz für selbst gestaltete Hefteinträge wird. Wird der **Arbeitsblatttyp** hinreichend variiert, kann man es vielfältig nutzen, ohne dass sich Überdruss einstellt. Eckert unterscheidet für naturwissenschaftlichen Unterricht:

- Das **Ergebnissicherungsblatt**: Lückentext und fertige Skizzen zur Beschriftung dienen der Festigung von Fachsprache, unvollständige oder alternative Versuchsskizzen, falsche und richtige gemischt, zwingen zur Auseinandersetzung mit dem Aufbau.
- Das **Schülerversuchsblatt**: Es sollte einen in klarer Sprache abgefassten Arbeitsauftrag, die Versuchsaufbauskizze, eine Liste aller erforderlichen Geräte und Chemikalien, Beobachtungsaufträge und Raum für die Beschreibung der Beobachtung, Anregungen zur Interpretation der Beobachtung, Platz für das bereinigte Ergebnis aus der Abschlussbesprechung, Sicherheitshinweise sowie Hinweise zur Entsorgung enthalten.
- Das **Kontrollblatt**: Kontrolliert wird, ob Lehr- und Lernziele erreicht wurden, mit oder ohne Leistungsmessung. Für den Schüler steigern Kontrollen durch den Lehrer den Wert dieses Mediums. Das Blatt sollte eine klare, eindeutige Aufgabenbeschrei-

bung in einfachen, kurzen Sätzen enthalten. Die Aufgaben sollten von unterschiedlichem Typ und Schwierigkeitsgrad sein. Klare Hinweise stellen sicher, dass die Aufgabentypen verstanden werden, z. B. „Streiche falsche / richtige Antworten an.", „Zwei von sechs Antworten sind richtig.", „Stelle (die Gleichung) richtig.", „Gib Lösung und Lösungsweg an.", „Nenne drei Beispiele." usw. Der Umfang bzw. die Unterteilung in Teilaufgaben soll so kleinschrittig sein, dass jeder Teil in ca. 3 Minuten bearbeitet werden kann.
- Das **Übungsblatt**: Es unterscheidet sich vom Kontrollblatt dadurch, dass es längerfristige Lehrziele sichert, und soll ebenfalls unterschiedliche Aufgaben enthalten: Pflicht und Kür, schwere und leichte, „ältere" und „jüngere", komplexe und einfache, Text-, Rechen- und Beschriftungsaufgaben, Aufgaben in Brettspiel- oder Kreuzworträtselform usw. [9].

Besonders wichtig aus methodischer Sicht ist dabei, dass der Charakter der Arbeitsblätter den Schülern stets bekannt gegeben sein sollte: Üben soll Freude machen, dann macht man es gerne wieder; Kontrolle ist immer in gewisser Weise belastend.

Vorteile: Heute kann in allen Schularten von einer **Allgegenwärtigkeit** von Tageslichtprojektoren (Overheadprojektoren) ausgegangen werden. Die gewöhnliche Lichtleistung von Bauarten mit Halogenlampen (bis 250 W) reicht in hellen Räumen ohne ein gewisses Maß an Abdunkelung selten für gute Sichtbarkeit der Projektion aus.
Folienprojektion lässt sich sehr gut mit anderen Medien kombinieren, etwa der Tafel, dem Experiment oder dem Arbeitsblatt. Auf der Tafel stehen z.B. im Rahmen von Schülerübungen variable (Mess- und Analysenergebnisse), auf der Folie fixe (Versuchsanleitung, Aufbauskizze, Arbeitsauftrag) Inhalte. Leider erlauben oft planerische Fehler in Fachräumen den parallelen Einsatz nicht. Eine Form der „stummen Kombination" ist, Tafelskizzen in der Unterrichtsvorbereitung als Folien auszuführen und im Unterricht als Gedächtnisstütze zur Erstellung des Tafelbildes zu nutzen. Nach dem Wischen der Tafel sind die Inhalte nicht verloren. Ohne die Beschriftungsebene lassen sich Leistungsmessung oder Kontrollen nachweislich an der identischen Kopie des Tafelbildes durchführen.

Nachteile:
- Projektionsentfernungen unter zwei Metern verursachen starke Bildverzerrung, über vier Meter ein für die meisten Flächen zu großes und/oder zu lichtschwaches Bild. Dies wird oft bei der Planung und Einrichtung von Fachräumen zu wenig bedacht.
- Bequeme Einsetzbarkeit und breite Verfügbarkeit verführen zu einer hohen Foliendichte, was Unterricht leicht auf die Ebene von Vorträgen absinken lässt: Monologisierung, Lehrerzentriertheit, unangemessenes Tempo, Informationsüberfrachtung.
- Die Verwendung des Computers verleitet zu Fehlern: Schriftgrößen unter 16 Punkten sind nur auf dem Bildschirm gut lesbar, nicht jedoch bei der Projektion von Folien für die in der letzten Reihe eines Klassenzimmers üblicher Größe sitzenden Schüler. Handschriftliche Ergänzungen erfordern auf Arbeitsblättern viel mehr Platz als gedruckter Text. Es sollte Platz für 20 Punkte große Zeichen vorgesehen werden. Des Weiteren ist grundsätzlich eine kräftige (fett), schnörkellose Schriftart (z. B. Arial) zu empfehlen. Helle Farben kontrastieren mit der weißen Projektionsfläche schlecht: Gelb, braun, orange sollten nach Möglichkeit gemieden werden.

Ausblick: Elektronische Arbeitstransparente („Präsentationen") werden im Unterricht in zunehmendem Maß eingesetzt. Sie erfordern zwar einen höheren technischen Aufwand (Software, Computer, Datenprojektor), die zunehmend leichte Verfügbarkeit der Geräte wird die Vorteile bald in den Vordergrund treten lassen, denn sie sind noch einfacher zu aktualisieren und elektronisch zu verbreiten (E-Mail, WWW-Publikation), sie können leicht in multimediale Präsentation eingebunden werden und erlauben die Darstellung beweglicher Formeln in 3D sowie einige didaktisch durchaus wertvolle Animationseffekte.

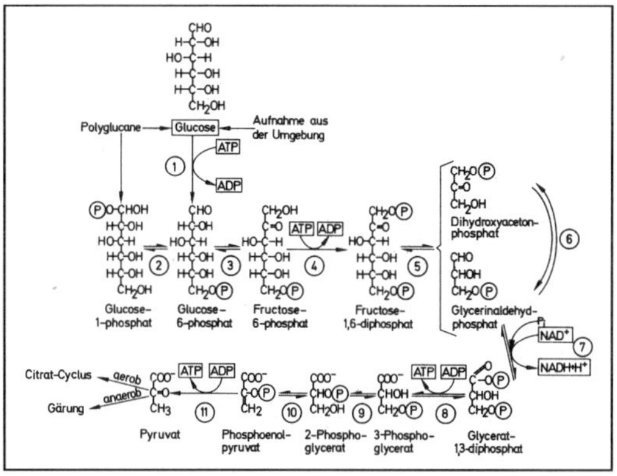

Abb. 275.1: Glykolyse, Variante 1

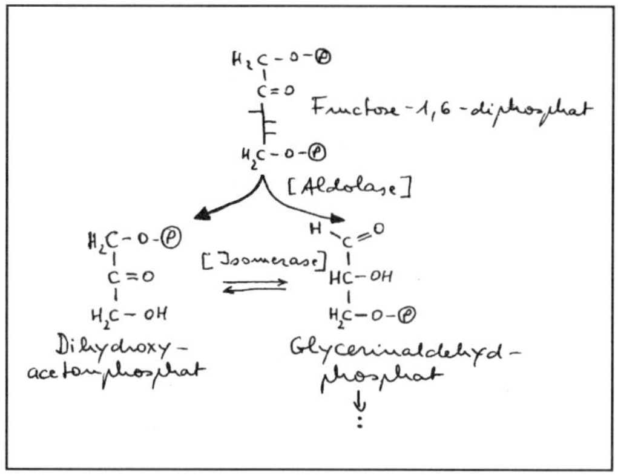

Abb. 275.2: Glykolyse, Variante 2

13.3.5 Exkurs: Prinzipien für die Gestaltung selbst gefertigter Medien

Für selbst gefertigte Medien kann es sehr hilfreich sein, gestaltpsychologische Kriterien anzuwenden, wie sie in Kapitel 14.5 beschrieben werden.

B Könnten Sie auf Anhieb sagen, **warum** die Folien in den Abbildungen 275.1 und 275.3 „weniger gut", 275.2 und 275.4 hingegen „besser" sind?

- Gesetz der Dynamik von links nach rechts: In der unteren Zeile (Abb. 275.1) ist die Schreibrichtung umgekehrt. Natürlich überfordern die meisten mechanistischen Darstellungen oder die von Stoffwechselwegen oder technischen Verfahren eine Heftbreite. Man verletzt dieses Gesetz nur noch zum Teil, wenn das Dilemma wie in Abbildung 275.2 gelöst wird: Beginn ist nach wie vor links oben, Ende unten, wenn auch nicht rechts.
- Gesetz der glatt durchlaufenden Kurve: Bei jedem Zeilenwechsel in Abbildung 275.1 beschreibt die Leserichtung eine 180°-Kurve.
- Gesetz der Gleichartigkeit: Die Form besitzt Bedeutung: Schichtung im Dreieck suggeriert Hierarchie, kreisförmige Anordnung einen Kreislauf, wobei in Abb. 275.3 gar keiner vorliegt; anders würde sich das bei ähnlichem Inhalt verhalten, wenn das Ziel der Darstellung der Kreislauf des Wassers in der Atmosphäre wäre. In Abb. 275.4 ist die Energie-Achse latent vorhanden, auch wenn darauf in der frühen Sekundarstufe I z. B. noch gar nicht eingegangen wird.
- Gesetz der Nähe: In Abb. 275.1 kommen durch die Zeilenwechsel Strukturen nebeneinander zu liegen, die nicht auseinander hervorgehen; diese Tatsache erschwert die richtige Interpretation der bildhaft aufgenommenen Information durch nachträgliche Beschäftigung damit.
- Gesetz der Symmetrie: Auf den ersten Blick ist die Spaltung in Abb. 275.2 erkennbar; suchen Sie sie in Abb. 275.1!

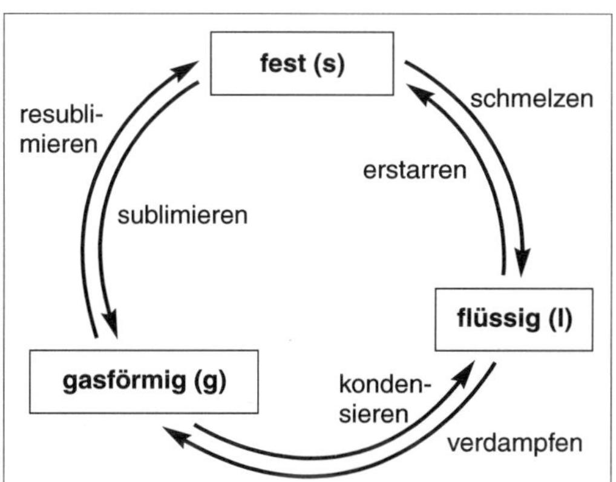

Abb. 275.3: Aggregatzustände, Variante 1

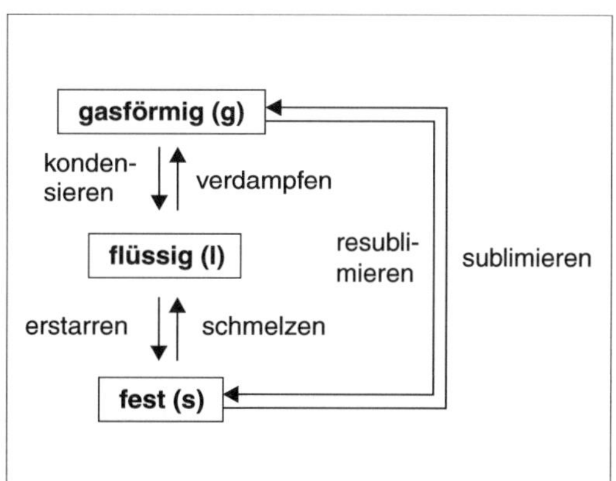

Abb. 275.4: Aggregatzustände, Variante 2

- Gesetz der Einfachheit: Unbeteiligte Reste sollten sinnvoll abgekürzt werden (R, R′ , Ph ...).

Darüber hinaus bietet der Darstellungstyp in Abbildung 275.2 weitere **Vorteile**:

- Edukte (erste Zeile) und Produkte (letzte Zeile) können leicht erkannt werden, Nebenprodukte treten in den Hintergrund. Farben oder Kästchen bzw. ihr Fehlen können den Effekt bei Bedarf verstärken.
- Stoffe stehen als Namen oder Formeln aufgereiht, Vorgänge oder Verfahrensnamen neben den Schemapfeilen.
- Zur Beschriftung der Pfeile ist in Schreibrichtung viel Platz, der gerade bei technischen Verfahren auch oft benötigt wird.
- Falls erforderlich können Nebenprodukte, Abfälle, Zusätze im späteren Schemaverlauf nach rechts herausgezogen und damit visuell hervorgehoben werden.
- Pfeilarten erhalten Denkfiguren-Charakter [10]: Synthesen erkennt man an konvergierenden, Spaltungen an divergierenden Pfeilen.
- Die Abdecktechnik kann eingesetzt werden.

Nachteilig wirkt sich nur der höhere Platzbedarf aus.

Ausblick: Das Problem „gute und weniger gute" Folien wird sich durch Einzug der Präsentationstechnik verschärfen. Präsentations-Software wurde nicht mit dem Ziel des schulischen, sondern des betriebswirtschaftlichen Einsatzes konzipiert, wobei die Zielpersonen erwachsene Fachleute sind, die Absichten der Präsentation meistens denen von Werbung gleichkommen. Für diesen Zweck sind auch Layout-Vorschläge optimiert. Sie widersprechen den Zielen des schulischen Einsatzes in gravierender Weise. Jegliches optische Beiwerk lenkt vom Lernzweck ab. Auch führt die nur begrenzte Beherrschung zeichnerischer Möglichkeiten der Software durch den Nutzer häufig zu sachlich nicht gerechtfertigten Abstrichen bei der Gestaltung im Dienst didaktischer Maßnahmen.

13.3.6 Außerschulische Lernorte und Experten

– Realbegegnung statt Medien –

B Warum sollen beliebte Ziele für Fahrten in der Sekundarstufe II nur aus Sicht der Sprachen, Geschichte oder Kunstgeschichte betrachtet werden? Steine vom Big Ben in London bröckeln, Marmor an Statuen und Gebäuden in Rom wird aufgelöst, die Bronze der Quadriga in Berlin korrodiert, der Eiffelturm in Paris rostet, die Farben der Wand- und Deckengemälde in vatikanischen Gemächern verblassen oder werden von Schmutzschichten abgedeckt, Statuen „weinen" – unabhängig davon, welche Meisterhand sie erschaffen haben mag. Der Wandel, ob als Zerstörung, Wunder oder Restauration interpretiert, ist Sache der Chemie.

Beschreibung: Der **Unterrichtsgang** (Lehrwanderung) oder das Einladen eines **Experten** in den Unterrichtsraum ist als Methode wie als Medium beschreibbar. Vor allem der Unterrichtsgang ist in fast jedem Chemielehrplan für die Sekundarstufe I in unterschiedlich verbindlicher Weise gefordert: „Besuch eines Chemiebetriebes ...", „Besuch einer Kläranlage oder Trinkwasseraufbereitung ..." o.ä. Je nach Entfernung und didaktischer Absicht dauert ein Unterrichtsgang

- wenige Minuten: Heizkeller, Trinkwasseraufbereitung, Demineralisationsanlage oder Sammelstelle für Chemikalien zur Entsorgung befinden sich schon im Schulhaus;
- einen ganzen Schultag für die Fahrt zu einer Raffinerie, einem Kernkraftwerk, einer Großbrauerei, einem Chemischen Institut einer Universität oder den gekoppelten Besuch mehrerer Kleinbetriebe in näherer Umgebung (Färberei, Galvanisierbetrieb, Kunststoffverarbeitung, Metallbau, Goldschmied ...);
- mehrere Tage, wenn fachliche Ziele der Chemie auch fachübergreifend auf **Klassenfahrten** etwa ins Ausland anlässlich von Schüleraustausch, Schulpartnerschaften oder Abschlussfahrten thematisiert werden.

Experten von Kriminalpolizei und Lebensmittelkontrolle, aus Wasserwirtschaftsamt und Apotheke, von verschiedenen Gesundheitsdiensten oder Verwaltungsstellen kommen gerne in den Unterricht und bringen Material mit, wenn ihr Arbeitsort einen Unterrichtsgang nicht rechtfertigt. Im besten Fall stammt die wesentliche Information vom Experten. Bei der didaktischen Zielsetzung bringt sich der Lehrer ein, indem er die bestmögliche **Präsentation der Wirklichkeit** wählt beziehungsweise den Experten als Vertreter für sich einsetzt. Der externe Experte besitzt für Schüler eine höhere Glaubwürdigkeit, auch wenn diese nach dem Besuch den Lehrer ob seiner didaktischen Kompetenz wieder schätzen werden.

Einsatz: Der Unterrichtsgang erfordert verglichen mit anderen Medien ein sehr hohes Maß an **Vorbereitung**:
- Auswahl des Betriebes nach den Kriterien: Sichtbarkeit des Produktionsprozesses, Qualität der Erläuterungen durch den betriebseigenen Experten, Zugänglichkeit von Hintergrundinformationen, Anfahrtsdauer, Umfang des Genehmigungsverfahrens,
- organisatorische Maßnahmen als unmittelbare Vorbereitung: Einholen der Genehmigung von der Schulleitung, Besorgen zusätzlicher Betreuer, Information der betroffenen Kollegen, Schüler und Eltern, Terminabsprachen mit Betrieb und Transportunternehmen, Kalkulation der Kosten, Festlegen nötiger Sonderausrüstung (z. B. ältere Kleidung bei Gießereibetrieben, wetterfeste Kleidung für Bergwerksbesuche) und Verpflegungsart,
- methodische Vorbereitung: eigene Vorinformation des Lehrers im Betrieb, Absprache des methodischen Vorgehens mit dem Experten, Vermittlung von Hintergrundinformation über die betroffene Industriesparte, Vermittlung chemischer Grundlagen zum Thema des Unterrichtsganges, Beleuchtung des Betriebes in seiner öffentlichen Wirkung, Erarbeitung von Beobachtungsaufträgen und Sammlung offener Fragen an die Experten, mit Fixierung als Arbeitsblatt.

In der Phase der **Durchführung** tritt der Lehrer zugunsten von Schülern und dem Experten zurück. Die Schüler stellen vorbereitete oder spontane Fragen, konzentrieren sich auf Beobachtungsaufträge oder Vortragsteile des Experten, betrachten und befühlen Produktmuster. Der Experte trägt vor, zeigt Muster, erklärt Besonderheiten, setzt Facharbeiter mit vorbereiteten Vorführungen ein.

In der **Nachbereitung** muss kontrolliert werden, ob die Beobachtungsaufträge erfolgreich erledigt werden konnten. Andere erhaltene Informationen werden integriert, geordnet, ergänzt, erweitert, fixiert und der Bezug zu folgenden oder vorausgegangenen Unterrichtseinheiten hergestellt.

Als besondere Formen seien **externe Praktika** erwähnt: Ausbildungseinrichtungen (Universitäten, Fachhochschulen, Chemiefachschulen, private Chemieschulen) sind oftmals bereit, Praktika mit Experimenten, die in der Schule nicht möglich sind, durchzuführen. Probenvorbereitung und Aufnahmen einfacher IR- und NMR-Spektren oder die Bestimmung von molaren Massen sind hierfür Beispiele.

13.4 Vorwiegend fremdgestaltete Medien

B Um in einer Arbeitsphase fundiert über die Erdölförderung und -weiterbearbeitung bis hin zum Produkt Benzin reden zu können, wird als informierender Unterrichtseinstieg ein Video zum Thema „Erdöllagerstätten und Erdölförderung" eingesetzt. Das Schulbuch liefert dazu nur die Schemazeichnung einer Schichtenfolge und das Bild eines Bohrturmes. Das Video vermag sowohl die einzelnen Arbeitsgänge mit ihren typischen fachlichen Problemstellungen im Bild vorzustellen als auch zur Auseinandersetzung mit dem Thema „produktionsintegrierter Umweltschutz" anzuregen. Es besitzt diese Funktionen von Anfang an, sie sind Ergebnis einer Entscheidung des Produktionsteams und weitgehend unveränderlich. Allerdings ist es möglich, im Unterrichtsprozess die Ziele und Intentionen des Videos teilweise abzuwandeln, zum Beispiel durch Verwendung von Ausschnitten, dem Einsatz an unterschiedlichen didaktischen Orten oder durch Ausschalten einzelner Informationskanäle, etwa des Tons.

Fremdgestaltete Medien sind vorkonzipiert und übernehmen unweigerlich Lehrerfunktionen, indem sie von sich aus Informationen liefern. Sie bestimmen teilweise die Methodenwahl, indem sie Sinnzusammenhänge herstellen. Meyer [11] spricht von „‚tiefgefrorenen' Lernarrangements", die „durch das methodische Handeln des Lehrers und der Schüler ‚aufgetaut' werden" müssen.

Man ist sich zwar einig, dass ein <u>Lehrer</u> für Unterricht unverzichtbar ist. Setzt man die Betonung aber auf <u>ein</u> Lehrer, so erhält das fremdgestaltete Medium die Funktion, eine allzu stark dominierende lehrerspezifische Methodenwahl zu relativieren.

13.4.1 Modelle

B Im Lernraum spricht der Lehrer vor 16-jährigen Schülern über die verschiedenen Möglichkeiten, aus 5 Kohlenstoffatomen und 12 Wasserstoffatomen unterschiedliche **Kohlenwasserstoff-Moleküle** zu erhalten. In Partnerarbeit versucht die eine Hälfte der Schüler, alle Isomere auf dem Papier zeichnend herauszufinden. Die andere Hälfte der Schüler baut die Moleküle aus Kugeln und Stäbchen. Die erste Gruppe findet es unfair, denn alle halten es für einfacher, Moleküle nicht im Geist um die Raumachsen und um Einfachbindungen zu drehen, sondern ein Modell vor Augen zu haben. Dass das nicht nur für jugendliche Facheinsteiger gilt, zeigen die Ausführungen von J. Watson zur Ermittlung der DNS-Struktur: „Die α-Helix war nicht etwa durch ewiges Anstarren von Röntgenaufnahmen gefunden worden. Der entscheidende Trick bestand vielmehr darin, sich zu fragen, welche Atome gern nebeneinander sitzen. Statt Bleistift und Papier war das wichtigste Werkzeug bei dieser Arbeit ein Satz von Molekülmodellen, die auf den ersten Blick dem Spielzeug der Kindergartenkinder glichen.“ [12]

Eingrenzung: Modelle sind in Kapitel 3.1.4 definiert und klassifiziert worden. Beschränken wir uns auf materielle Modelle aus dem Bereich von Atomen und Molekülen. Sie bringen in unterschiedlichem Ausmaß Sachinformation mit:

- In der Realisierung als **Applikationen** werden nur zwei Dimensionen verwendet, sodass nur Größenverhältnisse ersichtlich sind.
- **Gerüstmodelle** zeigen Bindungslängen und -winkel, somit im Prinzip den räumlichen Bau, der auch dynamisch variiert werden kann (Abb. 278.1); Farben an den Begegnungspunkten der Bindungen können die Atomart angeben.
- **Kalottenmodelle** stellen zusätzlich die Raumerfüllung durch unterschiedliche Durchmesser der Kalotten dar. Die Bindungsachsen sind nicht sichtbar. Der Valenzwinkel und die Raumerfüllung entsprechen dem Original maßstabsgerecht (ca. $1{,}5 \cdot 10^8$-fache Vergrößerung).
- **Kugel-Stab-Modelle** sind dann als Mischformen aufzufassen, wenn die Kugelgrößen die Größenverhältnisse der Atome widerspiegeln. In diesem Fall sind auch die Vorzüge beider Modellarten vereinigt.
- **Orbitalmodelle** geben die räumliche Orientierung und (meist nur grob) die Form von Atom- oder Molekülorbitalen wider. Styropormodelle sollen das Denkmodell von der Elektronendichteverteilung in Atom- oder Molekülorbitalen konkretisieren. Die räumlichen Orientierungen etwa der drei p-Funktionen lassen sich gut demonstrieren, während Überlappungsräume wegen des materiellen Charakters nicht darstellbar sind. Aus dem gleichen Grund gelingt die Zusammenschau aller Orbitale nur für die zweite Schale. Meist orientieren sich käufliche Modelle an der für das manuelle Zeichnen optimierten Form, weniger an berechenbaren Dichtegrenzen (Abb. 279.1), sodass ohne Lehrerkommentar dieser Grenzen fehlerhafte Vorstellungen entstehen können.
- **Kristallgittermodelle** stellen Gitterausschnitte, meistens unter Einbeziehung einer Elementarzelle, dar. Unterschiedliche Gitterelemente erkennt man häufig an der Farbe, manchmal zusätzlich am Raumbedarf. Kristallgittermodelle folgen aus statischen Gründen meistens der Kugel-Stäbchen-Darstellung (Abb. 279.2, oben), wobei die Stäbchen im Fall von Ionengittern zu falschen Vorstellungen über die Natur der Ionenbindung führen können. Selbst gebaute Modelle aus Wattekugeln (Abb. 279.2, Mitte) können räumliche Verhältnisse besser wiedergeben, die Verwendung von Glas-

Abb. 278.1: Cyclohexan-Konformationen anhand eines dynamisch handhabbaren Modells

platten statt Stäbchen (Abb. 279.2, unten) die Vorstellung von einer Gerichtetheit von Ionenbindungen erst gar nicht aufkommen lassen. Das Graphitmodell zeigt korrekt die kovalenten Bindungen innerhalb einer Schicht, kann aber nicht die gegeneinander verschiebbaren Ebenen verdeutlichen.

Informationsträger sind also stets die Materialien (Holz, Duro- oder Thermoplaste, Styropor, Wattekugeln ...) mit ihren Farben und ihrer räumlichen Lage zueinander. Applikationen oder virtuelle Teilchen erfordern zusätzliche Geräte: Tageslichtprojektor, Tafel oder den Computer mit geeigneter Software und eventuell 3D-Brille in Zweifarben- (rot/grün, blau/gelb), Polarisations- oder Shuttertechnik (bei Shutterbrillen werden, synchronisiert durch das Programm, Bilder mit unterschiedlichem Blickwinkel jeweils dem richtigen Auge zugeführt, indem das Glas vor dem anderen Auge abgedunkelt wird und umgekehrt).

Einsatz: Der didaktische Einsatz wird in all den Fällen fremdbestimmt, in denen fertige Modelle erworben werden. Der Selbstbau ist wenig verbreitet, was insofern bedauerlich ist, als weniger das Zeigen als vielmehr die intensive Auseinandersetzung mit den **Grenzen** der Modelle

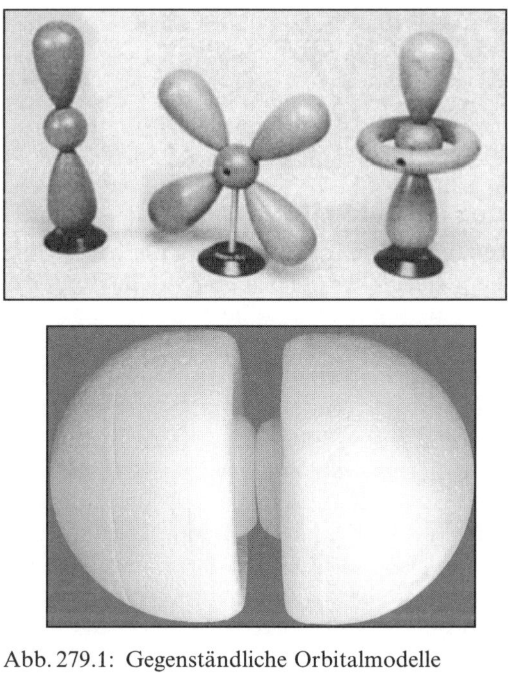

Abb. 279.1: Gegenständliche Orbitalmodelle

Abb. 279.2: Verschiedene Kristallgittermodelle: oben Kugel-Stäbchen-Modell des Graphits, NaCl-Gittermodell aus Wattekugeln (Mitte) bzw. mit Glasplatten (unten).

Erfolge beim Verstehen der zugrunde liegenden Inhalte bringt. Typische Einsatzgebiete und Grenzen sind in Kapitel 3.1.4 dargestellt.

13.4.2 Das Schulbuch

Beschreibung: In der Bayerischen Verordnung über Lehrmittel wird spezifiziert, was unter einem Schulbuch zu verstehen ist [13]:

Z Schulbücher sind ... Druckerzeugnisse, die
1. eigens für Unterrichtszwecke zur Erreichung der in den Lehrplänen festgelegten Lernziele herausgegeben sind,
2. die zum Lernergebnis führenden Überlegungen, Ab- und Herleitungen darlegen,
3. als Lehr- und Nachschlagewerk dienen und
4. für ein bestimmtes Unterrichtsfach den gesamten Stoff eines Schuljahres oder Halbjahreskurses enthalten ...

Die Schulbücher müssen nach ihrer äußeren Beschaffenheit für einen mehrjährigen Gebrauch geeignet sein. Sie dürfen insbesondere keinen Raum für Eintragungen durch den Schüler vorsehen ...

Das Schulbuch enthält im Wesentlichen Informationen, die von den Autoren und dem Verlag vor dem Hintergrund der gültigen Lehrpläne ausgewählt und vorstrukturiert sind. In Kürze werden elektronische Datenträger (z. B. CD-ROM, verschiedenartige Speicherbausteine in „e-books") ergänzend hinzukommen, wodurch sich technische Aspekte des Mediums (anderer Träger, Notwendigkeit von Abspielgeräten), nicht aber die didaktische Absicht in ihren Grundzügen und somit das Medium an sich ändern wird.
Keine Schulbücher im gesetzlichen Sinn sind **Lehrerhandbücher**; es handelt sich dabei um das Schulbuch begleitende Materialien mit ergänzenden fachlichen und didaktischen Informationen. Bei Berufseinsteigern sind besonders **Sammlungen von Unterrichtsentwürfen** beliebt. Sofern letztere als Anregungen verstanden werden, können sie dem Unterrichtsprozess wertvolle Impulse vermitteln. Werden sie jedoch unverändert, extensiv und kritiklos umgesetzt, erstarrt der Unterricht und wird unpersönlich. Von Schülern wird das sofort erkannt und als langweilig empfunden. Vom Schulbuch abzugrenzen sind auch, obwohl in Buchform, Arbeitsblatt-, Daten-, Formel- und Experimentesammlungen sowie Repetitorien.

Z (1) Arbeitshefte und Arbeitsblätter sind Druckerzeugnisse, welche nicht die Aufgabe eines Schulbuches ganz oder teilweise erfüllen sollen, sondern den Zweck haben, durch Aufbereitung, Wiederholung und Vertiefung des in den Schulbüchern zu behandelnden Stoffes zur Erreichung des Lernzieles beizutragen. [13]

Formen: Bezüglich des Stoffumfanges unterscheidet Bamberger [15]:
1. Das Maximum-Lehrbuch. Hierzu werden die meisten der heute verwendeten Bücher gezählt. Sie bieten dem Lehrer Auswahlmöglichkeiten. In der Praxis beobachtet man Auswahlschwierigkeiten bei Schülern und Lehrern, was z. B. dazu führt, dass die ohnehin üppigen Lehrplanvorgaben noch durch die Inhalte der Ergänzungstexte aus dem Lehrbuch kritiklos erweitert werden.
2. Das Minimum-Lehrbuch zeigt keine Verführungen dieser Art und erleichtert Schülern das Unterscheiden von Wichtigem und Unwichtigem. Die Stoffkürzungen werden durch Lehrer aber oft als Niveausenkung missverstanden, sodass diese Variante kaum Verbreitung findet.
3. Mischformen erscheinen ideal und werden von Lehrern gewünscht [15], wobei die Schwierigkeit darin besteht, eine für eine Mehrheit von Lehrern akzeptierte Stoff- oder Methodenauswahl zu treffen.

Das Schulbuch unterstützt eher die Schülerzentrierung: Wenn damit gearbeitet wird, ist die Aufmerksamkeit jedes Schülers weniger auf einen zentralen Punkt (Tafel, Projektionsfläche, Lehrer) als auf das persönliche Buchexemplar gerichtet. Aufgaben daraus werden individuell oder in Partnerarbeit im Heft oder auf einem Arbeitsblatt bearbeitet.

Einsatz: Das Schulbuch ist als einziges Medium meist lernmittelfrei und steht somit Schülern überwiegend kostenlos zur Verfügung. [14] Es bietet eine **mittlere Informationsdichte**. Neben linearem Text stehen statische Grafiken und Farbbilder zur Verfügung. Die Informationsdichte kann sich erhöhen, wenn elektronische Schulbücher erscheinen sollten: In diesem Fall wird der Text sicher verzweigt angeboten (Hypertext), Grafiken werden teilweise animiert und viele Bilder durch Videosequenzen hoher Informationsdichte ersetzt sein. Dennoch hat der Benutzer stets die Kontrolle: Er entscheidet, ob er einer Verzweigung folgt oder die Animation bzw. das Video startet und er kann Letztere stets selbst anhalten, rückwärts laufen lassen und / oder wiederholen.

Das Schulbuch erfüllt **Einstiegs- und Stimulationsfunktionen**. Vor der Verbreitung von Scanner, Farbdrucker und Internet war es die beste Quelle für lehrplanbezogene, „schöne" Farbbilder, professionell gestaltete Schemazeichnungen (Hochofen) oder historische Texte und Bilder (Wissenschaftlerportraits, Alchimistenlabor als Kupferstich).

In der **Informationsphase** dient es als bequeme Quelle für Abbildungen (Blick in einen Reaktorkern), Versuchsaufbauskizzen (Reduktion in Wasserstoffatmosphäre), historische Bilder (Experimentalaufbau von Otto Hahn, Waschmittelschaum in Flüssen) und Zahlenmaterial (jährliche Chemikalienproduktion, Fest- und Siedepunkte von Alkenen). Das gleiche Material kann in der **Festigungsphase** unter anderen didaktischen Gesichtspunkten verwendet werden. Gute Schulbücher bieten darüber hinaus Zusammenfassungen, Übungsaufgaben mit Hinweisen zur Lösung oder Anregungen für Transfer.

In **Erarbeitungsphasen** kann es dem Erlangen von Fertigkeiten bei der Gewinnung und Interpretation von Daten aus den unterschiedlichen Darstellungsformen dienen (z.B. Balken-, Säulen-, Kuchendiagramm, oder xy- und xt-Kurven).

Die knappen Experimentbeschreibungen und Aufbauskizzen sind eher als Anregungen zur theoretischen Auseinandersetzung oder für deduktives Vorgehen, selten als sichere Anleitungen für selbstständige, explorative Schülerübungen brauchbar.

Manchmal werden auch die **Steuerungs-** und die **Strukturierungsfunktion** [15] betont: Das Schulbuch gibt Anregungen zur Unterrichtsplanung durch Einteilung in Kapitel, Gewichtung des Inhaltes etwa durch das Angebot an Beispielen sowie der Formulierung von Merksätzen oder Kontrollfragen.

Fächerunabhängige Arbeitstechniken werden dann unterstützt, wenn das Arbeiten mit Begriffsdefinitionen, das Benutzen von Inhaltsverzeichnis, Stichwortverzeichnis und Glossar eingeübt wird.

Als **problematisch** einzustufen sind:

– Texte werden meistens als zu „trocken" und „wenig interessant" empfunden [16], weil sie fachlich sehr knapp formuliert, in „autoritativem", „entpersonalisiertem" Stil gehalten werden.

– Die methodische Variabilität ist gering. Deshalb sollte „die Unterrichtsplanung ... nicht vom Buch aus, sondern mit dem Buch geschehen." [15] Unreflektierter Einsatz führt dazu, dass der Lehrer seinen Handlungsspielraum auf methodischer und inhaltlicher Ebene unnötigerweise einschränkt. Zudem wirkt die Methode langweilig, weil stets abzusehen ist, was als Nächstes folgt. Das Bild des Steinbruches scheint in diesem Zusammenhang nützlich: Der Lehrer soll durchaus die Teilbereiche aussuchen, die in sein Lehrgangskonzept und in die Planung der Unterrichtseinheit passen.

– Die in der Regel fachwissenschaftlich basierte Gliederung ist nicht für alle Themen optimal. Die Betonung der informierenden Funktion des Buches verführt zu einer Überbewertung kognitiver Lehrziele im Unterrichtsverlauf.

– Allzu häufig sind Schulbücher auf den induktiven Erkenntnisweg beschränkt, was monoton durchgehalten wird. [17] Es fehlt der für guten Unterricht kennzeichnende Methodenwechsel.

Für die **Nacharbeit** zu Hause und die Vorbereitung der Schüler auf Leistungskontrollen ist das Schulbuch zusammen mit dem Schülerheft die verlässlichste Informationsbasis. Vorschläge für Hausaufgaben unterstützen Bemühungen um Wiederholung und Einübung im Sinne von Kontrollen. Zusatzinformationen, als solche durch Layoutmaßnahmen gekennzeichnet, ermöglichen in begrenztem Umfang das selbstständige Vertiefen. Werden Inhalte zu stark verkürzt oder ist das Layout durch häufigen Schriftschnitt- und Schriftartwechsel und / oder mehrfarbige Unterlegungen zu wechselhaft, werden Schüler dadurch vom selbstständigen Arbeiten mit dem Schulbuch nachhaltig abgehalten, weil schon der optische Eindruck beunruhigt und einen „komplizierten" Eindruck hinterlässt.

Qualitätskriterien: Ein gutes Schulbuch muss
- auf die Lehrpläne des zutreffenden Bundeslandes abgestimmt,
- fachlich und sachlich richtig,
- adressatengerecht und
- ansprechend und logisch gestaltet sein.
- Zudem sollte eine umfassende didaktische Konzeption erkennbar bleiben.

Die gleichsinnige Betonung fachsystematischer Ausrichtung in Lehrplan und Schulbuch verstärkt jedoch die Gefahr methodischer Monokultur.

Die Forderung nach **fachlicher Richtigkeit** ist selbstverständlich, besitzt aber ihre Tücken. Natürlich sollte nichts Falsches im Buch stehen. Andererseits aber verleitet die Pflicht zu knapper Formulierung die Autoren meistens zu einer sehr dichten und komplizierten Fachsprache, was wiederum der Verständlichkeit abträglich ist.

B Die Formulierung „*Wasser siedet bei 100* °C" wird gerne als „falsch", die folgende hingegen als „richtig" eingestuft: „Reines Wasser geht bei p = 101,3 kPa und 373 K aus der flüssigen in die gasförmige Phase über." Die Wirkung dieser Fachsprache auf Schüler bedarf keines Kommentars.

Gleichzeitig wird durch das oben Ausgeführte die **Adressatenangemessenheit** berührt: Folgt ein Schüler der Illusion absoluter Exaktheit etwa von Definitionen im Schulbuch, resultiert daraus eine „aufgeblasene, wissenschaftsgläubige Ausdrucksweise", die sich beim näheren Hinsehen als wenig hilfreich und vor allem lebensfern entpuppt. Folgt er ihr nicht, so läuft das auf ein Abschalten und ein Abqualifizieren des Faches Chemie als „generell unverständlich" hinaus.

In welchem Ausmaß **didaktische Konzepte** im Schulbuch Niederschlag finden sollten, ist umstritten. Während manche das „sture Verfolgen einer linearen Lernspur" durch das Schulbuch kritisieren, ist es doch zweifelhaft, ob die Forderung nach einem „breiten Spektrum an Alternativen", nach dem „Aufzeigen von Querverbindungen zu anderen Fächern", nach „vielfältigen Interaktionsformen" von einem Schulbuch überhaupt zu leisten ist. Anregungen in Form von Arbeitsaufträgen (berechne ..., beschreibe ..., sammle ..., interpretiere ..., baue ...) oder Empfehlungen zu Sozialformen haben unter den aktuellen Umständen an öffentlichen Schulen nur dann Aussicht auf Wirkung, wenn sie gleichzeitig durch das methodische Verhalten des Lehrer verstärkt bzw. aufgegriffen werden.

In der **äußeren Gestaltung** (Layout) sind in den vergangenen 20 Jahren die meisten Veränderungen zu verzeichnen gewesen. Verbesserte technische Möglichkeiten bei Entwurf und Druck sowie didaktische Bemühungen, die sich nicht ausschließlich auf Textformulierung beschränken, haben dazu beigetragen. Es hat sich heute ein fast einheitliches Erscheinungsbild einschließlich sachlicher Gliederung durchgesetzt (vgl. Abb. 283.1):

- Sujew unterscheidet **Texte** von außertextlichen Komponenten. Zu den Texten zählt der Grundtext, der als Basisinformation dient, und der **Ergänzungstext**. Letzterer ist meistens optisch abgesetzt und liefert Ausblicke, Lesestellen, Zusatzinformationen. Zu den außertextlichen Komponenten zählt er den „Apparat zur Organisation der Aneignung" (Fragen, Aufgaben, Experimentieranleitungen, Denkanregungen), den „Orientierungsapparat" (Inhaltsverzeichnis, Signalsymbole, Überschriften, Stichwortregister, Glossar) und das Illustrationsmaterial [nach 15]. Texte sind zu **Textleisten** zusammengefasst und von einer **Bildleiste** abgetrennt, wobei in der Bildleiste auch die anderen außertextlichen Komponenten vorkommen können. Die Anordnung der Leisten auf der Seite ist variabel, muss aber innerhalb eines Werkes konsequent angewendet werden.
- **Definitionen** werden durch Fett- oder Farbdruck oder farbliche Hinterlegung hervorgehoben.
- Zu **Übungsaufgaben** fehlen meistens Lösungswege oder zumindest aussagefähige Hinweise zur Lösung.
- Eine **Zusammenfassung** bedeutender Aussagen des Kapitels in Form von wenigen Sätzen oder Stichworten erleichtert es Schülern, Wichtiges von weniger Wichtigem zu unterscheiden.
- Sehr hilfreich ist ein **Glossar von Grundbegriffen** aus dem Vorjahr zu Beginn eines Folgebandes. Am Ende sollte ein Glossar mit

den Begriffen aus dem vorliegenden Band nicht fehlen.
- Häufig scheitert die umfangreichere eigenständige Arbeit von Schülern mit dem Schulbuch, etwa in der Vorbereitung einer Klausur oder Schulaufgabe, am zu knappen **Stichwortverzeichnis**.

Besonders der Bereich der äußeren Form ist anfällig für kontraproduktive Übertreibung. Werden mehr als drei der folgenden Beispiele für Hervorhebung gleichzeitig auf einer Buchseite angewendet, wird das Erscheinungsbild sehr unruhig, die Gliederung eher unübersichtlich:
- verschiedenfarbige Unterlegung (hellblau, rosa, hellgrün, gelb),
- mehrere Schriftfarben (blau, rot, grün neben schwarz),
- mehrere Schriftschnitte (kursiv, fett, unterstrichen, Kapitälchen),
- mehrere Schriftgrößen oder sogar Schriftarten,
- einfache, dicke, doppelte Rahmen, Randlinien,
- extensiver Gebrauch von Klammern (rund, eckig, spitz, geschweift).

13.4.3 Lehr- und Lernprogramme

Beschreibung: Lehr- und Lernprogramme sind als Programmgattung viel eher wie eigenständige Medien zu behandeln als der Computer. Abbildung 284.1 stellt eine Typisierung von Anwenderprogrammen dar. Dabei nimmt die Komplexität von oben nach unten zu: **Elektronische Bücher** sind nichts anderes als der Inhalt des herkömmlichen Buches auf

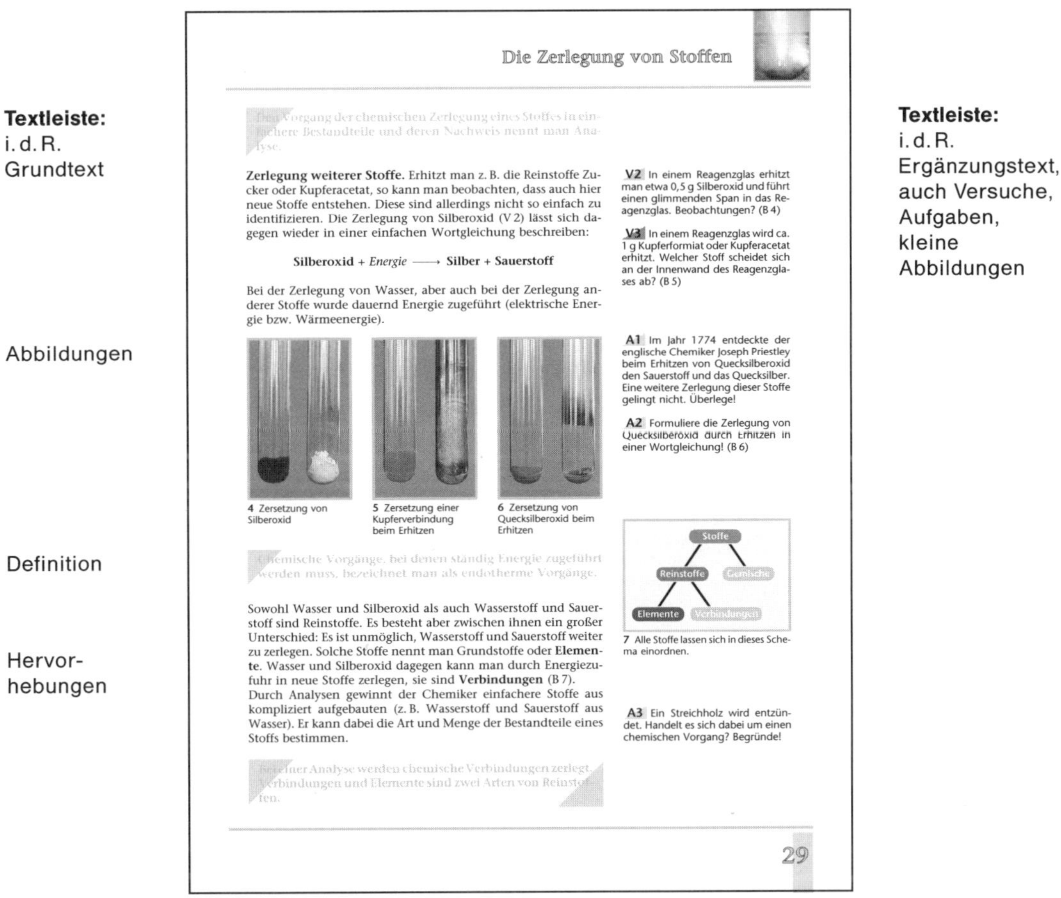

Die Zerlegung von Stoffen

Der Vorgang der chemischen Zerlegung eines Stoffes in einfachere Bestandteile und deren Nachweis nennt man Analyse.

Zerlegung weiterer Stoffe. Erhitzt man z. B. die Reinstoffe Zucker oder Kupferacetat, so kann man beobachten, dass auch hier neue Stoffe entstehen. Diese sind allerdings nicht so einfach zu identifizieren. Die Zerlegung von Silberoxid (V 2) lässt sich dagegen wieder in einer einfachen Wortgleichung beschreiben:

Silberoxid + *Energie* ⟶ **Silber** + **Sauerstoff**

Bei der Zerlegung von Wasser, aber auch bei der Zerlegung anderer Stoffe wurde dauernd Energie zugeführt (elektrische Energie bzw. Wärmeenergie).

4 Zersetzung von Silberoxid

5 Zersetzung einer Kupferverbindung beim Erhitzen

6 Zersetzung von Quecksilberoxid beim Erhitzen

Chemische Vorgänge, bei denen ständig Energie zugeführt werden muss, bezeichnet man als endotherme Vorgänge.

Sowohl Wasser und Silberoxid als auch Wasserstoff und Sauerstoff sind Reinstoffe. Es besteht aber zwischen ihnen ein großer Unterschied: Es ist unmöglich, Wasserstoff und Sauerstoff weiter zu zerlegen. Solche Stoffe nennt man Grundstoffe oder **Elemente**. Wasser und Silberoxid dagegen kann man durch Energiezufuhr in neue Stoffe zerlegen, sie sind **Verbindungen** (B 7).
Durch Analysen gewinnt der Chemiker einfachere Stoffe aus kompliziert aufgebauten (z. B. Wasserstoff und Sauerstoff aus Wasser). Er kann dabei die Art und Menge der Bestandteile eines Stoffs bestimmen.

Bei einer Analyse werden chemische Verbindungen zerlegt. Verbindungen und Elemente sind zwei Arten von Reinstoffen.

V2 In einem Reagenzglas erhitzt man etwa 0,5 g Silberoxid und führt einen glimmenden Span in das Reagenzglas. Beobachtungen? (B 4)

V3 In einem Reagenzglas wird ca. 1 g Kupferformiat oder Kupferacetat erhitzt. Welcher Stoff scheidet sich an der Innenwand des Reagenzglases ab? (B 5)

A1 Im Jahr 1774 entdeckte der englische Chemiker Joseph Priestley beim Erhitzen von Quecksilberoxid den Sauerstoff und das Quecksilber. Eine weitere Zerlegung dieser Stoffe gelingt nicht. Überlege!

A2 Formuliere die Zerlegung von Quecksilberoxid durch Erhitzen in einer Wortgleichung! (B 6)

Stoffe
Reinstoffe
Gemische
Elemente
Verbindungen

7 Alle Stoffe lassen sich in dieses Schema einordnen.

A3 Ein Streichholz wird entzündet. Handelt es sich dabei um einen chemischen Vorgang? Begründe!

29

Abb. 283.1 Elemente der Schulbuchgestaltung [27]

einem anderen Informationsträger gespeichert, wobei den hohen Gerätekosten und den Bedienproblemen der einsteigenden Schüler Vorteile beim Blättern gegenüberstehen. Im Zusammenhang mit Lexika ist das durchaus ausreichend. Beispiele: *CD-Römpp* (Chemie-Lexikon), elektronische Varianten des PSE.

Tools sind Programme, die dem Nutzer (komplizierte) Berechnungen abnehmen, dem Lernen aber nur indirekt dienen, indem allein Aufgaben mit verschiedenen Variablen berechnet werden. Beispiele: *MolGen* berechnet Strukturisomere zu einer gegebenen Molekülformel, *SPARTAN* unterschiedliche Modellansichten zu Molekülen, *WinOrbit* Orbitalfunktionen.

Übungsprogramme („learnware", „drill-and-practice") geben bereits einfache Rückmeldungen der Art „falsch" und „richtig" und liefern eine Serie von Übungen. Die Inhalte beschränken sich für den Chemieunterricht auf mathematisch orientierte Inhalte. Einsatz finden sie im Anschluss an eine Lehreinheit in der Festigungsphase. Beispiele: *FormelTutor* (Aufbau von rationellen Formeln), *ElektrochemischeZellen* (Potenzialberechnung von galvanischen Elementen), *GibbsEnergetik* (Reaktionsenthalpie-Verlauf nach Gibbs-Helmholtz).

Erst die **Lehrprogramme** („teachware") zeigen mehrere Elemente des Unterrichts (relativ klar definierte Zielgruppe, Verwendung spezifischer Methoden, Methodenwechsel, Lern- und Festigungsphasen, Lernzielkontrollen, Auslöschungsphasen, Übungsaufgaben ...), sodass Lernende sich mit dieser Art von Software einen klar umrissenen, noch unbekannten Inhalt allein erarbeiten können [20].

Simulationen, bei denen das Arbeiten mit dem Modellsystem im Computer Aussagen über das wahrscheinliche Verhalten des echten Systems zulassen, sind in der Chemie noch selten; Ansätze findet man bei den etwas älteren Programmen *Abgaskatalysator, Blockcopolymerisation* oder *Ammoniaksynthese.*

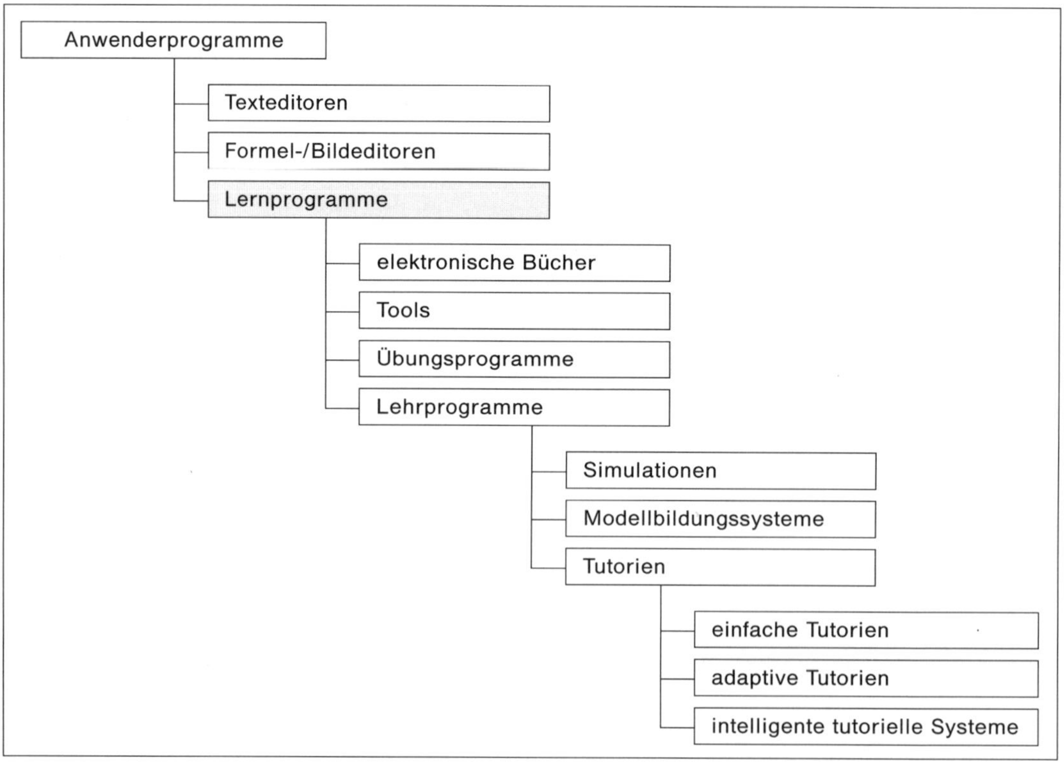

Abb. 284.1: Einordnung und Typen von Anwenderprogrammen in Anlehnung an Kleinschroth [20]

In **Modellbildungssystemen** werden die Regeln, die einem System oder einer Simulation zugrunde liegen, erst erarbeitet. Sie führen, wie der Name sagt, zu einer Modellvorstellung der untersuchten Thematik.

Tutorien wiederum sind schulspezifischer: Sie betreuen den Lernenden in umfangreicherer Weise. **Einfache Tutorien** sind geführte Lehrgänge durch einen Inhalt (*Biochemie* aus der Reihe CyberMedia, *MOLiS* zum Thema Isomerie), ergänzt durch Navigationshilfen, Hintergrundinformation und interaktive Elemente. **Adaptive Tutorien** und **intelligente tutorielle Systeme** (ITS) erlauben dem Lernenden individuelle Lernwege und stellen sich auf Vorkenntnisse, benutzertypische Fehler und Lernfortschritt automatisch ein.

Ein gutes Lehrprogramm sollte den gleichen methodischen Grundsätzen folgen, die für lehrergeführten Unterricht gelten. Die Übergänge zwischen den Kategorien sind fließend, fortgeschrittenere Programmversionen können auf komplexere Stufen aufsteigen.
Lehrprogramme sind in gewisser Weise durchaus mit dem Schulbuch zu vergleichen, obwohl der Informationsträger ein anderer ist. Die didaktische Intention ist aber die gleiche, nämlich zu einem (i.d.R. stärker begrenzten) Thema einen abgeschlossenen Lehrgang zu bieten. In diesem Sinn handelt es sich genauso um fremdgestaltete Medien.

Einsatz: Für den Einsatz tun sich zusätzliche neue Möglichkeiten auf.
Hypertext erleichtert das Blättern und das Zugreifen auf Hintergrundinformation, kann aber bei geringer Disziplin vom Lernweg ablenken.
Das **Navigieren** ist zwar bequemer, erfordert aber ein Mindestmaß an Fertigkeiten zur Bedienung eines Computers, seines Betriebssystems und gegebenenfalls der Lernumgebung.
Neue, effektive **Visualisierungshilfen** (Animationen, 3D-Formeln, Videosequenzen) sind zugänglich, wollen aber fachgerecht bedient werden.
Gute Lehrprogramme ermöglichen schülerzentriertes Arbeiten mit allen Vorteilen des selbstbestimmten Lerntempos usw. (vgl. Kapitel 15). Anders als beim Schulbuch ist der Umfang kaum technisch beschränkt. Mehr Übungen können integriert, Lösungswege beschrieben, Zusatzinformationen gegeben und Auswahlhilfen für alternative Inhalte realisiert werden.

Lehrprogramme können im Gruppenunterricht im Computerraum oder als eine Aufgabe im Rahmen des **Stationenlernens** eingesetzt werden. Die frühere Vermutung, Computer würden zu sozialer Isolation führen, hat sich eher ins Gegenteil verkehrt: Fast jede Arbeit am Computer zeigt zwangsweise Elemente des sozialen Lernens. Sofern der Lehrer die Methode verstärkt, kann nach dem Prinzip „Lernen durch Lehren" ein erfahrener Nutzer („Computerexperte") den anderen Gruppenmitgliedern bei der Bedienung oder unvorhersehbaren Problemen (Rechnerabsturz, wenig logische Bedienerführung, Handhabung interaktiver Sequenzen) helfen, während ein anderer („Fachexperte") die zugrunde liegenden fachlichen Inhalte schon beherrscht.

Die unterschiedlichen Arbeitsweisen von Jungen und Mädchen sollten nur in Ausnahmefällen zur Aufhebung der Koedukation im Chemieunterricht führen. Eine geschickte Zusammenstellung der Gruppen, zum Beispiel mehrere unterschiedliche Experten in der Gruppe, oder ein Mädchenexperte und zwei Jungen, wird zum beidseitigen Nutzen sein.

13.4.4 Statische Bilder

Beschreibung: Normalerweise werden zu dieser Kategorie allein das **Diapositiv** (Dia) und gelegentlich die **Projektion von Abbildungen** mit dem Episkop gezählt. In allen Fällen handelt es sich um Medien geringer Informationsdichte, da Bewegung und Ton fehlen.
Mithilfe des **Episkops** können nichttransparente, in der Regel aber nur flache Objekte (Bilder) in Auflichttechnik projiziert werden. Üblicherweise sind sehr starke Lichtquellen erforderlich, die die Einsatzmöglichkeiten zusätzlich einschränken.

Einsatz: Dia und Bild sind recht methodenneutral: Der Lehrer kann nach Belieben ein einzelnes Dia in eine frontale Situation einbauen (vergleiche Tafel), oder er kann einen Arbeitsauftrag anhand einer durchlaufenden Diaserie durch Schüler selbstständig abarbeiten lassen.

Von **Vorteil** ist:

- die kurze technische Vorbereitungszeit,
- der günstige Preis für Gerät und Träger, was Dias häufig ohne Ausleihprozedur direkt in der Schule verfügbar macht,
- das allein durch den Nutzer bestimmte Präsentationstempo,
- das einfach zu realisierende Unterbrechen der Präsentation für Ergänzungen, Wiederholungen, Klärung von Zwischenfragen ...,
- die flexible Reihenfolge und Auswahl, etwa zum Einsatz gleicher Thematiken in Parallelklassen bzw. unterschiedlichen Jahrgangsstufen,
- die prinzipielle Möglichkeit, diese Medien selbst herzustellen.
- Der stark variable Projektionsabstand bei Verwendung von Zoom-Objektiven ermöglicht es, bei fast beliebiger Entfernung des Projektors ein optimal großes Bild zu erzeugen.

Störend ist, dass abgedunkelt werden muss. Das führt mittlerweile dazu, dass Dia und Papierbild in vielen Fällen durch Farbbildfolien oder die Kombination von Bildvorlage, Schwanenhalskamera (Flexcam) und Datenprojektor (Beamer) ersetzt werden.

13.4.5 Bewegte Bilder

Beschreibung: Besonders bei dieser Mediengruppe zeigt sich, wie sehr die Bezeichnung die mögliche Rolle verschleiern kann. Der Inhalt „Erdölförderung“ bleibt stets der gleiche, ob er nun auf dem Träger Polyacetat in 8 mm oder 16mm Breite (**Film**), auf eisenoxidbeschichteter Polyesterfolie (**Video**band) oder in Polycarbonat (**Bildplatte**, **CD-ROM**, **DVD**), ob das geeignete Abspielgerät in ein Computersystem integriert ist (CD-ROM-, DVD-Laufwerk) oder nicht (Bildplattenspieler, DVD-Player). Allen gemeinsam ist, dass sie bewegte Bilder in Farbe mit Ton bieten, was sie zu Medien hoher Informationsdichte macht. Aus diesem Grund soll im Folgenden die Bezeichnung Film im Sinn von bewegten Bildern verwendet werden, unabhängig vom aktuellen Träger.

B Die neueste Technik ist zweifelsohne DVD, Digital Versatile Disc. Dabei handelt es sich um Geräte und Standards, die von vornherein für multimediale Technik konzipiert wurden. Informationsträger ist dabei eine zweischichtige, insgesamt vierseitige CD mit einer Kapazität von 17 GByte (26x CD-ROM) und 10facher Zugriffsgeschwindigkeit (DVD-18-Format). In Spielzeit ausgedrückt: Bei besserer Bildqualität als VHS beträgt sie für alle 4 Ebenen zusammen 9 Stunden. Das Speicherformat erlaubt nicht nur Bild- und Tonkanal, sondern bis zu 32 Zusatzkanäle, auf denen sich z. B. ein Dialog mit dem Nutzer realisieren lässt.

Einsatz: Bewegte Bilder eignen sich für alle didaktischen Orte. Man muss sich als Lehrer aber dessen bewusst sein, dass dann das Medium weitgehend die Methode bestimmt, außer man verwendet gezielt ausgewählte Sequenzen. Besondere Leistungen entwickelt der Film durch die verwendeten **spezifischen Techniken**:

- Zeitlupe (verlangsamte Explosionen),
- Zeitraffer (stark beschleunigte Korrosionsvorgänge),
- Trickaufnahmen (Vorstellung vom Ablauf des S_N1-Mechanismus).

Ansonsten dient er häufig als **Ersatz für die Wirklichkeit**:

- Betriebserkundungen sind nicht immer möglich (Halbleiterproduktion, Diamantenförderung).
- Historische Begebenheiten sind prinzipiell nicht wiederholbar (Atombombenexplosion über Hiroshima, Ausbringen von DDT mit der Hand).
- Sehr teure oder gefährliche Experimente verbieten sich im Unterricht (Auflösen von Gold in Königswasser, Reaktionen mit Fluor).
- Schwierig durchzuführende Experimente (Enzymreaktionen) gelingen im Film immer.

Der Unterrichtsfilm ist durch seine Nähe zum Spielfilm ein sehr attraktives Medium, verleitet Schüler aber zur rezeptiven Haltung. Arbeitsaufträge und relativ kurzschrittiges Vorgehen stellen sicher, dass sich die Schüleraufmerksamkeit auf das Lernziel konzentriert. Der

Aufwand wird geringer und die Einsatzmöglichkeiten vielfältiger, je moderner die Abspieltechnik ist: War das Anhalten oder Präsentieren von Ausschnitten beim 16 mm-Film noch eine riskante Sache für das Material, so kann man bei DVD gezielt Szenen per Knopfdruck anspringen oder an beliebiger Stelle störungsfreie Zeitlupen erzeugen. Verwendet man Datenprojektoren oder Monitore mit ausreichender Lichtstärke, so entfällt meistens auch das Abdunkeln.

Ausblick: Es gehört zu den größten Sorgen von Bibliotheken und Bildstellen, dass sich Speicher- und Abspieltechniken, folglich die Informationsträger, zunehmend rasch ändern. Wird ein Buch aus dem 18. Jahrhundert vermutlich in 100 Jahren auch noch lesbar sein, gilt das für Bildplatten und CD-ROM wahrscheinlich nicht. Sind gerade die bedeutendsten Inhalte von der Super8- auf die VHS-Videotechnik übertragen worden, ist die DVD-Technik marktreif. Sofern man sich auf die Inhalte konzentriert, ist eine erneute Mediendiskussion allerdings überflüssig.

Es erscheint bedeutsam festzuhalten, dass alle bisher erwähnten Medien nicht zum Erreichen des Lehrziels geeignet sind, Schüler zum selbstständigen Mitschreiben und zum Unterscheiden von Wichtigem und Unwichtigem zu erziehen, da sie stets optimal vorstrukturiert und gestaltet sind, sei es durch den Lehrer selbst (Tafel) oder durch andere Instanzen (Film, Lernprogramm).

13.5 Geformte Materialien

Beschreibung: Besonders bei offeneren Unterrichtsmethoden (z. B. Lernzirkel, Freiarbeit) kommen Medienformen zum Einsatz, die in herkömmliche Kategorien (Video, Dia, Modelle) nicht hineinpassen. Seilnacht formuliert in Anlehnung an Montessori eine Reihe von Anforderungen an solche Medien, in ihrer Zusammenstellung hier als „Posten" bezeichnet, wobei nur teilweise herkömmliche Formen beteiligt sind:

Betreffend die **Information**:
Jeder Posten enthält Informationsmaterial (statische und bewegte Bilder, lineare und verzweigte Texte).

Betreffend die **Ausführung** („Gerät"):
- Die äußere Beschaffenheit sollte ästhetisch ansprechend sein.
- Es sollte eine Arbeitsanleitung enthalten sein, welche eine selbstständige Bearbeitung der Aufgaben ohne fremde Hilfe ermöglicht (Arbeitsblatt).
- Jeder Posten ist in einem stabilen Kasten untergebracht (Holzkiste, Falzkarton) und enthält Arbeits-, Experimentier- oder Spielmaterial, Material zur Ergebniskontrolle, die nötigen Anleitungen und eine Inventarliste auf dem Deckel oder im Kasten.

Betreffend die **didaktische Absicht**: Das Material sollte
- einen Themeninhalt exemplarisch darstellen,
- Selbstkontrolle ermöglichen,
- je Posten nur <u>ein</u> Lernziel (Feinziel) oder <u>ein</u> Problem behandeln (Isolierung der Schwierigkeiten),
- alle Sinne, vor allem den Tast- und Greifsinn, ansprechen,
- sich an einem festen Ort befinden,
- nur einmal vorhanden sein (nach Montessori fördert dies die Kooperation, weil sich die Schüler dann untereinander absprechen müssen, wer was macht).

Zu einem Thema sollten unterschiedliche Materialangebote mit verschiedenen Schwierigkeitsgraden vorliegen, damit eine individuelle Differenzierung möglich ist.

Abweichend von Montessori kann das Material in doppelter Ausführung erstellt werden. Oft wird eine Arbeitsgruppe an einem Tag mit ihrem Materialposten nicht fertig, dies führt dann zu Engpässen. Die Schüler arbeiten mit unterschiedlicher Geschwindigkeit. Die doppelte Ausführung erhöht die Flexibilität und mindert den kooperativen Effekt bei der Materialauswahl nicht wesentlich. Das Übersichtsplakat, welches neben dem Arbeitsplan aushängt, informiert kurz über den Inhalt und den Aufgabenbereich jedes einzelnen Materialpostens. Es wird von den Schülern vor jeder Materialauswahl gelesen. Die Lehrkraft sollte sich auch überlegen, ob die Durchführung aller oder einer Mindestanzahl der Materialposten verpflichtend ist. [21]

Vergleicht man die Medienbeschreibung mit der in Kapitel 13.6, erkennt man, dass diese Medienform am ehesten die Bezeichnung „multimedial“ verdient: Arbeitsblatt und Dia, Modell und Realgegenstand, Bild und Experiment sind zu einer Einheit verbunden. Wieso sind geformte Materialien dann „geformt“? Wieso zählen sie als eigenständiges Medium? Entscheidend ist die „stille Aufforderung“, die Art und Weise, das didaktische Konzept der Zusammenstellung. „Nicht die Dinge auf einen Begriff zu bringen, sondern die Begriffe auf Dinge zu übertragen, darin liegt das Besondere...“ [2]. Schüler erkennen das Konzept intuitiv, sie fühlen sich von den Materialien (Montessori nennt sie nicht Medien) „angesprochen“.
Die Angabe von Beobachtungsaufgaben (vgl. Kapitel 13.4.5) ist nicht erforderlich. Hinweise und Anleitungen beschränken sich auf die Bedienung der Medien.

B Im Anfangsunterricht Chemie kann man Schüler schon dadurch zur Auseinandersetzung mit Stoffen animieren, dass ihnen Zucker, Kochsalz, Zitronensäure zur Verfügung gestellt wird. Sie werden sie mit ihren Sinnen untersuchen. Die Erlaubnis, schmecken zu dürfen, wird hier – als Ausnahme! – erteilt. Für weitergehende Untersuchungen stehen mehrere Gläser mit Wasser und ein Teelicht bereit. Das Lösungsverhalten wird verglichen. Zum Teelicht benötigen die Schüler die Bedienanleitung, wie man aus Alufolie Rinnen faltet und darin kleine Stoffportionen erhitzt. Es entsteht ein recht umfangreicher Steckbrief für die Stoffe, ohne dass die Schüler den Eindruck haben, eine Checkliste des Lehrers abgehakt zu haben. [22]

Diese Medienformen müssen zur Zeit vom Lehrer selbst in mühsamer Kleinarbeit hergestellt bzw. zusammengestellt werden. Muster lassen sich aus anderen Fächern (Sachkunde, Sprachen, Physik) sehr gut übertragen.

Einsatz: Geformte Materialien bedingen offenere, stark schülerzentrierte Unterrichtsmethoden, die eine gewisse Verbreitung in Schularten mit Klassenlehrerprinzip (Primarbereich, Hauptschule) erreicht haben. Sie „... ermöglichen dem Kind, nach einem Ding zu greifen und in diesem Griff unversehens einen Begriff zu entdecken.“ [2] Man geht davon aus, dass diese Medienart „katalytische Funktionen“ erfüllt, die helfen, Fähigkeiten und Fertigkeiten zu entfalten (vergleiche Entfaltungsmodell, S. 45), sobald Schüler dafür bereit, „reif“ sind.

Erfahrungen aus dem Chemieunterricht sind selten, weil überfrachtete Lehrpläne, 45-Minuten-Takt und Fachlehrerprinzip Differenzierungen im nötigen Ausmaß effektiv verhindern. Vereinzelt findet man Beschreibungen aus Pilotprojekten [21]. Als abstrakte Variante mag das **Rollenspiel** verstanden werden, wieder ein Grenzbereich zwischen Medium und Methode. Seilnacht hat ein Beispiel für den Chemieunterricht („Düngemittel zum Wohle der Menschheit?“) ausgearbeitet und erprobt [21].

13.6 Multimedia und Medienkompetenz

Das Bildungswesen hat die Aufgabe, für das Leben und Arbeiten in der Informationsgesellschaft vorzubereiten und zu qualifizieren. Diese Aufgabe kann es nur dann leisten, wenn es selbst die erforderlichen Voraussetzungen erfüllt: Es muss seine eigenen Strukturen und die Curricula flexibel an die gesellschaftlichen und technischen Entwicklungen anpassen.

Aus Sicht der Didaktik sind dabei eindeutig am interessantesten die Bemühungen um effiziente **Lernumgebungen**, effizient nicht nur im Sinn von schnellem Ansammeln kognitiver Fähigkeiten. Man verspricht sich davon neue Impulse im Sinne von Methodenvielfalt als Alternative. Natürlich bringt das auch **Probleme** mit sich:

- Die mögliche Nähe multimedialer Lernumgebungen zu Computerspielen (z. B. „adventures“) mag, wie bei der Nähe von Unterrichtsfilm und Unterhaltungsfilm, zwar interessant wirken, muss aber nicht automatisch der Auseinandersetzung mit dem Inhalt förderlich sein. Bilder sehen zwar „ein-

fach" aus, verstecken aber dadurch genau das, worauf es ankommt.
- Die Kombination mehrerer Medienarten kombiniert auch ihre Nachteile, wobei leicht jener Schwellenwert für den durchschnittlichen Schüler überschritten werden kann, der fördernde von kontraproduktiven Einflüssen trennt. Leicht entsteht eine Informationsdichte oder eine Kanalvielfalt, die resignieren lässt.
- Vielfältige Angebote enthalten vielfältige Verlockungen, die das Lernziel verschleiern können. Zu Eigentätigkeit gehört Selbstdisziplin, die Fähigkeit, sich auf ein Ziel konzentrieren zu können.

All das lässt sich nur vermeiden, wenn sowohl Lehrer als auch Schüler **Medienkompetenz** besitzen. Lehrer müssen über fachspezifische Leistungen von Medien Bescheid wissen und den abwechslungsreichen, methodengeleiteten Einsatz beherrschen. Medienkompetenz bei Schülern kann nicht mehr auf die Benutzung und den Einfluss der Massenmedien beschränkt bleiben. Die Abbildung 289.1 zeigt verschiedene Stufen der Medienkompetenz.

Z Es ist offenkundig, dass Medienkompetenz weit über die Aneignung technischer Computerkenntnisse hinausgeht und es mit einem speziellen Unterrichtsfach nicht getan ist [24].

Neben der Erhöhung der Professionalität ist Medienkompetenz aus einem weiteren Grund unabdingbar. Der bedeutendste Wandel, dem Unterricht in naher Zukunft unterworfen sein wird, hat seinen Ursprung in den geänderten Anforderungen an nützliches Wissen. Nicht mehr das einmal erworbene Wissen („know what") steht an erster Stelle, sondern das Gewusst-wie („know how") und das Gewusst-wo („know where") im Verlauf des lebenslangen Lernens. Weil in diesem Zuge der Lehrer im Chemieunterricht nicht mehr hauptsächlich Informationsquelle sein wird, kommt der Beherrschung anderer Informationsmedien durch Schüler wie Lehrer immer größere Bedeutung zu. Diese Medien verwischen zunehmend die Grenze zwischen Massen- und Unterrichtsmedium und werfen damit Fragen nach Authentizität, Richtigkeit und Urheberschaft auf, bei deren Lösung nicht ein neues Fach, sondern der Fachunterricht mit angepasster Methodik Antworten liefern muss.

13.7 Zusammenfassung

Einen Überblick vermittelt Abb. 290.1.

1. Medien **ermöglichen die Gewinnung von Erkenntnissen**. „Genau genommen gibt es keine medienfreie Erfahrung". Sie machen den konstruierten Charakter aller Wirklichkeit deutlicher, als er uns gemeinhin wird. [25] Am Schnittbild-Modell einer Raffinerie, an einem Funktionsmodell zum chemischen Gleichgewicht, an farbcodierten Potenzialoberflächen von Molekülen lassen sich mehr Erkenntnisse gewinnen als am Original in seiner ursprünglichen Erscheinung. Sie können aber auch zu falschen Erkenntnissen führen, wenn man sie zu sehr als Autorität

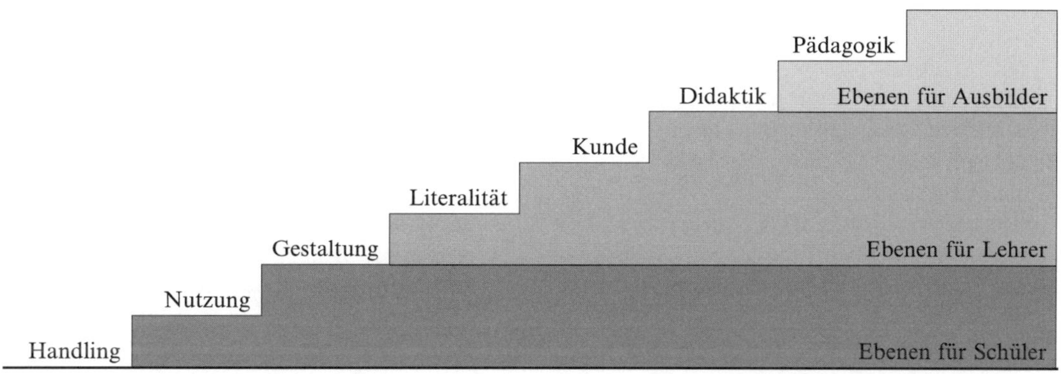

Abb. 289.1: Stufen der Medienkompetenz

- **Medien**
  - Lehrersprache
  - selbst gestaltete Medien
    - Tafel + Applikationen
    - Schülerheft
    - Folie + Applikationen, Arbeitsblatt, Präsentation, Spiel, Kreuzworträtsel ...
    - außerschulische Lernorte (Unterrichtsgang, Lehrfahrt), Experten, externe Praktika
  - fremdgestaltete Medien
    - Modelle (materiell)
    - Schulbuch
    - Lernprogramme („Computer")
    - statische Bilder: Abbildung („Episkop"), Dia
    - bewegte Bilder: Film („Video, CD-ROM, Bildplatte, DVD")
  - geformte Materialien
    - materiell
    - immateriell (Rollenspiel)

Abb. 290.1: Überblick über die behandelten Medienformen

akzeptiert und Grenzen medialer Darstellungen ignoriert.

2. Medien **unterstützen Denkprozesse**. Sie erweitern die äußeren Kommunikationskanäle (zwischen Lehrer und Schülern), die sprachbasiert und durch serielle Verarbeitung gekennzeichnet sind, um die bildbasierte, parallel arbeitende Dimension. Gleichzeitig fordern sie die innere Kommunikation (z.B. zwischen den Hirnhälften) dermaßen, dass positive Rückwirkungen auf die Gehirnentwicklung folgen müssen. [26]
3. Medien **unterstützen Unterrichtsmethoden**. Auch die neuen Medien können methodische Schwächen nicht wettmachen. Umgekehrt wird eine Methode durch adressatengerechten Medieneinsatz besser.
4. Medien **unterstützen Lernprozesse**. Wesentliche Merkmale treten, von der didaktischen Absicht gesteuert, stärker hervor, als sie dies in der Wirklichkeit tun würden. Arbeitsteilige Schülerexperimente in Gruppen können der Differenzierung bis hin zur Individualisierung dienen. Leistungsschwache oder wenig selbstbewusste Schüler lernen ohne Klassenöffentlichkeit oder direkte Lehrerkontrolle besser. Eine optimale, nicht maximale, Zahl von (verschiedenen) Lösungsansätzen unterstützt individuelle Unterschiede bei den Lernstrategien. Veranschaulichung hilft Schülern bei Inhalten, die ihre geistige Entwicklungsstufe auf formaler Ebene fordern. Nicht immer ist maximale Realitätsnähe didaktisch am günstigsten [25].
5. Medien **vertreten Inhalte**, ersetzen aber nicht die authentische Erfahrung. Wenn das Original am Ort des Unterrichts nicht verfügbar sein kann, muss es von einem medialen Ersatz vertreten werden. Als Gründe könnten zum Beispiel gelten, dass das Original zu weit entfernt (Marsgestein), zu groß oder zu klein (Raffinerie bzw. Eisenatom), zu teuer (Brillant), zu gefährlich (Plutonium) oder zu unanschaulich (chemisches Gleichgewicht) ist. Verantwortungsvoller Umgang ist nur am Original (chemisches Experiment mit Sicherheits- und Entsorgungsaspekten) und nicht an seiner medialen Repräsentation (Simulation) erlernbar.

L

[1] Glöckel, H.: Vom Unterricht. Klinckhardt, Bad Heilbrunn, 1996.
[2] Adl-Amini, Bijan: Medien und Methoden des Unterrichts. Auer Verlag, Donauwörth 1994.
[3] DIN-Term Informationstechnik. Begriffe aus DIN-Normen. 2 Bde., Beuth-Verl., Berlin 1997.
[4] Apel, H.: Teleteaching – Telesupport. Vortrag beim Kongress der DGfE in Hamburg vom 18.–20.03.1998.
[5] Graf, E.: Die Wandtafel im Chemieunterricht. NiU-C Nr.38, 1997, 74–79.
[6] Rampf, H., Reichelt, R.: Einfache Applikationsmodelle im einführenden Chemieunterricht. NiU-C Nr. 1, 1992, S. 29–33.
[7] Weber, U.: Adhäsiv-mechanisch haftende Applikationen für die Wandtafel. PdN Chemie, Heft 6, 1987, S. 10–13.
[8] Becker, H.-J., Jüngel, G.: Applikationen im Chemieunterricht. Lehrmittel aktuell, Heft 4, 1978, S. 43.
[9] Eckert, R.: Das Arbeitsblatt im Unterricht. Ehrenwirth, München 1980.
[10] Wohlmuth, M. H.: Denkfiguren im Chemieunterricht. Chemie & Schule, Heft 3, 1997, S. 6–8.
[11] Meyer, H.: Das Wichtigste Medium des Unterrichts ist der Körper des Lehrers. In: Otto, G. (Hrsg.): Unterrichtsmedien, Friedrich Jahresheft XI, 1993, 36–37.
[12] Watson, J. D.: Die Doppelhelix. Rowohlt, Hamburg 1969.
[13] z.B. Bayern: Verordnung über die Zulassung von Lernmitteln (ZLV), § 4.
[14] z.B. Bayerisches Schulfinanzierungsgesetz in der Fassung vom 7.7.1994, Art. 21.
[15] Bamberger, R., et al.: Zur Gestaltung und Verwendung von Schulbüchern. Pädagogischer Verlag, Wien 1988.
[16] Hermanns, R.: Über den Umgang mit dem Schulbuch im Chemieunterricht. NiU-PC Nr. 26, 1987, 249–257.
[17] Kircher, E., Girwidz, R., Häußler, P.: Physikdidaktik. Vieweg & Sohn Verlagsgesellschaft, Braunschweig/Wiesbaden 2000.
[18] Schrey, W.: Bemerkungen zu den Lehrbüchern für Mathematikunterricht.
[19] Schanda, F.: Computer-Lernprogramme. Beltz Verlag, Weinheim und Basel, 1995
[20] Kleinschroth, R.: Neues Lernen mit dem Computer. Rowohlt Taschenbuch Verlag, Reinbek, 1996.
[21] Seilnacht, T.: auf http://www.seilnacht.tuttlingen.com/, 31.03.2002.
[22] Wagner, W.: auf http://www.uni-bayreuth. de/departments/didaktikchemie/umat/erstbegeg/erstbegegnung.htm, 30.05.2002.
[23] Meister, D. M., Sander, U. (Hrsg.): Multimedia – Chancen für die Schule. Luchterhand, Neuwied 1999.
[24] Deutscher Bundestag, Drucksache 13/11004, Schlussbericht der Enquete-Kommission vom 22.06.98, Thema „Zukunft der Medien in Wirtschaft und Gesellschaft – Deutschlands Weg in die Informationsgesellschaft", zitiert nach http.//www.dpg-hv.de/eq_schluss.htm#_Toc42 8864255 vom 30.03. 2000.
[25] Sacher, W.: Schulische Medienarbeit im Computerzeitalter. Klinkhardt, Bad Heilbrunn, 2000.
[26] Horstmann, S., Teuchert-Noodt, G.: Informationen aus der Neurobiologie. Biologie in der Schule, Heft 2/2000, 116–119.
[27] Pfeifer, P., Reichelt, R. (Hrsg.): H_2O & Co. Anorganische Chemie. Oldenbourg Verlag, München 2002, S. 29.

Weiterführende Literatur:
1. Spanhel, D.: Integrative Medienerziehung in der Hauptschule. KoPäd, München
2. Schulz von Thun, F.: Miteinander reden 1 – Störungen und Klärungen. Rowohlt, Hamburg 1996, (Prinzipien der Kommunikation zwischen Menschen).
3. Molcho, S.: Körpersprache. Mosaik, München 1994.
4. ISB – Handreichungen für den Chemieunterricht im Gymnasium: Anton, M.: Der Chemiebetrieb. München 1993, 59–90 (Unterrichtsgang, Lehrwanderung, Erkundung, EDV-Projekt, computergestützte Auswertung von Daten).
5. Claus, G.: Tafelbilder im Chemieunterricht. Volk und Wissen, Berlin 1966.
6. Naturwissenschaften im Unterricht – Chemie: Medien. Themenheft, Heft 2, 1997.
7. Presse- und Informationsamt der Bundesregierung (Hrsg.): Medienkompetenz – Qualifikation für die Zukunft mit CD-ROM für Lehrerinnen und Lehrer (kostenlos zu beziehen bei Dienststelle Berlin: Neustädtische Kirchstr. 15, 10117 Berlin, Tel: 030/2244–0).

14. Das Experiment im Chemieunterricht

Einführend wird begründet, weshalb das Experiment ein unverzichtbarer Bestandteil des Chemieunterrichts ist. Anschließend werden Kriterien diskutiert, die wesentliche Grundlage für die Auswahl geeigneter Schulexperimente sind. Den Funktionen des Experiments im Unterrichtsgang sowie den Möglichkeiten und Grenzen von Demonstrations- und Schülerexperimenten sind die folgenden Abschnitte gewidmet. Gesondert werden die Möglichkeiten, Schulexperimente im kleinen Maßstab durchzuführen, dargestellt. Die wichtigen Gesichtspunkte der Sicherheit und Entsorgung sind – obwohl sie sich wie ein roter Faden durch das gesamte Kapitel ziehen – im folgenden Abschnitt zusammengefasst. Eine kritische Sicht des Experiments im Chemieunterricht beendet das Kapitel.

Da das Experiment im Chemieunterricht eine zentrale Stellung einnimmt, findet man einzelne Aspekte dieser Thematik in verschiedenen Kapiteln dieses Buches. Streng formal gesehen ist das Thema „Das Experiment im Chemieunterricht" ein Unterpunkt des Kapitels Medien (Kapitel 13). In Anbetracht der herausragenden Bedeutung der Thematik wurde jedoch eine gesonderte Darstellung vorgezogen.

14.1 Warum überhaupt Experimentieren im Chemieunterricht?

Erkenntnisgewinn in der Naturwissenschaft Chemie ist ohne das Experiment nicht denkbar. Dies gilt, auch wenn der Chemiker heute auf zahlreiche Daten zurückgreifen kann, die er in der Dokumentation bereits durchgeführter Versuche findet und wenn theoretische Konzepte die Voraussage vieler Synthesemöglichkeiten und Eigenschaften chemischer Verbindungen erlauben. Eine besondere und nicht ersetzbare Funktion hat das Experiment bei analytischen Fragestellungen. Das Problem, welche Stoffe beispielsweise in einer Wasserprobe gelöst sind, lässt sich anhand theoretischer Erwägungen prinzipiell nicht lösen. Allgemein entscheiden erst die Ergebnisse von Experimenten darüber, inwieweit sich etwa eine Annahme bestätigt oder eine Theorie verworfen werden muss.

Da der Chemieunterricht das Ziel hat, den Schülern Kenntnisse über das Wesen der Naturwissenschaft Chemie, ihre Vorgehens- und Arbeitsweisen zu vermitteln, ist das Experiment auch dort unabdingbarer Bestandteil. Eine Begründung ergibt sich also zunächst aus der Struktur der zugrunde liegenden Fachwissenschaft.

Es ließe sich nun allerdings argumentieren, es sei nur notwendig, im unterrichtlichen Prozess über Versuche zu sprechen (sie etwa anhand von Tafelbildern zu beschreiben) und ihre Ergebnisse mitzuteilen. Da im Unterricht der Erkenntnisprozess nur nachvollzogen wird, würde eine solche nur theoretische Darstellung auch bei Experimenten durchaus genügen. Gegen diese Argumentation sprechen jedoch mehrere Überlegungen:

- Es ist gerade für einen Ungeübten schwierig, sich einen Versuchsaufbau und das ablaufende Experiment anhand von Folien/Zeichnungen vorzustellen. Weitaus einfacher ist es, einem real ablaufenden Versuch – etwa einer Demonstration – zu folgen. Auch ein Film vermittelt eine subjektive Sichtweise und bietet nicht das unmittelbare Erlebnis eines ablaufenden Experiments. (Filme haben aber durchaus ihre Berechtigung, wenn Versuche gezeigt werden sollen, die nur schwer zu beobachten oder in der Schule nicht durchführbar sind.) Chemische Kenntnisse beruhen weiterhin zu einem beträchtlichen Teil auf einem Wissen, das durch Anschauung erworben wurde. So kann man sich unter „farblosen Nadeln" vielerlei vorstellen. Erst durch die **konkrete Erfahrung**, eingebettet in einen entsprechenden Kontext, weiß der Lernende, was gemeint ist. Diese Schwierigkeit ergibt sich, da bei chemischen Vorgängen oftmals nicht auf Erfahrungen aus dem täglichen Leben zurückgegriffen werden kann.
- Das eigentliche Wesen der Chemie geht verloren, wenn nur über Versuche geredet, jedoch keine durchgeführt werden. Die Schülerinnen und Schüler sollten durchaus anhand **praktischer Beispiele** erfahren, wie

man mit Chemikalien umzugehen hat und welche Randbedingungen beim Experimentieren einzuhalten sind.

- Bei der Durchführung von Schülerexperimenten „begreifen" die Lernenden selbst Chemie im Sinne des Wortes. Diese **Eigentätigkeit** lässt sie unmittelbar am Prozess der Erkenntnisgewinnung teilnehmen. Chemie ist eines der wenigen Unterrichtsfächer, in denen auch manuelles Geschick vermittelt wird. Leider wird dies oftmals als zweitrangig angesehen: Psychomotorische Lernziele werden nur selten definiert und die Leistung beim Experimentieren wird bei der Leistungsbeurteilung kaum berücksichtigt.
- Verschiedene empirische Untersuchungen haben gezeigt, dass der sonst recht unbeliebte **Chemieunterricht** dann als **positiv erlebt** wird, wenn einerseits ein Alltags- und Gegenwartsbezug der Inhalte besteht, andererseits aber auch Experimente durchgeführt werden [1, 2, 3, 4].
- Zur Begründung des Experiments als Unterrichtsbestandteil wird auch die **Bildungsfunktion des Experiments** angeführt. Im Vordergrund stehen dabei Ziele einer formalen Bildung, wie etwa die Schulung der Beobachtung und des kausalen und funktionalen Denkens. Ausführliche Darstellungen hierzu findet man beispielsweise bei Mothes und Scharf [5, 6].

Die genannten Argumente waren in der Fachdidaktik lange Zeit unbestritten. Eine neue Diskussion hat sich allerdings durch die sprunghafte Entwicklung auf dem Gebiet der neuen Medien ergeben. Mittlerweile ist es Stand der Technik, Filme von Experimenten oder Simulationen problemlos auf dem PC-Bildschirm darzustellen. Der einfache Zugang und die einfache Handhabung führen zu Ansätzen, Versuche durch solche Darstellungen zu ersetzen. Es ist für den Lehrenden zunächst verlockend, auf diese Weise Arbeit und Chemikalien zu sparen. Der **freiwillige Verzicht auf die Realbegegnung** mit dem Experiment in einer Zeit, wo unmittelbares Erleben immer mehr durch Sekundärerfahrungen ersetzt wird und die Schule – etwa durch außerschulische Lernorte – gerade die Realbegegnung fördern soll, erscheint jedoch **pädagogisch zweifelhaft**. Dagegen ist es zu befürworten, wenn in Lern- und Trainingsprogrammen zur Wiederholung und Vertiefung Darstellungen von Experimenten eingebunden werden.

14.2 Bezug des Schulexperiments zum Experiment in der Forschung und zu industriellen chemischen Verfahren

Im Allgemeinen stellt Experimentieren im Chemieunterricht ein Nachvollziehen von Arbeitsoperationen dar, die der Fachwissenschaft Chemie entlehnt sind und deren Ergebnisse bekannt sind. Nur in Ausnahmefällen, etwa bei der Untersuchung eines Bachwassers auf Nitrat, Chlorid und Phosphat im Rahmen eines Projektes, sind nur die Verfahren, nicht aber die Ergebnisse bekannt.

Die in der Schulchemie eingesetzten Versuche haben vielfach den äußeren Charakter von Experimenten, wie sie von der Fragestellung her auch in der Forschung durchgeführt werden könnten, bzw. oftmals – historisch gesehen – auch wurden. Gegenüber dem Experiment in der Forschung ergeben sich allerdings durch die speziellen Anforderungen des Chemieunterrichts Abweichungen in der Intention und oft in der Art der Ausführung und im Maßstab. Dies ist unmittelbar einleuchtend, wenn man sich vergegenwärtigt, dass die im Unterricht zur Verfügung stehende Zeit begrenzt ist und aus Sicherheitsgründen beispielsweise Hochdrucksynthesen nicht durchgeführt werden können. Durch diese Randbedingungen ergeben sich spezielle Anforderungen an Schulexperimente, die später ausführlich behandelt werden.

Der oben genannte Gesichtspunkt, dass Schulversuche Experimenten entsprechen, wie sie historisch in Forschung und Industrie durchgeführt wurden, gewinnt durch die schnelle Weiterentwicklung der Chemie eine immer stärkere Bedeutung. Die fachliche Basis eines großen Teils der gängigen Schulversuche war bereits vor fünfzig Jahren bekannt. Da diese Versuche jedoch vielfach nicht nur einfach durchführbar und grundlegend für ein Verständnis der Chemie sind, sondern auch zu unmittelbar einsichtigen Ergebnissen führen, sind sie für die Schulchemie nicht ersetzbar. Beispielsweise werden zur Klärung vieler analytischer Fragestellungen in der modernen Chemie spektroskopische Methoden eingesetzt, die die klassischen Nachweismethoden ersetzt haben. Die Mehrzahl der apparativen Verfahren ist jedoch für Schülerinnen und Schüler schwer verständlich, bietet nur einen mittelbaren Zugang zur Lösung des Problems und ist bereits aus Kostengründen für die Schule nicht zugänglich.

Eng verknüpft mit dem Verhältnis des Experiments in Forschung und Industrie zum Schulexperiment ist der Begriff des **„Modellversuchs"** und im Zusammenhang damit der **„Modellsubstanz"**. Mit diesen beiden Begriffen werden Versuche und Substanzen bezeichnet, die geeignet sind, das Verhalten komplexer Systeme zu studieren (Modelle selbst und der Modellbegriff werden in Kapitel 13 ausführlich dargestellt):

- Anstelle kompliziert gebauter Verbindungen werden Reaktionen zunächst an solchen mit einfacherer Struktur untersucht.
- Anstelle von Vielstoffsystemen werden Reaktionen zunächst anhand von Reinsubstanzen oder Mischungen weniger Stoffe untersucht.

Auch in der Schulchemie haben Substanzen und Versuche Bedeutung, die – im Sinne einer didaktischen Reduktion (vgl. Kap. 10) – als **Modelle für komplexere Stoffe und Experimente** dienen.

B Bevor pflanzliche und tierische Fette und Öle – also Triglyceride – erarbeitet werden, führt man die Prinzipien der Esterbildung und der Esterspaltung zunächst an einem einfach gebauten Ester, etwa dem Essigsäureethylester, ein. Auf der Basis der an dieser „Modellsubstanz" erworbenen Kenntnisse kann dann zur Spaltung von Fetten und Ölen und zur Gewinnung von Seife übergegangen werden.
Für Versuche zur Erdöldestillation kann man anstelle von authentischem Erdöl ein künstliches, eventuell durch den Zusatz von wenig Erdöl dunkel gefärbtes Gemisch weniger Kohlenwasserstoffe einsetzen. Mit diesem Gemisch lässt sich das Prinzip der Destillation von Rohöl unter Normaldruck einfach und schnell zeigen und das Problem umgehen, dass authentisches Rohöl oft nur in geringem Umfang Inhaltsstoffe enthält, die unter Normaldruck im Schulversuch abdestilliert werden können.

Auch Gründe der **Arbeitssicherheit** können den Ausschlag dazu geben, in der Schule Modellexperimente durchzuführen.

B So wird man bei der Behandlung des Themas „Löschen von Bränden" auf keinen Fall die fatalen Folgen des Versuchs, einen Friteusenbrand mit Wasser zu löschen, tatsächlich anhand eines Friteusenbrandes demonstrieren wollen. Stattdessen wird man einen Modellversuch durchführen, der sich vor allem durch die sehr geringen Mengen des brennenden Fettes auszeichnet. Auch Stoffe geringerer Toxizität können als Modellsubstanzen für stärker toxische Verbindungen, die sonst aber ähnliche chemische Eigenschaften haben, dienen. So lässt sich das Krebs erregende Benzol in einigen Schulexperimenten durch die weniger bedenklichen Aromaten Toluol und Anisol ersetzen [7].

Wie bei jedem Modell werden bei der Verwendung von Modellsubstanzen und bei der Durchführung von Modellversuchen Aspekte verkürzt dargestellt.

B So unterscheiden sich Essigsäureethylester und ein Fett drastisch in ihren physikalischen Eigenschaften. Bei einem Stoffgemisch, das in der beschriebenen Art als Modell eines Erdöls dient, stimmt vor allem die quantitative Zusammensetzung nicht mehr mit authentischem Erdöl überein. Das Gefahrenpotenzial eines Modellversuchs zum Friteusenbrand ist um ein Vielfaches geringer als der Brand einer großen Friteuse.

Der Chemiker wird sich den Modellcharakter der hier beschriebenen Reaktionen immer vor Augen führen. Dagegen kann es für den Schüler sehr schwer werden, Modellversuche nicht nur als eigenständige chemische Vorgänge, sondern auch als vereinfachte und verkürzte Darstellung komplexer Systeme anzusehen.

Bei den bisher behandelten Modellversuchen wurden für chemische Reaktionen Substanzen oder Substanzgemische durch einfachere Verbindungen oder Zusammensetzungen ersetzt oder gegen weniger gefährliche Stoffe und Versuchsanordnungen ausgetauscht. Ein weiterer wesentlicher Bereich sind sowohl in der chemischen Forschung als auch in der Schule Experimente, bei denen **industrielle, technische und großtechnische chemische Verfahren im kleinen Maßstab nachvollzogen** werden.

B Diese spielen in der Schulchemie eine große Rolle. Beispiele sind etwa Versuche zur Chlor-Alkali-Elektrolyse, zur Synthese von Schwefelsäure, zur Herstellung von Phenol, zur Entschwefelung von Abgasen und zur katalytischen Reinigung von Kraftfahrzeugabgasen.

Im industriellen und großtechnischen Bereich geht die Entwicklung vom einfachen Laborversuch über eine Optimierung und meist eine Vergrößerung des Maßstabs bis zur Produktionsanlage. (Neue Entwicklungen gehen allerdings dahin, anstelle großer Reaktoren viele kleine Einheiten parallel laufen zu lassen. Diese lassen sich leichter steuern und der Ausfall einer Einheit bedeutet nicht den Ausfall der ganzen Anlage.) Bis auf die letzte Stufe – also die Produktionsanlage selbst – ist jede Stufe eine Art „Modellversuch". Diese Versuche können allerdings, etwa bei einer Pilotanlage, bereits sehr ausgereift sein.
In der Schulchemie wird der umgekehrte Weg gegangen: Der **Ausgangspunkt** ist das **ausgereifte Verfahren der chemischen Industrie**. Daraus wird der Modellversuch abgeleitet, der die Grundprinzipien des Verfahrens entsprechend den Anforderungen des Chemieunterrichts aufzeigt. Dabei geht die Vereinfachung oft so weit, dass ein Experiment resultiert, das sich nicht mehr von einem einfachen Versuch der chemischen Forschung unterscheidet. Typische Merkmale des industriellen Verfahrens, etwa die kontinuierliche Arbeitsweise oder die Reinigung und Konfektionierung des Endproduktes, entfallen meist aus praktischen Gründen und auch im Sinne einer didaktischen Reduktion.

Modellversuche beschränken sich aber im Chemieunterricht nicht nur auf die Simulation großtechnischer Synthesen. Auch das **Verhalten biologischer Systeme** wird oftmals durch entsprechende Versuche verdeutlicht.

B So kann die Giftwirkung von Schwermetallionen wie Cadmium- oder Blei-Ionen auf lebende Organismen durch die Hemmung der Aktivität von Enzymen gezeigt werden.

Bei den bisherigen Darstellungen standen chemische Reaktionen im Zentrum der Betrachtungen. Unter Modellversuchen kann man aber auch Versuchsanordnungen verstehen, bei denen physikalische und chemische Sachverhalte modellhaft wiedergegeben werden. Dies wird in Kapitel 13 behandelt.

14.3 Zur Auswahl von Schulexperimenten

Für die Schulchemie ist eine Vielzahl von Experimenten unterschiedlichster Anforderung beschrieben worden. Zu fast jedem im Chemieunterricht relevanten Thema steht eine Auswahl an Experimenten zur Verfügung. Besonders in den letzten beiden Jahrzehnten wurde eine Fülle von Versuchen zu Themen aus der Lebens- und Alltagswelt der Schülerinnen und Schüler neu entwickelt. Dies darf jedoch nicht dazu verleiten, jedes beschriebene Experiment kritiklos in den Unterricht zu übernehmen. Es stellt sich vielmehr die Frage, welche Experimente unter welchen Voraussetzungen sinnvoll einsetzbar sind.
Dieses Problem ist für die Praxis von großer Bedeutung. Auch bei inhaltlichen Vorgaben durch die Lehrpläne der Bundesländer liegt die eigentliche Unterrichtsgestaltung im Ermessen der Chemielehrerinnen und -lehrer.

Die Beurteilung eines Experiments auf seine **Eignung für den Unterricht** kann – wie es bereits Kotter dargestellt hat [8] – aus sehr unterschiedlichen, sich aber ergänzenden Blickwinkeln geschehen:

Ein Experiment muss vom **fachlichen Standpunkt** aus gesehen das, was erarbeitet werden soll, tatsächlich zeigen. So darf ein Reagenz nur dann als spezifisch bezeichnet werden, wenn es dies tatsächlich ist.

B Es ist etwa fachlich richtig, Sauerstoff durch die Glimmspanprobe nachzuweisen. Hingegen ist es nicht vertretbar, das Brennen einer Substanz mit rußender Flamme als Nachweis für aromatische Verbindungen einzuführen.

Leider wurden einige Experimente, die die gewünschten Ergebnisse gar nicht zeigen können, über Jahrzehnte in der fachdidaktischen Literatur tradiert.

B So erhält man kein richtiges Ergebnis, wenn im Zuge der Strukturaufklärung von Ethanol die Wasserstoffentwicklung bei der Reaktion zwischen Ethanol und Natrium quantitativ ausgewertet wird. Natriumethanolat kristallisiert bei der Umsetzung aus und lagert dabei Alkohol ein, der dann nicht mehr für die Reaktion zur Verfügung steht. Die gefundenen Werte sind deshalb immer zu niedrig [9]. Der Versuch lässt sich nur qualitativ, nicht aber sinnvoll quantitativ auswerten. Ebenso kann eine halbquantitative Bestimmung des Sauerstoffanteils der Luft nicht durch Verbrennen einer schwimmenden Kerze unter einem Glassturz erfolgen, wovon man sich durch eine einfache Berechnung der entstehenden Menge an Kohlenstoffdioxid überzeugen kann.

Ein Experiment muss **der Altersstufe der Schüler angemessen** sein. Es wäre etwa sinnlos, volumetrische Messungen von Schülern durchführen zu lassen, deren Entwicklungsstufe das Verständnis von Invarianzprinzipien noch nicht erwarten lässt. Da sich die fachdidaktische Forschung nur in wenigen Bereichen mit diesem Aspekt des Experimentierens beschäftigt hat, wird hier fast ausschließlich „nach Gefühl“ vorgegangen.

Eine geringe Beachtung findet dabei auch die Problematik, dass die Schwierigkeit, einen Versuch zu verstehen, sich nicht auf das Verständnis des eigentlichen chemischen Vorgangs beschränkt. So kann eine komplizierte Apparatur bereits einen Großteil der geistigen Kapazität der Lernenden beanspruchen. Aebli formuliert dies sehr treffend [10]:

Z Es ist, als wenn das Kind oder der Erwachsene eine bestimmte geistige Kraft zur Verfügung hätte, um die Operationen an einem bestimmten Gegenstand zu vollziehen. Stellt der Gegenstand höhere Anforderungen, so sinkt die Güte der Operationen um eine entsprechende Quantität ab, wird der Gegenstand einfacher, so kann mit ihm eine komplexere Operation vollzogen werden.

Das zugrunde liegende Problem ist nicht auf das Verstehen von Experimenten beschränkt, sondern allgemeiner Natur: Welche Inhalte können Kinder einer bestimmten Altersstufe verstehen (vgl. Kap. 7)?

Ein Experiment muss **auf den Vorkenntnissen** der Schülerinnen und Schüler **aufbauen**. Dies betrifft sowohl fachliche Aspekte als auch solche der Lebenswelt.

B Bei der Behandlung von Emulsionen wird man als Beispiel auf bekannte Cremes oder Salben zurückgreifen und so Anknüpfungspunkte schaffen. Im Zweifel sollte Vergessenes zunächst wieder aufgefrischt werden, wobei es sinnvoll sein kann, auch wenig aufwändige kurze Versuche noch einmal durchzuführen.

Auch ein **Versuch** mit einem zunächst unerwarteten Effekt muss im Verlaufe des Unterrichts **durchschaut** werden. Wird diese Forderung nicht berücksichtigt, verliert die ganze Unterrichtsstunde ihren Sinn. Man kann dann nur noch von so genannten Wunderversuchen sprechen (zum Stellenwert von Wunderversuchen siehe unten).

B Beispielsweise ist der „brummende Gummibär“ – ein Versuch, bei dem Gummibärchen in einer Kaliumnitratschmelze unter lebhafter Feuererscheinung und Rußentwicklung oxidiert werden – zunächst für die Lernenden verblüffend [11]. Es muss dann die Erarbeitung von Kaliumnitrat als Oxidationsmittel für die in den Gummibärchen enthaltenen organischen Verbindungen (Gelatine, Zucker, Farbstoffe) erarbeitet werden.

Experimente müssen **in den zeitlichen Rahmen** des Unterrichts **passen**. Dabei ist die Zeit zur Vor- und Nachbereitung mit einzuplanen. Auf keinen Fall sollte eine Unterrichtsstunde mit einem nicht abgeschlossenen Experiment oder einem Experiment, das nicht mehr ausgewertet werden konnte, beendet werden.
Eine Ausnahme sind Langzeitversuche, deren Fortgang von Stunde zu Stunde verfolgt werden kann.

Experimente sollten einen **deutlichen Effekt zeigen**. Es ist von geringer Überzeugungskraft, wenn aus einer farblosen Flüssigkeit durch Zugabe eines farblosen Reagenzes eine farblose Lösung entsteht. Die Effekte sollten vor allem für jüngere Schülerinnen und Schüler unmittelbar zu erkennen sein (Farbumschläge, Fällungen, Gasentwicklungen, in Einzelfällen auch akustische Effekte wie die Knallgasprobe).

Für Schüler höherer Klassen, etwa der gymnasialen Oberstufe, sind auch weniger augenfällige Phänomene wie Änderungen der Schmelztemperatur, der Siedetemperatur, des Brechungsindex oder des Wertes der optischen Drehung überzeugend.

B Ist etwa bei der Reaktion von Salicylsäure mit Acetanhydrid zu Acetylsalicylsäure aus dem farblosen Edukt ein farbloses Produkt isoliert worden, ist es notwendig, die Änderung der chemischen Eigenschaften (in diesem Fall etwa die Reaktion mit Eisen(III)-Ionen) hervorzuheben [12].

Ein Experiment sollte gelingen. Oftmals führen triviale Gründe, wie unreine Reagenzien oder verschmutzte Geräte, zu Misserfolgen. Auch werden einfach erscheinende Arbeitsvorschriften vielfach unterschätzt oder Mengenangaben nicht beachtet. Der Anfänger sollte selbst einfache Arbeitsvorschriften vorab erproben.

B Beispielsweise gelingt der allgemein bekannte Springbrunnenversuch oftmals nicht, wenn er von Lehramtsstudierenden das erste Mal durchgeführt wird. Erst wenn man den Trick kennt, das in den Kolben ragende Kapillarrohr anzufeuchten, läuft das Experiment zuverlässig ab.

Experimente, die man bisher noch nicht selbst durchgeführt hat, sind bereits aus Gründen der Sicherheit auszutesten. Es wäre jedoch sinnlos und unökonomisch, bei ausreichender Erfahrung vor jeder Stunde jeden Versuch neu zu erproben.

Auch wenn zunächst didaktische und methodische Erwägungen bei der Auswahl eines Experiments im Vordergrund stehen, sind **Gesichtspunkte der Arbeitssicherheit** ein gleich bedeutendes Kriterium. Ein Versuch darf nur durchgeführt werden, wenn er kein Sicherheitsrisiko für Schüler und Lehrer darstellt! (In Kapitel 14.9 wird auf die Arbeitssicherheit näher eingegangen.)

B So scheidet aus Gründen der Toxizität die Zersetzung von Quecksilberoxid und die anschließende Rückoxidation des Metalls im Chemieunterricht aus – auch wenn der Versuch aus didaktischer Sicht hervorragend geeignet wäre, die Reversibilität einer chemischen Reaktion aufzuzeigen.

Die **äußeren Gegebenheiten müssen die Durchführung** eines bestimmten Versuches **zulassen**. Hierzu gehört einerseits die Ausrüstung der Fachräume, andererseits die Ausstattung mit geeigneten Geräten und Chemikalien. Bei einer längerfristigen Planung der Gerätebeschaffung sollte geprüft werden, ob Standardgeräte vom Laborfachhandel – wie sie in jedem Chemielabor Verwendung finden – preislich günstiger sind als die Geräte spezieller Firmen für den Schulbedarf. Dies gilt sinngemäß auch für Chemikalien.
Es lassen sich oftmals verblüffend einfache und preiswerte Wege finden, um Versuche zu realisieren. Hierauf wird im Abschnitt über Demonstrations- und Schülerversuche näher eingegangen.

Zusammengefasst ergeben sich somit acht Anforderungen an ein gutes Experiment für den Chemieunterricht. Das Experiment muss:
- das zeigen, was es zu zeigen vorgibt,
- der Altersstufe der Schüler angemessen sein,
- auf vorhandenen Vorkenntnissen aufbauen,
- in den zeitlichen Rahmen des Unterrichts passen,
- einen deutlich erkennbaren Effekt zeigen,
- eine sehr hohe Wahrscheinlichkeit des Gelingens aufweisen,
- den Sicherheitsrichtlinien entsprechen,
- mit den vorhandenen Ausstattungen durchzuführen sein.

14.4 Einplanung des Experiments in die Unterrichtsstunde

Ein Schulexperiment steht nicht isoliert, sondern ist immer im Zusammenhang mit dem gesamten Unterrichtsprozess zu sehen. Dabei können mit einem Versuch durchaus unterschiedliche Ziele verfolgt werden: Der zu beobachtende Effekt soll etwa die Schüler in einen Konflikt mit ihren vorwissenschaftlichen Vorstellungen bringen oder eine Hypothese soll bestätigt werden usw. Je nach Planung des Unterrichts kann somit aus methodisch-didaktischer Sicht **ein und demselben Versuch eine unterschiedliche Funktionsform** zukommen. Diese ist also nicht – wie etwa die fachliche

Zuordnung zu einem Teilgebiet der Chemie – bereits vorab festgelegt.

Für die Funktion des Experiments in der Unterrichtsstunde gibt es keine verbindliche Terminologie, sondern man findet eine beträchtliche Zahl sich teilweise überschneidender Begriffe. Im Folgenden wird auf vier aus unserer Sicht grundlegende didaktische Funktionsformen eingegangen. (Teilweise spricht man vom „didaktischen Ort" des Experiments.)

14.4.1 Der Versuch als Einstieg („Problemexperiment")

Versuche dieser Art stehen meist **am Beginn einer Unterrichtsstunde** und sollen einen Zugang zu einer Thematik vermitteln. Durch ein experimentelles Phänomen, das in der Regel nicht aus dem Vorwissen der Schüler erklärt werden kann, wird zunächst ein **Problem aufgezeigt**. Dieses soll Interesse an der Thematik wecken, zum Nachdenken anregen und Anlass für ein Unterrichtsgespräch sein, aus dem sich – aufbauend auf einer schülergerechten Formulierung des Problems – eine Lösungsstrategie ergibt.

Einstiegsversuche sollten **keine lange Zeit** in Anspruch nehmen, keinen großen Aufwand erfordern und einen **unmittelbar erfassbaren Effekt** zeigen. Es kann durchaus empfehlenswert sein, den Versuch zu wiederholen und die Schüler noch einmal zu genauer Beobachtung aufzufordern. Einstiegsversuche sollen das Unerwartete zeigen, in einen Konflikt zwischen Erwartung und experimentellem Ergebnis führen. Allerdings müssen die Spannung und das geweckte Interesse durch eine geschickte Weiterführung der Unterrichtsstunde aufrechterhalten werden.

B Als Einstieg in die Behandlung der Oxidation kann Eisenwolle auf einer austarierten Balkenwaage verbrannt werden. Sowohl die Massenzunahme als auch die Tatsache, dass Eisenwolle unter Aufglühen verbrennt, ist für die Mehrzahl der Schülerinnen und Schüler aus ihrer lebensweltlichen Erfahrung unerwartet.

14.4.2 Der Versuch als Teil der Problemlösestrategie

Die klassische naturwissenschaftliche Vorgehensweise liegt darin, zunächst auf dem vorhandenen Vorwissen eine **Hypothese zu formulieren und** diese dann **anhand eines Experimentes zu überprüfen**. Diese Strategie wird oftmals in den Unterricht übernommen. Dabei soll der Schüler in einer „Forscherrolle" die gestellten Probleme aktiv durch fachlich und logisch begründete, aufeinander folgende Schritte mithilfe des Lehrers lösen. (Auch das Problemlösen soll auf diese Weise erlernt werden!) Am Ende jedes logischen Schrittes steht ein Experiment, mit dem die aufgestellten Hypothesen überprüft werden. Der Schüler soll nach Möglichkeit in die Versuchsplanung einbezogen werden. Schmidkunz schreibt dazu [13]:

Z Dieser Prozess erfordert von Seiten der Schüler konstruktives Denken, Fantasie, die Aktivierung vorhandenen Wissens und die Fähigkeit planmäßigen Arbeitens. Bei der erfolgreichen Anwendung der experimentellen Methode erleben die Schüler, wie Erkenntnisse gewonnen werden; sie gewinnen Vertrauen in ihre Fähigkeiten, eignen sich eine kritische Haltung an und gewöhnen sich daran, an die Untersuchungen der Dinge und Erscheinungen unvoreingenommen heranzugehen.

Wiederholt findet man für die Art der hier beschriebenen Versuche die Bezeichnung **„Bestätigungsexperimente"**. Dieser Ausdruck weist auf eine kritisch zu betrachtende Art des Unterrichts hin: Der Lehrer lenkt das Gespräch so lange in die von ihm beabsichtigte Richtung, bis das gewünschte (und längst vorbereitete) Experiment mit dem gewünschten Effekt geplant ist. Es werden **nur noch richtige Hypothesen bestätigt**, etwaige falsche werden erst gar nicht überprüft! In einem guten Unterricht sollte der Lehrer **aber auch falschen Hypothesen nachgehen**. Dies erfordert allerdings ein „situatives Experimentieren" und damit ein Fachwissen, das weit über das der eigentlich geplanten Experimente hinausgeht!

B Auf der Suche nach geeigneten Inhaltsstoffen für Waschmittel soll das Teilproblem gelöst werden, dass sich Kernseife in destilliertem Wasser nahezu klar löst, während in Trinkwasser eine deutliche Trübung auftritt. Es wird die Hypothese aufgestellt, dass es sich bei der Trübung um ein schwer lösliches Salz handelt. Da Kaliumionen mit den im Trinkwasser enthaltenen Ionen keine schwer löslichen Salze bilden, muss der Niederschlag aus dem Carbonsäureanion der Seife und einem Kation/Anion, das im Trinkwasser enthalten ist, entstehen. Also werden nacheinander Seifenproben mit Lösungen verschiedener im Trinkwasser enthaltener Salze versetzt. Nur bei der Zugabe von Lösungen, die Ca^{2+}- oder Mg^{2+}-Ionen enthalten, tritt eine Trübung auf. Damit ist das Teilproblem gelöst: Calcium- und Magnesiumsalze der Seife fallen aus.

14.4.3 Erarbeitungsversuche

Diese Versuche sind charakteristisch für ein kleinschrittig angelegtes, entwickelnd-darstellendes Unterrichtsverfahren. Sie dienen der **systematischen Untersuchung eines unbekannten Sachverhaltes**, wobei die Erarbeitung von Wissen **vorwiegend lehrerzentriert** erfolgt. Bei allzu ausgeprägter Lehrerzentrierung kann man nur noch von „Illustrationsversuchen" sprechen. Die Vorgehensweise gleicht dann eher der einer Experimentalvorlesung.
Das Vorgehen ist meist induktiv, wobei sowohl Demonstrations- als auch Schülerversuche zum Einsatz kommen. Viele der im Chemieunterricht eingesetzten Experimente dürften den Charakter von Erarbeitungsversuchen haben.

B Die Oxalsäure als einfachstes Beispiel einer Dicarbonsäure wird – mit Formelbild – einführend vorgestellt. Anhand von Schülerversuchen wird gezeigt, dass das Calciumsalz der Oxalsäure schwer löslich ist. Nach einem Unterrichtsgespräch über das Vorkommen von Oxalsäure in Sauerklee, Sauerampfer und Rhabarber werden wässrige Auszüge dieser Pflanzen auf Oxalsäure geprüft.

Nach Schmidkunz werden Versuche dieser Art mit analytischer Ausrichtung als **Untersuchungsexperimente** bezeichnet. Den Schülern muss dabei die Methode geläufig sein und die Untersuchung muss überschaubar bleiben [14] – beispielsweise bei einer Untersuchung des pH-Wertes der Lösungen unterschiedlicher Salze mehrbasiger Säuren.

14.4.4 Übungsversuche und Wiederholungsversuche

Schülerversuche zu bekannten Inhalten, die sich lediglich durch die Veränderung äußerer Parameter oder eine Variation der eingesetzten chemischen Substanzen von Vorangegangenem unterscheiden, werden als „Übungsversuche" bezeichnet. Ziel solcher Versuche ist einmal die **Festigung, Einübung und Vertiefung des Gelernten**. Zum anderen dienen sie auch der Verbesserung bzw. dem Erwerb manueller Fähigkeiten und grundlegender experimenteller Techniken. Durch die begrenzte für den Chemieunterricht zur Verfügung stehende Zeit dürften Übungsversuche im Regelunterricht nur selten durchgeführt werden.

B Die Salzbildung durch Neutralisation wird meist am Beispiel Salzsäure/Natronlauge eingeführt. In Übungsversuchen können Salze aus anderen Säuren und Laugen dargestellt werden. Ebenso lassen sich einfache quantitative Experimente, wie die Bestimmung der Konzentration einer Säure durch Titration, durchführen.

Eine Alternative in Richtung auf einen offenen Unterricht kann darin bestehen, die Schüler aus einer Reihe von Experimenten diejenigen aussuchen zu lassen, die sie gerne selbst durchführen möchten. Organisatorisch ist es dazu notwendig, eine Kartei mit geeigneten Versuchen zusammenzustellen und die entsprechenden Geräte/Chemikalien bereitzuhalten. (Eine kurze Darstellung der Möglichkeiten des offenen Unterrichts findet sich in Kap. 11 sowie bei [15].)
In Einzelfällen kann es zur Einführung in ein Thema sinnvoll sein, einen bereits bekannten Versuch – meist ein wenig aufwändiges Demonstrationsexperiment – zu wiederholen. Dieser dient damit als Basis, um von Bekanntem zu Unbekanntem überzugehen. Auch aus einer Unterrichtssituation heraus kann sich die Notwendigkeit ergeben, anhand eines kurzen Versuchs Vergessenes wieder zu aktivieren.

B Im Zuge der Aufklärung der Konstitution des Ethanols kann die Reaktion des Alkohols mit Natrium als Hinweis darauf dienen, dass diese Verbindung – im Unterschied zu Kohlenwasserstoffen – ein leicht substituierbares Proton enthält. Einführend kann die Reaktion von Natrium mit Wasser wiederholt werden.

14.4.5 Experimente zur Leistungskontrolle

Ebenso wie mündliche und schriftliche Leistungen können **Schülerversuche zur Beurteilung herangezogen** werden. Voraussetzung ist allerdings, dass die Schüler im Unterricht regelmäßig selbst Experimente durchführen und somit ausreichend Gelegenheit zum Erlernen der experimentellen Techniken gegeben ist.
Insgesamt ist eine ausgewogene Beurteilung der praktischen Leistungen und der theoretischen Durchdringung anzustreben. Dies ist allerdings problematisch. Der in der Chemieausbildung übliche Ansatz, dass nur das Ergebnis eines Experiments zählt (Ausbeute und Reinheit einer Substanz, richtige Analysenergebnisse) sollte nicht in den Chemieunterricht übernommen werden, da auch der Weg dorthin (Planung des Experiments, Aufbau, Durchführung unter Sicherheitsaspekten) wichtig ist. Dies setzt eine intensive Beobachtung durch die Lehrerin oder den Lehrer voraus – was nur bei kleinen Lerngruppen möglich ist.

Wie bereits angesprochen, kommt der Benotung von Schülerexperimenten in Deutschland leider nur eine untergeordnete Bedeutung zu. Ausschlaggebend sind vielfach ein Mangel an Zeit und äußeren Voraussetzungen. Es dürften aber auch grundlegende didaktische Erwägungen eine Rolle spielen: Das Vermitteln manueller Fertigkeiten wird nicht als Aufgabe der Schule angesehen.
Möglichkeiten der Benotung von Schülerexperimenten zeigt beispielsweise Schmidt auf [16]. Detaillierte Darstellungen finden sich in der älteren methodisch-didaktischen Literatur [17]. Dort werden Ansätze vorgestellt, bei denen jeder kleinste Arbeitsschritt, wie das Ablegen des Stopfens einer Flasche auf dem Labortisch, gewertet wird.

B Säuren, Laugen und Salze wurden vorab erarbeitet. Eine unbekannte Flüssigkeit (verdünnte Salzsäure) soll nun untersucht werden. Um zu einem richtigen Ergebnis zu kommen, muss sowohl der pH-Wert überprüft als auch die Anwesenheit von Chlorid-Ionen nachgewiesen werden. Die Aufgabe gilt nur dann als vollständig richtig, wenn auch die Reaktionsgleichung richtig formuliert und der Name der nachgewiesenen Verbindung genannt wird.

14.4.6 Der Wunderversuch

Versuche, die die Zuschauer – und manchmal auch der Experimentator – nicht durchschauen und die gleichzeitig verblüffende Phänomene zeigen, werden Wunderversuche genannt. Man kann diese Definition auch abändern: Versuche, die für den Betrachter bei seinem momentan vorhandenen Wissen **völlig unerklärliche Phänomene** zeigen, stellen sich für diesen als so genannte Wunderversuche dar. (Es ist zu befürchten, dass viele Schüler eine Reihe gängiger Schulexperimente als Wunderversuche empfinden!)

Vor allem in der Vertretungsstunde, der letzten Stunde vor den Ferien und auf dem Schulfest hat die Durchführung solcher Experimente Tradition und auch ihre Berechtigung. Einen unterhaltenden Wert wird man Wunderversuchen kaum abstreiten, einen didaktischen Wert kaum zuordnen können. Die Chemie wird als „schwarze Kunst“ dargestellt, deren Verständnis nicht möglich ist. Hier werden nur Vorurteile über die unnahbare Wissenschaft Chemie bestätigt, nicht aber naturwissenschaftliche Interessen geweckt. Dies schmälert nicht etwa den Wert effektvoller Experimente, nur müssen diese auch in einer angemessenen Form erklärt werden.
Damit muss auch der in der Literatur zu findende Vorschlag abgelehnt werden, die erste Chemiestunde des Anfangsunterrichts mit Wunderversuchen zu bestreiten. Hier würde außerdem ein völlig falsches Bild chemischen Experimentierens vermittelt und es würden falsche Erwartungshaltungen aufgebaut. Nicht zuletzt ist es fraglich, ob es dem Bild des Lehrers bei den Schülern förderlich wäre, wenn er sich als „Zauberer“ profiliert, der die Erklärungen für seine Tricks schuldig bleibt.

Zum Schluss soll das **Gedankenexperiment** erwähnt werden. Hierunter versteht man das Durchdenken eines Experiments von der Planung bis zum Ergebnis, ohne das Experiment zu realisieren. Ergebnisse, die außerhalb des Bereichs der Spekulation liegen, wird man allerdings nur dann erhalten, wenn man sie durch Analogieschlüsse gewinnen kann.

14.5 Organisationsformen: Demonstrationsexperiment und Schülerexperiment

Für den Chemieunterricht ist es sowohl aus didaktisch-methodischen als auch aus praktischen Erwägungen von Bedeutung, ob ein Versuch vor der Klasse als „Demonstration" vorgeführt wird oder ob die Schülerinnen und Schüler das Experiment selbst durchführen. Über die Vor- und Nachteile beider Formen des Experimentierens, mögliche Ausführungsweisen und Grenzen liegt umfangreiches Material vor. Es können hier nur die wesentlichen Aspekte berücksichtigt werden.

Ein wichtiger Gesichtspunkt bei der Planung und Durchführung von Experimenten ist die Auswahl der Größe der Versuchsapparaturen. Diese muss vor dem Hintergrund einer anzustrebenden hohen Arbeitssicherheit, dem Einsatz möglichst geringer Chemikalienmengen und der Forderung, Versuche für alle Beobachter gut sichtbar zu gestalten, gesehen werden. Da sich die Problematik für Demonstrationsexperimente und Schülerexperimente unterschiedlich darstellt, wird sie in den jeweiligen Abschnitten behandelt.

Vielfach wird das Schülerexperiment als dem Demonstrationsversuch überlegen angesehen. Es wird besonders das Argument genannt, die Eigentätigkeit sei dem Zuschauen überlegen. Es ist allerdings nicht gesichert, ob dies tatsächlich der Fall ist. Obwohl es noch keine aussagekräftigen wissenschaftlichen Untersuchungen zum Verhältnis von Schüler- und Demonstrationsexperimenten im Chemieunterricht gibt, berichten doch erfahrene Lehrkräfte übereinstimmend, dass Lernende nach einer Sequenz von Schülerexperimenten einhellig nach Demonstrationsversuchen verlangen.

14.5.1 Demonstrationsexperiment

Jeder Versuch, der für die Schulchemie geeignet ist, kann als Demonstrationsversuch durchgeführt werden. Die Auswahlkriterien wurden bereits behandelt. Grenzen ergeben sich aus den Sicherheitsbestimmungen (s. Kap. 14.9). Besonders Berufsanfänger verkennen oft, dass Laborexperimente, wie sie in der Ausbildung vorwiegend durchgeführt wurden, und Demonstration nicht gleichzusetzen sind und dass Wirkung und Überzeugungskraft auch eines kleinen Versuches von vielen Kriterien abhängen.

Ralle [18] hat nachgewiesen, dass besonders bedeutungsvolle Sachverhalte der Chemie mit Demonstrationsversuchen gezeigt werden sollten. Solche Experimente werden nachweislich langzeitlich im Gedächtnis verankert und deshalb als Schlüsselexperimente bezeichnet.

Ein **Demonstrationsexperiment** muss vor allem **prägnant**, d. h. **wahrnehmungsaktiv** sein. Die Prägnanz erreicht man besonders durch die Übertragung der visuellen Wahrnehmungsgesetze, die auch als „Gesetze des Sehens" bezeichnet werden [19], auf den Aufbau und die Durchführung solcher Experimente. Nach Arnheim [20] besteht ein direkter Zusammenhang zwischen der visuellen Wahrnehmung und den anschließend ablaufenden Denk- und Lernprozessen. Prägnant wahrgenommene Objekte und Sachverhalte bleiben besonders gut im Gedächtnis haften und können deshalb mental auch gut verarbeitet werden. Anders ausgedrückt heißt das, dass prägnant wahrgenommene Anordnungen und Vorgänge die Voraussetzungen für bessere Lernleistungen darstellen.

In den vergangenen Jahrzehnten erfolgte die Übertragung der Gestaltgesetze auf chemische Demonstrationsexperimente. In zahlreichen Fallstudien konnte deren Wirksamkeit nachgewiesen werden [21, 22, 23]. Als geeignetes Untersuchungsinstrument erwiesen sich dabei Schülerzeichnungen, die nach dem Unterricht zu unterschiedlichen Zeitpunkten aus dem Gedächtnis von den Probanden angefertigt wur-

den. Auf diese Weise konnten wahrnehmungsaktive Teile in einer Versuchsanordnung oder prägnante Stellen bei einem Reaktionsablauf erkannt werden [24].
Die Wirkungsweise der Wahrnehmungsgesetze wird anhand einiger ausgewählter Beispiele kurz dargestellt. Auf der Basis allgemeiner Prinzipien lassen sich **acht „Wahrnehmungsgesetze“** formulieren. (Der Begriff „Gesetz“ ist hier nicht im naturwissenschaftlich-strengen Sinne gemeint; die Bezeichnung hat sich aber eingebürgert.)

Gesetz des Figur-Grund-Kontrastes

Eine **Versuchsanordnung** muss sich **deutlich vom Hintergrund und von der Umgebung abheben**, d. h., sie muss als eigenständiges Objekt deutlich sichtbar sein. Auch die Beleuchtung ist dabei zu beachten.

B Abbildung 302.1 zeigt deutlich, dass eine voll geschriebene Tafel einen heterogenen, störenden Hintergrund darstellt, sodass die eigentliche Versuchsanordnung eine außerordentlich geringe Wahrnehmungsaktivität besitzt. Auch die Hintergrundfarbe ist besonders für die Wahrnehmung der Glasgeräte wichtig. Dunkle Hintergründe sind vorzuziehen. Besonders günstig ist ein samtartiger brauner Hintergrund, aber auch ein dunkelgrüner Hintergrund, wie er bei den meisten Schultafeln zu finden ist.
Empirische Untersuchungen konnten diese Einschätzungen bestätigen, wie der Abbildung 302.2 zu entnehmen ist [25]. Soll ein besonderer Farbeffekt gezeigt werden, so sollte eine weiße Pappe hinter das Reaktionsgefäß gestellt werden.

Abb. 302.1: Missachtung des Gesetzes „Figur-Grund-Kontrast“

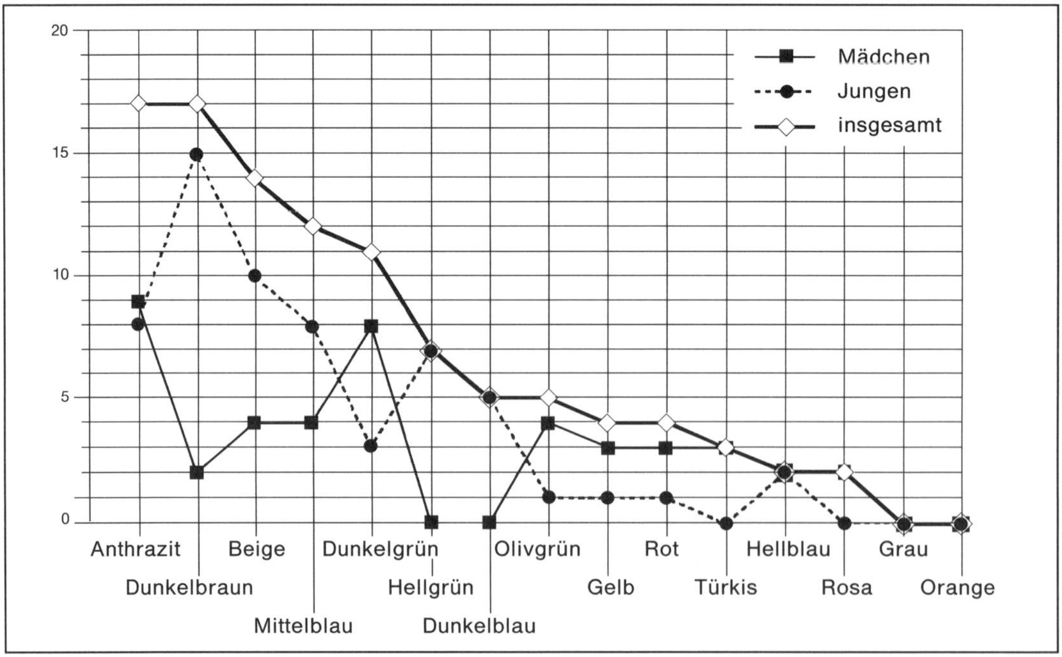

Abb. 302.2: Wirksamkeit von Hintergrundfarben zur guten Wahrnehmung von Demonstrationsversuchen

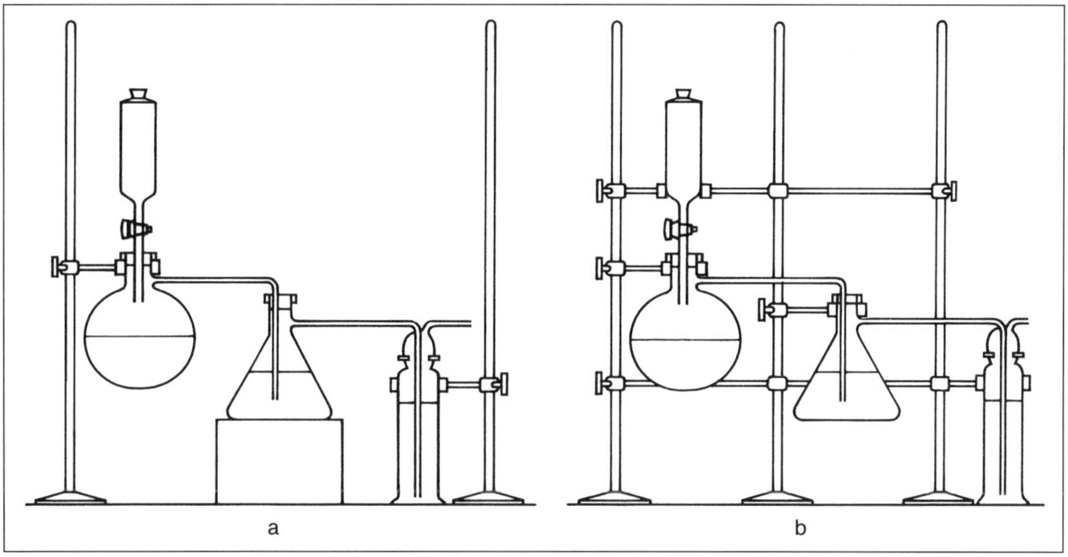

Abb. 303.1: Die Erhöhung der Komplexität durch Verwendung von Stativen;
a = gestaltpsychologisch richtig, b = gestaltpsychologisch falsch

Gesetz der Einfachheit

Einfache Apparaturen sind besser wahrnehmbar als komplexe. Die Komplexität beruht sowohl auf der Anzahl der verwendeten Teile als auch auf der Gleichartigkeit der Geräte.

B So kann z. B. eine Vielzahl von Stativen und Klammern die Komplexität einer Versuchsanordnung enorm steigern, was wiederum eine deutliche Schwächung der Wahrnehmung bewirkt. In Abbildung 303.1 wird dieser Sachverhalt an zwei Apparaturen verdeutlicht. Beim Betrachten der beiden Versuchsanordnungen empfindet man deutlich eine bessere Wahrnehmung der gestaltpsychologisch richtigen Apparatur mit den beiden Stativen an den Außenseiten der Anordnung. Obwohl beim zweiten Aufbau die Art und Stellung der Geräte zueinander völlig der ersten Abbildung gleicht, erhöht die Anzahl der Stative und Klammern die Komplexität der Versuchsapparatur beachtlich, was zu einer deutlichen Schwächung der Wahrnehmung des Experiments führt.

Gesetz der Gleichartigkeit

Gleichartige Geräte führen zu Objektzusammenschlüssen, d. h., ein Beobachter vermutet gleichartige Vorgänge in gleichartigen Geräten. Die Gleichartigkeit liegt vor allem in der Form, Größe und der Farbe der Teile. Unterschiedliche Funktionen verlangen deshalb auch unterschiedliche Geräte.

B Aus Abbildung 303.2 ist zu entnehmen, dass die Gasentwicklung (Rundkolben mit Tropftrichter), die eigentliche Reaktion (Erlenmeyerkolben) und die Entsorgung des überschüssigen Gases (Waschflasche) richtig in unterschiedlichen Geräten ablaufen. Würde man einen besonderen Wert auf die Darstellung der Entsorgung legen, so könnte eine zweite Waschflasche dazugeschaltet werden. Falsch wäre es, wenn sowohl die Erzeugung des Gases als auch die folgende chemische Reaktion mit dem Gas in einem Erlenmeyerkolben vorgenommen würden.

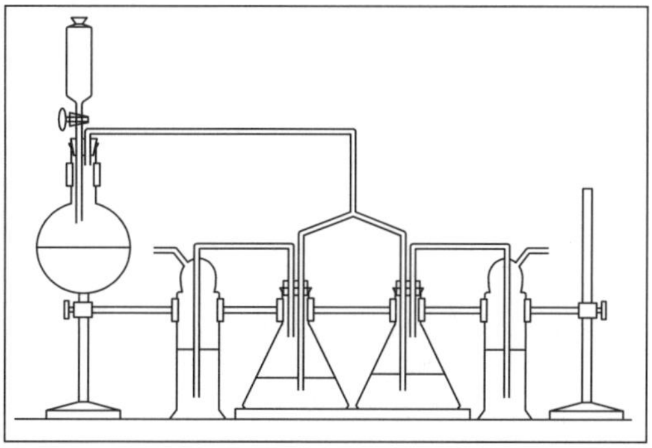

Abb. 303.2: Wahrung des Gesetzes der Gleichartigkeit

Es gilt als grundsätzliche Regel, dass außer der Versuchsanordnung nichts auf dem Experimentiertisch stehen darf. Empirische Untersuchungen haben gezeigt, dass vor allem Gefäße, die denen der Versuchsanordnung gleichen, von Schülerinnen und Schülern unbewusst mit ins Gedächtnis aufgenommen werden und damit die Wahrnehmung des Versuchs schwächen. In Zeichnungen der Probanden werden solche Geräte später mitgezeichnet.
Die Verwendung von verschieden farbigen Schläuchen, etwa für Brennergas, Kühlwasser und andere Zuleitungen, trägt zur Übersichtlichkeit bei.

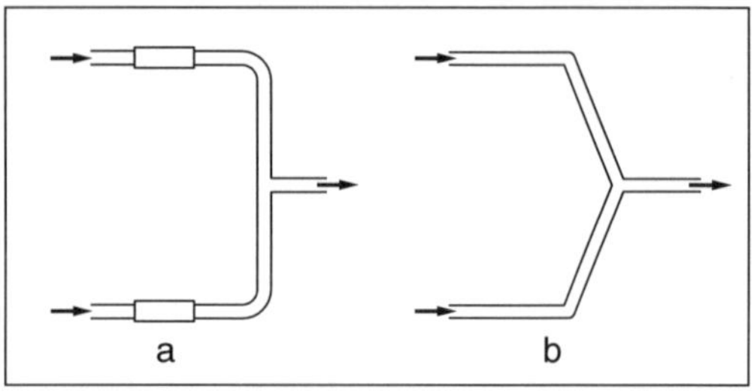

Abb. 304.1: Zusammenfluss von Gasen; a = falsch mit einem T-Stück, b = richtig mit einem Y-Stück

Gesetz der Nähe

Nahe beieinander stehende Objekte werden als **zusammengehörig** empfunden. In Fallstudien konnte immer nachgewiesen werden, dass nahe bei einer Versuchsapparatur stehende Objekte, auch wenn sie keine Gleichartigkeit zu den Versuchsgeräten zeigen, im Gedächtnis mit verankert werden und so die Prägnanz deutlich schwächen. Das geschieht selbst dann, wenn die Lehrkraft auf die Bedeutungslosigkeit des Gerätes hinweist. Außer der Versuchsanordnung sollten keine weiteren Teile (Kolben oder Chemikalienflaschen) neben dem Demonstrationsexperiment stehen.

Gesetz der glatt durchlaufenden Kurve (Linie)

Glatt durchlaufende Linien (Stative, Rohrleitungen, Schläuche) sind besonders **wahrnehmungsaktiv**. Sind solche Linien unterbrochen oder unvollständig, so werden sie trotzdem als durchgehend wahrgenommen. Es können deshalb auch Teile in diese Linien einbezogen werden, die nicht dazugehören, die Linien jedoch scheinbar weiterführen oder ergänzen.

B An einigen Beispielen werden diese Phänomene erläutert [26].

- Stative sind für eine bestimmte Altersgruppe der Lernenden besonders wahrnehmungsaktiv. Man sollte also sparsam mit Stativen umgehen. Besonders empfehlenswert sind „einrahmende" Stative links und rechts des Versuchs.
- Rohrleitungen, die nach dem Einleiten in ein Reaktionsgefäß und Ausleiten aus dem Gefäß auf gleicher Höhe liegen, werden als durchgehend wahrgenommen. In zahlreichen Fallstudien konnte dieses Phänomen beobachtet werden: Zwischen 20 und 50 % der Schüler gaben das in ihren Zeichnungen so wieder. Es muss also darauf geachtet werden, dass eine deutliche Stufung der Ein- und Ausleitungsrohre vorgenommen wird, wie es in der Abbildung 304.1 dargestellt ist.
- Stative hinter den Glasgeräten sind außerordentlich störend, weil die Beobachtung der Vorgänge in den Glasgeräten behindert wird. Außerdem verbinden die Schülerinnen und Schüler im Gedächtnis häufig die Stative mit den Rohrleitungen zu einer ungewollten Einheit.
- Interessanterweise werden von den Lernenden Klammern und Rohrleitungen auch dann miteinander verbunden, wenn beide Geräteteile aus unterschiedlichem Material bestehen. Beim Aufbau von Demonstrationsversuchen muss ein genügend großer Abstand zwischen Klammern und Rohrleitungen aus Glas eingehalten werden.
- Wenn zwei Gase (z. B. bei der Synthese des Ammoniaks) oder zwei Flüssigkeiten zusammengeführt werden, so sollte die Dynamik des Zusammenfließens deutlich mit einem Y-Stück und nicht mit einem T-Stück erfolgen. In Abbildung 304.1 wird in a eine falsche und in b eine gestaltpsychologisch richtige Anordnung gezeigt.

Gesetz der Symmetrie

Symmetrisch aufgebaute Anordnungen oder Anordnungsteile sind besonders **wahrnehmungsaktiv**. Das gilt vor allem für komplexe oder komplizierte Versuchsaufbauten.

B Ein im Gasentwickler erzeugtes Gas bewirkt in zwei Erlenmeyerkolben zwei Reaktionen, z. B. einen Indikatorumschlag und eine Fällungsreaktion. Die Gleichheit der beiden Reaktionsgefäße ist hier gerechtfertigt, weil es sich um zwei Reaktionen des gleichen Gases handelt. Auf beiden Seiten muss dann das überschüssige Gas in Waschflaschen entsorgt werden. Diese gleichen Funktionen werden ebenfalls in gleichen Geräten vorgenommen.

Gesetz der Dynamik von links nach rechts

Unsere abendländischen Kulturtechniken verlaufen stets **von links nach rechts**, d. h., wir lesen, schreiben und malen von links nach rechts. Daraus ergibt sich eine **bevorzugte Arbeitsrichtung**, die auch als angenehm empfunden wird. Neurophysiologen meinen allerdings auch, dass die Richtung von links nach rechts durch die Lage der entsprechenden Zentren im Gehirn vorgegeben und somit vorzuziehen ist. Bei Linkshändern kann das (muss nicht) umgekehrt sein. Die Anordnung eines Versuchsaufbaus von links nach rechts entspricht also diesen Vorgaben.

B
- Eine Destillationsapparatur ist deshalb immer so aufzubauen, dass sich für die Beobachter die Destillationsblase links und die Vorlage rechts befindet.
- Wird hintereinander mit mehreren Gefäßen experimentiert, so ist mit dem links stehenden zu beginnen.
- Versuche, die aufeinander folgen und vor der Unterrichtsstunde vorbereitet worden sind, sollten auf dem Experimentiertisch ebenfalls in einer links beginnenden Reihenfolge durchgeführt werden, wobei auf einen deutlichen Abstand zwischen den einzelnen Anordnungen geachtet werden muss, sonst kommt es zu Objektzusammenschlüssen.

Der beim „Gesetz der Symmetrie“ beschriebene Versuch mit seinem symmetrischen Aufbau hat den Nachteil, dass eine der beiden Reaktionsrichtungen von rechts nach links verläuft, also dem Gesetz der Dynamik von links nach rechts widerspricht. Hier überwiegt allerdings das Gesetz der Symmetrie, sodass der Nachteil des falschen Verlaufs in Kauf genommen werden kann. Allerdings kann die Links-rechts-Dynamik etwas verstärkt werden, wenn die Gasentwicklungseinheit von der Mitte der Apparatur nach links verschoben wird, wie es auf der Abbildung 305.1 zu sehen ist.
Besonders deutlich wirkt sich der Verstoß gegen das „Gesetz der Dynamik von links nach rechts“ im Versuchsaufbau 305.2 aus. Hier verläuft die Reaktionsrichtung von rechts unten nach links oben.

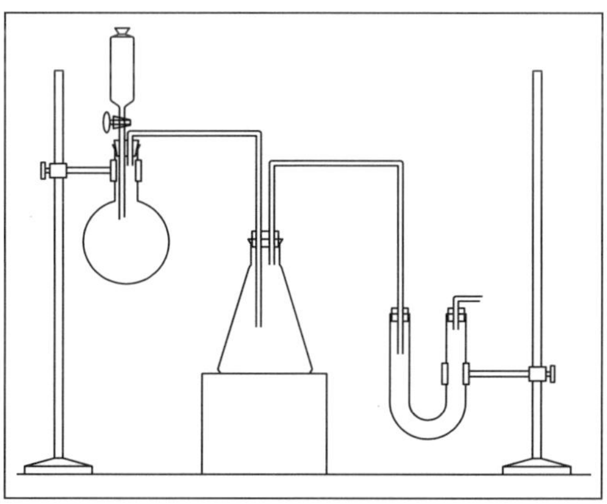

Abb. 305.1: Berücksichtigung des Gesetzes der Dynamik von links nach rechts in einer symmetrischen Anordnung

Gesetz der objektiven Einstellung

Gegenstände mit charakteristischen Formen, deren typische Funktion der Mensch kennt, werden in vielen Situationen wieder **mit der Funktion in Verbindung gebracht**.

B Ein Gerät zum Waschen von Gasen (Gaswaschflasche) werden die Schüler und Schülerinnen immer wieder mit dieser Funktion identifizieren. Es ist deshalb abzuraten, die Gaswaschflasche als Reaktionsgefäß einzusetzen. Diese Erkenntnis (objektive Einstellung) gilt besonders für den Anfangsunterricht. Später kann mit einer entsprechenden Erklärung der Lehrkraft ein Gerät auch einmal seine ursprüngliche Funktion ändern.
Besonders betroffen von diesem Gesetz sind Gasentwicklungseinheiten, die aus einem Reaktionsgefäß und einem Tropftrichter bestehen.

Zum Schluss sei noch erwähnt, dass – wie bereits oben gezeigt wurde – die **gestaltpsychologischen Gesetze** in einigen Fällen auch **zu Widersprüchen führen** können: Werden die Grundsätze eines Gesetzes beachtet, sollte man aus der Sichtweise eines anderen eine alternative Versuchsanordnung wählen.

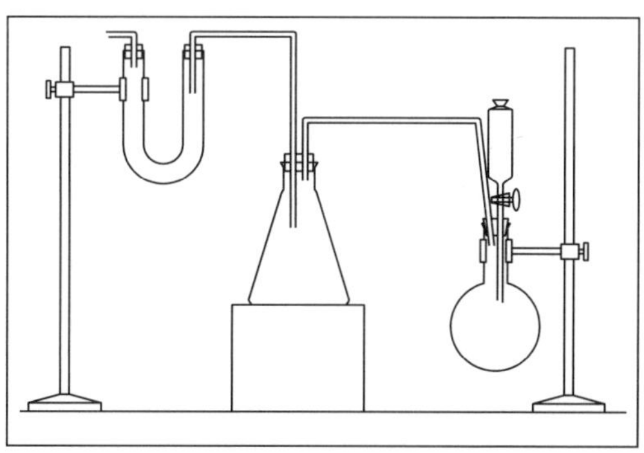

Abb. 305.2: Gestaltpsychologisch falscher Aufbau einer Apparatur von rechts nach links

B Deutlich wird dies etwa bei dem Versuch der Bestimmung des Sauerstoffgehaltes der Luft. Hierzu wird ein Reaktionsrohr mit Kupferspänen gefüllt und sodann links und rechts jeweils mit einem zu einem Drittel mit Luft gefüllten Kolbenprober versehen. Das Reaktionsrohr wird mit einem Bunsenbrenner erhitzt und die Luft durch Hin- und Herschieben der Stempel der Kolbenprober über das Kupfer geleitet. Diese Versuchsanordnung genügt in ausgezeichneter Weise dem Gesetz der Symmetrie – wird aber dominiert vom Gesetz der glatt durchlaufenden Kurve. Die einzelnen Geräte verschwimmen, wie gezeigt werden konnte, aus der Sicht der Probanden zu einer Einheit [27]. Besser ist es deshalb, das Reaktionsrohr bei der Versuchsanordnung etwas nach unten zu verlegen. Dadurch bleibt das Gesetz der Symmetrie wirksam – die Anordnung ist sehr einprägsam – gleichzeitig wird die glatte Linie aufgelöst, wodurch die einzelnen Teile der Apparatur und ihre Funktion wesentlich besser zugeordnet und behalten werden können.

Auch wenn es nicht immer möglich sein wird, alle beschriebenen Erkenntnisse in die Praxis umzusetzen, können diese doch erheblich zu einer guten Gestaltung des Unterrichts beitragen. Der Anfänger sollte die optische Wirkung seiner Versuchsaufbauten vor dem Unterricht vom entferntesten Ende des Klassenzimmers aus kontrollieren. Die beste Beurteilung der eigenen Leistung beim Experimentieren erlauben Videoaufnahmen. Diese objektive Methode zeigt die Fehler schonungslos auf und überzeugt weit mehr als alle Anregungen von Kollegen. Durch Routine werden im Laufe der Zeit dann viele Fehler vermieden.

14.5.2 In welchem Maßstab sollen Demonstrationsexperimente durchgeführt werden?

Jede Schülerin und jeder Schüler sollte ein Demonstrationsexperiment **in allen seinen Einzelheiten gut verfolgen** können. Die hohe Bedeutung dieser naheliegenden Forderung kann man an den Ergebnissen einer Untersuchung von Becker ablesen, in der der Zusammenhang zwischen der Beobachtbarkeit von Demonstrationsexperimenten und der Beliebtheit des Chemieunterrichts nachgewiesen wurde [28].
Eine Konsequenz ist die Wahl **ausreichend großer Versuchsapparaturen**. So kann man bei Demonstrationen üblicherweise nicht auf Reagenzgläser der Größe 200 × 30 mm verzichten. Ebenso verbietet sich ein Arbeiten in 100-ml-Kolben oder 100-ml-Bechergläsern.
Weitere Maßnahmen zur Verbesserung der Beobachtbarkeit von Versuchen bestehen darin, **Geräte erhöht aufzubauen** und bei ungefährlichen Versuchen die Schüler an den Experimentiertisch zu holen. Es sollte für jeden Lehrer außerdem zur Gewohnheit werden, hinter einem Versuchsaufbau zu stehen und keine Apparaturen durch seinen Körper zu verdecken. Guter Beobachtbarkeit steht allerdings ein gravierender Nachteil gegenüber: Große Versuchsanordnungen bedingen den Einsatz großer Chemikalienmengen. Dies ist einmal vor dem Hintergrund des Zieles, möglichst umweltschonend zu experimentieren, bedenklich. Zum anderen steigt das Sicherheitsrisiko beim Experimentieren mit der Menge der eingesetzten Chemikalien. Auch hat die Anschaffung, Bevorratung und Entsorgung kleiner Chemikalienmengen finanzielle Vorteile.
Eine Lösung dieses Problems kann in einigen Fällen erreicht werden, wenn bei Nachweisreaktionen mit stark verdünnten Lösungen gearbeitet wird. Oftmals sind Fällungen oder Farbumschläge bei niedrigen Konzentrationen sogar effektvoller als bei hohen! Da der genannte Kunstgriff nicht universell anwendbar ist, stellt sich die Frage, wann und wie in einem kleinem Maßstab gearbeitet werden kann, und welche Möglichkeiten es gibt, die Schülerinnen und Schüler trotzdem am Geschehen teilhaben zu lassen.

Da der „Maßstab" ein relativer Begriff ist, wird in Tabelle 306.1 zunächst anhand einer gängigen Zuordnung gezeigt, wie sich Experimente nach den eingesetzten Chemikalienmengen klassifizieren lassen.

Methode	eingesetzte Mengen an Chemikalien	
	fest	flüssig
Makrotechnik	> 0,1 g	> 5 ml
Halbmikrotechnik	0,1–0,01 g	5–0,5 ml
Mikrotechnik	0,01–0,001 g	0,5–0,05 ml
Ultramikrotechnik	< 0,001 g	< 0,05 ml

Tab. 306.1: Einteilung von Arbeitstechniken nach Ackermann [29]

Verlässt man im Demonstrationsexperiment die Stufe des Makromaßstabes, ist es notwendig, neue Beobachtungsmöglichkeiten zu schaffen. Dies kann einmal durch den Einsatz einer Videokamera und einem Fernsehgerät oder Beamer zur Wiedergabe erfolgen, zum anderen können Versuche selbst in Apparaturen durchgeführt werden, die eine Projektion auf eine Leinwand erlauben. Ansätze und Vorschläge hierzu wurden bereits seit langem von verschiedenen Seiten gemacht [30, 31, 32, 33].

Einige wesentliche Methoden, zu denen eine umfangreiche Literatur existiert, werden im Folgenden kurz dargestellt.

Einsatz einer Fernseheinrichtung bzw. einer Videokamera

Durch den Einsatz einer Fernseh- oder Videoeinrichtung eröffnet sich die Möglichkeit, in Maßstäben zu arbeiten, die etwa im Bereich der **Halbmikrotechnik** angesiedelt sind. Die dazu notwendigen Apparaturen eignen sich nicht nur für Demonstrationsexperimente, sondern auch sehr gut für Schülerversuche, was finanziell vorteilhaft sein kann. Weiterhin kann sich der Zeitbedarf für die Durchführung von Experimenten verringern, da das Aufheizen von Proben, Arbeitsoperationen wie Destillieren, Absaugen oder Filtrieren sehr rasch vonstatten geht.

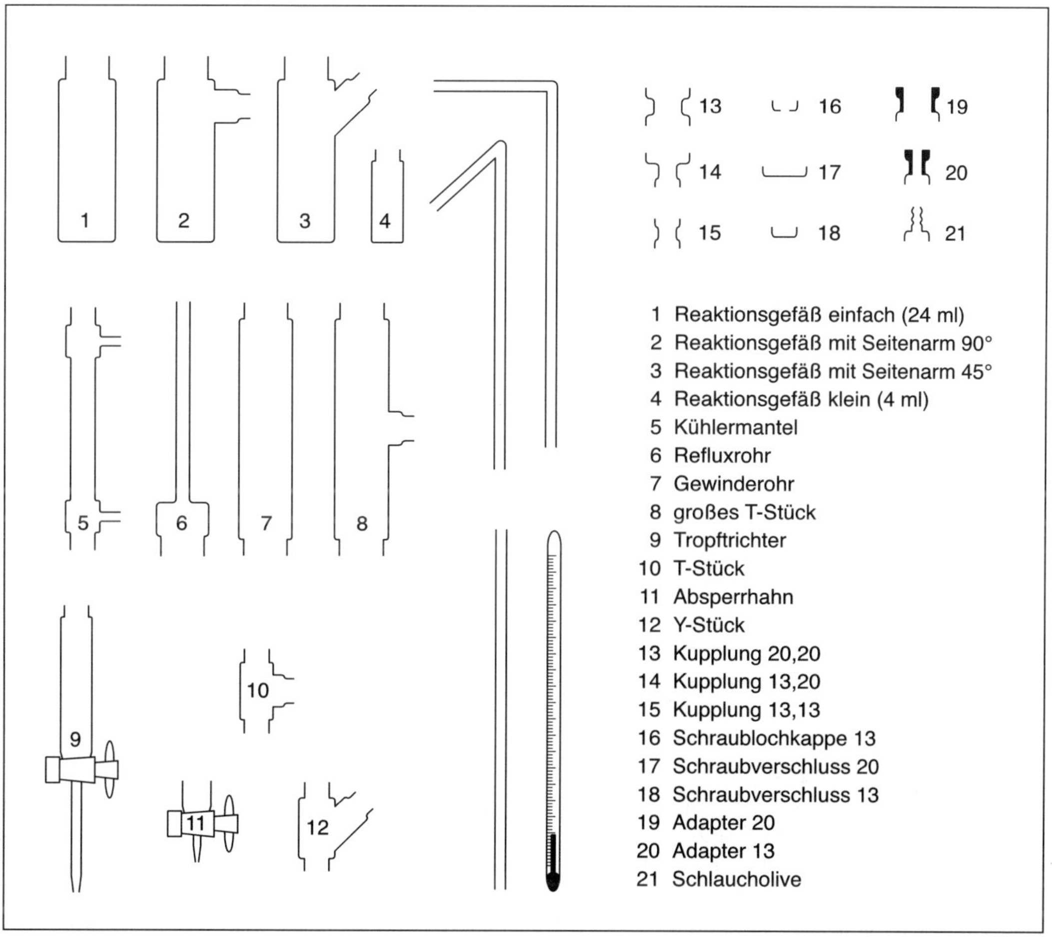

Abb. 307.1: Glasgerätesatz zum Arbeiten im Halbmikromaßstab nach Schallies [37]

Unterschiedliche Gerätesätze mit aufeinander abgestimmten Einzelteilen werden im Laborgerätehandel angeboten. Exemplarisch sei das von Schallies entwickelte System genannt [34]. Die Einzelteile werden mit Verschraubungen verbunden, sind eigenstabil und damit bruchunempfindlich und können mit einem speziellen Halterungssystem an einer Magnetwand rasch aufgebaut werden. Abbildung 307.1 zeigt eine schematische Übersicht über einen Glasgerätesatz, der auch für Schülerexperimente eingesetzt wird. In den letzten Jahren erschienen zahlreiche Publikationen mit Arbeitsvorschriften für dieses oder ähnliche Systeme; eine Auswahl findet sich in [35, 36, 37, 38].

Eine preiswerte Alternative zu teuren kompletten Gerätesätzen ist der Einsatz von Geräten aus der Medizintechnik, etwa Einwegspritzen. Diese erlauben ein Experimentieren in einem Maßstab, der zwischen Makro- und Halbmikrotechnik angesiedelt ist. Wie Abbildung 308.1 zeigt, kann man beispielsweise aus einer Einwegspritze, einem Reagenzglas mit seitlichem Hals und einem Stopfen einen einfachen Gasentwickler zusammenstellen. Vorschläge für Arbeiten mit solchen Geräten wurden etwa von Menzel [39, 40] und Obendrauf [41, 42] ausgearbeitet. Diese Versuchsanordnungen eignen sich – wie auch die oben genannten – nicht nur für Demonstrationen, sondern auch sehr gut für Schülerexperimente.

Eindrucksvolle Experimente, die sich für die Videoprojektion eignen, sind ausführlich bei Roesky [43] zusammengestellt.

Allgemein vorteilhaft ist die Möglichkeit der **Aufzeichnung eines Versuchs durch Video**, wodurch **wichtige Details wiederholt** der Beobachtung zugänglich sind. Auch ist es auf diese Weise möglich, Experimente gleich welchen Maßstabs, die aus Sicherheitsgründen unter dem Abzug durchgeführt werden müssen, allen Schülerinnen und Schülern gleich gut sichtbar zu machen. Ebenso können schnell ablaufende Experimente oder im Gegensatz Langzeitversuche durch **Zeitlupe** oder **Zeitraffer** besser beobachtbar gemacht werden.

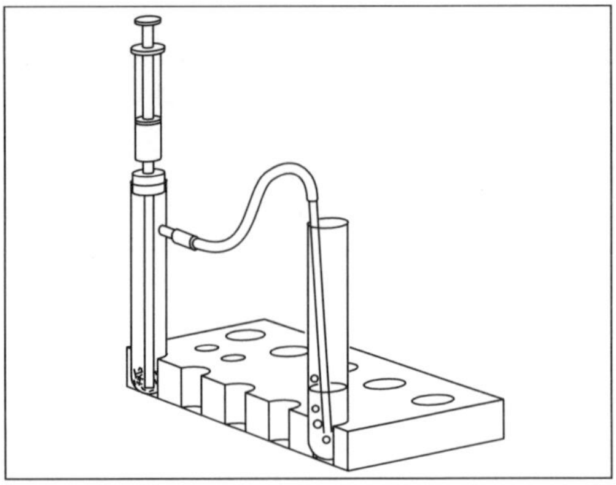

Abb. 308.1: Gasentwickler aus Reagenzglas und Einwegspritze nach Menzel [40]

Nachteilig ist die Einstellung der Kamera, die – wenn man keinen „Kameramann" zur Verfügung hat – vor Beginn des Experiments, im Idealfall vor Stundenbeginn, erfolgen muss. Es kann so nur ein fester Ausschnitt des Geschehens visualisiert werden. Versuchsaufbauten und Kamera können nicht verschoben werden, ohne dass ein erneutes Scharfstellen und Festlegen des Bildausschnittes notwendig werden. Der Einsatz einer Video- oder Fernseheinrichtung erfordert allerdings eine erhebliche finanzielle Grundinvestition, die sich nur lohnt, wenn diese Geräte auch von anderen Fächern in der Schule genutzt werden können.

Versuche auf dem Overheadprojektor

Mit dem Durchlicht des Overheadprojektors lässt sich in Gefäßen mit planem Boden, wie etwa **Petrischalen**, eine Reihe einfacher **Experimente projizieren**. Voraussetzung bei den meist mit oder in Flüssigkeiten durchgeführten Versuchen ist, dass mit geringen Schichtdicken von wenigen Millimetern gearbeitet wird, da sonst farbige Lösungen auf der Leinwand schwarz erscheinen. Fällungs- oder Lösungsvorgänge können im Allgemeinen nur gut beobachtet werden, wenn sich geringe Mengen an Feststoffen bilden bzw. lösen. Im anderen Fall erscheint das Projektionsbild ebenfalls schwarz. Feststoffe eignen sich nur wenig für die Projektion, es sei denn, man zeigt auf diese Weise die Umrisse einzelner Kristalle.

Bei Reaktionen auf dem Overheadprojektor können beschriftete Folien untergelegt oder die Petrischalen direkt beschriftet werden, was eine einfache Zuordnung der durchgeführten Reaktionen erlaubt.
Full führt in einer Übersicht etwa vierzig gängige Schulversuche auf, die sich für diese Art der Versuchsdurchführung eignen [44]. Diese reichen von der Emulsionsbildung aus Wasser und zwei Tropfen Olivenöl, das mit Sudanrot eingefärbt wurde, bis zur Beobachtung der Bildung von Kalkseifen. (Besonders eindrucksvolle Versuche für die Overheadprojektion wurden von Full und Ruf unter dem unterhaltenden Aspekt der vier Jahreszeiten zusammengestellt [45].)

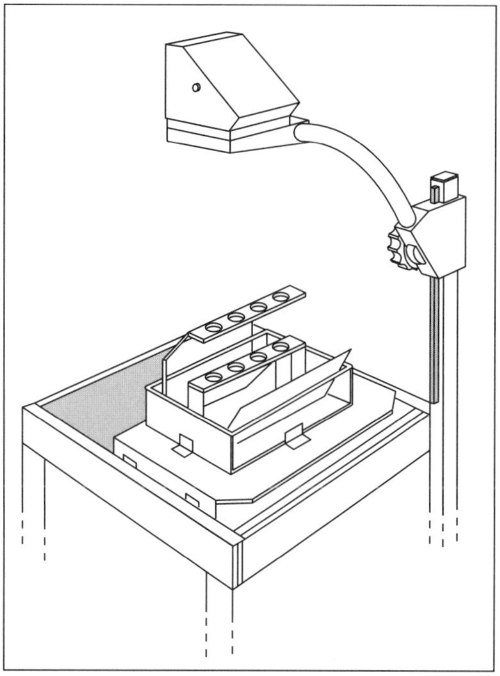

Abb. 309.1: Schematische Darstellung der Projektion von Versuchen auf einem Overheadprojektor [47]

Versuche mit Küvettentechnik

Seit vielen Jahren versucht man, die Beschränkungen, die sich bei der direkten Projektion im Durchlicht auf dem Overheadprojektor ergeben, durch spezielle Projektionssysteme zu überwinden.
Eine erste Lösung bestand darin, Versuche in speziellen **Küvettensystemen** durchzuführen, die anstelle der Bildbühne **in den Strahlengang eines Diaprojektors** gebracht wurden. Die bessere Handhabbarkeit von Küvettensystemen für die Overheadprojektion führte allerdings dazu, dass die erstgenannten Systeme heute eher eine untergeordnete Rolle spielen. In neuerer Zeit wurde allerdings von Mayr et al. ein Vorschlag publiziert, aus Glaseinsätzen von Diarahmen und Zweikomponentenkleber selbst Küvetten zu fertigen und in diesen Experimente zu projezieren [46]. Die Autoren betonen die gute optische Qualität der Bilder, die den zusätzlichen Arbeitsaufwand lohnen soll. Eine grundlegende Anordnung beim Einsatz eines Küvettensystems auf dem Overheadprojektor zeigt Abbildung 309.1. Wie man erkennen kann, wird das Licht des Projektors über Spiegel durch die Küvetten und dann durch das Objektiv und einen weiteren Spiegel auf die Leinwand gelenkt.

Beispiele für speziell entwickelte Geräte zeigt Abbildung 309.2.

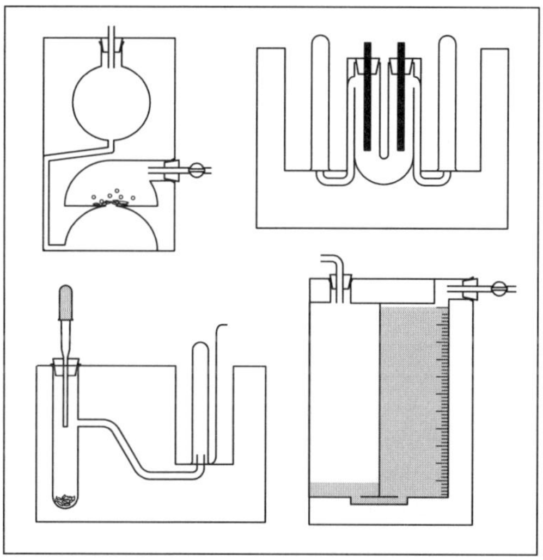

Abb. 309.2: Geräte eines Küvettensystems für die Overheadprojektion nach Kometz [48, 49]

Der Einsatz der Geräte macht ein breites Spektrum von Experimenten zugänglich [48, 50, 51, 52]. Es stehen bereits seit Jahren käufliche Systeme zur Verfügung, die von Lehrmittelfirmen auch zusammen mit Sammlungen von Arbeitsvorschriften vertrieben werden.

Prinzipiell gelten vergleichbare Einschränkungen wie bei der direkten Durchlichtprojektion auf dem Overheadprojektor.

Für die gesamte „Projektionschemie" ist es wichtig, die für den Einsatz im Unterricht geplanten Experimente vorher zu erproben, auch wenn man sie im Makromaßstab mit normalen Glasgeräten bereits oftmals durchgeführt hat. Viele Effekte wirken optisch deutlich anders, als man es zunächst erwartet, und optimale Ergebnisse lassen sich – wie überall – nur mit Erfahrung erreichen.

Folgende **Vorteile** sind – neben den bereits oben genannten – aufzuführen:

- Aufgrund des einfachen Experimentalaufbaus gestaltet sich die Versuchsdurchführung zumeist recht unproblematisch und nimmt relativ **wenig Zeit** in Anspruch.
- Das Projektionsbild zeigt das Wesentliche des Reaktionsgeschehens. Die **Betrachter werden nicht** durch eine Vielfalt von Geräten und Bauelementen **abgelenkt**.
- Die erhebliche **Vergrößerung** in der Totalen und die **Abbildungsschärfe** erlauben eine **eindrucksvolle Darstellung von Details**: Schlierenbildung beim Verdünnen von Säuren und Laugen sowie beim Auflösen von Kristallen, Grenzschichten zwischen nicht miteinander mischbaren Flüssigkeiten, Gasblasenentwicklung und Stoffabschcidungcn an Elcktroden, Wachsen transparenter Kristalle.
- Das Licht der Projektionslampe ermöglicht die Durchführung von Experimenten, anhand derer der **Einfluss des Lichtes auf die Auslösung chemischer Reaktionen** nachgewiesen werden kann (z. B. radikalische Bromierung von Alkanen).
- Projizierte Experimente entbehren nicht einer gewissen **Ästhetik** und vermögen die Betrachter durchaus zu motivieren.

Aber auch die **Nachteile** dürfen nicht verschwiegen werden:

- Reaktionen, die bei **erhöhter Temperatur** ablaufen oder **gekühlt** werden müssen, können mit den zur Verfügung stehenden Geräten **nur eingeschränkt** projiziert werden. Reaktionen mit Feststoffen bzw. in Schmelzen lassen sich – bis auf Ausnahmen – nicht projizieren.
- Eine **Licht- und Wärmeempfindlichkeit von Substanzen** setzt unter Umständen dem Einsatz des Mediums Grenzen.
- Der direkte und **motivierende Kontakt mit Geräten und Chemikalien entfällt**. In einer Zeit, in der es den Lernenden immer stärker an Realbegegnungen mangelt, sollte im Chemieunterricht nicht freiwillig auf diese wichtige methodische Komponente verzichtet werden.
- Mit dem simplen Versuchsaufbau und der raschen Versuchsdurchführung erreicht das Projektionsexperiment nicht selten eine **Abstraktionsstufe, die dem Lerngeschehen entgegenstehen kann** und die ein nicht gerade korrektes Bild von der Arbeitsweise des experimentierenden Chemikers vermittelt. Das präparative Arbeiten kann im Projektionsexperiment weder realisiert noch veranschaulicht werden.

Vor diesem Hintergrund erscheint ein weitgehendes Ersetzen der traditionellen Experimente des chemischen Demonstrationsunterrichts durch Projektionsversuche didaktisch kaum vertretbar. Vielmehr ist es sinnvoll, im Unterricht dann die Methode einzusetzen, wenn sich Effekte gerade durch diese Art der Vergrößerung besonders gut optisch erfassen lassen.

14.5.3 Schülerdemonstrationsversuche

Der Vollständigkeit halber sei hier noch angemerkt, dass auch Schüler an der Durchführung und Vorbereitung von Demonstrationsversuchen beteiligt werden können. Man spricht dann von „Schülerdemonstrationsversuchen". In der Praxis kommt dieser Variante des Schulversuchs jedoch nur eine geringe Bedeutung zu. Es besteht die Gefahr, dass immer wieder dieselben Schüler experimentieren dürfen. Daraus könnte sich eine ungerechtfertigte Bevorzugung ergeben.

14.5.4 Schülerexperimente

Gegenüber Demonstrationsexperimenten ist die Anzahl von Experimenten, die von Schülern durchgeführt werden können, geringer. Hierfür gibt es mehrere Gründe:

- Eine **Gefährdung** der Schülerinnen und Schüler muss weitgehend **ausgeschlossen sein**. So sind Experimente mit kanzerogenen, mutagenen oder stark toxischen Substanzen im Allgemeinen nicht statthaft. Hierbei ist allerdings nach Schulstufe und Schulart zu differenzieren. Während auf der Sekundarstufe I starke Einschränkungen bestehen, muss in den Ausbildungsgängen für Chemieberufe der Berufsschulen auch der sichere Umgang mit gefährlichen Chemikalien erlernt werden (vgl. Kapitel 16.6).
- Die **Anforderungen an das manuelle Geschick** bei Versuchsaufbau und Versuchsdurchführung können die Fähigkeiten der Schüler überschreiten. Aufwändige Versuche erfordern oftmals eine so lange Zeit zur Vorbereitung, dass diese vor der Unterrichtsstunde durchgeführt werden muss.
- Viele Apparaturen sind an Schulen aus **Kostengründen** nur einmal oder in so geringer Stückzahl vorhanden, dass Schülerexperimente ausgeschlossen sind.

Trotz dieser Einschränkungen sind die Möglichkeiten, Lernende experimentieren zu lassen, sehr vielfältig. Worauf ist nun bei der Auswahl und Durchführung neben den genannten Kriterien besonders zu achten?

Die Experimente sollten besonders im Unterricht der Sekundarstufe I **robust gegenüber Fehlern bei der Durchführung** sein. Über- oder Unterdosierung von Reagenzien, zu starkes oder zu geringes Erhitzen sollten immer noch zu eindeutigen Ergebnissen führen. So sind etwa viele Fällungsreaktionen gut für einfache analytische Versuche geeignet, z. B. der Nachweis von Sulfat-Ionen mit Calcium-Ionen oder der Nachweis von Chlorid-Ionen mit Silber-Ionen. Dagegen sind komplexometrische Titrationen, die eine gewisse Übung bei der Erkennung des Umschlagpunktes erfordern, allenfalls für den Einsatz in Leistungskursen der Sekundarstufe II zu empfehlen.
Für die erfolgreiche Durchführung von Schülerexperimenten sind **eindeutige Arbeitsvorschriften** notwendig. Man sollte es sich zur Regel machen, eine schriftliche Anleitung zu erstellen. Diese muss

- genau und für den Schüler verständlich abgefasst sein,
- eine Liste der benötigten Geräte und Chemikalien enthalten,
- mit einer Skizze des Versuchsaufbaus versehen sein,
- Hinweise zur Arbeitssicherheit enthalten.

Probleme bei der Versuchsdurchführung treten auf, wenn die Anleitungen nur für erfahrene Experimentatoren umsetzbar sind. Schüler können den Sinngehalt von Vorschriften nicht „zwischen den Zeilen“ herauslesen und abschätzen, welche Effekte auftreten, wenn man Mengen- und Konzentrationsverhältnisse ändert, zu viel oder zu wenig erhitzt usw.

B Ein Beispiel für eine schlechte (A) und eine gute Arbeitsvorschrift (B) werden in Abbildung 312.1 aufgezeigt. Im Negativbeispiel werden völlig unzureichende Angaben gemacht. Die Anweisung „Man fügt etwas Salzsäure hinzu.“ ist wenig informativ. Weder die Menge („etwas“) noch die Konzentration der Säure noch die Art des Hinzufügens sind genau beschrieben. Eindeutig ist dagegen die Aussage in Versuchsanleitung B: „Man gibt mit der Tropfpipette fünf Tropfen der bereitgestellten verdünnten Salzsäure (c = 2 mol/l) hinzu.“

Am günstigsten ist es, die **Arbeitsvorschriften zu vervielfältigen** und an alle Schülerinnen und Schüler zu verteilen. Wenn Arbeitsgruppen aus mehreren Lernenden gebildet werden, sollte jeder Teilnehmer eine Versuchsanleitung erhalten. Alternativ können Arbeitsvorschriften auf Folie übertragen und während der gesamten Zeit des Experimentierens projiziert werden oder an der Tafel stehen. Versuchsanleitungen lassen sich sehr unterschiedlich ausgestalten, etwa, indem sie gleichzeitig zum Protokollieren verwendet oder im Sinne eines Arbeitsblattes erweitert werden können.

Mehr noch als bei Demonstrationsexperimenten steht bei Schülerexperimenten die Frage im Vordergrund, wie diese zu organisieren sind. Diese Frage soll hier unter drei Gesichtspunkten behandelt werden:
- sächliche Organisation (Vorbereitung, Aufbau, Abbau und Reinigung der Geräte),
- Sozialformen (Experimentieren in Gruppen oder einzeln),

Versuchsanleitung A:

Wie reagiert Soda mit Salzsäure?

In ein Reagenzglas wird etwas Soda gegeben. Man fügt etwas Salzsäure hinzu und setzt das mit Calciumhydroxidlösung gefüllte Gärröhrchen auf das Reagenzglas. Beobachtung?

Versuchsanleitung B:

Wie reagiert Natriumcarbonat (Na_2CO_3, Soda) mit Salzsäure?

Geräte:

Reagenzglas, Reagenzglasständer, Spatel, Gärröhrchen mit durchbohrtem Stopfen, Tropfpipette

Chemikalien:

Natriumcarbonat, Salzsäure (c = 2 mol/l), Calciumhydroxidlösung

Zur Arbeitssicherheit:

- Schutzbrille tragen!
- Salzsäure ist auch in verdünnter Form noch ätzend. Eventuelle Spritzer auf Haut oder Kleidung deshalb sofort mit Wasser abwaschen.

Versuchsdurchführung:

Zunächst wird das Gärröhrchen mit so viel Calciumhydroxidlösung gefüllt, wie es in der Zeichnung zu sehen ist.

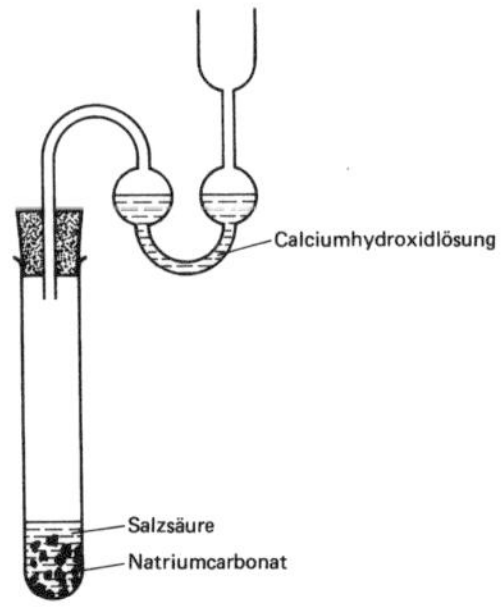

In das Reagenzglas gibt man dann eine Spatelspitze Natriumcarbonat und anschließend mit der Tropfpipette zwanzig Tropfen der bereitgestellten verdünnten Salzsäure (c = 2 mol/l). Dann wird das Gärröhrchen sofort auf das Reagenzglas aufgesetzt.

Auswertung des Versuchs:

Welche Beobachtung kann man machen?

....

Formuliere die Reaktionsgleichung:

....

Abb. 312.1: Beispiel für eine schlechte (Versuchsanleitung A) und eine gute (Versuchsanleitung B) Vorschrift für Schülerversuche

- methodische Organisation (Durchführung gleicher oder unterschiedlicher Versuche).

Die sächliche Organisation von Schülerversuchen

Problemlos stellt sich die Situation dar, wenn **spezielle Räume für Schülerübungen** vorhanden sind, die sich in der Ausstattung an Laboratorien orientieren. Aufbau und Durchführung von Experimenten sind dort sehr einfach, da gängige Chemikalien und Geräte direkt in diesem Raum aufbewahrt werden können. Auch die Arbeitssicherheit lässt sich in einem speziellen Übungsraum leicht gewährleisten. In vielen Fällen sind aber an Schulen nur Chemieräume vorhanden, die für alle Arten von Unterrichtsstunden, von theoretischen Erarbeitungen bis zu Schülerversuchen, genutzt werden. In einem solchen Fall bedarf es einer unter den Fachlehrern abzustimmenden Grundkonzeption für die Durchführung von Schülerexperimenten. **Drei Organisationsformen** bieten sich im Wesentlichen an:

- Das für Versuche notwendige **Experimentiergerät** wird im Vorbereitungs- bzw. Sammlungsraum aufbewahrt und getrennt für alle Arbeitsgruppen **vor jeder Unterrichtsstunde neu zusammengestellt**. Die Schülerinnen und Schüler erhalten somit – meist in einem Kasten – einen Satz der für die durchzuführenden Versuche benötigten Materialien. Alternativ können Geräte und Chemikalien ohne Aufteilung nach Arbeitsgruppen in der benötigten Anzahl und Menge bereitgestellt werden. Jede Arbeitsgruppe holt sich entsprechend der Arbeitsanweisung die benötigten Materialien.

  Nach dem Unterricht wird das Material von den Schülerinnen und Schülern gereinigt, zurückgegeben und vom Lehrer aufgeräumt. Diese Organisationsform ist sehr arbeitsintensiv, erlaubt aber die vollständige Übersicht über vorhandenes Material, defekte Geräte und ausgegebene Chemikalien. Mit Erfolg durchführbar ist diese Organisationsform allerdings nur, wenn geeignete Räumlichkeiten für eine übersichtliche Aufbewahrung des Experimentiergerätes vorhanden sind.

- Eine andere Möglichkeit besteht darin, die für die gängigen Schülerversuche notwendigen **Geräte in verschließbaren Schülerarbeitstischen bereitzuhalten**. Dies erspart Zeit für die Ausgabe der Geräte. Da man aus Sicherheitsgründen in den Unterschränken jedoch keine Chemikalien aufbewahren darf, müssen diese jeweils ausgegeben werden. Der Vorteil der Organisationsform liegt in der geringeren Arbeitszeit für Bereitstellung und Einsammeln/Einräumen der Geräte. Auf der anderen Seite ist es in regelmäßigem Abstand notwendig, die Arbeitstische zu überprüfen, zu reinigen und zerbrochene Geräte zu ersetzen. Es ist außerdem am Ende der Stunde schlecht zu kontrollieren, ob die Geräte sauber, vollständig und in verwendbarem Zustand wieder in die Schränke zurückgestellt wurden. Verschmutzte Reagenzgläser, fehlende Spatel, entwendete Geräte verursachen oft Mehrarbeit und unliebsame Störungen des Unterrichts.
- Eine dritte Möglichkeit ist zwischen den beiden eben beschriebenen Organisationsstrukturen angesiedelt. Abschließbare Schränke mit den üblicherweise benötigten Geräten und Chemikalien befinden sich im Chemiesaal. Die **Schüler holen sich die für das Experimentieren erforderlichen Arbeitsmaterialien anhand der Versuchsvorschrift**. Diese Organisationsform kann sehr effektiv sein, da die Schülerinnen und Schüler nach wenigen Stunden wissen, wo welche Geräte zu finden sind. Allerdings muss auch hier darauf geachtet werden, dass beim Aufräumen die vorgegebene Ordnung eingehalten wird und keine verschmutzten Geräte in die Schränke geräumt werden.

Eine klare Empfehlung für eine dieser drei Organisationsformen oder für Varianten von diesen kann nicht gegeben werden. Letztendlich werden die Tradition der Schule und die persönlichen Vorlieben ausschlaggebend sein.

Um Arbeit und Ärger zu ersparen, sei hier noch auf einen oft vernachlässigten Aspekt eingegangen: Vielfach wird an Reagenzglasbürsten und anderem Reinigungsmaterial gespart und im Unterricht nur eine kurze Zeit zum Reinigen der benutzten Geräte eingeplant. Oft finden die Schülerinnen und Schüler bereits verschmutzte Geräte vor, müssen also denken, dies sei in der Chemie normal. Der Mangel an Sauberkeit dürfte den Erfolg so manches Experiments und damit mancher Unterrichtsstunde zumindest beeinträchtigt haben! Man muss sich verdeutlichen, dass die Anforderungen an den Reinheitsgrad von Laborgeräten höher sind als die an Essgeschirr.

Sozialformen bei der Durchführung von Schülerversuchen

Schülerinnen und Schüler können **Experimente alleine oder in Gruppen** verschiedener Größe durchführen. Was ist empfehlenswert und welche Vor- und Nachteile ergeben sich daraus?

Experimentiert **jeder Lernende für sich**, erfordert dies eine **große Zahl Arbeitsplätze und es entsteht ein hoher Bedarf an Geräten und Chemikalien**. In vielen Fällen wird dies die Möglichkeiten der Schule überschreiten, wenn es sich nicht um Klassen mit geringer Schülerfrequenz oder um zahlenmäßig schwach besetzte Kurse handelt. Bei geringer praktischer Erfahrung fehlt die Möglichkeit der gegenseitigen Unterstützung, die beim Arbeiten in Gruppen gegeben ist.

Es sprechen allerdings auch einige Gründe dafür, Schülerinnen und Schüler ab und zu alleine experimentieren zu lassen:

- Es ist auf diese Weise möglich, auch Schülerinnen und Schüler zu aktivieren, die sich beim praktischen Arbeiten in Gruppen nicht beteiligen.
- Die Benotung exprimenteller Tätigkeit – etwa in Form von Analysen – kann so am einfachsten und auch am gerechtesten durchgeführt werden.
- Neben dem Lernen und Arbeiten in Gruppen muss es auch das Ziel sein, völlig selbstständig eine Aufgabe bearbeiten zu können. Vielfach erscheint dies Schulabgängern sehr ungewohnt.

Es ist im Chemieunterricht üblich, beim Experimentieren **Zweier-, Dreier oder Vierergrup-**

pen zu bilden. Dies hat einmal rein pragmatische Gründe: Die **Anzahl der Arbeitsgeräte und Chemikalien und der Platzbedarf** sind gegenüber „Einergruppen" deutlich **niedriger**. Das einzelne Gruppenmitglied kann den Versuchsverlauf gut verfolgen, die Größe der Gruppe wirkt sich nicht nachteilig aus. Allerdings ist bei einfachen Experimenten und Gruppengrößen von mehr als zwei Lernenden nur wenig praktische Arbeit für den Einzelnen vorhanden.

Es sprechen auch didaktische Gründe für die Bildung von Schülergruppen. Sowohl beim Aufbau als auch bei der Durchführung und Auswertung der Experimente können sich die **Mitglieder** einer Arbeitsgruppe **gegenseitig unterstützen**. Dabei lernen sie, in einem **Team zu arbeiten**, aufeinander **Rücksicht** zu nehmen und **Erfolg oder Misserfolg gemeinsam zu erleben**. Nicht zuletzt wirkt es motivierend, in einer Gruppe arbeiten zu können. Allerdings besteht die Gefahr, dass sehr bald eine Rollenverteilung stattfindet. Da gibt es den „Experimentator", der alle Schlüsseloperationen ausführt und seine Mitschüler höchstens den Bunsenbrenner anzünden lässt. Aber auch der „Theoretiker", dessen Aufgabe in der Interpretation und dem Protokollieren liegt und der „Zuschauer", der froh über die Aktivität der anderen ist, gehören zu diesem Bild. Eventuell kann eine öfters durchgeführte gezielte Änderung der Zusammensetzung der Arbeitsgruppen diesen Effekt mildern.

Die methodische Organisation von Schülerversuchen

Die einfachste Form der Schülerversuche besteht darin, **alle Gruppen jeweils dasselbe Experiment** durchführen zu lassen. Dabei ist der Aufwand für die Vorbereitung – Ausgabe des benötigten Materials, Erstellung der Arbeitsvorschriften – für Lehrende gegenüber anderen methodischen Varianten gering.

Man wird diese Organisationsform besonders dann wählen, wenn in einer Klasse nie oder selten Schülerexperimente durchgeführt wurden. Die Schüler sind in diesen Fällen unsicher bei der Vorbereitung und Durchführung der Versuche und benötigen oft die Hilfe der Lehrerin oder des Lehrers. Zusätzlich kann die ungewohnte Unterrichtsform zu Disziplinproblemen führen. Bei gleichen Arbeitsaufträgen ist es verhältnismäßig **einfach**, als Lehrender den **Überblick zu bewahren**. Gleichzeitig können sich die Gruppen gegenseitig unterstützen.

Auch die Situation des Lehrenden sollte nicht unerwähnt bleiben: Wenn die Unterrichtserfahrung noch gering ist, kann man sich mit dieser einfachen Variante der Schülerversuche in die methodischen Probleme einarbeiten.

Neben organisatorischen Überlegungen können auch methodische Erwägungen dazu führen, gleiche Versuche durchführen zu lassen. So kann ein Messwert – etwa die Siedetemperatur einer Flüssigkeit – von allen Arbeitsgruppen ermittelt werden und die **Ergebnisse werden verglichen**. Dabei kann es das Ziel sein, mögliche Fehler bei der Bestimmung einer Siedetemperatur zu erarbeiten.

Wesentlich vielfältiger sind die Möglichkeiten, wenn **Schülergruppen unterschiedliche Arbeitsaufträge** erhalten. Dabei ergibt sich eine Spannweite von nur zwei Experimenten, von denen jeweils die Hälfte aller Gruppen eines durchführt, bis zu individuellen Versuchen für jede Arbeitsgruppe.

Wo liegen nun die **Vorteile** dieser Organisationsform?

- Zunächst ist es möglich, zu einem bestimmten Stoffgebiet **mehrere Experimente in kurzer Zeit** durchzuführen. So kann die Bildung von Salzen aus Säuren und Laugen parallel mit Salzsäure/Natronlauge, Salzsäure/Kalilauge, Schwefelsäure/Natronlauge usw. durchgeführt werden. Dadurch ergibt sich eine größere Breite der stofflichen Präsentation. Dies sollte gerade im Hinblick auf eine induktive Vorgehensweise als wichtiger Gesichtspunkt erachtet werden.
- Eine weitere Möglichkeit besteht darin, **alle Gruppen die gleiche chemische Reaktion** durchführen zu lassen, wobei aber jeweils die **Reaktionsbedingungen oder Konzentrationen** der Reaktionspartner **geändert** werden. Diese Vorgehensweise kann der Erarbeitung allgemeiner Gesetzmäßigkeiten dienen.

B Als Beispiel sei hier die Erarbeitung der quantitativen Analyse durch Titration erwähnt. Den Schülergruppen werden jeweils unterschiedlich konzentrierte Proben von Salzsäure ausgeteilt. Anhand des Verbrauchs an Natronlauge bekannter Konzentration wird die Konzentration der Salzsäure berechnet und der allgemeine Weg der Berechnung abgeleitet. Ein weiteres Beispiel ist die Erarbeitung der Faraday'schen Gesetze.

- Auch analytische Probleme eignen sich für differenzierte Schülerversuche. So können **Lösungen** ausgegeben werden, die **auf unterschiedliche Ionen zu prüfen** sind. Auch die oben angesprochene Titration lässt sich – nachdem die Grundlagen erarbeitet wurden – als analytische Untersuchung durchführen. Diese Art der Aufgabenstellung eignet sich auch für eine Leistungsüberprüfung.
- Nicht zuletzt bietet sich die Möglichkeit einer **Binnendifferenzierung**. Schwächere Arbeitsgruppen können weniger aufwändige Versuche zugeteilt bekommen, denen sie mit hoher Wahrscheinlichkeit gewachsen sind. Stärkeren Arbeitsgruppen werden entsprechend schwierigere Experimente zugeteilt, wobei sich diese Unterscheidung oft mit geringen Mitteln erreichen lässt.

B Als Beispiel sei die quantitative Bestimmung der Konzentration einer Säure durch Titration mit Natronlauge ($c = 0{,}1$ mol/l) gewählt. Einer schwächeren Gruppe kann beispielsweise eine Salzsäure der Konzentration $c = 0{,}1$ mol/l ausgegeben werden, was die Bestimmung sehr vereinfacht. Einer leistungsfähigeren Gruppe hingegen wird man mit einer Salzsäure beliebiger Konzentration eine deutlich schwierigere Aufgabe erteilen.

Den aufgeführten Vorteilen unterschiedlicher Versuche für Schülergruppen stehen aber auch **Nachteile** gegenüber: Je stärker differenziert die Versuche sind, umso höher ist der Aufwand für die Vorbereitung. Es müssen im Allgemeinen ja nicht nur unterschiedliche Geräte und Chemikalien ausgegeben, sondern auch unterschiedliche Versuchsvorschriften erstellt werden. Die Versuche müssen dabei so ausgewählt werden, dass der Zeitaufwand für ihre Durchführung etwa gleich ist. Doch nicht nur der **Aufwand für die Unterrichtsvorbereitung ist höher**, es ist auch **schwerer, im Unterricht die Übersicht zu behalten**. Somit eignet sich ein differenziertes Experimentieren besonders für Schulklassen, deren Schüler bereits Erfahrung bei der Durchführung von Versuchen gesammelt haben.

Es sei abschließend darauf hingewiesen, dass man bei differenzierten Schülerexperimenten eine größere Zeitspanne für die Ergebnissicherung einplanen muss, als es bei identischen Versuchen für alle Schüler der Fall ist. Alle Schüler müssen über jedes der durchgeführten Experimente und dessen Ergebnis informiert sein.

14.6 Demonstrationsexperiment oder Schülerexperiment – Was ist vorzuziehen?

Bereits am Anfang dieses Kapitels wurde begründet, warum Experimente ein unverzichtbarer Bestandteil des Chemieunterrichts sind. Nachdem in den letzten beiden Absätzen die beiden methodischen Grundformen Demonstrationsexperiment und Schülerexperiment behandelt wurden, soll hier auf die Frage eingegangen werden, ob eine der beiden Formen der anderen überlegen ist.

Allgemein wird die Meinung vertreten, dem Schülerversuch sei, wann immer möglich, der Vorzug zu geben. Begründet wird dies mit dem besseren Lernen durch Eigentätigkeit, der Möglichkeit des entdeckenden Lernens, der zusätzlichen Einübung manueller Fertigkeiten und dem motivierenden Effekt, der vom Experimentieren ausgeht. Hierbei sind die letzten beiden Punkte schwerlich zu widerlegen: Manuelle Fertigkeiten kann man nur durch Eigentätigkeit einüben und Schüler sind gegenüber dem Unterricht aufgeschlossener, wenn sie selbst Versuche durchführen dürfen, wie bereits die ältere Literatur zeigt [53]. Um **psychomotorische und affektive Lernziele** zu erreichen, ist **Schülerversuchen** also tatsächlich **der Vorzug zu geben**.

Es ist allerdings **fraglich, ob kognitive Lernziele durch den Einsatz von Schülerversuchen besser als durch Demonstrationsversuche erreicht werden.** Im Gegensatz zu oft gehörten Annahmen sprechen hierfür nämlich nur die Ergebnisse weniger Untersuchungen (z. B. [54], Untersuchung im Fach Physik, Klassenstufe 8 und 9). Ein sorgfältig vorbereitetes, durchgeführtes und ausgewertetes Demonstrationsexperiment scheint Schülerversuchen keineswegs unterlegen zu sein [55].

Damit stellt sich die Frage, wann die eine oder die andere Form des Experimentierens gewählt werden sollte. Scharf schreibt hierzu [56]:

Z Der Einsatz von Schülerexperimenten sollte mehr nach Abhängigkeiten von affektiven, kognitiven oder psychomotorischen Zielsetzungen des Unterrichts und auch nach Abhängigkeiten von entwicklungspsychologischen Aspekten differenziert werden. Den Sachunterricht auf der Primarstufe und den Fachunterricht auf der Sekundarstufe I sollten Schülerexperimente zwar weitgehend prägen, jedoch weniger, um Antworten auf Fragen der prinzipiellen Art zu erhalten: Wie kann ich etwas durch Einordnen oder Verknüpfen von Befunden erkennen und verstehen? Vorrangig sollten durch Schülerexperimente Antworten auf Fragen der folgenden Art gefunden werden:

- Wozu kann man etwas verwenden?
- Wie kann man etwas (technisch) erreichen?
- Wie kann ein (technisches) Verfahren verbessert werden?

Auch für den folgenden Unterricht scheinen mir Schülerexperimente zur Erreichung vorrangig kognitiver Ziele keineswegs im Vergleich mit sorgfältig vorbereiteten, durchgeführten und ausgewerteten Lehrerdemonstrationsexperimenten besser geeignet zu sein. Dagegen sollten Schülerversuche bewusst eingesetzt werden, um rezeptive Einstellungen der Schüler abzubauen. Diese Einstellungen werden weitgehend durch den starken Einfluss der Medien wie Fernsehen und Film im außerschulischen Bereich bewirkt. Der in den genannten Medien zur Schau gestellte Perfektionismus verführt die Schüler zu leichtfertigen Urteilen und unkritischen Folgerungen. Der Weg zur Erkenntnis ist in der Regel mühsam, und Schüler sollten durch eigenes Experimentieren im Unterricht erfahren, dass es Schweiß kosten kann, eine Apparatur oder einen Reaktionsablauf zur Erreichung eines gesicherten Befunds zu optimieren.

Die Frage, ob nun Demonstrations- oder Schülerversuche vorzuziehen seien, soll hier auch noch aus einer anderen Blickrichtung behandelt werden.

Wie bereits Nentwig und Wenck [57, 58] zeigen konnten, kommt Schülerexperimenten nur eine vergleichsweise geringe Bedeutung in der Schulpraxis zu. So gaben 77 % der befragten Realschullehrer in Schleswig-Holstein an, nur gelegentlich oder selten die Schüler selbst Versuche durchführen zu lassen. Nur 15 % der Lehrer nutzen hierfür mehr als ein Viertel der zur Verfügung stehenden Zeit. Wenn Schüler experimentieren, dann führen die Gruppen in nahezu drei von vier Fällen den gleichen Versuch durch, d. h., die einfachste mögliche Organisationsform wird gewählt. Zur Begründung der geringen Selbsttätigkeit wurden mangelnde Zeit, zu große Klassen, fehlende Arbeitsplätze und Geräte angegeben.

Schülerversuchen kommt somit ein weit geringerer Stellenwert in der Praxis des Chemieunterrichts zu, als man ihnen auch von einer kritischen Position aus zubilligen würde. Es stellt sich daher auf keinen Fall die Frage, Schülerexperimente zugunsten von Demonstrationen zu verringern. Vielmehr muss die Forderung gestellt werden, **Schülerexperimenten** zunächst einmal **einen gleichen Rang wie Demonstrationsversuchen einzuräumen**.

14.7 Zur Unterrichtspraxis

Es gibt eine kaum zu übersehende Zahl von Anleitungen für Demonstrations- und Schülerexperimente. Es stellt sich damit die Frage, welche Quellen zur Gestaltung des Unterrichts genutzt werden sollen.

Die ausführlichste **Beschreibung von Versuchen findet man in Sammlungen chemischer Schulexperimente**, etwa [59] und [60]. Diese meist mehrbändigen Werke bieten zu jedem der gängigen Themen des Chemieunterrichts eine Auswahl von Versuchen. Gerade in dieser Auswahl besteht der Vorzug solcher Sammlungen, da man je nach Ausrüstung, experimentellem Geschick, Vorkenntnissen der Klasse usw. vorgehen kann. In vielen Bibliotheken und Schulen sind allerdings alte Ausgaben von Versuchssammlungen vorhanden, die lange vor dem Inkrafttreten der Gefahrstoffverordnung bzw. der daraufhin für Schulen erlassenen Richtlinien erschienen sind [61]. Alle Versuche, die für den Unterricht übernommen werden, müssen hinsichtlich aktueller Maßstäbe der Arbeitssicherheit überprüft werden.

Neben den beschriebenen umfassenden Werken wurden zu den unterschiedlichsten **Einzelthemen**, von der Kunststoffchemie bis zur Chemie der Fotografie, **Versuchssammlungen** erstellt. Diese sind oftmals in der Form preiswerter kurzer Monographien, teilweise ganzer Reihen, erschienen, etwa [62]. Man findet in diesen Büchern neben der Beschreibung der Experimente meist auch ausführliche fachliche Informationen und Anregungen zur schulischen Umsetzung.

In einer Reihe anderer Werke wird der **Schwerpunkt auf die unterrichtliche Umsetzung eines Themenkreises** gelegt, wobei auch die dazugehörigen Experimente ausführlich beschrieben werden, etwa [63]. Naturgemäß werden bei solchen Konzeptionen alternative Versuche zu demselben Inhalt oder Versuchsvarianten wenig berücksichtigt. Noch eingeschränkter ist die Auswahl in Schulbüchern, die sich oft streng an einem Lehrplan orientieren. Ein Vergleich mit ähnlichen Versuchen zu einem Thema ist kaum möglich.
Schließlich können **neue Versuche** den einschlägigen **methodisch-didaktischen Zeitschriften entnommen** werden [64, 65, 66, 67, 68]. Gerade zu aktuellen Themenbereichen, etwa der Umweltchemie, finden sich dort wertvolle Anregungen.

14.8 Die heile Welt der Schulexperimente

Ausgearbeitete Unterrichtsvorschläge, umfangreiche Sammlungen von Experimenten und auch die Lehrpläne vermitteln oftmals den Eindruck einer „heilen Welt“: Alle wesentlichen Gesichtspunkte der Wissenschaft Chemie und ihrer Anwendungen in Forschung und Technik werden adäquat gelehrt. Allerdings zeigt eine kritische Betrachtung, dass sich die **Chemie in der Schule und die Chemie in der Lebenswelt** doch in wesentlichen Punkten **unterscheiden**. Es muss gefragt werden, ob nicht vielfach „Schulchemie“ anstelle von „Chemie“ gelehrt wird und ob das zwiespältige Verhältnis vieler Erwachsener zur Chemie nicht hierin begründet ist. Einige wesentliche Punkte der Kritik, die Experimente betreffen, werden im Folgenden diskutiert.

Im Gegensatz zur Realität der Forschung weiß eine Lehrkraft immer, welche Reaktion ablaufen wird. Mit Bedacht sind die Rahmenbedingungen so gewählt, dass das gewünschte Ergebnis erzielt wird. Ein misslungener Versuch zeigt in den Augen der Schülerinnen und Schüler nur die Unfähigkeit des Lehrenden. Die „Frage an die Natur“ ist eigentlich längst beantwortet, Chemie stellt sich als immer planbar dar. Es ist anzunehmen, dass die Lernenden dieses Theaterspiel nach kurzer Zeit durchschauen und ihre Rolle mitspielen. Auch ein forschend-entwickelnder Unterricht wird so gesteuert, dass die „Forschung“ nach kurzer Zeit in den durch Lehrplan und Lehrer vorausgeplanten Bahnen mündet. Abhilfe können Unterrichtsinhalte wie die Analyse eines Bachwassers oder Fabrikabwassers bieten. Die Ergebnisse sind hier wirklich offen, es werden tatsächlich noch Fragen beantwortet!

Oftmals ergeben sich in der Chemie erst aus einer großen Zahl von Versuchen befriedigende Ergebnisse. Obwohl man beispielsweise viele Reduktionsmittel zur Umwandlung von Ketonen in sekundäre Alkohole kennt, muss ausprobiert werden, welches Reagenz unter welchen Bedingungen die besten Ausbeuten liefert. Auch wenn Forschung und Entwicklung in der Chemie in weitaus höherem Maße planbar sind als früher, ist dieser Weg notwendig. Das Schulexperiment verdeckt diesen Gesichtspunkt meistens. Die Wissenschaft Chemie wird als in ihren Ergebnissen stets „optimiert“ dargestellt. Man sollte den Schülern durchaus vermitteln, dass Spekulation, Intuition und manuelles Geschick in der Chemie auch heute noch eine Rolle spielen. Dies könnte durch eine stärkere Berücksichtigung historisch-problemorientierter Unterrichtskonzepte, aber auch durch Themenbereiche aus der Alltags- und Lebenswelt vermittelt werden.

Fachdidaktiken und Schulbücher erwecken oft den Eindruck, hinter jedem Experiment stehe die Absicht, eine Abhängigkeit, eine Gesetzmäßigkeit oder eine Theorie zu bestätigen oder zu falsifizieren. Chemisches Experimentieren wird hier auf ein unnahbares Podest gehoben. Tatsächlich ist aber der überwiegende Teil der praktischen chemischen Arbeit weitaus trivialerer Natur. Die Suche nach einem geeigneten Lösemittel zum Reinigen einer Verbindung durch Umkristallisation oder die Formulierung einer neuen Lackrezeptur haben oft rein praktische Gründe, wie etwa die Verkaufsfähigkeit des Produkts. Diese Gesichtspunkte sind in der Schulchemie geradezu verpönt, wahrscheinlich auch, weil sie weder an der Universtität noch im Referendariat vermittelt werden. Vielleicht liegt die Unbeliebtheit des Chemieunterrichts mit darin begründet, dass man den Schülern diese einfachen, oft stark an Phänomenen, praktischen und wirtschaftlichen Erwägungen orientierten Zielrichtungen chemischen Arbeitens nicht zugänglich macht.

Ein weiteres Problem, das bisher kaum thematisiert wurde, wendet sich dem Schwerpunkt der Versuche in Forschung und Technik einerseits und in der Schulchemie andererseits zu: Die Chemie beschäftigt sich mit stofflichen Umsetzungen. Aus diesem Grund werden physikalische Trennoperationen sowie die Beschreibung physikalischer Stoffeigenschaften in der Schulchemie nur am Rand und mit dem Hinweis, dass dies ja eigentlich keine „Chemie“ sei, behandelt. Tatsächlich liegen die eigentlichen Probleme in Forschung und Technik oftmals mehr in der Reinigung und Trennung von Produkten als in ihrer Darstellung. Dabei ist es durchaus Sache der Chemiker, einen Stoff etwa durch chromatografische Verfahren zu isolieren. Ebenso sind Struktur-Eigenschaftsbeziehungen – etwa bei Polymeren – wichtige Bereiche chemischer Forschung. Auch wenn die Anzahl der Schulexperimente nicht beliebig zu erweitern ist, sollte dieser Gesichtspunkt verstärkt berücksichtigt werden.

Zusammenfassend stellt sich also die experimentelle Schulchemie – so weit entwickelt sie auch ist – durchaus nicht als problemlos dar.

14.9 Sicheres Arbeiten und sicherer Umgang mit Chemikalien im Chemieunterricht

Die Grundlagen der Arbeitssicherheit und des Umgangs mit Chemikalien werden angehenden Chemielehrkräften im Verlauf des Fachstudiums vermittelt. Aus diesem Grund gibt das Kapitel nur eine knappe Übersicht über diesen wichtigen Aspekt des Experimentierens, wobei speziell auf die Besonderheiten des Chemieunterrichts eingegangen wird.

Wie bereits im vorherigen Kapitel ausgeführt, ist das **Experiment** sowohl als Demonstration als auch als Schülerversuch ein **unverzichtbarer Bestandteil des Chemieunterrichts**. Dabei erscheinen die **Randbedingungen** aus dem Blickwinkel der Arbeitssicherheit **teilweise wenig günstig**:

- Oftmals lassen die räumlichen und apparativen Voraussetzungen ein nur eingeschränktes Experimentieren zu.
  Lernende müssen den Umgang mit Geräten und Chemikalien erst erlernen. Gerade aus Unerfahrenheit und mangelndem Geschick kann es zu Unfällen kommen.
- Im Gegensatz zu einem chemischen Labor in Forschung und Industrie sind in einer Schule nur sehr wenige Personen – meist nur die Chemielehrkräfte – umfassend mit Sicherheitsaspekten vertraut. Im Falle einer besonderen Situation, etwa eines Unfalls, kann deshalb kaum mit sachkundiger Hilfe Dritter gerechnet werden.
- Die oft knappen Geldmittel werden nur ungern zur Beschaffung von Sicherheitsausrüstung investiert, da diese ja nicht direkt zu einer Verbesserung des Unterrichts im Sinne neuer Experimente und Medien führt. Im weiteren Sinne gehört dazu auch die falsche Sparsamkeit, defekte Geräte – etwa Gläser mit Sprüngen – noch weiter zu benutzen.

Experimentieren im Chemieunterricht **erfordert** somit ein **hohes Maß an Verantwortungsbewusstsein, sicherheitstechnischem Wissen, Erfahrung, Umsicht und Geschick**. Dabei müssen stets zwei Gesichtspunkte im Vordergrund stehen:

- Die Gesundheit von Lehrenden und Lernenden darf nicht gefährdet werden.
- Eine Belastung der Umwelt muss so weit wie möglich vermieden werden.

14.9.1 Allgemeine Arbeitssicherheit im Chemieunterricht [69]

Obwohl in der Ausbildung die Grundsätze sicheren Arbeitens in einem Laboratorium vermittelt werden, kommt es im Unterricht und bei der Vor- und Nachbereitung immer wieder zu Unfällen. Häufig sind etwa

- Verbrennungen und Verbrühungen, z. B. durch siedendes Wasser,
- Verätzungen durch Säuren, Laugen und Brom,
- Schnittwunden als Folge unsachgemäßen Umgangs mit Glasgeräten,
- Blendung durch Magnesium- oder Aluminiumbrände.

Gründe für diese und andere Unfälle sind:

- **Mangelndes Fachwissen**

B Nahe liegend ist die Abwandlung des bekannten Schulversuchs zur Synthese von Eisensulfid aus Eisen und Schwefel. Ist Eisenpulver nicht verfügbar, könnte man versuchen, alternativ Zink- oder Magnesiumsulfid herzustellen und die entsprechenden Metalle in die Reaktion einzusetzen. In diesen Fällen verlaufen die Reaktionen aber sehr heftig ab, eine Verpuffung oder gar Explosion wäre die Folge.
Gefährlich ist auch die Verwendung von Metallpulver anstelle von Granalien bei der Wasserstoffdarstellung. Während die Reaktion von Zink- oder Aluminiumgranalien mit halbkonzentrierter Salzsäure nur schwach exotherm verläuft, reagieren die entsprechenden Metallpulver durch die vergrößerte Oberfläche sehr stark. Die Reaktionsmischung kann sich dabei so weit aufheizen, dass sich der Wasserstoff entzündet.
Bei der Entwicklung mancher Gase kann die Reaktion nach kurzer Anlaufphase sehr heftig verlaufen. Dies tritt leicht ein, wenn Ammoniakgas aus Ammoniumchlorid und festem Natriumhydroxid unter Zugabe von Wasser freigesetzt wird.

- **Leichtsinniges Verhalten**
  Gerade die langjährige Erfahrung beim Experimentieren führt oftmals zu leichtsinnigem Verhalten, da ja meist alles nach Plan verläuft. Dies führt etwa zum Verzicht auf das Tragen einer Schutzbrille, eines Kittels oder das Aufstellen einer Schutzscheibe. Ein noch krasseres Beispiel von Leichtsinn ist die Durchführung von Experimenten, ohne mindestens eine zweite Person in der Nähe zu wissen. Dies betrifft vor allem Lehrerinnen und Lehrer, die nachmittags Versuche vorbereiten. Hier kann die oft entscheidende erste Hilfe zu spät kommen.
  Weitere Gefahrenquellen sind der Umgang mit brennbaren Lösemitteln oder brennbaren Gasen in der Nähe einer offenen Flamme sowie das Pipettieren mit dem Mund, da gerade kein Peleusball griffbereit ist.
  Leichtsinnig ist es auch, Schülern keine eindeutigen Arbeitsanweisungen zu geben oder im Spaß eine Anweisung „offensichtlich“ zu verdrehen. Wie das folgende Beispiel aus der Praxis zeigt, ist der Lehrer im Zweifel doch eine Respektperson, dessen Anleitungen befolgt werden [70]:

B Clemens L. fragte nach einem Thermometer, um den Temperaturverlauf bei der Polystyrolbildung zu verfolgen. Es wurde ihm erklärt, dass nach Kunststoffbildung das Thermometer derart fest im Kunststoff sitze, dass es ohne Zerstörung nicht mehr daraus entfernt werden könne. Als er zur Versuchsdurchführung zum Abzug ging, fragte er nochmals, wie er denn die Temperatur messen solle. In der Annahme, der Schüler hätte eigentlich begreifen sollen, eine Temperaturmessung sei unnötig, war die Antwort, er solle doch seine Zunge benutzen. Wer beschreibt meinen Schrecken, als ich sah, wie der Schüler mit einem Finger im Kunststoff herumrührte. An den Fingern bildeten sich bereits lange Kunststofffäden.

- **Unwissenheit bei der Bedienung von Sicherheitsgeräten**
  Jeder Lehrende sollte nicht nur wissen, wo Schaumlöscher, Notdusche, Brandschutzdecke, die Haupthähne für Gas und Wasser sowie der Notschalter für elektrischen

Strom zu finden sind, sondern auch, wie man diese bedient. Im erweiterten Sinne gehört hierzu auch die erste Hilfe bei Unfällen. Voraussetzung ist natürlich, dass eine entsprechende Ausstattung im Schullabor überhaupt vorhanden ist. Auch wenn die Anschaffung neuen Experimentiergerätes oft „lohnender" erscheint als die Verbesserung des Sicherheitsstandards, sollte dieser doch stets Vorrang haben.

– **Nervosität des Experimentators**
  Gerade jüngere, unerfahrene Lehrerinnen und Lehrer lassen sich leicht durch überdrehte Schülerinnen und Schüler ablenken. Zittrige Finger beobachtet man aber auch bei Lehrproben oder Prüfungsstunden und bei der Durchführung von Versuchen, die als gefährlich gelten.
  Nervosität lässt sich durch Üben und gute Vorbereitung entscheidend abbauen. Weiterhin sollte genügend Zeit für die Ausführung der Versuche eingeplant werden.

– **Unordnung im Schullabor**
  In Schullabors, Vorbereitungs- und Sammlungsräumen sollte stets auf Ordnung Wert gelegt werden. Unbeschriftete Gefäße mit Chemikalien, nicht aufgeräumte oder ungespülte Geräte können leicht zu Verwechselungen und in der Folge zu Unfällen führen. Schlecht gereinigtes Experimentiergerät trägt oft zum Misslingen von Versuchen bei. Gefährlicher als Nichtbeschriftung ist Falschbeschriftung. Um beim Abfüllen von Chemikalien Fehler zu vermeiden, beschriftet man Gefäße immer im Vorhinein. Leider findet man in Chemikaliensammlungen oft Gefäße mit unleserlichen Etiketten oder veralteten Bezeichnungen, auf denen die Gefahrensymbole fehlen.

– **Fehlendes Umweltbewusstsein**
  Wenig umweltbewusstes Arbeiten kann zu Unfällen, teilweise zu langfristigen Schädigungen führen.

B So hat der sorglose Umgang mit Quecksilber und seinen Verbindungen in der Vergangenheit zu einer Kontaminierung vieler Chemie- und Physikräume geführt. Das „Entsorgen" von Lösemitteln wie Diethylether im Ausguss kann nicht nur zu einer Geruchsbelästigung in der ganzen Schule, sondern auch zu Explosionen in der Abwasserleitung führen.

Auf der Basis dieser Ausführungen können die **folgenden Arbeitsregeln** abgeleitet werden:

- Lehrerinnen und Lehrer müssen mit den Sicherheitseinrichtungen der Schule und des Laborbereichs vertraut sein. Die Einrichtungen müssen regelmäßig überprüft und instand gehalten werden. Eine ständige Information über neue Entwicklungen und Vorschriften ist dringend notwendig.
- Nie alleine experimentieren. Bei Vor- und Nachbereitung außerhalb der Unterrichtszeit den Hausmeister informieren.
- Schutzbrille und Kittel, bei Einwirkung von Chemikalien auf die Hände auch Schutzhandschuhe tragen.
- Chemikaliengefäße auch bei kurzfristiger Nutzung beschriften. Allgemein Gefäße mit den vorgesehenen Gefahrensymbolen versehen.
- Chemikalien nie in Lebensmittelgefäßen aufbewahren.
- Chemikaliengefäße sofort nach Substanzentnahme wieder verschließen. Dabei immer passende und dichte Stopfen verwenden.
- Verschmutzte Arbeitsgeräte umgehend reinigen und Chemikalien sofort ordnungsgemäß entsorgen. Unbekannte Chemikalienreste lassen sich nicht vorschriftsmäßig beseitigen.
- Druckgasflaschen gegen Umfallen sichern, auch bei kurzzeitigem Gebrauch.
- Glasabfälle getrennt sammeln (Verletzungsgefahr bei der Entleerung der Abfallbehälter!)
- Nach dem Arbeiten Hände waschen. Beim Experimentieren nicht essen oder trinken.
- Die gesetzlichen Vorschriften hinsichtlich der Aufsichtspflicht und der Arbeitssicherheit sowie der Entsorgung von Chemikalien unbedingt beachten.

Nicht nur Chemielehrerinnen und -lehrer, sondern auch Schülerinnen und Schüler müssen mit der Sicherheit im Schullabor vertraut sein. Dies liegt nicht etwa im Ermessen der Lehrenden, sondern wird durch die Gefahrstoffverordnung bzw. durch die darauf aufbauenden Richtlinien und Empfehlungen (s. u.) geregelt: So ist eine jährliche Unterweisung über die Sicherheit im Chemieunterricht bindend vorgeschrieben. Diese ist aktenkundig zu machen.

Methodisch gibt es mehrere Zugänge zu diesem Thema:

- die Einführung in die Problematik anhand von Zeitungsmeldungen über Unfälle beim Umgang mit Chemikalien. Eine große Zahl von Beispielen hierfür findet man etwa in den Sammlungen von Haupt [71].
- die Demonstration einiger Versuche, die den Sinn von Sicherheitsvorkehrungen deutlich machen (Brennbarkeit verschiedener Flüssigkeiten, Löschen von Bränden, Modellversuch zum Friteusenbrand),
- das Erarbeiten eines Merkblattes für das Verhalten im Unterricht zusammen mit den Schülerinnen und Schülern. Ein Beispiel für ein solches Merkblatt findet sich in Abbildung 321.1.

MERKBLATT:
VERHALTEN IM CHEMIERAUM

1. Nicht unnötig herumlaufen.
2. Nichts essen und trinken.
3. Nichts von den Substanzen probieren.
4. Nicht an Gashahn oder Wasserhahn spielen.
5. Bei Versuchen Schutzbrille tragen, lange Haare hochbinden.
6. Nicht mit Feuer spielen.
7. Versuche nur nach Anleitung durchführen. Nichts selber ausprobieren.
8. Den Anordnungen des Lehrers folgen, deshalb Ruhe beim Experimentieren.
9. Nichts von den Chemikalien mit nach Hause nehmen.
10. Nach den Versuchen aufräumen, die Arbeitsfläche reinigen.
11. Keine Chemikalien in den Ausguss geben.
12. Nach der praktischen Arbeit Hände waschen.
13. Wenn ein Unfall passiert, Ruhe bewahren.
14. Ist der Lehrerin oder dem Lehrer etwas zugestoßen, sofort die Schulleitung benachrichtigen.

Abb. 321.1: Beispiel für ein Merkblatt für das Verhalten in Chemieräumen

14.9.2 Gesetzliche Grundlagen zum Umgang mit Gefahrstoffen

Für den Umgang mit gefährlichen Stoffen besteht in Deutschland ein umfangreiches Regelwerk. Große Teile dieser Bestimmungen haben Gültigkeit für den Bereich der allgemein bildenden Schulen. Sie sind demzufolge bei der Organisation von Sammlungen sowie bei der Vorbereitung und Durchführung des Unterrichts zu beachten.

Das Chemikaliengesetz

Die gesetzliche Grundlage für den Umgang mit Gefahrstoffen in Deutschland ist das Chemikaliengesetz (ChemG) [72]. Es hat zum Ziel, Menschen und Umwelt vor schädlichen Einwirkungen gefährlicher Chemikalien zu schützen:

Z Zweck des Gesetzes ist es, den Menschen und die Umwelt vor schädlichen Einwirkungen gefährlicher Stoffe und Zubereitungen zu schützen, insbesondere sie erkennbar zu machen, sie abzuwenden und ihrem Entstehen vorzubeugen. (§ 1 Chemikaliengesetz)

Demnach sind Stoffe ihrer Gefährlichkeit nach einzustufen, zu verpacken und zu kennzeichnen. Auch können Herstellung, Verarbeitung und Verwendung gefährlicher Stoffe speziellen Vorschriften unterworfen werden.

Die Gefahrstoffverordnung

Auf der Grundlage des Chemikaliengesetzes wurde 1986 die Verordnung zum Schutz vor gefährlichen Stoffen (Gefahrstoffverordnung, GefStoffV) [73] erlassen. Sie regelt den Umgang mit und die Verwendung von Gefahrstoffen:

Z **§ 1 Gefahrstoffverordnung**
Zweck dieser Verordnung ist es, durch Regelungen über die Einstufung, über die Kennzeichnung und Verpackung von gefährlichen Stoffen, Zubereitungen und bestimmten Erzeugnissen sowie über den Umgang mit Gefahrstoffen den Menschen vor arbeitsbedingten und sonstigen Gesundheitsgefahren und die Umwelt vor stoffbedingten Schädigungen zu schützen, insbesondere sie erkennbar zu machen, sie abzuwenden und ihrer Entstehung vorzubeugen, soweit nicht in anderen Rechtsvorschriften besondere Regelungen getroffen sind.

In dieser Verordnung werden somit vom In-Verkehr-Bringen über die Kennzeichnung, die Handhabung, die Lagerung bis zur Entsorgung alle Gesichtspunkte des Umgangs mit Chemikalien behandelt. Damit wurden nicht weniger als 36 Rechtsvorschriften des Bundes und der Länder der damaligen Bundesrepublik Deutschland außer Kraft gesetzt. Im Gegensatz zu älteren Rechtsvorschriften, die oftmals den Umgang mit „Giften" regelten, wurde hier absichtlich der Begriff „Gefahrstoff" eingeführt. Dieser beinhaltet über die akute Toxizität hinaus auch Frucht schädigende, Krebs erregende, Erbgut verändernde, ätzende oder allergisierende Eigenschaften.

Die Gefahrstoffverordnung enthält unter anderem Bestimmungen zu folgenden Punkten:
- Maßnahmen zum Schutz der menschlichen Gesundheit und der Umwelt (allgemeine Schutzpflicht);
- Ermittlung ob und mit welchen Gefahrstoffen umgegangen wird (Ermittlungspflicht);
- Messung der Konzentration gefährlicher Stoffe in der Luft am Arbeitsplatz (Überwachungspflicht);
- Hygienemaßnahmen beim Umgang mit Gefahrstoffen;
- Einstufung und Kennzeichnung von Gefahrstoffen;
- Aufbewahrung und Entsorgung von Gefahrstoffen;
- Unterweisung von Arbeitnehmerinnen und Arbeitnehmern (Betriebsanweisungen);
- Verwendungs- und Expositionsverbote;
- Vorsorgeuntersuchungen.

Die Gefahrstoffverordnung stellt Lernende, Studierende und das Lehrpersonal Arbeitnehmern in Chemiebetrieben gleich; somit fallen Schulen und Hochschulen in den Geltungsbereich der Verordnung. Die typischen Probleme in Schulen und Hochschulen unterscheiden sich jedoch grundlegend von denen in Chemiebetrieben. Dort sind Arbeitnehmer oft über lange Zeit den immer gleichen Chemikalien ausgesetzt, während in Forschung und Lehre mit unterschiedlichsten Substanzen in kleinen Mengen gearbeitet wird.

Die Technischen Regeln für Gefahrstoffe

Zur Gefahrstoffverordnung wurde ein umfangreiches Regelwerk erarbeitet, die „Technischen Regeln für Gefahrstoffe (TRGS)" [73]. Durch die TRGS werden vor allem die in der Gefahrstoffverordnung (§ 17 Allgemeine Schutzpflicht) genannten Regeln und Erkenntnisse näher beschrieben. Inhalt und Aufbau des Regelwerkes sind in der TRGS 001 „Allgemeines, Aufbau, Anwendungen und Wirksamwerden der TRGS" beschrieben:

Z Die Technischen Regeln für Gefahrstoffe (TRGS) geben den Stand der sicherheitstechnischen, arbeitsmedizinischen, hygienischen sowie arbeitswissenschaftlichen Anforderungen an Gefahrstoffe hinsichtlich Inverkehrbringen und Umgang wieder. Sie werden vom Ausschuss für Gefahrstoffe (AGS) aufgestellt und von ihm der Entwicklung entsprechend angepasst. Die TRGS werden vom Bundesministerium für Arbeit und Sozialordnung im Bundesarbeitsblatt bekannt gegeben.

Das technische Regelwerk für Gefahrstoffe ist wie folgt gegliedert:

TRGS 001 – 099	Allgemeines, Aufbau und Anwendung
TRGS 100 – 199	Begriffsbestimmungen
TRGS 200 – 399	Inverkehrbringen von gefährlichen Stoffen, Zubereitungen und Erzeugnissen
TRGS 400 – 699	Umgang mit Gefahrstoffen
TRGS 700 – 799	Gesundheitliche Überwachung
TRGS 900 – 999	Richtlinien und sonstige Bekanntmachungen des Bundesministers für Arbeit und Sozialordnung oder des Bundesministers für Umwelt, Naturschutz und Reaktorsicherheit

Neben dem Chemikaliengesetz und der Gefahrstoffverordnung gibt es weitere Gesetze und Verordnungen des Bundes sowie allgemein anerkannte sicherheitstechnische, arbeitsmedizinische und hygienische Regeln, die Vorschriften zum Umgang mit Gefahrstoffen enthalten. Zu ihnen zählen unter anderem:
- Arbeitsschutzgesetz (ArbSchG);
- Mutterschutzgesetz (MuSchG) und die Verordnung zum Schutze der Mütter am Arbeitsplatz (MuSchV);
- Sprengstoffgesetz (SprengG);
- Chemikalienverbotsverordnung (ChemVerbotsV);

- Verordnung über brennbare Flüssigkeiten (VbF) mit den zugehörigen Technischen Regeln für brennbare Flüssigkeiten (TRbF);
- Druckbehälterverordnung (DruckbehV) mit den zugehörigen Technischen Regeln Druckgase (TRG);
- DIN-Normen;
- VDE-Bestimmungen;
- Unfallverhütungsvorschriften;
- Richtlinien und Regeln für Sicherheit und Gesundheitsschutz der Unfallversicherungsträger.

14.9.3 Vorschriften für allgemein bildende Schulen

Regeln für Sicherheit und Gesundheitsschutz beim Umgang mit Gefahrstoffen im Unterricht

Da das komplexe Regelwerk für den Umgang mit gefährlichen Stoffen nicht für die Anwendung in der Schule formuliert wurde, besteht die Notwendigkeit, die Vorschriften für ihre Umsetzung an Schulen zu konkretisieren. Diese Umsetzung erfolgte zunächst durch die Technische Regel für Gefahrstoffe „Umgang mit Gefahrstoffen in der Schule" (TRGS 450). Die TRGS 450 wurde im Juli 1998 aufgehoben; seitdem gelten an ihrer Stelle die „Regeln für Sicherheit und Gesundheitsschutz beim Umgang mit Gefahrstoffen im Unterricht" der Gesetzlichen Unfallversicherung (GUV 19.16) [74]. Hierin sind die schulrelevanten Teile des umfangreichen Gefahrstoffrechtes, insbesondere die Gefahrstoffverordnung und die dazugehörigen technischen Regeln, für die Anwendung in Schulen aufgearbeitet worden:

Z An Schulen wird im naturwissenschaftlichen und technischen Unterricht, aber auch in anderen Unterrichtsbereichen, wie z. B. Kunst und Hauswirtschaft, im Rahmen von praktischen Tätigkeiten und Experimenten mit einer Vielzahl von Chemikalien umgegangen. Viele dieser Chemikalien haben gefährliche Eigenschaften, die zu Unfällen oder Gesundheits- bzw. Umweltschäden führen können (Gefahrstoffe).

Zum Zwecke des sicheren Umgangs mit Gefahrstoffen existiert in der Bundesrepublik Deutschland ein umfangreiches Gefahrstoffregelwerk. Neben Chemikaliengesetz und Gefahrstoffverordnung sind hierbei die einschlägigen Regelungen in den Unfallverhütungsvorschriften zu nennen. Die sich hieraus ergebenden Anforderungen werden insbesondere auch für Schulen durch die allgemein anerkannten Regeln der Technik, z. B. Technische Regeln für Gefahrstoffe (TRGS), DIN-Normen und Richtlinien (z. B. Richtlinien zur Sicherheit im naturwissenschaftlichen Unterricht – GUV 57.1.29), konkretisiert.

Ziel der Regeln für Sicherheit und Gesundheitsschutz beim Umgang mit Gefahrstoffen im Unterricht ist es, das bestehende Gefahrstoffregelwerk in der Bundesrepublik Deutschland für die Belange des Unterrichts in allgemein bildenden Schulen und vergleichbaren Fächern beruflicher Schulen aufzubereiten und zu konkretisieren.

1 Anwendungsbereich

Diese Regeln finden Anwendung beim Umgang mit Gefahrstoffen im Unterricht an allgemein bildenden Schulen einschließlich der gymnasialen Oberstufe sowie für vergleichbare Fächer an beruflichen Schulen im dualen System.

Diese Regeln gelten nicht für Schulen in Vollzeitform der biologischen, chemischen, medizinischen und pharmazeutischen Berufe sowie vergleichbarer Berufsausbildungsgänge (z. B. Umwelttechniker). Weiterhin gelten diese Regeln nicht für Universitäts- und andere Hochschuleinrichtungen.

Die verständlichen Formulierungen dieser Regeln erleichtern ihre Umsetzung beim Umgang mit Gefahrstoffen in allgemein bildenden Schulen; ihre Einhaltung ist verbindlich.

Anhang 1 enthält eine Gefahrstoffliste mit den wichtigsten Daten der im Unterricht verwendeten Gefahrstoffe. Sie wird als eigenes Druckwerk herausgegeben (Anhang 1 zu den Regeln für Sicherheit und Gesundheitsschutz beim Umgang mit Gefahrstoffen im Unterricht – Gefahrstoffliste – GUV 19.16) [75], „um Änderungen, insbesondere bei der Einstufung und Kennzeichnung sowie bei den Grenzwerten zeitnah einarbeiten und damit den Schulen vermitteln zu können". Diese Liste enthält:

- Angaben zur Einstufung und Kennzeichnung sowie Grenzwerte nach Gefahrstoffverordnung einschließlich der dazugehörigen Bekanntmachungen und des Technischen Regelwerks,
- Angaben über die Gefahrklasse nach der Verordnung für brennbare Flüssigkeiten,
- Angaben zur Wassergefährdungsklasse nach dem Katalog Wasser gefährdender Stoffe,

- Hinweise zur Aufbewahrung und Entsorgung,
- Hinweise zur möglichen Verwendung in Schülerexperimenten,
- eine Spalte „Inventarverzeichnis/Mengenbereiche“ zur Nutzung als Gefahrstoffverzeichnis.

Die Regelwerke GUV 19.16 und GUV 19.16A können bei den Unfallversicherungsträgern kostenfrei bestellt werden.

Empfehlungen für Richtlinien zur Sicherheit im naturwissenschaftlichen Unterricht

Die „Empfehlungen für Richtlinien zur Sicherheit im naturwissenschaftlichen Unterricht“ [76] basieren auf einem Beschluss der Kultusministerkonferenz der Länder vom September 1994. Die Richtlinien beinhalten neben Regeln zum Umgang mit Gefahrstoffen auch Regeln zum

- allgemeinen Experimentieren,
- Umgang mit Tieren, Pflanzen und Mikroorganismen,
- Umgang mit elektrischer Energie und Lasern,
- Umgang mit radioaktiven Stoffen und Anlagen zur Erzeugung ionisierender Strahlen.

Somit sind diese Empfehlungen weitreichender als die Regeln der Unfallkassen. Der Vorschriftenteil zum Umgang mit Gefahrstoffen wurde auf der Grundlage der 1998 aufgehobenen TRGS 450 formuliert und ist somit veraltet. Da die Empfehlungen jedoch von der Kultusministerkonferenz bisher weder überarbeitet noch aufgehoben wurden, sind sie in dieser Form nach wie vor gültig (Stand 2/2001); eine Überarbeitung steht aus. Die wesentlichen Ziele der Empfehlungen lauten:

Z Die Empfehlung gilt für den naturwissenschaftlichen Unterricht in allgemein bildenden Schulen und an Fachgymnasien. Bis zur Erstellung besonderer Empfehlungen gilt sie auch für den Unterricht in Technik und Arbeitslehre in allgemein bildenden Schulen. Ebenso sind auch die von den zuständigen Unfallversicherungsträgern erlassenen Unfallverhütungsvorschriften und Richtlinien zu beachten und unter Berücksichtigung der schulischen Verhältnisse anzuwenden.

Die Angaben zur Einrichtung der Fach- und Fachnebenräume richten sich an die Schulleiter, die gegenüber dem Schulträger dafür eintreten müssen, dass die diesbezüglichen Sicherheitsbestimmungen eingehalten werden.

Die Anforderungen und Hinweise für den Umgang mit Geräten und Gefahrstoffen, die Durchführung von Versuchen usw. richten sich an die Lehrer, die Naturwissenschaften an allgemein bildenden Schulen unterrichten. Diese sind verpflichtet, die Sicherheitsbestimmungen einzuhalten und die Hinweise auf Gefährdungen beim Umgang mit Geräten und Stoffen (Sicherheits- und Entsorgungsratschläge) zu beachten. Maßnahmen der ersten Hilfe bei den spezifischen Gefährdungen im naturwissenschaftlichen Unterricht sind in Anlage 7 aufgeführt.

In den naturwissenschaftlichen Fächern ist neben der Gewährleistung von Sicherheit die Sicherheitserziehung der Schüler eine wichtige Aufgabe. Der Lehrer hat den Schülern die fachlichen Voraussetzungen für einen sachgerechten Umgang mit Geräten und Stoffen zu vermitteln und sie bei jeder Gelegenheit zu einem sicherheitsgerechten Verhalten anzuhalten. Hierzu gehört auch die Erziehung zur Vermeidung sowohl von Leichtsinn als auch von Überängstlichkeit.

Auch für die Lehrerausbildung und -fortbildung soll diese Empfehlung als Grundlage dienen.

Gliederung

Die Empfehlung ist in zwei Teile gegliedert.

Teil 1 enthält auf der Grundlage der einschlägigen Rechts- und Verwaltungsvorschriften die für allgemein bildende Schulen verbindlichen Sicherheitsregelungen.

Teil 2 enthält Sicherheitsratschläge sowie Entsorgungsvorschläge, die Lehrern und Schülern ein sicherheitsbewusstes und umweltgerechtes Verhalten in der täglichen Schulpraxis erleichtern sollen.

Der KMK-Beschluss wird vom Bundesverband der Unfallkassen unter der Bestell-Nr. GUV 57.1.29 herausgegeben und kann bei den Unfallversicherungsträgern bestellt werden.

Regelungen der Bundesländer

In den einzelnen Bundesländern bestehen eigene Verwaltungsvorschriften und Hinweise zum Umgang mit Gefahrstoffen an Schulen. Sie werden von den jeweiligen Kultusministerien bekannt gegeben, in der Regel durch Veröffentlichung im entsprechenden Amtsblatt.

14.10 Die Entsorgung von Abfällen

Eine Vielzahl häufig verwendeter Chemikalien darf wegen der davon ausgehenden Umweltgefährdung nicht dem Abwasser zugemischt, als feste Abfälle dem Hausmüll zugegeben werden oder im Falle leicht verdampfbarer und gasförmiger Verbindungen in die Luft gelangen. Auch wenn im Schullabor nur geringe Mengen solcher Abfälle anfallen, ist eine sachgerechte Entsorgung notwendig. Die Gründe hierfür sind offensichtlich: Der schlechte Zustand unserer Umwelt rührt auch daher, dass sehr häufig geringe Mengen umweltrelevanter Stoffe freigesetzt werden. Alle Bemühungen um eine Umwelterziehung in der Schule sind vergebens, wenn die Lehrenden ein schlechtes Vorbild sind und gegen die Regeln einer korrekten Abfallbeseitigung verstoßen (s. auch [74]).

Der erste Weg, die Menge umweltgefährdender Abfälle im Schullabor so niedrig wie möglich zu halten, besteht darin, so weit möglich auf unbedenkliche Chemikalien auszuweichen.

B So lässt sich Quecksilbersulfat etwa bei dem bekannten Versuch zur Synthese von Acetaldehyd aus Ethin nach Reppe durch Kupfer- oder Zinksulfat ersetzen. Anstelle der Thermolyse von Quecksilberoxid kann die Thermolyse von Silberoxid durchgeführt werden. Weiterhin sollten die Mengen der umgesetzten Chemikalien niedrig gehalten werden (vgl. dazu Kap. 14.5.2).

Trotz dieser Maßnahmen werden Chemikalienreste anfallen. Davon ist ein guter Teil als nicht umweltgefährdend einzustufen, wenn sie – etwa nach einem Demonstrationsversuch – in kleinen Mengen anfallen. Beispiele sind Ammonium-, Alkali- und Erdalkalichloride, -sulfate, -nitrate, und -acetate. Diese Salze und deren Lösungen können unbedenklich ins Abwasser gegeben werden. Dasselbe gilt für Alkohole wie Methanol, Ethanol und Propanol. Bei einer Reihe anderer Stoffe ist es – wenn geringe Mengen anfallen – möglich, sie zu umweltneutralen Stoffen umzusetzen. Einige Beispiele hierfür:

B
- Die üblicherweise verwendeten Säuren und Laugen können neutralisiert und mit dem Abwasser entsorgt werden.
- Bromreste werden mit Thiosulfatlösung umgesetzt, wobei Bromid und Sulfat entsteht.
- Reste von Lithium und Natrium werden in viel Ethanol gegeben, wobei unter Wasserstoffentwicklung das Alkoholat entsteht. Kalium darf nur mit dem weniger reaktiven tert.-Butanol umgesetzt werden. Die Alkoholate können mit Wasser weggespült werden.
- Kleine Mengen (wenige Milliliter) brennbarer organischer Lösemittel (Aceton, Essigsäureethylester) können unter dem Abzug in einer offenen Schale verbrannt werden.
- Schwermetallsalz-Lösungen werden mit Fällungsreagenzien behandelt. So können das schwer lösliche Silberchlorid, Bleisulfat oder Quecksilbersulfid gewonnen werden. Diese Salze werden entweder für weitere chemische Reaktionen gesammelt oder den Schwermetallabfällen zugegeben. Auf keinen Fall dürfen diese festen Abfälle in den Hausmüll gelangen. Die bei den Fällungen erhaltenen Lösungen können verworfen werden.

Fallen Chemikalien an, deren Entsorgung wegen ihrer Menge oder Art im Schullabor nicht möglich ist, muss eine **getrennte Sammlung** durchgeführt werden. Dabei kann nach folgenden Stoffgruppen unterteilt werden:
- gelöste saure und basische anorganische Abfälle (Säuren, Laugen, Inhalt des Sammelgefäßes sollte in etwa neutral eingestellt werden);
- Abfall-Lösemittel A: aromatische und aliphatische Kohlenwasserstoffe, Ether;
- Abfall-Lösemittel B: mit Wasser mischbare organische Lösemittel wie Alkohole, Aceton;
- Abfall-Lösemittel C: Halogenkohlenwasserstoffe;
- Schwermetallabfälle: z. B. Chrom-, Silber-, Nickel-, Blei- Kupfer-, Zinksalze und deren Lösungen (Chromate müssen vorher zu Cr(III)-Verbindungen reduziert werden.);
- organische Feststoffe (getrennt verpackt);
- anorganische Feststoffe (getrennt verpackt);
- Quecksilber und mit Quecksilber beladenes Adsorbens, Quecksilberverbindungen.

Im Laborfachhandel werden entsprechende Sammelgefäße sowie die dazugehörigen Etiketten angeboten. Natürlich ist Sorge zu tragen, dass keine Stoffe in die Sammelbehälter gegeben werden, die mit anderen dort vorhandenen Stoffen chemische Reaktionen eingehen können. Für die ordnungsgemäße Entsorgung der so gesammelten Chemikalien ist der Schulträger verantwortlich.

L

[1] Bader, H. J.: Auswirkungen der Thematik „Recycling" auf die Einstellungen der Schüler zum Chemieunterricht, zur Chemie und zu Umwelt- und Energieproblemen. Chimica didactica 12 (1986), 65.

[2] Gaertner, K. H., Nathow, R: Einstellungs- und Interessenmessung bei der Entwicklung des IPN-Curriculum-Chemie für die Orientierungsstufe. Der Chemieunterricht 2 (1971), 26.

[3] Otte, R., Garbe, J.: Einstellung zum naturwissenschaftlichen Unterrichtsfach Chemie. Teil 1: Eine dimensionsanalytische Untersuchung. Chimica didactica 2 (1976), 215.

[4] Häusler, K.: Anregungen zur Einführung in den Chemieunterricht. MNU-Schriften, Heft 37, 1986.

[5] Mothes, H.: Methodik und Didaktik der Physik und Chemie. 8. Auflage, Aulis, Köln 1972.

[6] Scharf, V.: Zum Bildungsbeitrag von Experimenten im Chemieunterricht. Der Chemieunterricht 15/2 (1984), 13.

[7] Braune, A.: Anisol (Methylphenylether) – Ersatz für Benzol? CHEMKON 2 (1995), 163.

[8] Kotter, L.: Das Experiment im Chemieunterricht. Strumberger, München 1975.

[9] Flint, A., Jansen, W., Peper, R., Fickenfrerichs, H.: Die Strukturaufklärung des Ethanols – eine an der geschichtlichen Entwicklung orientierte Unterrichtseinheit. NiU-P/C 35 (1987), 28.

[10] Aebli, H.: Über die geistige Entwicklung des Kindes. Klett, Stuttgart 1971, 48.

[11] Roesky, H. W., Möckel, K.: Chemische Kabinettstücke. Verlag Chemie, Weinheim 1994, 35.

[12] Latzel, G.: Synthese eines Arzneistoffes als Schülerversuch. PRAXIS (Chemie) 6/34 (1985), 9.

[13] Schmidkunz, H., Lindemann, H.: Das forschend-entwickelnde Unterrichtsverfahren. List, München 1976.

[14] Schmidkunz, H., Lindemann, H.: Das forschend-entwickelnde Unterrichtsverfahren. 3. neubearb. Aufl., Westarp Wiss., Magdeburg 1992, 38.

[15] Woest, V.: Offener Chemieunterricht: Konstruktion – Erprobung – Bewertung. Leuchtturm, Alsbach 1995.

[16] Schmidt, H. J.: Fachdidaktische Grundlagen des Chemieunterrichts. Vieweg, Braunschweig 1981, 201.

[17] Scherpelz, A. R.: Die elementare experimentelle Operation – Grundlagen der Bewertung experimenteller Fähigkeiten. Chemie in der Schule 21 (1974), 131.

[18] Ralle, B.: Die Schlüsselfunktion des Experiments im problemorientierten und nachforschenden Chemieunterricht – dargestellt an Beispielen aus dem Unterricht der gymnasialen Oberstufe. Habil. Oldenburg 1994.

[19] Metzger, W.: Gesetze des Sehens. Verlag Kramer, Frankfurt/Main 1986.

[20] Arnheim, R.: Anschauliches Denken. Du Mont, Köln 1972.

[21] Becker, H.-J: Die Beobachtungsmöglichkeiten der Schüler bei chemischen Demonstrationsversuchen. NiU-P/C 25 (1977), 148.

[22] Schmidkunz, H.: Die Gestaltung chemischer Demonstrationsexperimente nach wahrnehmungspsychologischen Erkenntnissen. NiU-P/C 31 (1983), 360.

[23] Schmidkunz, H., Büttner, D.: Aufbau und Wirkungsweise chemischer Demonstrationsexperimente. NiU-Chemie 3 (1992), Nr.14.

[24] Schmidkunz, H., Klaetsch, H.: Schülerzeichnungen als Mittel zur Beurteilung der visuellen Wahrnehmung bei chemischen Demonstrationsexperimenten. Leuchtturm, Alsbach 1986.

[25] Schmidkunz, H., Klaetsch, H.: Zum Einfluss der Hintergrundfarben auf die visuelle Wahrnehmung von chemischen Experimentieranordnungen. CHEMKON 3 (1996), Heft 3.

[26] Schmidkunz, H.: Wie Schüler chemische Demonstrationsversuche sehen – zum Gesetz der glatt durchlaufenden Kurve. Leuchtturm, Alsbach 1989.

[27] Schmidkunz, H.: Die Symmetrie als prägnanzbildender Faktor bei chemischen Experimenten. NiU-Chemie, Heft 3/11 (1992), 12.

[28] Becker, H.-J.: Die Beobachtungsmöglichkeiten der Schüler bei chemischen Demonstrationsversuchen. NiU-P/C 25 (1977), 148.

[29] Ackermann, G.: Einführung in die qualitative anorganische Halbmikroanalyse. Berlin 1959.

[30] Stock, A., Ramser, H.: Epidiaskop für Vorlesungsversuche. Angew. Chem. 42 (1929), 1165.

[31] Kuhnert, R.: Untersuchungen zur Durchführung chemischer Experimente nach der Halbmikrotechnik im Chemieunterricht erweiterter Oberschulen. Diss. Halle 1965.

[32] Schäfer, H., Bauer, D., Brendel, C.: Chemische Experimente in Projektion. ChiuZ 2 (1968), 109.

[33] Struck, W.: Chemische Demonstrationsversuche in Projektion. Schroedel, Hannover 1973.

[34] Büttner, R., Schallies, M., Redeker, J.: Basisoperationen mit neuartigen miniaturisierten Laborglasgeräten für den experimentellen Chemieunterricht. PRAXIS (Chemie) 1/36 (1987), 7.

[35] Redeker, J.; Schallies, M.: Verwendung von neuartigen miniaturisierten Laborgeräten im Unterricht. PRAXIS (Chemie) 1/36 (1987), 2.

[36] Schallies, M.: Mikrochemische Methoden im Schulexperiment – gestern, heute und morgen. PRAXIS (Chemie) 1/40 (1991), 2.

[37] Schallies, M.: Einfache Synthesen zur Organischen Chemie im Halbmikromaßstab. NiU-P/C 37/41 (1989), 15.

[38] Häusler, K.-G.: Die Halbmikrotechnik. NiU (Chemie) 4/17 (1993), 10.

[39] Menzel, P.: Einwegspritzen als pneumatische Gassammler bei der Wasserzerlegung in der U-Rohr-Küvette – einfach, anschaulich, sicher.

Festschrift zum 60. Geburtstag von Prof. Dr. Walter Jansen, Oldenburg, Jan. 1999, 155.
[40] Experimentierkasten: Schülerversuche mit Medizintechnik-Zubehör (entw. von Prof. Dr. P. Menzel). Lehrmittel August Hedinger, Stuttgart.
[41] Obendrauf, V.: Experimente mit Gasen im Minimaßstab. ChiuZ 30 (1996), 118.
[42] Obendrauf, V.: Kein Pech mit dem Schwefel – Low-Cost-Versuche mit SO_2 und H_2S. Chemie & Schule 1 (1996), 12.
[43] Roesky, H. W.: Chemie en miniature. Wiley-VCh, Weinheim 1998.
[44] Full, R.: Lichtblicke – Petrischalenexperimente in der Overhead-Projektion – Experimente in neuem Licht. ChiuZ 30/6 (1996), 286.
[45] Full, R., Ruf, W.: Die vier Jahreszeiten – chemisch inszeniert, musikalisch kommentiert. CHEMKON 1 (1998), 55.
[46] Mayr, A., Adelhelm, M., Höhn, E.-G.: Projektionsversuche mit dem Diaprojektor. ChiuZ 33/1 (1999), 45.
[47] Pauli, R.: Projektions-Chemie. Lehrmittelbau Maey, Bonn 1978, 11.
[48] Kometz, A., Krech, K.: Stickstoff und seine Verbindungen – Möglichkeiten und Nutzung der Küvettentechnik bei der Durchführung chemischer Schülerexperimente (CSE). PRAXIS (Chemie) 4/42 (1993), 3.
[49] Kometz, A.: Zur Nutzung einer kompakten Küvettentechnik bei experimentellen Arbeiten im Chemieunterricht. Chemie & Schule 4 (1998), 4.
[50] Kometz, A., Legall, W.-D.: Die Küvettentechnik – Überlegungen zum methodisch-didaktischen Einsatz im Chemieunterricht. – In: H. Behrend (Hrsg.): Zur Didaktik der Physik und Chemie. Alsbach/Bergstraße 1994, S. 229 ff.
[51] Kometz, A., Legall, W.-D.: Elektrochemische Experimente mit Küvetten. Chem. Sch. 11/38 (1991), 415.
[52] Kometz, A., Krech, K.: Küvettentechnik und Minilabor – Schülerexperimente bei Kombination verschiedener Halbmikrotechnik-Gerätesysteme. Chem. Sch. 4/44 (1997), 144.
[53] Demuth, R.: Schülerexperimente im Chemieunterricht. NiU-P/C 29 (1981), 256, 355.
[54] Weltner, K., Warnkross, K.: Über den Einfluss von Schülerexperimenten, Demonstrationsunterricht und informierendem Physikunterricht auf Lernerfolg und Einstellung der Schüler. Die Deutsche Schule (1969), 553.
[55] Wenzek, K.: Zur Lernwirksamkeit von Schülergruppenversuchen und Lehrerdemonstrationsversuchen. Münster 1970 (unv., zit. nach 56).
[56] Scharf, V.: Zur Entmythologisierung des Einsatzes von Schülerexperimenten im naturwissenschaftlichen Unterricht, in: Mikelskis, H. (Hrsg.): Zur Didaktik der Physik und Chemie. Leuchtturm, Alsbach 1983, 231.
[57] Nentwig, P.: Schülerexperimente im Chemieunterricht schleswig-holsteinischer Realschulen. NiU-P/C 26 (1978), 84.
[58] Nentwig, P., Wenck, H.: Schülerexperimente im Chemieunterricht der Sekundarstufe I, in: Mikelskis, H., vgl. [56], 71.
[59] Glöckner, W., Jansen, W., Weißenhorn, R. G. (Hrsg.): Handbuch der experimentellen Chemie. Sekundarbereich II. Aulis, Köln.
[60] Häusler, K., Rampf, R.: Experimente für den Chemieunterricht. Oldenbourg, München 1991.
[61] Autorenkollektiv (Leitung: Keune, H.): Chemische Schulexperimente – Eine Anleitung in fünf Bänden. Harri Deutsch, Thun/Frankfurt 1983.
[62] Glöckner, W. (Hrsg.): PRAXIS – Schriftenreihe Chemie, Aulis, Köln.
[63] Wambach, H. (Hrsg.): Materialien-Handbuch Kursunterricht Chemie (6 Bände). Aulis, Köln 1996.
[64] Chemie Konkret (CHEMKON), Forum für Unterricht und Didaktik, Fachgruppe Chemieunterricht der GDCh (Hrsg.), Wiley-VCh, Weinheim.
[65] Praxis der Naturwissenschaften/Chemie in der Schule (PRAXIS (Chemie)), Aulis, Köln.
[66] Der mathematische und naturwissenschaftliche Unterricht (MNU).
[67] Naturwissenschaften im Unterricht – Chemie (NiU (Chemie)), Friedrich, Velber.
[68] Chemie & Schule, Fach- und Publikationsorgan der Chemielehrer Österreichs, Seeham/Österreich.
[69] Bader, H. J., Blume, R., Müller, G.: Sicherheit im Schullabor. PRAXIS (Chemie) 8/36 (1987), 19.
[70] Bentzinger, R., Meyer, M.: Betrachtungen zu Unfällen im Unterricht. PRAXIS (Chemie) 8/36 (1987), 36.
[71] Haupt, P.: Die Chemie im Spiegel einer Tageszeitung, Bd. 1 (1966 – 1986), Bd. 2 (1987 – 1989), Bd. 3 (1990 – 1990 – 1992), Bd. 4 (1993 – 1995). BIS Verlag der Universität Oldenburg, Oldenburg.
[72] Gesetz zum Schutz vor gefährlichen Stoffen (Chemikaliengesetz – ChemG). Carl Heymanns, Köln.
[73] Verordnung zum Schutz vor gefährlichen Stoffen (Gefahrstoffverordnung – GefStoffV) einschließlich der Bekanntmachung der Liste der gefährlichen Stoffe und Zubereitungen nach § 4a der Gefahrstoffverordnung (ZH 1/220) mit zugehörigen Technischen Regeln für Gefahrstoffe (TRGS). Carl Heymanns, Köln.
[74] Bundesverband der Unfallkassen (Hrsg.): Regeln für Sicherheit und Gesundheitsschutz beim Umgang mit Gefahrstoffen im Unterricht (GUV 19.16). München 1999.
[75] Bundesverband der Unfallkassen (Hrsg.): Anhang 1 zu den Regeln für Sicherheit und Gesundheitsschutz beim Umgang mit Gefahrstoffen im Unterricht (GUV 19.16A). München 1999.
[76] Bundesverband der Unfallkassen (Hrsg.): Richtlinien zur Sicherheit im naturwissenschaftlichen Unterricht – Empfehlung der Kultusministerkonferenz. München 1995.

15. Multimedia-Chemieunterricht – digitale Medien und Computeranwendungen

In diesem Kapitel werden die Möglichkeiten behandelt, die mit **Multimediatechnik** unter Einbeziehung **digitaler Medien** und **Internet** in den Chemieunterricht sowie durch Erstellung digitaler Ergebnisse von Experimenten realisierbar sind.
In den letzten Jahren hat sich auf den genannten Gebieten eine sprunghafte Entwicklung abgezeichnet, sodass die sinnvollen Einsatzmöglichkeiten von PCs heute weitaus größer sind, als es noch aus den Überlegungen der Arbeitsgruppe „Computer im Chemieunterricht“ hervorgeht [1]. Im Einzelnen werden folgende Schwerpunkte behandelt:

1. **Molecular Modelling am PC, aufgeteilt in**
   - Modelle
   - Visualisierung von Teilchen auf der atomaren Ebene
2. **Multimediale Unterrichtsmaterialien**
   - Filme aus der atomaren Ebene
   - Simulationen von technischen Prozessen und Analyseverfahren
3. **Lernen aus digitalen Materialien**
   - Hypertext
   - Internet-Recherchen
   - Lernprogramme
   - Web-based-Training
4. **Digitales Aufzeichnen von Experimentalunterricht**
   - Computerunterstützte Experimente
   - Versuchsauswertungen
   - Bilder von Experimenten
5. **Nutzung von Utilities für den Chemieunterricht (digitale Hilfsmittel)**
   - Formeleditoren
   - Stoffdaten und Chemikalienverwaltung
   - Skizzen von Versuchsaufbauten

Es ist offensichtlich, dass je nach Anwendung die didaktischen Zielsetzungen und der methodische Einsatz sehr unterschiedlich sind. Der Computer wird einerseits als ein Medium eingesetzt, das den Erkenntnisprozess am Bildschirm fördert, also effizienter und anschaulicher zu lernen gestattet. Der PC ist andererseits ein Gerät, das selbst Ergebnisse liefert, wie Rechnen, Auswerten, Zeichnen, Sichern von Experimentalunterricht. PC-unterstützt wird so ermöglicht, sich auf das Wesentliche zu beschränken und ökonomischer zu lernen.
Die hier dargestellten Aufgabenbereiche benötigen verschieden umfangreiche Hardware, Software und Peripherie. Wegen der raschen Entwicklung auf dem Computermarkt ist eine Auf- und Umrüstung der Schulen mit PCs ca. alle 5–6 Jahre nötig.
Im Fach Chemie benötigt man derzeit die schnellsten Rechner und die größten Arbeitsspeicher für Molecular Modelling und den Einsatz multimedialer Lehr- und Lernmaterialien. Allerdings kann diese diese Hardware gemeinsam mit anderen Unterrichtsfächern genutzt werden.

15.1 Molecular Modelling

15.1.1 Modelle mittels Molecular Modelling

Unter Molecular Modelling versteht man das computerunterstützte Modellieren von Struktur, Wechselwirkung und Dynamik von Molekülen. Moleküle werden dabei anhand **weniger Daten**, wie der relativen Koordinaten, der nächsten Nachbarn, der Bindungen u.a. gespeichert. Die erzeugten Datensätze sind klein und leicht zu handhaben.
Anhand dieser Daten kann ein Molekül dargestellt werden (vgl. Abb. 329.1) als:

- **wire** oder **balls and wire** (Drahtmodelle mit und ohne kleine Kugeln); die Darstellung zeigt Mehrfachbindungen am besten, ist sonst aber wenig wahrnehmungsintensiv.
- **balls and sticks** (Kugel-Stab-Modelle); sie entsprechen weitestgehend den Abbildungen von Kugel-Stab-Modellen aus Baukästen.
- **tubes** (Zylindermodelle); sie zeigen weder Atome noch Mehrfachbindungen, sind aber für Strukturen am besten geeignet (wie etwa der Wannen- und Sesselform von Cyclohexan, planare und nichtplanare Ringe).
- **spheres** (Kalotten- oder CPK-Modelle, nach Corey, Pauling, Koltum); diese Modelle vermitteln einen Eindruck von der Raumerfüllung eines Moleküls und entsprechen den Kalottenmodellen.

- **Bezierkurven** für große **kettenförmige** Strukturen. Dies sind vereinfachende Darstellungen, die nur wesentliche Eigenschaften, wie die Krümmung der Kette größerer Molekülstrukturen (z. B. von Proteinen), aber nicht die detaillierte atomare Struktur darstellen. Sie zeigen als Röhren (extrusion) die Krümmungen und als flache Bänder (lines, ribbons) besonders gut die Verdrehungen der Molekülstrukturen. Gelegentlich sind einzelne Bausteine wie Aminosäuren farbig markiert.

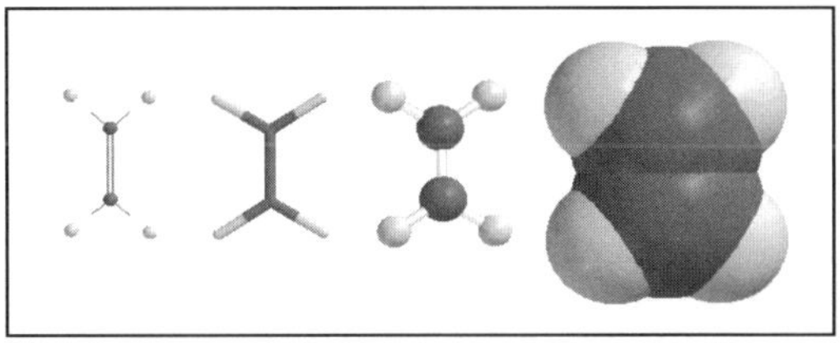

Abb. 329.1: PC-Modelle für das Beispiel Ethen: Kugel-Draht-, Zylinder-, Kugel-Stab-, CPK-Modell (v. l. n. r.)

Modelle kleiner Moleküle können an einem PC selbst erzeugt werden. Hierzu gibt es unterschiedliche **Techniken**:
Manche Programme erlauben die **Eingabe** von Molekülstrukturen **durch Freihandzeichnen** wie an der Tafel (z. B. [2]), was didaktisch besonders günstig ist. Vom Programm werden nach dem Skizzieren auf dem Bildschirm die Moleküle mittels Kraftfeldrechnungen (MM = molecular mechanics) berechnet; es ergibt sich ein geometrisch optimiertes Molekül mit individuell molekülspezifischen Bindungslängen und Winkeln.
Viele Programme ermöglichen die **Eingabe** der Teilchen **nach dem Baukastenprinzip**. Sie werden aus Atomen oder Fragmenten (ganzen Gruppen) mit vorgegebenen Abständen und Winkeln aneinander gesetzt und gegebenenfalls optimiert [3–5]. Die entstandenen Molekülmodelle können auf dem Bildschirm mit Licht und Schatten dargestellt und in Echtzeit gedreht werden.
Man kann Bindungslängen und -winkel ablesen, Partialladungen und Konformationen können verglichen, d. h. übereinander gelegt, und Molekülschwingungen simuliert werden.

Gleichermaßen wie Baukästen haben diese Modelldarstellungen auch Nachteile:
- Ionen lassen sich an diesen Modellen nicht von Molekülen unterscheiden,
- Komplexe lassen sich so nicht darstellen,
- Moleküle mit Atomen, für die keine Parameter gespeichert sind, und Festkörper lassen sich ebenfalls nicht darstellen.

Es hat sich gezeigt, dass gerade Heranwachsende mit dieser Art Modelle, die am PC erzeugt werden, sehr gut zurechtkommen [6]. Der Modellcharakter wird durch den auf Tastendruck möglichen Wechsel zwischen den einzelnen Darstellungsarten besonders unterstrichen, was ein großer Vorteil gegenüber Baukastenmodellen ist.
Große Moleküle werden meist nicht selbst erzeugt, sondern vom Datenträger oder aus dem Internet geladen, weil die Optimierung am PC ohnehin nicht möglich ist (Eiweißstrukturen, RNA, DNA und sonstige Strukturen der Biochemie). Es gibt viele Formate, in denen die Daten von Molekülmodellen gespeichert und weitergegeben werden können. Die Files vom Typ VRML (Virtual Reality Modelling Language) oder PDB (Brookhaven-Protein-Data-Bank) sind besonders weit verbreitet und stellen einen Internet-Standard dar.
Beispiele können mit Freeware-Visualisierungs-Programmen wie RASMOL [7] oder CHIME [8] (letzteres mit dem Netscape Navigator „Plug In") am PC vorgestellt werden. Bezierkurven sind für diese Art Moleküle die geeignetsten Darstellungen, um elementarisiert das Wesentliche der Struktur zu zeigen.

B In Abbildung 330.1 oben sind für einen Teil einer DNA die Stränge als Bezierkurven dargestellt. Daran sind die unterschiedlichen Nucleinsäuren als Ringe mit Stecker-Buchsen-Funktionen aufgezeigt.
Unten in der Abbildung sind für Hämoglobin nur die Eiweißstrukturen als Bezierkurven und die Porphyrinstruktur klassisch in Ketten und Ringen dargestellt; sie sind mit WebLabViewer [9] erzeugt.

Mit wenigen Daten sind auch Kalottenmodelloberflächen und einzelne Molekülorbitale (Fontierorbitale) abspeicher- und wiedergebbar.

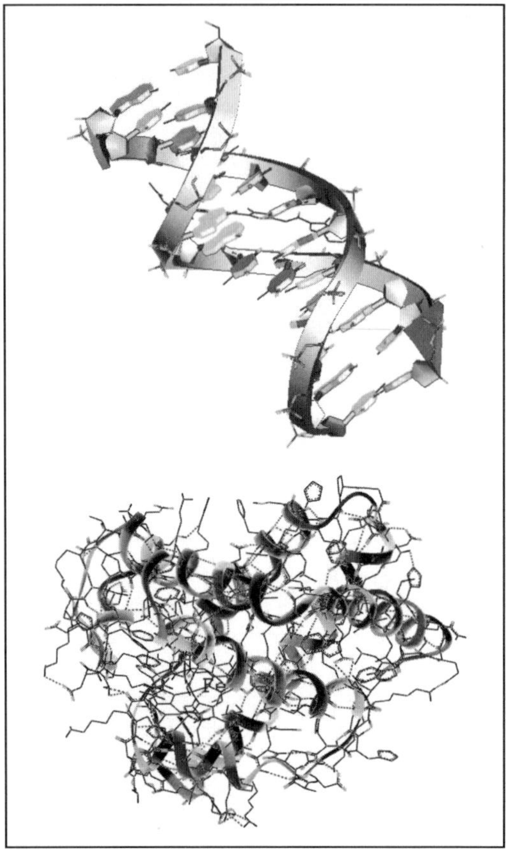

Abb. 330.1: Oben: Bezieransicht von einem DNA-Strang; unten: Bezieransicht von Hämoglobin

Neben den klassischen Modellen lassen sich computerchemisch Bilder berechnen, die eigentlich keine Modelle mehr sind, sondern kongruente Abbilder der atomaren Ebene.

15.1.2 Ansichten submikroskopischer Teilchen

Molecular Modelling kann direkte Einsichten in die submikroskopische Ebene vermitteln [10–12]. Schülern werden dabei Atome, Ionen und Moleküle weitgehend so vorgestellt, wie sich diese kleinsten Teilchen untereinander wahrnehmen. Submikroskopische Teilchen agieren bei Zimmertemperatur. Sie schwingen, stoßen und reagieren.

- Dabei „sehen" Teilchen an anderen Reaktanden nicht die einzelnen Atome, sondern nehmen andere Moleküle und Ionen als Ganzes wahr.
- Für sie sind andere Teilchen Hindernisse mit über atomare Distanzen wirksamen elektrostatischen Feldern.

B Als Modellversuch dazu kann man dieses Verhalten submikroskopischer Teilchen an kleinen Magneten (erhältlich als Haftmagnete im Bürobedarf) zeigen: magnetische Haftscheibchen sind auf dem Overhead nicht mehr farbig. Sie „spüren" ihre gegenseitigen Felder, ziehen sich an oder stoßen sich ab und können einander nicht durchdringen.

Der Raum, den ein Molekül einnimmt, ist die **Isosurface** oder **van-der-Waals-Oberfläche**. Sie lässt sich als **Elektronendichteoberfläche** (üblicherweise mit einer Dichte von 0.002 e°/au^3 = Elektronen/Bohr'schen Radius^3) des Moleküls quantenmechanisch näherungsweise berechnen und am PC-Bildschirm darstellen.
Eine solche Elektronendichteoberfläche sieht ähnlich aus wie die oberflächliche Ansicht eines Moleküls als Kalottenmodell. Aussagekräftig wird diese Isosurface dann, wenn man durch Farbcodierung quantenmechanisch errechnete Teilcheneigenschaften darauf sichtbar macht: anziehende, abstoßende oder indifferente Oberflächenbereiche.
Für die Schule (mit parallel laufendem Physikunterricht) eignet sich eine elektrochemische Farbcodierung besser als die umgekehrte, bei Computerchemikern übliche [13].
Sie markiert mit roter Farbe elektropositiv und mit Blau elektronegativ.

B Abb. 330.2 zeigt für Wasser links oben ein Kalottenmodell, daneben die Isosurface von Wassermolekülen ohne Eigenschaften; die beiden rechten Bilder stellen die **Isosurface mit elektro-chemischer Farbcodierung = Potenzialoberfläche** dar, wobei ganz rechts zwei Wassermoleküle so angeordnet sind, wie sie sich bei Annäherung orientieren. Den elektronegativen Sauerstoff erkennt man an der dunkleren Färbung; bei Farbdarstellung wäre er blau.

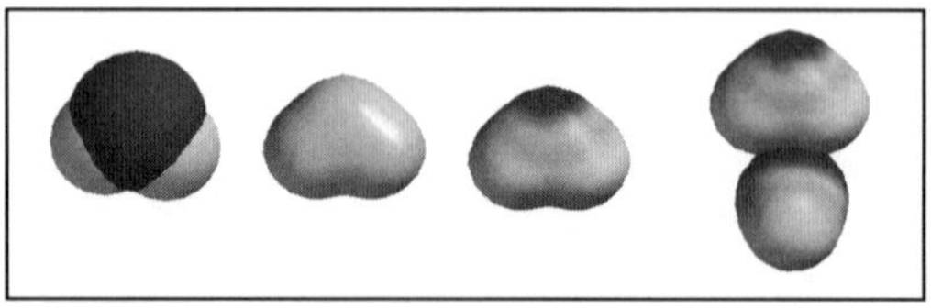

Abb. 330.2: Kalottenmodell, Isosurface und ladungscodierte Isosurface von Wasser sowie zwei Wassermoleküle richtig zueinander orientiert

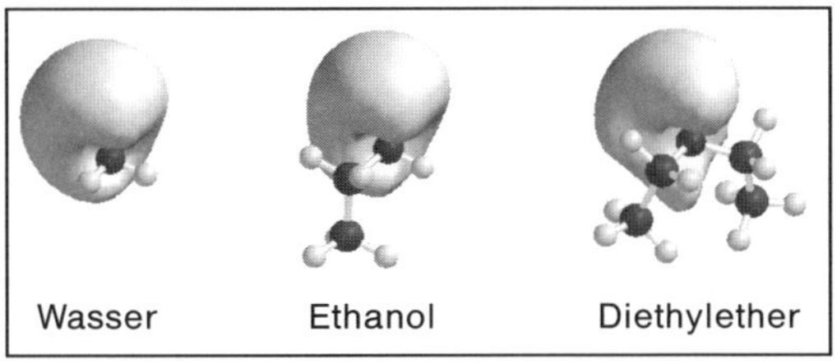

Abb. 331.1: Freie Elektronenpaare an unterschiedlichen Molekülen (als Elektronendichteoberfläche)

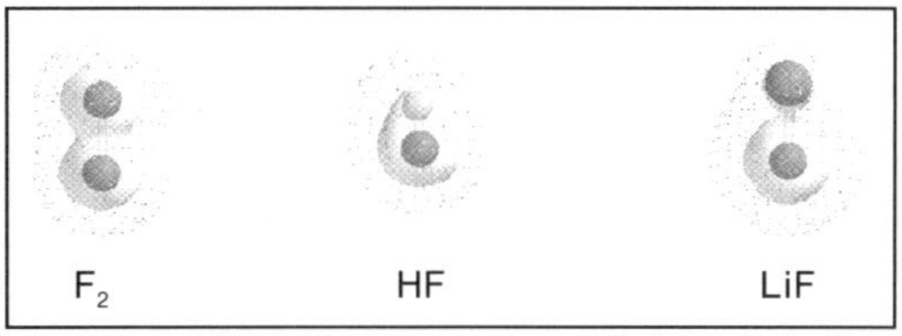

Abb. 331.2: Unterschiedliche Einfachbindungen als Elektronendichteräume (grau) in einer gepunkteten Isosurface

Um Aussagen über solche Eigenschaften zu erhalten, bedarf es aufwändiger quantenmechanischer Rechnungen. Diese sind erst in den letzten 3 Jahrzehnten entwickelt worden und erst seit ganz wenigen Jahren auf PCs möglich. Bisher auf Workstations benutzte und damit erprobte Programme laufen heute mit einem 32-Bit Datenbus (unter Windows 95 oder NT) auch auf einem PC.
Für Elektronendichteoberflächen sind quantenmechanische (QM) Näherungsrechnungen notwendig:

- **Ab-initio-Rechnungen** berechnen jedes Molekül ohne Einschränkungen näherungsweise aus den Elementarteilchen.
- **Semiempirische quantenmechanische Rechnungen** basieren auf bereits angepassten Parametern und sind schneller.

Semiempirische Rechnungen sind für den Unterricht besser geeignet und einfacher durchzuführen. Sie sind meist ausreichend und liefern zudem akzeptable thermodynamische Daten. Mithilfe von Elektronendichteoberflächen kann man außerdem wichtige schulrelevante Eigenschaften von Molekülen visualisieren, die bisher der „Kreidechemie“ vorbehalten blieben:

- freie Elektronenpaare
- σ-Bindungen
- π-Bindungen
- Komplexe, Radikale, Übergangszustände.

B Abb. 331.1 zeigt die beiden freien Elektronenpaare eines Wasser-, Ethanol- und Diethylethermoleküls an einem Kugel-Stab-Modell.
In Abb. 331.2 sind unterschiedliche Bindungsarten am Beispiel verschiedener Fluorverbindungen dargestellt:

- **Atombindung** im Molekül F_2
- **polare Bindung** in HF
- (fast) **Ionenbindung** in LiF

15.1.3 Didaktischer Weg zu Elektronendichteoberflächen

Elektronendichteoberflächen lassen sich sowohl ausgehend von der makroskopischen Ebene als auch von Modellvorstellungen aus einführen.

Einführung vom Realexperiment

In Abbildung 331.3 ist der Weg vom makroskopischen Stoff bis zu einer innen mit einem Kugel-Stab-Modell bestückten Elektronendichteoberfläche schematisch gezeigt.

Einführung von Atommodellen ausgehend

Zur unterrichtlichen Arbeit mit Elektronendichteoberflächen benötigt man nicht zwingend Kenntnis von Atom- und Molekülorbitalen, wie sie erst in der Oberstufe oder in manchen Schulzweigen gar nicht zu erwarten sind. Sie können aus Modellen entwickelt werden:

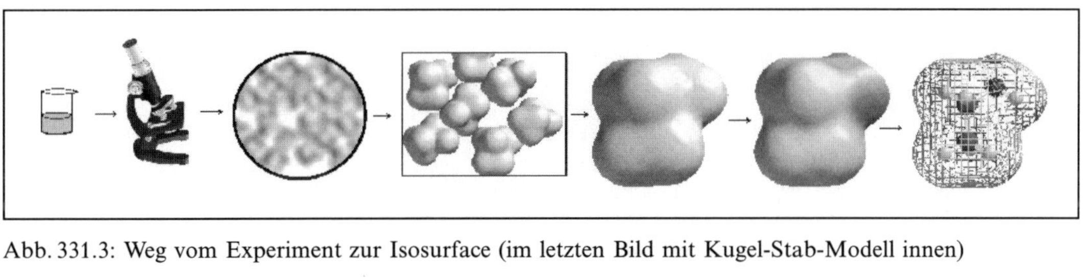

Abb. 331.3: Weg vom Experiment zur Isosurface (im letzten Bild mit Kugel-Stab-Modell innen)

In der Mittelstufe können sie direkt aus dem Dalton'schen und Bohr'schen Modell als der die **Elektronenbahnen umhüllende Raum** von Atomen und Ionen eingeführt werden, wie es in Abb. 332.1 skizziert ist. Das Bohr'sche Atommodell sollte dafür allerdings so gezeigt werden, wie es von Bohr gewollt war – dynamisch, mit sich bewegenden Elektronen (mittleres Bild) – und möglichst nicht als das rechts oben durchgekreuzte statisch anmutende Schalenmodell, das eher einer Perlenkette von Elektronen gleicht.

In der Oberstufe ist die Elektronendichteoberfläche dann korrekt die Umhüllende (Envelope) der Orbitale (vgl. Abbildung 332.1).

Bei diesen neuen kongruenten Abbildern aus der atomaren Ebene (den Elektronendichteoberflächen von Teilchen) ist lediglich zu berücksichtigen:

- Elektronendichteoberflächen sind nicht scharf, auch wenn am PC eine Begrenzung konstruiert ist. (Die Elektronendichte nimmt asymptotisch ab.)
- Die Farben der Potenzialoberflächen sind immer codiert, analog dem Farbhinweis auf die Polung bei Gleichstrom (rot = positiv, blau = negativ). Farbe ist grundsätzlich keine Eigenschaft atomarer Strukturen.

Die Einführung von Molecular Modelling mit Elektronendichteoberflächen macht einen anderen Erkenntnisweg möglich als bisher in der Schulchemie üblich:

Realexperiment makroskopische Ebene
↓
Wie stellen sich die Verhältnisse in der submikroskopischen Ebene dar? Molecular Modelling mit Potenzialoberflächen der Teilchen
↓
Abstraktion: Formel **symbolische Ebene**

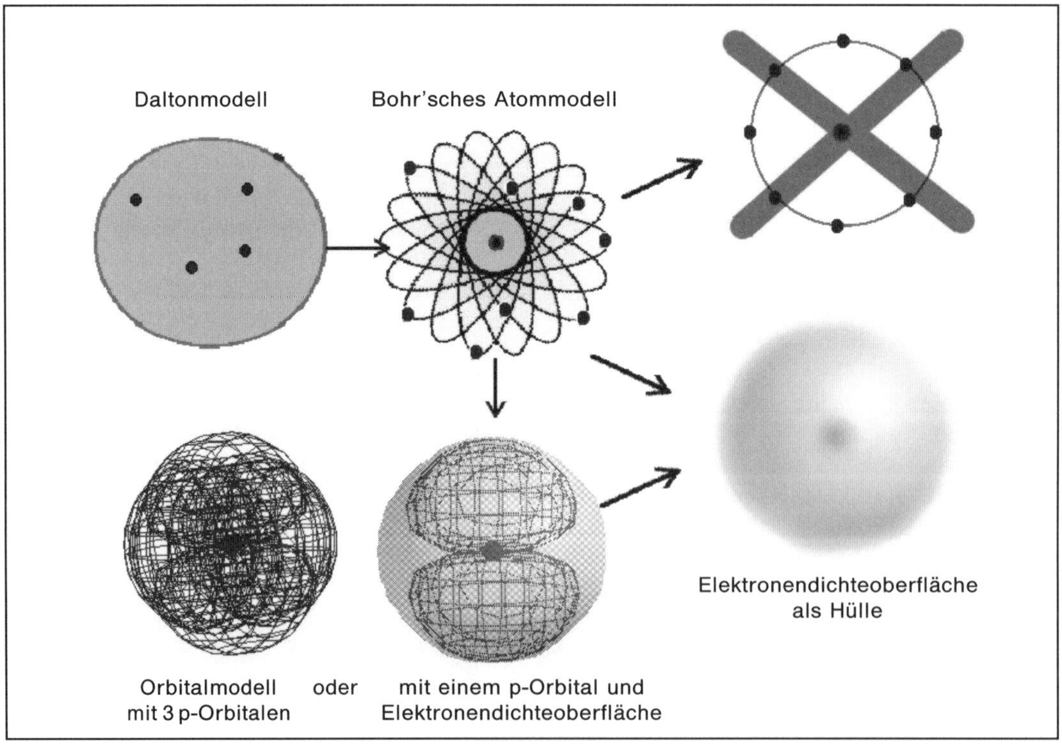

Abb. 332.1: Weg vom Atommodell mit Valenzelektronen zur Isosurface eines Ions mit Achterschale (z. B. F^-)

Methodisch können quantenchemisch berechnete Teilchen und Modellierungen chemischer Reaktionen unterschiedlich in den Chemieunterricht eingebracht werden.

Handelnder Unterricht

Ausgehend vom Experiment, etwa der Reaktion zweier Substanzen miteinander, wird die Frage der stofflichen Umsetzung mittels Molecular Modelling beantwortet. Dabei werden vom Lehrer allein oder in Zusammenarbeit mit den Schülern am PC Moleküle, Ionen, Komplexe und Radikale modelliert oder modellierte Teilchen geladen, gedreht und Eigenschaften abgelesen. Die Reaktionen können so vielfach direkt beim Betrachten der Potenzialoberflächen am virtuellen Experiment abgelesen und damit ohne Formeln verstanden werden. Die Reaktionsgleichungen werden als Letztes aufgestellt. Sie sind so die Abstraktion des reellen Versuchs und des virtuellen Experiments.
Als Soft- und Hardware für Molecular Modelling bedarf es eines Modelling-Programms, das quantenmechanisch auf dem PC rechnen kann. Bisher können dies drei Programme unter Windows 95/98 oder NT bzw. auf entsprechenden MAC-Systemen: Spartan, Hyperchem und ChemDraw [2–4]. Ein schneller Prozessor und ausreichend Arbeitsspeicher sind Voraussetzung.

Bilder und Bildfolgen einer ganzen Reaktion

Für Reaktionen mit gut bekanntem Mechanismus sind Bilder und Bildfolgen chemischer Reaktionen geeignet, Reaktionswege zu verdeutlichen. Abbildung 333.1 zeigt dies am Beispiel der Verseifung von Chlormethan mit dem Verschmelzen der Reaktanden und der Trennung der Produkte. Diese Bilder und Bildfolgen können aus dem Internet geladen werden [14] oder als Folien verfügbar sein. Leider sind solche Bildfolgen bisher nur in geringem Ausmaß in Schulbüchern zu finden, obwohl dort ein geeigneter didaktischer Ort wäre.

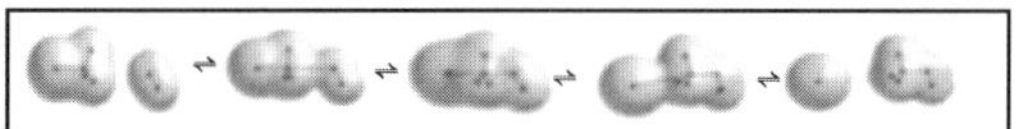

$CH_3Cl + OH^- \rightarrow$ Übergangszustände $\rightarrow Cl^- + CH_3OH$

Abb. 333.1: Edukte, Übergangszustände und Produkte der Verseifung von Chlormethan

15.2 Multimediale Unterrichtsmaterialien

Multimediatechnik ist die mehrkanalige digitalisierte Instruktion mittels eines Mediums, z. B. der CD-ROM, als Lehrmaterial [15]. „Mehrkanalig" kann in diesem Zusammenhang als die gleichzeitige Vermittlung der Vorgänge bei chemischen Umsetzungen auf unterschiedlichen Erkenntnisebenen interpretiert werden, sich aber auch auf die Darstellung komplexer dynamischer Systeme beziehen, wie sie in technischen und biochemischen Kreisläufen zu finden sind.

Durch diese Technik können chemische Sachverhalte visualisiert und digital gespeichert werden, die sonst nur mit Schwierigkeiten darstellbar und so komplex sind, dass sie ein einzelner Lehrer nicht medial umsetzen kann.

15.2.1 Multimediale Unterrichtsmaterialien für das Chemieverständnis

Hier werden Beispiele aufgezeigt, bei denen entweder die Vorgänge auf der atomaren Ebene oder aber der Schritt vom Realexperiment in die atomare Ebene gezeigt wird. So werden dem Lernenden frühzeitig leistungsfähige mentale Modelle für Aktionen und Reaktionen im submikroskopischen Bereich vermittelt.

Filme aus der atomaren Ebene

Filme zu Reaktionen sind die zeitlich bewegte Folge von zweidimensionalen Bildern von Elektronendichteoberflächen für eine Vielzahl von quantenchemisch berechneten Zuständen, die dem Ablauf der jeweiligen Reaktion auf dem Weg von den Edukten zu den Produkten entsprechen [16]. Obwohl das Anschauen von Filmen ein relativ passiver Vorgang ist, spricht doch sehr vieles dafür, für das Geschehen auf der atomaren Ebene im Unterricht diese Vermittlungsform zu wählen.

– **In Filmen wird Molecular Modelling elementarisiert.**
Im Film ist das Ergebnis der computerchemischen Rechnungen (s. Kap. 15.1) so weit didaktisch reduziert, dass die Lernenden nur mit den bewegten Bildern aus der submikroskopischen Ebene, nicht aber mit den Rechenmethoden oder deren Grundlagen konfrontiert werden. Die Quantenchemie wird genutzt, aber nicht erwähnt. Der Lehrende muss lediglich die dargestellten Elektronendichteoberflächen qualitativ erläutern können, computerchemische Kenntnisse benötigt er nicht. Multimediales Filmmaterial ist daher wegen seiner weitgehenden Elementarisierung sowohl in der Oberstufe als auch im Mittelstufenunterricht nutzbar.

– **Filme können genau das zeigen, was lehrplanrelevanter Lerninhalt ist.**
Aus den Filmen sind für Schüler direkt ablesbar:
- die richtige Reaktionsgleichung,
- der Reaktionsmechanismus,
- das Aufbrechen und Bilden von Bindungen,
- aktive reaktionsfähige Stellen an Teilchen,
- ein Reaktionsprofil (in Wasser und/oder in der Gasphase).

Mittels verschiedener Elektronendichteoberflächen sind für die reagierenden Teilchen im Film die unterschiedlichen Aspekte einer Reaktion einzeln oder zusammen darstellbar.

B Als Beispiel für einen Film der atomaren Ebene sind in Abbildung 334.1 einige Bilder für den Springbrunnenversuch HCl-Gas + Wasser

$$HCl + H_2O \rightarrow Cl^- + H_3O^+$$

dargestellt [6]. Sie zeigen die Isosurface als Netz mit den darin sichtbaren Bindungselektronen. Beginnend mit den Edukten (zwei neutralen Molekülen HCl und H_2O) verläuft die Reaktion über den sichtbaren Protonenübergang (davon hier zwei Bilder) bis zum stabilen Addukt in der Gasphase (in der oberen Reihe). Erst in Wasser trennen sich schließlich die positiv und negativ geladenen Teilchen (unteres Bild, die Ionen sind im Film farbig rot und blau).
Weitere Filme aus der submikroskopischen Ebene gibt es zu anderen Protolysen und zu einfachen bekannten Reaktionsmechanismen der organischen Chemie (vgl. dazu [14]).

Filme vom Makrokosmos in die atomare Ebene

Filme in die atomare Ebene zeigen exemplarisch, dass unterschiedliche Bilder aus der makroskopischen und aus der atomaren Ebene nur eine Frage der Vergrößerung sind, sie gehören zusammen. Dies ist derzeit nur an ganz wenigen ausgewählten Beispielen – insbesondere an Feststoffen – möglich, die sich vergrößern und elektronenmikroskopisch rastern lassen. Nur für die Betrachtungsweisen gibt es Grenzen.
Ein entsprechendes Video (auf CD-ROM oder DVD) sollte zwischen dem Realexperiment, das als Erstes im Unterricht durchgeführt werden muss, und einem Modell als Abbild der kleinsten Teilchen stehen.

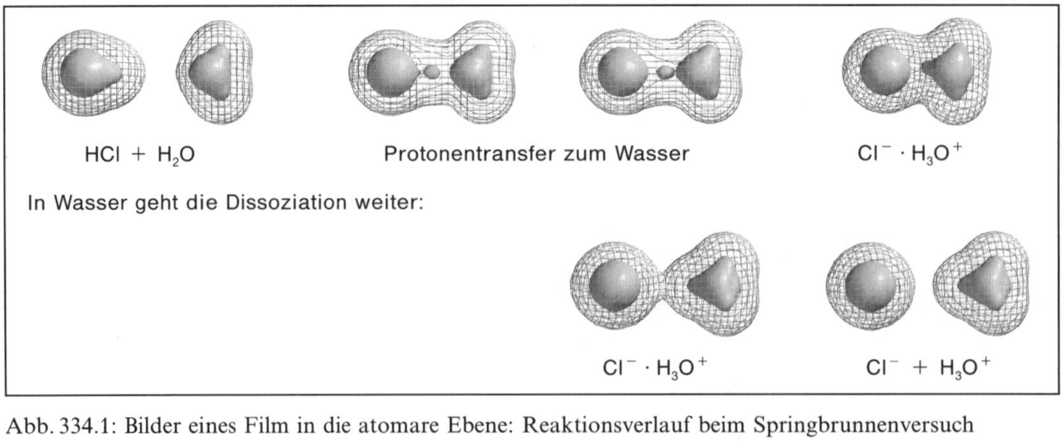

Abb. 334.1: Bilder eines Film in die atomare Ebene: Reaktionsverlauf beim Springbrunnenversuch

B Als Beispiel für einen multimedialen Schnitt in die Ebene der Moleküle und Ionen werden hier Natriumchloridkristalle gewählt (vgl. Abb. 335.1) [17].
Das Realexperiment

$2\ Na + 2\ HCl\ (konz) \rightarrow 2\ NaCl + H_2$

ist gleichzeitig Anfang des Films und liefert die Kristalle für den stufenlosen Schnitt ins Gitter. Der Schnitt soll exemplarisch zeigen:

Bei Salzen ist die Formel, die man schreibt, immer eine Ionenverhältnisformel, keine Molekülformel.

15.2.2 Simulationen dynamischer Systeme in technischen Prozessen und Analyseverfahren

Nicht alle Inhalte lassen sich im Chemieunterricht experimentell erschließen. Hierfür können zeitliche, apparative oder sicherheitstechnische Gründe ausschlaggebend sein.

Computersimulationen mit variablen Parametern schließen eine Lücke zwischen einer rein theoretischen Erarbeitung und dem Experiment. Sie können ein einfaches Realexperiments wiederholend zeigen (virtuelles Labor, siehe 15.5.3) oder einen nicht durchführbaren Versuch visualisieren. Die Aufnahme von NMR-Spektren, HPLC-Chromatogrammen oder Massenspektren ist in der Regel in Schulen nicht möglich, weil die Geräte in der Anschaffung zu teuer und in der Benutzung apparativ zu aufwändig sind. Ein entsprechendes interaktives Programm für die Simulation instrumentell-analytischer Methoden ist hier einem Lehrfilm vorzuziehen.

Technische Prozesse lassen sich gut in Simulationsprogrammen zeigen. Dabei können wesentliche Parameter einer Prozessführung variiert werden. Die interaktiven Unterrichtsmaterialien können einen Eindruck vermitteln, wie komplex ein einzelner dynamischer Prozess abläuft und wie diffizil seine Steuerung, d. h. die Führung einer technischen Umsetzung, ist, z. B. die Abwasserreinigung in einem Biohochreaktor (Beispiel: Programm Abwasser des Fonds der Chemischen Industrie [18]).

15.3 Lernen aus digitalen Materialien

In diesem Kapitel sollen die Möglichkeiten für das selbstständige Erlernen lehrplanrelevanter Unterrichtsinhalte aus digitalen Medien alternativ zum Unterricht mit Schulbuch und Hefteinträgen besprochen werden.
Wegen des Aufwands beim Herstellen entsprechender Produkte durch die gestiegenen Ansprüche an die Qualität werden die meisten Programme in Englisch angeboten, weil so eine weitgehende Verbreitung gewährleistet ist.

15.3.1 Hypertext

Lernen am PC, von CD-ROM und aus dem Internet verläuft anders als Lernen von gedruckten und geschriebenen Unterrichtsmaterialien. Für das Lernen am PC typisch sind Informationen, die als Hypertext konzipiert

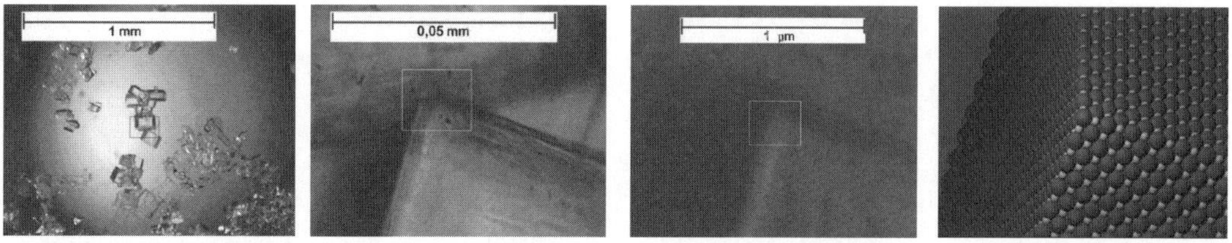

Erzeugte NaCl-Kristalle | Vergrößerung | Morph vom Kristall zum Modellgitter | NaCl-Gitter

Abb. 335.1: Bilder eines Film in die atomare Ebene: multimedialer Schnitt in die Ebene der Ionen am Beispiel NaCl

sind, sodass sie nicht linear nacheinander aufgenommen, gelesen und durchgeblättert werden müssen.
Hypertextartig strukturierte multimediale Textmaterialien sind **Datenbäume aus Text- und Bildmaterialien**. Der Lernende kann sich in den Ästen dieser verzweigten Datenstrukturen durch Mausklick zu der von ihm gesuchten Information durcharbeiten; dabei ist es ihm freigestellt, ob er die Informationen auf dem Weg dorthin liest oder auch lernt. Er kann Äste zurückverfolgen und über Verzweigungen (Knoten) zu anderen Ästen bzw. Textmaterialien gelangen. Er kann aber auch durch „Links" quer von Knoten zu Knoten mit gleichem Begriff im Unterrichtsmaterial springen. Diese Art des sich Bewegens im Lernmaterial kann effizient und zeitsparend, aber auch sehr flüchtig sein.

15.3.2 Internetrecherchen

Internetliteratur zur Schulchemie erfreut sich großer Beliebtheit unter Schülern und Studierenden des Lehramtes. Internetrecherchen sind im Chemieunterricht Tätigkeiten, die den Schülern als Auftrag gegeben werden.

Die gesuchten Fakten sind vielfältig:
- Stoffe (Eigenschaften, Produktion, Historisches zur Stoffkenntnis),
- Stoffdaten (physikalisch, thermodynamisch usw.),
- Experimentiervorschriften.

Für diese Datensuche spricht:
- die sofortige Verfügbarkeit vor Ort (sehr wichtig für Schulen ohne chemische Bibliothek),
- die preiswerte Art der Beschaffung von Bildmaterial. (Dieses kann ohne Reproduktion direkt farbig visualisiert werden.)

Nicht zu unterschätzende Nachteile von Internetrecherchen sind allerdings:
- Ein unzureichendes Suchergebnis ist häufig auf eine mangelnde Parametrisierung des Suchalgorithmus zurückzuführen bzw. bedeutet nicht, dass es nichts gibt.
- Der Umfang der unnützen Ergebnisse bei nicht genügend präziser Suche oder die Zahl der nicht verwendbaren Quellen ist groß.
- Internetquellen sind im Vergleich zur gedruckten Literatur kurzlebig.
- Die fachwisenschaftliche Qualität ist unterschiedlich.

15.3.3 Lernprogramme

Programmierter Unterricht ist in Deutschland seit den 1960er Jahren bekannt. Lernprogramme standen in den ersten Jahren fast ausschließlich als Skripten oder Bücher, Ton- oder Videobänder zur Verfügung. Mit der sprunghaften Entwicklung von PCs wurden mehr und mehr Lernprogramme für dieses Medium entwickelt, wobei die CD-ROM die Diskette als Datenträger abgelöst hat. Das digitale Material unterscheidet sich von den im vorigen Kapitel angesprochenen reinen Unterrichtsmaterialien dadurch, dass es unterschiedlich umfangreiche Wege verschiedenen Schwierigkeitsgrads bei der Aneignung des Lehrmaterials ermöglicht, dass der Lernfortschritt interaktiv abfragbar ist und dass Verzweigungen und Schleifen zu vorhergegangenen Abschnitten eingebaut sind: Erfolgreiches Lernen wird interaktiv honoriert (z. B. erhält man Punkte für richtige und schnelle Ergebnisse).
Als Vorteil von programmiertem Unterricht wird gesehen:
- das individuell angemessene Lerntempo,
- die pausenlose Beschäftigung des einzelnen Schülers,
- die sofortige Kontrolle von Antworten – Fehler müssen korrigiert werden – und
- die Verbesserung der Lesefähigkeit.

Erfahrungen mit programmiertem Unterricht ergaben aber auch gravierende Nachteile:
- fehlender Kontakt der Schüler zueinander,
- Untergliederung des Lernstoffs in kleinste Schritte und damit fehlende Übersicht über Zusammenhänge,
- Ausrichtung auf mittlere Begabung,
- eigenes Denken wird gelenkt durch eine feste Bindung an den vorgegebenen Lernweg,
- sprachlicher Ausdruck wird nicht gefördert,
- die persönliche Ausstrahlung des Lehrers wird nicht in den Lehr- und Lernprozess eingebracht.

Obwohl Lehr- und Lernprogramme Experimente und Schulbücher bisher nicht verdrängen konnten, steigen mit den multimedialen Möglichkeiten des PCs auch die Einsatzgebiete von Lernmaterialien, die chemisches Wissen vermitteln. Schon bekannt sind einfach programmierbare chemische Lernprogramme zu Sachverhalten wie Titrationskurvenberechnungen, Redox-Systemen und chemisch kombinatorischen Aufgabenstellungen. Die Gestaltung und das Layout sind inzwischen aber für Heranwachsende attraktiver und die Möglichkeiten vielfältiger geworden, bis hin zum virtuellen Labor, in dem Experimente am PC in einem Cyberraum durchgeführt werden.

15.3.4 Web-based-Training

Web-based-Training ist das interaktive Lernen mit Internetmaterialien. Web-based-Training ist programmiertes Lernen. Das Unterrichtsmaterial besteht aus HTML-Dokumenten, also aus Hypertextteilen. Sie enthalten Informationen, Animationen und Antworten auf Interaktionen des Lernenden. Letztere werden Server- oder Client-kontrolliert. Entscheidend dabei ist, dass das System auf die Qualität der Antworten insofern reagiert, als die Schwierigkeit jedes folgenden Lernschritts dem Lernniveau der Klienten individuell angepasst wird.

Web-based-Training ist dadurch gekennzeichnet, dass System- und Lerninhaltsänderungen sofort den Lernenden erreichen. Im industriell-kommerziellen Bereich wird Web-based-Training seit Jahren mit Erfolg eingesetzt [20], teilweise auch im Hochschul- und Collegemaßstab [21]. Bisher gibt es noch wenig deutschsprachiges Material außerhalb der Wirtschaft. Im schulischen Maßstab kann diese Unterrichtsform nur durchgeführt werden, wenn jeder Schüler oder jede Zweiergruppe über eine stehende Internet-Anbindung verfügt.

15.4 Digitales Aufzeichnen von Experimenten

15.4.1 Computerunterstütztes Experimentieren

PC-unterstütztes Messen und Steuern unterscheidet sich von allen oben genannten Einsatzmöglichkeiten im Chemieunterricht dadurch, dass das Experiment und die PC-Bildschirmaufzeichnung als gleichberechtigte Medien in den Unterrichtsprozess eingebunden werden [22].
Experimente können unterschiedliche Schülereigentätigkeiten ermöglichen.

Um eine **Verfremdung eines Experiments durch die Apparatur** (nach Wagenschein [23]) so gering wie möglich zu halten, sollten gerade PC-unterstützte Experimente so einfach wie möglich sein. Vielfach können als Reaktionsgefäße überwiegend Reagenzgläser oder Bechergläser genutzt werden. Versuche solcher Art lassen sich während des Unterrichts (Einzel- oder Doppelstunde) aufbauen, erläutern und durchführen. Weil man im Chemieunterricht aus Sicherheits- und Umweltschutzgründen möglichst Experimente mit
- wenig gefährlichen Substanzen
- in niedrigeren Konzentrationen und
- in kleineren Ansätzen

durchführt, sind die dabei auftretenden Eigenschaftsänderungen oft wenig auffällig und schwierig direkt wahrnehmbar.
Eine PC-Aufzeichnung verstärkt das Ergebnis medial.

Qualitative Experimente bedürfen eines wahrnehmbaren Eigenschaftsunterschieds der Produkte gegenüber den Edukten, um für Schüler erkennbar werden zu lassen, dass eine Reaktion stattgefunden hat. Hier ist ein PC-Einsatz nur dann gerechtfertigt, wenn der Ablauf der Reaktion nicht anders erkennbar wäre.
Quantitative Untersuchungen sind nur eine vergleichsweise geringe Anzahl von Versuchen im Chemieunterricht der Mittel- und Oberstufe. Oft genügt es, ohne PC zwei oder wenige Zahlenwerte genau zu ermitteln und damit eine Auswertung auszuführen.

Ein Computer ist allen anderen Medien als Experimentierhilfe dann überlegen, **wenn ganze Messreihen** aufzunehmen sind, insbesondere bei einer oder mehreren der folgenden Voraussetzungen:

- Die Anzahl der anfallenden Messwerte ist groß (> 5–10).
- Die Messwerte fallen sehr rasch nacheinander an.
- Eine Messreihe dauert länger als eine Schulstunde.
- Ein besonders exaktes Messen jedes einzelnen Wertes ist erforderlich.
- Jeder Messwert bedarf einer aufwändigen Auswertung.
- Die Aufzeichnung einer Messreihe soll erst beim Erreichen bestimmter Werte begonnen bzw. beendet werden.
- Am Experiment ist die Änderungstendenz der Messwerte wesentlich (Steigung und Krümmung der Graphen).
- Eine Aussage ergibt sich erst beim Auswerten des Graphen einer Messreihe.
- Eine Aussage ergibt sich erst beim Vergleich mehrerer Messreihen.

Computerunterstützte Experimente lassen sich immer auch quantitativ auswerten. So können selbst aus einem einfachen Experiment viel weitergehende Erkenntnisse gewonnen werden, als wenn derselbe Versuch (vielleicht mehrmals) nur qualitativ gezeigt wird.
Früher wurden Messreihen mit einem Schreiber aufgezeichnet. Ein PC ist dafür das weit bessere Medium. Weil ein Versuch aus wahrnehmungspsychologischer Sicht geeignet aufgebaut und gut beobachtbar sein sollte [24], muss die PC-Aufzeichnung in Echtzeit stattfinden, damit sie genauso unmittelbar anschaulich ist wie der Versuch selbst. Experiment und Aufzeichnung müssen gleichberechtigt (von links nach rechts) zu beobachten sein (Abb. 338.1).

Ein PC-unterstützter Versuch ist oft ein Demonstrationsexperiment: Zum einen sind die Geräte häufig nicht in genügend großer Zahl für Schülerexperimente vorhanden, zum anderen wird der Chemielehrer oftmals Probleme haben, mehrere Gruppen gleichzeitig ausreichend zu betreuen.

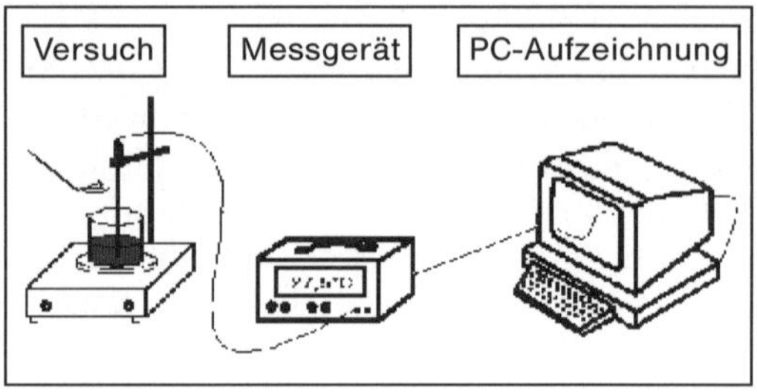

Abb. 338.1: Prinzip des computerunterstützten Experimentierens

Computerunterstütztes Experimentieren sollte trotzdem möglichst handlungsorientiert sein. Schüler und Lehrer müssen sowohl in das Experiment als auch in die Aufzeichnung so weit wie möglich abändernd und auswertend eingreifen können.

15.4.2 Unterschiedliche Konzeptionen zum computerunterstützten Experimentieren

Konzeptionen für computerunterstütztes Experimentieren im naturwissenschaftlichen Unterricht unterscheiden sich danach, wie offen und variabel sie das Messen und Aufzeichnen gestalten, welche Einsicht und welcher handelnde Eingriff in das gesamte computerunterstützte Experiment seitens der Lehrer und Schüler möglich sind und ob daran exemplarisch gelernt und Bildung erworben werden kann.
Computerunterstützt experimentieren kann man mit einer anschlussfertig käuflichen Ausrüstung (vgl. unten, modulare Mess-Systeme) ebenso wie mit PC und einfachen Messgeräten, wobei die Datenübertragung so gestaltet werden muss, dass daran der Datentransfer zwischen PC und Peripherie (d. h. hier Messgerät) exemplarisch erlernt werden kann.
Um einem Computer Messwerte zu übermitteln, kann man technisch unterschiedliche Wege gehen:

- Das analoge Signal eines älteren Messgerätes mit Schreiberausgang wird in einen zusätzlichen Analog-Digital(A/D)-Wandler bzw. Interface in ein digitales Signal gewandelt, das vom Rechner verarbeitet werden kann.

- Neuere Messgeräte mit Digitalanzeige haben ohnehin einen A/D-Wandelchip. Falls sie eine standardisierte PC-Schnittstelle haben (oder dies als Option vom Hersteller vorgesehen ist), kann man mit einem solchen Messgerät direkt zwischen Rechner und PC kommunizieren.
- Modulare Mess-Systeme
  Lehrmittelfirmen bieten vorrangig vollständige modulare Vorführ-Experimentiersysteme an, um dem Unterrichtenden den PC-Einsatz möglichst leicht zu machen. Sie bestehen aus mehreren Messmodulen und einem aufwändigen Vielzweck-Interface an einer PC-Schnittstelle sowie Software dazu (z. B. Chembox [25], Cassy [26], Comex [27]). Dieses von Lehrmittelfirmen favorisierte Datensammeln im Interface-Teil, also einem dem PC-vorgeschalteten Gerät, ist im Versuchsaufbau kompliziert und unübersichtlich. Schülern wird so lediglich ein gut aufgezeichnetes chemisches Experiment vorgeführt. Wie die Aufzeichnung zustande kommt, ist nicht nachvollziehbar.
  Die Lernenden sind bei einer solchen Versuchsaufzeichnung in die passive Rolle eines Beobachters verwiesen, ähnlich wie beim Betrachten einer Videoaufzeichnung. Sie sehen sich bei der Benutzung eines Vielzweck-Interfaces zudem mit einem Lehrmittel konfrontiert, das kompliziert ist und von dem absehbar ist, dass es außerhalb des schulischen Bereichs keine Rolle spielt.

Am einfachsten und übersichtlichsten ist die Versuchsanordnung, wenn man – wie beschrieben – ohne kompliziertes Vielzweck-Interface nur mit digitalen Messgeräten an einer PC-Schnittstelle und einem Computer zum Aufzeichnen arbeitet (vgl. Abb. 338.1).

Serielle Datenübertragung zwischen Messgeräten und Rechnern

Ein Digitalmessgerät mit einer PC-Schnittstelle kann mit einem Computer auf zwei Wegen kommunizieren. Die Daten können parallel oder seriell übertragen werden: Bei der seriellen Datenübertragung werden die einzelnen Ziffern und Zeichen der angezeigten Werte als Binärzahlen des ASCII-Codes Bit für Bit nacheinander übertragen. Bei der parallelen Datenübertragung wird der ASCII-Code eines Zeichens als 8-Bit-Bus gleichzeitig übertragen.
In Tabelle 339.1. sind die zurzeit an IBM-kompatiblen Rechnern üblichen und für das Messen wichtigen Schnittstellen sowie ihre normale Nutzung und die damit mögliche Datenübertragung zusammengestellt. Die in den beiden oberen Reihen aufgeführten Schnittstellen sind serienmäßig an allen PCs verfügbar, die anderen sind Sonderausstattungen.

Schnittstellenbezeichnung	Datenübertragung	übliche Benutzung
RS 232	25 oder 9 Pins seriell asynchron bidirektional	1–2 Stück/PC (Maus)
USB	bidirektional	versch. Geräte
RS 422	seriell, 15 Pins	Multitasking
IR-Schnittstelle	kabellos, seriell	Notebook-Drucker, Dockingstation
COMCARD bei Notebooks auf PCMCIA Steckplatz	eine 9 Pin-RS 232	Notebook-Steckplatz für Modem
IEEE 488 PC-Steckkarte	parallel, bidirektional	bussystemabhängige Karte

Tabelle 339.1: Schnittstellen für Messdatentransfer an PCs

An Digitalmessgeräten sind heutzutage vorwiegend RS 232-Schnittstellen vorgesehen. Nur die Kommunikation über diese Schnittstelle (oder damit kompatible COMCARDs oder RS 425) ist für Schüler relevant. Bidirektionale parallele Datenübertragung ist nicht standardisiert.
Computerunterstützte Experimente mit serieller Datenübertragung können mit Black-Box-Software oder mit offenen Programmen als fächerübergreifender Unterricht durchgeführt werden.

Benutzung von Software

Lehrer ohne informationstechnische Kenntnisse sind bei der Messwerterfassung auf käufliche Software angewiesen. Die Programme können für ein spezielles Messgerät entwickelt oder einsetzbar sein. Möchte man die Software allgemein nutzen, ist auf die folgenden Kriterien zu achten:

- Verwendungsmöglichkeit für unterschiedliche Messgeräte und Waagen,
- Möglichkeit zur Erfassung unterschiedlicher Messreihen,
- Eignung für die vorgesehenen Auswertungen,
- geeignete Sicherung und Ausgabe der Ergebnisse,
- Möglichkeit der Anpassung und Service des Herstellers, z. B. bei Änderungen des PC-Standards.

Speziell auf die lehrplanrelevanten Versuche in der Schulchemie zugeschnittene Programme sind (mit geforderten Messgeräten in Klammern):

- UNI-MESS [28] (besonders für All-CHEM-MISST ausgelegt, aber auch für andere Messgeräte tauglich),
- CEC (computerunterstütztes Experimentieren im Chemieunterricht) für A/D-Wandler der Fa. Steiber [29],
- MAS (Messen, Auswerten, Sichern) für etliche auf dem Markt befindliche Geräte; neu entwickelte sind selbst anpassbar [30].

Offenes computerunterstütztes Experimentieren

Schüler mit Informatikunterricht sind oftmals daran interessiert zu erlernen, wie der Datentransfer zwischen einem Messgerät und einem PC grundsätzlich funktioniert, und sie möchten dies auf einem Standard kennen lernen, der sich nicht bald als überholt erweist.

Computerunterstützte Experimente können in diesem Sinne ein offenes System sein, das Eingriffe in das Experiment und seine Auswertung zulässt, wenn Versuch und Messen in allen Teilen transparent gestaltet und schülergerecht in der erlernten Programmiersprache geschrieben sind. Ein solches Programm muss aus Strukturen und Algorithmen des Informatikunterrichts aufgebaut sein. Gerade dies ist aber in einer schulgeeigneten Hochsprache, wie früher PASCAL oder heute DELPHI [31], schwierig (vgl. dazu [32]), und die Aufgabe wird noch aufwändiger, wenn in einer Windows-Umgebung gemessen und aufgezeichnet werden soll.

Bei Messwerterfassung gibt es einen grundsätzlichen Schnitt im Betriebssystem, wenn von 16-Bit (DOS/Windows 95/98 Millenium) auf 32-Bit (NT 4.0 2000) umgestiegen wird. 16-Bit-Systeme haben Ein- und Ausgabeadressen, auf die Programmiersprachen zugreifen können. Ein echtes 32-Bit-Betriebssystem verwaltet nur virtuelle Adressen und unterscheidet nicht zwischen Speicher und Peripherie (Memory und I/O-Adressen). Messen unter NT als echtes Windows-Tool ist deshalb kompliziert und wird nur von Windows 32-API unterstützt.

Messen als fächerübergreifender Unterricht und als offenes System verlangt ein **exemplarisches Lernen an einem Messprogramm** (z. B. in einem Zusatzkurs Messen und Auswerten als Projekt oder Projektwoche).

Dies ist möglich, weil bei fast allen quantitativen Versuchen im Schulfach Chemie eine Messgröße in Abhängigkeit von der Zeit oder von einer zweiten Messgröße aufgenommen wird. Chemie-Messprogramme, die in Echtzeit die Grafik einer Versuchsreihe erstellen, haben meist eine ähnliche Struktur. Komplexere Zusammenhänge sind relativ selten. Aus einem Grundprogramm lassen sich alle Programme, mit denen x-t- oder x-y-Messreihen aufgezeichnet werden sollen, durch geringe Abänderungen herleiten. Eine zusätzlich gewünschte Auswertung ist jederzeit hinzufügbar.

Für frei wählbare computerunterstützte Schulversuche eignet sich (offen oder als Black-box vorliegende) Mess-Software dann, wenn sie auf allen Betriebssystemen lauffähig ist, viele der in der Schule vorhandenen Messgeräte unterstützt und miteinander zu benutzen gestattet.

Als Geräteausstattung für computerunterstütztes Experimentieren mit serieller Datenübertragung genügen für:

Demonstrationsexperimente	Schülerübungen
PC mit 2 RS 232 und 20″ Monitor	PCs des Informatikraums
1–2 Demo-Multimeter mit den Messbereichen für pH, Leitfähigkeit Temperatur und Spannung	einfache Schülermultimeter Messfühler z. B. für Temperatur Redoxelektroden
digitale Waage	
UV/VIS-Photometer	

15.4.3 Beispiele für computerunterstützte Experimente

Am weitesten verbreitet im Unterricht ist die Darstellung der Abhängigkeit zweier veränderlicher Messgrößen als Graph in einem zweidimensionalen Koordinatensystem auf einem Bildschirm. Bei vielen Messungen im Chemieunterricht sind die Zeit oder eine Flüssigkeitsmenge (bei Titrationen) die unabhängigen Variablen.
An einen PC können ein, zwei oder mehrere Messgeräte angeschlossen werden. Ein Messgerät oder Interface kann seinerseits einem PC eine, zwei oder mehrere Größen übermitteln. Nur Messwerte als große Ziffern auf dem Bildschirm anzeigen zu lassen, rechtfertigt den Aufwand eines PC-Einsatzes fast nie. Eine simultane Anzeige vieler sich verändernder Größen ist für Schüler zu viel Information auf einmal.

Die folgenden lehrplanrelevanten Beispiele für PC-unterstützte Experimente sind nach der Messgerätezahl und Schwierigkeit geordnet. Ältere und neuere Beschreibungen für computerunterstütztes Experimentieren enthalten die genauen Versuchsbedingungen [34–39].

Messreihen in Abhängigkeit von der Zeit

Misst man gegen die Zeit (t), so braucht man nur die abhängige Variable zu erfassen, denn die Zeit wird bei Rechnern intern gemessen. Diese Messreihen gelingen mit allen Mess-Systemen. Beispiele sind:

Thermometrische Messungen **t → T**
Zeitabhängig können eine oder mehrere Temperaturen (T), bei manchen Geräten auch die Differenz zwischen zwei Temperaturen direkt, erfasst werden.
Mit solchen Messungen können aufgenommen werden (vgl. [37]):
- Erstarrungskurven von Reinstoffen oder binären Gemischen;
- Schmelzvorgänge, Wasserabgabe, Phasenumwandlungen;
- Siedevorgänge.

Es können aber auch kalorische Messungen durchgeführt werden; sie ermitteln:
- Verdünnungswärmen,
- Lösungswärmen von Salzen,
- Bildungswärmen (z. B. beim Verbrennen von Kohle),
- Verbrennungswärmen (Verbrennen einer organischen Substanz im Kalorimeter),
- Reaktionswärmen, z. B. von Redoxreaktionen,
- Neutralisationwärme (äquimolare Mengen von Säuren und Laugen),
- Polymerisationswärmen,
- Mischungswärmen.

Gravimetrische Messungen mit Waagen **t → m**
Alle heute käuflichen Laborwaagen haben als Option oder Ausrüstung eine RS 232-Schnittstelle. Man kann somit Reaktionen mit Massenab- oder -zunahme (m) zeitabhängig aufzeichnen. Besonders leicht gelingt das Verfolgen von Reaktionen, bei denen ein schweres Gas (insbesondere CO_2, O_2) entweicht oder gebunden wird:
- Zersetzung von Marmor mit Salzsäure;
- katalytische Oxidation von Weinsäure;
- katalytische Zersetzung von H_2O_2 bei Anwesenheit von Mn^{2+}-Ionen.

Kinetische Messungen **t → Λ**
Sind die Leitfähigkeiten Λ von Edukten und Produkten unterschiedlich, lassen sich bei langsam ablaufenden Gleichgewichtsreaktionen kinetische Messungen durchführen. Insbesondere Veresterungen und Verseifungen (z. B. Estergleichgewicht des Systems Methanol/Ameisensäure, Verseifung von Alkylhalogeniden) können einfach durch Leitfähigkeitsmessungen verfolgt werden.

Gas-Chromatografie oder HPLC-Analytik, fotometrische Messungen
Bei der Gaschromatografie wird die Wärmeleitfähigkeit an einem Detektor, bei der HPLC die Extinktion in der Durchflussküvette eines Fotometers zeitabhängig gemessen: $t \rightarrow \Delta n/\Delta t$. Die Integration eines Peaks und der Vergleich mit dem Peak einer Testsubstanz ermöglichen genaue Mengenbestimmungen Δn von vorhandenen bzw. getrennten Stoffen.
Auch Reaktionen, die unter Farbänderung verlaufen, können im sichtbaren Bereich, andere geeignete Reaktionen im UV-Bereich zeitabhängig verfolgt werden (z. B. Entfärbung von Kristallviolett).

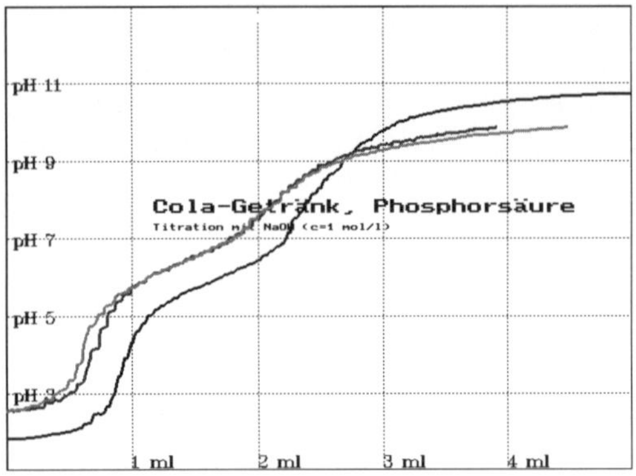

Abb. 342.1: Titrationskurven von Phosphorsäure und zwei Cola-Getränken mit Lauge

Titrationen: Titratorvolumen → Messwert
Die abhängige Messgröße wird als Funktion der Zugabe eines Flüssigkeitsvolumens zu einer Lauge, Säure oder Salzlösung bekannter Konzentration gemessen.
Je nach Art der abhängigen Messgröße unterscheidet man
- pH-Titrationen,
- potentiometrische Titrationen,
- Leitfähigkeitstitrationen.

Alle Titrationen können entweder als zeitabhängige Messreihen bei konstanter Zugabe der Titrationslösung oder mit aufwändigerer Messtechnik, die direkt das Titratorvolumen erfasst, durchgeführt werden.

Titrationsarten:
Constant-flow-Titration
Man misst die abhängige Messgröße gegen die Zeit und tropft mit einer constant-flow-Bürette gleichmäßig zu. Am Ende der Messung wird der Wert der insgesamt aus der Bürette zugetropften Lösung dem Rechner eingegeben und unter Annahme konstanter Tropfgeschwindigkeit die Zeitskala in eine Flüsssigkeitsmengenskala umgerechnet.

Tropfenzählung
Mittels einer Lichtschranke kann man Tropfen zählen und so die Titratormenge nach vorausgegangener Eichung der Tropfen ermitteln (z. B. Chemex-System mit Lichtschranke [25]).

Gewogene Titration
Man titriert auf einer Waage und misst statt des Volumens das Gewicht des Titrators. Abbildung 342.1 zeigt die Titration von zwei Cola-Getränken (fast identische Kurven) und Phosphorsäure auf einer Waage. Die kleinen Stufen in den einzelnen Messreihen entsprechen den einzelnen Tropfen [37].

Endpunkttitration
Man verwendet eine automatische Kolbendosierbürette mit Titriersteuerung. Sie ermöglicht eine PC-gesteuerte automatische Titratorvolumenzugabe, wobei der abhängige Wert (pH, Leitfähigkeit, Spannung) nach jeder Zugabe gemessen wird. Die Endpunkttitration lässt sich so steuern, dass die Volumina nahe am Äquivalenzpunkt kleiner sind. Sie ist daher besonders genau.

Messreihen mit 2 Messgeräten
Weitere Möglichkeiten, abhängige und unabhängige Variable mit dem PC zu erfassen, sind z. B.:
- Widerstand von Halbleitern (in Abhängigkeit von der Temperatur);
- EMK in Abhängigkeit von der Temperatur;
- Strom einer galvanischen Zelle in Abhängigkeit von der angelegten Spannung.

Gesteuerte und geregelte Messreihen
Entsprechende Software ist an die Vorgaben jeweils eines Messgeräts angepasst; es sind gerätespezifische Einzellösungen, z. B.:

- Steuern eines Fotometers zur Aufnahme eines kontinuierlichen Spektrums,
- Regeln einer Heizung (Thermostatisierung),
- Schalten von Relais (ALL-CHEM-MISST).

15.4.4 Versuchsauswertungen

Einfache Berechnungen, die im Chemieunterricht anfallen, sind in der Regel nicht umfangreich. Es ist didaktisch und methodisch sinnvoll, solche Auswertungen von den Schülern selbst durchführen zu lassen. Wenn aber eine Vielzahl gleichartiger Berechnungen mit mehrstelliger Genauigkeit gefordert wird, kann der Aufwand so groß werden, dass Schüler den Überblick verlieren, wofür die Auswertungen notwendig sind. In einem solchen Fall ist es vertretbar, ein Programm zu schreiben bzw. mit einer Tabellenkalkulation oder anderer fertiger Software zu arbeiten.

Als mathematische Operationen wird eine überschaubare Zahl von Datenmanipulationen benötigt:
- Differenzieren von Titrationskurven;
- Differenzbildung von Messreihen;
- Flächenbestimmung durch Integrieren;
- Zwickelabgleich bei der Bestimmung von Temperaturdifferenzen;
- Regressionsgeraden.

Für Gleichgewichts- und Titrationskurvenberechnungen, konzentrations- und/oder temperaturabhängig, gibt es Programme [39].

Das Ergebnis der Auswertung sollte möglichst direkt nach dem Experiment in derselben Schulstunde grafisch dargestellt werden können. Messprogramme wie MAS liefern eine solche Darstellung direkt, Tabellenkalkulationen wie EXCEL stellen – wie bereits oben gezeigt – eine weitere Möglichkeit dar [40].

B Abbildung 343.1 zeigt Beispiele unterschiedlicher kinetischer Auswertung einer Zersetzung von Marmor mit Salzsäure mittels MAS [30] (Versuchsbeschreibung [37]). Beim eigentlichen Versuch reagiert ein großer Brocken Marmor von außen her, wobei die Größe der Oberfläche kaum abnimmt, aber die gesamte Salzsäure verbraucht wird. Dieser auf einer Waage durchgeführte Versuch ist unter diesen Bedingungen hinsichtlich des Salzsäureverbrauchs eine Reaktion 1. Ordnung. Das lässt sich sowohl durch Anlegen von Treppenstufen für Konzentrationshalbierung nachweisen (Abb. 343.1 links), als auch durch eine logarithmische Auswertung der Konzentrations-Zeitabhängigkeit (Abb. 343.1, rechts), die in der Kollegstufe möglich ist.

15.4.5 Bilder von Experimenten

Der Aufbau und der Verlauf von Demonstrationsexperimenten kann den Schülern als digitales Bildmaterial zur Verfügung gestellt werden, um die Reaktionen zu dokumentieren und um sie später noch diskutieren zu können. Im Unterschied zur klassischen Fotografie ist im Nachhinein eine PC-Bearbeitung möglich. Ein Einsatz dieser aufwändigen Technik ist bei sehr langsamen oder sehr schnellen und nicht gut

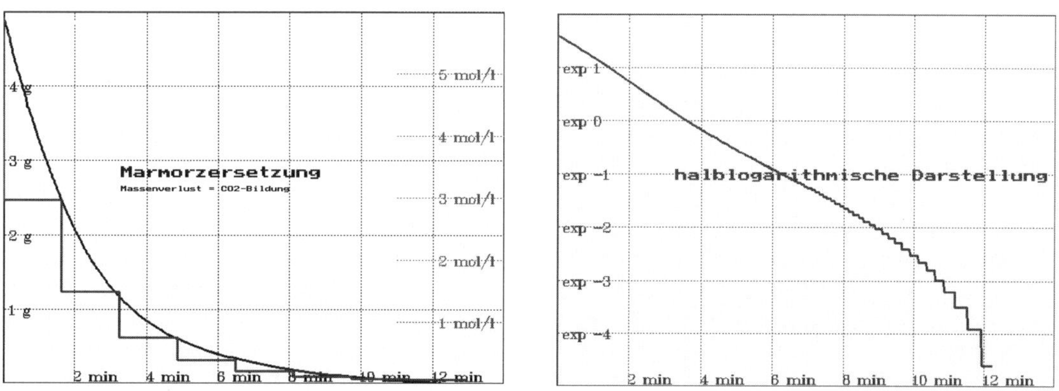

Abb. 343.1: Zwei unterschiedliche PC-Auswertungen zum Nachweis der Reaktionsordnung 1 (Marmorzersetzung mit HCl auf einer Waage)

von vielen Personen einsehbaren Experimenten angezeigt. Verzögerte oder zeitraffende Betrachtung sind dann leicht möglich. Für die digitale bildliche Darstellung von Experimenten und realen Versuchsanordnungen gibt es mehrere Möglichkeiten:

- Man fotografiert traditionell und scannt die gewünschten Bilder ein.
- Man benutzt eine Digitalkamera, überträgt die einzelnen Bilder direkt auf den PC und speichert sie als Grafik ab (Software z. B. CorelDraw 9 [41]).
- Man nimmt mit einem Camcorder das gesamte Experiment auf. Schulversuchsgeeignete Videokameras sind biegbar und speziell dafür ausgerichtet, nahe an entsprechende kleine Objekte (Reagenzglas, Kristallisierschale) herangeführt zu werden (z. B. Flexcam). Der Film lässt sich digitalisieren, wenn im PC eine AV- oder DV-Videokarte installiert ist. Einzelbilder eines Videofilms können mit entsprechender Software auch seriell an den PC übertragen werden.

15.5 Digitale Hilfsmittel für den Chemieunterricht

15.5.1 Formel- und Struktureditoren

Formeleditoren, die meist in Textverarbeitungen eingebunden sind, ersetzen das mühsame Schreiben im Unterricht immer wieder benutzter Strukturformeln. Sie verlangen, wie jede Software, Einarbeitungszeit. Mit den steigenden Ansprüchen an das Layout von Arbeitsblättern und Klausuraufgaben werden sie in steigendem Maße auch von Chemielehrern genutzt. Formeleditoren zeigen stereochemische Aspekte der Strukturen schnell und oft korrekter, als dies mit Handzeichnungen möglich ist. Ein umfangreiches Angebot von Software steht zur Verfügung, hier soll nur auf entsprechende Freeware verwiesen werden, z. B. das weit verbreitete Isisdraw [42] und C-Design [43].

Struktureditoren, sog. **Finders**, finden zu einer vorgegebenen Summe alle chemisch möglichen Strukturen. Eine eindeutig gegebene Strukturformel oder gefundene Strukturen werden in ein dreidimensionales Modell umgesetzt (z. B. ChemDraw und ChemFinder von ChemOffice [4]).

15.5.2 Chemikalienverwaltung und Stoffdatenbanken

Auf einem PC (mit Drucker) im Chemieraum oder in der Chemiesammlung sollten alle sicherheitsrelevanten Daten der Chemikalien, mit denen experimentiert wird, inklusive der beim Umgang mit den Stoffen wichtigen R- und S-Sätze, der Gefahrensymbole und sonstiger wichtiger Hinweise, verfügbar sein. So können leicht Sicherheitsmerkblätter ausgedruckt und Gefäße korrekt etikettiert werden. Auch für Schüler sollte insbesondere für ihre Schülerübungen der Zugriff auf Daten möglich sein, um sich vor Beginn des Experimentierens über den Umgang mit den entsprechenden Chemikalien zu informieren.

Entsprechende Abfragen können zugreifen auf

- Merck CD [44],
- Römpp-Chemielexikon,
- schuleigenes Chemikalienverwaltungsprogramm [45, 46].

15.5.3 Skizzen von Versuchsanordnungen

Versuchsaufbauten können mithilfe eines Zeichenprogramms skizziert oder aber aus digitalisierten Fotos des real aufgebauten Versuchs erstellt werden (vgl. 15.4.5). Chemiespezifische Zeichenprogramme erlauben, Versuchsaufbauten als Skizzen vektororientiert aus Vorlagen von Apparateteilen zusammenzusetzen. Es gibt dafür spezielle, auf den Schulunterricht ausgelegte Software als Freeware (C-Design [43] oder käufliche Software [47, 48], aber auch Clips in komfortablen Grafikprogrammen wie CorelDraw [41] leisten dieselben Dienste. Als Abbildung besonders einfach zu erstellen sind – hier am Beispiel einer Destillation gezeigt – die Teile eines **virtuellen Labors** (Model Chemlab 2.0 [49]). Damit kann sogar das Destillieren am PC simuliert werden. Eine solche Simula-

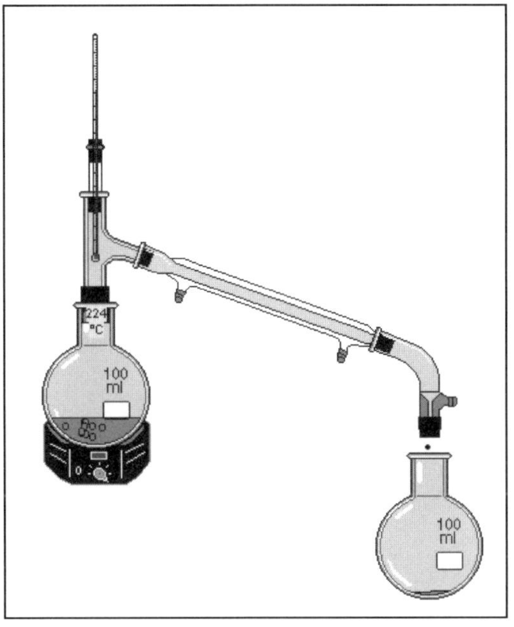

Abb. 345.1: Skizze einer Destillation

tion von im Unterricht durchführbaren Versuchen sollte (im Gegensatz zu den in Kapitel 15.2.2 genannten Beispielen) nur zusätzlich und wiederholend eingesetzt werden.

15.6 Ausblick

Die in diesem Kapitel dargestellten multimedialen Möglichkeiten für den Chemieunterricht werden sich zukünftig noch verändern und verbessern. Nicht alles, was möglich ist, muss auch am PC erarbeitet werden. Aber wegen der Vielzahl der Stoffe und der Notwendigkeit, kleinste Teilchen mit ihrer räumlichen Struktur richtig darstellen zu können, ist das Schulfach Chemie mehr als andere Naturwissenschaften auf Multimediatechnik angewiesen.

L

[1] Empfehlungen des Arbeitskreises Computer im Chemieunterricht der GDCh-Fachgruppe Chemieunterricht. GDCh, Frankfurt, März 1996.
[2] Hyperchem 5.0 oder Hyperlight: http://www.hyper.com (Hypercube Inc.).
[3] PC-Spartanplus: http://www.wavefun.com (Wavefunction Inc.).
[4] CHEM 3D von Chemoffice http://www.camsoft.com (Cambridge Soft).
[5] Chemsite: Pyramid Learning Compuchem-Software, H. Heimgärtner, Vogtherrstr. 10, 74676 Niedernhall.
[6] Steiner, D.: Visualisierung von Ansichten aus der atomaren Ebene. In: Brechel, R. (Hrsg.): Zur Didaktik der Physik und Chemie. Leuchtturm-Verlag, Alsbach/Bergstraße (1999).
[7] Rasmol: http://www.umass.edu/microbio/download/.
[8] Chime: http://www.msi.com/chemscape/chime/chime.html.
[9] Weblabviewer: http://www.msi.com/info/products/insigthII.html.
[10] Steiner, D.: Molecular Modeling – eine ergänzende Spielerei oder eine didaktische Herausforderung? NiU (Chemie) 8/38 (1997) 68–73.
[11] Shusterman G.P.; Shusterman A.J.: Teaching Chemistry with Electron Density Models, J. Chem Educ 74,771 (1997).
[12] Steiner, D.: Molecular Modelling mittels Elektronendichteoberflächen. PdN-Chemie 48 (1999) 38.
[13] Steiner, D.: PC-Spartan – Ein Blick in die Welt der Moleküle. NiU (Chemie) 8/42 (1997) 302–303.
[14] http://www.chemiedidaktik.uni-erlangen.de, Button: Download.
[15] Weidenmann, B.: Multimedia – mehrere Medien, mehrere Codes, mehrere Sinneskanäle. Unterrichtswissenschaft 25/2 (1997) 197.
[16] Steiner, D: Molecular Modelling als multimediales Lehrmaterial – Filme zu Reaktionsmechanismen. PdN-Chemie 50, H. 7 (2001).
[17] Steiner, D., Galle M.: Ein Blick ins Kochsalz. NiU (Chemie), 46 (1998) 186.
[18] Computerprogramme des Fonds der Chemischen Industrie, Frankfurt/M.
[19] http://www.shef.ac.uk/~chem/web-elements/.
[20] http://www.brandon-hall.com.
[21] Incorporating Multimedia into Chemistry Courseware. Lecture by: Harrison, K., Department of Chemistry, University of Oxford, September 1999.
[22] Steiner, D., Lutz, B.: Computereinsatz im Chemieunterricht. NiU(Chemie) 6 (1995) 104.
[23] Wagenschein, M.: Ursprüngliches Verstehen und exaktes Denken II. Klett-Verlag, Stuttgart 1970.

[24] Schmidkunz, H.: Die Gestaltung chemischer Demonstrationsexperimente nach wahrnehmungspsychologischen Erkenntnissen. NiU-PC 31 (1983) 360.
[25] Chembox und Chemex: IBK-eektronic + informatic, Piracher Str. 76, 84489 Burghausen.
[26] Cassy: Produktinformation Lehrmittelbau Dr. Maey GmbH, Leybold-Heraeus, 50354 Hürth.
[27] Experimentieren mit COMEX, Produktinformation, PHYWE, Göttingen.
[28] Kappenberg, F.: Programm UNIMESS, Ringstr. 81, 48147 Münster.
[29] Domke, B.: Computerunterstütztes Experimentieren im Chemieunterricht. Klett, Stuttgart 1991.
[30] Steiner, D.: MAS (Messen, Auswerten, Sichern): Didaktik der Chemie, Uni Erlangen-Nürnberg.
[31] Delphi: Inprice Corp. Waterloo, CA.
[32] Steiner, D.: Schülergerechtes computerunterstütztes Messen und Regeln im naturwissenschaftlichen Unterricht. NiU (Chemie) 6 (1996) 147.
[33] Wrobel, G., Daniels, H.: Chemieexperimente mit dem Computer. Dümmlerverlag, Bonn 1989.
[34] Steidl, W.: Computereinsatz im Chemieunterricht. Metzler und Teubner, Stuttgart 1988.
[35] Asselborn, W., Jacob, H., Zils, K.-D.: Messen mit dem Computer im Chemieunterricht. Aulis Verlag, Deubner & Co, Köln 1989.
[36] Kappenberg, F.: Computer im Chemieunterricht. Verlag Dr. Flad, Stuttgart 1988.
[37]]http://www.chemiedidaktik.uni-erlangen.de, Button: PC-Versuche.
[38]]http://www.uni-bayreuth/department/didaktikchemie, nur Cembox-Versuche.
[39] Kober, F.: pH-Berechnungen. Diesterweg 1990.
[40] MS Excel Tabellenkalkulationsprogramm (Teil von MS Office 97).
[41] Coreldraw: Corel Corporation, Ottawa, Ontario, CA.
[42] IsisDraw: http://www.mdli.com//prod/downloas.html.
[43] C-Design: http://www.ch.tum.de/oc1/Efontain/C-Design.
[44] Merck: Chemikalien-Katalog als CD, Darmstadt 2001 (wird laufend aktualisiert).
[45] HessGiss: Hessisches Gefahrstoffinformationssystem für Schulen. HLIP, Postfach 3105, 65021 Wiesbaden.
[46] Wedekind, F.: WinChe – elektronische Datenbank. Vgl. dazu NiU(Chemie) 7 (1996) 304.
[47] Büttner, D., Holle, F.: Optimierung von Versuchsaufbauten am Computer. NiU (Chemie) 6 (1995) 135.
[48] Compuchem-Software, H. Heimgärtner, Vogtherrstr. 10, 74676 Niedernhall.
[49] Model science Software: http://www.modelscience.com.

16. Schulstufenorientierung und Schulartorientierung

16.1 Übersicht über allgemein bildende Schulen in Deutschland

Das Schulwesen in Deutschland ist der Kulturhoheit der einzelnen Bundesländer unterstellt. Verbindliche Vereinbarung der Länder ist jedoch eine hinsichtlich Dauer und Anforderungen vergleichbare Schulbildung. Gemäß den Empfehlungen des deutschen Bildungsrates wurde 1970 ein **Strukturplan für das Bildungswesen** entwickelt und von allen Kultusministern verabschiedet [1].

Danach gibt es in Deutschland ein einheitliches dreigliedriges Schulsystem mit neunjähriger Schulpflicht, das sich gliedert in:

Primarstufe,
Sekundarstufe I,
Sekundarstufe II.

Die Bund-Länder-Kommission erarbeitete 1970 heute noch im Wesentlichen gültige Zielvorgaben für die einzelnen Stufen [2], denen Lehrpläne und Rahmenrichtlinien der einzelnen Bundesländer in den nächsten Jahren folgten. Die neuen Bundesländer haben ihr Schulwesen nach der Vereinigung im Dezember 1990 diesen Vorgaben angepasst.

Träger deutscher Schulen sind die Bundesländer, aber auch (größere) Städte und die Kirchen. Finanziert werden Schulen zu wesentlichen Teilen aus öffentlichen Mitteln. Daneben gibt es auch private Schulträger, deren Unterrichtsvorgehensweisen teilweise von denen der staatlichen Schulen abweichen können.

Vor der Schule besuchen die meisten Kinder einen **Kindergarten** oder eine **Vorschule**. Kindergärten werden von Städten, Gemeinden und Kirchen unterhalten oder privat geführt. Sie stehen Kindern ab dem 3. Lebensjahr bis zur Schulpflichtigkeit offen und dienen der Bildung präoperationalen Denkens und Handelns im kindlichen Stadium. **Vorschulen** sind durchweg einjährig und werden, wo sie eingeführt sind, vom Schulträger der Primarstufe unterhalten. Der Besuch von Kindergärten und Vorschulen ist fakultativ.

Schulpflichtig (mit Schuljahrsbeginn ab dem 1.8. eines Jahres) wird ein Kind, wenn es in der ersten Hälfte des Kalenderjahres das sechste Lebensjahr beendet hat. Die Möglichkeit, die Schule zu beginnen, ist für Kinder gegeben, die bis zum 31.12. des Kalenderjahres das sechste Lebensjahr vollenden. In diesem Fall entscheidet ein Schultest (und eine Befragung des Kindes), ob dem Antrag der Eltern auf Einschulung stattgegeben wird.

16.1.1 Primarstufe

Die **Grundschule** ist die **Primarstufe** deutscher Schulen. Sie umfasst in allen Bundesländern die Klassen 1 bis 4. Es wird Unterricht in Deutsch, Mathematik, Heimat- und Sachkunde, Musik, Sport, Religion, Kunst und Werken erteilt. In der Regel ist die Grundschule räumlich und organisatorisch von den anderen Schulstufen getrennt. Im Kapitel 16.2 werden die Möglichkeiten naturkundlichen Unterrichts in der Grundschule dargelegt.

16.1.2 Sekundarstufe I

Die **Sekundarstufe I** umfasst die Klassen 5 bis 9 bzw. 5 bis 10. Durch eine Gliederung in Schulzweige ist eine Differenzierung nach Inhalten und Vorgehensweisen entsprechend den Fähigkeiten und dem Leistungsvermögen der Schüler möglich. Dies kann mit unterschiedlichen Schulformen erreicht werden.

Einmal kann die Differenzierung durch Unterricht in drei völlig getrennten, parallel laufenden Schultypen erfolgen:

- Hauptschule mit den Klassen 5–9 (führt zum Hauptschulabschluss)
- Realschule mit den Klassen 5–10 (führt zur Mittleren Reife)
- Gymnasium mit den Klassen 5–10 (führt zum Realschulabschluss, Klassen 11–12/13 des Gymnasiums s.u.)

Unterricht kann aber auch differenziert werden durch Untergliederung der Sekundarstufe I in die **zweiklassige Förderstufe** (Klasse 5 und 6) und darauf aufbauend die **Gesamtschule** (als eigentliche Sekundarstufe I mit den Klassen 7 bis 10) oder in die drei oben genannten getrennten Schulformen Haupt- und Realschule und Gymnasium, aber beginnend nach der Förderstufe mit der Klasse 7.

In der Förderstufe wird ein Unterricht in der ersten Fremdsprache, Mathematik sowie evtl. auch in Deutsch auf unterschiedlichem Niveau, in A-, B-, oder C-Kursen (A-Kurse sind am leistungsfähigsten) gegeben. Die Förderstufe kann räumlich und organisatorisch der Grundschule oder einer weiterführenden Schulart zugeordnet sein. In manchen Bundesländern ist die Förderstufe obligatorisch (z. B. in Bremen, organisatorisch angegliedert an die Grundschule), in manchen teilweise eingeführt. Nach der Förderstufe ist der Übertritt in eine Gesamtschule oder die 7. Klasse einer Haupt- oder Realschule oder eines Gymnasiums möglich. Naturwissenschaftlicher Unterricht wird in der Förderstufe als Naturkunde allgemein oder nur in Physik und Biologie, aber in der Regel nicht als reiner Chemieunterricht erteilt.

Die **Gesamtschule** führt zu einem Haupt- bzw. Realschulabschluss oder leitet anschließend in eine gymnasiale Oberstufe über. Sie kann hinsichtlich der unterschiedlichen Ausbildungswege entweder *additiv* oder *integrativ* organisiert sein.

Die **additive Gesamtschule** hat in einer räumlichen und organisatorischen Einheit

- einen **Hauptschulzweig** mit den Klassen 7–9 (optional eine Klasse 10),
- einen **Realschulzweig** mit den Klassen 7–10 und
- einen **gymnasialen Zweig** mit den Klassen 7–10.

Die Einstufung in die verschiedenen Schulzweige erfolgt am Ende der Förderstufe. Die Schüler der einzelnen Zweige werden getrennt unterrichtet. Übergänge zwischen den einzelnen Schulzweigen sind halbjahresweise bei entsprechender Leistung ohne Rückstufung möglich. Dafür gibt es zusätzliche überleitende Kurse.

Die **integrierte Gesamtschule** führt keine nach Schulzweig und angestrebtem Abschluss getrennten Klassen; alle Schüler werden gemeinsam unterrichtet. In dieser Schulform wird nur in einzelnen Fällen nach A-, B- und C-Kursen dreifach-differenzierter oder nach Grund- und Erweiterungskursen zweifach-differenzierter Unterricht erteilt (vgl. [3]). Zusätzlich anzubietende Förderkurse sollen Übergänge zwischen Kursen mit unterschiedlichem Niveau erleichtern oder eine Abstufung verhindern.

Die **Mittelschule, Sekundarschule** oder **Regelschule** sind Schulformen der neuen Bundesländer, bei denen der Realschulzweig und der Hauptschulzweig räumlich und organisatorisch zusammengefasst sind zur Mittelschule (in Sachsen), zur Sekundarschule (in Sachsen-Anhalt) oder zur Regelschule (in Thüringen). Auch hier werden die Klassen 5 und 6 als differenzierende Förderstufe angeboten. Die Hauptschule kann aber bis zur 10. Klasse als „Erweiterte Hauptschule“ mit einem gleichnamigen Abschluss fortgeführt werden. Das Gymnasium existiert als davon getrennte Schulform mit Zugangsmöglichkeiten zu Beginn (in die 5. Klasse), aber auch nach der Förderstufe (in die 7. Klasse) und aus der Realschule nach der Mittleren Reife (in die gymnasiale Oberstufe).

Kriterium für den Übergang eines Schülers aus der Grundschule in eine der beschriebenen Schulformen kann entweder nur der *Elternwunsch* oder aber *Elternwunsch* **und** *Empfehlung der Grundschule* (gegebenenfalls auch eine zusätzliche Probezeit) sein. Seltener praktiziert wird der um ein Jahr verzögerte Übergang zurück in dieselbe Klasse einer höherwertigen Schulform (z. B. aus der 5. Klasse der Realschule nochmals in die 5. Klasse des Gymnasiums oder nach der 5. Klasse der Hauptschule in die 5. Klasse der Realschule).

Der Unterricht in der Hauptschule in Chemie/Physik wird in Kapitel 16.3, der Chemieunterricht in der Realschule in Kapitel 16.4 und der des Gymnasiums in Kapitel 16.5 beschrieben.

16.1.3 Sekundarstufe II

Die **Sekundarstufe II** führt zur **allgemeinen Hochschulreife**[1]. Sie umfasst die Klassen 11 bis 13 oder auch nur 11 und 12 und ist entweder die Oberstufe eines Gymnasiums oder eine separate Organisationsform, die Schüler des gymnasialen Zweigs von Gesamtschulen weiter ausbildet („Oberstufengymnasium“). Die Aufnahme geeigneter Realschulabsolventen in die Sekundarstufe II ist möglich.

Die Organisation der Sekundarstufe II wird durch die Beschlüsse über die Neugestaltung der Gymnasialen Oberstufe (KMK-Vereinbarung vom 7.7.1972 [4]) bundesweit und vergleichbar geregelt. Bei dreijährigem Oberstufenunterricht wird die Stufe 11 je nach Bundesland teilweise im Klassenverband (z.B. Bayern), teilweise im Kurssystem unterrichtet (z.B. Hessen). Die **Kollegstufe** – umfassend immer die letzten zwei Schuljahre vor dem Abitur – wird grundsätzlich nur als **Kurssystem** angeboten. Das **Abitur** wird in allen Bundesländern vergleichbar nach einem Punktesystem durchgeführt (s. Kap. 16.5.4).

[1] Neben der allgemeinen gibt es noch die an Fachoberschulen erworbene **fachgebundene Hochschulreife**, die zum Studium an Universitäten, aber nur für eine eingeschränkte Zahl von Fächern befähigt. Sie kann nach einem guten Lehrabschluss als zweijährige Oberstufenausbildung erworben werden.

Das zwölfjährige Schulsystem der ehemaligen DDR haben Sachsen und Thüringen beibehalten. Es ist zugleich das Schulsystem in anderen EU-Ländern. Das Saarland hat als erstes altes Bundesland auf 12 Schuljahre umgestellt [5]. Zurzeit gibt es Schulversuche zur Erprobung eines achtjährigen bzw. $8\,^1/_2$-jährigen gymnasialen Ausbildungsgangs bis zum Abitur in etlichen Bundesländern (z. B. [6]). Die Kollegstufe umfasst in diesem Fall nur die Kurse Stufe 11 und 12, Klasse 10 dient bereits der Orientierung zur Auswahl der Leistungsfächer.

16.1.4 Übersicht

Die staatlichen Schulformen der Bundesländer sind noch einmal in Abbildung 349.1 zusammengestellt. In den weißen Bereichen wird im Klassensystem, in den grauen im Kurssystem unterrichtet. In jeder Stufe kann ein Schüler maximal zwei Jahre länger als die Regelzeit verweilen (d. h. zweimal wiederholen), ansonsten muss die Schulform gewechselt werden.

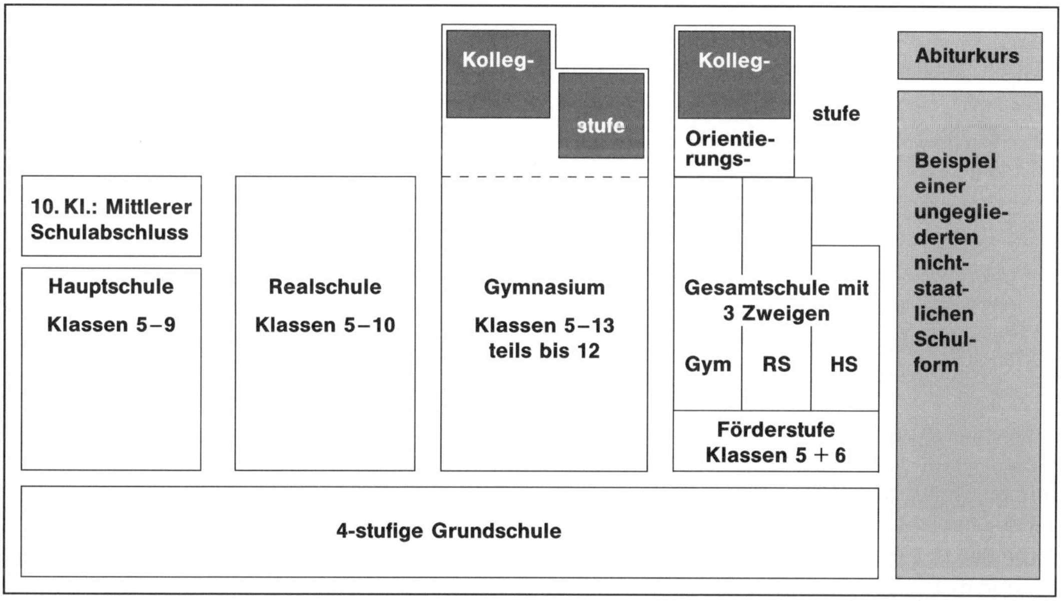

Abb. 349.1: Gliederung des deutschen Schulsystems

Nicht abgebildet, weil hier nicht behandelt, sind neunklassige Sonderschulen, in die lernschwache Schüler ausweichen können. Daneben ist in Abbildung 349.1 ein Beispiel nicht staatlicher Schulen (hier Waldorf-Schulen-System) mit abgebildet (hellgrau). In dieser privat finanzierten Schulart wird auf eine horizontale und vertikale Differenzierung nach Leistungen verzichtet. Im 13. Jahr müssen allerdings dann die Schüler, die eine allgemeine Hochschulreife erlangen wollen, vergleichbare Leistungen zu anderen Schulen erbringen, um den Vorgaben der Abiturprüfung zu genügen.

16.2 Stufenspezifische Aspekte des Fachbezuges Chemie in der Grundschule

Auf die Darstellung der momentanen Situation der Naturwissenschaften im Sachunterricht im Kontext bildungspolitischer Entwicklungen der letzten fünf Jahrzehnte folgt eine detaillierte Betrachtung der Ziele, die durch die naturwissenschaftliche Perspektive im Sachunterricht erreicht werden können bzw. sollten.
Am Beispiel der Inhalte der Rahmenpläne für die Grundschule Hessens, Bayerns und Nordrhein-Westfalens werden Bezüge zum Fach Chemie aufgezeigt und einige Unterrichtsbeispiele für den Sachunterricht vorgestellt. Besondere Merkmale und die Grenzen naturwissenschaftlichen Unterrichtens in der Grundschule stehen am Schluss.

Dem Fach Sachunterricht fällt im Rahmen der Grundschule die Aufgabe zu, eine grundlegende Bildung sowohl für die naturwissenschaftlichen als auch die sozialwissenschaftlichen Fächer der weiterführenden Schulen zu schaffen.

16.2.1 Naturwissenschaften im Sachunterricht der Grundschule

Ziele und Inhalte des Sachunterrichts in der Grundschule wurden in der Vergangenheit immer wieder diskutiert und revidiert, wobei diese Entwicklung auch heute nicht als abgeschlossen angesehen werden kann [7]. Eine zusammenfassende Darstellung der Geschichte des Lernbereichs Naturwissenschaft und Technik findet sich bei Dietrich [8] und in Kapitel 2 dieses Buches.

In den ersten zwanzig Jahren nach dem zweiten Weltkrieg wurden im Sachunterricht naturwissenschaftliche Themen aus der unmittelbaren Lebenswelt des Kindes erlebnisbetont-betrachtend vermittelt. Zur Erklärung der Phänomene wurden märchenhaft-phantastische, häufig anthropomorphisierende Muster (z. B. die bekannten *Strommännchen*) herangezogen, da sie als die einzige Möglichkeit galten, wie Kinder im Grundschulalter solche Inhalte erschließen könnten.

In den späten 1960er und frühen 1970er Jahren sollte schon im Bereich der Grundschule die Förderung der Begabungen für alle wissenschaftlichen Bezugsfächer erfolgen [10]. Diese Reformbewegung in der Grundschule wurde unterstützt durch die Arbeiten amerikanischer Lernpsychologen wie z. B. Bruner, in denen didaktische Theorien das Erlernen wissenschaftlicher Inhalte und Denkweisen für Kinder aller Altersstufen als möglich darstellen. Auf der Grundlage amerikanischer Curricula wurden z. B. von Tütken oder von Spreckelsen wissenschaftsorientierte Curricula für die naturwissenschaftlichen Anteile des Sachunterrichts ausgearbeitet (siehe auch Kapitel 16.2.3). Der „neue“ Sachunterricht der Grundschule sollte auf die Inhalte der Fächer der Sekundarstufe I vorbereiten.
Die „Wissenschaftsorientierung“ im Sachunterricht wurde jedoch von Beginn ihrer Einführung an kritisiert: Zum einen wurde das Verstehen z. B. naturwissenschaftlicher Phänomene von Kindern im Grundschulalter aufgrund der entwicklungspsychologischen Theorie Piagets als nicht möglich angesehen. Zum anderen wurde das Ausklammern kindlicher Interessen, Bedürfnisse und subjektiver Aspekte aus dem Lehr-Lerngeschehen bemängelt. Im Zuge dieser Kritik bildete sich eine Gegenbewegung aus, die die Kindorientierung und den offenen Unterricht favorisierte.

Mitte der 1980er Jahre kam es erneut zu einer Revision der Rahmenrichtlinien und Lehrpläne für die Grundschule in den Bundesländern.

Als zentrales Lernziel für den Sachunterricht sollte nun die Bewältigung von Phänomenen aus der unmittelbaren Lebenswelt der Kinder im Mittelpunkt stehen. Dabei wurden ganzheitliche, integrative und offene Ansätze für den Unterricht bevorzugt.
Eine Untersuchung der Lehrpläne der Bundesländer für die Grundschule von 1997 zeigt, dass sozialwissenschaftliche Themen im Lauf der letzten 25 Jahre zunehmend den Platz naturwissenschaftlicher, insbesondere chemisch-physikalischer Themen übernommen haben. Letztere sind meist nur noch mit einem Anteil von weniger als 10 % für den Sachunterricht verbindlich aufgeführt [11]. In der Unterrichtsrealität zeigt sich, dass chemisch-physikalische Themen häufig eine noch geringere Bedeutung besitzen [12].
Seit 1999 erscheint es in der Diskussion um eine Didaktik des Sachunterrichtes aufgrund der Vielfalt der möglichen Lernziele und veränderten Anforderungen an eine grundlegende Bildung wichtig, eine gewisse Verbindlichkeit der Inhalte und Methoden für die Lehrpläne aller Bundesländer zu erreichen [13]. Nach einem Vorschlag der Gesellschaft für Didaktik des Sachunterrichts sollen im Sachunterricht die Wissensbestände der Wissenschaften in fünf Lernfeldern repräsentiert werden. Das *naturbezogene Lernen* als eines dieser Lernfelder wird dabei im Spannungsfeld zwischen *der Einsicht in Naturgegebenheiten, die Kindern nahe liegt* und *den inhaltlichen und methodischen Angeboten aus der Perspektive der Naturwissenschaften* eingeordnet [14].

16.2.2 Ziele naturwissenschaftlicher Bildung im Sachunterricht

Grundlegende Bildung [15]

Ziel des gesamten Grundschulunterrichts muss die Schaffung einer „Bildungsgrundlage“ sein, die in weiterführenden Schulen differenziert und ausgebaut werden kann.
Bei Hartinger [16] findet man eine Zusammenstellung der in der Literatur beschriebenen formalen Bildungsziele für den Sachunterricht, hier zusammengefasst wiedergegeben:

- Kinder sollen die Möglichkeit erhalten, *Wissen* über ihre Lebenswelt zu *erwerben*, wobei eine Erweiterung, Differenzierung und Korrektur vorhandenen Wissens angestrebt werden soll.
- Das *Verständnis von Zusammenhängen* ist als bildungswirksames Element des Wissens zu fördern.
- Die *Anwendbarkeit des Wissens* auf erweiterte und auf neue Kontexte soll gewährleistet und ermöglicht werden.
- Schülerinnen und Schüler sollen eine *Aufgeschlossenheit für neue Sachverhalte* gewinnen und über den Unterricht hinweg erhalten.
- Das erworbene Wissen soll bedeutsam sein für den *Aufbau von Haltungen und Einstellungen*.

Im Hinblick auf den Fachunterricht der Sekundarstufen können und sollen die Inhalte des Sachunterrichts der Grundschule die breite Basis darstellen, aus der durch Konkretisierung, Differenzierung oder Erweiterung unterschiedliche Fachbezüge erwachsen.

Interessensbildung

Das Ausbilden von Interesse im Sinne der pädagogischen Interessenstheorie kann als ein Ziel im Rahmen einer Erziehung zur Mündigkeit und Selbstständigkeit angesehen werden. Interesse als besondere Form der Lern- und Bildungsmotivation kann die Ziele des Sachunterrichts der Grundschule unterstützen. Dabei ist sowohl von Bedeutung, an welche vorhandenen Interessen von Grundschulkindern man im Unterricht anknüpfen kann, als auch, welche Möglichkeiten bestehen, durch Unterricht Interesse zu initiieren und/oder zu fördern. Die Schaffung von Möglichkeiten zum Kennenlernen neuer Gegenstände ist daher eine der wichtigen Aufgaben des Unterrichts. Es gilt dann, Bedingungen herzustellen, die das Entstehen und Weiterentwickeln von Interessen begünstigen.
Hansen und Klinger lieferten 1997 in einer Interessensstudie zum naturwissenschaftlich-technischen Bereich des Sachunterrichts Ergebnisse zu drei wichtigen Teilaspekten [18]:

- Merkmale des Interesses von Lernenden am naturwissenschaftlich-technischen Bereich des Sachunterrichtes,
- Bedeutung von Merkmalen der Schülerinnen und Schüler für das Interesse am naturwissenschaftlich-technischen Bereich des Sachunterrichts und
- Einfluss der Lernumgebung auf das Interesse am naturwissenschaftlich-technischen Bereich des Sachunterrichts.

Dabei wurde durch eine Befragung von 539 Schülerinnen und Schülern eine Messung der verschiedenen Teilaspekte mithilfe von fünf unterschiedlichen Subtests zu folgenden Bereichen vorgenommen:
- wahrgenommenes Unterrichtsklima,
- Selbstkonzept der eigenen Fähigkeiten im Sachunterricht,
- Fachinteresse,
- Methodeninteresse und Häufigkeit der Methoden im Unterricht,
- thematisches Interesse.

Die Ergebnisse aus [18] lauten zusammengefasst:
- **Merkmale des Interesses am Fach Sachunterricht:**
  Das Interesse der Schülerinnen und Schüler wird an erster Stelle durch unmittelbare, positive Erlebnisse im Unterricht geprägt, etwa hohe Verständlichkeit der Inhalte, Spaß oder spannende Themen. Erfahrbare Zusammenhänge zwischen dem im Unterricht Gelernten und im Alltag Erlebbaren haben einen positiven Einfluss.
  Ein hoher Anteil von Eigentätigkeit der Lernenden im Unterricht und auch die subjektive Einstellung, Sachunterricht sei nicht schwierig, fördern das Fachinteresse.
- **Thematisches Interesse**
  Grundschulkinder bringen Themen aus der belebten Umwelt großes Interesse entgegen. Themen, die bereits einmal im Unterricht behandelt wurden – sowohl biologische als auch physikalische oder technische –, stoßen ebenfalls auf großes Interesse bei den Kindern.
- **Methodeninteresse**
  Methoden, die einen hohen Anteil an Eigentätigkeit der Schülerinnen und Schüler beinhalten, z. B. „selber Experimente machen", „Unterricht außerhalb der Schule machen" oder „etwas mit dem Mikroskop untersuchen", sind am beliebtesten. Auch hier lässt sich, wie im Fall des Fachinteresses, ein positiver Einfluss der Möglichkeit zur Mitbestimmung im Unterricht und eines positiven Selbstkonzeptes der eigenen Fähigkeiten auf das Interesse feststellen.

Bemerkenswert im Zusammenhang mit naturwissenschaftlicher Bildung ist das Ergebnis, dass das Experiment als Medium im Unterricht auf der Beliebtheitsskala der Methoden gleich zweimal unter den ersten drei genannt wird. Es ist als selbst ausgeführtes Experiment und als Lehrerexperiment bei Lernenden nahezu gleichermaßen beliebt und wird daher in seinen beiden Formen hoch eingestuft.

Methodenkompetenz

Im Unterricht der Grundschule sollen Kinder auch Erfahrungen zum Lernen selbst und zu Methoden des Wissenserwerbs gewinnen. Der hessische Rahmenplan spricht in diesem Zusammenhang von „fachlichen Qualifikationen" [19]. Dabei sind sowohl allgemeine Fähigkeiten wie selbstständiges Planen eines Vorhabens oder das Vertreten einer Position wie auch eher fachlich ausgerichtete Arbeitsweisen und Techniken wie Messen, Beobachten oder Experimentieren von Bedeutung. Keinesfalls sollen die Methoden wissenschaftlichen Arbeitens lediglich auf ein kindgemäßes Niveau reduziert werden. Kindliche Fragelust, Probierfreude dürfen dabei nicht auf der Strecke bleiben. [20]

Diese Methodenkompetenz soll von den Kindern in konkreten Lernsituationen erfahren, ausprobiert und erworben werden. Die oben genannten Beispiele zeigen, dass in bestimmten Bereichen naturwissenschaftlich ausgerichtete Unterrichtseinheiten hierfür notwendig sind.

16.2.3 Konzeptionen für naturwissenschaftliche Anteile des Sachunterrichts

Für die Umsetzung naturwissenschaftlicher Inhalte im Sachunterricht der Grundschule werden in der didaktischen Literatur verschiedene Unterrichtskonzeptionen beschrieben. Sie wurden z.T. aus Konzeptionen für den Fachunterricht der Sekundarstufen entwickelt.

In Kapitel 8 dieses Buches, das sich mit Unterrichtskonzeptionen beschäftigt, findet man die entsprechenden Beschreibungen für den Sekundarstufenunterricht. Im Folgenden sollen die Konzeptionen für den naturwissenschaftlichen Unterricht unter besonderer Berücksichtigung der für die Primarstufe wichtigen Anteile zusammengefasst dargestellt werden.

1. Der mehrperspektivische Ansatz

In der Diskussion um eine Didaktik des Sachunterrichtes findet sich seit den 1990er Jahren eine mehr- oder auch vielperspektivische Betrachtungsweise der Unterrichtsinhalte. Die Perspektiven unterschiedlicher Fächer, also auch der Naturwissenschaften, sollen dabei spezifische Beiträge zur Erschließung von Inhalten aus der Lebenswelt liefern (vgl. Abb. 353.1) [21].

Die Inhalte des Sachunterrichts sollen verschiedenen, ausgeprägten Bereichen des praktischen und geistigen Lebens entnommen werden und bedeutsam für das gegenwärtige und zukünftige Handeln der Lernenden sein. Köhnlein [15], der diese Bereiche als Dimensionen der Lebenswelt bezeichnet, nennt neben *der Geschichte des Gewordenen, dem wirtschaftlichen Handeln* oder *sozialen Bezügen und politischen Regelungen* auch *die Phänomene der physischen Welt, technische Einrichtungen und Nutzungsmöglichkeiten* und *moderne ökologische Einsichten und Handlungsimperative.* Zur Erschließung der genannten Dimensionen muss die naturwissenschaftliche Perspektive einen Beitrag leisten.

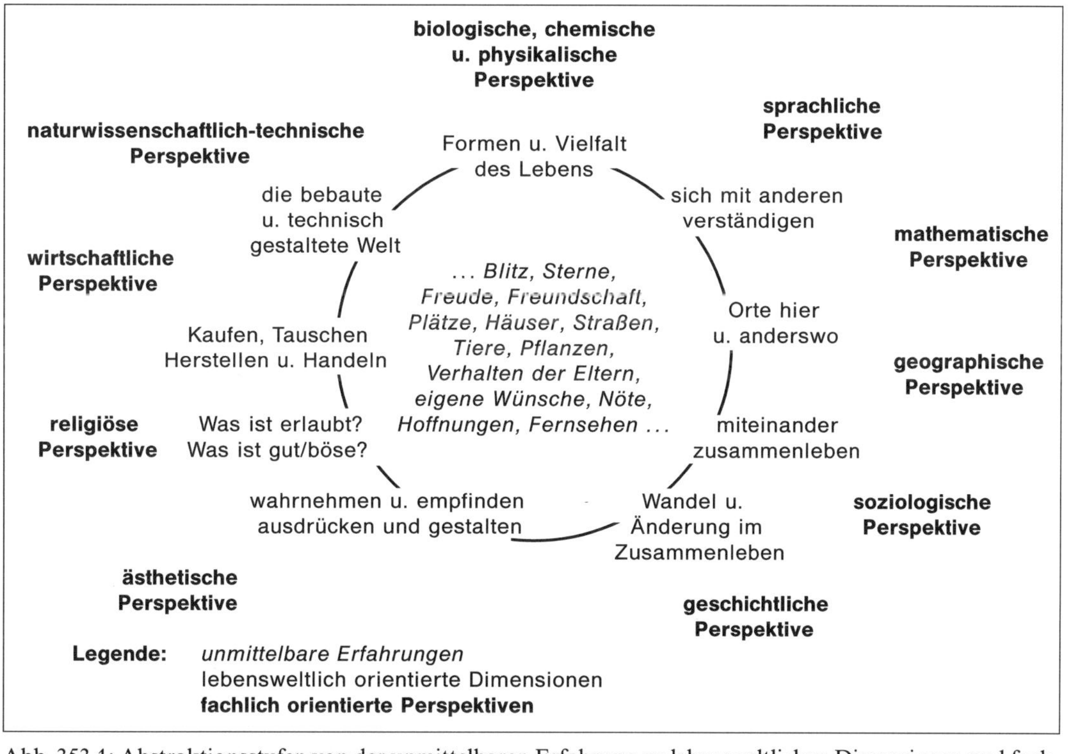

Abb. 353.1: Abstraktionsstufen von der unmittelbaren Erfahrung zu lebensweltlichen Dimensionen und fachlich orientierten Perspektiven, nach [21]

2. Der strukturorientierte Ansatz

Dieser Ansatz wird in der deutschen Grundschuldidaktik für den naturwissenschaftlichen Bereich von Spreckelsen in der Phase der Wissenschaftsorientierung des Sachunterrichtes Ende der 1960er Jahre vorgestellt [22]. Er orientiert sich besonders an der amerikanischen kognitiven Strukturtheorie des Lernens. Im naturwissenschaftlichen Unterricht der Grundschule sollen grundlegende Erfahrungen, Begriffe, Konzepte und Ideen, die die grundlegenden Strukturen der Wissenschaft darstellen, vermittelt werden. Die ursprünglich für die Physik entwickelten Konzepte werden hier zusammengefasst dargestellt und mit Beispielen von Spreckelsen [23] für „einige übergreifende Lernziele“ illustriert.

- **Das Teilchenstrukturkonzept:**
  Alles Materielle ist aus kleinsten Teilchen zusammengesetzt.

  B Die Stofflichkeit der Luft zur Interpretation bestimmter Phänomene (z. B. weshalb beim Ausgießen einer Dosenmilchdose keine Milch mehr aus dem unteren Loch herausfließt, wenn man das obere Loch verschließt) verwenden können. Bestimmte Erscheinungen, z. B. das Verdunsten einer Flüssigkeit, sachgerecht in Ausdrücken der Teilchenvorstellung beschreiben können.

- **Das Wechselwirkungskonzept:**
  Physikalische und chemische Vorgänge lassen sich zurückführen auf Wechselwirkungen.

  B Erscheinungen der unbelebten Natur unter Verwendung des Wechselwirkungskonzeptes beschreiben können, d. h., die bei diesen Phänomenen untereinander in Wechselwirkung stehenden Partner identifizieren und ihr gegenseitiges Aufeinanderwirken beschreiben können.

- **Das Erhaltungskonzept:**
  Bei physikalischen und chemischen Prozessen bleiben bestimmte Größen unverändert (z. B. Masse, Energie, Impuls).

  B Erkennen, dass es Größen gibt, die sich bei chemischen und physikalischen Prozessen (i. A.) nicht ändern (z. B. Masse, Energie). Sachgerechtes Verwenden dieser Größen bei Phänomenbeschreibungen, z. B. Erhaltenbleiben der Wärmemenge unter Wärmeaustausch beim Mischen von Wasser verschiedener Temperaturen oder beim Schmelzen von Eis in einem mit warmen Wasser gefüllten Gefäß.

Als Gründe für eine Orientierung an Konzepten, die sich aus der Struktur der Disziplin ableiten, werden genannt [24]:

- Grundlegende Einsichten machen Gegenstände und Sachverhalte leichter verständlich.
- Grundlegende Prinzipien und Interpretationsmöglichkeiten sind auf viele Erscheinungen anwendbar, sie orten die Erscheinungen.
- Strukturgesichertes Wissen wird besser im Gedächtnis gespeichert und auch leichter erinnerbar.
- Grundlegende Schlüsselideen oder Strukturen einer Disziplin oder einer Wissenschaftsgruppe veralten nicht so schnell.

Der strukturorientierte Ansatz war und ist vor allem dahingehend kritisch zu betrachten, ob Kinder solche Konzepte, die auf der fertigen Systematik einer Wissenschaft aufbauen, überhaupt durchschauen können. Kritisch ist auch die Verwendung abstrakter Modellvorstellungen und der Fachbegriffe zu sehen.

3. Der verfahrensorientierte Ansatz

Der verfahrensorientierte Ansatz sieht als oberstes Ziel des Unterrichts die Vermittlung von fachtypischen Methoden, Denk- und Arbeitsweisen, „Verfahren“, die zur Gewinnung neuer Erkenntnisse in einer Wissenschaft führen. Für die Naturwissenschaften ergeben sie sich aus deren methodischer Struktur, den wissenschaftlichen Vorgehensweisen.
Das Erlernen der jeweiligen „Verfahren“ soll Kinder befähigen, sich ihre Lebenswelt möglichst selbstständig zu erarbeiten. Für verfahrensorientiertes naturwissenschaftliches Lernen im Sachunterricht der Grundschule werden unterschiedliche Ansätze beschrieben. Soostmeyer beschreibt den **problemorientierten Ansatz** [25], und Schmidkunz und Lindemann stellen das **forschend-entwickelnde Unterrichtsverfahren** auch für die Grundschule mit Unterrichtsbeispielen vor [26].

Häufig geäußerte Kritik an verfahrensorientierten Ansätzen ist, dass bei den Lernenden die Methoden zur Lösung von Problemen gegenüber den Inhalten zu stark in den Vordergrund treten. Das damit verbundene, eher sachliche Verhältnis wird für Kinder im Grundschulalter als negativ angesehen, denn gerade die große Begeisterung, die Grundschulkinder naturwissenschaftlichen Themen entgegenbringen, stellt einen wichtigen Moment intrinsischer Motivation zur Beschäftigung mit den Themen – auch über die Grundschulzeit hinaus – dar.

4. Der genetische Ansatz

Genetische Unterrichtskonzeptionen orientieren sich an der Entwicklung der Lernenden. Wagenscheins Äußerung: *„Mit dem Kinde von der Sache aus, die für das Kind die Sache ist.“*, kann als Kurzdarstellung des grundlegenden Prinzips der genetischen Ausrichtung des Unterrichts gelten.
Die entsprechenden Curricula stützen sich auf Piagets Theorie zur Entwicklung von Denkleistungen (s. auch Kap. 16.2.5). Für den Grundschulunterricht wurde ein genetisches Vorgehen im Bereich der Physik von Wagenschein vorgestellt und vertreten [27]. Sein Unterrichtsansatz verwirklicht gleichzeitig das Prinzip des exemplarischen Lernens, mit dem er sich gegen die Stofffülle der Lehrpläne wendet. Methodisches Prinzip des genetischen Ansatzes ist das selbsttätige Lernen, bei dem die von Piaget beschriebene Stabilisierung oder Neubildung kognitiver Strukturen Schritt für Schritt von den Lernenden selbst durchgeführt wird. Für Wagenschein steht dabei am Anfang „die Konfrontation der unwissenden Schülergruppe mit einem absonderlichen Phänomen, das zwar wiederholbar ist, aber aus der gewohnten Ordnung herausfällt, einem Problem also.“ [27]
An streng genetischen Orientierungen auf der Grundlage der Piaget'schen Theorie muss kritisch gesehen werden, dass Letztere weder eine interindividuelle noch eine intraindividuelle Variabilität berücksichtigt (s. auch Kap. 16.2.5).

5. Das Denken in Beziehungen als Unterrichtsansatz

Spreckelsen stellt Mitte der 1990er Jahre einen weiteren Unterrichtsansatz für naturwissenschaftliche Unterrichtsinhalte der Primarstufe vor [28].
Er nennt hier die Möglichkeit zur Beziehungsbildung zwischen einzelnen Lerngegenständen und damit verbundenen Erfahrungen als oberstes Orientierungsprinzip für den Unterricht. Begründet wird dieses mit der Erkenntnis, die letztendlich auf Montessori und Piaget zurückgeht, dass Kinder zunächst von Einzeltatsachen auf Einzeltatsachen folgern, ohne ein allgemeines Gesetz zu formulieren. Spreckelsen geht wie Wagenschein davon aus, dass der Elementarakt des Verstehenwollens darin begründet ist, Beobachtetes mit bereits Erfahrenem zu vergleichen. Einzelne Phänomene werden dabei miteinander verknüpft. Dies geschieht nach Spreckelsen durch zwei geistig unterschiedlich anspruchsvolle Prozesse:

- **Die phänotypische Analogiebildung**
  Hier erfolgt der Vergleich von Einzelfällen nach ihrer äußeren Erscheinungsform.
- **Die genotypische Analogiebildung**
  Hier bezieht sich der Vergleich von Einzelphänomenen auf gleiche Wirkmechanismen oder ein gleiches zugrunde liegendes Funktionsprinzip.

Nach Spreckelsens Auffassung ist spätestens ab dem 3. Schuljahr das Bedürfnis nach genotypischer Analogiebildung bei Grundschülern ausgeprägt. Er schlägt für den Unterricht ein „Verstehen lehren in Phänomenkreisen“ vor. Nicht allgemeine Naturgesetze sollen erarbeitet werden, sondern es sollen Einzelfälle bereitgestellt werden, die den Lernenden eine Analogiebildung zunächst auf phänotypischer, später auf genotypischer Ebene ermöglichen.

6. Konstruktivistisch-konzeptorientierte Ansätze aus den USA

In den USA hat in den 1980er Jahren erneut eine Bewegung zur Entwicklung konstruktivistisch-konzeptorientierter Curricula für den naturwissenschaftlichen Bereich des Unterrichts der Primarstufe eingesetzt. Begründet werden diese Bemühungen damit, dass das Erlernen naturwissenschaftlicher Denk- und Arbeitsweisen wie kritisches Denken, Beobachten, Begründen und Problemlösen als Lernvoraussetzung für den Erkenntnisgewinn in anderen Fächern angesehen wird.

Eine Übersicht über die unterschiedlichen Curricula für „Science" in der Primarstufe mit ausführlichen Beispielen findet sich bei Marquardt-Mau [29]. Gemeinsame Merkmale sind die Orientierung an zentralen wissenschaftlichen Konzepten, z. B. Diversität, Variation, Ordnung, Struktur, Funktion, und eine konstruktivistische Ausrichtung des Lehr-Lern-Prozesses. Letztere äußert sich darin, dass sowohl Vorerfahrungen der Kinder als auch Erfahrungen durch handelnden Umgang mit den Lerngegenständen im Hinblick auf den Aufbau neuer (Denk-)Konzepte als bedeutsam angesehen werden.

Kritisiert werden an diesen neuen „wissenschaftsorientierten" Ansätzen das zugrunde liegende positivistische Wissenschaftsverständnis, die hohe Wahrscheinlichkeit der Vermittlung eines nicht hinterfragten Fortschrittglaubens und die geringe Bedeutung, die subjektiven, emotionalen Eindrücken bei der Erschließung der Realität beigemessen wird.

16.2.4 Bereiche mit chemischem Fachbezug im Sachunterricht und Unterrichtsbeispiele

Das Ziel des Sachunterrichtes der Grundschule ist nicht die propädeutische Erarbeitung von Inhalten und Methoden der Fächer des anschließenden Sekundarstufenunterrichts. Die Fachperspektiven der unterschiedlichen Fächer sollen aber sowohl bei der Auswahl sowie der Erarbeitung von Inhalten und Methoden berücksichtigt werden, um eine möglichst breite Bildungsgrundlage für den Fachunterricht zu schaffen. Im Sachunterricht der Grundschule gibt es daher auch Bezüge zum Fach Chemie.

Die Anteile mit naturwissenschaftlich-chemischem Fachbezug sind in den verschiedenen Bundesländern unterschiedlich stark repräsentiert [11]. Exemplarisch werden hier der hessische *Rahmenplan für den Sachunterricht* [19], der bayrische *Lehrplan für den Heimat- und Sachunterricht* [30] und die nordrhein-westfälischen *Richtlinien und Lehrpläne für den Sachunterricht* [31] vorgestellt.

Der **hessische Rahmenplan für den Sachunterricht [19]** nennt als inhaltliche Bereiche **zwölf Lernfelder**, die Teil der natürlichen, technischen und sozialen Umwelt von Kindern sind und die im Unterricht zugänglich gemacht werden sollen: Zusammenleben; öffentliches Leben; Spielen und Freizeit; Arbeit; Technik; Raum; Zeit; Naturphänomene; Wasser; Tiere; Pflanzen; Körper.

Das Lernfeld **Naturphänomene** umfasst zwei Teilbereiche: *Naturphänomene* (als solche) und *Materialien/Materialeigenschaften*. Es weist einen sehr deutlichen inhaltlichen Bezug zur Chemie auf. Zu den einzelnen Lernfeldern werden sowohl die jeweiligen Ziele präzisiert als auch Unterrichtsbeispiele für die Klassenstufen 1/2 und die Klassenstufen 3/4 gegeben.

B **Lernfeld Naturphänomene**
Ziele: Über das Beobachten von **Naturphänomenen** und das Untersuchen von **Materialien und Materialeigenschaften** werden die Kinder angeregt, Fragestellungen zu entwickeln, Experimente zur Klärung zu planen und durchzuführen sowie erste Erklärungen zu formulieren. Dabei nutzen sie unterschiedliche Informationsquellen und diskutieren in einer Haltung des Fragens und Forschens ihre unterschiedlichen Experimental- und Erklärungsansätze. In diesem Zusammenhang werden für Erklärungen auch Versuchsdaten und Messergebnisse interpretiert.

Im 1./2. Schuljahr vollzieht sich die Beschäftigung mit Naturphänomenen eher im Rahmen spielerischer Aktivitäten.

Im 3./4. Schuljahr stehen zunehmend zielorientierte, geplante und selbstständig durchgeführte Versuchsvorhaben im Vordergrund.

Unterrichtsbeispiele zum Teilbereich Materialien und Materialeigenschaften:
1./2. Schuljahr
Verschiedene Materialien (Holz, Pappe, Metall, Stoff, Papier, Glas usw.) miteinander vergleichen; die Verwendung verschiedener Materialien in der Schule und im Haushalt erkunden und erklären; Zustandsarten von Wachs untersuchen; ...; Streichhölzer, Feuerzeuge verantwortungsvoll gebrauchen, Gefahren von Feuer besprechen; ...

3./4. Schuljahr
Übergänge in andere Zustandsarten beobachten: erstarren, schmelzen, verdampfen; verschiedene Flüssigkeitsarten (Öl, Wasser, Benzin, Alkohol usw.) sowie deren Lagerung, Verwendung, Gebrauch, Entsorgung kennenlernen; ...; brennbare und nicht brennbare Stoffe kennenlernen; die Geschichte des Feuers in Erfahrung bringen; ...

Der **bayerische Lehrplan** für die Grundschule beschreibt im **Fachprofil für den Heimat- und Sachunterricht** [30] sieben **Lernfelder**, die bei der Erarbeitung der fachlichen Inhalte im Rahmen eines mehrperspektivischen Unterrichtskonzeptes (s. auch Kap. 16.2.3) einbezogen werden sollen: Körper und Gesundheit; Individuum und Gesellschaft; Zeit und Geschichte; Heimat und Welt; Arbeit und Freizeit; Naturphänomene und Technik; Tiere und Pflanzen.
Die Inhalte des Sachunterrichts sollen **sieben bzw. acht Themenbereichen aus der Lebenswirklichkeit der Kinder** entstammen. Diese Themenbereiche sind jeweils einmal in den Jahrgangsstufen 1 und 2 und einmal in den Jahrgangsstufen 3 und 4 im Unterricht vorgesehen. Ebenso wie im hessischen Rahmenplan lassen sich auch hier Bereiche mit deutlichen Fachbezug zur Chemie finden. Auch der bayerische Lehrplan nennt sowohl Unterrichtsziele als auch konkrete Aspekte, die im Unterricht aus der Perspektive der 7 Lernfelder (eines davon ist „Natur und Technik") erarbeitet werden sollen. Beispielhaft wird hier der Themenbereich **Luft-Wetter/ Wasser-Temperatur/Verbrennung-Elektrizität/Stoffkreislauf** auszugsweise vorgestellt:

B **Jahrgangsstufe 1:**
– **Thema: Luft und Wetter**
... Im Spiel mit Luft entdecken die Schüler einfache physikalische Gesetzmäßigkeiten, die sie beim Bau von Spielzeug anwenden können ...
– **weitere Themen: Luft und Leben; Erfahrungen mit Luft; Erfahrungen mit Wetter**

Jahrgangsstufe 2:
– **Thema: Wasser und Temperaturen**
... Spielerisch erkunden sie (die Schüler) physikalische und chemische Eigenschaften des Wassers ...
Die Schüler untersuchen, wie Temperaturen zuverlässig gemessen werden können. Dazu prüfen sie die Auswirkungen von Temperaturen auf Materialien und setzen ihr Wissen beim Bau und der Verwendung eines Thermometers ein.
– **weitere Themen: Wasser und Leben; Erfahrungen mit Wasser; Erfahrungen mit Temperaturen**

Jahrgangsstufe 3:
– **Thema: Verbrennung und Elektrizität**
Die Schüler untersuchen die Brennbarkeit verschiedener Stoffe und lernen Bedingungen für den Vorgang der Verbrennung sowie dessen Nutzung kennen ... Die Schüler erwerben erste Kenntnisse zum Magnetismus und zum elektrischen Strom. ...
– **weitere Themen: Verbrennung; Magnetismus und Elektrizität; verantwortungsbewusste Nutzung von Strom; technische Entwicklung im Wandel der Zeit**

Jahrgangsstufe 4:
– **Thema: Stoffkreislauf**
Die Schüler erfahren anhand eines ausgewählten Beispiels, mit welchem Aufwand die Herstellung, der Umlauf und die Entsorgung einer Ware verbunden sind. In eigenen Versuchen sammeln die Schüler exemplarisch Erfahrungen zu einem Herstellungsprozess ... Die Schüler erkennen den Zusammenhang zwischen der Auswahl eines Produktes und der damit später anfallenden Müllart und -menge ...
– **weitere Themen: Ausgangsstoffe und -materialien; Kreislauf eines industriell gefertigten Produkts; Abfallentsorgung**

Die **Richtlinien für den Sachunterricht der Grundschulen des Landes Nordrhein-Westfalen** [31] sind in ihren Ausführungen deutlich weniger detailliert und umfangreich als die bereits zitierten Werke. Sie benennen für die Jahrgangsstufen unterschiedliche, für den Unterricht verbindliche Aufgabenschwerpunkte, die lediglich durch die Nennung einiger Lernziele inhaltlich charakterisiert werden. Im Vergleich zu den oben beschriebenen Unterrichtsrichtlinien enthalten sie deutlich weniger Bezüge zu den Fächern Chemie und Physik. Beispielhaft sollen hier zwei Aufgabenbereiche, die zumindest teilweise naturwissenschaftliche Perspektiven beinhalten, vollständig zitiert werden:

B **Klasse 1 und 2**
Aufgabenbereich: Werkstoff und Werkzeug
– Materialeigenschaften kennen, Funktionen von einfachen Geräten und Spielzeugen einschätzen;
– Werkstoffe/Werkzeuge sachgerecht gebrauchen;
– Sicherheitsregeln und Kostengesichtspunkte beachten.

Klasse 3 und 4
Aufgabenbereich: Luft, Wasser und Wärme
– die Bedeutung von Luft, Wasser und Wärme für das Leben von Menschen, Tieren und Pflanzen einschätzen;

- sich der Vielfalt der Erscheinungsformen und Nutzungsmöglichkeiten von Luft, Wasser und Wärme bewusst werden;
- Gefahren erkennen, die von Luft, Wasser und Wärme ausgehen.

Fachliche Qualifikationen

Alle hier zitierten Richtlinien für die Gestaltung von Sachunterricht enthalten als wichtigen und verbindlichen Bestandteil auch methodische Lernziele. Sie sollen im Unterricht im Zusammenhang mit ausgewählten Inhalten von den Kindern erfahren und erlernt werden, da sie **Fähigkeiten, Fertigkeiten und methodenorientierte Verhaltensweisen** darstellen, die bei der Bearbeitung von Sachproblemen eingesetzt werden müssen. Stellvertretend für diesen Bereich des Sachunterrichts werden die fachlichen Qualifikationen zitiert, die der hessische Rahmenplan [19] als verbindlich festlegt:
Mit anderen umgehen; sich in Raum und Zeit orientieren; Beobachten; Vergleichen/Unterscheiden/Messen; Experimentieren/Untersuchen/Konstruieren; Probleme lösen und kritisch denken; Informationen sammeln, ordnen, weitergeben; Planen/Projektieren.
Deutlich wird der Fachbezug zur Chemie besonders bei den genannten naturwissenschaftlichen Arbeitsmethoden und -techniken.

Unterrichtsbeispiele

Ausführungen zur Umsetzung und Gestaltung naturwissenschaftlicher Themenbereiche im Sachunterricht sind zahlreich: In nahezu allen Schulbüchern für den Sachunterricht findet man entsprechende Kapitel, die meist auch Experimente zur Durchführung im Unterricht beschreiben. Auch in der grundschuldidaktischen Literatur findet man Beschreibungen naturwissenschaftlicher Unterrichtseinheiten. Berücksichtigung finden in den letzten Jahren auch zunehmend naturwissenschaftliche Sach- und „Experimentierbücher" für Kinder, die im Buchhandel erhältlich sind.

Beispielhaft einige Experimente zum Thema Luft für den Sachunterricht der Grundschule, aus unterschiedlichen Quellen:

B

- **Versuch: Warme Luft [nach 32]**
Material: ein Luftballon, eine leere Flasche
Durchführung: Lege die Flasche eine Weile in den Kühlschrank. Nimm sie heraus, stülpe einen Luftballon über den Flaschenhals. Stelle die Flasche in die Sonne oder auf die Heizung. Du kannst sie auch in ein Gefäß mit warmem Wasser stellen.
- **Luft ist nicht „nichts" [nach 33]**
Wetten, dass du Gummibärchen unter Wasser tauchen lassen kannst, ohne dass sie nass werden!
Für den Versuch benötigst du:
  - 1 große durchsichtige Glasschüssel, zur Hälfte mit Wasser gefüllt
  - 1 leeres Glas
  - 2 Gummibärchen
  - 1 kleine Schachtel (z. B. Streichholzschachtel), die du unten mit Folie oder Tesafilm abgedichtet hast, oder den Aluminiumbehälter eines Teelichts
  - Wattebausch

  Und so wird's gemacht:
Nachdem du die Schüssel zur Hälfte mit Wasser gefüllt hast, legst du etwas Watte in die Schachtel oder das Aluminiumboot. Dann setzt du die beiden Gummibärchen mit dem Boot auf das Wasser in der Schüssel. Wenn du dann das Glas mit der Öffnung nach unten über das Boot stülpst und langsam nach unten drückst, sinken die beiden Gummibärchen allmählich unter die Wasseroberfläche.
Schreibe genau auf, was du beobachtet hast:
(Zum Lesen des folgenden Textes muss das Arbeitsblatt um 180° gedreht werden.)
Erklärung: Auch wenn du es nicht sehen kannst: In dem Glas ist Luft. Wenn du das Glas in der Schüssel schräg hältst, kannst du die Luftblasen aufsteigen sehen! Die Luft kann aber nicht entweichen, wenn du das Glas ganz gerade nach unten drückst. Dann kann auch kein Wasser eindringen. Wo Luft ist und nicht entweichen kann, ist kein Platz für einen anderen Stoff, auch nicht für Wasser. Die beiden Gummibärchen bleiben sicher und trocken in der „Lufthöhle".
- **Experiment: Ist eine leere Flasche wirklich leer? [nach 34]**
Drehe eine Flasche ohne Inhalt um und tauche sie mit der Öffnung nach unten in eine Schale voll Wasser. Jetzt halte die Flasche ein bisschen schräg. Dabei quellen Blasen aus der Flasche und steigen an die Wasseroberfläche.
Diese Blasen sind Luftblasen. Die Flasche enthält Luft, und die Luft muss heraustreten, ehe Wasser einströmen kann. Luft, so zeigt dieses Experiment, ist ein Stoff, der genau wie feste und flüssige Stoffe einen Raum einnimmt und sich daraus nicht ohne weiteres verdrängen lässt, – es sei denn, wir helfen etwas nach.

16.2.5 Was ist grundschulgerechter naturwissenschaftlicher Unterricht? – Grenzen naturwissenschaftlichen Unterrichtens in der Grundschule

Verschiedene Faktoren, die einen naturwissenschaftlichen Unterricht in der Grundschule charakterisieren und begrenzen, sollen nun unter den Gesichtspunkten organisatorischer Rahmenbedingungen, die Lehrkräften vorgegeben sind, und „innerer Faktoren“, die im Unterricht gestaltet oder beeinflusst werden können, detaillierter betrachtet werden.

Äußere Rahmenbedingungen des naturwissenschaftlichen Unterrichtens in der Grundschule

1. Fachbezug und Auswahl der Inhalte

Im Sachunterricht der Grundschule existiert noch kein reiner Fachbezug naturwissenschaftlicher Inhalte. Nach dem derzeitigen Stand der didaktischen Diskussion sollen einzelne Fachdisziplinen jeweils nur eine von vielen zu berücksichtigenden Betrachtungsweisen eines Unterrichtsgegenstandes liefern. Ein ausschließlich chemischer Fachbezug der Unterrichtsinhalte und damit eine fachliche Grundbildung in einem naturwissenschaftlichen Fach wie Chemie ist nicht vorgesehen. Die Auswahl der Inhalte erfolgt nahezu ausschließlich nach lebensweltlichen und/oder kindorientierten Gesichtspunkten, nicht anhand einer Fachsystematik.

2. Experimentieren ohne Labor

In Grundschulen gibt es keine Fachräume für naturwissenschaftlichen Unterricht. Hier müssen Klassenräume, eventuell vorhandene Fachräume für Werken oder die Schulküche benutzt werden. Es steht auch keine Laborausstattung zur Verfügung. Viele Grundschulen besitzen aber „Materialkästen“ eines Lehrmittelherstellers zu verschiedenen Themen wie „Luft“, „Thermometer“ oder „Wetter“. Diese enthalten meist einen Klassensatz von Experimentiermaterialien.
Für einen experimentellen Unterricht in der Grundschule ist also der Ideenreichtum und das Improvisationstalent der Lehrerin bzw. des Lehrers hinsichtlich der Verwendung von Alltagsmaterialien gefragt. Viele der derzeit veröffentlichten experimentellen Ansätze für naturwissenschaftlichen Unterricht, sowohl aus fachdidaktischen als auch aus populärwissenschaftlichen Quellen, tragen dem beschriebenen Ausstattungsproblem der Grundschulen Rechnung, indem die Experimentiervorschläge mit Alltagsmaterialien oder leicht zu beschaffenden „Zutaten“ arbeiten.
Die Sicherheitsvorschriften im Aufsichterlass für Schulen sind zu beachten. Grundsätzlich darf nur mit ungiftigen und ungefährlichen Substanzen hantiert werden. Beim Umgang mit Geräten und Werkzeugen in Schülergruppen von mehr als 16 Schülern gilt, dass nur solche verwendet werden dürfen, mit denen Schülerinnen und Schüler auch im täglichen Leben in Kontakt kommen können.

„Innere Faktoren“ des naturwissenschaftlichen Unterrichtens in der Grundschule

Als „innere Faktoren“, die den naturwissenschaftlichen Unterricht in der Grundschule beeinflussen, sollen hier die Voraussetzungen der Lernenden und der Lehrkräfte näher beschrieben werden.
Die entwicklungspädagogische Theorie des Psychologen Piaget wird für die Charakterisierung der geistigen Fähigkeiten von Grundschulkindern herangezogen. Wichtige Merkmale zur Begriffsbildung bei Kindern und zur Präsentation von Unterrichtsinhalten bieten die Arbeiten des Lernpsychologen Bruner, die kurz umrissen werden. Die Voraussetzungen der Lehrkräfte werden vom Blickwinkel ihrer Ausbildung und Haltung bezüglich der Naturwissenschaften betrachtet.

1. Piaget und seine Bedeutung für den Grundschulunterricht

Grundschulrelevante Aspekte der Piaget'schen Theorie (siehe Kapitel 7) für einen naturwissenschaftlich-technischen Sachunterricht werden in Anlehnung an einen Aufsatz von W. Winneburg [35] zusammengefasst wiedergegeben:

Der **Altersstufe der vier- bis siebenjährigen Kinder** ordnet Piaget folgende **Fähigkeiten** bezüglich geistiger Operationen zu, die als perzeptuell oder intuitiv bezeichnet werden:

- Alle Dinge unserer Welt gelten als belebt und besitzen die zugehörigen Eigenschaften (*animistisches Denken*).
- Vielen natürlichen Phänomenen wird eine menschliche Schaffenskraft zugeschrieben (*artifizialistisches Denken*).
- Gedachte oder vorgestellte Bilder, Träume usw. werden für real gehalten (*realistisches Denken*).
- Kinder benutzen sprachlich die gleichen Begriffe wie Erwachsene, besetzen diese aber mit Inhalten gemäß ihrer kindlichen Vorstellung (*Verschiedenheit der Sprache*).
- Kinder können jeweils nur eines von vielen Attributen betrachten und verschiedene Handlungen nur nacheinander ausführen (*einparametriges Denken*).
- Eine Abfolge von Ereignissen kann nur in der ursprünglich beobachteten Reihenfolge nachvollzogen, nicht aber umgekehrt gedacht werden (*irreversibles Denken*).
- Im Denken werden Zusammenhänge aufgrund raumzeitlicher Beziehungen, nicht aufgrund von Logik hergestellt.

Als **Grenzen der geistigen Fähigkeiten** der Gruppe der vier- bis siebenjährigen Kinder werden folgende beschrieben:

- *Dominanz statt Relativierung der eigenen Perspektive:* Intellektuelle oder emotionale Standpunkte anderer Menschen können nicht verstanden werden.
- *Variabilität statt Festhaltung in der Wahl des Parameters:* Beim Ordnen z. B. wird das Ordnungskriterium gewechselt.
- *sukzessive statt globale Konzentration:* Bei chemischen Prozessen kann nicht die Veränderung, sondern es können nur verschiedene Zustände betrachtet werden.
- *private (personale) statt sachadäquate Klassifizierungen:* Die Begriffsbildung erfolgt meist nach persönlichen Assoziationen, z. B. groß gilt immer auch als schwer.
- *intuitive statt logische Folgerung:* Aufgaben können nur durch unmittelbare Wahrnehmung und Erfahrung gelöst werden.
- *zufällige statt problemadäquate Lösung:* Lösungen können nur nach dem Prinzip von Versuch und Irrtum gefunden werden.

Für die **Altersstufe der sieben- bis elfjährigen Kinder** gelten folgende, an konkrete Erfahrungen gebundene geistige Fähigkeiten:

- Veränderungen, Abläufe usw. konkret stattfindender Ereignisse können verfolgt und erfasst, nicht aber gedanklich auf andere Gebiete übertragen werden (*konkretes Denken*).
- Objekte können nach verschiedenen Aspekten betrachtet, klassifiziert und gereiht werden (differenziertes Denken).
- Mehrere Parameter eines Gegenstandes oder Ereignisses (Ursache und Wirkung) können isoliert betrachtet und zueinander in Beziehung gebracht werden (mehrparametriges Denken).
- Die Reihenfolge von Ereignissen kann gedanklich umgekehrt, Teilereignisse können neu kombiniert und assoziiert werden (reversibles Denken).
- Es können Erklärungen in Form einfacher „Wenn-Dann-Beziehungen“ oder nach dem Prinzip von „Mittel und Zweck“ gegeben werden, die nicht mehr an die unmittelbare Wahrnehmung gebunden sind.

Folgende Grenzen der geistigen Fähigkeiten der Gruppe der sieben- bis elfjährigen Kinder werden beschrieben:

- *Nichtberücksichtigung wichtiger Parameter:* Sie werden bei der Untersuchung von Beziehungen übersehen oder nicht beachtet.
- *Unsystematik im Umgang mit Variablen:* Variablen können noch nicht systematisch isoliert und kombiniert werden.
- *Familiäre und problemverwandte statt problemadäquate Lösungsstrategien:* Hypothetische Lösungsmöglichkeiten werden noch nicht in Betracht gezogen.
- *Unreflektierte Schlussweise:* Schlussfolgerungen werden nicht im Zusammenhang mit gegebenen Fakten oder vorhandenen Erfahrungen reflektiert.
- *Mittel-Zweck orientierte Begriffsbildung:* Neue „Mittel“ werden über ihren Zweck definiert, tiefergehende Überlegungen zur Natur des „Mittels“ werden nicht angestellt.

In einer Pilotstudie wurden 1991 von Möller [36] die Denkleistungen von Kindern bezüglich des Erfassens von naturwissenschaftlichen Inhalten im Sachunterricht vor dem Hintergrund der Piaget'schen Theorie untersucht. Dabei zeigte sich in der untersuchten Gruppe neun- bis elfjähriger Kinder, dass Denkoperationen abhängig vom Inhalt angewendet werden. Naturphänomene, die der handelnden Erfahrung nicht unmittelbar zugänglich sind (z. B. Regen, Wolkenbildung) werden meist auch in dieser Altersstufe noch mit magisch-animistischen, finalen oder artifizialistischen Deutungen versehen. Bei Inhalten, die der unmittelbaren Erfahrung zugänglich sind (z. B. Konstruktionen einfacher technischer Geräte), stellten die Probanden – entgegen der Piaget'schen Theorie – differenzierte und gedanklich strukturierte Ursache-Wirkungs-Beziehungen auf und konnten Lösungsvermutungen kritisch und reflektiert betrachten.

Diese Ergebnisse untermauern zum einen die Wichtigkeit der lernpsychologischen Theorie Piagets für die Planung und Gestaltung von Unterricht. Zum anderen deuten sie auch darauf hin, dass die Piaget'sche Theorie in einigen Punkten differenzierter betrachtet werden sollte, was bereits von anderen Lernpsychologen diskutiert wurde [37, 38, 39]:

- Die angegebenen Altersgrenzen der Entwicklungsstufen sind nicht allgemein gültig, sondern können von Individuum zu Individuum verschieden sein (interindividuelle Variabilität).
- Das Ausführen bestimmter geistiger Operationen kann abhängig von Inhalten bei einer Person zu unterschiedlichen Zeitpunkten stattfinden (intraindividuelle Variabilität).
- Die geistige Entwicklung findet als kontinuierlicher, nicht als abgestufter Prozess statt.
- Motivation und auch soziale Rahmenbedingungen spielen für die geistige Entwicklung eine Rolle.

2. Bruners Theorie zur Präsentation von Unterrichtsinhalten und zur Begriffsbildung

Der amerikanische Lernpsychologe Jerome Bruner ist entgegen der Theorie Piagets der Ansicht, dass jeder Inhalt in jeder Entwicklungsstufe begriffen werden kann, wenn er in geeigneter Form repräsentiert wird. Als Formen der Repräsentation und auch der Verarbeitung nennt Bruner drei verschiedene, die vom Schwierigkeitsgrad her aufeinander aufbauen, sich aber bezüglich eines Lerngegenstandes nicht ablösen oder ersetzen müssen, sondern parallel existieren können:

- **enaktive Repräsentation**
  Wahrnehmung und Verarbeitung über die Muskeln, also den handelnden Umgang mit dem Lerngegenstand;
- **ikonische Repräsentation**
  Wahrnehmung und Verarbeitung über konkrete Bilder oder Modelle;
- **symbolische Repräsentation**
  Wahrnehmung und Verarbeitung auf einer abstrakten oder begrifflichen, also nicht an konkrete Vorstellung gebundenen Ebene.

Bei der Präsentation eines Lerngegenstandes im Grundschulunterricht ist es wichtig, mit der einfachsten Repräsentationsform zu beginnen und darauf aufzubauen. Das Auslassen der enaktiven oder ikonischen Repräsentation führt häufig zu begrifflichen Fehlbesetzungen. Das gleichzeitige Anbieten unterschiedlicher Repräsentationsformen bietet außerdem Vorteile, wenn Kinder unterschiedliche geistige Potenziale bezüglich des dargebotenen Lerngegenstandes besitzen.

3. Ausbildung und Selbstverständnis der Lehrkräfte

Eine Befragung von etwa 700 hessischen Grundschullehrkräften zum Sachunterricht [12] zeigte eine deutliche Diskrepanz zwischen Ausbildung und Berufsanforderungen. Während 74 % der Lehrerinnen und Lehrer ständig und 20 % zumindest zeitweise das Fach Sachunterricht unterrichten, haben nur etwa 44 % Studienanteile für das Fach Sachunterricht absolviert. Die Fachanteile von Physik und Chemie liegen dabei zusammengefasst unter 10 %. Laut dieser Befragung fühlen sich nahezu 80 % der Grundschullehrkräfte wenig oder gar nicht kompetent, chemisch-physikalische Inhalte im Sachunterricht zu unterrichten. Damit korre-

lieren in hohem Maß das Gefühl der Unsicherheit im Umgang mit solchen Inhalten sowie Verständnisschwierigkeiten bei den Lehrkräften. Für den Sachunterricht resultiert daraus die eingangs bereits beschriebene Präferenz biologischer Themen und die Vernachlässigung der chemisch-physikalischen Perspektive bei der Bearbeitung von Lerngegenständen. Verstärkt wird dies noch durch eine Tradierung der Einstellung zur Chemie und Physik aus der eigenen Schulzeit.
Als langfristige Maßnahme werden nur veränderte Studienanforderungen und/oder eine veränderte Einstellung gegenüber den „harten" Naturwissenschaften eine Verbesserung erzielen. Kurzfristig können Lehrerfortbildung und/oder geeignete Unterrichtsmaterialien für die Primarstufe Fortschritte bringen.

16.3 Hauptschule

16.3.1 Hauptschule als weiterführende Schule

Neben Realschule und Gymnasium zählt die Hauptschule zu den weiterführenden Schulen. Sie existiert eigenständig in jenen Bundesländern mit gegliedertem Schulsystem:

Bayern/Rheinland-Pfalz	dreigliedrig
Sachsen und Thüringen	zweigliedrig, als Mittelschule bzw. als Regelschule

In Bundesländern mit Gesamtschulen (integriert/kooperativ) ist sie entsprechend eingebunden. Wo Hauptschulen als Teil eines zwei- bis dreigliedrigen Schulsystems existieren, werden sie von einem hohen Schüleranteil (in Bayern von 38 % der Schüler) besucht. Eine Aufwertung erfährt die Hauptschule, wenn neu eingerichtete M-Klassen für besonders Leistungsfähige zu einem mittleren Abschluss führen und Praxisklassen für jene bereit stehen, welche im letzten Jahr ihrer Schulzeit stehen und erhebliche Probleme haben, den Hauptschulabschluss zu erreichen. Generell ist zu betonen, dass die Wirtschaft sich klar für eine leistungsfähige Hauptschule ausspricht [40].

Als besondere Akzente für die **Weiterentwicklung** der **Hauptschule** sind zu nennen:

- Im Gefolge der zu vermittelnden **Schlüsselqualifikationen** strebt der Lehrplan verstärkt neben der fachlichen auch die methodische, die personale und die soziale Kompetenz der jungen Menschen an.
- Aufgrund des durch die neuen Technologien erzwungenen Strukturwandels werden in diesem Zusammenhang zunehmend überfachliche und berufsübergreifende Kompetenzen gefordert.
- Verbesserung der Maßnahmen zur Berufsorientierung und Berufswahlvorbereitung: Das Leitfach **Arbeitslehre** bildet einen Verbund mit den praktischen Fächern.
- Verknüpfung der Lerninhalte und eine gezielte Pflege des Denkens und **Lernens in Zusammenhängen** durch einen fachübergreifenden und fächerverbindenden Unterricht: Diesem Ziel dient nicht nur die Bündelung in den **Fächergruppen** Geschichte/Sozialkunde/Erdkunde und Physik/Chemie/Biologie, sondern darüber hinaus die Nutzung einer Vielzahl sinnvoller und verstärkender **Querverbindungen** zwischen allen Fächern.
- Anstöße zu einer verstärkten **Schülerorientierung** bei der Unterrichtsgestaltung, deren Kennzeichen induktives, konkret-anschauliches, handlungsorientiertes, materialgeleitetes, selbstgesteuertes und projektorientiertes Arbeiten ist.
- Bei aller Ausrichtung auf die Berufsorientierung wird durch offene Lernweisen und entsprechende praxisorientierte Lehrmethoden und Unterrichtsformen Wert auf das **Lernen lernen** gelegt.
- Betonung des **weiterführenden Charakters der Hauptschule** für alle Schüler – auch der schwächeren: Ein differenziertes System von Abschlüssen ist nun auf die große Leistungsstreuung in der Pflichtschule optimal abgestimmt. Es gibt inzwischen den erfolgreichen Hauptschulabschluss, den qualifizierenden Hauptschulabschluss (Quali) und den mittleren Abschluss der freiwilligen 10. Klasse sowie den qualifizierenden beruflichen Bildungsabschluss (Quabi) und andere mittlere Abschlüsse, die durch die Berufsausbildung zu erreichen sind. Der mittlere Schulab-

schluss ist ein wichtiger Knotenpunkt im vertikal gegliederten Bildungssystem.

Der Ausbau des Lernbereiches „Arbeit – Wirtschaft – Technik“ zielt in besonderer Weise auf den Ausgleich der Lücken im Wissen über die Funktionsweise von Wirtschaft und die Organisation von Arbeit. Angesichts der Notwendigkeit zur Mitgestaltung von Produktionsabläufen kommt diesem Punkt eine zukunftsweisende Bedeutung zu. Besonders förderungswürdig sind die **Fähigkeit zu planen** und **selbstständig zu lernen,** verbunden mit der wachsenden Rolle der **Weiterbildung**. Das Arbeiten im Team wie das selbstständige Problemlösen am Arbeitsplatz sind Kompetenzen, die einer schulischen Vorübung bedürfen. Abbildung 363.1 zeigt dies in einer Übersicht.
Als Ergebnis einer Unternehmens- und Expertenbefragung lässt sich feststellen, dass Leistungsschwächen in der Theorie und allgemeine Lernschwächen (Merk-, Konzentrationsfähigkeit) im Vordergrund stehen. Davon betroffen sind u.a. Lernfelder mit höherem Abstraktionsgrad, also Bereiche, die auch für die Chemie typisch sind.

Mit der Hauptschule als Pflichtschule sind große pädagogische Herausforderungen verbunden. Sie ergeben sich aus der Zusammensetzung ihrer Schülerschaft und ihrem Auftrag, sich nicht nur der guten Schülerinnen und Schüler anzunehmen, sondern sich gerade auch um die ausgesprochen leistungsschwachen zu kümmern und sich um deren Förderung zu bemühen.

Über ein verstärktes **Üben** zur Festigung des Gelernten hinaus und unter Berücksichtigung **sozialpädagogischer Flankierungsmaßnahmen** wird insbesondere die **Umsetzung eines eigenständigen schuldidaktischen Lernkonzeptes für die Hauptschulbildung** gefordert.

16.3.2 Chemieunterricht in der Hauptschule – unterschiedlich realisiert

Aufgaben und Ziele des Chemieunterrichts in der Hauptschule

Zentrale Aufgabe der Chemie ist es, die Zusammensetzung und den Aufbau der stofflichen Welt zu untersuchen und zu beschreiben

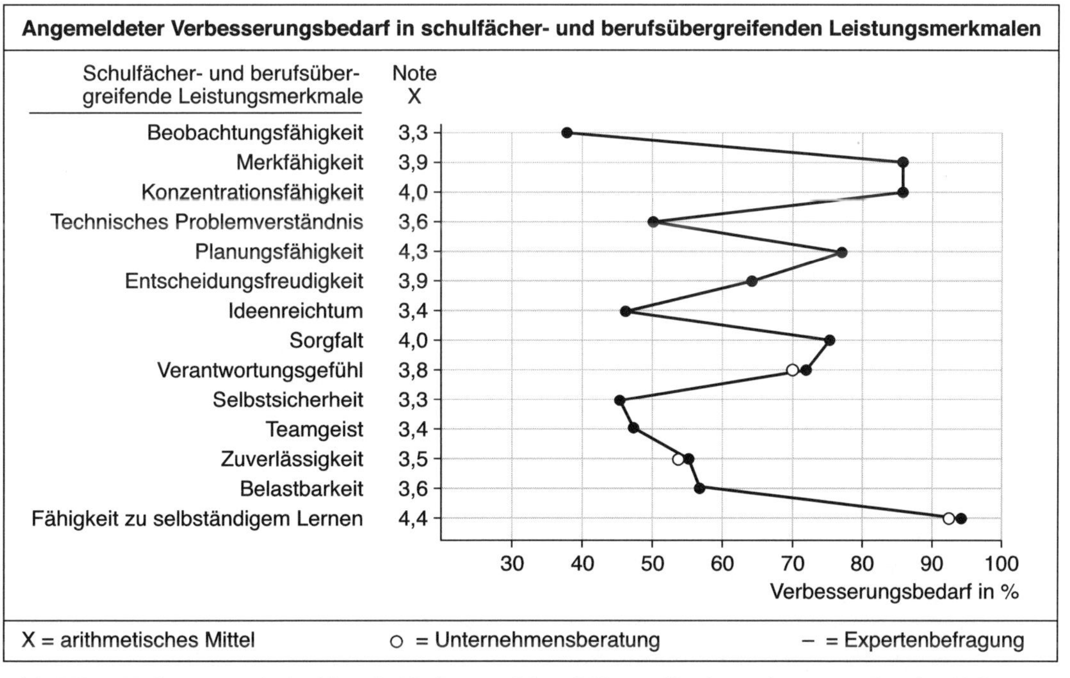

Abb. 363.1: Verbesserungsbedarf in schulfächer- und berufsübergreifenden Leistungsmerkmalen [41]

sowie Gesetzmäßigkeiten aufzufinden, welche die Eigenschaften, die Umwandlungen und die Herstellung und Verwendung von Stoffen bestimmen.
Ausgehend von der Lebens- und Erfahrungswelt erschließt der Chemieunterricht das Verständnis für grundlegende stoffliche Zusammenhänge zunächst auf der Ebene der Phänomene. Deren Deutung erfolgt auf der Teilchenebene unter Verwendung möglichst einfacher, aber angemessener Modellvorstellungen.
Im Mittelpunkt des Chemieunterrichts steht das Experiment mit seiner weit reichenden Bedeutung für die Erkenntnisgewinnung. Die Auswertung verlangt im Allgemeinen keine mathematische Formalisierung [42].
Die Grundsätze und Ziele des Chemieunterrichts lassen sich folgendermaßen zusammenfassen:

- Der Chemieunterricht soll die Schülerinnen und Schüler befähigen, chemische Erscheinungen im Alltag und in der Umwelt zu verstehen. Sie sollen einen Einblick in die Verflechtung der Chemie mit den anderen Naturwissenschaften gewinnen.
- Er soll bewusst machen, dass chemische Reaktionen als Grundlage vieler technischer Prozesse auch wirtschaftliche Entwicklungen beeinflussen.
- Er soll ein Denken in Kreisläufen vermitteln und einsichtig machen, dass gerade deren Nichtbeachtung Ursache schwer wiegender Umweltbelastungen ist. Er begründet die Notwendigkeit des Recyclings und führt in die Probleme der Abfallbeseitigung ein.
- Er zeigt an vielen Beispielen, dass alle chemischen Reaktionen mit Energieumsätzen verbunden sind, z. B. beim Verbrennen fossiler Energieträger, und macht deutlich, dass Einsparung von Energie und verstärkte Nutzung regenerierbarer Energiequellen notwendig sind, um Umweltschäden von globalem Ausmaß zu vermindern.
- Er thematisiert die Notwendigkeit der Herstellung und des Einsatzes vieler chemischer Produkte und zeigt an Beispielen, dass negative Nebenwirkungen auftreten können.
- Im Chemieunterricht erhalten die Lernenden Informationen über den Umgang mit gefährlichen Stoffen, die ihnen im Alltag begegnen können. Sie lernen Schutzmaßnahmen kennen und werden auf die sachgerechte Entsorgung solcher Stoffe hingewiesen. Außerdem werden ihnen Möglichkeiten gezeigt, auf weniger gefährliche Stoffe auszuweichen. Damit leistet der Unterricht einen wichtigen Beitrag zur Sicherheitserziehung.

Lehrpläne

Da es heute kaum einen Lebens- und Tätigkeitsbereich gibt (vgl. Gesundheit/Medikamente, Wohnen, Kleidung, Mobilität, Ernährung), in dem nicht die Anwendung von Forschungsergebnissen aus der Wissenschaft Chemie eine besondere Rolle spielt, sollen auch in der Hauptschule Möglichkeiten, Nutzen und Probleme chemisch-technischer Entwicklungen entsprechend berücksichtigt werden. Dies ist ohne elementare Chemiekenntnisse nicht möglich. Entsprechende chemische Inhalte werden daher ausgewählt und in den Lehrplänen berücksichtigt.
Je nach Lehrplankonzept ist Chemie im Fächerkanon unterschiedlich vertreten, sei es als Einzelfach mit deutlich ausgerichteter Fachstruktur (siehe Tab. 365.1) oder im Verbund mit den beiden anderen naturwissenschaftlichen Fächern Biologie und Physik (s. Tab. 366/7.1). Mitunter ist aber auch die Orientierung an überfachlichem Unterricht betont [43].
Ein gemeinsames Ziel des Unterrichts in den naturwissenschaftlichen Fächern besteht darin, Zusammenhänge in Natur und Technik aufzuzeigen und durchschaubar zu machen. Dabei stimmen die Fächer in ihren grundlegenden Arbeitsweisen und deren Verknüpfung bei der Erkenntnisgewinnung überein: Beobachten, Vergleichen, Messen, Berechnen, Entwickeln von Fragen, Aufstellen und Überprüfen von Hypothesen, Formulieren von Gesetzmäßigkeiten, Entwickeln von Begriffen und Modellvorstellungen.

Der Unterricht soll das ursprüngliche Interesse der Schülerinnen und Schüler für Naturerscheinungen und technische Sachverhalte aufgreifen und weiterentwickeln und sie zu einer sachlich kritischen Betrachtungsweise naturwissenschaftlich-technischer Entwicklungen

	Klasse 8	Stundenzahl	Klasse 9	Stundenzahl
Lernbereich 1	Stoffe und Stoffumwandlungen	7	Kohle – Kalk – Glas	12
Lernbereich 2	Metalle	3	Kohlenwasserstoffe	10
Lernbereich 3	Luft und Wasser als lebensnotwendige Stoffe	11	Alkohol und Essig	10
Lernbereich 4	Oxidation – Reduktion	8	unsere Nahrungsmittel	8
Lernbereich 5	Hydroxide und Säuren	11	Waschmittel	4
Lernbereich 6	Salze	10	Kunststoffe	6

Tab. 365.1: **Lernbereiche* im Unterrichtsfach Chemie – Hauptschulbildungsgang**/Mittelschule/Sachsen: Richtstundenzahl sind jeweils 60 Stunden
(* Neben den aufgeführten Lernbereichen sind noch weitere fakultative Inhalte genannt, z. B. Wasser, Metalle, synthetische Werkstoffe, Stoffe im Boden, Wasser und in der Luft!)

anregen und zu umweltertäglichem Handeln befähigen. Durch einen problem- und handlungsorientierten Unterricht erhalten die Lernenden Gelegenheit, selbst an der Gewinnung von Erkenntnissen mitzuarbeiten. In Schülerübungen lernen sie auch Verantwortungsbereitschaft, Team- und Kooperationsfähigkeit. Die Zielsetzungen und Arbeitsweisen des Unterrichts in den naturwissenschaftlichen Fächern erfordern eine enge Zusammenarbeit. Möglichkeiten, geeignete Themen auch fächerverbindend und als Projekte zu planen und durchzuführen, sollten genutzt werden.

Der **Chemieunterricht** in der Hauptschule stellt keinen völligen Neubeginn dar, wenn er auf Kenntnissen und Einsichten aufbauen kann, die von der Auseinandersetzung mit den naturwissenschaftlichen Fachbezügen in der Grundschule herrühren. Bedauerlicherweise ist die Kontinuität naturwissenschaftlichen Unterrichts mit dem Fachbezug Chemie **nicht in allen Bundesländern gegeben**.

Unterrichtspraxis

In Übereinstimmung mit den Bildungs- und Erziehungszielen der Hauptschule einerseits und den fachlichen Leitlinien für den Chemieunterricht andererseits besteht weitgehend Konsens über inhaltliche Schwerpunkte, welche konsequent mit der Lebenswelt verbunden bleiben:

Technik	Energie und ihre Erscheinungsformen Materialien, Werkstoffe
Ernährung/Gesundheit	Lebensmittel/Nährstoffe Hygiene, Medikamente
Umwelt	Wasser, Luft, Boden

Die Fachwissenschaften Physik, Chemie und Biologie tragen jeweils aus ihrer Sicht Erkenntnisse und Methoden zur Klärung der konkreten Fragen bei. Auf der Basis fachspezifischer Einsichten werden auch fächerübergreifende Themen bearbeitet. Aus der Durchdringung exemplarisch ausgewählter Inhalte mithilfe fachgemäßer Denk- und Arbeitsweisen ergeben sich grundlegende Einsichten in Teilbereiche chemischer Fachstrukturen. Neben chemischen Inhalten können aber auch physikalische, biologische und technische Aspekte zum Tragen kommen. Dies sei am Themenbereich „Luft und Verbrennung“ näher ausgeführt.

<table>
<tr><th colspan="4">Der Hauptschullehrplan – Physik/Chemie/Biologie (Oktober 1997), Teil I
– Themenbereiche der Jahrgangsstufen 5–9 mit Chemie –</th></tr>
<tr><th>Themenbereich</th><th>Physik</th><th>Chemie</th><th>Biologie</th></tr>
<tr><td>5.4 Stoffe im Alltag</td><td colspan="2">5.4.1 Stoffe kennen – unterscheiden – trennen
5.4.2 Abfall – Wertstoff</td><td></td></tr>
<tr><td>6.1 Lebensgrundlage Wasser</td><td colspan="2">6.1.1 Erscheinungsformen und Eigenschaften des Wassers
6.1.2 Wasserqualität</td><td></td></tr>
<tr><td>6.2 Lebensraum</td><td></td><td colspan="2">6.2.1 Lebewesen an und im Gewässer
6.2.2 Angepasstheit von Lebewesen an den Lebensraum Wasser
6.2.3 Beziehung der Lebewesen in Gewässern
6.2.4 Aufbau von Lebewesen aus Zellen</td></tr>
<tr><td>6.3 Wahrnehmung von Licht und Schall</td><td colspan="2">6.3.1 Licht
6.3.3 Farben</td><td>6.3.2 Das menschliche Auge</td></tr>
<tr><td>7.1 Luft – Lebensgrundlage und Lebensraum</td><td></td><td>7.1.1 Zusammensetzung der Luft</td><td>7.1.2 Atmung des Menschen
7.1.3 Blutkreislauf des Menschen
7.1.4 Luft – Lebensraum für Vögel</td></tr>
<tr><td>7.2 Luft – Voraussetzung für Vorgänge in der unbelebten Natur</td><td>7.2.1 Wetter</td><td>7.2.2 Bedingungen für die Verbrennung
7.2.3 Vorgang der Verbrennung</td><td></td></tr>
<tr><td>7.3 Umgang mit Elektrizität</td><td>7.3.1 Elektrische Spannung und Stromstärke
7.3.2 Elektrischer Widerstand</td><td></td><td></td></tr>
<tr><td>7.4 Grundlagen der Mechanik</td><td>7.4.1 Kräfte
7.4.2 Mechanische Arbeit und Energie</td><td></td><td></td></tr>
<tr><td>8.1 Boden – Lebensgrundlage und Lebensraum</td><td></td><td>8.1.2 Bodenqualität</td><td>8.1.1 Lebewesen im Boden</td></tr>
<tr><td>8.2 Lebensgemeinschaft Wald</td><td></td><td></td><td>8.2.1 Pflanzen und Tiere im Wald
8.2.2 Funktionen des Waldes</td></tr>
<tr><td>8.3 Gesunde Lebensführung</td><td></td><td colspan="2">8.3.1 Ernährung des Menschen
8.3.2 Verdauung beim Menschen
8.3.3 Infektionskrankheiten
8.3.4 Genussmittel und Drogen</td></tr>
</table>

Der Hauptschullehrplan – Physik/Chemie/Biologie (Oktober 1997), Teil II			
Themenbereich	**Physik**	**Chemie**	**Biologie**
8.4 Stoffe im Alltag und in der Technik		8.4.1 Säuren und Laugen 8.4.2 Salze	
8.5 Umgang mit Elektrizität	8.5.1 Magnetismus, Elektromagnetismus 8.5.2 Elektromagnetische Induktion 8.5.3 Leistung 8.5.4 Elektrische Energie		
9.1 Unser Ort als Lebensraum	Fächerverbindender Themenbereich		
9.2 Grundlagen der Kommunikation	9.2.2 Kommunikations- und Informationstechnik		9.2.1 Aufnahme und Verarbeitung von Informationen beim Menschen
9.3 Blick in den Mikrokosmos	9.3.2 Aufbau der Materie 9.3.3 Radioaktivität		9.3.1 Zellen – Bausteine Lebewesen
9.5 Stoffe im Alltag und in der Technik		9.5.1 Organische Rohstoffe 9.5.2 Kunststoffe	
9.6 Energie	9.6.1 Kraft als Ursache für Bewegungsänderung 9.6.2 Energieumwandlung		

Tab. 366/7.1: Themenbereiche aus dem Hauptschullehrplan – Chemie im Fächerverbund: Hauptschule Bayern

B Sequenz von Unterrichtseinheiten zum Themenbereich „Luft und Verbrennung" (7. Jahrgangsstufe)

- Luft als gasförmiger Körper – ein Überblick (Erweiterungs-, Vertiefungsmöglichkeit: Luftdruck)
- Zusammensetzung der Luft, qualitativ/quantitativ (Experimente, Medien) Bedeutung der Einzelbestandteile
- quantitative Zusammensetzung der Luft: Kolbenproberexperiment (Doppelstunde)
  - chemisches Grundwissen (Kupfer „bindet" Sauerstoff: Oxid)
  - das Experiment im Rahmen des forschend-entwickelnden UV
  - grafische Darstellung
- Bedingungen für den Verbrennungsvorgang *oder* „Wie konnte es zu dem Brand-/Grillunfall kommen?"
  → feuergefährliche Flüssigkeiten
  → Silvester-Raketen; Wunderkerzen
- Verbrennungsvorgang als chemische Reaktion (Oxidation, Oxidbildung, exotherm)
- stille Verbrennung/Rostvorgang – auch Metalle können brennen (technische Anwendung: Schneiden/Schneidbrenner, Schweißen/Schutzgas)
- Leben in einer Raumstation/Satellitenstation (Atmung/Gasaustausch, Energieversorgung)
- Camping-Brenner
  Übungseinheit (2 Std.) zu einem technisch-chemischen Gerät mit methodischem Schwerpunkt: Lernen an Stationen (Lernzirkel), z. B.

• Messung von Flammentemperaturen
• Verbrennungsqualität, Rußbildung, Flammentypen
• Flammenaufbau – Tochterflamme
• Verbrennungsprodukte – Wasser, Kohlenstoffdioxid
• Funktion der Einzelteile – Sogwirkung im Brennerkamin
– Feuer löschen (Modellversuche/Sicherheitserziehung)

Beim Grad der Ausprägung von Fachstrukturen müssen Differenzierungsmöglichkeiten in der Klasse bestehen, v. a. mit Rücksicht auf Leistungsschwächere, aber auch im Hinblick auf den neuerdings möglichen Mittleren Hauptschulabschluss. So ist die theoretische Basis durch Basiskonzepte, Grundtatsachen des Aufbaus der Materie (einfache Atommodelle), PSE etc. zwar stark reduziert, keinesfalls darf darauf gänzlich verzichtet werden. Im Mittelpunkt des Unterrichts stehen die didaktischen Prinzipien der Anschauung, Selbsttätigkeit, authentischer Erfahrung/Originalität und der Festigung (vgl. Kap. 9).

Diese wichtigen Anliegen werden dann eingelöst, wenn die Verbindung zwischen Fach und Lebenswelt bzw. Alltag nicht abreißt. Dies sei nochmals unter drei Aspekten angesprochen:

– Von **Alltagsprodukten zu chemischen Zusammenhängen** [44]:
Stoffe, Materialien und Produkte aus Alltag und Technik bieten Gelegenheit, sich mit dem Ordnungssystem über verschiedene Stoffsysteme zu befassen. Dabei verdient der Reinstoffbegriff besondere Beachtung. Wissen um die Zusammensetzung von Alltagsprodukten kommt unter analytischer Fragestellung zustande. Es resultieren Kenntnisse im Sinne der Leitlinie „Stoff – Struktur – Eigenschaften“. Der synthetische Aspekt kommt z. B. in der Frage „Kann ich ein bestimmtes Produkt selbst (in der Schule) herstellen?“ Viele Impulse lassen sich aus der Lebensmittel- und Gefahrstoffkennzeichnung für die Unterrichtspraxis nutzen. Selbst ein alltägliches Beispiel wie das Zünden eines Streichholzes eröffnet einen Zugang zum Verständnis chemischer Reaktionen (Abb. 368.1).

– Von der **Alltagssprache** zur **Fachsprache** (vgl. Kap. 4):
Über die Grundsätze zur Vermittlung der chemischen Fachsprache hinaus ist besondere Sorgfalt bei der sprachlichen Fassung der Unterrichtsergebnisse angebracht. Begriff und Begriffsinhalt sind stets eine genetisch gewachsene Einheit. Die Begriffe sind in Begriffsgefügen und Begriffsnetzen zu ordnen, die ein Verständnis für den Zusammenhang der Themenkreise vermitteln.
Im Rahmen der Festigung naturwissenschaftlicher Begriffe können und sollen Trivialnamen für chemische Substanzen durchaus gebraucht werden, vor allem dann, wenn diese Stoffe im täglichen Umgang oder im späteren Leben der Schüler eine Bedeutung besitzen. Warum also sollte Ethin, das unter dem Handelsnamen Acetylen als Schweißgas eingesetzt wird, nicht als solches benannt werden? Ammoniakwasser wird nach wie vor als Salmiakgeist in Drogerien verkauft, und Bezeichnungen wie Pottasche, Natron, Wasserglas oder Hirschhornsalz sind nach wie vor gebräuchlich.
Latent besteht immer die Gefahr, dass sprachliche Ungenauigkeiten aus der Alltags- und Laborsprache von den Schülern übernommen werden. Allerdings ist es für

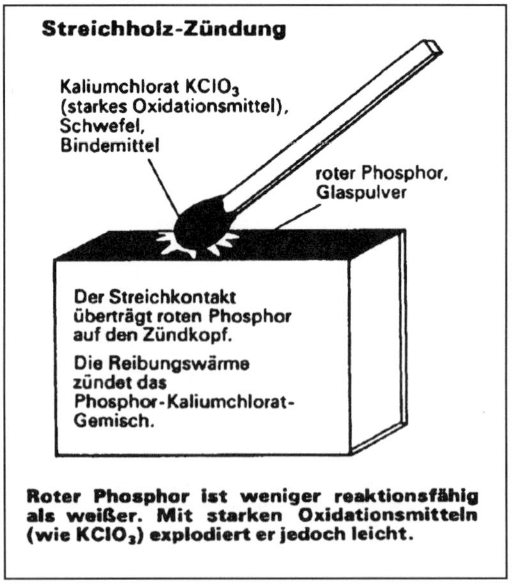

Abb. 368.1: Zündung eines Streichholzes

den Chemielehrer keine leichte Aufgabe, stets eine dem Fach Chemie angemessene Ausdrucksform zu finden, die beim Adressaten auch ankommt und für die die fachlichen Grundlagen gelegt sind.

B In vielen Berichten müsste korrekterweise von Cadmium-, Eisen-, Kupferverbindungen (usw.) gesprochen, also zwischen einem Element und seinen Verbindungen unterschieden werden.
Bei der Analyse solcher Texte ist es Aufgabe des Chemielehrers darzulegen, dass Journalisten oftmals Worte wählen und griffige Vergleiche finden, die den tatsächlichen Sachverhalt zuweilen nur unzureichend treffen. Im Hinblick auf das Erziehungsziel, die Schüler durch das richtige Umgehen mit Informationen zu mündigen Staatsbürgern zu erziehen, erfordert die Betrachtung solcher Texte im Unterricht eine kritische Versachlichung.
Nun ist es in vielen Fällen müßig, ständig zu berichtigen, dass sich im verbleiten Benzin nicht das Metall als solches, sondern in Form von Bleitetraethyl befindet. Ähnlich irreführend ist die Aussage, Kochsalz enthalte „Natrium" und „Chlor", da dieses Salz aus den Ionen Na^+ und Cl^- aufgebaut ist.
Analog lassen sich Betrachtungen über den unreflektierten Gebrauch der Begriffe „Energieerzeugung" und „Energieverbrauch" anstellen, wobei die Überführung von einer Energieart in die andere oft simplifizierend überschlagen wird. Auch von „Stoff-Verbrauch" bei chemischen Reaktionen zu sprechen stellt bereits eine sprachliche Ungenauigkeit dar, weil der scheinbar nach der Reaktion nicht mehr vorhandene Stoff sich in einem anderen Reaktionsprodukt wiederfindet (Gesetz von der Erhaltung der Masse!). Der Chemieunterricht muss den Lernenden deutlich machen, dass es sich nicht nur um sprachliche Ungenauigkeiten handelt, sondern um durchgängige naturwissenschaftliche Konzepte. Dieses Anliegen ist im Unterricht immer wieder aufzugreifen.

Formelsprache in der Hauptschule

Der Unterricht in der Hauptschule ist phänomenorientiert; das trifft in besonderem Maße für den Chemieanteil zu. Umso schwerer ist für den Schüler der Schritt vom Phänomen zur Beschreibung der beobachtbaren Vorgänge bis hin zur Interpretation der Phänomene auf stofflich-struktureller Basis. Es gilt hier behutsam die verschiedenen Stufen vom Phänomen über die Wortgleichung bis hin zu ersten Erklärungsansätzen auf Teilchenebene zu beschreiten. Die Hauptschwierigkeit besteht darin, dass die theoretische Durchdringung fast nicht möglich ist. Die Prinzipien der didaktischen Reduktion eröffnen Möglichkeiten zur Einführung der Formelsprache und zeigen die Grenzen der adressatengerechten Vereinfachung auf. Fachliche Richtigkeit einerseits und größtmögliche Anschaulichkeit andererseits sind die beiden Pole, zwischen denen sich der Lehrer sicher und adressatengerecht bewegen muss. Dies soll am Beispiel der Wasserbildung aus Wasserstoff und Sauerstoff näher ausgeführt werden.

B **Bildung von Wasser**
Die Wasserbildung im Experiment, z. B. als Knallgasreaktion, wird zuerst als Wortgleichung beschrieben. Die fachlich korrekte Form wäre:
„Gasförmiger Wasserstoff reagiert mit gasförmigem Sauerstoff nach Energiezufuhr in einer heftigen Reaktion (Knallgasexplosion) zu gasförmigem Wasser (Wasserdampf). Dabei wird Energie in Form von Wärme freigesetzt."
Zur Erleichterung für die Schüler könnte man hier z. B. mit Sprechblasen arbeiten, wobei der Vorgang stark vereinfacht beschrieben wird (Abb. 369.1).

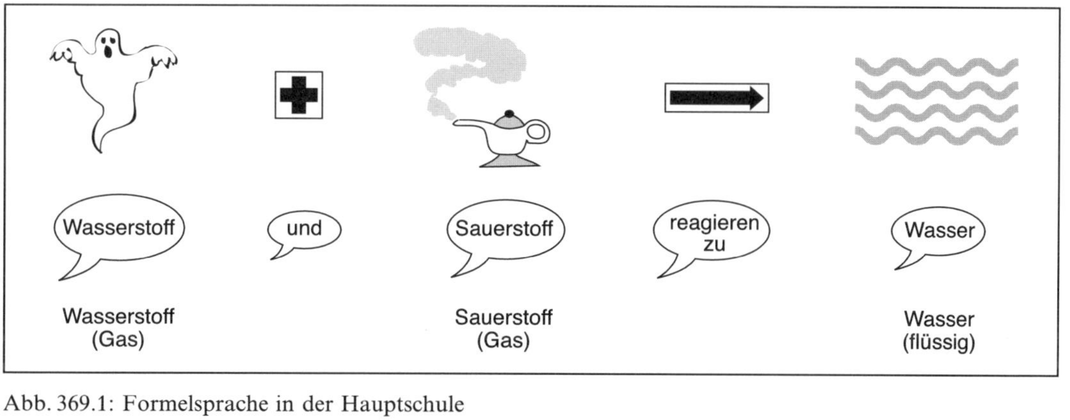

Abb. 369.1: Formelsprache in der Hauptschule

Zwei Elemente reagieren also unter Energiefreisetzung zu einer Verbindung.
Die Umsetzung von der Wort- in die Formelgleichung muss zwei Stufen durchlaufen;
- Einführung der Symbole für Wasserstoff und Sauerstoff: Wasserstoff entspricht Hydrogenium, abgekürzt H, Sauerstoff entspricht Oxygenium, abgekürzt O;
- Begründung der Zweiatomigkeit von Molekülen und Kenntnis des Indexes 2.

Die „Wasserformel" ist zwar meist vom Hörensagen bekannt. Der richtige Begriff „Wassermolekül" aus zwei Atomen Wasserstoff und einem Atom Sauerstoff muss aber geprägt werden. Erleichtert wird diese Kenntnis durch den Selbstbau eines Molekülmodells.

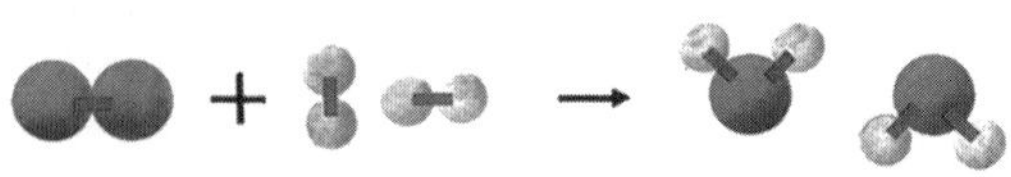

Erst dann ist die Formel H_2O als unveränderliche Einheit, welche den Stoff „Wasser" aufbaut, verständlich zu erklären.
Über das Gesetz von der Erhaltung der Masse, das zusätzlich durch einfache Versuche erarbeitet werden kann, ist der Schritt in die quantitative Ebene möglich. (Vereinfacht: Anzahl der Atome auf der Eduktseite = Anzahl der Atome auf der Produktseite). Die Reaktionsgleichung kann richtig gestellt werden.

Verbrennung von Magnesium

Die Verbrennung von Magnesium an der Luft, ein scheinbar einfacher Vorgang, zeigt schnell die Grenzen der Vereinfachung in der Hauptschule auf. Die im Metallgitter gebundenen Magnesiumatome müssen in einem ersten Schritt zu reaktionsfähigen Teilchen unter Energieaufwendung aus dem Gitterverband gelöst werden, wie das dimere Sauerstoffmolekül unter Energieumwandlung in reaktivere Sauerstoffatome gespalten werden muss (Abb. 370.1).

Erst dann kann die Umsetzung formal eines Magnesiumatoms mit formal einem Sauerstoffatom unter Energiefreisetzung erfolgen.

$$Mg + O \rightarrow MgO$$

Das gebildete Produkt, eigentlich ionogen aufgebaut und kleinste Baueinheit eines dreidimensional aufgebauten Gitters mit stark ionogenem Anteil (vgl. NaCl-Gitter), ist mit der Formel MgO also nur unzureichend beschrieben.
Es handelt sich um einen scheinbar einfachen, von der Erklärung her aber komplexen Vorgang.
Aus einer einfachen Formelgleichung kann also kein Verständnis der Vorgänge bei der Magnesiumverbrennung abgeleitet werden. Sie gibt lediglich den stofflichen Umsatz der MgO-Bildung wieder. Verzicht auf die Formelgleichung zugunsten der Wortgleichung oder eine vereinfachte Ableitung und modellhafte Betrachtung des Reaktionsgeschehens, das ist die Entscheidung, vor die der Lehrer gestellt ist, und die er je nach Leistungsfähigkeit der Klasse treffen muss!
Diese Überlegungen tangieren das Kapitel Fachsprache ebenso wie das Kapitel Modelle. Nur begründete didaktische Entscheidungen führen zu einem verständlichen Begriffsnetz, das im Sinne kumulativen Lernens auf einfachem Niveau sinnvoll ausgebaut und nutzbringend angewandt werden kann.

Lerninhalte durch Alltagsbezüge veranschaulichen

Alltagsbezüge und -themen lassen sich nicht immer „auf Chemie" allein reduzieren. Sie führen geradezu zu fachübergreifendem und fächerverbindendem Unterricht. Dies sei am Thema „Salz – vom Alltagsbegriff zur chemischen Stoffklasse" exemplarisch erläutert [45].

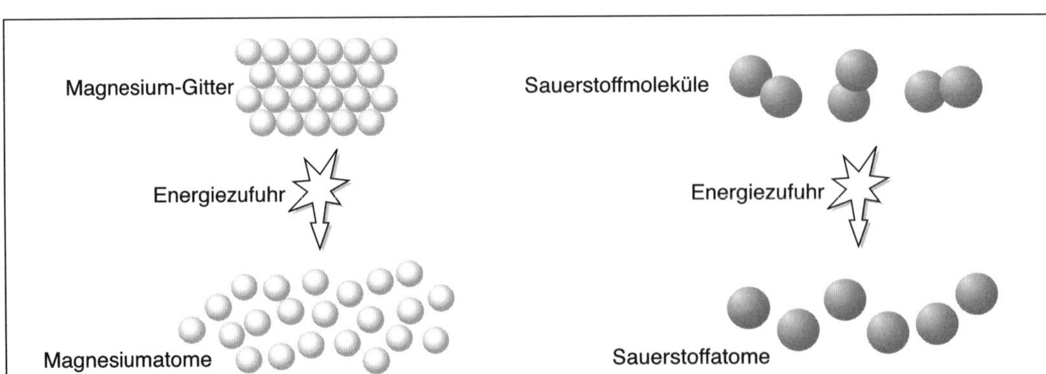

Abb. 370.1: Verbrennung von Magnesium: Entstehung von reaktionsfähigen Teilchen

B Kochsalz bestimmte über viele Jahrhunderte Handel, Wohlstand, kulturelle und technische Entwicklungen, aber auch Feindschaft und Kriege. Bei den Germanen war Salz „ein von der Gnade der Götter gegebene(r) Stoff“. Der römische Schriftsteller Tacitus (55–120 n.Chr.) berichtet in seinen „Annalen“: „So wurde zwischen Hermunduren und Chatten eine große Schlacht geschlagen, in der sie um einen Salz führenden Fluss stritten“.

Im alten chinesischen Kaiserreich bekam Kochsalz den Wert von Geld, mit dem man viele andere Lebensmittel kaufen konnte. Marco Polo berichtete, dass sechzig dieser Salzmünzen zehn Gramm Feingold entsprachen.

Im allgemeinen Sprachgebrauch steht der Begriff „Salz“ als Stoff zum Würzen von Speisen, gemeinhin „Kochsalz“ genannt. Dieses wiederum wird als „Steinsalz“ aus großen Lagern (z.B. Reichenhall, Salzkammergut) oder aus Meerwasser als „Meersalz“ oder „Seesalz“ gewonnen. Durch Eisenoxide rötlich gefärbtes „Viehsalz“ ist den Schülern als „Streusalz“ gegen winterliche Eisglätte geläufig. Bei allen diesen Salzsorten handelt es sich letztlich um ein und dieselbe Verbindung: Natriumchlorid. Je nach Herkunft bzw. Verwendungszweck liegt sie als Reinstoff oder als Gemisch vor.

Der Bezug zur Erfahrungswelt der Schüler kann auf vielfache Weise hergestellt werden:

- Verwendung von NaCl als Streusalz (Gefrierpunktserniedrigung, Herstellen einer Kältemischung), schlechte Umweltverträglichkeit durch die Versalzung des Bodens (Versuch mit beblättertem Zweig, den man in konzentrierte NaCl-Lösung eintaucht und dessen Blätter innerhalb kurzer Zeit welken), Deutung dieser Beobachtung aufgrund der Wasser entziehenden Wirkung von NaCl auf lebende Zellen.
- Physiologische Bedeutung von NaCl für den menschlichen Organismus, gesundheitsschädigende Wirkungen bei überhöhter Zufuhr, Haltbarmachen von Lebensmitteln, z.B. Gurken. Deutung der konservierenden Wirkung durch den Entzug des lebenswichtigen Wassers aus Bakterienzellen und Pilzsporen, die damit abgetötet werden.
- Salz und Korrosionsschäden: Die mehr durch technische Belange motivierbaren Hauptschüler und -schülerinnen können beim Thema Salz z.B. durch die Frage aktiviert werden, welche Seite eines nicht gerade fabrikneuen Automobils mehr Rostschäden aufweist, die rechte oder die linke Seite, vom Fahrer aus betrachtet. (Die Fahrerseite, da diese durch entgegenkommende und überholende Fahrzeuge stärker und häufiger mit streusalzhaltigem Spritzwasser befeuchtet wird.)
- Salz als (technischer) Rohstoff für die chemische Industrie, z.B. Chloralkali-Elektrolyse.

Da der Ordnungsbegriff **Salze** eine unüberschaubare Anzahl von aus Anionen und Kationen aufgebauten Verbindungseinheiten beinhaltet, die vielfach Anwendung finden, steht einer Ausweitung der Thematik nichts im Wege. Eine in diesem Sinn interessante Unterrichtseinheit ergibt sich aus der Beschäftigung mit Mineralwasser [46].

Abschließend seien didaktische Schwerpunkte zum Thema „Kochsalz – Natriumchlorid“ herausgestellt, die den Blick auf weitere Möglichkeiten zur unterrichtlichen Umsetzung lenken:

- Salz: Technik – Wirtschaft – Kultur
- Kochsalz – Lebensmittel oder Chemikalie?
- Experimente rund um Kochsalz
- Konservierung mit Salz
- Synthese von Natriumchlorid aus den Elementen
- Eine Unterrichtskonzeption für den Anfangsunterricht
- Vom Steinsalz zum Kochsalz
- Die Verarbeitung eines Naturprodukts im Unterricht
- Salz – ein Produkt aus dem Meerwasser
- Kältemischungen mit Kochsalz
- Rätselhaftes Salz
- Ein Blick ins Kochsalz
- Multimediatechnik zur Erkenntnisgewinnung im Chemieunterricht
- Auf den Spuren der Salzwirtschaft
- Über Salze und Wasserhärte

Erlebbare Phänomene als Mittler zwischen Erlebnis und Wissenschaft – aktueller denn je

Wagenscheins Plädoyer zur Rettung der Phänomene [47] im Physikunterricht hat nichts an Aktualität verloren, auch auf den Chemieunterricht in der Hauptschule übertragen. Wagenschein warnte davor, durch einen verfrühten und übereilten Einmarsch in das Reich der quantitativ belehrenden Apparate, der nur nachgeahmten Fachsprache, der nur bedienten Formeln, der handgreiflich missverständlichen Modellvorstellungen, die Verbindung der Schüler zu den Naturphänomenen zu zerreißen und ihre Wahrnehmung zu zerstören, statt sie zu steigern. Von erlebbaren Phänomenen abgekoppeltes Wissen wird oft nur Wissenshülse und damit zu Angelerntem, das lediglich rhetorisch „beherrscht“ wird (heute: träges Wissen). Vielmehr seien Phänomene als Ein-

stieg in einen genetisch-exemplarisch ausgelegten Lehrgang zu schätzen, der noch nicht zur fachlichen Enge erstarrt ist. Modellvorstellungen werden immer dann in einer der Altersstufe angemessenen Weise entwickelt, wenn sie zur Erklärung der stofflichen Eigenschaften und zur Deutung chemischer Reaktionen notwendig sind. So erfordert der Themenkreis „Aufbau der Materie und Radioaktivität" ein differenziertes Atommodell (vgl. Tab. 55.1).
Dieses Anliegen im Chemieunterricht der Hauptschule zum Tragen zu bringen ist gewiss keine leichte, aber eine durchaus reizvolle Aufgabe. In diesem Sinne schrieb der bekannte Nobelpreisträger und Chemiker Adolf Butenandt [48]:

Z Die Jugend mit der Natur vertraut zu machen, sie anzuregen, zu begeistern, ihr die Augen zu öffnen für eigene Beobachtungen und das Wesen naturwissenschaftlicher Analyse der uns umgebenden Phänomene, ist eine unendlich wichtige Aufgabe.

16.4 Chemieunterricht in der Realschule

16.4.1 Unterrichtsziele

Dic Rcalschulc gehört zu den weiterführenden Bildungseinrichtungen. Die sechsstufige Realschule umfasst die Jahrgangsstufen 5 bis 10 und verleiht nach bestandener Abschlussprüfung den Realschulabschluss (Mittlere Reife). Sie vermittelt fundierte und umfassende Grundlagen für eine berufliche Orientierung, aber auch für weitere schulische Bildungsgänge, welche bis hin zur Hochschulreife führen können. Sie ist eine Schule für Kinder und Jugendliche, die aufgeschlossen sind sowohl für praktisches Tun als auch für theoretische Überlegungen. In allen Unterrichtsfächern werden die wichtigsten fachspezifischen Arbeitsweisen und Fachbegriffe in enger Verknüpfung mit ihrer sachgerechten Verwendung vermittelt. Auf konsequente Sicherung des Erlernten wird besonders geachtet. Zunehmende Bedeutung gewinnen das Lernen lernen, die Erziehung zur Teamfähigkeit und die Befähigung zu vernetztem Denken. Gerade für die zuletzt genannten Qualifikationen trägt der Chemieunterricht Entscheidendes bei. Dies gilt auch für die Sicherheits-, Gesundheits- und Umwelterziehung.
Dem Bildungs- und Erziehungsziel der Realschule dient ein überlegt aufgebauter, methodisch an den Voraussetzungen der jeweiligen Lerngruppe ausgerichteter Unterricht, der Handlungsorientierung und Praxis- wie Lebensnähe mit einbezieht. Der Unterricht knüpft in der Regel an den Erfahrungen der Schüler an und orientiert sich am Prinzip der Anschaulichkeit. An geeigneten Beispielen werden Begriffe, Gesetzmäßigkeiten, Strukturen, Modellvorstellungen oder Methoden von allgemeiner Bedeutung erarbeitet und auf diese Weise Theorie und Praxis verbunden. Fächerverbindende Unterrichtsvorhaben und projektorientiertes Arbeiten sind Möglichkeiten, die Vielschichtigkeit von Problemen und den inneren Zusammenhang der Unterrichtsfächer an bestimmten Themen für die Schüler anschaulich werden zu lassen. Gleichzeitig setzen sie markante Punkte im schulischen Leben. Die Lehrkräfte verschiedener Fächer führen mindestens einmal im Jahr mit ihren Schülern ein gemeinsames Unterrichtsvorhaben durch.

16.4.2 Das Fachprofil Chemie

Bildung und Erziehung. Der Abschlusscharakter der Realschule erfordert einen Überblick über die Chemie, sodass neben der allgemeinen und anorganischen Chemie keinesfalls auf die Hauptprobleme der organischen Chemie verzichtet werden kann. Auch der parallel laufende Biologieunterricht (Stoffwechselvorgänge, Atmung, Verdauung) erfordert Grundkenntnisse in organischer Chemie. Dies gilt auch für viele Fragen aus der Chemie des Alltags. Die Aufgliederung des Fachgebietes in anorganische und organische Chemie hat sich bewährt, wenngleich es sich hier sicher nicht um die einzig mögliche didaktische Konzeption handelt [49].
Ein nur an der Fachsystematik orientierter Chemieunterricht kann das Interesse und die Motivation der Schülerinnen und Schüler an der Chemie beeinträchtigen. Weiterhin besteht die Gefahr, dass trotz aller Bemühungen ein

Überblick nicht im angestrebten Maße erreicht wird.
Ein Ansatz, dieses Problem zu lösen, sind themenzentrierte Konzeptionen. Beispielsweise stehen die drei Unterrichtsjahre 8 bis 10 nach dem Rahmenplan des Landes Hessen für die Sekundarstufe I unter den Rahmenthemen:

- Jahrgangsstufe 8 Stoffe – Ordnung in der Vielfalt
- Jahrgangsstufe 9/I Luft
- Jahrgangsstufe 9/II Wasser und andere Lösemittel
- Jahrgangsstufe 10/I Boden
- Jahrgangsstufe 10/II Werkstoffe und Wertstoffe unserer Zeit

Für jedes Halbjahr (in der 8. Jahrgangsstufe wird nur ein Halbjahr Chemie unterrichtet) sind die zu unterrichtenden Inhalte so genannten Erschließungskategorien zugeordnet. Dies sind die Fachwissenschaft, die Technologie, der Alltag und die Umwelt. Jedes Thema wird also mehrperspektivisch behandelt. Man versucht durch diese Konzeption auch der Gefahr zu entgehen, dass Alltags- und Lebensweltbezüge nur Ergänzungen des normalen Unterrichts, aber nicht ihr fester Bestandteil sind.
Allgemein ist es notwendig, die Lebenswelt auf breiter Basis im Sinne eines praxisorientierten Chemieunterrichts in den Unterricht einzubeziehen [50]. Moderne Lehrplankonzepte (z. B. in Bayern 2000, Hessen) berücksichtigen diese Forderung.
Die Schüler erhalten – ausgehend von ihren Alltagserfahrungen und damit verbundenen Fragestellungen – Einblick in die Bedeutung der Chemie. So ist die Kulturgeschichte der Menschheit eng verknüpft mit der Entwicklung und Herstellung neuer Produkte sowie der Erforschung und Veränderung ihrer Eigenschaften. In einem zeitgemäßen Chemieunterricht erschließen sich die Schüler Beispiele für Wechselbeziehungen zwischen Chemie, Technik, Umwelt und Alltagsleben [51]. Sie setzen sich aber auch mit problematischen Begleiterscheinungen der angewandten Chemie auseinander. Die Chemie ermöglicht durch ihre Erkenntnisse und Produkte gesellschaftliche Veränderungen und stellt damit ein grundlegendes Kulturgut dar.

Ein Chemieunterricht, der sich nicht nur an theoretischen Konzepten der wissenschaftlichen Chemie orientiert, berücksichtigt, dass die Ausbildung an einer Realschule nicht nur wissenschaftspropädeutischen, sondern auch allgemein bildenden Charakter hat [50].

Wichtige **Erziehungsziele** sind genaues Beobachten und Beschreiben, selbstständige Formulierung und Begründung von Lösungsvorschlägen, Erkennen von Zusammenhängen zwischen Theorie und persönlicher Alltagserfahrung, mündliche und schriftliche Fixierung von gewonnenen Ergebnissen sowie die Auseinandersetzung mit den Meinungen anderer (s. Kap. 6). So weit wie möglich soll der Unterricht so organisiert sein, dass die Schüler unter Aufsicht des Lehrers selbstständig Experimente durchführen können. Dies steigert nicht nur die Motivation, sondern fördert individuelle Fähigkeiten, manuelle Geschicklichkeit und Kreativität, es erzieht zu kooperativem Verhalten, zu Mitverantwortung und zu sachgerechtem Umgang mit Chemikalien.

Ziele, Aufgaben und Inhalte

Chemie wird meist zweistündig unterrichtet, beginnend mit der 8. oder 9. Jahrgangsstufe. In den verschiedenen Wahlpflichtfächergruppen unterscheidet sich der Unterricht teilweise durch die Lerninhalte und die Tiefe der behandelten Themen. Die Schüler setzen sich mit folgenden fachlichen Inhalten auseinander:

- Eigenschaften und Verwendung wichtiger Stoffe und Stoffgruppen;
- Atombau und chemische Bindungen;
- chemische Reaktionen;
- Kohlenstoffverbindungen als bedeutende Stoffe in Natur und Technik.

Der Chemieunterricht vermittelt Einsichten in den **Bau und in die Struktur der Materie** und eröffnet somit einen Einblick in die Mechanismen der **Um- und Neubildung von Stoffen**. Die Schüler lernen Phänomene mithilfe von Modellvorstellungen zu deuten. Experimente nehmen eine zentrale Stellung ein. So entwickeln die Schüler eine Vorstellung vom logischen Gedankengebäude der Chemie. Einzelne chemische Umwandlungen können in größere Zusammenhänge eingeordnet werden. Bei den Schülerinnen und Schülern wird somit allmählich Verständnis angebahnt, wie chemische Umwandlungen in der Natur stattfinden und wie man von einem **Rohstoff** zu einem **Chemieprodukt** gelangt. Sie lernen dabei chemische Prozesse, technische Verfahren und chemische Berufe kennen. Dabei wird ihnen deutlich, dass die chemische Industrie ein wesentlicher Wirtschaftsfaktor ist.

Der Chemieunterricht belegt, dass natürliche Prozesse in **Kreisläufen** stattfinden. Somit verdeutlicht er die Notwendigkeit des Recyclings der Stoffe nach beendeter Nutzung des Produkts. Probleme der Abfallbeseitigung und der Minderung der Schadstoffbelastung in der Umwelt sind ebenfalls Unterrichtsgegenstände. An repräsentativen Beispielen werden Ansätze zur Lösung dieser Probleme diskutiert, z. B. anhand der Prinzipien eines **Produktionsintegrierten Umweltschutzes**: Vermeiden – Verwerten – schadloses Entsorgen (vgl. Kap. 3.3).

Alle chemischen Reaktionen gehen mit **Energieumsätzen** einher. Während die Herstellung von Chemieprodukten vielfach unter Energieaufnahme stattfindet, werden bei Prozessen der **Energieumwandlung** in Heizungen, Kraftfahrzeugen und industriellen Verfahren energiereiche Ausgangsstoffe entwertet. Der Chemieunterricht zeigt, wie Energie unter Nutzung regenerierbarer Energiequellen eingespart werden kann.

16.4.3 Ausgewählte Probleme der Unterrichtspraxis

Wegen der stärkeren Orientierung der Unterrichtsthemen an der Lebenswelt der Lernenden, der sehr knapp bemessenen **Unterrichtszeit** und des **umfangreichen** abzudeckenden Lehrstoffes muss der Chemieunterricht an den Realschulen ausgeprägt **exemplarischen** Charakter haben. Dies erfordert vom Lehrer eine hohe Befähigung zur **Elementarisierung** (vgl. Kap. 10), um vor allem beim fachwissenschaftlichen Lehrstoff eine sinnvolle, einwandfreie **didaktische Reduktion**, sowohl in horizontaler als auch in vertikaler Form, durchführen zu können.

B **Säure-Base Begriff** im Sinne von Brönsted
Eine breite Diskussion über korrespondierende Säure-Base-Paare und des Begriffes der Amphoterie ist in der Realschule nicht möglich. U. a. deshalb, weil dies bereits ein Verständnis für das chemische Gleichgewicht voraussetzt. Zur qualitativen Einführung des Brönsted-Konzepts in elementarer Form kann man sich mit dem Begriff der „umkehrbaren Reaktion" behelfen [52, 53].
Eine mögliche Abfolge von Unterrichtsstunden zur Säure-Basen-Problematik zeigt Tabelle 375.1:

Einführung des pH-Werts
Die Einführung in den pH-Wert erfordert ebenfalls eine wohlüberlegte vertikale didaktische Reduktion, weil es die Mathematikkenntnisse de Realschüler in der 9. Jahrgangsstufe nicht erlauben, dass man den pH-Wert als negativen dekadischen Logarithmus des Zahlenwertes der Hydroniumionenkonzentration einer wässerigen Lösung definiert. Die Pauschalaussage, dass der pH-Wert eine Maßzahl für die Säure- bzw. Baseneigenschaften einer Lösung sei, ist oberflächlich und trifft den speziellen Charakter dieser Zahlenreihe nicht. So ist z. B. eine Begründung, dass die Säurestärke mit steigenden pH-Wert abnimmt, nur schwer zu vermitteln. Noch schwerer verständlich ist die Vorstellung, dass sich die Konzentration der Hydroniumionen von einem ganzen Zahlenwert zum anderen um eine Zehnerpotenz ändert, weil dem Schüler das Rechnen mit logarithmischen Werten noch nicht bekannt ist. Zu deuten, was es mit den pH-Werten von 7 bis 14 auf sich hat, bringt erhebliche Schwierigkeiten. Man muss auf das Ionengleichgewicht des Wassers eingehen, wenn auch in didaktisch stark reduzierter Form [55].

Die Erarbeitung fachwissenschaftlicher Fakten im Chemieunterricht erfolgt an den Realschulen im Normalfall nach den Erkenntniswegen der Chemie (vgl. ausführlich Kap. 5). Das forschend-entwickelnde Unterrichtsverfahren ist nur im Experimentalunterricht möglich. Daher ist das **Experiment** ein zentraler und unverzichtbarer Bestandteil der Realschule [56]. Der Zeitfaktor, unzureichende Geräte- und Raumausstattung, zu schwierige und komplizierte fachliche Hintergründe usw. können der Grund dafür sein, dass manche Unterrichtsgegenstände durch reine Information vermittelt werden müssen. Der Chemieunterricht darf sich jedoch keinesfalls nur in der Mitteilung fertiger fachwissenschaftlicher Fakten erschöpfen. Die Chemie würde dadurch zum reinen Lernfach degradiert [57].

Sequenz von Unterrichtseinheiten	Inhaltliche Schwerpukte
Ein Proton als Markenzeichen Was sind Säuren?	Säuren – Säurelösungen
Auch Gase können sauer sein Vom Chlorwasserstoff zur Salzsäure	Säurebegriff nach Brönsted – vereinfacht
Protonen unterwegs Eigenschaften von Säurelösungen	Gemeinsame Eigenschaften (elektrische Leitfähigkeit, Indikatorreaktion)
Echt Gold? Reaktion von Säurelösungen mit unedlen Metallen	Säurelösungen reagieren mit unedlen Metallen
Zwei, die zusammengehören Wichtige Säuren und ihre Salze	Nomenklatur, Herstellungsmöglichkeiten von Salzen
Macht nicht nur Regen sauer? Schwefelsäure, eine mehrprotonige Säure	Grundwissen
Basen – Gegenpart der Säuren	Basenbegriff nach Brönsted – vereinfacht (Bsp. Ammoniak)
Her mit dem Proton! Was sind Laugen?	Wichtige Laugen im Labor – Eigenschaften, Verwendung –
Gegensätze heben sich auf Neutralisation	Säure-Basen-Wechselwirkung Prinzip und Anwendung
Farbe bekennen Der pH-Wert	Phänomenologische Basis
Der kleine Unterschied Der pH-Wert – genauer betrachtet	Mathematische Grundlage des pH-Wertes, eine Annäherung

Tab. 375.1: Säuren und Basen [54]

16.4.4 Wichtige Fachkenntnisse als Basis für Chemieverständnis

Die **Lebenswelt** der Schülerinnen und Schüler, in der ihr Wissen und Können aus dem Unterricht zum Tragen kommen, sowie die **Fachwissenschaft**, die Fakten, Gesetze, Theorien und Modelle zum Verständnis der Lebenswelt und zum konkreten Handeln anbietet, bestimmen den Chemieunterricht in der Realschule. Die fachwissenschaftlichen Aspekte des Unterrichts gewährleisten eine fachlich qualifizierte Auseinandersetzung mit den einzelnen Themen des Unterrichts. Lebenswelt (im Folgenden: L) und Fachwissenschaft (F) liefern wichtige Kriterien für Themen und Inhaltsauswahl [50]. Dazu einige **Beispiele von Lernbereichen**:

B

Verbrennungsvorgänge
F: Entzündungstemperatur, Flammpunkt, Verbrennungswärme, Explosion.
L: Rostvorgang, Atmung, Umgang mit feuergefährlichen Substanzen, Löschen von Bränden, erneuerbare Energieträger (nachwachsende Rohstoffe).

Luft und Sauerstoff
F: Luftanalyse, Sauerstoff und seine Bedeutung in Natur und Technik, Oxidation, Oxide.
L: Luftverunreinigung, Notwendigkeit von Umweltschutzmaßnahmen, Ozonloch, Treibhauseffekt.

Ionenbindung
F: Ionenbildung, Ionengitter am Beispiel Natriumchlorid, Gitterenergie, Salze, Lösungsvorgang bei Salzen, Hydratisierung, elektrische Leitfähigkeit von Salzschmelzen und wässerigen Salzlösungen, Ionenwanderung im elektrischen Feld, Elektrolyse.
L: Natriumchlorid als ein Salz von großer Bedeutung, Streusalz im Straßenverkehr und seine Wirkung auf die Umwelt, Salz und Gesundheit.

Säure-Base-Begriff nach Brönsted (vereinfacht)
F: **Säuremerkmale**: Säureerkennung, Protolyse, Hydroniumion, Säuren als Protonenspender
Basenmerkmale: Basenerkennung, Basen als Protonenempfänger, Hydroxide, Laugen.
Neutralisation, pH-Wert als Maß der Wasserstoffionenkonzentration, Salze.
L: Beeinflussung der Umwelt durch Säuren und Basen, saurer Regen, Waldsterben

Alkohole

F: Alkanole, Strukturaufklärung, Hydroxylgruppe als funktionelle Gruppe, homologe Reihe, Löslichkeit, Wasserstoffbrückenbindung, Giftwirkung, mehrwertige Alkohole (Eigenschaften, Verwendung), Phenol (Eigenschaften, Verwendung).

L: Alkohol als Genussmittel, Alkoholismus und seine Auswirkungen auf die Persönlichkeit und die Gesellschaft, Lösemittel.

Kohlenhydrate

F: Mono-, Di- und Polysaccharide: Glucose, Fructose, Saccharose, Maltose, Stärke, Cellulose, Vorkommen, Aufbau, Bedeutung, Unterscheidung, vereinfachte Strukturformeln.

L: Umweltprobleme bei der Cellulosegewinnung, Bedeutung von Kohlenhydraten bei der Ernährung.

Kunststoffe

F: Monomere, Polymere, Polymerisation, Polykondensation, Kunststoffe = „Werkstoffe nach Maß".

L: Beseitigung von Kunststoffabfällen, Umweltprobleme, Müllproblem, Recycling

16.4.5 Ausblicke

Die Forderung, die Lerninhalte mit möglichst vielen realen Begebenheiten aus der Lebenswelt der Lernenden zu verknüpfen, ist ohne Zweifel berechtigt, weil dadurch das Interesse am Chemieunterricht wächst. Fachwissenschaftliche Zusammenhänge und Gesetzmäßigkeiten werden so eingängiger vermittelt als bei Erarbeitung nur an chemischen Phänomenen ohne lebenspraktischen Kontext.
Die Stofffülle wird zugunsten einer stärkeren Orientierung der Unterrichtsthemen an der Lebenswelt reduziert. Aus Gründen der Aktualität müssten die Lehrkräfte die Möglichkeit haben, die Inhalte in Abstimmung mit den Schülerinnen und Schülern weitgehend selbst zu bestimmen. Bei einer Unterrichtsgestaltung dieser Art müsste jedoch gewährleistet sein, dass unter Wahrung der fachwissenschaftlichen Aspekte eine fachlich qualifizierte Auseinandersetzung mit den einzelnen Unterrichtsthemen erfolgt. Durch geschickte Steuerung der Themenauswahl könnte der Chemieunterricht allen geforderten fachwissenschaftlichen Aspekten gerecht werden.
Praktische, auf breiter Basis erprobte Unterrichtsverfahren dieser Art sollten verstärkt entwickelt werden [49, 50, 55].

16.5 Chemieunterricht an Gymnasien

Nach einer gymnasialen Ausbildung sollen junge Menschen die Fähigkeiten, Kenntnisse und Fertigkeiten besitzen, ohne Einschränkung jedes Fach studieren zu können. Der Abschluss des Gymnasiums oder eines gymnasialen Schulzweigs, das Abitur, bescheinigt die allgemeine Hochschulreife. Daneben ist es gleichzeitig der höchstwertige allgemein bildende Abschluss vor einer beruflichen Ausbildung außerhalb der Hochschulen.
In Kapitel 16.1 sind in Abbildung 349.1 die unterschiedlichen Möglichkeiten, die direkt zur allgemeinen Hochschulreife ohne Umweg über eine Berufsausbildung (2. Bildungsweg) führen, dargestellt. Nach Klasse 10 kann das Gymnasium mit der Mittleren Reife, nach der 12. Klasse in den alten Bundesländern mit der Fachhochschulreife verlassen werden.

Die deutschen Gymnasien können unterschiedlich ausgerichtet sein: neusprachlich, humanistisch (altsprachlich), naturwissenschaftlich, sozialwissenschaftlich, wirtschaftswissenschaftlich, musisch. Vielfach führen die Gymnasien mehrere Zweige parallel bis zum Abitur.

16.5.1 Ziele des Gymnasiums

Die Absolventen der Gymnasien erhalten eine umfassende allgemeine Bildung (siehe Kapitel 6). Für dieses Ziel müssen sie auch bereit sein und erlernen, „auf hohem Niveau viel und andauernd zu arbeiten" [58]. Andererseits wird ihnen Gelegenheit gegeben, Begabungen zu folgen und Neigungen zu entwickeln. Trotz dieser möglichen Differenzierungen soll sich für den Einzelnen der gymnasiale Bildungsweg als eine innere Einheit erweisen.

Chemieunterricht am Gymnasium soll alle Schüler zu **solidarverträglichem Handeln mit Stoffen** erziehen sowie dazu befähigen, solche Handlungen wertend beurteilen zu können. Dies betrifft den Zugriff auf Ressourcen, den Umgang mit Stoffen auf der industriellen und auf der privat-individuellen Ebene des Einzel-

nen und schließlich ein umwelt- und sozialverträgliches Entsorgen oder Recycling.
Aus dieser Sicht sind chemische Kenntnisse gerade für die Gymnasiasten wichtig, die keine naturwissenschaftlichen Berufe ergreifen, wohl aber gesetzgebend oder urteilend mit Stoffen und ihren Eigenschaften zu tun haben werden.
Diesen Zielen entspricht der Klassenunterricht in allen Schulfächern in der Mittelstufe des Gymnasiums (Klassen 5 bis 10) und (teilweise) in der Orientierungsstufe.
In der eigentlichen Kollegstufe wird Unterricht mit Wahlmöglichkeiten nach individuellen Neigungen der Schüler erteilt. Nur eine geringe Anzahl von Kernfächern ist weiter Pflicht, daneben können und müssen weitere Fächer als Leistungs- oder Grundkurse belegt werden.

Die Ausgewogenheit der Bildung der Abiturienten wird durch die bundesweit einheitliche Zuordnung aller Unterrichtsfächer zu **drei Feldern in der Kollegstufe** erreicht

- **literarisch-sprachlich (Deutsch, Fremdsprachen)**,
- **gesellschaftswissenschaftlich**,
- **naturwissenschaftlich (Mathematik, Physik, Chemie, Biologie, Informatik)**.

Das Fach Sport läuft außerhalb der Felder, ist nicht abwählbar und kann nur teilweise und unter Auflagen Leistungsfach sein.
Aus allen drei Feldern muss eine ausgewogene Anzahl von Kursen belegt und ein Teil davon muss in die Abiturwertung eingebracht werden. In welchem Maße dies genau zu geschehen hat, regelt die Abiturprüfungsordnung [59] (vgl. dazu Abb. 385.1). Sie ist einheitlich gültig. Es gibt lediglich geringe Unterschiede zwischen den Bundesländern hinsichtlich der Gewichtung von Fächern eines Aufgabenfeldes als Haupt- bzw. Kernfach oder als Nebenfach.

16.5.2 Das Fach Chemie am Gymnasium

Chemie ist im Gymnasium kein grundsätzliches Kernfach wie Mathematik (und wie Physik in Bayern [60]). Es ist aber immer Kernfach im naturwissenschaftlichen Gymnasium. In der Kollegstufe kann Chemie als Grund- oder Leistungsfach gewählt werden, Letzteres nur bei insgesamt fünfjähriger Unterrichtszeit, also bei ca. 6 Wochenstunden Chemieunterricht in der Mittelstufe im Gymnasium. Dies ist nicht überall der Fall – und das ist historisch bedingt (s. Kap. 2).

Bundesländerübergreifend regeln KMK-Beschlüsse und -Rahmenpläne Dauer, Art und Inhalt von Unterricht. Rapide wachsender Wissensumfang im 20. Jahrhundert machte eine Beschränkung der Unterrichtsinhalte und eine Bildung von individuellen Schwerpunkten sowie eine Abkehr vom systematischen Unterrichten von Fachinhalten erforderlich. Eine Hinwendung zu Denkmethoden war die Folge und führte zur Umorientierung in der gymnasialen Oberstufe (Saarbrücker Rahmenvereinbarung 1960). Schulversuche zum Kurssystem liefen seit den sechziger Jahren und bereits 1972–74 wurden die ersten Abiturprüfungen wie heute üblich abgelegt. Nach der KMK-Vereinbarung vom 7. 7. 1972 über die Neugestaltung der gymnasialen Oberstufe wurde dieses Schulsystem bundesweit erprobt und 1977 für alle Bundesländern verbindlich eingeführt. Seitdem gibt es in der Oberstufe von Gymnasien nicht mehr Haupt- und Nebenfächer, sondern Pflicht- und Wahlfächer, die in unterschiedlicher Tiefe unterrichtet werden.

In der in Tabelle 378.1 dargestellten Stundentafel sind die zurzeit in den einzelnen Bundesländern für den Chemieunterricht im Gymnasium vorgesehenen Wochenstunden zusammengestellt. Im Durchschnitt erhalten Gymnasiasten 6 bis 8 Stunden Pflichtchemieunterricht und können in der Kollegstufe noch 6 bis 12 Stunden dazu- oder auch Chemie abwählen. In Bayern, im Saarland und in einigen neuen Bundesländern wird Chemieunterricht in naturwissenschaftlichen, sozialwissenschaftlichen und alt- bzw. neusprachlichen Gymnasien schon in der Sekundarstufe I differenziert angeboten.
In Bayern gab es in sprachlichen Zweigen in der Sekundarstufe I überhaupt keinen und in der Klasse 11 nur zwei Stunden Pflichtunterricht in Chemie. Leistungskurse im Fach Chemie waren somit für Schüler dieser Gymnasien nicht möglich, weil die KMK-Bedingung von

Klasse / **Bundesland**	7	8	9	10	11 OF	11	12 LK	12 GK	13 LK	13 GK
Baden-Württemberg			2	2	4	2	5	3	5	3
Bayern MNG			2 + 1Ü	2 + 1Ü	3		5	3	5	3
SWG			2	2	2		5	3	5	3
NG, AS, WWG, MU			–	–(2)		2		3		3
Berlin		2	2	2	4	2	5	3	5	3
Brandenburg		2	2	2	4	3	5	3	5	3
Bremen		2E	2	2	4	2	5	3	5	3
Hamburg			3	2	4	2	5	3	5	3
Hessen		2	2	2	4	2	5	3	5	3
Mecklenburg-Vorpommern		2	2	2	5	3	5	3		
Niedersachsen		2	2	1	4	2	5	3	5	3
Nordrhein-Westfalen	2	–	2	2	4	3	6	3	6	3
Rheinland-Pfalz	2	2	2	3	4	3	6	3	6	3
Saarland MNG		2	2	2	5	3	5	3		
AS/NS		2	2	2		3		3		
Sachsen	2	2	2	2	5	3	5	3		
Sachsen-Anhalt	1	2	2	1E/2E	5	3	5	3	5	3
Schleswig-Holstein		2	2	3	4	3	5	3	5	3
Thüringen		2	3	2	5	3	5	3		

Zeichenerklärung:

–	in diesem Bundesland ist in dieser Jahrgangsstufe kein Chemieunterricht vorgesehen
MNG	Mathematisch-Naturwissenschaftliches Gymnasium
SWG	Sozialwissenschaftliches Gymnasium
WWG	Wirtschaftswissenschaftliches Gymnasium
NG	Neusprachliches Gymnasium
AS	Humanistisches Gymnasium
MU	Musisches Gymnasium
OF	Orientierungsfach
GK	Grundkurs
LK	Leistungskurs
Ü	Schülerübungsstunde
E	im Epochenunterricht, nur ein Halbjahr

Tab. 378.1: Wochenstundentafel für den Chemieunterricht an Gymnasien

mindestens fünfjährigem Unterricht in jedem Leistungsfach nicht erfüllbar war. Zur Angleichung an europäischen Standard gibt es zurzeit mehrere Schulversuche an bayerischen Gymnasien mit Änderungen in Stundentafeln und Unterrichtsinhalten [61].

Chemieunterricht ist Experimentalunterricht; er wird deshalb auch von den vorgegebenen Organisationsformen und Bedingungen weitgehend mitbestimmt.

Während unbestritten ist, dass man die Klassengrößen in der Primarstufe begrenzen muss (Beispiel Hessen: maximal 25 Schüler/1. Klasse), können die Klassen in der Sekundarstufe I eine größere Klassenstärke haben (z. B. Hessen 30 + max. 10 %). Andererseits ist eigenständiges Experimentieren nur in Gruppen bis 16 Schüler bei einer Lehrperson gestattet [62]. In manchen Bundesländern ist das Durchführen von Experimentalunterricht als Schülerübungen durch Teilen der Klasse in 2 Gruppen in einzelnen Jahrgängen daher verbindlich vorgeschrieben, was die faktische Wochenstundenzahl verringert (z. B. Bayern Klasse 9 und 10 eine Stunde wöchentlich). Die Organisation und Durchführung von Schülerübungen kann dem Lehrer aber auch völlig freigestellt sein.

In der Sekundarstufe II stellt sich die Problematik des Chemieunterrichts anders dar. In Klasse 12 oder 13 ist Chemie Wahlfach. Es kann als Leistungs- oder Grundkurs gewählt werden. Kurse mit mehr als 25 Schülern wird es selten geben; meist ist eine Mindestzahl an Schülern für das Zustandekommen von Kursen vorgeschrieben. Ob in der Kollegstufe ein Chemieleistungskurs möglich ist, wird durch schulinterne Vorgaben mitbestimmt. Dazu gehören neben der eigentlichen Ausrichtung des Gymnasiums (MNG, NG, AG, ...)
- die Jahrgangsstärke,
- die mögliche Flexibilität in der Stundenplangestaltung,
- die Vorkenntnisse der Schüler aus der Mittelstufe,
- die Wertung des Faches in der regionalen Arbeitswelt und
- die Fach- und Chemielehrerbeliebtheit.

Meist haben Leistungskurse in Haupt- bzw. Kernfächern Vorrang; sie werden oft bereits ab sieben Schülern eingerichtet. Welche sonstigen Leistungskurse zustande kommen, wird durch die Gesamtzahl der Stufenschüler genau festgelegt [60]. Gymnasien mit einer nicht zu geringen Jahrgangsstärke bieten daher oft bessere Bedingungen für das Zustandekommen von Chemiekursen als sehr kleine Schulen.
Leistungskurse im Fach Chemie sind immer in Kombination mit dem zweiten für Schüler möglichen Leistungsfach zu sehen. Was kombinierbar ist, wird bestimmt durch die:
- **KMK-Bindung**: Ein Leistungsfach muss Deutsch, eine Fremdsprache, Mathematik oder eine Naturwissenschaft (Ph, C, B) sein;
- **Kernfachbindung**: Eines der beiden Leistungsfächer muss Kernfach der Ausbildungsrichtung des jeweiligen Gymnasiums sein.

Dazu kommt die Notwendigkeit der Repräsentation aller drei Felder in der Abiturprüfung.

16.5.3 Die Chemielehrpläne der Bundesländer im Vergleich

Die Vorgaben für Unterrichtsinhalte und deren Verbindlichkeit sind von Bundesland zu Bundesland unterschiedlich geregelt. Verbindliche Vorgaben heißen Lehrpläne, Empfehlungen werden Richtlinien oder Rahmenrichtlinien genannt.
Für die Sekundarstufe I geben alle Bundesländer verbindliche Lernziele und Lerninhalte an. Als Vorgaben für die Oberstufe des Gymnasiums sind verbindliche Lehrpläne dann zwingend, wenn ein Zentralabitur existiert; ansonsten sind auch Richtlinien möglich.
Die Verbindlichkeit der deutschen Lehrpläne ist in Tabelle 379.1 für die Oberstufe aufgelistet.

Bundesland	**Verbindlichkeit**
Baden-Württemberg	Bildungsplan
Bayern	Lehrplan
Berlin	Rahmenplan für Unterricht und Erziehung
Brandenburg	Hinweise zur Gestaltung des Unterrichts
Bremen	Lehrplanentwurf Rahmenrichtlinien Kursleisten
Hamburg	Lehrplan
Hessen	Rahmenrichtlinien, Kursstrukturpläne
Mecklenburg-Vorpommern	Rahmenrichtlinien
Niedersachsen	Rahmenrichtlinien
Nordrhein-Westfalen	Richtlinien
Rheinland-Pfalz	Lehrplan
Saarland	Lehrplan
Sachsen	Richtlinien
Sachsen-Anhalt	Rahmenrichtlinien
Thüringen	Lehrpläne

Tab. 379.1: Verbindlichkeit der zurzeit gültigen Chemie-Pläne

Richtlinien lassen der einzelnen Schule einen größeren Freiraum hinsichtlich der Lerninhalte als Lehrpläne. Der Lehrer ist dann aber an die schulintern ergänzend zu den Richtlinien beschlossenen Absprachen der Fachkonferenzen gebunden. Sie betreffen die Anordnung der Lerninhalte und die Auswahl von fakultativ möglichen Lerninhalten in einem Halbjahr (besonders für das letzte Jahr der Kollegstufe). Einen ausführlichen inhaltlichen Vergleich der Lehrplanvorgaben der Bundesländer findet man unter [63]. Lehrpläne und Richtlinien werden von Lehrplankommissionen laufend überarbeitet und aktualisiert. Die jeweils aktuellsten Informationen sind in den WWW-Seiten der Kultusministerien der Länder (z. B. [64]) nachzulesen.

Es gibt zwischen den Ländern Unterschiede bei der Ausführlichkeit der Beschreibung der Inhalte und Ziele, in der Verbindlichkeit ihrer Abfolge oder der möglichen Änderung durch die Fachkonferenz der Schule. Vielen Lehrplänen werden allgemeine Bildungsziele vorangestellt.
Gelegentlich werden auch Lernzieltaxonomien vorangestellt und kognitive, auch affektive Lernziele besonders hervorgehoben, so z. B.:
- Verantwortungsbewusstsein gegenüber Natur und Umwelt (Berlin),
- Bereitschaft, zum Schutz der Umwelt beizutragen (Rheinland-Pfalz),
- Freude an der Natur wecken (Baden-Württemberg).

Im Chemieunterricht sind schließlich auch psychomotorische Lernziele beim experimentellen Arbeiten wichtig; sie werden daher besonders genannt.

Die Lehrplanvorgaben können auch einen unterschiedlichen curricularen Charakter haben:
1. Lehrpläne, in denen vorrangig die Inhalte festgelegt und ihr zeitlicher Umfang festgeschrieben werden (Bildungspläne, Rahmenpläne, Stoffpläne).
2. Lernzielorientierte Pläne:
   Es werden Lernziele und Inhalte formuliert sowie Wege genannt, die zur Erreichung der Ziele führen (verbindlich oder als Möglichkeit).
3. Curriculare Lehrpläne:
   Lernziele und Lerninhalte werden genannt und durch Hinweise zum Unterrichtsverfahren und zu Lernzielkontrollen miteinander verknüpft.

Die überwiegende Zahl der Vorgaben der Bundesländer gehören der ersten Kategorie an. Fächerübergreifende Bezüge werden in sehr vielen Lehrplänen besonders hervorgehoben.
Experimente sind in den Vorbemerkungen zu fast allen Lehrplanvorgaben als wichtig gekennzeichnet; bei der Auflistung der eigentlichen Themen des Lehrplans werden sie nur gelegentlich direkt genannt. Um sowohl im Mittelstufen- als auch im Kollegstufenunterricht diesen Mangel auszugleichen, gibt es vielfach noch Handreichungen für Lehrer mit ausreichend Beispielen und Hinweisen für geeignete Experimente. In Lehrplänen im restriktiven Sinne, die zu einem Zentralabitur führen, werden Schülerübungsstunden separat ausgewiesen.

B Beispiel Bayern: Stufe 10: 1 Übungsstunde (mit jeweils der halben Klasse)
Kollegstufe: ein fakultativer Kurs möglich
In Klasse 11 hat Bayern vielfach keine Schülerexperimente, weil sie nicht ausgewiesen sind.

Die Vorgaben für die Kollegstufe 12 und 13 sind in allen Lehrplänen offener gehalten als die für die Mittelstufe und die Stufe 11 (bei 13-jährigem Unterricht).
In Bundesländern mit Zentralabitur fallen die Vorgaben für die Oberstufe trotzdem detailliert aus. Es gibt aber im Kurs 13/2 Wahlmöglichkeiten aus einem vorgegebenen Kursangebot.

Im Folgenden sind zwei Beispiele zum Themenkomplex „natürliche Makromoleküle“ in einem Kursstrukturplan (Hessen, Tab. 381.1 [65]) und in einem Lehrplan eines Bundeslandes mit Zentralabitur (Bayern, Tab. 381.2 [58]) einander gegenübergestellt. Der Lehrplan von Bayern beschreibt ausführlich verbindliche Lernziele und Lerninhalte (mit Zeitangaben), um die Chancengleichheit aller Schüler zu gewährleisten.

Inhalte		
Fachwissenschaft	**Anwendung/Technik**	**fächerübergreifende Aspekte**
Struktur und Eigenschaften von Verbindungen mit mehreren funktionellen Gruppen; natürliche Makromoleküle	Eiweiße; Nucleinsäuren; Strukturaufklärung; Enzyme; Zucker, Stärke, Cellulose	Haarbehandlung/Dauerwelle; Biotechnologie; Energiestoffwechsel; Diabetes/Süßstoffe; Photosynthese/Zellatmung

Tab. 381.1: Hessischer Kursstrukturplan

1. Chemie der Biomoleküle Die Schüler setzen sich auch in eigenen experimentellen Untersuchungen mit den Eigenschaften und der Struktur von Kohlenhydraten, Eiweißstoffen und Fetten auseinander und lernen so Schlüsselsubstanzen biochemischer Vorgänge kennen. Dabei ist es immer wieder erforderlich, bereits erworbene Kenntnisse über den Einfluss funktioneller Gruppen bei den entsprechenden Biomolekülen anzuwenden und zu vertiefen. Zugleich soll den Schülern bewusst werden, dass die große Vielfalt der behandelten Naturstoffe auf relativ wenige Einzelbausteine und die spezielle Möglichkeiten ihrer Verknüpfung zurückzuführen ist. In Zusammenhang mit der biologischen und wirtschaftlichen Bedeutung der ausgewählten Stoffgruppen rücken auch Aspekte einer gesunden Ernährung in das Blickfeld der Schüler.	
Molekülchiralität und optische Aktivität (Pr): Fischer-Projektion der D- und L-Konfiguration	experimentelle Demonstration und Begriffsklärung; Veranschaulichen der Chiralität mithilfe von Modellen enantiomerer Moleküle, z.B. Glycerinaldehyd, Milchsäure, Alanin; Hinweis auf die Bedeutung der Chiralität in der Natur; Ansprechen der Diastereometrie (ca. 4 Std.)
Kohlenhydrate (Pr):	Begriffserklärung; Hinweis auf die biologische und wirtschaftliche Bedeutung, z.B. als nachwachsende Rohstoffe (→ B; → GE, MT)
– Monosaccharide: D-Glucose; Ketten-, Ringstruktur Fischer- bzw. Haworth-Projektionsformeln	GOD-Test als spezifischer Nachweis; Diskussion experimenteller Hinweise; Demonstration und Deutung der Mutarotation
D-Fructose: Pyranose-, Furanosestruktur Fischer- bzw. Haworth-Projektionsformeln	experimentelle Unterscheidung von Glucose durch Seliwanow-Probe und GOD-Test; Nachweis der Oxidierbarkeit; Erklären durch die Keto-Enol-Tautomerie (ca. 7 Std.)
– Disaccharide: glykosidische Bindung	Erkennen des Prinzips; Vergleichen des Maltose- und Trehalose-Verknüpfungstyps: Auswirkung auf das Reduktionsvermögen; Anwenden und Einüben im weiteren Unterricht;
Maltose und Cellobiose	Herausstellen der α- bzw. β-glykosidischen Bindung;
Saccharose	experimentelle Untersuchung der Oxidierbarkeit; Vergleich mit dem neutralisierten Hydrolysat; Nachweis der Hydrolyseprodukte; Ableiten der Strukturformel; Demonstration und Deutung der Inversion (ca. 6 Std.)
– Polysaccharide: Stärke, Glykogen, Cellulose	Aufzeigen des Zusammenhangs zwischen Molekülstruktur, Eigenschaften und biologischer Bedeutung; Unterscheiden von Amylose, Amylopektin und Glykogen; Überblick über die wirtschaftliche Bedeutung der Cellulose; Eingehen auf einen wichtigen technischen Prozess und seine Umweltproblematik, z.B. Zellstoffgewinnung, Papierherstellung und -recycling (→ MT, U) (ca. 5 Std.)

Tab. 381.2: Bayerischer Lehrplan (Leistungskurs Jahrgangsstufe 13)

16.5.4 Inhalte und Arbeitsweisen des gymnasialen Chemieunterrichts

Chemieunterricht im Gymnasium unterscheidet sich von dem anderer Schulformen durch eine deutlich **fachwissenschaftlichere Orientierung** hinsichtlich der Inhalte und Arbeitsweisen, die erlernt werden sollen.

Im **Mittelstufenunterricht** sind die vorgegebenen Lehrinhalte für die Sekundarstufe I in allen Bundesländern mit ca. 6 oder mehr Chemiestunden ähnlich und vergleichbar. In zwei bzw. drei Jahren soll ein Basiswissen an Stoffen und ihren Eigenschaften und an chemischer Symbolik und an Experimentiertechnik vermittelt werden, mit dem gegebenenfalls der Schüler das Gymnasium mit mittlerer Reife verlassen kann.
Chemieunterricht in der Mittelstufe des Gymnasiums beginnt mit reinen Stoffen. Es folgen erste Experimente zu Synthese von Verbindungen aus Elementen. Analyse (hier Trennung) von Verbindungen führt zu Elementen. Daran schließt sich direkt das Aufstellen erster Gleichungen als Worte und Formeln an.
Auf die sichere Beherrschung der Techniken des Aufstellens von Gleichungen (vielfach reichlich geübt an Redox-Gleichungen) und des stöchiometrischen Rechnens wird im Gymnasium Wert gelegt.
Das Gesetz der konstanten und multiplen Proportionen führt zur Atomhypothese und zur Einführung des Molbegriffs (vgl. das folgende Beispiel). Als Beispiel einer typisch gymnasialen Aufgabenstellung im Mittelstufenunterricht ist hier die experimentelle Abschätzung der Avogadrozahl mit fächerübergreifenden Kenntnissen aufgeführt:

B **Abschätzung der Avogadrozahl an einer einmolekularen Ölschicht** (Demonstrationsexperiment) [66]:

Ölschichtversuch:
Man tropft in Pentan oder Petrolether (1 ml/l) gelöste Stearinsäure auf Wasser in eine Kristallisierschale von ∅ 30–40 cm Durchmesser, die auf dem Overheadprojektor steht (Abb. 382.1). Sobald das Lösemittel verdampft ist, bildet die Stearinsäure eine einmolekulare Schicht von senkrecht stehenden Stearinsäuremolekülen.

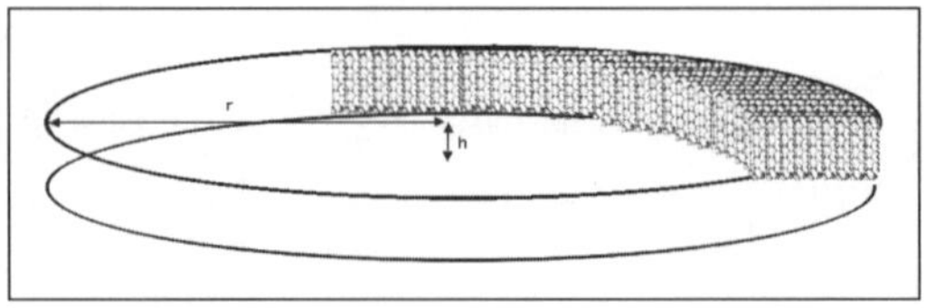

Abb. 382.1: Ölfleck

Aus der Größe des Flecks (begrenzt mit Seidenfaden oder Bärlappsporen) und der Molzahl der zugetropften Stearinsäuremoleküle kann man die Avogadrozahl berechnen.

1 Tropfen Stearinsäure in Petrolether enthält
$0{,}033$ ml Lösung $= 3{,}3 \cdot 10^{-5}$ ml Stearinsäure

Dasselbe Volumen ist nach Verdunsten des Lösemittels im Ölfleck:
$V = \pi \cdot r^2 \cdot h$
z. B. Radius $r = 7{,}5$ cm:
$\pi \cdot 7{,}5^2 \cdot h = 3{,}3 \cdot 10^{-5} \Rightarrow$
$h = 2 \cdot 10^{-7}$ cm ($= 200$ nm)

Weil die Stearinsäure als Kalotten und als Elektronendichtemodell viermal so lang wie dick ist (s. Abb. 382.2), hat ein Molekül das Volumen:
$2 \cdot 0{,}5 \cdot 0{,}5 \cdot 10^{-21}$ ml$^3 = 0{,}5 \cdot 10^{-21}$ ml^3/Molekül

(In der 9. Klasse kann man mit Würfeln der Kantenlänge a^3 rechnen, in der 10. Klasse ist bei Vorgabe der Stearinsäurestruktur diese genauere Rechnung möglich).

1 Mol Stearinsäure (Dichte 0.85 g/ml) sind
284 g oder $284/0{,}85 = 334$ ml/Mol

In einem Mol sind also:
$\mathbf{334/0{,}5 \cdot 10^{21} = 6 \cdot 10^{23}}$ **Moleküle**

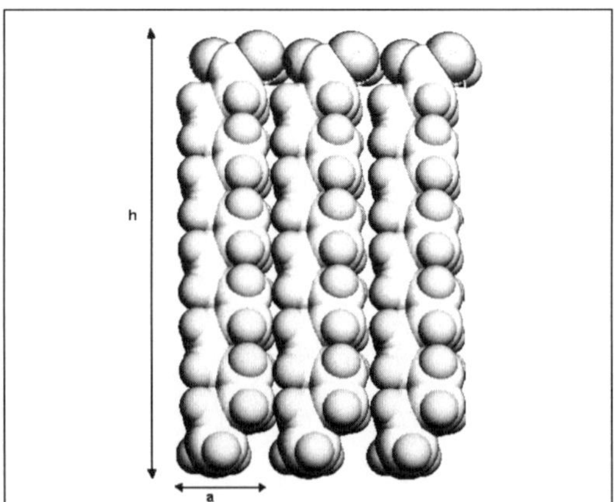

Abb. 382.2: Kalottenmodell der Stearinsäure

In der **gymnasialen Oberstufe** werden **Konzeptionen für ein tiefergehendes Verständnis naturwissenschaftlicher Sachverhalte** erarbeitet, und zwar **experimentell und auf atomarer Ebene**.

Im Fach Chemie sind dies beispielsweise:
- Verlauf und Energetik chemischer Reaktionen
  (Kinetik, Mechanismus, Umkehrbarkeit) und chemisches Gleichgewicht,
  Triebkräfte chemischer Reaktionen,
- Zusammenhang zwischen Bau und Eigenschaften von Stoffen;
  wissenschaftlichere Vorstellungen von chemischen Bindungen und Nebenvalenzen,
  Reaktionen in der organischen Chemie als Reaktionen zwischen funktionellen Gruppen,
- Donator- und Akzeptorprinzip;
  Säure-Base-Reaktionen und Redoxsysteme, aber auch an S_N- und S_E-Reaktionen in der organischen Chemie,
- Chemie als Life Science;
  Nachweis und Reaktionen lebenswichtiger biochemischer Verbindungen (Kohlenhydrate, Eiweißstrukturen, Fette, Vitamine, Enzyme),
  Verständnis vom Ablauf biochemischer Prozesse (Stoffwechsel).

In der Oberstufe vieler Bundesländer wird Chemie so spiralcurricular unter übergeordneten Aspekten nochmals aufgerollt. Atombau und chemische Bindung haben in der Oberstufe ihren Platz ebenso wie Themen aus der anorganischen Chemie (Komplexe der Übergangsmetalle, Protolysen, Elektrochemie).

Der bayerische Chemieunterricht [58] verzichtet weitgehend auf dieses spiralcurriculare Vorgehen. Im Mittelstufenunterricht sind organisch-chemische Themen nur wenig vertreten. Vom einfacheren zum komplizierteren fortschreitend werden in der Stufe 11 noch anorganische Themen wie Komplexchemie und Elektrochemie behandelt. Die eigentliche Kollegstufe aber gehört den organischen Themen, mehr noch der Biochemie bis hin zu andernorts im Fach Biologie angeordneten Themen des Stoffwechsels. Dies ist wegen der durch die LPO I vorgeschriebenen Fachkombination der Lehrer B/C möglich [67].

Eigenverantwortliches Experimentieren ist in der Oberstufe für die Schüler vorgesehen oder möglich. Im Gegensatz zu an Arbeitsanweisungen festgeschriebenen Schülerexperimenten in der Mittelstufe sind es häufig analytische Untersuchungen auf dem Gebiet der **Umweltanalytik, zu Lebensmitteln und zu Alltagsprodukten** mit variablen Aufträgen. Schülerexperimentalunterricht kann als zusätzlicher Wahlkurs oder als teilweise in den Nachmittag fallende Leistungs- oder Grundkursstunden stattfinden. Umgang mit wenig gefährlichen Substanzen – insbesondere ökologische Untersuchungen an Gewässern (pH-Wert, CSB/BSB-Wert, Nitratgehalt) – sind in den letzten Jahren vielfach praktizierte Themen gewesen.

Referate gehören in den Chemieunterricht der Oberstufe. Sie sind ein teils obligatorischer, teils fakultativer Teil der mündlichen Leistung der Schüler.

Facharbeiten
Wählt der Schüler als einen Leistungskurs Chemie, so ist eine chemische Facharbeit möglich (Ausnahme Einbringung anderer Kurse anstelle der Facharbeit, z.B. Hessen, neue Bundesländer).
Die Arbeit wird in der Regel im Zeitraum der Jahrgangsstufen 12/2 bis 13/1 angefertigt, und zwar als selbstständige Arbeit außerhalb des Unterrichts mit Unterstützung des Lehrers. Sie stellt für den Leistungskursschüler die erste forschend-entwickelnde Beschäftigung mit der Chemie dar und ist als Vorbereitung auf die Anforderungen eines späteren Studiums gedacht. Der Sinn einer chemischen Facharbeit ist jedoch nicht, einen Chemiker heranzubilden, sondern den Schüler erstmals mit selbstständigen experimentellen Arbeiten und dem Lösen von Problemen in einem Fach seiner Wahl vertraut zu machen. Die Arbeitsdauer kann sehr unterschiedlich sein; normalerweise sollten jedoch 3–4 Monate zur Durchführung ausreichen, 6 Monate möglichst nicht überschritten werden. Die erste Hälfte der Zeit sollte der Literatursammlung (heute oft Internet-

recherchen) und der praktischen Arbeit gewidmet sein, die zweite Hälfte der Niederschrift und dem Korrekturlesen von etwa 20–30 Schreibmaschinenseiten. Das Thema kann experimentelles Arbeiten beinhalten, nicht selten werden Modelle und Schaukästen/Bilder zu Themen hergestellt, die in Beziehung zum Oberstufenunterricht stehen.

16.5.5 Abiturleistungen

Die zur allgemeinen Hochschulreife führende Bildung wird durch die EPA (Einheitliche Prüfungsanforderungen für die Abiturprüfung [68]) bundesweit vorgegeben. Diese Festschreibung regelt die wesentlichen in 16.5.4 beschriebenen Inhalte. Die Form der Abiturprüfung ist durch die auch bundesweit geltende Abiturprüfungsordnung [59] festgelegt. Sie beschreibt, in welchem Umfang die Leistungen der Schüler in der Kollegstufe und in der eigentlichen vier Fächer umfassenden Abiturprüfung (Leistungsfächer und ein Grundkursfach schriftlich sowie ein weiteres Fach mündlich – aus allen drei Aufgabenfeldern) sowie eine Facharbeit die Abiturnote ergeben. Maximal sind dabei 900 Punkte möglich. Ein Drittel davon, 300 Punkte, sind (neben anderen Bedingungen) zum Bestehen des Abiturs zwingend erforderlich. Dieses Schema ist in Abbildung 384.1 dargestellt.
Geringfügige Abweichungen davon sind in den Bundesländern üblich, so gibt es z. B. in Hessen keine Facharbeit, sondern dafür zusätzliche Grundkurse, in Bayern werden die Kurse der 13/II wenig gewichtet, sodass sich nur 840 Punkte ergeben [59].

Geprüft wird im Chemie-Abitur schriftlich das Wissen aus mindestens zwei Kursen der Kollegstufe; davon muss einer die organische Chemie betreffen. Abbildung 385.1 zeigt eine zentral gestellte bayerische Abituraufgabe GK [69] (insgesamt sind zwei Aufgaben in 180 Minuten zu bearbeiten). Die Schule hat die Auswahl unter 2–3 Aufgabensets.

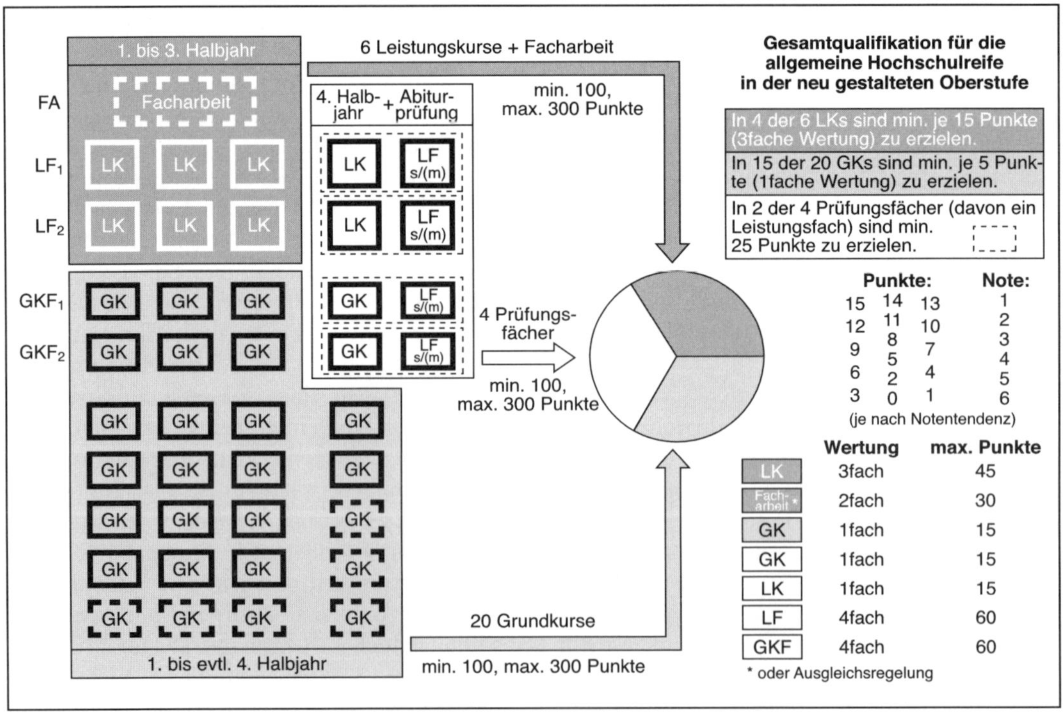

Abb. 384.1: Abiturwertung

1. Kohlenhydrate sind wichtige Nährstoffe und spielen im Stoffwechsel eine zentrale Rolle.
1.1 Das Molekül der Mannose unterscheidet sich vom Glucose-Molekül nur in der Konfiguration am C-2-Atom. Zeichnen Sie die Fischer-Projektionsformel der Kettenstruktur und die Haworth-Projektionsformeln der Ringstrukturen von Mannose! [4 BE]
1.2 An einer frisch bereiteten Mannose-Lösung lässt sich Mutarotation beobachten. Beschreiben und erklären Sie diese Erscheinung! [4 BE]
1.3 Zeichnen Sie eine Strukturformel des Saccharose-Moleküls! [3 BE]
1.4 Saccharose kann hydrolysiert werden. Sowohl mit der Saccharose-Lösung als auch mit dem neutralisierten Hydrolysat wird die Fehling-Probe durchgeführt. Beschreiben Sie die Durchführung dieser Probe! Vergleichen Sie die Ergebnisse und erklären Sie das unterschiedliche Verhalten der beiden Lösungen! [8 BE]

2. Ethanol wird schon seit langem biotechnisch aus zuckerhaltigen Lösungen hergestellt.
2.1 Erstellen Sie die Bruttogleichung der alkoholischen Gärung! [2 BE]
2.2 Beschreiben Sie unter Mitverwendung von Strukturformeln die wesentlichen Schritte der Glykolyse! [7 BE] Für beteiligte Coenzyme ist die übliche Kurzschreibweise zu verwenden.
2.3 Erstellen Sie die Strukturformelgleichungen für die beiden Reaktionsschritte, die vom Endprodukt der Glykolyse zum Ethanol führen, und begründen Sie, warum die Gärung nicht mit der Bildung der Brenztraubensäure (Ketopropansäure, 2-Oxo-propansäure) beendet wird! [5 BE]
2.4 Unter aeroben Bedingungen unterbleibt die Bildung von Ethanol. Begründen Sie diese Erscheinung und geben Sie – unter Verzicht auf Strukturformeln – einen Überblick über den aeroben Abbau der Brenztraubensäure! [6 BE]

3. Die Verfügbarkeit von Anilin (Aminobenzol) ist die Grundlage für die Entwicklung vieler „Anilinfarben".
3.1 Erläutern Sie unter Mitverwendung von Strukturformeln die Hauptschritte einer Farbstoffsynthese, bei der Anilin einen Ausgangsstoff bildet! [5 BE]
3.2 Gleichkonzentrierte Lösungen von 2,4-Dinitroanilin zeigen in alkalischem bzw. stark saurem Milieu unterschiedliche Farbe. Begründen Sie den Unterschied unter Mitverwendung von Strukturformeln und Fachbegriffen! [6 BE]

[Summe: 50 BE]

Abb. 385.1: Bayerische Abituraufgabe für den Grundkurs Chemie

In einigen Bundesländern werden die Aufgaben von den Lehrern der jeweiligen Schule selbst erstellt und dem Ministerium zur Genehmigung eingereicht. Für solche Aufgabenstellungen gilt: *Abituraufgaben* sollen enthalten

ca. 50 % Reproduktion
40–45 % Reorganisation von Wissen
5–10 % Transferwissen.

Ein Beispiel einer so aufbereiteten Abituraufgabe (GK) ist in Kapitel 12.3.3 gezeigt. In den Naturwissenschaften werden verpflichtend als Aufgabenarten festgelegt:

Z Bearbeitung eines Demonstrationsexperiments oder Durchführung und Bearbeitung von Schülerexperimenten oder Bearbeitung einer Aufgabe, die fachspezifisches Material (Beschreibung eines durchgeführten Experiments, Messreihen, Graphen, Bilder, Tabellen und sonstige Ergebnisse) enthält. Mischformen dieser Aufgaben sind möglich. Insgesamt nur aufsatzartig zu bearbeitende Aufgaben ohne vorgelegtes Material oder ohne Experiment sind unzulässig [70].

16.5.6 Zusammenfassung

Belegt ein Schüler außer dem Pflichtunterricht in der Mittelstufe auch in der Kollegstufe durchgehend einen Grund- oder Leistungskurs, so bekommt er ein relativ fundiertes, vergleichbares und ausreichendes Grundwissen in Chemie vermittelt, das als Basis für eine spätere naturwissenschaftliche Ausbildung geeignet ist.
Ein alltags- und umweltbezogener Chemieunterricht hat in allen Bundesländern in den letzten zwei Jahrzehnten die Produktionsbezogenheit des Faches Chemie verdrängt. Chemische Verfahren sind zwar vorgesehen, werden aber wenig mit den sonstigen Lerninhalten verknüpft. Biochemische Sachverhalte bekommen einen zunehmend größeren Raum innerhalb des Faches Chemie zugewiesen, insbesondere, wenn – wie in Bayern – Chemie als Fächerkombination mit Biologie für die Lehrer zwingend vorgeschrieben ist.

Wählt dagegen ein Schüler Chemie baldmöglichst ab, so hat er in manchen Bundesländern nur Grundkenntnisse der anorganischen und allgemeinen Chemie und kaum Wissen über organische Verbindungen. Zurzeit ist aus Sicht der Hochschulen und derer, die Abiturienten weiter ausbilden, der Kenntnisstand im Fach Chemie recht unterschiedlich.

16.6 Chemieunterricht im beruflichen Schulwesen

Das berufliche Schulwesen bietet verschieden hoch qualifizierte Abschlüsse. Wegen der Durchlässigkeit kann letztlich über berufliche Bildung sogar die allgemeine Hochschulreife erreicht werden. Im Bereich des beruflichen Schulwesens sind die Ausbildungsinhalte in den einzelnen Bundesländern nahezu identisch. Deshalb kann an einem Beispiel – hier Bayern – exemplarisch gezeigt werden, wie das berufliche Schulwesen organisiert ist. An ausgewählten Beispielen wird die Verschiedenheit des Chemieunterrichts je nach Schultyp und dessen Zielsetzungen vorgestellt.

16.6.1 Kurzer, vereinfachter Überblick über das berufliche Schulwesen am Beispiel Bayerns

Allgemein bildende Schulen (z. B. Grundschule, Hauptschule, Realschule, Gymnasium) und **berufliche Schularten** werden als **gleichwertig** definiert. Das Schulwesen gliedert sich in allgemein bildende und berufliche Schularten. Diese haben im Rahmen des gemeinsamen Bildungs- und Erziehungsauftrags ihre eigenständige, gleichwertige Aufgabe. Um diese Gleichwertigkeit tatsächlich zu erreichen, wurde das berufliche Schulwesen in den letzten zwei Jahrzehnten deutlich aufgewertet, auch mit dem Ziel einer Besserstellung der Hauptschule (HS) [71].
So sind inzwischen von der **Hauptschule** aus **mittlere Schulabschlüsse** erreichbar (Abb. 387.1). Schüler können mit einem „Qualifizierenden Hauptschulabschluss" („Quali") die „freiwillige 10. Klasse" besuchen, die über eine Abschlussprüfung zum **mittleren Schulabschluss** führt. Dieser Abschluss ist auch von der Hauptschule aus über eine Berufsausbildung möglich, wenn bestimmte Noten im Hauptschul- und Berufsabschluss erreicht werden. Das Ergebnis ist der „qualifizierte berufliche Bildungsabschluss" („Quabi").

Ab dem Schuljahr 1999/2000 erfolgte die Erprobung so genannter **M-Züge, M-Klassen und M-Kurse** (M = Mittlerer Schulabschluss). Hier können entsprechend begabte Lernende ab der 7. Jahrgangsstufe (M 7 bis M 10) auf einen eigenständigen, berufsorientierten mittleren Schulabschluss vorbereitet werden.

Auch die **Berufsschule (BS)** im dualen System (Betrieb und Berufsschule) der Berufsbildung ermöglicht bei bestimmten Mindestnoten und abgeschlossener Berufsausbildung den mittleren Abschluss, ebenso die **Berufsfachschule (BFS)**, z. B. für Kinderpflege, Hauswirtschaft, Sozialpflege, Fremdsprachen, Körperpflege (Kosmetik), wenn bestimmte Mindestnoten erreicht werden.

Vom mittleren Schulabschluss aus ist auch ohne Berufsausbildung über die zweijährige (Jahrgangsstufen 11 und 12) **Fachoberschule (FOS)** mit den Fachrichtungen Technik, Agrarwirtschaft, Wirtschaft/Verwaltung/Rechtspflege, Sozialwesen und Gestaltung die **Fachhochschulreife** zu erlangen, die zum Studium an der Fachhochschule berechtigt. Mit abgeschlossener Berufsausbildung oder 5-jähriger Berufserfahrung ist der unmittelbare Eintritt in die Jahrgangsstufe 12 (sog. **L-Klassen**) möglich. Die Jahrgangsstufe 12 kann aber auch als zweijährige Teilzeitform (12/1 und 12/2) neben der Berufstätigkeit, also abends oder samstags, absolviert werden.

Eine abgeschlossene Berufsausbildung mit bestimmten Mindestnoten und der **mittlere Abschluss** (mit einem Notendurchschnitt von 3,0 oder besser) in den Fächern Deutsch, Englisch und Mathematik (wobei keine Note schlechter als 4 sein darf), ermöglichen den Besuch der 2-jährigen **Berufsoberschule (BOS)** mit den Ausbildungsrichtungen Technik, Agrarwirtschaft, Wirtschaft und Sozialwesen.

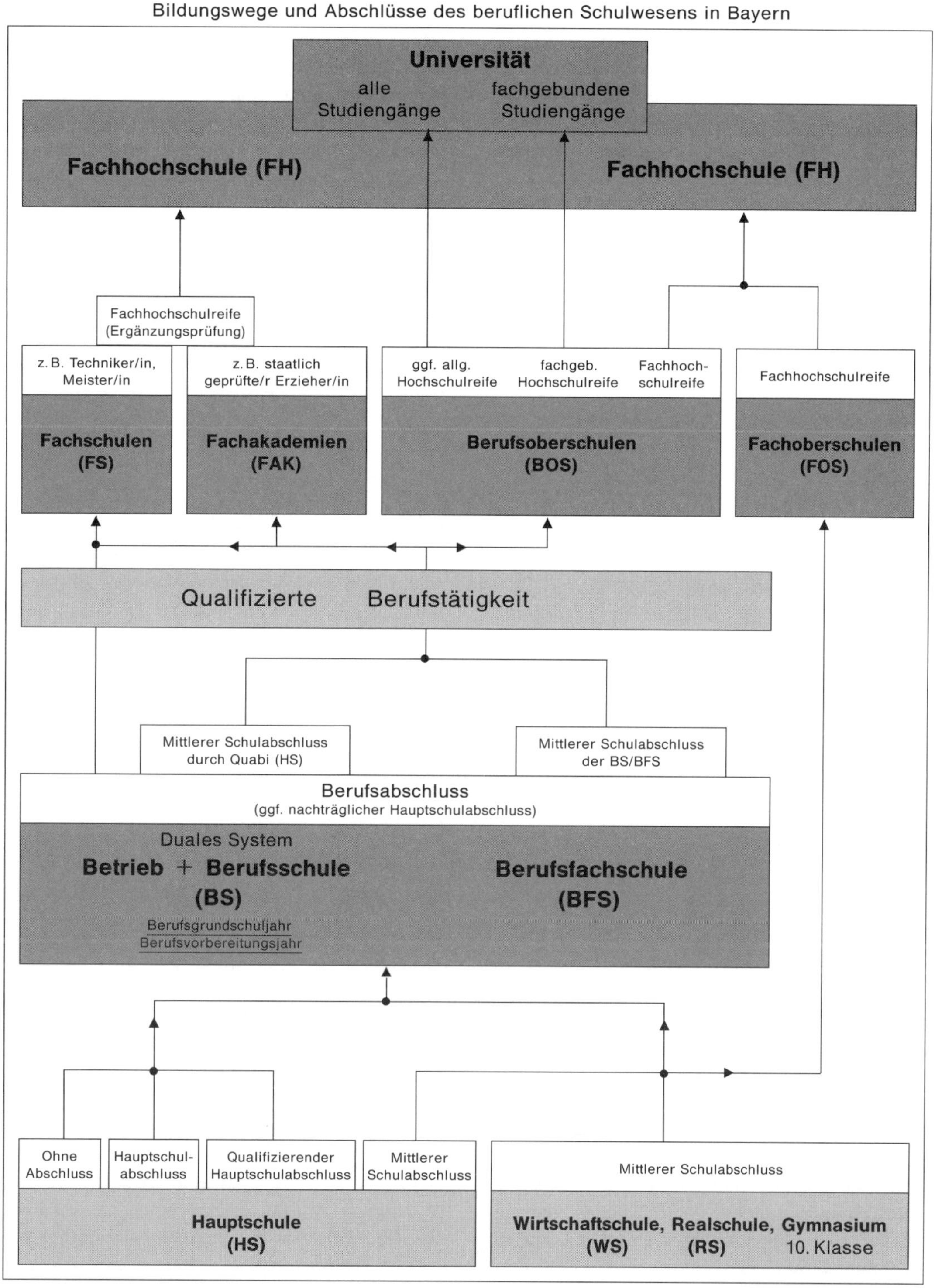

Abb. 387.1: Die berufliche Bildung in Deutschland am Beispiel Bayerns – Grundlagen und Organisation

Der Unterricht umfasst allgemein bildende und fachtheoretische Fächer. Letztere knüpfen an die obligatorische vorausgegangene Berufsausbildung an. Der erfolgreiche Abschluss verleiht die **fachgebundene Hochschulreife**. Diese berechtigt zu **allen Studiengängen an Fachhochschulen** und zu **Studiengängen an wissenschaftlichen Hochschulen im engen Bezug zur Ausbildungsrichtung an der BOS**. Nach einem Jahr kann die **Fachhochschulreife** erworben werden. Mit dem Nachweis der notwendigen Kenntnisse in einer 2. Fremdsprache wird die **allgemeine Hochschulreife** und damit der **uneingeschränkte Zugang zur Universität** erreicht.
Vom erfolgreichen Berufsschulabschluss aus stehen noch andere weiterführende berufliche Abschlüsse offen, z. B. über **Fachschulen** (Techniker, Meister u. ä.) und in Bayern über die **Fachakademien** (Abb. 387.1).
Durch ergänzende Prüfungen kann die **Fachhochschulreife** erworben werden.
Für Berufstätige gibt es als weitere Möglichkeit nachträglich einen mittleren Abschluss oder die Hochschulreife zu erlangen, den **zweiten Bildungsweg**. Hierzu zählen: **Abendrealschule, Abendgymnasium, Kolleg, Telekolleg** und als besondere Einrichtung die **Begabtenprüfung** [72, S. 8–17; 73, S. 11 ff., 41–63].
In anderen Bundesländern gibt es vergleichbare Angebote, z. B. in Nordrhein-Westfalen, wo über das Berufskolleg weiterführende allgemein bildende Abschlüsse bis zur Hochschulzugangsberechtigung möglich sind.

16.6.2 Chemieunterricht im dualen Ausbildungssystem

Die **Berufsschule** ist Teil des **dualen Ausbildungssystems Betrieb und Schule**.
Die **Ausbildungsordnungen** für die **betriebliche Ausbildung** werden von der **Bundesregierung** über das für den jeweiligen Beruf zuständige **Fachministerium** im Einvernehmen mit dem **Bundesministerium für Bildung und Forschung (BMBF) erlassen.** Dabei erfolgt eine Koordinierung mit der **Ständigen Konferenz der Kultusminister und -senatoren (KMK)**. Die KMK erlässt in Abstimmung mit den 16 Bundesländern **Rahmenlehrpläne** für die **schulische Ausbildung** in den einzelnen Berufen. Die **Landesregierungen** (Koordination zwischen Kultusministerium und dem zuständigen Fachministerium) erlassen auf Grundlage dieser Rahmenlehrpläne **Stundentafeln und Lehrpläne**.
Alle für eine gemeinsame Grundbildung geeigneten Ausbildungsberufe sind einem Berufsfeld zugeordnet, z. B. Wirtschaft und Verwaltung, Metalltechnik, Elektrotechnik, Bautechnik, Holztechnik, Textiltechnik und Bekleidung, Chemie/Physik/Biologie, Körperpflege, Ernährung und Hauswirtschaft, Agrarwirtschaft.
Im **Berufsfeld „Chemie, Physik und Biologie“** wird die Chemie direkt angesprochen. Zu diesem Berufsfeld gehören folgende Berufe: Chemielaborant/in verschiedener Fachrichtungen, Chemiekant/in (seit 1986 neue Bezeichnung für Chemiefacharbeiter), Biologielaborant/in, Lacklaborant/in und Pharmakant/in. Hier erfolgt die Ausbildung im dualen System [72, S. 9 ff.; 73, S. 44 ff.].
Außerhalb des dualen Systems gibt es eine **„vollschulische“ Ausbildung** zum chemisch-technischen Assistenten (CTA). Auch andere Berufsrichtungen mit vollschulischer Ausbildung, wie biologisch-technischer Assistent (BTA), landwirtschaftlich-technischer Assistent (LTA) oder umwelt-technischer Assistent (UTA) haben erhebliche Anteile des Faches Chemie im Lehrplan. Eine Fortbildung zum staatlich geprüften Chemietechniker sowie zum Industriemeister Fachrichtung Chemie ist möglich [74, S. 113].
Auch in **anderen Berufsfeldern** des dualen Systems sind **Ausbildungsberufe** vertreten, die zunehmend **mehr mit Chemie in der Berufspraxis** zu tun haben, z. B. Ernährung, Hauswirtschaft, Agrarwirtschaft. Zur Zeit gibt es ca. 380 [73, S. 47] anerkannte Ausbildungsberufe, wobei in Anpassung an die Erfordernisse der Wirtschaft immer wieder neue ausgewiesen werden. Zuletzt waren das die Ausbildungsberufe Mechatroniker, Energieelektroniker, Automobilkaufmann, Systemgastronom, Mediengestalter Digital- und Printmedien [75, S. 11].

16.6.3 Bildungsauftrag der Berufsschule [76, S. 3ff.]

Die Berufsschule hat zum Ziel,

- „eine Berufsfähigkeit zu vermitteln, die Fachkompetenz mit allgemeinen Fähigkeiten humaner und sozialer Art verbindet;
- berufliche Flexibilität zur Bewältigung der sich wandelnden Anforderungen in Arbeitswelt und Gesellschaft auch im Hinblick auf das Zusammenwachsen Europas zu entwickeln;
- die Bereitschaft zur beruflichen Fort- und Weiterbildung zu wecken;
- die Fähigkeit und Bereitschaft zu fördern, bei der individuellen Lebensgestaltung und im öffentlichen Leben verantwortungsbewusst zu handeln."

Die in Kapitel 6 formulierten Bildungsziele können auf den beruflichen Bereich voll übertragen werden. Konkret sind sie auf die Entwicklung von Handlungskompetenz gerichtet.
„**Handlungskompetenz** entfaltet sich in den Dimensionen von Fachkompetenz, Personalkompetenz und Sozialkompetenz."
Fachkompetenz bezeichnet „die Bereitschaft und Fähigkeit, auf der Grundlage fachlichen Wissens und Könnens Aufgaben und Probleme zielorientiert, sachgerecht, methodengeleitet und selbstständig zu lösen und das Ergebnis zu beurteilen".
Personalkompetenz „umfasst personale Eigenschaften wie Selbstständigkeit, Kritikfähigkeit, Selbstvertrauen, Zuverlässigkeit, Verantwortungs- und Pflichtbewusstsein".
Sozialkompetenz bezeichnet u.a. „die Bereitschaft und Fähigkeit, sich mit anderen rational und verantwortungsbewusst auseinander zu setzen und zu verständigen. Hierzu gehört insbesondere auch die Entwicklung sozialer Verantwortung und Solidarität".
„**Methoden- und Lernkompetenz** erwachsen aus einer ausgewogenen Entwicklung dieser drei Dimensionen".
Kompetenz bezeichnet den Lernerfolg in Bezug auf den einzelnen Lernenden und seine *Befähigung* zu eigenverantwortlichem Handeln in privaten, beruflichen und gesellschaftlichen Situationen.

Qualifikation wird als Lernerfolg in Bezug auf die *Verwertbarkeit* verstanden, d.h. aus der Sicht der Nachfrage in privaten, beruflichen und gesellschaftlichen Situationen. Zur Erreichung dieser Ziele wird empfohlen, den Unterricht auf eine Pädagogik auszurichten, die didaktisch-methodisch **Handlungsorientierung** betont und zu selbstständigem Planen, Durchführen und Beurteilen von Arbeitsaufgaben im Rahmen ihrer Berufstätigkeit befähigt [76, S. 3ff.].
Ein Unterricht, der über Handlungsorientierung zu den vielfältig möglichen und für wichtig erachteten Qualifikationen größerer Reichweite, den so genannten Schlüsselqualifikationen, führt, ist nicht ohne Probleme, wie Schelten [77, S. 283ff.] feststellt. Wenn der Unterricht erfolgreich sein soll, benötigt er Zeit und Freiräume bzgl. Lehrplänen, kleinen Klassen usw. Erworbene Qualifikationen sind allenfalls durch Wortbeurteilungen, kaum durch Noten möglich, Teamleistungen müssten mit einbezogen werden usw. Schlüsselqualifikationen wären z.B. nach Schelten [77, S. 283f.] u.a. (in alphabetischer Reihenfolge):

- Denken in Zusammenhängen,
- Flexibilität,
- Kommunikationsfähigkeit,
- Kreativität,
- Problemlösungsfähigkeit,
- Selbstständigkeit,
- Transferfähigkeit,
- Zuverlässigkeit.

Chemie als nicht vertieft studiertes Fach

Als **vertieft studierte berufsqualifizierende Fächer** werden z.B. **Bautechnik, Elektrotechnik, Ernährungs- und Hauswirtschaft, Agrarwirtschaft und Metalltechnik** angeboten. Dazu muss ein **nicht vertieft studiertes allgemein bildendes, studienqualifizierendes Fach gewählt werden**. Das kann auch **Chemie** sein. Als drittes Fach (Erweiterungsfach) ist Chemie ebenfalls möglich. Mit diesen allgemein bildenden Fächern können Lehrer z.B. in der FOS oder BOS eingesetzt werden. Probleme für die Ausbildung im berufsqualifizierenden Bereich ergeben sich aus den neuen Ausbildungsberufen, die mit der schnellen Entwicklung im Bereich der Informations- und Telekommunikationstechnik entstehen [78, S. 195].

Chemie im Berufsgrundschuljahr

B **Jahrgangsstufe 10 – Agrarwirtschaft, Schwerpunkt „Tierischer Bereich" [79].**
Die Zahlen in Klammern geben Zeitrichtwerte an, d. h. die für das betreffende Lerngebiet empfohlene Zahl von Unterrichtsstunden.

Fachtheorie (Pflanzen- und Tierproduktion)

1	Wechselbeziehungen zwischen Pflanze, Tier und Umwelt	(36)
2	Bodenkunde	(37)
3	Wetterkunde	(12)
4	Pflanzenkunde	(44)
5	Tierkunde	(50)
6	Chemische Grundlagen der Pflanzenernährung und Düngung	(72)
7	Pflanzen- und Tierzüchtung	(21)
		272

Fachpraxis: Lernort Schule

1	Feldmessen und Zeichnen	(10)
2	Boden	(15)
3	Pflanzenernährung und Düngung	(13)
4	Pflanzen	(22)
5	Tiere	(8)
		68

Das **Lerngebiet Bodenkunde** ist in Theorie und Praxis als Einheit zu sehen. Ausgehend von verschiedenen geologischen Formationen (Gesteine usw.) werden die wichtigsten Methoden der Ermittlung der Bodeneigenschaften besprochen, z. B. pH-Messungen (Indikatoren, pH-Meter), Kalknachweis durch Salzsäure, Entnahme von Bodenproben zur Bestimmung des Gehaltes an Mineralien und die Interpretation der Ergebnisse mit Folgerungen bzgl. gezielter Dosierung von Mineralsalzen zur Düngung.
Pflanzenanalysen und Düngeversuche werden durchgeführt. Im Bereich Pflanzenschutz werden die verschiedenen Methoden einschließlich des Einsatzes chemischer Mittel verglichen und unter ökologischen Aspekten diskutiert. Der Unterricht kann weitgehend handlungsorientiert angelegt werden.

Im **Lerngebiet 6** der Fachtheorie wird die Grundlageninformation geliefert. Einem Überblick über chemische Grundbegriffe und die Gesetzmäßigkeiten im Periodensystem folgen die Oxide, Säuren, Laugen und die Salze, die daraus entstehen können, soweit sie für die Bodeneigenschaften und als mineralische Düngemittel eine Rolle spielen.
In stark vereinfachter Form wird die Biochemie der Synthese organischer Stoffe durch die Pflanzen in Abhängigkeit von den verschiedenen Wachstumsfaktoren, also auch von mineralischen Nährstoffen, besprochen.
Die Gewinnung durch Abbau von Lagerstätten bzw. Produktion der wichtigsten mineralischen Dünger wird erläutert. Diskutiert werden kritisch die Vor- und Nachteile der Mineraldüngung im Vergleich zur Düngung mit organischem Material (theoretische Grundlagen für das entsprechende Thema in Bodenkunde). Bei organischer Düngung wird auch das Problem der Eutrophierung von Gewässern angesprochen.

Chemieunterricht an den verschiedenen Ausbildungsrichtungen der BOS

Z Der Unterricht in der BOS soll die im Berufsleben erworbenen Kenntnisse, Fähigkeiten und Erfahrungen der jungen Erwachsenen aufgreifen – bestehende Unterschiede ausgleichend – und den Bildungszielen der Schule entsprechend erweitern. Die Schüler sollen durch fachübergreifendes und projektorientiertes Arbeiten zum selbstständigen Wissenserwerb und zum eigenständigen Urteilen angeleitet werden. Der Unterricht verlangt eigenverantwortliches Lösen komplexer Aufgaben und fördert so Flexibilität und Kreativität. Er soll umfassendes Problembewusstsein und dadurch Einstellungen und Werte entwickeln, die auf verantwortliches Handeln in der Gemeinschaft ausgerichtet sind.

So wird das Schulartprofil der BOS beschrieben [80–82, jeweils S. 2]. Durch einen KMK-Rahmenlehrplan (Beschluss der KMK vom 25.11.1976 in der Form vom 05.06.1998) ist die Ausbildung bundeseinheitlich geordnet. Folgende Ausbildungsrichtungen sind möglich:
Technik, Wirtschaft, Agrarwirtschaft, Ernährung und Hauswirtschaft, Sozialwesen und Gestaltung. Die Zuordnung der Schüler zu einer Ausbildungsrichtung erfolgt nach deren Berufsausbildung oder Berufstätigkeit.
Die einzelnen Bundesländer verpflichten sich zur gegenseitigen Anerkennung der Abschlüsse **(fachgebundene Hochschulreife)**.
Neben dem allgemein bildenden Unterricht findet fachlicher Unterricht statt, der je nach Ausbildungsrichtung verschiedene Fächer umfasst, wie die Stundentafeln in Tabelle 391.1 der **drei in Bayern realisierten Ausbildungsrichtungen zeigen** [80–82, jeweils S. 3].
Das Fach Chemie ist in den Ausbildungsrichtungen Technik, Sozialwesen (jeweils 4 Stunden) und Agrarwirtschaft (5 Stunden) vertreten. Dabei unterscheiden sich Lernziele und Lerninhalte bei den verschiedenen Ausbil-

Ausbildungsrichtung:	Fachlicher Unterricht	Jgst. 12	Jgst. 13
Technik:	Mathematik	7	7
	Physik	6	5
	Chemie	2	2
	Technologie/Informatik	3	5
Sozialwesen:	Pädagogik/Psychologie	6	5
	Biologie	3	3
	Chemie	2	2
	Rechtslehre	0	2
	Wirtschaftslehre	2	2
Agrarwirtschaft:	Chemie	2	3
	Biologie	5	5
	Physik	2	2
	Technologie/Informatik	2	2
	Wirtschaftslehre	2	2

Tab. 391.1: Stundentafeln der vier in Bayern realisierten Ausbildungsrichtungen der BOS

Ausbildungsrichtung **Technik** [80, S. 73/82]		**Sozialwesen** [81, S. 48/55]		**Agrarwirtschaft** [82, S. 7/17]	
12.1 Atommodelle und Periodensystem der Elemente (PSE)	(14)	12.1 Atommodelle und Periodensystem der Elemente (PSE)	(12)	12.1 Atommodelle und Periodensystem der Elemente (PSE)	(8)
12.2 Bindungsarten und Stoffeigenschaften	(16)	12.2 Bindungsarten und Stoffeigenschaften	(10)	12.2 Bindungsarten und Stoffeigenschaften	(12)
12.3 Verlauf chemischer Reaktionen	(20)	12.3 Chemie der Kohlenwasserstoffe	(25)	12.3 Chemie des Wassers	(16)
12.4 Redoxreaktionen und Elektrochemie	(16)	12.4 Alkohole	(19)	12.4 Quantitative und qualitative Erfassung chemischer Reaktionen	(15)
				12.5 Elektrochemie	(15)
	66		66		66
13.1 Chemie der Kohlenwasserstoffe	(26)	13.1 Kohlenhydrate	(7)	13.1 Chemie der Kohlenwasserstoffe	(30)
13.2 Chemie der sauerstoffhaltigen Derivate	(24)	13.2 Organische Säuren	(9)	13.2 Sauerstoffhaltige Derivate der Kohlenwasserstoffe	(25)
13.3 Chemie der Makromoleküle	(16)	13.3 Fette und Tenside	(9)	13.3 Chemie der Nährstoffe	(14)
		13.4 Stickstoffhaltige Verbindungen	(09)	13.4 Chemie und Umwelt	(30)
		13.5 Schülerübungen	(32)		
	66		66		99

Tab. 391.2: Übersicht über die Lerngebiete in Chemie mit Zeitrichtwerten

dungsrichtungen zum Teil erheblich. In keiner Richtung ist Chemie schriftliches Abschlussprüfungsfach. Für die einzelnen Lernziele/-inhalte ist relativ wenig Zeit vorgesehen, da die Schüler einen mittleren Abschluss haben und chemische Grundlagenkenntnisse vorausgesetzt werden. Der **Stoffumfang** entspricht etwa einem Grundkurs in Chemie.
Die Konzeption ist jedoch mehr auf einen ausführlichen Überblick ausgerichtet. Ein Vergleich zwischen den verschiedenen Ausbildungsrichtungen der BOS zeigt, dass zwischen den Anteilen in allgemeiner/anorganischer und organischer Chemie erhebliche Unterschiede bestehen. Tabelle 391.2 gibt eine Übersicht über die Lerngebiete in Chemie mit zugehörigen Zeitrichtwerten.
In der **Ausbildungsrichtung Technik** [80, S. 6ff.] wird in der 12. Jahrgangsstufe allgemeine und anorganischen Chemie umfangreich und auf hohem Anspruchsniveau behandelt. Am Ende ist ein Wissensstand erreicht, der dem Abschluss der 11. Klasse der oben genannten Gymnasialzweige etwa gleichzusetzen ist. Darüber hinaus wurde bereits die Orbitalvorstellung vom Bau des Atoms eingeführt. Von ihr aus erfolgt dann in der 12. Jahrgangsstufe ein fundierter Überblick über die wichtigsten Stoffklassen der organischen Chemie. Innerhalb der Stoffklassen liegt der Schwerpunkt auf Beispielen, die in Berufen und in der Technik wichtig sind, z. B. beim Thema Kunststoffe.

Der Schwerpunkt des Unterrichts liegt auf einer durchaus kritischen Betrachtung der Möglichkeiten der angewandten Chemie und der Technik und der dadurch möglichen problematischen Begleiterscheinungen. Den sorgsamen und verantwortungsvollen Umgang mit chemischen Produkten zu begründen und die Bedeutung der chemischen Vorgänge für Mensch und Umwelt herauszuarbeiten sind Richtziele für den gesamten Unterricht.

In der **Ausbildungsrichtung Sozialwesen** [81, S. 6ff.] ist nur ein Drittel des Chemieunterrichts in der 12. Jahrgangsstufe für allgemeine/anorganische Chemie vorgesehen. Dann beginnt bereits die organische Chemie, die in der 13. Jahrgangsstufe auf sehr anspruchsvollem Niveau fortgeführt wird. Die wichtigsten Stoffklassen werden besprochen, wobei der Schwerpunkt auf den Stoffklassen liegt, die in Berufen des sozialen Bereichs, wie Hauswirtschaft, Nahrung, Gesundheit, eine besondere Rolle spielen. Viele Stoffeigenschaften, charakteristische Reaktionen usw. werden dabei von den Schülern in Übungen selbstständig erarbeitet (ca. 50 % Anteil). Die organische Chemie dominiert deshalb, weil die Lernenden aus den erwähnten Berufen des sozialen Bereichs kommen und auch nach Schule/Studium wieder in diesen Bereichen tätig sein können. Dort spielen organisch-chemische Stoffe eine größere Rolle als anorganische, weshalb auch der praktische Umgang damit in den Übungen wichtig ist.
In der **Ausbildungsrichtung Agrarwirtschaft** [82, S. 6ff.] sollen vertiefte Chemiekenntnisse erworben werden, um Verständnis für umwelttechnische Prozesse (z. B. Rauchgasentschwefelung, Schwermetallfällung) und umweltbeeinflussender Faktoren (z. B. Auto- und Industrieabgase) sowie allgemein technischer Abläufe im Bereich der Agrarwirtschaft (z. B. Düngemittelproduktion) zu ermöglichen.
Der Chemieunterricht soll die Schüler befähigen, chemische Erscheinungen und Gesetzmäßigkeiten zu erfassen, wobei das reine Faktenwissen zugunsten des Verständnisses von Zusammenhängen und des Denkens in Systemen zurücktreten soll.
In der 12. Jahrgangsstufe liegen die Schwerpunkte zunächst auf der Vermittlung grundlegender Sachverhalte der allgemeinen und der anorganischen Chemie (Lerngebiete 12.1 und 12.2). Diese bilden die Basis für die anorganischen Themen der Lerngebiete 12.3, 12.4 und 12.5.

B Beim Lerngebiet 12.3 sind u. a. folgende Lernziele/Lerninhalte aufgeführt:
Anomalie des Wassers, seine Bedeutung als Lösungsmittel in Natur und Technik als Lebensgrundlage, Umweltproblematik im Zusammenhang mit Wasser; Bildung von Säuren und Basen, pH-Wert-Messung z. B. in Bodenproben, Salze als Dünger.

In der 13. Jahrgangsstufe werden aus dem Bereich der organischen Chemie vor allem die Stoffklassen behandelt, die als Bestandteile der Agrarprodukte eine entscheidende Rolle spie-

len, z. B. als Nährstoffe und für die Gewinnung von Rohstoffen für die Wirtschaft („nachwachsende Rohstoffe“).
Das Lerngebiet 13.4 soll ergänzend den Unterricht begleiten. Projekttage, Fachreferate und Exkursionen werden dafür vorgeschlagen. Die Lernziele sind dafür wie folgt formuliert:

Z Die Schülerinnen und Schüler erwerben Kenntnisse über die vielfältigen Ursachen und Auswirkungen der Umweltbelastung von Luft und Boden. Sie lernen Möglichkeiten der Messung, Beseitigung und Vermeidung von Schadstoffen kennen. Dadurch gewinnen sie Einsicht in die komplexen Zusammenhänge aktueller ökologischer Probleme und entwickeln die Bereitschaft für ein umweltverantwortliches Verhalten zur Sicherung der Lebensgrundlagen.

Dabei soll auch auf die Vermeidung und Wiederverwertung von Abfall eingegangen werden. Dieser Themenbereich Umwelt ist gerade für die Agrarwirtschaft äußerst relevant.

Neue Entwicklungen in den Rahmenlehrplänen für die Chemielaborantenausbildung

Die neuesten Entwicklungen gehen zu einem **lernfeldorientierten** Lehrplan. Diese Rahmenlehrpläne strukturieren sich nicht mehr nach fachsystematisch aufgebauten Lerngebieten, sondern nach **Lernfeldern**, die sich an den komplexer werdenden beruflichen Handlungsfeldern orientieren.

Lernfeld Nr.	Zeitrichtwerte 1. Jahr	2. Jahr	3./4. Jahr
1 Vereinigen von Stoffen	80		
2 Trennen von Stoffsystemen	80		
3 Struktur und Eigenschaften von Stoffen untersuchen	40		
4 Stoffe fotometrisch und chromatografisch untersuchen	40		
5 Präparative Arbeiten durchführen	80		
6 Präparate unterschiedlicher Stoffklassen synthetisieren		100	
7 Volumetrische und gravimetrische Analysen durchführen		100	
8 Chromatografische Analysen durchführen		80	
9 Spektroskopische Analysen durchführen			(80)
10 Strukturaufklärung organischer Verbindungen durchführen			(80)
11 Synthesetechniken anwenden			(80)
12 Produktionsprozesse überwachen			(60)
13 Werkstoffeigenschaften bestimmen			(60)
14 Mikroorganismen identifizieren und nutzen			(60)
15 Stoffe elektrochemisch untersuchen			(60)
16 Umweltbezogene Arbeitstechniken anwenden			(60)
17 Immunologische und diagnostische Arbeiten durchführen			(60)
18 Biotechnische und zellkultur-technische Arbeiten durchführen			(80)
19 Beschichtungsstoffe herstellen und prüfen			(80)
20 Elektrotechnische Arbeiten durchführen			(80)
Summe (insgesamt 1020 Std.)	320	280	420

Tab. 393.1: Übersicht über die Lernfelder für den Ausbildungsberuf Chemielaborant/in

Z Damit berücksichtigen sie neue Anforderungen an das berufliche Lernen wie Ganzheitlichkeit, Prozessorientierung und Handlungsorientierung als Konsequenz veränderter beruflicher Qualifikationsanforderungen. [83, S. 1]

Lernfelder definiert die KMK folgendermaßen [83, S. 1]: „Lernfelder sind durch Zielformulierungen beschriebene thematische Einheiten, sie orientieren sich an konkreten beruflichen Aufgabenstellungen und Handlungsabläufen."

Entsprechend ist der Rahmenlehrplanentwurf für die Ausbildung zum Chemielaborant/-in (Stand 13.1.2000, Tab. 393.1) formuliert. Wie die Übersicht zeigt, umfasst der Rahmenlehrplan 20 Lernfelder. Für alle gilt, dass Arbeitssicherheit und Umweltschutz durchgängige Ziele sind.

Das Lernfeld 6 „Präparate unterschiedlicher Stoffklassen synthetisieren" vermittelt einen Eindruck vom Niveau, den inhaltlichen Schwerpunkten und dem zeitlichen Umfang im 2. Ausbildungsjahr (Tab. 394.1).

Zur Berufsschule kommt noch die Ausbildung im Betrieb. Beide Elemente zusammen ergeben nach erfolgreichem Abschluss das Berufsziel Chemielaborant/in. Am Beispiel der BASF wird gezeigt, wie umfangreich und anspruchsvoll diese Ausbildungsinhalte sind. Dies geben drei Unterrichtseinheiten des 1. Ausbildungsjahres wieder (Tab. 395/6.1).

B Die Lernfelder 1–4 sind identisch mit denen für die Ausbildung zum Biologie- bzw. Lacklaboranten und sollen ein chemisches Grundlagenwissen vermitteln. Ab Lernfeld 5 beginnt dann die jeweilige berufsspezifische Ausbildung. Für den Chemielaboranten bedeutet das, dass das Grundlagenwissen vertieft und erweitert wird (beim Biologielaboranten lautet z. B. das Lernziel 5 „mikrobiologische und zellkulturtechnische Arbeiten durchführen").

Die Lernfelder ab 9 (3./4. Jahrgangsstufe) sind Wahllernfelder und können in enger Abstimmung mit den Ausbildungsbetrieben ausgewählt werden.

Lernfeld 6 – 2. Ausbildungsjahr **Präparate unterschiedlicher Stoffklassen synthetisieren**	**Zeitrichtwert: 100 Stunden**
Zielformulierung: Die Schülerinnen und Schüler können anorganische und organische Präparate nach verschiedenen Reaktionstypen herstellen. Sie stellen die Reaktionsgleichungen auf und erklären den Zusammenhang zwischen der Struktur der Reaktanden, dem Reaktionsmechanismus und dem Reaktionsergebnis. Sie planen den Arbeitsablauf, wählen geeignete Edukte aus, variieren die Reaktionsbedingungen, steuern die Reaktion und berechnen Ansätze und Ausbeute. Sie nutzen unterschiedliche Datenquellen – auch fremdsprachliche –, um sich über die Möglichkeiten der Herstellung eines Präparates zu informieren. Die Schülerinnen und Schüler setzen unter Berücksichtigung der jeweiligen Vorschriften zum Arbeits-, Gesundheits- und Umweltschutz geeignete Apparaturen für die Synthese ein. Sie dokumentieren den Arbeitsablauf, beurteilen und präsentieren die Arbeitsergebnisse, kennen Maßnahmen der Qualitätssicherung und beachten die Regeln der GMP.	
Inhalte: Reaktionsverhalten anorganischer und organischer Stoffe Funktionelle Gruppen Reaktionstypen, Reaktionsmechanismen Isomerien, Mesomerie Reaktionsapparaturen Aufbereitung und Charakterisierung der Produkte Arbeits-, Gesundheits- und Umweltschutz Qualitätssicherung, GMP	

Tab. 394.1: Lernfeld 6 für den Ausbildungsberuf Chemielaborant/in

Unterrichts-einheit:	**Block 4:** **Dichte, Auftrieb, Verdrängung**
Ziele:	Funktion und Bedienung von Sicherheitseinrichtungen und persönlicher Schutzausrüstung im Labor kennen lernen Grundlegende Mess- und Wägetechniken benennen und beschreiben Methoden zur Bestimmung der Dichte von Feststoffen und Flüssigkeiten kennen und durchführen
Inhalte:	Arbeitssicherheit – Sicherheitseinrichtungen im Labor Grundlagen der Mess- und Wägetechnik – Wiederholen der wichtigsten SI-Größen und Maßeinheiten – Längenmessung mit Metermaß, Schieblehre und Bügelmessschraube – Volumenbestimmung von regelmäßig geformten Probekörpern Dichtebestimmung – von flüssigen Stoffen mit Aräometer, Pyknometer und digitalem Dichtemessgerät – von festen Stoffen mit dem Pyknometer – von festen und flüssigen Stoffen mit dem Density Kit Übungsaufgaben zu – physikalischen Größen und Einheiten – grafische Darstellungen – Dichte und Volumen Qualitätsmanagement – Bestimmung der Messgenauigkeit – Anzahl gültiger Ziffern – Prüfmittelüberwachung – Dokumentation
Unterrichts-einheit:	**Block 5:** **Präparative Chemie**
Ziele:	Arbeitstechniken im Labor Aufbauen und Betreiben einer geschlossenen Rührapparatur
Inhalte:	Glas – Aufbau von Glas (Netzwerkwandler, Netzwerkbildner) – Glasbearbeitung: (Ritzen, Brechen, Biegen, Kapillaren ziehen) – Umgang mit Glasgeräten – Schliffe, Schliffklammern, Kühlerarten – Verbindungen, Anschlüsse Geschlossene Rührapparatur – Muffen und Metallklammern – Aufbau einer geschlossenen Rührapparatur – Rührerarten, Rührgeschwindigkeit Lösungen – Umgang mit Chemikalien – Lösen und Löslichkeit – Ansetzen von Lösungen – Erreichen eines vorgegebenen Masseanteils durch Mischen von zwei Lösungen – Lösen von $CaCO_3$ mit HCl in einer geschlossenen Rührapparatur unter Einhaltung einer vorgegebenen Temperatur Beheizung – Gasbrenner, Heizbäder, IR- und Mikrowellen-Beheizung – Elektrische Beheizung, insbesondere durch Heizhauben – Siedevorgang – Thermometerarten

Tab. 395/6.1: Betriebliche Unterrichtseinheiten des 1. Ausbildungsjahres bei der BASF

Unterrichts-einheit:	**Block 6: Volumenmessgeräte, Einstieg Maßanalyse, chemisches Rechnen**
Ziele:	Funktion und Bedienung von Sicherheitseinrichtungen und persönlicher Schutzausrüstung im Labor kennen lernen Einfache Arbeitsgeräte und deren Anwendung kennen lernen Einfache Neutralisationsreaktionen beschreiben, Reaktionsgleichungen aufstellen und Berechnungen durchführen
Inhalte:	Arbeitssicherheit – Umgang mit der persönlichen Schutzausrüstung – Umgang mit ätzenden Stoffen Volumenmessgeräte – Kennzeichnung von Volumenmessgeräten – Umgang mit Messzylinder, Messkolben, Pipetten und Büretten – Bestimmung der Messgenauigkeit einer Vollpipette Grundlagen der Maßanalyse – Säure, Laugen und Salze – Neutralisationsreaktionen – Aufstellen von Reaktionsgleichungen – Eigenschaften von Indikatoren – pH-Wert und pH-Bereich Übungen und Bestimmungen – Einfache Titrationen von Säuren und Laugen mit Methylrot, Tashiro, Phenolphthalein, Thymolphthalein und Bromphenolblau – Bestimmung von Salzsäure alkalimetrisch – Bestimmung von Natronlauge acidimetrisch – Herstellen von Lösungen Chemisches Rechnen – Übungsaufgaben zur Volumetrie – Umsatzberechnungen – Berechnen von Massenkonzentrationen und Massenanteilen

Tab. 395/6.1: Betriebliche Unterrichtseinheiten des 1. Ausbildungsjahres bei der BASF

L

[1] Erklärung der Kultusministerkonferenzen zu den Empfehlungen der Bildungskommission des deutschen Bildungsrates „Strukturplan für das Bildungswesen“ vom 2.7.1970, in Kulturpolitik der Länder, Bonn 1971.

[2] Bund-Länderkommission für Bildungsplanung, Gesamtbildungsplan. Kurzfassung: Drucksache K51/73; Langfassung: Stuttgart 1973, Bd. I und II.

[3] Verordung über die Organisation, Differenzierung und Abschlüsse, Berechtigungen der schulformunabhängigen (integrierten) Gesamtschule vom 15.5.1985, Hess. AB 1, S. 892, aktualisiert: Schulrecht Hessen Erg. Lfg. Nov. 1988.

[4] Abkommen zwischen den Ländern der Bundesrepublik zur Vereinheitlichung auf dem Gebiete des Schulwesens vom 28.4.1964, Hessen, AB 1, S. 848 (1965).

[5] www.bildungsserver.saarland.de/g8/broschg8.pdf.

[6] Schulversuch: 8-jähriges Gymnasium des Freistaats Bayern.

[7] Marquardt-Mau, B., Schreier, H. (Hrsg): Grundlegende Bildung im Sachunterricht. Probleme und Perspektiven des Sachunterrichts, Bd. 8. Klinkhardt, Bad Heilbrunn 1998.

[8] Dietrich, Th. (1984): Zur Entstehungsgeschichte des Lernbereichs Naturwissenschaft/Technik. In: Bauer, H. F., Köhnlein, W. (Hrsg): Problemfeld Natur und Technik. Klinkhardt, Bad Heilbrunn 1984, S. 11–22.

[9] Einfache Experimente. Kinder entdecken ... Time Life Kinderbibliothek. Time Life International 1994.

[10] Deutscher Bildungsrat (Hrsg.): Strukturpläne für das deutsche Bildungswesen. Stuttgart 1970.

[11] Lück, G.: Naturwissenschaftliche Bildung schon im frühen Kindesalter. In: Nachr. Chem. Tech. Lab. 5 (1998) S. 513–516.

[12] Drechsler, B., Gerlach, S.: Naturwissenschaftliche Inhalte im Sachunterricht – Problembereich bei Grundschullehrkräften. In: Kahlert, J., Inckemann, E. (Hrsg.): Wissen, Können und Verstehen – über die Herstellung ihrer Zusammenhänge im Sachunterricht. Probleme und

Perspektiven des Sachunterrichts, Bd. 11. Klinkhardt, Bad Heilbrunn 2001. S. 215–226.
[13] Schreier, H.: Die Renaissance des Sachunterrichts. Grundschule 4 (2001) S. 8.
[14] Gesellschaft für Didaktik des Sachunterrichts: Fünf Perspektiven für den Sachunterricht. Grundschule 4 (2001) S. 9–14.
[15] Köhnlein, W.: Grundlegende Bildung – Gestaltung und Ertrag des Sachunterrichtes. In: Marquardt-Mau, B., Schreier, H. (Hrsg.): Grundlegende Bildung im Sachunterricht. Probleme und Perspektiven des Sachunterrichts, Bd. 8. Klinkhardt, Bad Heilbrunn 1998, S. 27–46.
[16] Hartinger, A.: Interessenförderung. Eine Studie zum Sachunterricht. Klinkhardt, Bad Heilbrunn 1997, S. 30–36.
[17] Köhnlein, W.: Kindliches Denken und physikbezogener Sachunterricht. Sachunterricht und Mathematik in der Primarstufe (13) 2 (1985) S. 73–79.
[18] Hansen, K.-H., Klinger, U.: Interesse am naturwissenschaftlichen Lernen im Sachunterricht – Ergebnisse einer Schülerbefragung. In: Marquardt-Mau, B., Köhnlein, W., Lauterbach, R. (Hrsg.): Forschung zum Sachunterricht. Bad Heilbrunn 1997, S. 142–154.
[19] Hessisches Kultusministerium (Hrsg.): Rahmenplan Grundschule. Verlag Moritz Diesterweg, Frankfurt 1995, S. 121–141.
[20] Beck, G., Clausen, C.: Kinder – Methode – Kompetenz. Die Grundschulzeitschrift 14, H. 139 (1985) S. 6–9.
[21] Kahlert, J.: Grundlegende Bildung im Spannungsverhältnis zwischen Lebensweltbezug und Sachanforderungen. In: Marquardt-Mau, B., Schreier, H. (Hrsg): Grundlegende Bildung im Sachunterricht. Probleme und Perspektiven des Sachunterrichts, Bd. 8. Klinkhardt, Bad Heilbrunn 1998, S. 67–81.
[22] Spreckelsen, K.: Naturwissenschaftlicher Unterricht in der Grundschule. 6 Teilbände. Diesterweg, Frankfurt 1972–1975.
[23] Spreckelsen, K.: Strukturorientierung in der Didaktik des physikalischen Lernbereichs. In: Bauer, H. F., Köhnlein, W. (Hrsg): Problemfeld Natur und Technik. Klinkhardt, Bad Heilbrunn 1984, S. 100–104.
[24] Soostmeyer, M.: „Beziehungsvolles Verstehen“ – Laudatio zum fünfundsechzigsten Geburtstag von Prof. Dr. Kay Spreckelsen am 14. Februar 1999. Gesellschaft für Didaktik des Sachunterrichts e. V. (Hrsg.): GDSU-Info, Heft 12, 1999.
[25] Soostmeyer, M.: Problemorientiertes Lernen im Sachunterricht. Paderborn 1978.
[26] Schmidkunz, H., Lindemann, H.: Das forschend-entwickelnde Unterrichtsverfahren. Didaktik der Naturwissenschaften, Bd. 2. Westarp Wissenschaften, Magdeburg 1995.
[27] Wagenschein, M., Bannholzer, A., Thiel, S.: Kinder auf dem Wege zur Physik. Stuttgart 1973.
[28] Spreckelsen, K.: Kindliches Umweltverstehen und seine Bedeutung für den Sachunterricht. In: Duncker, L., Popp, W. (Hrsg.): Kind und Sache. Juventa Verlag, Weinheim/München 1994, S. 213–224.
[29] Marquardt-Mau, B.: Neue Curricula für primary science education aus den USA – Anregungen für den Sachunterricht und die Lehrerausbildung? In: Marquardt-Mau, B. et. al. (Hrsg.): Lehrerbildung Sachunterricht. Klinkhardt, Bad Heilbrunn 1996, 69-88.
[30] Amtsblatt der Bayerischen Staatsministerien für Unterricht und Kultus und Wissenschaft, Forschung und Kunst, Teil I, Sondernummer 1, München 25. 9. 2000.
[31] Ministerium für Schule und Weiterbildung des Landes Nordrhein-Westfalen (Hrsg.): Richtlinien und Lehrpläne für die Grundschule in Nordrhein-Westfalen, Sachunterricht. Verlagsgesellschaft Ritterbach mbh, Frechen 1985.
[32] Meier, R. (Hrsg.): Mobile 3, Sachunterricht Nord. Westermann Schulbuchverlag GmbH, Braunschweig 1994.
[33] Lück, G.: Luft und Lösungen. Experimente zur unbelebten Natur. Praxis Grundschule (21) 4 (1998) S. 5–14.
[34] Das neue Experimentier-Buch. Reihe *Was ist was*, Tesloff Verlag.
[35] Winneburg, W.: Zur Bedeutung der genetischen Kognitionspsychologie für den naturwissenschaftlich-technischen Sachunterricht. In: Bauer, H. F., Köhnlein, W. (Hrsg): Problemfeld Natur und Technik. Klinkhardt, Bad Heilbrunn 1984, S. 173–192.
[36] Möller, K.: Handeln, Denken und Verstehen. Untersuchungen zum naturwissenschaftlichen Sachunterricht in der Grundschule. Naturwissenschaften und Unterricht – Didaktik im Gespräch, Bd. 9, Westarp Wissenschaften, Essen 1991.
[37] Aebli, H.: Über die geistige Entwicklung des Kindes. Ernst Klett Verlag, Stuttgart 1971[3].
[38] Kubli, F.: Erkenntnis und Didaktik: Piaget und die Schule. Verlag Ernst Reinhardt GmbH & Co, München 1983.
[39] Gräber, W., Storck, H.: Die Entwicklungspsychologie Jean Piagets als Mahnerin und Helferin des Lehrers im naturwissenschaftlichen Unterricht. MNU 37 (1984) S. 193ff.
[40] Zehetmair, H.: Der neue Lehrplan – Impulse zur Weiterentwicklung der Hauptschule. Schulreport, H. 2 (1997) S. 6–7.
[41] Blitz, F.: Mit mehr Profil in eine sichere Zukunft. Die Höhere Schule **2** (1993) S. 49–51.
[42] Häusler, K.: Chemische Grundversuche. Prögel, München 1985.
[43] Igl, P.: Vernetztes Lernen im fächerübergreifenden Unterricht. Schulreport, H. 2 (1997), S. 16–18.
[44] Raaf, H.: Chemie ganz einfach. Kosmos Franck, Stuttgart 1984, S. 154ff.

[45] Noll, M., Schmidkunz, H. (Hrsg.): Salz – NiU-Chemie 9 (1998) H. 46.

[46] Pfeifer, P., Sommer, K., Schminke, M.: Mineralwasser – Lernen an Stationen. NiU-Chemie 11 (2000), H. 58/59, S. 50–60.

[47] Wagenschein, M.: Rettet die Phänomene! MNU 30. Jg., H. 3, 1977, S. 9.

[48] Markl, H.: Wir fordern ein Leben ohne Chemie, aber alles Leben ist von Anbeginn Chemie. Hochschulwelt Nr. 2, Hamburg, WS 87/88, S. 8.

[49] Häusler, K., Rampf, H.: In Bukatsch, F., Glöckner, W., Kotter, L. (Hrsg.): Fachdidaktisches Studium in der Lehrerbildung. München 1976.

[50] Entwurf Lehrplan Chemie an der Realschule in Nordrhein-Westfalen 1992.

[51] Lutz, B., Pfeifer, P., Sommer, K.: Praxisorientierter Chemieunterricht – Konzept und Beispiele. PdN-Chemie 50 (2001) H. 1, 29–37.

[52] Häusler, K.: In Themenheft „Der Säure-Basen-Begriff". NiU-P/C 35 (1987) Nr. 27.

[53] Häusler, K., Lutz, B., Pfeifer, P., Rampf, H.: Elemente der Zukunft: Chemie. Lehrerhandbuch. München 1989.

[54] Pfeifer, P., Reichelt, R. (Hrsg.): H_2O & Co – Chemie an Realschulen. Oldenbourg-Schulbuchverlag, München 2002.

[55] Rampf, H.: In Themenheft „Säure-Basen-Begriff". NiU-P/C 35 (1987) Nr. 27.

[56] Lehrpläne Chemie der Realschulen in Bayern, München 2000.

[57] Kerschensteiner, G.: Wesen und Wert des naturwissenschaftlichen Unterrichts. München 1913.

[58] Lehrplan für das bayerische Gymnasium. Bayerisches Staatsministerium für Unterricht und Kultus, So.-Nr. 3, München 1990.

[59] Vereinbarungen der KMK zur Neugestaltung der gymnasialen Oberstufe in der Sekundarstufe II vom 7. Juli 1972 in der Fassung vom 28. Februar 1997.

[60] Informationsbroschüre für Schüler über die Kollegstufe. Bayerisches Staatsministerium für Unterricht und Kultus, München 1999.

[61] Mitteilung des Bayerischen Staatsinstituts für Schulpädagogik und Bildungsforschung 1999.

[62] Der hessische Kultusminister: Sicherheitsvorschriften für den naturwissenschaftlichen Experimentalunterricht. Wiesbaden 1973.

[63] Bader, H. J., Steiner, D.: Die gymnasialen Lehrpläne der Bundesländer Deutschlands. Palm & Enke, Erlangen 1994.

[64] Lehrpläne verschiedener Bundesländer findet man in deutschsprachiger Suche im WWW; z. B. mit Suchmaschine Lykos unter: Lehrpläne + Chemie + Gymnasium bzw. unter www.bildungsserver.de.

[65] Der Hessische Kultusminister: Kursstrukturpläne gymnasiale Oberstufe, Aufgabenfeld III, 4. Chemie, Frankfurt 1994.

[66] Korsch Lehrmittelkatalog. Frankfurt 1973.

[67] Bayerische LPO I, Bayerisches Lehrerbildungsgesetz von Dez. 1991.

[68] Ständige Konferenz der Kultusminister der Länder: Einheitliche Prüfungsanforderungen für die Abiturprüfung. Luchterhand, Neuwied 1975.

[69] Bayerischer Abiturprüfungsaufgabenteil GK Chemie 1998.

[70] Der hessische Kultusminister: Verordnung über die fachspezifischen Prüfungsanforderungen in der Abiturprüfung. April 1982.

[71] Zehetmair, H.: Ein neues Prädikat: Qualifizierter beruflicher Bildungsabschluss. In: Bayer. Staatsministerium für Unterricht und Kultus (Hrsg.): Schulreport Nr. 5 (1987) S. 3.

[72] Bayer. Staatsministerium für Arbeit und Sozialordnung, Familie, Frauen und Gesundheit (Hrsg.): Die berufliche Bildung in Deutschland – am Beispiel Bayern. 7. Auflage 1999.

[73] Bayer. Staatsministerium für Unterricht, Kultus, Wissenschaft und Kunst (Hrsg.): Bildung in Bayern – ein Überblick. Ausgabe 1996.

[74] Wenck H.: Berufliche Bildung in der Chemie. CHEMKON 3. Jahrg. 1996, Nr. 3.

[75] Bayer. Staatsministerium für Unterricht, Kultus, Wissenschaft und Kunst (Hrsg.): Bildungsoffensive Bayern. Für die Zukunft unserer Kinder, 1999.

[76] Helbing, W.: Zum Bildungsgipfel und zur beruflichen Bildung. CHEMKON 3. Jahrg. 1996, Nr. 3.

[77] Schelten, A.: Schlüsselqualifikation/Vorbereitung auf die Arbeitswelt/Lebenslanges Lernen – Bericht über eine Forumsdiskussion. In: Wissen und Werte für die Welt von morgen. Bildungskongress des Bayerischen Staatsministeriums für Unterricht, Kultus, Wissenschaft und Kunst (Hrsg.).

[78] Schelten A.: Lehrerbildung für berufliche Schulen. In: Ofenbach, B. (Hrsg.): Lehrerbildung zwischen Provinzialität und Globalität – Rudolf Lassahn zum 70. Geburtstag. Beiträge zur Pädagogik Bd. 6.

[79] Bayer. Staatsministeriums für Unterricht, Kultus, Wissenschaft und Kunst (Hrsg.): Lehrplan BGJ Agrarwirtschaft – Schwerpunkt Tierischer Bereich 1995.

[80] Bayer. Staatsministeriums für Unterricht, Kultus, Wissenschaft und Kunst (Hrsg.): Lehrplan für die Berufsoberschule, Ausbildungsrichtung Technik 1998.

[81] Bayer. Staatsministeriums für Unterricht, Kultus, Wissenschaft und Kunst (Hrsg.): Ausbildungsrichtung Sozialwesen 1998.

[82] Bayer. Staatsministeriums für Unterricht, Kultus, Wissenschaft und Kunst (Hrsg.): Ausbildungsrichtung Agrarwirtschaft 1998.

[83] Staatsinstitut für Schulpädagogik und Bildungsforschung, Abt. Berufliche Schulen (ISB) (Hrsg.): NELE – Modellversuchsinformation Nr. 1, 1999.

17. Zur Beliebtheit des Chemieunterrichts

In diesem Kapitel werden nach einer Einführung in die Problematik zunächst kurz die Methoden vorgestellt, mit denen man Informationen über die Beliebtheit eines Faches erhalten kann. Anschließend werden wesentliche Ergebnisse von Untersuchungen zur Beliebtheit des Chemieunterrichts aufgeführt und diskutiert.

Es gilt heute als gesichert, dass es geschlechtsspezifische Unterschiede bei der Einstellung gegenüber den Naturwissenschaften und beim Lernverhalten in diesen Fächern gibt. Im vorliegenden Kapitel wird dieses Problem diskutiert und es werden Möglichkeiten aufgezeigt, wie der Chemieunterricht mehr auf die Bedürfnisse von Mädchen zugeschnitten werden kann.

17.1 Was beeinflusst die Fachbeliebtheit und wie kann diese beschrieben werden?

Wie beliebt sind einzelne Schulfächer? Werden sie von Schülerinnen und Schülern als interessant, motivierend und wichtig empfunden oder abgelehnt und welche Bedeutung hat dies für die Unterrichtspraxis? Sicher sind diese Fragen nicht einfach zu beantworten. Wie komplex die Thematik ist, zeigt die Abbildung 399.1, in der mögliche **Einflüsse auf die Fachbeliebtheit** für den Chemieunterricht dargestellt werden.

Beliebtheit des Chemieunterrichts

Gesellschaft
- Bedeutung der Chemie/des Chemikers
- positive und negative Auswirkungen der Chemie
- Stellenwert des Schulfaches
- Stellenwert der Schülerleistung im Fach Chemie

Fachwissenschaft Chemie
- Einstellung zur Fachwissenschaft Chemie
- Zugang zu den spezifischen Denkweisen
- Selbstdarstellung der Chemie in Industrie und Forschung

Lehrplan
- Möglichkeiten der inhaltlichen Gestaltung des Unterrichts
- Orientierung an der Lebenswelt
- Stellenwert im Fächerkanon

Schule
- Ausstattung der Fachräume
- Möglichkeiten für Schülerexperimente
- Beobachtungsmöglichkeiten für Experimente

Lehrer
- Fachkenntnisse
- pädagogisches Geschick
- Engagement und Aufgeschlossenheit
- methodisch-didaktisches Können und experimentelles Geschick
- Persönlichkeitsstruktur

Klasse
- Altersstufe
- Klassengröße
- Lernklima
- soziokulturelle Voraussetzungen

Schüler
- Einschätzung der Schwierigkeit des Faches Chemie
- tradierte Einstellung zum Unterrichtsfach
- manuelles Geschick und Interesse an manueller Eigentätigkeit

Abb. 399.1: Einflüsse auf die Beliebtheit eines Schulfachs am Beispiel des Chemieunterrichts

Die Abbildung zeigt aus Gründen der Übersichtlichkeit ein stark vereinfachtes Bild. Wie sehr die einzelnen Einflüsse voneinander abhängen und sich überschneiden, können die folgenden Beispiele verdeutlichen:

- **Lehrerinnen und Lehrer** beeinflussen das Lernklima einer Klasse, haben aber auch Einfluss auf die Ausstattung der Fachräume, die Geräte- und Chemikaliensammlung und damit auf die unterrichtlichen Möglichkeiten.
- Die **Einstellung zur Chemie** in Industrie und Forschung wird von der Gesellschaft mitgeprägt. Gleichzeitig haben gesellschaftliche Gruppen Einfluss auf die Gestaltung der Lehrpläne.
- Die praktische **Gestaltung des Chemieunterrichts** ist nicht nur von den Lehrplänen, sondern auch von der Klassengröße, den soziokulturellen Voraussetzungen usw. abhängig.

Geht man davon aus, dass der Lernzuwachs im kognitiven Bereich von der affektiven Haltung zu einem Inhalt abhängt, was als gesichert gilt [1], so ist es durchaus von Interesse für die Unterrichtspraxis, sich näher mit der Beliebtheit eines Faches zu beschäftigen. Dabei muss jedoch differenziert werden: Die Einstellung von Schülerinnen und Schülern zu einem Schulfach setzt sich aus mehreren, sich überschneidenden Komponenten zusammen. Wesentlich sind

- die **aktuelle Auseinandersetzung** mit einem Lerngegenstand (das situative Interesse),
- die **dauerhafte Auseinandersetzung** mit einem Lerngegenstand (das persistente Interesse),
- die **Motivation**,
- die **Lernzufriedenheit**.

Es ergibt sich somit eine zweidimensionale Matrix aus den unterschiedlichen Einflüssen auf die Fachbeliebtheit einerseits und den unterschiedlichen Komponenten der Schülereinstellungen andererseits (zur Theorie von Interesse vgl. [2]).

17.2 Methoden zur Erfassung der Fachbeliebtheit

Um Informationen über die Einstellung von Schülerinnen und Schülern zum Chemieunterricht zu erhalten, können alle üblicherweise in der empirischen Forschung eingesetzten Methoden angewandt werden. (Die Theorie und Praxis empirischer Untersuchungen wird hier nicht näher ausgeführt. Eine Einführung findet man beispielsweise bei Bortz und Döring [3] oder bei Lienert [4].)

Die oben dargestellten vielfältigen möglichen Parameter lassen sich allerdings nicht in einer Untersuchung erfassen. In der Praxis muss man sich auf wenige ausgewählte Aspekte beschränken. Andernfalls würden **mündliche** und **schriftliche Befragungen** so umfangreich, dass mit Ermüdung und Unwillen der Probanden und daraus resultierender geringer Aussagekraft der Ergebnisse zu rechnen wäre. Es werden hier exemplarisch drei Beispiele schriftlicher Tests dargestellt:

B **Test 1**
Den Schülerinnen und Schülern werden Fragen zum Chemieunterricht, beziehungsweise Statements (Items) zur Beurteilung vorgelegt. Als Beispiele solcher Items sind in den Tabellen 400.1 und 400.2 Ausschnitte aus Fragebögen von Garbe und Otte sowie von Bader aufgeführt [5, 6].

1	Ich sehe mir im Fernsehen Sendungen über naturwissenschaftliche Experimente an.
2	Es macht mir nichts aus, wenn der Chemieunterricht manchmal bis zur Pause dauert.
3	Chemieunterricht ist mir lieber als Physikunterricht.
5	Ich wünsche mir einen Chemiekasten.
6	Ich möchte im Chemieunterricht nur Schülerversuche machen.
8	Chemie ist mein Lieblingsfach.
10	In der Schule interessiere ich mich für chemische Experimente, bei denen es laut kracht.
11	Ich möchte wissen, wo ich als Schüler Chemikalien kaufen kann.
16	Für ein interessantes chemisches Experiment opfere ich einen ganzen Nachmittag, wenn es sein muss.

Tab. 400.1: Ausgewählte Items einer Untersuchung der Einstellung zum Chemieunterricht nach Otte und Garbe [5]

1	Ich gehe gern in den Chemieunterricht.
2	Ich langweile mich in Chemie.
5	Es gibt Sachen in Chemie, die sehr langweilig sind.
7	Schwierige Aufgaben im Chemieunterricht interessieren mich.
11	Ich glaube, die anderen Schüler halten mich für faul in Chemie.
13	Am liebsten würde ich den Chemieunterricht schwänzen.
14	Ich arbeite gern im Voraus für Chemie.

Tab. 400.2: Ausgewählte Items einer Untersuchung der Einstellung zum Chemieunterricht nach Bader [6]

Zur Beantwortung werden je nach Art der Items verschiedene Antwortschemata wie *immer/oft/manchmal/selten/nie* oder *stimmt nicht/stimmt wenig/stimmt mittelmäßig/stimmt ziemlich/stimmt sehr* verwendet. Solche Ratingskalen – für die es eine ganze Reihe erprobter Beispiele gibt – entsprechen einer Ordinalskalierung und lassen sich durch ein Punktsystem auswerten [7]. Für die größte Zustimmung werden beispielsweise 5 Punkte, dann abnehmend 4, 3, 2 und 1 Punkt vergeben. Natürlich ist es auch möglich, als Antwortmöglichkeit direkt eine Punktskala von 1 bis 5 zu verwenden. Numerische Skalen werden allerdings in der Literatur als weniger reliabel als verbale Kategorien eingestuft [8].

Wie man der Tabelle 396.1 entnehmen kann, bezieht sich der Test von Otte und Garbe sehr stark auf die Auswirkung des Experimentierens im Unterricht und in der Freizeit auf die Fachbeliebtheit. Eine Differenzierung nach weiteren Tätigkeiten im Chemieunterricht (Beobachten, Auswerten, Beschreiben)

wird nur in zweiter Linie behandelt. Nach Angabe der Autoren kann erwartet werden, dass Schüler, die diesen Test positiv beantworten, gerne am Chemieunterricht teilnehmen, gerne selbstständig chemische Experimente durchführen und ein sachliches Verhältnis zur theoretischen Auseinandersetzung im Bereich der Chemie haben.
Die Erhebung von Bader (vgl. Tab. 400.2) spricht trotz einiger Überschneidungen unmittelbar die Haltung der Schüler gegenüber dem Chemieunterricht an. Dafür werden Einstufungen experimenteller und theoretischer Tätigkeiten usw. nicht von den Schülern gefordert. Für sich selbst gesehen wird mit diesem Testinstrument nur die Ausprägung der Fachbeliebtheit erfasst, aber kaum nach den Gründen gefragt. Allerdings stellt der Test nur einen Ausschnitt aus einem größeren Erhebungsbogen dar. Durch zwei weitere Sätze von Items wurden die Einstellung zur Chemie in Forschung und Industrie und die Einstellung zu Umwelt- und Energieproblemen erfasst. Ziel war es zu erfahren, ob ein Zusammenhang zwischen der Beliebtheit des Chemieunterrichts und der Einstellung zu diesen beiden Bereichen besteht und wie stark vorhandene Wechselwirkungen ausgeprägt sind.

Test 2
Bei dem zweiten der hier beschriebenen Verfahren sind Untersuchungen wesentlich einfacher als nach der oben vorgestellten Methode durchzuführen. So stellte etwa Seelig den Schülern nur zwei Fragen [9]:
- Welches ist dein Lieblingsfach?
- Welches Schulfach hast du am wenigsten gern?

Die Antworten lassen keinen Schluss auf vollständige Reihung der Beliebtheit von Schulfächern zu. So werden etwa mittelmäßig beliebte Fächer bei dieser Vorgehensweise nur selten aufgeführt werden. Sinnvolle Aussagen kann man nur über typische beliebte oder unbeliebte Fächer machen. Allerdings ist die Fragestellung universell und nicht davon abhängig, welche Fächer gerade in der untersuchten Probandengruppe unterrichtet werden.
Alternativ kann man alle unterrichteten Fächer in einer Liste aufführen. Die Schüler müssen an die Fächer Noten verteilen, sie in eine Rangreihe bringen oder sie Kategorien von sehr beliebt bis sehr unbeliebt zuordnen. Bei der Untersuchung größerer Probandengruppen entsteht die organisatorische Schwierigkeit, die Schulfächer zu berücksichtigen, in denen jede Klasse unterrichtet wird.
Während die erste der aufgeführten Methoden (Test 1) – aufgezeigt an den Beispielen von Garbe und Otte bzw. Bader – den Vorteil hat, viele Informationen direkt über das zu beurteilende Schulfach zu liefern, erfasst das hier vorgestellte Verfahren die Relation zu anderen Fächern. Beide Möglichkeiten stehen nicht etwa in Konkurrenz, sondern ergänzen sich in ihrer Aussage.

Test 3
Allgemein erlaubt die Verwendung von **Ratingskalen eine** große Spannweite unterschiedlicher Typen von Testitems. Zwei Beispiele zeigt Abbildung 401.1. Zur Bearbeitung kreuzen die Probanden bei dem jeweiligen Gegensatzpaar die abgestufte Skala so an, wie es ihrer Einstellung entspricht.

Welcher Aussage kannst du eher zustimmen?						
	++	+	o	–	– –	
Chemieunterricht finde ich langweilig.	❒	❒	❒	❒	❒	Chemieunterricht finde ich spannend.
Chemie ist einfach.	❒	❒	❒	❒	❒	Chemie ist kompliziert.
Was ich im Chemieunterricht lerne, ist wertvoll für das alltägliche Leben.	❒	❒	❒	❒	❒	Was ich im Chemieunterricht lerne, ist nutzlos für das alltägliche Leben.

Der Chemieunterricht ist		
	1 2 3 4 5 6 7	
langweilig	-------------------------	spannend
einfach	-------------------------	kompliziert
nutzlos	-------------------------	wertvoll
erfreulich	-------------------------	unerfreulich
wichtig	-------------------------	unwichtig
lebensnah	-------------------------	theoretisch

Abb. 401.1: Beispiele für Ratingskalen zur Messung der Beliebtheit des Chemieunterrichts

Die Items liefern ausführliche Informationen über die Einstellung zu klar definierten Dingen, Tätigkeiten, Personen usw.
Das zweite der aufgeführten Beispiele wird auch **„semantisches Differenzial"** genannt. Man kann, wie Ingenkamp bemerkt [10], „... mit diesem Eindrucksdifferenzial den Bedeutungsgehalt von buchstäblich jedem Sachverhalt erfassen ..., der in den Gesichtskreis eines Individuums oder einer Gruppe fällt – von Schuhen, Schiffen, Siegellack, von Kohlköpfen und Königen ...". Wegen dieser universellen Einsetzbarkeit werden Polaritätsprofile als vielseitige Forschungsinstrumente eingestuft.
Die Schwierigkeit einer solchen Testkonstruktion besteht darin, Gegensatzpaare zu finden, die für die interessierende Fragestellung relevant sind. Weiterhin müssen die gewählten Begriffe in unserem Verständnis tatsächlich Endpunkte einer Beurteilungsskala darstellen. Ein Nachteil ergibt sich daraus, dass in jedem der Polaritätsprofile nur nach der Einstellung zu einer Sache, Tätigkeit oder Person gefragt werden kann, nicht aber nach unterschiedlichen Inhalten.

17.3 Ergebnisse von Untersuchungen zur Beliebtheit des Chemieunterrichts

Vergegenwärtigt man sich die Bedeutung chemischen Wissens und die Aktualität vieler Probleme, bei denen die Chemie eine Rolle spielt, so sollte man erwarten, dass der Chemieunterricht von den Schülern als interessant und attraktiv eingestuft wird. Nach der Einschätzung vieler Schulpraktiker ist allerdings das Gegenteil der Fall: **Desinteresse und Abneigung** überwiegen.
Wie die Mehrzahl durchgeführter Untersuchungen zeigt, gehört Chemie bereits seit dem Jahr 1905 (Datum der ersten Befragung) tatsächlich zu den weniger beliebten bis unbeliebten Fächern. Hiervon abweichende Daten wurden in den zwanziger Jahren und am Ende der sechziger Jahre erhoben. Dies könnte im ersten Fall auf den Einfluss der Bewegung der „Arbeitsschule", im zweiten Fall auf den inhaltlichen Wandel des Unterrichts zurückzuführen sein. Allerdings weisen **neuere Untersuchungen** auf eine **mittlere Beliebtheit**, jedoch nicht auf eine vollständige Ablehnung durch die Schülerinnen und Schüler hin. (Überblicke vermitteln etwa die Arbeiten von Becker [11] und Brämer/Nolte [12], neuere Ergebnisse siehe Höner [13], Woest [14] und Bolte [15, 16].)

Anhand von zwei Beispielen sollen hier typische Ergebnisse von Schülerbefragungen vorgestellt werden, die Müller-Harbich, Wenck und Bader [17] sowie Höner und Greiwe [13] durchführten.

B Die Ergebnisse von Müller-Harbich, Wenck und Bader basieren auf einer **Erhebung an 50 Realschulen** des Landes Nordrhein-Westfalen, an der etwa 2200 Realschüler – nahezu zu gleichen Teilen Schülerinnen und Schüler – der 10. Jahrgangsstufe teilnahmen. Den Probanden wurde ein mehrfach erprobter und verbesserter Testbogen vorgelegt, von dem der hier relevante Teil in Tabelle 402.1 aufgeführt ist. Zwei weitere Testteile erfragten die Einstellung zur Chemie und die zu Umweltproblemen. Die

	Items	**Mittelwerte**
1.	Ich gehe gern in den Chemieunterricht.	2,9
2.	Das Schönste am Chemieunterricht sind die Pausen.	2,4
3.	Es gibt Sachen in Chemie, die sehr interessant sind.	3,4
4.	Ich langweile mich in Chemie.	3,1
5.	Im Chemieunterricht interessieren mich schwierige Aufgaben.	2,3
6.	Ich würde lieber anderen Unterricht haben als Chemie.	3,0
7.	Fleiß im Chemieunterricht ist meine Stärke.	2,5
8.	Für Chemie arbeite ich ungern im Voraus.	2,5
9.	Ich möchte später gern einen Beruf haben, der etwas mit Chemie zu tun hat.	1,7
10.	Ohne Chemieunterricht wäre es in der Schule viel schöner.	3,4
11.	Den Chemieunterricht möchte ich nicht missen.	2,6
12.	Wenn ich schwänzen würde, dann am liebsten den Chemieunterricht.	3,7
13.	Am Ende der Ferien freue ich mich auf den Chemieunterricht.	1,7
14.	Meinetwegen kann der Chemieunterricht ausfallen.	2,4
15.	Für Chemie mache ich gern Hausaufgaben.	2,4
16.	Ich finde es unsinnig, sich im Chemieunterricht anzustrengen.	3,9
17.	Es stört mich nicht, wenn der Chemieunterricht bis in die Pause hinein dauert.	2,1
18.	In Chemie bin ich fauler als in anderen Fächern.	3,3
19.	Es ist schade, wenn ausgerechnet der Chemieunterricht ausfällt.	2,0
20.	Freiwillig würde ich an einem Chemieunterricht ohne Benotung nicht teilnehmen.	2,6
21.	Für mich ist Chemie ein wichtiges Unterrichtsfach.	2,7
22.	Ich nehme mir vor, Chemie so schnell wie möglich zu vergessen, wenn ich die Schulzeit hinter mir habe.	3,7
23.	Im Zeitalter der Umweltverschmutzung halte ich den Chemieunterricht für wichtig.	3,9
24.	Man sollte Schulstunden nicht mit Chemie vertun.	3,8

Tab. 402.1: Testbogen zur Ermittlung der Einstellung zum Chemieunterricht mit Mittelwerten aus einer Erhebung in NRW

Antwortschemata waren *immer/oft/manchmal/selten/nie* und *stimmt nicht/stimmt wenig/stimmt mittelmäßig/stimmt ziemlich/stimmt sehr*. Für die positivste Einstellung wurden 5, dann abnehmend 4, 3, 2 und 1 Punkt vergeben.

Die erhaltenen Mittelwerte für die einzelnen Items ergeben insgesamt eine neutrale bis leicht ablehnende Haltung der Realschüler gegenüber dem Chemieunterricht. Von einer stark ausgeprägten Aversion gegenüber dem Fach kann nicht gesprochen werden. Der Mittelwert aller Items liegt bei 2,8. Einzelergebnisse zeigen ein differenziertes Bild. So haben die Schüler durchaus die Bedeutung des Chemieunterrichts erkannt (Item 16 und Item 23). Beruflich möchten die Schüler jedoch eher nichts mit Chemie zu tun haben (Item 9).
Bei einem Vergleich der Ergebnisse der Mädchen mit denen der Jungen ergibt sich insgesamt gesehen kein signifikanter geschlechtsspezifischer Unterschied. Ein Mittelwertvergleich der einzelnen Items lässt allerdings erkennen, dass Jungen lieber als Mädchen in den Chemieunterricht gehen (Item 1 und Item 19), sich stärker für schwierige Aufgaben interessieren (Item 5) und weniger gern als Mädchen auf den Chemieunterricht verzichten möchten (Item 11). Dagegen können sich Mädchen eher als Jungen vorstellen, einen Beruf im chemischen Bereich zu ergreifen. Sie beschäftigen sich lieber als ihre männlichen Mitschüler zuhause mit chemischen Inhalten (Item 15) und finden Chemieunterricht auch wichtiger als Jungen (Item 22 – Item 24).
Bei einem Vergleich von Schülern verschiedener Kurszugehörigkeit ergaben sich signifikante Unterschiede: Die 834 Schüler und Schülerinnen aus naturwissenschaftlichen Kursen zeigten eine deutlich positivere Einstellung (Mittelwert: 3) gegenüber dem Chemieunterricht als die 1074 Schüler und Schülerinnen nichtnaturwissenschaftlicher Kurse (Mittelwert 2,7). (Es wurde nicht geprüft, ob signifikante Unterschiede in den Einstellungen zwischen Schülern aus fremdsprachlichen, musisch-künstlerischen und sozialkundlichen Kursen vorhanden sind.)

Die **Untersuchung von Höner und Greiwe** umfasste etwa jeweils einhundert Schülerinnen und Schüler der Jahrgangsstufen 7, 9 und 10 aus vier Gymnasien. Eine Übersicht über den Aufbau des eingesetzten Fragebogens vermittelt Tabelle 403.1.

Die Ergebnisse decken sich in vielen Bereichen mit denen anderer Untersuchungen. Zusammenfassend werden sie von den Autoren folgendermaßen dargestellt:
- Die Schüler freuen sich zu Beginn der siebten Klasse auf den Chemieunterricht und haben ihm gegenüber eine deutlich positive Erwartungshaltung. Auch nach einem halben Jahr Chemieunterricht gehört dieser zu den beliebteren Unterrichtsfächern.
- Mit Dauer der Teilnahme wird die Einstellung zum Chemieunterricht merklich schlechter. Die Veränderungen treten vor allem zwischen der siebten und neunten Jahrgangsstufe auf, sodass der Chemieunterricht in der zehnten Klasse zu den unbeliebten Fächern gehört.

Subtests	**Variablen**
Angaben zur Person, Bewertungen	Geschlecht
	Alter
	Jahrgangsstufe
	Beliebtheit der Unterrichtsfächer
	Beliebtheit der Fachlehrer
	Zeugnisnote in Chemie
Einstellung zum Chemieunterricht	Motivation
	Interesse
	Lernzufriedenheit
Bild der Chemie	Chemie-Urteile
	Chemie-Leben
	Chemie-Produkte
Wissenstest	Stoffe und ihre Eigenschaften, Trennverfahren, Stoff- und Energieumsätze, Teilchenvorstellung, Metalle und Metallgewinnung, Hauptgruppen, Atombau und Periodensystem

Tab. 403.1: Subtests und Variablen des Fragebogens von Höner und Greiwe [13]

- Die Jungen haben eine wesentlich positivere Einstellung zum Chemieunterricht als die Mädchen. Diese Unterschiede werden mit der Dauer der Teilnahme größer.
- Es konnten deutliche Zusammenhänge zwischen der Einstellung zum Fach sowie der Fachlehrerbeliebtheit festgestellt werden.
- Die Fächer Mathematik/Chemie/Physik bilden in Bezug auf ihre Beliebtheit eine besondere Gruppe, die von den Jungen als positiv, von den Mädchen als negativ eingestuft wird. Diese Beobachtungen verstärken sich von der siebten zur zehnten Klasse. Gründe für das Absinken der Beliebtheit sind in der geringer werdenden Motivation der Mädchen zu suchen.
- Die Schüler besitzen ein recht differenziertes, aber kein negatives Bild von der Chemie, das von der siebten zur zehnten Jahrgangsstufe deutlich positiver wird. Pauschale Verurteilungen werden abgelehnt. Die Mädchen sehen die Chemie aber kritischer.
- Es besteht ein nachweisbarer Zusammenhang zwischen der Einstellung zum Chemieunterricht und

dem Bild der Chemie eines jeweiligen Schülers. Wesentlicher Aspekt dabei ist der Lebensbezug, den die Schüler in der Chemie sehen. Dieser wirkt sich positiv vor allem auf die Lernzufriedenheit sowie die Motivation aus.
- In der siebten Klasse sind zwischen Jungen und Mädchen keine Unterschiede im Wissenstest festzustellen; in der neunten und zehnten Jahrgangsstufe erreichen die Jungen aber deutlich bessere Ergebnisse. Zwischen den Leistungen im Wissenstest sowie der Einstellung zum Chemieunterricht (hier besonders: Motivation) besteht ein signifikanter Zusammenhang.

Es ist auffällig, dass in dieser Untersuchung deutliche geschlechtsspezifische Unterschiede zutage treten. Diese konnten in einem Teil anderer Erhebungen nur in geringerem Maße nachgewiesen werden. Die Gründe für die voneinander abweichenden Resultate sind unklar.

Unmittelbare Konsequenzen auf die Unterrichtsgestaltung sollten Ergebnisse von Untersuchungen haben, die von Woest [14] und Demuth [18] durchgeführt wurden: Chemieunterricht wird von Schülerinnen und Schülern eher als positiv erlebt, wenn sie selbst experimentieren dürfen (vgl. hierzu Kapitel 14).

17.4 Gründe für die Einstellung von Schülerinnen und Schülern zum Schulfach Chemie

Trotz vieler Einzelergebnisse gibt es auf die Frage, weshalb Chemieunterricht insgesamt nicht sonderlich beliebt ist, keine Antwort im Sinne einer umfassenden Erklärung. Alle im Folgenden diskutierten Gründe zeigen somit Teilaspekte auf und klären die übergreifenden Zusammenhänge nur in bescheidenem Maß:

- Die Lernenden erwarten, durch den Chemieunterricht viele Dinge ihres persönlichen **Umfelds und des Alltags erklären** zu können. Dies ist aber in nur geringem Umfang der Fall, da viele Phänomene der Alltags- und Lebenswelt aus naturwissenschaftlicher Sicht komplex sind, zu ihrem Verständnis chemisches Vorwissen notwendig ist und den Lehrenden die didaktische Reduktion nur schlecht gelingt.
- Derzeit ist der nach den Lehrplänen zu vermittelnde Stoff überwiegend an der Wissenschaft Chemie orientiert. Der **Bezug zur Lebenswelt** wird oftmals nur als methodische Variante zum Einstieg in eine Unterrichtsstunde eingesetzt oder an eine Thematik angehängt. Die Schüler durchschauen diesen „Betrug" schnell und reagieren mit Ablehnung: Sie wissen nach einiger Erfahrung mit dem Chemieunterricht, dass eine Schulstunde, die mit einem interessanten Thema aus ihrer Lebenswelt beginnt, doch nach spätestens zehn Minuten in „reine Chemie" mündet. Wagenschein vermutet in diesem Zusammenhang, dass die Wissenschaftsfeindlichkeit vieler Erwachsener auf eine enttäuschte Jugendliebe zurückzuführen ist: Ihre Verstehenshoffnungen und Verstehensforderungen wurden nicht erfüllt [19].
- **Neue fachdidaktische Entwicklungen**, etwa experimentelle Unterrichtskonzeptionen zu Genussmitteln, nachwachsenden Rohstoffen oder umweltschonenden chemischen Verfahren, finden nur **in geringem Maße** Einzug in die Unterrichtspraxis [20].
- Aus der Sicht der Lernenden zählt Chemie zu den schwierigsten Fächern. Besonders wird ein **Zuviel an Theorie, Formeln und abstrakten Begriffen** kritisiert. Auch die Fachsprache der Chemie, die „Vokabeln" der verschiedensten Herkunft sowie Begriffe aus dem Alltagsleben – die kontextabhängig in der Chemie eine ganz andere Bedeutung haben – bis zu Kunstworten enthält, erschwert das Lernen. Die Verwendung von Fachbegriffen erfolgt häufig wenig reflektiert und dem Kenntnisstand der Schülerinnen und Schüler nicht angepasst. Weiterhin sind Tätigkeiten wie Ordnen, Beschreiben oder Systematisieren unbeliebt.
- Es kann auch vermutet werden, dass der **Chemieunterricht traditionell unbeliebt** ist. Diese Einstellung könnte von Schülergeneration zu Schülergeneration weitergegeben werden. Ab dem Beginn der neunziger Jahre hat allerdings – durch Umstrukturierungen auf dem Stellenmarkt gefördert – ein allgemeiner Interessenwandel stattgefunden, der eine Abkehr von naturwissenschaftlichen und technischen Ausbildungsgängen zur

Folge hatte. Die Haltung von Schülerinnen und Schülern ist dabei nicht als vollkommen ablehnend, sondern eher als uninteressiert einzustufen: Chemie wird durchaus als wichtig und unverzichtbar angesehen, es sollen sich aber nach einer Schüleraussage „andere damit beschäftigen".

Wacker glaubt in diesem Zusammenhang, dass Schülerinnen und Schüler gegenüber den Naturwissenschaften (ausgenommen der Biologie) einen **Minderwertigkeitskomplex** besitzen. Sie empfinden eine **intellektuelle Inferiorität** gegenüber den uneingeschränkt anerkannten Wissenschaften [21].

- Auch die **Unterrichtsmethoden** werden von den Schülern kritisch gesehen. Schülerexperimente finden in zu geringem Ausmaß statt. Demonstrationsexperimente sind oft schlecht zu beobachten oder werden gar durch Lehrervorträge ersetzt. Nichtexperimentelle Medien wie Modellbaukästen oder multimediales Lernmaterial werden in zu geringem Umfang eingesetzt.
- Nicht erhärten ließ sich die Vermutung, dass Eltern den Chemieunterricht als zweitrangig betrachten und deshalb keinen Wert auf die Chemienote legen. Interviews von etwa 30 Eltern der Mittelschicht, deren Kinder das Gymnasium besuchten, zeigten einen hohen Stellenwert chemischen Wissens aus Sicht der Erziehenden [22].

17.5 Mädchen im Chemieunterricht

Unterricht in Chemie wird von **Schülerinnen häufig mit Desinteresse** verfolgt. Daraus können Ablehnung und schlechte Fachleistungen resultieren.

Das folgende Zitat beschreibt die Ausgangssituation recht treffend:

Z Als wir das Fach neu gekriegt haben, fand ich es auch noch ganz toll. Aber jetzt ist es so, dass ich überhaupt nicht meine Fragen erklärt kriege und dass es überhaupt nicht so ist, dass es mir etwas bringt [23].

Befragt man Schülerinnen der Sekundarstufe I zu ihren Erfahrungen mit ihrem bisherigen Chemieunterricht, zeigen sich häufig **Resignation, geringes Fachinteresse** und **emotionale Ablehnung**. Dem entsprechend wählen viele Mädchen dieses Fach in der Oberstufe ab bzw. gehen in Berufe, von denen sie glauben, dass Mathematik, Physik oder Chemie keine große Bedeutung haben. So sind in den Leistungskursen Physik durchschnittlich nur 10 % Mädchen zu finden, in Leistungskursen Chemie ca. 30 %. In den meisten gewerblich-technischen Berufsfeldern liegt der Anteil der weiblichen Auszubildenden unter 3 % [24].

Zudem wurde in den internationalen Vergleichsstudien zum mathematisch-naturwissenschaftlichen Unterricht (TIMSS-II und TIMSS-III) festgestellt, dass die **fachspezifischen Leistungen von Schülerinnen** in den Naturwissenschaften Physik, Chemie und Biologie signifikant schlechter sind als die von Schülern in den entsprechenden Schulformen [25]. Im Vergleich mit anderen Ländern rangiert Deutschland dabei im Mittelfeld: Die gemessenen Differenzen betragen z. B. in den USA ca. 7 %, in der BRD ca. 17 % und in Dänemark ca. 28 % zugunsten der Jungen. Die höchsten auf das Geschlecht bezogenen Leistungsunterschiede wurden in Israel mit ca. 33 % festgestellt. Als Ursache des schlechteren Abschneidens der Mädchen in diesen Fächern werden vor allem das geringe Fachinteresse und fehlendes Vertrauen in die eigenen Fähigkeiten gesehen.

Ziel von Maßnahmen auf schulischer Seite sollte daher sein, **Motivation und Interesse der Mädchen für diese Fächer zu stärken**, um einer gesellschaftlich nicht erwünschten Ablehnung und dem damit verknüpften geringen Wissen zu begegnen. Für die Gestaltung von Unterricht sind dabei besonders vier Punkte von Bedeutung, auf die im Folgenden näher eingegangen wird:

- Zuschreibung für Erfolg und Misserfolg – Attributionsmuster;
- Ausbildung von Selbstkonzepten;
- inhaltlicher Kontext;
- methodische Gestaltung des Unterrichts.

Zuschreibung für Erfolg und Misserfolg – Attributionsmuster

Eine zentrale Rolle bei der Klärung der eigenen Interessen spielen **bereichsspezifische Kompetenzerfahrungen**. Um Interesse an Mathematik oder einer Naturwissenschaft zu entwickeln, müssen sich die Schülerinnen (und Schüler) in der Auseinandersetzung mit mathematischen oder naturwissenschaftlichen Sachverhalten und Problemen als erfolgreich, wirksam und kompetent erleben. Sie müssen vor allem spüren, dass sie in der Entwicklung ihrer Kompetenz Schritt für Schritt vorankommen. Wichtig sind hier Rückmeldungen, die z. B. von den Lehrenden kommen. Sie können Zutrauen signalisieren und auf Fortschritte aufmerksam machen. Auf keinen Fall dürfen die Lehrenden – was ein allgemeiner pädagogischer Grundsatz ist – entmutigen, indem sie Leistungen abwerten oder die Befähigung grundlegend infrage stellen.
Voraussetzung für ein eigenständiges Einlassen auf Anforderungen ist die Erwartung, die Anforderungen auch bewältigen zu können. Sie gründet sich auf vorangegangene Kompetenzerfahrungen in dem entsprechenden Bereich, vor allem auf **Attributionen für Erfolg und Scheitern**, die durch Lehrerrückmeldungen maßgeblich beeinflusst werden.
Mädchen werden in der Schule vor allem für **Fleiß und Sorgfalt** gelobt. Jungen werden in den Fächern Mathematik und Physik als begabter eingeschätzt. Dies erklärt das Phänomen, dass viele Mädchen auch mit guten und sehr guten Leistungen in Physik, Chemie oder Mathematik diese Fächer nicht als Leistungskurse belegen bzw. keinen Beruf mit naturwissenschaftlich-technischem Schwerpunkt wählen. Offenbar fühlen sie sich trotz der guten Bewertung durch die Lehrkraft nicht sicher, ob sie auch weiterhin erfolgreich bleiben können. Sie wählen lieber nicht-naturwissenschaftliche Bereiche, da sie glauben, dort sowohl durch Anstrengung und Fleiß als auch durch ihre Fähigkeiten Erfolg zu erzielen.
Hieran wird deutlich, dass Mädchenförderung nicht meint, Mädchen zu schonen und von ihnen geringere Leistungen zu erwarten. Im Gegenteil sollte bewusst gefördert werden, dass sie sich an der Auseinandersetzung mit scheinbar komplexen und schwierigen Problemen aktiv beteiligen. Nicht die guten Noten allein sind für die Interessenentwicklung in einem Fach wesentlich.

Ausbildung von Selbstkonzepten in monoedukativen und koedukativen Gruppen

Häufig wird eine **Trennung von Jungen und Mädchen** – zumindest phasenweise im Anfangsunterricht Physik und Chemie – empfohlen. Erfahrungen zeigen in diesen Fällen deutlich größeres Interesse und Engagement der Mädchen im Vergleich zu koedukativem Unterricht. Erkenntnisse aus Studien psychosozialer Forschung [26] stützen einen epochal getrennten Unterricht und belegen rollenspezifische Zuschreibung von Interesse und Motivation für bestimmte Fächer. In reinen Mädchengruppen ist die **Selbstwahrnehmung** eine andere als in gemischten Gruppen. Sind Jungen anwesend, wird sich ein Mädchen nicht nur wie ein Mädchen beschreiben, sondern sich auch so verhalten, wie es ihr geschlechtsspezifisch angemessen erscheint. Deshalb ist es in gemischten Gruppen wahrscheinlicher, dass sich bei Mädchen traditionell eher Frauen zugeschriebene Interessen entwickeln als in reinen Mädchenklassen, ohne dass eine direkte Beeinflussung von Außen stattfinden muss.
In Interviews äußerten sich Mädchen vorwiegend positiv über einen **zeitweise getrennten Unterricht** in Chemie [23]. Sie wünschten sich vor allem eine ungestörte Lernatmosphäre, in der sie ihre besonderen Sichtweisen, z. B. das Staunen über einen ästhetischen Effekt, ohne herabsetzende Kommentare entwickeln können.
Auch **Teambildung** reiner Mädchen- und Jungengruppen während einer Projektarbeit oder bei Schülerexperimenten kann in dieser Hinsicht sinnvoll sein. In der Mittelstufe ergeben sich solche Konstellationen zumeist alleine. Die Schülerinnen und Schüler können sich in diesen Kleingruppen ungestörter entfalten. Geschlechtsspezifische Arbeitsteilung wie das Protokollieren durch die Mädchen und das Experimentieren durch die Jungen ist dann nicht möglich.

Inhaltlicher Kontext

Wienekamp [27] und ebenso Barke [28] untersuchten die Interessen von Schülerinnen und Schülern am Chemieunterricht: Mädchen wünschten sich **Themenbereiche**, die Bezug zu ihrem eigenen Leben haben, wie Umwelt- und Alltagsthemen, Kosmetik oder Lebensmittel. Jungen hingegen nannten Inhalte, die auch in der Regel im fachlichen Stoffplan des Unterrichts einen breiten Raum einnehmen: Organische Chemie, Metalle und ihre Gewinnung, Energie. Mädchen gehören somit mehrheitlich einem anderen **Interessentyp** an als ihre Mitschüler, die wesentlich an der „objektiven Wissenschaft" interessiert sind. Ein gegebener Inhalt ist für Schülerinnen besonders dann interessant, wenn er in einen attraktiven Kontext eingebettet ist [29].

In diesem Zusammenhang liegt es nahe, auf Konzepte des in den letzten Jahren in den Vordergrund getretenen **„alltagsorientierten Unterrichts"** zurückzugreifen. Dabei ist zu bedenken, dass Alltagsorientierung mehr ist als Alltagsbezug. Die fachlichen Inhalte eines solchen Unterrichts orientieren sich nach Just [30] an den Erfordernissen des behandelten Themas. Sie werden nur insoweit einbezogen, wie sie das Verstehen erleichtern oder verbessern. So kann innerhalb des Rahmenthemas „Boden" in der Klasse 10 die Wechselwirkung von Düngesalzen und Bodenökologie ebenso thematisiert werden wie das Versauern der Böden. Wissen über Säure- und Basereaktionen wird in diesem Kontext nicht nur zu Übungszwecken erarbeitet und auf den Schülerinnen wenig bekannte Phänomene angewandt. Vielmehr ist das Wissen unverzichtbar zur Erklärung von Stoffkreisläufen, die eine unmittelbare Bedeutung für unser Leben und unsere Gesundheit haben.

Weitere Anregungen für einen solchen Unterricht sind z. B. von Behrendt [31] vorgeschlagen worden.

Methodische Gestaltung des Unterrichts

Neben der Auswahl der Inhalte sind insbesondere auch die Art des Zugangs und der Erarbeitung in dem hier diskutierten Zusammenhang bedeutsam für den Lernerfolg und die Haltung gegenüber dem naturwissenschaftlichen Fach. Dies soll an einem Beispiel verdeutlicht werden.

Das **forschend-entwickelnde Verfahren** nach Schmidkunz und Lindemann (Kap. 11) hat im Chemieunterricht eine große Bedeutung: Die Eigenaktivität der Schülerinnen und Schüler soll in einem problemorientiert gestalteten Unterricht im Vordergrund stehen, um anhand von exemplarisch ausgewählten Inhalten einen Erkenntnisgewinn zu gewährleisten.

Hinsichtlich der Förderung von Mädchen sind zwei Faktoren zu beachten, die gegensätzlich wirken können:

Der **Problemlöseprozess** ist in der Anfangsphase in der Regel verbal gestaltet. Dies könnte den häufig sprachlich kompetenten Mädchen zugute kommen. Andererseits ist es vorteilhaft, auf Vorkenntnisse zurückgreifen zu können, um zur Problemlösung beizutragen. Zumindest im Anfangsunterricht haben aber hier die Jungen gegenüber den Mädchen vielfach Vorteile, bedingt durch Literatur, Spielzeug oder Hobbys.

Mädchen müssen sich dieses Wissen häufig erst im Unterrichtsgeschehen aneignen und können somit zunächst weniger zum Lösungsprozess beitragen. Auch wenn Ansätze, die nicht zu einer erfolgreichen Problemlösung führen, integraler Bestandteil des forschend-entwickelnden Verfahrens sind, ist es für Mädchen wenig motivierend, falsche Wege zu initiieren.

In einer empirischen Studie wurde diese Annahme bestätigt [23]: Im Verlauf von ca. 200 Chemiestunden der Klassen 8, 9, 10 an allge-

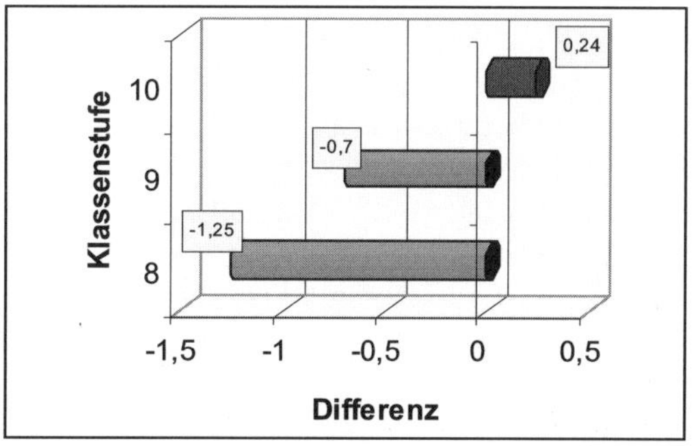

Abb. 407.1: Differenz der Beteiligung von Mädchen und Jungen in Abhängigkeit von der Klassenstufe im forschend-entwickelnden Unterricht

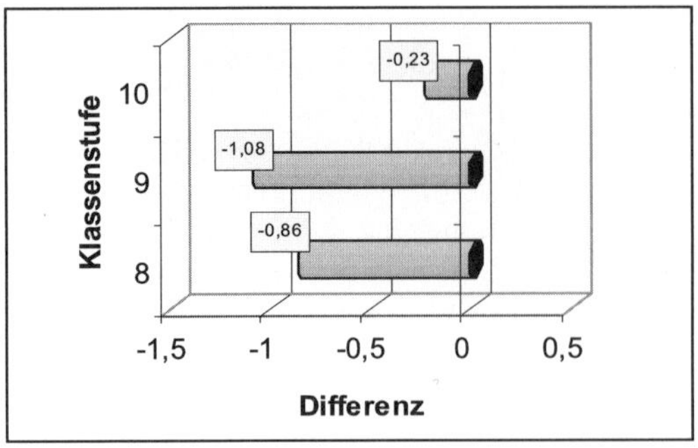

Abb. 408.1: Differenz der Beteiligung von Mädchen und Jungen in Abhängigkeit von der Klassenstufe im nicht forschend-entwickelnden Unterricht

mein bildenden Schulen im Rhein-Main-Gebiet wurden die Beteiligungen von Mädchen und Jungen in Abhängigkeit von der gewählten Unterrichtsmethode kontrolliert. Tatsächlich konnte man in den Klassen 8 im forschend-entwickelnden Unterricht die größten Unterschiede in der Beteiligung zwischen Mädchen und Jungen feststellen. Im Verlauf der Sekundarstufe I wurden diese Unterschiede geringer. In den Klassen 10 waren die Verhältnisse sogar umgekehrt: Mädchen beteiligten sich häufiger als Jungen (Abb. 407.1).
Unterricht, der nicht nach diesem Verfahren gestaltet wurde, zeigte diese Tendenzen im Verlauf der Sekundarstufe I nicht. Die Mädchenbeteiligung lag immer unter der der Jungen, wobei die Differenz in der 10. Jahrgangsstufe nur gering war (Abb. 408.1).
Aus den Ergebnissen wird deutlich, dass bei der Unterrichtsgestaltung auf die **Einbindung der Mädchen** allgemein, beim forschend-entwickelnden Unterrichtsverfahren besonders bei Problemlöseprozessen im Anfangsunterricht großer Wert gelegt werden sollte.
In eine ähnliche Richtung weisen die **Ergebnisse der TIMS-Studie**. Dort wird der vorwiegend fragend-entwickelnde Unterricht als dominantes Muster im deutschen naturwissenschaftlichen Unterricht erkannt. Das lehrergeleitete Unterrichtsgespräch steuert in der Regel konvergent auf die möglichst systematische Erarbeitung eines Konzeptes oder einer Routine zu. Das Erreichen des Unterrichtsziels hängt davon ab, dass sich Schülerantworten in die Entwicklung des Gedankengangs einfügen. Fehler stören im Allgemeinen. Zumeist stellen sie Unterbrechungen der Zielgerichtetheit des Unterrichts dar. Fehlerhafte Schülerantworten werden deshalb im Unterrichtsgespräch oftmals negativ bewertet oder einfach übergangen. Jede Lehrerfrage wird damit in der Phase der Wissenserarbeitung zur Leistungssituation. Lernen und Leistung sind damit eng verknüpft.
Eine stärkere Entmischung wäre wünschenswert, was aus den oben genannten Gründen (Zuschreibung von Erfolg und Misserfolg, teilweise geringe Beteiligung am Unterrichtsgespräch) insbesondere den Mädchen zugute käme. Als Maßnahmen lassen sich fordern: Größere Unterrichtsanteile als bisher üblich sollten in kooperativen Arbeitsformen gestaltet sein: z. B. kreative Schülerexperimente oder Projektarbeit. Diese sollten dann auch wesentlich zur Beurteilung herangezogen werden.

L

[1] Ausubel, D. P., Novak, J. D., Hanesian, H.: Psychologie des Unterrichts, Bd. 2. Beltz, Weinheim und Basel 1981, S. 495.
[2] Krapp, A., Prenzel, M.: Interesse, Lernen, Leistung. Münster 1992.
[3] Bortz, J., Döring, N.: Forschungsmethoden und Evaluation, 2. Aufl.. Springer, Berlin, Heidelberg, New York 1995.
[4] Lienert, G. A.: Testaufbau und Testanalyse, 4. Aufl.. Psychologie Verlags Union, München und Weinheim 1989.
[5] Garbe, R., Otte, R.: Einstellung zum naturwissenschaftlichen Unterrichtsfach Chemie, Teil 1. chimica didactica **2** (1976) 215.
[6] Bader, H. J.: Auswirkungen der Thematik „Recycling" auf die Einstellungen der Schüler zum Chemieunterricht, zur Chemie und zu Umwelt- und Energieproblemen. chimica didactica **12** (1986), 65.
[7] Rohrmann, B.: Empirische Studien zur Entwicklung von Antwortskalen für die sozialwissenschaftliche Forschung. Zeitschrift für Sozialpsychologie, **1978**, 222.
[8] Peters, D. L., McCormick, E. J.: Comparative reliability of numerically anchored versus job-task anchored rating scales. J. Appl. Psychol. **50** (1966), 92.
[9] Löffler, G.: Über die Beliebtheit von Schulfächern. mathematica didactica **1** (1978), 211.
[10] Ingenkamp, K. I., Parey, E., Tent, L.: Schätzen und Messen in der Unterrichtsforschung. Beltz, Weinheim und Basel **1973**, S. 53.
[11] Becker, H. J.: Chemie – Ein unbeliebtes Schulfach. MNU **31** (1978), 455.

[12] Brämer, R., Nolte, G.: Die heile Welt der Wissenschaft, Reihe SozNat: Mythos Wissenschaft. Redaktionsgemeinschaft Soznat, Marburg 1983.

[13] Höner, K., Greiwe, T.: Chemie – nein danke? chimica didactica **26** (2000), 25.

[14] Woest, V.: Der „ungeliebte" Chemieunterricht? Ergebnisse einer Befragung von Schülern der Sekundarstufe II. MNU **50** (1997), 50.

[15] Bolte, C.: Chemieunterricht im Urteil von Schülerinnen und Schülern – Ergebnisse der zweiten Phase einer empirischen Studie zum Lernklima im Chemieunterricht, in: Zur Didaktik der Physik und Chemie (Hrsg. H. Berendt). Leuchtturm, Alsbach 1994, S. 205.

[16] Bolte, C.: Analyse der Lern- und Unterrichtsklimas im eigenen Unterricht. Chemie in der Schule **40** (1993), 180.

[17] Müller-Harbich, G., Wenck, H., Bader, H. J.: Die Einstellung von Realschülern zum Chemieunterricht, zu Umweltproblemen und zur Chemie, Teil II. chimica didactica **16** 2/3 (1990), 150.

[18] Demuth, R.: Schülerexperimente im Chemieunterricht. NiU-PC **29** (1981), 256 und 355.

[19] Wagenschein, M.: Der Vorgang des Verstehens. MNU **26** (1973), 85.

[20] Neu, C., Melle, I.: Die Fortbildung von Chemielehrerinnen und -lehrern – Gegenwärtige Situation und Möglichkeiten der Veränderung. CHEMKON **6/4** (1998), 181.

[21] Wacker, A.: Der reduzierte Fachmann – oder was Schüler vom mathematisch-naturwissenschaftlichen Unterricht und seinen Lehrern halten. Soznat 1981/6, 11.

[22] Bader, H. J., Reitz, H.: Die Einstellung von Eltern zum Chemieunterricht ihrer Kinder, unveröffentlichte Ergebnisse.

[23] Sgoff, M.: Mädchen im Chemieunterricht der Sekundarstufe I – Analyse der Unterrichtsgestaltung in Hinsicht auf eine Veränderung der traditionellen Orientierung. Tectum Verlag, Marburg 1998.

[24] Häußler, P., Hoffmann, L.: BLK-Programmförderung „Steigerung der Effizienz des mathematisch-naturwissenschaftlichen Unterrichts". Erläuterungen zu Modul 7. IPN Kiel, August 1998.

[25] Baumert, J., Lehmann, R. u. a.: TIMSS – Mathematisch-naturwissenschaftlicher Unterricht im internationalen Vergleich. Leske + Budrich, Opladen 1997.

[26] Hannover, B.: Spontanes Selbstkonzept und Pubertät. Zur Interessenentwicklung von Mädchen koedukativer und geschlechtshomogener Schulklassen. Bildung und Erziehung. 45. Jg., H. 1, März 1992. Böhlau, Köln.

[27] Wienekamp, H.: Mädchen im Chemieunterricht. Verlag Westarp, Essen 1990.

[28] Barke, H.-D.: Chemieunterricht erscheint nicht so sinnlos, wenn man den Stoff auch im Alltag anwenden kann. NiU-Physik/Chemie (1987), 5.

[29] Rost, J., Sievers, K., Häußler, P., Hoffmann, L., Langeheine, R.: Struktur und Veränderung des Interesses an Physik bei Schülern der 6. bis 10. Klassenstufe. Zeitschrift für Entwicklungspsychologie und Pädagogische Psychologie, 31 (1), S. 18–31. Hogrefe, Göttingen.

[30] Just, E.: Alltagsorientierter Unterricht – erprobter Unterricht in der Sekundarstufe I. NiU-Chemie (1997), 37.

[31] Behrendt, J., Just, E., Faust, S., Meyer-Vogel, J., Uebers, R.: Alltagsorientierter Unterricht – erprobter Unterricht in der Sekundarstufe I. NiU-Chemie (1987), 8.

18. Forschung und Entwicklung in der Fachdidaktik Chemie

Ein wesentlicher Teil der Inhalte des vorliegenden Buches basiert auf Ergebnissen fachdidaktischer, fachchemischer, pädagogischer und psychologischer Forschungs- und Entwicklungsarbeiten. Dabei wurden, wie dies in einem Lehrbuch üblich ist, die Ergebnisse einzelner Arbeiten nur selten gesondert herausgestellt. Der vorliegende Abschnitt stellt im Gegensatz hierzu die fachdidaktische Forschung und Entwicklung in der Chemie in das Zentrum der Betrachtungen. Um einen Einblick in die unterschiedlichen Themenfelder dieser Forschungsrichtung zu geben, wird hier nach einer knappen Einführung eine Literaturübersicht über abgeschlossene Dissertationen und Habilitationen in Deutschland gegeben.

Fachdidaktische Forschung und fachdidaktische Neuentwicklungen umfassen **alle Vermittlungsprozesse chemischen Wissens** und damit eine sehr große inhaltliche Spannweite. Die Beschäftigung mit dem Chemieunterricht stellt somit nur einen Teilbereich dar. Die Forschungsschwerpunkte und -methoden können je nach Sichtweise und wissenschaftlicher Standortbestimmung sehr unterschiedlich sein und sich mehr oder minder stark an einer **Bezugswissenschaft**, sei es Chemie, Pädagogik, Psychologie usw., orientieren.

Obwohl die Vielfalt fachdidaktischer Forschung eine einfache Strukturierung kaum möglich macht, lassen sich bezogen auf den Chemieunterricht tendenziell zwei größere Grundrichtungen feststellen. Die Schwerpunkte umfassen zum einen Probleme der **Inhalte** und der **Stoffauswahl**, zum anderen Probleme der **Lehr- und Lernprozesse**:

- Arbeiten, die eher der ersten Grundrichtung zugeordnet werden können, beschäftigen sich etwa mit der Frage, **welche neuen Inhalte** im Chemieunterricht vermittelt werden sollen und **wie** dies geschehen kann. Dazu gehört auch die Entwicklung **neuer Experimente** unter den Voraussetzungen schulischen Lernens in allen seinen Dimensionen.
- Bei Arbeiten des anderen Schwerpunktes steht etwa die Frage im Vordergrund, wie sich die **Vorstellungen von Schülerinnen und Schülern** zu bestimmten chemischen Vorgängen im Laufe des Chemieunterrichts **ändern**.

Beide Beispiele zeigen selbst ohne eine vertiefte Darstellung, dass die genannten Forschungs- und Entwicklungsrichtungen nicht isoliert voneinander gesehen werden können: Ohne vertiefte Kenntnisse von Schülervorstellungen und Möglichkeiten der adressatengerechten didaktischen Reduktion sind Arbeiten zu neuen Inhalten nicht möglich. Auf der anderen Seite können Schülervorstellungen nicht untersucht werden, wenn keine Beschäftigung mit inhaltlichen Gesichtspunkten des Unterrichts stattfindet.

An fachdidaktische Arbeiten werden somit sehr unterschiedliche Anforderungen gestellt. Es sind sowohl Kenntnisse der Chemie und deren Methoden als auch die Kenntnisse von Forschungsmethoden etwa der Sozialwissenschaften – wie etwa die Planung, Durchführung und Auswertung einer empirischen Untersuchung – notwendig.

Die folgende Zusammenstellung umfasst eine Auswahl von Dissertationen und Habilitationen aus dem Zeitraum von 1990 bis 2001. Sie basiert zum größten Teil auf einer Umfrage der Gesellschaft für Didaktik der Physik und Chemie (GDCP) [1]. Weiter zurückliegende Arbeiten findet man in der Auswertung vorangegangener Erhebungen [2].

L [1] Dissertationen und Habilitationen – Ergebnisse einer GDCP-Umfrage.
[2] http://www.physik.huberlin.de/ger/gruppen/didaktik/gdcp/diss.htm.
[3] Sumfleth, E., Niedderer, H.: Promotionen und Habilitationen in Chemie- und Physikdidaktik seit 1980 – Eine Umfrage der GDCP im Frühjahr 1991. In: Wiebel, K. H. (Hrsg.): Zur Didaktik der Physik und Chemie. Leuchtturm Verlag, Alsbach 1992.

Dissertationen:
[4] Bolte, C.: Entwicklung und Einsatz von Erhebungsinstrumenten zur Analyse der Schüler-Lehrer-Interaktion im Chemieunterricht – Ergebnisse aus empirischen Studien zum Interaktionsgeschehen und Lernklima im Chemieunterricht. Dissertation, Kiel (IPN) 1995.
[5] Dlabal, M.: Expertenunterricht – eine neue Unterrichtsmethode. Dissertation, Frankfurt 1998.
[6] Ducci, M.: Strukturbildende Prozesse für vom Gleichgewicht weit entfernt liegende Zustände – eine neue Dimension des Chemieunterrichts der Zukunft. Dissertation, Oldenburg 2000.
[7] Eilks, I.: Konzeption für den fortgeschrittenen Unterricht der organischen Chemie mit der Katalyse als verbindendem Prinzip. Dissertation, Oldenburg 1997.
[8] Friedrich, J.: Über die Produkte und die Kinetik der Verseifungsreaktionen von Alkylhalogeniden mit Kaliumhydroxid und Kaliumalkoholaten in verschiedenen wässrig-alkoholischen Lösungen. Dissertation, Oldenburg 1997.
[9] Geisler, A: Chemielernen als Veränderung von Schülervorstellungen am Beispiel Säure-Base. Dissertation, Essen 1999.
[10] Gnoyke, A.: Das Lernen mit Bildern in der Chemie – Aktion und Interaktion von Wahrnehmen und Denken. Dissertation, Essen 1995.
[11] Gröger, M.: Fiktionen in ihrer Bedeutung für chemische Forschungsprozesse und das Lernen von Chemie – dargestellt an der Genese des Ostwald'schen Verdünnungsgesetzes und an dem Problem des Konzeptwechsels. Dissertation, Siegen 1996.
[12] Heimann, R.: Organische Chemie nach dem phänomenologisch-integrativen Netzwerkkonzept: lerntheoretische Begründung, curriculare Konkretisierung, experimentelle Realisierung, praktische Erprobung im Hochschulbereich. Dissertation, Münster 1995.
[13] Helms, H.: Elektrochemische Untersuchungen zur Schwefelkorrosion und zur Sulfidoxidation. Dissertation, Oldenburg 1998.
[14] Hildebrandt, H.: Chemiedidaktik und Unterrichtswissenschaftlichkeit – Zur Analyse der chemiedidaktischen Lehre an deutschen Hochschulen. Dissertation, Paderborn 1998.
[15] Hilpert, U.: Umwelterziehung praktisch: Chemische Schulversuche ohne Entsorgungsprobleme. Dissertation, Kiel 1995.
[16] Kaminski, B.: Anfangsunterricht Chemie am Gymnasium – Entwicklung einer neuen, experimentellen, die organische und anorganische Chemie integrierenden Konzeption unter Einbeziehung historischer und Fächergrenzen überschreitender Aspekte. Dissertation, Oldenburg 1994.
[17] Koch, I.: Über die Funktion von Experimenten im Chemieunterricht – Eine empirische Untersuchung zum professionellen Wissen von Chemielehrern. Dissertation, Essen 1992.
[18] Köhler, D.: Chemiedidaktische Entwicklungen in der ersten Hälfte des 20. Jahrhunderts. Dissertation, P. Lang-Verlag, Paderborn 2002.
[19] Kleine, E.: Chemie lernen mithilfe von Analogien am Beispiel des chemischen Gleichgewichts. Dissertation, Essen 1997.
[20] Kummer, Th.: Lernen mit Hypertexten im chemischen Kontext. Dissertation, Essen 2001.
[21] Labahn, B.: Zur Persönlichkeitsstruktur von Schülern – eine Untersuchung von Teilnehmern des Wettbewerbs „Chemie-Olympiade". Dissertation, P. Lang, Paderborn 2001.
[22] Matos, E.: Untersuchungen zum Lehr- und Lernerfolg in der laborpraktischen Ausbildung von Chemielehrerstudenten in Mosambik auf dem Gebiet der organischen Chemie mit dem Minilabor. Dissertation, Heidelberg 1997.
[23] Menig, J.: Entwicklung von Schulversuchen und Konzeptionsvorschlägen zur Thematik: „Elektroorganische Synthese" für den Unterricht der Sekundarstufe II. Dissertation, Frankfurt/Weingarten 1996.
[24] Möllencamp, H.: Das pulsierende Quecksilberherz – Beiträge zur geschichtlichen Entwicklung und computerunterstützte Untersuchung eines faszinierenden Phänomens. Dissertation, Oldenburg 1994.
[25] Neu, Ch.: Entwicklung von Modellen zur Lehrerfortbildung. Dissertation, Frankfurt 1995.
[26] Nieswandt, M.: Schreiben als Mittel zum verstehenden Lernen und zur Konsolidierung des Gelernten im Chemieanfangsunterricht des Gymnasiums. Dissertation, Kiel (IPN) 1996.
[27] Parchmann, I: Treibhauseffekt und Ozon – Experimentelle Konzepte zur Behandlung von Gebieten der globalen Herausforderung als Thema eines zeitgemäßen Chemieunterrichts. Dissertation, Oldenburg 1997.
[28] Peters, I. B.: Zur Wissensvermittlung durch Unterrichtsmedien. Dargestellt am Beispiel fachkundlicher Schulbücher des Berufsfeldes Körperpflege. Dissertation, Essen 1994.
[29] Pitton, A.: Sprachliche Kommunikation im Chemieunterricht – Eine Untersuchung ihrer Bedeutung für Lern- und Problemlöseprozesse. Dissertation, Essen 1996.

[30] Redlin, K.: Die Entwicklung des Gasbegriffs bei Schülerinnen und Schülern der Primarstufe. Untersuchungen zum bereichsspezifischen und bereichsübergreifenden Wissen der 6- bis 10-Jährigen zum Phasenübergang unter besonderer Berücksichtigung des Gaszustands. Dissertation, Kiel 2000.
[31] Saborowski, J.: Auswirkungen moderner Computertechnologie auf das Denken in Modellen im Chemieunterricht. Dissertation, Köln 1999.
[32] Scheller, R.: Stoffliche Änderungen bei der Herstellung von Vergaserkraftstoffen – eine experimentell orientierte Unterrichtskonzeption für den Chemieunterricht im Sekundarbereich II. Dissertation, Bremen 1995.
[33] Schenzer, M.: Chemieunterricht ohne Entsorgungsproblem – Experimentalunterricht in der Sekundarstufe II. Dissertation, Kiel 1994.
[34] Sgoff, M.: Mädchen im Chemieunterricht der Sekundarstufe I. Dissertation, Frankfurt 1998.
[35] Sommer, K.: Substitute für Hauptnährstoffe – neue Impulse aus der Lebensmittelchemie für einen zeitgemäßen Chemieunterricht – dargestellt am Beispiel Inulin. Dissertation, Erlangen-Nürnberg 2000.
[36] Stockmann-Aydeniz, S.: Konzeption, Durchführung und Erprobung eines umweltanalytischen Praktikums mit einem Minilabor – eine Untersuchung unter Einbeziehung von Fallbeispielen. Dissertation, Heidelberg 1998.
[37] Strunk, U.: Die Behandlung von Phänomenen aus der unbelebten Natur im Sachunterricht: Die Perspektive der Förderung des Erwerbs von kognitiven und konzeptualen Fähigkeiten. Dissertation, Kiel 1998.
[38] Telgenbüscher, L.: Zur Visualisierung von chemischen Konzepten – Untersuchung von Lernumgebungen und Lernparametern für effektives Lernen mit Bildern. Dissertation, Essen 1998.
[39] Testrut, S.: Informationsvermittlung durch Lehrfilme – eine Untersuchung mit Blick auf das Berufsfeld Biotechnik/Körperpflege. Dissertation, Essen 1996.
[40] Tiemann, R.: Analyse individueller Wissensstrukturen im Kontext Chemie mithilfe eines neuen Mapping-Verfahrens. Dissertation, Essen 1999.
[41] Wanjek, J.: Einfluss einer Alltagsorientierung und Schülerexperimenten auf den Erfolg von Chemieunterricht. Dissertation, Münster 2001.
[42] Werth, S.: Mensch – Chemie – Natur – Grundlegende Einstellungen von Lernenden und ihre Bedeutung. Dissertation, Westarp-Wissenschaften, Essen 1991.
[43] Wienekamp, H.: Mädchen im Chemieunterricht. Dissertation, Westarp-Wissenschaften, Essen 1990.
[44] Wilke, H.-G.: Die Reaktionsmechanismen der nukleophilen Substitution und der Eliminierung im Chemieunterricht der gymnasialen Oberstufe. Dissertation, Oldenburg 1994.
[45] Zembski, H.: Zur Steuerung des Lehr-Lern-Prozesses im Chemieunterricht mit Fernsehsendungen durch Lehrstoffanalyse und -strukturierung. Dissertation, Bremen 1990.

Habilitationen:
[46] Flint, A.: Experiment und Erkenntnis – Anforderungen an Experimente aus erkenntnistheoretischer und entwicklungspsychologischer Sicht und deren Realisierung im Chemieunterricht der Sekundarstufen I und II. Habilitation, Oldenburg 1998.
[47] Flintjer, B.: Die Behandlung großtechnischer Produktionsverfahren im Chemieunterricht der gymnasialen Oberstufe – Historische, ökonomische, ökologische und gesellschaftliche Aspekte unter Einbeziehung moderner Medientechnologien. Habilitation, Oldenburg 1995.
[48] Heimann, R.: Untersuchung von Schülerfähigkeiten bei der Auswertung chemischer Experimente. Habilitation, Münster 2000.
[49] Höner, K.: Quantitatives Arbeiten und Motivation im Chemieunterricht – empirische, experimentelle und konzeptionelle Beiträge. Habilitation, Bielefeld 2000.
[50] Kometz, A.: Schülerexperimente, experimentelles Arbeiten und Chemielehrerbildung – konzeptionelle Überlegungen für einen modernen Chemieunterricht. Habilitation, Halle 1999.
[51] Lück, G.: Naturwissenschaften im frühen Kindesalter – Untersuchungen zur Primärbegegnung von Kindern im Vorschulalter mit Phänomenen der unbelebten Natur. Habilitation, Kiel 1999.
[52] Melle, I.: Zum Fortbildungsverhalten von Chemielehrerinnen und -lehrern, Habilitation. Frankfurt 2000.
[53] Oettken, M.: Strukturbildende Prozesse als Thema des Chemieunterrichts der Zukunft. Habilitation, Oldenburg 2001.
[54] Ralle, B. L.: Die Schlüsselfunktion des Experiments im problemorientierten und nacherforschenden Chemieunterricht – dargestellt an Beispielen aus dem Unterricht der gymnasialen Oberstufe. Habilitation, Oldenburg 1994.
[55] Stachelscheid, K.: Empirische Untersuchungen zum Umweltbewusstsein von Jugendlichen – Konsequenzen für den Chemieunterricht. Habilitation, Essen, 1998.
[56] Steiner, D.: Computerunterstütztes Experimentieren im Chemieunterricht – eine didaktische Konzeption für ein schülergerechtes Experimentieren mit fächerübergreifender Thematik. Habilitation, Jena 1994.
[57] Woest, V.: Chemieunterricht im Spannungsfeld individueller Interessen und gesellschaftlicher Kräfte – Analyse und Unterricht zum Thema „Organische Stoffe im Alltag“. Habilitation, Bremen 1998.

Register